Algorithmen in C

*Für Adam, Andrew, Brett, Robbie
und besonders für Linda*

Robert Sedgewick

Algorithmen in C

 ADDISON-WESLEY PUBLISHING COMPANY

Bonn · München · Paris · Reading, Massachusetts · Menlo Park, California
New York · Don Mills, Ontario · Wokingham, England · Amsterdam · Milan · Sydney
Tokyo · Singapore · Madrid · San Juan · Seoul · Mexico City · Taipei, Taiwan

Die Deutsche Bibliothek – CIP-Einheitsaufnahme

Sedgewick, Robert:
Algorithmen in C / Robert Sedgewick. – Bonn ; München ;
Paris [u.a.]: Addison-Wesley, 1992
    Einheitssacht.: Algorithms in C < dt. >
    ISBN 3-89319-669-2

© 1992 Addison-Wesley (Deutschland) GmbH
2. Nachdruck 1993

Die englische Ausgabe trägt den Titel:
Algorithms in C *Robert Sedgewick* (ISBN 0-201-51425-7)
© 1990 by Addison-Wesley Publishing Company, Inc.

Übersetzung: Translingua Übersetzungsdienst GmbH
Satz: Translingua Gesellschaft für Dokumentation mbh
Belichtung: Printshop Schimann, Brautlach
Druck und Bindung: Bercker Graphischer Betrieb, Kevelaer
Herstellung: M. Müller, Starnberg
Umschlaggestaltung: ConSign, Bonn

Das verwendete Papier ist chlorfrei gebleicht und alterungsbeständig.
Die Produktion erfolgt mit Hilfe von umweltschonender Technologie und strengsten Umwelt-
auflagen in einem geschlossenen Wasserkreislauf unter ausschließlicher Verwendung von
Altpapieren aus eigener Produktion.

ISBN 3-89319-669-2

Vorwort

Das Ziel dieses Buches ist, einen Überblick über die wichtigsten gegenwärtig benutzten Algorithmen für Computer zu geben und diese dem wachsenden Personenkreis, der Kenntnisse über grundlegende Methoden auf diesem Gebiet benötigt, zu vermitteln. Das Buch kann als Lehrbuch für das zweite, dritte oder vierte Studienjahr der Informatik verwendet werden, nachdem die Studenten einige Fertigkeiten bei der Programmierung und eine gewisse Vertrautheit mit Computersystemen erworben haben, doch bevor sie Spezialvorlesungen über weiterführende Gebiete der Informatik oder Computer-Anwendungen absolviert haben. Außerdem kann das Buch für das Selbststudium oder als Nachschlagewerk für diejenigen von Nutzen sein, die sich mit der Entwicklung von Computersystemen oder Anwendungsprogrammen beschäftigen, da es eine Reihe von Implementationen nützlicher Algorithmen sowie eingehende Informationen über die Merkmale ihrer Leistungsfähigkeit enthält. Dank der breit angelegten Betrachtungsweise, die für das Buch kennzeichnend ist, stellt es eine geeignete Einführung in das genannte Gebiet dar.

Umfang

Das Buch enthält 45 Kapitel, die in acht Hauptteilen angeordnet sind: Grundlagen, Sortieren, Suchen, Verarbeiten von Zeichenfolgen, geometrische Algorithmen, Algorithmen für Graphen, mathematische Algorithmen und weiterführende Themen. Ein Hauptziel bei der Erstellung dieses Buches war es, die grundlegenden Verfahren aus diesen verschiedenen Gebieten zusammenzustellen, um einen Zugang zu den besten bekannten Methoden für Problemlösungen mittels Computer zu ermöglichen. Einige Kapitel enthalten einführende Erläuterungen zu weiterführendem Material. Der Autor hofft, daß die im Buch gegebenen Beschreibungen den Lesern das Verständnis der wesentlichen Eigenschaften grundlegender Algorithmen, von Prioritätswarteschlangen und Hashing bis zur Simplexmethode und zur schnellen Fourier-Transformation, ermöglichen werden.

Die Absolvierung von ein oder zwei Vorlesungen über Informatik oder eine gleichwertige Erfahrung auf dem Gebiet der Programmierung ist wünschenswert, damit der Leser in der Lage ist, das im Buch dargelegte Material vollständig zu verstehen: eine Vorlesung über Programmierung in einer höheren Programmiersprache wie C oder Pascal und eventuell eine weitere Vorlesung, in der Grundbegriffe von Programmiersystemen vermittelt werden. Das vorliegende Buch ist somit für jedermann bestimmt, der eine moderne Programmiersprache beherrscht und mit den Grundzügen moderner Computersysteme vertraut ist. Auf Literatur, die geeignet ist, Lücken in der Vorbildung des Lesers zu schließen, wird im Buch hingewiesen.

Der größte Teil der mathematischen Grundlagen, mit denen die Ergebnisse der Analysen untermauert werden, ist in sich abgeschlossen (oder als »über den Rahmen dieses Buches hinausführend« gekennzeichnet), so daß für den größten Teil des Buches nur wenige spezielle mathematische Vorkenntnisse erforderlich sind. Nichtsdestotrotz ist eine gewisse mathematische Vorbildung mit Sicherheit von Nutzen. In einigen Kapiteln im letzten Teil des Buches werden Algorithmen behandelt, die mit komplizierteren mathematischen Gebieten zusammenhängen; das Ziel besteht hierbei darin, die Beziehung der Algorithmen zu anderen im Buch betrachteten Methoden herzustellen, nicht jedoch in der Vermittlung des mathematischen Stoffes. Daher erfolgt die Erläuterung weiterführender mathematischer Begriffe in einer kurzen, allgemeinen und beschreibenden Form.

Einsatz als Lehrmittel im Studium

Bezüglich der Art und Weise, wie das hier zusammengestellte Material gelehrt werden kann, ist ein weiter Spielraum gegeben. Die einzelnen Kapitel dieses Buches können weitgehend unabhängig voneinander vorgetragen werden, obwohl in manchen Fällen bei Algorithmen eines Kapitels auf Verfahren aus einem vorangegangenen Kapitel zurückgegriffen wird. Das Material kann an die Verwendung in unterschiedlichen Studienjahren angepaßt werden, indem eventuell 25 oder 30 der 45 Kapitel ausgewählt werden, je nach der Absicht des Dozenten und der Vorbereitung der Studenten.

Das Buch beginnt mit einem einführenden Abschnitt zu Datenstrukturen und zur Entwicklung und Analyse von Algorithmen. Dies ist die Basis für das restliche Buch und liefert einen Rahmen, innerhalb dessen weiterentwickelte Algorithmen behandelt werden. Manche Leser mögen diesen Abschnitt überspringen oder nur flüchtig durchsehen; andere können sich hier mit den Grundlagen vertraut machen.

In einer Grundvorlesung »Datenstrukturen und Algorithmen« könnte auf einige der mathematischen Algorithmen und der weiterführenden Themen verzichtet werden. Stattdessen könnte der Schwerpunkt darauf gelegt werden, wie verschiedene Datenstrukturen bei den Implementationen verwendet werden. In einer sich anschließenden Vorlesung über »Entwicklung und Analyse von Algorithmen« könnten einige der mehr an praktischen Fragen orientierten Abschnitte ausgelassen werden, und es könnte die Erkennung und Untersuchung der Wege betont werden, auf denen bei Algorithmen ein gutes asymptotisches Verhalten erzielen. Bei einer Vorlesung über »Software-Tools« könnte das mathematische und weiterführende algorithmische

Material entfallen. Stattdessen könnte Schwerpunkt sein, wie sich die hier angegebenen Implementationen in umfangreiche Programme oder Systeme einfügen lassen. Eine Vorlesung über »Algorithmen« könnte den Charakter eines Überblicks haben und der Vorstellung von Ideen aus all diesen Gebieten dienen.

Manche Dozenten haben vielleicht den Wunsch, die oben beschriebenen Vorlesungen durch zusätzliches Material zu ergänzen, um ihre speziellen Neigungen zur Geltung zu bringen. Bei »Datenstrukturen und Algorithmen« könnte weiteres Material über grundlegende Datenstrukturen gelehrt werden; bei »Entwicklung und Analyse von Algorithmen« könnten gründlichere mathematische Analysen hinzugefügt werden; bei »Software-Tools« könnten schließlich Methoden der Entwicklung von Software eingehender behandelt werden. Im vorliegenden Buch wird allen diesen Fragen Beachtung geschenkt, wobei der Schwerpunkt jedoch bei den Algorithmen selbst liegt.

Vorangegangene Versionen dieses Buches wurden in den letzten Jahren an zahlreichen Hochschulen und Universitäten überall im Land für die zweite oder dritte Vorlesung über Informatik und als Ergänzungsliteratur für andere Vorlesungen benutzt. An der Princeton University haben wir die Erfahrung gemacht, daß die Breite der Abhandlung des Stoffes in diesem Buch unsere Informatikstudenten mit Grundkenntnissen der Informatik ausstattet, auf denen in späteren Vorlesungen über Algorithmenanalyse, Systemprogrammierung und theoretische Informatik aufgebaut werden kann, während gleichzeitig allen Studenten eine große Menge an Verfahren vermittelt werden, die sie unmittelbar anwenden können.

Das Buch enthält 450 Übungsaufgaben, zehn nach jedem Kapitel, die gewöhnlich einem von zwei Typen angehören. Die meisten sind dazu bestimmt zu prüfen, ob die Studenten das Material des Kapitels verstanden haben, und enthalten die Aufforderung, ein Beispiel durchzuarbeiten oder im betreffenden Kapitel beschriebene Ideen anzuwenden. Einige Aufgaben erfordern jedoch die Implementation und Zusammensetzung mancher Algorithmen und eventuell die Durchführung empirischer Untersuchungen zum Vergleich von Algorithmen und zum Kennenlernen ihrer Eigenschaften.

Algorithmen mit praktischem Nutzen

Im Vordergrund des Buches stehen Algorithmen, die von praktischem Nutzen sein dürften. Schwerpunkt ist das Bestreben, den Studenten ein solches Handwerkszeug zu vermitteln, das sie in die Lage versetzt, nützliche Algorithmen sicher zu implementieren, auszuführen und zu debuggen. Vollständige Implementationen der betrachteten Verfahren wurden in den Text eingefügt, zusammen mit Beschreibungen der Arbeitsweise dieser Programme anhand einer abgestimmten Menge von Beispielen. Dieses Buch enthält Hunderte von Abbildungen, die mit Hilfe der Algorithmen selbst erzeugt wurden. Die visuelle Dimension, die durch diese Abbildungen geliefert wurde, erleichtert das Verständnis vieler Algorithmen auf einer intuitiven Ebene.

Ausführlich werden Eigenschaften der Algorithmen und Situationen, in den sie von Nutzen sein könnten, betrachtet. Verbindungen zur Algorithmenanalyse und zur theoretischen Informatik werden zwar nicht betont, jedoch aufgezeigt. An geeigneten Stellen werden empirische und analytische Ergebnisse erörtert, um zu veranschaulichen, warum gewisse Algorithmen bevorzugt werden. Wo es von Interesse ist, wird die Beziehung der untersuchten praktischen Algorithmen zu rein theoretischen Ergebnissen beschrieben. Spezielle Informationen zu Leistungsmerkmalen von Algorithmen werden grundsätzlich als »Eigenschaften« hervorgehoben, wichtige Tatsachen zu den Algorithmen, die eine weitere Untersuchung verdienen.

Auch wenn spezielle Anwendungen der Algorithmen in Wissenschaft und Technik nur in wenigen Fällen direkt behandelt werden, wird an geeigneten Stellen auf derartige Anwendungsmöglichkeiten hingewiesen. Unsere Erfahrungen haben gezeigt, daß Studenten, die in ihrem Studium im Rahmen ihrer Ausbildung in Informatik frühzeitig gute Algorithmen kennenlernen, später in der Lage sind, diese zur Lösung der ihnen übertragenen Aufgaben anzuwenden.

Programmiersprache

Die in diesem Buch durchgehend verwendete Programmiersprache ist C (eine Pascal-Version des Buches existiert ebenfalls). Jede spezielle Programmiersprache besitzt Vor- und Nachteile; wir benutzen C, da es weit verbreitet ist und die Merkmale aufweist, die für unsere Implementierungen benötigt werden. Die Programme können leicht in andere moderne Programmiersprachen übertragen werden, da relativ wenige C-spezifische sprachliche Konstruktionen benutzt werden. Tatsächlich wurden viele der Programme aus Pascal und anderen Sprachen übertragen, obwohl wir uns bemühen, dort, wo es angebracht ist, standardmäßige Elemente von C zu verwenden.

Einige Programme können durch Verwendung höherentwickelter Sprachmerkmale vereinfacht werden, doch ist das seltener der Fall, als man meinen könnte. Auch wenn Sprachmerkmale an geeigneten Stellen betrachtet werden, ist das vorliegende Buch nicht als Nachschlagewerk zur Programmierung in C konzipiert. Wenn wir vor der Wahl stehen, konzentrieren wir uns auf die Algorithmen und nicht auf die Einzelheiten der Implementierung.

Ein Ziel dieses Buches besteht darin, die Algorithmen in einer möglichst einfachen und direkten Form vorzustellen. Die Programme sollten nicht für sich gelesen werden, sondern als Bestandteil des sie umgebenden Textes. Dieser Stil wurde als Alternative zur Verwendung von Kommentaren innerhalb der Programme gewählt. Der Stil wurde, wo immer dies möglich ist, vereinheitlicht, so daß Programme, die ähnlich sind, auch ähnlich aussehen.

Danksagung

Viele Personen gaben mir nützliche Hinweise auf der Grundlage früherer Versionen dieses Buches. Insbesondere haben Studenten der Princeton University und der Brown University während der 80er Jahre unter den ersten Versionen der Darlegung des Materials in diesem Buch gelitten. Mein besonderer Dank gebührt Trina Avery, Tom Freeman und Janet Incerpi für ihre Hilfe bei der Herstellung der ersten Ausgabe. Ganz besonders möchte ich Janet dafür danken, daß sie das Buch in das Format TEX umwandelte, wobei sie die Tausende von Änderungen hinzufügte, die ich nach dem »letzten Entwurf« der ersten Ausgabe vornahm, und die Dateien durch verschiedene Systeme leitete, um das Manuskript auszudrucken, und sogar, neben vielen anderen Dingen, das Standardprogramm zur Bildrasterwandlung für TEX erstellte, das zur Herstellung von Manuskripten des Entwurfs benutzt wurde. Erst nachdem ich viele dieser Arbeiten für spätere Versionen selbst ausgeführt habe, weiß ich die Unterstützung von Janet richtig zu schätzen. Ich möchte auch gern den vielen Lesern danken, die mir ausführliche Kommentare zur zweiten Ausgabe übermittelten, darunter Guy Almes, Jay Gischer, Kennedy Lemke, Udi Manber, Dana Richards, John Reif, M. Rosenfeld, Stephen Seidman und Michael Quinn.

Die Gestaltung der Abbildungen beruht in vielen Fällen auf der gemeinsamen Arbeit mit Marc Brown am Projekt »elektronisches Klassenzimmer« an der Brown University im Jahre 1983. Für die Unterstützung und Hilfe bei der Schaffung der Entwürfe (nicht zu reden von den Systemen, mit denen wir arbeiteten) möchte ich Marc meinen Dank aussprechen. Außerdem möchte ich Sarantos Kapidakis für die Hilfe bei der Herstellung der Reprovorlagen danken.

Diese C-Version verdankt ihre Existenz den ständigen Nachfragen vieler Leser nach einer C-Variante von Algorithmen sowie der Unterstützung von Keith Wollman von Addison-Wesley, der mich überzeugte, mit der Arbeit zu beginnen. Die Bereitschaft von Dave Hanson, Fragen zu ANSI C zu beantworten, war von unschätzbarem Wert. Ich möchte auch Darcy Cotten und Skip Plank für ihre Hilfe bei der Fertigstellung des Buches danken, sowie Steve Beck für das Auffinden des »letzten Fehlers« in der Software für das Drucken.

Vieles von dem, was ich hier aufgeschrieben habe, erfuhr ich aus den Vorlesungen und Veröffentlichungen von Don Knuth, meinem Lehrer an der Stanford University. Obwohl Don keinen direkten Einfluß auf diese Arbeit hatte, ist seine Gegenwart in diesem Buch zu spüren, denn er war es, der das Studium von Algorithmen auf eine wissenschaftliche Grundlage stellte, die ein Werk wie dieses möglich macht.

Sehr dankbar bin ich für die Unterstützung durch die Brown University und INRIA, wo ich den größten Teil der Arbeit an diesem Buch vollbrachte, sowie durch das Institute for Defense Analyses und das Xerox Palo Alto Research Center, wo ich während eines Aufenthaltes als Gast einige Arbeiten am Buch ausführte. Viele Teile des Buches beruhen auf Forschungsarbeiten, die von der National Science Foundation und vom Office of Naval Research großzügig unterstützt wurden. Schließlich möchte

ich Bill Bowen, Aaron Lemonick und Neil Rudenstine von der Princeton University
für ihre Hilfe bei der Schaffung eines wissenschaftlichen Arbeitsklimas danken, in
dem es mir möglich war, trotz zahlreicher anderer Verpflichtungen dieses Buch
vorzubereiten.

Robert Sedgewick

Marly-le-Roi, Frankreich, Februar 1983

Princeton, New Jersey, Januar 1990

Inhaltsverzeichnis

Weiterführende Themen

Grundlagen

Kapitel 1

Grundlagen

Einführung

Das Ziel des vorliegenden Buches besteht darin, ein breites Spektrum von wichtigen und nützlichen Algorithmen zu untersuchen. Dies sind Verfahren zur Lösung von Problemen, die für eine Realisierung auf einem Computer geeignet sind. Dabei werden wir es mit recht unterschiedlichen Anwendungsgebieten zu tun haben, wobei wir stets versuchen werden, uns auf »grundlegende« Algorithmen zu konzentrieren, deren Kenntnis wichtig und deren Untersuchung interessant ist. Auf Grund der großen Zahl zu behandelnder Gebiete und Algorithmen werden wir nicht allzu viele dieser Verfahren sehr intensiv studieren können. Wir werden jedoch versuchen, uns für jeden Algorithmus angemessen Zeit zu nehmen, um seine wesentlichen Merkmale zu verstehen und seine Besonderheiten zu beachten. Kurz gesagt, unser Ziel besteht darin, eine große Anzahl der wichtigsten Algorithmen, die gegenwärtig auf Computern genutzt werden, gut genug kennenzulernen, um sie anwenden und einschätzen zu können.

Um einen Algorithmus gut kennenzulernen, muß man ihn implementieren und ausführen. Dementsprechend besteht die empfohlene Strategie für das Verständnis der in diesem Buch vorgestellten Programme darin, sie zu implementieren und zu testen, mit Varianten zu experimentieren und sie an realen Problemen auszuprobieren. Für die Diskussion und die Realisierung der meisten Algorithmen werden wir die Programmiersprache C benutzen; da wir jedoch eine relativ kleine Teilmenge der Sprache verwenden, können unsere Programme leicht in viele andere moderne Programmiersprachen übersetzt werden.

Es wird davon ausgegangen, daß der Leser dieses Buches mindestens ein Jahr Erfahrung mit höheren und maschinennahen Programmiersprachen haben. Ebenso könnte eine gewisse Vertrautheit mit elementaren Algorithmen für einfache Datenstrukturen wie Felder, Stapel, Schlangen und Bäume von Nutzen sein, obwohl zu diesem Gegenstand in den Kapiteln 3 und 4 ein relativ ausführlicher Überblick gegeben wird. Elementare Kenntnisse von Rechneraufbau, Programmiersprachen und anderen Grundbegriffen der Informatik werden gleichfalls vorausgesetzt. (Wir werden solche Stoffgebiete an geeigneter Stelle kurz abhandeln, aber stets im Zusammenhang mit der Lösung spezieller Probleme.) Einige der Anwendungsgebiete, mit denen wir uns beschäftigen werden, erfordern Grundkenntnisse der elementaren Infinitesimalrechnung. Wir werden auch einige sehr elementare Dinge verwenden, bei denen lineare Algebra, Geometrie und diskrete Mathematik eine Rolle spielen, jedoch sind Vorkenntnisse auf diesen Gebieten nicht erforderlich.

Algorithmen

Wenn man ein Programm schreibt, realisiert man im allgemeinen ein Verfahren zur Lösung eines Problems, das zuvor entwickelt worden ist. Dieses Verfahren ist oft unabhängig von dem speziellen Computer, der benutzt werden soll; es ist wahrscheinlich für viele Computer in gleichem Maße geeignet. Jedenfalls ist es das Verfahren und nicht das Programm selbst, welches untersucht werden muß, um zu erfahren, wie an das Problem herangegangen wird. Der Begriff *Algorithmus* wird in der Informatik verwendet, um ein Verfahren zur Lösung eines Problems zu beschreiben, das für eine Realisierung in Form eines Programms geeignet ist. Algorithmen sind der »Stoff« der Informatik: Sie sind zentraler Untersuchungsgegenstand in vielen, wenn nicht den meisten Bereichen dieses Fachgebiets.

Die meisten interessierenden Algorithmen erfordern komplizierte Verfahren zur Organisation der Daten, die in die Berechnung einbezogen sind. Objekte, die auf diese Weise geschaffen werden, werden *Datenstrukturen* genannt und gehören ebenfalls zu den zentralen Objekten der Informatik. Somit gehen Algorithmen und Datenstrukturen Hand in Hand. In diesem Buch setzen wir voraus, daß Datenstrukturen Neben- oder Endprodukte von Algorithmen sind und folglich ebenfalls untersucht werden müssen, um die Algorithmen zu verstehen. Es ist möglich, daß einfache Algorithmen zur Entstehung von komplizierten Datenstrukturen führen, und umgekehrt, daß komplizierte Algorithmen einfache Datenstrukturen verwenden. Wir werden im vorliegenden Buch die Eigenschaften vieler Datenstrukturen studieren; tatsächlich hätte das Buch ebensogut *Algorithmen und Datenstrukturen in C* genannt werden können.

Wenn ein sehr umfangreiches Programm erstellt werden soll, muß ein großer Teil der Arbeit für das Verständnis und die Formulierung des zu lösenden Problems, für die Beherrschung seiner Komplexität und für seine Zerlegung in kleinere, leicht implementierbare Teilaufgaben aufgewandt werden. Oft ist es so, daß die Implementierung vieler Algorithmen, die nach der Zerlegung erforderlich sind, trivial ist. Jedoch gibt es in den meisten Fällen einige Algorithmen, deren Auswahl kritisch ist, weil ihre Ausführung den größten Teil der System-Ressourcen verwendet. Im vorliegenden Buch werden wir eine Vielzahl von grundlegenden Algorithmen untersuchen, die die Basis für umfangreiche Programme in vielen Anwendungsgebieten bilden.

Die gemeinsame Nutzung von Programmen in Computersystemen findet immer mehr Verbreitung, so daß ernsthafte Anwender von Computern zwar einen großen Teil der Algorithmen aus diesem Buch *benutzen* werden, aber eventuell nur einen kleineren Teil von ihnen zu *implementieren* brauchen. Jedoch hilft uns die Realisierung einfacher Varianten von Basisalgorithmen, sie besser zu verstehen und folglich weiterentwickelte Varianten effizienter anzuwenden. Auch erschweren es Mechanismen zur gemeinsamen Nutzung von Software auf vielen Computersystemen oft, Standardprogramme so anzupassen, daß sie spezifische Aufgaben effizient erfüllen. Daher ist es häufig angebracht, Basisalgorithmen neu zu implementieren.

Programme sind oft überoptimiert. Manchmal lohnt es nicht, sich die Mühe zu machen und zu gewährleisten, daß eine Implementierung auf dem Computer die effizienteste mögliche Variante ist, es sei denn, daß ein Algorithmus für eine sehr umfangreiche Aufgabe oder sehr oft verwendet werden soll. Anderenfalls wird eine sorgfältige, relativ einfache Implementierung ausreichen; Man kann recht sicher sein, daß sie ihren Zweck erfüllen wird, auch wenn sie vielleicht fünf- oder zehnmal langsamer ablaufen wird als die bestmögliche Variante, was bedeutet, daß sie ein paar Sekunden mehr benötigen kann. Im Gegensatz dazu kann die richtige Auswahl eines Algorithmus zu Beginn einen Unterschied vom Faktor hundert oder tausend oder mehr bewirken, was sich in Minuten, Stunden oder noch größerer Laufzeit ausdrücken kann. Im vorliegenden Buch konzentrieren wir uns auf die einfachsten sinnvollen Realisierungen der besten Algorithmen.

Oft stehen für die Lösung des gleichen Problems mehrere verschiedene Algorithmen (oder Implementierungen) zur Verfügung. Die Auswahl des besten Algorithmus für eine spezielle Aufgabe kann ein sehr komplizierter Prozeß sein, der häufig eine ausgeklügelte mathematische Analyse erfordert. Der Zweig der Informatik, der solche Fragen untersucht, heißt *Algorithmenanalyse*. Für viele der Algorithmen, die wir betrachten werden, ist analytisch nachgewiesen worden, daß sie sehr leistungsfähig sind, während bei anderen einfach die Erfahrung gemacht wurde, daß sie gut arbeiten. Wir werden nicht näher auf Fragen des Vergleichs der Leistungsfähigkeit eingehen; unser Ziel besteht darin, einige brauchbare Algorithmen für wichtige Aufgaben kennenzulernen. Man sollte einen Algorithmus jedoch nicht anwenden, ohne eine Vorstellung davon zu haben, welche Ressourcen er benötigt; daher werden wir darauf achten, welche Leistung von unseren Algorithmen erwartet werden kann.

Themenübersicht

Nachstehend folgen kurze Beschreibungen der Hauptteile des Buches, wobei wir einige der behandelten speziellen Themen aufführen und gewisse Hinweise darauf geben werden, wie wir an die Thematik herangehen. Diese Themenauswahl soll so viele grundlegende Algorithmen wie möglich einbeziehen. Einige der behandelten Gebiete gehören zum »Kern« der Informatik. Diese werden wir recht intensiv studieren, um Basisalgorithmen mit einem weiten Anwendungsfeld kennenzulernen. Andere Gebiete sind Gegenstand eines weiterführenden Studiums der Informatik und damit zusammenhängender Themen wie numerischer Analysis, Operations Research, Compilerbau und Algorithmentheorie; in diesen Fällen wird unsere Abhandlung als eine Einführung in diese Gebiete durch die Betrachtung einiger grundlegender Verfahren dienen.

GRUNDLAGEN sind im Rahmen dieses Buches die Werkzeuge und Verfahren, die in den nachfolgenden Kapiteln durchgehend verwendet werden. Nach einer kurzen Einführung in C folgt eine Einführung in grundlegende Datenstrukturen wie Felder, verkettete Listen, Stapel, Schlangen und Bäume. Wir erörtern praktische Anwendungen der Rekursion und legen dar, wie wir an die Analyse und Implementierung von Algorithmen herangehen.

SORTIERVERFAHREN zur Ordnung von Dateien sind von grundlegender Bedeutung und werden ausführlich behandelt. Eine Vielzahl von Verfahren wird entwickelt, beschrieben und verglichen. Algorithmen für verschiedene verwandte Probleme wie Prioritätsschlangen, Selektion und Mischen werden behandelt. Einige dieser Algorithmen werden später als Basis für andere Algorithmen verwendet.

SUCHVERFAHREN für das Auffinden von Elementen in Dateien sind ebenfalls von fundamentaler Bedeutung. Wir behandeln grundlegende und weiterentwickelte Verfahren für die Suche unter Verwendung von Bäumen und digitalen Schlüsseltransformationen, darunter binäre Suchbäume, ausgeglichene Bäume, Hashing, digitale Suchbäume und Tries, sowie Verfahren, die für sehr umfangreiche Dateien geeignet sind. Es werden Beziehungen zwischen diesen Verfahren erörtert und Ähnlichkeiten zu Sortierverfahren aufgezeigt.

ALGORITHMEN DER ZEICHENFOLGEN-VERARBEITUNG umfassen eine Reihe von Verfahren zur Behandlung (langer) Zeichenfolgen. Die Zeichenfolgensuche führt zur Mustererkennung und diese wiederum führt zur Syntaxanalyse (Parsing). Techniken zur Komprimierung und Verschlüsselung von Dateien werden ebenfalls betrachtet. Es wird wiederum eine Einführung in weiterführende Themen durch die Behandlung einiger elementarer Probleme gegeben, die auch für sich von Bedeutung sind.

GEOMETRISCHE ALGORITHMEN sind eine Gruppe von Verfahren zur Lösung von Problemen, bei denen Punkte und Linien (und andere einfache geometrische Objekte) eine Rolle spielen und die erst seit kurzem angewandt werden. Wir betrachten Algorithmen zur Bestimmung der konvexen Hülle einer Menge von Punkten, zur Bestimmung von Schnittmengen von geometrischen Objekten, zur Lösung von Problemen des nächsten Punktes und für die mehrdimensionale Suche. Viele dieser Verfahren stellen eine interessante Ergänzung zu elementareren Sortier- und Suchverfahren dar.

ALGORITHMEN FÜR GRAPHEN sind für eine Vielzahl komplizierter und wichtiger Probleme von Nutzen. Es wird eine allgemeine Strategie für die Suche in Graphen entwickelt und auf grundlegende Zusammenhangsprobleme angewandt, einschließlich der Probleme des kürzesten Wegs, des minimalen Spannbaumes, des Flusses in einem Netzwerk und der Paarung. Eine vereinheitlichte Behandlung dieser Algorithmen zeigt, daß sie alle auf der gleichen Verfahrensweise beruhen, und diese Verfahrensweise hängt von einer vorher entwickelten grundlegenden Datenstruktur ab.

MATHEMATISCHE ALGORITHMEN umfassen grundlegende Verfahren aus der Arithmetik und numerischen Analysis. Wir untersuchen Verfahren für das Rechnen mit ganzen Zahlen, Polynomen und Matrizen sowie Algorithmen zur Lösung einer Vielzahl mathematischer Probleme, die in vielen Zusammenhängen auftreten: Erzeugung von Zufallszahlen, Lösung von Gleichungssystemen, Datenanpassung und Integration. Die Betonung liegt auf den algorithmischen Aspekten und nicht auf den mathematischen Grundlagen.

WEITERFÜHRENDE THEMEN werden mit dem Ziel erörtert, den Stoff des Buches mit verschiedenen anderen weiterführenden Studiengebieten zu verknüpfen. Spezial-Hardware, dynamische und lineare Programmierung, erschöpfendes Durchsuchen und NP-Vollständigkeit werden von einem elementaren Standpunkt aus im Überblick dargestellt, um dem Leser einen Eindruck von den interessanten weiterführenden Studiengebieten zu vermitteln, die sich aus den in diesem Buch behandelten elementaren Problemen ergeben.

Das Studium von Algorithmen ist interessant, weil es ein neues Gebiet ist (fast alle Algorithmen, die wir untersuchen, sind weniger als 25 Jahre alt), das eine lange Tradition besitzt (einige wenige Algorithmen sind seit Jahrtausenden bekannt). Ständig werden neue Entdeckungen gemacht, und nur wenige Algorithmen sind vollständig erforscht. Im vorliegenden Buch werden wir umständliche, komplizierte und schwierige Algorithmen ebenso betrachten wie elegante, einfache und leichte. Wir sind gehalten, die ersteren zu verstehen und die letzteren im Zusammenhang mit vielen verschiedenen potentiellen Anwendungen zu beurteilen. Indem wir das tun, werden wir eine Vielzahl von nützlichen Werkzeugen erforschen und eine »algorithmische Denkweise« entwickeln, die uns bei der Bewältigung der Herausforderungen der Berechnungstechniken der Zukunft von großem Nutzen sein wird.

Kapitel 2

C

Die Programmiersprache, die in diesem Buch durchgehend verwendet wird, ist C. Alle Sprachen haben ihre Stärken und Schwächen. Die Wahl einer jeden speziellen Sprache für ein Buch wie dieses hat daher Vor- wie Nachteile. Aber viele moderne Programmiersprachen sind einander ähnlich, und indem wir relativ wenig sprachliche Konstruktionen verwenden und es vermeiden, Besonderheiten von Implementierungen zu nutzen, die auf Besonderheiten von C beruhen, entwickeln wir Programme, die sich leicht in andere Sprachen übersetzen lassen. Unser Ziel besteht darin, die Algorithmen in einer möglichst einfachen und direkten Form darzustellen; C gibt uns diese Möglichkeit.

Algorithmen werden in Lehrbüchern und Forschungsberichten oft unter Verwendung von imaginären Sprachen beschrieben. Dies führt leider oft dazu, daß auf Einzelheiten verzichtet wird; der Leser ist von einer nutzbringenden Realisierung noch recht weit entfernt. Im vorliegenden Buch gehen wir von dem Standpunkt aus, daß einer der besten Wege, einen Algorithmus zu verstehen und seine Nützlichkeit zu beurteilen, über die Erfahrung mit einer praktischen Implementierung führt. Moderne Programmiersprachen besitzen so gute Ausdrucksmöglichkeiten, daß reale Implementierungen ebenso kurz und elegant sein können wie fiktive. Der Leser wird ermutigt, sich mit seiner lokalen Umgebung, in der in C programmiert wird, vertraut zu machen, da die Implementierungen in diesem Buch Arbeitsprogramme sind, die man ausführen und mit denen man experimentieren soll, die man modifizieren und *benutzen* soll.

Der Vorteil der Verwendung von C in diesem Buch besteht darin, daß es weit verbreitet ist und alle grundlegenden Merkmale besitzt, die wir für unsere vielfältigen Implementierungen benötigen; der Nachteil besteht darin, daß es Merkmale besitzt, die in einigen anderen weit verbreiteten Programmiersprachen nicht zur Verfügung stehen, so daß wir auf echte Abhängigkeiten von der Sprache in unseren Programmen achten müssen. Einige der Programme wurden durch die Verwendung von höherentwickelten Sprachmerkmalen vereinfacht, doch ist das seltener der Fall, als man meinen könnte. Wo es angebracht ist, werden bei der Diskussion solcher Programme auch die entsprechenden Sprachprobleme erörtert.

Eine exakte Beschreibung der Sprache C wird im Handbuch *The C Programming Language* (zweite Ausgabe) von Kernighan und Ritchie gegeben, das als Definition der Sprache dient. Im vorliegenden Kapitel besteht unser Ziel nicht darin, Information aus dem genannten Buch zu wiederholen, sondern vielmehr in der Betrachtung der Implementierung eines einfachen (aber klassischen) Algorithmus, welche einige der Grundzüge der Sprache und des Stils, den wir benutzen werden, illustriert.

Beispiel: Euklidischer Algorithmus

Zu Beginn wollen wir ein C-Programm zur Lösung eines klassischen elementaren Problems betrachten: »Kürzen eines gegebenen Bruchs auf seine reduzierte Form«. Wir wollen 2/3 schreiben anstatt 4/6, 200/300 oder 178468/267702. Die Lösung dieses Problems ist äquivalent zur Bestimmung des größten gemeinsamen Teilers (= gcd — greatest common divisor) von Zähler und Nenner, d.h. der größten ganzen Zahl, durch welche Zähler und Nenner teilbar sind. Ein Bruch wird in seine reduzierte Form umgewandelt, indem man sowohl Zähler als auch Nenner durch ihren größten gemeinsamen Teiler dividiert. Ein effizientes Verfahren zur Bestimmung des größten gemeinsamen Teilers wurde im alten Griechenland vor über zweitausend Jahren entdeckt. Es wird *Euklidischer Algorithmus* genannt, da es in Euklids berühmtem Werk *Elemente* ausführlich beschrieben wird.

Das Euklidische Verfahren beruht auf der Tatsache, daß, wenn u größer als v ist, der größte gemeinsame Teiler von u und v gleich dem größten gemeinsamen Teiler von v und $u - v$ ist. Diese Erkenntnis führt zu der folgenden Implementierung in C:

```
#include <stdio.h>
int gcd(int u, int v)
  {
    int t;
    while (u > 0)
      {
        if (u < v)
          { t = u; u = v; v = t; }
        u = u-v;
      }
    return v;
  }
main()
  {
    int x, y;
    while (scanf("%d %d", &x, &y) != EOF)
      if (x>0 && y>0)
        printf("%d %d %d\n", x, y, gcd(x,y));
  }
```

Betrachten wir zunächst die Spracheigenschaften, die aus diesem Programm ersicht-
lich sind. C besitzt die Syntax einer höheren Programmiersprache und ermöglicht
dadurch eine leichte Identifizierung der Hauptmerkmale des Programms. Das Programm besteht aus einer Liste von Funktionen, von denen eine `main` heißt und den
Anweisungsteil des Programms darstellt. Mit Hilfe der Anweisung `return` geben
Funktionen einen Wert zurück. Die Standardfunktion `scanf` liest eine Zeile der
Eingabe ein und weist die gefundenen Werte den als Argumenten angegebenen
Variablen zu; `printf` funktioniert ähnlich. Die in Anführungszeichen eingeschlos-
sene Zeichenkette ist das »Format«; im vorliegenden Falle besagt sie, daß zwei
dezimal dargestellte ganze Zahlen einzulesen und drei auszudrucken sind (gefolgt
von einem Zeichen `\n` »neue Zeile«). Die Funktion `scanf` ruft ihre Argumente
»indirekt« auf, weshalb die Zeichen `&` verwendet werden. Ein internes Stand-
ardprädikat, `EOF`, wird auf wahr (`true`) gesetzt, wenn keine Eingabewerte mehr
vorhanden sind. Die Anweisung `include` ermöglicht das Aufrufen der Bibliothek.
Wir verwenden in diesem Buch durchgehend »ANSI Standard C«; der wesentlichste
Unterschied gegenüber früheren Versionen von C ist die Art und Weise, wie Funktionen und ihre Argumente deklariert werden.

Der Anweisungsteil des obigen Programms ist sehr einfach: Bei der Eingabe werden
Zahlenpaare eingelesen, und wenn beide positiv sind, werden sie und ihr größter
gemeinsamer Teiler ausgegeben. (Was würde passieren, wenn `gcd` mit einem Wert
von `u` oder `v` aufgerufen würde, der negativ oder gleich Null ist?) Die Funktion `gcd`
realisiert den Euklidischen Algorithmus selbst: Das Programm ist eine Schleife, die
zunächst gewährleistet, daß $u \geq v$ ist, indem die Werte gegebenenfalls ausgetauscht
werden, und in der dann u durch $u - v$ ersetzt wird. Der größte gemeinsame Teiler
der Variablen u und v stimmt stets mit dem größten gemeinsamen Teiler der
ursprünglichen Werte überein, mit denen das Verfahren begonnen wurde; schließlich
endet der Prozeß mit u = 0, wobei v gleich dem größten gemeinsamen Teiler der
ursprünglichen Werte (und aller Zwischenwerte) von u und v ist.

Dieses obenstehende Beispiel wurde als ein vollständiges C-Programm geschrieben,
welches der Leser benutzen könnte, um sich mit einem bestimmten C-Programmier-
system vertraut zu machen. Der interessierende Algorithmus ist als Unterprogramm
(`gcd`) implementiert, und das Hauptprogramm ist ein »Treiber«, welcher das Unterprogramm anwendet. Diese Art der Organisation ist typisch, und das vollständige
Beispiel wurde hier aufgenommen, um die Tatsache zu unterstreichen, daß man die
Algorithmen im vorliegenden Buch am besten versteht, wenn man sie implementiert
und anhand von einigen beispielhaften Eingabewerten ablaufen läßt. In Abhängigkeit
von der Qualität der verfügbaren Programmierumgebung hat der Leser möglicherweise den Wunsch, die Programme weiter zu entwickeln, um sie besser anwenden
zu können. Zum Beispiel könnten im obigen Programm die Zwischenwerte von
Interesse sein, die von u und v in der `repeat`-Schleife angenommen werden.

Obwohl der Gegenstand des vorliegenden Abschnittes die Sprache und nicht der
Algorithmus ist, müssen wir dem klassischen Euklidischen Algorithmus Gerechtig-
keit widerfahren lassen: Die obenstehende Implementierung läßt sich verbessern,

indem wir, wenn $u > v$ gilt, so lange Vielfache von v von u subtrahieren, bis eine Zahl erreicht wird, die kleiner als v ist. Diese Zahl wiederum ist genau gleich dem Rest, der bei der Division von u durch v bleibt und durch den Modulo-Operator (%) berechnet wird: Der größte gemeinsame Teiler von u und v ist gleich dem größten gemeinsamen Teiler von v und u % v. Zum Beispiel hat der größte gemeinsame Teiler von 461952 und 116298 den Wert 18, wie aus der Folge

  461952, 116298, 113058, 3240, 2898, 342, 162, 18

ersichtlich ist. Jedes Element dieser Folge ist gleich dem Rest, der bei der Division der beiden vorangehenden Elemente bleibt; die Folge bricht ab, da 18 Teiler von 162 ist, so daß 18 der größte gemeinsame Teiler aller Zahlen ist. Der Leser möchte vielleicht die obige Implementierung unter Verwendung des Operators % modifizieren und ermitteln, um wieviel effizienter diese Modifikation ist, wenn beispielsweise der größte gemeinsame Teiler einer sehr großen Zahl und einer sehr kleinen Zahl bestimmt werden soll. Es erweist sich, daß dieser Algorithmus immer mit einer relativ kleinen Anzahl von Schritten auskommt.

Datentypen

Die meisten Algorithmen im vorliegenden Buch operieren mit einfachen Datentypen: ganze Zahlen, reelle Zahlen, Zeichen oder Zeichenfolgen. Eines der wichtigsten Merkmale von C ist, daß es die Möglichkeit bietet, aus diesen elementaren Bausteinen komplexere Datentypen aufzubauen. Dies ist eines der »fortgeschrittenen« Merkmale, dessen Nutzung wir vermeiden, um unsere Beispiele einfach zu gestalten und uns mehr auf die Funktionsweise der Algorithmen anstatt auf die Eigenschaften ihrer Daten zu konzentrieren. Wir bemühen uns, dies ohne Beschränkung der Allgemeingültigkeit zu tun: Tatsächlich macht es bereits die Verfügbarkeit von solchen weiterführenden Möglichkeiten, wie C sie besitzt, einfach, einen Algorithmus aus einem »Spielzeug«, das mit einfachen Datenstrukturen operiert, in ein »Arbeitspferd« zu verwandeln, das mit komplexen Strukturen (struct) arbeitet. Wenn sich die grundlegenden Verfahren am besten mit Hilfe von anwenderdefinierten Typen beschreiben lassen, werden wir diese auch verwenden. Zum Beispiel basieren die geometrischen Verfahren in den Kapiteln 24-28 auf Typen für Punkte, Linien, Polygone usw.

Manchmal liegt der Fall vor, daß die richtige Darstellung von Daten auf niedriger Ebene der Schlüssel für die Leistungsfähigkeit ist. Im Idealfall sollte die Art und Weise, wie ein Programm arbeitet, nicht davon abhängen, wie die Zahlen dargestellt sind oder wie die Zeichen gepackt sind (um zwei Beispiele zu nennen). Der Preis, den man hinsichtlich der Leistungsfähigkeit zahlen muß, wenn man dieses Ideal anstrebt, ist jedoch oft zu hoch. In der Vergangenheit reagierten Programmierer in dieser Situation mit dem drastischen Schritt, zur Assembler- oder Maschinensprache überzugehen, wo es wenig Beschränkungen bezüglich der Darstellung gibt. Glücklicherweise besitzen höhere Programmiersprachen Mechanismen zur Schaffung sinnvoller Darstellungen, ohne daß solche extremen Wege beschritten werden müssen. Das gibt uns die Möglichkeit, so manchem wichtigen klassischen Algorithmus gerecht zu werden. Natürlich sind solche Mechanismen notwendigerweise maschinenabhängig, und wir werden sie nicht sehr ausführlich betrachten, außer um darauf hinzuweisen, wann sie geeignet sind. Auf diese Frage wird in den Kapiteln 10, 17 und 22 ausführlicher eingegangen, wo Algorithmen betrachtet werden, die auf der binären Darstellung von Daten beruhen.

Wir versuchen auch zu vermeiden, uns bei der Betrachtung von Algorithmen, die mit Zeichen und Zeichenfolgen operieren, mit Fragen der maschinenabhängigen Darstellung zu beschäftigen. Oft vereinfachen wir unsere Beispiele, indem wir nur mit den Großbuchstaben A bis Z arbeiten und dabei einen einfachen Code verwenden, bei dem der *i*-te Buchstabe des Alphabets durch die ganze Zahl *i* dargestellt wird. Die Darstellung von Zeichen und Zeichenfolgen ist ein derart fundamentaler Bestandteil der Schnittstelle zwischen Programmierer, Programmiersprache und Maschine, daß man sicher sein sollte, daß man sie vollständig versteht, bevor man Algorithmen für die Verarbeitung derartiger Daten implementiert; die in diesem Buch angegebenen Verfahren, die auf vereinfachten Darstellungen beruhen, lassen sich dann leicht anpassen.

Wann immer dies möglich ist, benutzen wir *ganze Zahlen* (int). Programme, die *Gleitkommazahlen* (float) verarbeiten, fallen in den Bereich der *numerischen Analysis*. Typisch ist, daß ihre Leistungsfähigkeit eng mit den mathematischen Eigenschaften der Darstellung zusammenhängt. Auf diese Frage kommen wir in den Kapiteln 37, 38, 39, 41 und 43 zurück, wo einige grundlegende numerische Algorithmen erörtert werden. Bis dahin geben wir ganzen Zahlen den Vorzug, selbst dort, wo reelle Zahlen geeigneter erscheinen mögen, um die geringe Effizienz und die Ungenauigkeit zu vermeiden, die normalerweise mit der Gleitkomma-Darstellung einhergeht.

Ein-/Ausgabe

Ein weiteres Gebiet, das wesentlich von der Maschine abhängt, ist die Wechselwirkung zwischen dem Programm und seinen Daten, die gewöhnlich als *Ein-* und *Ausgabe* bezeichnet wird. In Betriebssystemen bezieht sich dieser Begriff auf die Übertragung von Daten zwischen dem Computer und physischen Medien wie Magnetbändern oder Disketten; wir streifen solche Fragen nur in den Kapiteln 13 und 18. In den meisten Fällen suchen wir einfach einen systematischen Weg, um den Implementationen von Algorithmen Daten zukommen und die Ergebnisse ausgeben zu lassen, wie wir es beispielsweise im obigen gcd-Beispiel taten.

Wenn »Lesen« und »Schreiben« erforderlich ist, benutzen wir Standardmöglichkeiten von C, verwenden jedoch möglichst wenige von den zur Verfügung stehenden zusätzlichen Formatierungsmöglichkeiten. Auch hierbei besteht unser Ziel darin, die Programme kurz, übertragbar und leicht übersetzbar zu gestalten; eine Richtung, in der der Leser die Programme vielleicht verändern möchte, ist die Verbesserung ihrer Schnittstelle mit dem Anwender. Nur wenige moderne C- oder andere Programmierumgebungen benutzen tatsächlich `scanf` oder `printf` für die Bezugnahme auf ein externes Medium; stattdessen wenden sie sich normalerweise an »logische Geräte« oder »Ströme« von Daten. Auf diese Weise kann die Ausgabe von einem Programm als Eingabe für ein anderes Programm verwendet werden, ohne irgendein physisches Lesen oder Schreiben. Unser Bestreben, die Ein-/Ausgabe in unseren Implementierungen einfach und einheitlich zu gestalten, verbessert deren Anwendbarkeit in solchen Systemen.

Darüber hinaus ist es in vielen modernen Programmierumgebungen zweckmäßig und recht einfach, grafische Darstellungen zu verwenden, wie sie z.B. in den Abbildungen im gesamten Buch benutzt wurden. (Wie im Nachwort beschrieben, wurden diese Abbildungen tatsächlich von den Programmen selbst, mit einer erheblich verbesserten Schnittstelle versehen, erzeugt.)

Viele der Verfahren, die wir betrachten werden, sind für die Verwendung innerhalb größerer Anwendungssysteme bestimmt, so daß bei diesen die Ein-/Ausgabe der Daten besser über Parameter vonstatten geht. Dies ist das Verfahren, das für die obige Prozedur `gcd` benutzt wurde. Weiterhin verwenden verschiedene Implementierungen in den späteren Kapiteln des Buches Programme aus vorherigen Kapiteln. Um zu vermeiden, daß unsere Aufmerksamkeit von den Algorithmen selbst abgelenkt wird, widerstehen wir auch hier der Versuchung, die Implementierungen für die Verwendung als allgemeine Hilfsprogramme zu »bündeln«. Sicherlich sind viele der Implementierungen, die wir untersuchen, als Ausgangspunkt für solche Hilfsprogramme recht gut geeignet, doch muß eine große Zahl system- und anwendungsabhängiger Fragen, die wir hier nicht betrachten, im Rahmen der Entwicklung solcher Pakete auf zufriedenstellende Weise gelöst werden.

Oft schreiben wir Algorithmen so, daß sie mit »globalen« Daten operieren, um eine exzessive Parameterübergabe zu vermeiden. Zum Beispiel könnte die Funktion `gcd` direkt mit x und y operieren, anstatt mit den Parametern u und v zu arbeiten. Das ist in diesem Falle nicht gerechtfertigt, weil `gcd` eine wohldefinierte Funktion ihrer zwei Eingangsgrößen ist. Wenn andererseits jedoch mehrere Algorithmen mit denselben Daten operieren oder wenn umfangreiche Datenmengen übergeben werden, werden wir globale Variablen verwenden, um unsere Algorithmen nicht unnötig kompliziert formulieren zu müssen und um das unnötige Hin- und Herschieben von Daten zu vermeiden. In C und anderen Sprachen und Systemen stehen leistungsfähige Mittel zur Verfügung, um dies auf eine elegantere Art und Weise zu realisieren, aber auch hier sind wir wieder bestrebt, derartige Sprachabhängigkeiten nach Möglichkeit zu umgehen.

Abschließende Bemerkungen

In *The C Programming Language* und in den folgenden Kapiteln sind viele weitere Beispiele enthalten, die dem obigen Programm ähnlich sind. Dem Leser wird empfohlen, das Manual zu überfliegen, einige einfache Programme zu implementieren und zu testen und anschließend das Manual sorgfältig zu lesen, um mit der Mehrzahl der Merkmale von C genügend vertraut zu werden.

Die im vorliegenden Buch angegebenen C-Programme sollen als exakte Beschreibungen von Algorithmen, als Beispiele vollständiger Implementationen und als Ausgangspunkte für praktische Programme dienen. Wie schon erwähnt wurde, dürften Leser, die andere Sprachen beherrschen, wenig Schwierigkeiten haben, die Algorithmen in der vorliegenden Form in C zu lesen und sie dann in einer anderen Sprache zu implementieren. Beispielsweise hat eine Implementation des Euklidischen Algorithmus in Pascal die folgende Form:

```
program euclid(input,output);
  var x,y: integer;
function gcd(u,v: integer): integer;
    var t: integer;
    begin
    repeat
      if u<v then
        begin t:=u; u:=v; v:=t end;
      u:=u-v
    until u=0;
    gcd:=v
    end;
begin
while not eof do
  begin
  readln(x,y);
  if (x>0) and (y>0) then writeln(x,y,gcd(x,y))
  end;
end.
```

Für diesen Algorithmus liegt, wie beabsichtigt, eine nahezu Eins-zu-eins Beziehung zwischen den Anweisungen in C und in Pascal vor, obwohl in beiden Sprachen kürzere Implementationen möglich sind.

Übungen

1. Implementieren Sie die klassische Variante des Euklidischen Algorithmus, so wie sie in diesem Kapitel beschrieben wurde.
2. Überprüfen Sie, welche Werte Ihr C-System für u % v berechnet, wenn u und v nicht notwendigerweise positiv sind.
3. Implementieren Sie eine Prozedur für das Kürzen eines gegebenen Bruches auf seine reduzierte Form unter Verwendung einer Struktur struct fraction { int numerator; int denominator; }.
4. Schreiben Sie eine Funktion int convert (), die eine durch ein Leerzeichen abgeschlossene Dezimalzahl zeichenweise liest und den Wert dieser Zahl zurückgibt.
5. Schreiben Sie eine Funktion binary (int x), welche die Binärdarstellung einer Zahl ausgibt.
6. Geben Sie alle Werte an, die u und v annehmen, wenn gcd mit den Argumenten 12345 und 56789 aufgerufen wird.
7. Wie groß ist die genaue Anzahl der C-Anweisungen, die für den Aufruf in der vorangehenden Übung ausgeführt werden?
8. Schreiben Sie ein Programm zur Berechnung des größten gemeinsamen Teilers von *drei* ganzen Zahlen u, v und w.
9. Bestimmen Sie das größte Paar von Zahlen, die in Ihrem C-System als ganze Zahlen darstellbar sind und deren größter gemeinsamer Teiler 1 ist.
10. Implementieren Sie den Euklidischen Algorithmus in FORTRAN oder BASIC.

Kapitel 3

Elementare Datenstrukturen

In diesem Kapitel betrachten wir die grundlegenden Methoden der Organisation von Daten für die Verarbeitung durch Programme. Für viele Anwendungen ist die Wahl der richtigen Datenstruktur tatsächlich die einzige wesentliche Entscheidung, die bei der Implementation erforderlich ist; nachdem diese Wahl getroffen ist, werden nur noch sehr einfache Algorithmen benötigt. Für ein und dieselben Daten erfordern manche Datenstrukturen mehr oder weniger Platz als andere; für die gleichen Operationen mit den Daten führen manche Datenstrukturen zu mehr oder weniger effizienten Algorithmen als andere. Dieses Thema wird uns in diesem Buch durchgehend beschäftigen, da die Wahl des Algorithmus und die der Datenstruktur in enger Wechselwirkung stehen und wir ständig nach Wegen zur Einsparung von Zeit oder Platz durch die richtige Entscheidung bei dieser Wahl suchen.

Eine Datenstruktur ist kein passives Objekt; wir müssen stets die Operationen berücksichtigen, die mit ihr ausgeführt werden sollen (und die Algorithmen, die für diese Operationen verwendet werden). Dieses Konzept wird mit dem Begriff des abstrakten Datentyps formalisiert, den wir am Schluß dieses Kapitels erörtern werden. Unser vorrangiges Interesse gilt jedoch konkreten Implementationen, und wir werden uns auf spezifische Darstellungen und Operationen konzentrieren.

Wir werden uns mit Feldern, verketteten Listen, Stapeln, Schlangen und anderen einfachen Varianten beschäftigen. Das sind klassische Datenstrukturen mit einem breiten Anwendungsgebiet; zusammen mit den Bäumen (siehe Kapitel 4) bilden sie die Grundlage für praktisch alle Algorithmen, die in diesem Buch betrachtet werden. Im vorliegenden Kapitel behandeln wir grundlegende Darstellungsarten und fundamentale Verfahren zur Handhabung dieser Strukturen, arbeiten einige spezifische Beispiele für ihre Anwendung durch und erörtern damit zusammenhängende Fragen wie die Speicherverwaltung.

Felder

Die vielleicht grundlegendste Datenstruktur ist das Feld, welches in C und den meisten anderen Programmiersprachen als ein Grundelement definiert ist. Ein Feld ist eine feste Anzahl von einzelnen Daten, welche zusammenhängend gespeichert werden und über einen Index zugänglich sind. Wir bezeichnen das i-te Element eines Felds a mit a[i]. Der Programmierer ist dafür verantwortlich, daß etwas sinnvoll in einer Feldposition a[i] gespeichert wird, bevor darauf Bezug genommen wird; die Vernachlässigung dieser Forderung ist einer der häufigsten Programmierfehler.

Ein einfaches Beispiel für die Verwendung eines Feldes wird durch das folgende Programm gegeben, welches alle Primzahlen ausgibt, die kleiner als 1000 sind. Das zur Anwendung kommende Verfahren, das aus dem 3. Jahrhundert v. Chr. datiert, wird »Sieb des Eratosthenes« genannt:

```c
#define N 1000
main()
   {
     int i, j, a[N+1];
     for (a[1] = 0, i = 2; i <= N; i++) a[i] = 1;
     for (i = 2; i <= N/2; i++)
       for (j = 2; j <= N/i; j++)
         a[i*j] = 0;
     for (i = 1; i <= N; i++)
       if (a[i]) printf("%4d", i);
     printf("\n");
   }
```

Dieses Programm verwendet ein Feld, das aus dem einfachsten Typ von Elementen besteht, sogenannten logischen bzw. booleschen (0-1) Werten. Das Ziel des Programmes besteht darin, dem Element a[i] den Wert 1 zuzuweisen, falls i eine Primzahl ist, und andernfalls den Wert 0. Dies wird erreicht, indem für jedes i alle Elemente des Felds, die einem beliebigen Vielfachen von i entsprechen, auf 0 gesetzt werden, da eine Zahl, die ein Vielfaches einer anderen Zahl ist, keine Primzahl sein kann. Danach wird das Feld nochmals durchgegangen, wobei die Primzahlen ausgegeben werden. (Das Programm kann etwas effizienter gestaltet werden, indem vor der for-Schleife, die die j Werte durchläuft, der Test if (a[i]) eingefügt wird. Falls i nämlich keine Primzahl ist, müssen die Elemente des Feldes, die seinen sämtlichen Vielfachen entsprechen, bereits markiert worden sein.) Zu beachten ist, daß das Feld zuerst »initialisiert« wird. Dadurch wird angegeben, daß es keine Zahlen gibt, von denen bekannt ist, daß sie keine Primzahlen sind. Der Algorithmus setzt dann diejenigen Feldelemente auf 0, die Indizes entsprechen, die als Nicht-Primzahlen bekannt sind.

Das Sieb des Eratosthenes ist ein typisches Beispiel eines Algorithmus, der die Tatsache ausnutzt, daß jedes Element eines Feldes leicht angesprochen werden kann.

Weiterhin realisiert der Algorithmus einen sequentiellen Zugriff auf die Elemente des Feldes. In vielen Anwendungen ist eine sequentielle Anordnung wesentlich; in anderen Fällen wird eine sequentielle Anordnung genutzt, weil sie ebenso gut ist wie jede andere. Das Hauptmerkmal von Feldern besteht jedoch darin, daß, *falls der Index bekannt ist*, ein Zugriff auf jedes Element in konstanter Zeit möglich ist.

Die Größe des Feldes muß im voraus bekannt sein; um das obige Programm für einen anderen Wert von N ablaufen zu lassen, muß die Konstante N geändert werden, wonach das Programm kompiliert und ausgeführt wird. In manchen Programmierumgebungen ist es möglich, die Größe eines Feldes zum Zeitpunkt der Ausführung festzulegen (so daß man zum Beispiel einen Anwender den Wert von N eingeben lassen könnte und dann die Primzahlen ausgeben würde, die kleiner als N sind, ohne Speicherplatz dafür zu verschwenden, daß man ein Feld so groß definiert wie den größten Wert, den der Anwender eingeben darf). In C ist es möglich, diesen Effekt durch die richtige Benutzung des Mechanismus der Speicherzuweisung zu erzielen. Trotzdem bleibt es eine wesentliche Eigenschaft von Feldern, daß ihre Größe feststeht und bekannt sein muß, bevor sie verwendet werden.

Felder sind insofern grundlegende Datenstrukturen, als sie in einem direkten Zusammenhang zu Speichersystemen in praktisch allen Computern stehen. Um in der Maschinensprache den Inhalt eines Wortes aus dem Speicher zu bestimmen, geben wir eine Adresse an. Demnach könnten wir uns den gesamten Speicher eines Computers als ein Feld vorstellen, wobei die Speicheradressen den Feldindizes entsprechen. Die meisten Compiler übersetzen Programme, in denen Felder auftreten, in recht effiziente Programme in Maschinensprache, die direkt auf den Speicher zugreifen.

Ein weiteres gebräuchliches Verfahren zur Strukturierung von Information besteht in der Verwendung einer zweidimensionalen Tabelle von Zahlen, die in Zeilen und Spalten angeordnet sind. Zum Beispiel könnte eine Noten-Tabelle der Studenten eines Faches eine Zeile für jeden Studenten und eine Spalte für jede Arbeit, für die Noten erteilt wurde, besitzen. Auf einem Computer würde eine solche Tabelle als ein *zweidimensionales* Feld mit zwei Indizes dargestellt, einem für die Zeile und einem für die Spalte. Algorithmen, die mit solchen Strukturen operieren, sind sehr einfach: Um beispielsweise den Notendurchschnitt für eine Arbeit zu berechnen, bilden wir die Summe der Elemente einer Spalte und dividieren sie durch die Anzahl der Zeilen; um den Notendurchschnitt eines bestimmten Studenten zu ermitteln, addieren wir die Elemente einer Zeile und dividieren durch die Anzahl der Spalten. Zweidimensionale Felder werden bei Anwendungen dieser Art sehr oft benutzt. Darüber hinaus ist es auf einem Computer oft zweckmäßig und recht einfach, mehr als zwei Dimensionen zu verwenden: Ein Hochschullehrer könnte zum Beispiel einen dritten Index verwenden, um Tabellen der Noten von Studenten für eine Reihe aufeinanderfolgender Jahre zu führen.

Weiterhin besteht eine direkte Entsprechung zwischen Feldern und *Vektoren* (der mathematische Begriff für indizierte Listen von Objekten). In ähnlicher Weise entsprechen zweidimensionale Felder *Matrizen*. Algorithmen zur Behandlung dieser mathematischen Objekte werden wir in den Kapiteln 36 und 37 untersuchen.

Verkettete Listen

Die zweite zu behandelnde elementare Datenstruktur ist die *verkettete Liste*, welche in einigen Programmiersprachen (insbesondere in Lisp) als ein Grundelement definiert ist, nicht jedoch in C. C stellt aber einige elementare Operationen bereit, die die Verwendung verketteter Listen vereinfachen.

Der entscheidende Vorteil verketteter Listen gegenüber Feldern besteht darin, daß ihre Größe zu- und abnehmen kann, solange sie existieren; insbesondere muß ihre maximale Größe nicht im voraus bekannt sein. In praktischen Anwendungen wird es dadurch oft möglich, daß sich verschiedene Datenstrukturen den gleichen Speicherbereich teilen, ohne daß man zu irgendeinem Zeitpunkt speziell auf ihre jeweiligen Größen achten muß.

Ein zweiter Vorteil verketteter Listen ist, daß sie eine höhere Flexibilität ermöglichen, indem sie es gestatten, die Elemente in effizienter Weise umzuordnen. Diese Flexibilität wird auf Kosten eines schnellen Zugriffs auf ein beliebiges Element in der Liste erreicht. Das wird später noch klarer werden, nachdem wir einige der Haupteigenschaften verketteter Listen und einige der grundlegenden Operationen, die wir mit ihnen ausführen können, betrachtet haben.

Eine verkettete Liste ist eine Menge von Elementen, die — wie in einem Feld — sequentiell organisiert sind. In einem Feld wird die sequentielle Anordnung implizit bewirkt (durch die Position im Feld); in einer verketteten Liste verwenden wir eine explizite Anordnung, in welcher jedes Element Teil eines »Knotens« ist, der auch eine »Verkettung« zum nächsten Knoten enthält. Abbildung 3.1 zeigt eine verkettete Liste, bei der die Elemente durch Buchstaben dargestellt sind, die Knoten durch Kreise und die Verkettungen durch Linien, die die Knoten verbinden. Wir werden uns später im einzelnen ansehen, wie Listen im Computer dargestellt werden; einstweilen werden wir einfach die Begriffe »Knoten« und »Verkettungen« verwenden.

Schon die einfache Darstellung in Abbildung 3.1 macht zwei Details sichtbar, die wir beachten müssen. Erstens besitzt jeder Knoten eine Verkettung, so daß die Verkettung im letzten Knoten der Liste einen gewissen »nächsten« Knoten deklarieren muß. Wir vereinbaren, daß wir für diesen Zweck einen »Pseudoknoten« einführen, den wir `z` nennen wollen; der letzte Knoten der Liste zeigt auf `z`, und `z` zeigt auf sich selbst. Außerdem wollen wir vereinbaren, daß wir normalerweise auch am anderen Ende der Liste einen Pseudoknoten haben. Dieser Knoten, den wir *Kopf* (`head`) nennen, zeigt auf den ersten Knoten der Liste. Der Hauptzweck der Pseudoknoten besteht darin, bestimmte Operationen mit den Verkettungen, insbesondere mit denen, die mit dem ersten und dem letzten Knoten der Liste zusammenhängen, zu vereinfachen.

Abbildung 3.1 *Eine verkettete Liste.*

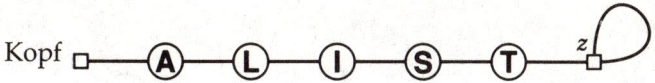

Abbildung 3.2 *Eine verkettete Liste mit ihren Pseudoknoten.*

Andere Vereinbarungen werden später erörtert. Abbildung 3.2 zeigt die Struktur einer Liste einschließlich dieser Pseudoknoten.

Diese explizite Darstellung der Anordnung macht es nun möglich, bestimmte Operationen wesentlich effizienter auszuführen, als dies für Felder möglich wäre. Nehmen wir zum Beispiel an, daß wir das T vom Ende der Liste an den Anfang setzen wollen. In einem Feld müßten wir jedes Element verschieben, um Platz für das neue Element am Anfang zu schaffen; in einer verketteten Liste verändern wir nur drei Verkettungen, wie Abbildung 3.3 zeigt. Die beiden in Abbildung 3.3 dargestellten Varianten sind äquivalent; sie sind lediglich auf unterschiedliche Weise gezeichnet. Wir lassen den T enthaltenden Knoten auf A, den S enthaltenden Knoten auf z, und *Kopf* auf T zeigen. Auch wenn die Liste sehr lang wäre, könnten wir diese Strukturänderung vornehmen, indem wir nur drei Verkettungen verändern.

Was noch wichtiger ist, wir können vom »Einfügen« eines Elements in eine verkettete Liste (deren Länge dadurch um 1 wächst) sprechen, einer Operation, die in einem Feld unnatürlich und schwierig ist. Abbildung 3.4 zeigt, wie X in unser Beispiel einer Liste eingefügt werden kann. Dazu fügen wir X in einen Knoten ein, der auf S zeigt, und lassen dann den I enthaltenden Knoten auf diesen neuen Knoten zeigen. Nur zwei Verkettungen müssen für diese Operation verändert werden, gleich, wie lang die Liste ist.

In analoger Weise können wir vom »Entfernen« eines Elements aus einer verketteten Liste sprechen (wodurch sich deren Länge um 1 verringert). Beispielsweise zeigt die dritte Liste in Abbildung 3.4, wie man X aus der zweiten Liste entfernen kann, indem man den Knoten, der I enthält, einfach auf S zeigen läßt, und X ausläßt. Nun existiert zwar der X enthaltende Knoten noch (tatsächlich zeigt er sogar immer noch auf S), und vielleicht sollte er auf irgendeine Weise beseitigt werden; entscheidend ist jedoch,

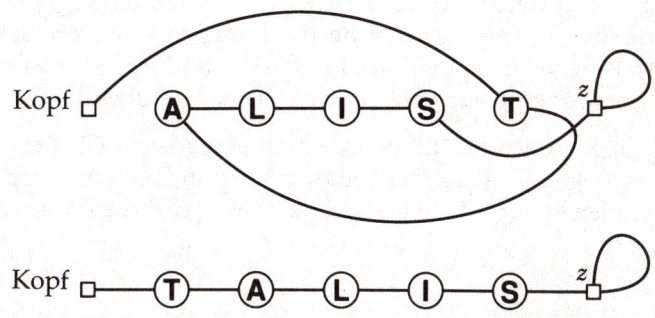

Abbildung 3.3 *Änderung der Reihenfolge in einer verketteten Liste.*

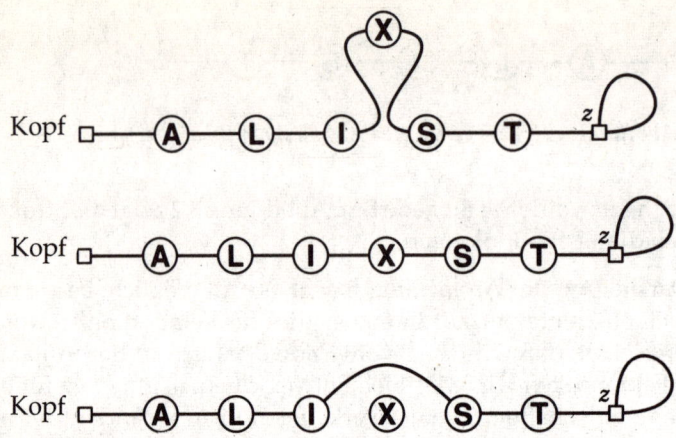

Abbildung 3.4 *Einfügen in eine verkettete Liste und Entfernen aus einer verketteten Liste.*

daß er kein Bestandteil dieser Liste mehr ist und nicht erreicht werden kann, indem man vom *Kopf* aus den Verkettungen folgt. Wir werden später noch darauf zurückkommen.

Andererseits gibt es Operationen, für welche verkettete Listen *nicht* gut geeignet sind. Am offensichtlichsten ist das beim »Finden des k-ten Elements« (Auffinden eines Elements, wenn sein Index gegeben ist): In einem Feld wird dies einfach durch den Zugriff a[k] realisiert, in einer Liste müssen wir dagegen k Verkettungen durchlaufen.

Eine weitere Operation, die für verkettete Listen unnatürlich ist, ist das »Finden des Elements *vor* einem gegebenen Element«. Wenn wir lediglich die Verkettung zu T in unserer Beispielliste haben, so besteht der einzige Weg zum Auffinden der Verkettung zu S darin, beim *Kopf* zu beginnen und die Liste durchzugehen, um den auf T zeigenden Knoten zu finden. Tatsache ist, daß diese Operation erforderlich ist, wenn wir in der Lage sein möchten, einen gegebenen Knoten aus einer verketteten Liste zu entfernen: Wie sollten wir sonst den Knoten finden, dessen Verkettung geändert werden muß? In vielen Anwendungen können wir dieses Problem umgehen, indem wir die grundlegende Operation des Entfernens in das »Entfernen des *nächsten* Knotens« umändern. Ein analoges Problem für das Einfügen kann vermieden werden, indem die grundlegende Operation des Einfügens als »Einfügen eines gegebenen Elements *nach* einem gegebenen Knoten in der Liste« formuliert wird.

C stellt elementare Operationen bereit, die es gestatten, verkettete Listen direkt zu implementieren. Der folgende Ausschnitt eines Programms ist ein Beispiel einer Implementation der elementaren Funktionen, die wir in diesem Zusammenhang erörtert haben.

```
struct node
  { int key; struct node *next; };
```

```
struct node *head, *z, *t;
listinitialize()
  {
    head = (struct node *) malloc(sizeof *head);
    z = (struct node *) malloc(sizeof *z);
    head->next = z; z->next = z;
  }
deletenext(struct node *t)
  { t->next = t->next->next; }
struct node *insertafter(int v, struct node *t)
  {
    struct node *x;
    x = (struct node *) malloc(sizeof *x);
    x->key = v; x->next = t->next;
    t->next = x;
    return x;
  }
```

Das genaue Format der Listen wird in der struct-Spezifikation beschrieben: Die Listen setzen sich aus *Knoten* (nodes) zusammen, wobei jeder Knoten eine ganze Zahl und einen Zeiger zum nächsten Knoten der Liste enthält. Der *Schlüssel* (key) ist hier nur der Einfachheit halber eine ganze Zahl; er könnte beliebig komplex sein. Der Zeiger ist der Schlüssel zur Liste. Die Variable head ist ein Zeiger zum ersten Knoten einer Liste; wir können die anderen Knoten der Reihe nach betrachten, indem wir den Zeigern folgen, bis wir z erreichen, wobei der Zeiger, der auf den Pseudoknoten zeigt, das Ende der Liste darstellt. Die »Pfeil-Schreibweise« (Minuszeichen, gefolgt von einem Zeichen »größer als«) wird in C benutzt, um Zeiger durch Strukturen zu verfolgen. Um uns auf den Knoten zu beziehen, auf den eine Verkettung verweist, schreiben wir die Bezeichnung dieser Verkettung, gefolgt von diesem Symbol. Zum Beispiel bezieht sich head->next->key auf das erste Element in einer Liste, head->next->next->key auf das zweite Element.

Die struct-Spezifikation beschreibt lediglich das Format der Knoten; Knoten können nur erzeugt werden, indem die Standardprozedur malloc aufgerufen wird. Zum Beispiel erzeugt der Aufruf z = (struct node *) malloc(sizeof *z) einen neuen Knoten, und legt in z einen Zeiger auf diesen ab. Der Leser wird sich an diese etwas umständliche Schreibweise für eine von der Idee her einfache Operation gewöhnen, da wir normalerweise malloc genau in dieser Weise aufrufen. Der Zweck von malloc besteht darin, den Programmierer von der Aufgabe der Speicherzuordnung für die Knoten zu entlasten, wenn sich die Liste verlängert. (Wir gehen auf diesen Mechanismus später noch genauer ein.) Es gibt eine entsprechende Standardprozedur free für das Entfernen, welche durch die aufrufende Routine benutzt werden kann. Andererseits kann der Knoten aber auch einer Liste hinzugefügt werden, obwohl er aus einer anderen Liste entfernt wurde.

Dem Leser wird empfohlen, diese Implementationen in C mit den oben gegebenen Erläuterungen zu vergleichen. Insbesondere ist es in diesem Stadium lehrreich, sich

zu überlegen, wozu die Pseudoknoten von Nutzen sind. Erstens würde die Prozedur
insert einen speziellen Test für das Einfügen am Anfang der Liste erfordern, wenn
man head auf den Beginn der Liste zeigen läßt, anstatt einen Knoten head einzuführen. Zweitens schützt die Vereinbarung für z die Prozedur delete (zum Beispiel)
vor einem Aufruf zum Entfernen eines Elements aus einer leeren Liste.

Eine weitere gebräuchliche Vereinbarung für das Beenden einer Liste besteht darin,
daß man den letzten Knoten auf den ersten zeigen läßt und dafür zumindest auf einen
der Pseudoknoten head oder z verzichtet. Dies wird zyklische Liste genannt: Sie gibt
einem Programm die Möglichkeit, die Liste immer wieder zu durchlaufen, solange
noch etwas in ihr enthalten ist. Die Verwendung eines Pseudoknotens ist manchmal
zweckmäßig, um den Anfang (und das Ende) der Liste zu markieren und die Behandlung des Falls einer leeren Liste zu erleichtern.

Es ist möglich, die Operation »Auffinden des Elements *vor* einem gegebenen Element« durch die Verwendung einer doppelt verketteten Liste zu unterstützen, in
welcher wir für jeden Knoten zwei Verkettungen festlegen: Eine zum vorhergehenden
Element und eine zum nachfolgenden. Der Preis für die Bereitstellung dieser zusätzlichen Möglichkeit ist die Verdopplung der Anzahl der Operationen mit den Verkettungen für jede Grundoperation. Dieses Verfahren wird daher normalerweise nur
dann angewandt, wenn es speziell benötigt wird. Wie oben erwähnt, kann jedoch in
dem Fall, wo ein Knoten entfernt werden soll und nur eine Verkettung zu diesem
Knoten zur Verfügung steht (er kann auch Bestandteil einer anderen Datenstruktur
sein), doppeltes Verbinden benötigt werden.

In späteren Kapiteln werden wir viele Anwendungsbeispiele für diese und andere
elementare Operationen mit verketteten Listen finden. Da die Operationen nur
wenige Anweisungen erfordern, arbeiten wir normalerweise direkt mit den Listen,
anstatt die obengenannten exakten Prozeduren zu benutzen. Als Beispiel betrachten
wir nun ein Programm zur Lösung des sogenannten »Problems des Josephus«, das
von der Art des Siebs des Eratosthenes ist. Dazu stellen wir uns vor, daß N Personen
beschlossen haben, einen Massenselbstmord zu begehen, indem sie sich in einem
Kreis aufstellen und jedesmal die M-te Person im Kreis töten, wobei sich immer
wieder die Reihen schließen, wenn eine Person aus dem Kreis ausscheidet. Das
Problem besteht darin, zu ermitteln, welche Person als letzte sterben wird (obwohl
vielleicht diese Person am Ende ihre Meinung ändern könnte!), oder allgemeiner, die
Reihenfolge zu bestimmen, in der die Personen sterben müssen. Falls zum Beispiel
$N = 9$ und $M = 5$ ist, werden die Personen in der Reihenfolge 5 1 7 4 3 6 9 2 8 getötet.
Das nachfolgende Programm liest N und M ein und gibt diese Reihenfolge aus:

```
struct node
   { int key; struct node *next; };
main()
   {
    int i, N, M;
    struct node *t, *x;
    scanf("%d %d", &N, &M);
```

```
      t = (struct node *) malloc(sizeof *t);
      t->key = 1; x = t;
      for (i = 2; i <= N; i++)
         {
            t->next = (struct node *) malloc(sizeof *t);
            t = t->next;
            t->key = i;
         }
      t->next = x;
      while (t != t->next)
         {
            for (i = 1; i < M; i++) t = t->next;
            printf("%d ", t->next->key);
            x = t->next;
            t->next = t->next->next;
            free(x);
         }
      printf("%d\n", t->key);
   }
```

Das Programm verwendet eine zyklische Liste, um die Folge der Hinrichtungen direkt zu simulieren. Zunächst wird die Liste mit Schlüsseln von 1 bis N aufgebaut: Die Variable x bezeichnet den Anfang der Liste, während diese aufgebaut wird, und danach wird der Zeiger im letzten Knoten in der Liste auf x gerichtet. Anschließend realisiert das Programm das Durchlaufen der Liste, wobei es $M-1$ Elemente abzählt und das nächstfolgende entfernt, so lange, bis nur ein Element übrigbleibt (welches dann auf sich selbst zeigt). Man beachte den Aufruf von free für das Entfernen, welches einer Hinrichtung entspricht; dies ist das Gegenstück zu malloc, wie oben erwähnt wurde.

Speicherzuweisung

Wie oben gezeigt wurde, ermöglichen die Zeiger von C einen bequemen Weg für die Implementierung von Listen, doch es gibt hierzu Alternativen. In diesem Abschnitt erläutern wir, wie *Felder* verwendet werden können, um verkettete Listen zu implementieren, und wie dies mit der tatsächlichen Darstellung der Listen in einem C-Programm zusammenhängt. Wie schon gesagt, sind Felder eine recht direkte Darstellung des Speichers des Computers, so daß die Analyse der Art und Weise, wie eine Datenstruktur als Feld implementiert wird, einen gewissen Einblick vermitteln wird, wie sie auf einer niedrigen Ebene im Computer dargestellt werden könnte. Insbesondere ist es interessant zu sehen, wie verschiedene Listen gleichzeitig dargestellt werden könnten.

Bei der Darstellung einer verketteten Liste als Array benutzen wir Indizes anstelle von Verkettungen. Wir könnten so vorgehen, daß wir ein Feld von Datensätzen der

obigen Art definieren, dabei aber *ganze Zahlen* (integer) (für die Feldindizes) anstelle
der Zeiger für das *nächste* Feld (next) verwenden. Eine Alternative, die sich oft als
geeigneter erweist, ist die Verwendung von »parallelen Feldern«: Wir bewahren die
Elemente in einem Feld key und die Verkettungen in einem Feld next auf. Somit
verweist key[next[head]] auf das erste Element in der Liste, key[next[next
[head]]] auf das zweite, usw. Der Vorteil bei der Verwendung paralleler Felder liegt
darin, daß die Struktur den Daten »übergestülpt« werden kann: Das Feld key enthält
einzig und allein Daten, während die gesamte Struktur in dem parallelen Feld next
gespeichert ist. Beispielsweise kann eine andere Liste unter Verwendung des gleichen
Datenfeldes und eines anderen parallelen »Verkettungsfeldes« aufgebaut werden,
oder es können weitere Daten mit Hilfe weiterer paralleler Felder hinzugefügt werden. Der folgende Code implementiert die elementaren Listenoperationen unter
Verwendung von parallelen Feldern:

```
int key[max+2], next[max+2];
int x, head, z;
listinitialize()
    {
      head = 0; z = 1; x = 2;
      next[head] = z; next[z] = z;
    }
deletenext(int t)
    { next[t] = next[next[t]]; }
int insertafter(int v, int t)
    {
      key[x] = v; next[x] = next[t];
      next[t] = x;
      return x++;
    }
```

Jeder Aufruf der Speicherzuweisungsfunktion malloc wird durch einfaches Inkrementieren des »Zeigers« x ersetzt: Er zeigt jeweils auf die nächste unbesetzte Position
im Feld.

Abbildung 3.5 zeigt, wie die Liste aus unserem Beispiel in parallelen Feldern dargestellt werden könnte und in welcher Beziehung diese Darstellung zu der von uns
verwendeten grafischen Darstellung steht. Auf der linken Seite sind die Felder key und
next so zu sehen, wie sie erscheinen, wenn S L A I T in eine ursprünglich leere Liste
eingefügt werden, wobei S, L und A nach head, I nach L und T nach S eingefügt werden.
Head nimmt die Position 0 und z die Position 1 ein (dies wird durch listinitialize
gesetzt); da next[0] den Wert 4 hat, ist das erste Element in der Liste key[4] (A); da
next[4] den Wert 3 hat, ist das zweite Element in der Liste key[3] (L) usw. In der
zweiten Skizze von links sind die Indizes für das Feld next durch Linien ersetzt worden:
Anstatt eine »4« auf next[0] zu setzen, zeichnen wir eine Linie vom Knoten 0 hinunter
zum Knoten 4 usw. In der dritten Skizze entwirren wir die Verkettungen, so daß die

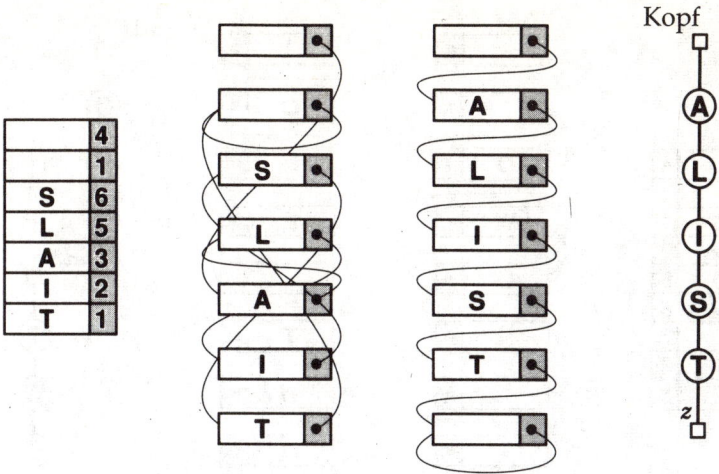

Abbildung 3.5 *Implementation einer verketteten Liste als Feld.*

Elemente der Liste nacheinander angeordnet werden; auf der rechten Seite zeichnen wir schließlich die Knoten einfach in unserer üblichen grafischen Darstellung.

Die Kernfrage besteht in der Überlegung, wie die Standard-Prozeduren `malloc` und `free` implementiert werden können. Wir setzen voraus, daß der einzige Platz für Knoten und Verkettungen die Felder sind, die wir benutzt haben; diese Annahme führt uns zu dem Problem, daß das System Möglichkeiten bieten soll, innerhalb einer fixen Datenstruktur (dem Speicher selbst) andere schrumpfende und wachsende Datenstrukturen zur Verfügung zu stellen. Nehmen wir zum Beispiel an, daß der A enthaltende Knoten aus dem Beispiel in Abbildung 3.5 entfernt und dann freigegeben werden soll. Es ist eine Sache, die Verkettungen so umzuordnen, daß dieser Knoten nicht mehr in der Liste verkettet ist, doch was tun wir mit dem Platz, der durch diesen Knoten belegt wird? Und wie finden wir Platz für einen Knoten, wenn `new` aufgerufen wird und mehr Platz benötigt wird?

Beim Nachdenken über diese Fragen wird der Leser sehen, daß die Lösung klar ist: Es muß eine verkettete Liste verwendet werden, um die Übersicht über den freien Platz zu behalten! Wir bezeichnen diese Liste als die »free-list«. Wenn wir dann einen Knoten aus unserer Liste *entfernen*, geben wir ihn frei, indem wir ihn in die free-list *einfügen*, und wenn wir einen *neuen* Knoten benötigen, bekommen wir ihn, indem wir ihn aus der free-list *entfernen*. Dieser Mechanismus ermöglicht es, daß mehrere verschiedene Listen das gleiche Feld belegen.

Ein einfaches Beispiel mit zwei Listen (aber ohne free-list) ist in Abbildung 3.6 dargestellt. Es sind zwei als Listenkopf dienende Knoten hd1=0 und hd2=6 vorhanden, doch beide Listen können sich das gleiche z teilen. (Um mehrfache Listen

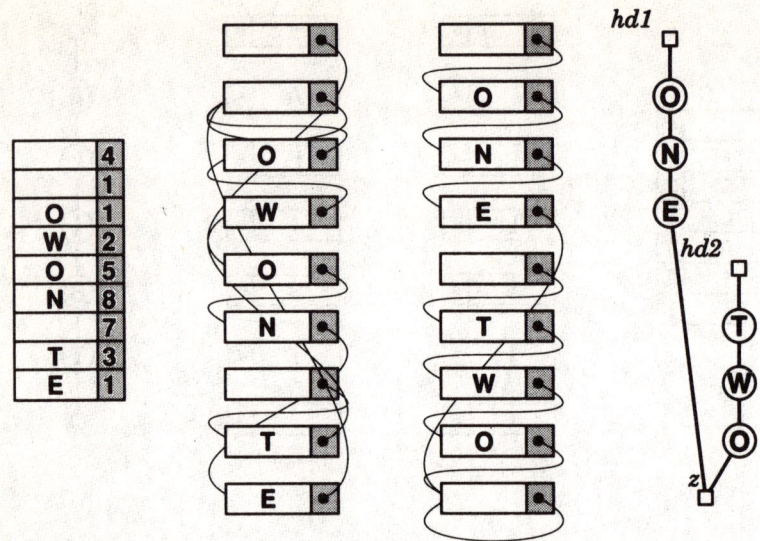

Abbildung 3.6 *Zwei Listen, die sich in den gleichen Platz teilen.*

aufzubauen, müßte die oben angegebene Prozedur `listinitialize` modifiziert werden, so daß mehr als ein Kopf verwaltet werden kann.) Nun hat `next[0]` den Wert 4, daher ist das erste Element in der ersten Liste `key[4]` (O); da `next[6]` den Wert 7 hat, ist das erste Element in der zweiten Liste `key[7]` (T), usw. Die anderen Skizzen von Abbildung 3.6 zeigen das Ergebnis des Ersetzens der Werte von `next` durch Linien, das Entwirren der Knoten und den Übergang zu unserer einfachen grafischen Darstellung, genau wie im Falle von Abbildung 3.5. Die gleiche Methode könnte angewandt werden, um mehrere Listen im gleichen Feld zu speichern, wobei eine von ihnen — wie oben beschrieben — eine free-list wäre.

Wenn die Speicherverwaltung durch das System gewährleistet wird, wie dies in C der Fall ist, gibt es keinen Grund, in der dargestellten Weise einzugreifen. Die obige Beschreibung dient der Veranschaulichung der Art und Weise, wie die Speicherverwaltung durch das System erfolgt. (Wenn das System des Lesers keine Speicherverwaltung realisiert, liefert die obige Beschreibung einen Ausgangspunkt für deren Verwirklichung.) Das tatsächliche Problem, welches das System lösen muß, ist noch wesentlich komplizierter, da nicht alle Knoten die gleiche Größe haben müssen. Weiterhin befreien manche Systeme den Anwender von der Notwendigkeit, Knoten explizit *freizugeben*, indem sie »garbage collection«-Algorithmen zum Entfernen aller Knoten, auf die sich keine der Verkettungen bezieht, benutzen. Eine Reihe recht eleganter Algorithmen zur Speicherverwaltung wurde entwickelt, um diese beiden Situationen handzuhaben.

Stapel

Wir haben uns bisher auf die Strukturierung von Daten konzentriert, um Elemente nach Belieben einfügen, entfernen oder einen Zugriff auf sie ermöglichen zu können. In der Realität erweist es sich, daß es für viele Anwendungen ausreichend ist, verschiedene (recht erhebliche) Einschränkungen zu betrachten. Diese Einschränkungen beziehen sich auf den Zugriff auf die Datenstruktur. Solche Einschränkungen sind in zweierlei Hinsicht günstig: Erstens können sie das Programm, welches die Datenstruktur benutzt, von der Notwendigkeit befreien, sich mit ihren Details zu beschäftigen (zum Beispiel die Übersicht über die Verkettungen zu oder die Indizes von Elementen zu bewahren); zweitens ermöglichen sie einfachere und flexiblere Implementationen, da weniger Operationen unterstützt werden müssen.

Die wichtigste Datenstruktur mit beschränktem Zugriff ist der *Stapel*. Nur zwei Grundoperationen treten auf: Man kann ein Element auf dem Stapel *ablegen* (push) (d. h. man kann es am Anfang einfügen), und man kann ein Element *entnehmen* (pop) (d. h. vom Anfang entfernen). Ein Stapel funktioniert in gewissem Sinne ähnlich wie das Schubfach »Eingänge« eines vielbeschäftigten Beamten: Die Arbeit stapelt sich zu einem Stoß, und immer, wenn der Beamte Zeit findet, eine Arbeit zu erledigen, nimmt er sie von der Spitze des Stapels. Dies kann bedeuten, daß manches längere Zeit am Boden des Stapels liegenbleibt, doch wird es einem guten Beamten vermutlich gelingen, den Stapel hin und wieder ganz abzuarbeiten. Es zeigt sich, daß ein Programm manchmal in natürlicher Weise in dieser Form organisiert ist, indem manche Aufgaben aufgeschoben werden, während andere erledigt werden, und daß folglich der Stapel die grundlegende Datenstruktur für viele Algorithmen darstellt.

Wir werden in den nachfolgenden Kapiteln sehr viele Anwendungen von Stapeln kennenlernen. Als ein einführendes Beispiel wollen wir uns ansehen, wie Stapel bei der Auswertung arithmetischer Ausdrücke Verwendung finden. Es wird angenommen, daß der Wert eines einfachen arithmetischen Ausdrucks bestimmt werden soll, in dem Multiplikationen und Additionen von ganzen Zahlen vorkommen, wie etwa

$$5*(((9+8)*(4*6))+7).$$

Ein Stapel ist der ideale Mechanismus für die Speicherung von Zwischenergebnissen einer solchen Rechnung. Das obige Beispiel könnte mit den folgenden Aufrufen berechnet werden:

```
push(5);
push(9);
push(8);
push(pop()+pop());
push(4);
push(6);
push(pop()*pop());
push(pop()*pop());
push(7);
```

```
push(pop()+pop());
push(pop()*pop());
printf("%d\n", pop());
```

Die Reihenfolge, in der die Operationen ausgeführt werden, wird durch die Klammern in dem Ausdruck und durch die Vereinbarung, daß wir von links nach rechts vorgehen, bestimmt. Auch andere Vereinbarungen sind möglich; im obigen Beispiel könnte etwa 4*6 vor 9+8 berechnet werden. Außerdem ist in C die Reihenfolge, in der die zwei Operationen pop() ausgeführt werden, nicht spezifiziert, so daß für nicht kommutative Operatoren, wie Subtraktion und Division, ein etwas komplizierterer Kode benötigt wird.

Manche Rechner und manche Sprachen für Berechnungen bauen ihre Berechnungsmethode ausdrücklich auf derartigen Stapel-Operationen auf: Für jede Operation werden die Parameter aus dem Stapel entnommen, und ihre Ergebnisse werden wieder im Stapel abgelegt. Wie wir in Kapitel 5 sehen werden, entstehen Stapel häufig auf implizite Weise, auch wenn sie nicht explizit verwendet werden.

Die grundlegenden Stapel-Operationen lassen sich unter Verwendung verketteter Listen leicht implementieren, etwa wie in der folgenden Implementierung:

```
static struct node
  { int key; struct node *next; };
static struct node *head, *z, *t;
stackinit()
  {
    head = (struct node *) malloc(sizeof *head);
    z = (struct node *) malloc(sizeof *z);
    head->next = z; head->key = 0;
    z->next = z;
  }
push(int v)
  {
    t = (struct node *) malloc(sizeof *t);
    t->key = v; t->next = head->next;
    head->next = t;
  }
int pop()
  {
    int x;
    t = head->next; head->next = t->next;
    x = t->key;
    free(t);
    return x;
  }
int stackempty()
  { return head->next == z; }
```

(Diese Implementation beinhaltet auch Code zur Initialisierung eines Stapels und zur Ausführung eines Tests, ob er leer ist.) In einer Anwendung, in der nur ein Stapel verwendet wird, können wir annehmen, daß die globale Variable *head* die Verkettung zum Stapel ist; anderenfalls können die Implementationen so modifiziert werden, daß ebenfalls eine Verkettung der Stapel hergestellt wird.

Die Reihenfolge der Berechnung im obigen Beispiel eines arithmetischen Ausdrucks erfordert, daß die Operanden *vor* dem Operator erscheinen, damit sie sich im Stapel befinden, wenn der Operator auftritt. Jeder arithmetische Ausdruck kann in dieser Weise umgeschrieben werden; das obige Beispiel entspricht dem Ausdruck

598+ 46**7+ *.

Dies wird als *umgekehrte polnische* Notation (da sie von einem polnischen Logiker eingeführt wurde) oder *Postfix*-Notation bezeichnet. Der herkömmliche Weg der Schreibweise arithmetischer Ausdrücke wird *Infix*-Notation genannt. Eine interessante Eigenschaft der Postfix-Notation besteht darin, daß keine Klammern erforderlich sind; bei der Infix-Notation werden sie benötigt, um beispielsweise 5*(((9+8)*(4*6))+7) von ((5*9)+8)*((4*6)+7) zu unterscheiden. Das folgende Programm wandelt einen zulässigen, vollständig mit Klammern versehenen Infix-Ausdruck in einen Postfix-Ausduck um:

```
char c;
for (stackinit(); scanf("%1s", &c) != EOF; )
  {
    if (c == ')') printf("%1c", (char) pop());
    if (c == '+') push((int) c);
    if (c == '*') push((int) c);
    while (c>='0' && c<='9')
      { printf("%1c",c); scanf("%1c",&c); }
    if (c != '(') printf(" ");
  }
printf("\n");
```

Operatoren werden im Stapel abgelegt, und Argumente werden einfach durchgereicht. Wir bemerken, daß Argumente im Postfix-Ausdruck in der gleichen Reihenfolge erscheinen wie im Infix-Ausdruck. Ferner besagt jede rechte Klammer, daß beide Parameter für den letzten Operator ausgegeben worden sind, so daß der Operator selbst aus dem Stapel geholt und ausgegeben werden kann. Der Einfachheit halber führt dieses Programm keine Prüfung auf Fehler bei der Eingabe durch und erfordert Leerzeichen zwischen Operatoren, Klammern und Operanden. Es ist interessant anzumerken, daß, da wir nur Operatoren mit genau zwei Operanden benutzen, die linken Klammern im Infix-Ausdruck nicht benötigt werden (und dieses Programm überspringt sie).

Der Hauptgrund für die Verwendung der Postfix-Notation besteht darin, daß die Berechnung, wie in dem folgenden Programm, in einer sehr einfachen Weise mit einem Stapel ausgeführt werden kann:

```
    char c; int x;
    for (stackinit(); scanf("%1s", &c)!= EOF; )
      {
        x = 0;
        if (c == '+') x = pop()+pop();
        if (c == '*') x = pop()*pop();
        while (c>='0' && c<='9')
          { x = 10*x + (c-'0'); scanf("%1c", &c); }
        push(x);
      }
    printf("%d\n", x);
```

Dieses Programm liest jeden beliebigen Postfix-Ausdruck, in dem Multiplikationen und Additionen von ganzen Zahlen auftreten, und gibt dann den Wert des Ausdrucks aus. Leerzeichen werden ignoriert, und die `while`-Schleife wandelt ganze Zahlen vom Zeichenformat in das Zahlenformat für die Berechnung um. Ansonsten ist die Arbeitsweise des Programms sehr einfach. Ganze Zahlen (Operanden) werden im Stapel abgelegt, und Multiplikation und Addition ersetzen die beiden obersten Elemente des Stapels durch das Ergebnis der Operation.

Wenn die maximale Größe eines Stapels im voraus angegeben werden kann, kann es zweckmäßig sein, wie in der folgenden Implementation anstelle einer verketteten Liste eine Darstellung in Form eines Feldes zu benutzen:

```
#define max 100
static int stack[max+1],p;
push(int v)
  { stack[p++] = v; }
int pop()
  { return stack[-p]; }
stackinit()
  { p = 0; }
int stackempty()
  { return !p; }
```

Die Variable p ist eine globale Variable, die die Position des Stapelanfangs registriert. Dies ist eine sehr einfache Implementation, durch die die Verwendung von zusätzlichem Platz für Verkettungen vermieden wird; der Preis dafür ist die eventuelle Platzverschwendung durch die Bereitstellung von Raum für den Stapel maximaler

Abbildung 3.7 Dynamische Merkmale eines Stapels.

Größe. Der obige Kode prüft nicht, ob der Benutzer versucht, ein Element in einem vollen Stapel abzulegen oder aus einem leeren Stapel zu entnehmen, obwohl wir einen Weg finden können, um letzteres zu prüfen.

Abbildung 3.7 zeigt, wie sich ein exemplarischer Stapel in Folge der Reihe von push- und pop-Operationen verändert, die sich aus der Eingabefolge

$A * S A * M * P * L * E S * T * * * A * C K * *$

ergeben.

Das Auftreten eines Buchstaben in dieser Liste bedeutet »Ablegen« (des Buchstabens) (push); das Sternchen bedeutet »Entnehmen« (pop).

Dabei ist es typisch, daß für eine große Zahl von Operationen nur ein kleiner Stapel benötigt wird. Wenn man sicher ist, daß dies der Fall ist, so kann eine Felddarstellung verwendet werden. Andernfalls kann eine verkettete Liste dem Stapel die Möglichkeit geben, sich auf elegante Weise zu vergrößern und zu verkleinern, besonders dann, wenn es sich um eine von vielen solcher Datenstrukturen handelt.

Schlangen

Eine weitere grundlegende Datenstruktur mit beschränktem Zugriff wird *Schlange* genannt. Auch diesmal werden nur zwei elementare Operationen benutzt: Man kann ein Element am Anfang in die Schlange *einfügen* und ein Element vom Ende *entfernen*. Vielleicht *sollte* das Schubfach »Eingänge« unseres vielbeschäftigten Beamten wie eine Schlange funktionieren, da in diesem Falle die Arbeit, die zuerst eingeht, auch zuerst erledigt würde. In einem Stapel kann etwas am Boden vergraben bleiben, in einer Schlange dagegen wird alles in der Reihenfolge des Eintreffens bearbeitet.

Obwohl man Stapel häufiger als Schlangen vorfindet, was in ihrem grundlegenden Zusammenhang mit der Rekursion begründet ist (siehe Kapitel 5), werden wir auch auf Algorithmen stoßen, für die die Schlange die natürliche Datenstruktur ist. Von Stapeln wird gesagt, daß sie nach dem Prinzip »last in, first out« (LIFO) arbeiten, während für Schlangen das Prinzip »first in, first out« (FIFO) gilt.

Die Realisierung der Schlangenoperationen mittels einer verketteten Liste ist sehr einfach und wird dem Leser als Übung überlassen. Wie bei Stapeln kann auch ein Feld verwendet werden, wenn sich, wie in der folgenden Implementation, die maximale Größe abschätzen läßt:

```
#define max 100
static int queue[max+1],head,tail;
put(int v)
  {
    queue[tail++] = v;
    if (tail > max) tail = 0;
```

```
    }
  int get ()
  {
      int t = queue [head++];
      if (head > max) head = 0;
      return t;
  }
  queueinit ()
    { head = 0; tail = 0; }
  int queueempty ()
    { return head == tail; }
```

Es ist notwendig, zwei Indizes festzuhalten; einen für den Anfang der Schlange
(head) und einen für das Ende (tail). Den Inhalt der Schlange bilden alle Elemente
im Feld zwischen head und tail, wobei das »Umlenken« zurück auf 0 zu berücksichtigen ist, wenn das Ende des Feldes erreicht wird. Falls head und tail übereinstimmen, wird die Schlange als leer definiert; würden sie dagegen nach einer Operation put übereinstimmen, so wird sie als voll definiert (obwohl wir auch diesmal
diese Prüfung nicht in den obigen Kode aufnehmen).

Abbildung 3.8 zeigt, wie sich eine Beispiel-Schlange in Folge der Reihe von get- und
put-Operationen verändert, die sich aus der Eingabefolge

*A * S A * M * P * L E * Q * * * U * E U * * E **

ergeben.

Das Auftreten eines Buchstabens bedeutet »Setzen« (put) (des Buchstabens); das
Sternchen bedeutet »Holen« (get).

In Kapitel 20 treffen wir auf eine deque (»double-ended queue«, Warteschlange mit
beidseitigem Zugriff), wobei es sich um eine Kombination eines Stapels und einer
Schlange handelt. In den Kapiteln 4 und 30 erörtern wir grundlegende Beispiele, die
die Anwendung einer Schlange als einen Mechanismus, der die Untersuchung von
Bäumen und Graphen ermöglicht, erfordern.

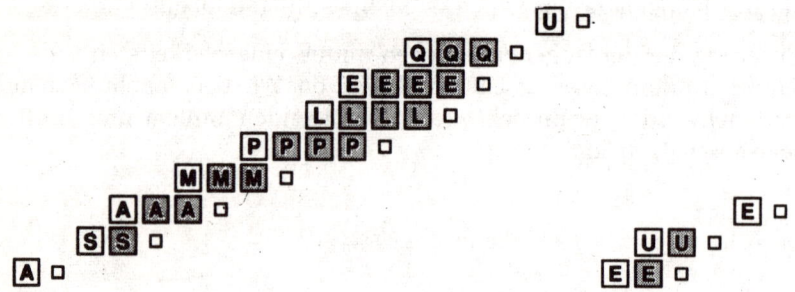

Abbildung 3.8 Dynamische Merkmale einer Schlange.

Abstrakte Datentypen

Wir haben weiter oben gesehen, daß es oft zweckmäßiger ist, Algorithmen und Datenstrukturen mit Hilfe der auszuführenden Operationen zu beschreiben, als durch Einzelheiten der Implementation. Wenn eine Datenstruktur auf diese Weise definiert ist, wird sie *abstrakter Datentyp* genannt. Die Grundidee besteht darin, die »Vorstellung« davon, was die Datenstruktur leisten sollte, von jedweder speziellen Implementation zu trennen.

Das entscheidende Merkmal eines abstrakten Datentyps besteht darin, daß nichts, was sich außerhalb der Definitionen der Datenstruktur und der mit ihr operierenden Algorithmen befindet, auf irgendetwas Bezug nehmen darf, was sich innerhalb befindet, außer über Funktions- und Prozeduraufrufe für die grundlegenden Operationen. Der hauptsächliche Anlaß für die Entwicklung von abstrakten Datentypen bestand darin, daß ein Mechanismus für die Organisation umfangreicher Programme benötigt wurde. Durch abstrakte Datentypen ergibt sich ein Weg, um die Größe und Komplexität der Schnittstelle zwischen (potentiell komplizierten) Algorithmen und zugehörigen Datenstrukturen und (einer potentiell großen Anzahl von) Programmen, die die Algorithmen und Datenstrukturen verwenden, in Grenzen zu halten. Dadurch wird es leichter, das umfangreiche Programm zu verstehen, und es wird einfacher, die grundlegenden Algorithmen zu verändern oder zu verbessern.

Stapel und Schlangen sind klassische Beispiele von abstrakten Datentypen: Die meisten Programme brauchen sich nur mit ein paar wohldefinierten elementaren Operationen zu beschäftigen, aber nicht mit den Details von Verkettungen und Indizes.

Felder und verkettete Listen können umgekehrt als Weiterentwicklungen eines elementaren abstrakten Datentyps betrachtet werden, der lineare Liste genannt wird. Sie alle können solche Operationen wie *Einfügen*, *Entfernen* und *Zugreifen*, angewandt auf eine zugrunde liegende elementare Struktur von sequentiell angeordneten Elementen, unterstützen. Diese Operationen genügen, um die Algorithmen zu beschreiben, und die Abstraktion der linearen Liste kann in den Anfangsstadien der Entwicklung von Algorithmen von Nutzen sein. Wie wir jedoch gesehen haben, liegt es im Interesse des Programmierers, sorgfältig zu definieren, welche Operationen verwendet werden sollen, da die verschiedenen Implementationen sehr unterschiedliche Leistungsmerkmale haben können. Zum Beispiel wäre es aufwendig, für das Sieb des Eratosthenes anstelle eines Feldes eine verkettete Liste zu verwenden, da die Effizienz dieses Algorithmus davon abhängt, daß man in der Lage ist, von jeder Position im Feld schnell zu jeder anderen zu gelangen, während die Benutzung eines Feldes anstelle einer verketteten Liste für das Problem des Josephus aufwendig wäre, da die Effizienz des Algorithmus vom Verschwinden entfernter Elemente abhängt.

Mit den linearen Listen bieten sich viele weitere Operationen an, die wesentlich kompliziertere Algorithmen und Datenstrukturen für eine effiziente Unterstützung erfordern. Die beiden wichtigsten sind das *Sortieren* der Elemente nach der wachsenden Folge ihrer Schlüssel (Gegenstand der Kapitel 8-13) und das *Suchen* eines Elements mit einem bestimmten Schlüssel (Gegenstand der Kapitel 14-18).

Ein abstrakter Datentyp kann verwendet werden, um einen anderen zu definieren: Wir benutzen verkettete Listen und Felder, um Stapel und Schlangen zu definieren. Tatsächlich verwenden wir die von C bereitgestellten Abstraktionen »Zeiger« (pointer) und »Datensatz« (record), um verkettete Listen aufzubauen, und die von C bereitgestellte Abstraktion »Feld« (array) zum Aufbau von Feldern. Außerdem sahen wir weiter oben, daß wir verkettete Listen mit Feldern aufbauen können. In Kapitel 36 werden wir sehen, daß Felder manchmal mit Hilfe verketteter Listen aufgebaut werden sollten! Der wirkliche Vorteil abstrakter Datentypen besteht darin, daß es uns dadurch möglich wird, auf geeignete Weise umfangreiche Systeme auf verschiedenen Abstraktionsebenen zu konstruieren. Diese Abstraktionsebenen reichen von den Anweisungen in Maschinensprache, die vom Computer verwendet werden, über die vielfältigen Möglichkeiten, die die Programmiersprache bietet, bis zum Sortieren, Suchen und anderen hochentwickelten Möglichkeiten, wie sie durch in diesem Buch behandelte Algorithmen geschaffen werden, ja sogar bis hin zu den noch höheren Abstraktionsebenen, welche die Anwendung implizieren könnte.

Im vorliegenden Buch haben wir es mit relativ kleinen Programmen zu tun, die recht eng mit den zu ihnen gehörigen Datenstrukturen verknüpft sind. Solange es möglich ist, an der Schnittstelle zwischen unseren Algorithmen und ihren Datenstrukturen von Abstraktion zu sprechen, ist es tatsächlich zweckmäßiger, wenn wir uns auf höhere Abstraktionsebenen (näher zur Anwendung) konzentrieren; die Idee der Abstraktion sollte uns dabei nicht hindern, die effizienteste Lösung für ein spezielles Problem zu finden. Wir stellen uns hier auf den Standpunkt, daß es auf die Leistungsfähigkeit ankommt! Programme, bei deren Entwicklung dies beachtet wurde, kann man dann mit einiger Zuversicht bei der Entwicklung höherer Abstraktionsebenen für umfangreiche Systeme benutzen.

Gleichgültig, ob abstrakte Datentypen explizit verwendet werden oder nicht (wir benutzen den durch C bereitgestellten Mechanismus `static`, um dort, wo es zweckmäßig ist, Datenstruktur-Darstellungen zu verbergen), befreit uns das nicht von der Pflicht, genau zu formulieren, was unsere Algorithmen tun. Tatsächlich ist es oft zweckmäßig, die Schnittstellen mit den hier bereitgestellten Algorithmen und Datenstrukturen als abstrakte Datentypen zu definieren; Beispiele hierzu sind in den Kapiteln 11 und 14 zu finden. Darüber hinaus ist der Anwender der Algorithmen und Datenstrukturen verpflichtet, klar festzulegen, was er von ihnen erwartet — die richtige Kommunikation zwischen dem Nutzer eines Algorithmus und demjenigen, der ihn implementiert (auch wenn das ein und dieselbe Person ist) ist der Schlüssel zum Erfolg beim Aufbau umfangreicher Systeme. Programmierumgebungen, die die Entwicklung großer Systeme unterstützen, besitzen Möglichkeiten, die es gestatten, dies auf systematische Weise zu tun.

Wie schon erwähnt wurde, bestehen reale Datenstrukturen selten einfach aus ganzen Zahlen und Verkettungen. Knoten enthalten oft eine große Menge an Informationen und können zu etlichen unabhängigen Datenstrukturen gehören. Zum Beispiel kann eine Datei, die aus Personaldaten besteht, Datensätze mit Namen, Adressen und verschiedenen anderen Informationen über Angestellte enthalten, und jeder Datensatz kann zu einer Datenstruktur für das Suchen nach bestimmten Angestellten gehören, zu einer anderen Datenstruktur für die Beantwortung statistischer Fragen usw. Selbst wenn man nur die in diesem Kapitel beschriebenen einfachen Datenstrukturen verwendet, ist es möglich, recht komplexe Strukturen aufzubauen: Die Datensätze können umfangreicher und komplexer sein, doch die Algorithmen sind die gleichen. Dennoch müssen wir darauf achten, daß wir keine Algorithmen entwickeln, die nur für kleine Datensätze brauchbar sind; wir werden am Ende von Kapitel 8 und am Anfang von Kapitel 14 auf diese Frage zurückkommen.

Übungen

1. Schreiben Sie ein Programm zum Ausfüllen eines zweidimensionalen Feldes mit booleschen Werten, wobei a[i][j] gleich 1 gesetzt werden soll, wenn der größte gemeinsame Teiler von i und j den Wert 1 hat, und andernfalls gleich 0.

2. Implementieren Sie eine Routine movenexttofront(struct node *t) für eine verkettete Liste, die den Knoten, der Nachfolger des Knotens ist, auf den t zeigt, an den Anfang der Liste verschiebt. (Abbildung 3.3 ist ein Beispiel hierfür für den Spezialfall, daß t auf den vorletzten Knoten in der Liste zeigt.)

3. Implementieren Sie eine Routine exchange(struct node *t, struct node *u) für eine verkettete Liste, welche die Positionen der Knoten, auf die t und u zeigen, vertauscht.

4. Schreiben Sie ein Programm zur Lösung des Problems des Josephus unter Verwendung eines Feldes anstatt einer verketteten Liste.

5. Schreiben Sie Prozeduren für das Einfügen und Entfernen in einer doppelt verketteten Liste.

6. Schreiben Sie Prozeduren zur Implementation von Stapeln mittels verketteter Listen, jedoch unter Verwendung von parallelen Feldern.

7. Geben Sie den Inhalt des Stapels nach jeder Operation in der Folge $E \, A \, S \, * Y \, * \, * \, Q \, U \, E \, * \, * \, * \, S \, T \, * \, * \, * \, I \, * \, O \, N$ an. Hierbei bedeutet ein Buchstabe »Ablegen« (des Buchstabens), und »*« bedeutet »Entnehmen«.

8. Geben Sie den Inhalt der Schlange nach jeder Operation in der Folge $E \, A \, S \, * Y \, * Q \, U \, E \, * \, * \, * \, S \, T \, * \, * \, * \, I \, * \, O \, N \, * \, *$ an. Hierbei bedeutet ein Buchstabe »Setzen« (des Buchstabens), und »*« bedeutet »Holen«.

9. Geben Sie eine Folge der Aufrufe von deletenext und insertafter an, welche die Abbildung 3.5 aus einer ursprünglich leeren Liste erzeugt haben könnte.

10. Implementieren Sie die grundlegenden Operationen für eine Schlange unter Verwendung einer verketteten Liste.

Kapitel 4

Bäume

Die in Kapitel 3 behandelten Strukturen sind ihrem Wesen nach eindimensional: Ein Element folgt dem anderen. Im vorliegenden Kapitel betrachten wir zweidimensionale verkettete Strukturen, die *Bäume* genannt werden und für viele unserer wichtigsten Algorithmen von zentraler Bedeutung sind. Eine vollständige Behandlung von Bäumen könnte ein ganzes Buch füllen, da sie in vielen Anwendungen außerhalb der Informatik auftreten und als mathematische Objekte gründlich untersucht worden sind. In der Tat könnte man sagen, daß *dieses* Buch eine Erörterung von Bäumen zum Gegenstand hat, denn diese sind auf grundsätzliche Weise in jedem der Abschnitte des Buches präsent. In diesem Kapitel betrachten wir die mit Bäumen zusammenhängenden grundlegenden Definitionen und die entsprechende Terminologie, untersuchen einige wichtige Eigenschaften und suchen nach Wegen ihrer Darstellung in einem Computer. In nachfolgenden Kapiteln werden wir viele Algorithmen kennenlernen, die auf diesen grundlegenden Datenstrukturen operieren.

Auf Bäume trifft man im alltäglichen Leben häufig, und der Leser ist gewiß mit dem Grundgedanken recht vertraut. Zum Beispiel forschen viele Leute nach ihren Vorfahren und/oder Nachkommen mit Hilfe eines Familienstammbaums. Wie wir sehen werden, entstammt ein großer Teil unserer Terminologie diesem Anwendungsbereich. Auf ein weiteres Beispiel stößt man bei der Organisation von Turnieren im Sport; diese Anwendung, mit der wir uns in Kapitel 11 beschäftigen werden, wurde von Lewis Carroll untersucht. Als ein drittes Beispiel kann das Schema der Organisation eines großen Unternehmens genannt werden; dieser Anwendungsfall kann als Anregung für die »hierarchische Zerlegung« dienen, die in der Informatik vielerorts Anwendung findet. Ein viertes Beispiel ist ein »Syntaxbaum«, der die Zerlegung eines Satzes in seine Bestandteile wiedergibt; dies hängt eng mit der Verarbeitung von Computersprachen zusammen, was wir später in Kapitel 21 untersuchen werden. Weitere Beispiele werden wir überall imBuch streifen.

Terminologie

Wir beginnen unsere Behandlung von Bäumen damit, daß wir sie als abstrakte Objekte definieren und die wesentlichen damit zusammenhängenden Begriffe einführen. Es gibt eine Reihe äquivalenter Wege der Definition von Bäumen, sowie eine Reihe von mathematischen Eigenschaften, welche diese Äquivalenz bewirken; diese werden im folgenden Abschnitt ausführlicher betrachtet.

Ein *Baum* ist eine nichtleere Menge von Knoten und *Kanten*, die gewissen Forderungen genügt. Ein Knoten ist ein einfaches Objekt, das einen Namen haben und andere mit ihm verknüpfte Informationen tragen kann; eine Kante ist eine Verbindung zwischen zwei Knoten. Ein *Pfad* in einem Baum ist eine Liste von unterschiedlichen Knoten, in welcher aufeinanderfolgende Knoten durch Kanten im Baum verbunden sind. Einer der Knoten im Baum wird als die *Wurzel* bezeichnet; die für die Definition entscheidende Eigenschaft eines Baumes ist, daß es zwischen der Wurzel und jedem beliebigen anderen Knoten im Baum genau einen Pfad gibt. Falls es zwischen der Wurzel und einem bestimmten Knoten mehr als einen Pfad gibt, oder falls es zwischen der Wurzel und einem bestimmten Knoten keinen Pfad gibt, so ist das, was vorliegt, ein allgemeiner Graph (siehe Kapitel 29) und kein Baum. Abbildung 4.1 zeigt ein Beispiel eines Baumes.

Obwohl die Definition keine »Richtung« für die Kanten festlegt, stellen wir uns normalerweise vor, daß die Kanten alle von der Wurzel weg (nach unten in Abbildung 4.1) oder — je nach Anwendungsfall — zur Wurzel hin zeigen (nach oben in Abbildung 4.1). Wir zeichnen Bäume gewöhnlich mit der Wurzel an der Spitze (auch wenn das zunächst unnatürlich erscheint), und wir sagen, daß der Knoten y sich *unter* dem Knoten x befindet (und x *über* y), wenn x auf dem Pfad von y zur Wurzel liegt (das heißt, wenn y beim Zeichnen des Baumes unterhalb von x angeordnet und mit x durch einen Pfad verbunden ist, welcher nicht über die Wurzel verläuft). Jeder Knoten (außer der Wurzel) besitzt genau einen Knoten, der sich unmittelbar über ihm befindet und als sein *direkter Vorgänger* (*parent*) bezeichnet wird; die Knoten unmittelbar unter einem Knoten werden seine *direkten Nachfolger* (*children*) genannt. Manchmal setzt man die Analogie zu Familienstammbäumen noch weiter fort und spricht vom »Großvater« oder von »Geschwistern« eines Knoten; in Abbildung 4.1 ist P das »Enkelkind« von R und hat drei »Geschwister«.

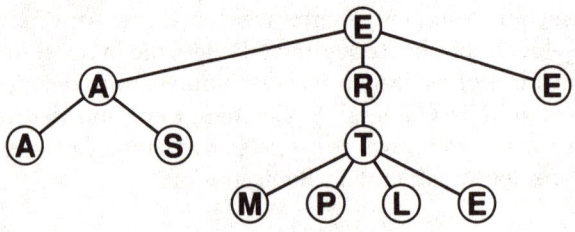

Abbildung 4.1 *Beispiel eines Baumes.*

Knoten ohne Nachfolger werden manchmal *Blätter* oder *End*knoten genannt. In Analogie zur letzteren Bezeichnung werden Knoten mit wenigstens einem Nachfolger gelegentlich *Nichtend*knoten genannt. Endknoten unterscheiden sich oft von Nichtendknoten: Es ist zum Beispiel möglich, daß sie keinen Namen oder zugehörige Informationen besitzen. Besonders in solchen Situationen bezeichnen wir Nichtendknoten als *innere* Knoten und Endknoten als *äußere* Knoten.

Jeder Knoten ist die Wurzel eines *Unterbaumes*, welcher aus ihm und den Knoten unter ihm besteht. In dem Baum, der in Abbildung 4.1 dargestellt ist, gibt es sieben Unterbäume mit einem Knoten, einen Unterbaum mit drei Knoten, einen Unterbaum mit fünf Knoten und einen Unterbaum mit sechs Knoten. Eine Menge von Bäumen wird *Wald* genannt. Wenn wir zum Beispiel von dem Baum in Abbildung 4.1 die Wurzel und die mit ihr verbundenen Kanten entfernen, so bleibt ein Wald übrig, der aus drei Bäumen mit den Wurzeln A, R und E besteht.

Manchmal ist die Art, in der die Nachfolger eines jeden Knotens angeordnet sind, von Bedeutung, und manchmal ist dies nicht der Fall. Ein *geordneter* Baum ist ein Baum, in welchem die Reihenfolge der direkten Nachfolger bei jedem Knoten angegeben ist. Natürlich werden die Nachfolger in einer bestimmten Reihenfolge angeordnet, wenn wir einen Baum zeichnen, und es ist klar, daß es viele verschiedene Wege gibt, ungeordnete Bäume zu zeichnen. Wie wir später sehen werden, ist diese Unterscheidung von Bedeutung, wenn wir Bäume in einem Computer darstellen wollen, da dort bezüglich der Art und Weise der Darstellung von geordneten Bäumen viel weniger Flexibilität vorhanden ist. Im Normalfall ist durch die Art der Anwendung offensichtlich, welcher Typ eines Baumes benötigt wird.

Die Knoten eines Baumes lassen sich in *Ebenen* (*Stufen*) einteilen. Die Ebene eines Knotens ist die Anzahl der Knoten auf dem Pfad von diesem Knoten zur Wurzel (ohne ihn selbst). Somit befindet sich zum Beispiel in Abbildung 4.1 R auf der Ebene 1 und S auf der Ebene 2. Die Höhe eines Baumes ist die höchste Ebene, die unter allen Knoten im Baum auftritt (oder der maximale Abstand zwischen irgendeinem Knoten und der Wurzel). Die *Pfadlänge* eines Baumes ist die Summe der Ebenen aller Knoten des Baumes (oder die Summe der Längen der Pfade von jedem Knoten zur Wurzel). Der Baum in Abbildung 4.1 hat die Höhe 3 und die Pfadlänge 21. Falls innere von äußeren Knoten unterschieden werden, so sprechen wir von *innerer Pfadlänge* und *äußerer Pfadlänge*.

Falls jeder Knoten eine bestimmte Anzahl von direkten Nachfolgern haben *muß*, die in einer bestimmten Reihenfolge erscheinen, so haben wir es mit einem *n-ären Baum* zu tun. In einem solchen Baum ist es zweckmäßig, spezielle äußere Knoten zu definieren, die keine Nachfolger haben (und gewöhnlich auch keinen Namen oder sonstige mit ihnen verknüpfte Informationen besitzen). Äußere Knoten spielen dann die Rolle von »Pseudoknoten«, als Bezeichnung für Knoten, die nicht die vorgeschriebene Anzahl von Nachfolgern besitzen.

Insbesondere ist der einfachste Typ eines n-ären Baumes der *binäre Baum*. Ein binärer Baum ist ein geordneter Baum, der aus zwei Typen von Knoten besteht: äußeren

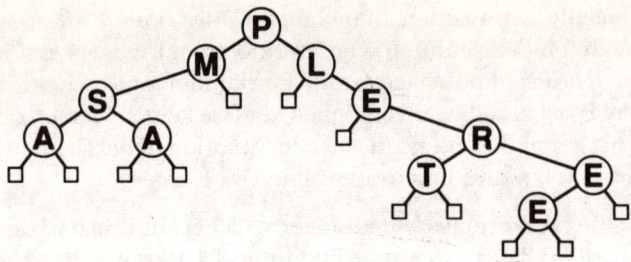

Abbildung 4.2 *Beispiel eines binären Baumes.*

Knoten (ohne Nachfolger) und inneren Knoten mit genau zwei direkten Nachfolgern.
Ein Beispiel eines binären Baumes zeigt Abbildung 4.2. Da die zwei direkten Nachfolger eines jeden inneren Knotens geordnet sind, sprechen wir vom *linken* und *rechten*
Nachfolger innerer Knoten. Jeder innere Knoten muß sowohl einen linken als auch
einen rechten Nachfolger haben, obwohl es sich bei einem oder beiden von ihnen um
einen äußeren Knoten handeln kann.

Der Zweck des binären Baumes besteht in der Strukturierung der inneren Knoten; die
äußeren Knoten dienen lediglich als Platzhalter. Wir schließen sie in die Definition
mit ein, weil die am häufigsten verwendeten Darstellungen binärer Bäume jeden
äußeren Knoten berücksichtigen müssen. Ein binärer Baum ist »leer«, wenn er nur
aus einem äußeren Knoten und keinem inneren Knoten besteht.

Ein *voller* binärer Baum ist ein binärer Baum, in welchem jede Ebene völlig mit inneren
Knoten ausgefüllt ist, eventuell mit Ausnahme der letzten Ebene. Ein *vollständiger*
binärer Baum ist ein voller binärer Baum, bei dem alle inneren Knoten der untersten
Ebene links von den äußeren Knoten dieser Ebene erscheinen. Abbildung 4.3 zeigt
ein Beispiel eines vollständigen binären Baumes. Wie wir sehen werden, finden binäre
Bäume in der Informatik breite Anwendung, und die Effizienz ist dann am höchsten,
wenn sie voll (oder nahezu voll) sind. In Kapitel 11 werden wir eine wichtige
Datenstruktur untersuchen, die auf vollständigen binären Bäumen beruht.

Der Leser sollte beachten, daß zwar jeder binäre Baum ein Baum, aber nicht jeder
Baum ein binärer Baum ist. Selbst wenn man nur geordnete Bäume betrachtet, in

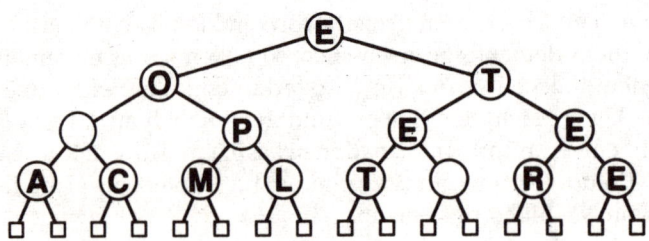

Abbildung 4.3 *Ein vollständiger binärer Baum.*

denen jeder Knoten keinen, einen oder zwei direkte Nachfolger hat, könnte jeder derartige Baum vielen binären Bäumen entsprechen, da Knoten mit einem direkten Nachfolger entweder links oder rechts in einem binären Baum sein könnten.

Wie wir im folgenden Kapitel sehen werden, hängen Bäume sehr eng mit Rekursion zusammen. Der vielleicht einfachste Weg, Bäume zu definieren, besteht in der rekursiven Definition folgender Art: »Ein Baum ist entweder ein einzelner Knoten oder ein als Wurzel dienender Knoten, der mit einer Menge von Bäumen verbunden ist«, und »Ein binärer Baum ist entweder ein äußerer Knoten oder ein als Wurzel dienender (innerer) Knoten, der mit einem linken binären Baum und einem rechten binären Baum verbunden ist.«

Eigenschaften

Bevor wir Darstellungsweisen behandeln, fahren wir im Stil einer mathematischen Abhandlung fort und betrachten eine Reihe wichtiger Eigenschaften von Bäumen. Auch hier könnte man wieder eine große Zahl von möglichen Eigenschaften betrachten; unser Ziel ist es, auf jene einzugehen, die für die Algorithmen, die später in diesem Buch dargelegt werden sollen, von besonderer Bedeutung sind.

Eigenschaft 4.1 *Für je zwei beliebige Knoten in einem Baum existiert genau ein Pfad, der sie verbindet.*

Zwei beliebige Knoten besitzen einen *letzten gemeinsamen Vorgänger*: einen Knoten, der auf dem Pfad von beiden Knoten zur Wurzel liegt, von dessen Nachfolgern jedoch keiner die gleiche Eigenschaft hat. Zum Beispiel ist O der letzte gemeinsame Vorgänger von C und L in dem Baum von Abbildung 4.3. Der letzte gemeinsame Vorgänger muß stets existieren, da entweder die Wurzel der letzte gemeinsame Vorgänger ist, oder beide Knoten sich in dem Unterbaum befinden, dessen Wurzel einer der direkten Nachfolger der Wurzel ist; in letzterem Falle ist entweder dieser Knoten der letzte gemeinsame Vorgänger, oder beide Knoten befinden sich in dem Unterbaum, dessen Wurzel einer von seinen direkten Nachfolgern ist, usw. Es gibt einen Pfad von jedem der Knoten zu dem letzten gemeinsamen Vorgänger; wenn man diese beiden Pfade zusammensetzt, erhält man einen Pfad, der die beiden Knoten verbindet. ■

Eine wichtige Folgerung aus Eigenschaft 4.1 besteht darin, daß *jeder beliebige* Knoten die Wurzel sein kann: Jeder Knoten in einem Baum hat die Eigenschaft, daß es genau einen Pfad gibt, der diesen Knoten mit jedem anderen Knoten im Baum verbindet. Technisch bezieht sich unsere Definition, in welcher die Wurzel festgelegt ist, auf einen *Baum mit Wurzel* oder *orientierten Baum*; ein Baum, in welchem die Wurzel nicht festgelegt ist, wird ein *freier Baum* genannt. Der Leser braucht sich wegen dieser Unterscheidung keine Gedanken zu machen; die Wurzel ist entweder festgelegt oder nicht.

Eigenschaft 4.2 *Ein Baum mit N Knoten hat N − 1 Kanten.*

Diese Eigenschaft folgt unmittelbar aus der Beobachtung, daß jeder Knoten (mit Ausnahme der Wurzel) einen einzigen direkten Vorgänger hat, und daß jede Kante einen Knoten mit seinem direkten Vorgänger verbindet. Wir können diese Tatsache auch mittels Induktion anhand der rekursiven Defintion beweisen. ∎

Die nächsten beiden Eigenschaften, die wir betrachten wollen, beziehen sich auf binäre Bäume. Wie bereits erwähnt, treten diese Strukturen im vorliegenden Buch häufig auf, so daß es sich lohnt, ihren Merkmalen einige Aufmerksamkeit zu schenken. Hierdurch wird die Grundlage für das Verständnis der Merkmale der Leistungsfähigkeit verschiedener Algorithmen gelegt, mit denen wir uns beschäftigen werden.

Eigenschaft 4.3 *Ein binärer Baum mit N inneren Knoten hat N + 1 äußere Knoten.*

Diese Eigenschaft kann durch vollständige Induktion bewiesen werden. Ein binärer Baum, der keine inneren Knoten hat, hat einen äußeren Knoten, so daß die Eigenschaft für $N = 0$ gilt. Für $N > 0$ hat jeder binäre Baum mit N inneren Knoten k innere Knoten in seinem linken und $N - 1 - k$ innere Knoten in seinem rechten Unterbaum für ein gewisses k zwischen 0 und $N - 1$, da die Wurzel ein innerer Knoten ist. Aufgrund der Induktionsannahme hat der linke Unterbaum $k + 1$ und der rechte Unterbaum $N - k$ äußere Knoten, was zusammen $N + 1$ ergibt. ∎

Eigenschaft 4.4 *Die äußere Pfadlänge eines beliebigen binären Baumes mit N inneren Knoten ist um 2N größer als die innere Pfadlänge.*

Diese Eigenschaft kann ebenfalls durch vollständige Induktion bewiesen werden, doch ist ein anders gearteter Beweis gleichfalls lehrreich. Wir beachten dazu, daß jeder binäre Baum mit Hilfe des folgenden Prozesses konstruiert werden kann: Man beginne mit dem binären Baum, der aus einem äußeren Knoten besteht. Dann wiederhole man N mal die folgenden Schritte: Man wähle einen äußeren Knoten und ersetze ihn durch einen neuen inneren Knoten mit zwei äußeren Knoten als direkten Nachfolgern. Wenn der gewählte äußere Knoten sich auf der Ebene k befindet, erhöht sich die innere Pfadlänge um k, die äußere Pfadlänge dagegen um $k + 2$ (ein äußerer Knoten auf der Ebene k wird entfernt, jedoch werden zwei auf der Ebene $k + 1$ hinzugefügt). Der Prozeß beginnt mit einem Baum, für den sowohl die innere als auch die äußere Pfadlänge den Wert 0 haben, und N Schritte lang erhöht sich die äußere Pfadlänge jeweils um 2 mehr als die innere Pfadlänge. ∎

Schließlich betrachten wir noch einfache Eigenschaften der »besten« Art binärer Bäume, sog. voller Bäume. Diese Bäume sind von Interesse, weil ihre Höhe garantiert gering ist, so daß es niemals sehr aufwendig ist, von der Wurzel zu irgendeinem Knoten oder umgekehrt zu gelangen.

Eigenschaft 4.5 *Die Höhe eines vollen binären Baumes mit N inneren Knoten beträgt etwa* $\log_2 N$.

Aus Abbildung 4.3 ist ersichtlich, daß, wenn die Höhe n beträgt, gelten muß

$$2^{n-1} < N + 1 \le 2^n,$$

da $N + 1$ äußere Knoten existieren. Hieraus folgt die Gültigkeit der formulierten Eigenschaft. (In Wirklichkeit ist die Höhe exakt gleich $\log_2 N$, aufgerundet auf die nächste ganze Zahl, doch wir wollen darauf verzichten, so genau zu sein, was in Kapitel 6 erläutert wird.) ∎

Weitere mathematische Eigenschaften von Bäumen werden wir in den folgenden Kapiteln nach Bedarf erörtern. An dieser Stelle sind wir nunmehr in der Lage, uns der praktischen Frage zuzuwenden, wie man Bäume im Computer darstellen und sie effizient handhaben kann.

Darstellung binärer Bäume

Die gebräuchlichste Darstellung von binären Bäumen ist eine einfache Benutzung von Datensätzen mit *zwei* Verkettungen pro Knoten. Im Normalfall verwenden wir für die Verkettungen die Namen l und r (Abkürzungen für »links« und »rechts«), um darauf hinzuweisen, daß die für die Darstellung gewählte Anordnung der Art und Weise entspricht, in der der Baum abgebildet ist. Für manche Anwendungen kann es zweckmäßig sein, zwei verschiedene Typen von Datensätzen zu haben, einen für innere und einen für äußere Knoten; für andere kann es angebracht sein, nur einen Knotentyp zu benutzen und die Verkettungen in äußeren Knoten für einen anderen Zweck zu verwenden.

Als Beispiel für die Benutzung und Konstruktion binärer Bäume wenden wir uns wieder dem einfachen Beispiel aus dem letzten Kapitel zu, welches die Verarbeitung arithmetischer Ausdrücke betraf. Wie Abbildung 4.4 zeigt, besteht eine grundlegende Analogie zwischen arithmetischen Ausdrücken und Bäumen.

Für die Argumente benutzen wir aus einem einzelnen Zeichen bestehende Namen anstelle von Zahlen; der Grund hierfür wird weiter unten klar werden. Der Syntaxbaum für einen Ausdruck wird durch die einfache rekursive Regel definiert: »Man setze den Operator an die Wurzel und setze dann den Baum für den Ausdruck, der dem ersten Operanden entspricht, auf die linke Seite, und den Baum, der dem Ausdruck für den zweiten Operanden entspricht, auf die rechte Seite.« Die Abbildung

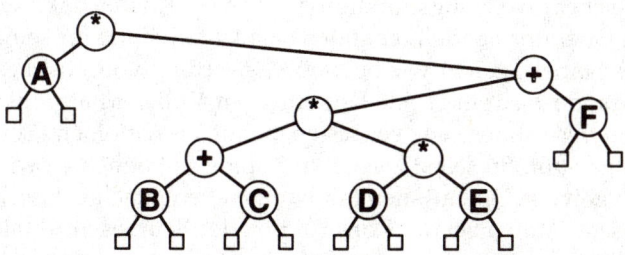

Abbildung 4.4 *Syntaxbaum für A *(((B+C) *(D*E))+F).*

4.4 ist folglich der Syntaxbaum für *A B C + D E * * F + * * (der gleiche Ausdruck in Postfix-Notation); Infix und Postfix sind zwei Arten der Darstellung arithmetischer Ausdrücke, Syntaxbäume sind eine dritte Möglichkeit.

Da die Operatoren genau zwei Operanden verwenden, ist ein binärer Baum für diese Art von Ausdrücken geeignet. Kompliziertere Ausdrücke können einen anderen Baumtyp erfordern. Wir werden in Kapitel 21 ausführlicher auf diese Frage zurückkommen; im Moment besteht unser Ziel einfach darin, eine Darstellung eines arithmetischen Ausdrucks in Gestalt eines Baumes zu konstruieren.

Das folgende Programmstück bewirkt den Aufbau eines Syntaxbaumes für einen arithmetischen Ausdruck aus einer Postfix-Eingabe. Es handelt sich um eine einfache Modifikation des im vorangehenden Kapitel angegebenen Programms zur Auswertung von Postfix-Ausdrücken unter Verwendung eines Stapels. Anstatt die Ergebnisse von Zwischenrechnungen im Stapel abzulegen, speichern wir Ausdrucksbäume.

```
struct node
   { char info; struct node *l, *r; };
struct node *x, *z;

char c;
z = (struct node *) malloc (sizeof *z);
z->l = z; z->r = z;
for (stackinit(); scanf("%1s", &c) != EOF; )
   {
      x = (struct node *) malloc (sizeof *x);
      x->info = c; x->l = z; x->r = z;
      if (c=='+' || c=='*')
        { x->r = pop(); x->l = pop(); }
      push(x);
   }
```

Die Prozeduren stackinit, push und pop beziehen sich hierbei auf den Stapel-Code aus Kapitel 3, mit dem Unterschied, daß sie anstelle von ganzen Zahlen Verkettungen (*links*) im Stapel ablegen. Auf den Code dafür wird hier verzichtet. Jeder Knoten besitzt ein Zeichen und zwei Verkettungen zu anderen Knoten. Jedesmal, wenn ein neues nichtleeres Zeichen vorgefunden wird, wird unter Verwendung der standardmäßigen Speicherzuweisungsfunktion malloc ein Knoten dafür erzeugt. Wenn es sich um einen Operator handelt, befinden sich Unterbäume für seine Operanden an der Spitze des Stapels, genau wie bei der Auswertung von Postfix-Ausdrücken. Wenn es ein Operand ist, so sind seine Verkettungen Null. Anstatt Verkettungen mit dem Wert Null zu verwenden, wie bei Listen, benutzen wir einen Pseudoknoten z, dessen Verkettungen auf ihn selbst zeigen. In Kapitel 14 betrachten wir ausführlich, wie sich dadurch gewisse Operationen mit Bäumen vereinfachen lassen. Abbildung 4.5 zeigt die Zwischenstufen bei der Konstruktion des Baumes in Abbildung 4.4.

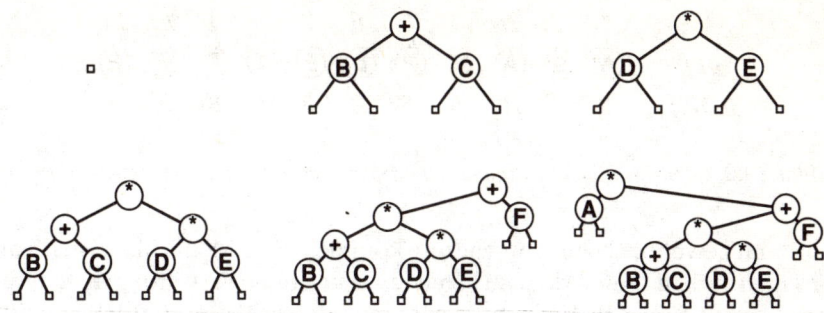

Abbildung 4.5 *Konstruktion des Syntaxbaums für A B C + D E ∗∗F + ∗.*

Dieses recht einfache Programm kann dahingehend abgeändert werden, daß es die Behandlung komplizierterer Ausdrücke ermöglicht, einschließlich solcher, bei denen die Operatoren ein einzelnes Argument enthalten, wie etwa Potenzen. Der Mechanismus ist jedoch sehr allgemein: Genau der gleiche Mechanismus wird zum Beispiel verwendet, um die Syntaxanalyse bei der Kompilierung von C-Programmen vorzunehmen. Wenn der Syntaxbaum erst einmal erstellt worden ist, kann er für viele Zwecke verwendet werden, wie etwa für die Auswertung des Ausdrucks oder die Erzeugung von Programmen zur Auswertung des Ausdrucks. In Kapitel 21 werden allgemeine Verfahren zum Aufbau von Syntaxbäumen behandelt. Später werden wir sehen, wie der Baum selbst benutzt werden kann, um den Ausdruck auszuwerten. Für die Zwecke des vorliegenden Kapitels interessieren wir uns jedoch vor allem für die Mechanismen zur Konstruktion des Baumes.

Wie bei verketteten Listen gibt es stets die Alternative, anstelle von Zeigern und Datensätzen parallele Felder zu verwenden, um die Datenstruktur des binären Baumes zu implementieren. Wie dort ist dies besonders dann von Nutzen, wenn die Anzahl der Knoten im voraus bekannt ist. Und ebenfalls wie im o.g. Fall wird diese Alternative für den Spezialfall benötigt, daß die Knoten für einen bestimmten anderen Zweck in einem Feld gespeichert werden müssen.

Die oben benutzte Darstellung binärer Bäume mit zwei Verkettungen erlaubt es, am Baum *abwärts* zu gehen, doch man hat keine Möglichkeit, sich am Baum *aufwärts* zu bewegen. Die Situation entspricht der Gegenüberstellung von einfach verketteten Listen und doppelt verketteten Listen: Man kann jedem Knoten eine weitere Verkettung hinzufügen, um mehr Bewegungsfreiheit zu ermöglichen, jedoch auf Kosten einer komplizierteren Implementation. Bei höher entwickelten Datenstrukturen stehen verschiedene andere Möglichkeiten zur Verfügung, um die Bewegung innerhalb des Baumes zu erleichtern, doch ist für die Algorithmen im vorliegenden Buch die Darstellung mit zwei Verkettungen im allgemeinen ausreichend.

Im obigen Programm verwendeten wir einen »Pseudoknoten« anstelle von äußeren Knoten. Wie bei verketteten Listen erweist sich das in den meisten Situationen als günstig. Allerdings ist es nicht immer zweckmäßig, und es gibt zwei weitere Lösun-

k	1	2	3	4	5	6	7	8	9	10	11
$a[k]$	Ⓐ	Ⓢ	Ⓐ	Ⓜ	Ⓟ	Ⓛ	Ⓔ	Ⓣ	Ⓡ	Ⓔ	Ⓔ
$dad[k]$	3	3	10	8	8	8	8	9	10	10	10

Abbildung 4.6 *Darstellung eines Baumes mit Hilfe von Verkettungen zum direkten Vorgänger.*

gen, die dann gewöhnlich zur Anwendung kommen. Eine Möglichkeit ist, für äußere Knoten einen anderen Knotentyp zu benutzen, einen ohne Verkettungen. Eine andere Methode besteht darin, die Verkettungen in irgendeiner Weise zu markieren (um sie von anderen Verkettungen im Baum zu unterscheiden) und sie dann im Baum woandershin zeigen zu lassen; eine Möglichkeit hierfür wird noch erörtert werden. In den Kapiteln 14 und 17 werden wir uns nochmals dieser Frage zuwenden.

Darstellung von Wäldern

Binäre Bäume besitzen zwei Verkettungen unterhalb jedes inneren Knotens, so daß die oben für sie benutzte Darstellung sich unmittelbar realisieren läßt. Doch wie verfahren wir bei allgemeinen Bäumen, oder Wäldern, in denen ein Knoten eine beliebige Anzahl von Verkettungen zu den Knoten weiter unten erfordern kann? Es zeigt sich, daß es zwei recht einfache Auswege aus diesem Dilemma gibt.

Erstens brauchen wir uns in vielen Anwendungen nicht im Baum abwärts zu bewegen, sondern nur *aufwärts*! In solchen Fällen benötigen wir nur eine Verkettung für jeden Knoten zu seinem direkten Vorgänger. Abbildung 4.6 zeigt diese Darstellung für den Baum in Abbildung 4.1: Das Feld a enthält die Information, die mit jedem Datensatz verknüpft ist, und das Feld dad enthält die Verkettungen zu den direkten Vorgängern. Folglich ist die Information, die mit dem direkten Vorgänger von a[i] verknüpft ist, in a[dad[i]] enthalten. Es wird vereinbart, daß die Wurzel auf sich selbst zeigt. Dies ist eine sehr kompakte Darstellung, die unbedingt zu empfehlen ist, wenn eine Bewegung im Baum aufwärts geeignet ist. In den Kapiteln 22 und 30 betrachten wir Anwendungsbeispiele für diese Darstellung.

Um einen Wald für die Top-Down-Verarbeitung darzustellen, brauchen wir einen Weg zur Behandlung der direkten Nachfolger jedes Knotens ohne vorherige Zuweisung einer speziellen Zahl zu jedem Knoten. Doch dies ist gerade der Typ von Einschränkungen, für deren Beseitigung verkettete Listen geeignet sind. Es ist klar, daß wir für die direkten Nachfolger eines jeden Knotens eine verkettete Liste verwenden sollten. Dann umfaßt jeder Knoten zwei Verkettungen, eine für die verkettete Liste, die ihn mit seinen »Geschwistern« verbindet, und eine für die verkettete Liste seiner direkten Nachfolger. Abbildung 4.7 zeigt diese Darstellung für den Baum von Abbildung 4.1. Anstatt zum Beenden jeder Liste einen Pseudoknoten zu benutzen, lassen wir den letzten Knoten einfach zurück auf den direkten Vorgänger zeigen; dadurch ergibt sich eine Möglichkeit, sich im Baum ebenso aufwärts wie abwärts zu

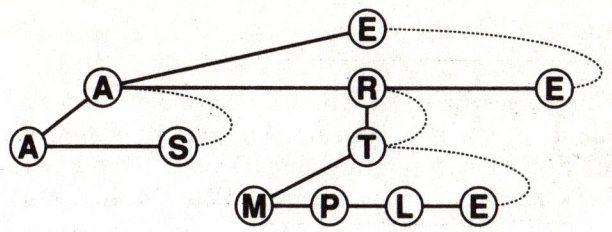

Abbildung 4.7 *Darstellung eines Baumes mit Hilfe der Verkettungen zum linken direkten Nachfolger und zum rechten »Bruder«.*

bewegen. (Diese Verkettungen können markiert werden, um sie von »Geschwister«-Verkettungen zu unterscheiden; alternativ kann auch der Vorgänger markiert oder sein Name abgespeichert werden, so daß, wenn seine direkten Nachfolger bearbeitet werden, die Bearbeitung abgebrochen wird, wenn dieser Vorgänger erreicht wurde.)

In dieser Darstellung hat jedoch jeder Knoten genau zwei Verkettungen (eine zu seinem »Bruder« auf der rechten Seite und eine zu seinem direkten Nachfolger, der sich am weitesten links befindet). Man könnte daher fragen, ob ein Unterschied zwischen dieser Datenstruktur und einem binären Baum besteht. Die Antwort lautet »nein«, wie aus der Abbildung 4.8 (der Darstellung des Baumes von Abbildung 4.1 als binärer Baum) ersichtlich ist. Das bedeutet, daß jeder Wald als ein binärer Baum dargestellt werden kann, indem man die linke Verkettung jedes Knotens auf den am weitesten links befindlichen direkten Nachfolger und die rechte Verkettung jedes Knotens auf seinen rechts von ihm angeordneten »Bruder« zeigen läßt. (Diese Tatsache ist anfangs oft überraschend.)

Daher können wir bei der Entwicklung von Algorithmen immer, wenn dies angemessen ist, auch Wälder benutzen. Wenn wir uns von unten aufwärts bewegen, lassen sich Wälder durch die Darstellung mit Verkettungen zum direkten Vorgänger einfacher behandeln als die meisten anderen Arten von Bäumen, und wenn wir uns von oben nach unten bewegen, sind sie dem Wesen nach äquivalent zu binären Bäumen.

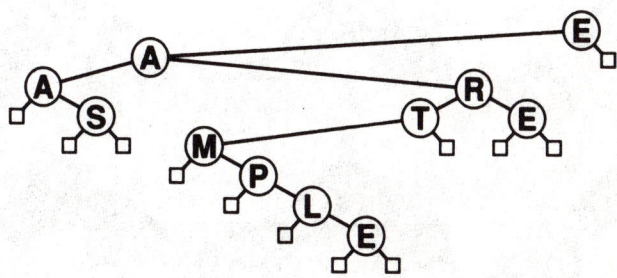

Abbildung 4.8 *Darstellung eines Baumes als binärer Baum.*

Traversierung von Bäumen

Nachdem ein Baum konstruiert worden ist, muß man vor allem wissen, wie man ihn *traversieren* kann, d. h. wie man systematisch jeden Knoten besuchen kann. Diese Operation ist für lineare Listen aufgrund ihrer Definition trivial, doch für Bäume gibt es eine Reihe verschiedener Vorgehensweisen. Diese Methoden unterscheiden sich vor allem hinsichtlich der *Reihenfolge*, in der die Knoten aufgesucht werden. Wie wir sehen werden, sind für unterschiedliche Anwendungen verschiedene Reihenfolgen der Knoten zweckmäßig.

Zunächst konzentrieren wir uns auf die Traversierung binärer Bäume. Aufgrund der Äquivalenz zwischen Wäldern und binären Bäumen sind die Methoden für Wälder ebenso anwendbar, doch erwähnen wir später auch, wie sich die Verfahren direkt auf Wälder anwenden lassen.

Die erste Methode, die zu betrachten wäre, ist die Preorder-Traversierung, welche zum Beispiel benutzt werden kann, um den durch den Baum von Abbildung 4.4. dargestellten Ausdruck in Prefix-Notation auszugeben. Die Methode wird durch folgende einfache rekursive Regel definiert: »Besuche die Wurzel, besuche dann den linken Unterbaum, besuche dann den rechten Unterbaum.« Für die einfachste Implementation dieses Verfahrens, die von rekursiver Art ist, wird im nächsten Kapitel

Abbildung 4.9 *Preorder-Traversierung*.

gezeigt, daß sie eng mit der folgenden, einen Stapel benutzenden Implementation
verknüpft ist:

```
traverse(struct node *t)
  {
    push(t);
    while (!stackempty())
      {
        t = pop(); visit(t);
        if (t->r != z) push(t->r);
        if (t->l != z) push(t->l);
      }
  }
```

(Es wird vorausgesetzt, daß der Stapel außerhalb dieser Prozedur initialisiert wird.)
Entsprechend der Regel »besuchen« wir einen Unterbaum, indem wir zuerst die
Wurzel besuchen. Da wir nicht beide Unterbäume auf einmal besuchen können,
speichern wir dann den rechten Unterbaum in einem Stapel und suchen den linken
Unterbaum auf. Nachdem der linke Unterbaum traversiert worden ist, befindet sich
der rechte Unterbaum an der Spitze des Stapels; nun kann er besucht werden. Die
Abbildung 4.9 zeigt den Ablauf dieses Programms bei Anwendung auf den binären

Abbildung 4.10 Inorder-Traversierung.

Abbildung 4.11 *Postorder-Traversierung.*

Baum von Abbildung 4.2: die Reihenfolge, in der die Knoten traversiert werden, ist
P M S A A L E R T E E.

Um zu beweisen, daß dieses Programm tatsächlich die Knoten des Baums entsprechend einer Preorder-Traversierung besucht, kann man eine Induktion mit der Induk-
tionsvoraussetzung anwenden, daß die Unterbäume entsprechend einer Preorder-
Traversierung besucht werden *und* der Inhalt des Stapels unmittelbar vor der Traversierung eines Unterbaums der gleiche ist wie unmittelbar danach.

Betrachten wir nunmehr die *Inorder*-Traversierung, welche zum Beispiel verwendet
werden kann, um arithmetische Ausdrücke entsprechend Syntaxbäumen in Infix-Notation zu schreiben (mit einem gewissen zusätzlichen Aufwand, um mit den Klammern zurechtzukommen). In ähnlicher Weise wie bei der Preorder-Traversierung
wird die Inorder-Traversierung mit Hilfe der folgenden rekursiven Vorschrift definiert: »Besuche den linken Unterbaum, besuche dann die Wurzel, besuche dann den
rechten Unterbaum.« Aus offensichtlichen Gründen wird dies manchmal auch *sym-
metrische Reihenfolge* genannt. Die Implementation eines einen Stapel verwendenden
Programms für die Inorder-Traversierung ist mit dem obigen Programm nahezu
identisch; wir verzichten hier darauf, sie anzugeben, da es sich um eines der Haupt-
themen des folgenden Kapitels handelt. Abbildung 4.10 zeigt, wie die Knoten im

Baum von Abbildung 4.2 bei einer Inorder-Traversierung besucht werden: Die Knoten werden in der Reihenfolge A S A M P L E T R E E traversiert. Dieses Traversierungs-verfahren ist wahrscheinlich das am weitesten verbreitete; zum Beispiel spielt es in den Anwendungen der Kapitel 14 und 15 eine zentrale Rolle.

Der dritte Typ einer rekursiven Traversierung, *Postorder*-Traversierung genannt, wird natürlich mit Hilfe der folgenden rekursiven Vorschrift definiert: »Besuche den linken Unterbaum, besuche dann den rechten Unterbaum, besuche dann die Wurzel.« Abbildung 4.11 zeigt, wie die Knoten des Baumes von Abbildung 4.2 bei einer Postorder-Traversierung besucht werden: Die Knoten werden in der Reihenfolge A A S M T E E R E L P traversiert. Die Traversierung des in Abbildung 4.4 dargestellten Baumes nach dem Postorder-Prinzip liefert, wie zu erwarten war, den Ausdruck $A B C + D E * * F + *$. Die Implementation eines einen Stapel benutzenden Programms für eine Postorder-Traversierung ist komplizierter als für die beiden anderen Metho-den, denn es muß gewährleistet werden, daß die Wurzel und der rechte Unterbaum gespeichert sind, während der linke Unterbaum traversiert wird, *und* daß die Wurzel gespeichert ist, während der rechte Unterbaum traversiert wird. Die Einzelheiten dieser Implementation werden dem Leser als Übung überlassen.

Die vierte Traversierungs-Strategie, die wir betrachten, ist überhaupt nicht rekursiv: Wir traversieren einfach die Knoten so, wie sie in der Abbildung erscheinen, indem

Abbildung 4.12 *Level-Order-Traversierung.*

wir von oben nach unten und von links nach rechts lesen. Dies wird als Level-Order-Traversierung bezeichnet, weil alle Knoten einer jeden Ebene gemeinsam und der Reihe nach erscheinen. Abbildung 4.12 zeigt, in welcher Reihenfolge die Knoten des Baumes von Abbildung 4.2 bei einer Level-Order-Traversierung aufgesucht werden.

Bemerkenswert ist, daß eine Level-Order-Traversierung realisiert werden kann, indem das obige Programm für eine Preorder-Traversierung mit einer Schlange anstelle eines Stapels benutzt wird:

```
traverse(struct node *t)
   {
     put(t);
     while (!queueempty())
       {
         t = get(); visit(t);
         if (t->l != z) put(t->l);
         if (t->r != z) put(t->r);
       }
   }
```

Einerseits ist dieses Programm mit dem obigen scheinbar identisch; der einzige Unterschied ist die Verwendung einer Datenstruktur vom Typ FIFO, während das andere Programm eine Datenstruktur vom Typ LIFO verwendet. Andererseits verarbeiten diese Programme Bäume nach grundsätzlich unterschiedlichen Verfahren. Diese Programme verdienen ein sorgfältiges Studium, da aus ihnen das Wesen des Unterschieds zwischen Stapeln und Schlangen sichtbar wird. In Kapitel 30 kommen wir auf diese Frage zurück.

Preorder-, Postorder- und Level-Order-Traversierung lassen sich ebenso auch für Wälder definieren. Um widerspruchsfreie Definitionen zu erhalten, stelle man sich einen Wald als einen Baum mit einer imaginären Wurzel vor. Dann lautet die Regel für die Preorder-Traversierung: »Besuche die Wurzel und besuche dann jeden der Unterbäume.« Die Regel für die Postorder-Traversierung lautet: »Besuche jeden der Unterbäume und besuche dann die Wurzel.« Die Regel für die Level-Order-Traversierung ist die gleiche wie für binäre Bäume. Zu beachten ist, daß die Preorder-Traversierung für einen Wald mit der Preorder-Traversierung für den oben definierten entsprechenden binären Baum übereinstimmt, und daß die Postorder-Traversierung für einen Wald mit der Inorder-Traversierung für den binären Baum übereinstimmt, während die Level-Order-Traversierungen nicht übereinstimmen. Direkte Implementationen unter Verwendung von Stapeln und Schlangen sind unmittelbare Verallgemeinerungen der oben angegebenen Programme für binäre Bäume.

Übungen

1. Geben Sie die Reihenfolge an, in der die Knoten des Baumes in Abbildung 4.3 bei einer Preorder-, Inorder-, Postorder- und Level-Order-Traversierung besucht werden.

2. Wie groß ist die Höhe eines vollständigen 4-Pfad-Baumes mit N Knoten?

3. Zeichnen Sie den Syntaxbaum für den Ausdruck (A+B)*C+(D+E).

4. Betrachten Sie den Baum von Abbildung 4.2 als einen Wald, der als binärer Baum dargestellt werden soll. Zeichnen Sie diese Darstellung.

5. Geben Sie für die in Abbildung 4.9 dargestellte Preorder-Traversierung jedesmal, wenn ein Knoten besucht wird, den Inhalt des Stapels an.

6. Geben Sie für die in Abbildung 4.12 dargestellte Level-Order-Traversierung jedesmal, wenn ein Knoten besucht wird, den Inhalt der Schlange an.

7. Geben Sie ein Beispiel eines Baumes an, für den der Stapel bei einer Preorder-Traversierung mehr Platz benötigt, als die Schlange bei einer Level-Order-Traversierung.

8. Geben Sie ein Beispiel eines Baumes an, für den der Stapel bei einer Preorder-Traversierung weniger Platz benötigt, als die Schlange bei einer Level-Order-Traversierung.

9. Geben Sie eine einen Stapel benutzende Implementation der Postorder-Traversierung eines binären Baumes an.

10. Schreiben Sie ein Programm zur Implementation der Level-Order-Traversierung eines Waldes, der als binärer Baum dargestellt ist.

Kapitel 5

Rekursion

Die Rekursion ist ein fundamentales Konzept in der Mathematik und in der Informatik. Die einfache Definition lautet, daß ein rekursives Programm ein Programm ist, das sich selbst aufruft (und daß eine rekursive Funktion eine Funktion ist, die durch sich selbst definiert wird). Ein rekursives Programm kann sich jedoch nicht immer aufrufen, sonst würde es nie abbrechen (und für die Definition einer rekursiven Funktion kann nicht immer sie selbst benutzt werden, sonst hätte die Definition die Gestalt eines geschlossenen Kreises); ein weiteres wesentliches Merkmal ist, daß es eine *Abbruchbedingung* geben muß, die angibt, wann das Programm aufhören kann, sich selbst aufzurufen (und wann die Funktion nicht durch sich selbst definiert wird). Alle praktischen Berechnungen können rekursiv realisiert werden.

Unser vorrangiges Ziel in diesem Kapitel besteht darin, die Rekursion als ein praktisches Werkzeug zu untersuchen. Zuerst führen wir einige Beispiele an, in denen Rekursion *nicht* praktikabel ist, wobei wir den Zusammenhang zwischen einfachen mathematischen rekurrenten Beziehungen und einfachen rekursiven Programmen aufzeigen. Danach betrachten wir ein als Prototyp dienendes Beispiel eines auf dem Prinzip »Teile und Herrsche« beruhenden rekursiven Programms des Typs, den wir benutzen, um grundlegende Probleme in verschiedenen späteren Abschnitten dieses Buchs zu lösen. Schließlich erörtern wir, wie die Rekursion aus jedem beliebigen rekursiven Programm entfernt werden kann, und behandeln ein ausführliches Beispiel, in dem aus einem einfachen rekursiven Algorithmus zur Traversierung eines Baumes durch die Beseitigung der Rekursion ein einfacher nichtrekursiver, einen Stapel benutzender Algorithmus wird.

Wie wir sehen werden, lassen sich viele interessante Algorithmen ganz einfach mit rekursiven Programmen ausdrücken, und viele Entwickler von Algorithmen bevorzugen die rekursive Darstellung von Verfahren. Doch es liegt auch sehr oft der Fall vor, daß sich in den Details einer (notwendigerweise) nichtrekursiven Implementation ein ebenso interessanter Algorithmus verbirgt; im vorliegenden Kapitel untersuchen wir Techniken des Auffindens solcher Algorithmen.

Rekurrente Beziehungen

Rekursive Definitionen von Funktionen sind in der Mathematik recht gebräuchlich; den einfachsten Typ, bei dem nur ganzzahlige Argumente auftreten, nennt man *rekurrente Beziehungen*. Die vielleicht bekannteste derartige Funktion ist die Funktion *Fakultät*, die mittels der Formel

$N! = N*(N-1)!$, *für* $N \geq 1$ und $0! = 1$

definiert ist.

Diese Formel entspricht unmittelbar dem folgenden einfachen rekursiven Programm:

```
int factorial(int N)
  {
    if (N == 0) return 1;
    return N * factorial(N-1);
  }
```

Einerseits illustriert dieses Programm die grundlegenden Merkmale eines rekursiven Programms: Es ruft sich selbst auf (mit einem kleineren Wert seines Arguments) und es besitzt eine Abbruchbedingung, in der es das Ergebnis direkt berechnet. Andererseits ist nicht zu übersehen, daß dieses Programm weiter nichts ist als eine ansprechend verpackte `for`-Schleife, so daß es kaum ein überzeugendes Beispiel für die Leistungsfähigkeit der Rekursion sein dürfte. Auch ist es wichtig, sich daran zu erinnern, daß es ein *Programm* ist und keine Gleichung. Beispielsweise »funktioniert« weder die obige Gleichung noch das Programm für negative N, doch wenn man dies nicht beachtet, sind beim Programm die negativen Auswirkungen deutlicher sichtbar als bei der Gleichung. Der Aufruf `factorial (-1)` führt zu einer rekursiven Endlosschleife. Dies ist ein häufig auftretender Programmfehler, der in komplizierteren rekursiven Programmen in einer mehr verdeckten Form enthalten sein kann.

Eine zweite allgemein bekannte rekurrente Beziehung ist die, mit deren Hilfe die *Fibonacci-Zahlen* definiert sind:

$F_N = F_{N-1} + F_{N-2}$, für $N \geq 2$, mit $F_0 = F_1 = 1$.

Hierdurch wird die Folge

1, 1, 2, 3, 5, 8, 13, 21, 34, 55, 89, 144, 233, 377, 610,...

definiert.

Auch diese rekurrente Beziehung entspricht unmittelbar einem einfachen rekursiven Programm:

```
int fibonacci(int N)
  {
    if (N <= 1) return 1;
```

```
    return fibonacci (N-1) + fibonacci (N-2);
}
```

Dies ist ein sogar noch weniger überzeugendes Beispiel von der »Leistungsfähigkeit« der Rekursion; tatsächlich *ist* es ein überzeugendes Beispiel dafür, daß Rekursion nicht blind benutzt werden sollte, da andernfalls eine äußerst geringe Effizienz die Folge sein kann. Das Problem besteht in diesem Falle darin, daß die rekursiven Aufrufe die Forderung beinhalten, F_{N-1} und F_{N-2} unabhängig voneinander zu berechnen, während man in Wirklichkeit sicher F_{N-2} (und F_{N-3}) verwenden würde, um F_{N-1} zu berechnen. Es ist übrigens leicht, die exakte Anzahl der Aufrufe der obigen Prozedur fibonacci zu berechnen, die erforderlich sind, um F_N zu ermitteln: Die Anzahl der Aufrufe, die zur Berechnung von F_N benötigt werden, ist gleich der Summe der Anzahl der Aufrufe, die zur Berechnung von F_{N-1} benötigt werden, und der Anzahl der Aufrufe, die zur Berechnung von F_{N-2} benötigt werden, außer bei $N = 0$ oder $N = 1$, wo nur ein Aufruf erforderlich ist. Doch dies entspricht genau der rekurrenten Beziehung, durch die die Fibonacci-Zahlen definiert sind; die Anzahl der Aufrufe von fibonacci für die Berechnung von F_N beträgt genau F_N. Es ist bekannt, daß F_N etwa gleich ϕ^N ist, wobei $\phi = 1{,}61803...$ das Verhältnis des »Goldenen Schnitts« ist; die schreckliche Wahrheit ist somit, daß obiges Programm einen Algorithmus zur Berechnung der Fibonacci-Zahlen mit exponentiell wachsendem Aufwand darstellt!

Dagegen ist es sehr leicht, F_N mit linearem Zeitaufwand auf folgende Weise zu berechnen:

```
#define max 25
int fibonacci(int N)
  {
    int i, F[max];
    F[0] = 1; F[1] = 1;
    for (i = 2; i <= max; i++)
        F[i] = F[i-1] + F[i-2];
    return F[N];
  }
```

Dieses Programm berechnet die ersten max Fibonacci-Zahlen unter Verwendung eines Feldes der Größe max. (Da die Zahlen exponentiell wachsen, wird max klein sein.)

Tatsächlich ist diese Technik der Benutzung von Feldern für die Speicherung vorhergehender Ergebnisse das Verfahren, das für die Auswertung rekurrenter Beziehungen gewöhnlich gewählt wird, denn es gibt die Möglichkeit, recht komplizierte Gleichungen in einer einheitlichen und effizienten Weise zu verarbeiten. Rekurrente Beziehungen treten oft dann auf, wenn wir versuchen, Kenngrößen der Leistungsfähigkeit rekursiver Programme zu bestimmen, wofür wir in diesem Buch einige Beispiele sehen werden. Zum Beispiel tritt in Kapitel 9 die folgende Gleichung auf:

$$C_N = N - 1 + \frac{1}{N} * \sum_{1 \leq k \leq N} (C_{k-1} + C_{N-k}), \quad \textit{für } N \geq 1 \textit{ mit } C_0 = 1.$$

Der Wert von C_N kann sehr leicht berechnet werden, wenn man wie im obenstehenden Programm ein Feld verwendet. In Kapitel 9 erörtern wir, wie diese Formel mathematisch behandelt werden kann; einige weitere rekurrente Beziehungen, die bei der Analyse von Algorithmen häufig auftreten, werden in Kapitel 6 betrachtet.

Demnach ist die Verwandtschaft zwischen rekursiven Programmen und rekursiv definierten Funktionen oft eher von philosophischer als von praktischer Art. Genau genommen hängen die oben aufgezeigten Probleme nicht mit dem Gedanken der Rekursion selbst zusammen, sondern mit ihrer Implementation: Ein (sehr leistungsstarker) Compiler könnte feststellen, daß die Funktion für die Fakultäten in Wirklichkeit mit einer Schleife implementiert werden kann und daß sich die Fibonacci-Funktion besser handhaben läßt, wenn man alle bereits berechneten Werte in einem Feld speichert. Später werden wir die Methoden zur Implementation rekursiver Programme ausführlicher betrachten.

Teile und Herrsche

Die meisten rekursiven Programme, die wir in diesem Buch betrachten, verwenden zwei rekursive Aufrufe, von denen jeder etwa mit der Hälfte der Eingabewerte operiert. Das ist das sogenannte »Teile-und-Herrsche«-Prinzip für die Entwicklung von Algorithmen (*divide and conquer*), durch dessen Anwendung oft beachtliche Einsparungen erreicht werden. Programme des Typs »Teile und Herrsche« lassen sich normalerweise nicht auf triviale Schleifen reduzieren, wie das obenstehende Programm für die Fakultäten, da sie zwei rekursive Aufrufe beinhalten; sie führen im Normalfall nicht zu überflüssigen mehrfachen Berechnungen derselben Werte wie im obigen Programm für die Fibonacci-Zahlen, da die Eingabegrößen ohne eine Überlappung aufgeteilt werden.

Als Beispiel wollen wir die Aufgabe betrachten, die Teilstriche für jeden Zoll auf einem Lineal zu zeichnen: Es existieren ein Teilstrich im Punkt 1/2", etwas kürzere Teilstriche in Intervallen von 1/4", noch kürzere Teilstriche in Intervallen von 1/8" usw., wie in Abbildung 5.1 (in vergrößerter Form) dargestellt ist. Wie wir sehen werden, gibt es viele Wege, um diese Aufgabe, die ein Prototyp einfacher Berechnungen des Typs »Teile und Herrsche« ist, zu erfüllen.

Abbildung 5.1 Ein Lineal.

Wenn die gewünschte Auflösung der Teilung $1/2^{n''}$ ist, vereinfachen wir die Aufgabe, indem wir den Maßstab so ändern, daß die Aufgabe darin besteht, einen Teilstrich in jedem Punkt zwischen 0 und 2^n zu zeichnen, wobei die Endpunkte nicht inbegriffen sind. Wir nehmen an, daß uns eine Prozedur mark (x, h) zur Verfügung steht, um an der Stelle x einen Teilstrich mit einer Höhe von h Einheiten zu zeichnen. Der mittlere Teilstrich soll n Einheiten hoch sein, die Teilstriche in der Mitte der rechten bzw. linken Hälfte sollen $n - 1$ Einheiten hoch sein usw. Das folgende rekursive Programm vom Typ »Teile und Herrsche« ist ein sehr einfacher Weg, um dieses Ziel zu erreichen:

```
rule(int l, int r, int h)
   {
     int m = (l+r)/2;
     if (h > 0)
        {
          mark(m,h);
          rule(l,m,h-1);
          rule(m,r,h-1);
        }
   }
```

Zum Beispiel würde der Aufruf *rule* (0, 64, 6) die Abbildung 5.1 in einem entsprechend angepaßten Maßstab liefern. Die dem Verfahren zugrunde liegende Idee ist folgende:

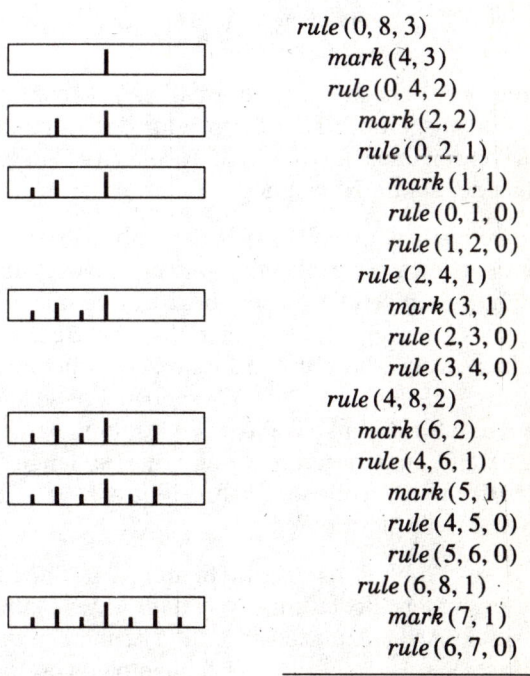

Abbildung 5.2 Zeichnen eines Lineals.

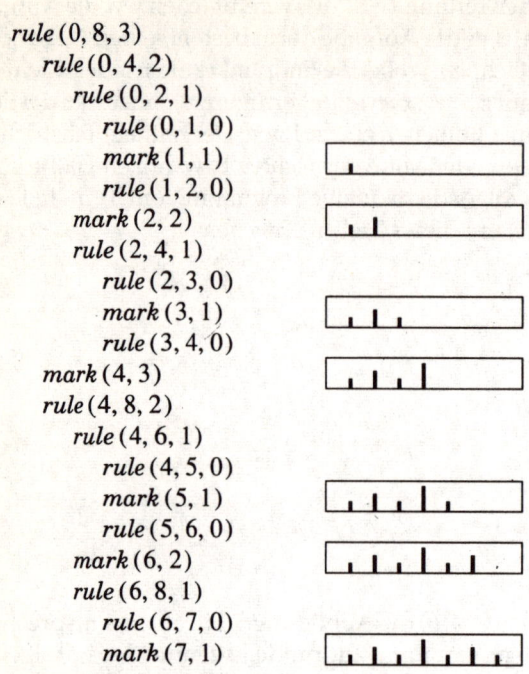

rule (0, 8, 3)
  rule (0, 4, 2)
    rule (0, 2, 1)
      rule (0, 1, 0)
      mark (1, 1)
      rule (1, 2, 0)
    mark (2, 2)
    rule (2, 4, 1)
      rule (2, 3, 0)
      mark (3, 1)
      rule (3, 4, 0)
  mark (4, 3)
  rule (4, 8, 2)
    rule (4, 6, 1)
      rule (4, 5, 0)
      mark (5, 1)
      rule (5, 6, 0)
    mark (6, 2)
    rule (6, 8, 1)
      rule (6, 7, 0)
      mark (7, 1)

Abbildung 5.3 *Zeichnen eines Lineals (Inorder-Variante).*

Um die Teilstriche in einem Intervall zu zeichnen, wird zuerst der lange Teilstrich in der Mitte ausgeführt. Hierdurch wird das Intervall in zwei gleiche Hälften geteilt. Dann werden unter Anwendung der gleichen Vorgehensweise die (kürzeren) Teilstriche in jeder Hälfte gezeichnet.

Normalerweise empfiehlt es sich, der Abbruchbedingung eines rekursiven Programms besondere Aufmerksamkeit zu widmen; sonst kann der Fall eintreten, daß es nicht abbricht! Im obigen Programm bricht `rule` ab (ruft sich nicht selbst auf), wenn die Länge des zu zeichnenden Teilstrichs 0 beträgt. Abbildung 5.2 zeigt den Ablauf im einzelnen, wobei die Abfolge der Prozeduraufrufe und Teilstriche angegeben ist, die sich beim Aufruf `rule(0,8,3)` ergeben. Wir setzen einen Teilstrich in der Mitte und rufen `rule` für die linke Hälfte auf, verfahren dann ebenso mit der nun entstandenen linken Hälfte und fahren in dieser Weise so lange fort, bis ein Teilstrich der Länge 0 aufgerufen wird. Schließlich kehren wir von `rule` zurück und markieren die rechten Hälften auf die gleiche Art.

Für dieses Problem hat die Reihenfolge, in der die Teilstriche gezeichnet werden, keine besondere Bedeutung. Wir hätten den Aufruf `mark` ebensogut *zwischen* den beiden rekursiven Aufrufen anordnen können; in diesem Falle würden die Teilstriche für unser Beispiel einfach in der Reihenfolge von links nach rechts gezeichnet, welche Abbildung 5.3 zeigt.

Die Menge der Teilstriche, die bei diesen beiden Verfahren gezeichnet werden, ist die gleiche, doch die Reihenfolge ist ganz unterschiedlich. Dieser Unterschied kann anhand des Baumdiagramms erklärt werden, welches Abbildung 5.4 zeigt. Dieses Diagramm besitzt einen Knoten für jeden Aufruf von `rule`, der mit den für den betreffenden Aufruf verwendeten Parametern gekennzeichnet ist. Die direkten Nachfolger jedes Knotens entsprechen den sich aus diesem Aufruf ergebenden (rekursiven) Aufrufen von `rule` zusammen mit ihren Parametern. Ein derartiger Baum kann immer gezeichnet werden, um die dynamischen Eigenschaften einer Anzahl von Prozeduren zu veranschaulichen. Abbildung 5.2 entspricht nun einer Preorder-Traversierung dieses Baumes (wobei das »Besuchen« eines Knotens der Ausführung des Aufrufs von `mark` entspricht); Abbildung 5.3 entspricht einer Inorder-Traversierung des Baumes.

Im allgemeinen erfordern Algorithmen des Typs »Teile und Herrsche« einige Arbeitsgänge zur Aufspaltung der Eingabeinformation in zwei Teile oder zum Mischen der Ergebnisse der Verarbeitung zweier unabhängiger »aufgelöster« Teile der Eingabeinformation, oder um fortfahren zu können, nachdem die Hälfte der Eingabeinformation verarbeitet worden ist. Dies bedeutet, daß sich vor, nach oder zwischen den beiden rekursiven Aufrufen weiterer Code befinden kann. Wir werden später viele Beispiele solcher Algorithmen finden, insbesondere in den Kapiteln 9, 12, 27, 28 und 41. Wir werden auch auf Algorithmen stoßen, in denen es nicht möglich ist, dem »Teile-und-herrsche«-Prinzip vollständig zu folgen: Möglicherweise besteht die Eingabeinformation aus ungleichen Teilen oder mehr als zwei Teilen, oder die Teile überschneiden sich.

Die Entwicklung nichtrekursiver Algorithmen für diese Aufgabe ist ebenfalls leicht. Das einfachste Verfahren besteht darin, die Teilstriche einfach wie in Abbildung 5.3 der Reihe nach zu zeichnen, jedoch mit Hilfe der direkten Schleife `for (i = 1; i < N; i++) mark(i,height(i));` Es zeigt sich, daß die hierfür benötigte Funktion `height(i)` leicht berechnet werden kann: Es ist die Anzahl der Null-Bits am Ende der Binärdarstellung von `i`. Das Implementieren dieser Funktion in C überlassen wir dem Leser als Übung. Es ist sogar möglich, diese Methode direkt von der rekursiven Variante abzuleiten. Dabei bedienen wir uns eines aufwendigen Prozesses zur »Beseitigung der Rekursion«, den wir weiter unten für ein anderes Problem ausführlich untersuchen werden.

Ein weiterer nichtrekursiver Algorithmus, der keiner rekursiven Implementation entspricht, besteht darin, zuerst die kürzesten Teilstriche zu zeichnen, dann die zweitkürzesten usw., wie im folgenden sehr kompakten Programm:

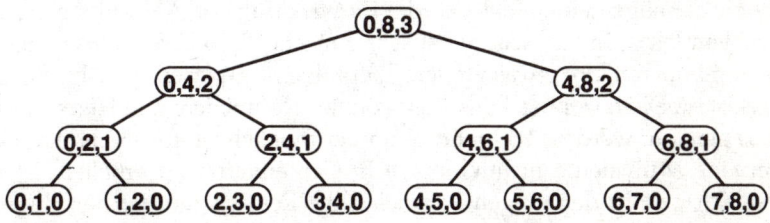

Abbildung 5.4 *Baum der rekursiven Aufrufe für das Zeichnen eines Lineals.*

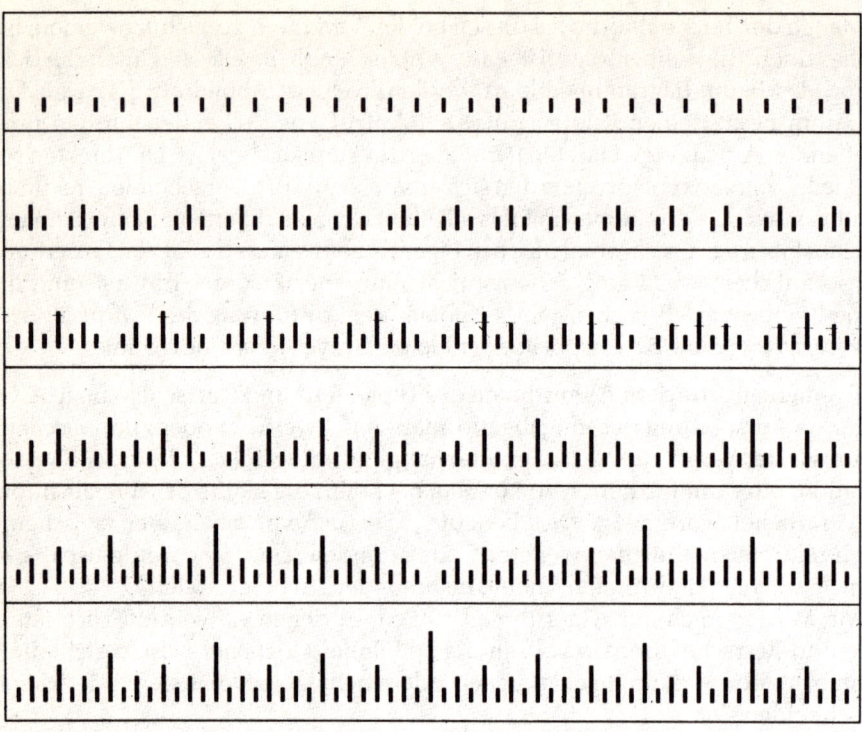

Abbildung 5.5 *Zeichnen eines Lineals (nichtrekursive Variante).*

```
rule(int l, int r, int h)
  {
    int i, j, t;
    for (i = 1,j = 1; i <= h; i++,j+=j)
       for (t = 0; t <= (l+r)/j; t++)
          mark(l+j+t*(j+j),i);
  }
```

Abbildung 5.5 zeigt, wie dieses Programm die Teilstriche zeichnet. Diese Vorgehensweise entspricht einer Level-Order-Traversierung des Baumes von Abbildung 5.4 (von unten nach oben), sie ist jedoch nicht rekursiv.

Das entspricht der allgemeinen Methode der Entwicklung von Algorithmen, gemäß der wir ein Problem lösen, indem wir zuerst sehr einfache Teilprobleme lösen, dann diese Lösungen kombinieren, um etwas größere Teilprobleme zu lösen usw., bis das gesamte Problem gelöst ist. Diese Herangehensweise könnte »Kombiniere und Herrsche« (*combine and conquer*) genannt werden. Während es immer möglich ist, für irgendein rekursives Programm eine äquivalente nichtrekursive Implementation zu erhalten, ist es nicht immer möglich, wie in den obigen Beispielen die Reihenfolge der Berechnungen zu ändern; viele rekursive Programme sind davon abhängig, daß die Teilprobleme in einer

bestimmten Reihenfolge gelöst werden. Im Gegensatz zu der Top-Down-Orientie-
rung bei »Teile und Herrsche« handelt es sich hierbei um einen Bottom-Up-Ansatz.
Wir werden einige Beispiele hierzu kennenlernen, wobei das wichtigste in Kapitel 12
enthalten ist. Eine Verallgemeinerung des Verfahrens wird in Kapitel 42 betrachtet.

Wir haben das Beispiel des Zeichnens eines Lineals recht ausführlich betrachtet, da
es die wesentlichen Eigenschaften von praktischen Algorithmen mit ähnlicher Struktur veranschaulicht, mit denen wir uns später beschäftigen werden. Im Falle der
Rekursion ist die eingehende Untersuchung einfacher Beispiele gerechtfertigt, da sich
schwer sagen läßt, wo die Grenze zwischen sehr Einfachem und sehr Kompliziertem
verläuft. Abbildung 5.6 zeigt ein zweidimensionales Muster, das veranschaulichen
soll, wie eine einfache rekursive Beschreibung zu einer Berechnung führen kann, die
als sehr komplex erscheint. Das links dargestellte Muster hat eine leicht erkennbare
rekursive Struktur, während das Muster auf der rechten Seite wesentlich geheimnis-
voller scheinen würde, wenn es allein dargestellt wäre. Das Programm, welches das
links dargestellte Muster erzeugt, ist tatsächlich nur eine leichte Verallgemeinerung
von rule:

```
star(int x, int y, int r)
  {
    if (r > 0)
      {
        star(x-r,y+r,r/2);
        star(x+r,y+r,r/2);
        star(x-r,y-r,r/2);
        star(x+r,y-r,r/2);
        box(x,y,r);
      }
  }
```

Das für das Zeichnen benutzte Grundelement ist einfach ein Programm, das ein
Quadrat mit der Seitenlänge 2r und mit dem Mittelpunkt in (x,y) zeichnet.

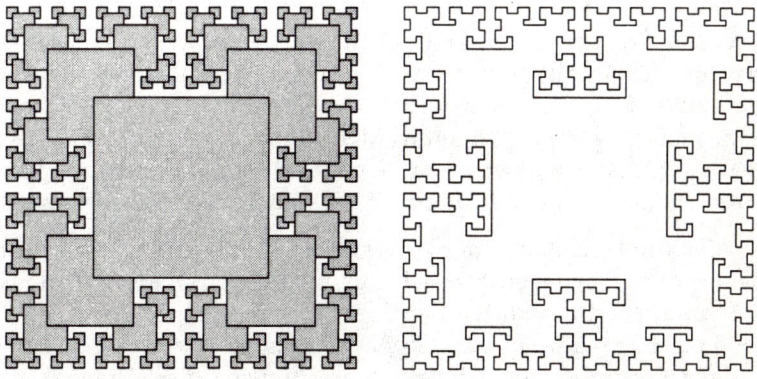

Abbildung 5.6 *Ein Fraktal-Stern, gezeichnet mit Kästchen (links) und nur mit Umrissen (rechts).*

Folglich läßt sich das Muster auf der linken Seite von Abbildung 5.6 einfach mit einem rekursiven Programm erzeugen; es bleibt dem Leser überlassen, nach einer rekursiven Methode für das Zeichnen der Umrisse des Musters zu suchen, das rechts abgebildet ist. Das linke Muster läßt sich auch leicht mit einer Bottom-Up-Methode von der Art des in Abbildung 5.5 dargestellten Verfahrens erzeugen: Man zeichne die kleinsten Quadrate, dann die nächstgrößeren usw. Der Leser kann sich auch damit beschäftigen zu versuchen, eine nichtrekursive Methode für das Zeichnen der Figur zu finden.

Rekursiv definierte geometrische Muster wie in Abbildung 5.6 werden manchmal Fraktale (*fractals*) genannt. Wenn kompliziertere Grundelemente für das Zeichnen und kompliziertere rekursive Aufrufe (insbesondere solche, welche rekursiv definierte Funktionen von reellen Zahlen und in der komplexen Ebene einschließen) benutzt werden, lassen sich Muster von bemerkenswerter Vielfalt und Komplexität entwickeln.

Rekursive Traversierung von Bäumen

Wie in Kapitel 4 ausgeführt wurde, führt der vielleicht einfachste Weg für die Traversierung der Knoten eines Baumes über eine rekursive Implementation. Beispielsweise bewirkt das folgende Programm eine Inorder-Traversierung der Knoten eines binären Baumes:

```
traverse(struct node *t)
  {
    if (t != z)
      {
        traverse(t->l);
        visit(t);
        traverse(t->r);
      }
  }
```

Diese Implementation spiegelt exakt die Definition der Inorder-Traversierung wider: »Falls der Baum nicht leer ist, traversiere zuerst den linken Unterbaum, besuche dann die Wurzel, traversiere dann den rechten Unterbaum.« Offensichtlich kann eine Preorder-Traversierung implementiert werden, indem der Aufruf von `visit` vor die beiden rekursiven Aufrufe gesetzt wird; eine Postorder-Traversierung kann implementiert werden, indem der Aufruf von `visit` hinter diese Aufrufe gesetzt wird.

Diese rekursive Implementation der Traversierung eines Baumes ist natürlicher als eine Implementation, bei der ein Stapel benutzt wird, weil einerseits Bäume rekursiv definierte Strukturen sind und weil andererseits Preorder, Inorder und Postorder rekursiv definierte Prozesse sind. Im Gegensatz dazu ist anzumerken, daß es keinen geeigneten Weg gibt, um ein rekursives Verfahren für eine Level-Order-Traversierung zu implementieren: Die Natur der Rekursion selbst zwingt dazu, Unterbäume als unabhängige Einheiten zu verarbeiten, während Level-Order-Traversierung das Vermischen von Knoten in verschiedenen Unterbäumen erfordert. Auf diese Frage kommen wir in den Kapiteln 29 und 30 zurück, wo wir Algorithmen für die Traversierung von Graphen betrachten, welche wesentlich kompliziertere Strukturen als Bäume darstellen.

Durch einfache Modifikationen des obigen rekursiven Programms und eine geeignete Implementation von visit kann man Programme erhalten, die verschiedene Eigenschaften von Bäumen auf sehr einfache Weise berechnen. Zum Beispiel zeigt das folgende Programm, wie die Koordinaten für die Anordnung der Knoten der binären Bäume in den Abbildungen im vorliegenden Buch berechnet werden könnten. Es wird angenommen, daß der Datensatz für Knoten zwei ganzzahlige Felder für die Koordinaten x und y des Knotens in der Abbildung enthält. (Um Einzelheiten der Wahl des Maßstabs und der Umrechnung zu umgehen, wird angenommen, daß es sich dabei um relative Koordinaten handelt: Falls der Baum N Knoten besitzt und die Höhe h hat, läuft die x-Koordinate von links nach rechts von 1 bis N und die y-Koordinate von oben nach unten von 1 bis h.) Das folgende Programm trägt für jeden Knoten die entsprechenden Werte in diese Felder ein:

```
visit(struct node *t)
  { t->x = ++x; t->y = y; }
traverse(struct node *t)
  {
    y++;
    if (t != z)
      {
        traverse(t->l);
        visit(t);
        traverse(t->r)
      }
    y-;
  }
```

In diesem Programm werden zwei globale Variablen x und y verwendet, wobei angenommen wird, daß beide mit 0 initialisiert werden. Die Variable x registriert die Anzahl der Knoten, die bei einer Inorder-Traversierung besucht worden sind; die Variable y speichert die Höhe des Baums. Jedesmal, wenn traverse sich im Baum abwärts bewegt, wird y um 1 erhöht, und bei jeder Bewegung im Baum aufwärts wird y um 1 verringert.

In ähnlicher Weise könnte man rekursive Programme implementieren, um die Weglänge eines Baums zu berechnen, um einen anderen Weg zum Zeichnen eines Baums zu implementieren, um einen Ausdruck auszuwerten, der durch einen Ausdrucks-Baum dargestellt ist usw.

Beseitigung der Rekursion

Doch worin besteht der Zusammenhang zwischen der obigen Implementation (rekursiv) und der Implementation in Kapitel 4 (nichtrekursiv) für die Traversierung eines Baumes? Mit Sicherheit existiert ein enger Zusammenhang zwischen diesen beiden Programmen, da sie für einen beliebigen gegebenen Baum genau die gleiche Folge von Aufrufen von visit erzeugen. Im vorliegenden Abschnitt untersuchen wir diese Frage im einzelnen, indem wir auf »mechanische« Weise die Rekursion aus dem oben angegebenen Programm für die Preorder-Traversierung entfernen, so daß wir eine nichtrekursive Implementation erhalten.

Das ist die gleiche Aufgabe, vor der ein Compiler steht, wenn er ein rekursives Programm in die Maschinensprache übersetzen muß. Unser Ziel besteht nicht vorrangig darin, Compilierungstechniken zu studieren (obwohl wir einen gewissen Einblick in die Probleme erhalten, die ein Compiler lösen muß), sondern vielmehr in der Untersuchung des Zusammenhangs zwischen rekursiven und nichtrekursiven Implementationen von Algorithmen. Dieses Thema wird im Buch immer wieder eine Rolle spielen.

Wir beginnen mit einer rekursiven Implementation einer Preorder-Traversierung, genau wie oben beschrieben:

```
traverse(struct node *t)
  {
    if (t != z)
      {
        visit(t);
        traverse(t->l);
        traverse(t->r);
      }
  }
```

Zunächst kann der zweite rekursive Aufruf leicht entfernt werden, da ihm kein Code folgt. Jedesmal, wenn der zweite Aufruf ausgeführt werden soll, muß traverse aufgerufen werden (mit dem Argument t->r); wenn dieser Aufruf dann vollständig ausgeführt wurde, ist der *laufende* Aufruf von traverse ebenfalls vollständig ausgeführt. Doch die gleiche Folge von Ereignissen kann implementiert werden, wenn man in der folgenden Weise anstelle eines rekursiven Aufrufs einen goto-Aufruf verwendet:

```
traverse(struct node *t)
  {
  l: if (t == z) goto x;
     visit(t);
     traverse(t->l);
     t = t->r;
     goto l;
  x: ;
  }
```

Dies ist eine bekannte Methode, die End-Rekursionsbeseitigung (*end-recursion removal*) genannt wird und die in vielen Compilern implementiert ist. Rekursive Programme sind auf Systemen ohne diese Fähigkeit weniger rentabel, da es zu einer unnötigen und drastischen Verringerung der Effizienz kommen kann, wie dies oben bei `factorial` und `fibonacci` der Fall war. In Kapitel 9 untersuchen wir ein wichtiges praktisches Beispiel.

Das Entfernen des anderen rekursiven Aufrufs erfordert mehr Mühe. Im allgemeinen erzeugen die meisten Compiler Code, der für *jeden* Prozeduraufruf ein und dieselbe Folge von Handlungen durchläuft: »Lege die Werte lokaler Variablen und die Adresse der nächsten Anweisung in einem Stapel ab, setze die Parameterwerte für die Prozedur und gehe zum (`goto`) Beginn der Prozedur«. Wenn dann eine Prozedur vollständig abgearbeitet ist, muß sie »die Rückkehradresse und die Werte lokaler Variablen aus dem Stapel holen, die Variablen zurücksetzen und gehe zur (`goto`) Rückkehradresse ausführen«. Natürlich ist der Sachverhalt für die allgemeine Situation, die ein realer Compiler bewältigen muß, noch komplizierter; trotzdem können wir in diesem Sinne den zweiten rekursiven Aufruf aus unserem Programm wie folgt entfernen:

```
traverse(struct node *t)
  {
  l: if (t == z) goto s;
     visit(t);
     push(t); t = t->l; goto l;
  r: t = t->r; goto l;
  s: if (stackempty()) goto x;
     t = pop(); goto r;
  x: ;
  }
```

Es ist nur eine lokale Variable `t` vorhanden, daher legen wir diese im Stapel ab und springen (`goto`) zum Anfang. Es gibt nur eine Rückkehradresse, nämlich `r`, und sie ist fest, weshalb wir sie nicht im Stapel ablegen. Am Ende der Prozedur entnehmen wir `t` aus dem Stapel und realisieren einen Sprung zu Rückkehradresse `r`. Wenn der Stapel leer ist, kehren wir vom ersten Aufruf zu `traverse` zurück.

Nun ist zwar die Rekursion beseitigt, doch wir haben eine Vielzahl von `goto`-Anweisungen vor uns, die ein sehr unübersichtliches Programm bilden. Doch auch diese können »mechanisch« entfernt werden, wodurch man einen Programmabschnitt mit einer klareren Struktur erhält. Zunächst ist der Programmabschnitt zwischen der Marke `r` und der zweiten Anweisung (`goto x`) von `goto`-Anweisungen eingeschlossen und kann einfach verschoben werden, wobei die Marke `r` und die zugehörige `goto`-Anweisung eliminiert wird. Danach bemerken wir, daß wir `t` auf `t->r` setzen, wenn wir etwas aus dem Stapel entnehmen; ebensogut können wir diesen Wert einfach ablegen. Weiterhin ist der Programmabschnitt zwischen der Marke `x` und der ersten Anweisung (`goto x`) weiter nichts als eine `while`-Schleife. Damit erhalten wir:

```
traverse(struct node *t)
  {
```

```
l: while (t != z)
     {
        visit(t);
        push(t->r); t = t->l;
     }
   if (stackempty()) goto x;
   t = pop(); goto l;
 x: ;
}
```

Nun liegt eine weitere Schleife vor, die in eine while-Schleife umgewandelt werden kann, indem ein zusätzliches Ablegen (des ursprünglichen Arguments t beim Eintritt in traverse) in den Stapel hinzugefügt wird. Damit erhalten wir ein Programm, in dem keine goto-Anweisungen enthalten sind:

```
traverse(struct node *t)
  {
    push(t);
    while (!stackempty())
      {
        t = pop();
        while (t != z)
          {
            visit(t);
            push(t->r);
            t = t->l;
          }
      }
  }
```

Diese Variante ist die nichtrekursive »Standardmethode« für die Traversierung eines Baumes. Es ist eine lohnenswerte Übung, vorübergehend zu vergessen, wie dieses Programm hergeleitet wurde, und sich davon zu überzeugen, daß dieses Programm wie angegeben die Preorder-Traversierung eines Baumes realisiert.

Tatsächlich kann die Struktur dieses Programms, die eine Schleife innerhalb einer Schleife aufweist, vereinfacht werden (wofür einige Stapel-Operationen notwendig sind):

```
traverse(struct node *t)
  {
    push(t);
    while (!stackempty())
      {
        t = pop();
        if (t != z)
          {
            visit(t);
```

```
            push(t->r);
            push(t->l);
          }
       }
    }
```

Dieses Programm hat eine verblüffende Ähnlichkeit mit unserem ursprünglichen rekursiven Preorder-Algorithmus, doch in Wirklichkeit sind die beiden Programme *sehr* verschieden. Ein wesentlicher Unterschied besteht darin, daß dieses Programm praktisch in jedem Programmiersystem benutzt werden kann, während die rekursive Implementation offensichtlich ein System erfordert, welches Rekursion unterstützt. Doch selbst in einem solchen System ist dieses Verfahren mit Stapel sicherlich weit effizienter.

Schließlich bemerken wir, daß dieses Programm keine Unterbäume im Stapel ablegt. Dies folgt unmittelbar der Entscheidung in der ursprünglichen Implementation, als erste Operation in der rekursiven Prozedur zu testen, ob der Unterbaum Null ist. Die rekursive Implementation könnte den rekursiven Aufruf nur für von Null verschiedene Unterbäume realisieren, indem sie t->l und t->r testet. Wenn man diese Änderung im obigen Programm vornimmt, erhält man den einen Stapel verwendenden Algorithmus für die Preorder-Traversierung aus Kapitel 4.

```
traverse(struct node *t)
  {
    push(t);
    while (!stackempty())
      {
        t = pop(); visit(t);
        if (t->r != z) push(t->r);
        if (t->l != z) push(t->l);
      }
  }
```

Jeder rekursive Algorithmus kann wie oben behandelt werden, um die Rekursion zu beseitigen; tatsächlich ist das eine der wichtigsten Aufgaben eines Compilers. Eine »manuelle« Beseitigung der Rekursion in der hier beschriebenen Weise ist zwar kompliziert, führt jedoch oft sowohl zu einer effizienten nichtrekursiven Implementation als auch zu einem besseren Verständnis der Natur der Berechnung.

Ausblick

Sicher ist es nicht möglich, einem so fundamentalen Thema wie der Rekursion in einer so kurzen Abhandlung gerecht zu werden. Überall in diesem Buch sind viele der besten Beispiele rekursiver Programme zu finden; Algorithmen des Typs »Teile und

Herrsche« sind für eine große Vielfalt von Problemen entwickelt worden. Für viele Anwendungen ist es nicht sinnvoll, über eine einfache, direkte rekursive Implementation hinauszugehen; in anderen Fällen werden wir das Ergebnis der in diesem Kapitel beschriebenen Beseitigung der Rekursion betrachten oder alternative nicht-rekursive Implementationen auf direktem Weg herleiten.

Die Rekursion stand im Mittelpunkt früher theoretischer Untersuchungen zur Natur von Berechnungen. Rekursive Funktionen und Programme spielen eine zentrale Rolle in mathematischen Untersuchungen der Differenzierung zwischen Problemen, die sich mittels Computer lösen lassen, und solchen, bei denen dies nicht möglich ist.

In Kapitel 44 betrachten wir die Verwendung rekursiver Programme (und anderer Techniken) zur Lösung komplizierter Probleme, in denen eine große Zahl möglicher Lösungen geprüft werden muß. Wie wir sehen werden, kann rekursives Programmieren ein sehr effizientes Mittel sein, um eine komplizierte Suche innerhalb einer Menge von Möglichkeiten zu organisieren.

Übungen

1. Schreiben Sie ein rekursives Programm zum Zeichnen eines binären Baumes derart, daß die Wurzel in der Mitte der Seite erscheint, die Wurzel des linken Unterbaumes in der Mitte der linken Hälfte der Seite usw.

2. Schreiben Sie ein rekursives Programm zur Berechnung der äußeren Weglänge eines binären Baumes.

3. Schreiben Sie ein rekursives Programm zur Berechnung der äußeren Weglänge eines Baumes, der als binärer Baum dargestellt ist.

4. Geben Sie die Koordinaten an, die erzeugt werden, wenn die im Text angegebene rekursive Prozedur zum Zeichnen eines Baumes auf den binären Baum in Abbildung 4.2 angewandt wird.

5. Beseitigen Sie auf mechanischem Wege die Rekursion aus dem im Text angegebenen Programm `fibonacci`, so daß Sie eine nichtrekursive Implementation erhalten.

6. Beseitigen Sie auf mechanischem Wege die Rekursion aus dem rekursiven Algorithmus für die *Inorder*-Traversierung eines Baumes, so daß Sie eine nichtrekursive Implementation erhalten.

7. Beseitigen Sie auf mechanischem Wege die Rekursion aus dem rekursiven Algorithmus für die *Postorder*-Traversierung eines Baumes, so daß Sie eine nichtrekursive Implementation erhalten.

8. Schreiben Sie ein rekursives Programm vom Typ »Teile und Herrsche« zum Zeichnen einer Approximation des Geradenabschnitts, welcher zwei Punkte (x_1, y_1) und (x_2, y_2) verbindet, durch Zeichnen von Punkten mit ganzzahligen Koordinaten. (Hinweis: Zeichnen Sie zuerst einen Punkt in der Nähe der Mitte.)

9. Schreiben Sie ein rekursives Programm zur Lösung des Problems des Josephus (siehe Kapitel 3).

10. Schreiben Sie eine rekursive Implementation des Euklidischen Algorithmus (siehe Kapitel 1).

Kapitel 6

Analyse von Algorithmen

Für die meisten Probleme stehen viele unterschiedliche Algorithmen zur Verfügung. Wie soll man die beste Implementation auswählen? Dies ist gegenwärtig ein gut erforschtes Gebiet der Informatik. Wir werden oft Gelegenheit haben, uns auf Forschungsergebnisse zu berufen, die die Leistungsfähigkeit grundlegender Algorithmen beschreiben. Der Vergleich von Algorithmen kann jedoch sehr kompliziert sein, weshalb gewisse allgemeine Richtlinien von Nutzen sind.

Im allgemeinen haben die von uns zu lösenden Probleme eine natürliche »Größe« (im Normalfall die zu verarbeitende Datenmenge), die wir gewöhnlich mit N bezeichnen. Wir möchten die aufzuwendenden Ressourcen (meist die benötigte Zeit) als Funktion von N beschreiben. Wir interessieren uns für die zu erwartende Zeit, die ein Programm im *durchschnittlichen Fall* bei »typischen« Eingabedaten benötigt, und für die Zeit, die ein Programm im *ungünstigsten Fall* bei der denkbar ungünstigsten Konfiguration der Eingabedaten benötigen würde.

Einige der Algorithmen in diesem Buch sind sehr gut erforscht, so gut, daß exakte mathematische Formeln für die durchschnittliche Laufzeit und die Laufzeit im ungünstigsten Fall bekannt sind. Solche Formeln werden hergeleitet, indem das Programm sorgfältig untersucht wird, um die Laufzeit als Funktion grundlegender mathematischer Größen auszudrücken, und indem dann eine mathematische Analyse der betreffenden Größen vorgenommen wird. Andererseits sind die leistungsbezogenen Eigenschaften für andere Algorithmen in diesem Buch überhaupt nicht erforscht, teils weil ihre Analyse zu ungelösten mathematischen Fragen führt oder weil bekannte Implementationen zu komplex sind, als daß eine detaillierte Analyse sinnvoll wäre, oder (was am wahrscheinlichsten ist) weil die auftretenden Typen von Eingabedaten nicht genau charakterisiert werden können. Die meisten Algorithmen sind irgendwo zwischen diesen Extremfällen einzuordnen: Einige Tatsachen über ihre Leistungsfähigkeit sind bekannt, doch sie sind noch nicht wirklich vollständig analysiert.

Bei dieser Analyse spielen einige wichtige Faktoren eine Rolle, die gewöhnlich vom Programmierer nicht beeinflußt werden können. Erstens werden C-Programme für einen gegebenen Computer in Maschinencode übersetzt, und es kann eine schwierige

Aufgabe sein, selbst für eine einzige C-Anweisung genau zu berechnen, wieviel Zeit für ihre Ausführung benötigt wird (insbesondere in einem System, in dem die Ressourcen geteilt werden, so daß sogar für ein und dasselbe Programm die Kenngrößen der Leistung variieren können). Zweitens sind viele Programme äußerst empfindlich gegenüber Änderungen ihrer Eingabedaten, und die Leistung kann in Abhängigkeit von der Eingabe sehr unterschiedlich sein. Der durchschnittliche Fall könnte eine mathematische Fiktion sein, die für die tatsächlichen Daten — mit denen das Programm verwendet wird — nicht repräsentativ ist, und der ungünstigste Fall könnte eine ausgefallene Konstruktion sein, die in der Praxis niemals auftreten würde. Drittens sind viele Programme, die von Interesse sind, noch nicht gut erforscht, und spezifische mathematische Ergebnisse sind eventuell nicht verfügbar. Schließlich liegt oft der Fall vor, daß Programme überhaupt nicht vergleichbar sind: Das eine läuft bei einer bestimmten Art von Eingabe effizienter ab, das andere unter anderen Bedingungen.

Ungeachtet der obigen Bemerkungen ist es oft möglich, genau vorherzusagen, wieviel Zeit ein bestimmtes Programm benötigt, oder auszusagen, daß ein Programm in bestimmten Situationen besser geeignet ist als ein anderes. Aufgabe des Algorithmenanalytikers ist es, soviel Informationen wie möglich über die Leistungsfähigkeit von Algorithmen zu erlangen; Aufgabe des Programmierers ist es, solche Informationen bei der Auswahl von Algorithmen für spezielle Anwendungen zu Rate zu ziehen. Im vorliegenden Kapitel konzentrieren wir uns auf die idealisierte Welt des Analytikers; im nächsten erörtern wir praktische Fragen der Implementation.

Rahmen

Der erste Schritt bei der Analyse eines Algorithmus besteht darin, die Daten zu charakterisieren, die als Eingabedaten für den Algorithmus verwendet werden sollen, und zu entscheiden, welcher Typ einer Analyse geeignet ist. Im Idealfall wäre man in der Lage, für eine beliebige gegebene Wahrscheinlichkeitsverteilung der möglichen Eingabedaten die entsprechende Verteilung der möglichen Laufzeiten des Algorithmus herzuleiten. Da wir jedoch nicht imstande sind, dieses Idealziel für einen nichttrivialen Algorithmus zu erreichen, konzentrieren wir uns normalerweise darauf, Schranken für die Leistungskenngrößen anzugeben. Dabei streben wir den Beweis an, daß die Laufzeit stets kleiner ist als eine gewisse »obere Schranke«, *unabhängig von den Eingabedaten*. Außerdem versuchen wir, die *durchschnittliche* Laufzeit für eine »zufällige« Eingabe herzuleiten.

Der zweite Schritt bei der Analyse eines Algorithmus ist die Bestimmung der abstrakten Operationen, auf denen der Algorithmus beruht, um die Analyse von der Implementation zu trennen. Somit trennen wir zum Beispiel die Untersuchung der Frage, wie viele Vergleiche ein Sortieralgorithmus durchführt, von der Bestimmung der Anzahl der Mikrosekunden, die ein bestimmter Computer zur Ausführung des Maschinencodes benötigt, den ein bestimmter Compiler für den Programmabschnitt `if a [i] < v`... erzeugt. Beide Komponenten werden benötigt, um die tatsächliche

Laufzeit eines Programms auf einem speziellen Computer zu ermitteln. Die erste wird durch die Eigenschaften des Algorithmus bestimmt, die zweite durch die Eigenschaften des Computers. Diese Trennung gibt uns oft die Möglichkeit, Vergleiche von Algorithmen anzustellen, die zumindest in gewissem Maße von speziellen Implementationen oder speziellen Computern unabhängig sind.

Während die Anzahl erforderlicher abstrakter Operationen im Prinzip groß sein kann, hängt die Leistungsfähigkeit der betrachteten Algorithmen gewöhnlich nur von wenigen Größen ab. Im allgemeinen ist es sehr einfach, die entscheidenden Größen für ein spezielles Programm zu identifizieren; ein Weg dazu besteht in der Benutzung einer »profilierenden« Option (»profiling«, in vielen C-Implementationen verfügbar), um für einige Beispielläufe die Häufigkeitsverteilungen der einzelnen Anweisungen zu ermitteln. Im vorliegenden Buch konzentrieren wir uns auf die wichtigsten derartigen Größen für jedes Programm.

Als dritten Schritt bei der Analyse eines Algorithmus führen wir die mathematische Analyse selbst durch, um für jede der grundlegenden Größen die Werte für den durchschnittlichen Fall und für den ungünstigsten Fall zu ermitteln. Es ist nicht schwierig, eine obere Schranke für die Laufzeit eines Programms zu finden; das Problem besteht darin, die *beste* obere Schranke zu bestimmen, als eine Schranke, die tatsächlich erreicht wird, wenn die ungünstigsten Eingabedaten verwendet würden. Dies liefert den ungünstigsten Fall; der durchschnittliche Fall erfordert gewöhnlich eine sehr komplizierte mathematische Analyse. Nachdem solche Analysen für die grundlegenden Größen einmal erfolgreich vorgenommen worden sind, ist es möglich, für jede Größe die zugehörige Zeit zu bestimmen und Ausdrücke für die Gesamtlaufzeit zu erhalten.

Im Prinzip kann die Leistungsfähigkeit eines Algorithmus oft mit beliebig hoher Genauigkeit analysiert werden, wobei sich Einschränkungen nur aus der Unsicherheit hinsichtlich der Leistungsfähigkeit des Computers oder aus Schwierigkeiten bei der Bestimmung der mathematischen Eigenschaften mancher abstrakter Größen ergeben können. Es lohnt sich jedoch selten, eine vollständige, detaillierte Analyse vorzunehmen, so daß wir immer bestrebt sind *abzuschätzen*, um auf Einzelheiten verzichten zu können. (Tatsächlich erweisen sich grob erscheinende Schätzungen oft als recht genau.) Solche groben Schätzungen lassen sich sehr oft leicht aus der alten Faustregel ableiten, welche da lautet: »90% der Zeit werden für 10% des Programms benötigt.« (In der Vergangenheit wurde diese Aussage für viele von 90% verschiedene Werte formuliert.)

Die Analyse eines Algorithmus ist ein zyklischer Prozeß des Analysierens, Schätzens und Verfeinerns der Analyse, bis der gewünschte Detailliertheitsgrad erreicht worden ist. Im übrigen sollte der Prozeß, wie im folgenden Kapitel erläutert wird, auch Verbesserungen bei der Implementation mit einbeziehen, und tatsächlich ergeben sich aus der Analyse oft Anregungen für solche Verbesserungen.

Unter Beachtung dieser Vorbemerkungen wird unsere Vorgehensweise darin bestehen, zwecks Klassifikation grobe Schätzungen für die Laufzeit unserer Programme zu ermitteln, wobei wir wissen, daß eine vollständigere Analyse für wichtige Programme bei Bedarf vorgenommen werden kann.

Klassifikation von Algorithmen

Wie oben erwähnt wurde, besitzen die meisten Algorithmen einen Hauptparameter N, (gewöhnlich die Anzahl der zu verarbeitenden Datenelemente) der die Laufzeit am stärksten beeinflußt. Der Parameter N könnte der Grad eines Polynoms sein, die Größe einer zu sortierenden oder zu durchsuchenden Datei, die Anzahl der Knoten in einem Graph usw. Bei praktisch allen Algorithmen in diesem Buch ist die Laufzeit zu einer der folgenden Funktionen proportional:

1   Die meisten Anweisungen in der Mehrzahl der Programme werden einmal oder höchstens einige Male ausgeführt. Falls alle Anweisungen eines Programms diese Eigenschaft haben, sagen wir, daß seine Laufzeit *konstant* ist. Offensichtlich ist das die Situation, die bei der Entwicklung von Algorithmen angestrebt werden sollte.

$\log N$ Wenn die Laufzeit eines Programms *logarithmisch* ist, wird das Programm mit wachsendem N allmählich langsamer. Diese Laufzeit tritt gewöhnlich bei Programmen auf, die ein umfangreiches Problem lösen, indem sie es in ein kleineres Problem umwandeln, wobei sie den Umfang auf einen gewissen konstanten Anteil verringern. Für unsere Belange kann angenommen werden, daß die Laufzeit kleiner ist als eine »große« Konstante. Die Basis des Logarithmus beeinflußt die Konstante, jedoch nicht sehr: Hat N den Wert eintausend, so hat $\log N$ zur Basis 10 den Wert 3, zur Basis 2 etwa den Wert 10; beträgt N eine Million, so ist $\log N$ jeweils doppelt so groß. Bei jeder Verdopplung von N wächst $\log N$ um einen gewissen konstanten Wert; eine Verdopplung des Wertes findet jedoch erst statt, wenn N auf N^2 angewachsen ist.

N Wenn die Laufzeit eines Programms *linear* ist, entfällt im allgemeinen ein kleiner Anteil der Verarbeitung auf jedes Element der Eingabedaten. Wenn N eine Million beträgt, dann ist die Laufzeit ebenso groß. Jedesmal, wenn N sich verdoppelt, trifft das auch für die Laufzeit zu. Dies ist die optimale Situation für einen Algorithmus, der N Eingabedaten verarbeiten muß (oder N Ausgabewerte erzeugen muß).

$N \log N$ Diese Laufzeit tritt bei Algorithmen auf, die ein Problem lösen, indem sie es in kleinere Teilprobleme aufteilen, diese unabhängig voneinander lösen und dann die Lösungen kombinieren. Mangels eines passenderen Adjektivs (*linearithmisch?*) werden wir sagen, daß die Laufzeit eines solchen Algorithmus »$N \log N$« beträgt. Wenn N eine Million ist, beträgt $N \log N$ vielleicht zwanzig Millionen. Wenn sich N verdoppelt, wird die Laufzeit mehr als doppelt so groß (aber nicht wesentlich mehr).

N^2 Wenn die Laufzeit eines Algorithmus *quadratisch* ist, läßt er sich praktisch nur für relativ kleine Probleme anwenden. Quadratische Laufzeiten sind typisch für Algorithmen, die alle paarweisen Kombinationen von Datenelementen verarbeiten (eventuell in einer doppelt verschachtelten Schleife).

Wenn N eintausend beträgt, ist die Laufzeit eine Million. Wenn N sich verdoppelt, vervierfacht sich die Laufzeit.

N^3 Analog gilt, daß ein Algorithmus, der Tripel von Datenelementen verarbeitet (zum Beispiel in einer dreifach verschachtelten Schleife), eine *kubische* Laufzeit hat und praktisch nur für kleine Probleme verwendbar ist. Wenn N einhundert beträgt, ist die Laufzeit eine Million. Wenn sich N verdoppelt, erhöht sich die Laufzeit auf das Achtfache.

2^N Bei wenigen Algorithmen mit *exponentieller* Laufzeit kann man erwarten, daß sie für praktische Zwecke geeignet sind, obwohl solche Algorithmen in natürlicher Weise als »gewaltsame« Lösungen von Problemen auftreten. Wenn N zwanzig beträgt, ist die Laufzeit eine Million. Bei jeder Verdopplung von N, wird die Laufzeit quadriert!

Die Laufzeit eines speziellen Programms ist meist gleich einer Konstanten, multipliziert mit einem dieser Terme (dem »führenden Term«), plus einiger kleinerer Terme. Die Werte des konstanten Faktors und der zusätzlichen Terme hängen von den Ergebnissen der Analyse und von Einzelheiten der Implementation ab. Grob gesagt hat der Koeffizient des führenden Terms etwas mit der Anzahl der Anweisungen in der inneren Schleife zu tun: Bei jedem Schritt der Entwicklung eines Algorithmus tut man gut daran, die Zahl solcher Anweisungen zu begrenzen. Für große N überwiegt der Einfluß des führenden Terms; für kleine N oder für sorgfältig gestaltete Algorithmen können mehrere Terme die Laufzeit spürbar beeinflussen und Vergleiche von Algorithmen komplizieren. In den meisten Fällen werden wir die Laufzeit von Programmen einfach als »linear«, »$N \log N$«, »kubisch« usw. bezeichnen, wobei - auch wenn dies nicht ausdrücklich gesagt wird - klar ist, daß in Fällen, in denen die Effizienz sehr wichtig ist, eine eingehendere Analyse oder empirische Untersuchungen vorgenommen werden müssen.

$\lg N$	$\lg^2 N$	$\sqrt{N}$	N	$N \lg N$	$N \lg^2 N$	$N^{3/2}$	N^2
3	9	3	10	30	90	30	100
6	36	10	100	600	3.600	1.000	10.000
9	81	31	1.000	9.000	81.000	31.000	1.000.000
13	169	100	10.000	130.000	1.690.000	1.000.000	100.000.000
16	256	316	100.000	1.600.000	25.600.000	31.600.000	10 Milliarden
19	361	1.000	1.000.000	19.000.000	361.000.000	1 Milliarde	1 Billion

Abbildung 6.1 *Näherungsweise relative Werte von Funktionen.*

Es treten noch einige weitere Funktionen auf. Zum Beispiel ist es richtiger, einen Algorithmus mit N^2 Eingabedaten, der eine in N kubische Laufzeit hat, als $N^{3/2}$-Algorithmus zu klassifizieren. Weiterhin weisen manche Algorithmen zweistufige Zerlegungen in Teilprobleme auf, was zu einer Laufzeit führt, die zu $N \log^2 N$ proportional ist. Für beide genannte Funktionen sollte davon ausgegangen werden, daß sie für große N weit näher bei $N \log N$ als bei N^2 liegen.

Noch eine Bemerkung zur »log«-Funktion. Wie bereits erwähnt wurde, bewirkt die Basis des Logarithmus nur eine Änderung um einen konstanten Faktor. Da wir es oft mit analytischen Ergebnissen zu tun haben, die nur bis auf einen konstanten Faktor genau angegeben werden, ist es nicht von Bedeutung, welche Basis verwendet wird, so daß wir einfach von »$\log N$« usw. sprechen. Andererseits liegt manchmal der Fall vor, daß Ideen besser erklärt werden können, wenn eine spezielle Basis benutzt wird. In der Mathematik tritt der *natürliche Logarithmus* (Basis e = 2,718281828...) so häufig auf, daß gewöhnlich eine spezielle Abkürzung verwendet wird: $\log_e N \equiv \ln N$. In der Informatik tritt der *binäre Logarithmus* (Basis 2) so häufig auf, daß normalerweise die Abkürzung $\log_2 N \equiv \lg N$ benutzt wird. Zum Beispiel ist $\lg N$, aufgerundet auf die nächstgrößere ganze Zahl, die Anzahl der Bits, die für die Binärdarstellung von N benötigt werden.

In Abbildung 6.1 ist die relative Größe einiger dieser Funktionen angegeben: Für verschiedene N sind Näherungswerte von $\lg N$, $\lg^2 N$, $\sqrt{N}$, N, $N \lg N$, $N \lg^2 N$, $N^{3/2}$, N^2 angegeben. Die quadratische Funktion dominiert klar, besonders für große N, und die Unterschiede zwischen den kleineren Funktionen entsprechen für kleine N vielleicht nicht den Erwartungen. Zum Beispiel wird $N^{3/2}$ für sehr große N größer als $N \lg^2 N$, jedoch nicht für die kleineren Werte, die in der Praxis auftreten können. Diese Tabelle verfolgt nicht den Zweck, einen genauen Vergleich der Funktionen für alle N zu ermöglichen; dies bleibt Zahlen, Tabellen und Graphen vorbehalten, die sich auf spezifische Algorithmen beziehen. Doch sie vermittelt einen realistischen ersten Eindruck.

Berechnungskomplexität

Ein Ansatz zur Untersuchung der Leistungsfähigkeit von Algorithmen besteht darin, die Leistungsfähigkeit *im ungünstigsten Fall* zu studieren, wobei konstante Faktoren ignoriert werden, um die funktionale Abhängigkeit der Laufzeit (oder eines anderen Maßes) von der Anzahl der Eingabewerte (oder einer anderen Variablen) zu bestimmen. Diese Vorgehensweise ist vorteilhaft, da sie es gestattet, exakte mathematische Aussagen über die Laufzeit von Programmen zu *beweisen*: Zum Beispiel kann man sagen, daß die Laufzeit von Mergesort (siehe Kapitel 11) *garantiert* proportional zu $N \log N$ ist.

Der erste Schritt in diesem Prozeß bedeutet, den Begriff »proportional zu« mathematisch exakt zu fassen und gleichzeitig die Analyse eines Algorithmus von jeder speziellen Implementation zu trennen. Die Idee besteht darin, konstante Faktoren bei der Analyse zu vernachlässigen: Wenn wir wissen möchten, ob die Laufzeit eines Algorithmus proportional zu N oder zu $\log N$ ist, ist es in den meisten Fällen ohne Bedeutung, ob der Algorithmus auf einem Mikrocomputer oder auf einem Supercomputer realisiert werden soll. Auch ist unwesentlich, ob die innere Schleife sorgfältig mit nur wenigen Anweisungen oder schlecht mit vielen Anweisungen implementiert worden ist. Vom mathematischen Standpunkt aus sind diese beiden Faktoren äquivalent.

Der mathematische Kunstgriff, mit dessen Hilfe dieser Gedanke exakt formuliert wird, wird O-Schreibweise genannt; diese ist wie folgt definiert;

> **Bezeichnung.** *Eine Funktion $g(N)$ wird $O(f(N))$ genannt, falls es Konstanten c_0 und N_0 gibt, so daß, für alle $N > N_0$, $g(N)$ kleiner als $c_0 f(N)$ ist.*

Diese Umschreibung des Begriffs »ist proportional zu« befreit den Analytiker von der Betrachtung der Einzelheiten maschinenspezifischer Merkmale. Außerdem ist die Aussage, daß die Laufzeit eines Algorithmus $O(f(N))$ ist, unabhängig von den Eingabedaten des Algorithmus. Da wir daran interessiert sind, den *Algorithmus* zu untersuchen, nicht aber die Eingabedaten oder die Implementation, ist die O-Schreibweise ein nützliches Hilfsmittel, um obere Schranken für die Laufzeit anzugeben, die von den Einzelheiten der Eingabedaten und der Implementation unabhängig sind.

Die O-Schreibweise erweist sich als äußerst nützlich, indem sie Analytikern hilft, Algorithmen nach ihrer Leistungsfähigkeit zu klassifizieren, und indem sie Entwickler von Algorithmen bei der Suche nach den »besten« Algorithmen unterstützt. Das Ziel der Untersuchung der *Berechnungskomplexität* eines Algorithmus besteht darin zu zeigen, daß seine Laufzeit $O(f(N))$ für eine gewisse Funktion f ist, *und daß kein* Algorithmus mit einer Laufzeit $O(g(N))$ mit einer »kleineren« Funktion $g(N)$ (einer Funktion mit $\lim_{n\to\infty} g(N)/f(N) = 0$) existieren kann. Wir versuchen, für den ungünstigsten Fall sowohl eine »obere Schranke« als auch eine »untere Schranke« für die Laufzeit die Analyse zu ermitteln. Die Herleitung oberer Schranken läuft häufig auf das Zählen und Analysieren der Häufigkeit von Anweisungen hinaus (wir werden in den folgenden Kapiteln viele Beispiele hierfür sehen); der Nachweis unterer Schranken ist eine komplizierte Angelegenheit, die es erforderlich macht, sorgfältig ein Maschinenmodell zu konstruieren und zu bestimmen, welche grundlegenden Operationen von einem Algorithmus ausgeführt werden müssen, um ein Problem zu lösen (diesen Punkt werden wir jedoch nur selten streifen). Wenn Untersuchungen zu den Berechnungen zeigen, daß die obere Schranke eines Algorithmus seiner unteren Schranke entspricht, so können wir darauf vertrauen, daß der Versuch der Entwicklung eines grundlegend schnelleren Algorithmus nutzlos ist, und können uns auf die Implementation konzentrieren. Diese Vorgehensweise erwies sich in den vergangenen Jahren für die Entwickler von Algorithmen als sehr nützlich.

Bei der Interpretation von Ergebnissen, die unter Benutzung der O-Schreibweise ausgedrückt wurden, muß man jedoch mit größter Vorsicht vorgehen. Dafür gibt es wenigstens vier Gründe: Erstens ist es eine »obere Schranke«, und die betreffende Größe könnte viel kleiner sein; zweitens kann es sein, daß die Eingabedaten, die den ungünstigsten Fall zur Folge haben, in der Praxis kaum auftreten; drittens ist die Konstante c_0 unbekannt und muß nicht unbedingt klein sein; und viertens ist die

Konstante N_0 unbekannt und braucht ebenfalls nicht klein zu sein. Betrachten wir diese Gründe der Reihe nach.

Die Feststellung, daß die Laufzeit eines Algorithmus O $(f(N))$ ist, besagt *nicht* unbedingt, daß der Algorithmus jemals so viel Zeit benötigt. Sie sagt lediglich aus, daß es dem Analytiker zu beweisen gelang, daß niemals mehr Zeit benötigt wird. Die tatsächliche Laufzeit könnte stets wesentlich kürzer sein. Es wurde eine verbesserte Schreibweise entwickelt, um die Situation zu charakterisieren, wo zusätzlich bekannt ist, daß gewisse Eingabedaten existieren, für die die Laufzeit O $(f(N))$ ist; doch gibt es viele Algorithmen, für die es sehr kompliziert ist, Eingabedaten für den ungünstigsten Fall zu konstruieren.

Selbst dann, wenn die Eingabedaten für den ungünstigsten Fall bekannt sind, kann es sein, daß die tatsächlich in der Praxis vorkommenden Eingabedaten zu wesentlich kürzeren Laufzeiten führen. Viele äußerst nützliche Algorithmen haben einen schlecht situierten ungünstigsten Fall. Zum Beispiel hat der vielleicht am weitesten verbreitete Sortieralgorithmus, Quicksort, eine Laufzeit von O (N^2), doch kann man es so einrichten, daß die Laufzeit für die in der Praxis auftretenden Eingabedaten proportional zu $N \log N$ ist.

Die die in der O-Symbolik implizit enthaltenen Konstanten c_0 und N_0 verbergen oft Einzelheiten der Implementation, die in der Praxis von Bedeutung sind. Die Aussage, daß ein Algorithmus eine Laufzeit von O $(f(N))$ besitzt, sagt offensichtlich nichts über die Laufzeit aus, wenn N kleiner als N_0 ist, und in c_0 könnte eine große Menge »Spielraum« enthalten sein, um einen schlecht situierten ungünstigsten Fall zu vermeiden. Wir würden einen Algorithmus, der N^2 Nanosekunden benötigt, einem Algorithmus vorziehen, für den $\log N$ Jahrhunderte erforderlich sind, doch auf der Grundlage der O-Schreibweise könnten wir diese Wahl nicht treffen. Abbildung 6.2 zeigt die Situation für zwei typische Funktionen mit realistischeren Werten der Konstanten, im Bereich $0 \leq N \leq 1.000.000$. Die Funktion $N^{3/2}$, die man irrtümlich für die größte der vier Funktionen hätte halten können, weil sie asymptotisch die größte ist, gehört in Wirklichkeit für kleine N zu den kleinsten, und sie bleibt so lange kleiner als $N \lg^2 N$, bis N einige zehntausend erreicht hat. Programme, deren Laufzeiten von Funktionen dieser Art abhängen, können nicht auf sinnvolle Weise verglichen werden, ohne sorgfältig auf konstante Faktoren und Einzelheiten der Implementation zu achten.

N	$\frac{1}{4}N \lg^2 N$	$\frac{1}{2}N \lg^2 N$	$N \lg^2 N$	$N^{3/2}$
10	22	45	90	30
100	900	1.800	3.600	1.000
1.000	20.250	40.500	81.000	31.000
10.000	422.500	845.000	1.690.000	1.000.000
100.000	6.400.000	12.800.000	25.600.000	31.600.000
1.000.000	90.250.000	180.500.000	361.000.000	1.000.000.000

Abbildung 6.2 *Der Einfluß konstanter Faktoren beim Vergleich von Funktionen.*

Man sollte es sich auf jeden Fall gründlich überlegen, ehe man zum Beispiel einen Algorithmus verwendet, dessen Laufzeit $O(N^2)$ ist, anstelle eines anderen mit einer Laufzeit, die $O(N)$ ist, doch man sollte ebensowenig blind dem Ergebnis der Komplexitätsuntersuchung folgen, das in der O-Schreibweise ausgedrückt wird. Für praktische Implementationen von Algorithmen des Typs, der im vorliegenden Buch betrachtet wird, sind Beweise anhand der Berechnungskomplexität oft zu allgemein, und die O-Symbolik ist zu ungenau, als das sie von Nutzen sein könnte. Die Untersuchung der Berechnungskomplexität muß als der allererste Schritt in einem fortschreitenden Prozeß der Verfeinerung der Analyse eines Algorithmus betrachtet werden, durch die mehr Details seiner Eigenschaften ermittelt werden. In diesem Buch konzentrieren wir uns auf die späteren Schritte, die enger mit realen Implementationen zusammenhängen.

Analyse des durchschnittlichen Falles

Ein anderer Zugang zur Untersuchung der Leistungsfähigkeit eines Algorithmus ist die Betrachtung des *durchschnittlichen Falles*. In der einfachsten Situation können wir die Eingabedaten für den Algorithmus exakt charakterisieren: Zum Beispiel könnte ein Sortieralgorithmus mit einem Feld aus N zufälligen ganzen Zahlen operieren, oder ein geometrischer Algorithmus könnte eine Menge von N zufälligen Punkten in der Ebene mit Koordinaten zwischen 0 und 1 verarbeiten. Dann berechnen wir die durchschnittliche Anzahl der Ausführung jeder Anweisung, und berechnen die durchschnittliche Laufzeit des Programms, indem wir jede Häufigkeit einer Anweisung mit der für diese Anweisung benötigten Zeit multiplizieren und die Produkte addieren. Bei dieser Vorgehensweise treten jedoch wenigstens drei Schwierigkeiten auf, die wir nacheinander betrachten.

Erstens kann es bei manchen Computern sehr kompliziert sein, den exakten Zeitaufwand zu bestimmen, der für jede Anweisung erforderlich ist. Noch schlimmer ist, daß dieser Zeitaufwand Veränderungen unterliegt, und ein großer Teil der ausführlichen Analyse, die für einen Computer vorgenommen wurde, möglicherweise für die Laufzeit des gleichen Algorithmus auf einem anderen Computer überhaupt nicht brauchbar ist. Dies ist genau die Art von Problemen, die durch Untersuchungen zur Berechnungskomplexität vermieden werden soll.

Zweitens ist die Analyse des durchschnittlichen Falls selbst oft eine schwierige mathematische Aufgabe, die komplizierte und detaillierte Überlegungen erfordert. Die Natur der mathematischen Hilfsmittel, die für den Nachweis oberer Schranken benötigt werden, ist normalerweise weniger kompliziert, da sie nicht so präzise sein müssen. Bei vielen Algorithmen ist die Leistungsfähigkeit im durchschnittlichen Fall unbekannt.

Drittens, und dies ist die größte Schwierigkeit, charakterisiert bei der Analyse des durchschnittlichen Falls das Modell der Eingabedaten möglicherweise nicht genau die in der Praxis auftretenden Eingabedaten, oder es gibt eventuell gar kein natürliches Modell der Eingabedaten. Wie sollte man die Eingabedaten für ein Programm charakterisieren, welches natürlichsprachigen Text verarbeitet? Andererseits würde sicher kaum jemand etwas gegen die Benutzung solcher Eingabedatenmodelle einwenden, wie einer »zufällig geordneten Datei« für einen Sortieralgorithmus oder einer »zufälligen Menge von Punkten« für einen geometrischen Algorithmus; für solche Modelle ist es möglich, mathematische Ergebnisse herzuleiten, die eine genaue Vorhersage der Leistungsfähigkeit von in realen Anwendungen ablaufenden Programmen gestatten. Obwohl die Herleitung solcher Ergebnisse normalerweise über den Rahmen dieses Buches hinausgeht, werden wir einige Beispiele angeben (siehe Kapitel 9) und dort, wo es zweckmäßig ist, diesbezüglich Ergebnisse anführen.

Näherungsweise und asymptotische Ergebnisse

Oft sind die Ergebnisse einer mathematischen Analyse nicht exakt, sondern es sind Näherungen in einem exakten technischen Sinn: Das Ergebnis könnte ein Ausdruck sein, der aus einer Folge von kleiner werdenden Termen besteht. Ebenso, wie uns die innere Schleife eines Programms am meisten beschäftigt, widmen wir dem *führenden Term* (dem größten Term) eines mathematischen Ausdrucks die größte Aufmerksamkeit. Eben für derartige Anwendungen wurde die O-Schreibweise ursprünglich entwickelt, und wenn sie richtig angewandt wird, ermöglicht sie kurze und präzise Aussagen, die gute Näherungen für die mathematischen Ergebnisse liefern.

Nehmen wir zum Beispiel an, daß wir (nach entsprechender mathematischer Analyse) ermittelt haben, daß ein bestimmter Algorithmus eine innere Schleife aufweist, die (zum Beispiel) im Durchschnitt $N \lg N$ mal durchlaufen wird, außerdem einen äußeren Abschnitt, der N mal durchlaufen wird sowie einen Abschnitt für die Initialisierung, der einmal abgearbeitet wird. Nehmen wir weiterhin an, daß wir (nach sorgfältiger Untersuchung der Implementation) herausgefunden haben, daß für jede Wiederholung der inneren Schleife a_0 Mikrosekunden, für den äußeren Abschnitt a_1 Mikrosekunden und für den Initialisierungsteil a_2 Mikrosekunden benötigt werden. Dann wissen wir, daß die durchschnittliche Laufzeit des Programms (in Mikrosekunden)

$$a_0 N \lg N + a_1 N + a_2$$

beträgt. Doch ebenso gilt, daß die Laufzeit

$$a_0 N \lg N + O(N)$$

beträgt. (Der Leser kann dies anhand der Definition von $O(N)$ nachprüfen.) Das ist wesentlich, denn wenn wir eine näherungsweise Antwort geben wollen, so lautet diese, daß wir für große N die Werte von a_1 oder a_2 nicht zu bestimmen brauchen. Noch wichtiger ist, daß im exakten Ausdruck für die Laufzeit weitere Terme enthalten sein könnten, deren Analyse kompliziert ist; die O-Symbolik gibt uns die Möglichkeit, für große N eine näherungsweise Antwort zu geben, ohne solche Terme berücksichtigen zu müssen.

Theoretisch haben wir keine wirkliche Garantie dafür, daß kleine Terme in dieser Weise vernachlässigt werden können, da die Definition der O-Symbolik absolut nichts über die Größe der Konstanten c_0 aussagt; sie könnte sehr groß sein. Doch (auch wenn wir uns gewöhnlich nicht diese Mühe machen) gibt es in solchen Fällen normalerweise Wege, Schranken für die Konstanten anzugeben, die im Vergleich zu N klein sind. Daher sind wir im allgemeinen berechtigt, Größen zu vernachlässigen, die mittels O-Symbolik dargestellt sind, wenn ein genau definierter (größerer) führender Term angegeben wird. Wenn wir so vorgehen, haben wir die Gewißheit, daß wir einen solchen Beweis führen können, wenn es absolut notwendig ist, auch wenn wir es selten tun.

Tatsächlich verwenden wir, wenn eine Funktion $f(N)$ im Vergleich zu einer anderen Funktion $g(N)$ asymptotisch groß ist, in diesem Buch die (zweifellos nichttechnische) Terminologie »ungefähr $f(N)$«, um $f(N) + O(g(N))$ zu bezeichnen. Was wir an mathematischer Exaktheit verlieren, gewinnen wir an Klarheit, denn wir interessieren uns mehr für die Leistungsfähigkeit von Algorithmen als für mathematische Einzelheiten. In solchen Fällen kann der Leser gewiß sein, daß die fragliche Größe für große N (wenn nicht für alle N) sehr nahe bei $f(N)$ liegt. Zum Beispiel können wir sogar dann, wenn wir wissen, daß eine Größe $N(N-1)/2$ beträgt, sagen, daß sie »ungefähr« $N^2/2$ ist. Dies ist schneller zu verstehen und weicht zum Beispiel für $N = 1000$ nur um ein zehntel Prozent von der Realität ab. Der Verlust an Genauigkeit ist in solchen Fällen im Vergleich zu dem Genauigkeitsverlust bei der allgemeineren Anwendung von $O(f(N))$ unbedeutend. Unser Ziel ist eine sowohl exakte als auch knappe Ausdrucksweise bei der Beschreibung der Leistungsfähigkeit von Algorithmen.

Grundlegende rekurrente Beziehungen

Wie wir in den nachfolgenden Kapiteln sehen werden, beruhen sehr viele Algorithmen auf dem Prinzip der rekursiven Zerlegung eines umfangreichen Problems in kleinere Probleme, wobei die Lösungen der Teilprobleme benutzt werden, um das ursprüngliche Problem zu lösen. Die Laufzeit eines solchen Algorithmus wird durch die Größe und Anzahl der Teilprobleme sowie durch den Aufwand bei der Zerlegung bestimmt. Im vorliegenden Abschnitt betrachten wir grundlegende Verfahren für die Analyse solcher Algorithmen und leiten Lösungen für einige Standardformeln her, die bei der Analyse von vielen der von uns untersuchten Algorithmen auftreten. Das Verständnis der mathematischen Eigenschaften der Formeln in diesem Abschnitt gibt einen Einblick in die die Leistungsfähigkeit betreffenden Eigenschaften von Algorithmen im gesamten Buch.

Aus der Natur eines rekursiven Programms selbst ergibt sich zwangsläufig, daß seine Laufzeit für Eingabedaten vom Umfang N von seiner Laufzeit für Eingabedaten von geringerem Umfang abhängt; dies führt uns wieder zu *rekurrenten Relationen*, die zu Beginn des vorangegangenen Kapitels auftraten. Solche Formeln beschreiben die Leistungsfähigkeit des entsprechenden Algorithmus exakt; um die Laufzeit zu bestimmen, benutzen wir solche rekurrenten Beziehungen. Genauere Überlegungen, die sich auf spezielle Algorithmen beziehen, werden wir anstellen, wenn wir zu den Algorithmen kommen; einstweilen interessieren uns die Formeln und nicht die Algorithmen.

Formel 1. Die folgende rekurrente Beziehung entsteht bei einem rekursiven Programm, bei dem die Eingabedaten eine Schleife durchlaufen, wobei jedesmal ein Element aus ihnen entfernt wird:

$C_N = C_{N-1} + N$, für $N \geq 2$, mit $C_1 = 1$.

Lösung: C_N beträgt ungefähr $N^2/2$.

Um eine solche rekurrente Beziehung aufzulösen, »ziehen wir sie auseinander«, indem wir sie auf sich selbst anwenden, und zwar in der folgenden Weise:

$$C_N = C_{N-1} + N$$
$$= C_{N-2} + (N-1) + N$$
$$= C_{N-3} + (N-2) + (N-1) + N$$
$$\vdots$$
$$= C_1 + 2 + \ldots + (N-2) + (N-1) + N$$
$$= 1 + 2 + \ldots + (N-2) + (N-1) + N$$
$$= \frac{N(N+1)}{2}.$$

Die Berechnung der Summe $1 + 2 + \ldots + (N-2) + (N-1) + N$ ist elementar: Man erhält das oben angegebene Ergebnis, indem man die gleiche Summe, jedoch in umgekehrter Reihenfolge, Term für Term addiert. Dieses Ergebnis, das doppelt so groß ist wie der gesuchte Wert, besteht aus N Termen, die alle den Wert $N + 1$ haben.

Formel 2. Die folgende rekurrente Beziehung entsteht bei einem rekursiven Programm, das die Menge der Eingabedaten in einem Schritt halbiert:

$C_N = C_{N/2} + 1$, für $N \geq 2$, mit $C_1 = 0$.

Lösung: C_N beträgt ungefähr $\lg N$.

In der angegebenen Form ist diese Gleichung nur dann sinnvoll, wenn N gerade ist, oder wenn wir annehmen, daß $N/2$ eine ganzzahlige Division bezeichnet. Nehmen wir einstweilen an, daß $N = 2^n$ ist, so daß die rekurrente Beziehung stets exakt definiert ist. (Beachten Sie, daß $n = \lg N$ gilt.) Doch dann läßt sich die rekurrente Beziehung sogar noch einfacher als unsere erste rekurrente Beziehung ausführlich schreiben:

$$C_{2^n} = C_{2^{n-1}} + 1$$
$$= C_{2^{n-2}} + 1 + 1$$
$$= C_{2^{n-3}} + 3$$

$$\vdots$$

$$= C_{2^0} + n$$
$$= n.$$

Es zeigt sich, daß die exakte Lösung für allgemeines N von Eigenschaften der Binärdarstellung von N abhängt, doch C_N ist ungefähr lg N für alle N.

Formel 3. Die folgende rekurrente Beziehung entsteht bei einem rekursiven Programm, das die Eingabedaten halbiert, doch vielleicht jedes Element der Eingabedaten betrachten muß:

$C_N = C_{N/2} + N$, für $N \geq 2$, mit $C_1 = 0$.

Lösung: C_N beträgt ungefähr $2N$.

Durch Auflösen ergibt sich die Summe $N + N/2 + N/4 + N/8 + \ldots$ (wie oben ist dies nur dann exakt definiert, wenn N eine Zweierpotenz ist). Wenn die Reihe unendlich wäre, wäre das eine einfache geometrische Reihe, deren Summe genau $2N$ beträgt. Für allgemeines N hängt die exakte Lösung auch hier wieder von der Binärdarstellung von N ab.

Formel 4. Die folgende rekurrente Beziehung entsteht bei einem rekursiven Programm, das die Eingabedaten der Reihe nach durchläuft, bevor, während oder nachdem diese in zwei Hälften geteilt worden sind:

$C_N = 2C_{N/2} + N$, für $N \geq 2$, mit $C_1 = 0$.

Lösung: C_N beträgt ungefähr N lg N.

Dies ist unsere am häufigsten auftretende Lösung, denn sie ist typisch für viele Standard-Algorithmen vom Typ »Teile und Herrsche«.

$$C_{2^n} = 2C_{2^{n-1}} + 2^n$$
$$\frac{C_{2^n}}{2^n} = \frac{C_{2^{n-1}}}{2^{n-1}} + 1$$
$$= \frac{C_{2^{n-2}}}{2^{n-2}} + 1 + 1$$

$$\vdots$$

$$= n.$$

Die Herleitung der Lösung erfolgt ganz ähnlich wie bei Formel 2, jedoch mit dem zusätzlichen »Trick«, daß beim zweiten Schritt beide Seiten der rekurrenten Beziehung durch 2^n dividiert werden, um die rekurrente Beziehung »auseinanderzuziehen«.

Formel 5. Die folgende rekurrente Beziehung entsteht bei einem rekursiven Programm, welches die Eingabedaten in einem Schritt in zwei Hälften aufspaltet, von der Art unseres Programms zum Zeichnen eines Lineals im Kapitel 5.

$C_N = 2C_{N/2} + 1$, für $N \geq 2$, mit $C_1 = 0$.

Lösung: C_N beträgt ungefähr $2N$.

Dies wird auf die gleiche Weise gezeigt wie bei Formel 4.

Leicht abgeänderte Varianten dieser Formeln, bei denen andere Anfangsbedingungen oder geringfügige Unterschiede im additiven Term vorliegen, können unter Anwendung der gleichen Lösungsmethoden behandelt werden; der Leser sei jedoch gewarnt, daß manche rekurrente Beziehungen, die ähnlich zu sein scheinen, in Wirklichkeit sehr schwer lösbar sein können. (Es gibt eine Reihe weiterentwickelter allgemeiner Techniken, um solche Gleichungen mathematisch exakt zu behandeln.) Wir werden in späteren Kapiteln auf einige kompliziertere rekurrente Beziehungen stoßen, schieben jedoch die Erörterung ihrer Lösung bis dahin auf.

Ausblick

Viele der Algorithmen in diesem Buch waren Gegenstand ausführlicher mathematischer Analysen und Untersuchungen ihrer Leistungsfähigkeit, die viel zu komplex sind, als daß sie hier erörtert werden könnten. In Wirklichkeit sind wir gerade auf der Grundlage solcher Untersuchungen in der Lage, viele der hier behandelten Algorithmen zu empfehlen.

Nicht bei allen Algorithmen lohnt sich eine solche gründliche Untersuchung; vielmehr ist es während des Entwicklungsprozesses vorzuziehen, mit näherungsweisen Kenngrößen der Leistungsfähigkeit zu arbeiten, um den Entwurfsprozeß zu steuern, ohne auf nebensächliche Details zu achten. In dem Maße, wie sich die Entwicklung des Algorithmus verfeinert, muß dies auch für die Analyse zutreffen, und es müssen kompliziertere mathematische Hilfsmittel angewandt werden. Oft führt der Entwicklungsprozeß von Algorithmen zu detaillierten Komplexitätsuntersuchungen, die wiederum zu »theoretischen« Algorithmen führen, die fern von jeder praktischen Anwendung sind. Es ist ein verbreiteter Irrtum anzunehmen, daß grobe Analysen aus Komplexitätsuntersuchungen unmittelbar zu effizienten praktischen Algorithmen führen werden; daraus ergeben sich oft unangenehme Überraschungen. Andererseits ist die Berechnungskomplexität ein leistungsfähiges Werkzeug, um Anhaltspunkte für die Entwicklung zu liefern, von denen ausgehend wichtige neue Methoden geschaffen werden können.

Man sollte einen Algorithmus nicht verwenden, ohne gewisse Angaben darüber zu haben, was er leisten kann; die im vorliegenden Kapitel beschriebenen Vorgehensweisen helfen, für eine Vielzahl von Algorithmen Angaben über die Leistungsfähigkeit zu erhalten, wie wir in den folgenden Kapiteln sehen werden. Im folgenden Kapitel erörtern wir weitere wichtige Faktoren, die bei der Auswahl eines Algorithmus eine Rolle spielen.

Übungen

1. Angenommen, es ist bekannt, daß die Laufzeit eines Algorithmus $O(N \log N)$ ist und daß die Laufzeit eines anderen Algorithmus $O(N^3)$ ist. Was sagt das über die relative Leistungsfähigkeit der Algorithmen aus?

2. Angenommen, es ist bekannt, daß die Laufzeit eines Algorithmus stets ungefähr $N \log N$ ist, und daß die Laufzeit eines anderen Algorithmus $O(N^3)$ ist. Was sagt das über die relative Leistungsfähigkeit der Algorithmen aus?

3. Angenommen, es ist bekannt, daß die Laufzeit eines Algorithmus stets ungefähr $N \log N$ ist, und daß die Laufzeit eines anderen Algorithmus immer ungefähr N^3 ist. Was sagt das über die relative Leistungsfähigkeit der Algorithmen aus?

4. Erklären Sie den Unterschied zwischen $O(1)$ und $O(2)$.

5. Lösen Sie die rekurrente Beziehung
$C_N = C_{N/2} + N^2$, für $N \geq 2$, mit $C_1 = 0$,
wenn N eine Zweierpotenz ist.

6. Für welche Werte von N gilt $10N \lg N > 2N^2$?

7. Schreiben Sie ein Programm zur Berechnung des exakten Wertes von C_N in Formel 2, wie im Kapitel 5 erläutert wurde. Vergleichen Sie die Ergebnisse mit $\lg N$.

8. Beweisen Sie, daß die exakte Lösung von Formel 2 $\lg N + O(1)$ lautet.

9. Schreiben Sie ein rekursives Programm zur Berechnung der größten ganzen Zahl, die kleiner ist als $\log_2 N$. (Hinweis: Für $N > 1$ ist der Wert dieser Funktion für $N/2$ um eins kleiner als für N.)

10. Schreiben Sie ein iteratives Programm für das Problem der vorangehenden Übung. Schreiben Sie danach ein Programm, das die Berechnung unter Verwendung von Bibliotheksroutinen von C vornimmt. Falls es mit Ihrem Computersystem möglich ist, vergleichen Sie die Leistungsfähigkeit dieser drei Programme.

Kapitel 7

Implementation von Algorithmen

Wie in Kapitel 1 erwähnt wurde, konzentrieren wir uns in diesem Buch auf die Algorithmen selbst; jedesmal, wenn wir einen Algorithmus betrachten, behandeln wir ihn, als wäre seine Leistungsfähigkeit der entscheidende Faktor für die erfolgreiche Erfüllung einer umfangreicheren Aufgabe. Dieser Standpunkt ist zum einen gerechtfertigt, weil solche Situationen für jeden Algorithmus eintreten können, zum anderen, weil die Sorgfalt, die wir aufwenden, um einen effizienten Lösungsweg für ein Problem zu finden, auch oft zu einem eleganteren (und effizienteren) Algorithmus führt. Natürlich ist dieser enge Blickwinkel recht unrealistisch, da es viele andere, sehr reale Faktoren gibt, die berücksichtigt werden müssen, wenn man ein kompliziertes Problem mit Hilfe eines Computers löst. Im vorliegenden Kapitel betrachten wir Fragen, die mit dem Ziel zusammenhängen, die von uns beschriebenen sehr idealisierten Algorithmen für praktische Anwendungen nutzbar zu machen.

Letzten Endes sind die Eigenschaften des Algorithmus nur eine Seite der Medaille; ein Computer kann nur dann effizient für die Lösung eines Problems eingesetzt werden, wenn das Problem selbst richtig erfaßt worden ist. Eine eingehende Betrachtung der Eigenschaften von Anwendungen würde über den Rahmen dieses Buches hinausgehen; unsere Absicht ist es vielmehr, so viele Informationen über grundlegende Algorithmen zu vermitteln, daß man sinnvolle Entscheidungen hinsichtlich ihrer Anwendung treffen kann. Die meisten Algorithmen, die wir behandeln, erwiesen sich für eine Vielzahl von Anwendungen als nützlich. Die Reihe von Algorithmen, die für die Lösung vielfältiger Probleme zur Verfügung steht, entspricht der Reihe der Anforderungen, die sich aus verschiedenen Anwendungsgebieten ergeben. Es gibt keinen »besten« Suchalgorithmus (um ein Beispiel zu wählen); ein Verfahren könnte für die Anwendung im Reservierungssystem einer Luftverkehrsgesellschaft gut geeignet sein, ein anderes könnte für die Benutzung in der inneren Schleife eines Dekodierungsprogramms von Nutzen sein.

Algorithmen existieren selten in einem Vakuum, außer vielleicht in den Köpfen von theoretischen Algorithmen-Entwicklern, die Verfahren entwickeln, ohne eventuellen Implementationen irgendwelche Beachtung zu schenken, oder in den Köpfen von Programmierern, die zur Lösung wohlbekannter und verstandener Probleme irgendwelche *adhoc*-Methoden implementieren. Zur ordnungsgemäßen Entwicklung von Algorithmen gehört, daß man sich auch über die potentiellen Auswirkungen von bei der Entwicklung getroffenen Entscheidungen auf Implementationen Gedanken macht, und zur ordnungsgemäßen Erstellung von Anwendungsprogrammen gehört, daß man sich über die Leistungseigenschaften der zur Anwendung kommenden grundlegenden Verfahren Gedanken macht.

Auswahl eines Algorithmus

Wie wir in den folgenden Kapiteln sehen werden, steht für die Lösung jedes Problems gewöhnlich eine Reihe von Algorithmen zur Verfügung, die alle unterschiedliche Leistungsmerkmale aufweisen, von einer einfachen, »gewaltsamen« (aber wahrscheinlich ineffizienten) Lösung bis zu einer komplexen »gut angepaßten« (und vielleicht sogar optimalen) Lösung. (Es trifft nicht generell zu, daß die Implementation eines Algorithmus um so komplizierter sein muß, je effizienter er ist. Einige unserer besten Algorithmen sind sehr elegant und kurz; für die Zwecke der vorliegenden Betrachtungen wollen wir jedoch annehmen, daß diese Regel gilt.) Wie bereits erwähnt wurde, kann man nicht entscheiden, welcher Algorithmus für ein Problem zu verwenden ist, ohne die Besonderheiten des Problems zu analysieren. Wie oft muß das Programm abgearbeitet werden? Welches sind die allgemeinen Merkmale des Computersystems, das verwendet werden soll? Ist der Algorithmus ein kleiner Teil einer umfangreichen Anwendung, oder verhält es sich umgekehrt?

Die erste Regel für die Implementation besagt, daß man *zuerst den einfachsten Algorithmus zur Lösung eines gegebenen Problems implementieren* sollte. Falls der vorliegende spezielle Fall des Problems sich als leicht erweist, kann der einfache Algorithmus das Problem lösen, und es bleibt nichts zu tun übrig; falls ein komplizierterer Algorithmus benötigt wird, so bietet die einfache Implementation die Möglichkeit einer Überprüfung der Korrektheit für kleine Fälle und einen Ausgangspunkt für die Einschätzung der Leistungsmerkmale.

Wenn ein Algorithmus nur einige wenige Male für nicht zu umfangreiche Fälle abgearbeitet werden muß, so ist es sicher vorzuziehen, wenn der Computer etwas zusätzliche Zeit für die Abarbeitung eines etwas weniger effizienten Algorithmus aufwendet als wenn der Programmierer einen erheblichen zusätzlichen Zeitaufwand hat, um eine komplizierte Implementation zu erstellen. Natürlich besteht die Gefahr, daß man am Ende das Programm öfter einsetzen muß als ursprünglich beabsichtigt war, so daß man stets darauf vorbereitet sein sollte, neu zu beginnen und einen besseren Algorithmus zu implementieren.

Falls der Algorithmus als Teil eines umfangreichen Systems implementiert werden soll, gewährleistet die »gewaltsame« Implementation auf zuverlässige Weise die geforderte Funktionalität, und später kann die Leistungsfähigkeit durch Einsetzen eines besseren Algorithmus gezielt verbessert werden. Natürlich sollte man darauf achten, daß man nicht im voraus seine Auswahlmöglichkeiten einschränkt, indem man den Algorithmus so implementiert, daß seine Verbesserung später kompliziert ist. Weiterhin sollte man sorgfältig darauf achten, welche Algorithmen »Engpässe« für die Leistung erzeugen, wenn man die Leistungsfähigkeit des Systems als Ganzes untersucht. Auch liegt in großen Systemen oft der Fall vor, daß die Anforderungen, die sich aus der Entwicklung des Systems ergeben, von Anfang an diktieren, welcher Algorithmus der beste ist. Zum Beispiel tritt vielleicht als systemweite Datenstruktur eine spezielle Form einer verketteten Liste oder eines Baumes auf, so daß jene Algorithmen vorzuziehen sind, die auf dieser speziellen Struktur beruhen. Andererseits sollte man, wenn man solche das ganze System betreffende Entscheidungen trifft, den anzuwendenden Algorithmen viel Aufmerksamkeit schenken, denn oft erweist es sich am Ende, daß die Leistungsfähigkeit des Gesamtsystems von der eines gewissen grundlegenden Algorithmus von der Art, wie wir sie in diesem Buch betrachten, abhängt.

Wenn der Algorithmus nur einige Male, jedoch für sehr umfangreiche Probleme, abgearbeitet werden soll, ist es wünschenswert darauf vertrauen zu können, daß er sinnvolle Ausgabedaten erzeugt, und eine gewisse Schätzung der Laufzeit zu haben. Auch hier kann eine einfache Implementation oft von großem Nutzen sein, um eine lange Abarbeitung vorzubereiten, einschließlich der Entwicklung von Instrumenten zur Überprüfung der Ausgabedaten.

Der am weitesten verbreitete Fehler, der bei der Auswahl eines Algorithmus begangen wird, besteht in der Mißachtung der Leistungsmerkmale. Schnellere Algorithmen sind oft komplizierter, und Programmierer, die eine Implementation erstellen, sind oft bereit, einen langsameren Algorithmus zu akzeptieren, um zusätzliche Komplexität zu vermeiden. Doch ein schnellerer Algorithmus ist oft nicht *wesentlich* komplizierter, und eine leicht erhöhte Komplexität ist ein geringer Preis, wenn man damit den Einsatz eines langsamen Algorithmus vermeiden kann. Überraschend viele Anwender von Computersystemen verlieren kostbare Zeit, indem sie warten, bis ein einfacher quadratischer Algorithmus beendet ist, während Algorithmen vom Typ N log N zur Verfügung stehen, die nur unwesentlich komplizierter sind und einen Bruchteil der Zeit benötigen würden.

Der zweithäufigste Fehler, der bei der Wahl eines Algorithmus begangen wird, besteht darin, daß den Leistungsmerkmalen zu viel Aufmerksamkeit geschenkt wird. So kann der Fall eintreten, daß ein einfacher Algorithmus vom Typ N log N nur wenig komplizierter ist als ein quadratischer Algorithmus für das gleiche Problem, daß jedoch ein besserer Algorithmus vom Typ N log N mit einer erheblichen Erhöhung der Komplexität verbunden ist (und in Wirklichkeit vielleicht nur für sehr große Werte von N schneller ist). Weiterhin werden viele Programme tatsächlich nur wenige Male abgearbeitet; der Zeitaufwand, der erforderlich ist, um einen optimierten Algorithmus zu implementieren und zu debuggen, kann weit größer sein als der Zeitverlust, der entsteht, wenn man einfach einen etwas langsameren Algorithmus anwendet.

Empirische Analyse

Wie in Kapitel 6 schon erwähnt wurde, liegt leider allzu oft der Fall vor, daß eine mathematische Analyse sehr wenig Licht in die Frage bringen kann, welche Leistung von einem gegebenen Algorithmus in einer gegebenen Situation erwartet werden kann. In solchen Fällen müssen wir uns auf eine *empirische Analyse* verlassen, bei der wir einen Algorithmus sorgfältig implementieren und dann seine Leistungsfähigkeit anhand »typischer« Eingabedaten prüfen. Tatsächlich sollte man das sogar dann tun, wenn vollständige mathematische Ergebnisse verfügbar *sind*, um deren Richtigkeit zu überprüfen.

Wenn zwei Algorithmen zur Lösung des gleichen Problems vorliegen, so ist die Vorgehensweise ganz einfach: Man lasse sie beide ablaufen, um zu sehen, welcher von ihnen mehr Zeit benötigt! Dies mag zu offensichtlich erscheinen, als daß man es erwähnen müßte, doch es ist wahrscheinlich die am weitesten verbreitete Unterlassungssünde bei der vergleichenden Untersuchung von Algorithmen. Die Tatsache, daß ein Algorithmus zehnmal so schnell ist wie ein anderer, dürfte kaum jemandem entgehen, der bei dem einen Algorithmus drei Sekunden und beim anderen dreißig Sekunden lang auf das Ende wartet. Jedoch kann dies sehr leicht übersehen werden, wenn diese Differenz als kleiner konstanter Faktor des Spielraums bei einer mathematischen Analyse auftritt.

Beim Vergleich von Implementationen können jedoch auch leicht Fehler begangen werden, besonders dann, wenn verschiedene Maschinen, Compiler oder Systeme einbezogen werden oder wenn sehr umfangreiche Programme mit ungünstig gewählten Eingabedaten verglichen werden. Tatsächlich bestand ein zur Entwicklung der mathematischen Analyse von Algorithmen führender Faktor, in der Tendenz, sich auf Benchmarks zu verlassen, deren Leistungsfähigkeit vielleicht durch sorgfältige Analyse besser verstanden werden kann.

Die prinzipielle Gefahr beim empirischen Vergleich von Programmen besteht darin, daß eine Implementation besser »optimiert« sein kann als eine andere. Der Erfinder eines neu entwickelten Algorithmus wird sicher jedem Aspekt seiner Implementation viel Aufmerksamkeit widmen, nicht aber den Einzelheiten der Implementation eines vergleichbaren klassischen Algorithmus. Um sich auf die Korrektheit einer empirischen Untersuchung zum Vergleich von Algorithmen verlassen zu können, muß man sicher sein, daß den Implementationen die gleiche Aufmerksamkeit geschenkt wurde. Zum Glück ist das oft der Fall: Viele ausgezeichnete Algorithmen werden aus relativ geringfügigen Modifikationen anderer Algorithmen für das gleiche Problem entwickelt, und vergleichende Untersuchungen haben tatsächlich Gültigkeit.

Ein wichtiger Spezialfall liegt vor, wenn ein Algorithmus mit einer anderen Variante von *sich selbst* verglichen werden soll oder wenn verschiedene Varianten seiner Implementation zu vergleichen sind. Ein ausgezeichneter Weg, die Effizienz einer speziellen Idee betreffs einer Modifikation oder Implementation zu überprüfen, besteht darin, beide Varianten mit gewissen »typischen« Eingabedaten abzuarbeiten und dann der schnelleren den Vorzug zu geben. Auch dies scheint fast zu offensichtlich zu sein, als daß man es erwähnen müßte, doch eine erstaunliche Anzahl von Fachleuten, die sich mit der Entwicklung von Algorithmen beschäftigen, implementieren die von ihnen entwickelten Algorithmen niemals, so daß der Anwender vorsichtig sein sollte!

Wie oben und zu Beginn von Kapitel 6 dargelegt wurde, stellen wir uns hier auf den Standpunkt, daß Entwicklung, Implementation, mathematische Analyse und empirische Analyse Elemente sind, die alle einen wesentlichen Beitrag zur Schaffung von guten Implementationen guter Algorithmen leisten können. Wir möchten alle verfügbaren Mittel nutzen, um Informationen über die Eigenschaften unserer Programme zu erhalten, und auf der Basis dieser Informationen dann die Programme modifizieren oder neue entwickeln. Andererseits ist es nicht immer gerechtfertigt, in der Hoffnung auf geringfügige Verbesserungen der Leistungsfähigkeit eine große Zahl kleiner Veränderungen vorzunehmen. Nachfolgend erörtern wir diese Frage ausführlicher.

Programmoptimierung

Der allgemeine Prozeß der Realisierung sukzessiver Veränderungen in einem Programm mit dem Ziel, eine andere Variante herzustellen, die schneller abläuft, wird *Programmoptimierung* genannt. Diese Bezeichnung ist unpassend, denn wir können wahrscheinlich keine »optimale« Implementation finden; wir können ein Programm nicht optimieren, aber wir können hoffen, es zu verbessern. Normalerweise bezeichnet Programmoptimierung die automatischen Techniken, die als Teil des Compilierungsprozesses zur Verbesserung der Leistungsfähigkeit des compilierten Programms angewandt werden. Hier benutzen wir diesen Begriff, um *algorithmenspezifische* Verbesserungen zu bezeichnen. Natürlich hängt dieser Prozeß auch stark von der verwendeten Programmierumgebung und -hardware ab, so daß wir hier nur allgemeine Fragen, doch keine speziellen Techniken betrachten.

Diese Arbeit ist nur dann gerechtfertigt, wenn man sicher ist, daß das Programm viele Male oder für umfangreiche Eingabedaten eingesetzt wird, *und* wenn Versuche zeigen, daß die für die Verbesserung der Implementation aufgewandte Mühe durch eine verbesserte Leistungsfähigkeit belohnt wird. Die beste Methode, um die Leistungsfähigkeit eines Algorithmus zu verbessern, besteht in einem stufenweisen Prozeß der Umwandlung des Programms in immer bessere Implementationen. Das Beispiel zur Beseitigung der Rekursion in Kapitel 5 ist ein Beispiel für einen solchen Prozeß, obwohl in diesem Fall unser Ziel nicht in der Verbesserung der Leistungsfähigkeit bestand.

Der erste Schritt beim Implementieren eines Algorithmus besteht in der Entwicklung einer lauffähigen Variante des Algorithmus in seiner einfachsten Form. Dies liefert einen Ausgangspunkt für Verfeinerungen und Verbesserungen und ist, wie oben

erwähnt, sehr oft alles, was benötigt wird. Alle verfügbaren mathematischen Ergeb-
nisse sollten mit der Implementation verglichen werden: Wenn zum Beispiel die
Analyse zu besagen scheint, daß die Laufzeit $O(\log N)$ ist, aber die tatsächliche
Laufzeit in die Sekunden geht, so ist entweder mit der Implementation oder mit der
Analyse etwas nicht in Ordnung, und beide sollten etwas sorgfältiger untersucht
werden.

Der nächste Schritt besteht darin, die »innere Schleife« zu identifizieren und zu
versuchen, die Anzahl der in ihr enthaltenen Befehle zu minimieren. Der wahrscheinlich einfachste Weg, die innere Schleife zu finden, besteht darin, das Programm
abzuarbeiten und dann zu prüfen, welche Befehle am häufigsten ausgeführt werden.
Normalerweise erhält man dadurch sehr gute Anhaltspunkte, wo das Programm
verbessert werden sollte. Jeder Befehl in der inneren Schleife sollte gründlich geprüft
werden. Ist der Befehl wirklich notwendig? Gibt es einen effizienteren Weg, um die
gleiche Aufgabe zu erfüllen? Zum Beispiel lohnt es sich gewöhnlich, Prozeduraufrufe
aus der inneren Schleife zu entfernen. Es gibt eine Reihe weiterer »automatischer«
Techniken, um das zu tun, von denen viele in Standardcompilern implementiert sind.
Letztlich wird die beste Leistungsfähigkeit erzielt, indem die innere Schleife in Maschi-
nen- oder Assemblersprache übertragen wird, doch das ist gewöhnlich der letzte Ausweg.

Nicht alle »Verbesserungen« führen wirklich zu Erhöhungen der Leistungsfähigkeit;
daher ist es äußerst wichtig, die Größe der Einsparungen zu überprüfen, die mit jedem
Schritt erzielt werden. Darüber hinaus ist es in dem Maße, wie die Implementation
immer mehr verfeinert wird, ratsam, erneut zu prüfen, ob es sich lohnt, den Einzelheiten des Programms so viel Aufmerksamkeit zu widmen. In der Vergangenheit war
Rechenzeit so teuer, daß es fast immer gerechtfertigt war, Programmiererzeit aufzuwenden, um Berechnungszyklen einzusparen, doch in den letzten Jahren hat sich die
Lage geändert.

Betrachten wir zum Beispiel den Algorithmus für die Preorder-Traversierung eines
Baumes, der in Kapitel 5 behandelt wurde. Die Beseitigung der Rekursion ist praktisch der erste Schritt der »Optimierung« dieses Algorithmus, denn sie konzentriert
sich auf die innere Schleife. Die angegebene nichtrekursive Variante ist in Wirklichkeit
wahrscheinlich auf vielen Systemen langsamer als die rekursive Variante (der Leser
kann es nachprüfen), da die innere Schleife länger ist und anstelle von zwei Prozeduraufrufen vier (wenn auch nichtrekursive) Prozeduraufrufe enthält (`pop`, `push`,
`push` und `stackempty`). Wenn die Aufrufe der Stapel-Prozeduren durch Code für
einen direkten Zugriff auf den Stapel ersetzt werden (etwa unter Verwendung einer
Feld-Implementation), ist dieses Programm sicher wesentlich schneller als die rekursive Variante. (Eine der Operationen `push` stammt vom Algorithmus, so daß das
Standardprogramm mit verschachtelten Schleifen wahrscheinlich die Ausgangsbasis
für eine optimierte Variante sein sollte.) Damit ist klar, daß die innere Schleife das
Inkrementieren des Stapel-Zeigers, das Speichern eines Zeigers (`t->r`) im Stapel-
Feld, das Zurücksetzen des `t`-Zeigers (auf `t->l`) und seinen Vergleich mit z beinhaltet.
Auf vielen Maschinen könnte das mit vier Maschinensprache-Befehlen implementiert

werden, obwohl ein typischer Compiler doppelt so viele Befehle oder mehr erzeugt. Dieses Programm kann man ohne viel zusätzliche Arbeit vielleicht vier- oder fünfmal schneller ablaufen lassen als die einfache rekursive Implementation.

Offenbar sind die hier betrachteten Fragen sehr stark system- und maschinenabhängig. Man kann keinen ernsthaften Versuch unternehmen, ein Programm zu beschleunigen, ohne das Betriebssystem und die Programmierumgebung sehr gründlich zu kennen. Die optimierte Variante eines Programms kann sehr instabil und schwer zu verändern werden, und ein neuer Compiler oder ein neues Betriebssystem (ganz zu schweigen von einem neuen Computer) kann eine sorgfältig optimierte Implementation vollständig ruinieren. Andererseits konzentrieren wir uns auf die Effizienz unserer Implementationen, indem wir der inneren Schleife einen hohen Grad an Aufmerksamkeit widmen, und indem wir gewährleisten, daß überflüssige Elemente aus dem Algorithmus minimiert werden. Die Programme in diesem Buch sind kompakt formuliert, und für jede spezielle Programmierumgebung lassen sich weitere Verbesserungen auf einfache Weise erzielen.

Die Implementation eines Algorithmus ist ein zyklischer Prozeß, der in der Erstellung eines Programms, in dessen Debuggen und im Studium seiner Eigenschaften sowie in der nachfolgenden Verfeinerung der Implementation besteht, so lange, bis eine Leistungsfähigkeit erreicht ist. Wie in Kapitel 6 erörtert wurde, kann eine mathematische Analyse in diesem Prozeß gewöhnlich hilfreich sein: Erstens, um zu ermitteln, welche Algorithmen aussichtsreiche Kandidaten für eine gute Leistungsfähigkeit als Ergebnis einer sorgfältigen Implementation sind; zweitens, um bei der Überprüfung zu helfen, ob die Implementation die erwartete Leistung erbringt. In manchen Fällen kann dieser Prozeß zur Entdeckung von das Problem betreffenden Tatsachen führen, aus denen sich Anregungen für einen neuen Algorithmus oder für wesentliche Verbesserungen in einem alten ergeben.

Algorithmen und Systeme

Implementationen der Algorithmen in diesem Buch findet man in einer großen Menge von umfangreichen Programmen, Betriebs- und Anwendungssystemen. Unsere Absicht ist, die Algorithmen zu beschreiben und den Leser zu ermutigen, durch Experimente mit den angegebenen Implementationen insbesondere ihre dynamischen Eigenschaften zu untersuchen. Für manche Anwendungen mögen die Implementationen genau in der angegebenen Form recht nützlich sein, für andere Anwendungen jedoch kann mehr Arbeit erforderlich sein.

Wie in Kapitel 2 erwähnt wurde, verwenden die Programme in diesem Buch nur elementare Eigenschaften von C und nutzen nicht die erweiterten Möglichkeiten aus, die in C und anderen Programmierumgebungen zur Verfügung stehen. Unser Ziel ist es, Algorithmen zu untersuchen, nicht Systemprogrammierung oder fortgeschrittene Elemente von Programmiersprachen. Wir hoffen, daß die wesentlichen Merkmale der

Algorithmen am besten durch einfache, direkte Implementationen in einer nahezu universellen Sprache dargelegt werden können.

Der von uns verwendete Programmierstil ist recht knapp, mit kurzen Variablennamen und wenig Kommentaren, so daß die Steuerstrukturen sichtbar werden. Die »Dokumentation« der Algorithmen ist der Begleittext. Es wird erwartet, daß Leser, die diese Programme für reale Anwendungen nutzen, sie etwas ergänzen, indem sie sie für einen speziellen Verwendungszweck anpassen. Ein »defensiverer« Programmierstil ist beim Aufbau von realen Systemen gerechtfertigt: Die Programme müssen so implementiert werden, daß sie leicht verändert, schnell gelesen und von anderen Programmierern verstanden werden können und daß sie sich gut an andere Teile des Systems anpassen lassen.

Insbesondere enthalten die Datenstrukturen, die normalerweise für Anwendungen benötigt werden, viel mehr Informationen als die, die in diesem Buch verwendet werden, obwohl die von uns betrachteten Algorithmen für komplexere Datenstrukturen durchaus geeignet sind. Zum Beispiel sprechen wir vom Durchsuchen von Dateien, die ganze Zahlen oder kurze Zeichenfolgen enthalten, während es für typische Anwendungen erforderlich wäre, lange Zeichenfolgen zu betrachten, die Bestandteil langer Datensätze sind. Doch die verfügbaren grundlegenden Methoden sind in beiden Fällen die gleichen. In solchen Fällen werden wir herausragende Merkmale jedes Algorithmus erörtern und die Frage betrachten, wie sie an verschiedene Anforderungen der Anwendung angepaßt werden können.

Viele der obigen Bemerkungen, die die Verbesserung der Leistungsfähigkeit eines speziellen Algorithmus betrafen, gelten ebenso für die Verbesserung der Effizienz in einem großen System. Auf dieser höheren Ebene könnte jedoch eine Methode der Verbesserung der Leistungsfähigkeit des Systems darin bestehen, einen Baustein, in dem ein Algorithmus implementiert wird, durch einen Baustein zu ersetzen, in dem ein anderer implementiert wird. Ein grundlegendes Prinzip beim Aufbau großer Systeme ist, daß solche Auswechslungen möglich sein sollten. Typisch ist, daß in dem Maße, wie ein System Gestalt annimmt, genauere Kenntnisse über die spezifischen Anforderungen an spezielle Bausteine gewonnen werden. Diese spezifischeren Kenntnisse geben die Möglichkeit, den besten zur Erfüllung dieser Anforderungen anzuwendenden Algorithmus sorgfältiger auszuwählen; danach kann man sich in der oben beschriebenen Weise auf die Verbesserung der Leistungsfähigkeit dieses Algorithmus konzentrieren. Sicherlich trifft es zu, daß die große Mehrheit von Systemcode nur wenige Male (oder überhaupt nicht) ausgeführt wird; das vorrangige Bestreben des Systementwicklers ist es, ein einheitliches Ganzes zu schaffen. Andererseits ist es ebenfalls sehr wahrscheinlich, daß, wenn ein System in Gebrauch kommt, viele seiner Ressourcen für die Lösung fundamentaler Probleme von der Art, wie sie im vorliegenden Buch behandelt werden, aufgewandt werden. Daher ist es für den Systementwickler von Vorteil, wenn er mit den grundlegenden Algorithmen, die wir hier behandeln, vertraut ist.

Übungen

1. Wie lange dauert das Zählen bis 100000? Schätzen Sie, wieviel Zeit das Programm `j = 0; for (i = 1; i  100000; i++) j++;` auf Ihrer Anlage brauchen würde, und lassen Sie dann das Programm durchlaufen, um Ihre Schätzung zu überprüfen.

2. Beantworten Sie die obige Frage bei Verwendung von `repeat` und `while`.

3. Schätzen Sie, indem Sie das Programm für kleine Werte durchlaufen lassen, wie lange die Implementation des Siebs des Eratosthenes aus Kapitel 3 für einen Durchlauf mit $N = 1000000$ benötigen würde (wenn genug Speicherplatz vorhanden wäre).

4. »Optimieren« Sie die Implementation des Siebs des Eratosthenes aus Kapitel 3 mit dem Ziel, innerhalb von 10 Sekunden Rechenzeit eine möglichst große Primzahl zu finden.

5. Überprüfen Sie die im Text aufgestellte Behauptung, daß die Beseitigung der Rekursion aus dem Algorithmus für die Preorder-Traversierung eines Baumes aus Kapitel 5 (mit Prozeduraufrufen für Stapel-Operationen) das Programm langsamer macht.

6. Überprüfen Sie die im Text aufgestellte Behauptung, daß die Beseitigung der Rekursion aus dem Algorithmus für die Preorder-Traversierung eines Baumes aus Kapitel 5 (und das lineare Implementieren der Stapel-Operationen) das Programm schneller macht.

7. Untersuchen Sie das Assemblerprogramm, welches vom Pascal-Compiler Ihres Rechners für den rekursiven Algorithmus für die Preorder-Traversierung eines Baumes aus Kapitel 5 erzeugt wird.

8. Entwickeln Sie ein Experiment, um zu testen, ob auf Ihrem Rechner die Implementation eines Stapels als verkettete Liste oder als Feld effizienter ist.

9. Was ist effizienter, das nichtrekursive oder das rekursive Verfahren für das Zeichnen eines Lineals aus Kapitel 5?

10. Wieviele zusätzliche Operationen des Ablegens auf dem Stapel benötigt die in Kapitel 5 angegebene nichtrekursive Implementation, wenn ein vollständiger Baum mit $2^n - 1$ Knoten nach dem Preorder-Prinzip traversiert wird?

Literatur zu den Grundlagen

Es gibt eine große Zahl von einführenden Lehrbüchern über Programmierung und elementare Datenstrukturen. Trotzdem ist die beste Quelle für spezifische Fakten über C und Beispiele von C-Programmen, die im gleichen Stil dargestellt sind wie in diesem Buch, das Buch von Kernighan und Ritchie über diese Sprache. Die umfassendste Sammlung von Informationen über Eigenschaften von elementaren Datenstrukturen und Bäumen ist Band 1 von Knuth; die Kapitel 3 und 4 enthalten nur einen kleinen Teil der dort dargelegten Information.

Die klassische Quelle für die Analyse von Algorithmen, die auf asymptotischen Messungen der Leistungsfähigkeit im ungünstigsten Fall beruht, ist das Buch von Aho, Hopcroft und Ullman. In den Büchern von Knuth wird die Analyse des durchschnittlichen Falls vollständiger dargelegt, und sie sind die maßgebende Quelle hinsichtlich spezifischer Eigenschaften verschiedener Algorithmen (zum Beispiel sind in Band 2 fast fünfzig Seiten dem Euklidischen Algorithmus gewidmet). Das Buch von Gonnet behandelt die Analyse sowohl des ungünstigsten als auch des durchschnittlichen Falls und beschäftigt sich mit vielen in letzter Zeit entwickelten Algorithmen.

Das Buch von Graham, Knuth und Patashnik ist der Art von mathematischen Fragen gewidmet, die bei der Analyse von Algorithmen gewöhnlich auftreten. Zum Beispiel sind in diesem Buch viele Methoden zur Lösung von rekurrenten Beziehungen beschrieben, unter anderem von der Art der in Kapitel 6 behandelten, aber auch der weit schwierigeren, die später auftreten werden. Solche Fragen werden auch in den Büchern von Knuth an den verschiedensten Stellen angeschnitten.

Das Buch von Roberts beschäftigt sich mit Fragen, die mit Kapitel 6 in Zusammenhang stehen, und in den Büchern von Bentley wird weitgehend der gleiche Standpunkt vertreten wie in Kapitel 7 und in späteren Abschnitten dieses Buches. Bentley beschreibt ausführlich eine Reihe von vollständigen Fallstudien zur Bewertung verschiedener Ansätze bei der Entwicklung von Algorithmen und Implementationen für die Lösung einiger interessanter Probleme.

A. V. Aho, J. E. Hopcroft und J. D. Ullman, *The Design and Analysis of Algorithms*, Addison-Wesley, Reading, MA, 1975.

J. L. Bentley, *Programming Pearls*, Addison-Wesley, Reading, MA, 1985; *More Programming Pearls*, Addison-Wesley, Reading, MA, 1988.

G. H. Gonnet, *Handbook of Algorithms and Data Structures*, Addison-Wesley, Reading, MA, 1984.

R. L. Graham, D. E. Knuth und O. Patashnik, *Concrete Mathematics*, Addison-Wesley, Reading, MA, 1988.

B. W. Kernighan und D. M. Ritchie, *The C Programming Language (zweite Ausgabe)*, Pentice Hall, Englewood Cliffs, J, 1988.

D. E. Knuth, *The Art of Computer Programming. Volume 1: Fundamental Algorithms*, zweite Auflage, Addison-Wesley, Reading, MA, 1973; *Volume 2: Seminumerical Algorithms*, zweite Auflage, Addison-Wesley, Reading, MA, 1981; *Volume 3: Sorting and Searching*, zweiter Druck, Addison-Wesley, Reading, MA, 1975.

E. Roberts, *Thinking Recursively*, John Wiley & Sons, New York, 1986.

Sortieralgorithmen

Kapitel 8

Elementare Sortierverfahren

Als ersten Einstieg in das Gebiet der Sortieralgorithmen wollen wir einige »elementare« Methoden untersuchen, die für kleine Dateien oder Dateien mit einer speziellen Struktur geeignet sind. Es gibt verschiedene Gründe dafür, diese einfachen Sortieralgorithmen recht ausführlich zu betrachten. Erstens bieten sie einen relativ mühelosen Weg, Terminologie und grundlegende Mechanismen für Sortieralgorithmen kennenzulernen, so daß wir einen geeigneten Hintergrund für das Studium der komplizierteren Algorithmen schaffen. Zweitens ist es bei einem großen Teil der Anwendungen von Sortierverfahren besser, diese einfachen Methoden zu benutzen als die leistungsfähigeren Mehrzweckverfahren. Schließlich lassen sich einige der einfachen Methoden zu besseren Mehrzweckverfahren weiterentwickeln, oder sie können verwendet werden, um die Effizienz leistungsfähigerer Verfahren zu erhöhen.

Wie bereits erwähnt wurde, gibt es verschiedene Sortier-Anwendungen, bei denen ein relativ einfacher Algorithmus die zu bevorzugende Methode sein kann. Sortierprogramme werden oft nur einmal (oder nur wenige Male) benutzt. Wenn die Anzahl der zu sortierenden Elemente nicht zu groß ist (sagen wir, weniger als fünfhundert Elemente), so kann es durchaus effizienter sein, lediglich eine einfache Methode anzuwenden, als ein kompliziertes Verfahren zu implementieren und zu debuggen. Elementare Verfahren sind für kleine Dateien (mit weniger als etwa fünfzig Elementen) immer geeignet; ein komplizierter Algorithmus dürfte für eine kleine Datei kaum gerechtfertigt sein, es sei denn, daß eine sehr große Anzahl solcher Dateien zu sortieren ist. Weitere Typen von Dateien, die sich relativ leicht sortieren lassen, sind solche, die bereits nahezu sortiert (oder bereits sortiert!) sind, oder solche, die eine große Anzahl von gleichen Schlüsseln enthalten. Bei solchen gut strukturierten Dateien sind einfache Methoden weit besser geeignet als Mehrzweckverfahren.

In der Regel benötigen die elementaren Methoden, die wir betrachten werden, etwa N^2 Schritte, um N zufällig angeordnete Elemente zu sortieren. Falls N hinreichend klein ist, ist das im allgemeinen kein Problem, und falls die Elemente nicht zufällig angeordnet sind, können einige der Verfahren weit schneller ablaufen als kompliziertere. Es muß jedoch betont werden, daß diese Verfahren für umfangreiche, zufällig angeordnete Dateien *nicht* benutzt werden sollten, mit der bemerkenswerten Ausnahme von Shellsort, welches tatsächlich das bevorzugte Sortierverfahren für sehr viele Anwendungen ist.

Spielregeln

Bevor wir einige spezifische Algorithmen betrachten, wird es von Nutzen sein, einige allgemeine Termini und grundlegende Annahmen für Sortieralgorithmen zu erörtern. Wir werden Verfahren zum Sortieren von *Dateien* (files) mit *Datensätzen* (records) betrachten, welche Schlüssel (keys) enthalten. Die Schlüssel, die nur ein Teil der Datensätze sind (oft ein kleiner Teil), werden verwendet, um das Sortieren zu steuern. Die Aufgabe des Sortierverfahrens besteht darin, die Datensätze so umzuordnen, daß ihre Schlüssel gemäß einer gewissen klar definierten Ordnung (gewöhnlich nach der numerischen oder alphabetischen Reihenfolge) geordnet sind.

Wenn die zu sortierende Datei im Speicher untergebracht werden kann (oder, unter unseren Bedingungen, wenn sie in einem Feld (**array**) von C gespeichert werden kann), so spricht man von einer *internen* Sortiermethode. Das Sortieren von Dateien auf einem Magnetband oder einer Magnetplatte wird *externes* Sortieren genannt. Der Hauptunterschied zwischen den beiden Typen besteht darin, daß bei einem internen Sortierverfahren ein leichter Zugriff auf jeden Datensatz möglich ist, während ein externes Sortierverfahren den Zugriff auf die Datensätze sequentiell oder zumindest in großen Blöcken realisieren muß. In Kapitel 13 werden wir einige externe Sortierverfahren betrachten, doch die meisten der von uns behandelten Algorithmen betreffen interne Sortiermethoden.

Wie üblich, ist der wichtigste Parameter der Leistungsfähigkeit, der uns interessiert, die Laufzeit unserer Sortieralgorithmen. Die ersten vier Methoden, die wir in diesem Kapitel betrachten, benötigen für das Sortieren von N Elementen eine Zeit, die proportional zu N^2 ist, während weiterentwickelte Verfahren N Elemente in einer Zeit sortieren können, die zu $N \log N$ proportional ist. (Es läßt sich zeigen, daß kein Sortieralgorithmus mit weniger als $N \log N$ Vergleichen zwischen Schlüsseln auskommt.) Nach der Untersuchung der einfachen Methoden betrachten wir eine weiterentwickelte Methode, die in einer zu $N^{3/2}$ proportionalen Zeit oder schneller ablaufen kann, und wir werden sehen, daß es Verfahren gibt, die digitale Eigenschaften von Schlüsseln ausnutzen und dadurch eine Gesamtlaufzeit erzielen, die proportional zu N ist.

Der zusätzliche Speicherplatz, der durch einen Sortieralgorithmus belegt wird, ist der zweite wichtige Faktor, den wir berücksichtigen müssen. Grundsätzlich lassen sich die Verfahren in drei Typen einteilen: Verfahren, die am Ort sortieren und keinen zusätzlichen Speicherplatz benötigen, außer vielleicht für einen kleinen Stapel oder eine kleine Tabelle; Verfahren, bei denen eine Darstellung mittels verketteter Liste benutzt wird, so daß sie im Speicher N zusätzliche Worte für Listenzeiger benötigen;

sowie Verfahren, die genügend zusätzlichen Speicherplatz benötigen, um eine weitere Kopie des zu sortierenden Feldes zu speichern.

Ein weiteres Merkmal von Sortierverfahren, welches in der Praxis manchmal von Bedeutung ist, ist die *Stabilität*. Ein Sortierverfahren wird *stabil* genannt, wenn es die relative Reihenfolge gleicher Schlüssel in der Datei beibehält. Wenn zum Beispiel eine alphabetisch geordnete Liste von Studenten eines Kurses nach deren Noten sortiert wird, so liefert eine stabile Methode eine Liste, in der Studenten mit der gleichen Note nach wie vor in alphabetischer Reihenfolge aufgeführt werden; eine nichtstabile Methode erzeugt dagegen im allgemeinen eine Liste, in der von der alphabetischen Reihenfolge keine Spur mehr vorhanden ist. Die meisten einfachen Methoden sind stabil, die meisten der bekannten komplizierten Algorithmen jedoch nicht. Wenn die Stabilität von Bedeutung ist, so kann sie erzwungen werden, indem vor dem Sortieren jeder Schlüssel mit einem kleinen Index versehen wird oder auf irgendeine andere Weise verlängert wird. Stabilität wird leicht als gegeben angenommen; Anwender reagieren oft mit Verwunderung auf die unangenehmen Effekte der Instabilität. In Wirklichkeit gewährleisten nur wenige Methoden Stabilität, ohne wesentlich mehr Zeit oder Speicherplatz zu benötigen.

Das folgende Programm dient dem Ziel, die allgemeinen Konventionen zu illustrieren, die wir benutzen werden. Es besteht aus einem Hauptprogramm, welches N Zahlen einliest und dann ein Unterprogramm aufruft, um sie zu sortieren. Im vorliegenden Beispiel sortiert das Unterprogramm nur die ersten drei eingelesenen Zahlen; das entscheidende ist, daß anstelle von sort3 jedes beliebige Sortierprogramm eingesetzt und von diesem »Treiber«-Programm aufgerufen werden könnte.

```c
#include <stdio.h>
sort3(int a[], int N)
  {
    int t;
    if (a[1] > a[2])
      { t = a[1]; a[1] = a[2]; a[2] = t; }
    if (a[1] > a[3])
      { t = a[1]; a[1] = a[3]; a[3] = t; }
    if (a[2] > a[3])
      { t = a[2]; a[2] = a[3]; a[3] = t; }
  }

#define maxN 100
main()
  {
    int N, i, a[maxN+1];
    N = 0; while (scanf("%d", &a[N+1])!=EOF) N++;
    a[0] = 0; sort3(a, N);
    for (i = 1; i <= N; i++) printf("%d ", a[i]);
    printf("\n");
  }
```

Die drei Zuweisungsbefehle, die in sort3 jedem if folgen, implementieren in Wirklichkeit eine »Austausch«-Operation. Anstatt einen Prozeduraufruf zu verwenden, ziehen wir es vor, den Code für solche Austauschoperationen auszuschreiben, da sie für viele Sortierprogramme eine fundamentale Rolle spielen und oft in der inneren Schleife enthalten sind. Tatsächlich benutzt das Programm eine sogar noch stärker eingeschränkte Variante des Zugriffs auf die Datei: Es handelt sich um drei Anweisungen der Form »vergleiche zwei Datensätze und tausche sie, falls erforderlich, aus, so daß derjenige mit dem kleineren Schlüssel vorn steht«. Programme, die auf solche Anweisungen beschränkt sind, sind deswegen von Interesse, weil sie für eine hardwaremäßige Implementation gut geeignet sind. Wir werden uns dieser Frage in Kapitel 40 ausführlicher zuwenden.

Um uns auf algorithmische Fragen zu konzentrieren, arbeiten wir mit Algorithmen, die einfach Felder von ganzen Zahlen der Größe nach sortieren. Im allgemeinen ist es sehr einfach, solche Algorithmen für den Einsatz in praktischen Anwendungen anzupassen, in denen umfangreiche Schlüssel oder Datensätze auftreten. Grundsätzlich realisieren Sortierprogramme den Zugriff auf Datensätze auf zweierlei Weise: Entweder es erfolgt ein Zugriff auf Schlüssel zum Zwecke des Vergleichs, oder ein Zugriff auf ganze Datensätze, um sie zu bewegen. Die Mehrzahl der Algorithmen, die wir untersuchen werden, können unter Verwendung dieser beiden Operationen für beliebige Datensätze formuliert werden. Wenn die zu sortierenden Datensätze groß sind, sollte man normalerweise vermeiden, sie umherzuschieben, indem man ein »indirektes Sortieren« vornimmt: Hierbei werden die Datensätze selbst nicht notwendigerweise umgeordnet, sondern vielmehr wird ein Feld von Zeigern (oder Indizes) so umgeordnet, daß der erste Zeiger auf den kleinsten Datensatz zeigt usw. Die Schlüssel können entweder mit den Datensätzen (wenn sie umfangreich sind) oder mit den Zeigern (wenn sie klein sind) gespeichert werden. Falls erforderlich, können die Datensätze dann nach dem Sortieren umgeordnet werden, wie weiter unten in diesem Kapitel beschrieben wird.

Wir wollen nicht näher auf »Schnittstellenprobleme« eingehen, die bei manchen Programmierumgebungen schwierig sein können. Zum Beispiel ist es in C sinnvoll, das Feld der Sortier-Routine als Parameter zu übergeben, während es in einer anderen Sprache möglicherweise nicht sinnvoll ist. Sollte das Programm stattdessen mit einem globalen Feld operieren? Kann die gleiche Sortier-Routine verwendet werden, um Felder von ganzen Zahlen und Felder von reellen Zahlen zu sortieren (und Felder von beliebig komplexen Datensätzen)? Wir verzichten darauf, auf solche Probleme einzugehen, auch wenn sich C besonders gut für die Bündelung von Programmen zu großen Systemen eignet und Programmierumgebungen der Zukunft sicher sogar über noch bessere Werkzeuge für derartige Aufgaben verfügen werden. Kleine Programme, die direkt mit globalen Feldern arbeiten, haben viele Anwendungen, und einige Betriebssysteme machen es recht einfach, einfache Programme wie das obige, die als »Filter« zwischen ihren Eingaben und ihren Ausgaben dienen, zusammenzusetzen. Andererseits sind solche Mechanismen für viele Anwendungen nicht wirklich notwendig. Offensichtlich gelten diese Bemerkungen für viele andere Algorithmen, die wir untersuchen werden, wenn auch die genannten Effekte vielleicht bei Sortieralgorithmen am deutlichsten sichtbar werden.

Wir fügen auch nicht viel »Fehlerprüfungs«-Kode ein, obwohl das bei Anwendungen normalerweise ratsam ist. Zum Beispiel sollte die Treiber-Routine wahrscheinlich prüfen, daß N nicht größer ist als maxN (und sort3 sollte prüfen, daß N = 3 gilt). Eine andere nützliche Prüfung wäre, mit Hilfe des Treibers zu sichern, daß das Feld sortiert ist. Dies ist keine Garantie dafür, daß das Programm funktioniert (warum?), doch es kann helfen, Fehler zu finden.

Manche Programme verwenden einige weitere globale Variablen. Deklarationen, die nicht offensichtlich sind, werden mit in den Programmcode aufgenommen. Weiterhin werden wir gewöhnlich a[0] (und manchmal a[N+1]) reservieren, um spezielle Schlüssel zu speichern, die von einigen der Algorithmen verwendet werden. Oft werden wir für Beispiele anstelle von Zahlen Buchstaben benutzen; diese werden in der offensichtlichen Weise unter Verwendung der in C vorhandenen standardmäßigen Umwandlungsfunktionen zwischen ganzen Zahlen und Buchstaben behandelt.

Selection Sort

Einer der einfachsten Sortieralgorithmen läuft wie folgt ab: Finde zuerst das kleinste Element im Feld und tausche es gegen das an der ersten Stelle befindliche Element aus, finde danach das zweitkleinste Element und tausche es gegen das an zweiter Stelle befindliche Element aus und fahre in dieser Weise fort, bis das gesamte Feld sortiert ist. Diese Methode wird *Selection Sort* (Sortieren durch (direktes) Auswählen) genannt, da sie darin besteht, daß wiederholt das kleinste verbliebene Element »ausgewählt« wird, wie in Abbildung 8.1 dargestellt ist. Der erste Durchlauf hat keine Wirkung, weil im Feld kein Element existiert, das kleiner als das links stehende A ist. Beim zweiten Durchlauf ist das zweite A das kleinste verbliebene Element, daher wird es gegen das an zweiter Stelle stehende S ausgetauscht. Danach wird beim dritten Durchlauf das erste E gegen das an dritter Stelle befindliche O ausgetauscht, danach beim vierten Durchlauf das zweite E gegen das an vierter Stelle stehende R usw.

Das folgende Programm ist eine Implementation dieses Prozesses. Für jedes i von 1 bis N − 1 tauscht es a[i] gegen das kleinste Element in a[i], ..., a[N] aus:

```
selection(int a[], int N)
  {
    int i, j, min, t;
    for (i = 1; i < N; i++)
      {
        min = i;
        for (j = i+1; j <= N; j++)
            if (a[j] < a[min]) min = j;
        t = a[min]; a[min] = a[i]; a[i] = t;
      }
  }
```

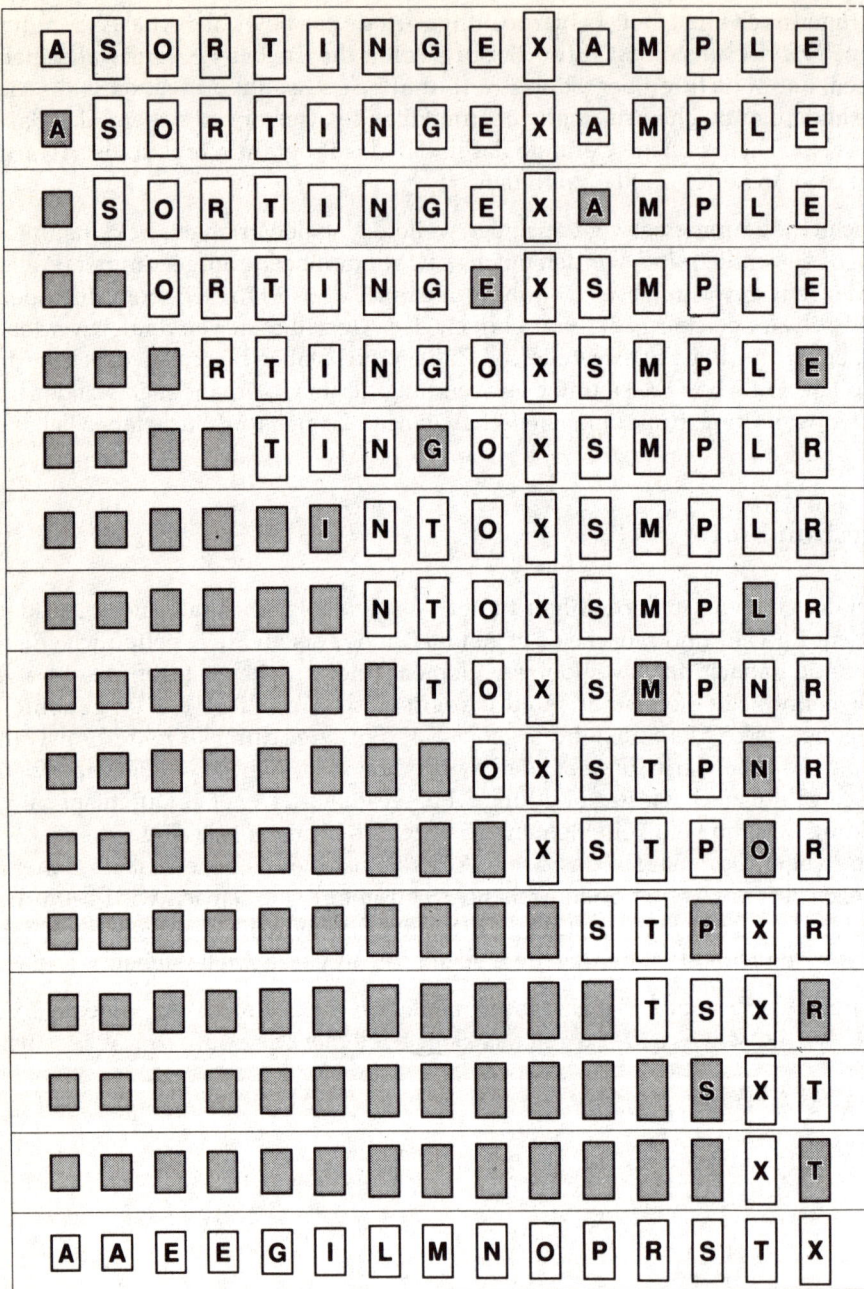

Abbildung 8.1 *Selection Sort.*

Während der Index i von links nach rechts durch die Datei wandert, befinden sich die Elemente links vom Index auf ihrer endgültigen Position im Feld (und werden nicht wieder berührt), so daß das Feld vollständig sortiert ist, wenn der Index das rechte Ende erreicht.

Dies ist eine der einfachsten Sortiermethoden, und sie ist für kleine Dateien sehr gut brauchbar. Die »innere Schleife« ist der Vergleich a[j] < a[min] (plus der Code, der benötigt wird, um j zu inkrementieren und zu überprüfen, ob es N nicht übersteigt), der kaum einfacher sein könnte. Weiter unten erörtern wir, wie oft diese Anweisungen voraussichtlich ausgeführt werden müssen.

Weiterhin hat Selection Sort, obwohl es offenbar eine »gewaltsame« Verfahrensweise ist, tatsächlich eine sehr wichtige Anwendung: Da jedes Element wirklich höchstens einmal bewegt wird, ist Selection Sort die bevorzugte Methode, um Dateien mit sehr großen Datensätzen und kleinen Schlüsseln zu sortieren. Dies wird noch im einzelnen betrachtet.

Insertion Sort

Ein Algorithmus, der fast genauso einfach wie Selection Sort, aber vielleicht flexibler ist, ist *Insertion Sort* (Sortieren durch (direktes) Einfügen). Dies ist die Methode, die Menschen oft beim Kartenspiel anwenden, um ihre Karten zu sortieren: Betrachte die Elemente eines nach dem anderen und füge jedes an seinen richtigen Platz zwischen den bereits betrachteten ein (wobei diese sortiert bleiben). Das gerade betrachtete Element wird eingefügt, indem die größeren Elemente einfach um eine Position nach rechts bewegt werden und das Element dann auf dem freigewordenen Platz eingefügt wird, wie Abbildung 8.2 zeigt. Das S auf der zweiten Position ist größer als das A, daher muß es nicht bewegt werden. Wenn das O auf der dritten Position vorgefunden wird, wird es gegen das S ausgetauscht, um A O S in eine sortierte Reihenfolge zu bringen usw.

Dieser Prozeß ist im folgenden Programm implementiert. Für jedes i von 2 bis N werden die Elemente a[1],...,a[i] sortiert, indem a[i] an die entsprechende Stelle in der sortierten Liste von Elementen in a[1],...,a[i-1] gesetzt wird:

```
insertion(int a[], int N)
  {
    int i, j, v;
    for (i = 2; i <= N; i++)
      {
        v = a[i]; j = i;
        while (a[j-1] > v)
          { a[j] = a[j-1]; j--; }
        a[j] = v;
      }
  }
```

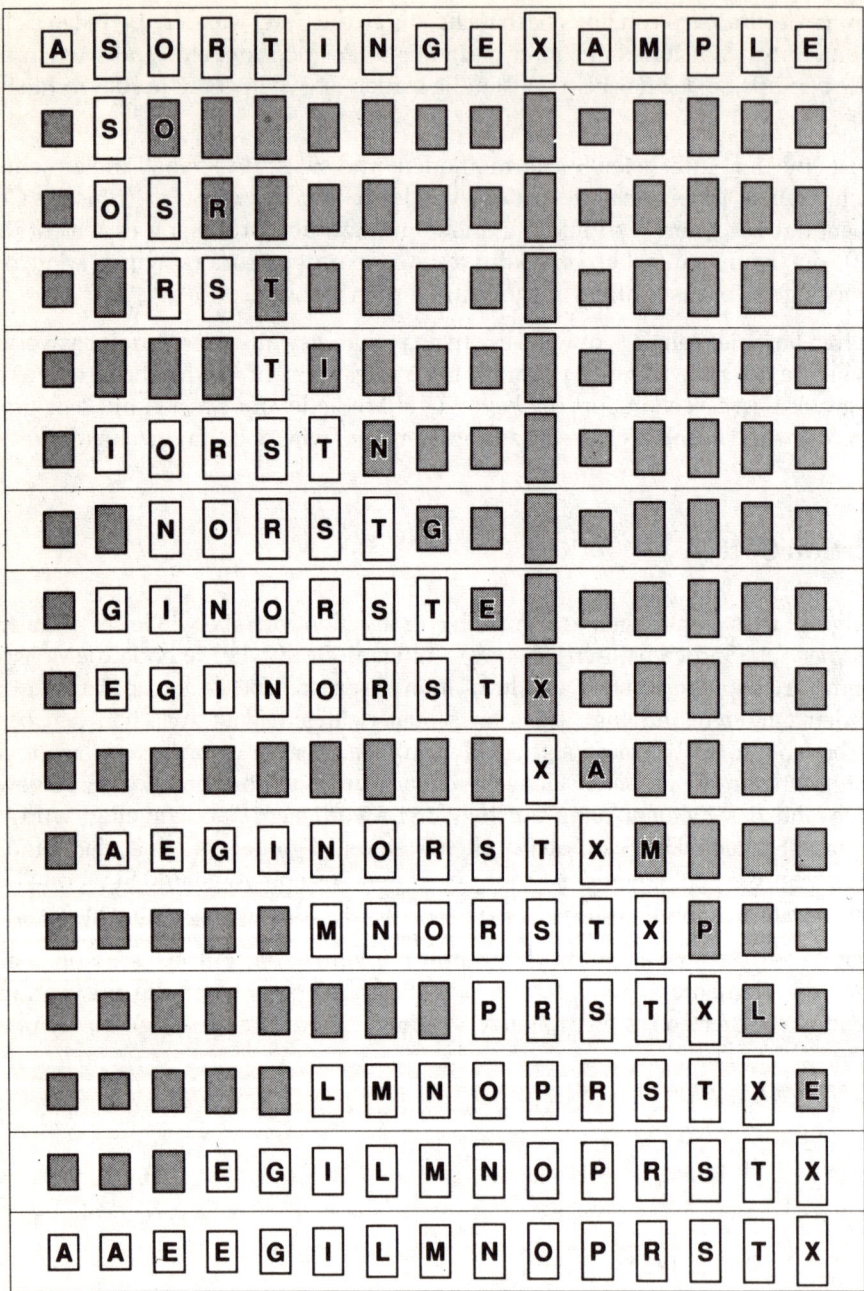

Abbildung 8.2 Insertion Sort.

Wie bei Selection Sort sind die Elemente links vom Zeiger i während des Sortierens in einer sortierten Reihenfolge angeordnet, doch sie befinden sich nicht auf ihrer endgültigen Position, da sie möglicherweise bewegt werden müssen, um für später gefundene kleinere Elemente Platz zu machen. Das Feld ist jedoch vollständig sortiert, wenn der Zeiger das rechte Ende erreicht.

Es muß noch eine wichtige Einzelheit betrachtet werden: Für die meisten Eingaben funktioniert die Prozedur insertion nicht! Die while-Anweisung läuft über das linke Ende des Feldes hinaus, wenn *v* das kleinste Element im Feld ist. Um Abhilfe zu schaffen, setzen wir einen »Marken«-Schlüssel (»sentinel«-key) auf a[0], den wir mindestens so klein wählen wie das kleinste Element im Feld. Marken werden gewöhnlich in Situationen wie dieser verwendet, um die Aufnahme eines nahezu immer positiv ausfallenden Tests (im vorliegenden Falle j>1) in die innere Schleife zu vermeiden.

Falls es aus irgendeinem Grund schwierig ist, eine Marke zu verwenden (zum Beispiel ist der kleinste Schlüssel vielleicht nicht auf einfache Weise definiert), könnte der Test while j>1 && a[j-1]>v benutzt werden. Dies ist ungünstig, da j=1 nur selten zutrifft, weshalb sollten wir also diesen Test häufig in der inneren Schleife ausführen? Wir bemerken, daß, wenn j den Wert 1 hat, der obige Test a[j-1] nicht erreichen kann, auf Grund der Art und Weise, wie in C logische Ausdrücke ausgewertet werden – manche andere Sprachen könnten in einem solchen Fall einen Zugriff zum Feld außerhalb der Grenzen realisieren. Ein anderer Weg, diese Situation in C zu meistern, besteht darin, eine break- oder goto-Anweisung zu benutzen, die aus der while-Schleife herausführt. (Manche Programmierer ziehen es vor, einigen Aufwand in Kauf zu nehmen, um goto-Anweisungen zu vermeiden, zum Beispiel indem sie innerhalb der Schleife Vorkehrungen treffen, um zu gewährleisten, daß die Schleife abbricht. Im vorliegenden Fall scheint eine solche Lösung kaum gerechtfertigt zu sein, da sie das Programm nicht klarer macht und jedesmal über die Schleife Ballast hinzufügt, nur um für ein seltenes Ereignis abgesichert zu sein.)

Exkurs: Bubble Sort

Ein elementares Sortierverfahren, das in einführenden Kursen oft gelehrt wird, ist *Bubble Sort* (Sortieren durch (direktes) Austauschen): Durchlaufe immer wieder die Datei und vertausche jedesmal, wenn es notwendig ist, benachbarte Elemente; wenn bei einem Durchlauf kein Austausch mehr erforderlich ist, ist die Datei sortiert. Eine Implementation des Verfahrens wird nachfolgend angegeben.

```
bubble(int a[], int N)
  {
    int i, j, t;
    for (i = N; i >= 1; i--)
      for (j = 2; j <= i; j++)
        if (a[j-1] > a[j])
          { t = a[j-1]; a[j-1] = a[j]; a[j] = t; }
  }
```

Man muß etwas nachdenken, um sich davon zu überzeugen, daß dieser Weg überhaupt zum Ziel führt. Hierzu bemerken wir, daß jedesmal, wenn während des ersten
Durchlaufs das maximale Element vorgefunden wird, dieses mit jedem der rechts von
ihm befindlichen Elemente vertauscht wird, und dies so lange, bis es die Position am
rechten Ende des Feldes erreicht hat. Während des zweiten Durchlaufs wird dann das
zweitgrößte Element an die richtige Position bewegt usw. Somit läuft Bubble Sort wie
eine Abart des Selection Sort ab, obwohl viel mehr Aufwand getrieben wird, um jedes
Element an die richtige Position zu bringen.

Kenngrößen der Leistungsfähigkeit elementarer Sortiermethoden

Die Abbildungen 8.3, 8.4 und 8.5 dienen zur direkten Veranschaulichung der Merkmale der Arbeitsweise von Selection Sort, Insertion Sort und Bubble Sort. Diese
Abbildungen zeigen den Inhalt des Feldes a für jeden der Algorithmen, nachdem die
äußere Schleife $N/4$, $N/2$ und $3N/4$ mal durchlaufen worden ist (beginnend mit einer
zufälligen Permutation der ganzen Zahlen 1 bis N als Eingabe). In den Diagrammen
wurde für a[i]=j ein Quadrat an die Stelle (i,j) gesetzt. Ein ungeordnetes Feld
entspricht damit einer zufälligen Anordnung von Quadraten; in einem sortierten Feld
erscheint jedes Quadrat oberhalb des links von ihm befindlichen Quadrates. Zur
Klarheit der Abbildungen zeigen wir Permutationen (zufällige Anordnungen der
ganzen Zahlen 1 bis N), für die nach dem Sortieren die Quadrate alle längs der
Hauptdiagonale angeordnet sind. Die Bilder zeigen, wie sich die verschiedenen
Methoden auf dieses Ziel hin bewegen.

Abbildung 8.3 zeigt, wie sich Selection Sort von links nach rechts bewegt, wobei es
Elemente in ihre endgültige Position bringt, ohne »zurückzublicken«. Was aus diesem
Bild nicht ersichtlich ist, ist die Tatsache, daß bei Selection Sort die meiste Zeit dafür
aufgewandt wird, das minimale Element in dem »unsortierten« Teil des Feldes zu
suchen.

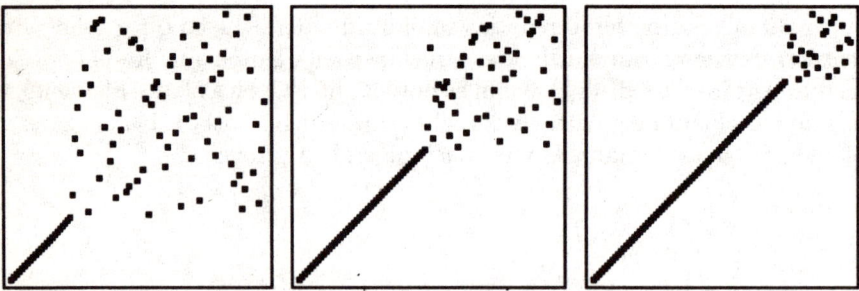

Abbildung 8.3 *Sortieren einer zufälligen Permutation durch Selection Sort.*

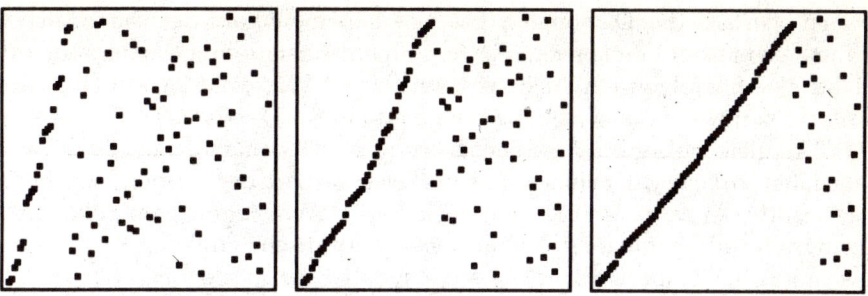

Abbildung 8.4 Sortieren einer zufälligen Permutation durch Insertion Sort.

Abbildung 8.4 zeigt, wie sich Insertion Sort gleichfalls von links nach rechts bewegt, wobei neu vorgefundene Elemente an der entsprechenden Stelle eingefügt werden, ohne daß weiter nach vorn geschaut wird. Der linke Teil des Feldes verändert sich ständig.

Abbildung 8.5 zeigt die Ähnlichkeit zwischen Selection Sort und Bubble Sort. Bei Bubble Sort wird auf jeder Stufe das größte verbliebene Element ausgewählt, doch es wird einige Mühe dafür »vergeudet«, im »unsortierten« Teil des Feldes eine gewisse Ordnung herzustellen.

Alle Verfahren sind sowohl im ungünstigsten als auch im durchschnittlichen Fall quadratisch und erfordern keinen zusätzlichen Speicherplatz. Daher sind Vergleiche zwischen ihnen von der Länge der inneren Schleifen oder von speziellen Merkmalen der Eingabedaten abhängig.

Eigenschaft 8.1 *Selection Sort benötigt ungefähr $N^2/2$ Vergleiche und N Austauschoperationen.*

Diese Eigenschaft läßt sich leicht einsehen, wenn man Abbildung 8.1 betrachtet, bei der es sich um eine Tabelle von der Größe $N \times N$ handelt, in der ein Buchstabe jeweils einem Vergleich entspricht. Doch dies betrifft etwa die Hälfte der Elemente, und zwar

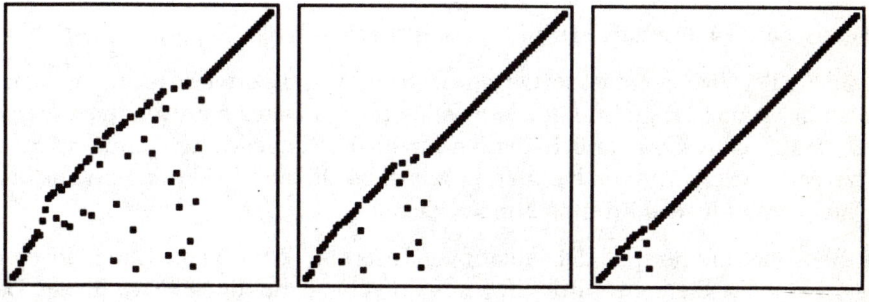

Abbildung 8.5 Sortieren einer zufälligen Permutation durch Bubble Sort.

diejenigen oberhalb der Diagonalen. Die $N - 1$ Elemente auf der Diagonalen (mit Ausnahme des letzten) entsprechen jeweils einem Austausch. Genauer: Für jedes i von 1 bis $N - 1$ erfolgen ein Austausch und $N - i$ Vergleiche, wodurch sich eine Gesamtzahl von $N - 1$ Austauschoperationen und $(N - 1) + (N - 2) + \ldots + 2 + 1 = N$ $(N - 1) / 2$ Vergleichen ergibt. Diese Beobachtungen gelten unabhängig davon, welche Eingabedaten vorliegen; der einzige Teil von Selection Sort, der von den Eingabedaten abhängt, ist die Anzahl, wie oft min einen neuen Wert zugewiesen bekommt. Im ungünstigsten Fall könnte dies ebenfalls eine quadratische Funktion von N sein, im durchschnittlichen Fall erweist es sich jedoch, daß diese Größe nur $O(N \log N)$ ist, so daß zu erwarten ist, daß die Laufzeit von Selection Sort relativ unempfindlich gegenüber Änderungen der Eingabedaten ist. ■

Eigenschaft 8.2 *Insertion Sort benötigt im Durchschnitt ungefähr $N^2/4$ Vergleiche und $N^2/8$ Austauschoperationen, im ungünstigsten Fall doppelt so viele.*

Wie aus der obigen Implementation ersichtlich ist, ist die Anzahl der Vergleiche und der »halben Austausche« (Bewegungen) die gleiche. Diese Größe läßt sich leicht anhand Abbildung 8.2 veranschaulichen, der $N \times N$ - Tabelle, die die Arbeitsweise des Algorithmus im einzelnen zeigt. In diesem Falle sind die Elemente unterhalb der Diagonalen zu zählen, im ungünstigsten Fall alle. Für zufällige Eingabedaten ist zu erwarten, daß sich jedes Element im Durchschnitt etwa den halben Weg zurück bewegt, so daß die Hälfte der Elemente unterhalb der Diagonalen zu zählen wäre. (Es ist nicht schwierig, diese Überlegungen exakter zu formulieren.) ■

Eigenschaft 8.3 *Bubble Sort benötigt im Durchschnitt und im ungünstigsten Fall ungefähr $N^2/2$ Vergleiche und $N^2/2$ Austauschoperationen.*

Im ungünstigsten Fall (Datei in umgekehrter Reihenfolge) ist es klar, daß der i-te Durchlauf von Bubble Sort $N - i$ Vergleiche *und* Austauschoperationen erfordert, so daß der Beweis wie für Selection Sort geführt werden kann. Jedoch ist die Laufzeit bei Bubble Sort von den Eingabedaten abhängig. Wir sehen zum Beispiel, daß nur ein Durchlauf benötigt wird, wenn die Datei bereits geordnet ist (Insertion Sort ist in diesem Falle auch schnell). Es zeigt sich, daß - wie oben erwähnt - die Leistungsfähigkeit im durchschnittlichen Fall nicht wesentlich besser ist als im ungünstigsten Fall; diese Analyse ist jedoch wesentlich komplizierter. ■

Eigenschaft 8.4 *Insertion Sort ist für »fast sortierte« Dateien linear.*

Obwohl der Begriff einer »fast sortierten« Datei notwendigerweise recht ungenau ist, läßt sich Insertion Sort gut auf gewisse nichtzufällige Dateien anwenden, die in der Praxis oft auftreten. Gewöhnlich werden für solche Anwendungen unnötigerweise Mehrzweck-Sortierverfahren benutzt; in Wirklichkeit kann Insertion Sort aus der in der Datei vorhandenen Ordnung Nutzen ziehen.

Betrachten wir zum Beispiel den Ablauf von Insertion Sort für eine Datei, die bereits sortiert ist. Jedes Element wird sofort als an seinem richtigen Platz in der Datei befindlich erkannt, und die Gesamtlaufzeit ist linear. Das gleiche gilt für Bubble Sort. Selection Sort jedoch ist nach wie vor quadratisch. Sogar dann, wenn eine Datei nicht vollständig sortiert ist, kann Insertion Sort recht zweckmäßig sein, da seine Laufzeit stark von der in der Datei vorhandenen Ordnung abhängt. Die Laufzeit ist von der Anzahl der *Inversionen* abhängig: Für jedes Element sind dazu die links von ihm befindlichen Elemente zu zählen, die größer sind. Dies ist der Abstand, um den die Elemente bewegt werden müssen, wenn sie bei Insertion Sort in die Datei eingefügt werden. Eine Datei, in der eine gewisse Ordnung vorhanden ist, weist weniger Inversionen auf als eine zufällig zusammengestellte Datei.

Nehmen wir an, zu einer sortierten Datei sollen einige Elemente hinzugefügt werden, so daß eine größere sortierte Datei erzeugt wird. Ein Weg zur Realisierung besteht darin, die neuen Elemente an das Ende der Datei anzuhängen und dann einen Sortieralgorithmus aufzurufen. Es ist klar, daß die Anzahl der Inversionen in einer solchen Datei gering ist: Eine Datei, in der sich nur eine konstante Zahl von Elementen nicht an ihrem Platz befindet, weist nur eine lineare Anzahl von Inversionen auf. Ein anderes Beispiel ist eine Datei, in der jedes Element sich nur in einem gewissen konstanten Abstand von seiner endgültigen Position befindet. Dateien dieser Art können in den Anfangsstadien einiger weiterentwickelter Sortierverfahren erzeugt werden; zu einem gewissen Zeitpunkt lohnt es sich dann, zu Insertion Sort überzuwechseln.

Für derartige Dateien ist Insertion Sort in Bezug auf die Leistung sogar den komplizierten Verfahren überlegen, die in den nachfolgenden Kapiteln beschrieben werden. ■

Um den Vergleich der Methoden weiterzuführen, ist es erforderlich, die Kosten von Vergleichs- und Austauschoperationen zu analysieren, ein Faktor, der wiederum von der Größe der Datensätze und Schlüssel abhängt. Wenn zum Beispiel die Datensätze wie in den obigen Implementationen aus einem Wort bestehende Schlüssel sind, so dürfte ein Austausch (zwei Zugriffe auf das Feld) etwa doppelt so teuer sein wie ein Vergleich. In einer solchen Situation sind die Laufzeiten von Selection Sort und Insertion Sort, grob gesagt, vergleichbar, während Bubble Sort doppelt so viel Zeit benötigt. (Tatsächlich dürfte Bubble Sort unter nahezu allen Umständen halb so schnell sein wie Insertion Sort!) Falls jedoch die Datensätze im Vergleich zu den Schlüsseln groß sind, ist Selection Sort am besten geeignet.

Eigenschaft 8.5 *Für Dateien mit großen Datensätzen und kleinen Schlüsseln ist Selection Sort linear.*

Nehmen wir an, daß die Kosten für einen Vergleich 1 Zeiteinheit und die Kosten für einen Austausch M Zeiteinheiten betragen. (Dies könnte zum Beispiel der Fall sein, wenn die Datensätze aus M Worten und die Schlüssel aus einem Wort bestehen.) Dann benötigt Selection Sort etwa N^2 Zeiteinheiten für Vergleiche und etwa NM Zeiteinheiten für Austauschoperationen, um eine Datei *der Größe NM* zu sortieren. Falls $N = O(M)$ gilt, ist das eine lineare Funktion der Datenmenge. ■

Sortieren von Dateien mit großen Datensätzen

Es ist möglich (und wünschenswert), es so einzurichten, daß *jedes* Sortierverfahren nur N »Austauschoperationen« von vollständigen Datensätzen ausführt, indem man den Algorithmus indirekt (unter Verwendung eines Feldes von Indizes) mit der Datei arbeiten und das Umordnen dann nachträglich vornehmen läßt.

Insbesondere dann, wenn das Feld a[1], ..., a[N] aus umfangreichen Datensätzen besteht, ziehen wir es vor, mit einem »Indexfeld« p[1], ..., p[N] zu arbeiten, wobei ein Zugriff auf das Originalfeld nur für Vergleiche erfolgt. Wenn wir am Anfang p[i]=i definieren, brauchen die obigen Algorithmen (wie auch alle Algorithmen in nachfolgenden Kapiteln) nur in der Weise modifiziert zu werden, daß die Bezeichnung a[p[i]] statt a[i] benutzt wird, wenn a[i] in einem Vergleich verwendet wird, und daß p statt a benutzt wird, wenn Daten bewegt werden. Dadurch wird ein Algorithmus erzeugt, der das Indexfeld in der Weise »sortiert«, daß p[1] der Index des kleinsten Elements in a ist, p[2] der Index des zweitkleinsten Elements in a usw., und die Kosten, die bei einem unnötigen Hin- und Herbewegen großer Datensätze entstehen würden, werden vermieden. Das folgende Programm zeigt, wie Insertion Sort modifiziert werden könnte, damit es in dieser Weise abläuft.

```
insertion(int a[], int p[], int N)
   {
     int i, j, v;
     for (i = 0; i <= N; i++) p[i] = i;
     for (i = 2; i <= N; i++)
        {
          v = p[i]; j = i;
          while (a[p[j-1]] > a[v])
             { p[j] = p[j-1]; j-; }
          p[j] = v;
        }
   }
```

In diesem Programm erfolgt ein Zugriff auf das Feld a nur, um die Schlüssel von zwei Datensätzen zu vergleichen. Daher könnte es leicht dahingehend abgeändert werden, daß es Dateien mit sehr umfangreichen Datensätzen behandeln kann, indem der Vergleich derart modifiziert wird, daß der Zugriff nur auf einen kleinen Teil eines umfangreichen Datensatzes erfolgt oder indem der Vergleich durch eine kompliziertere Prozedur realisiert wird. Abbildung 8.6 zeigt, wie dieser Prozeß eine Permutation erzeugt, die die Reihenfolge angibt, in der ein Zugriff auf die Elemente des Feldes erfolgen kann, damit eine sortierte Liste definiert wird. Für viele Anwendungen ist dies ausreichend (die Daten brauchen möglicherweise gar nicht bewegt zu werden). Zum Beispiel könnte man die Daten in sortierter Reihenfolge ausdrucken, indem man wie im Sortierfahren selbst einfach indirekt über das Indexfeld auf sie verweist.

Vor dem Sortieren

k	1	2	3	4	5	6	7	8	9	10	11	12	13	14	15
a[k]	A	S	O	R	T	I	N	G	E	X	A	M	P	L	E
p[k]	1	2	3	4	5	6	7	8	9	10	11	12	13	14	15

Nach dem Sortieren

k	1	2	3	4	5	6	7	8	9	10	11	12	13	14	15
a[k]	A	S	O	R	T	I	N	G	E	X	A	M	P	L	E
p[k]	1	11	9	15	8	6	14	12	7	3	13	4	2	5	10

Nach dem Permutieren

k	1	2	3	4	5	6	7	8	9	10	11	12	13	14	15
a[k]	A	A	E	E	G	I	L	M	N	O	P	R	S	T	X
p[k]	1	2	3	4	5	6	7	8	9	10	11	12	13	14	15

Abbildung 8.6 *Umordnen eines »sortierten« Feldes.*

Doch was ist zu tun, wenn die Daten tatsächlich umgeordnet werden müssen, wie in der untersten Zeile der Abbildung 8.6? Wenn genug zusätzlicher Speicherplatz für eine weitere Kopie des Felds zur Verfügung steht, ist das unbedeutend, doch wie steht es mit der häufiger auftretenden Situation, wenn nicht genügend Platz für eine weitere Kopie der Datei vorhanden ist?

In unserem Beispiel befindet sich das erste A an seiner richtigen Position, mit p[1]=1, so daß nichts mit ihm getan werden muß. Das erste, was wir tun möchten, ist, den Datensatz mit dem nächstgrößeren Schlüssel (den mit dem Index p[2]) auf die zweite Position in der Datei zu setzen. Doch vorher müssen wir den Datensatz speichern, der sich auf dieser Position befindet, sagen wir in t. Nachdem wir nun diese Bewegung ausgeführt haben, können wir annehmen, daß sich in der Datei auf der Position p[2] ein »Loch« befindet. Doch wir wissen, daß der Datensatz auf der Position p[p[2]] letztendlich dieses Loch ausfüllen sollte. Indem wir in dieser Art fortfahren, gelangen wir schließlich an den Punkt, wo wir das Element benötigen, das sich ursprünglich auf der zweiten Position befand und das wir in t aufbewahrt haben. In unserem Beispiel führt dieser Prozeß zu der Reihe von Zuweisungen t=a[2]; a[2]=a[11]; a[11]=a[13]; a[13]=a[2]; a[2]=t. Diese Zuweisungen transportieren die Datensätze mit den Schlüsseln A, P und S auf ihren richtigen Platz in der Datei, was gekennzeichnet werden kann, indem p[2]=2, p[11]=11 und p[13]=13 gesetzt wird. (Jedes Element mit p[i]=i befindet sich an seinem Platz und braucht nicht wieder berührt zu werden.) Nun kann dieser Prozeß für das nächste Element, welches nicht an seinem Platz ist, erneut ablaufen usw., und so wird letztlich die gesamte Datei umgeordnet, wobei jeder Datensatz nur einmal bewegt wird, wie im folgenden Programm:

```
insitu(int a[], int p[], int N)
  {
    int i, j, k, t;
```

```
      for (i = 1; i <= N; i++)
        if (p[i] != i)
          {
            t = a[i]; k = i;
            do
              {
                j = k; a[j] = a[p[j]];
                k = p[j]; p[j] = j;
              }
            while (k != i);
            a[j] = t;
          }
  }
```

Die Eignung dieser Methode für spezielle Anwendungen hängt natürlich von der relativen Größe der Datensätze und Schlüssel in der zu sortierenden Datei ab. Sicher würde man für eine aus kleinen Datensätzen bestehende Datei wegen des erforderlichen zusätzlichen Platzes für das Indexfeld und der zusätzlich benötigten Zeit für die indirekten Vergleiche nicht so viel Aufwand treiben. Für Dateien jedoch, die aus großen Datensätzen bestehen, ist es fast immer wünschenswert, ein indirektes Sortieren vorzunehmen, und in vielen Anwendungsfällen müssen die Daten eventuell überhaupt nicht bewegt werden. Natürlich ist für Dateien mit sehr umfangreichen Datensätzen wie oben erläutert einfaches Selection Sort die anzuwendende Methode.

Der hier dargelegte »Indexfeld«-Zugang zur indirekten Arbeitsweise der Algorithmen ist in jeder Programmiersprache anwendbar, welche Felder unterstützt. In C ist es normalerweise zweckmäßig, eine auf dem gleichen Prinzip beruhende Implementierung zu entwickeln, indem Maschinenadressen von Feldelementen benutzt werden - die »echten Zeiger«, die in Kapitel 3 kurz erörtert wurden. Zum Beispiel implementiert der folgende Code Insertion Sort unter Verwendung eines Feldes p von Zeigern:

```
  insertion(int a[], int *p[], int N)
    {
      int i, j, *v;
      for (i = 0; i <= N; i++) p[i] = &a[i];
      for (i = 2; i <= N; i++)
        {
          v = p[i]; j = i;
          while (*p[j-1] > *v)
            { p[j] = p[j-1]; j-; }
          p[j] = v;
        }
    }
```

Der enge Zusammenhang zwischen Zeigern und Feldern ist eines der herausragendsten Merkmale von C. Im allgemeinen sind mit Zeigern implementierte Programme effizienter, jedoch schwerer verständlich (auch wenn bei dieser speziellen Anwendung kein großer Unterschied vorhanden ist). Der interessierte Leser kann das erforderliche Programm `insitu` implementieren, das dem oben angegebenen Zeiger-Sortierverfahren entspricht.

In diesem Buch werden wir in unseren Implementierungen normalerweise auf Daten direkt zugreifen, wobei wir uns dessen bewußt sind, daß Zeiger oder Indexfelder benutzt werden könnten, wenn es erforderlich ist, um übermäßige Datenbewegungen zu vermeiden. Aufgrund der Existenz dieser indirekten Vorgehensweise sind die Schlußfolgerungen, die wir in diesem Kapitel und in den nachfolgenden ziehen, wenn wir Methoden des Sortierens von Dateien aus ganzen Zahlen vergleichen, sicher auf allgemeinere Situationen anwendbar.

Shellsort

Insertion Sort ist langsam, weil nur benachbarte Elemente ausgetauscht werden. Wenn sich zum Beispiel das kleinste Element zufällig am Ende des Feldes befindet, so werden N Schritte benötigt, um es dort hinzubekommen, wo es hingehört. *Shellsort* ist eine einfache Erweiterung von Insertion Sort, bei dem eine Erhöhung der Geschwindigkeit dadurch erzielt wird, daß ein Vertauschen von Elementen ermöglicht wird, die weit voneinander entfernt sind.

Der Grundgedanke besteht darin, die Datei so umzuordnen, daß sie die Eigenschaft besitzt, daß man eine sortierte Datei erhält, wenn man jedes h-te Element (bei beliebigem Anfangselement) entnimmt. Eine solche Datei wird *h-sortiert* genannt. Mit anderen Worten, eine h-sortierte Datei besteht aus h unabhängigen sortierten Dateien, die einander überlagern. Durch das h-Sortieren für große h können wir Elemente im Feld über größere Entfernungen bewegen und damit ein h-Sortieren für kleinere Werte von h erleichtern. Indem man eine solche Prozedur für eine beliebige Folge von Werten von h anwendet, die mit 1 endet, erhält man eine sortierte Datei: dies ist Shellsort.

Abbildung 8.7 zeigt die Arbeitsweise von Shellsort anhand unserer Beispieldatei mit den Distanzen . . . , 13, 4, 1. Beim ersten Durchgang wird das A auf Position 1 mit dem L auf Position 14 verglichen, wonach das S auf Position 2 mit dem E auf Position 15 verglichen (und ausgetauscht) wird. Beim zweiten Durchgang werden die Elemente A T E P auf den Positionen 1, 5, 9 und 13 derart umgeordnet, daß A E P T auf diese Positionen gesetzt werden, analog wird mit den Positionen 2, 6, 10 und 14 verfahren usw. Der letzte Durchgang ist ein einfaches Insertion Sort, doch kein Element muß sehr weit bewegt werden.

Eine Möglichkeit zur Implementierung von Shellsort bestünde darin, für jedes h Insertion Sort unabhängig für jede der h Teildateien zu benutzen. (Marken würden nicht verwendet werden, denn man benötigte h (für den größten auftretenden Wert von h) von ihnen.) Doch es zeigt sich, daß es viel einfacher geht: Wenn wir in Insertion Sort jedes Auftreten von »1« durch »h« (und »2« durch »h+1«) ersetzen, realisiert das

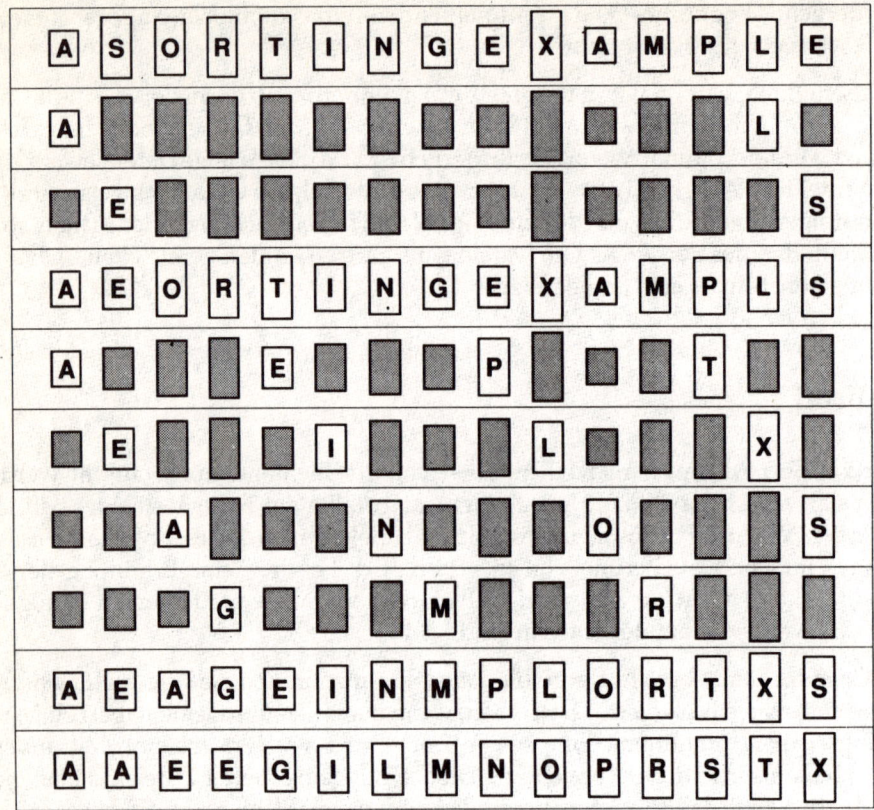

Abbildung 8.7 Shellsort.

sich ergebende Programm ein *h*-Sortieren der Datei und führt zu der folgenden kompakten Implementierung von Shellsort:

```
shellsort(int a[], int N)
  {
    int i, j, h, v;
    for (h = 1; h <= N/9; h = 3*h+1) ;
    for ( ; h > 0; h /= 3)
      for (i = h+1; i <= N; i += 1)
        {
          v = a[i]; j = i;
          while (j>h && a[j-h]>v)
            { a[j] = a[j-h]; j -= h; }
          a[j] = v;
        }
  }
```

Dieses Programm verwendet die Distanzen-Folge ..., 1093, 364, 121, 40, 13, 4, 1. Andere Folgen von Distanzen können in der Praxis etwa mit dem gleichen Erfolg wie diese verwendet werden, doch wie unten dargelegt wird, ist eine gewisse Sorgfalt erforderlich. Die Abbildung 8.8 zeigt dieses Programm in seiner Anwendung auf eine zufällige Permutation, wobei der Inhalt des Feldes a nach jedem h-Sortieren dargestellt ist.

Die Folge der Distanzen in diesem Programm ist einfach in der Anwendung und führt zu einem effizienten Sortieren. Viele andere Folgen von Distanzen führen zu einem noch effizienteren Sortieren (der Leser könnte sich mit der Suche nach einer solchen Folge beschäftigen), doch es ist selbst für relativ große N schwer, das obige Programm um mehr als 20% zu übertreffen. (Die Möglichkeit, daß weit bessere Folgen von Distanzen existieren, ist jedoch dennoch gegeben.) Andererseits gibt es einige schlechte Folgen von Distanzen. Zum Beispiel führt ..., 64, 32, 16, 8, 4, 2, 1 wahrscheinlich zu einem schlechten Verhalten, da Elemente an ungeraden Positionen erst am Schluß mit Elementen an geraden Positionen verglichen werden. Shellsort wird manchmal implementiert, indem bei h=N begonnen wird (anstatt es, wie oben, so zu initialisieren, daß gewährleistet wird, daß jedesmal die gleiche Folge benutzt wird). Damit wird praktisch garantiert, daß für bestimmte N eine schlechte Folge auftritt.

Die obige Beschreibung der Effizienz von Shellsort ist notwendigerweise ungenau, da noch niemand in der Lage war, den Algorithmus zu analysieren. Dadurch wird es nicht nur schwierig, verschiedene Folgen von Distanzen zu beurteilen, sondern auch, Shellsort analytisch mit anderen Methoden zu vergleichen. Nicht einmal der funktio-

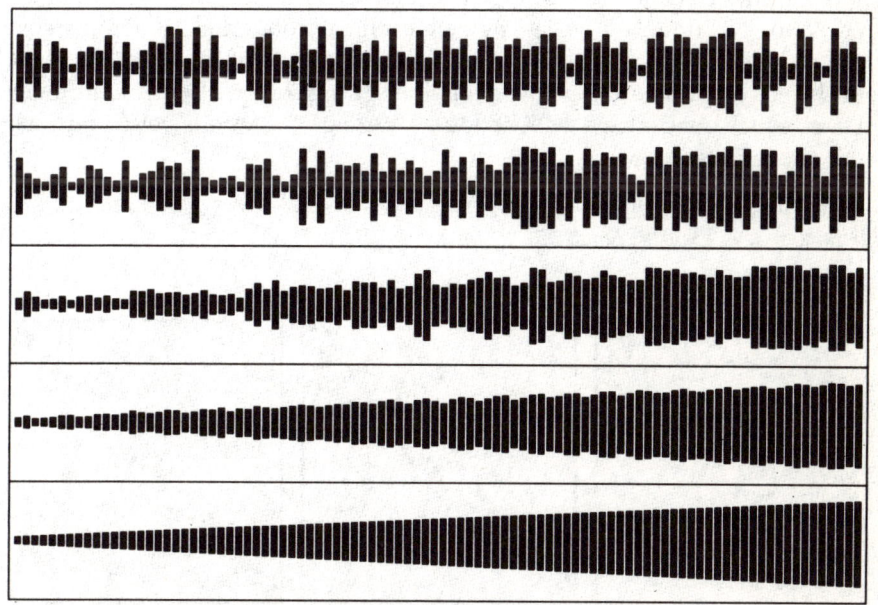

Abbildung 8.8 *Sortieren einer zufälligen Permutation mittels Shellsort.*

Abbildung 8.9 *Sortieren einer in umgekehrter Reihenfolge angeordneten Permutation mittels Shellsort.*

nale Ausdruck für die Laufzeit ist für Shellsort bekannt (außerdem ist seine Gestalt von der Folge der Distanzen abhängig). Für das obige Programm lauten zwei Vermutungen $N (\log N)^2$ und $N^{1,25}$. Die Laufzeit ist nicht sonderlich abhängig von der ursprünglichen Ordnung in der Datei, im Gegensatz etwa zu Insertion Sort, welches für eine bereits geordnete Datei linear, für eine in umgekehrter Reihenfolge angeordnete Datei jedoch quadratisch ist. Abbildung 8.9 zeigt die Arbeitsweise von Shellsort für eine solche Datei.

Eigenschaft 8.6 *Shellsort führt niemals mehr als $N^{3/2}$ Vergleiche aus (für die Distanzen $1, 4, 13, 40, 121, \ldots$).*

Abbildung 8.10 *Sortieren einer zufälligen Permutation mittels Shellsort.*

Der Beweis dieser Eigenschaft würde über den Rahmen dieses Buches hinausführen. Der Leser soll jedoch nicht nur seine Schwierigkeit anerkennen, sondern sich auch davon überzeugen, daß Shellsort in der Praxis effizient abläuft, indem er versucht, eine Datei zu konstruieren, für die Shellsort langsam abläuft. Wie oben erwähnt wurde, gibt es einige ungünstige Folgen von Distanzen, für die Shellsort eine quadratische Anzahl von Vergleichen benötigen kann, doch es ist gezeigt worden, daß die Schranke $N^{3/2}$ für eine Vielzahl von Folgen gilt (einschließlich der oben benutzten Folge). Für einige spezielle Folgen sind sogar noch bessere Schranken für den ungünstigsten Fall bekannt. ∎

Abbildung 8.10, die die Arbeitsweise von Shellsort von einem anderen Blickwinkel aus zeigt, kann mit den Abbildungen 8.3, 8.4 und 8.5 verglichen werden. Diese Abbildung zeigt den Inhalt des Feldes nach jedem h-Sortieren (mit Ausnahme des letzten, welches das Sortieren vollendet). Bei diesen Bildern könnten wir uns ein Gummiband vorstellen, das in der linken unteren und rechten oberen Ecke befestigt ist und immer straffer gespannt wird, um alle Punkte zur Diagonale hin zu bewegen. Die drei Bilder der Abbildungen 8.3, 8.4 und 8.5 repräsentieren jeweils eine beträchtliche Menge an Arbeit, die vom dargestellten Algorithmus verrichtet wurde; im Gegensatz dazu stellt jedes der Bilder von Abbildung 8.10 nur einen Durchgang des h-Sortierens dar.

Shellsort ist die bevorzugte Methode für viele Anwendungen des Sortierens, da es selbst für relativ große Dateien (etwa bis zu 5000 Elementen) eine akzeptable Laufzeit aufweist und nur ein sehr kurzes Programm erfordert, das sich leicht zum Laufen bringen läßt. Wir werden in den nachfolgenden Kapiteln Verfahren kennenlernen, die effizienter, doch (außer für große N) bestenfalls doppelt so schnell und bedeutend komplizierter sind. Kurz gesagt, wenn Sie ein Sortierproblem zu lösen haben, *verwenden Sie obiges Programm*, und entscheiden Sie dann, ob sich der zusätzliche Aufwand lohnen würde, es durch ein kompliziertes Verfahren zu ersetzen.

Distribution Counting

Eine sehr spezielle Situation, für die ein einfacher Sortieralgorithmus existiert, ist folgende: »Sortiere eine Datei von N Datensätzen, deren Schlüssel voneinander verschiedene ganze Zahlen zwischen 1 und N sind.« Dieses Problem kann gelöst werden, indem ein temporäres Feld b mit der Anweisung for (i = 1; i <= N; i++) b[a[i]];=a[i] verwendet wird. (Wie wir oben gesehen haben, ist es auch möglich, wenn auch komplizierter, dieses Problem ohne ein Hilfsfeld zu lösen.)

Ein realistischeres Problem der gleichen Art ist: »Sortiere eine Datei von N Datensätzen, deren Schlüssel ganze Zahlen zwischen 0 und $M-1$ sind.« Falls M nicht zu groß ist, kann ein *Distribution Counting* (Verteilungszählen) genannter Algorithmus benutzt werden, um dieses Problem zu lösen. Die Idee besteht darin, die Anzahl der Schlüssel mit jedem Wert zu ermitteln und dann die Ergebnisse der Zählung zu

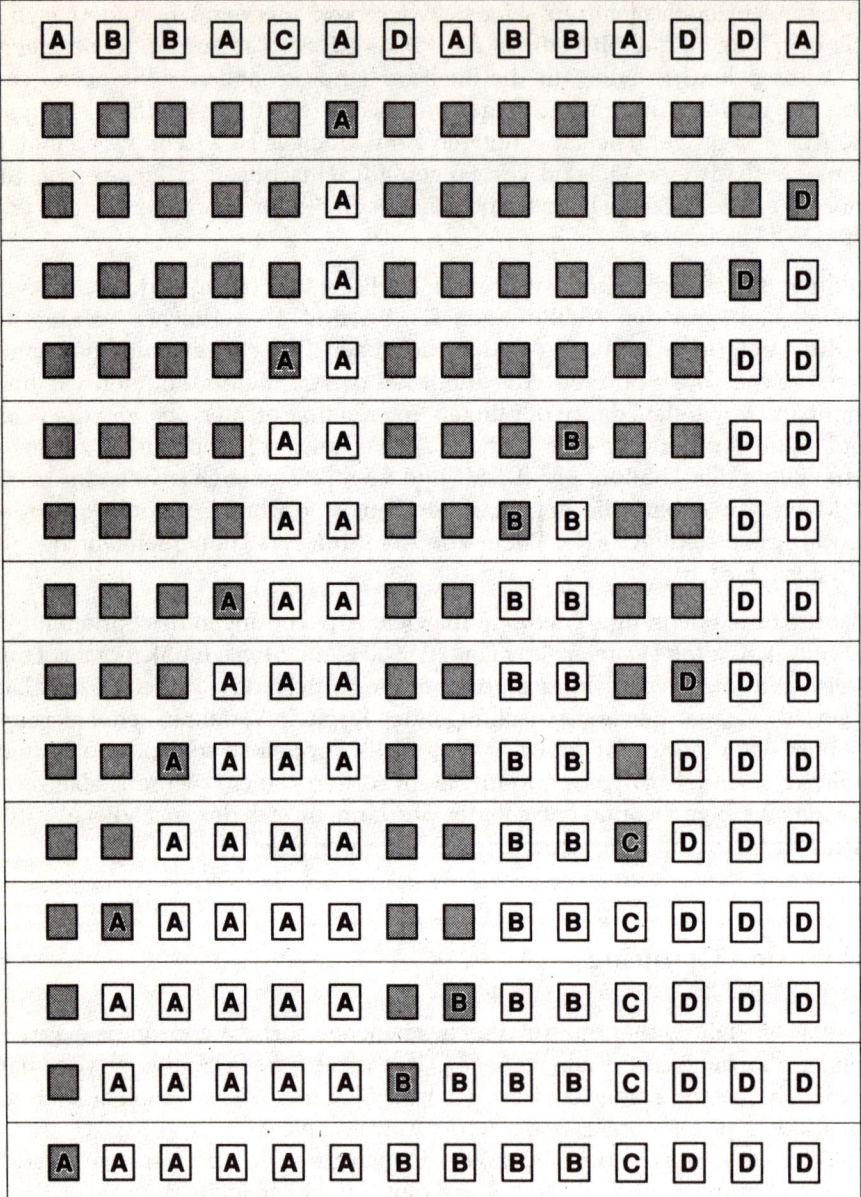

Abbildung 8.11 *Distribution Counting.*

verwenden, um bei einem zweiten Durchlauf durch die Datei wie im folgenden
Programm die Datensätze in die richtige Position zu bringen:

```
for (j = 0; j < M; j++) count[j] = 0;
for (i = 1; i <= N; i++) count[a[i]]++;
for (j = 1; j < M; j++)
    count[j] = count[j-1]+count[j];
for (i = N; i >= 1; i-)
    b[count[a[i]]-] = a[i];
for (i = 1; i <= N; i++) a[i] = b[i];
```

Um zu sehen, wie dieses Programm arbeitet, betrachten wir das Beispiel einer Datei
von Buchstaben (die wir wie eingangs erwähnt intern durch ganze Zahlen darstellen)
in der obersten Zeile der Abbildung 8.11. Die erste for-Schleife initialisiert die
Elemente von count mit 0; die zweite setzt count[1]=6, count[2]=4,
count[3]=1 und count[4]=4, da sechs A, vier B usw. vorhanden sind. Die dritte
for-Schleife addiert diese Zahlen auf und erzeugt count[1]=6, count[2]=10,
count[3]=11 und count[4]=15. Das besagt, es gibt sechs Schlüssel, die kleiner
oder gleich A sind, zehn Schlüssel, die kleiner oder gleich B sind usw.

Diese können nun als Adressen benutzt werden, um das Feld zu sortieren, wie die
Abbildung zeigt. Das ursprünglich eingegebene Feld a ist auf der obersten Zeile
dargestellt; der Rest der Abbildung zeigt, wie das temporäre Feld gefüllt wird. Wenn
zum Beispiel das A am Ende der Datei vorgefunden wird, wird es auf den Platz 6
gesetzt, da count[1] besagt, daß es sechs Schlüssel gibt, die kleiner oder gleich A
sind. Danach wird count[1] dekrementiert, da die Zahl der Schlüssel, die kleiner
oder gleich A sind, sich nun um eins verringert hat. Dann wird das D von der
vorletzten Position in der Datei auf den Platz 14 gesetzt, und count[4] wird
dekrementiert, usw. Die innere Schleife läuft von N rückwärts bis 1, so daß der
Sortiervorgang stabil ist. (Der Leser kann dies nachprüfen.)

Dieses Verfahren ist für den betrachteten Typ von Dateien sehr gut geeignet. Außerdem kann aus ihm eine noch wesentlich leistungsfähigere Methode entwickelt werden, die wir in Kapitel 10 untersuchen.

Übungen

1. Geben Sie eine Folge von Operationen »Vergleichen /Austauschen« für das Sortieren von vier Datensätzen an.

2. Welche der drei elementaren Methoden (Selection Sort, Insertion Sort oder Bubble Sort) läuft für eine bereits sortierte Datei am schnellsten ab?

3. Welche der drei elementaren Methoden läuft für eine in umgekehrter Reihenfolge geordnete Datei am schnellsten ab?

4. Prüfen Sie die Hypothese, daß Selection Sort das schnellste der drei elementaren Verfahren ist (für das Sortieren von ganzen Zahlen), gefolgt von Insertion Sort und dann von Bubble Sort.

5. Geben Sie einen triftigen Grund an, weshalb es unzweckmäßig wäre, für Insertion Sort einen Marken-Schlüssel zu benutzen (abgesehen von dem, der bei der Implementation von Shellsort auftritt).

6. Wie viele Vergleiche werden von Shellsort verwendet, um ein 7-Sortieren und anschließend ein 3-Sortieren der Schlüssel E A S Y Q U E S T I O N vorzunehmen?

7. Geben Sie ein Beispiel an, das zeigt, weshalb 8, 4, 2, 1 keine gute Art und Weise wäre, eine Folge von Distanzen bei Shellsort zu beenden.

8. Ist Selection Sort stabil? Wie steht es mit Insertion Sort und Bubble Sort?

9. Geben Sie eine spezielle Variante des Distribution Counting für das Sortieren von Dateien an, in denen die Elemente nur einen von zwei Werten haben (entweder x oder y).

10. Experimentieren Sie mit verschiedenen Folgen von Distanzen für Shellsort: Finden Sie eine, die für eine zufällige Datei aus 1000 Elementen schneller abläuft als die angegebene Folge.

Kapitel 9

Quicksort

Im folgenden Kapitel untersuchen wir den Sortieralgorithmus, der wahrscheinlich am häufigsten angewandt wird, nämlich Quicksort. Der grundlegende Algorithmus wurde 1960 von C. A. R. Hoare entwickelt; seitdem wurde er von vielen Forschern untersucht. Quicksort ist beliebt, da seine Implementation nicht schwierig ist, da es ein gutes »Mehrzweck«-Sortierverfahren ist (es funktioniert in vielen unterschiedlichen Situationen gut) und da es in vielen Situationen weniger Ressourcen erfordert als jede andere Sortiermethode.

Die Vorzüge des Quicksort-Algorithmus sind, daß er am Ort (»in-place«) abläuft (er verwendet nur einen kleinen Hilfs-Stapel), für das Sortieren von N Elementen im Durchschnitt nur ungefähr $N \log N$ Operationen erfordert und eine extrem kurze innere Schleife besitzt. Die Nachteile des Algorithmus bestehen darin, daß er rekursiv ist (die Implementation ist kompliziert, wenn keine Rekursion zur Verfügung steht), daß er im ungünstigsten Fall ungefähr N^2 Operationen benötigt und daß er störanfällig ist: Ein einfacher Fehler bei der Implementation kann unbemerkt bleiben und dazu führen, daß der Algorithmus für manche Dateien schlecht arbeitet.

Die Leistungsfähigkeit von Quicksort ist sehr gut erforscht. Quicksort war Gegenstand einer gründlichen mathematischen Analyse, so daß über Fragen der Leistungsfähigkeit sehr genaue Aussagen gemacht werden können. Diese Analyse wurde durch umfangreiche empirische Erfahrungen bestätigt, und der Algorithmus wurde so weit verfeinert, daß er für ein weites Spektrum von praktischen Anwendungen des Sortierens zur bevorzugten Methode wurde. Aus diesem Grunde lohnt es sich für uns, noch etwas sorgfältiger als bei anderen Algorithmen Wege einer effizienten Implementation von Quicksort zu betrachten. Ähnliche Implementationstechniken sind auch für andere Algorithmen geeignet; bei Quicksort können wir sie bedenkenlos anwenden, da seine Leistungsfähigkeit so gut erforscht ist.

Es ist eine große Verlockung, Quicksort verbessern zu wollen, sind doch immer schnellere Sortieralgorithmen eine der größten Herausforderungen der Informatik. Kurz nachdem Hoare den Algorithmus erstmals veröffentlichte, erschienen in der Literatur bereits »verbesserte« Varianten. Viele Ideen wurden ausprobiert und analy-

siert, doch meist führte das zu einer Enttäuschung. Der Algorithmus ist bereits so
ausgewogen, daß die Effekte von Verbesserungen in einem Teil des Programms durch
die Auswirkungen verschlechterter Leistungsfähigkeit in einem anderen Teil des
Programms mehr als zunichte gemacht werden können. Wir werden jedoch drei
Modifikationen ausführlicher untersuchen, die eine erhebliche Verbesserung von
Quicksort bewirken.

Eine sorgfältig angepaßte Variante von Quicksort läuft sicher auf den meisten Computern
wesentlich schneller als jedes andere Sortierverfahren. Es ist jedoch zu beachten, daß jeder
Algorithmus durch eine Anpassung empfindlicher werden kann, wobei für einige Eingabedaten unerwünschte und unerwartete Effekte auftreten können. Wenn eine Variante
entwickelt worden ist, die von solchen Effekten frei zu sein scheint, so dürfte das das
Programm sein, welches als Bibliotheks-Standardsortierprogramm oder für eine ernsthafte Sortier-Anwendung zu benutzen ist. Wenn man jedoch den Aufwand — um sicher
zu sein, daß eine Implementation von Quicksort nicht fehlerbehaftet ist — nicht investieren will, so ist Shellsort durchaus eine sicherere Alternative, die bei geringerem Aufwand
für die Implementation recht effizient abläuft.

Der grundlegende Algorithmus

Quicksort ist ein Sortierverfahren vom Typ »Teile und Herrsche«. Es beruht auf einem
Zerlegen (partitioning) einer Datei in zwei Teile und dem anschließenden Sortieren
der Teile unabhängig voneinander. Wie wir sehen werden, hängt die genaue Position
der Zerlegung von der Datei ab, so daß der Algorithmus die folgende rekursive
Struktur hat:

```
quicksort(int a[], int l, int r)
  {
    int i;
    if (r > l)
      {
        i = partition(l, r);
        quicksort(a, l, i-1);
        quicksort(a, i+1, r);
      }
  }
```

Die Parameter l und r begrenzen die Teildatei innerhalb der ursprünglichen Datei,
die zu sortieren ist; der Aufruf quicksort(1,N) sortiert die gesamte Datei.

Das entscheidende Element der Methode ist die Prozedur partition, die das Feld
so umordnen muß, daß die folgenden drei Bedingungen erfüllt sind:

(i) Für ein beliebiges i befindet sich das Element a[i] an seinem endgültigen
    Platz im Feld.

(ii) Alle Elemente in a[1],...,a[i-1] sind kleiner oder gleich a[i].

(iii) Alle Elemente in a[i+1],...,a[r] sind größer oder gleich a[i].

Dies kann einfach und leicht mittels der folgenden allgemeinen Strategie implementiert werden: Wähle zuerst willkürlich a[r] als das Element, welches in seine endgültige Position gebracht werden soll. Durchsuche dann das Feld von links beginnend, bis ein Element gefunden wird, das größer als a[r] ist, und durchsuche das Feld von rechts beginnend, bis ein Element gefunden wird, das kleiner als a[r] ist. Die beiden Elemente, bei denen das Durchsuchen unterbrochen wurde, sind offensichtlich in dem endgültig zerlegten Feld fehl am Platze, tausche sie daher aus. (Aus Gründen, die weiter unten dargelegt sind, erweist es sich in Wirklichkeit, daß es am besten ist, das Durchsuchen auch bei Elementen zu unterbrechen, die gleich a[r] sind, auch wenn dies einige unnötige Austauschoperationen zu erfordern scheint.) Wenn man in dieser Weise fortfährt, ist gewährleistet, daß alle Elemente des Felds links vom linken Zeiger kleiner und alle Elemente des Felds rechts vom rechten Zeiger größer als a[r] sind. Wenn sich die Zeiger treffen, ist der Zerlegungsprozeß nahezu beendet; alles, was zu tun bleibt, ist, a[r] mit dem am weitesten links befindlichen Element der rechten Teildatei (dem Element, auf das der linke Zeiger zeigt) zu vertauschen.

Abbildung 9.1 zeigt, wie unsere Beispieldatei aus Schlüsseln mit Hilfe dieser Methode zerlegt wird. Das am weitesten rechts befindliche Element E wird als das zerlegende Element gewählt. Zuerst wird das Durchsuchen von links bei S unterbrochen, dann das Durchsuchen von rechts bei A (wie die zweite Zeile der Tabelle zeigt), und dann werden diese beiden Elemente vertauscht. Im nächsten Schritt wird das Durchsuchen von links bei O unterbrochen, dann das Durchsuchen von rechts bei E (wie die dritte Zeile der Tabelle zeigt), dann werden diese beiden Elemente vertauscht. Danach treffen sich die Zeiger. Das Durchsuchen von links wurde bei R unterbrochen und das Durchsuchen von rechts bei E. Die richtige Operation besteht nun darin, das rechts stehende E mit dem R zu vertauschen, wodurch die zerlegte Datei entsteht, die in der letzten Zeile der Abbildung 9.1 gezeigt wird.

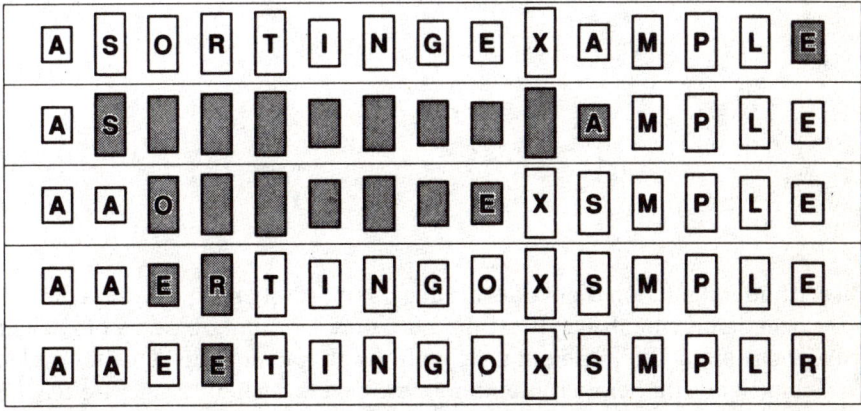

Abbildung 9.1 Zerlegen.

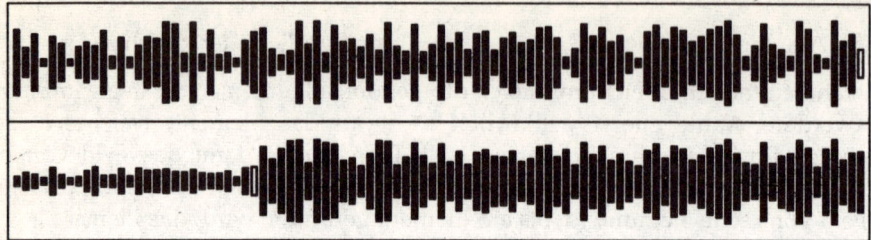

Abbildung 9.2 *Zerlegen einer umfangreicheren Datei.*

Natürlich ist der Zerlegungsprozeß nicht stabil, da jeder Schlüssel während jedes Austauschvorganges an einer großen Zahl von gleichen Schlüsseln (welche noch nicht einmal untersucht worden sind) vorbei bewegt werden könnte.

Abbildung 9.2 zeigt das Ergebnis der Zerlegung einer größeren Datei: Die zerlegte Datei weist kleine Elemente auf der linken und große Elemente auf der rechten Seite auf; sie beinhaltet damit wesentlich mehr »Ordnung« als die zufällige Datei. Das Sortieren wird beendet, indem die beiden Teildateien auf jeder Seite des zerlegenden Elements sortiert werden (rekursiv). Das folgende Programm stellt eine vollständige Implementation dieser Methode dar.

```
quicksort(int a[], int l, int r)
  {
    int v, i, j, t;
    if (r > l)
      {
        v = a[r]; i = l-1; j = r;
        for (;;)
          {
            while (a[++i] < v) ;
            while (a[−j] > v) ;
            if (i >= j) break;
            t = a[i]; a[i] = a[j]; a[j] = t;
          }
        t = a[i]; a[i] = a[r]; a[r] = t;
        quicksort(a, l, i-1);
        quicksort(a, i+1, r);
      }
  }
```

Bei dieser Implementation dient die Variable v zur Speicherung des aktuellen Wertes des »zerlegenden Elements« a[i], während i und j der linke bzw. rechte Zeiger des Durchsuchens sind. Die Zerlegungs-Schleife ist als unendliche Schleife implementiert, mit einem aus ihr herausführenden break, wenn sich die Zeiger treffen. Dieses Verfahren ist ein typisches Beispiel für die Nützlichkeit von break; der Leser könnte versuchen herauszufinden, wie man das Zerlegen ohne Verwendung von break implementieren könnte.

Wie bei Insertion Sort wird ein Marken-Schlüssel benötigt, um das Durchsuchen abzubrechen, falls das zerlegende Element zugleich auch das kleinste ist. Für den entgegengesetzten Fall, daß also das zerlegende Element zugleich das größte ist, wird in dieser Implementation kein derartiger Schlüssel benötigt, da das zerlegende Element am rechten Ende steht und dort die Suche abbricht. Wir lernen demnächst eine einfache Methode kennen, wie auf beide Marken-Schlüssel verzichtet werden kann.

Die »innere Schleife« von Quicksort beinhaltet lediglich das Inkrementieren eines Zeigers und den Vergleich eines Feldelementes mit einem festen Wert. Eben das macht Quicksort so schnell; eine einfachere innere Schleife läßt sich kaum vorstellen. Der Vorteil der Benutzung von Marken wird hierdurch gleichfalls unterstrichen, da das

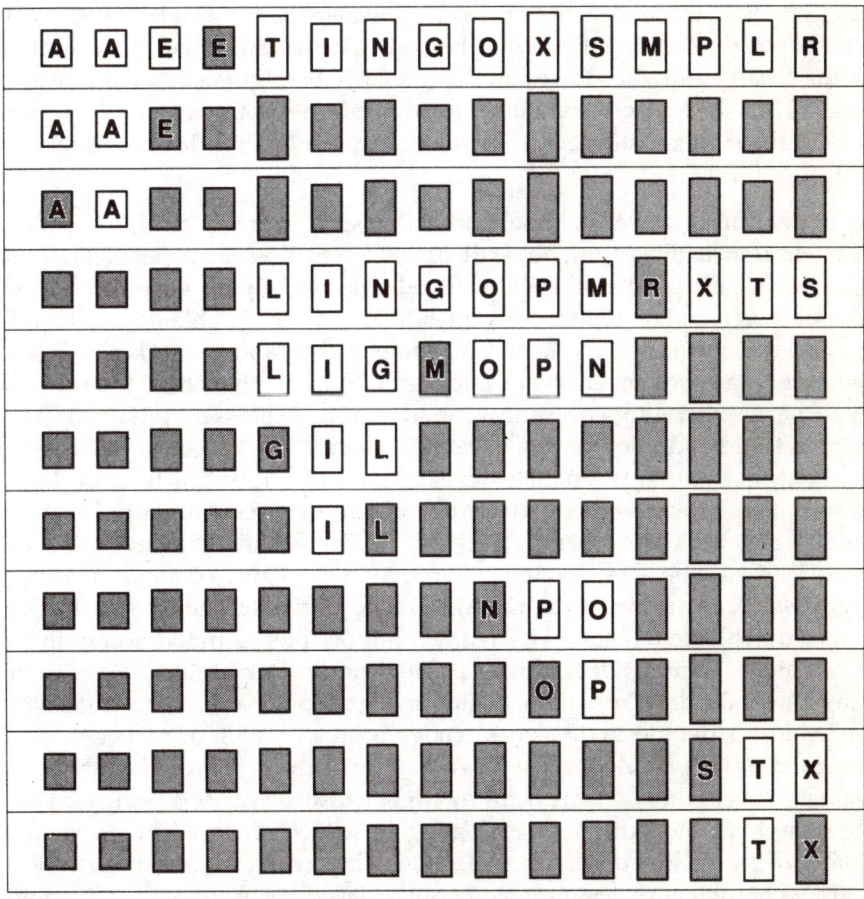

Abbildung 9.3 Teildateien bei Quicksort.

Hinzufügen auch nur eines überflüssigen Testes zur inneren Schleife einen spürbaren Einfluß auf die Leistungsfähigkeit hätte.

Nun werden die beiden Teildateien rekursiv sortiert, womit das Sortieren beendet wird. Abbildung 9.3 illustriert den Ablauf dieser rekursiven Aufrufe. Jede Zeile zeigt das Ergebnis der Zerlegung der dargestellten Teildatei unter Benutzung des (im Diagramm schattiert gezeichneten) zerlegenden Elementes. Falls der am Anfang des Programms durchgeführte Test r≥l anstatt r>l lauten würde, so würde jedes Element (schließlich) an seinen Platz gesetzt, indem es als zerlegendes Element benutzt würde; bei der vorliegenden Implementation werden Dateien der Größe 1 nicht zerlegt, wie aus der Abbildung 9.3 ersichtlich ist. Eine Verallgemeinerung dieser Verbesserung wird später ausführlicher erörtert.

Die am meisten störende Eigenschaft des obigen Programms ist, daß es für einfache Dateien sehr uneffizient ist. Wenn es zum Beispiel für eine Datei aufgerufen wird, die bereits sortiert ist, so entarten die Zerlegungen, und das Programm ruft sich selbst N mal auf, wobei bei jedem Aufruf nur ein Element ausscheidet. Das bedeutet nicht nur, daß die benötigte Zeit ungefähr $N^2/2$ beträgt, sondern auch, daß der erforderliche Platz zur Verarbeitung der Rekursion ungefähr N beträgt (siehe unten), was nicht akzeptabel ist. Glücklicherweise gibt es relativ einfache Methoden, um zu gewährleisten, daß dieser ungünstigste Fall in realen Anwendungen des Programms nicht eintritt.

Wenn in der Datei gleiche Schlüssel vorhanden sind, so treten zwei Besonderheiten auf. Erstens tritt die Frage auf, ob beide Zeiger bei Schlüsseln stehenbleiben sollten, die gleich dem zerlegenden Element sind, oder ob ein Zeiger stehenbleiben und der andere sie durchlaufen sollte, oder ob beide Zeiger sie durchlaufen sollten. Diese Frage ist recht gründlich mathematisch untersucht worden, und die Ergebnisse zeigen, daß es am besten ist, wenn man beide Zeiger anhalten läßt. Dies führt zu ausgeglichenen Zerlegungen, wenn viele identische Schlüssel vorliegen. Zweitens entsteht bei Vorhandensein von gleichen Schlüsseln die Frage nach der richtigen Behandlung des Falles, wenn sich die Zeiger treffen. Tatsächlich kann das obige Programm geringfügig verbessert werden, indem man das Durchsuchen beendet, wenn j<i gilt, und dann quicksort(l,j) für den ersten rekursiven Aufruf verwendet. Dies ist eine Verbesserung, denn wenn j=i gilt, können wir durch die Zerlegung zwei Elemente in die richtige Position bringen, indem wir die Schleife nochmals durchlaufen. (Dieser Fall würde zum Beispiel eintreten, wenn im obigen Beispiel statt des R ein E stehen würde). Es lohnt sich wahrscheinlich, diese Änderung vorzunehmen, da das Programm in der angegebenen Form einen Datensatz mit einem Schlüssel, der gleich dem zerlegenden Schlüssel ist, in a[r] beläßt. Dies hat zur Folge, daß die erste Zerlegung im Aufruf quicksort(i+1,r) entartet, da ihr am weitesten rechts befindlicher Schlüssel der kleinste dieser Zerlegung ist. Die oben angegebene Implementation der Zerlegung ist jedoch etwas leichter verständlich, weshalb wir sie während der nachfolgenden Erörterung in dieser Form belassen werden, wobei wir uns dessen bewußt sind, daß diese Änderung vorgenommen werden sollte, wenn viele identische Schlüssel vorliegen.

Kenngrößen der Leistungsfähigkeit von Quicksort

Das Beste, was bei Quicksort passieren könnte, wäre, daß jede Zerlegung die Datei genau halbiert. Dann würde die Anzahl der von Quicksort benutzten Vergleiche der rekurrenten Beziehung vom Typ »Teile und Herrsche«

$$C_N = 2C_{N/2} + N$$

genügen. Die Größe $2C_{N/2}$ beinhaltet die Kosten des Sortierens der zwei Teildateien; N drückt die Kosten für die Prüfung jedes Elementes unter Benutzung des einen oder anderen Zerlegungszeigers aus. Aus Kapitel 6 wissen wir, daß diese rekurrente Beziehung die Lösung

$$C_N \approx N \lg N$$

besitzt. Obwohl die Situation nicht immer so günstig ist, trifft es jedoch zu, daß die Zerlegung *im Durchschnitt* auf die Mitte fällt. Die Berücksichtigung der exakten Wahrscheinlichkeit jeder Position der Zerlegung macht die rekurrente Beziehung komplizierter und schwerer auflösbar, doch das Endergebnis ist ähnlich.

Eigenschaft 9.1 *Quicksort benötigt im Mittel ungefähr $2N \ln N$ Vergleiche.*

Die exakte rekurrente Beziehung für die Anzahl der Vergleiche, die Quicksort für eine zufällige Permutation von N Elementen benötigt, lautet

$$C_N = N + 1 + \frac{1}{N} \sum_{1 \leq k \leq N} (C_{k-1} + C_{N-k}), \quad \text{für } N \geq 2, \text{ mit } C_1 = C_0 = 0.$$

Der Term $N + 1$ beinhaltet die Kosten des Vergleichs des zerlegenden Elements mit jedem der anderen Elemente (mit zwei zusätzlichen Vergleichen, wenn die Zeiger sich treffen); der Rest ergibt sich aus der Beobachtung, daß jedes Element k mit der Wahrscheinlichkeit $1/k$ das zerlegende Element sein kann, wonach zufällige Dateien der Größe $k - 1$ und $N - k$ vorliegen.

Obwohl diese rekurrente Beziehung recht kompliziert aussieht, läßt sie sich in Wirklichkeit in drei Schritten leicht auflösen. Zunächst ist $C_0 + C_1 + \ldots + C_{N-1}$ gleich $C_{N-1} + C_{N-2} + \ldots + C_0$, so daß

$$C_N = N + 1 + \frac{2}{N} \sum_{1 \leq k \leq N} C_{k-1}$$

gilt.

Zweitens können wir die Summe eliminieren, indem wir beide Seiten mit N multiplizieren und die gleiche Formel für $N - 1$ subtrahieren:

$$NC_N - (N-1)\,C_{N-1} = N\,(N+1) - (N-1)\,N + 2C_{N-1}.$$

Durch Vereinfachung ergibt sich die rekurrente Beziehung

$$NC_N = (N+1)\,C_{N-1} + 2N.$$

Drittens erhält man durch Division beider Seiten durch $N(N+1)$ eine rekurrente Beziehung, die sich wie folgt fortsetzen läßt:

$$\frac{C_N}{N+1} = \frac{C_{N-1}}{N} + \frac{2}{N+1} = \frac{C_{N-2}}{N-1} + \frac{2}{N} + \frac{2}{N+1} = \cdots = \frac{C_2}{3} + \sum_{3 \le k \le N} \frac{2}{k+1}$$

Dieses exakte Ergebnis entspricht ziemlich genau einer Summe, die leicht durch ein Integral approximiert werden kann:

$$\frac{C_N}{N+1} \approx 2 \sum_{1 \le k \le N} \frac{1}{k} \approx 2 \int_1^N \frac{1}{x}\,dx = 2 \ln N,$$

woraus sich die Behauptung ergibt. Nicht unerwähnt bleiben sollte, daß $2N \ln N \approx 1{,}38N \lg N$ gilt, so daß die durchschnittliche Zahl der Vergleiche nur um etwa 38% größer ist als im besten Fall.

Daraus ist ersichtlich, daß die obige Implementation für zufällige Dateien sehr leistungsfähig ist, wodurch sie zu einem sehr brauchbaren Mehrzweck-Sortierverfahren wird. Falls das Sortierverfahren jedoch sehr oft zur Anwendung kommen soll, oder wenn es zum Sortieren einer sehr umfangreichen Datei benutzt werden soll, könnte es sich lohnen, einige der im folgenden betrachteten Verbesserungen zu implementieren. Diese können die Wahrscheinlichkeit des Eintretens eines ungünstigen Falls wesentlich verringern, die durchschnittliche Laufzeit um 20% verkürzen und leicht den Verzicht auf einen Marken-Schlüssel ermöglichen.

Beseitigung der Rekursion

Wie in Kapitel 5 können wir auch im Quicksort-Programm die Rekursion beseitigen, indem wir einen expliziten Stapel verwenden, den wir uns derart vorstellen, daß er die »zu erledigende Arbeit« in Form von zu sortierenden Teildateien enthält. Jedesmal, wenn wir eine Teildatei zum Bearbeiten benötigen, entnehmen wir sie dem Stapel. Wenn wir zerlegen, erzeugen wir zwei zu bearbeitende Teildateien, die im Stapel abgelegt werden können. Dies führt zu der folgenden nichtrekursiven Implementation:

```
quicksort(int a[], int N)
  {
    int i, l, r;
    l = 1; r = N; stackinit();
    for (;;)
      {
        while (r > l)
          {
            i = partition(a, l, r);
```

```
            if (i-l > r-i)
               { push(l); push(i-1); l = i+1; }
            else
               { push(i+1); push(r); r = i-1; }
         }
      if (stackempty()) break;
      r = pop(); l = pop();
      }
   }
```

Dieses Programm unterscheidet sich in zweierlei Hinsicht wesentlich von der obigen
Beschreibung. Zum einen werden die zwei Teildateien nicht in irgendeiner willkürli-
chen Reihenfolge im Stapel abgelegt, sondern ihre Größen werden geprüft, und die
größere von beiden wird zuerst im Stapel abgelegt. Zum anderen wird die kleinere
der beiden Teildateien überhaupt nicht im Stapel abgelegt; die Werte der Parameter

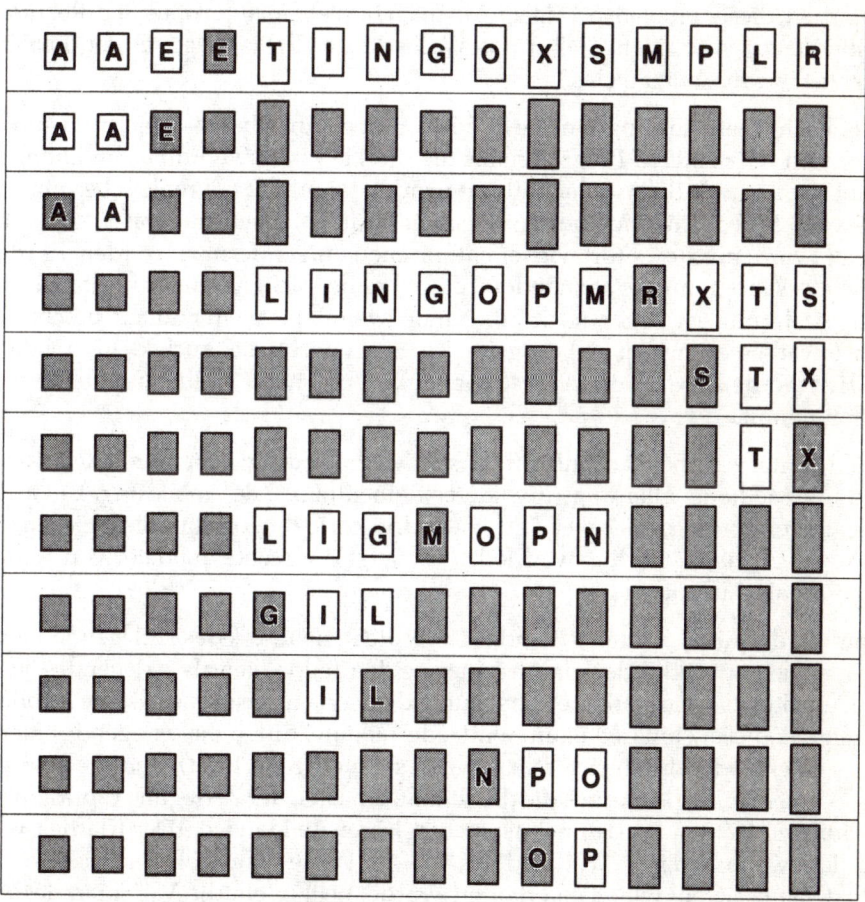

Abbildung 9.4 *Teildateien bei Quicksort (nichtrekursiv).*

werden einfach geändert. Das ist die Methode der »End-Rekursionsbeseitigung«, die in Kapitel 5 betrachtet wurde. Für Quicksort führt die Kombination der End-Rekursionsbeseitigung mit der Politik der Bearbeitung der kleineren von den beiden Teildateien zunächst dazu, daß gewährleistet wird, daß der Stapel für nur ungefähr lg N Eintragungen Platz haben muß, da es sich bei jeder weiteren Ablage nach der ersten im Stapel um eine Teildatei handeln muß, die weniger als halb so groß ist wie die zuvor abgelegte.

Dies steht im krassen Gegensatz zum Umfang des Stapels im ungünstigsten Fall bei der rekursiven Implementation, der die Größe von N erreichen kann (zum Beispiel wenn die Datei schon sortiert ist). Das ist eine subtile, aber reale Schwierigkeit bei einer rekursiven Implementation von Quicksort: Es ist stets ein zugrundeliegender Stapel vorhanden, und ein entarteter Fall bei einer umfangreichen Datei könnte dazu führen, daß das Programm wegen Speicherplatzmangels abbricht; ein solches Verhalten ist für eine Bibliotheks-Routine für das Sortieren offensichtlich nicht wünschenswert. Weiter unten betrachten wir Methoden, wie man entartete Fälle äußerst unwahrscheinlich machen kann. Es ist jedoch kompliziert, dieses Problem bei einer rekursiven Implementation ohne End-Rekursionsbeseitigung zu vermeiden. (Selbst das Wechseln der Reihenfolge, in der Teildateien bearbeitet werden, nützt nichts.)

Die einfache Verwendung eines expliziten Stapels im obigen Programm führt zu einem weit effizienteren Programm als die direkte rekursive Implementation, doch es gibt immer noch Ballast, der entfernt werden könnte. Das Problem besteht darin, daß, wenn *beide* Teildateien nur ein Element besitzen, eine Datei mit r=l im Stapel abgelegt wird, nur um sofort wieder entnommen und entfernt zu werden. Es ist sehr einfach, das Programm so abzuändern, daß es keine solchen Dateien im Stapel ablegt. Diese Änderung ist sogar noch effizienter, wenn die weiter unten beschriebene nächste Verbesserung mit einbezogen wird. Sie bewirkt, daß auch kleine Teildateien ignoriert werden, so daß die Wahrscheinlichkeit, daß beide Teildateien zu ignorieren sind, zunimmt.

Für jede Datei verarbeitet die nichtrekursive Methode die gleichen Teildateien wie die rekursive Methode, allerdings in anderer Reihenfolge. Die Abbildung 9.4 zeigt die Zerlegungen für unser Beispiel: Die ersten drei Zerlegungen sind die gleichen, doch dann zerlegt die nichtrekursive Methode zuerst die rechte Teildatei von R, da sie kleiner ist als die linke usw.

Wenn wir die Abbildungen 9.3 und 9.4 »verdichten« und jedes zerlegende Element mit dem Element verbinden, das in seinen beiden Teildateien als zerlegendes benutzt wird, erhalten wir die statische Darstellung des Zerlegungsprozesses, die Abbildung 9.5 zeigt. In diesem binären Baum wird jede Teildatei durch ihr zerlegendes Element repräsentiert (oder durch sich selbst, wenn sie die Größe 1 hat), und die Teilbäume jedes Knotens sind die Bäume, die die Teildateien nach der Zerlegung repräsentieren. Die äußeren Knoten im Baum entsprechen leeren Teildateien. (Der Klarheit wegen sind das zweite A, das I, das P und das T in der Weise dargestellt, daß sie zwei leere Teildateien besitzen; wie oben erläutert wurde, behandeln die Varianten des Algorithmus leere Teildateien auf unterschiedliche Art.) Die rekursive Implementation von

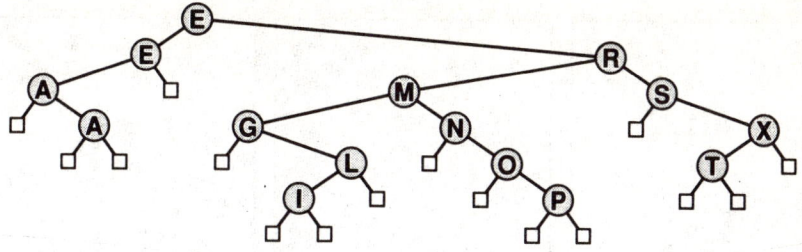

Abbildung 9.5 Baumdiagramm des Zerlegungsprozesses bei Quicksort.

Quicksort entspricht dem Besuchen der Knoten dieses Baumes in einer Preorder-Traversierung; die nichtrekursive Implementation entspricht einer Regel »besuche den kleineren Teilbaum zuerst«. In Kapitel 14 werden wir sehen, wie dieser Baum zu einer direkten Beziehung zwischen Quicksort und einem grundlegenden Suchverfahren führt.

Kleine Teildateien

Die zweite Verbesserung von Quicksort ergibt sich aus der Beobachtung, daß ein rekursives Programm stets sich selbst für viele kleine Teildateien aufruft; daher sollte es eine möglichst gute Methode verwenden, wenn es kleine Teildateien verarbeitet. Ein offensichtlich möglicher Weg, um das zu erreichen, besteht darin, den Test »if(r>l)« zu Beginn des rekursiven Programms in der Weise abzuändern, daß Insertion Sort aufgerufen wird (nachdem dieses derart modifiziert wurde, daß es Parameter akzeptiert, die die zu sortierende Teildatei definieren), also »if (r-l <= M) insertion (l, r)«. Dabei ist M ein Parameter, dessen genauer Wert von der Implementation abhängt. Der für M gewählte Wert muß nicht der bestmögliche sein; für M im Bereich von etwa 5 bis etwa 25 läuft der Algorithmus ungefähr mit gleicher Effizienz ab. Die Verkürzung der Laufzeit liegt für die meisten Anwendungen in der Größenordnung von 20%.

Eine etwas einfachere Methode der Behandlung kleiner Teildateien, die außerdem etwas effizienter ist, besteht darin, den Test zu Beginn einfach in »if (r-l > M)« umzuändern, das heißt, während des Zerlegens kleine Teildateien einfach zu ignorieren. Bei der nichtrekursiven Implementation würde das realisiert, indem Dateien, die kleiner als M sind, nicht im Stapel abgelegt werden. Nach dem Zerlegen liegt dann eine Datei vor, die fast sortiert ist. Für solche Dateien ist jedoch, wie im vorangegangenen Kapitel erläutert wurde, Insertion Sort die am besten geeignete Methode. Das heißt, daß Insertion Sort für eine solche Datei etwa ebenso gut abläuft wie für die Menge von kleinen Dateien, die entstehen würden, wenn es direkt angewandt würde. Diese Methode sollte jedoch mit Vorsicht angewandt werden, da Insertion Sort immer sortiert, selbst wenn in Quicksort ein Fehler vorliegt, durch den es überhaupt nicht

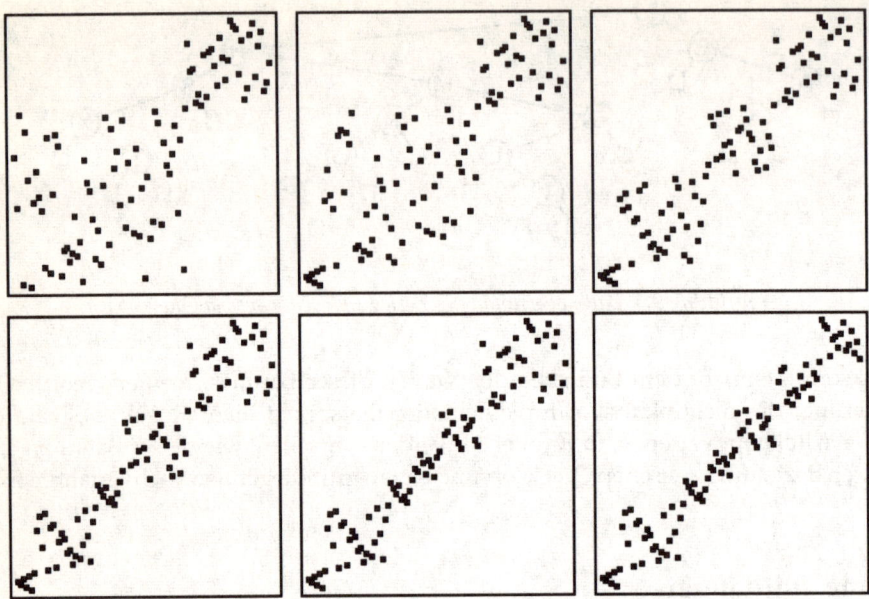

Abbildung 9.6 *Quicksort (rekursive Implementation, M = 12).*

funktioniert. Der übermäßige Zeitbedarf kann dann das einzige Anzeichen dafür sein, daß etwas nicht stimmt.

Abbildung 9.6 veranschaulicht diesen Prozeß für ein umfangreiches, zufällig angeordnetes Feld. In diesen Diagrammen ist grafisch dargestellt, wie jede Zerlegung ein Teilfeld in zwei unabhängige Teilprobleme aufteilt, die dann unabhängig voneinander in Angriff genommen werden. Ein Teilfeld ist in diesen Abbildungen als ein Quadrat dargestellt, welches zufällig angeordnete Punkte enthält; durch den Zerlegungsprozeß wird ein solches Quadrat in zwei kleinere Quadrate unterteilt, wobei sich ein Element (das zerlegende Element) auf der Diagonalen befindet. Elemente, die nicht am Zerlegungsprozeß beteiligt sind, befinden sich am Ende sehr nahe bei der Diagonalen, wodurch ein Feld übrigbleibt, welches sich mit Insertion Sort leicht bearbeiten läßt. Wie oben erwähnt wurde, ist das entsprechende Diagramm für die nichtrekursive Implementation von Quicksort ähnlich, nur daß die Zerlegungen in anderer Reihenfolge vorgenommen werden.

Zerlegung mit Hilfe des mittleren von drei Elementen

Die dritte Verbesserung von Quicksort besteht darin, ein besseres zerlegendes Element zu verwenden. Hierzu gibt es verschiedene Möglichkeiten. Der ungünstigste Fall ließe sich am sichersten vermeiden, wenn man ein zufälliges Element aus dem

Feld als zerlegendes Element wählen würde. Dann würde der ungünstigste Fall mit einer vernachlässigbar kleinen Wahrscheinlichkeit eintreten. Dies ist ein einfaches Beispiel eines »stochastischen Algorithmus«, eines Algorithmus, der den Zufall ausnutzt, um unabhängig von der Anordnung der Eingabedaten fast immer eine gute Leistungsfähigkeit zu erreichen. Randomisierung kann ein nützliches Werkzeug bei der Entwicklung von Algorithmen sein, besonders dann, wenn in den Eingabedaten eine gewisse Systematik vermutet wird. Für Quicksort wäre es jedoch wahrscheinlich weit übertrieben, nur für diesen Zweck einen vollständigen Zufallszahlengenerator einzusetzen; eine beliebige Zahl genügt ebenso (siehe Kapitel 35).

Eine nützlichere Verbesserung kann erfolgen, indem drei Elemente aus der Datei entnommen werden und das mittlere von ihnen dann als das zerlegende Element benutzt wird. Wenn die drei gewählten Elemente aus dem linken, mittleren und rechten Teil des Feldes stammen, kann die Verwendung von Marken wie folgt vermieden werden: Sortiere die drei Elemente (unter Verwendung des Verfahrens zum Sortieren von drei Elementen aus dem vorangegangenen Kapitel), tausche dann das mittlere Element gegen a[r-1] aus und arbeite den Zerlegungsalgorithmus für a[l+1],...,a[r-2] ab. Diese Verbesserung wird Zerlegungsmethode *des mittleren von drei Elementen* (median-of-three) genannt.

Die Methode des mittleren von drei Elementen verbessert Quicksort auf dreierlei Weise. Erstens wird es durch sie wesentlich unwahrscheinlicher, daß bei irgendeinem realen Sortierproblem der ungünstigste Fall eintritt. Damit das Sortierverfahren eine Zeit von N^2 benötigt, müßten zwei der drei untersuchten Elemente zu den größten oder zu den kleinsten Elementen in der Datei gehören, und dies müßte ständig bei nahezu allen Zerlegungen der Fall sein. Zweitens erübrigt sich durch diese Methode die Notwendigkeit von Marken-Schlüsseln für den Zerlegungsprozeß, da diese Funktion von den drei vor der Zerlegung untersuchten Elementen erfüllt wird. Drittens verkürzt sich die durchschnittliche Gesamtlaufzeit des Algorithmus um etwa 5%.

Die Kombination einer nichtrekursiven Implementation der Methode des mittleren von drei Elementen mit einem Beschneiden für kleine Teildateien kann die Laufzeit von Quicksort im Vergleich zu der einfachen rekursiven Implementation um 25% bis 30% verkürzen. Weitere Verbesserungen des Algorithmus sind möglich (zum Beispiel könnte das mittlere von fünf oder mehr Elementen verwendet werden), doch die Zeitersparnis ist unerheblich. Erheblich mehr Zeit kann eingespart werden (mit weniger Aufwand), indem man die inneren Schleifen (oder das gesamte Programm) in Assembler oder Maschinensprache kodiert. Diese Wege sind jedoch nur für Experten bei ernsthaften Sortieranwendungen zu empfehlen.

Auswählen

Eine mit dem Sortieren zusammenhängende Anwendung, bei der ein vollständiges Sortieren nicht immer erforderlich sein muß, ist das Problem der Bestimmung des

Medians einer Menge von Zahlen. Dies ist eine häufig auftretende Berechnung in der Statistik und in verschiedenen anderen Anwendungen der Datenverarbeitung. Eine Vorgehensweise besteht darin, die Zahlen zu sortieren und die mittlere zu betrachten, doch es zeigt sich, daß es günstiger ist, den Zerlegungsprozeß von Quicksort zu benutzen.

Die Aufgabe der Bestimmung des Medians ist ein Spezialfall der Aufgabe des *Auswählens* (selection): Finde aus einer Menge von Zahlen die »k-kleinste«, d. h., diejenige, die an *k*-ter Stelle steht, wenn man die Zahlen der Größe nach ordnet. Da ein Algorithmus nicht garantieren kann, daß ein bestimmtes Element das *k*-kleinste ist, ohne die *k* – 1 Elemente, die kleiner sind, und die *N* – *k* Elemente, die größer sind, bestimmt zu haben, können die meisten Auswahlalgorithmen ohne allzu viele zusätzliche Berechnungen sämtliche *k* kleinsten Elemente einer Datei angeben.

Das Auswählen besitzt viele Anwendungen bei der Verarbeitung von Versuchs- und sonstigen Daten. Die Benutzung des Medians und anderer *Ordnungsstatistiken* zur Aufteilung einer Datei in kleinere Gruppen ist sehr verbreitet. Oft soll nur ein kleiner Teil einer umfangreichen Datei für die weitere Verarbeitung aufbewahrt werden; in solchen Fällen kann ein Programm, das beispielsweise die zehn Prozent größten Elemente der Datei auswählen kann, besser geeignet sein als ein vollständiges Sortierverfahren.

Wir haben bereits einen Algorithmus kennengelernt, der direkt zum Auswählen angepaßt werden kann. Wenn *k* sehr klein ist, ist Selection Sort sehr gut geeignet und benötigt eine Zeit, die proportional zu *Nk* ist: Finde zuerst das kleinste Element, finde dann das zweitkleinste, indem das kleinste der restlichen Elemente bestimmt wird usw. Für etwas größere *k* lernen wir in Kapitel 11 Verfahren kennen, die sofort so angepaßt werden können, daß sie in einer Zeit ablaufen, die proportional zu *N* log *k* ist. Ein interessantes Verfahren, welches für alle Werte von *k* gut geeignet ist und im Durchschnitt in linearer Zeit abläuft, kann mit Hilfe der in Quicksort benutzten Zerlegungsprozedur formuliert werden. Wir erinnern daran, daß die Zerlegungsmethode von Quicksort ein Feld a[1],...,a[N] umordnet und eine ganze Zahl i zurückgibt, so, daß a[1],...,a[i-1] kleiner oder gleich, a[i+1],...,a[N] größer oder gleich a[i] sind. Wird das k-kleinste Element in der Datei gesucht und gilt k=i, so sind wir am Ziel. Andernfalls müssen wir, wenn k < i gilt, das k-kleinste Element in der linken Teildatei suchen, und wenn k > i gilt, so müssen wir das (k-i)-kleinste Element in der rechten Teildatei suchen. Indem wir diese Überlegungen auf die Aufgabe der Bestimmung des k-kleinsten Elementes in einem Feld a[1],...,a[r] übertragen, erhalten wir unmittelbar die folgende rekursive Formulierung.

```
select(int a[], int l, int r, int k)
  {
    int i;
    if (r > 1)
      {
        i = partition(l, r);
        if (i > 1+k-1) select(a, l, i-1, k);
```

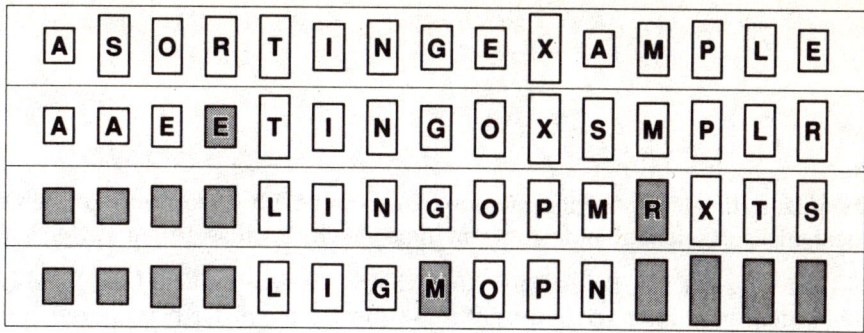

Abbildung 9.7 *Zerlegung zum Auffinden des Median.*

```
    if (i < l+k-1) select(a, i+1, r, k-i);
  }
}
```

Diese Prozedur ordnet das Feld so um, daß a[l],...,a[k-1] kleiner oder gleich a[k] sind und a[k+1],...,a[r] größer oder gleich a[k] sind.

Zum Beispiel zerlegt der Aufruf select(1,N,(N+1)/2) das Feld bezüglich seines Medians. Für die Schlüssel unseres Sortierbeispiels benötigt dieses Programm, wie Abbildung 9.7 zeigt, nur drei rekursive Aufrufe, um den Median zu finden. Die Datei wird dabei so umgeordnet, daß der Median sich an seinem Platz befindet, mit kleineren Elementen links und größeren Elementen rechts von ihm (gleiche Elemente könnten sich auf jeder Seite befinden); sie ist jedoch nicht vollständig sortiert.

Da die Prozedur select stets mit einem Aufruf von sich selbst endet, wenn der rekursive Aufruf erfolgt, können wir einfach die Parameter neusetzen und zum Anfang zurückkehren (es wird kein Stapel für die Beseitigung der Rekursion benötigt). Wir können auch die einfachen Berechnungen eliminieren, in denen k vorkommt, wie in der folgenden Implementation.

```
select(int a[], int N, int k)
  {
    int v, t, i, j, l, r;
    l = 1; r = N;
    while (r > l)
      {
        v = a[r]; i = l-1; j = r;
        for (;;)
          {
            while (a[++i] < v) ;
            while (a[--j] > v) ;
            if (i >= j) break;
            t = a[i]; a[i] = a[j]; a[j] = t;
```

```
        }
    t = a[i]; a[i] = a[r]; a[r] = t;
    if (i >= k) r = i-1;
    if (i <= k) l = i+1;
    }
 }
```

Wir benutzen die gleiche Zerlegungsprozedur wie bei Quicksort und können diese wie bei Quicksort leicht abändern, wenn viele gleiche Schlüssel zu erwarten sind.

Abbildung 9.8 zeigt den Prozeß des Auswählens für eine größere (zufällige) Datei. Wie bei Quicksort können wir (ganz grob) so argumentieren, daß bei einer sehr großen Datei jede Zerlegung das Feld ungefähr halbieren müßte, so daß der Gesamtprozeß ungefähr $N + N/2 + N/4 + N/8 + \ldots = 2N$ Vergleiche erfordern müßte. Wie bei Quicksort kommen diese Überlegungen der Wahrheit recht nahe.

Eigenschaft 9.2 *Auswählen auf der Basis von Quicksort benötigt im durchschnittlichen Fall lineare Zeit.*

Eine Analyse, die ähnlich wie die bereits für Quicksort angegebene durchgeführt wird, jedoch wesentlich komplexer ist, liefert das Ergebnis, daß die durchschnittliche

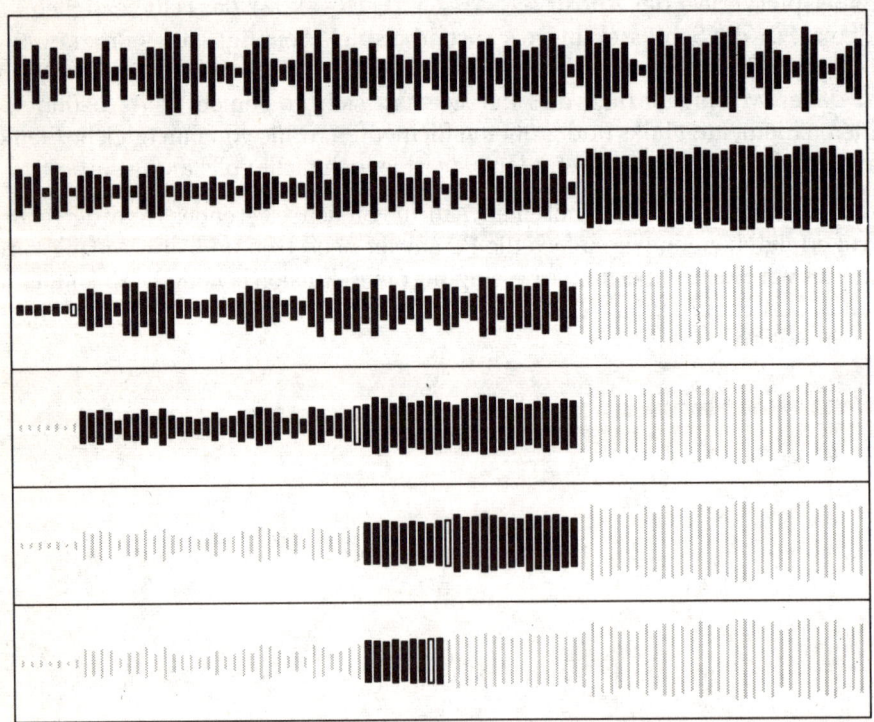

Abbildung 9.8 *Auffinden des Median.*

Anzahl von Vergleichen ungefähr $2N + 2k \ln(N/k) + 2(N - k) \ln(N/(N - k))$ beträgt, was für jeden zulässigen Wert von k linear ist. Für $k = N/2$ (Finden des Medians) erhält man hieraus ungefähr $(2 + 2 \ln 2)N$ Vergleiche. ∎

Der ungünstigste Fall ist etwa der gleiche wie bei Quicksort: Die Benutzung dieser Methode zum Auffinden des kleinsten Elements in einer bereits sortierten Datei würde zu einer quadratischen Laufzeit führen. Man könnte ein willkürlich oder zufällig ausgewähltes zerlegendes Element benutzen, doch hierbei ist einige Vorsicht geboten: Wenn zum Beispiel das kleinste Element gesucht wird, wollen wir die Datei wahrscheinlich nicht in der Nähe der Mitte aufspalten. Es ist möglich, diese auf Quicksort beruhende Auswahlprozedur so zu modifizieren, daß ihre Laufzeit *garantiert* linear ist. Diese Änderungen sind zwar theoretisch von Bedeutung, jedoch äußerst komplex und für praktische Anwendungen kaum geeignet.

Übungen

1. Implementieren Sie einen rekursiven Quicksort-Algorithmus, der für Teildateien mit weniger als M Elementen zu Insertion Sort übergeht, und bestimmen Sie empirisch den Wert von M, für den er bei einer zufälligen Datei mit 1000 Elementen am schnellsten abgearbeitet wird.

2. Lösen Sie das obige Problem für eine nichtrekursive Implementation.

3. Lösen Sie das obige Problem, wenn außerdem die Verbesserung mit Hilfe der Methode des mittleren von drei Elementen zur Anwendung kommt.

4. Wieviel Zeit benötigt Quicksort ungefähr, um eine aus N gleichen Elementen bestehende Datei zu sortieren?

5. Wie oft kann das größte Element während der Ausführung von Quicksort bewegt werden?

6. Zeigen Sie, wie die Datei A B A B A B A unter Anwendung der zwei in diesem Kapitel vorgeschlagenen Methoden zerlegt wird.

7. Wie viele Vergleiche muß Quicksort ausführen, um die Schlüssel E A S Y Q U E S T I O N zu sortieren?

8. Wie viele »Marken«-Schlüssel werden benötigt, wenn Insertion Sort direkt aus Quicksort heraus aufgerufen wird?

9. Wäre es sinnvoll, für eine nichtrekursive Implementation von Quicksort eine Schlange anstatt eines Stapels zu benutzen? Warum oder warum nicht?

10. Schreiben Sie ein Programm, das eine Datei so umordnet, daß *alle* Elemente, deren Schlüssel mit dem Median übereinstimmen, sich an ihrem Platz befinden, mit kleineren Elementen auf der linken und größeren Elementen auf der rechten Seite.

Kapitel 10

Digitales Sortieren

Die »Schlüssel«, die benutzt werden, um die Reihenfolge der Datensätze für Dateien festzulegen, können für viele Sortieranwendungen sehr kompliziert sein. (Man betrachte zum Beispiel die Ordnungsfunktion, die in einem Telefonbuch oder im Katalog einer Bibliothek verwendet wird.) Aus diesem Grunde ist es sinnvoll, Sortiermethoden mit Hilfe der Grundoperationen des »Vergleichens« zweier Schlüssel und des »Austauschens« zweier Datensätze zu definieren. Die meisten Verfahren, die wir untersucht haben, können mittels dieser beiden grundlegenden Operationen beschrieben werden. Für viele Anwendungen ist es jedoch möglich, aus der Tatsache Nutzen zu ziehen, daß man sich die Schlüssel als Zahlen aus einem bestimmten beschränkten Zahlenbereich vorstellen kann. Sortiermethoden, bei denen die digitalen Eigenschaften dieser Zahlen ausgenutzt werden, heißen *digitale Sortierverfahren* (radix sorts). Diese Verfahren vergleichen nicht einfach Schlüssel; sie verarbeiten und vergleichen Teile von Schlüsseln.

Digitale Sortieralgorithmen behandeln die Schlüssel als Zahlen in einem Zahlensystem zur Basis M (für verschiedene M) und bearbeiten die einzelnen Ziffern der Zahlen. Betrachten wir zum Beispiel einen Angestellten, der einen Stoß Karten sortieren muß, auf denen dreistellige Zahlen stehen. Eine sinnvolle Vorgehensweise besteht für ihn darin, zehn Stöße anzulegen, nämlich einen für die Zahlen, die kleiner als 100 sind, einen für die Zahlen von 100 bis 199 usw., die Karten auf diese Stöße zu verteilen und sich dann die Stöße einzeln vorzunehmen, unter Anwendung derselben Methode auf die folgende Ziffer oder unter Anwendung eines einfacheren Verfahrens, wenn nur wenige Karten vorhanden sind. Dies ist ein einfaches Beispiel für ein digitales Sortieren mit $M = 10$. Im vorliegenden Kapitel betrachten wir diese und einige weitere Methoden ausführlich. Natürlich ist es bei den meisten Computern zweckmäßiger, mit $M = 2$ (oder einer Potenz von 2) als mit $M = 10$ zu arbeiten.

Alles, was im Inneren eines Digitalrechners dargestellt wird, kann als Binärzahl behandelt werden; daher können viele Sortieranwendungen so umgestaltet werden, daß die Benutzung von digitalen Sortiermethoden möglich wird, die mit aus Binärzahlen bestehenden Schlüsseln operieren. Zum Glück stehen in C auf niedriger Ebene wirkende Operatoren zur Verfügung, die es möglich machen, solche Operationen in einer sehr einfachen und effizienten Weise zu implementieren. Dies ist wesentlich, da viele andere Sprachen (zum Beispiel Pascal) es absichtlich schwer machen, Programme zu schreiben, die von der Binärdarstellung von Zahlen abhängen, da verschiedene Computer für die gleichen Zahlen unterschiedliche Darstellungen benutzen können. Diese Philosophie macht viele Arten von »Bit-Manipulations«-Techniken unnötig, und insbesondere digitales Sortieren scheint eine Schwachstelle in dieser progressiven Philosophie zu sein. Die Programmiersprache C berücksichtigt jedoch, daß direkte Manipulationen mit Bits oft erforderlich sind, und aus dieser Tatsache können wir beim Implementieren von digitalen Sortierverfahren Nutzen ziehen.

Bits

Wenn eine Binärzahl (die die Darstellung eines Schlüssels ist) gegeben ist, besteht die grundlegende Operation, die für digitale Sortierverfahren benötigt wird, im Extrahieren einer zusammenhängenden Menge von Bits aus der Zahl. Nehmen wir an, daß wir Schlüssel zu verarbeiten haben, von denen wir wissen, daß es ganze Zahlen zwischen 0 und 1000 sind. Wir können annehmen, daß sie durch aus zehn Bits bestehenden Binärzahlen dargestellt sind. In der Maschinensprache werden Bits aus Binärzahlen extrahiert, indem bitweise »AND«-Operationen und Stellenverschiebungen angewandt werden. Zum Beispiel werden die beiden führenden Bits einer aus 10 Bits bestehenden Zahl extrahiert, indem eine Stellenverschiebung um acht Bitpositionen nach rechts vorgenommen wird und anschließend ein bitweises »AND« mit der Maske 0000000011 angewandt wird. In C können diese Operationen direkt mit den Bitmanipulations-Operatoren >> und & implementiert werden. Zum Beispiel sind die beiden führenden Bits einer aus zehn Bits bestehenden Zahl x durch (x>>8) & 03 gegeben. Allgemein kann »alle bis auf die j am weitesten rechts befindlichen Bits von x auf Null setzen« durch x & ~(~ 0<<j) implementiert werden, da ~(~0<<j) eine Maske ist, die aus Einsen auf den j am weitesten rechts befindlichen Bitpositionen und Nullen auf den übrigen Positionen besteht. In unseren Implementierungen der digitalen Sortieralgorithmen werden wir die Funktion

```
unsigned bits (unsigned x, int k, int j)
{ return (x >> k) & ~( ~0 << j); }
```

benutzen, um die j Bits zu berechnen, die k Bits von rechts in x angeordnet sind. Zum Beispiel wird das am weitesten rechts liegende Bit von x durch den Aufruf bits (x, 0, 1) zurückgegeben. In Programmiersprachen, die Bitmanipulationen nicht unterstützen, kann diese Operation durch die Berechnung von $(x \ div \ 2^k) \ mod \ 2^j$ simuliert werden, obwohl dies sicher zu ineffizient ist, um für die praktische Anwendung empfohlen werden zu können, es sei denn, daß ein Compiler zur Verfügung steht, der klug genug ist, um zu bemerken, daß die Berechnung tatsächlich mit »SHIFT«- und »AND«-Anweisungen in der Maschinensprache wie oben ausgeführt werden kann.

Mit diesem grundlegenden Werkzeug ausgerüstet, wollen wir zwei Typen von digitalen Sortierverfahren betrachten. Diese unterscheiden sich hinsichtlich der Reihenfolge, in der sie die Bits der Schlüssel untersuchen. Wir setzen voraus, daß die Schlüssel nicht kurz sind, so daß sich die Mühe lohnt, ihre Bits zu extrahieren. Wenn die Schlüssel kurz sind, kann die Distribution Counting-Methode aus Kapitel 8 angewandt werden. Wir erinnern daran, daß diese Methode N Schlüssel, von denen bekannt ist, daß sie ganze Zahlen zwischen 0 und $M - 1$ sind, in linearer Zeit sortieren kann, wobei sie eine Hilfstabelle der Größe M für die Zählungen und eine weitere der Größe N für das Umordnen der Datensätze verwendet. Daher können Schlüssel mit b Bits leicht in linearer Zeit sortiert werden, wenn wir uns eine Tabelle der Größe 2^b leisten können. Digitales Sortieren steht zur Diskussion, wenn die Schlüssel eine so große Länge haben (zum Beispiel $b = 32$), daß dies nicht möglich ist.

Die erste grundlegende Methode des digitalen Sortierens, die wir betrachten, untersucht die Bits in den Schlüsseln von links nach rechts. Sie beruht auf der Tatsache, daß das Ergebnis von »Vergleichen« zwischen zwei Schlüsseln nur von dem Wert der Bits in der ersten Stelle, in der sie sich unterscheiden (wenn von links nach rechts gelesen wird), abhängt. Folglich erscheinen in der sortierten Datei alle Schlüssel mit führendem Bit 0 vor allen Schlüsseln mit führendem Bit 1; unter den Schlüsseln mit führendem Bit 1 erscheinen alle Schlüssel mit zweitem Bit 0 vor allen Schlüsseln mit zweitem Bit 1 usw. Das digitale Sortierverfahren von links nach rechts, das *radix exchange sort* (digitales Austausch-Sortierverfahren) genannt wird, sortiert, indem es die Schlüssel systematisch auf diese Weise einteilt.

Die zweite grundlegende Methode, die wir betrachten werden und die *straight radix sort* (geradliniges digitales Sortieren) genannt wird, untersucht die Bits in den Schlüsseln von rechts nach links. Sie beruht auf einem interessanten Prinzip, durch das das Sortieren von Schlüsseln aus b Bits auf b Sortierungen von Schlüsseln mit 1 Bit zurückgeführt wird. Wir werden sehen, wie sich dies mit dem Distribution Counting kombinieren läßt, so daß ein Sortierverfahren entsteht, das unter recht allgemeinen Voraussetzungen in linearer Zeit abläuft.

Radix Exchange Sort

Nehmen wir an, daß wir die Datensätze einer Datei so umordnen können, daß alle die Datensätze, deren Schlüssel mit einem Bit 0 beginnen, vor all denen kommen, deren Schlüssel mit einem Bit 1 beginnen. Hierdurch wird unmittelbar eine rekursive Sortiermethode definiert: Wenn die beiden Teildateien unabhängig voneinander sortiert werden, ist die ganze Datei sortiert. Das Umordnen (der Datei) erfolgt in einer Weise, die dem Zerlegen bei Quicksort sehr ähnlich ist: Durchsuche die Datei von links, bis ein Schlüssel gefunden wird, der mit einem Bit 1 beginnt, durchsuche sie von rechts, bis ein Schlüssel gefunden wird, der mit einem Bit 0 beginnt, tausche die Schlüssel aus und setze diesen Prozeß so lange fort, bis sich die Zeiger des Durchsuchens treffen.

Dies führt zu einem rekursiven Sortierverfahren, das große Ähnlichkeit mit Quicksort besitzt:

```
radixexchange(int a[], int l, int r, int b)
  {
    int t, i, j;
    if (r>l && b>=0)
      {
        i = l; j = r;
        while (j != i)
          {
            while (bits(a[i], b, 1)==0 && i<j) i++;
            while (bits(a[j], b, 1)!=0 && j>i) j--;
            t = a[i]; a[i] = a[j]; a[j] = t;
          }
        if (bits(a[r], b, 1) == 0) j++;
        radixexchange(a, l, j-1, b-1);
        radixexchange(a, j, r, b-1);
      }
  }
```

Der Aufruf `radixexchange (1, N, 31)` bewirkt das Sortieren des Feldes, wenn `a[1],...,a[N]` positive ganze Zahlen sind, die kleiner als 232 sind (so daß sie als Binärzahlen mit 32 Bits dargestellt werden können). Die Variable `b` gibt das gerade untersuchte Bit an und läuft von 31 (ganz links) rückwärts bis 0 (ganz rechts). Die tatsächlich zu verwendende Anzahl der Bits hängt in einfacher Weise von der Anwendung, von der Anzahl der Bits pro Wort in der Maschine und von der Maschinendarstellung ganzer und negativer Zahlen ab.

Diese Implementation besitzt offensichtlich große Ähnlichkeit mit der rekursiven Implementation von Quicksort in Kapitel 9. Seinem Wesen nach gleicht das Zerlegen bei Radix Exchange Sort dem Zerlegen bei Quicksort, abgesehen davon, daß anstelle einer bestimmten Zahl aus der Datei die Zahl 2^b als das zerlegende Element verwendet wird. Da 2^b möglicherweise nicht in der Datei enthalten ist, kann es keine Garantie dafür geben, daß ein Element während des Zerlegens auf seinen endgültigen Platz gesetzt wird. Weiterhin können wir, da jeweils nur ein Bit untersucht wird, uns nicht auf Marken verlassen, um das Durchsuchen mit den Zeigern abzubrechen; daher wurden die Tests (`i<j`) in die Schleifen des Durchsuchens eingebaut. Dies führt zu einem zusätzlichen Austausch für den Fall (`i == j`), der mit einem `break` vermieden werden könnte, wie bei der Implementierung von Quicksort, obwohl in diesem Falle der »Austausch« von `a[i]` mit sich selbst harmlos ist. Die Zerlegung bricht ab, wenn `j` gleich `i` ist und alle Elemente rechts von `a[i]` an der b-ten Stelle ein Bit 1 und alle Elemente links von `a[i]` an der b-ten Stelle ein Bit 0 haben. Das Element `a[i]` selbst hat ein Bit 1, *außer* wenn alle Schlüssel in der Datei an der b-ten Stelle eine 0 aufweisen. Die obige Implementation besitzt einen zusätzlichen Test unmittelbar nach der Schleife für die Zerlegung, um diesen Fall zu berücksichtigen.

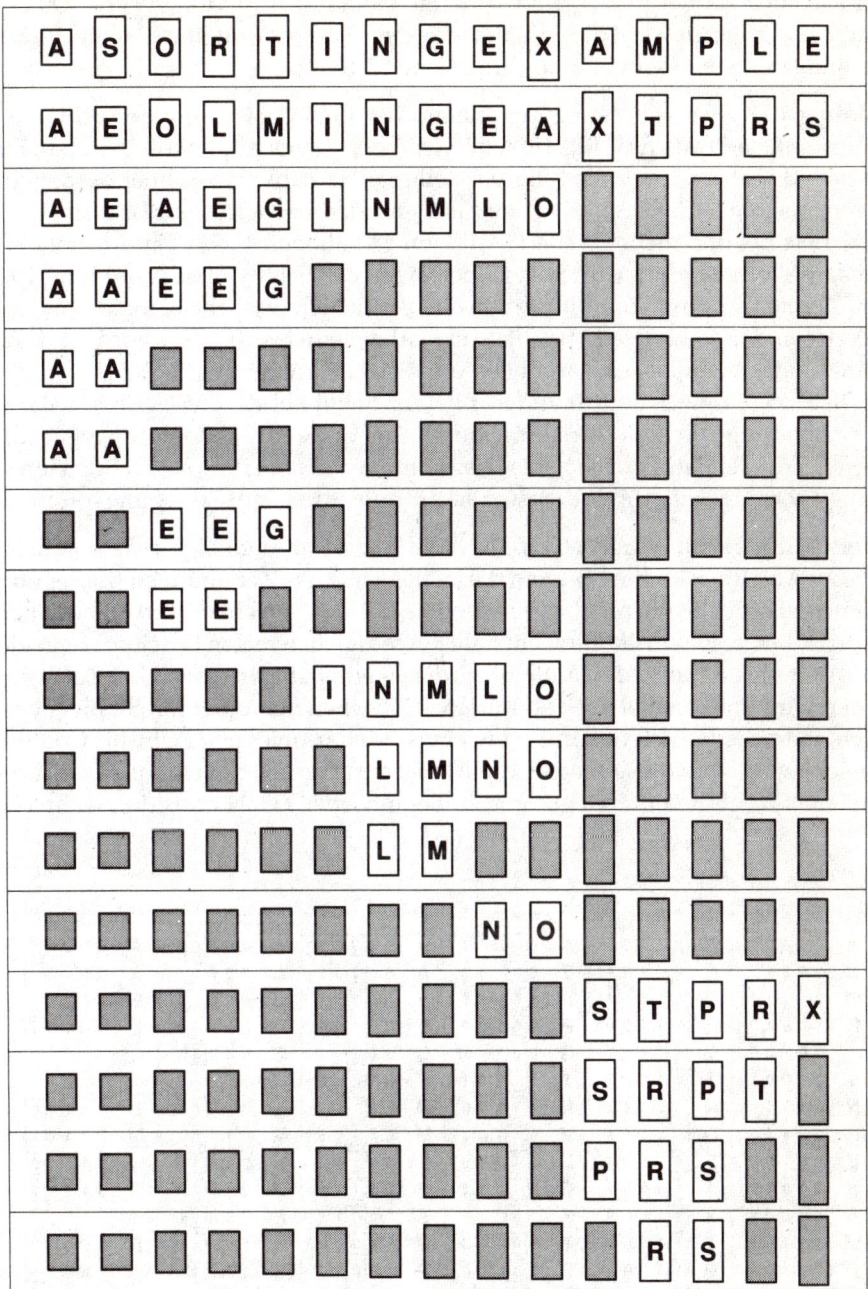

Abbildung 10.1 *Teildateien bei Radix Exchange Sort.*

Abbildung 10.1 zeigt, wie unsere aus Schlüsseln bestehende Beispieldatei mittels dieser Methode zerlegt und sortiert wird. Sie kann mit Abbildung 9.3 für Quicksort verglichen werden, obwohl die Arbeitsweise der Zerlegungsmethode ohne die Binärdarstellung der Schlüssel völlig undurchsichtig ist.

Abbildung 10.2 zeigt die Zerlegung anhand der Binärdarstellung der Schlüssel. Es wird ein einfacher, aus fünf Bits bestehender Code angewandt, wobei der i-te Buchstabe des Alphabets durch die Binärdarstellung der Zahl i bezeichnet wird. Dies ist eine vereinfachte Variante eines realen Zeichencodes, bei dem mehr Bits (sieben oder acht) verwendet und mehr Zeichen (Groß- und Kleinbuchstaben, Ziffern, Sonderzeichen) dargestellt werden. Durch das Übertragen der Schlüssel in Abbildung 10.1 in diesen Zeichencode aus fünf Bits, durch das Verdichten der Tabelle in der Weise, daß das Zerlegen der Teildateien »parallel« anstatt zeilenweise gezeigt wird, und durch anschließendes Vertauschen von Zeilen und Spalten können wir anhand von Abbildung 10.2 zeigen, wie die führenden Bits der Schlüssel die Zerlegung steuern. In dieser Abbildung wird jede Zerlegung durch eine weiße »0«-Teildatei angegeben, der eine graue »1«-Teildatei im nächsten Diagramm rechts von ihr folgt, Teildateien vom Umfang 1 scheiden allerdings dort, wo sie auftreten, aus dem Zerlegungsprozeß aus.

Ein ernsthaftes potentielles Problem für das digitale Sortieren, das in diesem Beispiel nicht zum Ausdruck kommt, besteht darin, daß entartete Zerlegungen (Zerlegungen, bei denen alle Schlüssel für das verwendete Bit den gleichen Wert haben) häufig auftreten können. Diese Situation entsteht gewöhnlich in realen Dateien, wenn kleine Zahlen (mit vielen führenden Nullen) sortiert werden. Sie tritt auch bei Zeichen auf: Nehmen wir zum Beispiel an, daß für je vier Zeichen Schlüssel mit 32 Bits gebildet werden, indem jedes Zeichen mit Hilfe eines standardmäßigen Acht-Bit-Codes verschlüsselt wird und diese Codes dann zusammengesetzt werden. Dann ist das Auftreten von entarteten Zerlegungen zu Beginn jeder Zeichenposition wahrschein-

A	00001	A	[0]0001	A	0[0]001	A	00[0]01	A	000[0]1	A	0000[1]
S	10011	E	[0]0101	E	0[0]101	A	00[0]01	A	000[0]1	A	0000[1]
O	01111	O	[0]1111	A	0[0]001	E	00[1]01	E	001[0]1	E	0010[1]
R	10010	L	[0]1100	E	0[0]101	E	00[1]01	E	001[0]1	E	0010[1]
T	10100	M	[0]1101	G	0[0]111	G	00[1]11	G	001[1]1		
I	01001	I	[0]1001	I	0[1]001	I	01[0]01				
N	01110	N	[0]1110	N	0[1]110	N	01[1]10	L	011[0]0	L	0110[0]
G	00111	G	[0]0111	M	0[1]101	M	01[1]01	M	011[0]1	M	0110[1]
E	00101	E	[0]0101	L	0[1]100	L	01[1]00	N	011[1]0	N	0111[0]
X	11000	A	[0]0001	O	0[1]111	O	01[1]11	O	011[1]1	O	0111[1]
A	00001	X	[1]1000	S	1[0]011	S	10[0]11	P	100[0]0	R	1001[0]
M	01101	T	[1]0100	T	1[0]100	R	10[0]10	R	100[1]0	S	1001[1]
P	10000	P	[1]0000	P	1[0]000	P	10[0]00	S	100[1]1		
L	01100	R	[1]0010	R	1[0]010	T	10[1]00				
E	00101	S	[1]0011	X	1[1]000						

Abbildung 10.2 *Radix Exchange Sort (digitales Sortieren »von links nach rechts«).*

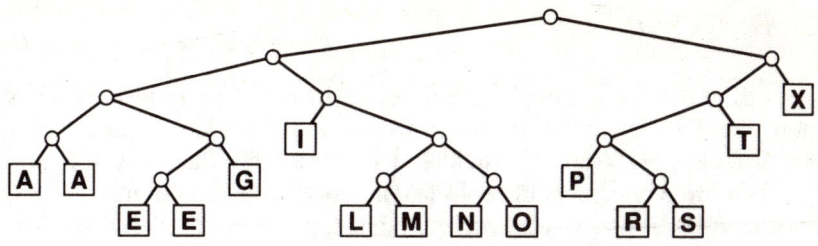

Abbildung 10.3 *Baumdiagramm des Zerlegungsprozesses bei Radix Exchange Sort.*

lich, da beispielsweise Kleinbuchstaben in den meisten Zeichencodes alle mit den gleichen Bits beginnen. Viele ähnliche Effekte müssen offenbar beim Sortieren derartig kodierter Daten in Betracht gezogen werden.

Aus Abbildung 10.2 ist ersichtlich, daß, nachdem ein Schlüssel anhand seiner linken Bits von allen anderen Schlüsseln unterschieden worden ist, keine weiteren Bits von ihm betrachtet werden. In einigen Situationen ist das ein deutlicher Vorteil, in anderen ein Nachteil. Wenn die Schlüssel wirklich zufällige Bits sind, müßte sich jeder Schlüssel nach ungefähr $\lg N$ Bits von den anderen unterscheiden, was wesentlich weniger sein könnte als die Anzahl der Bits in den Schlüsseln. Dies liegt daran, daß in einer zufälligen Situation damit zu rechnen ist, daß jede Zerlegung die Teildatei halbiert.

Zum Beispiel kann für das Sortieren einer Datei mit 1000 Datensätzen lediglich die Betrachtung von zehn oder elf Bits jedes Schlüssels erforderlich sein (sogar dann, wenn es sich etwa um Schlüssel mit 32 Bits handelt). Andererseits ist zu bemerken, daß bei gleichen Schlüsseln alle Bits untersucht werden. Digitales Sortieren funktioniert für Dateien, die viele gleiche Schlüssel enthalten, einfach nicht gut. Radix Exchange Sort arbeitet tatsächlich etwas schneller als Quicksort, wenn die zu sortierenden Schlüssel aus wirklich zufälligen Bits bestehen, aber Quicksort kann an weniger zufällige Situationen besser angepaßt werden.

Abbildung 10.3 zeigt den Baum, der den Zerlegungsprozeß für Radix Exchange Sort darstellt; sie kann mit der Abbildung 9.5 verglichen werden. In diesem binären Baum stellen die inneren Knoten die Zerlegungspunkte dar, und die äußeren Knoten sind die Schlüssel in der Datei, die alle in Teildateien der Größe 1 enden. In Kapitel 17 werden wir sehen, wie dieser Baum auf eine direkte Verwandtschaft zwischen Radix Exchange Sort und einem grundlegenden Suchverfahren nahelegt.

Die oben angegebene grundlegende rekursive Implementation läßt sich verbessern, indem man die Rekursion beseitigt und kleine Teildateien anders behandelt, genauso, wie wir es für Quicksort getan haben.

Straight Radix Sort

Ein anderes digitales Sortierverfahren besteht darin, die Bits von rechts nach links zu betrachten. Das ist die Methode, die von den alten Lochkarten-Sortiermaschinen benutzt wurde: Ein Stoß Karten durchlief achtzigmal die Maschine, für jede Spalte einmal, wobei von rechts nach links vorgegangen wurde. Abbildung 10.4 zeigt, wie ein von rechts nach links bitweise vorgehendes digitales Sortierverfahren für unsere Datei von Beispielschlüsseln abläuft. Die i-te Spalte in Abbildung 10.4 ist bereits nach den letzten i Bits der Schlüssel sortiert; sie wird aus der $(i-1)$-ten Spalte abgeleitet, indem erst alle Schlüssel mit einer 0 im i-ten Bit und dann alle Schlüssel mit einer 1 im i-ten Bit extrahiert werden.

Es ist nicht leicht, sich davon zu überzeugen, daß diese Methode funktioniert; tatsächlich funktioniert sie überhaupt nur dann, wenn der Ein-Bit-Zerlegungsprozeß stabil ist. Nachdem festgestellt worden ist, daß die Stabilität wesentlich ist, kann ein einfacher Beweis dafür angegeben werden, daß die Methode funktioniert: Nachdem die Schlüssel mit dem i-ten Bit 0 vor denen mit dem i-ten Bit 1 angeordnet worden sind (in stabiler Weise), wissen wir, daß zwei beliebige Schlüssel in der richtigen Reihenfolge (auf der Basis der bereits betrachteten Bits) in der Datei angeordnet sind, entweder weil ihre i-ten Bits verschieden sind, wobei sie in diesem Falle durch das Zerlegen in die richtige Reihenfolge gebracht werden, oder weil ihre i-ten Bits gleich sind, wobei sie sich in diesem Falle auf Grund der Stabilität in der richtigen Reihenfolge befinden. Die Forderung der Stabilität bedeutet zum Beispiel, daß die Zerlegungsmethode, die bei Radix Exchange Sort angewandt wurde, für dieses von rechts nach links vorgehende Sortierverfahren nicht benutzt werden kann.

Das Zerlegen gleicht dem Sortieren einer Datei mit nur zwei Werten, und das Sortierverfahren des Distribution Countings aus Kapitel 8 ist hierfür vorzüglich geeignet. Wenn wir annehmen, daß im Programm des Distribution Countings $M = 2$ gilt, und wenn wir

A	00001	R	10010	T	10100	X	11000	P	10000	A	00001
S	10011	T	10100	X	11000	P	10000	A	00001	A	00001
O	01111	N	01110	P	10000	A	00001	A	00001	E	00101
R	10010	X	11000	L	01100	I	01001	R	10010	E	00101
T	10100	P	10000	A	00001	A	00001	S	10011	G	00111
I	01001	L	01100	I	01001	R	10010	T	10100	I	01001
N	01110	A	00001	E	00101	S	10011	E	00101	L	01100
G	00111	S	10011	A	00001	T	10100	E	00101	M	01101
E	00101	O	01111	M	01101	L	01100	G	00111	N	01110
X	11000	I	01001	E	00101	E	00101	X	11000	O	01111
A	00001	G	00111	R	10010	M	01101	I	01001	P	10000
M	01101	E	00101	N	01110	E	00101	L	01100	R	10010
P	10000	A	00001	S	10011	N	01110	M	01101	S	10011
L	01100	M	01101	O	01111	O	01111	N	01110	T	10100
E	00101	E	00101	G	00111	G	00111	O	01111	X	11000

Abbildung 10.4 Straight Radix Sort (digitales Sortieren »von rechts nach links«).

a[i] durch bits(a[i],k,1) ersetzen, so wird dieses Programm zu einer Methode für das Sortieren der Elemente des Feldes a nach dem k-ten Bit von rechts und die Speicherung des Ergebnisses in einen temporären Feld b. Es gibt jedoch keinen Grund, $M = 2$ zu benutzen; in Wirklichkeit sollten wir M so groß wie möglich wählen, wobei wir jedoch berücksichtigen müssen, daß wir eine Tabelle von M Zählungen benötigen. Dies entspricht der gleichzeitigen Verwendung von m Bits während des Sortierens, mit $M = 2^m$. Somit ergibt sich, daß Straight Radix Sort kaum mehr als eine Verallgemeinerung des Distribution Counting-Sortierverfahrens ist, wie in der folgenden Implementation für das Sortieren von a[1], ..., a[N] nach den w am weitesten rechts befindlichen Bits:

```
straightradix(int a[], int b[], int N)
  {
    int i, j, pass, count[M-1];
    for (pass = 0; pass < (w/m)-1; pass++)
      {
        for (j = 0; j < M; j++) count[j] = 0;
        for (i = 1; i <= N; i++)
            count[bits(a[i], pass*m, m)]++;
        for (j = 1; j < M; j++)
            count[j] = count[j-1]+count[j];
        for (i = N; i >= 1; i-)
            b[count[bits(a[i], pass*m, m)]-] = a[i];
        for (i = 1; i <= N; i++) a[i] = b[i];
      }
  }
```

Bei dieser Implementierung wird vorausgesetzt, daß der Aufrufende das temporäre Feld ebenso wie das zu sortierende Feld als Eingabeparameter übergibt. Der Zusammenhang $M = 2^m$ wurde in den Variablennamen beibehalten, obwohl Leser, die in andere Sprachen übersetzen, beachten müssen, daß manche Programmierumgebungen nicht zwischen m und M unterscheiden können.

Die obige Prozedur läuft nur dann einwandfrei ab, wenn w ein Vielfaches von m ist. Normalerweise ist das keine besonders einschränkende Voraussetzung für das digitale Sortieren; es entspricht einfach der Aufteilung der zu sortierenden Schlüssel in eine ganzzahlige Anzahl von gleich großen Teilen. Wenn m == w gilt, ergibt sich das Distribution Counting-Sortieren; für m == 1 erhält man Straight Radix Sort, das von rechts nach links vorgehende, bitweise digitale Sortierverfahren, das im obigen Beispiel beschrieben wurde.

Die obige Implementation bewegt die Datei während jeder Phase des Distribution Countings von a nach b und anschließend in einer einfachen Schleife zurück zu a. Wenn man wollte, könnte man diese »Feldkopier«-Schleife beseitigen, indem man zwei Kopien des Distribution Counting-Codes erzeugt, eine zum Sortieren von a nach b und die andere zum Sortieren von b nach a.

Kenngrößen der Leistungsfähigkeit digitaler Sortierverfahren

Die Laufzeiten bei beiden grundlegenden digitalen Sortierverfahren für das Sortieren von N Datensätzen mit aus b Bits bestehenden Schlüsseln betragen im Prinzip Nb. Einerseits kann man davon ausgehen, daß diese Laufzeit im wesentlichen $N \log N$ beträgt, da, falls die Zahlen alle verschieden sind, b wenigstens $\log N$ sein muß. Andererseits verwenden beide Methoden gewöhnlich viel weniger als Nb Operationen: die von links nach rechts vorgehende Methode, weil sie abbrechen kann, sobald Unterschiede zwischen Schlüsseln gefunden worden sind, und die von rechts nach links vorgehende Methode, weil sie viele Bits gleichzeitig verarbeiten kann.

Eigenschaft 10.1 *Radix Exchange Sort verwendet im Durchschnitt ungefähr $N \lg N$ Bitvergleiche.*

Wenn die Größe der Datei eine Zweierpotenz ist und die Bits zufällig sind, so ist zu erwarten, daß eine Hälfte der führenden Bits 0 und die andere Hälfte 1 ist, so daß die rekurrente Beziehung $C_N = 2C_{N/2} + N$ die Leistungsfähigkeit beschreiben müßte, wie in Kapitel 9 für Quicksort erläutert wurde. Diese Beschreibung der Situation ist wiederum nicht exakt, da die Zerlegung nur im Durchschnitt auf die Mitte fällt (und da die Anzahl der Bits in den Schlüsseln endlich ist). In diesem Modell ist jedoch die Wahrscheinlichkeit dafür, daß die Zerlegung in der Mitte erfolgt, wesentlich größer als bei Quicksort, so daß die Behauptung sich als richtig erweist. (Um dies zu beweisen, ist eine gründliche Analyse erforderlich, die über den Rahmen dieses Buches hinausgehen würde.) ∎

Eigenschaft 10.2 *Beide digitale Sortierverfahren verwenden für das Sortieren von N Schlüsseln aus b Bits weniger als Nb Bitvergleiche.*

Anders gesagt, die digitalen Sortierverfahren sind *linear* in dem Sinne, daß die benötigte Zeit proportional zur Anzahl der Bits im Datensatz ist. Dies folgt unmittelbar aus einer Untersuchung der Programme: Kein Bit wird mehr als einmal betrachtet. ∎

Wie Abbildung 9.6 zeigt, verhält sich Radix Exchange Sort für große zufällige Dateien recht ähnlich wie Quicksort, während sich Straight Radix Sort völlig anders verhält. Abbildung 10.5 zeigt die Etappen von Straight Radix Sort für eine zufällige Datei, die aus Schlüsseln mit sechs Bits besteht. Die fortschreitende Organisation der Datei im Verlauf des Sortierens ist auf diesen Bildern klar zu erkennen. Beispielsweise besteht die Datei nach der vierten Etappe (unten mitte) aus vier miteinander vermischten sortierten Teildateien: Die mit 00 beginnenden Schlüssel (unterer Streifen), die mit 01 beginnenden Schlüssel usw.

Eigenschaft 10.3 *Straight Radix Sort kann N Datensätze mit aus b Bits bestehenden Schlüsseln in b/m Durchläufen sortieren, wobei ein zusätzlicher Platz für 2^m Zähler (und ein Puffer für das Umordnen der Datei) benötigt wird.*

Der Beweis dieser Tatsache ergibt sich unmittelbar aus der Implementation. Insbesondere erhalten wir, wenn wir $m = b/4$ wählen können, ohne allzu großen zusätzlichen

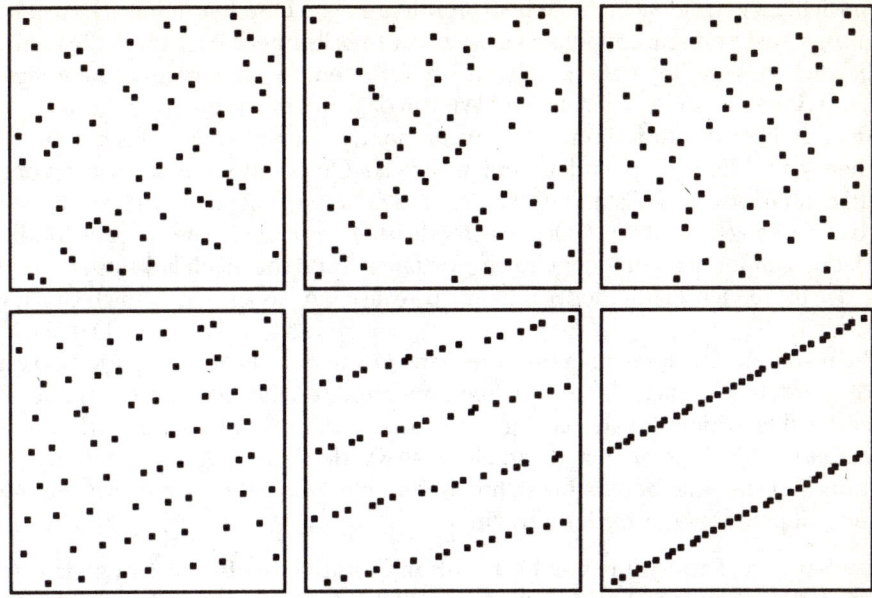

Abbildung 10.5 *Etappen von Straight Radix Sort.*

Speicheraufwand ein lineares Sortierverfahren! Die praktischen Konsequenzen aus dieser Eigenschaft werden im folgenden Abschnitt ausführlicher erörtert. ∎

Ein lineares Sortierverfahren

Die im vorangehenden Abschnitt angegebene Implementation von Straight Radix Sort realisiert b/m Durchläufe durch die Datei. Indem wir m groß wählen, erhalten wir eine sehr effiziente Sortiermethode, solange wir $M = 2^m$ Wörter im Speicher zur Verfügung haben. Eine sinnvolle Entscheidung besteht darin, m etwa gleich einem Viertel der Wortlänge ($b/4$) zu wählen, so daß das digitale Sortierverfahren vier Durchläufen des Distribution Countings entspricht. Die Schlüssel werden als Zahlen auf der Basis M behandelt, und jede (Basis-M)-Ziffer jedes Schlüssels wird betrachtet; es existieren jedoch lediglich vier Ziffern pro Schlüssel. (Dies entspricht unmittelbar der internen Organisation vieler Computer: Eine typische Speicherorganisation hat 32-Bit-Wörter, die jeweils aus vier Bytes zu je 8 Bits bestehen. Die Prozedur `bits` realisiert dann in diesem Fall das Extrahieren bestimmter Bytes aus den Wörtern, was auf solchen Computern offensichtlich auf sehr effiziente Weise möglich ist.) Nun ist jeder Durchlauf von Distribution Counting linear, und da nur vier Durchläufe erfolgen, ist das gesamte Sortierverfahren linear; sicher ist das das beste Ergebnis, auf das wir bei einem Sortierverfahren hoffen konnten.

In Wirklichkeit zeigt es sich, daß wir sogar mit nur zwei Durchläufen des Distribution Countings auskommen können. (Selbst ein aufmerksamer Leser wird diesmal vermutlich Schwierigkeiten haben, sich zurechtzufinden, so daß einige Mühe nötig sein wird, um diese Methode zu verstehen.) Wir tun das, indem wir die Tatsache ausnutzen, daß die Datei *beinahe* sortiert sein wird, wenn nur die führenden $b/2$ Bits der aus b Bits bestehenden Schlüssel verwendet werden. Wie bei Quicksort kann der Sortiervorgang auf effiziente Weise vervollständigt werden, indem anschließend auf die gesamte Datei Insertion Sort angewandt wird. Diese Methode ist offensichtlich eine einfache Modifikation der obigen Implementation: Um ein Sortieren von rechts nach links unter Verwendung der führenden Hälfte der Schlüssel zu realisieren, lassen wir einfach die äußere Schleife bei `pass = b / (2 * m)` anstatt bei `pass = 0` beginnen. Danach kann auf die resultierende, nahezu geordnete Datei ein gewöhnliches Insertion Sort angewandt werden. Um sich davon zu überzeugen, daß eine Datei, die anhand ihrer führenden Bits sortiert wurde, recht gut geordnet ist, kann der Leser die ersten Spalten von Abbildung 10.2 betrachten. Beispielsweise würden bei Anwendung von Insertion Sort auf die Datei, die bereits hinsichtlich der ersten drei Bits sortiert ist, nur sechs Austauschoperationen erforderlich sein.

Indem man zwei Durchläufe von Distribution Counting (wobei m etwa gleich einem Viertel der Wortlänge ist) und danach zur Vollendung der Aufgabe Insertion Sort verwendet, erhält man eine Sortiermethode, die schneller ablaufen dürfte als jede andere, die wir für große Dateien, deren Schlüssel zufällige Bits sind, kennengelernt haben. Ihr hauptsächlicher Nachteil ist, daß sie ein zusätzliches Feld der gleichen Größe wie das zu sortierende Feld benötigt. Es ist möglich, durch die Anwendung verketteter Listen das zusätzliche Feld zu beseitigen, doch ein zu N proportionaler zusätzlicher Platz (für die Verkettungen) ist trotzdem erforderlich.

Ein lineares Sortieren ist offensichtlich für viele Anwendungen wünschenswert, doch aus verschiedenen Gründen ist es nicht das Universalmittel, das es zu sein scheint. Zum einen hängt seine Effizienz wirklich davon ab, daß die Schlüssel zufällig angeordnete zufällige Bits sind. Wenn diese Bedingung nicht erfüllt ist, ist eine stark verringerte Leistungsfähigkeit wahrscheinlich. Zweitens erfordert es zusätzlichen Platz, der zur Größe des zu sortierenden Feldes proportional ist. Drittens enthält die »innere Schleife« des Programms tatsächlich eine ganze Reihe von Anweisungen, so daß das Verfahren, obwohl es linear ist, nicht um so viel schneller als (zum Beispiel) Quicksort ist, wie man erwarten könnte, außer für sehr große Dateien (wobei dann wiederum das zusätzliche Feld zu einem echten Hindernis wird). Die Entscheidung zwischen Quicksort und dem digitalen Sortieren ist kompliziert und dürfte nicht nur von Merkmalen der Anwendung wie Größe der Schlüssel, der Datensätze und der Datei abhängen, sondern auch von Merkmalen der Programmierumgebung und -möglichkeiten, die mit der Effizienz des Zugriffs und der Verwendung von einzelnen Bits in Zusammenhang stehen. Doch auch hier gilt wieder, daß solche Untersuchungen von einem Experten durchgeführt werden müssen und daß sie sich nur für ernsthafte Sortieranwendungen lohnen dürften.

Übungen

1. Vergleichen Sie für die Datei 001, 011, 101, 110, 000, 001, 010, 111, 110, 010 die Anzahl der von Radix Exchange benötigten Austauschoperationen mit der von Quicksort benötigten.

2. Warum ist es bei Radix Exchange Sort nicht so wichtig, die Rekursion zu beseitigen, wie bei Quicksort?

3. Modifizieren Sie Radix Exchange Sort so, daß führende Bits ausgelassen werden, die bei allen Schlüsseln identisch sind. In welchen Situationen würde sich das lohnen?

4. Ist folgende Behauptung wahr oder falsch: Die Laufzeit von Straight Radix Sort hängt nicht von der Reihenfolge der Schlüssel in der Eingabedatei ab. Begründen Sie Ihre Antwort.

5. Welche Methode dürfte für eine Datei, in der alle Schlüssel gleich sind, schneller sein, Radix Exchange Sort oder Straight Radix Sort?

6. Ist folgende Behauptung wahr oder falsch: Sowohl Radix Exchange Sort als auch Straight Radix Sort betrachten alle Bits aller Schlüssel in der Datei. Begründen Sie Ihre Antwort.

7. Worin besteht, abgesehen von dem zusätzlichen Bedarf an Speicherkapazität, der hauptsächliche Nachteil der Strategie, Straight Radix Sort auf die führenden Bits der Schlüssel anzuwenden und anschließend die Datei mit Insertion Sort endgültig zu ordnen?

8. Wieviel Speicherplatz wird genau benötigt, um Straight Radix Sort mit vier Durchläufen auf N aus b Bits bestehende Schlüssel anzuwenden?

9. Bei welchem Typ von Eingabedatei läuft Radix Exchange Sort am langsamsten ab (für sehr großes N)?

10. Führen Sie für eine zufällige Datei, die aus 1000 Schlüsseln mit je 32 Bits besteht, einen empirischen Vergleich von Straight Radix Sort mit Radix Exchange Sort durch.

Kapitel 11

Prioritätswarteschlangen

In vielen Anwendungen müssen Datensätze mit Schlüsseln der Reihe nach verarbeitet werden, doch nicht unbedingt in einer vollständig sortierten Reihenfolge und nicht unbedingt alle auf einmal. Oft muß eine Menge von Datensätzen gesammelt und dann der größte verarbeitet werden, wonach vielleicht weitere Datensätze gesammelt werden und dann der nächstgrößte verarbeitet wird usw. Eine geeignete Datenstruktur muß unter solchen Bedingungen die Eigenschaft haben, daß sie die Operationen des Einfügens eines neuen Elementes und des Löschens des größten Elementes unterstützt. Eine derartige Datenstruktur, die Schlangen (Löschen des ältesten Elements) und Stapeln (Löschen des neuesten Elements) gegenübergestellt werden kann, wird *Prioritätswarteschlange* (priority queue) genannt. Tatsächlich kann man sich die Prioritätswarteschlange als eine Verallgemeinerung des Stapels und der Schlange (und anderer einfacher Datenstrukturen) vorstellen, da diese Datenstrukturen durch Verwendung geeigneter Prioritätszuweisungen mit Prioritätswarteschlangen implementiert werden können.

Zu den Anwendungen von Prioritätswarteschlangen gehören Simulationssysteme (wo die Schlüssel den »Ereigniszeiten« entsprechen könnten, die der Reihe nach verarbeitet werden müssen), das Job-Scheduling in Computersystemen (wo die Schlüssel den »Prioritäten« entsprechen könnten, die angeben, welche Benutzer zuerst bedient werden) und numerische Berechnungen (wo die Schlüssel Berechnungsfehler sein könnten, so daß der größte zuerst bearbeitet werden kann).

Später im Buch werden wir sehen, wie Prioritätswarteschlangen als elementare Bausteine für weiterentwickelte Algorithmen benutzt werden können. In Kapitel 22 entwickeln wir unter Verwendung von Routinen aus diesem Kapitel einen Algorithmus zur Verdichtung von Dateien, und in den Kapiteln 31 und 33 werden wir sehen, wie Prioritätswarteschlangen als Basis für verschiedene fundamentale Algorithmen zum Durchsuchen von Graphen dienen können. Dies sind nur einige wenige Beispiele für die wichtige Rolle, die die Prioritätswarteschlange als grundlegendes Werkzeug für die Entwicklung von Algorithmen spielt.

Es ist nützlich, die Handhabung von Prioritätswarteschlangen etwas genauer zu betrachten, da wir verschiedene Operationen auf Prioritätswarteschlangen ausführen müssen, um sie zu verwalten und effizient für Anwendungen der obengenannten Art zu benutzen. Tatsächlich besteht der Hauptgrund der Nützlichkeit von Prioritätswarteschlangen, in ihrer Flexibilität, da sie die Möglichkeit geben, eine Vielzahl verschiedenartiger Operationen mit Mengen von Datensätzen mit Schlüsseln effizient auszuführen. Wir möchten eine Datenstruktur aufbauen und unterhalten, die Datensätze mit numerischen Schlüsseln (*Prioritäten*) enthält und die einige der folgenden Operationen unterstützt:

Aufbauen (construct) einer Prioritätswarteschlange aus *N* gegebenen Elementen.
Einfügen (insert) eines neuen Elements.
Entfernen (remove) des größten Elements.
Ersetzen (replace) des größten Elements durch ein neues Element (außer wenn das neue Element größer ist).
Verändern (change) der Priorität eines Elements.
Löschen (delete) eines beliebigen angegebenen Elements.
Zusammenfügen (join) von zwei Prioritätswarteschlangen zu einer neuen, größeren.

(Falls Datensätze gleiche Schlüssel haben können, verwenden wir den Begriff »größtes« Element in der Bedeutung »jeder beliebige Datensatz mit dem größten Wert eines Schlüssels«.)

Die Operation *replace* entspricht fast einem *insert*, gefolgt von *remove* (wobei der Unterschied darin besteht, daß *insert* / *remove* es erforderlich macht, daß die Prioritätswarteschlange sich vorübergehend um ein Element verlängert); es ist anzumerken, daß dies etwas anderes ist als ein *remove*, dem ein *insert* folgt. Dies (*replace*) ist als eine separate Möglichkeit aufgeführt worden, da einige Implementationen von Prioritätswarteschlangen die Operation *replace* sehr effizient ausführen können, wie wir sehen werden. In ähnlicher Weise könnte die Operation *change* als ein *delete* implementiert werden, dem *insert* folgt, und *construct* könnte mit wiederholter Benutzung der Operation *insert* implementiert werden. Diese Operationen können jedoch für einige Arten von Datenstrukturen auf direktem Wege effizienter implementiert werden. Die Operation *join* erfordert für eine effiziente Implementation höherentwickelte Datenstrukturen; wir konzentrieren uns jedoch auf eine klassische Datenstruktur, die *Heap* genannt wird und effiziente Implementationen der ersten fünf Operationen ermöglicht.

Die Prioritätswarteschlange in der oben beschriebenen Form ist ein ausgezeichnetes Beispiel einer abstrakten Datenstruktur, wie sie in Kapitel 3 beschrieben wurde: Sie ist mittels der Operationen, die auf ihr ausgeführt werden, eindeutig definiert, unabhängig davon, wie die Daten in irgendeiner speziellen Implementation organisiert und verarbeitet werden.

Unterschiedliche Implementationen von Prioritätswarteschlangen führen zu unterschiedlichen Kenngrößen der Leistungsfähigkeit für die verschiedenen auszuführenden Operationen, was Abweichungen bei den Kosten zur Folge hat. Tatsächlich sind

Unterschiede hinsichtlich der Leistungsfähigkeit die einzigen, die im Zusammenhang mit einer abstrakten Datenstruktur auftreten können. Zuerst wollen wir diesen Punkt illustrieren, indem wir einige elementare Datenstrukturen für die Implementation von Prioritätswarteschlangen betrachten. Anschließend untersuchen wir eine höherentwickelte Datenstruktur und zeigen dann, wie die verschiedenen Operationen unter Verwendung dieser Datenstruktur effizient implementiert werden können. Danach betrachten wir einen wichtigen Sortieralgorithmus, der sich in natürlicher Weise aus diesen Implementationen ergibt.

Elementare Implementationen

Eine Methode der Organisation einer Prioritätswarteschlange ist eine ungeordnete Liste, wobei die Elemente einfach in einem Feld a[1],...,a[N] aufbewahrt werden, ohne die Schlüssel zu beachten. (Wie gewöhnlich reservieren wir a[0] und eventuell a[N+1] für Marken-Werte, falls wir sie benötigen.) Auf das Feld a und seine Dimension N wird nur von den Prioritätswarteschlangen-Funktionen Bezug genommen, und es wird angenommen, daß sie vor den aufrufenden Routinen »verborgen« sind. Mit dem eine ungeordnete Liste implementierenden Feld lassen sich *construct*, *insert* und *remove* leicht wie folgt implementieren:

```
static int a[maxN+1], N;
construct(int b[], int M)
  { for (N = 1; N <= M; N++) a[N] = b[N]; }
insert(int v)
  { a[++N] = v; }
int remove()
  {
    int j, max, v;
    max = 1;
    for (j = 2; j <= N; j++)
      if (a[j] > a[max]) max = j;
    v = a[max];
    a[max] = a[N-];
    return v;
  }
```

Die Operation *construct* ist lediglich eine Feldkopie und für *insert* inkrementieren wir einfach N und legen das neue Element in a[N] ab, wobei für diese Operation eine konstante Zeit benötigt wird. *Remove* erfordert dagegen das Durchsuchen des Feldes, um das Element mit dem größten Schlüssel zu finden, wofür eine lineare Zeit benötigt wird (alle Elemente im Feld müssen betrachtet werden), danach das Vertauschen von a[N] mit dem Element mit dem größten Schlüssel und das Dekrementieren von N. Die Implementation von *replace* sähe ganz ähnlich aus und wird daher nicht angegeben.

Um die Operation *change* zu implementieren (Verändern der Priorität des Elements in a[k]), können wir einfach den neuen Wert speichern, und um das Element in a[k] zu *löschen* (delete), können wir es, wie in der letzten Zeile von *remove*, mit a[N] vertauschen und N dekrementieren. (In Kapitel 3 sahen wir, daß Operationen, die sich auf einzelne Datenelemente beziehen, nur in einer Implementation »mit Zeigern« oder »indirekten« Implementation sinnvoll sind. Dabei wird für jedes Element ein Verweis auf seine tatsächliche Position in der Datenstruktur verwaltet.)

Eine andere elementare Form der Organisation, die benutzt werden kann, ist eine geordnete Liste, wobei wiederum ein Feld a[1],...,a[N] verwendet wird, die Elemente jedoch entsprechend der wachsenden Reihenfolge ihrer Schlüssel aufbewahrt werden. Nunmehr erfordert *remove* einfach das Zurückgeben von a[N] und das Dekrementieren von N (eine Operation, die in konstanter Zeit ausgeführt wird), *insert* dagegen erfordert das Bewegen der größeren Elemente im Feld um eine Position nach rechts, wofür eine lineare Zeit benötigt werden könnte, und *construct* würde ein Sortieren notwendig machen.

Jeder Algorithmus für Prioritätswarteschlangen kann in einen Sortieralgorithmus umgewandelt werden, indem wiederholt *insert* benutzt wird, um eine Prioritätswarteschlange zu erzeugen, die alle zu sortierenden Elemente enthält, und indem danach wiederholt *remove* benutzt wird, um die Prioritätswarteschlange zu leeren, wobei die Elemente in umgekehrter Reihenfolge erhalten werden. Die Benutzung einer als ungeordnete Liste dargestellten Prioritätswarteschlange entspricht somit Selection Sort, und die Verwendung einer geordneten Liste entspricht Insertion Sort.

Anstelle der oben angegebenen Implementation mit Hilfe eines Feldes können auch verkettete Listen für die ungeordnete Liste oder die geordnete Liste verwendet werden. Dies ändert nichts an den grundlegenden Merkmalen der Leistungsfähigkeit für *insert, remove* oder *replace*, gibt jedoch die Möglichkeit, *delete* und join in konstanter Zeit auszuführen. Auf diese Implementationen wird hier verzichtet, da sie den in Kapitel 3 angegebenen grundlegenden Listenoperationen so ähnlich sind und da Implementationen ähnlicher Methoden für das Suchproblem (Finden eines Datensatzes mit einem gegebenen Schlüssel) in Kapitel 14 angegeben werden.

Meistens lohnt es sich, sich diese einfachen Implementationen zu merken, da sie in vielen praktischen Situationen komplizierteren Methoden überlegen sein können. Zum Beispiel könnte die Implementation mittels einer ungeordneten Liste in einer Anwendung geeignet sein, wo nur einige wenige *remove*-Operationen, jedoch sehr viele Einfügungen ausgeführt werden, während eine geordnete Liste geeignet wäre, wenn bei den einzufügenden Elementen immer zu erwarten ist, daß sie dem größten Element in der Prioritätswarteschlange nahekommen.

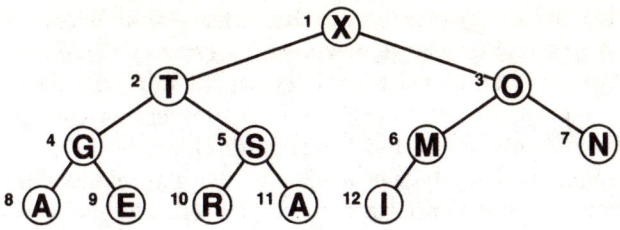

Abbildung 11.1 *Darstellung eines Heaps als vollständiger Baum.*

Die Datenstruktur des Heaps

Die Datenstruktur, die wir verwenden werden, um die Operationen mit Prioritäts-warteschlangen zu ermöglichen, beinhaltet das Speichern der Datensätze in einem Feld so, daß jeder Schlüssel garantiert größer ist als die Schlüssel auf zwei bestimmten anderen Positionen. Jeder dieser Schlüssel muß wiederum größer sein als zwei weitere Schlüssel usw. Diese Ordnung läßt sich sehr leicht veranschaulichen, indem wir das Feld in Form einer zweidimensionalen Baumstruktur zeichnen, wobei von jedem Knoten Linien nach unten zu den beiden Knoten führen, von denen bekannt ist, daß sie kleiner sind, wie es Abbildung 11.1 zeigt.

Wir erinnern uns (siehe Kapitel 4), daß diese Struktur »vollständiger binärer Baum« genannt wird: Sie kann erzeugt werden, indem ein Knoten (*Wurzel* genannt) gezeich-net wird und dann nach unten und von links nach rechts fortgefahren wird, indem jeweils zwei Knoten unter einem Knoten der vorangehenden Ebene gezeichnet und mit ihm verbunden werden, bis N Knoten gezeichnet worden sind. Die beiden Knoten unter jedem Knoten werden dessen *(direkte) Nachfolger* (children) genannt, der Knoten über jedem Knoten heißt dessen *(direkter) Vorgänger* (parent). Nunmehr fordern wir, daß die Schlüssel im Baum der Heap-Bedingung genügen: Der Schlüssel in jedem Knoten soll größer sein (oder gleich) als die Schlüssel in seinen Nachfolgern (falls er Nachfolger besitzt). Wir bemerken, daß hieraus insbesondere folgt, daß sich der größte Schlüssel in der Wurzel befindet.

Wir können vollständige binäre Bäume sequentiell innerhalb eines Feldes darstellen, indem wir einfach die Wurzel auf die Position 1 setzen, ihre Nachfolger auf die Positionen 2 und 3, die Knoten der folgenden Ebene auf die Positionen 4, 5, 6 und 7 usw., wie die Numerierung in Abbildung 11.1 zeigt. Als Beispiel zeigt Abbildung 11.2 die Darstellung des obigen Baumes als Feld.

k	1	2	3	4	5	6	7	8	9	10	11	12
a[k]	X	T	O	G	S	M	N	A	E	R	A	I

Abbildung 11.2 *Darstellung eines Heaps als Feld.*

Diese natürliche Darstellungsweise ist nützlich, da es sehr leicht ist, von einem Knoten zu seinem Vorgänger und zu seinen Nachfolgern zu gelangen. Der Vorgänger des Knotens auf Position j befindet sich auf Position $j/2$ (abgerundet auf die nächste ganze Zahl, falls j ungerade ist), und die beiden Nachfolger des Knotens auf Position j befinden sich auf den Positionen $2j$ und $2j+1$. Dadurch wird die Traversierung eines solchen Baumes sogar noch einfacher, als wenn der Baum mit Hilfe einer standardmäßigen Darstellung mit Verkettungen (bei der jedes Element einen Zeiger zu seinem Vorgänger und zu seinen Nachfolgern enthält) implementiert wäre. Die starre Struktur vollständiger binärer Bäume, die als Felder dargestellt sind, schränkt ihren Nutzen als Datenstrukturen ein. Es ist jedoch gerade noch genug Flexibilität vorhanden, um die Implementation von effizienten Algorithmen für Prioritätswarteschlangen zu ermöglichen. Ein *Heap* ist ein als ein Feld dargestellter vollständiger binärer Baum, in dem jeder Knoten der Heap-Bedingung genügt. Insbesondere befindet sich der größte Schlüssel stets auf der ersten Position im Feld.

Alle Algorithmen operieren entlang eines *Pfades* (path) von der Wurzel zum unteren Ende des Heaps (indem sie sich einfach vom Vorgänger zum Nachfolger oder vom Nachfolger zum Vorgänger bewegen). Es ist leicht einzusehen, daß sich in einem Heap mit N Knoten auf allen Pfaden etwa lg N Knoten befinden. (Es gibt etwa $N/2$ Knoten auf der untersten Ebene, $N/4$ Knoten mit direkten Nachfolgern auf der untersten Ebene, $N/8$ Knoten mit »Enkeln« auf der untersten Ebene usw. Jede »Generation« besitzt halb so viele Knoten wie die nächste, woraus folgt, daß höchstens lg N Generationen existieren können.) Folglich können alle Operationen mit Prioritätswarteschlangen (mit Ausnahme von *join*) bei Verwendung von Heaps in logarithmischer Zeit ausgeführt werden.

Algorithmen mit Heaps

Die Algorithmen für Prioritätswarteschlangen unter Verwendung von Heaps laufen alle in der Weise ab, daß sie zuerst eine einfache Strukturänderung vornehmen, welche die Heap-Bedingung verletzen könnte, und anschließend den Heap durchlaufen und ihn so modifizieren, daß die Erfüllung der Heap-Bedingung überall gewährleistet ist. Einige der Algorithmen durchlaufen den Heap von der untersten Ebene zur Spitze, andere von der Spitze nach unten. Bei allen Algorithmen setzen wir voraus, daß die Datensätze aus einem Wort bestehende ganzzahlige Schlüssel sind, die in einem Feld a von einer gewissen maximalen Größe gespeichert sind, wobei die aktuelle Größe des Heaps in einer ganzen Zahl N gespeichert ist. Wie oben wird angenommen, daß zum Feld und seiner Dimension nur die Prioritätswarteschlangen-Routinen Zugriff haben: Vom Anwender zur Prioritätswarteschlange und zurück werden Daten nur über Aufrufe von Unterprogrammen übergeben.

Um in der Lage zu sein, einen Heap aufzubauen, ist es zunächst erforderlich, die Operation insert zu implementieren. Da sich durch diese Operation die Größe des Heaps um eins erhöht, muß N inkrementiert werden. Danach wird der einzufügende

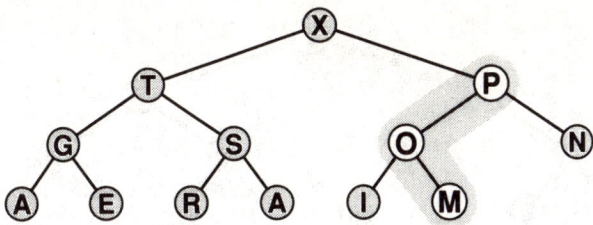

Abbildung 11.3 Einfügen eines neuen Elements (P) in einen Heap.

Datensatz in a[N] abgelegt; dies kann zur Verletzung der Heap-Bedingung führen. Falls die Heap-Bedingung verletzt ist (der neue Knoten ist größer als sein Vorgänger), so kann die Verletzung rückgängig gemacht werden, indem der neue Knoten mit seinem Vorgänger ausgetauscht wird. Dies kann erneut eine Verletzung verursachen, die wieder auf die gleiche Weise korrigiert werden kann. Wenn zum Beispiel P in den obigen Heap eingefügt werden soll, wird es zuerst in a[N] als der rechte Nachfolger von M gespeichert. Danach wird es mit M ausgetauscht, da es größer als M ist, und mit O ausgetauscht, da es größer als O ist; da es kleiner als X ist, ist der Prozeß damit beendet. Es ergibt sich der in der Abbildung 11.3 dargestellte Heap.

Das Programm für diese Methode ist sehr einfach. In der untenstehenden Implementation fügt insert ein neues Element in a[N] ein und ruft dann upheap (N) auf, um die Verletzung der Heap-Bedingung in N zu korrigieren:

```
upheap(int k)
  {
    int v;
    v = a[k]; a[0] = INT_MAX;
    while (a[k/2] <= v)
      { a[k] = a[k/2]; k = k/2; }
    a[k] = v;
  }
insert(int v)
  {
    a[++N] = v;
    upheap(N);
  }
```

Würde k/2 überall in diesem Programm durch k-1 ersetzt, so läge dem Wesen nach ein Schritt von Insertion Sort vor (Implementieren einer Prioritätswarteschlange mittels einer geordneten Liste); hier realisieren wir stattdessen ein »Einfügen« des neuen Schlüssels längs des Pfades von N zur Wurzel. Wie bei Insertion Sort ist es nicht notwendig, einen vollständigen Austausch innerhalb der Schleife vorzunehmen, da v stets an den Austauschoperationen beteiligt ist. Ein Marken-Schlüssel muß in a[0] gesetzt werden, um die Schleife abzubrechen, falls v größer ist als alle Schlüssel im Heap.

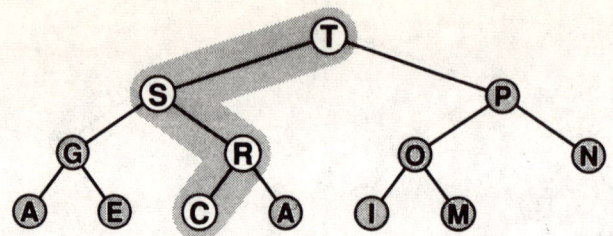

Abbildung 11.4 *Ersetzen des größten Schlüssels in einem Heap (durch C).*

Die `replace`-Operation erfordert das Ersetzen des Schlüssels bei der Wurzel durch einen neuen Schlüssel und danach die Bewegung im Heap von oben nach unten, um die Heap-Bedingung wieder herzustellen. Wenn zum Beispiel das X im obigen Heap durch C ersetzt werden soll, so besteht der erste Schritt darin, C an der Wurzel zu speichern. Dadurch wird die Heap-Bedingung verletzt. Die Verletzung kann korrigiert werden, indem C mit T, dem größeren der beiden Nachfolger der Wurzel, ausgetauscht wird. Hierdurch wird eine Verletzung auf der nächstfolgenden Ebene verursacht, die wiederum korrigiert werden kann, indem C mit dem größeren seiner beiden Nachfolger (in diesem Falle S) ausgetauscht wird. Der Prozeß setzt sich so lange fort, bis die Heap-Bedingung an dem durch C besetzten Knoten nicht mehr verletzt ist. Im Beispiel legt C den gesamten Weg bis zur untersten Ebene des Heaps zurück, wobei sich der in Abbildung 11.4 dargestellte Heap ergibt.

Die Operation »`remove` the largest« (Entfernen des größten Elements) erfordert nahezu den gleichen Prozeß. Da der Heap nach der Operation ein Element weniger haben wird, ist es erforderlich, `N` zu dekrementieren, so daß kein Platz für das Element bleibt, das auf der letzten Position gespeichert war. Doch das größte Element (das sich in `a[1]` befindet) soll entfernt werden, und damit entspricht die Operation `remove` der Operation `replace` unter Verwendung des Elements, das sich in `a[N]` befand. Der in Abbildung 11.5 dargestellte Heap ist das Ergebnis des Entfernens von T aus dem Heap Abbildung 11.4, indem dieses durch M ersetzt wurde und letzteres dann unter Verwendung des größeren der beiden Nachfolger nach unten bewegt wurde, bis ein Knoten erreicht wurde, dessen beide Nachfolger kleiner als M sind.

Im Mittelpunkt der Implementation dieser beiden Operationen steht der Prozeß der Korrektur eines Heap, in dem die Heap-Bedingung überall erfüllt ist, außer mögli-

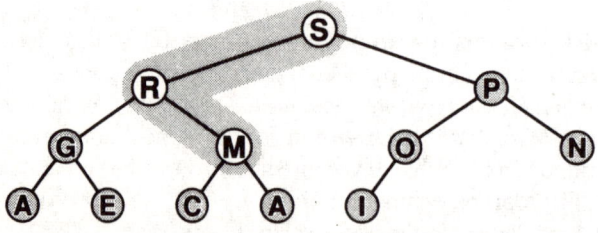

Abbildung 11.5 *Entfernen des größten Elements aus einem Heap.*

cherweise an der Wurzel. Wenn der Schlüssel an der Wurzel zu klein ist, muß er im
Heap nach unten bewegt werden, ohne daß dabei die Heap-Bedingung bei irgendeinem der berührten Knoten verletzt wird. Es zeigt sich, daß die gleiche Operation
angewandt werden kann, um den Heap zu korrigieren, nachdem der Wert eines
beliebigen Eintrags verkleinert worden ist. Sie kann wie folgt implementiert werden:

```
downheap(int k)
  {
    int j, v;
    v = a[k];
    while (k <= N/2)
      {
        j = k+k;
        if (j<N && a[j]<a[j+1]) j++;
        if (v >= a[j]) break;
        a[k] = a[j]; k = j;
      }
    a[k] = v;
  }
```

Diese Prozedur bewegt sich im Heap nach unten, wobei der Knoten auf Position k,
falls erforderlich, mit dem größeren seiner beiden Nachfolger ausgetauscht wird.
Dieser Prozeß bricht ab, wenn der Knoten auf Position k größer ist als beide Nachfolger oder wenn die unterste Ebene erreicht ist. (Es ist anzumerken, daß es möglich ist,
daß der Knoten auf Position k nur einen Nachfolger hat; dieser Fall muß entsprechend
behandelt werden!) Wie oben ist ein vollständiger Austausch nicht notwendig, da v
stets an den Austauschoperationen beteiligt ist. Die innere Schleife in diesem Programm ist ein Beispiel für eine Schleife, die wirklich zwei verschiedene Ausgänge hat:
einen für den Fall, daß die unterste Ebene des Heap erreicht wird (wie im ersten
Beispiel oben), und einen weiteren für den Fall, daß die Heap-Bedingung irgendwo
im Inneren des Heap erfüllt wird. Es handelt sich um einen typischen Fall von
Situationen, die die Verwendung der Anweisung break erfordern.

Nunmehr ist die Implementation der *remove*-Operation eine direkte Anwendung
dieser Prozedur:

```
int remove()
  {
    int v = a[1];
    a[1] = a[N-];
    downheap(1);
    return v;
  }
```

Der zurückgegebene Wert ergibt sich aus a[1]; danach wird das Element von a[N]
auf a[1] gesetzt und die Größe des Heap dekrementiert, wonach nur noch ein Aufruf
von downheap erforderlich ist, um die Heap-Bedingung überall zu erfüllen.

Die Implementation der *replace*-Operation ist nur unwesentlich komplizierter:

```
int replace(int v)
  {
    a[0] = v;
    downheap(0);
    return a[0];
  }
```

Dieses Programm verwendet a[0] auf eine künstliche Weise: Seine Nachfolger sind 0 (es selbst) und 1, so daß der Heap nicht berührt wird, wenn v größer als das größte Element im Heap ist; andernfalls wird v im Heap abgelegt, und a[1] wird zurückgegeben.

Die delete-Operation für ein beliebiges Element aus dem Heap und die change-Operation können gleichfalls unter Anwendung einer einfachen Kombination der obigen Methoden implementiert werden. Wenn zum Beispiel die Priorität des Elements auf Position k erhöht wird, kann upheap (k) aufgerufen werden, und wenn sie verkleinert wird, erfüllt downheap (k) die Aufgabe.

Eigenschaft 11.1 *Alle grundlegenden Operationen insert, remove, replace, (downheap und upheap), delete und change erfordern weniger als 2 lg N Vergleiche, wenn sie für einen Heap mit N Elementen ausgeführt werden.*

Alle diese Operationen beinhalten eine Bewegung längs eines Pfades zwischen der Wurzel und der untersten Ebene des Heap, welcher für einen Heap der Größe N nicht mehr als lg N Elemente umfaßt. Der Faktor 2 entsteht durch downheap, welches in seiner inneren Schleife zwei Vergleiche ausführt; die anderen Operationen erfordern nur lg N Vergleiche. ■

Man beachte, daß die join-Operation in dieser Aufzählung nicht enthalten ist. Eine effiziente Ausführung dieser Operation scheint eine wesentlich kompliziertere Datenstruktur zu erfordern. Andererseits ist in vielen Anwendungsfällen zu erwarten, daß diese Operation weit seltener benötigt wird als die anderen.

Heapsort

Auf der Basis der oben dargestellten grundlegenden Operationen mit Heaps kann eine elegante und effiziente Sortiermethode definiert werden. Diese Heapsort genannte Methode, verwendet keinen zusätzlichen Speicherplatz und garantiert, daß M Elemente in ungefähr M log M Schritten sortiert werden, unabhängig von den Eingabedaten. Leider ist ihre innere Schleife ein gutes Stück länger als die innere Schleife von Quicksort, und sie ist im Durchschnitt ungefähr halb so schnell wie Quicksort.

Die Idee besteht einfach darin, einen Heap aufzubauen, der die zu sortierenden Elemente enthält, und sie danach alle in der richtigen Reihenfolge zu entfernen. Eine Möglichkeit des Sortierens besteht darin, die Elemente nacheinander in einen ursprünglich leeren Heap einzufügen, wie in den ersten zwei Zeilen des folgenden Codes (welche in Wirklichkeit nur `construct (a,N)` implementieren), und danach N *remove*-Operationen auszuführen, wobei das entfernte Element auf den Platz gesetzt wird, der von dem sich verkleinernden Heap gerade freigegeben wurde:

```
heapsort(int a[], int N)
  {
    int k;
    construct(a, 0);
    for (k = 1; k <= N; k++) insert(a[k]);
    for (k = N; k >= 1; k—) a[k] = remove();
  }
```

Die Prozeduren für Prioritätswarteschlangen werden nur für beschreibende Zwecke verwendet; in einer realen Implementation des Sortierverfahrens könnten wir einfach den Code der Prozeduren verwenden, um unnötige Prozeduraufrufe zu vermeiden. Was noch wesentlicher ist, indem wir `heapsort` die Möglichkeit des direkten Zu-

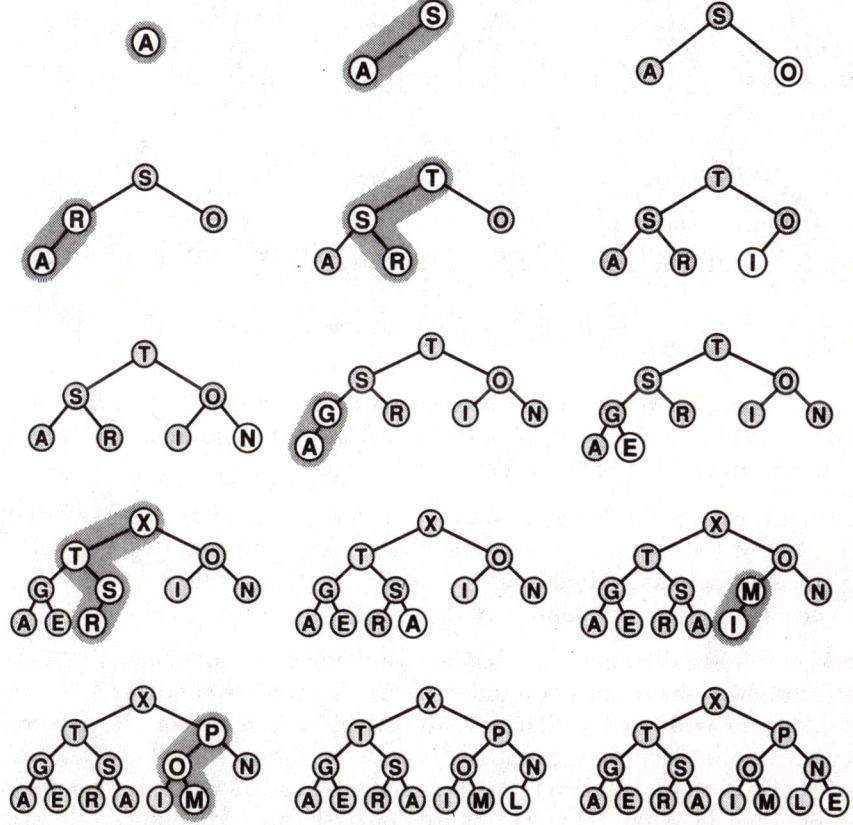

Abbildung 11.6 Top-Down Konstruktion eines Heaps.

Abbildung 11.7 Sortieren aus einem Heap.

griffs zum Feld geben (so daß sich die Prioritätswarteschlange während jeder Schleife in a[1],...,a[k-1] befindet), wird die Berechnung so organisiert, daß das Sortieren an Ort und Stelle vorgenommen werden kann.

Abbildung 11.6 zeigt die Heaps, die aufgebaut werden, wenn die Schlüssel A S O R T I N G E X A M P L E in der angegebenen Reihenfolge in einen ursprünglich leeren Heap eingefügt werden; Abbildung 11.7 zeigt, wie diese Schlüssel sortiert werden, indem erst X entfernt wird, dann T usw.

In Wirklichkeit ist es etwas besser, den Heap aufzubauen, indem man ihn rückwärts durchläuft und kleine Heaps von unten her erzeugt, wie Abbildung 11.8 zeigt. Bei dieser Methode wird jede Position im Feld als Wurzel eines kleinen Heaps betrachtet, und es wird die Tatsache ausgenutzt, daß downheap für solche kleinen Heaps ebenso gut arbeitet wie für den großen Heap. Indem der Heap rückwärts durchlaufen wird, ist jeder Knoten die Wurzel eines Heaps, für den die Heap-Bedingung erfüllt ist, außer

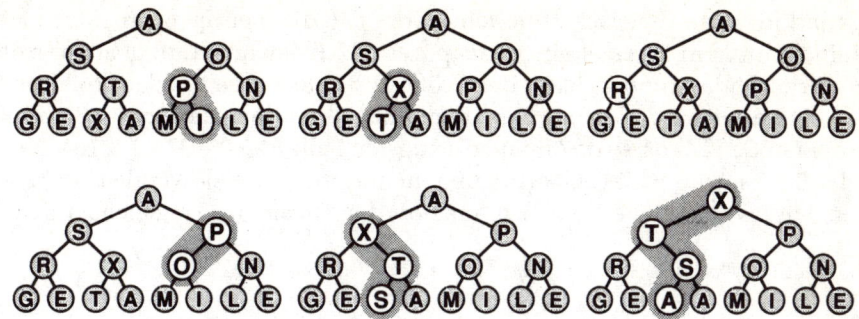

Abbildung 11.8 *Bottom-Up Konstruktion eines Heaps.*

möglicherweise für die Wurzel; mit downheap wird die Aufgabe vollendet. (Es ist nicht erforderlich, etwas mit Heaps der Größe 1 zu tun, daher beginnt das Durchlaufen auf halbem Wege rückwärts durch das Feld.)

Wie wir bereits bemerkten, kann remove implementiert werden, indem zunächst das erste und das letzte Element vertauscht werden, dann N dekrementiert und schließlich downheap(1) aufgerufen wird. Dies führt zu der folgenden Implementation von Heapsort:

```
heapsort(int a[], int N)
  {
    int k, t;
    for (k = N/2; k >= 1; k-) downheap(a, N, k);
    while (N > 1)
      {
        t = a[1]; a[1] = a[N]; a[N] = t;
        downheap(a, -N, 1);
      }
  }
```

Auch hier verzichten wir auf jeden Versuch, die Darstellung des Heap zu verbergen, und nehmen an, daß downheap so modifiziert wurde, daß es die Dimensionen des Feldes und des Heap als die ersten beiden Argumente verwendet. Die erste for-Schleife implementiert construct (a,N). Danach tauscht die while-Schleife das größte Element mit dem letzten Element aus und stellt den Heap wieder her, wie zuvor. Es ist interessant festzustellen, daß die Schleifen in diesem Programm, obwohl sie scheinbar sehr unterschiedliche Dinge realisieren, auf derselben grundlegenden Prozedur aufgebaut werden können.

Abbildung 11.9 veranschaulicht die Bewegung der Daten bei Heapsort, indem sie für unser Sortierbeispiel den Inhalt jedes von downheap bearbeiteten Heaps zeigt, unmittelbar nachdem downheap bewirkt hat, daß die Heap-Bedingung überall erfüllt ist.

Eigenschaft 11.2 *Bottom-Up Aufbau eines Heaps erfolgt in linearer Zeit.*

Der Grund für diese Eigenschaft besteht darin, daß die meisten bearbeiteten Heaps klein sind. Um zum Beispiel einen Heap aus 127 Elementen aufzubauen, ruft die Methode `downheap` für (64 Heaps der Größe 1), 32 Heaps der Größe 3, 16 Heaps der Größe 7, 8 Heaps der Größe 15, 4 Heaps der Größe 31, 2 Heaps der Größe 63 und einen Heap der Größe 127 auf, so daß im ungünstigsten Falle $64 * 0 + 32 * 1 + 16 * 2 + 8 * 3 + 4 * 4 + 2 * 5 + 1 * 6 = 120$ »Übertragungen« (doppelt so viele Vergleiche) benötigt werden. Für $N = 2^n$ ist eine obere Schranke für die Anzahl der Vergleiche durch

$$\sum_{1 \le k \le n} (k - 1) \, 2^{n-k} = 2^n - n - 1 < N$$

gegeben. Ein ähnlicher Beweis gilt, wenn N keine Zweierpotenz ist. ∎

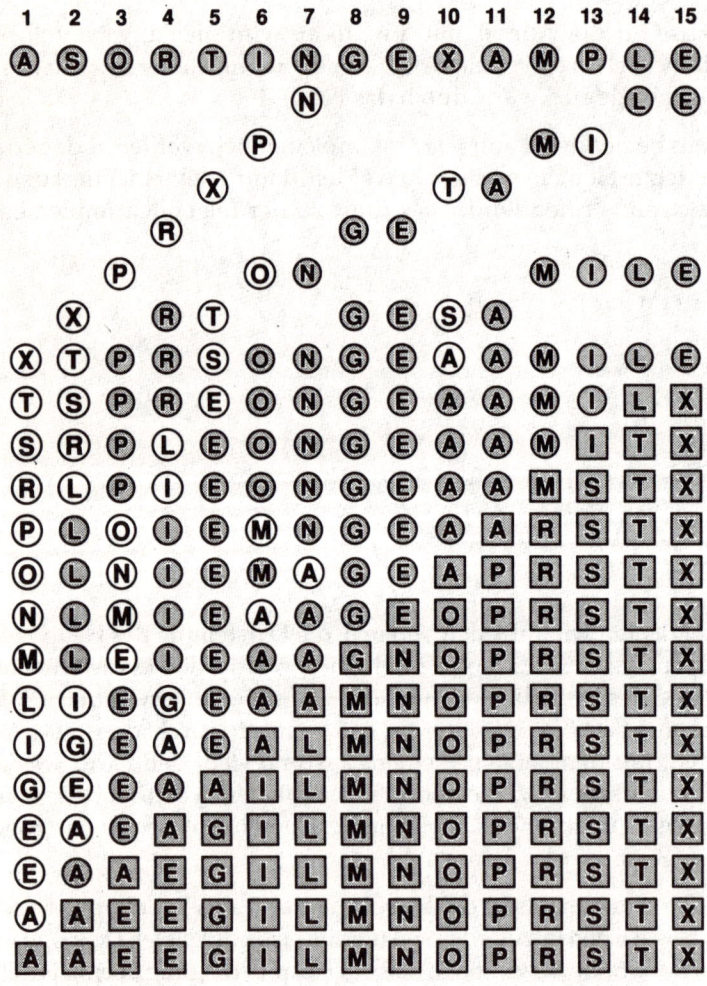

Abbildung 11.9 Bewegung der Daten bei Heapsort.

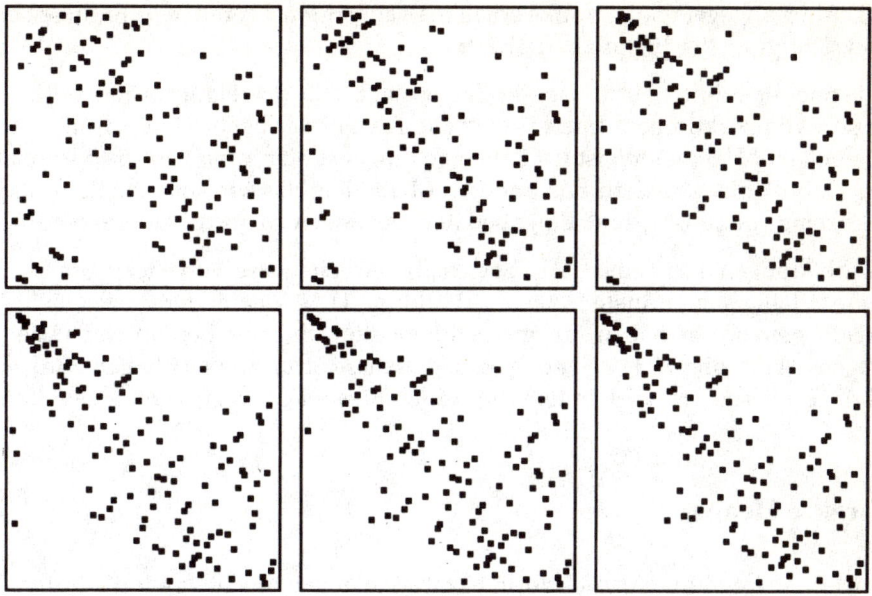

Abbildung 11.10 Sortieren einer zufälligen Permutation mittels Heapsort: Aufbauphase.

Diese Eigenschaft hat für Heapsort keine besondere Bedeutung, da dessen Laufzeit durch die $N \log N$ betragende Zeit für das Sortieren bestimmt wird. Sie ist jedoch für andere Anwendungen von Prioritätswarteschlangen wichtig, wo `construct` in linearer Zeit zu einem Algorithmus mit linearer Zeit führen kann. Beachten Sie, daß das Aufbauen eines Heaps mit N aufeinanderfolgenden *Einfügungen* (`insert`s) im ungünstigsten Fall $N \log N$ Schritte erfordert (obwohl es sich im Durchschnitt als linear erweist).

Eigenschaft 11.3 *Heapsort benötigt für das Sortieren von N Elementen weniger als 2N lg N Vergleiche.*

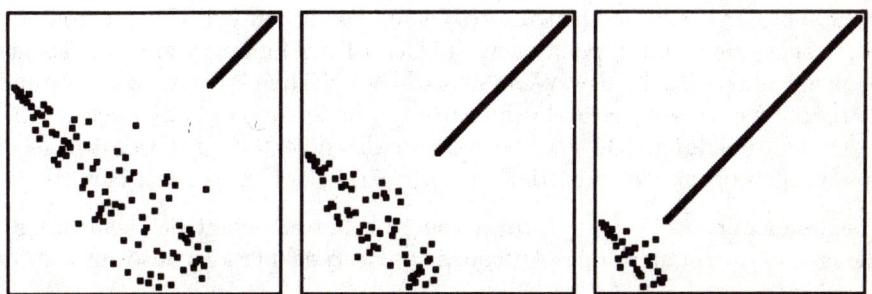

Abbildung 11.11 Sortieren einer zufälligen Permutation mittels Heapsort: Sortierphase.

Eine etwas höhere Schranke, etwa $3N \lg N$, ergibt sich unmittelbar aus der Eigenschaft 11.1. Die hier angegebene Schranke erhält man aus sorgfältigeren Berechnungen unter Berücksichtigung der Eigenschaft 11.2. ∎

Wie bereits erwähnt wurde, ist die Eigenschaft 11.3 der Hauptgrund dafür, daß Heapsort von praktischem Interesse ist: Die Anzahl der benötigten Schritte für das Sortieren von N Elementen ist für beliebige Eingabedaten *garantiert* proportional zu $N \log N$. Im Unterschied zu den anderen Methoden, die wir kennengelernt haben, gibt es keine »ungünstigsten« Eingabedaten, bei denen Heapsort langsamer abläuft.

Die Abbildungen 11.10 und 11.11 zeigen die Arbeitsweise von Heapsort für eine größere zufällig angeordnete Datei. In Abbildung 11.10 scheint der Prozeß nichts mit Sortieren gemein zu haben, da große Elemente sich zum Beginn der Datei hin bewegen. Abbildung 11.11 zeigt dagegen, daß diese Struktur beibehalten wird, während die Datei sortiert wird, indem die großen Elemente weggenommen werden.

Indirekte Heaps

Bei vielen Anwendungen von Prioritätswarteschlangen möchten wir die Datensätze überhaupt nicht verschieben. Stattdessen möchten wir, daß die Prioritätswarteschlangen-Routine nicht Werte zurückgibt, sondern uns sagt, *welcher* der Datensätze der größte ist usw. Dies ist mit der in Kapitel 8 beschriebenen Idee des »indirekten Sortierens« oder des »Pointer Sort« (Zeiger-Sortierens) vergleichbar. Eine Modifikation der obigen Programme dahingehend, daß sie in dieser Weise ablaufen, ist sehr einfach, jedoch manchmal verwirrend. Es lohnt sich, dies hier ausführlicher zu untersuchen, weil es so zweckmäßig ist, Heaps auf diese Art zu benutzen.

Wie in Kapitel 8 arbeiten die Prioritätswarteschlangen-Routinen, anstatt die Schlüssel im Feld a umzuordnen, mit einem Feld p von Indizes, die sich auf das Feld a beziehen. a[p[k]] ist somit der Datensatz, der dem k-ten Element des Heap entspricht, für k zwischen 1 und N. (Wir setzen nach wie vor Datensätze von aus einem Wort bestehenden Schlüsseln voraus; wie in Kapitel 8 besteht ein wesentlicher Vorteil dann darin, daß wir leicht zu komplizierteren Datensätzen und Schlüsseln übergehen können.) Darüber hinaus möchten wir ein weiteres Feld q zur Verfügung haben, in dem die Heap-Position des k-ten Elements des Feldes gespeichert wird. Damit ermöglichen wir die *change*- und *delete*-Operationen. Folglich ist der Eintrag von q für das größte Element im Feld die Zahl 1 usw. Wenn wir zum Beispiel den Wert von a[k] verändern wollten, könnten wir seine Heap-Position in q[k] finden und upheap oder downheap benutzen. In Abbildung 11.12 sind die Werte in diesen Feldern für unser Beispiel eines Heaps angegeben; wir bemerken, daß p[q[k]]=q[p[k]]=k für alle k von 1 bis N gilt.

Wir beginnen mit p[k]=q[k]=k für k von 1 bis N, was besagt, daß kein Umordnen erfolgt ist. Das Programm für das Aufbauen des Heap sieht fast genauso aus wie zuvor:

```
pqconstruct(int a[], int N)
  {
    int k;
    for (k = 1; k <= N; k++) { p[k] = k; q[k] = k; }
    for (k = N/2; k >= 1; k-) pqdownheap(a, N, k);
  }
```

(Wir versehen Implementationen von Prioritätswarteschlangen-Routinen, die auf indirekten Heaps beruhen, mit dem Präfix »pq«, um sie in späteren Kapiteln leichter identifizieren zu können.)

Um nunmehr downheap so zu modifizieren, daß es indirekt arbeitet, brauchen wir nur die Stellen zu betrachten, wo auf a Bezug genommen wird. Wo zuvor ein *Vergleich* vorgenommen wurde, muß nun ein indirekter Zugriff auf a über p erfolgen. Wo zuvor eine *Bewegung* erfolgte, muß nunmehr die Bewegung in p und nicht in a realisiert werden, und q muß dementsprechend geändert werden. Dies führt zu der folgenden Implementation:

```
pqdownheap(int a[], int N, int k)
  {
    int j, v;
    v = p[k];
    while (k <= N/2)
      {
        j = k+k;
        if (j<N && a[p[j]]<a[p[j+1]]) j++;
        if (a[v]>=a[p[j]]) break;
        p[k] = p[j]; q[p[j]] = k; k = j;
      }
    p[k] = v; q[v] = k;
  }
```

Die anderen oben angegebenen Prozeduren können auf ähnliche Weise modifiziert werden, um »pqinsert«, »pqchange« usw. zu implementieren.

Bei der obigen Implementation wird die Tatsache ausgenutzt, daß die in die Prioritätswarteschlange einzuordnenden Elemente in einem Feld gespeichert sind. Es kann eine allgemeinere indirekte Implementation entwickelt werden, die darauf beruht, daß p als ein Feld von Zeigern gespeichert wird, die auf getrennt angeordnete Datensätze weisen.

k	1	2	3	4	5	6	7	8	9	10	11	12	13	14	15
a[k]	A	S	O	R	T	I	N	G	E	X	A	M	P	L	E
p[k]	10	5	13	4	2	3	7	8	9	1	11	12	6	14	15
a[p[k]]	X	T	P	R	S	O	N	G	E	A	A	M	I	L	E
q[k]	10	5	6	4	2	13	7	8	9	1	11	12	3	14	15

Abbildung 11.12 Indirekte Heap-Datenstrukturen.

In diesem Falle ist etwas mehr Mühe erforderlich, um die Funktion von q zu implementieren (Auffinden der Heap-Position bei gegebenem Datensatz).

Weiterentwickelte Implementationen

Wenn die join-Operation effizient ausgeführt werden muß, sind die bisher angegebenen Implementationen unzureichend und es werden weiterentwickelte Techniken
benötigt. Obwohl wir hier nicht die Möglichkeit haben, auf Einzelheiten solcher
Methoden einzugehen, können wir einige der Überlegungen erörtern, die bei ihrer
Entwicklung anzustellen sind.

Unter »effizient« verstehen wir, daß join ungefähr in der gleichen Zeit ausgeführt
werden sollte wie die anderen Operationen. Damit scheidet die von uns verwendete
verbindungslose Darstellung für Heaps sofort aus, da zwei große Heaps nur zusam-
mengefügt werden können, indem alle Elemente mindestens eines Heaps in ein
großes Feld bewegt werden. Es ist einfach, die von uns betrachteten Algorithmen so
zu übertragen, daß verbundene Darstellungen verwendet werden; tatsächlich gibt es
manchmal noch andere Gründe, dies zu tun (zum Beispiel könnte es unzweckmäßig
sein, ein großes zusammenhängendes Feld zu haben). Bei einer direkten Darstellung
mit Verkettungen müßten in jedem Knoten Verkettungen vorgesehen werden, die auf
den Vorgänger und beide Nachfolger zeigen.

Es erweist sich, daß die Heap-Bedingung selbst zu stark zu sein scheint, als daß eine
effiziente Implementation der join-Operation möglich wäre. Alle höherentwickelten Datenstrukturen, die zur Lösung dieses Problems bestimmt sind, schwächen
entweder die Heap-Bedingung oder die Ausgewogenheits-Bedingung ab, um die für
join benötigte Flexibilität zu erhalten. Diese Strukturen gestatten die Ausführung
aller Operationen in logarithmischer Zeit.

Übungen

1. Skizzieren Sie den Heap, der sich ergibt, wenn die folgenden Operationen mit einem ursprünglich leeren Heap ausgeführt werden: `insert(10)`, `insert(5)`, `insert(2)`, `replace(4)`, `insert(6)`, `insert(8)`, `remove`, `insert(7)`, `insert(3)`.

2. Ist eine Datei in umgekehrt sortierter Reihenfolge ein Heap?

3. Geben Sie den Heap an, der, ausgehend von einem leeren Heap, durch sukzessives Aufrufen von `insert` für die Schlüssel E A S Y Q U E S T I O N aufgebaut wird.

4. Welche Positionen können von dem drittgrößten Schlüssel in einem Heap der Größe 32 eingenommen werden? Welche Positionen können von dem drittkleinsten Schlüssel in einem Heap der Größe 32 nicht eingenommen werden?

5. Warum wird keine Marke verwendet, um den Test `j<N` in `downheap` zu vermeiden?

6. Zeigen Sie, wie die Funktionen von Stapeln und normalen Schlangen als Spezialfälle von Prioritätswarteschlangen erhalten werden können.

7. Wie groß ist die minimale Anzahl von Schlüsseln, die während einer *remove*-Operation (Entfernen des größten Elementes) in einem Heap bewegt werden müssen? Skizzieren Sie einen Heap der Größe 15, für den das Minimum erreicht wird.

8. Schreiben Sie ein Programm zum Löschen des auf Position *d* befindlichen Elementes in einem Heap.

9. Führen Sie einen empirischen Vergleich von Bottom-Up- und Top-Down-Konstruktion von Heaps durch, indem Sie Heaps mit 1000 zufälligen Schlüsseln aufbauen.

10. Geben Sie den Inhalt des Feldes `q` an, nachdem `pqconstruct` auf die Schlüssel E A S Y Q U E S T I O N im Feld `p` angewandt wurde.

Kapitel 12

Mergesort

In Kapitel 9 untersuchten wir die Operation des *Auswählens*, des Auffindens des k-kleinsten Elements in einer Datei. Wir sahen, daß das Auswählen mit der Aufteilung einer Datei in zwei Teile, in die k kleinsten Elemente und die $N - k$ größten Elemente, zusammenhängt. Im vorliegenden Kapitel untersuchen wir einen in gewisser Hinsicht komplementären Prozeß, das *Mischen* (merging), die Operation der Vereinigung zweier sortierter Dateien zu einer größeren sortierten Datei. Wie wir sehen werden, ist das Mischen die Grundlage für einen sehr einfachen rekursiven Sortieralgorithmus.

Auswählen und Mischen sind komplementäre Operationen in dem Sinne, daß das Auswählen eine Datei in zwei unabhängige Dateien aufspaltet und das Mischen zwei unabhängige Dateien zu einer Datei zusammenfügt. Die Beziehung zwischen diesen Operationen wird auch dann offensichtlich, wenn man versucht, das Prinzip des »Teilens und Herrschens« anzuwenden, um eine Sortiermethode zu entwickeln. Die Datei kann entweder so umgeordnet werden, daß die ganze Datei sortiert ist, wenn zwei Teile sortiert sind, oder sie kann in zwei Teile zerlegt werden, die zu sortieren und dann so zu kombinieren sind, daß die sortierte Gesamtdatei entsteht. Wir haben bereits gesehen, was sich im ersten Falle ergibt: Dies ist Quicksort, das im wesentlichen aus einer Auswahlprozedur besteht, der zwei rekursive Aufrufe folgen. Im weiteren werden wir Mergesort (Mischsortieren) betrachten, das Komplement zu Quicksort in dem Sinne, daß es im wesentlichen aus zwei rekursiven Aufrufen besteht, denen eine Mischprozedur folgt.

Mergesort besitzt wie Heapsort den Vorteil, daß es eine aus N Elementen bestehende Datei in einer Zeit sortiert, die sogar im ungünstigsten Fall proportional zu $N \log N$ ist. Der hauptsächliche Nachteil von Mergesort besteht darin, daß zu N proportionaler zusätzlicher Speicherplatz erforderlich zu sein scheint, es sei denn, man ist bereit, große Anstrengungen zu unternehmen, um dieses Hindernis zu überwinden. Die Länge der inneren Schleife liegt etwa zwischen der von Quicksort und der von Heapsort, so daß Mergesort in Betracht kommt, wenn die Geschwindigkeit wesentlich ist, insbesondere dann, wenn Platz zur Verfügung steht. Darüber hinaus kann Mergesort so implementiert werden, daß es den Zugriff auf die Daten hauptsächlich sequentiell realisiert (ein Element nach dem anderen), was manchmal ein klarer

Vorteil ist. Zum Beispiel ist Mergesort die bevorzugte Methode für das Sortieren einer verketteten Liste, wo ein sequentieller Zugriff die einzige mögliche Zugriffsart ist. In ähnlicher Weise ist das Mischen, wie wir in Kapitel 13 sehen werden, die Grundlage für das Sortieren auf Geräten mit sequentiellem Zugriff, obwohl die in diesem Zusammenhang angewandten Methoden sich etwas von denen unterscheiden, die für Mergesort verwendet werden.

Mischen

In vielen Datenverarbeitungssystemen wird eine umfangreiche (sortierte) Datei verwaltet, zu der regelmäßig neue Eintragungen hinzugefügt werden. Eine typische Vorgehensweise ist dann, daß eine Anzahl von neuen Eingabedaten zusammengefaßt und an die (viel größere) Hauptdatei angehängt werden, und daß alles neu sortiert wird. Diese Situation ist für das Mischen wie geschaffen: Eine weit bessere Strategie besteht darin, die (kleine) Gruppe von neuen Eingabedaten zu sortieren und sie dann mit der großen Hauptdatei zu mischen. Das Mischen besitzt viele andere ähnliche Anwendungen, die seine Untersuchung lohnend machen. Wir werden auch eine auf dem Mischen beruhende Sortiermethode betrachten.

In diesem Kapitel konzentrieren wir uns auf Programme für das *Zweiweg-Mischen* (two-way merging): Programme, die zwei sortierte Eingabedateien kombinieren, um eine sortierte Ausgabedatei zu erzeugen. Im folgenden Kapitel werden wir das *Mehrweg-Mischen* (multiway merging) genauer betrachten, bei dem mehr als zwei Dateien beteiligt sind. (Die wichtigste Anwendung des Mehrweg-Mischens ist das externe Sortieren, der Gegenstand des nächsten Kapitels.)

Nehmen wir zunächst an, daß zwei sortierte Felder a[1],...,a[M] und b[1], ...,b[N] aus ganzen Zahlen vorliegen, die wir in ein drittes Feld c[1],...,c[M+N] mischen wollen. Das folgende Programm ist eine direkte Implementation der offensichtlichen Strategie, schrittweise für c das kleinste verbleibende Element aus a und b zu wählen:

```
i = 1; j = 1;
a[M+1] = INT_MAX; b[N+1] = INT_MAX;
for (k = 1; k <= M+N; k++)
  c[k] = (a[i]<b[j]) ? a[i++] : b[j++];
```

Die Implementation ist vereinfacht, indem in den Feldern a und b Platz bereitgestellt wurde für Marken-Schlüssel mit Werten, die größer sind als alle anderen Schlüssel. Wenn das Feld a (b) erschöpft ist, kopiert die Schleife einfach den Rest des Feldes b (a) in das Feld c. Diese Methode benutzt offensichtlich $M + N$ Vergleiche. Falls a[M+1] und b[N+1] für die Marken-Schlüssel nicht zur Verfügung stehen, müssen Tests hinzugefügt werden, um zu gewährleisten, daß i stets kleiner gleich M und j stets kleiner gleich N ist. Ein anderer Weg, um diese Schwierigkeit zu umgehen, wird weiter unten für die Implementation von Mergesort benutzt.

Anstatt zusätzlichen Speicherplatz zu verwenden, der zur Größe der gemischten Datei proportional ist, wäre es wünschenswert, eine »am Ort« ablaufende Methode zu haben, die `c[1],...,c[M]` für den einen Teil der Eingabedaten und `c[M+1]`, `...,c[M+N]` für den anderen benutzt. Am Anfang ist es schwierig, sich davon zu überzeugen, daß dies auf einfache Weise nicht realisierbar ist; tatsächlich existieren derartige Methoden, doch sie sind so kompliziert, daß selbst ein *Sortieren* am Ort wahrscheinlich effizienter ist, außer wenn sehr viel Sorgfalt aufgewandt wird. Wir werden weiter unten auf diese Frage zurückkommen.

Da für eine praktische Implementation zusätzlicher Speicherplatz notwendig zu sein scheint, können wir ebensogut eine Implementation mittels verketteter Listen betrachten. Tatsächlich ist diese Methode sehr gut für verkettete Listen geeignet. Nachstehend wird eine vollständige Implementation angegeben, die alle von uns getroffenen Vereinbarungen veranschaulicht; wie wir sehen, ist das Programm für das eigentliche Mischen genauso einfach wie das obige Programm:

```
struct node
   { int key; struct node *next; };
struct node *z;

struct node *merge(struct node *a, struct node *b)
   {
     struct node *c;
     c = z;
     do
       if (a->key <= b->key)
         { c->next = a; c = a; a = a->next; }
       else
         { c->next = b; c = b; b = b->next; }
     while (c != z);
     c = z->next; z->next = z;
     return c;
   }
```

Dieses Programm mischt die Liste, auf die a zeigt, mit der Liste, auf die b zeigt, mit Hilfe eines Hilfszeigers c. Es wird angenommen, daß die Listen einen »End«-Pseudoknoten besitzen, wie er in Kapitel 3 erörtert wurde: Alle Listen enden mit dem Pseudoknoten z, der normalerweise auf sich selbst zeigt und auch als Marke dient, mit z->key = INT_MAX. Während des Mischens wird z benutzt, um auf den Anfang der neu gemischten Liste zu zeigen (ähnlich wie bei der Implementation von read-list), und c zeigt auf das Ende der neu gemischten Liste (den Knoten, dessen Verkettungsfeld geändert werden muß, um ein neues Element zur Liste hinzuzufügen). Nachdem die gemischte Liste hergestellt worden ist, wird der auf ihren ersten Knoten weisende Zeiger von z wiederhergestellt, und z wird zurückgesetzt, so daß es auf sich selbst zeigt.

Der Vergleich der Schlüssel in merge schließt Gleichheit mit ein, so daß das Mischen stabil ist, wenn angenommen wird, daß die Liste b nach der Liste a folgt. Weiter unten

werden wir sehen, wie diese Stabilität beim Mischen Stabilität in den Sortierprogram-
men nach sich zieht, die dieses Mischen verwenden.

Mergesort

Nachdem wir über eine Prozedur für das Mischen verfügen, ist es nicht schwer, sie
als Grundlage für eine rekursive Prozedur für das Sortieren zu verwenden. Um eine
gegebene Datei zu sortieren, teile man sie in zwei Hälften, sortiere die beiden Hälften
(rekursiv) und mische sie dann. Die folgende Implementation dieses Prozesses sortiert
ein Feld a[l],...,a[r] (unter Verwendung eines Hilfsfeldes b[l],...,b[r]):

```
mergesort(int a[], int l, int r)
  {
    int i, j, k, m;
    if (r > l)
      {
        m = (r+l)/2;
        mergesort(a, l, m);
        mergesort(a, m+1, r);
        for (i = m+1; i > l; i-) b[i-1] = a[i-1];
        for (j = m; j < r; j++) b[r+m-j] = a[j+1];
        for (k = l; k <= r; k++)
          a[k] = (b[i]<b[j]) ? b[i++] : b[j-];
      }
  }
```

Dieses Programm realisiert das Mischen ohne Marken, indem es das zweite Feld in
eine Position unmittelbar neben dem ersten, jedoch in umgekehrter Reihenfolge
kopiert. Dadurch dient jedes Feld als »Marke« für das andere: Das größte Element
(das sich in dem einen oder anderen Feld befindet) sorgt dafür, daß alles richtig
abläuft, nachdem das andere Feld für das Mischen erschöpft ist. Die »innere Schleife«
dieses Programms ist recht kurz (Kopieren nach b, Zurückkopieren nach a, Inkrementieren von i oder j, Inkrementieren und Testen von k), und sie könnte sogar noch weiter
verkürzt werden, wenn zwei Kopien des Codes verwendet würden (eine für das Mischen
von a nach b und eine für das Mischen von b nach a), obwohl es dann erforderlich wäre,
auf Marken zurückzugreifen.

Unsere Datei von Beispielschlüsseln wird wie in Abbildung 12.1 dargestellt verarbeitet. Jede Zeile zeigt das Ergebnis eines Aufrufs von merge. Zuerst mischen wir A und
S und erhalten A S, dann mischen wir O und R und erhalten O R. Diese mischen wir mit
A S und erhalten A O R S. Später mischen wir I T mit G N und erhalten G I N T, mischen
dies mit A O R S und erhalten A G I N O R S T usw. Somit werden bei dieser Methode
aus kleinen sortierten Dateien rekursiv größere aufgebaut.

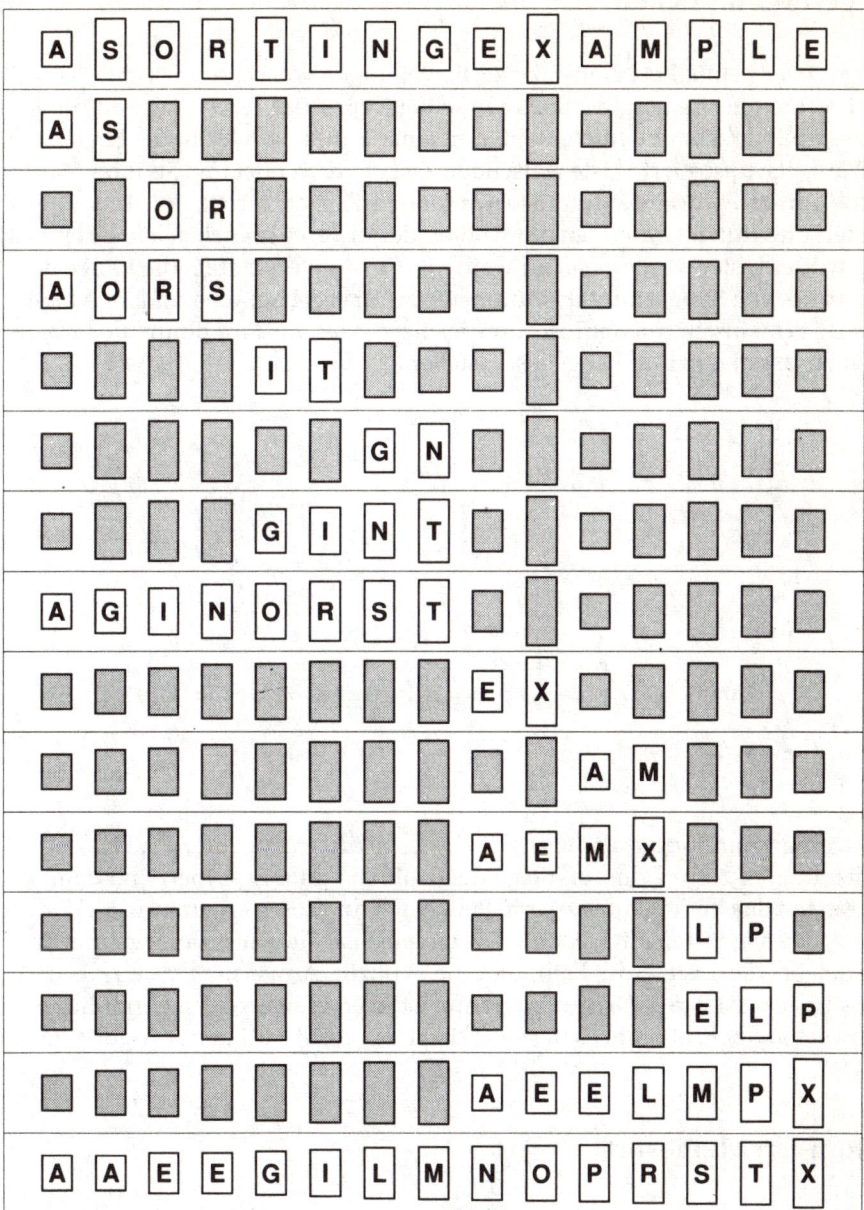

Abbildung 12.1 *Rekursives Mergesort.*

Mergesort von Listen

Dieser Prozeß beinhaltet bereits so viele Bewegungen von Daten, daß eine Darstellung mittels verketteter Listen gleichfalls betrachtet werden sollte. Das folgende Programm ist eine direkte rekursive Implementation einer Funktion, welche als Eingangsgröße einen auf eine unsortierte Liste weisenden Zeiger verwendet und als ihren Wert einen auf die sortierte Variante der Liste weisenden Zeiger zurückgibt. Das Programm realisiert dies durch Umordnen der Knoten der Liste; es brauchen keine zeitweiligen Knoten oder Listen vorgesehen zu werden. (Es ist zweckmäßig, die Länge der Liste dem rekursiven Programm als Parameter zu übergeben; eine andere Möglichkeit wäre, sie gemeinsam mit der Liste zu speichern oder das Programm die Liste durchlaufen zu lassen, um ihre Länge festzustellen.)

```
struct node *mergesort(struct node *c)
   {
     struct node *a, *b;
     if (c->next != z)
       {
         a = c; b = c->next->next->next;
         while (b != z)
           { c = c->next; b = b->next->next; }
         b = c->next; c->next = z;
         return merge(mergesort(a), mergesort(b));
       }
     return c;
   }
```

Dieses Programm sortiert, indem es die Liste, auf die c zeigt, in zwei Hälften zerlegt, auf die a und b zeigen, darauf die beiden Hälften rekursiv sortiert und dann merge benutzt, um das Endergebnis zu erhalten. Auch für dieses Programm gilt die Vereinbarung, daß alle Listen mit z enden: Die Eingabeliste muß mit z enden (und daher ist das auch bei der Liste b der Fall), und die explizite Anweisung c->next=z setzt z an das Ende der Liste a. Dieses Programm ist in einer rekursiven Formulierung sehr leicht verständlich, obwohl es in Wirklichkeit ein recht raffinierter Algorithmus ist.

Bottom-Up Mergesort

Wie in Kapitel 5 erläutert wurde, besitzt jedes rekursive Programm ein nichtrekursives Analogon, das, obwohl es äquivalent ist, die Berechnungen möglicherweise in anderer Reihenfolge ausführt. Mergesort ist tatsächlich ein Musterbeispiel für die Strategie des »Kombinierens und Herrschens«, die für viele derartige Berechnungen charakteristisch ist, und es lohnt sich, seine nichtrekursiven Implementationen ausführlich zu untersuchen.

Die einfachste nichtrekursive Variante von Mergesort verarbeitet eine etwas andere Menge von Dateien in einer etwas anderen Reihenfolge: Durchlaufe zuerst die Liste und führe dabei Mischoperationen »1 mit 1« aus, so daß sortierte Teillisten der Größe 2 erzeugt werden, durchlaufe dann die Liste und führe Mischoperationen »2 mit 2« aus, so daß sortierte Teillisten der Größe 4 erzeugt werden, führe dann Mischoperationen »4 mit 4« aus, um sortierte Teillisten der Größe 8 zu bekommen usw., bis die gesamte Liste sortiert ist.

Abbildung 12.2 zeigt, daß diese Methode für unsere Beispieldatei (da ihre Größe nahe bei einer Zweierpotenz liegt) im wesentlichen die gleichen Mischoperationen ausführt wie in Abbildung 12.1, jedoch in einer anderen Reihenfolge. Im allgemeinen sind für das Sortieren einer Datei aus N Elementen log N Durchläufe erforderlich, da sich die Größe der sortierten Teildateien bei jedem Durchlauf verdoppelt.

Es ist wichtig anzumerken, daß die tatsächlichen Mischoperationen, die von dieser Bottom-Up-Methode ausgeführt werden, *nicht* die gleichen sind wie die Mischoperationen, die bei der obigen rekursiven Implementation ausgeführt werden. Betrachten wir das Sortieren von 95 Elementen, das in Abbildung 12.3 dargestellt ist. Das letzte Mischen ist ein Mischen »64 mit 31«, während es beim rekursiven Sortieren ein Mischen »47 mit 48« wäre. Es ist jedoch möglich, dafür zu sorgen, daß die Folge der von den beiden Methoden ausgeführten Mischoperationen die gleiche ist, obwohl es keinen besonderen Grund gibt, das zu tun.

Eine ausführliche Implementation dieser Bottom-Up-Methode unter Verwendung verketteter Listen ist nachstehend angegeben.

```
struct node *mergesort(struct node *c)
  {
    int i, N;
    struct node *a, *b, *head, *todo, *t;
    head = (struct node *) malloc(sizeof *head);
    head->next = c; a = z;
    for (N = 1; a != head->next; N = N+N)
      {
        todo = head->next; c = head;
        while (todo != z)
          {
            t = todo; a = t;
            for (i = 1; i < N; i++) t = t->next;
            b = t->next; t->next = z; t = b;
            for (i = 1; i < N; i++) t = t->next;
            todo = t->next; t->next = z;
            c->next = merge(a, b);
            for (i = 1; i <= N+N; i++) c = c->next;
          }
      }
    return head->next;
  }
```

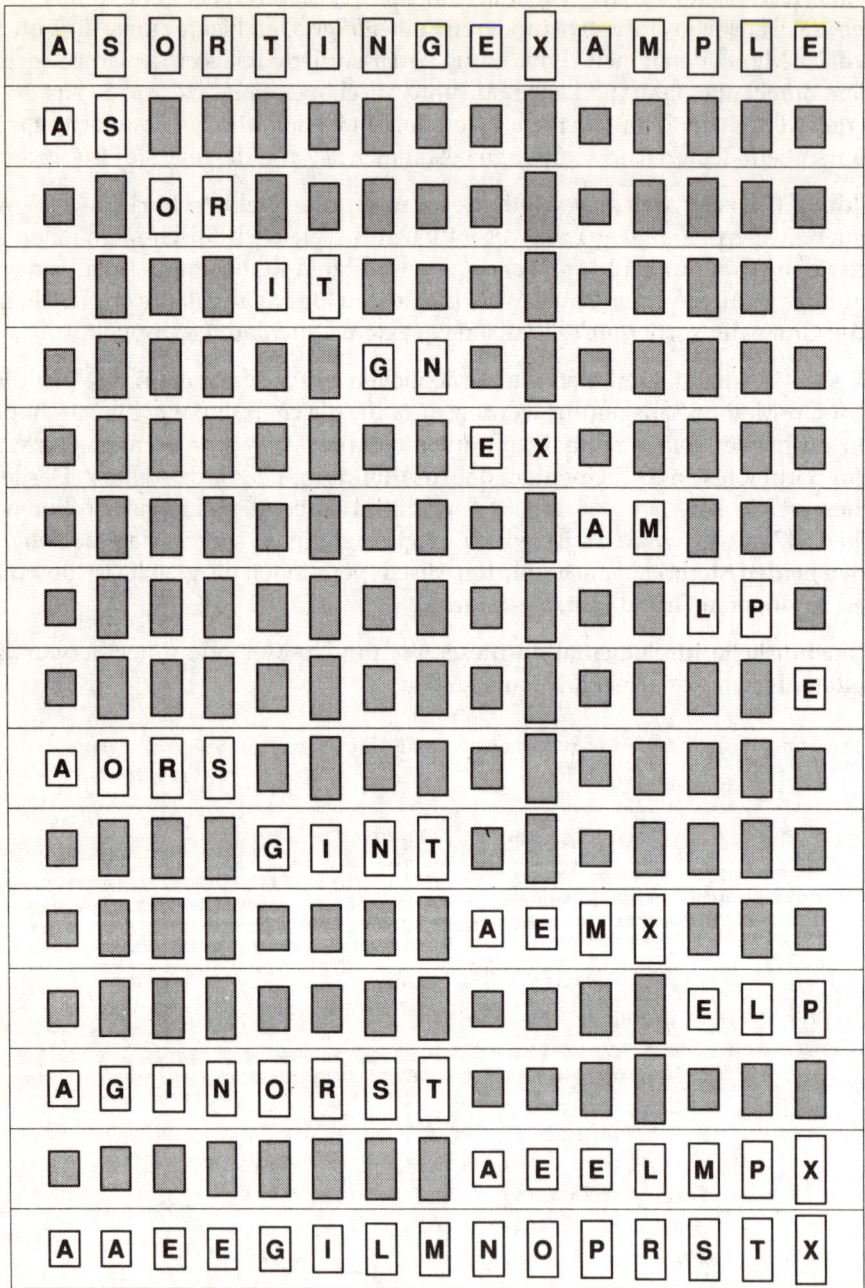

Abbildung 12.2 *Nichtrekursives Mergesort.*

Dieses Programm verwendet einen »Listenknoten« (auf den head zeigt), dessen Verkettungsfeld auf die sortierte Datei zeigt. Bei jeder Iteration der äußeren (for)-Schleife wird die Datei durchlaufen, und es wird eine verkettete Liste erzeugt, die aus sortierten Teildateien besteht, welche doppelt so lang sind wie beim vorangegangenen Durchlauf. Dies erfolgt unter Verwendung von zwei Zeigern, einem, der auf den noch nicht sichtbaren Teil der Liste zeigt (todo), und einem, der auf das Ende des Teils der Liste zeigt, für den die Teildateien bereits gemischt wurden (c). Die innere (while)-Schleife mischt die zwei Teildateien der Länge N, wobei sie bei dem Knoten beginnt, auf den todo zeigt, und eine Teildatei der Länge N+N erzeugt, welche mit der resultierenden Liste c verbunden ist.

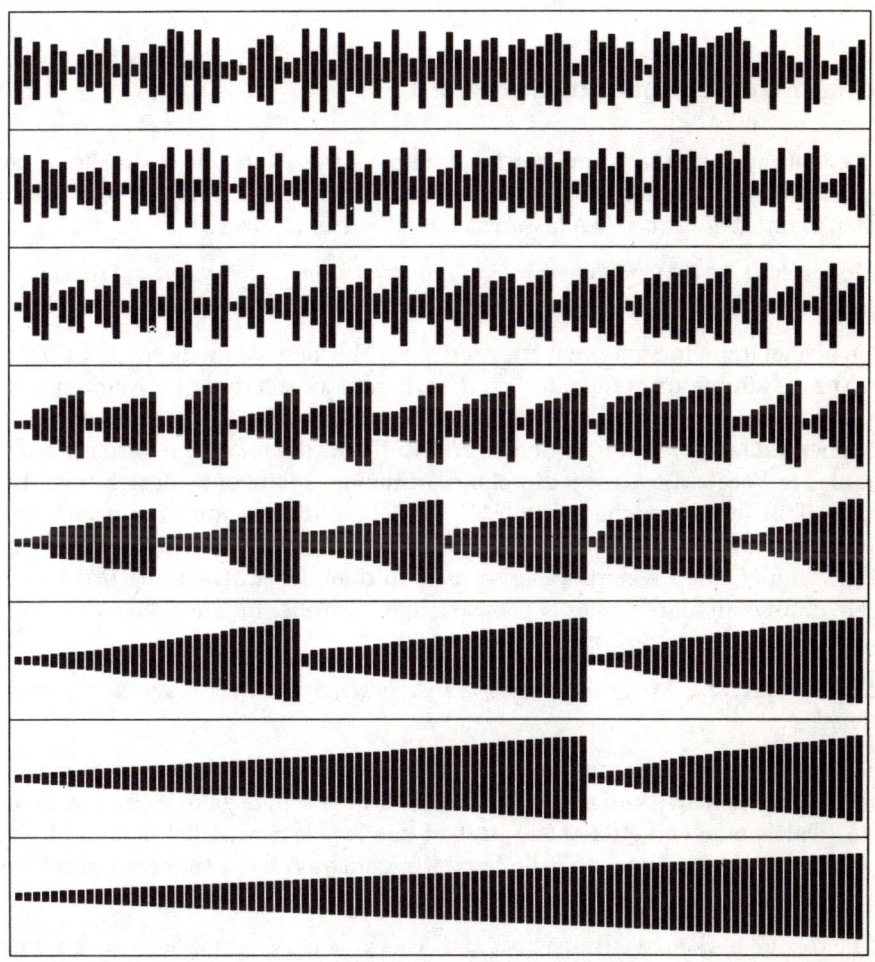

Abbildung 12.3 Mergesort einer zufälligen Permutation.

Das eigentliche Mischen wird ausgeführt, indem eine Verkettung zur ersten zu mischenden Teildatei in `a` aufbewahrt wird, indem danach N Knoten übersprungen werden (unter Verwendung der zeitweiligen Verkettung `t`), indem `z` mit dem Ende der Liste `a` verbunden wird und indem dann das gleiche getan wird, um eine weitere Liste aus N Knoten zu bekommen, auf die `b` zeigt (wobei `todo` mittels der Verkettung des letzten besuchten Knotens aktualisiert wird), und indem dann `merge` aufgerufen wird. (Danach wird `c` aktualisiert, indem einfach hinunter zum Ende der soeben gemischten Liste gegangen wird. Dies ist eine einfachere (jedoch etwas weniger effiziente) Methode, als die verschiedenen zur Verfügung stehenden Alternativen, wie etwa `merge` Zeiger zurückgeben zu lassen, die auf den Anfang und das Ende zeigen, oder mehrfache Zeiger in jedem Knoten der Liste aufzubewahren.)

Bottom-Up-Mergesort ist auch eine interessante Methode für eine Implementation mit Feldern; dies wird dem Leser als nützliche Übung überlassen.

Kenngrößen der Leistungsfähigkeit

Die Bedeutung von Mergesort beruht darauf, daß es sich um ein recht einfaches »optimales« Sortierverfahren handelt, das in einer stabilen Weise implementiert werden kann. Diese Tatsachen lassen sich relativ leicht beweisen.

Eigenschaft 12.1 *Mergesort erfordert für das Sortieren einer beliebigen Datei aus N Elementen ungefähr N lg N Vergleiche.*

In den obigen Implementationen erfordert jedes Mischen »M mit N« $M + N$ Vergleiche (die Anzahl könnte um eins oder zwei variieren, je nachdem, ob Marken benutzt werden). Nun werden für Bottom-Up-Mergesort lg N Traversierungen verwendet, von denen jede ungefähr N Vergleiche erfordert. Für die rekursive Variante wird die Anzahl der Vergleiche durch die standardmäßige rekurrente Beziehung für das Prinzip »Teile und Herrsche« $M_N = 2M_{N/2} + N$ beschrieben, mit $M_1 = 0$. Aus Kapitel 6 wissen wir, daß diese die Lösung $M_N \approx N \lg N$ hat. Diese Argumente sind beide exakt gültig, wenn N eine Zweierpotenz ist; es wird dem Leser als Übung überlassen zu zeigen, daß sie für allgemeines N ebenso gelten. Darüber hinaus erweist es sich, daß sie auch im *durchschnittlichen* Fall gelten. ■

Eigenschaft 12.2 *Mergesort erfordert zusätzlichen Speicherplatz, der zu N proportional ist.*

Dies ist von den Implementationen her klar, obwohl Schritte unternommen werden können, um die Auswirkungen dieses Problems abzuschwächen. Wenn die zu sortierende »Datei« eine verkettete Liste ist, tritt das Problem natürlich nicht auf, da der »zusätzliche Speicherplatz« (für die Verkettungen) aus einem anderen Grund bereits vorhanden ist.

Für Felder bemerken wir zunächst, daß es einfach ist, ein Mischen »M mit N« vorzunehmen und dabei nur für das kleinere der beiden Felder zusätzlichen Speicherplatz zu benutzen (siehe Übung 2). Dadurch halbiert sich der Platzbedarf für Mergesort. In Wirklichkeit ist es möglich, noch viel mehr zu erreichen und Mischoperationen »am Ort« vorzunehmen, obwohl sich das in der Praxis meist nicht lohnt. ■

Eigenschaft 12.3 *Mergesort ist stabil.*

Da alle Implementationen nur während der Mischoperationen wirklich Schlüssel bewegen, muß lediglich überprüft werden, ob die Mischoperationen selbst stabil sind. Doch das ist leicht zu zeigen: Die relative Position gleicher Schlüssel wird durch den Prozeß des Mischens nicht verändert. ■

Eigenschaft 12.4 *Mergesort ist gegenüber der ursprünglichen Reihenfolge der Eingabedaten unempfindlich.*

Abbildung 12.4 Mergesort einer in umgekehrter Reihenfolge geordneten Permutation.

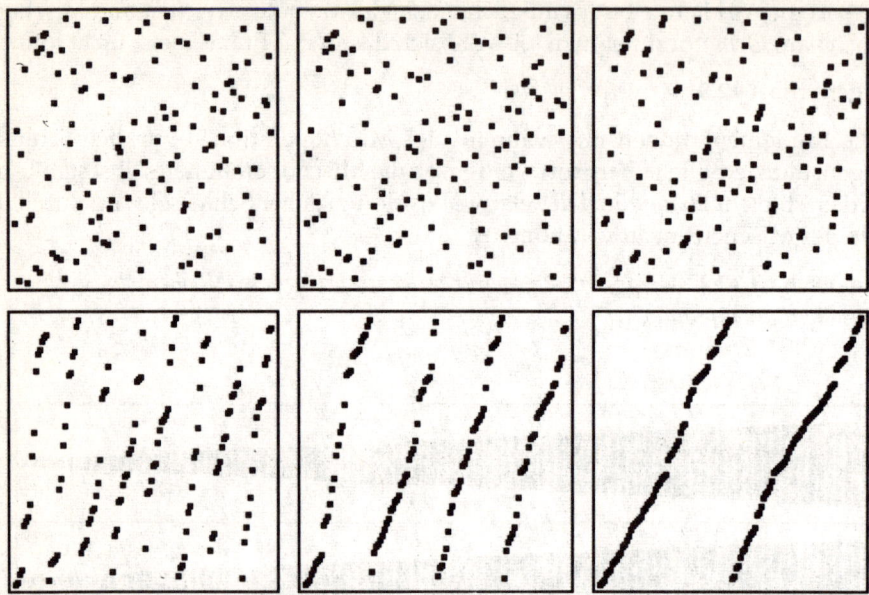

Abbildung 12.5 *Mergesort einer zufälligen Permutation.*

In unseren Implementationen bestimmen die Eingabedaten nur die Reihenfolge, in der die Elemente bei den Mischoperationen verarbeitet werden, so daß diese Behauptung im wörtlichen Sinne wahr ist (mit Ausnahme gewisser Unterschiede, die davon abhängen, wie die if-Anweisung übersetzt und ausgeführt wird, was vernachlässigbar sein dürfte). Andere Implementationen des Mischens, die einen expliziten Test beinhalten, ob die erste Datei erschöpft ist, können zu etwas größeren Unterschieden in Abhängigkeit von den Eingabedaten führen, die jedoch nicht zu groß sind. Die benötigte Anzahl von Durchläufen hängt eindeutig nur von der Größe der Datei ab und nicht von ihrem Inhalt, und jeder Durchlauf erfordert mit Sicherheit etwa N Vergleiche (in Wirklichkeit $N - O$ (1) im Durchschnitt, wie weiter unten erläutert wird). Doch der ungünstigste Fall entspricht ungefähr dem durchschnittlichen Fall. ∎

Abbildung 12.4 zeigt Bottom-Up-Mergesort in seiner Anwendung auf eine Datei, die ursprünglich in umgekehrter Reihenfolge angeordnet ist. Es ist interessant, diese Abbildung mit Abbildung 8.9 zu vergleichen, welche Shellsort bei der Ausführung der gleichen Operation zeigt.

Abbildung 12.5 zeigt eine weitere Darstellung der Wirkungsweise von Mergesort beim Sortieren einer zufälligen Permutation zum Vergleich mit ähnlichen Veranschaulichungen in früheren Kapiteln. Insbesondere weist Abbildung 12.5 eine verblüffende Ähnlichkeit mit Abbildung 10.5 auf: In diesem Sinne ist Mergesort die »Transponierung« von Straight Radix Sort!

Optimierte Implementationen

Bei unserer Betrachtung von Marken haben wir der inneren Schleife von Mergesort auf der Grundlage von Feldern bereits einige Aufmerksamkeit geschenkt. Dabei sahen wir, daß in der inneren Schleife die Tests auf die Feldgrenzen vermieden werden können, indem die Reihenfolge in einem der Felder umgekehrt wird. Hierdurch wird unsere Aufmerksamkeit auf eine größere Unzulänglichkeit in den obigen Implementationen gelenkt: das Kopieren von a nach b. Wie wir für Straight Radix Sort in Kapitel 10 gesehen haben, kann dieses Kopieren vermieden werden, indem man zwei Kopien des Programms benutzt: eine, um a nach b, und eine, um b nach a zu mischen.

Um diese beiden Verbesserungen kombiniert zu realisieren, ist es erforderlich, Änderungen dahingehend vorzunehmen, daß merge Felder entweder in steigender oder fallender Reihenfolge ausgeben kann. Bei der nichtrekursiven Variante wird das erreicht, indem zwischen steigender und fallender Ausgabe gewechselt wird; bei der rekursiven Variante haben wir vier rekursive Routinen: für das Mischen von a(b) nach b(a) mit dem Ergebnis in fallender oder steigender Reihenfolge. Jede von ihnen würde die innere Schleife von Mergesort auf einen Vergleich, ein Abspeichern, zwei Inkrementierungen von Zeigern (i oder j sowie k) und einen Zeigertest reduzieren. Dies steht in einem günstigen Verhältnis zu den Vergleichen, Inkrementieren und Testen sowie (teilweisem) Austauschen bei Quicksort, und die innere Schleife von Quicksort wird $2 \ln N \approx 1{,}38 \lg N$ Male ausgeführt, etwa 38% öfter als die von Mergesort.

Weitere Bemerkungen zur Rekursion

Die Programme im vorliegenden Kapitel stellen zusammen mit Quicksort typische Implementationen von Algorithmen des Typs »Teile und Herrsche« dar. In späteren Kapiteln lernen wir verschiedene Algorithmen mit ähnlicher Struktur kennen, weshalb es angebracht ist, einige grundlegende Merkmale dieser Implementationen näher zu betrachten.

Quicksort ist in Wirklichkeit ein Algorithmus vom Typ »Herrsche und Teile«: In einer rekursiven Implementationen wird die Hauptarbeit *vor* den rekursiven Aufrufen erledigt. Demgegenüber hat das rekursive Mergesort eher den Geist von »Teile und Herrsche«: Zuerst wird die Datei in zwei Teile zerlegt, danach wird jeder Teil für sich bewältigt. Das erste Problem, das bei Mergesort tatsächlich bearbeitet wird, ist klein; die größte Teildatei wird erst zum Schluß bearbeitet. Quicksort beginnt die Bearbeitung mit der größten Teildatei und bearbeitet die kleinen am Ende.

Dieser Unterschied kommt in den nichtrekursiven Implementationen der beiden Methoden deutlich zum Ausdruck. Bei Quicksort muß ein Stapel unterhalten werden, da umfangreiche Teilprobleme gespeichert werden müssen, die in einer von den Daten abhängigen Weise aufgeteilt werden. Mergesort besitzt eine einfache nichtrekursive Variante, da die Art und Weise, wie die Datei zerlegt wird, von den Daten unabhängig ist. Daher kann die Reihenfolge, in der Teilprobleme bearbeitet werden, etwas umgestellt werden, so daß ein einfacheres Programm entsteht.

Ein weiterer praktischer Unterschied, der dabei deutlich wird, besteht darin, daß Mergesort (wenn es richtig implementiert ist) stabil ist, Quicksort dagegen nicht (außer wenn sehr viel zusätzlicher Aufwand getrieben wird). Wenn wir bei Mergesort (induktiv) annehmen, daß die Teildateien stabil sortiert worden sind, brauchen wir nur abzusichern, daß das Mischen auf stabile Weise erfolgt, was sich leicht erreichen läßt. Bei Quicksort bietet sich jedoch kein einfacher Weg an, wie das Zerlegen in stabiler Weise realisiert werden könnte, so daß die Möglichkeit der Stabilität schon ausgeschlossen ist, bevor die Rekursion ins Spiel kommt.

Eine abschließende Bemerkung: Wie Quicksort oder jedes andere rekursive Programm läßt sich Mergesort verbessern, indem kleine Teildateien anders behandelt werden. In den rekursiven Varianten des Programms kann dies genauso wie für Quicksort implementiert werden, indem entweder kleine Teildateien sofort bei Auftreten mit Insertion Sort behandelt werden, oder indem nachträglich ein Durchlauf zur Herstellung der Ordnung vorgenommen wird. In den nichtrekursiven Varianten können in einem Durchlauf am Anfang unter Benutzung von Insertion Sort oder Selection Sort kleine sortierte Teildateien aufgebaut werden. Eine andere Idee, die für Mergesort vorgeschlagen wurde, besteht darin, die »natürliche« Ordnung in der Datei auszunutzen, indem eine Bottom-Up-Methode verwendet wird, die die ersten beiden sortierten Sequenzen in der Datei mischt (gleichgültig, wie lang diese sind), dann die nächsten beiden Sequenzen usw., wobei dieser Prozeß so lange wiederholt wird, bis die Datei sortiert ist. Doch so günstig diese Methode scheinen mag, hält sie doch einem Vergleich mit der betrachteten Standardmethode nicht stand, da die Kosten für die Identifizierung der Sequenzen, die in der inneren Schleife erfolgen muß, die erzielten Einsparungen mehr als zunichte machen, von gewissen entarteten Fällen (z.B. bei einer Datei, die bereits sortiert ist) einmal abgesehen.

Übungen

1. Implementieren Sie ein rekursives Mergesort, das für Teildateien mit weniger als M Elementen in Insertion Sort übergeht; bestimmen Sie empirisch den Wert von M, bei dem es für eine zufällige Datei aus 1000 Elementen am schnellsten abläuft.

2. Führen Sie einen empirischen Vergleich des rekursiven und nichtrekursiven Mergesort für verkettete Listen mit $N = 1000$ durch.

3. Implementieren sie ein rekursives Mergesort für ein Feld aus N ganzen Zahlen unter Verwendung eines Hilfsfeldes, dessen Größe weniger als $N/2$ beträgt.

4. Ist folgende Behauptung wahr oder falsch: Die Laufzeit von Mergesort hängt nicht von dem Wert der Schlüssel in der Eingabedatei ab. Begründen Sie Ihre Antwort.

5. Welches ist die kleinste Anzahl von Schritten, mit denen Mergesort auskommen könnte (bis auf einen konstanten Faktor genau)?

6. Implementieren Sie ein nichtrekursives Bottom-Up-Mergesort, welches statt verketteter Listen zwei Felder verwendet.

7. Geben Sie die ausgeführten Mischoperationen an, wenn das rekursive Mergesort zum Sortieren der Schlüssel E A S Y Q U E S T I O N angewandt wird.

8. Geben Sie den Inhalt der verketteten Liste nach jeder Iteration an, wenn das nichtrekursive Mergesort zum Sortieren der Schlüssel E A S Y Q U E S T I O N angewandt wird.

9. Versuchen Sie, ein rekursives Mergesort mit Benutzung von Feldern unter Verwendung von *Dreiweg-Mischoperationen* anstelle von Zweiweg-Mischoperationen zu realisieren.

10. Überprüfen Sie für zufällige Dateien der Größe 1000 empirisch die in diesem Kapitel aufgestellte Behauptung, daß die Idee der Ausnutzung der »natürlichen« Ordnung in der Datei zu keiner Kosteneinsparung führt.

Kapitel 13

Externes Sortieren

Viele wichtige Sortier-Anwendungen erfordern die Verarbeitung von sehr umfangreichen Dateien, die viel zu groß sind, um in den Hauptspeicher eines Computers zu passen. Methoden, die für derartige Anwendungen geeignet sind, werden *externe* Methoden genannt, da sie eine große Anzahl an Operationen außerhalb der Zentraleinheit erfordern (im Gegensatz zu den *internen* Methoden, die wir bisher untersuchten).

Es gibt zwei Hauptfaktoren, welche bewirken, daß externe Algorithmen sich sehr von den bisher betrachteten unterscheiden. Zum einen liegen die Kosten des Zugriffs auf ein Element um Größenordnungen höher als irgendwelche Verwaltungs- oder Berechnungskosten. Zweitens sind zusätzlich zu diesen höheren Kosten starke Einschränkungen des Zugriffs vorhanden, die von dem verwendeten externen Speichermedium abhängig sind: Zum Beispiel kann auf Elemente auf einem Magnetband nur sequentiell zugegriffen werden.

Die große Vielfalt hinsichtlich der Typen und Kosten bei externen Speichereinheiten bewirkt, daß die Entwicklung externer Sortiermethoden sehr stark von der vorhandenen Ausstattung abhängt. Diese Methoden können kompliziert sein, und viele Parameter beeinflussen ihre Leistungsfähigkeit; beim externen Sortieren ist es durchaus möglich, daß eine raffinierte Methode infolge einer einfachen Veränderung in der technischen Ausstattung unzweckmäßig oder unbrauchbar wird. Aus diesem Grunde konzentrieren wir uns in diesem Kapitel weniger auf die Entwicklung spezifischer Implementationen als vielmehr auf allgemeine Methoden.

Kurz gesagt, ist für das externe Sortieren der »systembezogene« Aspekt des Problems sicher ebenso wichtig wie der »algorithmische« Aspekt. Beide Seiten müssen sorgfältig betrachtet werden, wenn eine effiziente externe Sortiermethode entwickelt werden soll. Die primären Kosten beim externen Sortieren entstehen bei der Ein- und Ausgabe. Eine gute Übung für jemanden, der ein effizientes Programm zum Sortieren einer sehr umfangreichen Datei zu implementieren beabsichtigt, besteht darin, zuerst ein effizientes Programm zum Kopieren einer umfangreichen Datei zu implementieren und dann (falls das zu einfach war) ein effizientes Programm zur Umkehrung der Reihenfolge der Elemente in einer umfangreichen Datei zu implementieren. Die systembezogenen Probleme, die auftreten, wenn man versucht, diese Probleme effizient zu lösen, sind den Problemen ähnlich, die bei externen Sortierverfahren auftreten. Das Permutieren einer großen externen Datei auf irgendeine nichttriviale Weise ist etwa genauso kompliziert wie das Sortieren der Datei, auch wenn keine Vergleiche von Schlüsseln usw. erforderlich sind. Beim externen Sortieren beschäftigen wir uns in der Hauptsache damit, die Anzahl der Übertragungen von Datenelementen zwischen externem und internem Speicher zu minimieren und dafür zu sorgen, daß diese Übertragungen mit der der zur Verfügung stehenden Hardware möglichen maximalen Effizienz ausgeführt werden.

Es wurden externe Sortiermethoden entwickelt, die für die Lochkarten und Lochstreifen der Vergangenheit geeignet sind, andere für die Magnetbänder und Magnetplatten der Gegenwart und wieder andere für die Technologien der Zukunft, wie Blasenspeicher und optische Platten. Die Hauptunterschiede zwischen den verschiedenen Geräten sind die jeweilige Größe und Geschwindigkeit des verfügbaren Speichers und die Arten der Einschränkungen des Zugriffs auf die Daten. Wir konzentrieren uns auf grundlegende Methoden für das Sortieren auf Magnetband und Magnetplatte, weil diese Einheiten weiterhin weit verbreitet bleiben dürften und die beiden grundsätzlich verschiedenen Arten des Zugriffs illustrieren, die für viele externe Speichersysteme charakteristisch sind. Oft besitzen moderne Computersysteme eine »Speicherhierarchie« aus verschiedenen Speichern, von denen jeder langsamer, billiger und größer ist als die vorangehenden. Viele der Algorithmen, die wir betrachten werden, können so angepaßt werden, daß sie in einer solchen Umgebung gut laufen. Wir werden uns jedoch ausschließlich mit »Zwei-Ebenen«-Speicherhierarchien beschäftigen, die aus dem Hauptspeicher und einer Platte oder einem Band bestehen.

Sortieren-Mischen

Bei vielen externen Sortiermethoden kommt die folgende allgemeine Strategie zur Anwendung: Realisiere einen ersten Durchlauf durch die zu sortierende Datei, zerlege sie dabei in Blöcke, die ungefähr die Größe des internen Speichers haben, und *sortiere* diese Blöcke. *Mische* dann die sortierten Blöcke durch Ausführung mehrerer Durchläufe durch die Datei zusammen, wobei nach und nach größere sortierte Blöcke erzeugt werden, bis die ganze Datei sortiert ist. Der Zugriff auf die Daten wird meist sequentiell realisiert, eine Eigenschaft, dank der diese Methode für die meisten externen Einheiten geeignet ist. Algorithmen für das externe Sortieren verfolgen das Ziel, die Zahl der Durchläufe durch die Datei zu verringern und die Kosten eines einzelnen Durchlaufs so zu reduzieren, daß sie den Kosten einer Kopie möglichst nahe kommen.

Da der größte Teil der Kosten einer externen Sortiermethode durch die Ein- und Ausgabe entsteht, können wir ein grobes Maß für die Kosten einer Misch-Sortier-Methode erhalten, indem wir zählen, wie oft jedes Wort in der Datei gelesen oder geschrieben wird (Anzahl der Durchläufe durch alle Daten). Für viele Anwendungen

erfordern die von uns betrachteten Methoden etwa zehn oder weniger solcher Durchläufe. Wir sind daher selbst dann an Methoden interessiert, wenn diese nur einen
einzigen Durchlauf eliminieren können. Weiterhin kann die Laufzeit des gesamten
externen Sortierverfahrens leicht anhand der Laufzeit geschätzt werden, die bei einem
Vorgang von der Art der oben vorgeschlagenen Übung »Kopie einer Datei in umgekehrter Reihenfolge« benötigt wird.

Ausgeglichenes Mehrweg-Mischen

Zuerst wollen wir die verschiedenen Schritte der einfachsten Misch-Sortier-Prozedur
für ein kleines Beispiel nachvollziehen. Nehmen wir an, daß wir Datensätze mit den
Schlüsseln A S O R T I N G A N D M E R G I N G E X A M P L E auf einem Eingabeband
haben; diese sollen sortiert und auf einem Ausgabeband gespeichert werden. Die
Benutzung eines »Bandes« besagt einfach, daß wir darauf beschränkt sind, die
Datensätze sequentiell zu lesen: Der zweite Datensatz kann nicht vor dem ersten
gelesen werden usw. Wir nehmen weiterhin an, daß wir im Speicher unseres Computers Platz für drei Datensätze haben, daß uns jedoch beliebig viele Bänder zur
Verfügung stehen.

Der erste Schritt besteht darin, jeweils drei Datensätze der Datei einzulesen und diese
zu sortieren, so daß Blöcke aus drei Datensätzen entstehen, und die sortierten Blöcke
auszugeben. Folglich lesen wir zuerst A S O ein und geben den Block A O S aus, lesen
danach R T I ein und geben den Block I R T aus usw. Um nun diese Blöcke
zusammenzumischen, müssen sie sich auf verschiedenen Bändern befinden. Wenn
wir ein Dreiweg-Mischen vornehmen wollen, würden wir drei Bänder verwenden,
wobei wir nach dem Sortierdurchlauf zu der in Abbildung 13.1 dargestellten Konfiguration gelangen würden.

Nun können wir die sortierten Dreier-Blöcke mischen. Wir lesen den ersten Datensatz
jedes Eingabebands ein (hierfür ist im Speicher gerade genug Platz) und geben
denjenigen mit dem kleinsten Schlüssel aus. Danach wird der nächste Datensatz von
demjenigen Band eingelesen, von dem der gerade ausgegebene Datensatz stammt,

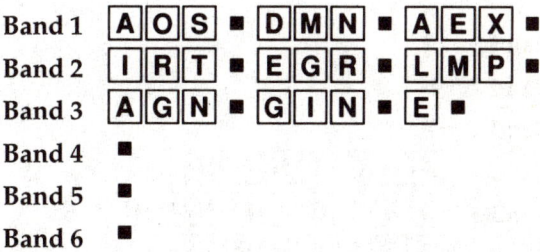

Abbildung 13.1 Ausgeglichenes Dreiweg-Mischen: Ergebnis des ersten Durchlaufs.

und es wird wiederum der Datensatz im Speicher mit dem kleinsten Schlüssel ausgegeben. Wenn das Ende eines aus drei Wörtern bestehenden Blocks bei der Eingabe erreicht ist, wird das betreffende Band ignoriert, bis die Blöcke der anderen beiden Bänder verarbeitet worden sind und neun Datensätze ausgegeben sind. Danach wird der Prozeß wiederholt, um die jeweils zweiten aus drei Wörtern bestehenden Blöcke auf jedem Band zu einem Block aus neun Wörtern zusammenzumischen (welcher auf ein anderes Band ausgegeben wird, als Vorbereitung für die folgende Mischoperation). Indem wir in dieser Weise fortfahren, erhalten wir die in Abbildung 13.2 dargestellten drei langen Blöcke.

Nun kann das Sortieren durch ein weiteres Dreiweg-Mischen vollendet werden. Wenn wir eine wesentlich längere Datei mit vielen Blöcken der Größe 9 auf jedem Band hätten, würden wir den zweiten Durchlauf mit Blöcken der Größe 27 auf den Bändern 1, 2 und 3 beenden, danach würde ein dritter Durchlauf Blöcke der Größe 81 auf den Bändern 4, 5 und 6 erzeugen usw. Wir benötigen sechs Bänder, um eine beliebig große Datei zu sortieren: drei für die Eingabe und drei für die Ausgabe bei jedem Dreiweg-Mischen. (In Wirklichkeit könnten wir mit nur vier Bändern auskommen: Die Ausgabe könnte auf ein einziges Band erfolgen, und dann könnten die Blöcke von diesem Band zwischen den Mischdurchläufen auf die drei Eingabebänder verteilt werden.)

Diese Methode wird *Ausgeglichenes Mehrweg-Mischen* (balanced multiway merge) genannt. Sie stellt einen sinnvollen Algorithmus für das externe Sortieren und einen guten Ausgangspunkt für die Implementation eines externen Sortierverfahrens dar. Die weiter unten betrachteten komplizierteren Algorithmen können den Ablauf des Sortierens etwas beschleunigen, jedoch nicht sehr. (Allerdings kann, wenn die Ausführungszeiten in Stunden gemessen werden, was bei externem Sortieren nicht ungewöhnlich ist, auch eine Verkürzung der Laufzeit um wenige Prozent sehr viel ausmachen.)

Nehmen wir an, daß N Wörter zu sortieren sind und der interne Speicher die Größe M hat. Dann erzeugt der »Sortier«-Durchlauf ungefähr N/M sortierte Blöcke. (Bei dieser Schätzung werden aus einem Wort bestehende Datensätze vorausgesetzt. Für umfangreichere Datensätze läßt sich die Anzahl der sortierten Blöcke berechnen, indem außerdem noch mit der Größe der Datensätze multipliziert wird.) Wenn wir bei jedem der aufeinanderfolgenden Durchläufe P-Weg-Mischoperationen ausfüh-

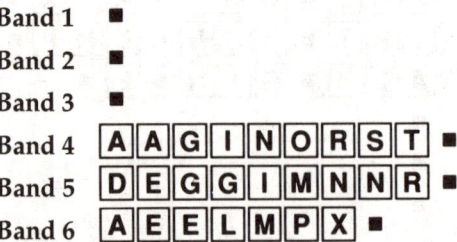

Band 1	■
Band 2	■
Band 3	■
Band 4	A A G I N O R S T ■
Band 5	D E G G I M N N R ■
Band 6	A E E L M P X ■

Abbildung 13.2 *Ausgeglichenes Dreiweg-Mischen: Ergebnis des zweiten Durchlaufs.*

ren, beträgt die Anzahl der aufeinanderfolgenden Durchläufe ungefähr $\log_p(N/M)$, da jeder Durchlauf die Anzahl der sortierten Blöcke um den Faktor P verringert.

Auch wenn kleine Beispiele helfen können, die Einzelheiten des Algorithmus zu verstehen, ist es bei der Arbeit mit externen Sortierverfahren am besten, an sehr umfangreiche Dateien zu denken. Zum Beispiel besagt die obige Formel, daß die Anwendung eines Vierweg-Mischens zum Sortieren einer aus 200 Millionen Wörtern bestehenden Datei auf einem Computer mit Speicherplatz für eine Million Wörter insgesamt ungefähr fünf Durchläufe erfordern dürfte. Eine sehr grobe Schätzung für die Laufzeit läßt sich erhalten, indem man die Laufzeit für die oben vorgeschlagene Implementation der Herstellung der Kopie einer Datei in umgekehrter Reihenfolge mit fünf multipliziert.

Replacement Selection

Es zeigt sich, daß die Einzelheiten der Implementation in eleganter und effizienter Weise entwickelt werden können, wenn man Prioritätswarteschlangen benutzt. Zunächst überzeugen wir uns davon, daß Prioritätswarteschlangen eine natürliche Möglichkeit bieten, um ein Mehrweg-Mischen zu implementieren. Was noch wichtiger ist, es erweist sich, daß wir Prioritätswarteschlangen für den ersten Sortierdurchlauf dergestalt benutzen können, daß sie sortierte Blöcke erzeugen können, die viel länger sind, als daß sie im internen Speicher Platz finden würden.

Die grundlegende Operation, die benötigt wird, um das `P-Weg`-Mischen auszuführen, besteht darin, wiederholt das kleinste unter den kleinsten noch nicht ausgegebenen Elementen von jedem der P zu mischenden Blöcke auszugeben. Dieses kleinste Element muß dann durch das nächste Element aus dem Block, aus dem es stammte, ersetzt werden. Die *replace*- (Ersetzen) Operation in einer Prioritätswarteschlange der Größe P ist genau das, was benötigt wird. (In Wirklichkeit sind die »indirekten« Varianten der Routinen für Prioritätswarteschlangen, die in Kapitel 11 beschrieben wurden, für diese Anwendung besser geeignet.) Um ein P-Weg-Mischen vorzunehmen, füllen wir zuerst eine Prioritätswarteschlange der Größe P mit dem kleinsten Element jeder der P Eingaben unter Verwendung der Prozedur `pqinsert` aus Kapitel 11 (entsprechend modifiziert, so daß sich anstelle des größten das kleinste Element an der Spitze des Heap befindet). Danach geben wir unter Verwendung der Prozedur `pqreplace` aus Kapitel 11 (in der gleichen Weise modifiziert) das kleinste Element aus und ersetzen es in der Prioritätswarteschlange durch das nächste Element aus seinem Block.

Der Prozeß des Mischens von A O S mit I R T und A G N (die erste Mischoperation aus unserem obigen Beispiel) unter Verwendung eines Heaps der Größe drei im Mischprozeß ist in Abbildung 13.3 dargestellt. Die »Schlüssel« in diesen Heaps sind die kleinsten (ersten) Schlüssel in jedem Knoten. Um der Klarheit willen stellen wir ganze Blöcke in den Knoten des Heaps dar; natürlich würde eine richtige Implemen-

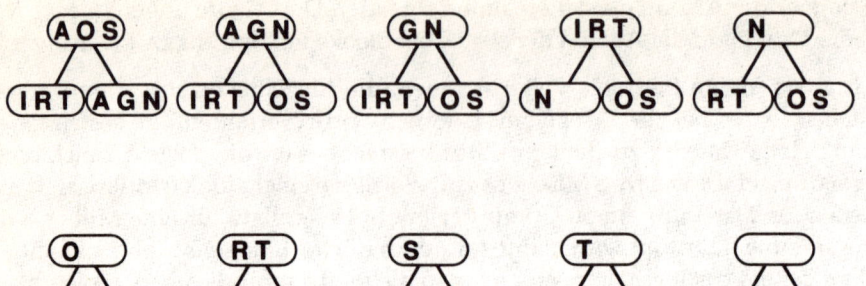

Abbildung 13.3 *Replacement Selection für das Mischen bei einem Heap der Größe 3.*

tation ein indirekter Heap aus Zeigern sein, die auf die Blöcke weisen. Zuerst wird A ausgegeben, so daß O (der nächste Schlüssel in seinem Block) zum »Schlüssel« der Wurzel wird. Dadurch wird die Heap-Bedingung verletzt, so daß der Knoten mit dem Knoten ausgetauscht wird, der A, G und N enthält. Danach wird jenes A ausgegeben und durch den nächsten Schlüssel in seinem Block — G — ersetzt. Dadurch wird die Heap-Bedingung nicht verletzt, so daß kein weiterer Austausch erforderlich ist. Indem wir in dieser Weise fortfahren, erzeugen wir die sortierte Datei (man lese jeweils den kleinsten Schlüssel im Wurzelknoten der Bäume in Abbildung 13.3, um die Schlüssel in der Reihenfolge zu sehen, in der sie auf der ersten Position des Heaps erscheinen und ausgegeben werden). Wenn ein Block erschöpft ist, wird eine Marke auf dem Heap gesetzt und als größer als alle anderen Schlüssel betrachtet. Wenn der Heap nur noch aus Marken besteht, ist das Mischen abgeschlossen. Diese Art der Verwendung von Prioritätswarteschlangen wird manchmal *Replacement Selection* (Auswählen mit Ersetzen) genannt.

Um ein *P*-Weg-Mischen zu realisieren, können wir somit Replacement Selection auf eine Prioritätswarteschlange der Größe *P* anwenden, um jedes auszugebende Element in log *P* Schritten zu bestimmen. Dieser Unterschied in der Leistungsfähigkeit hat keine besondere praktische Bedeutung, da eine »gewaltsame« Implementation jedes auszugebende Element in *P* Schritten finden kann und *P* normalerweise so klein ist, daß diese Kosten gegenüber den Kosten der tatsächlichen Ausgabe des Elements nicht ins Gewicht fallen. Die eigentliche Bedeutung von Replacement Selection besteht in der Art und Weise, wie es im ersten Teil des Misch-Sortier-Prozesses benutzt werden kann: um die am Anfang benötigten sortierten Blöcke zu bilden, die die Basis für die Misch-Durchläufe darstellen.

Die Idee besteht darin, die (ungeordneten) Eingabedaten eine große Prioritätswarteschlange durchlaufen zu lassen und dabei wie oben immer das kleinste Element in der Prioritätswarteschlange auszugeben und es durch das nächste Element aus den Eingabedaten zu ersetzen. Zusätzlich wird, falls das neue Element kleiner als das letzte ausgegebene Element ist und somit kein Bestandteil des aktuellen sortierten Blocks werden kann, dieses als Bestandteil des nächsten Blocks markiert und als

größer als alle Elemente im aktuellen Block behandelt. Wenn ein markiertes Element
an die Spitze der Prioritätswarteschlange gelangt, wird der alte Block abgeschlossen
und ein neuer Block begonnen. Auch das läßt sich leicht mit `pqinsert` und `pqreplace`
aus Kapitel 11 implementieren, nachdem geeignete Modifikationen vorgenommen
wurden, so daß sich das kleinste Element an der Spitze des Heap befindet, und
nachdem `pqreplace` so abgeändert wurde, daß es markierte Elemente grundsätzlich
als größer als unmarkierte Elemente behandelt.

Unsere Beispieldatei veranschaulicht den Wert von Replacement Selection deutlich.
Mit einem internen Speicher, der nur in der Lage ist, drei Datensätze zu speichern,
können wir sortierte Blöcke der Größe 5, 3, 6, 4, 5 und 2 erzeugen, wie in Abbildung
13.4 dargestellt ist. Wie zuvor entspricht die Reihenfolge, in der die Schlüssel die erste
Position im Heap einnehmen, der Reihenfolge, in der sie ausgegeben werden. Die
Schattierung verdeutlicht, welche Schlüssel im Heap zu welchen verschiedenen
Blöcken gehören: Ein Element, das genauso markiert ist wie das Element an der
Wurzel, gehört zum aktuellen sortierten Block, und die anderen gehören zum nächsten sortierten Block. Die Heap-Bedingung (erster Schlüssel kleiner als der zweite und
dritte) wird überall eingehalten, wobei die Elemente im nächsten sortierten Block als
größer als die Elemente im aktuellen sortierten Block betrachtet werden. Die erste
Sequenz endet mit I N G im Heap, da diese Schlüssel alle mit größeren Schlüsseln an
der Wurzel eintrafen (so daß sie nicht in die erste Sequenz aufgenommen werden
konnten), die zweite Sequenz endet mit A N D im Heap usw.

Eigenschaft 13.1 *Für zufällige Schlüssel besitzen die Sequenzen, die durch Replacement Selection erzeugt werden, ungefähr die doppelte Größe des verwendeten Heaps.*

Der Beweis dieser Eigenschaft erfordert eine sehr komplizierte Analyse, doch die
Behauptung läßt sich leicht experimentell überprüfen. ∎

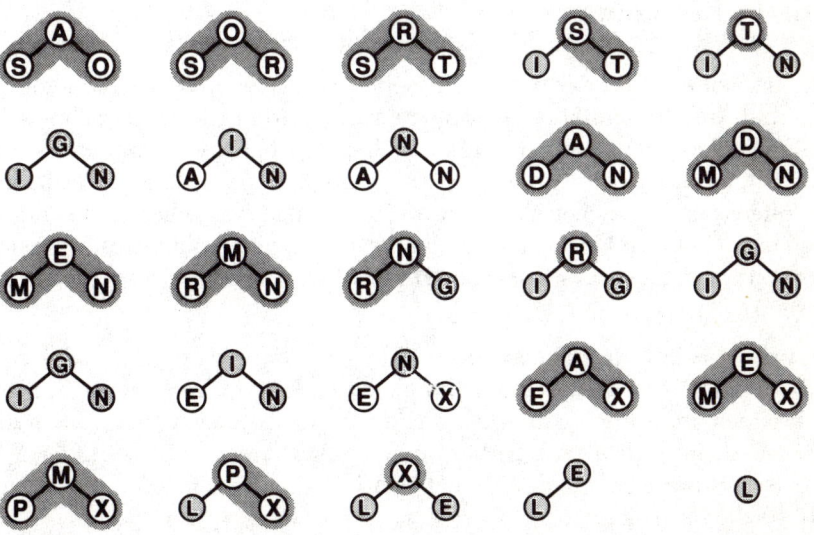

Abbildung 13.4 Replacement Selection für die Erzeugung der Anfangssequenzen.

Die praktische Bedeutung dieser Eigenschaft besteht darin, daß ein Misch-Durchlauf eingespart wird: Anstatt mit sortierten Sequenzen zu beginnen, die etwa die Größe des internen Speichers haben, und dann einen Misch-Durchlauf vorzunehmen, um Sequenzen zu erzeugen, die etwa die doppelte Größe des internen Speichers haben, können wir sofort mit Sequenzen beginnen, die etwa doppelt so groß sind wie der interne Speicher, indem wir Replacement Selection mit einer Prioritätswarteschlange der Größe M benutzen. Wenn in den Schlüsseln eine gewisse Ordnung vorhanden ist, können die Sequenzen sehr viel länger sein. Wenn sich zum Beispiel bei keinem Schlüssel mehr als M größere Schlüssel vor ihm in der Datei befinden, ist die Datei im Ergebnis des Durchlaufs von Replacement Selection vollständig sortiert, und kein Mischen ist mehr erforderlich! Das ist der wichtigste praktische Grund für die Anwendung dieser Methode.

Insgesamt ergibt sich damit, daß die Technik des Replacement Selection sowohl für den Schritt »Sortieren« als auch für den Schritt »Mischen« bei einem ausgeglichenen Mehrweg-Mischen angewandt werden kann.

Eigenschaft 13.2 *Eine Datei aus N Datensätzen kann unter Verwendung eines internen Speichers, in dem M Datensätze gespeichert werden können, und von P + 1 Bändern in ungefähr* $1 + \log_P(N/2M)$ *Durchläufen sortiert werden.*

Wie bereits erläutert, benutzen wir zuerst Replacement Selection mit einer Prioritätswarteschlange der Größe M zur Erzeugung von Anfangssequenzen mit einer Länge von ungefähr $2M$ (in einer zufälligen Situation) oder mehr (falls die Datei teilweise geordnet ist) und benutzen dann Replacement Selection mit einer Prioritätswarteschlange der Größe P für ungefähr $\log_p(N/2M)$ (oder weniger) Misch-Durchläufe. ∎

Praktische Erwägungen

Um die Implementation der oben umrissenen Sortiermethode zu beenden, müssen die Ein- und Ausgabe-Funktionen implementiert werden, die die Daten zwischen der Zentraleinheit und den externen Einheiten übertragen. Diese Funktionen sind offenbar der Schlüssel zu einer guten Leistungsfähigkeit des externen Sortierens, und ebenso offensichtlich machen sie es erforderlich, einige systembezogene Fragen sorgfältig zu betrachten (als Gegenstück zu Fragen des Algorithmus). (Leser, die sich nicht mit Computern auf der »System«-Ebene beschäftigen, können die folgenden Absätze auslassen.)

Ein Hauptziel bei der Implementation sollte sein, dafür zu sorgen, daß sich Lesen, Schreiben und Berechnen so gut wie möglich überlappen. Viele große Computersysteme besitzen unabhängige Zentraleinheiten für die Steuerung der großen Ein- und Ausgabe-Einheiten, die diese Überlappungen möglich machen. Die Effizienz, die mit einer externen Sortiermethode erreicht werden kann, hängt von der verfügbaren Anzahl solcher Einheiten ab.

Für jede Datei, die gelesen oder geschrieben wird, kann die *Doppelpufferung* (double buffering) genannte standardmäßige Systemprogrammiertechnik benutzt werden, um die Überlappung der Ein- und Ausgabe (E/A) mit der Berechnung zu maximieren. Die Idee besteht darin, zwei »Puffer« zu unterhalten, einen zur Verwendung durch die Zentraleinheit und einen zur Verwendung durch die E/A-Einheit (oder den Prozessor, der die E/A-Einheit steuert). Während der Eingabe verwendet der Prozessor den einen Puffer, während die Eingabeeinheit den anderen füllt. Wenn der Prozessor seinen Puffer nicht mehr benutzt, wartet er, bis die Eingabeeinheit ihren Puffer gefüllt hat, und dann werden die Rollen der Puffer vertauscht: Der Prozessor verwendet die neuen Daten aus dem soeben gefüllten Puffer, während die Eingabeeinheit den Puffer, dessen Daten der Prozessor bereits benutzt hat, neu füllt. Die gleiche Methode kommt bei der Ausgabe zur Anwendung, wobei die Rollen des Prozessors und der Einheit vertauscht sind. Gewöhnlich ist die für die E/A benötigte Zeit wesentlich größer als die Verarbeitungszeit, so daß der Effekt der Doppelpufferung darin besteht, daß die Rechenzeit vollständig überdeckt wird; die Puffer sollten daher so groß wie möglich sein.

Eine Schwierigkeit bei der Doppelpufferung besteht darin, daß in Wirklichkeit nur etwa die Hälfte des verfügbaren Speicherplatzes ausgenutzt wird. Dies kann zu einer uneffizienten Arbeitsweise führen, wenn viele Puffer beteiligt sind, wie es beim P-Weg-Mischen der Fall ist, wenn P nicht klein ist. Dieses Problem kann mit Hilfe einer Methode gelöst werden, die Vorhersage (forecasting) genannt wird und die Verwendung von nur einem zusätzlichen Puffer (anstelle von P Puffern) während des Mischprozesses erfordert. Die Vorhersage läuft wie folgt ab: Der beste Weg, um während des Prozesses von Replacement Selection Eingabe und Berechnung zu überlappen, besteht sicherlich darin, die Eingabe in den Puffer, der als nächster gefüllt werden muß, mit dem Verarbeitungsteil des Algorithmus zu überlappen. Und es ist leicht zu bestimmen, welcher Puffer das ist: Der Eingabepuffer, der als nächster geleert wird, ist derjenige, dessen *letztes* Element am kleinsten ist. Wenn zum Beispiel A O S mit I R T und A G N gemischt wird, so wissen wir, daß der dritte Puffer als erster geleert wird, danach der erste. Eine einfache Möglichkeit, um beim Mehrweg-Mischen die Verarbeitung mit der Eingabe zu überlappen, besteht daher darin, einen zusätzlichen Puffer zu verwenden, der von der Eingabeeinheit entsprechend dieser Regel gefüllt wird. Wenn der Prozessor einen leeren Puffer vorfindet, wartet er, bis der Eingabepuffer gefüllt ist (falls er noch nicht gefüllt worden ist); dann beginnt er, diesen Puffer zu benutzen, und veranlaßt die Eingabeeinheit, entsprechend der Vorhersageregel mit dem Füllen des gerade geleerten Puffers zu beginnen.

Die wichtigste Entscheidung, die bei der Implementation des Mehrweg-Mischens zu treffen ist, ist die Wahl von P, der »Ordnung« des Mischens. Beim Sortieren mit Hilfe von Bändern, wo nur sequentieller Zugriff gestattet ist, ist diese Wahl einfach: P muß um eins kleiner sein als die verfügbare Anzahl von Bandeinheiten, da für das Mehrweg-Mischen P Eingabebänder und ein Ausgabeband verwendet werden. Offenbar müssen mindestens zwei Eingabebänder vorhanden sein, so daß der Versuch, beim Sortieren mit Bändern weniger als drei Bänder zu verwenden, nicht besonders sinnvoll ist.

Beim Sortieren mit Hilfe von Platten, wo der Zugriff auf beliebige Positionen gestattet ist, wobei dieser aber etwas teurer ist als ein sequentieller Zugriff, ist es gleichfalls sinnvoll, P um eins kleiner zu wählen als die verfügbare Anzahl von Platten, um die höheren Kosten eines nichtsequentiellen Zugriffs zu vermeiden, die zum Beispiel entstehen würden, wenn sich zwei verschiedene Eingabedateien auf der gleichen Platte befänden. Eine andere häufig benutzte Alternative ist, P genügend groß zu wählen, so daß das Sortierverfahren in zwei Mischphasen vollendet ist. Es ist gewöhnlich nicht sinnvoll zu versuchen, das Sortieren in einem Durchlauf auszuführen, doch ein Sortieren mit zwei Durchläufen kann oft mit einem hinreichend kleinen P realisiert werden. Da bei Replacement Selection ungefähr $N/2M$ Sequenzen erzeugt werden und die Anzahl der Sequenzen bei jedem Mischdurchlauf durch P geteilt wird, bedeutet dies, daß als Wert für P die kleinste ganze Zahl gewählt werden sollte, für die $P^2 > N/2M$ gilt. Für unser Beispiel des Sortierens einer Datei mit 200 Millionen Wörtern auf einem Computer mit einem Speicher, der eine Million Wörter umfaßt, würde sich ergeben, daß $P = 11$ eine sichere Wahl wäre, um ein Sortieren in zwei Durchläufen zu gewährleisten. (Der richtige Wert von P kann exakt berechnet werden, nachdem die Sortierphase abgeschlossen ist.) Die richtige Wahl zwischen diesen beiden Alternativen des kleinsten sinnvollen Wertes von P und des größten sinnvollen Wertes von P hängt sehr stark von vielen Systemparametern ab; beide Alternativen (und einige Zwischenwerte) sollten in Betracht gezogen werden.

Mehrphasen-Mischen

Ein Problem beim ausgeglichenen Mehrweg-Mischen für das Sortieren mit Hilfe von Bändern besteht darin, daß es entweder eine übermäßig große Anzahl von Bandeinheiten oder ein übermäßig häufiges Kopieren erfordert. Für das P-Weg-Mischen müssen wir entweder $2P$ Bänder verwenden (P für die Eingabe und P für die Ausgabe), oder wir müssen zwischen den Mischdurchläufen fast die gesamte Datei von einem einzigen Ausgabeband auf P Eingabebänder kopieren, wodurch sich die Anzahl der Durchläufe praktisch verdoppelt, so daß sie dann ungefähr $2 \log_P(N/2M)$ beträgt. Es wurden verschiedene zweckmäßige Bandsortieralgorithmen entwickelt, die praktisch dieses gesamte Kopieren überflüssig machen, indem sie die Art und Weise ändern, in der die kleinen sortierten Blöcke zusammengemischt werden. Die bekannteste dieser Methoden wird *Mehrphasen-Mischen* (polyphase merging) genannt.

Die dem Mehrphasen-Mischen zugrundeliegende Idee besteht darin, die durch Replacement Selection erzeugten sortierten Blöcke in gewisser Weise ungleichmäßig auf die verfügbaren Bandeinheiten zu verteilen (wobei eine leer bleibt) und dann eine Strategie der Art »Mischen, bis ein Band leer ist« anzuwenden, wonach eines der Ausgabebänder und das Eingabeband die Rollen tauschen.

Nehmen wir zum Beispiel an, daß wir nur drei Bänder haben, und daß wir mit der Anfangskonfiguration von sortierten Blöcken auf den Bändern beginnen, die die ersten Zeilen Abbildung 13.5 zeigen. (Diese ergibt sich bei Anwendung von Replace-

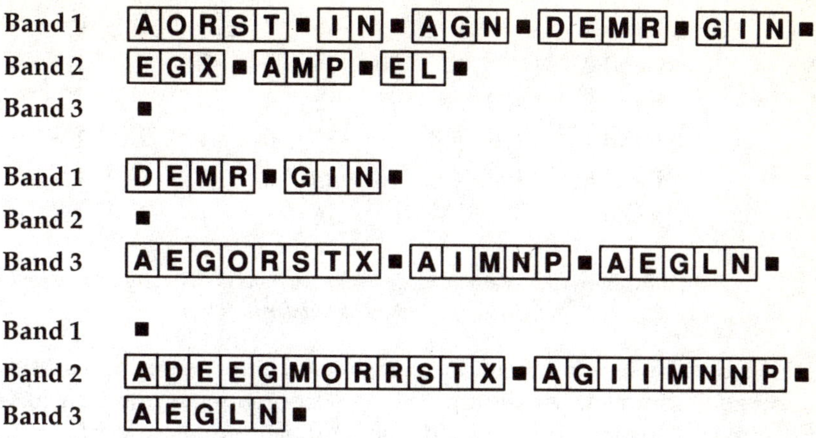

Band 1 | AORST ▪ IN ▪ AGN ▪ DEMR ▪ GIN ▪
Band 2 | EGX ▪ AMP ▪ EL ▪
Band 3 | ▪

Band 1 | DEMR ▪ GIN ▪
Band 2 | ▪
Band 3 | AEGORSTX ▪ AIMNP ▪ AEGLN ▪

Band 1 | ▪
Band 2 | ADEEGMORRSTX ▪ AGIIMNNP ▪
Band 3 | AEGLN ▪

Abbildung 13.5 *Anfangsetappen des Mehrphasen-Mischens mit drei Bändern.*

ment Selection auf unsere Beispieldatei bei einem internen Speicher, in dem nur zwei Datensätze abgelegt werden können.) Band 3 ist ursprünglich leer, es ist das Ausgabeband für die ersten Mischoperationen. Nun wird nach drei Zweiweg-Mischoperationen von den Bändern 1 und 2 auf Band 3 das zweite Band leer, wie in der Mitte von Abbildung 13.5 zu sehen ist. Danach wird nach zwei Zweiweg-Mischoperationen von den Bändern 1 und 3 auf Band 2 das erste Band leer, wie im unteren Teil der Abbildung 13.5 dargestellt ist. Das Sortieren wird in zwei weiteren Schritten vollendet. Zuerst verbleibt nach einem Zweiweg-Mischen von den Bändern 2 und 3 auf Band 1 eine Datei auf Band 2 und eine Datei auf Band 1. Danach befindet sich nach einem Zweiweg-Mischen von den Bändern 1 und 2 auf Band 3 die gesamte sortierte Datei auf Band 3.

Diese Strategie »Mischen, bis ein Band leer ist« läßt sich auf eine beliebige Zahl von Bändern übertragen. Abbildung 13.6 zeigt, wie sechs Bänder verwendet werden können, um 497 Anfangssequenzen zu sortieren. Wenn wir, wie in der ersten Spalte von Abbildung 13.6 angegeben, mit Band 2 als Ausgabeband, Band 1 mit 61 Anfangssequenzen, Band 3 mit 120 Anfangssequenzen usw. beginnen, ist nach der Durchführung eines Fünfweg-»Mischens, bis ein Band leer ist« Band 1 leer, auf Band 2 befinden sich 61 (lange) Sequenzen, auf Band 3 59 Sequenzen usw., wie es die zweite Spalte von Abbildung 13.6 zeigt. Zu diesem Zeitpunkt können wir Band 2 zurückspulen und es zu einem Eingabeband machen, und wir können Band 1 zurückspulen und es zum Ausgabeband machen. Indem wir in dieser Weise fortfahren, bekommen wir schließlich die gesamte sortierte Datei auf das Band 1. Das Mischen wird in viele *Phasen* zerlegt, welche nicht alle Daten einbeziehen, doch es ist kein direktes Kopieren erforderlich.

Band 1	61	0	31	15	7	3	1	0	1
Band 2	0	61	30	14	6	2	0	1	0
Band 3	120	59	28	12	4	0	2	1	0
Band 4	116	55	24	8	0	4	2	1	0
Band 5	108	47	16	0	8	4	2	1	0
Band 6	92	31	0	16	8	4	2	1	0

Abbildung 13.6 *Verteilung der Sequenzen für das Mehrphasen-Mischen
mit sechs Bändern.*

Die Hauptschwierigkeit beim Implementieren eines Mehrphasen-Mischens besteht darin zu bestimmen, wie die am Anfang vorliegenden Sequenzen zu verteilen sind. Es ist nicht schwer zu sehen, wie die obige Tabelle erhalten werden kann, wenn man rückwärts vorgeht: Man wähle die größte Zahl in jeder Spalte, mache sie zu Null und addiere sie zu jeder der anderen Zahlen, dann ergibt sich die vorangehende Spalte. Dies entspricht der Definition des Mischens der höchsten Ordnung für die vorangehende Spalte, welches die aktuelle Spalte ergeben kann. Diese Methode ist für jede beliebige Anzahl von Bändern (mindestens drei) anwendbar; die auftretenden Zahlen sind »verallgemeinerte Fibonacci-Zahlen«, die viele interessante Eigenschaften haben. Natürlich kann es sein, daß die Anzahl der am Anfang vorliegenden Sequenzen nicht im voraus bekannt ist, und wahrscheinlich wird es nicht exakt eine verallgemeinerte Fibonacci-Zahl sein. Daher muß eine Anzahl von »Pseudosequenzen« hinzugefügt werden, damit die Zahl der Anfangssequenzen genau den gemäß der Tabelle benötigten Wert hat.

Die Analyse des Mehrphasen-Mischens ist kompliziert und interessant, und sie liefert überraschende Ergebnisse. Zum Beispiel erweist es sich, daß die beste Methode des Verteilens von Pseudosequenzen auf die Bänder die Benutzung von zusätzlichen Phasen und von mehr Pseudosequenzen, als notwendig zu sein scheinen, erfordert. Der Grund dafür ist, daß einige Sequenzen viel öfter bei Mischoperationen verwendet werden als andere.

Wenn man eine möglichst effiziente Sortiermethode für Bänder implementieren will, muß man viele weitere Faktoren berücksichtigen. Ein wesentlicher Faktor, den wir überhaupt nicht in Betracht gezogen haben, ist die Zeit, die für das Zurückspulen eines Bandes benötigt wird. Diese Frage ist gründlich untersucht worden, und viele interessante Methoden wurden angegeben. Wie jedoch bereits erwähnt wurde, sind die gegenüber dem einfachen ausgeglichenen Mehrweg-Mischen erreichbaren Einsparungen recht begrenzt. Sogar das Mehrphasen-Mischen ist nur für kleine P besser als ausgeglichenes Mischen, und auch dann nur unwesentlich. Für $P > 8$ läuft ausgeglichenes Mischen im allgemeinen schneller ab als Mehrphasen-Mischen, und für kleinere P beruht der Effekt beim Mehrphasen-Mischen hauptsächlich auf der Einsparung von zwei Bändern (ein ausgeglichenes Mischen mit zwei zusätzlichen Bändern würde schneller ablaufen).

Ein einfacherer Weg

Viele moderne Computersysteme verfügen über eine große *virtuelle Speicherkapazität*, die man beim Implementieren einer Methode für das Sortieren sehr großer Dateien nicht außer Acht lassen sollte. In einem guten virtuellen Speichersystem kann der Programmierer eine sehr große Menge an Daten adressieren und es der Verantwortung des Systems überlassen, dafür zu sorgen, daß die adressierten Daten bei Bedarf vom externen in den internen Speicher übertragen werden. Diese Strategie beruht auf der folgenden Tatsache, daß viele Programme einen relativ kleinen »Bezugsbereich« haben: Jede Bezugnahme auf den Speicher erfolgt mit hoher Wahrscheinlichkeit auf einen Bereich des Speichers, der relativ nahe bei anderen Bereichen liegt, auf die in letzter Zeit eine Bezugnahme erfolgte. Das hat zur Folge, daß Datenübertragungen vom externen zum internen Speicher häufig nicht erforderlich sind. Eine interne Sortiermethode mit einem kleinen Bezugsbereich kann mit einem virtuellen Speichersystem sehr gut realisierbar sein. (Zum Beispiel hat Quicksort zwei »Bezugsbereiche«: Die meisten Bezugnahmen erfolgen in der Nähe von einem der beiden Zerlegungszeiger.) Bevor man erwarten kann, erhebliche Einsparungen zu erzielen, sollte man jedoch den Systemprogrammierer konsultieren: Eine Methode von der Art des digitalen Sortierens, welche keinerlei Bezugsbereich besitzt, wäre in einem virtuellen Speichersystem katastrophal, und sogar Quicksort könnte Probleme verursachen, je nachdem, wie gut das zur Verfügung stehende virtuelle Speichersystem implementiert ist. Andererseits sollte die Strategie der Anwendung einer einfachen internen Sortiermethode für das Sortieren von auf Platten befindlichen Dateien in einem guten virtuellen Speichersystem ernsthaft in Erwägung gezogen werden.

Übungen

1. Beschreiben Sie, wie Sie externes *Auswählen* realisieren würden: Finde das k-größte Element in einer aus N Elementen bestehenden Datei, wobei N viel zu groß ist, als daß die Datei im Hauptspeicher Platz finden würde.

2. Implementieren Sie den Replacement Selection Algorithmus und benutzen Sie ihn dann zur Überprüfung der Behauptung, daß die erzeugten Sequenzen ungefähr doppelt so groß sind wie der Umfang des internen Speichers.

3. Was ist das *ungünstigste* Ereignis, das eintreten kann, wenn Replacement Selection zum Erzeugen von Anfangssequenzen in einer aus N Datensätzen bestehenden Datei angewandt wird und dabei eine Prioritätswarteschlange der Größe M benutzt wird, wobei $M < N$ gilt?

4. Wie würden Sie den Inhalt einer Platte sortieren, wenn kein anderes Speichermedium (außer dem Hauptspeicher) zur Verfügung stünde?

5. Wie würden Sie den Inhalt einer Platte sortieren, wenn nur ein Band (und der Hauptspeicher) zur Verfügung stünden?

6. Vergleichen Sie das ausgeglichene Mehrweg-Mischen mittels vier und sechs Bändern mit dem Mehrphasen-Mischen bei der gleichen Zahl von Bändern für 31 Anfangssequenzen.

7. Wie viele Phasen benötigt das Mehrphasen-Mischen mit fünf Bändern, wenn mit vier Bändern begonnen wird, auf denen sich am Anfang 26, 15, 22 und 28 Sequenzen befinden?

8. Gehen Sie davon aus, daß die 31 Anfangssequenzen bei einem Mehrphasen-Mischen mit vier Bändern jeweils einen Datensatz lang sind (mit einer anfänglichen Verteilung 0, 13, 11, 7). Wie viele Datensätze sind in jeder der Dateien enthalten, die an der letzten Operation des Dreiweg-Mischens beteiligt sind?

9. Wie sollten kleine Dateien in einer Implementation von Quicksort behandelt werden, die für eine sehr umfangreiche Datei auf einem virtuellen Speichersystem ablaufen soll?

10. Wie würden Sie eine externe Prioritätswarteschlange organisieren? (Entwickeln Sie insbesondere einen Weg, um die *insert*- und *remove*-Operationen aus Kapitel 11 zu unterstützen, wenn die Anzahl der Elemente in der Prioritätswarteschlange so anwachsen könnte, daß diese nicht mehr im Hauptspeicher Platz finden würde.)

Literatur für Sortieren

Die wichtigste Referenz für diesen Abschnitt ist Band 3 der Reihe von D. E. Knuth, der dem Sortieren und Suchen gewidmet ist. Zu praktisch jedem Thema, das wir gestreift haben, kann man in diesem Buch weitere Informationen finden. Insbesondere werden die hier vorgestellten Ergebnisse zu den Leistungsmerkmalen der verschiedenen Algorithmen dort durch eine vollständige mathematische Analyse untermauert.

Über das Sortieren existiert eine umfangreiche Literatur. Die 1973 erschienene Bibliographie von Knuth und Rivest enthält Hunderte von Titeln, und dabei sind zahllose Bücher und Artikel zu anderen Themen, in denen auch Fragen des Sortierens behandelt werden, noch nicht erfaßt. Eine neuere Referenz mit einer ausführlichen Bibliographie, die Arbeiten bis 1984 beinhaltet, ist das Buch von Gonnet.

Für Quicksort ist die beste Referenz das Original, der Artikel von Hoare aus dem Jahre 1962, in dem alle wichtigen Varianten suggeriert werden, einschließlich der in Kapitel 9 betrachteten Anwendung beim Auswählen. Zahlreiche weitere Einzelheiten hinsichtlich der mathematischen Analyse und der praktischen Auswirkungen vieler der Modifikationen und Vervollkommnungen, die im Laufe der Jahre vorgeschlagen wurden, sind im 1978 erschienenen Buch des Autors zu finden.

Ein gutes Beispiel für eine höherentwickelte Prioritätswarteschlangen-Struktur sind J. Vuillemins »Binomialwarteschlangen«, so wie sie von M. R. Brown implementiert und analysiert wurden. Diese Datenstruktur unterstützt alle Operationen mit Prioritätswarteschlangen in einer eleganten und effizienten Weise. Der neueste Stand bei dieser Datenstruktur bezüglich praktischer Implementationen ist der »Paarungs-Heap« (pairing heap), der von Fredman, Sedgewick, Sleator und Tarjan beschrieben wurde.

Um einen Eindruck von den unzähligen Details zu bekommen, die zu beachten sind, wenn Algorithmen von der Art der hier betrachteten auf praktische Allzweck-Implementationen zurückgeführt werden sollen, wird dem Leser empfohlen, die entsprechenden Unterlagen für das Sortierprogramm seines speziellen Computersystems zu studieren. In solchen Unterlagen ist notwendigerweise vor allem von Schlüsselformaten, Datensätzen und Dateien sowie von vielen anderen Einzelheiten die Rede, und es ist oft interessant herauszufinden, wie die Algorithmen selbst ins Spiel gebracht werden.

M. R. Brown, »Implementation and analysis of binomial queue algorithms«, *SIAM Journal of Computing*, **7**, 3 (August 1978).

M. L. Fredman, R. Sedgewick, D. D. Sleator und R. E. Tarjan, »The pairing heap: a new form of self-adjusting heap«, *Algorithmica*, **1**, 1 (1986).

G. H. Gonnet, *Handbook of Algorithms and Data Structures*, Addison-Wesley, Reading, MA, 1984.

C. A. R. Hoare, »Quicksort«, *Computer Journal*, **5**, 1 (1962).

D. E. Knuth, *The Art of Computer Programming. Volume 3: Sorting and Searching*, zweite Auflage, Addison-Wesley, Reading, MA, 1975.

R. L. Rivest und D. E. Knuth, »Bibliography 26: Computing Sorting«, *Computing Reviews*, **13**, 6 (Juni 1972).

R. Sedgewick, *Quicksort*, Garland, New York, 1978. (Auch erschienen als Dissertation des Autors, Stanford University, 1975.)

Suchalgorithmen

Kapitel 14

Elementare Suchmethoden

Eine grundlegende Operation, die Bestandteil sehr vieler Berechnungsaufgaben ist, ist das *Suchen*: Das Wiederauffinden eines bestimmten Elements oder bestimmter Informationsteile aus einer großen Menge früher gespeicherter Informationen. Normalerweise stellen wir uns die Information als in *Datensätze* zerlegt vor, wobei jeder Datensatz einen *Schlüssel* zur Verwendung beim Suchen hat. Das Ziel des Suchens ist es, alle Datensätze zu finden, deren Schlüssel mit einem bestimmten *Suchschlüssel* übereinstimmen. Der Zweck des Suchens besteht gewöhnlich darin, den Zugriff auf die Information im Datensatz (nicht nur auf die Schlüssel) für die Verarbeitung zu ermöglichen.

Die Anwendungen des Suchens sind vielfältig und erfordern eine große Zahl unterschiedlicher Operationen. Beispielsweise muß eine Bank die Kontenbewegungen aller ihrer Kunden verfolgen und sie durchsuchen, um verschiedene Arten von Transaktionen zu prüfen. Ein Reservierungssystem einer Luftverkehrsgesellschaft hat in gewisser Hinsicht ähnliche Aufgaben zu erfüllen, doch sind die meisten dort Daten recht kurzlebig.

Zwei gebräuchliche Begriffe, die zur Beschreibung von Datenstrukturen für das Suchen oft benutzt werden, sind *Wörterbücher* und *Symboltabellen*. Zum Beispiel sind in einem Wörterbuch der deutschen Sprache die »Schlüssel« die Wörter, und die »Datensätze« sind die zu den Wörtern gehörenden Eintragungen, die die Definition, Aussprache und sonstigen Informationen enthalten. Man kann sich auf das Erlernen und Beurteilen von Suchmethoden vorbereiten, indem man überlegt, wie man ein System zum Suchen in einem Wörterbuch der deutschen Sprache implementieren würde. Eine Symboltabelle ist das Wörterbuch für ein Programm: Die »Schlüssel« sind die symbolischen Namen, die im Programm verwendet werden, und die »Datensätze« enthalten Informationen, die das bezeichnete Objekt beschreiben.

Beim Suchen gibt es (wie beim Sortieren) Programme, die weit verbreitet sind und häufig benutzt werden, so daß es sich lohnt, eine Reihe von Methoden etwas gründlicher zu untersuchen. Wie beim Sortieren beginnen wir damit, einige elementare Methoden zu betrachten, die für kleine Tabellen und in anderen speziellen Situationen sehr nützlich sind und grundlegende Techniken illustrieren, die in höherentwickelten Methoden genutzt werden. Wir betrachten Verfahren, die Datensätze in Feldern speichern, die entweder mit Schlüsselvergleichen durchsucht oder mit Hilfe des Schlüsselwertes indiziert werden, und wir betrachten eine grundlegende Methode, mit der Strukturen aufgebaut werden, die durch die Werte der Schlüssel definiert sind.

Wie im Falle der Prioritätswarteschlangen ist es am besten, sich Suchalgorithmen als zu Paketen gehörig vorzustellen, mit denen eine Anzahl typischer Operationen implementiert wird und die von speziellen Implementationen getrennt werden können, so daß alternative Implementationen leicht ausgetauscht werden können. Zu den uns interessierenden Operationen gehören:

Initialisieren (initialize) der Datenstruktur.
Suchen (search) eines Datensatzes (oder mehrerer Datensätze) mit einem gegebenen Schlüssel.
Einfügen (insert) eines neuen Datensatzes.
Löschen (delete) eines bestimmten Datensatzes.
Zusammenfügen (join) von zwei Wörterbüchern zu einem größeren.
Sortieren (sort) des Wörterbuchs; Ausgabe aller Datensätze in sortierter Reihenfolge.

Wie bei den Prioritätswarteschlangen ist es manchmal zweckmäßig, einige dieser Operationen zu kombinieren. Zum Beispiel wird aus Effizienzgründen oft eine Operation *search and insert* eingeführt, wenn Datensätze mit gleichen Schlüsseln in der Datenstruktur nicht aufbewahrt werden sollen. Wenn festgestellt wurde, daß ein Schlüssel in der Datenstruktur nicht auftritt, enthält der interne Zustand vieler Methoden bereits alle Informationen, die notwendig sind, um einen neuen Datensatz mit dem vorgegebenen Schlüssel einzufügen.

Datensätze mit gleichen Schlüsseln können je nach Anwendung auf unterschiedliche Weise behandelt werden. Einmal können wir darauf bestehen, daß die primäre Datenstruktur für das Suchen nur Datensätze mit unterschiedlichen Schlüsseln enthält. Dann könnte jeder »Datensatz« in dieser Datenstruktur zum Beispiel eine Verkettung zu einer Liste aller Datensätze enthalten, die diesen Schlüssel besitzen. Dies ist für einige Anwendungen zweckmäßig, da *alle* Datensätze mit einem gegebenen Suchschlüssel bei einem *Suchvorgang* zurückgegeben werden. Eine zweite Möglichkeit besteht darin, Datensätze mit gleichen Schlüsseln in der primären Datenstruktur für das Suchen zu belassen und bei einem *Suchvorgang irgendeinen* Datensatz mit dem gegebenen Schlüssel zurückzugeben. Dies ist einfacher für Anwendungen, bei denen die Datensätze einer nach dem anderen verarbeitet werden und die Reihenfolge, in der Datensätze mit gleichen Schlüsseln verarbeitet werden, unwesentlich ist. Es ist schwieriger, was die Entwicklung von Algorithmen betrifft, da außerdem noch ein Mechanismus für das Wiederauffinden *eines anderen* Datensatzes oder *aller* Datensätze mit einem gegebenen Schlüssel vorgesehen werden muß. Eine dritte Möglichkeit besteht darin anzunehmen, daß jeder Datensatz (neben dem Schlüssel) eine eindeutige Kennzeichnung besitzt, und zu fordern, daß ein *Suchvorgang* den Datensatz mit einem gegebenen Kennzeichen findet, wenn der Schlüssel gegeben ist.

Eine vierte Möglichkeit wäre, dafür zu sorgen, daß das Suchprogramm für jeden Datensatz mit dem gegebenen Schlüssel eine bestimmte Funktion aufruft. Oder es könnte ein noch komplizierterer Mechanismus erforderlich sein. Wenn wir Suchalgorithmen beschreiben, erwähnen wir zur Information, wie Datensätze mit gleichen Schlüsseln gefunden werden könnten, ohne genau festzulegen, welcher Mechanismus anzuwenden ist. Unsere Beispiele enthalten im allgemeinen gleiche Schlüssel.

Jede der oben aufgezählten grundlegenden Operationen hat wichtige Anwendungen, und es wurde eine recht große Zahl von grundlegenden Organisationsformen vorgeschlagen, um die effiziente Anwendung verschiedener Kombinationen dieser Operationen zu unterstützen. In diesem und den nächsten Kapiteln konzentrieren wir uns auf Implementationen der grundlegenden Funktionen *search* und *insert* (und natürlich *initialize*), mit einigen Bemerkungen zu *delete* und *sort* an geeigneter Stelle. Wie im Falle der Prioritätswarteschlangen erfordert die Operation *join* normalerweise weiterentwickelte Techniken, die wir hier nicht betrachten können.

Sequentielle Suche

Die einfachste Methode des Suchens besteht darin, die Datensätze einfach in einem Feld zu speichern. Wenn ein neuer Datensatz eingefügt werden soll, setzen wir ihn an das Ende des Feldes; wenn eine Suche ausgeführt werden soll, durchsuchen wir das Feld sequentiell. Das folgende Programm zeigt eine Implementation der grundlegenden Funktionen unter Verwendung dieser einfachen Organisation und veranschaulicht einige der Vereinbarungen, die wir bei der Implementation von Suchmethoden verwenden werden.

```
static struct node
   { int key; int info; };
static struct node a[maxN+1];
static int N;

seqinitialize()
   { N = 0; }
int seqsearch(int v)
   {
     int x = N+1;
     a[0].key = v; a[0].info = -1;
     while (v != a[-x].key) ;
     return a[x].info;
   }
seqinsert(int v, int info)
   { a[++N].key = v; a[N].info = info; }
```

Dies ist ein Programm, in welchem ein abstrakter Datentyp benutzt wird, bei dem ganzzahlige Schlüssel (`key`) verwendet werden, um »zugehörige Information« (`info`) zu speichern und wieder aufzurufen. Wie beim Sortieren wird es in vielen Anwendungen notwendig sein, die Programme so zu erweitern, daß sie kompliziertere Datensätze und Schlüssel behandeln können, doch wird dies keine grundsätzliche Änderung in den Algorithmen mit sich bringen. Zum Beispiel würde der obige Programmabschnitt, wenn man `int key` durch `char *key` in der Deklaration von `node`, `int v` durch `char *v` in den Deklarationen beider Argumente und `v != a[-x].key` durch `strcmp(v,a[-x].key)` in `seqsearch` ersetzt, in ein Programm verwandelt, welches Zeichenketten anstelle von ganzen Zahlen als Schlüssel verwendet. Oder `info` könnte ein Zeiger sein, der auf eine komplizierte Datensatz-Struktur weist. In einem solchen Fall kann dieses Feld des Datensatzes als die eindeutige Kennzeichnung des Datensatzes dienen, die zur Unterscheidung zwischen Datensätzen mit gleichen Schlüsseln benutzt wird. In der angegebenen Form gibt diese Routine das Feld `info` vom ersten gefundenen Datensatz zurück, der den gesuchten Schlüssel besitzt (-1, falls kein solcher Datensatz existiert).

Es wird ein Markierungs-Datensatz verwendet; sein Feld `key` wird mit dem gesuchten Wert initialisiert, um zu gewährleisten, daß die Suche immer beendet wird, und damit eine innere Schleife mit nur einer Abbruchbedingung zu ermöglichen. Das Feld `info` des Markierungs-Datensatzes wird auf -1 gesetzt, so daß dieser Wert zurückgegeben wird, falls kein anderer Datensatz den gegebenen Wert des Schlüssels besitzt. Dies ist analog zu unserer Benutzung eines Markierungs-Datensatzes mit dem kleinsten oder größten Wert des Schlüssels, um die Programmierung der inneren Schleife verschiedener Sortieralgorithmen zu vereinfachen.

Eigenschaft 14.1 *Die sequentielle Suche (Implementation mit einem Feld) benötigt (immer) N + 1 Vergleiche für eine erfolglose Suche und (durchschnittlich) ungefähr N/2 Vergleiche für eine erfolgreiche Suche.*

Für eine erfolglose Suche folgt diese Eigenschaft unmittelbar aus dem Programm: Um festzustellen, daß ein Datensatz mit irgendeinem bestimmten Schlüssel nicht vorhanden ist, muß jeder Datensatz betrachtet werden. Für eine erfolgreiche Suche beträgt, wenn wir annehmen, daß jeder Datensatz mit der gleichen Wahrscheinlichkeit gesucht wird, die durchschnittliche Anzahl der Vergleiche

$$\frac{1}{N}(1+2+\ldots+N) = \frac{N+1}{2},$$

was genau der Hälfte der Kosten einer erfolglosen Suche entspricht. ∎

Die sequentielle Suche kann offensichtlich in natürlicher Weise an eine Darstellung der Datensätze in Form einer verketteten Liste angepaßt werden. Ein Vorteil dieser Vorgehensweise besteht darin, daß es einfach wird, dafür zu sorgen, daß die Liste sortiert bleibt:

```
static struct node
  { int key, info; struct node *next; };
static struct node *head, *z;

listinitialize()
  {
    head = (struct node *) malloc(sizeof *head);
    z = (struct node *) malloc(sizeof *z);
    head->next = z; z->next = z; z->info = -1;
  }
int listsearch(int v)
  {
    struct node *t = head;
    z->key = v;
    while (v > t->key) t = t->next;
    if (v != t->key) return z->info;
    return t->info;
  }
```

Wie es in C üblich ist, benutzen wir wahlweise die oben angegebene Implementation mit `while` oder `for (z->key = v; v > t->key; t = t->next);` (je nachdem, ob ein weiterer Programmabschnitt vorhanden ist). Da die Liste geordnet ist, kann jede Suche abgebrochen werden, wenn ein Datensatz mit einem Schlüssel gefunden wird, der nicht kleiner als der gesuchte Schlüssel ist. Natürlich ist die Funktion `sort` in diesem Falle trivial, was bei manchen Anwendungen von Nutzen sein kann. Die sortierte Reihenfolge kann leicht aufrecht erhalten werden, indem jeder neue Datensatz dort eingefügt wird, wo eine erfolglose Suche nach ihm abbricht:

```
listinsert(int v, int info)
  {
    struct node *x, *t = head;
    z->key = v;
    while (v > t->next->key) t = t->next;
    x = (struct node *) malloc(sizeof *x);
    x->next = t->next; t->next = x;
    x->key = v; x->info = info;
  }
```

Wie gewöhnlich bei verketteten Listen ermöglichen ein Pseudoknoten `head` am Kopf und ein Endknoten z eine erhebliche Vereinfachung des Programms. Dies läßt sich wie in der obigen Feld-Implementation als eine weitere mögliche Implementation des gleichen abstrakten Datentyps programmieren, der Einfügen, Suchen und Initialisieren unterstützt. Wir werden Suchalgorithmen auch weiterhin in dieser Weise programmieren, obwohl wir im Interesse der Klarheit etwas andere Funktionsnamen verwenden. Im übrigen könnten die Programme in Anwendungen jedoch wahlweise verwendet werden, wobei sie sich nur (wie zu erwarten) hinsichtlich der benötigten Zeit und des Platzbedarfs unterscheiden.

Eigenschaft 14.2 *Die sequentielle Suche (Implementation mit einer sortierten Liste) benötigt (durchschnittlich) sowohl für eine erfolgreiche als auch für eine erfolglose Suche ungefähr N/2 Vergleiche.*

Für eine erfolgreiche Suche ist die Situation die gleiche wie zuvor. Für eine erfolglose Suche gilt, wenn wir annehmen, daß die Suche mit gleicher Wahrscheinlichkeit beim Endknoten z oder bei jedem der Elemente in der Liste abgebrochen wird (was für eine Reihe von »zufälligen« Suchmodellen der Fall ist), daß die durchschnittliche Anzahl der Vergleiche dieselbe ist wie für eine erfolgreiche Suche in einer Tabelle vom Umfang $N+1$, nämlich $(N+2)/2$.

Wenn man in `listinsert` die `while`-Schleife entfernt, und wenn man in `list-search` die `if`-Anweisung entfernt und die Bedingung für die `while`-Schleife in (`v != t->key`) umändert, so erhält man eine Implementation des sequentiellen Suchens mittels "ungeordneter Liste", der Leistungsfähigkeit etwa die gleiche ist wie im Falle der Implementation mittels Feld. ∎

Falls etwas über die relative Häufigkeit des Zugriffs auf verschiedene Datensätze bekannt ist, können beträchtliche Einsparungen oft einfach dadurch erzielt werden, daß man die Datensätze günstig anordnet. Die »optimale« Anordnung besteht darin, den Datensatz, auf den am häufigsten ein Zugriff erfolgt, an den Anfang zu setzen, den Datensatz mit der zweitgrößten Häufigkeit des Zugriffs auf die zweite Position usw. Diese Methode kann sehr effizient sein, besonders dann, wenn nur auf eine kleine Menge von Datensätzen häufig ein Zugriff erfolgt.

Wenn keine Information über die Häufigkeit des Zugriffs verfügbar ist, kann mittels einer »selbstorganisierenden« Suche eine Annäherung an die optimale Anordnung realisiert werden: Jedesmal, wenn ein Zugriff auf einen Datensatz erfolgt, bewege man diesen an den Anfang der Liste. Diese Methode läßt sich günstiger implementieren, wenn eine Implementation mittels einer verketteten Liste verwendet wird. Natürlich hängt die Laufzeit von den Verteilungen des Zugriffs auf die Datensätze ab, so daß es sich schwer vorhersagen läßt, wie sie sich im allgemeinen Fall verhält. Sie eignet sich jedoch gut für den häufig auftretenden Fall, daß viele Zugriffe auf viele Datensätze eng aufeinander folgen.

Binäre Suche

Wenn die Menge der Datensätze groß ist, kann die Gesamtdauer der Suche beträchtlich verringert werden, indem eine Suchprozedur verwendet wird, die auf der Anwendung des Schemas »Teile und Herrsche« beruht: Teile die Menge der Datensätze in zwei Hälften, bestimme, welchem der zwei Teile der gesuchte Schlüssel angehört, konzentriere dich dann auf diesen Teil. Ein sinnvoller Weg, um diese Mengen zu zerlegen, besteht darin, die Datensätze sortiert zu lassen und dann Feld-Indizes zu verwenden, um den Teil des Feldes zu begrenzen, der gerade bearbeitet wird.

```
int binsearch(int v)
  {
    int l = 1; int r = N; int x;
    while (r >= l)
      {
        x = (l+r)/2;
        if (v < a[x].key) r = x-1; else l = x+1;
        if (v == a[x].key) return a[x].info;
      }
    return -1;
  }
```

Um festzustellen, ob ein gegebener Schlüssel v in einer Tabelle enthalten ist, vergleiche ihn zuerst mit dem Element auf der mittleren Position der Tabelle. Wenn v kleiner ist, muß es sich in der ersten Hälfte der Tabelle befinden; wenn v größer ist, muß es in der zweiten Hälfte enthalten sein. Wende dann diese Methode rekursiv an. Da nur ein rekursiver Aufruf erforderlich ist, ist es einfacher, die Methode iterativ zu formulieren.

Wie bei Quicksort und bei Radix Exchange Sort werden auch bei diesem Verfahren die Zeiger l und r benutzt, um die Teildatei zu begrenzen, die gerade bearbeitet wird. Wenn diese Teildatei leer wird, ist die Suche erfolglos. Andernfalls wird die Variable x so gesetzt, daß sie auf den Mittelpunkt des aktuellen Intervalls zeigt, und dann gibt es drei Möglichkeiten: Entweder wird ein Datensatz mit dem gegebenen Schlüssel gefunden, oder der linke Zeiger wird in x+1 geändert, oder der rechte Zeiger wird in x-1 geändert, je nachdem, ob der gesuchte Wert v gleich dem Wert des Schlüssels des in a[x] gespeicherten Datensatz ist, oder ob er kleiner oder größer als dieser Wert ist.

Abbildung 14.1 zeigt die Teildateien, die bei Anwendung dieser Methode gebildet werden, wenn in einer Tabelle, die durch das Einfügen der Schlüssel A S E A R C H I N G E X A M P L E aufgebaut wurde, das M gesucht wird. Die Intervallgröße wird bei jedem Schritt wenigstens halbiert, daher werden für diese Suche nur vier Verglei-

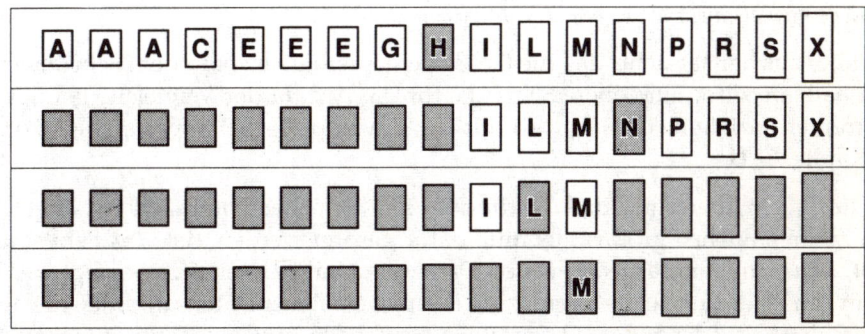

Abbildung 14.1 *Binäre Suche.*

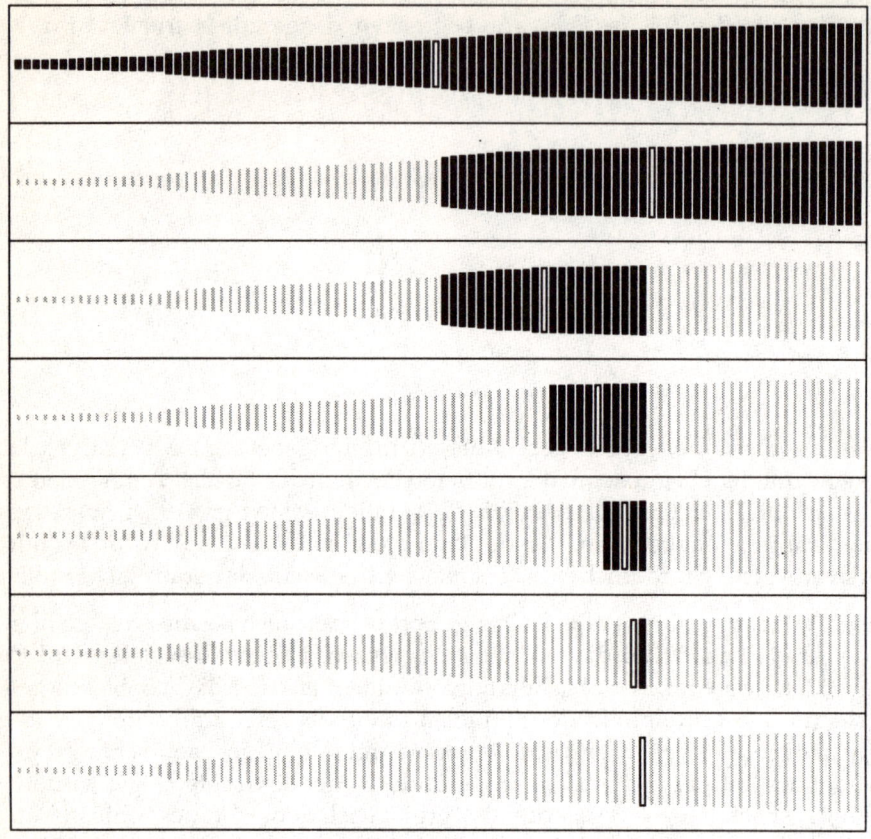

Abbildung 14.2 *Binäre Suche in einer umfangreicheren Datei.*

che benötigt. Abbildung 14.2 zeigt ein umfangreicheres Beispiel mit 95 Datensätzen; hier sind für jede beliebige Suche nur sieben Vergleiche notwendig.

Eigenschaft 14.3 *Binäre Suche erfordert sowohl für erfolgreiche als auch für erfolglose Suche niemals mehr als* lg N + 1 *Vergleiche.*

Dies folgt aus der Tatsache, daß die Größe der Unterdateien bei jedem Schritt wenigstens halbiert wird: Eine obere Schranke für die Anzahl der Vergleiche genügt der rekurrenten Beziehung $C_N = C_{N/2} + 1$ mit $C_1 = 1$, woraus die Behauptung folgt (Formel 2 in Kapitel 6). ∎

Man darf nicht übersehen, daß die für das *Einfügen* neuer Datensätze benötigte Zeit beim binären Suchen groß ist: Es muß dafür gesorgt werden, daß das Feld sortiert bleibt, daher müssen für jeden neuen Datensatz einige Datensätze bewegt werden, um für ihn Platz zu machen. Wenn zum Beispiel ein neuer Datensatz einen kleineren Schlüssel hat als jeder andere Datensatz in der Tabelle, muß jede Eintragung um eine

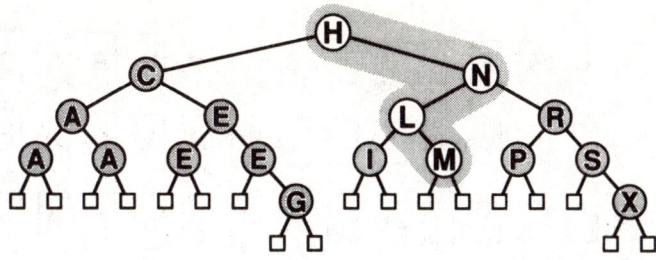

Abbildung 14.3 *Vergleichsbaum für die binäre Suche.*

Position verschoben werden. Eine zufällige Einfügung erfordert im Durchschnitt das Bewegen von $N/2$ Datensätzen. Daher sollte dieses Verfahren nicht für Anwendungen benutzt werden, die viele Einfügungen erfordern. Es ist am besten für Situationen geeignet, in denen die Tabelle im voraus »aufgebaut« werden kann, vielleicht unter Verwendung von Shellsort oder Quicksort, und in denen sie dann für eine große Zahl von (sehr effizienten) Suchoperationen benutzt werden kann.

Eine erfolgreiche Suche nach dem zu einem mehrfach vorhandenen Schlüssel v gehörigen Feld `info` bricht irgendwo innerhalb eines zusammenhängenden Blocks von Datensätzen mit dem Schlüssel v ab. Wenn die Anwendung den Zugriff zu allen solchen Datensätzen erfordert, so kann man diese finden, indem man von der Stelle aus, wo die Suche abgebrochen ist, ein Durchsuchen in beide Richtungen vornimmt. Ein ähnlicher Mechanismus kann benutzt werden, um das allgemeinere Problem zu lösen, das darin besteht, alle Datensätze mit Schlüsseln zu finden, die innerhalb eines gegebenen Intervalls liegen.

Die Folge der Vergleiche, die beim Algorithmus der binären Suche vorgenommen werden, ist vorherbestimmt: Die verwendete spezielle Folge hängt vom Wert des Schlüssels, der gesucht wird, sowie vom Wert von N ab. Die Struktur der Vergleiche kann mit Hilfe einer binären Baumstruktur einfach beschrieben werden. Abbildung 14.3 zeigt die Struktur der Vergleiche für unser Beispiel einer Menge von Schlüsseln. Zum Beispiel wird beim Suchen nach einem Datensatz mit dem Schlüssel M zuerst ein Vergleich mit H vorgenommen. Da M größer ist, wird es danach mit N verglichen (andernfalls wäre es mit C verglichen worden), dann wird es mit L verglichen, und beim vierten Vergleich wird die Suche dann erfolgreich abgebrochen. Weiter unten betrachten wir Algorithmen, die eine speziell konstruierte binäre Baumstruktur zur Steuerung der Suche benutzen.

Eine mögliche Verbesserung bei der binären Suche besteht in dem Versuch, genauer zu erraten, wo sich der gesuchte Schlüssel innerhalb des aktuellen interessierenden Intervalls befinden könnte (anstatt bei jedem Schritt blindlings das mittlere Element zu verwenden). Dies erinnert an die Art und Weise, wie man eine Nummer in einem Telefonverzeichnis sucht: Falls der gesuchte Name mit B beginnt, schlägt man weiter vorn nach, falls er dagegen mit Y beginnt, sucht man näher beim Ende. Diese

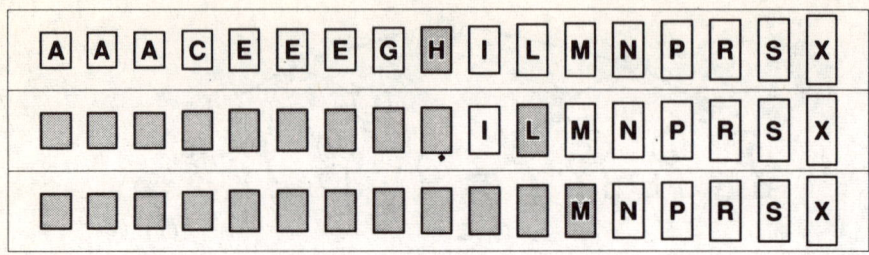

Abbildung 14.4 Interpolationssuche.

Methode, die *Interpolationssuche* (interpolation search) genannt wird, erfordert lediglich eine einfache Modifikation des obigen Programms. Im obigen Programm wurde die neue Position für die Suche (der Mittelpunkt des Intervalls) mit Hilfe der Anweisung x=(l+r) / 2 berechnet, welche aus der Beziehung

$$x = l + \frac{1}{2}(r - l)$$

abgeleitet wurde. Die Mitte des Intervalls wird berechnet, indem die Hälfte der Länge des Intervalls zum linken Endpunkt addiert wird. Die Interpolationssuche läuft einfach darauf hinaus, daß der Wert 1/2 in dieser Formel durch eine Schätzung ersetzt wird, die angibt, wo sich der Schlüssel innerhalb der verfügbaren Werte befinden könnte: 1/2 wäre geeignet, wenn v in der Mitte des Intervalls von a[l].key bis a[r].key liegen würde, doch ist x=l+(v−a[l].key)*(r−l) / (a[r].key−a[l].key) eine bessere Wahl (wenn man voraussetzt, daß die Schlüsselwerte Zahlenwerte mit einer Gleichverteilung sind).

Abbildung 14.5 Interpolationssuche in einer umfangreicheren Datei.

Nehmen wir in unserem Beispiel an, daß der `i`-te Buchstabe des Alphabets durch die Zahl `i` dargestellt wird. Dann wäre bei der Suche nach M die erste betrachtete Position der Tabelle 9, da $1 + (13–1) * (17–1) / (24–1) = 9,3 \ldots$ Diese Suche wird in nur drei Schritten vollendet, wie Abbildung 14.4 zeigt. Andere Suchschlüssel werden sogar noch effizienter gefunden: Zum Beispiel werden das erste und das letzte Element im ersten Schritt gefunden. Abbildung 14.5 zeigt die Interpolationssuche für die aus 95 Elementen bestehende Datei von Abbildung 14.2; es verwendet nur vier Vergleiche, während bei der binären Suche sieben erforderlich waren.

Eigenschaft 14.4 *Interpolationssuche erfordert sowohl für eine erfolgreiche als auch für eine erfolglose Suche in Dateien mit zufälligen Schlüsseln weniger als* lg lg N + 1 *Vergleiche.*

Der Beweis dieser Tatsache würde weit über den Rahmen dieses Buches hinausgehen. Diese Funktion ist eine sehr langsam wachsende Funktion, die für praktische Zwecke als Konstante betrachtet werden kann: Falls N eine Milliarde beträgt, ist lg lg $N < 5$. Somit kann jeder Datensatz unter Verwendung von (im Durchschnitt) nur wenigen Zugriffen gefunden werden, was eine wesentliche Verbesserung gegenüber der binären Suche ist. ∎

Die Interpolationssuche ist jedoch sehr stark von der Voraussetzung abhängig, daß die Schlüssel sehr gut über das Intervall verteilt sind. Durch Schlüssel mit einer sehr ungleichmäßigen Verteilung, die in der Praxis gewöhnlich auftreten, kann es »hereingelegt« werden. Hinzu kommt, daß die Methode einige Berechnungen erfordert: Für kleines N kommen die sich wie lg N verhaltenden Kosten der einfachen binären Suche lg lg N recht nahe, so daß sich der Aufwand des Interpolierens wahrscheinlich nicht lohnen dürfte. Andererseits sollte die Interpolationssuche für große Dateien sicherlich in Betracht gezogen werden, für Anwendungen, wo Vergleiche besonders kostspielig sind, oder für externe Methoden, wo hohe Zugriffskosten auftreten.

Suche in einem Binärbaum

Die Suche in einem Binärbaum (binary tree search) ist ein einfaches, effizientes dynamisches Suchverfahren, welches als einer der fundamentalsten Algorithmen in der Informatik betrachtet werden kann. Sie wird hier als »elementare« Methode eingestuft, weil sie so einfach ist; in Wirklichkeit ist sie jedoch in vielen Situationen die bevorzugte Methode.

Wir haben Bäume in Kapitel 4 recht ausführlich betrachtet. Es sei an die Terminologie erinnert: Die zur Definition eines *Baumes* dienende Eigenschaft ist, daß auf jeden Knoten nur ein anderer Knoten zeigt, der sein (direkter) *Vorgänger* genannt wird. Die für die Definition eines *binären Baumes* verwendete Eigenschaft ist, daß jeder Knoten linke und rechte Verkettungen hat. Für die Suche hat jeder Knoten auch einen Datensatz mit einem Schlüsselwert; in einem binären Suchbaum fordern wir, daß sich alle Datensätze mit kleineren Schlüsselwerten im linken Unterbaum befinden, und

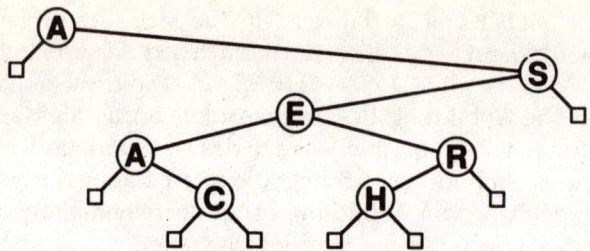

Abbildung 14.6 *Ein binärer Suchbaum.*

daß alle Datensätze im rechten Unterbaum größere (oder gleiche) Schlüsselwerte haben. Wir werden bald sehen, daß es sehr einfach ist zu gewährleisten, daß binäre Suchbäume, die durch sukzessives Einfügen von neuen Knoten aufgebaut werden, diese definierende Eigenschaft besitzen. Ein Beispiel eines binären Suchbaums zeigt Abbildung 14.6; leere Unterbäume sind wie gewöhnlich durch Knoten in Form kleiner Quadrate dargestellt.

Eine Suchprozedur wie `binarysearch` bietet sich für diese Struktur sofort an. Um einen Datensatz mit einem gegebenen Schlüssel v zu finden, vergleiche ihn zuerst mit der Wurzel. Wenn er kleiner ist, gehe zum linken Unterbaum; wenn Gleichheit gilt, brich ab; wenn er größer ist, gehe zum rechten Unterbaum. Wende diese Methode rekursiv an. Bei jedem Schritt haben wir die Gewähr, daß kein Teil des Baumes außer dem aktuellen Unterbaum Datensätze mit dem Schlüssel v enthalten kann, und ebenso, wie die Größe des Intervalls bei der binären Suche abnimmt, wird der »aktuelle Unterbaum« immer kleiner. Die Prozedur bricht entweder dann ab, wenn ein Datensatz mit dem Schlüssel v gefunden wird, oder, falls ein solcher Datensatz nicht existiert, dann, wenn der »aktuelle Unterbaum« leer wird. (Die Wörter »binär«, »Suche« und »Baum« werden an dieser Stelle tatsächlich etwas überstrapaziert, und der Leser sollte darauf achten, daß er den Unterschied zwischen der weiter vorn in diesem Kapitel angegebenen Funktion `binarysearch` und den hier beschriebenen binären Suchbäumen versteht. Bei der binären Suche verwendeten wir einen binären Baum, um die Folge von Vergleichen zu beschreiben, die von einer in einem Feld suchenden Funktion ausgeführt werden; hier bauen wir eine Datenstruktur aus Datensätzen auf, die durch Verkettungen verbunden sind, und benutzen sie für die Suche.)

```
static struct node
  { int key, info; struct node *l, *r; };
static struct node *t, *head, *z;

int treesearch(int v)
  {
    struct node *x = head->r;
    z->key = v;
    while (v != x->key)
```

```
      x = (v < x->key) ? x->l : x->r;
   return x->info;
}
```

Es ist zweckmäßig, im Baum einen Kopfknoten `head` zu verwenden, dessen rechte Verkettung auf den eigentlichen Wurzelknoten des Baums zeigt und dessen Schlüssel kleiner ist als alle anderen Schlüsselwerte (der Einfachheit halber verwenden wir 0, wobei wir annehmen, daß alle Schlüssel positive ganze Zahlen sind). Die linke Verkettung von `head` wird nicht benutzt. Die Notwendigkeit von `head` wird weiter unten deutlicher werden, wenn wir das Einfügen erörtern.

Falls ein Knoten keinen linken (rechten) Unterbaum hat, so wird seine linke (rechte) Verkettung so gesetzt, daß sie auf einen »Endknoten« z zeigt. Wie bei der sequentiellen Suche setzen wir den gesuchten Wert in z, um eine erfolglose Suche abzubrechen. Daher wird der »aktuelle Unterbaum«, auf den x zeigt, niemals leer, und alle Suchvorgänge sind »erfolgreich«: Das Initialisieren von `z->info` mit -1 bewirkt, daß dieser Indikator einer erfolglosen Suche zurückgegeben wird, entsprechend der von uns getroffenen Übereinkunft.

Wie oben in Abbildung 14.6 dargestellt, ist es zweckmäßig, sich die Verkettungen, die auf z zeigen, als auf imaginäre *äußere Knote*n zeigend vorzustellen, wobei alle erfolglosen Suchvorgänge bei äußeren Knoten enden. Die normalen Knoten, die unsere Schlüssel enthalten, werden *innere Knoten* genannt; durch die Einführung äußerer Knoten können wir sagen, daß jeder innere Knoten auf zwei andere Knoten im Baum zeigt, auch wenn in unserer Implementation alle äußeren Knoten durch den einzigen Knoten z dargestellt werden. Abbildung 14.7 zeigt diese Verkettungen und die Pseudoknoten explizit.

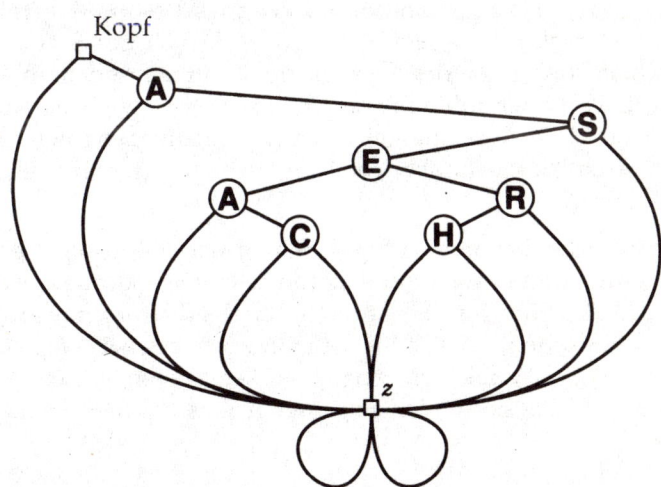

Abbildung 14.7 *Ein binärer Suchbaum (mit Pseudoknoten).*

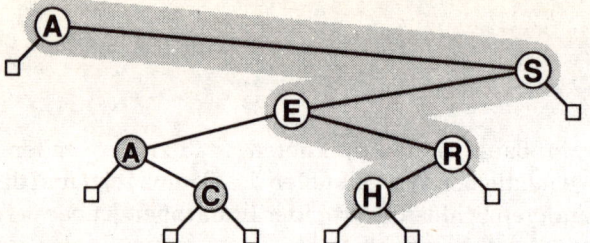

Abbildung 14.8 *Suchen (nach I) in einem binären Suchbaum.*

Der leere Baum wird dargestellt, indem man die rechte Verkettung von `head` auf `z` zeigen läßt, wie es durch das folgende Programm realisiert wird:

```
treeinitialize()
  {
      z = (struct node *) malloc(sizeof *z);
      z->l = z; z->r = z; z->info = -1;
      head = (struct node *) malloc(sizeof *head);
      head->r = z; head->key = 0;
  }
```

Hierdurch werden die Verkettungen von `z` so initialisiert, daß sie auf `z` selbst zeigen; obwohl die Programme in diesem Kapitel niemals auf die Verkettungen von `z` zugreifen, ist diese Initialisierung »sicher« und zweckmäßig für die weiterentwickelten Programme, die wir später betrachten werden.

Abbildung 14.8 zeigt, was passiert, wenn in unserem Beispielbaum unter Verwendung von `treesearch` ein I gesucht wird. Zuerst wird es mit A verglichen, dem Schlüssel an der Wurzel. Da I größer ist, wird es danach mit S verglichen, dem Schlüssel im rechten Nachfolger des Knotens, der A enthält. Indem in dieser Weise fortgefahren wird, wird I daraufhin mit dem E links von diesem Knoten verglichen, dann mit R, dann mit H. Die Verkettungen in dem H enthaltenden Knoten sind Zeiger, die auf `z` weisen, so daß die Suche abbricht: I wird in `z` mit sich selbst verglichen, und die Suche ist erfolglos.

Um einen Knoten in den Baum einzufügen, führen wir eine erfolglose Suche nach diesem Knoten durch und ordnen ihn dann anstelle von `z` dort an, wo die Suche beendet wurde. Um das Einfügen auszuführen, verfolgt das folgende Programm den Vorgänger `p` von `x`, während es sich im Baum abwärts bewegt. Wenn die unterste Ebene des Baumes (`x==z`) erreicht ist, zeigt `p` auf den Knoten, dessen Verkettung so geändert werden muß, daß sie auf den eingefügten neuen Knoten zeigt.

```
treeinsert(int v, int info)
  {
      struct node *p, *x;
      p = head; x = head->r;
```

```
    while (x != z)
      { p = x; x = (v < x->key) ? x->l :  x->r; }
    x = (struct node *) malloc(sizeof *x);
    x->key = v; x->info = info; x->l = z; x->r = z;
    if (v < p->key) p->l = x; else p->r = x;
  }
```

Wenn in diesem Programm ein neuer Knoten eingefügt wird, dessen Schlüssel mit einem bereits im Baum vorhandenen Schlüssel übereinstimmt, so wird er rechts von dem schon im Baum befindlichen Knoten eingefügt. Das bedeutet, daß Knoten mit gleichen Schlüsseln gefunden werden können, indem man die Suche einfach an der Stelle fortsetzt, wo treesearch abbricht, so lange, bis z gefunden wird.

Der Baum in Abbildung 14.9 ergibt sich, wenn die Schlüssel A S E A R C H I in einen ursprünglich leeren Baum eingefügt werden; Abbildung 14.10 zeigt die Vervollständigung unseres Beispiels, wenn N G E X A M P L E hinzugefügt werden. Der Leser sollte der Position gleicher Schlüssel in diesem Baum besondere Aufmerksamkeit schenken: Obwohl zum Beispiel die drei »A« über den ganzen Baum verteilt zu sein scheinen, gibt es keine Schlüssel »zwischen« ihnen.

Die *sort*-Funktion erhält man bei Verwendung binärer Suchbäume nahezu gratis, da ein binärer Suchbaum eine sortierte Datei darstellt, wenn man ihn in der richtigen Weise betrachtet. In unseren Abbildungen erscheinen die Schlüssel in der richtigen Reihenfolge, wenn sie im Bild von links nach rechts gelesen werden (wobei ihre Höhe und die Verkettungen zu ignorieren sind). Ein Programm kann nur mit den Verkettungen arbeiten, doch eine Sortiermethode folgt unmittelbar aus den definierenden Eigenschaften binärer Suchbäume. Das folgende Programm zur Traversierung in der richtigen Reihenfolge löst die Aufgabe (siehe Kapitel 4):

```
treeprint()
  { treeprintr(head->r); }
treeprintr(struct node *x)
  {
    if (x != z)
      {
```

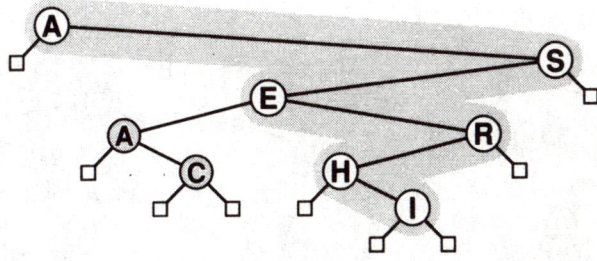

Abbildung 14.9 *Einfügen (von I) in einen binären Suchbaum.*

```
        treeprintr(x->l);
        printnode(x);
        treeprintr(x->r);
    }
}
```

Der Aufruf `treeprint` () bewirkt die Ausgabe der Schlüssel des Baumes in der richtigen Reihenfolge. Hierdurch wird eine Sortiermethode definiert, die eine bemerkenswerte Ähnlichkeit mit Quicksort besitzt, wobei der Knoten an der Wurzel des Baumes eine ähnliche Rolle spielt wie das zerlegende Element in Quicksort. Ein Hauptunterschied besteht darin, daß bei der Baum-Sortiermethode zusätzlicher Speicherplatz für die Verkettungen benutzt werden muß, während Quicksort mit nur wenig zusätzlichem Speicherplatz sortiert.

Die Laufzeiten von Algorithmen, die binäre Suchbäume betreffen, sind stark von der Form der Bäume abhängig. Im günstigsten Fall könnte der Baum eine Gestalt wie in

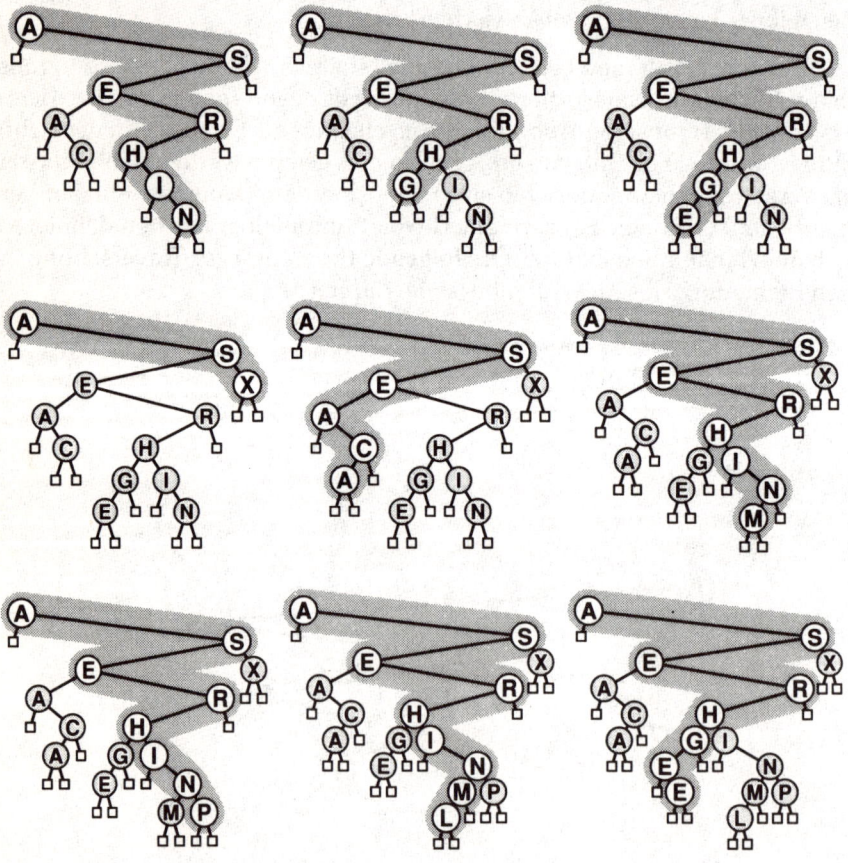

Abbildung 14.10 Aufbauen eines binären Suchbaums.

der Abbildung 14.3 haben, mit ungefähr lg N Knoten zwischen der Wurzel und jedem äußeren Knoten. Wir könnten dann im Durchschnitt mit annähernd logarithmischen Suchzeiten rechnen, da das erste eingefügte Element zur Wurzel des Baumes wird; falls N zufällige Schlüssel einzufügen sind, würde dieses Element die Schlüssel (im Durchschnitt) in zwei Hälften teilen, und dies würde zu logarithmischen Suchzeiten führen (durch Anwendung der gleichen Überlegung auf die Unterbäume). Wäre da nicht die Möglichkeit des Auftretens gleicher Schlüssel, so könnte tatsächlich der Baum erzeugt werden, den wir weiter oben zur Beschreibung der Struktur der Vergleiche bei der binären Suche vorgestellt haben. Dies wäre der günstigste Fall des Algorithmus, mit garantiert logarithmischer Laufzeit für alle Suchvorgänge. In Wirklichkeit kann in einer echten zufälligen Situation jeder beliebige Schlüssel mit gleicher Wahrscheinlichkeit die Wurzel sein, so daß ein solcher vollkommen ausgeglichener Baum äußerst selten ist. Wenn jedoch zufällige Schlüssel eingefügt werden, erweist es sich, daß die Bäume recht gut ausgeglichen sind.

Eigenschaft 14.5 *Ein Suchen oder Einfügen in einem binären Suchbaum erfordert durchschnittlich ungefähr* 2 ln N *Vergleiche, wenn der Baum aus N zufälligen Schlüsseln aufgebaut ist.*

Für jeden Knoten im Baum ist die Anzahl der Vergleiche, die für eine erfolgreiche Suche dieses Knotens benötigt wird, gleich seinem Abstand von der Wurzel. Die Summe dieser Abstände für alle Knoten wird die innere Pfadlänge des Baumes genannt. Indem wir die innere Pfadlänge durch N dividieren, erhalten wir die durchschnittliche Anzahl der für eine erfolgreiche Suche erforderlichen Vergleiche. Wenn wir nun mit C_N die durchschnittliche innere Pfadlänge eines binären Suchbaums mit N Knoten bezeichnen, erhalten wir die rekurrente Beziehung

$$C_N = N - 1 + \frac{1}{N} \sum_{1 \le k \le N} (C_{k-1} + C_{N-k})$$

mit $C_1 = 1$. (Die Größe $N - 1$ drückt die Tatsache aus, daß die Wurzel zur Pfadlänge von jedem der anderen $N - 1$ Knoten im Baum 1 hinzufügt; der restliche Teil des Ausdrucks ergibt sich aus der Beobachtung, daß der Schlüssel an der Wurzel (der zuerst eingefügte) mit gleicher Wahrscheinlichkeit der k-größte ist, wobei sich zufällige Unterbäume der Größe $k - 1$ und $N - k$ ergeben.) Doch dies ist beinahe dieselbe rekurrente Beziehung, die wir in Kapitel 9 für Quicksort gelöst haben, und sie kann leicht in der gleichen Weise aufgelöst werden, um die Behauptung herzuleiten. Die Überlegungen für den Fall einer erfolglosen Suche sind ähnlich, wenn auch etwas komplizierter. ■

Abbildung 14.11 zeigt einen großen binären Suchbaum, der aus einer zufälligen Permutation von 95 Elementen erzeugt wurde. Obwohl er einige kurze Pfade und einige lange Pfade besitzt, kann er als recht gut ausgeglichen bezeichnet werden; jede Suche würde weniger als zwölf Vergleiche erfordern, und die »durchschnittliche« Anzahl von Vergleichen für das Auffinden eines beliebigen Schlüssels im Baum beträgt 7,00, im Vergleich zu 5,74 für die binäre Suche. (Die durchschnittliche Anzahl

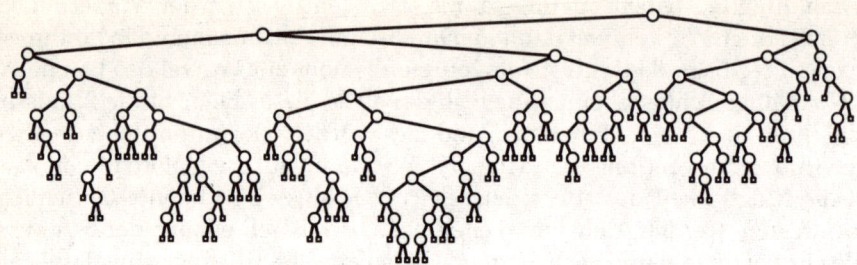

Abbildung 14.11 Ein umfangreicher binärer Suchbaum.

von Vergleichen für eine zufällige erfolglose Suche ist um eins größer als für eine erfolgreiche Suche.) Darüber hinaus kann ein neuer Schlüssel ungefähr mit dem gleichen Aufwand eingefügt werden, was eine Flexibilität bedeutet, die bei der binären Suche nicht vorhanden ist. Wenn die Schlüssel allerdings nicht zufällig geordnet sind, arbeitet der Algorithmus eventuell sehr schlecht.

Eigenschaft 14.6 *Im ungünstigsten Fall kann eine Suche in einem binären Suchbaum mit N Schlüsseln N Vergleiche erfordern.*

Wenn zum Beispiel die Schlüssel in geordneter Reihenfolge (oder in umgekehrter Reihenfolge) eingefügt werden, ist die Methode der Suche in einem Binärbaum nicht besser als das sequentielle Suchverfahren, das wir zu Beginn dieses Kapitels betrachtet haben. Darüber hinaus gibt es viele andere entartete Baumarten, die zu dem gleichen ungünstigsten Fall führen können (man betrachte zum Beispiel den Baum, der gebildet wird, wenn die Schlüssel A Z B Y C X . . . in der angegebenen Reihenfolge in einen ursprünglich leeren Baum eingefügt werden). Im nächsten Kapitel betrachten wir eine Methode, mit der dieser ungünstigste Fall ausgeschlossen und mit der erreicht wird, daß alle Bäume eher dem Baum für den besten Fall ähneln. ∎

Löschen

Die oben angegebenen Implementationen für die grundlegenden Funktionen *search*, *insert* und *sort* unter Verwendung binärer Baumstrukturen sind sehr unkompliziert. Binäre Bäume liefern jedoch auch ein gutes Beispiel für ein rekurrentes Problem bei Suchalgorithmen: Die Funktion *delete* läßt sich oft nur mit viel Mühe implementieren.

Betrachten wir den in Abbildung 14.12 links dargestellten Baum: Das Löschen eines Knotens ist einfach, wenn der Knoten keine Nachfolger hat, wie L oder P (man trenne ihn ab, indem man die entsprechende Verkettung in seinem Vorgänger löscht), oder wenn er nur einen Nachfolger hat, wie A, H oder R (man ändere die Verkettung im Nachfolger in die entsprechende Verkettung des Vorgängers), oder selbst dann, wenn einer seiner beiden direkten Nachfolger keine Nachfolger hat, wie N (man benutze

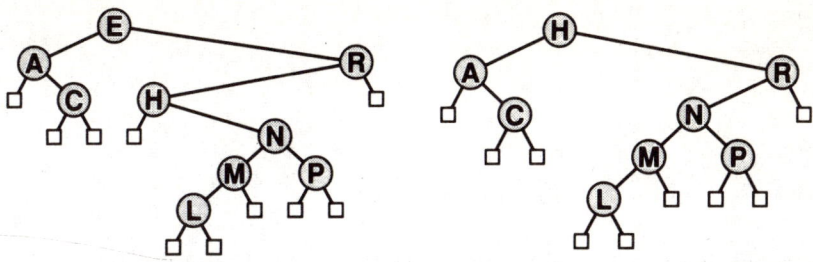

Abbildung 14.12 *Löschen (von E) aus einem binären Suchbaum.*

jenen Knoten, um den Vorgänger zu ersetzen); doch wie steht es mit Knoten weiter oben im Baum, wie etwa E?

Abbildung 14.12 zeigt einen Weg, wie der Knoten E gelöscht werden kann: Ersetze ihn durch den Knoten mit dem nächstgrößeren Schlüssel (in diesem Falle H). Dieser Knoten hat garantiert höchstens einen Nachfolger (da es keine Knoten zwischen ihm und dem zu löschenden Knoten gibt, muß seine linke Verkettung Null sein) und kann leicht entfernt werden. Um das E aus dem Baum auf der linken Seite von Abbildung 14.12 zu entfernen, sorgen wir dann dafür, daß die linke Verkettung von R auf die rechte Verkettung (N) von H zeigt, kopieren die Verkettungen aus dem Knoten, der E enthält, auf den Knoten, der H enthält, und lassen `head->r` auf H zeigen. Dies liefert den Baum auf der rechten Seite der Abbildung.

Das Programmsegment, das benötigt wird, um alle diese Fälle zu erfassen, ist etwas komplizierter als die einfachen Routinen für Suchen und Einfügen, doch es verdient eine sorgfältige Untersuchung als Vorbereitung auf die komplizierteren Operationen mit Bäumen, die wir im nächsten Kapitel ausführen werden. Die folgende Prozedur löscht den ersten in dem Baum gefundenen Knoten mit dem Schlüssel v. (Eine andere Möglichkeit wäre, `info` zu verwenden, um den zu löschenden Knoten zu identifizieren.) Die Variable p wird benutzt, um den Vorgänger von x im Baum zu verfolgen, und die Variable c wird verwendet, um den Knoten zu finden, der den zu löschenden Knoten ersetzen soll. Nach dem Löschen ist x der Nachfolger von p.

```
treedelete(int v)
  {
    struct node *c, *p, *x;
    z->key = v;
    p = head; x = head->r;
    while (v != x->key)
      { p = x; x = (v < x->key) ? x->l :  x->r; }
    t = x;
    if (t->r == z) x = x->l;
    else if (t->r->l == z) { x = x->r; x->l = t->l; }
    else
      {
```

```
        c = x->r; while (c->l->l != z) c = c->l;
        x = c->l; c->l = x->r;
        x->l = t->l; x->r = t->r;
    }
    free(t);
    if (v < p->key) p->l = x; else p->r = x;
}
```

Das Programm durchsucht den Baum zuerst in der üblichen Weise, um die Position von t im Baum zu ermitteln. (In Wirklichkeit besteht der Hauptzweck dieser Suche darin, p zu setzen, so daß ein anderer Knoten eingegliedert werden kann, nachdem t verschwunden ist.) Danach überprüft das Programm drei Fälle: Wenn t keinen rechten Nachfolger hat, so wird der linke Nachfolger von t nach dem Löschen zum Nachfolger von p (dies würde in Abbildung 14.12 für C, L, M, P und R der Fall sein; wenn t einen rechten Nachfolger ohne linken Nachfolger hat, so wird dieser rechte Nachfolger nach dem Löschen zum Nachfolger von p, wobei seine linke Verkettung von t übernommen wird (dies würde in Abbildung 14.12 für A und N der Fall sein); in den übrigen Fällen wird x auf den Knoten mit dem kleinsten Schlüssel im Unterbaum rechts von t gesetzt; die linke Verkettung seines Vorgängers wird auf die rechte Verkettung dieses Knotens gesetzt, und seine beiden Verkettungen werden von t übernommen (dies würde in der Abbildung 14.12 für H und E der Fall sein). Um die Anzahl der Fälle klein zu halten, löscht dieses Programm stets, indem es sich nach rechts orientiert, auch wenn es in manchen Fällen einfacher sein könnte, sich nach links zu orientieren (zum Beispiel um H in Abbildung 14.12 zu löschen).

Diese Vorgehensweise scheint asymmetrisch und recht willkürlich zu sein: Warum sollte man zum Beispiel nicht den Schlüssel unmittelbar *vor* dem zu löschenden Schlüssel benutzen, anstelle des Schlüssels nach ihm? Verschiedene ähnliche Modifikationen wurden vorgeschlagen, doch Unterschiede dürften in praktischen Anwendungen kaum zu bemerken sein, obwohl gezeigt worden ist, daß der obige Algorithmus zu einem leicht unausgeglichenen Baum führen kann (durchschnittliche Höhe proportional zu $\sqrt{N}$), wenn eine sehr große Anzahl von »Löschen-Einfügen« Paaren ausgeführt wird.

Es ist tatsächlich sehr typisch für Suchalgorithmen, daß sie für das Löschen wesentlich kompliziertere Implementationen erfordern: Die Schlüssel selbst sind meist untrennbare Bestandteile der Struktur, und das Entfernen eines Schlüssels kann komplizierte Reparaturen erforderlich machen. Ein Ausweg, der oft zweckmäßig ist, ist das sogenannte späte Löschen (lazy deletion), wobei ein Knoten in der Datenstruktur belassen wird, jedoch für Suchzwecke als »gelöscht« markiert wird. Im obigen Programm kann dies implementiert werden, indem eine weitere Prüfung auf solche Knoten hinzugefügt wird, bevor die Suche abgebrochen wird. Man muß gewährleisten, daß eine große Anzahl »gelöschter« Knoten nicht zu einer übermäßigen Vergeudung von Zeit oder Speicherplatz führt, doch es zeigt sich, daß diese Frage für viele Anwendungen ohne Bedeutung ist. Eine Alternative wäre, die gesamte Datenstruktur periodisch neu aufzubauen und dabei die »gelöschten« Knoten auszulassen.

Indirekte binäre Suchbäume

Wie wir in Kapitel 11 bei Heaps gesehen haben, benötigen wir für viele Anwendungen eine Suchstruktur einfach dafür, daß sie uns hilft, Datensätze zu finden, und nicht, um sie umherzubewegen. Zum Beispiel könnte es sein, daß wir ein Feld von Datensätzen mit Schlüsseln haben und möchten, daß die `search`-Routine uns den Feldindex des Datensatzes angibt, der mit einem bestimmten Schlüssel übereinstimmt. Oder wir könnten beabsichtigen, den Datensatz mit einem gegebenen Index aus der Suchstruktur zu entfernen, ihn aber für einen anderen Zweck noch im Feld zu belassen.

Um binäre Suchbäume an eine solche Situation anzupassen, machen wir einfach das Feld `info` der Knoten zum Feldindex. Dann können wir das Feld `key` (Schlüssel) eliminieren, indem wir die Suchroutinen direkt auf die Schlüssel in den Datensätzen zugreifen lassen, d. h. über eine Anweisung der Art `if (v < a[x->info])` .... Es ist jedoch oft besser, eine Kopie des Schlüssels anzulegen und das obige Programm in der gegebenen Form zu benutzen. Dies erfordert die Verwendung einer zusätzlichen Kopie der Schlüssel (eine im Feld, eine im Baum), doch dadurch erhält man die Möglichkeit, die gleiche Funktion für mehr als ein Feld zu verwenden oder, wie wir in Kapitel 27 sehen werden, für mehr als ein Schlüsselfeld im gleichen Feld. (Es gibt noch andere Wege, um das zu erreichen: Zum Beispiel könnte mit jedem Baum eine Prozedur verknüpft werden, welche Schlüssel aus Datensätzen extrahiert.)

Ein anderer direkter Weg, »Indirektheit« für binäre Suchbäume zu erreichen, besteht einfach darin, völlig auf die Implementation mit Verkettungen zu verzichten. Das heißt, daß alle Verkettungen einfach zu Indizes werden, die auf ein Feld `a[0]`, ..., `a[N+1]` von Datensätzen zeigen, die ein Feld `key` (Schlüssel) und Indexfelder `l` und `r` enthalten. Dann werden Bezugnahmen auf Verkettungen von der Art `x->key` und `x=x->l` zu Bezugnahmen auf das Feld von der Art `a[x].key` und `x=a[x].l`. Es werden keine Aufrufe von `malloc` verwendet, da der Baum innerhalb des Feldes von Datensätzen existiert: Die Pseudoknoten werden eingeführt, indem `head = 0` und `z = N+1` gesetzt wird. Um den `M`-ten Knoten einzufügen, würden wir `M` und nicht `v` an `treeinsert` übergeben und dann einfach auf `a[M].key` anstelle auf `v` Bezug nehmen und die `malloc` enthaltende Zeile in treeinsert durch `x=M` ersetzen.

Diese Methode der Implementation binärer Suchbäume, die das Durchsuchen großer Felder von Datensätzen erleichtern soll, wird bei vielen Anwendungen bevorzugt, da hierdurch der zusätzliche Aufwand des Kopierens von Schlüsseln wie im vorangegangenen Abschnitt vermieden wird, und da der Ballast des Speicherzuweisungsmechanismus vermieden wird, der durch `new` entsteht. Ihr Nachteil liegt darin, daß durch unbenutzte Verkettungen Platz im Feld vergeudet werden könnte.

Eine dritte Alternative besteht in der Verwendung von parallelen Feldern, wie wir es in Kapitel 3 für verkettete Listen getan haben. Die Implementation dieser Methode erfolgt in ähnlicher Weise wie im vorangegangenen Absatz beschrieben, abgesehen davon, daß drei Felder verwendet werden, jeweils eins für die Schlüssel, die linken und die rechten Verkettungen. Der Vorteil dieser Methode ist ihre Flexibilität. Zusätz-

liche Felder (mit jedem Knoten verknüpfte zusätzliche Informationen) können leicht
hinzugefügt werden, ohne daß das Programm für die Baumoperationen überhaupt
geändert werden muß, und wenn die Suchroutine den Index für einen Knoten angibt,
so gibt die Methode die Möglichkeit, sofort auf alle Felder zuzugreifen.

Übungen

1. Implementieren Sie einen sequentiellen Suchalgorithmus, der sowohl für erfolgreiches als auch für erfolgloses Suchen durchschnittlich ungefähr $N/2$ Schritte benötigt, wobei die Datensätze in einem sortierten Feld gespeichert werden.

2. Geben Sie die Reihenfolge der Schlüssel an, nachdem Datensätze mit den Schlüsseln E A S Y Q U E S T I O N mit *search and insert* unter Verwendung der selbstorganisierenden heuristischen Suchmethode in eine ursprünglich leere Tabelle eingesetzt wurden.

3. Geben Sie eine rekursive Implementation der binären Suche an.

4. Es gelte `a[i]==2i` für $1 \leq i \leq N$. Wie viele Tabellenpositionen werden bei einer Interpolationssuche während der erfolglosen Suche nach $2k - 1$ untersucht?

5. Skizzieren Sie den binären Suchbaum, der entsteht, wenn in einen ursprünglich leeren Baum Datensätze mit den Schlüsseln E A S Y Q U E S T I O N eingefügt werden.

6. Schreiben Sie ein rekursives Programm zur Berechnung der *Höhe* eines binären Baumes, d. h., des längsten Abstands von der Wurzel bis zu einem äußeren Knoten.

7. Nehmen wir an, daß wir im voraus schätzen können, wie oft auf Suchschlüssel in einem binären Baum zugegriffen wird. Sollten die Schlüssel in wachsender oder fallender Reihenfolge der zu erwartenden Zugriffshäufigkeit in den Baum eingefügt werden? Warum?

8. Modifizieren Sie die Suche in einem Binärbaum so, daß gleiche Schlüssel zusammen im Baum angeordnet werden. (Falls im Baum andere Knoten existieren, die den gleichen Schlüssel haben wie ein gegebener Knoten, so sollte entweder sein Vorgänger oder einer seiner Nachfolger den gleichen Schlüssel haben.)

9. Schreiben Sie ein nichtrekursives Programm zur Ausgabe der Schlüssel eines binären Suchbaums in der richtigen Reihenfolge.

10. Skizzieren Sie den binären Suchbaum, der entsteht, wenn in einen ursprünglich leeren Baum Datensätze mit den Schlüsseln E A S Y Q U E S T I O N eingefügt werden und danach das Q gelöscht wird.

Kapitel 15

Ausgeglichene Bäume

Die auf binären Bäumen basierenden Algorithmen des vorangegangenen Kapitels sind für eine Vielzahl von Anwendungen sehr gut geeignet, doch tritt bei ihnen das Problem eines schlechten Verhaltens im ungünstigsten Fall auf. Hinzu kommt, daß es wie bei Quicksort der ungünstigste Fall in der Praxis mit einiger Wahrscheinlichkeit eintreten kann, wenn der Benutzer des Algorithmus keine Vorkehrungen dagegen trifft. Bereits geordnete Dateien, in umgekehrter Reihenfolge geordnete Dateien, Dateien mit sich abwechselnden großen und kleinen Schlüsseln oder Dateien, die einen großen Abschnitt mit einfacher Struktur enthalten, können bewirken, daß der Binärbaum-Suchalgorithmus sich sehr ungünstig verhält.

Im Falle von Quicksort bestand unser einziger Ausweg zur Verbesserung der Situation darin, Zuflucht zur Randomisierung zu suchen: Indem wir ein zufälliges zerlegendes Element auswählten, konnten wir uns auf die Gesetze der Stochastik verlassen, um uns vor dem ungünstigsten Fall zu schützen. Zum Glück gibt es bei der Suche im Binärbaum eine weit bessere Lösung: Es existiert eine allgemeine Technik, die uns die Möglichkeit gibt zu *garantieren,* daß dieser ungünstigste Fall nicht eintreten wird. Diese Technik, die *Ausgleichen* (balancing) genannt wird, wurde als Grundlage für verschiedene Algorithmen »auf ausgeglichenen Bäumen« benutzt. Wir werden einen derartigen Algorithmus eingehender untersuchen und kurz erörtern, in welcher Beziehung er zu einigen der anderen gebräuchlichen Verfahren steht.

Wie wir bald sehen werden, ist das Implementieren von Algorithmen auf ausgeglichenen Bäumen leichter gesagt als getan. Oft läßt sich die allgemeine Idee, die einem Algorithmus zugrunde liegt, leicht beschreiben, doch eine Implementation beinhaltet eine Unmenge von Spezial- und symmetrischen Fällen. Das im vorliegenden Kapitel entwickelte Programm ist nicht nur ein wichtiges Suchverfahren, sondern es verdeutlicht auch den Zusammenhang zwischen einer Beschreibung »auf hoher Ebene« und einem C-Programm zur Implementation eines Algorithmus »auf niedriger Ebene«.

Top-Down 2-3-4-Bäume

Um bei binären Suchbäumen den ungünstigsten Fall auszuschließen, benötigen wir eine gewisse Flexibilität in den verwendeten Datenstrukturen. Um diese Flexibilität zu erreichen, wollen wir annehmen, daß die Knoten in unseren Bäumen mehr als einen Schlüssel enthalten können. Insbesondere lassen wir *3-Knoten* und *4-Knoten* zu, welche zwei bzw. drei Schlüssel enthalten können. Ein 3-Knoten besitzt drei von ihm ausgehende Verkettungen: eine für alle Datensätze mit Schlüsseln, die kleiner sind als seine beiden Schlüssel, eine für alle Datensätze, die zwischen seinen beiden Schlüsseln liegen, und eine für alle Datensätze mit Schlüsseln, die größer sind als seine beiden Schlüssel. Analog besitzt ein 4-Knoten vier von ihm ausgehende Verkettungen, nämlich eine für jedes der Intervalle, die durch seine drei Schlüssel definiert werden. (Die Knoten in einem gewöhnlichen binären Suchbaum könnten demnach *2-Knoten* genannt werden: ein Schlüssel, zwei Verkettungen.) Später lernen wir einige effiziente Methoden zur Definition und Implementation der grundlegenden Operationen auf diesen erweiterten Knoten kennen; einstweilen wollen wir annehmen, daß wir in geeigneter Weise mit ihnen operieren können, und sehen, wie sie zu Bäumen zusammengesetzt werden können.

Abbildung 15.1 zeigt als Beispiel einen *2-3-4-Baum*, der die Schlüssel A S E A R C H I N enthält. Es ist leicht zu sehen, wie in einem solchen Baum gesucht werden muß. Um zum Beispiel in dem Baum in Abbildung 15.1 ein G zu suchen, würden wir von der Wurzel aus der mittleren Verkettung folgen, da G zwischen E und R liegt, und würden dann die erfolglose Suche bei der linken Verkettung beenden, die von dem H, I und N enthaltenden Knoten ausgeht.

Um einen neuen Knoten in einen 2-3-4-Baum einzufügen, würden wir wie zuvor eine erfolglose Suche durchführen und dann den Knoten anhängen. Es ist leicht zu sehen, was zu tun ist, wenn der Knoten, bei dem die Suche abbricht, ein 2-Knoten ist: Er wird einfach in einen 3-Knoten verwandelt. Zum Beispiel könnte ein X zu dem Baum in Abbildung 15.1 hinzugefügt werden, indem es (zusammen mit einer weiteren Verkettung) dem Knoten zugefügt wird, der S enthält. In ähnlicher Weise kann ein 3-Knoten leicht in einen 4-Knoten verwandelt werden. Doch was sollen wir tun, wenn wir einen neuen Knoten in einen 4-Knoten einfügen müssen? Wie soll das zum Beispiel realisiert werden, wenn wir in den Baum in Abbildung 15.1 ein G einfügen? Eine Möglichkeit wäre, es als neuen, ganz links befindlichen Nachfolger des 4-Knotens anzuhängen, der H, I und N enthält, doch Abbildung 15.2 zeigt eine bessere Lösung: Spalte zuerst den 4-Knoten in zwei 2-Knoten auf und übergebe einen seiner Schlüssel nach oben an seinen Vorgänger. Zuerst wird der 4-Knoten, der H, I und N

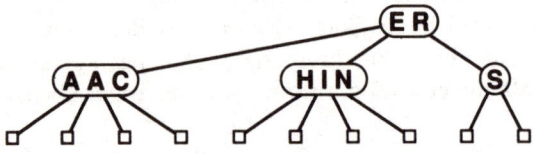

Abbildung 15.1 *Ein 2-3-4-Baum.*

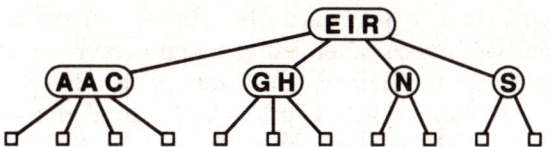

Abbildung 15.2 Einfügen (von G) in einen 2-3-4-Baum.

enthält, in zwei 2-Knoten aufgespalten (wobei der eine H und der andere N enthält), und der »mittlere Schlüssel« I wird nach oben an den 3-Knoten übergeben, der E und R enthält, wodurch dieser in einen 4-Knoten verwandelt wird. Danach ist in dem 2-Knoten, der H enthält, Platz für ein G.

Doch wie ist vorzugehen, wenn wir einen 4-Knoten spalten müssen, dessen Vorgänger gleichfalls ein 4-Knoten ist? Eine Möglichkeit wäre, den Vorgänger ebenfalls zu spalten, doch der Vorgänger des Vorgängers könnte auch ein 4-Knoten sein, und dessen Vorgänger ebenfalls usw.; es könnte der Fall eintreten, daß wir alle Knoten

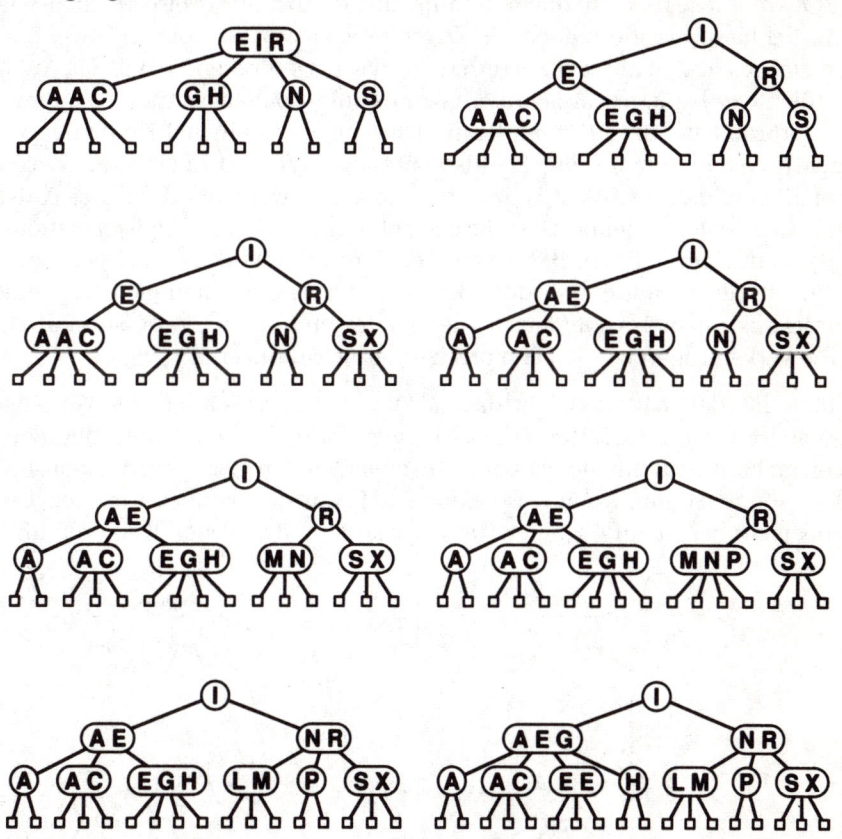

Abbildung 15.3 Konstruktion eines 2-3-4-Baumes.

entlang des gesamten Weges im Baum nach oben spalten müssen. Ein einfacherer Weg ist, auf dem Weg im Baum nach unten jeden angetroffenen 4-Knoten aufzuspalten und dadurch zu gewährleisten, daß kein angetroffener Knoten mehr einen 4-Knoten als Vorgänger hat. Abbildung 15.3 zeigt die Vollendung der Konstruktion eines 2-3-4-Baumes für unsere vollständige Schlüsselmenge A S E A R C H I N G E X A M P L E. In der obersten Reihe sehen wir, daß der Wurzelknoten während des Einfügens des zweiten E aufgespalten wird; weitere Aufspaltungen erfolgen, wenn das zweite A, das L und das dritte E eingefügt werden.

Das obige Beispiel zeigt, daß wir neue Knoten leicht in 2-3-4-Bäume einfügen können, indem wir eine Suche durchführen und 4-Knoten auf dem Weg im Baum abwärts aufspalten. Insbesondere sollten wir jedesmal, wenn wir einen 2-Knoten vorfinden, der mit einem 4-Knoten verbunden ist, diesen in einen 3-Knoten umwandeln, der mit zwei 2-Knoten verbunden ist, und jedesmal, wenn wir einen 3-Knoten antreffen, der mit einem 4-Knoten verbunden ist, diesen in einen 4-Knoten umwandeln, der mit zwei 2-Knoten verbunden ist, wie es Abbildung 15.4 zeigt.

Diese Operation des »Aufspaltens« ist aufgrund der Art und Weise möglich, wie nicht nur die Schlüssel, sondern auch die *Zeiger* bewegt werden können. Zwei 2-Knoten haben die gleiche Anzahl von Zeigern (vier) wie ein 4-Knoten, so daß das Aufspalten ausgeführt werden kann, ohne unterhalb des aufgespaltenen Knotens irgend etwas zu verändern. Und ein 3-Knoten kann nicht einfach in einen 4-Knoten verwandelt werden, indem nur ein weiterer Schlüssel hinzugefügt wird; ein weiterer Zeiger wird gleichfalls benötigt (in diesem Falle der zusätzliche Zeiger, der durch das Aufspalten entsteht). Die entscheidende Tatsache besteht darin, daß diese Transformationen rein »lokal« sind: Kein Teil des Baumes außer dem in Abbildung 15.4 gezeigten muß untersucht oder verändert werden. Bei jeder der Transformationen wird einer der Schlüssel aus einem 4-Knoten nach oben an dessen Vorgänger im Baum übergeben, und die Verkettungen werden entsprechend umstrukturiert.

Beachten Sie, daß wir uns nicht darum kümmern müssen, ob der Vorgänger ein 4-Knoten ist. Unsere Transformationen sorgen dafür, daß wir — nachdem wir jeden Knoten im Baum durchlaufen haben — an einen Knoten gelangen, der kein 4-Knoten ist. Insbesondere dann, wenn wir die unterste Ebene des Baumes erreichen, befinden wir uns nicht bei einem 4-Knoten, und wir können den neuen Knoten unmittelbar

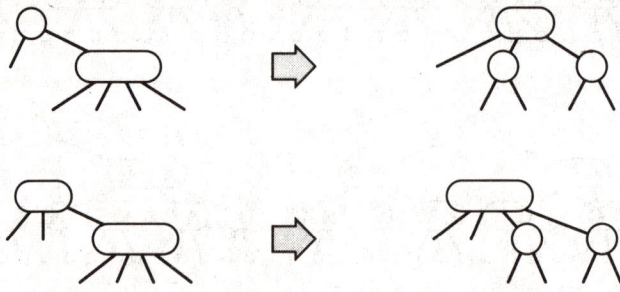

Abbildung 15.4 *Aufspalten von 4-Knoten.*

einfügen, indem wir entweder einen 2-Knoten in einen 3-Knoten oder einen 3-Knoten in einen 4-Knoten verwandeln. In Wirklichkeit ist es zweckmäßig, das Einfügen als ein Aufspalten eines imaginären 4-Knotens in der untersten Ebene zu behandeln, welcher den einzufügenden neuen Knoten nach oben übergibt.

Auf ein letztes Detail sei hingewiesen: Jedesmal, wenn die Wurzel des Baumes zu einem 4-Knoten wird, spalten wir sie in drei 2-Knoten auf, wie wir es bei unserem ersten aufgespaltenen Knoten im obigen Beispiel getan haben. Dies erweist sich als etwas einfacher als die Alternative, nämlich zu warten, bis das nächste Einfügen das Aufspalten bewirkt, da wir uns keine Gedanken um den Vorgänger der Wurzel machen müssen. Das Aufspalten der Wurzel (und nur diese Operation) bewirkt, daß der Baum um eine Ebene »höher« wird.

Der oben skizzierte Algorithmus gibt einen Weg an, wie Suchvorgänge und Einfügungen in 2-3-4-Bäumen ausgeführt werden können; da die 4-Knoten auf dem Weg von oben nach unten (top down) aufgespalten werden, werden die Bäume *Top-Down 2-3-4-Bäume* genannt. Das Interessante hierbei ist, daß, obwohl wir uns über das Ausgleichen überhaupt keine Gedanken gemacht haben, sich die entstehenden Bäume als vollkommen ausgeglichen erweisen!

Eigenschaft 15.1 *Beim Suchen in 2-3-4-Bäumen mit N Knoten werden niemals mehr als* lg N + 1 *Knoten besucht.*

Die Entfernung von der Wurzel zu jedem äußeren Knoten ist die gleiche; die Transformationen, die wir ausführen, haben keinen Einfluß auf die Entfernung irgendeines Knotens zur Wurzel, außer wenn wir die Wurzel aufspalten, und in diesem Falle erhöht sich die Entfernung von allen Knoten zur Wurzel um eins. Falls alle Knoten 2-Knoten sind, gilt die Behauptung, da der Baum einem vollen binären Baum gleicht; falls 3-Knoten und 4-Knoten vorhanden sind, kann die Höhe nur kleiner sein. ■

Eigenschaft 15.2 *Einfügungen in 2-3-4-Bäume mit N Knoten erfordern im ungünstigsten Fall weniger als* lg N + 1 *Aufspaltungen von Knoten und scheinen im Durchschnitt weniger als eine Aufspaltung eines Knotens zu erfordern.*

Der ungünstigste Fall, der eintreten könnte, wäre, daß alle Knoten auf dem Pfad zum Ort des Einfügens 4-Knoten sind, die alle aufgespalten würden. Doch in einem Baum, der aus einer zufälligen Permutation von N Elementen aufgebaut wird, ist nicht nur die Wahrscheinlichkeit des Eintretens dieses ungünstigsten Falls gering, sondern es scheinen auch im Durchschnitt wenige Aufspaltungen erforderlich zu sein, da es nicht viele 4-Knoten gibt. Abbildung 15.5 zeigt einen Baum, der aus einer zufälligen Permutation von 95 Elementen aufgebaut wurde; es gibt neun 4-Knoten, von denen

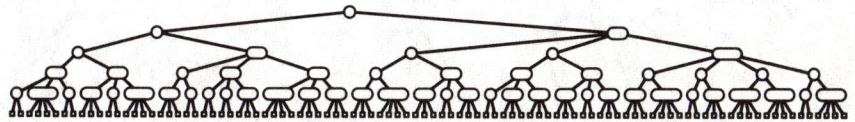

Abbildung 15.5 *Ein umfangreicher 2-3-4-Baum.*

sich nur einer nicht auf der untersten Ebene befindet. Analytische Ergebnisse hinsichtlich des durchschnittlichen Verhaltens von 2-3-4-Bäumen konnten die Experten bisher
noch nicht erzielen, doch empirische Untersuchungen zeigen übereinstimmend, daß
sehr wenige Aufspaltungen durchgeführt werden. ∎

Die oben angegebene Beschreibung ist ausreichend, um einen Algorithmus für die
Suche unter Verwendung von 2-3-4-Bäumen zu definieren, der im ungünstigsten Fall
garantiert eine gute Leistungsfähigkeit besitzt. Jedoch befinden wir uns erst auf
halbem Wege zu einer tatsächlichen Implementation. Während es möglich wäre,
Algorithmen zu schreiben, die Transformationen für bestimmte Datentypen, die 2-,
3- und 4-Knoten darstellen, wirklich ausführen, sind die meisten zu realisierenden
Dinge in dieser direkten Darstellung sehr schwer ausführbar. (Man kann sich hiervon
überzeugen, indem man versucht, wenigstens die einfachere der beiden Knoten-
Transformationen zu implementieren.) Hinzu kommt, daß der bei der Behandlung
der komplexeren Knotenstrukturen entstehende Ballast wahrscheinlich dazu führen
würde, daß die Algorithmen langsamer sind als die gewöhnliche Suche in einem
Binärbaum. Der Hauptzweck des Ausgleichens besteht darin, eine »Versicherung«
gegen einen schlechten ungünstigsten Fall zu schaffen, doch es wäre verhängnisvoll,
wenn man bei jedem Durchlauf des Algorithmus die Gesamtkosten für diese Versicherung zahlen müßte. Wie wir noch sehen werden, gibt es zum Glück eine relativ
einfache Möglichkeit der Darstellung von 2-, 3- und 4-Knoten, die es gestattet, die
Transformationen in einer einheitlichen Weise durchzuführen, mit sehr geringem
zusätzlichem Aufwand im Vergleich zu den Kosten, die bei der gewöhnlichen Suche
in einem Binärbaum entstehen.

Rot-Schwarz-Bäume

Bemerkenswert ist, daß es möglich ist, 2-3-4-Bäume als gewöhnliche binäre Bäume
(nur mit 2-Knoten) darzustellen, wobei nur ein zusätzliches Bit pro Knoten verwendet
wird. Die Idee besteht darin, 3-Knoten und 4-Knoten als kleine binäre Bäume darzustellen, die durch »rote« Verkettungen miteinander verbunden sind, im Gegensatz zu
den »schwarzen« Verkettungen, die den 2-3-4-Baum zusammenhalten. Die Darstellung ist einfach: Wie Abbildung 15.6 zeigt, werden 4-Knoten als drei 2-Knoten
dargestellt, die mittels roter Verkettungen verbunden sind, und 3-Knoten werden als
zwei 2-Knoten dargestellt, die mittels einer roten Verkettung verbunden sind (rote
Verkettungen sind als dicke Linien gezeichnet). (Für einen 3-Knoten ist jede der
beiden Orientierungen zulässig.)

Abbildung 15.6 *Rot-schwarze Darstellung von 3- und 4-Knoten.*

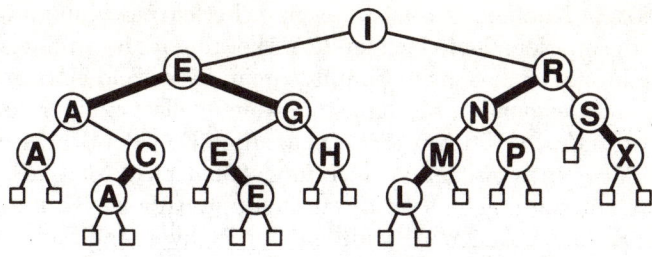

Abbildung 15.7 *Ein Rot-Schwarz-Baum.*

Abbildung 15.7 zeigt eine Möglichkeit, wie der letzte Baum aus Abbildung 15.3 dargestellt werden kann. Wenn wir die roten Verkettungen beseitigen und die Knoten, die sie verbinden, zusammenfassen, ist das Ergebnis der 2-3-4-Baum aus Abbildung 15.3. Das zusätzliche Bit pro Knoten wird benutzt, um die Farbe der auf den betreffenden Knoten zeigenden Verkettung zu speichern; 2-3-4-Bäume, die in dieser Weise dargestellt sind, wollen wir als *Rot-Schwarz-Bäume* bezeichnen.

Die »Neigung« jedes 3-Knotens wird durch die Dynamik des noch beschriebenen Algorithmus bestimmt. Zu jedem 2-3-4-Baum gibt es viele ihm entsprechende Rot-Schwarz-Bäume. Es wäre möglich, eine Regel einzuführen, nach der alle 3-Knoten in der gleichen Weise geneigt sein müssen, doch es gibt keinen Grund dafür.

Diese Bäume haben viele strukturelle Eigenschaften, die sich unmittelbar aus ihrer Definition ergeben. Zum Beispiel treten längs eines jeden beliebigen Pfades von der Wurzel zu einem äußeren Knoten niemals zwei rote Verkettungen nacheinander auf, und alle Pfade besitzen die gleiche Anzahl schwarzer Verkettungen. Zwar ist es möglich, daß ein Pfad (schwarz-rot im Wechsel) doppelt so lang ist wie ein anderer (nur schwarz), jedoch sind alle Pfadlängen nach wie vor proportional zu log N.

Ein auffälliges Merkmal von Abbildung 15.7 ist die Anordnung von mehrfach auftretenden Schlüsseln. Man kann sich leicht überlegen, daß jeder Algorithmus auf ausgeglichenen Bäumen es ermöglichen muß, daß Datensätze mit Schlüsseln, die mit einem gegebenen Knoten übereinstimmen, beiderseits dieses Knotens angeordnet werden; andernfalls könnten lange Ketten von gleichen Schlüsseln zu einem großen Ungleichgewicht führen. Dies hat zur Folge, daß wir nicht wie bei gewöhnlichen binären Suchbäumen durch Fortsetzung der Suchprozedur alle Knoten mit einem gegebenen Schlüssel finden können. Stattdessen muß eine Prozedur von der Art der Prozedur `treeprint` aus Kapitel 14 verwendet werden, oder mehrfach auftretende Schlüssel müssen auf die Weise vermieden werden, wie zu Beginn von Kapitel 14 erläutert wurde.

Eine sehr schöne Eigenschaft von Rot-Schwarz-Bäumen ist, daß die Prozedur `tree-search` für die gewöhnliche Suche im Binärbaum ohne Veränderung abläuft (abgesehen von der Frage mehrfach auftretender Schlüssel, die im vorangegangenen Absatz erörtert wurde). Wir werden die Farben der Verkettungen implementieren, indem wir zu jedem Knoten ein boolesches Speicherfeld `red` hinzufügen, welches wahr ist, wenn die auf den Knoten zeigende Verkettung rot ist, und falsch, wenn sie schwarz ist; die Prozedur `treesearch` untersucht dieses Feld einfach nie. Folglich wird durch den ausgleichenden Mechanismus kein »Ballast« zu der von der grundlegenden Suchprozedur benötigten Zeit hinzugefügt. Da jeder Schlüssel nur einmal eingefügt wird, aber in typischen Anwendungsfällen viele Male gesucht werden kann, erhalten wir im Endergebnis verkürzte Suchzeiten (da die Bäume ausgeglichen sind) bei relativ geringen Kosten (da während der Suchvorgänge keine Operationen für das Ausgleichen ausgeführt werden).

Darüber hinaus ist der zusätzliche Aufwand für das Einfügen sehr gering: Wir haben nur dann etwas anderes zu tun, wenn wir 4-Knoten antreffen, und es gibt nicht viele 4-Knoten im Baum, da wir sie immer aufspalten. Die innere Schleife benötigt nur einen zusätzlichen Test (falls ein Knoten zwei rote Nachfolger hat, ist er Teil eines 4-Knotens), wie die folgende Implementation der Prozedur insert (Einfügen) zeigt:

```
rbtreeinsert(int v, int info)
  {
    x = head; p = head; g = head;
    while (x != z)
      {
        gg = g; g = p; p = x;
        x = (v < x->key) ? x->l :  x->r;
        if (x->l->red && x->r->red) split(v);
      }
    x = (struct node *) malloc(sizeof *x);
    x->key = v; x->info = info; x->l = z; x->r = z;
    if (v < p->key) p->l = x; else p->r = x;
    split(v);
  }
```

In diesem Programm bewegt sich x im Baum abwärts wie zuvor, und gg, g und p zeigen ständig auf den drittletzten, vorletzten und unmittelbaren Vorgänger von x im Baum. Um zu sehen, warum alle diese Verkettungen benötigt werden, betrachten wir das Hinzufügen von Y zu dem Baum in Abbildung 15.7. Wenn der äußere Knoten auf der rechten Seite des S und X enthaltenden 3-Knotens erreicht ist, ist gg R, g ist S und p ist X. Nun muß Y hinzugefügt werden, damit ein 4-Knoten entsteht, der S, X und Y enthält, wobei der in Abbildung 15.8 dargestellte Baum erzeugt wird.

Wir brauchen einen Zeiger, der auf R (gg) weist, da die rechte Verkettung von R so geändert werden muß, daß sie auf X und nicht auf S zeigt. Um genau zu sehen, wie dies vor sich geht, müssen wir die Arbeitsweise der Prozedur split (Aufspalten) untersuchen. Betrachten wir die Rot-Schwarz-Darstellung für die zwei Transformationen, die wir ausführen müssen: Falls wir einen 2-Knoten haben, der mit einem 4-Knoten verbunden ist, so müssen wir diese in einen 3-Knoten verwandeln, der mit zwei 2-Knoten verbunden ist; falls wir einen 3-Knoten haben, der mit einem 4-Knoten verbunden ist, so müssen wir diese in einen 4-Knoten verwandeln, der mit zwei

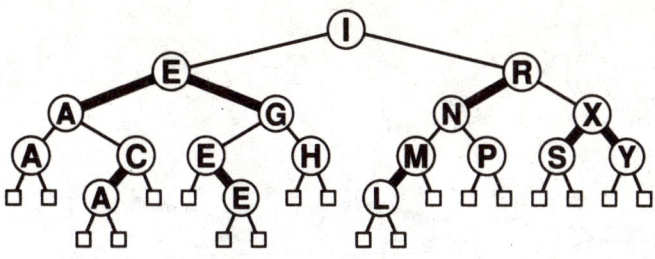

Abbildung 15.8 *Einfügen (von Y) in einen Rot-Schwarz-Baum.*

2-Knoten verbunden ist. Wenn ein neuer Knoten auf der untersten Ebene hinzugefügt wird, so wird er als der mittlere Knoten eines imaginären 4-Knotens betrachtet (das heißt, man stellt sich vor, daß z rot (red) ist, obwohl dies nie explizit getestet wird).

Die Transformation, die erforderlich ist, wenn wir einen mit einem 4-Knoten verbundenen 2-Knoten vorfinden, ist leicht, und die gleiche Transformation läßt sich ausführen, wenn wir einen 3-Knoten haben, der mit einem 4-Knoten auf dem »rechten« Weg verbunden ist, wie die Abbildung 15.9 zeigt. Demzufolge beginnt split damit, daß x als rot und die Nachfolger von x als schwarz markiert wird.

Damit bleiben die beiden anderen in Abbildung 15.10 dargestellten Situationen übrig, die vorliegen können, wenn wir einen 3-Knoten vorfinden, der mit einem 4-Knoten verbunden ist. (In Wirklichkeit gibt es vier Situationen, da für 3-Knoten mit der entgegengesetzten Orientierung auch die hierzu spiegelbildlichen Situationen eintreten können.) In diesen Fällen sind im Zuge des Aufspaltens des 4-Knotens zwei rote Verkettungen nacheinander entstanden, eine unzulässige Situation, die korrigiert werden muß. Dies kann im Programm leicht getestet werden: Wir haben soeben x rot markiert, daher müssen, wenn der Vorgänger p von x auch rot ist, weitere Schritte unternommen werden. Die Situation ist nicht zu ungünstig, da wir drei Knoten haben, die durch rote Verkettungen verbunden sind; alles, was wir tun müssen, ist, den Baum so zu transformieren, daß die roten Verkettungen vom gleichen Knoten ausgehen.

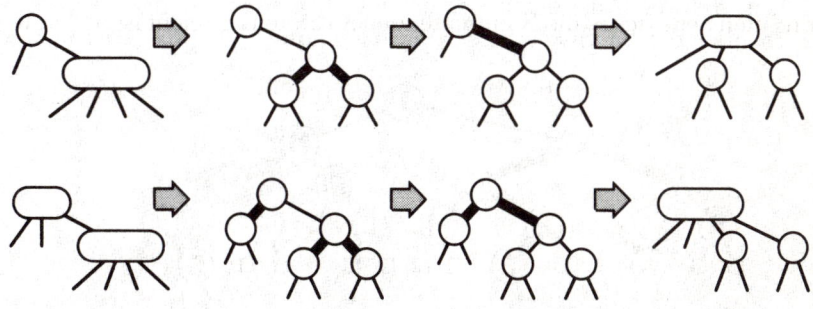

Abbildung 15.9 *Aufspalten von 4-Knoten mit Wechsel der Farbe.*

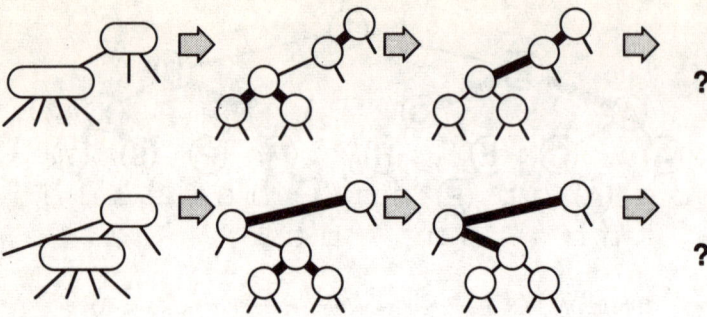

Abbildung 15.10 *Aufspalten von 4-Knoten mit Wechsel der Farbe: Notwendigkeit der Rotation.*

Zum Glück gibt es eine einfache Operation, mit der der gewünschte Effekt erzielt wird. Beginnen wir mit dem leichteren der beiden Fälle, dem oberen in Abbildung 15.10, wo die roten Verkettungen die gleiche Orientierung haben. Das Problem besteht darin, daß der 3-Knoten nicht die richtige Orientierung besaß; demzufolge strukturieren wir den Baum so um, daß sich die Orientierung des 3-Knotens ändert, wodurch dieser Fall auf den zweiten Fall von der Abbildung 15.9 zurückgeführt wird, wo die Änderung der Farbe von x und von dessen Nachfolgern genügte. Das Umstrukturieren des Baumes zur Änderung der Orientierung eines 3-Knotens erfordert die Änderung von drei Verkettungen, wie in Abbildung 15.11 gezeigt ist; wir bemerken, daß Abbildung 15.11 mit Abbildung 15.8 übereinstimmt, wobei jedoch der 3-Knoten, der N und R enthält, »rotiert« ist. Die linke Verkettung von R wurde so geändert, daß sie auf P zeigt, die rechte Verkettung von N wurde so geändert, daß sie auf R zeigt, und die rechte Verkettung von I wurde so geändert, daß sie auf N zeigt. Man achte auch sorgfältig darauf, daß die Farben der zwei Knoten gewechselt haben.

Diese Operation der *einfachen Rotation* (single rotation) ist für jeden binären Suchbaum definiert (wenn wir von Operationen absehen, die die Farben betreffen). Sie bildet die Grundlage für verschiedene Algorithmen auf ausgeglichenen Bäumen, da sie den wesentlichen Charakter des Suchbaums unverändert läßt und eine lokale Modifikation ist, die nur drei Änderungen von Verkettungen erfordert. Es ist jedoch wichtig anzumerken, daß die Ausführung einer einfachen Rotation nicht unbedingt die Ausgeglichenheit des Baums verbessert. In Abbildung 15.11 bringt die Rotation alle

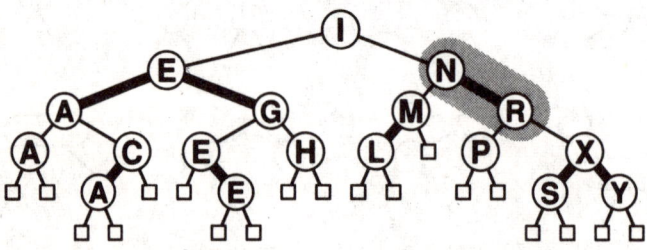

Abbildung 15.11 *Rotation eines 3-Knotens in Abbildung 15.8.*

Knoten links von N einen Schritt näher zur Wurzel, doch alle Knoten rechts von R werden um einen Schritt *nach unten* verschoben; in diesem Falle bewirkt die Rotation, daß der Baum weniger statt mehr ausgeglichen ist. Top-Down 2-3-4-Bäume können einfach als eine zweckmäßige Methode zur Identifizierung von einfachen Rotationen betrachtet werden, von denen erwartet werden *kann*, daß sie die Ausgeglichenheit verbessern.

Die Ausführung einer einfachen Rotation bedeutet eine Veränderung der Struktur des Baumes, wobei mit großer Sorgfalt vorgegangen werden muß. Wie wir bei der Betrachtung des Algorithmus zum Löschen in Kapitel 14 gesehen haben, ist das Programm komplizierter, als es notwendig zu sein scheint, da es eine Anzahl ähnlicher Fälle mit Symmetrien bezüglich links und rechts gibt. Nehmen wir zum Beispiel an, daß in Abbildung 15.8 die Verkettungen y, c und gc auf I, R bzw. N zeigen. Dann wird die Transformation, die Abbildung 15.11 ergibt, mit Hilfe der Änderungen c->l = gc->r; gc->r=c; y->r=gc ausgeführt. Es gibt drei weitere analoge Fälle: Der 3-Knoten könnte anders orientiert sein, oder er könnte sich links von y befinden (so oder so orientiert). Eine zweckmäßige Methode zur Behandlung dieser vier verschiedenen Fälle besteht darin, den Suchschlüssel v zu verwenden, um den betreffenden Nachfolger (c) und Nachfolger des Nachfolgers (gc) des Knotens y »wiederzuentdecken«. (Wir wissen, daß wir einen 3-Knoten nur dann umorientieren, wenn die Suche uns bis zu seinem unteren Knoten geführt hat.) Dies ergibt ein etwas einfacheres Programm als die Alternative, sich während der Suche nicht nur die beiden c und gc entsprechenden Verkettungen zu merken, sondern auch, ob es sich um rechte oder linke Verkettungen handelt. Wir erhalten die folgende Funktion für das Umorientieren eines 3-Knotens mit Vorgänger y längs des Suchpfades für v:

```
struct node *rotate(int v, struct node *y)
  {
    struct node *c, *gc;
    c = (v < y->key) ? y->l : y->r;
    if (v < c->key)
      { gc = c->l; c->l = gc->r; gc->r = c; }
    else
      { gc = c->r; c->r = gc->l; gc->l = c; }
    if (v < y->key) y->l = gc; else y->r = gc;
    return gc;
  }
```

Falls y auf die Wurzel zeigt, c die rechte Verkettung von y und gc die linke Verkettung von c ist, ergibt dies genau die Transformationen der Verkettungen, die notwendig sind, um aus Abbildung 15.8 den Baum in Abbildung 15.11 zu erzeugen. Der Leser kann die anderen Fälle leicht nachprüfen. Diese Funktion gibt die Verkettung zurück, die zum oberen Teil des 3-Knotens zeigt, realisiert jedoch nicht die Änderung der Farbe selbst.

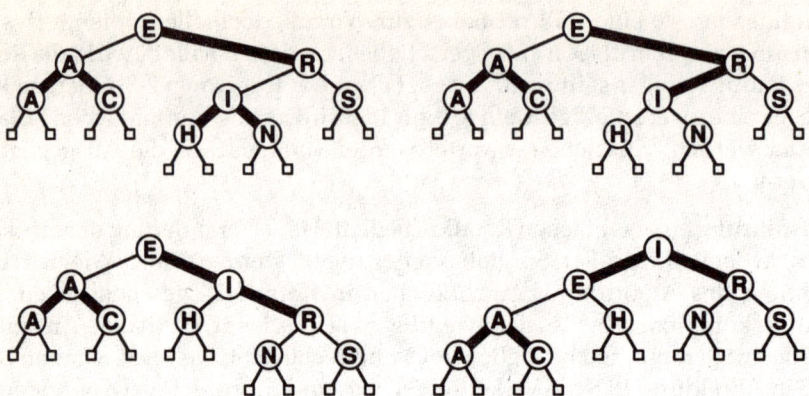

Abbildung 15.12 *Aufspalten eines Knotens in einem Rot-Schwarz-Baum.*

Folglich können wir, um den dritten Fall für split zu behandeln (siehe Abbildung 15.10), g rot färben, danach x gleich rotate (v, gg) setzen und dann x schwarz färben. Dadurch wird der 3-Knoten umorientiert, der aus den zwei Knoten besteht, auf die g und p zeigen, und dieser Fall wird damit auf den zweiten Fall zurückgeführt, wo der 3-Knoten die richtige Orientierung besaß.

Um schließlich den Fall zu behandeln, daß die beiden roten Verkettungen verschieden orientiert sind (siehe Abbildung 15.10), setzen wir einfach p gleich rotate (v, g). Dadurch wird der »unzulässige« 3-Knoten umorientiert, der aus den zwei Knoten besteht, auf die p und x zeigen. Diese Knoten haben die gleiche Farbe, so daß keine Farbänderung notwendig ist, und dieser Fall ist damit unmittelbar auf den dritten Fall zurückgeführt. Die Kombination dieses Vorgehens mit der Rotation für den dritten Fall wird aus offensichtlichen Gründen eine *Doppelrotation* genannt.

Abbildung 15.12 zeigt das *Aufspalten* (split), das in unserem Beispiel auftritt, wenn G hinzugefügt wird. Zuerst erfolgt eine Farbänderung, um den 4-Knoten aufzuspalten, der H, I und N enthält. Danach ist eine Doppelrotation erforderlich: der erste Teil um die Kante zwischen I und R und der zweite Teil um die Kante zwischen E und I. Nach diesen Modifikationen kann G links von H eingefügt werden, wie im ersten Baum in Abbildung 15.13 dargestellt ist.

Damit sind die Operationen, die von der Funktion split ausgeführt werden müssen, vollständig beschrieben. Sie muß die Farbe von x und von dessen Nachfolgern ändern, danach, falls erforderlich, den unteren Teil einer Doppelrotation ausführen und dann, falls erforderlich, die einfache Rotation ausführen:

```
split(int v)
  {
    x->red = 1; x->l->red = 0; x->r->red = 0;
    if (p->red)
      {
```

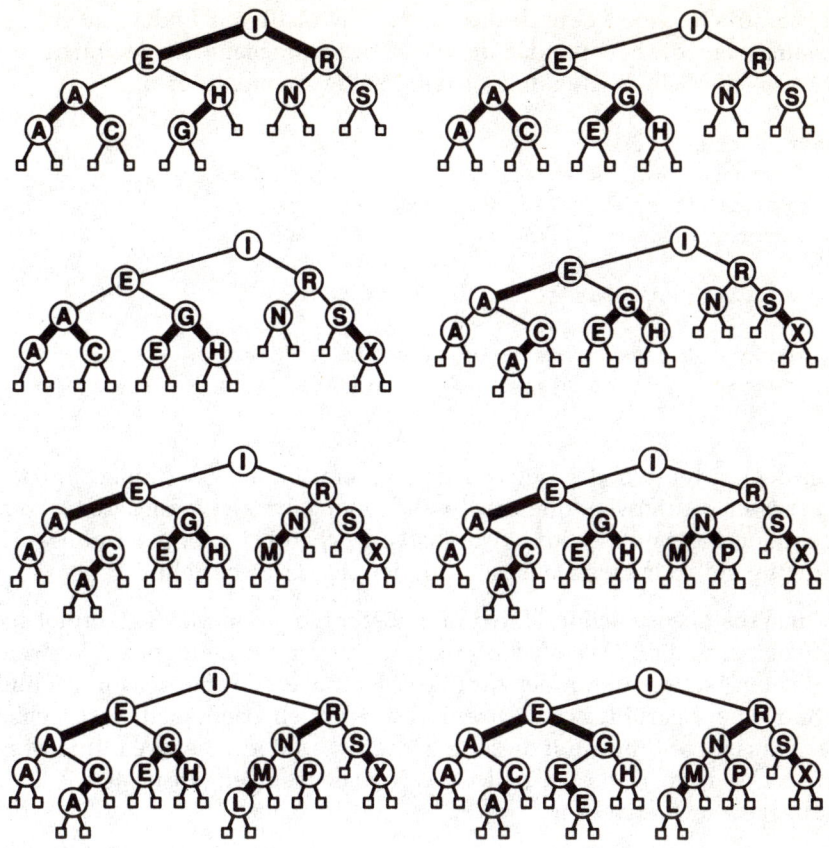

Abbildung 15.13 *Konstruktion eines Rot-Schwarz-Baumes.*

```
        g->red = 1;
        if (v<g->key != v<p->key) p = rotate(v,g);
        x = rotate(v,gg);
        x->red = 0;
    }
  head->r->red = 0;
}
```

Diese Prozedur legt die Farben nach einer Rotation fest und startet auch *x* genügend
weit oben im Baum neu, um abzusichern, daß die Suche nicht infolge all der Änderungen von Verkettungen in die Irre führt. Es wäre vielleicht richtiger, wenn die
Variablen x, p, g und gg Argumente dieser Funktion wären (mit x als zurückge-
gebenem Wert); wir ziehen es vor, daß sie wie head und z globale Variable sind.

Falls die Wurzel ein 4-Knoten ist, färbt die Prozedur split die Wurzel rot; dies entspricht
ihrer Umwandlung, zusammen mit dem Pseudoknoten über ihr, in einen 3-Knoten.

Es gibt natürlich keinen Grund, dies zu tun, weshalb am Ende von `split` eine Anweisung steht, die bewirkt, daß die Wurzel schwarz bleibt. Zu Beginn des Prozesses ist es erforderlich, die Pseudoknoten sorgfältig zu initialisieren:

```
static struct node
  { int key, info, red; struct node *l, *r; };
static struct node *head, *z, *gg, *g, *p, *x;
rbtreeinitialize()
  {
    z = (struct node *) malloc(sizeof *z);
    z->l = z; z->r = z; z->red = 0; z->info = -1;
    head = (struct node *) malloc(sizeof *head);
    head->r = z; head->key = 0; head->red = 0;
  }
```

Hierbei deklarieren wir das binäre Flag `red` einfach als ganzzahlig. Je nach den Erfordernissen des Anwendungsfalles würde man normalerweise dafür sorgen, daß dafür nur ein Bit benutzt wird, etwa das Vorzeichen-Bit einer ganzzahligen Größe `key` oder irgendwo in dem Datensatz, auf den sich `info` bezieht.

Wenn man die obenstehenden Programmabschnitte zusammenfügt, ergibt sich ein sehr effizienter und relativ einfacher Algorithmus für das Einfügen bei Verwendung einer binären Baumstruktur, der für alle Operationen des Suchens und Einfügens garantiert eine logarithmische Anzahl von Schritten benötigt. Dies ist einer der wenigen Suchalgorithmen mit dieser Eigenschaft, und seine Anwendung ist immer dann gerechtfertigt, wenn ein schlechtes Verhalten im ungünstigsten Fall einfach nicht zugelassen werden kann.

Abbildung 15.13 zeigt, wie dieser Algorithmus den Rot-Schwarz-Baum für unser Beispiel einer Schlüsselmenge aufbaut. Hierbei erhalten wir als Ergebnis nur weniger Rotationen einen Baum, der weit ausgeglichener ist als der Baum für die gleichen Schlüssel, der in Kapitel 14 aufgebaut wurde.

Eigenschaft 15.3 *Eine Suche in einem Rot-Schwarz-Baum mit N Knoten, der aus zufälligen Schlüsseln aufgebaut wurde, scheint ungefähr lg N Vergleiche zu erfordern, und ein Einfügen scheint im Durchschnitt weniger als eine Rotation zu erfordern.*

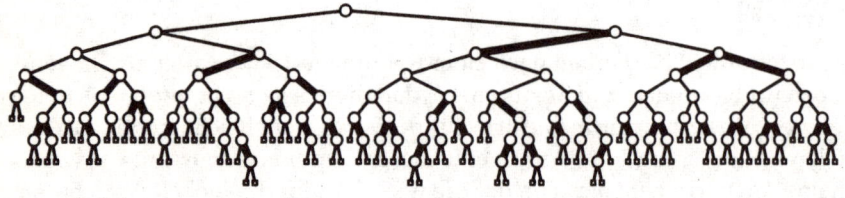

Abbildung 15.14 *Ein umfangreicher Rot-Schwarz-Baum.*

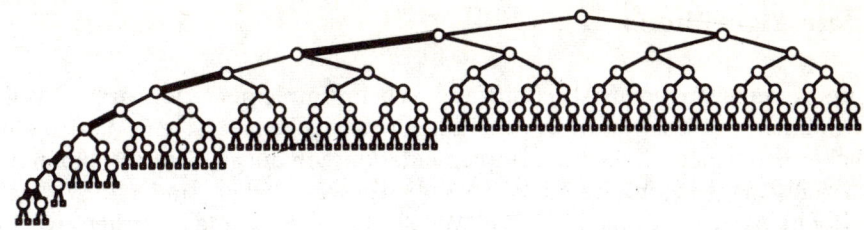

Abbildung 15.15 Ein Rot-Schwarz-Baum für einen entarteten Fall.

Eine exakte Analyse des durchschnittlichen Falles steht für diesen Algorithmus noch aus, doch es liegen überzeugende Ergebnisse von Teilanalysen und Simulationen vor. Abbildung 15.14 zeigt einen Baum, der für das bereits betrachtete umfangreichere Beispiel aufgebaut wurde. Die durchschnittliche Anzahl der Knoten, die während der Suche nach einem zufälligen Schlüssel in diesem Baum besucht werden, beträgt nur 5,81, im Vergleich zu 7,00 für den Baum, der aus den gleichen Schlüsseln in Kapitel 14 aufgebaut wurde, und zu 5,74, dem besten möglichen Wert für einen vollständig ausgeglichenen Baum. ■

Doch die eigentliche Bedeutung von Rot-Schwarz-Bäumen liegt in ihrem Verhalten im ungünstigsten Fall sowie in der Tatsache, daß diese Leistungsfähigkeit mit sehr geringem Aufwand erreicht werden kann. Abbildung 15.15 zeigt den erzeugten Baum, wenn die Zahlen 1 bis 95 der Reihe nach in einen ursprünglich leeren Baum eingefügt werden; sogar dieser Baum ist gut ausgeglichen. Die Kosten der Suche pro Knoten sind genau so niedrig, als wenn der ausgeglichene Baum mit Hilfe des elementaren Algorithmus konstruiert worden wäre, und das Einfügen erfordert nur einen zusätzlichen Bit-Test und ein gelegentliches *Aufspalten* (split).

Eigenschaft 15.4 *Eine Suche in einem Rot-Schwarz-Baum mit N Knoten erfordert weniger als 2 lg N + 2 Vergleiche, und die Zahl der Einfügungen liegt unter einem Viertel der Zahl der Vergleiche.*

Nur »Aufspaltungen«, die einem mit einem 4-Knoten verbundenen 3-Knoten in einem 2-3-4-Baum entsprechen, erfordern in dem entsprechenden Rot-Schwarz-Baum eine Rotation, so daß diese Eigenschaft aus Eigenschaft 15.2 folgt. Der ungünstigste Fall liegt vor, wenn der Pfad zum Ort des Einfügens aus sich abwechselnden 3- und 4-Knoten besteht. ■

Kurz gesagt: Bei Anwendung dieses Verfahrens kann ein Schlüssel in einer Datei mit beispielsweise einer halben Million Datensätze gefunden werden, indem er mit nur ungefähr zwanzig anderen Schlüsseln verglichen wird. In einem ungünstigen Fall könnten vielleicht doppelt so viele Vergleiche notwendig sein, aber auch nicht mehr. Außerdem ist jeder Vergleich mit sehr wenig zusätzlichem Aufwand verbunden, so daß eine sehr schnelle Suche gewährleistet ist.

Andere Algorithmen

Die im vorangegangenen Abschnitt angegebene Implementation des »Top-Down 2-3-4-Baums« mit Verwendung des Rot-Schwarz-Schemas ist eine von mehreren ähnlichen Strategien, die für die Implementation von ausgeglichenen binären Bäumen vorgeschlagen worden sind. Wie wir oben gesehen haben, sind es in Wirklichkeit die »Rotations«-Operationen, die das Ausgleichen der Bäume bewirken; wir haben eine spezielle Betrachtungsweise des Baums untersucht, die es leicht macht zu entscheiden, wann eine Rotation notwendig ist. Andere Betrachtungsweisen der Bäume führen zu anderen Algorithmen, von denen wir hier einige kurz erwähnen wollen.

Die älteste und bekannteste Datenstruktur für ausgeglichene Bäume ist der *AVL-Baum*. Diese Bäume haben die Eigenschaft, daß sich die Höhen der beiden Unterbäume jedes Knotens höchstens um eins unterscheiden. Falls diese Bedingung infolge einer Einfügung verletzt wird, so zeigt es sich, daß sie unter Verwendung von Rotationen wiederhergestellt werden kann. Doch dies erfordert eine zusätzliche Schleife; der grundlegende Algorithmus besteht darin, nach dem eingefügten Wert zu suchen und sich danach im Baum längs des soeben benutzten Pfades *nach oben* zu bewegen, wobei die Höhen der Knoten unter Verwendung von Rotationen korrigiert werden. Außerdem ist es erforderlich, für jeden Knoten zu wissen, ob seine Höhe um eins kleiner, gleich oder um eins größer ist als die Höhe seines »Geschwisters«. Dies erfordert bei Programmierung auf direktem Wege zwei Bits, obwohl es einen Weg gibt, wie man unter Benutzung des Rot-Schwarz-Schemas mit nur einem Bit pro Knoten auskommen kann.

Eine zweite bekannte ausgeglichene Baumstruktur ist der *2-3-Baum*, bei dem nur 2-Knoten und 3-Knoten zugelassen sind. Es ist möglich, ein *Einfügen* (insert) unter Verwendung einer »zusätzlichen Schleife« zu implementieren, wobei Rotationen wie bei AVL-Bäumen erforderlich sind, doch es ist nicht genügend viel Flexibilität vorhanden, um eine zweckmäßige Top-Down-Variante zu erhalten. Auch hier kann die Implementation mit Hilfe des Rot-Schwarz-Schemas vereinfacht werden, doch in Wirklichkeit ist es besser, *Bottom-Up 2-3-4-Bäume* zu verwenden, bei denen wir bis zur untersten Ebene des Baumes suchen, dort einfügen und uns danach (wenn der Knoten unten ein 4-Knoten war) längs des Suchpfades zurück nach oben bewegen, wobei wir 4-Knoten aufspalten und den mittleren Knoten in den Vorgänger einfügen, so lange, bis wir einen 2-Knoten oder 3-Knoten als Vorgänger vorfinden, wobei an dieser Stelle eine Rotation erforderlich sein könnte, um Fälle wie in Abbildung 15.10 zu behandeln. Diese Methode hat den Vorteil, daß höchstens eine Rotation pro Einfügung benötigt wird, was in manchen Anwendungen von Vorteil sein kann. Die Implementation ist ein wenig komplizierter als für die oben angegebene Top-Down-Methode.

In Kapitel 18 untersuchen wir den wichtigsten Typ eines ausgeglichenen Baumes, eine Verallgemeinerung der 2-3-4-Bäume, die *B-Bäume* genannt werden. Diese gestatten bis zu *M* Schlüssel pro Knoten für großes *M*, und sie werden häufig für Suchanwendungen, bei denen sehr große Dateien auftreten, verwendet.

Übungen

1. Skizzieren Sie den Top-Down 2-3-4-Baum, der erzeugt wird, wenn die Schlüssel E A S Y Q U E S T I O N (in der angegebenen Reihenfolge) in einen ursprünglich leeren Baum eingefügt werden.

2. Zeichnen Sie eine Rot-Schwarz-Darstellung des Baumes aus der vorangegangenen Übung.

3. Geben Sie genau an, welche Verkettungen durch `split` und `rotate` geändert werden, wenn Z (nach Y) in den Beispielbaum aus diesem Kapitel eingefügt wird.

4. Zeichnen Sie den Rot-Schwarz-Baum, der sich ergibt, wenn die Buchstaben A bis K der Reihe nach eingefügt werden, und beschreiben Sie, was im allgemeinen Fall passiert, wenn Schlüssel in wachsender Reihenfolge in die Bäume eingefügt werden.

5. Wie viele Verkettungen im Baum müssen für eine Doppelrotation tatsächlich geändert werden, und wie viele werden in der angegebenen Implementation geändert?

6. Generieren Sie zwei zufällige Rot-Schwarz-Bäume mit 32 Knoten, zeichnen Sie sie (entweder von Hand oder mit einem Programm) und vergleichen Sie sie mit den nicht ausgeglichenen binären Suchbäumen, die mit den gleichen Schlüsseln aufgebaut wurden.

7. Generieren Sie zehn zufällige Rot-Schwarz-Bäume mit 1000 Knoten. Berechnen Sie die Anzahl der Rotationen, die benötigt werden, um die Bäume aufzubauen, und die durchschnittliche Entfernung von der Wurzel bis zu einem äußeren Knoten. Kommentieren Sie die Ergebnisse.

8. Mit einem Bit pro Knoten für die »Farbe« können wir 2-, 3- und 4-Knoten darstellen. Wie viele verschiedene Typen von Knoten könnten wir darstellen, wenn wir zwei Bits pro Knoten für die Farbe verwenden würden?

9. Rotationen werden in Rot-Schwarz-Bäumen benötigt, wenn 3-Knoten in einer »nicht ausgeglichenen Weise« in 4-Knoten umgewandelt werden. Warum kann man nicht auf Rotationen verzichten, indem man zuläßt, daß 4-Knoten als drei beliebige Knoten dargestellt werden, die durch zwei rote Verkettungen verbunden sind (vollkommen ausgeglichen oder nicht)?

10. Geben Sie eine Folge von Einfügungen an, mit denen der Rot-Schwarz-Baum konstruiert wird, den Abbildung 15.11 zeigt.

Kapitel 16

Hashing

Ein Ansatz für das Suchen, der sich von den auf Vergleichen beruhenden Baumstrukturen des vorangegangenen Kapitels vollkommen unterscheidet, beruht auf dem *Hashing* (»Zerhacken«). Dabei handelt es sich um eine Methode für die direkte Bezugnahme auf Datensätze in einer Tabelle durch Ausführung arithmetischer Transformationen, die Schlüssel in Tabellenadressen umwandeln. Wenn wir wissen, daß die Schlüssel unterschiedliche ganze Zahlen von 1 bis N sind, können wir den Datensatz mit dem Schlüssel i in der Tabellenposition i speichern, bereit für den unmittelbaren Zugriff mit Hilfe des Schlüsselwertes. Hashing ist eine Verallgemeinerung dieser einfachen Methode für typische Suchanwendungen, wenn wir solche speziellen Kenntnisse über die Schlüsselwerte nicht haben.

Der erste Schritt bei einer Suche unter Benutzung von Hashing ist die Berechnung einer *Hash-Funktion*, die den Suchschlüssel in eine Tabellenadresse transformiert. Im Idealfall sollten verschiedene Schlüssel auf verschiedene Adressen abgebildet werden, doch da keine Hash-Funktion perfekt ist, ist es möglich, daß zwei oder mehr unterschiedliche Schlüssel durch die Funktion auf die gleiche Tabellenadresse abgebildet werden. Daher besteht der zweite Teil einer Suche mit Hashing in einem Prozeß zur *Kollisionsbeseitigung* (collision-resolution), bei dem solche Schlüssel behandelt werden. Eine der Methoden zur Kollisionsbeseitigung, die wir untersuchen wollen, verwendet verkettete Listen. Sie ist in ausgeprägt dynamischen Situationen geeignet, wo die Anzahl der Suchschlüssel nicht im voraus angegeben werden kann. Die anderen beiden Verfahren zur Kollisionsbeseitigung, die wir betrachten werden, erzielen kurze Suchzeiten für Datensätze, die in einem Feld konstanter Größe gespeichert sind.

Hashing ist ein gutes Beispiel für einen *Kompromiß zwischen Zeit- und Platzbedarf*. Wenn es keine Beschränkung des Speichers gäbe, könnten wir jede beliebige Suche mit nur einem Zugriff auf den Speicher ausführen, indem wir einfach den Schlüssel als Speicheradresse verwenden. Wenn es keine zeitliche Begrenzung gäbe, könnten wir mit einem Minimum an Speicherplatz auskommen, indem wir ein sequentielles Suchverfahren benutzen. Hashing ermöglicht einen Weg, wie man mit einem vertretbaren Maß sowohl an Speicherplatz als auch an Zeit auskommen kann, so daß ein

Gleichgewicht zwischen diesen beiden Extremen gefunden wird. Eine effiziente Nutzung der verfügbaren Speicherkapazität und ein schneller Zugriff auf den Speicher sind die vorrangigen Ziele jeder Hashing-Methode.

Hashing ist ein »klassisches« Problem der Informatik in dem Sinne, daß die verschiedenen Algorithmen recht gründlich untersucht worden sind und sehr große Verbreitung fanden. Für ein breites Spektrum von Anwendungen gibt es viele empirische und analytische Begründungen für die Zweckmäßigkeit von Hashing-Methoden.

Hash-Funktionen

Das erste Problem, dem wir uns zuwenden müssen, ist die Berechnung der Hash-Funktion, die Schlüssel in Tabellenadressen umwandelt. Dies ist eine arithmetische Berechnung mit Eigenschaften, die den Zufallszahlengeneratoren ähneln, die wir in Kapitel 33 betrachten werden. Was benötigt wird, ist eine Funktion, welche Schlüssel (für gewöhnlich ganze Zahlen oder kurze Zeichenfolgen) in ganze Zahlen aus dem Intervall $[0 .. M - 1]$ transformiert, wobei M die Anzahl von Datensätzen ist, die in dem verfügbaren Speicher untergebracht werden kann. Eine ideale Hash-Funktion ist eine Funktion, die sich leicht berechnen läßt und einer »zufälligen« Funktion nahekommt: Für jede Eingabegröße sollte jede Ausgabegröße in gewissem Sinne gleich wahrscheinlich sein.

Da die Methoden, die wir benutzen wollen, arithmetisch sind, besteht der erste Schritt in der Transformation der Schlüssel in *Zahlen*, mit denen wir arithmetische Operationen ausführen können. Für kleine Schlüssel ist dies bei manchen Programmierumgebungen eventuell gar kein Problem, wenn wir die Möglichkeit haben, Binärdarstellungen von Schlüsseln als Zahlen zu verwenden (siehe die Bemerkungen zu Beginn von Kapitel 10). Für längere Schlüssel könnte man daran denken, Bits aus Zeichenfolgen zu entfernen und sie in einem Maschinenwort zu packen; weiter unten werden wir jedoch eine einheitliche Methode zur Behandlung von Schlüsseln beliebiger Länge kennenlernen.

Nehmen wir zunächst an, daß wir eine große ganze Zahl haben, die unmittelbar unserem Schlüssel entspricht. Die vielleicht gebräuchlichste Methode für das Hashing besteht darin, für M eine Primzahl zu wählen und für einen beliebigen Schlüssel k den Wert der Hash-Funktion nach der Formel $h(k) = k \bmod M$ zu berechnen. Dies ist ein sehr einfaches Verfahren, das sich häufig leicht realisieren läßt und eine gute Verteilung der Schlüsselwerte ergibt.

Nehmen wir zum Beispiel an, daß die Größe unserer Tabelle 101 ist und wir eine Adresse für den aus vier Zeichen bestehenden Schlüssel A K E Y zu berechnen haben. Wenn der Schlüssel mit Hilfe des einfachen Fünf-Bit-Codes kodiert wird, den wir in Kapitel 10 benutzt haben (wobei der i-te Buchstabe im Alphabet durch die Binärdarstellung der Zahl i dargestellt wird), so können wir ihn als die Binärzahl

00001010110010111001

ansehen, welche äquivalent zu der Dezimalzahl 44217 ist. Nun gilt 44217 ≡ 80 (mod 101), so daß der Schlüssel A K E Y durch die Hash-Funktion auf die Position 80 in der Tabelle abgebildet wird. Es gibt viele mögliche Schlüssel und relativ wenig Positionen in der Tabelle, daher werden viele andere Schlüssel auf die gleiche Position abgebildet (zum Beispiel hat der Schlüssel B A R H in dem oben verwendeten Code ebenfalls die Hash-Adresse 80).

Warum muß die Größe M der Tabelle beim Hashing eine Primzahl sein? Die Antwort auf diese Frage hängt mit den arithmetischen Eigenschaften der Funktion mod zusammen. Im Prinzip behandeln wir den Schlüssel als eine in einem Zahlensystem mit der Basis 32 dargestellte Zahl, mit einer Ziffer für jedes Zeichen im Schlüssel. Wir haben gesehen, daß unser Beispiel A K E Y der Zahl 44217 entspricht, die auch in der Form

$$1 * 32^3 + 11 * 32^2 + 5 * 32^1 + 25 * 32^0$$

geschrieben werden kann, da A der erste Buchstabe im Alphabet ist, K der elfte Buchstabe usw. Nehmen wir nun an, daß wir die unglückliche Wahl $M = 32$ treffen würden: Da der Wert von k mod 32 durch die Addition von Vielfachen von 32 nicht beeinflußt wird, ist dann die Hash-Funktion jedes beliebigen Schlüssels einfach gleich dem Wert seines letzten Zeichens! Sicher sollte eine gute Hash-Funktion alle Zeichen eines Schlüssels berücksichtigen. Der einfachste Weg, um das zu gewährleisten, ist die Wahl einer Primzahl für M.

Doch die typische Situation liegt dann vor, wenn die Schlüssel keine Zahlen und nicht notwendigerweise kurz, sondern (möglicherweise sehr lange) alphanumerische Zeichenfolgen sind. Wie berechnen wir die Hash-Funktion etwa für V E R Y L O N G K E Y ? In unserem Code entspricht dies der folgenden Kette aus 55 Bits:

1011000101100101100101100011110111000111010110010111001

oder der Zahl

$$22 * 32^{10} + 5 * 32^9 + 18 * 32^8 + 25 * 32^7 + 12 * 32^6 + 15 * 32^5 + 14 * 32^4 + 7 * 32^3 + 11 * 32^2 + 5 * 32^1 + 25,$$

für die es aufgrund ihrer Größe in den meisten Computern keine für die normalen arithmetischen Funktionen geeignete Darstellung gibt (und wir sollten in der Lage sein, noch weit längere Schlüssel zu behandeln). Es zeigt sich, daß wir in einer solchen Situation trotzdem eine Hash-Funktion von der Art der obigen berechnen können, indem wir den Schlüssel Stück für Stück transformieren. Dabei benutzen wir erneut gewisse arithmetische Eigenschaften der Funktion mod sowie ein einfaches numerisches Verfahren, das *Horner-Schema* genannt wird (siehe Kapitel 36). Diese Methode beruht auf einer anderen Schreibweise der Zahl, die den Schlüsseln entspricht; für unser Beispiel schreiben wir den folgenden Ausdruck:

$$(((((((((22 * 32 + 5)32 + 18)32 + 25)32 + 12)32 + 15)32 + 14)32 + 7)32 + 11)32 + 5)32 + 25$$

Dies führt zu einer direkten arithmetischen Methode zur Berechnung der Hash-Funk-tion:

```
unsigned hash(char *v)
   {
     int h;
     for (h = 0; *v != '\0'; v++)
         h = (64*h + *v) % M;
     return h;
   }
```

Hierbei ist h der berechnete Wert der Hash-Funktion. Die Konstante 64 ist genau genommen eine vom Programm abhängige Konstante, die mit der Größe des Alpha-bets zusammenhängt. Der exakte Wert dieser Konstanten ist in Wirklichkeit nicht besonders wichtig. Ein Nachteil dieser Methode besteht darin, daß sie für jedes Zeichen des Schlüssels einige arithmetische Operationen erfordert, was zu hohen Kosten führen könnte. Diese lassen sich vermindern, indem man den Schlüssel in größeren Teilen verarbeitet. Ohne die Berechnung % würde dieses Programm die dem Schlüssel entsprechende Zahl wie in der obigen Gleichung berechnen, doch würde die Berechnung für lange Schlüssel zu einem Überlauf führen. Mit dem % jedoch berechnet es aufgrund der arithmetischen Eigenschaften der Modulo-Operation ge-nau den Wert der Hash-Funktion; ein Überlauf wird vermieden, da % stets einen Wert liefert, der kleiner als M ist. Die mit diesem Programm berechnete Hash-Adresse für V E R Y L O N G K E Y mit $M = 101$ ist 97.

In unseren nachfolgenden Programmen werden Zeichenketten und nicht ganze Zahlen als Schlüssel verwendet (siehe Bemerkungen zu Beginn von Kapitel 14). Dies ist die natürlichste Situation für die Beschreibung von Hashing, obwohl wir aus Gründen der Übereinstimmung mit anderen Kapiteln in Beispielen Zeichenketten aus nur einem Zeichen als Schlüssel verwenden.

Getrennte Verkettung

Die obige Hash-Funktion wandelt Schlüssel in Tabellenadressen um; wir müssen noch entscheiden, wie der Fall zu behandeln ist, wenn zwei Schlüssel hierbei auf die gleiche Adresse abgebildet werden. Die einfachste Methode besteht darin, für jede Tabellenadresse eine verkettete Liste zu erzeugen, die die Datensätze enthält, deren Schlüssel auf diese Adresse abgebildet werden. Da die Schlüssel, die auf ein und dieselbe Tabellenposition abgebildet werden, in einer verketteten Liste abgelegt werden, können sie ebensogut geordnet gespeichert werden. Dies führt unmittelbar zu einer Verallgemeinerung des elementaren Listensuchverfahrens, das wir in Kapitel 14 erörtert haben. Anstatt eine einzige Liste mit einem einzigen Listenkopf head zu führen, wie es dort der Fall war, führen wir M Listen mit M Listenköpfen, die wie folgt initialisiert werden:

```
static struct node
  { char *key; int info; struct node *next; };
static struct node *heads[M], *z;

hashlistinitialize()
  {
    int i;
    z = (struct node *) malloc(sizeof *z);
    z->next = z; z->info = -1;
    for (i = 0; i < M; i++)
      {
        heads[i] = (struct node *) malloc(sizeof *z);
        heads[i]->next = z;
      }
  }
```

Nun können die Prozeduren für das Suchen und Einfügen aus Kapitel 14 benutzt werden, mit der Änderung, daß zur Auswahl zwischen den Listen eine Hash-Funktion verwendet wird, indem Bezugnahmen auf head einfach durch heads[hash(v)] ersetzt werden.

Wenn zum Beispiel die Schlüssel aus unserem Beispiel nacheinander unter Benutzung der Hash-Funktion aus Abbildung 16.1 in eine ursprünglich leere Tabelle eingefügt werden, ergibt sich die in Abbildung 16.2 dargestellte Menge von Listen. Diese Methode wird gewöhnlich *getrennte Verkettung* (separate chaining) genannt, da kollidierende Datensätze zu getrennten verketteten Listen »verkettet« werden. Die Listen könnten in sortierter Reihenfolge belassen werden; das Führen von sortierten Listen ist jedoch für diesen Anwendungsfall nicht so wichtig wie beim elementaren sequentiellen Suchen, da die Listen sehr kurz sind. Offenbar hängt die für eine Suche erforderliche Zeit von der Länge der Listen ab (und von den jeweiligen Positionen der Schlüssel in ihnen).

Für eine »erfolglose Suche« (eine Suche nach einem Datensatz mit einem Schlüssel, der nicht in der Tabelle ist) können wir annehmen, daß durch die Hash-Funktion ausreichend Zufall ins Spiel gebracht wird, so daß jede der M Listen mit gleicher Wahrscheinlichkeit durchsucht wird, und daß die durchsuchte Liste ebenso wie beim sequentiellen Durchsuchen von Listen nur (durchschnittlich) zur Hälfte durchlaufen wird. Die durchschnittliche Länge der untersuchten Liste bei einer erfolglosen Suche beträgt in unserem Beispiel (z nicht mitgerechnet) $(0 + 4 + 2 + 2 + 0 + 4 + 0 + 2 + 2 + 1 + 0)/11 \approx 1{,}55$. Indem wir dafür sorgen, daß die Listen sortiert bleiben, könnten wir diese Zeit etwa auf die Hälfte verkürzen. Für eine »erfolgreiche Suche« (eine Suche nach einem der Datensätze in der

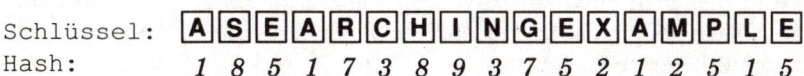

Schlüssel: A S E A R C H I N G E X A M P L E
Hash: 1 8 5 1 7 3 8 9 3 7 5 2 1 2 5 1 5

Abbildung 16.1 *Eine Hash-Funktion (M = 11).*

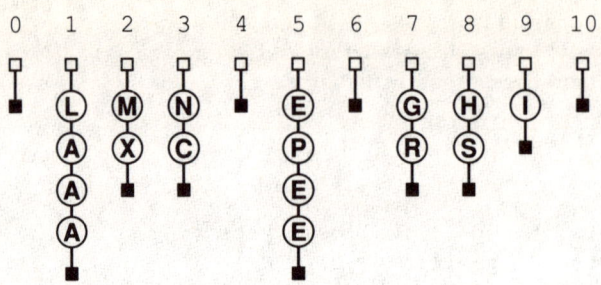

Abbildung 16.2 *Getrennte Verkettung.*

Tabelle) nehmen wir an, daß jeder Datensatz mit gleicher Wahrscheinlichkeit gesucht werden soll; sieben der Schlüssel würden als erstes betrachtetes Element einer Liste gefunden, sechs würden als das zweite betrachtete Element gefunden usw., so daß man im Durchschnitt $(7*1 + 6*2 + 2*3 + 2*4) / 17 \approx 1{,}94$ erhält. (Bei dieser Rechnung wird vorausgesetzt, daß gleiche Schlüssel mit einem eindeutigen Identifikator oder einem anderen Mechanismus unterschieden werden und die Suchroutine in geeigneter Weise modifiziert wird, so daß sie in der Lage ist, nach jedem einzelnen Schlüssel zu suchen.)

Eigenschaft 16.1 *Eine getrennte Verkettung verringert die Anzahl der Vergleiche bei einer sequentiellen Suche (durchschnittlich) um den Faktor M, wobei zusätzlicher Platz für M Verkettungen beansprucht wird.*

Falls N, die Anzahl der Schlüssel in der Tabelle, wesentlich größer als M ist, so ist N/M eine gute Näherung für die durchschnittliche Länge der Listen, da jeder der M Werte der Hash-Funktion aufgrund ihrer Konstruktion »gleich wahrscheinlich« ist. Wie in Kapitel 14 führen erfolglose Suchvorgänge bei manchen Listen bis zum Ende, während bei erfolgreichen Suchvorgängen zu erwarten ist, daß sie sich in einer Liste ungefähr bis zur Mitte abwärts bewegen. ■

Die oben angegebene Implementation verwendet eine Hash-Tabelle von Verkettungen, die auf die Kopfknoten der die eigentlichen Schlüssel enthaltenden Listen zeigen. Eine Alternative zur Verwendung von M Kopfknoten ist, auf diese zu verzichten und heads zu einer Tabelle von Verkettungen zu machen, die auf die ersten Schlüssel in den Listen zeigen. Dies führt jedoch zu gewissen Komplikationen im Algorithmus. Zum Beispiel wird das Hinzufügen eines neuen Datensatzes am Anfang einer Liste zu einer Operation, die sich vom Hinzufügen eines neuen Datensatzes an irgendeiner anderen Stelle einer Liste unterscheidet, da es die Änderung eines Eintrags in der Tabelle der Verkettungen und nicht die Änderung eines Feldes eines Datensatzes erfordert. Eine weitere Implementation besteht darin, den ersten Schlüssel mit in die Tabelle zu nehmen. Obwohl diese Alternativen in manchen Situationen weniger Platz erfordern, ist M gewöhnlich im Vergleich zu N klein genug, daß die zusätzliche Vereinbarung, Kopfknoten zu verwenden, wahrscheinlich gerechtfertigt ist.

Bei einer Implementation der getrennten Verkettung wird für M gewöhnlich ein relativ kleiner Wert gewählt, damit kein großer zusammenhängender Speicherbereich belegt wird. Doch es ist sicher am besten, M genügend groß zu wählen, so daß die Listen kurz genug sind, damit sequentielle Suche zur effizientesten Methode für sie wird; »Hybrid«-Methoden (wie etwa die Verwendung binärer Bäume anstelle verketteter Listen) rechtfertigen den erforderlichen Aufwand sicher nicht. Eine Faustregel lautet, M etwa gleich einem Zehntel der zu erwartenden Schlüssel in der Tabelle zu wählen, so daß zu erwarten ist, daß die Listen ungefähr je zehn Schlüssel enthalten. Einer der Vorzüge der getrennten Verkettung ist, daß diese Entscheidung nicht kritisch ist: Falls mehr Schlüssel als erwartet auftreten, dauern die Suchvorgänge ein wenig länger; falls weniger Schlüssel in der Tabelle sind, wurde vielleicht etwas zusätzlicher Speicherplatz verwendet. Falls Speicherplatz tatsächlich eine kritische Ressource ist, wird bei noch vertretbarem M immerhin noch eine Verbesserung der Leistungsfähigkeit um den Faktor M erzielt.

Lineares Austesten

Falls die Anzahl der Elemente, die in die Hash-Tabelle aufgenommen werden sollen, im voraus geschätzt werden kann, und falls ausreichend zusammenhängender Speicherplatz zur Verfügung steht, um alle Schlüssel aufzunehmen und noch etwas Platz übrig zu behalten, lohnt es sich sicher nicht, in der Hash-Tabelle überhaupt irgendwelche Verkettungen zu verwenden. Es wurden verschiedene Verfahren entwickelt, bei denen N Datensätze in einer Tabelle der Größe $M > N$ gespeichert werden, wobei man sich darauf verläßt, daß freie Plätze in der Tabelle bei der Kollisionsbeseitigung helfen können. Solche Verfahren werden Hashing-Methoden *mit offener Adressierung* genannt.

Die einfachste Methode mit offener Adressierung wird *lineares Austesten* (linear probing) genannt: Wenn eine Kollision vorliegt (wenn die Hash-Funktion einen Schlüssel auf einen Tabellenplatz abbildet, der bereits belegt ist und dessen Schlüssel nicht mit dem Suchschlüssel übereinstimmt), so *teste* man einfach die nächste Position in der Tabelle, das heißt, man vergleiche den Schlüssel des dort befindlichen Datensatzes mit dem Suchschlüssel. Es gibt drei mögliche Ergebnisse des Tests: Falls die Schlüssel übereinstimmen, ist die Suche erfolgreich beendet; falls auf dieser Position kein Datensatz vorhanden ist, ist die Suche erfolglos beendet; andernfalls teste man wiederum die nächste Position und fahre damit so lange fort, bis entweder der Suchschlüssel oder eine leere Position in der Tabelle gefunden wird. Falls ein Datensatz, der den Suchschlüssel enthält, im Anschluß an eine erfolglose Suche einzufügen ist, so kann er einfach auf dem leeren Tabellenplatz untergebracht werden, bei dem die Suche endete. Dieses Verfahren läßt sich leicht wie folgt implementieren:

```
static struct node
   { char *key; int info; };
static struct node a[M+1];

hashinitialize()
   {
     int i;
     for (i = 0; i <=M; i++)
       { a[i].key = " "; a[i].info = -1; }
   }
hashinsert(char *v, int info)
   {
     int x = hash(v);
     while (strcmp(" ",a[x].key))
         x = (x+1) % M;
     a[x].key = v; a[x].info = info;
   }
```

Lineares Austesten erfordert einen speziellen Schlüsselwert, um eine leere Stelle in der Tabelle anzuzeigen; das angegebene Programm verwendet für diesen Zweck *maxint*. Die Berechnung x=(x+1) % *M* entspricht der Überprüfung der nächsten Position (mit zyklischer Rückkehr zum Anfang der Tabelle, wenn ihr Ende erreicht ist). Beachten Sie, daß dieses Programm nicht überprüft, ob die Tabelle vollständig gefüllt ist. (Was würde in diesem Falle passieren?) Die Implementation von hashsearch ist ähnlich zu hashinsert: Man füge einfach der while-Schleife die Bedingung »strcmp (v, a[x].key)« hinzu und ersetze die nachfolgende Zeile, mit der der Datensatz gespeichert wird, durch return a[x].info.

Für unser Beispiel einer Menge von Schlüsseln mit *M* = 19 erhalten wir die in Abbildung 16.3 angegebenen Werte der Hash-Funktion. Wenn diese Schlüssel in der angegebenen Reihenfolge in eine ursprünglich leere Tabelle eingefügt werden, erhalten wir die in Abbildung 16.4 dargestellte Folge. Wir bemerken, daß zwischen der ursprünglichen Position des Austestens und der nächsten leeren Position in der Tabelle mehrfach auftretende Schlüssel erscheinen; sie müssen jedoch nicht unbedingt benachbart sein.

Der Umfang der Tabelle für lineares Austesten ist größer als für getrennte Verkettung, da *M* > *N* gelten muß, doch die Gesamtgröße des verwendeten Speicherplatzes ist geringer, da keine Verkettungen benutzt werden. Die durchschnittliche Anzahl der Elemente, die für eine erfolgreiche Suche überprüft werden müssen, beträgt für dieses Beispiel $33/17 \approx 1{,}94$.

Schlüssel: A S E A R C H I N G E X A M P L E
Hash: *1* *0* *5* *1* *18* *3* *8* *9* *14* *7* *5* *5* *1* *13* *16* *12* *5*

Abbildung 16.3 *Eine Hash-Funktion (M = 19).*

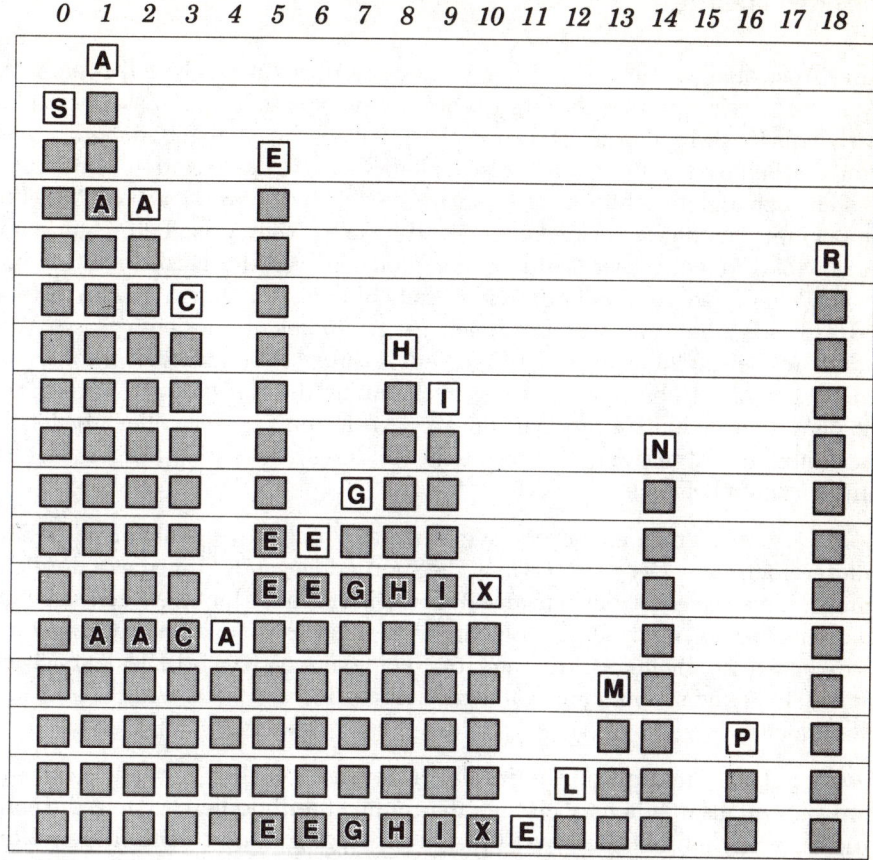

Abbildung 16.4 *Lineares Austesten.*

Eigenschaft 16.2 *Für eine Hash-Tabelle, die zu weniger als zwei Dritteln gefüllt ist, erfordert lineares Austesten im Durchschnitt weniger als fünf Tests.*

Die exakte Formel für die durchschnittliche Anzahl der erforderlichen Tests, ausgedrückt unter Verwendung des »Auslastungsfaktors« der Hash-Tabelle $\alpha = N/M$, lautet $1/2 + 1/2(1 - \alpha)^2$ für eine erfolglose und $1/2 + 1/2(1 - \alpha)$ für eine erfolgreiche Suche. Demnach erhalten wir, wenn wir $\alpha = 2/3$ wählen, fünf Tests für eine durchschnittliche erfolglose Suche und zwei für eine durchschnittliche erfolgreiche Suche. Eine erfolglose Suche ist stets aufwendiger als eine erfolgreiche; eine erfolgreiche Suche erfordert weniger als fünf Tests, solange die Tabelle nicht mehr als etwa zu 90% gefüllt ist. In dem Maße, wie sich die Tabelle füllt (wenn α sich 1 nähert), werden diese Zahlen sehr groß; dies sollte in der Praxis nicht zugelassen werden, wie wir im folgenden erläutern werden. ∎

Doppeltes Hashing

Lineares Austesten (wie jedes Hashing-Verfahren) führt zum Ziel, weil es garantiert, daß wir, wenn wir einen bestimmten Schlüssel suchen, jeden Schlüssel betrachten, der durch die Hash-Funktion auf die gleiche Tabellenadresse abgebildet wird (insbesondere den Schlüssel selbst, wenn er in der Tabelle ist). Leider werden beim linearen Austesten auch andere Schlüssel untersucht, speziell dann, wenn sich die Tabelle zu füllen beginnt; im obigen Beispiel erfordert die Suche nach X das Betrachten von G, H und I, wobei keiner dieser Schlüssel den gleichen Wert der Hash-Funktion hatte. Was noch schlimmer ist, das Einfügen eines Schlüssels mit einem Hash-Wert kann eine drastische Erhöhung der Suchzeiten für Schlüssel mit anderen Hash-Werten bewirken: Im Beispiel würde ein Einfügen auf Position 17 beträchtlich erhöhte Such-zeiten für Position 16 bewirken. Diese Erscheinung, die *Anhäufung* (clustering) genannt wird, kann dazu führen, daß lineares Austesten für fast volle Tabellen sehr langsam abläuft. Abbildung 16.5 zeigt die Bildung von Anhäufungen in einem umfangreicheren Beispiel.

Zum Glück gibt es einen einfachen Weg, wie das Problem des Anhäufens praktisch beseitigt werden kann: *Doppeltes Hashing*. Die zugrundeliegende Strategie ist die gleiche; der einzige Unterschied ist, daß wir, anstatt der Reihe nach die Eintragungen zu betrachten, die einer Position mit Kollision folgen, eine zweite Hash-Funktion benutzen, um ein festes Inkrement zu erhalten, das für die »Test«-Folge verwendet wird. Dies läßt sich leicht implementieren, indem man am Anfang der Prozedur u=h2(v) einfügt und in der while-Schleife x=(x+1) % M in x=(x+u) % M abändert.

Die zweite Hash-Funktion muß mit einiger Sorgfalt gewählt werden, da das Programm andernfalls möglicherweise überhaupt nicht funktioniert. Erstens darf offenbar nicht u=0 gelten, da dies bei Kollision zu einer Endlosschleife führen würde. Zweitens ist es wesentlich, daß M und u zueinander prim sind, da sonst einige der Testfolgen sehr kurz sein könnten (man betrachte den Fall M = 2u). Das läßt sich leicht erreichen, indem man M prim und u < M wählt. Drittens sollte sich die zweite Hash-Funktion von der ersten »unterscheiden«, da andernfalls eine noch etwas kompliziertere Anhäufung auftreten könnte. Eine Funktion der Art $h_2(k) = M - 2 - k$ mod $(M - 2)$ würde eine gute Reihe von »zweiten« Hash-Werten erzeugen, doch würde dies vielleicht zu weit gehen, da insbesondere für lange Schlüssel die Kosten für die Berechnung der zweiten Hash-Funktion im Prinzip die Kosten der Suche

Abbildung 16.5 Lineares Austesten in einer umfangreicheren Tabelle.

Schlüssel: Ａ Ｓ Ｅ Ａ Ｒ Ｃ Ｈ Ｉ Ｎ Ｇ Ｅ Ｘ Ａ Ｍ Ｐ Ｌ Ｅ
Hash 1:   1 0 5 1 18 3 8 9 14 7 5 5 1 13 16 12 5
Hash 2:   7 3 3 7 6 5 8 7 2 1 3 8 7 3 8 4 3

Abbildung 16.6 *Doppelte Hash-Funktion (M = 19).*

verdoppeln, nur um durch die Beseitigung der Anhäufung einige Tests einzusparen. In der Praxis ist eine viel einfachere zweite Hash-Funktion ausreichend, wie etwa $h_2(k)$ = 8 − (k mod 8). Diese Funktion verwendet nur die letzten drei Bits von k; es könnte zweckmäßig sein, für eine umfangreiche Tabelle einige weitere Bits zu verwenden, obwohl der Effekt, selbst wenn er spürbar ist, in der Praxis nicht entscheidend sein dürfte.

Für unser Beispiel von Schlüsseln erzeugen diese Funktionen die Hash-Werte, die in Abbildung 16.6 angegeben sind. Abbildung 16.7 zeigt die Tabelle, die durch sukzes-

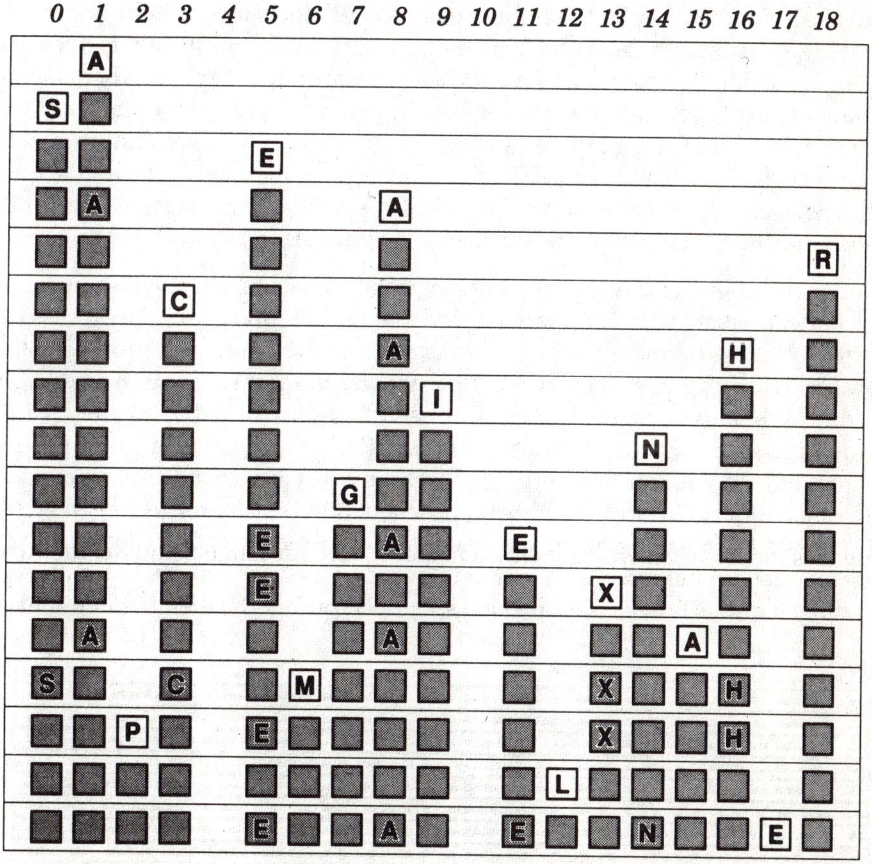

0	1	2	3	4	5	6	7	8	9	10	11	12	13	14	15	16	17	18
	A																	
S																		
				E														
	A						A											
																		R
		C																
							A									H		
								I										
													N					
						G												
				E			A			E								
				E									X					
	A						A							A				
S			C		M								X			H		
		P		E									X			H		
												L						
				E			A				E			N			E	

Abbildung 16.7 *Doppeltes Hashing.*

sives Einfügen unserer Beispielschlüssel in eine ursprünglich leere Tabelle bei Anwendung von doppeltem Hashing mit Hilfe dieser Werte erzeugt wird.

Die durchschnittliche Anzahl der Elemente, die bei einer erfolgreichen Suche betrachtet werden, ist für dieses Beispiel etwas größer als beim linearen Austesten: $35/17 \approx 2{,}05$. In einer weniger dicht gefüllten Tabelle tritt jedoch weit weniger Anhäufung auf, wie Abbildung 16.8 zeigt. In diesem Beispiel treten doppelt so viele Anhäufungen auf wie beim linearen Austesten (Abbildung 16.5) oder, was dasselbe ist, die Anhäufungen sind im Durchschnitt etwa halb so lang.

Eigenschaft 16.3 *Doppeltes Hashing erfordert im Durchschnitt weniger Tests als lineares Austesten.*

Die exakte Formel für die durchschnittliche Zahl der Tests, die bei doppeltem Hashing mit einer »unabhängigen« zweiten Hash-Funktion ausgeführt werden, lautet $1/(1 - \alpha)$ für erfolglose und $- \ln(1 - \alpha)/\alpha$ für erfolgreiche Suche. (Diese Formeln sind das Ergebnis einer tiefgehenden mathematischen Analyse und sind für große α noch nicht einmal überprüft worden.) Die oben empfohlene einfachere, leicht berechenbare zweite Hash-Funktion verhält sich nicht ganz so gut, doch auch mit ihr kommt man diesem Ergebnis recht nahe, besonders dann, wenn genügend viele Bits verwendet werden, damit der Wertebereich M möglichst nahekommt. In der Praxis bedeutet das, daß man für eine gegebene Anwendung bei doppeltem Hashing eine kleinere Tabelle verwenden kann, um die gleichen Suchzeiten zu erhalten wie beim linearen Austesten; die durchschnittliche Anzahl der Tests beträgt weniger als fünf für eine erfolglose Suche, wenn die Tabelle zu weniger als 80% gefüllt ist, und weniger als fünf für eine erfolgreiche Suche, wenn die Tabelle zu weniger als 99% gefüllt ist. ∎

Methoden der offenen Adressierung können in einer dynamischen Situation, wo eine möglicherweise nicht vorhersagbare Anzahl von Einfüg- und Löschoperationen auszuführen ist, unzweckmäßig sein. Erstens stellt sich die Frage, wie groß die Tabelle sein sollte. Es müßte abgeschätzt werden, wieviel Einfügungen zu erwarten sind, doch das Verhalten verschlechtert sich drastisch, wenn sich die Tabelle zu füllen beginnt. Eine gebräuchliche Lösung für dieses Problem besteht darin, in gewissen (sehr großen) Abständen alles erneut durch eine Hash-Funktion in eine größere Tabelle abzubilden. Zweitens muß beim Löschen mit Vorsicht vorgegangen werden: Ein Datensatz kann nicht einfach aus einer Tabelle entfernt werden, die mit linearem Austesten oder doppeltem Hashing erzeugt wurde. Der Grund hierfür ist, daß spätere Einfügungen in die Tabelle diesen Datensatz übersprungen haben können und eine

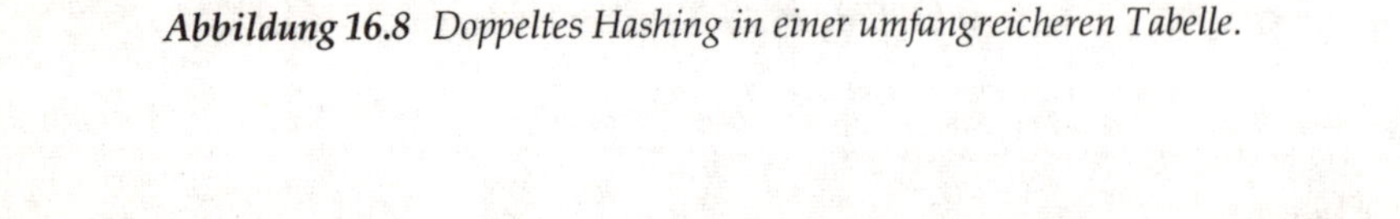

Abbildung 16.8 Doppeltes Hashing in einer umfangreicheren Tabelle.

Suche nach solchen Datensätzen dann bei der Lücke abbricht, die der gelöschte Datensatz hinterlassen hat. Ein Weg zur Lösung dieses Problems ist, einen weiteren speziellen Schlüssel zu verwenden, der als Platzhalter für Suchvorgänge dienen kann, jedoch als eine leere Position für Einfügungen identifiziert und gespeichert werden kann. Beachten Sie, daß bei der getrennten Verkettung weder die Größe der Tabelle noch das Löschen ein besonderes Problem war.

Ausblick

Die oben vorgestellten Methoden sind vollständig analysiert worden, und es ist möglich, einen sehr gründliche Vergleich ihrer Leistungsfähigkeit vorzunehmen. Die oben angegebenen Formeln wurden aus eingehenden Analysen abgeleitet, die von D. E. Knuth in seinem Buch über Sortieren und Suchen dargelegt wurden. Die Formeln zeigen, wie sehr sich das Verhalten bei offener Adressierung verschlechtert, wenn α sich 1 nähert. Bei großen M und N und bei einer zu etwa 90% gefüllten Tabelle erfordert lineares Austesten ungefähr 50 Tests für eine erfolglose Suche gegenüber 10 bei doppeltem Hashing. In der Praxis sollte man jedoch niemals zulassen, daß sich eine Hash-Tabelle zu 90% füllt! Für kleine Auslastungsfaktoren sind nur wenige Tests erforderlich; wenn kleine Auslastungsfaktoren nicht gewährleistet werden können, sollte Hashing nicht angewandt werden.

Der Vergleich von linearem Austesten und doppeltem Hashing mit getrennter Verkettung ist komplizierter, da bei den Methoden mit offener Adressierung mehr Speicherplatz zur Verfügung steht (da keine Verkettungen vorhanden sind). Der verwendete Wert von α sollte auf der Basis der jeweiligen Größe von Schlüsseln und Verkettungen so geändert werden, daß dies berücksichtigt wird. Dies bedeutet, daß es normalerweise nicht gerechtfertigt ist, getrennte Verkettung hinsichtlich der Leistungsfähigkeit höher einzustufen als doppeltes Hashing.

Die Wahl der besten Hashing-Methode für eine spezielle Anwendung kann sehr kompliziert sein. Die allerbeste Methode wird jedoch für eine gegebene Situation selten benötigt, und die verschiedenen Verfahren besitzen ähnliche Merkmale der Leistungsfähigkeit, solange der Speicherplatz nicht zu sehr beansprucht wird. Im allgemeinen besteht die beste Strategie darin, die Methode der einfachen getrennten Verkettung anzuwenden, um die Suchzeiten stark zu verkürzen, wenn die Anzahl der zu verarbeitenden Datensätze nicht im voraus bekannt ist (und eine gute Speicherzuweisungsstrategie zur Verfügung steht), und doppeltes Hashing zu verwenden, um eine Menge von Schlüsseln zu suchen, deren Größe im voraus grob angegeben werden kann.

Es wurden viele weitere Hashing-Methoden entwickelt, die Anwendung in verschiedenen speziellen Situationen finden. Auch wenn wir nicht ins Detail gehen können, wollen wir kurz zwei Beispiele betrachten, um den Charakter speziell angepaßter

Hashing-Methoden zu veranschaulichen. Diese und viele weitere Methoden werden in den Büchern von Knuth und Gonnet vollständig beschrieben.

Die erste Methode, die *geordnetes Hashing* genannt wird, benutzt die Ordnung innerhalb einer Tabelle mit offener Adressierung. Beim gewöhnlichen linearen Austesten brechen wir die Suche ab, wenn wir eine leere Tabellenposition oder einen Datensatz, dessen Schlüssel mit dem Suchschlüssel übereinstimmt, vorfinden; beim geordneten Hashing brechen wir die Suche ab, wenn wir einen Datensatz mit einem Schlüssel finden, der größer oder gleich dem Suchschlüssel ist (die Tabelle muß geschickt aufgebaut werden, damit dies erreicht wird). Es erweist sich, daß sich bei dieser Methode die Zeit für eine erfolglose Suche etwa auf die Zeit für eine erfolgreiche Suche verkürzt. (Dies ist die gleiche Art von Verbesserung, die sich bei getrennter Verkettung ergibt.) Dieses Verfahren ist für Anwendungen nützlich, in denen häufig eine erfolglose Suche ausgeführt wird. Zum Beispiel könnte ein Textverarbeitungssystem einen Algorithmus zur Silbentrennung von Wörtern besitzen, der für die meisten Wörter einwandfrei abläuft, jedoch nicht für bestimmte Ausnahmefälle. In dieser Situation könnte so vorgegangen werden, daß alle Wörter in einem relativ kleinen *Ausnahmewörterbuch* nachgeschlagen werden, das Wörter enthält, die besonders behandelt werden müssen, wobei die meisten Suchvorgänge erfolglos sein dürften.

Weiterhin gibt es Verfahren, mit denen einige Datensätze während der erfolglosen Suche bewegt werden können, damit das erfolgreiche Suchen effizienter wird. So entwickelte R. P. Brent eine Methode, für die die durchschnittliche Zeit für eine erfolgreiche Suche durch eine Konstante begrenzt werden kann, womit sich eine sehr nützliche Methode für Anwendungen ergibt, in denen häufiges erfolgreiches Suchen in sehr großen Tabellen, wie etwa Wörterbüchern, erforderlich ist.

Dies sind nur zwei Beispiele aus einer großen Zahl von verbesserten Algorithmen, die für Hashing vorgeschlagen worden sind. Viele dieser Verbesserungen sind interessant und haben wichtige Anwendungen. Wie üblich müssen wir jedoch vor verfrühter Anwendung höherentwickelter Methoden warnen, die Spezialisten für ernsthafte Anwendungen des Suchens vorbehalten bleiben sollten, da getrennte Verkettung und doppeltes Hashing einfach, effizient und für die meisten Anwendungen durchaus annehmbar sind.

Hashing wird in vielen Anwendungsfällen den binären Baumstrukturen der beiden vorangegangenen Kapitel vorgezogen, da es etwas einfacher ist und sehr kurze (konstante) Suchzeiten gewährleisten kann, wenn Platz für eine genügend große Tabelle zur Verfügung steht. Binäre Baumstrukturen haben die Vorteile, daß sie dynamisch sind (es wird keine Information über die Anzahl der Einfügungen im voraus benötigt), daß bei ihnen eine Garantie für die Leistungsfähigkeit im ungünstigsten Fall gegeben werden kann (selbst bei der besten Hashing-Methode kann der Fall eintreten, daß die Hash-Funktion alles auf dieselbe Stelle abbildet) und daß sie ein breiteres Spektrum von Operationen unterstützen (was am wichtigsten ist, die Funktion des *Sortierens*). Wenn diese Faktoren nicht von Bedeutung sind, ist Hashing sicher die zu bevorzugende Suchmethode.

Übungen

1. Beschreiben Sie, wie Sie unter Verwendung eines guten Zufallszahlengenerators eine Hash-Funktion implementieren könnten. Wäre es sinnvoll, unter Verwendung einer Hash-Funktion einen Zufallszahlengenerator zu implementieren?

2. Wie lange könnte es im ungünstigsten Fall dauern, N Schlüssel in eine ursprünglich leere Tabelle einzufügen, wenn getrennte Verkettung mit ungeordneten Listen angewandt wird? Beantworten Sie die gleiche Frage für sortierte Listen.

3. Geben Sie den Inhalt der sich ergebenden Hash-Tabelle an, wenn die Schlüssel E A S Y Q U E S T I O N unter Verwendung des linearen Austestens in der angegebenen Reihenfolge in eine ursprünglich leere Tabelle der Größe 13 eingefügt werden. (Verwenden Sie $h_1(k) = k \bmod 13$ als Hash-Funktion für den k-ten Buchstaben des Alphabets.)

4. Geben Sie den Inhalt der sich ergebenden Hash-Tabelle an, wenn die Schlüssel E A S Y Q U E S T I O N unter Verwendung des doppelten Hashing in der angegebenen Reihenfolge in eine ursprünglich leere Tabelle der Größe 13 eingefügt werden. (Verwenden Sie $h_1(k)$ aus der vorangegangenen Übung, $h_2(k) = 1 + (k \bmod 11)$ als zweite Hash-Funktion.)

5. Wie viele Tests sind bei doppeltem Hashing etwa erforderlich, um eine Tabelle zu erzeugen, die aus N gleichen Schlüsseln besteht?

6. Welche Hashing-Methode würden Sie für eine Anwendung benutzen, in der wahrscheinlich viele gleiche Schlüssel auftreten?

7. Angenommen, die Anzahl der Elemente, die in einer Hash-Tabelle angeordnet werden sollen, ist im voraus bekannt. Unter welchen Bedingungen ist getrennte Verkettung doppeltem Hashing vorzuziehen?

8. Angenommen, einem Programmierer ist in seinem Programm für doppeltes Hashing ein Fehler unterlaufen, so daß eine der Hash-Funktionen immer den gleichen Wert zurückgibt (nicht 0). Beschreiben Sie, was in jeder Situation (wenn die erste Hash-Funktion falsch ist und wenn die zweite falsch ist) passiert.

9. Welche Hash-Funktion sollte verwendet werden, wenn im voraus bekannt ist, daß die Schlüsselwerte in einen relativ kleinen Bereich fallen?

10. Beurteilen Sie den folgenden Algorithmus zum Löschen aus einer Hash-Tabelle, die mit linearem Austesten erzeugt wurde: Durchsuche die Tabelle von dem zu löschenden Element aus nach rechts (falls erforderlich, mit Rückkehr zum Tabellenanfang), bis eine leere Position gefunden wird, durchsuche sie dann nach links, bis ein Element mit dem gleichen Hash-Wert gefunden wird. Ersetze dann das zu löschende Element durch dieses Element, wobei dessen Position in der Tabelle leer bleibt.

Kapitel 17

Digitales Suchen

Verschiedene Suchverfahren laufen in der Weise ab, daß sie die Suchschlüssel bitweise untersuchen, anstatt in jedem Schritt vollständige Vergleiche zwischen Schlüsseln durchzuführen. Diese Methoden, die *digitale Suchverfahren* (radix-searching methods) genannt werden, arbeiten mit den Bits der Schlüssel selbst, im Gegensatz zu der transformierten Variante der Schlüssel, die beim Hashing verwendet wird. Ebenso wie im Falle der digitalen Sortierverfahren (siehe Kapitel 10) gilt, daß diese Methoden von Nutzen sein können, wenn die Bits der Suchschlüssel leicht zugänglich und die Werte der Suchschlüssel gut verteilt sind.

Die Hauptvorteile digitaler Suchverfahren sind, daß sie ohne die Komplikationen, die bei ausgeglichenen Bäumen auftreten, ein annehmbares Verhalten im ungünstigsten Fall gewährleisten, daß sie einen einfachen Weg zur Behandlung von Schlüsseln mit variabler Länge bieten, daß einige von ihnen Einsparungen von Speicherplatz ermöglichen, indem sie einen Teil des Schlüssels innerhalb der Suchstruktur speichern, und daß sie einen sehr schnellen Zugriff auf die Daten realisieren können, der sowohl mit binären Suchbäumen als auch mit Hashing vergleichbar ist. Die Nachteile sind, daß Daten mit einer gewissen Systematik zu entarteten Bäumen mit schlechtem Verhalten führen können (und Daten, die aus Zeichen bestehen, sind mit einer solchen Systematik behaftet) und daß einige der Verfahren den Platz sehr ineffizient ausnutzen. Wie die digitalen Sortierverfahren sind auch diese Methoden dazu bestimmt, spezielle Eigenschaften der Architektur eines Computers auszunutzen; da sie digitale Eigenschaften der Schlüssel verwenden, ist es schwierig oder unmöglich, in Sprachen wie Pascal effiziente Implementationen zu erzeugen.

Wir werden eine Reihe von Methoden betrachten, wobei jede von ihnen ein Problem korrigiert, das der vorangehenden innewohnte, und wobei wir schließlich zu einem wichtigen Verfahren gelangen, das für solche Suchanwendungen sehr nützlich ist, in denen sehr lange Schlüssel auftreten. Außerdem lernen wir das Analogon zum »Sortieren in linearer Zeit« aus Kapitel 10 kennen, ein Suchen »in konstanter Zeit«, das auf dem gleichen Prinzip beruht.

Digitale Suchbäume

Das einfachste digitale Suchverfahren ist die Suche mit digitalen Bäumen; der Algorithmus ist genau der gleiche wie der für die Suche in einem Binärbaum, mit dem Unterschied, daß wir in dem Baum nicht entsprechend dem Ergebnis des Vergleiches zwischen den Schlüsseln verzweigen, sondern entsprechend den Bits des Schlüssels. Auf der ersten Ebene wird das führende Bit benutzt, auf der zweiten Ebene das zweite führende Bit usw., bis ein äußerer Knoten vorgefunden wird. Das Programm hierfür ist praktisch das gleiche wie für die Suche in einem Binärbaum. Der einzige Unterschied ist, daß die Vergleiche der Schlüssel durch Aufrufe der Funktion bits ersetzt werden, die wir beim digitalen Sortieren verwendet haben. (Wir erinnern daran, daß gemäß Kapitel 10 bits(x,k,j) die j Bits bezeichnet, die k Stellen von rechts in x erscheinen; die Funktion kann in Maschinensprache effizient implementiert werden, indem um k Bits nach rechts geschoben wird und dann alle Bits außer den rechts befindlichen j Bits auf 0 gesetzt werden.)

```
int digitalsearch(int v)
  {
    struct node *x = head;
    int b = maxb;
    z->key = v;
    while (v != x->key)
      x = (bits(v,b--,1)) ? x->r : x->l;
    return x->info;
  }
```

Die Datenstrukturen für dieses Programm sind die gleichen wie die, die wir für elementare binäre Suchbäume benutzt haben. Die Konstante maxb ist die Anzahl der Bits in den Schlüsseln, die zu sortieren sind. Für das Programm wird angenommen, daß das erste Bit in jedem Schlüssel (das (maxb+1)-te von rechts) 0 ist (vielleicht ist der Schlüssel das Ergebnis eines Aufrufs von bits mit einem dritten Argument maxb), so daß die Suche bei head beginnt, welches eine Verkettung ist, die auf den Kopfknoten eines Baumes mit dem Schlüssel 0 und mit einer auf den Suchbaum zeigenden linken Verkettung zeigt. Daher ist die Prozedur zur Initialisierung für dieses Programm die gleiche wie für die Suche in einem Binärbaum, abgesehen davon, daß wir mit head->l=z anstatt mit head->r=z beginnen.

In Kapitel 10 haben wir gesehen, daß gleiche Schlüssel beim digitalen Sortieren ein Problem sind; das gleiche gilt bei der digitalen Suche, nicht bei diesem speziellen Algorithmus, sondern bei denen, die wir später untersuchen wollen. Wir setzen daher in diesem Kapitel voraus, daß alle Schlüssel, die in der Datenstruktur auftreten, unterschiedlich sind; falls erforderlich könnte für jeden Schlüsselwert eine verkettete Liste der Datensätze, deren Schlüssel den betreffenden Wert haben, geführt werden. Wie in den vorangegangenen Kapiteln nehmen wir an, daß der *i*-te Buchstabe des Alphabets durch die aus fünf Bits bestehende Binärdarstellung von *i* repräsentiert

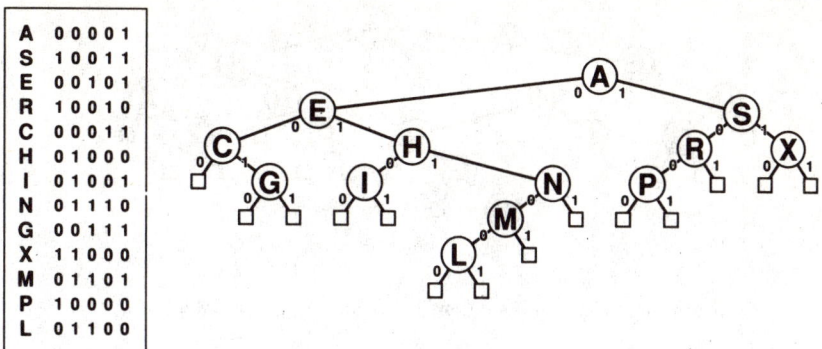

Abbildung 17.1 Ein digitaler Suchbaum.

wird. Die Beispielschlüssel, die in diesem Kapitel verwendet werden sollen, sind in Abbildung 17.1 angegeben. Um Konsistenz mit `bits` zu erreichen, betrachten wir die Bits als von rechts nach links mit 0 bis 4 durchnummeriert. Demnach ist Bit 0 das einzige von 0 verschiedene Bit von A, und Bit 4 ist das einzige von 0 verschiedene Bit von P.

Die Prozedur für das Einfügen in digitale Suchbäume läßt sich gleichfalls unmittelbar aus der entsprechenden Prozedur für binäre Suchbäume ableiten:

```
digitalinsert(int v, int info)
   {
      struct node *p, *x = head;
      int b = maxb;
      while (x != z)
         {
            p = x;
            x = (bits(v, b-, 1)) ? x->r : x->l;
         }
      x = (struct node *) malloc(sizeof *x);
      x->key = v; x->info = info; x->l = z; x->r = z;
      if (bits(v, b+1, 1)) p->r = x; else p->l = x;
   }
```

Der Baum, der mit Hilfe dieses Programms erzeugt wird, wenn unsere Beispielschlüssel in einen ursprünglich leeren Baum eingefügt werden, ist in Abbildung 17.1 dargestellt. Abbildung 17.2 zeigt, was passiert, wenn ein neuer Schlüssel Z=11010 zu dem Baum in Abbildung 17.1 hinzugefügt wird. Wir wenden uns zweimal nach rechts, da die beiden führenden Bits von Z 1 sind, und wenden uns dann nach links, wo wir den äußeren Knoten links von X vorfinden, wo Z eingefügt wird.

Der ungünstigste Fall für Bäume, die mit digitaler Suche erzeugt werden, ist viel besser als für binäre Suchbäume, wenn die Anzahl der Schlüssel groß ist und die

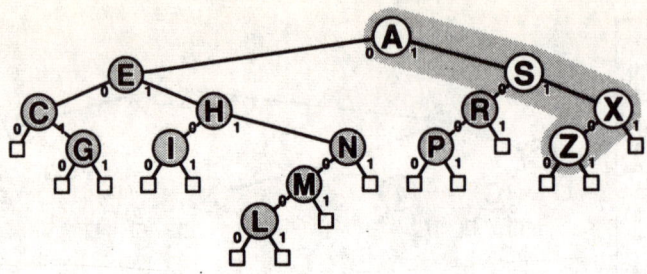

Abbildung 17.2 *Einfügen (von Z) in einen digitalen Suchbaum.*

Schlüssel nicht lang sind. Die Länge des längsten Pfades in einem digitalen Suchbaum ist gleich der längsten Übereinstimmung in den führenden Bits zwischen zwei beliebigen Schlüsseln im Baum, und diese ist für viele Anwendungen meist relativ klein (zum Beispiel wenn die Schlüssel aus zufälligen Bits bestehen).

Eigenschaft 17.1 *Ein Suchen oder Einfügen in einem digitalen Suchbaum erfordert durchschnittlich ungefähr lg N Vergleiche und im ungünstigsten Fall b Vergleiche, wenn der Baum aus N zufälligen Schlüsseln mit b Bits erzeugt wurde.*

Es ist offensichtlich, daß kein Pfad jemals länger sein kann als die Anzahl der Bits in den Schlüsseln; zum Beispiel kann ein digitaler Suchbaum, der aus Schlüsseln mit acht Zeichen erzeugt wurde, mit beispielsweise sechs Bits pro Zeichen, keinen Pfad besitzen, der länger als 48 ist, selbst wenn es Hunderttausende von Schlüsseln gibt. Das Ergebnis, daß digitale Suchbäume im Durchschnitt nahezu perfekt ausgeglichen sind, erfordert eine Analyse, die über den Rahmen dieses Buches hinausgehen würde, obwohl es der einfachen intuitiven Überlegung entspricht, daß das »nächste« Bit eines zufälligen Schlüssels mit der gleichen Wahrscheinlichkeit 0 wie 1 sein kann, so daß auf beide Seiten eines jeden Knotens jeweils die Hälfte entfällt. Abbildung 17.3 zeigt einen digitalen Suchbaum, der aus 95 zufälligen Schlüsseln mit je 7 Bits erzeugt wurde; dieser Baum ist sehr gut ausgeglichen. ∎

Demzufolge stellen digitale Suchbäume eine interessante Alternative zu gewöhnlichen binären Suchbäumen dar, *vorausgesetzt*, daß sich das Extrahieren von Bits ebenso leicht realisieren läßt wie der Vergleich von Schlüsseln (was in Abhängigkeit von der Maschine untersucht werden müßte).

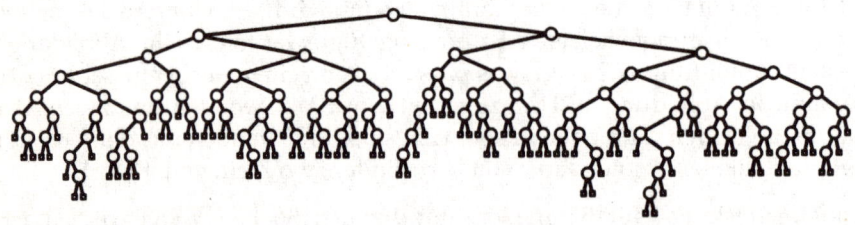

Abbildung 17.3 *Ein umfangreicher digitaler Suchbaum.*

Digitale Such-Tries

Sehr oft liegt der Fall vor, daß Suchschlüssel sehr lang sind, vielleicht zwanzig Zeichen oder mehr. In einer solchen Situation können die Kosten, die beim Vergleich eines Suchschlüssels hinsichtlich der Gleichheit mit einem Schlüssel aus der Datenstruktur entstehen, zu dominierenden Kosten werden, die nicht vernachlässigt werden können. Bei der Suche mit Hilfe digitaler Bäume wird ein solcher Vergleich bei jedem Knoten des Baumes vorgenommen; im vorliegenden Abschnitt werden wir sehen, daß es in den meisten Fällen möglich ist, mit nur einem Vergleich pro Suche auszukommen.

Die Idee besteht darin, die Schlüssel überhaupt nicht in Knoten des Baumes zu speichern, sondern stattdessen alle Schlüssel in äußeren Knoten des Baumes anzuordnen. Das heißt, anstatt für äußere Knoten der Struktur z zu verwenden, sehen wir Knoten vor, die die Suchschlüssel enthalten. Demzufolge haben wir zwei Typen von Knoten: innere Knoten, die nur Verkettungen zu anderen Knoten enthalten, und äußere Knoten, die Schlüssel und keine Verkettungen enthalten. (Fredkin nannte diese Methode »trie«, da sie für das Wiederauffinden (re*trie*val) von Nutzen ist; in der Umgangssprache wird dieses Wort gewöhnlich »try-ee« ausgesprochen, oder — aus offensichtlichen Gründen — nur »try« (Versuch, Experiment).) Um in einer solchen Struktur nach einem Schlüssel zu suchen, zweigen wir einfach entsprechend seinen Bits ab, vergleichen ihn jedoch mit nichts, bis wir zu einem äußeren Knoten gelangen. Jeder Schlüssel im Baum wird in einem äußeren Knoten des Pfads gespeichert, der von dem führenden Bitmuster des Schlüssels beschrieben wird, und jeder Suchschlüssel gelangt zu einem äußeren Knoten, so daß ein vollständiger Vergleich der Schlüssel die Suche beendet.

Abbildung 17.4 zeigt den (binären) digitalen Such-Trie für die Schlüssel A S E R C. Um zum Beispiel E zu erreichen, gehen wir von der Wurzel aus nach links, nach links und nach rechts, da die ersten drei Bits von E 001 lauten. Keiner der Schlüssel in dem Trie beginnt mit den Bits 101, da man einen leeren äußeren Knoten vorfindet, wenn man nach rechts, nach links und nach rechts geht. Bevor wir über das Einfügen nachdenken, sollte sich der Leser die recht überraschende Eigenschaft klarmachen, daß die Struktur des Trie unabhängig von der Reihenfolge ist, in der die Schlüssel

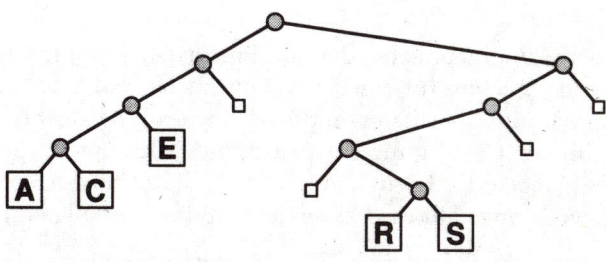

Abbildung 17.4 Ein digitaler Such-Trie.

eingefügt werden: Für jede gegebene Menge von unterschiedlichen Schlüsseln existiert ein eindeutiger Trie.

Wie gewöhnlich können wir nach einer erfolglosen Suche den gesuchten Schlüssel einfügen, indem wir den äußeren Knoten, bei dem die Suche endete, ersetzen, *vorausgesetzt*, daß er keinen Schlüssel enthält. Dies ist der Fall, wenn H in den Trie in Abbildung 17.4 eingefügt wird, wie es der erste Trie in Abbildung 17.5 zeigt. Falls der äußere Knoten, bei dem die Suche endet, einen Schlüssel enthält, so muß er durch einen inneren Knoten ersetzt werden, unter dem der gesuchte Schlüssel und der Schlüssel, der die Suche beendete, in äußeren Knoten angeordnet werden. Falls diese Schlüssel in weiteren Bitpositionen übereinstimmen, so ist es leider erforderlich, einige äußere Knoten hinzuzufügen, die keinem Schlüssel im Baum entsprechen (oder anders gesagt, einige innere Knoten mit einem leeren äußeren Knoten als Nachfolger). Dieser Fall tritt ein, wenn I eingefügt wird, wie es der zweite Trie in Abbildung 17.5 zeigt. Der Rest von Abbildung 17.5 zeigt die Vervollständigung unseres Beispiels, wenn die Schlüssel N G X M P L hinzugefügt werden.

Die Implementation dieses Verfahrens in C erfordert einige Kunstgriffe, da zwei Typen von Knoten notwendig sind, wobei Verkettungen in inneren Knoten auf Knoten beider Typen zeigen könnten. Dies ist ein Beispiel eines Algorithmus, für den eine Implementation auf niedriger Ebene einfacher sein könnte als eine Implementation auf hoher Ebene. Wir verzichten auf das zugehörige Programm, da wir im folgenden eine Verbesserung kennenlernen, bei der dieses Problem umgangen wird.

Der linke Unterbaum eines binären digitalen Such-Trie enthält alle Schlüssel, die als führendes Bit 0 haben; der rechte Unterbaum enthält alle Schlüssel, die 1 als führendes Bit haben. Dies führt zu einer unmittelbaren Entsprechung zum digitalen Sortieren: Bei der Suche mit binären Tries wird die Datei in genau der gleichen Weise zerlegt wie bei Radix Exchange Sort. (Man vergleiche den obigen Trie mit Abbildung 10.1, dem Zerlegungsdiagramm für Radix Exchange Sort, wenn man davon absieht, daß die Schlüssel sich leicht unterscheiden.) Diese Entsprechung ist analog zu der Entsprechung zwischen der Suche in einem Binärbaum und Quicksort.

Eigenschaft 17.2 *Ein Suchen oder Einfügen in einem digitalen Such-Trie erfordert ungefähr* lg N *Bitvergleiche für eine durchschnittliche Suche und b Bitvergleiche im ungünstigsten Fall, wenn der Baum aus N zufälligen Schlüsseln mit b Bits erzeugt wurde.*

Wie oben ergibt sich das Ergebnis für den ungünstigsten Fall unmittelbar aus dem Algorithmus, und das Ergebnis für den durchschnittlichen Fall erfordert eine mathematische Analyse, die über den Rahmen dieses Buches hinausgeht, obwohl es der sehr einfachen intuitiven Überlegung entspricht, daß jedes untersuchte Bit mit gleicher Wahrscheinlichkeit 0 oder 1 sein kann, so daß auf die beiden Seiten eines jeden Knotens im Trie jeweils ungefähr die Hälfte der Schlüssel entfallen müßte. ∎

Eine störende Eigenschaft von digitalen Tries, welche sie von den anderen Typen von Suchbäumen, die wir betrachtet haben, unterscheidet, ist die »Einweg«-Verzweigung, die für Schlüssel erforderlich ist, die eine große Anzahl Bits gemeinsam haben. Zum

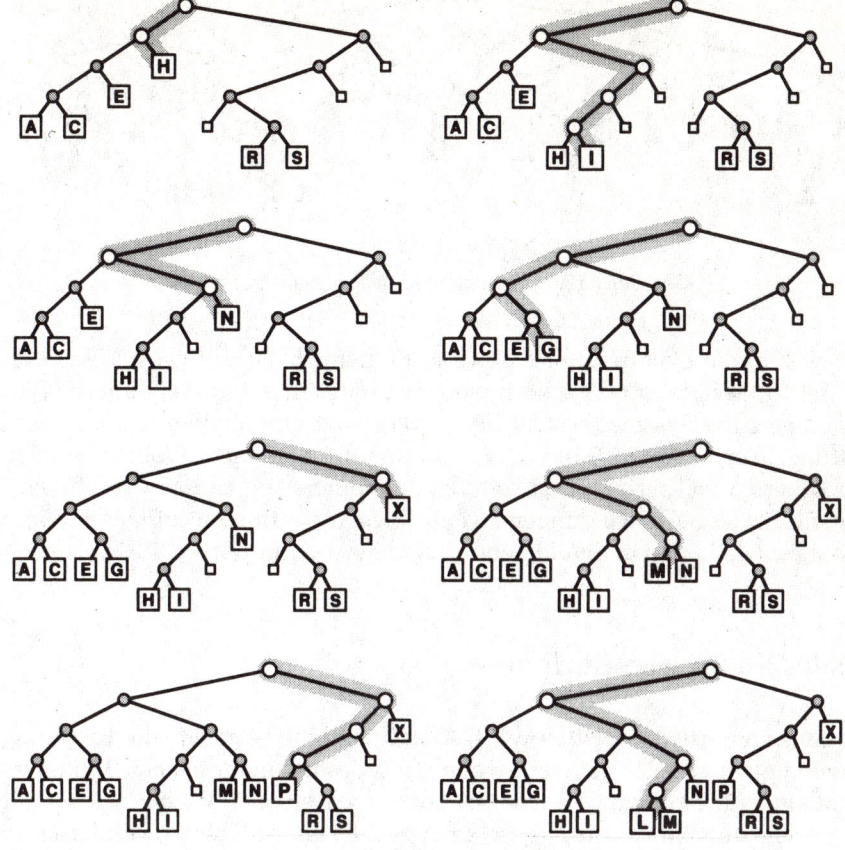

Abbildung 17.5 Erzeugung eines digitalen Such-Trie.

Beispiel erfordern Schlüssel, die sich nur im letzten Bit unterscheiden, einen Pfad, dessen Länge gleich der Länge des Schlüssels ist, gleichgültig, wie viele Schlüssel im Baum vorhanden sind. Die Zahl der inneren Knoten kann um einiges größer sein als die Zahl der Schlüssel.

Eigenschaft 17.3 *Ein digitaler Such-Trie, der aus N zufälligen Schlüsseln mit b Bits erzeugt wurde, besitzt im Durchschnitt ungefähr $N/\ln 2 \approx 1{,}44N$ Knoten.*

Der Beweis dieses Ergebnisses würde wiederum über den Rahmen dieses Buches hinausgehen, obwohl es sich leicht empirisch nachprüfen läßt. Abbildung 17.6 zeigt einen Trie, der aus 95 zufälligen Schlüsseln mit 10 Bits erzeugt wurde und 131 Knoten besitzt. ∎

Die Höhe von Tries ist zwar durch die Anzahl von Bits in den Schlüsseln begrenzt, doch wäre es wünschenswert, die Möglichkeiten zur Verarbeitung von Datensätzen mit sehr langen Schlüsseln (zum Beispiel 1000 Bits oder mehr) zu betrachten. Die

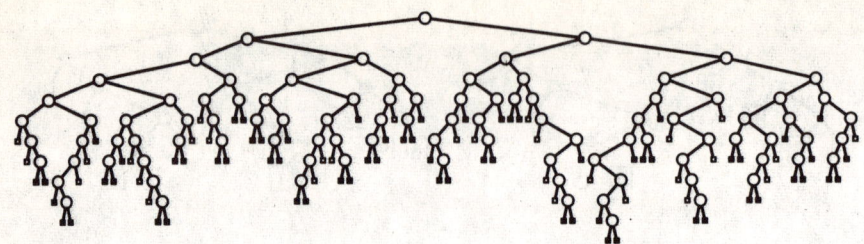

Abbildung 17.6 *Ein umfangreicher digitaler Such-Trie.*

Schlüssel könnten eventuell eine gewisse Einheitlichkeit aufweisen, wie dies bei Daten der Fall sein könnte, die kodierten Text darstellen. Ein Weg, um die Pfade in den Bäumen zu verkürzen, besteht in der Verwendung von deutlich mehr als zwei Verkettungen pro Knoten (obwohl sich dadurch das »Platz«-Problem infolge der Verwendung zu vieler Knoten zuspitzt); ein anderer Weg ist das »Verkürzen« von Pfaden, die Einweg-Abzweigungen zu einzelnen Verkettungen enthalten. Wir untersuchen diese Methoden in den folgenden beiden Abschnitten.

Digitales Mehrwege-Suchen

Beim digitalen Sortieren stellten wir fest, daß wir eine beträchtliche Erhöhung der Geschwindigkeit erzielen können, wenn wir jedesmal mehr als ein Bit betrachten. Dies gilt auch für die digitale Suche: Indem wir jedesmal m Bits betrachten, können wir die Suche um den Faktor 2^m beschleunigen. Es gibt jedoch ein Hindernis, das es erforderlich macht, bei der Anwendung dieser Idee vorsichtiger zu sein als beim digitalen Sortieren. Das Problem besteht darin, daß die gleichzeitige Betrachtung von m Bits der Verwendung von Knoten mit $M = 2^m$ Verkettungen in einem Baum entspricht, was zu einer beträchtlichen Menge von vergeudetem Platz für nicht benutzte Verkettungen führen kann.

Wenn zum Beispiel $M = 4$ ist, wird für unsere Beispielschlüssel der in Abbildung 17.7 dargestellte Trie erzeugt. Um in diesem Trie zu suchen, betrachte man jeweils zwei Bits im Schlüssel auf einmal: Falls die ersten beiden Bits 00 sind, nehme man beim ersten Knoten die linke Verkettung; wenn sie 01 sind, nehme man die zweite Verkettung; wenn sie 10 sind, nehme man die dritte Verkettung; wenn sie 11 sind, nehme man die rechte Verkettung. Danach verzweige man auf der nächsten Ebene entsprechend dem dritten und vierten Bit usw. Um zum Beispiel in dem Trie in Abbildung 17.7 nach T = 10100 zu suchen, nehme man, von der Wurzel ausgehend, die dritte Verkettung und danach die dritte Verkettung vom dritten Nachfolger der Wurzel, womit man zu einem äußeren Knoten gelangt, so daß die Suche erfolglos ist. Um T einzufügen, könnte dieser Knoten durch einen neuen Knoten ersetzt werden, der T (und vier äußere Verkettungen) enthält.

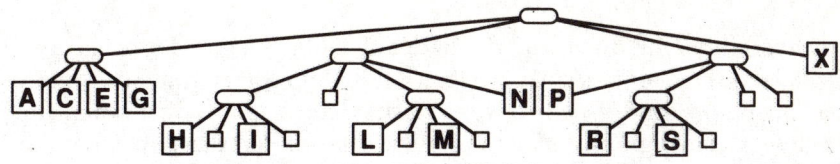

Abbildung 17.7 *Ein digitaler 4-Wege-Trie.*

Man erkennt, daß in diesem Baum aufgrund der großen Zahl nicht benutzter äußerer Verkettungen relativ viel Platz vergeudet wird. Wenn M größer wird, spitzt sich dieser Effekt zu; es zeigt sich, daß die Anzahl der verwendeten Verkettungen für zufällige Schlüssel ungefähr $MN/\ln M$ beträgt. Andererseits ist dies eine sehr effiziente Suchmethode: Die Laufzeit beträgt ungefähr $\log_M N$. Ein sinnvoller Kompromiß zwischen der Zeiteffizienz von Mehrwege-Tries und der Platzeffizienz anderer Methoden kann gefunden werden, indem eine »Hybrid«-Methode mit einem großen Wert von M an der Spitze (zum Beispiel auf den ersten beiden Ebenen) und einem kleinen Wert von M (oder irgendeiner elementaren Methode) auf den unteren Ebenen angewandt wird. Effiziente Implementationen derartiger Methoden können jedoch auch hier aufgrund mehrerer unterschiedlicher Typen von Knoten sehr kompliziert sein.

Beispielsweise teilt ein Baum mit zwei Ebenen mit je 32 Abzweigungen die Schlüssel in 1024 Kategorien ein, von denen jede in zwei Schritten im Baum abwärts erreicht werden kann. Dies wäre für Dateien mit Tausenden von Schlüsseln sehr zweckmäßig, da dann wahrscheinlich (nur) wenige Schlüssel pro Kategorie vorhanden sind. Andererseits wäre ein kleineres M für Dateien geeignet, die nur Hunderte von Schlüsseln enthalten, da sonst die meisten Kategorien leer wären und zu viel Platz vergeudet würde. Ein noch größeres M wäre für Dateien mit Millionen von Schlüsseln geeignet, da sonst die meisten Kategorien zu viele Schlüssel haben würden und zu viel Zeit vergeudet würde.

Interessant ist, daß »Hybrid«-Suchmethoden der Art und Weise entsprechen, wie Menschen nach Dingen suchen, zum Beispiel Namen in einem Telefonbuch. Der erste Schritt ist eine Mehrwege-Entscheidung (»Sehen wir nach, das Wort beginnt mit 'A'«), der vielleicht einige Zweiweg-Entscheidungen folgen (»Es kommt vor 'Andrews', doch nach 'Aitken'«), wonach sequentielles Suchen erfolgt (»'Algonquin' ...'Algren' ...Nein, 'Algorithms' steht nicht drin!«). Natürlich dürften Computer eine Mehrwege-Suche um einiges besser als Menschen ausführen, so daß zwei Ebenen zweckmäßig sind. Weiterhin ist ein 26-Wege-Verzweigen (sogar mit noch mehr Ebenen) eine sehr sinnvolle Alternative, die für Schlüssel in Betracht gezogen werden sollte, die einfach aus Buchstaben bestehen (zum Beispiel in einem Wörterbuch).

Im nächsten Kapitel betrachten wir einen systematischen Weg zur Anpassung der Struktur mit dem Ziel, die Vorzüge des digitalen Mehrwege-Suchens für beliebige Dateigrößen zu nutzen.

Patricia

Das Suchverfahren mit digitalen Tries in der oben dargelegten Form hat zwei Unzulänglichkeiten: Das »Einweg-Verzweigen« führt zur Erzeugung von zusätzlichen Knoten im Baum, und es gibt zwei verschiedene Typen von Knoten im Baum, wodurch sich das Programm etwas kompliziert (besonders der Teil für das Einfügen). D. R. Morrison entdeckte einen Weg, wie diese beiden Probleme mit Hilfe einer Methode, die er *Patricia* nannte (»Practical Algorithm To Retrieve Information Coded In Alphanumeric«, praktischer Algorithmus zum Wiederauffinden von alphanumerisch kodierter Information), umgangen werden können. Der nachfolgend angegebene Algorithmus ist nicht exakt in der gleichen Form dargestellt wie bei Morrison, da diesen Anwendungen beim »Suchen in Zeichenfolgen« des Typs, den wir in Kapitel 19 kennenlernen werden, interessierten. Die hier untersuchten Fragen betreffend gestattet Patricia die Suche nach N beliebig langen Schlüsseln in einem Baum mit nur N Knoten, erfordert jedoch nur einen vollständigen Schlüsselvergleich pro Suche.

Einweg-Verzweigungen werden durch eine einfache Maßnahme vermieden: Jeder Knoten enthält den Index des Bits, das zu testen ist, um zu entscheiden, welcher Pfad von diesem Knoten aus zu benutzen ist. Äußere Knoten werden vermieden, indem Verkettungen zu äußeren Knoten durch Verkettungen ersetzt werden, die im Baum nach oben zeigen, zurück zu unserem normalen Baumknotentyp mit einem Schlüssel und zwei Verkettungen. Bei Patricia werden die Schlüssel in den Knoten jedoch auf dem Weg im Baum nach unten nicht benutzt, um die Suche zu steuern; sie werden erst dann betrachtet, wenn die unterste Ebene des Baumes erreicht wurde. Um zu sehen, wie Patricia abläuft, betrachten wir zunächst, wie das Verfahren an einem typischen Baum abläuft, und untersuchen dann, wie der Baum anfangs erzeugt wird. Der Patricia-Baum, den die Abbildung 17.8 zeigt, wird erzeugt, wenn unsere Beispielschlüssel nacheinander eingefügt werden.

Um in diesem Baum zu suchen, beginnen wir bei der Wurzel und bewegen uns im Baum abwärts, wobei wir den Bitindex in jedem Knoten benutzen, um festzustellen, welches Bit im Suchschlüssel zu untersuchen ist; wir wenden uns nach rechts, wenn dieses Bit 1 ist, und nach links, wenn es 0 ist. Die Schlüssel in den Knoten werden auf dem Weg im Baum abwärts überhaupt nicht betrachtet. Schließlich wird eine aufwärts zeigende Verkettung vorgefunden: jede aufwärts zeigende Verkettung zeigt auf den eindeutigen Schlüssel im Baum, welcher das Bitmuster hat, das dafür sorgen würde, daß bei einer Suche diese Verkettung genommen wird. Zum Beispiel ist S der einzige Schlüssel im Baum, der mit dem Bitmuster 10*11 zur Übereinstimmung gebracht werden kann. Somit ist die Suche erfolgreich, wenn der Schlüssel bei dem Knoten, auf den die erste vorgefundene aufwärts zeigende Verkettung zeigt, gleich dem Suchschlüssel ist; andernfalls ist sie erfolglos. Bei Tries enden alle Suchvorgänge bei äußeren Knoten, woraufhin ein vollständiger Schlüsselvergleich vorgenommen wird, um zu bestimmen, ob die Suche erfolgreich war oder nicht; bei Patricia enden alle Suchvorgänge bei aufwärts gerichteten Verkettungen, woraufhin ein vollständiger Schlüsselvergleich durchgeführt wird, um zu bestimmen, ob die Suche erfolgreich war oder nicht. Außerdem ist es leicht

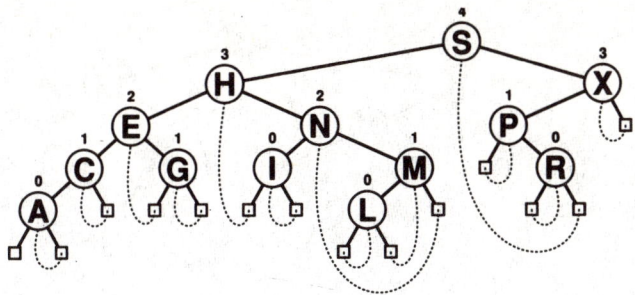

Abbildung 17.8 Ein Patricia-Baum.

zu testen, ob eine Verkettung nach oben zeigt, da die Bitindizes in den Knoten (per Definition) kleiner werden, wenn wir uns im Baum abwärts bewegen. Dies führt zu dem folgenden Suchprogramm für Patricia, das ebenso einfach ist wie das Programm für das Suchen mit digitalen Bäumen oder Tries:

```
static struct node
   { int key, info, b; struct node *l, *r; };
static struct node *head;

int patriciasearch(int v)
   {
     struct node *p, *x;
     p = head; x = head->l;
     while (p->b > x->b)
       {
         p = x;
         x = (bits(v, x->b, 1)) ? x->r : x->l;
       }
     if (v == x->key) return x->info; else return -1;
   }
```

Diese Funktion realisiert das Auffinden des eindeutig bestimmten Knotens, der den Datensatz mit dem Schlüssel v enthalten könnte, und testet anschließend, ob die Suche tatsächlich erfolgreich ist. Demzufolge müssen wir, um in dem obigen Baum nach Z=11010 zu suchen, zunächst nach rechts und dann bei der rechten Verkettung von X nach oben gehen. Der dort befindliche Schlüssel ist nicht Z, somit ist die Suche erfolglos.

Abbildung 17.9 zeigt das Ergebnis des Einfügens von Z=11010 in den Patricia-Baum in Abbildung 17.8. Wie oben beschrieben, endet die Suche nach Z bei dem Knoten, der X=11000 enthält. Gemäß der den Baum definierenden Eigenschaft ist X der einzige Schlüssel im Baum, für den eine Suche bei diesem Knoten enden würde. Wenn Z eingefügt wird, würden zwei derartige Knoten existieren; daher muß die nach oben

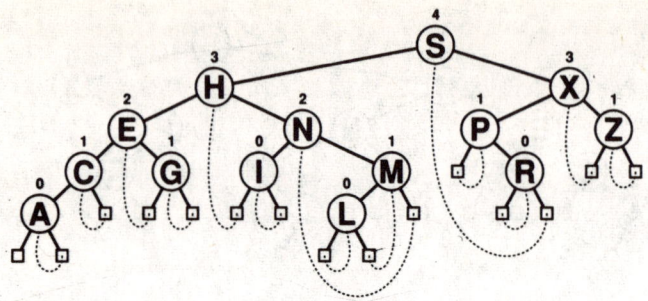

Abbildung 17.9 Äußeres Einfügen in einen Patricia-Baum.

zeigende Verkettung, die auf den X enthaltenden Knoten zeigt, dahingehend geändert
werden, daß sie auf einen neuen, Z enthaltenden Knoten zeigt. Dieser neue Knoten
erhält dann einen Bitindex, der der am weitesten links befindlichen Stelle entspricht,
in der sich X und Z unterscheiden. Außerdem erhält er zwei nach oben führende
Verkettungen: eine, die auf X zeigt, und eine andere, die auf Z zeigt. Dies entspricht
exakt dem Ersetzen des X enthaltenden äußeren Knotens durch einen neuen inneren
Knoten (mit X und Z als Nachfolger) beim Einfügen in digitale Tries. Dabei wurde
die Einweg-Verzweigung beseitigt, indem der Bitindex eingeführt wurde.

Das Einfügen von T=10100 veranschaulicht einen komplizierteren Fall, wie Abbildung 17.10 zeigt. Die Suche nach T endet bei P=10000, was besagt, daß P der einzige
Schlüssel im Baum mit dem Bitmuster 10 * 0 * ist. Nun unterscheiden sich T und P
in Bit 2, einer Position, die während der Suche übersprungen wurde. Die Forderung,
daß die Bitindizes fallen müssen, wenn wir uns im Baum abwärts bewegen, macht es
notwendig, T zwischen X und P einzufügen, mit einem nach oben auf T selbst
gerichteten Zeiger, der seinem eigenen Bit 2 entspricht. Man beachte, daß die Tatsache,
daß Bit 2 vor dem Einfügen von T übersprungen wurde, impliziert, daß P und R den
gleichen Wert von Bit 2 besitzen.

Diese Beispiele illustrieren die beiden einzigen Fälle, die für Patricia beim Einfügen
auftreten. Die folgende Implementation enthält alle Details:

```
patriciainsert(int v, int info)
  {
    struct node *p, *t, *x;
    int i = maxb;
    p = head; t = head->l;
    while (p->b > t->b)
      { p = t; t = (bits(v, t->b, 1)) ? t->r : t->l; }
    if (v == t->key) return;
    while (bits(t->key, i, 1) == bits(v, i, 1)) i—;
    p = head; x = head->l;
    while (p->b > x->b  && x->b > i)
```

```
    { p = x; x = (bits(v, x->b, 1)) ? x->r : x->l; }
t = (struct node *) malloc(sizeof *t);
t->key = v; t->info = info; t->b = i;
t->l = (bits(v, t->b, 1)) ? x : t;
t->r = (bits(v, t->b, 1)) ? t : x;
if (bits(v, p->b, 1)) p->r = t; else p->l = t;
}
```

(Bei diesem Programm wird vorausgesetzt, daß head mit dem Schlüsselfeld 0, einem Bitindex maxb und beiden Verkettungen als auf sich selbst zeigend initialisiert wurde.) Zuerst führen wir eine Suche durch, um den Schlüssel zu finden, der von v unterschieden werden muß. Die Bedingungen x->b<=i und p->b<=x->b charakterisieren die Situationen, die in den Abbildungen 17.10 bzw. 17.9 dargestellt sind. Danach bestimmen wir die am weitesten links befindliche Bitposition, in der sich die Schlüssel unterscheiden, bewegen uns im Baum abwärts bis zu dem betreffenden Punkt und fügen an dieser Stelle einen neuen Knoten ein, der v enthält.

Patricia stellt die Quintessenz der digitalen Suchmethoden dar: Es gestattet, die Bits zu identifizieren, die die Suchschlüssel von anderen unterscheiden, und sie in eine Datenstruktur (ohne überflüssige Knoten) einzubauen, die schnell von einem beliebigen Suchschlüssel zu dem einzigen Schlüssel in der Datenstruktur führt, der gleich sein könnte. Natürlich kann die gleiche Technik, die bei Patricia verwendet wird, bei der Suche mit binären digitalen Tries benutzt werden, um Einweg-Verzweigungen zu beseitigen, doch hierdurch würde das Problem vieler Typen von Knoten noch mehr zugespitzt. Abbildung 17.11 zeigt den Patricia-Baum für die gleichen Schlüssel, die zur Erzeugung des Trie von Abbildung 17.6 verwendet wurden; dieser Baum hat nicht nur 44% weniger Knoten, sondern ist auch sehr gut ausgeglichen.

Im Unterschied zu der standardmäßigen Suche in einem Binärbaum sind die digitalen Methoden unempfindlich gegenüber der Reihenfolge, in der Schlüssel eingefügt werden; sie hängen nur von der Struktur der Schlüssel selbst ab. Bei Patricia hängt die Anordnung der aufwärts zeigenden Verkettungen von der Reihenfolge des Einfügens ab, doch die Baumstruktur hängt wie bei den anderen Methoden nur von den Bits in den Schlüsseln ab. Demzufolge würde selbst Patricia mit einer Schlüsselmenge der Art 001, 0001, 00001, 000001 usw. Probleme haben, doch für normale Schlüssel

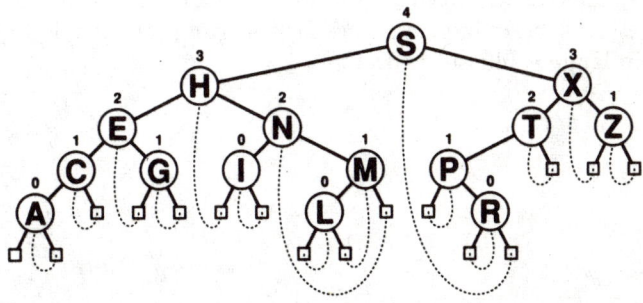

Abbildung 17.10 *Inneres Einfügen in einen Patricia-Baum.*

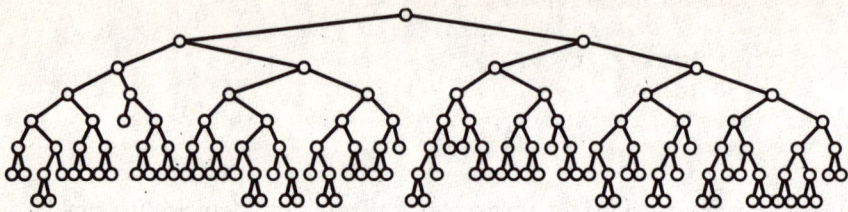

Abbildung 17.11 *Ein umfangreicher Patricia-Baum.*

dürfte der Baum relativ gut ausgeglichen sein, so daß die Anzahl der Untersuchungen von Bits selbst für sehr lange Schlüssel annähernd proportional zu lg N ist, wenn N Knoten im Baum enthalten sind.

Eigenschaft 17.4 *Ein Patricia-Trie, der aus N zufälligen Schlüsseln mit b Bits erzeugt wurde, hat N Knoten und erfordert für eine durchschnittliche Suche lg N Bitvergleiche.*

Wie bei den anderen Methoden in diesem Kapitel ist die Analyse des durchschnittlichen Falles recht kompliziert; es erweist sich, daß Patricia im Durchschnitt einen Vergleich weniger erfordert als ein gewöhnlicher Trie. ■

Das nützlichste Merkmal der Suche mit digitalen Tries besteht darin, daß sie bei Schlüsseln mit variabler Länge effizient ausgeführt werden kann. Bei allen anderen Suchmethoden, die wir kennengelernt haben, ist die Länge der Schlüssel in irgendeiner Weise in die Suchprozedur »eingebaut«, so daß die Laufzeit ebenso von der Länge wie von der Zahl der Schlüssel abhängt. Die tatsächlich realisierbaren Einsparungen hängen von der verwendeten Methode des Zugriffs auf die Bits ab. Nehmen wir zum Beispiel an, daß wir einen Computer haben, der effizient auf aus 8 Bits bestehenden »Bytes« von Daten zugreifen kann, und daß wir unter Hunderten von aus 1000 Bits bestehenden Schlüsseln zu suchen haben. Dann würde Patricia für die Suche nur den Zugriff auf etwa 9 oder 10 Bytes des Suchschlüssels erfordern, sowie einen 125 Bytes betreffenden Vergleich auf Gleichheit, während Hashing den Zugriff auf alle 125 Bytes des Suchschlüssels für die Berechnung der Hash-Funktion sowie einige Vergleiche auf Gleichheit erfordern würde. Auf Vergleichen basierende Verfahren würden gleich mehrere lange Vergleiche erfordern. Diese Tatsache macht Patricia (oder das Suchen mit digitalen Tries mit beseitigter Einweg-Verzweigung) zur bevorzugten Suchmethode, wenn sehr lange Schlüssel auftreten.

Übungen

1. Skizzieren Sie den digitalen Suchbaum, der sich ergibt, wenn die Schlüssel E A S Y Q U E S T I O N in der angegebenen Reihenfolge in einen ursprünglich leeren Baum eingefügt werden.

2. Erzeugen Sie einen 1000 Knoten besitzenden digitalen Suchbaum und vergleichen Sie seine Höhe sowie die Anzahl der Knoten auf jeder Ebene mit einem gewöhnlichen binären Suchbaum und einem Rot-Schwarz-Baum (Kapitel 15), wenn diese aus den gleichen Schlüsseln erzeugt wurden.

3. Finden Sie eine Menge von 12 Schlüsseln, die einen besonders schlecht ausgeglichenen digitalen Such-Trie ergeben.

4. Skizzieren Sie den digitalen Such-Trie, der sich ergibt, wenn die Schlüssel E A S Y Q U E S T I O N in der angegebenen Reihenfolge in einen ursprünglich leeren Baum eingefügt werden.

5. Ein Problem bei digitalen Such-Tries für Mehrwege-Suche mit 26 Wegen besteht darin, daß manche Buchstaben des Alphabets sehr selten benutzt werden. Schlagen Sie einen Ausweg vor.

6. Beschreiben Sie, wie Sie ein Element aus einem digitalen Mehrwege-Suchbaum löschen würden.

7. Skizzieren Sie den Patricia-Baum, der sich ergibt, wenn die Schlüssel E A S Y Q U E S T I O N in der angegebenen Reihenfolge in einen ursprünglich leeren Baum eingefügt werden.

8. Finden Sie eine Menge von 12 Schlüsseln, die einen besonders schlecht ausgeglichenen Patricia-Baum ergeben.

9. Schreiben Sie ein Programm, das alle Schlüssel in einem Patricia-Baum ausgibt, die mit den gleichen t Bits beginnen wie ein gegebener Suchschlüssel.

10. Für welche der digitalen Methoden ist es sinnvoll, ein Programm zu schreiben, das die Schlüssel in sortierter Reihenfolge ausgibt? Für welche der Methoden läßt sich diese Operation nicht ausführen?

Kapitel 18

Externes Suchen

Suchalgorithmen für den Zugriff auf Elemente sehr umfangreicher Dateien, sind von enormer praktischer Bedeutung. Suchen ist die grundlegende Operation für umfangreiche Dateien und verbraucht sicher einen sehr erheblichen Teil der Ressourcen vieler Computeranlagen.

Wir wollen uns in der Hauptsache mit Suchmethoden in großen Platten-Dateien beschäftigen, da das Suchen auf Platten von größtem praktischen Interesse ist. Bei Medien mit sequentiellem Zugriff wie etwa Bändern entartet die Suche rasch zu einer simplen, langsamen Methode: Um ein Band nach einem Element abzusuchen, bleibt nicht viel anderes übrig, als das Band abzuspielen und zu lesen, bis das Element gefunden wird. Bemerkenswerterweise kann man mit Hilfe der im folgenden untersuchten Methoden ein Element auf einer Platte, die eine Milliarde Wörter umfaßt, mit nur zwei oder drei Plattenzugriffen finden.

Wie beim externen Sortieren ist der »System«-Aspekt bei der Verwendung komplexer Hardware für die Ein- und Ausgabe ein Faktor, der für die Leistungsfähigkeit externer Suchverfahren von vorrangiger Bedeutung ist, wobei wir aber nicht in der Lage sind, ihn eingehend zu untersuchen. Im Gegensatz zum Sortieren, wo sich die externen Methoden von den internen Methoden tatsächlich stark unterscheiden, werden wir jedoch feststellen, daß externe Suchverfahren logische Erweiterungen der bereits untersuchten internen Verfahren sind.

Suchen ist eine grundlegende Operation für Plattengeräte. Dateien werden typischerweise so organisiert, daß sie spezielle Gerätemerkmale ausnutzen, um den Zugriff auf die Information so effizient wie möglich zu gestalten. Wie bereits beim Sortieren, arbeiten wir mit einem sehr einfachen und ungenauen Modell von »Platten«, um die wichtigsten Merkmale der grundlegenden Verfahren zu erläutern. Die Bestimmung der besten externen Suchmethode für eine spezielle Anwendung ist äußerst kompliziert und sehr stark von den Eigenschaften der Hardware (und der System-Software) abhängig, so daß diese Frage über den Rahmen des vorliegenden Buches hinausführt. Wir können jedoch einige allgemeine Ansätze vorschlagen.

Bei vielen Anwendungen besteht häufig der Wunsch, in sehr großen Dateien kleine Informationsmengen zu ändern, hinzuzufügen, zu löschen oder (was am wichtigsten ist) auf sie zuzugreifen. In diesem Kapitel betrachten wir einige Methoden für solche dynamischen Situationen, die gegenüber den einfachen Methoden Vorteile der gleichen Art aufweisen, wie sie binäre Suchbäume und Hashing gegenüber binärer Suche und sequentieller Suche besitzen.

Eine sehr umfangreiche Sammlung von Informationen, die unter Verwendung eines Computers verarbeitet werden soll, wird *Datenbank* (database) genannt. Es wurden sehr viele Untersuchungen über die Methoden der Erzeugung, Verwaltung und Nutzung von Datenbanken durchgeführt. Allerdings besitzen umfangreiche Datenbanken eine sehr große Trägheit: Wenn eine sehr große Datenbank einmal geschaffen worden ist und dabei an eine spezielle Suchstrategie angepaßt wurde, kann es sehr aufwendig werden, sie an eine andere anzupassen. Aus diesem Grunde sind die älteren, statischen Methoden weit verbreitet und werden es wahrscheinlich auch bleiben, obwohl für neue Datenbanken häufig schon die neueren dynamischen Methoden eingesetzt werden.

Datenbanksysteme unterstützen gewöhnlich weit kompliziertere Operationen als nur eine einfache Suche nach einem Element auf der Basis eines einzigen Schlüssels. Suchvorgänge beruhen oft auf Kriterien, die mehr als einen Schlüssel betreffen, und es wird von ihnen erwartet, daß sie viele Datensätze zurückgeben. In späteren Kapiteln werden wir einige Beispiele von Algorithmen kennenlernen, die für gewisse Suchaufgaben dieser Art geeignet sind. Jedoch sind bereits allgemeine Suchprobleme hinreichend kompliziert, so daß es üblich ist, eine die gesamte Datenbank einbeziehende sequentielle Suche vorzunehmen, wobei jeder Datensatz überprüft wird, um zu sehen, ob er den Kriterien genügt.

Die Verfahren, die wir behandeln wollen, sind bei der Implementation großer Dateisysteme von praktischer Bedeutung, in denen jede Datei eine eindeutige Kennung besitzt und der Zweck des Dateisystems darin besteht, auf der Basis dieser Kennung ein effizientes Zugreifen, Einfügen und Löschen zu unterstützen. In unserem Modell wird angenommen, daß der Plattenspeicher in *Seiten* eingeteilt ist, das heißt in zusammenhängende Blöcke von Informationen, die einen effizienten Zugriff auf die Platte gestatten. Jede Seite enthält viele Datensätze; unsere Aufgabe besteht darin, die Datensätze innerhalb der Seiten so zu organisieren, daß der Zugriff auf jeden Datensatz möglich ist, indem nur einige wenige Seiten gelesen werden. Wir nehmen an, daß die für das Lesen einer Seite erforderliche Ein-/Ausgabe-Zeit die Verarbeitungszeit, die benötigt wird, um irgendwelche diese Seite betreffenden Berechnungen auszuführen, dominiert. Wie bereits erwähnt wurde, ist dieses Modell in vielerlei Hinsicht übermäßig vereinfacht, doch es enthält noch genügend viele der Merkmale reeller externer Speichergeräte, um uns zu ermöglichen, einige der zur Anwendung kommenden grundlegenden Methoden zu betrachten.

Indexsequentieller Zugriff

Sequentielle Suche auf Platten ist die natürliche Erweiterung der elementaren sequentiellen Suchmethoden, die in Kapitel 14 betrachtet wurden: Die Datensätze werden entsprechend der wachsenden Reihenfolge ihrer Schlüssel gespeichert, und Suchvorgänge werden einfach realisiert, indem die Datensätze der Reihe nach so lange eingelesen werden, bis ein Datensatz gefunden wird, der einen Schlüssel enthält, der größer oder gleich dem Suchschlüssel ist. Wenn zum Beispiel unsere Suchschlüssel von E X T E R N A L S E A R C H I N G E X A M P L E kommen und wir Platten haben, die in der Lage sind, drei Seiten zu je vier Datensätzen aufzubewahren, so liegt die Konfiguration vor, die Abbildung 18.1 zeigt. (Wie im Falle des externen Sortierens müssen wir sehr kleine Beispiele betrachten, um die Algorithmen zu verstehen, und an sehr große Beispiele denken, um ihre Leistungsfähigkeit zu beurteilen.) Offensichtlich ist reines sequentielles Suchen unzweckmäßig, da es zum Beispiel in Abbildung 18.1 bei der Suche nach W erforderlich wäre, alle Seiten zu lesen.

Um die Such-Geschwindigkeit beträchtlich zu erhöhen, können wir für jede Platte einen Index führen, der angibt, welche Schlüssel zu welchen Seiten auf dieser Platte gehören (siehe Abbildung 18.2). Die erste Seite jeder Platte ist ihr Index; die kleinen Buchstaben geben an, daß nur der Schlüsselwert gespeichert wird und nicht der vollständige Datensatz, und die kleinen Zahlen sind Seitenangaben (0 bezeichnet die erste Seite der Platte, 1 die nächste Seite usw.). Im Index erscheint jede Seitennummer unter dem Wert des letzten Schlüssels der vorangehenden Seite. (Das Leerzeichen ist ein Marken-Schlüssel, der kleiner ist als alle anderen; das »+« bedeutet »siehe nächste Platte«.) Demzufolge gibt zum Beispiel der Index für Platte 2 an, daß ihre erste Seite Datensätze mit Schlüsseln zwischen E und I (einschließlich) enthält, und daß ihre zweite Seite Datensätze mit Schlüsseln zwischen I und N (einschließlich) enthält. Es ist normalerweise möglich, viel mehr Schlüssel und Seitenangaben auf einer Indexseite unterzubringen als Datensätze auf einer Seite mit »Daten«; in Wirklichkeit sollte der Index einer Platte nur wenige Seiten benötigen.

Um die Suche weiter zu beschleunigen, können diese Indizes mit einem »Hauptindex« gekoppelt werden, der angibt, welche Schlüssel sich auf welcher Platte befinden. Für unser Beispiel würde der Hauptindex aussagen, daß Platte 1 Schlüssel enthält, die kleiner oder gleich E sind, daß Platte 2 Schlüssel enthält, die kleiner oder gleich N sind (aber nicht kleiner als E), und daß Platte 3 Schlüssel enthält, die kleiner oder gleich X sind (aber nicht kleiner als N). Der Hauptindex dürfte hinreichend klein sein, um im Speicher abgelegt werden zu können, so daß die meisten Datensätze gefunden werden können, indem auf nur zwei Seiten zugegriffen wird: ein Zugriff für den Index

Platte 1 | A | A | A | C | ■ | E | E | E | E | ■ | E | G | H | I | ■ |

Platte 2 | L | L | M | N | ■ | N | P | R | R | ■ | S | T | X | X | ■ |

Abbildung 18.1 Sequentieller Zugriff.

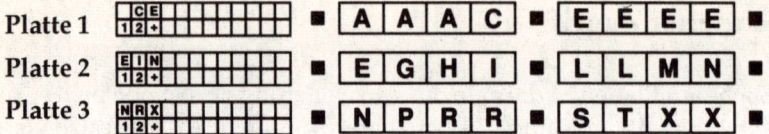

Abbildung 18.2 *Indexsequentieller Zugriff.*

auf der entsprechenden Platte und ein Zugriff für die Seite, die den entsprechenden Datensatz enthält. Zum Beispiel wäre es bei einer Suche nach W erforderlich, zuerst die Indexseite von Platte 3 zu lesen und danach die zweite Datenseite von Platte 3, welche die einzige ist, die W enthalten könnte. Eine Suche nach Schlüsseln, die im Index erscheinen, erfordert das Lesen von drei Seiten: den Index sowie die beiden Seiten, die den Schlüsselwert im Index flankieren. Falls in der Datei keine mehrfach auftretenden Schlüssel enthalten sind, kann der zusätzliche Seitenzugriff vermieden werden. Andererseits können, falls die Datei viele gleiche Schlüssel enthält, mehrere Seitenzugriffe notwendig sein (Datensätze mit gleichen Schlüsseln können mehrere Seiten füllen).

Diese Organisation wird *indexsequentieller Zugriff* genannt, da sie eine Kombination einer sequentiellen Organisation der Schlüssel und dem Zugriff über einen Index darstellt. Sie ist die bevorzugte Methode für Anwendungen, bei denen Änderungen der Datenbank nicht oft zu erwarten sind. Der Nachteil bei der Verwendung eines indexsequentiellen Zugriffs ist, daß er sehr unflexibel ist. Zum Beispiel wäre es beim Hinzufügen eines B zu der obigen Konfiguration erforderlich, praktisch die gesamte Datenbank umzubauen, mit neuen Positionen für viele der Schlüssel und neuen Werten für die Indizes.

Eigenschaft 18.1 *Eine Suche in einer indexsequentiellen Datei erfordert nur eine konstante Anzahl von Plattenzugriffen, während ein Einfügen das Umordnen der gesamten Datei erforderlich machen kann.*

In der Praxis hängt die hierbei auftretende »Konstante« von der Anzahl der Platten und von der jeweiligen Größe der Datensätze, Indizes und Seiten ab. Zum Beispiel könnte eine umfangreiche Datei aus Schlüsseln, die nur aus einem Wort bestehen, sicherlich nicht auf nur einer Platte so gespeichert werden, daß eine Suche mit einer konstanten Anzahl von Zugriffen ermöglicht wird. Oder, um als anderes Extrem ein weiteres absurdes Beispiel zu nennen, eine große Zahl sehr kleiner Platten, von denen jede nur einen Datensatz aufbewahren kann, könnte die Suche ebenfalls sehr schwer machen. ∎

B-Bäume

Ein besserer Weg zur Realisierung der Suche in einer dynamischen Situation ist die Verwendung von ausgeglichenen Bäumen. Um die Anzahl der (relativ teuren) Plattenzugriffe zu verringern, ist es sinnvoll, eine große Anzahl von Schlüsseln pro Knoten zuzulassen, so daß die Knoten einen hohen Verzweigungsgrad besitzen. Solche Bäume wurden von R. Bayer und E. McCreight, die als erste die Benutzung von ausgeglichenen Mehrwege-Bäumen für das externe Suchen betrachteten, B-Bäume genannt. (Von vielen Autoren wird der Begriff »B-Baum« auf die Beschreibung der exakten Datenstruktur beschränkt, die durch den von Bayer und McCreight vorgeschlagenen Algorithmus erzeugt wird; wir wollen ihn in allgemeinerem Sinne verwenden, um »externe ausgeglichene Bäume« zu bezeichnen.)

Der Top-Down-Algorithmus, den wir für 2-3-4-Bäume verwendeten (siehe Kapitel 15), läßt sich leicht auf die Behandlung von mehr Schlüsseln pro Knoten verallgemeinern: Nehmen wir an, daß zwischen 1 und $M - 1$ Schlüssel pro Knoten vorhanden sind (und somit zwischen 2 und M Verkettungen pro Knoten). Die Suche läuft dann in einer zu 2-3-4-Bäumen analogen Weise ab: Um von einem Knoten zum nächsten zu gelangen, finde zuerst im aktuellen Knoten das richtige Intervall für den Suchschlüssel und verlasse ihn dann über die entsprechende Verkettung, um zum nächsten Knoten zu gelangen. Fahre in dieser Weise fort, bis ein äußerer Knoten erreicht wird, und füge dann den neuen Schlüssel in den letzten erreichten inneren Knoten ein. Wie bei Top-Down 2-3-4-Bäumen ist es erforderlich, auf dem Weg im Baum abwärts Knoten »aufzuspalten«, welche »voll« sind; jedesmal, wenn wir einen k-Knoten vorfinden, der mit einem M-Knoten verbunden ist, ersetzen wir ihn durch einen $(k+1)$-Knoten, der mit zwei $(M/2)$-Knoten verbunden ist (damit eine Aufspaltung in gleich große Teile möglich ist, nehmen wir an, daß M gerade ist). Dadurch wird garantiert, daß Platz für das Einfügen des neuen Knotens vorhanden ist, wenn die unterste Ebene erreicht wird.

Abbildung 18.3 zeigt den B-Baum, der für $M = 4$ und unsere Beispielschlüssel erzeugt wird. Dieser Baum besitzt 13 Knoten, von denen jeder einer Seite einer Platte entspricht. Jeder Knoten muß sowohl Verkettungen als auch Datensätze enthalten. Die Wahl von $M = 4$, auch wenn sie wieder die uns vertrauten 2-3-4-Bäume liefert, wurde getroffen, um folgende Tatsache zu verdeutlichen: Vorher konnten wir vier Datensätze pro Seite unterbringen; jetzt lassen sich nur drei unterbringen, damit Platz für die Verkettungen bleibt. Der tatsächlich verwendete Speicherplatz hängt von der jeweiligen Größe der Datensätze und Verkettungen ab. Später lernen wir ein Verfahren kennen, bei dem diese Vermischung von Datensätzen und Verkettungen vermieden wird.

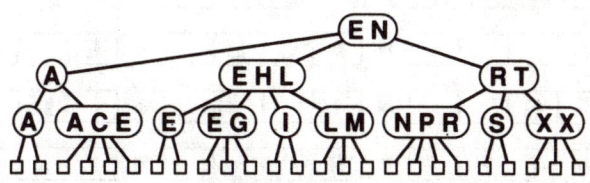

Abbildung 18.3 *Ein B-Baum.*

Ebenso wie wir den Hauptindex für die indexsequentielle Suche im Speicher ableg-
ten, ist es sinnvoll, den Wurzelknoten des B-Baumes zu speichern. Für den in Abbildung 18.3 dargestellten B-Baum gibt der Wurzelknoten an, daß sich die Wurzel des
Unterbaumes, der Datensätze mit Schlüsseln kleiner oder gleich E enthält, auf Seite
0 von Platte 1 befindet, die Wurzel des Unterbaumes mit Schlüsseln kleiner oder
gleich N (aber nicht kleiner als E) auf Seite 1 von Platte 1 und die Wurzel des
Unterbaumes mit Schlüsseln größer oder gleich N auf Seite 2 von Platte 1. Die anderen
Knoten für unser Beispiel könnten in der Weise gespeichert werden, wie es Abbildung
18.4 zeigt.

Knoten werden in diesem Beispiel den Plattenseiten zugewiesen, indem einfach im
Baum abwärts vorgegangen wird, wobei auf jeder Ebene von rechts nach links
vorgegangen wird. Die Knoten werden zunächst der Platte 1 zugewiesen, dann der
Platte 2 usw. Wir vermeiden das Speichern von leeren Verkettungen, indem wir
aufpassen, wann die unterste Ebene erreicht ist: In diesem Falle haben alle Knoten
auf den Platten 2, 3 und 4 nur leere Verkettungen (die nicht gespeichert zu werden
brauchen). In einer praktischen Anwendung spielen noch weitere Überlegungen eine
Rolle. Zum Beispiel könnte es besser sein zu vermeiden, daß alle Suchvorgänge die
Platte 1 durchlaufen, indem zuerst Seite 0 alle Platten belegt wird usw. Tatsächlich
werden auf Grund der Dynamik der Erzeugung des Baums kompliziertere Strategien
benötigt (man betrachte die Schwierigkeit der Implementation einer *split*-Routine
(Aufspalten), die eine der obigen Strategien berücksichtigt).

Eigenschaft 18.2 *Ein Suchen oder ein Einfügen in einen B-Baum der Ordnung M
mit N Datensätzen erfordert garantiert weniger als $\log_{M/2}N$ Plattenzugriffe, was für
praktische Zwecke eine konstante Zahl ist (solange M nicht klein ist).*

Diese Eigenschaft folgt aus der Beobachtung, daß alle Knoten im »Inneren« des
B-Baumes (Knoten, die nicht die Wurzel und nicht Blätter sind) zwischen $M/2$ und
M Schlüssel haben, da sie durch das Spalten eines vollen Knotens mit M Schlüsseln
gebildet werden, und daß ihre Größe nur zunehmen kann (wenn ein weiter unten
befindlicher Knoten gespalten wird). Im ungünstigsten Fall bilden diese Knoten einen
vollständigen Baum vom Grad $M/2$, woraus sich unmittelbar die in der Behauptung
angegebene Schranke ergibt. ∎

Eigenschaft 18.3 *Ein B-Baum der Ordnung M, der aus N zufälligen Datensätzen
erzeugt wurde, hat im Durchschnitt ungefähr 1,44N/M Knoten.*

Abbildung 18.4 Zugriff mit Hilfe eines B-Baumes.

Der Beweis dieser Tatsache würde über den Rahmen dieses Buches hinausgehen; es ist jedoch anzumerken, daß im ungünstigsten Fall, wenn alle Knoten ungefähr halb voll sind, der Umfang des vergeudeten Platzes etwa N erreicht. ■

Im obigen Beispiel waren wir gezwungen, M = 4 zu wählen, da es notwendig war, Platz für Verkettungen in den Knoten zu reservieren. Doch am Ende ergab es sich, daß wir in den meisten Knoten keine Verkettungen verwendeten, da die meisten Knoten in einem B-Baum äußere Knoten sind und die meisten Verkettungen leer sind. Außerdem kann auf den höheren Ebenen des Baumes ein viel größerer Wert von M verwendet werden, wenn wir in den inneren Knoten wie beim indexsequentiellen Zugriff nur Schlüssel (keine vollständigen Datensätze) speichern. Um zu sehen, wie in unserem Beispiel aus diesen Beobachtungen Nutzen gezogen werden kann, nehmen wir an, daß wir bis zu sieben Schlüssel und acht Verkettungen auf einer Seite unterbringen können, so daß wir M = 8 für die inneren Knoten und M = 5 für die Knoten der untersten Ebene benutzen können (nicht M = 4, da auf der untersten Ebene kein Platz für Verkettungen reserviert werden muß). Ein Knoten der untersten Ebene wird aufgespalten, wenn ihm ein fünfter Datensatz hinzugefügt wird (in einen Knoten mit zwei Datensätzen und einen mit drei Datensätzen); das Aufspalten endet mit dem »Einfügen« des Schlüssels des mittleren (spaltenden) Datensatzes in den darüberliegenden Knoten, wo Platz vorhanden ist, da der darüberliegende Baum als ein normaler B-Baum für M = 8 behandelt worden ist (mit den gespeicherten Schlüsseln und nicht Datensätzen). Dies führt zu dem Baum, den Abbildung 18.5 zeigt.

Der Effekt dürfte für eine typische Anwendung wesentlich stärker in Erscheinung treten, da der Verzweigungsgrad des Baumes etwa um das Verhältnis von Datensatzgröße zu Schlüsselgröße erhöht wird, welches gewöhnlich groß ist. Auch kann bei dieser Organisationsform der »Index« (der Schlüssel und Verkettungen enthält) wie bei der indexsequentiellen Suche von den eigentlichen Datensätzen getrennt werden. Abbildung 18.6 zeigt, wie der Baum aus Abbildung 18.5 gespeichert werden könnte: Der Wurzelknoten befindet sich auf Seite 0 von Platte 1 (dort ist genügend Platz für ihn vorhanden, da der Baum in Abbildung 18.5 einen Knoten weniger hat als der Baum in Abbildung 18.3), obwohl er, wie bereits erwähnt, in den meisten Anwendungsfällen wahrscheinlich im Speicher abgelegt würde. Die anderen Bemerkungen betreffs der Anordnung der Knoten auf den Platten treffen hier ebenfalls zu.

Es liegen nun zwei Werte von M vor, einer für die inneren Knoten, der den Verzweigungsgrad des Baumes (M_I) bestimmt, und einer für die Knoten der untersten Ebene, der die Zuordnung der Datensätze zu den Seiten bestimmt (M_B). Um einerseits die

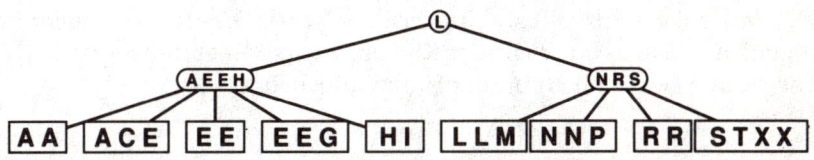

Abbildung 18.5 Ein B-Baum, der nur an den äußeren Knoten Datensätze besitzt.

Abbildung 18.6 *Zugriff mit Hilfe eines B-Baumes, der nur an den äußeren Knoten Datensätze besitzt.*

Anzahl der Plattenzugriffe zu minimieren, wollern wir sowohl M_I als auch M_B so groß wie möglich wählen, selbst wenn dann einige zusätzliche Berechnungen erforderlich sind. Andererseits möchten wir M_I nicht übermäßig groß wählen, da dann die meisten Knoten im Baum weitgehend leer wären und Platz vergeudet würde, und wir möchten M_B nicht übermäßig groß wählen, da dies auf eine sequentielle Suche in den Knoten der untersten Ebene hinauslaufen würde. Gewöhnlich ist es am besten, sowohl M_I als auch M_B mit der Seitengröße zu verknüpfen. Die naheliegende Wahl für M_B ist die Anzahl von Datensätzen, die sich auf einer Seite unterbringen lassen (plus eins): das Ziel der Suche ist es, die Seite zu finden, die den gesuchten Datensatz enthält. Falls für M_I die Anzahl der Schlüssel gewählt wird, die sich auf zwei bis vier Seiten unterbringen lassen, so besitzt der B-Baum selbst für sehr große Dateien (ein drei Ebenen umfassender Baum mit $M_I = 2048$ kann bis zu 1024^3, oder mehr als eine Milliarde, Eintragungen aufnehmen) gewöhnlich nur drei Ebenen. Es sei jedoch daran erinnert, daß der Wurzelknoten des Baumes, auf den für jede Operation zugegriffen wird, im Speicher abgelegt wird, so daß nur zwei Plattenzugriffe erforderlich sind, um ein beliebiges Element in der Datei zu finden.

Wie am Ende von Kapitel 15 kurz erwähnt wurde, wird für B-Bäume gewöhnlich eine kompliziertere Einfüge-Methode angewandt (obwohl die Unterscheidung zwischen Top-Down- und Bottom-Up-Verfahren für Bäume mit drei Ebenen an Bedeutung verliert). In technischer Hinsicht sollten die hier beschriebenen Bäume als »Top-Down B-Bäume« bezeichnet werden, um sie von denen zu unterscheiden, die für gewöhnlich in der Literatur betrachtet werden. Viele weitere Varianten wurden beschrieben, von denen einige für die externe Suche recht wichtig sind. Zum Beispiel kann, wenn ein Knoten voll wird, das Aufspalten (und die resultierenden halbleeren Knoten) vermieden werden, indem ein Teil des Knoteninhalts in dessen »Geschwister«-Knoten (falls dieser nicht zu voll ist) »umgeladen« wird. Dies führt zu einer besseren Ausnutzung des Platzes innerhalb der Knoten, was bei einer umfangreichen Plattensuchanwendung gewöhnlich eine der Hauptaufgaben ist.

Erweiterbares Hashing

Eine Alternative zu B-Bäumen, die digitale Suchalgorithmen in der Weise verallgemeinert, daß sie sich auf externes Suchen anwenden lassen, wurde 1978 von R. Fagin, J. Nievergelt, N. Pippenger und R. Strong entwickelt. Diese Methode, die *erweiterbares Hashing* (extendible hashing) genannt wird, erfordert bei typischen Anwendungen zwei Plattenzugriffe für jede Suche, während sie gleichzeitig ein effizientes Einfügen ermöglicht. Wie bei B-Bäumen werden unsere Datensätze auf Seiten gespeichert, die in zwei Teile aufgespalten werden, wenn sie sich füllen; wie beim indexsequentiellen Zugriff führen wir einen Index, auf den wir zugreifen, um die Seite zu finden, die die mit unserem Suchschlüssel übereinstimmenden Datensätze enthält. Erweiterbares Hashing kombiniert diese Vorgehensweisen durch die Ausnutzung digitaler Eigenschaften der Suchschlüssel.

Um die Arbeitsweise des erweiterbaren Hashing kennenzulernen, untersuchen wir, wie es sukzessive Einfügungen von Schlüsseln aus E X T E R N A L S E A R C H I N G E X A M P L E vornimmt, wenn Seiten mit einer Kapazität von bis zu vier Datensätzen verwendet werden. Wir beginnen mit einem »Index« mit nur einer Eintragung, einem Zeiger, der auf die Seite zeigt, die die Datensätze aufnehmen soll. Die ersten vier Datensätze lassen sich auf dieser Seite unterbringen, wobei die einfache Struktur entsteht, die in Abbildung 18.7 dargestellt ist.

Das Inhaltsverzeichnis auf Platte 1 besagt, daß sich alle Datensätze auf Seite 0 von Platte 2 befinden, wo sie, nach der Reihenfolge ihrer Schlüssel sortiert, gespeichert werden. Als zusätzlichen Bezug geben wir auch den binären Wert der Schlüssel an, wobei wir wieder unsere Standard-Kodierung verwenden, in welcher der i-te Buchstabe des Alphabets durch die 5 Bits von i dargestellt wird. Nunmehr ist die Seite voll und muß aufgespalten werden, um den Schlüssel R=10010 hinzufügen zu können. Die Strategie ist einfach: Setze Datensätze mit Schlüsseln, die mit 0 beginnen, auf eine Seite und Datensätze mit Schlüsseln, die mit 1 beginnen, auf eine andere Seite. Dies erfordert die Verdoppelung des Inhaltsverzeichnisses und das Bewegen der Hälfte der Schlüssel von Seite 0 der Platte 2 zu einer neuen Seite, womit sich die in Abbildung 18.8 dargestellte Struktur ergibt.

Nun können N=01110 und A=00001 hinzugefügt werden, doch damit ist die erste Seite erneut gefüllt, wie in Abbildung 18.9 dargestellt ist. Bevor L=01100 hinzugefügt werden kann, ist ein weiteres Aufspalten erforderlich. Um L=01100 einzufügen, gehen wir in der gleichen Weise vor wie beim ersten Aufspalten, indem wir die erste Seite in zwei Teile aufspalten, einen für die mit 00 beginnenden Schlüssel und einen für die

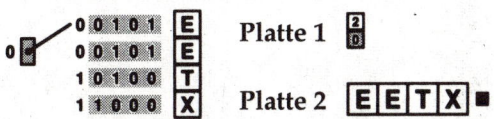

Abbildung 18.7 Erweiterbares Hashing: Erste Seite.

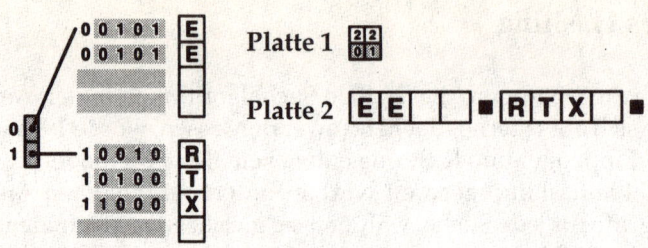

Abbildung 18.8 *Erweiterbares Hashing: Aufspaltung des Inhaltsverzeichnisses.*

mit 01 beginnenden Schlüssel. Was nicht sofort klar ist, ist die Frage, was mit dem Inhaltsverzeichnis zu geschehen hat. Eine Alternative wäre, einfach eine weitere Eintragung anzufügen, einen Zeiger für jede Seite. Dies ist nicht wünschenswert, da es im wesentlichen auf eine indexsequentielle Suche hinausläuft (wenn auch in einer digitalen Variante): Das Inhaltsverzeichnis muß sequentiell durchsucht werden, um während eines Suchvorgangs die richtige Seite zu finden. Ein anderer Weg ist, einfach das Inhaltsverzeichnis nochmals zu verdoppeln, womit sich die in Abbildung 18.10 dargestellte Struktur ergibt. Eine neue Seite (Seite 2 auf Platte 2) enthält die mit 01 beginnenden Schlüssel (L und N); die aufgespaltene Seite (Seite 0 auf Platte 2) enthält nun die mit 00 beginnenden Schlüssel (A, E und E), und die Seite, die die mit 1 beginnenden Schlüssel (R, T und X) enthält, bleibt unverändert, obwohl es nunmehr zwei auf sie weisende Zeiger gibt: einen, der angibt, daß dort mit 10 beginnende Schlüssel gespeichert werden, und einen weiteren, der angibt, daß dort mit 11 beginnende Schlüssel gespeichert werden. Nun können wir auf jeden beliebigen Datensatz zugreifen, indem wir die ersten beiden Bits seines Schlüssels benutzen, um direkt auf die Eintragung im Inhaltsverzeichnis zuzugreifen, die die Adresse der den Datensatz enthaltenden Seite enthält.

Die Abspeicherung der Datensätze in geordneter Reihenfolge innerhalb der Seiten mag als grobe Vereinfachung erscheinen, doch wir erinnern an unsere grundlegenden Annahmen, daß wir die Plattenein- und -ausgabe in Seiten-Einheiten vornehmen und daß die Verarbeitungszeit im Vergleich zu der Zeit, die für die Eingabe oder Ausgabe einer Seite benötigt wird, vernachlässigbar ist. Somit ist die Abspeicherung der Datensätze in einer Reihenfolge, die der Reihenfolge ihrer Schlüssel entspricht, kein

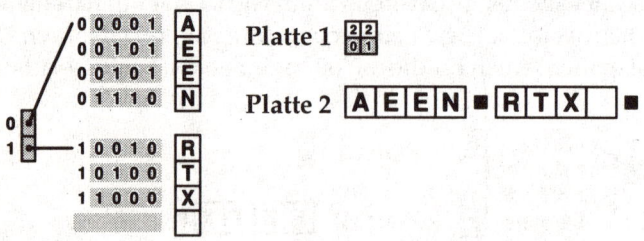

Abbildung 18.9 *Erweiterbares Hashing: erste Seite erneut voll.*

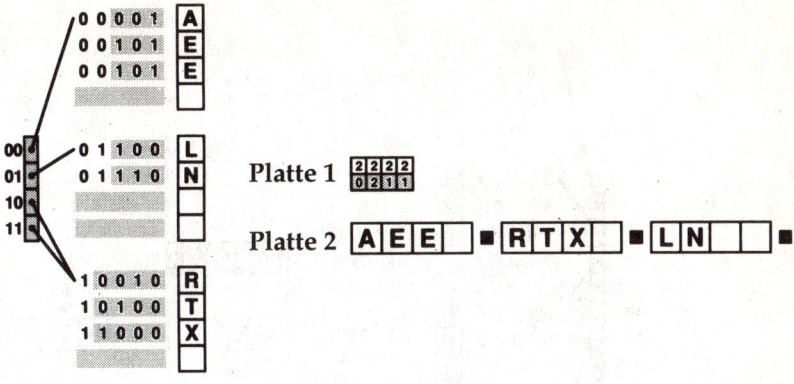

Abbildung 18.10 *Erweiterbares Hashing: zweite Aufspaltung.*

wirklicher Aufwand; um einer Seite einen Datensatz hinzuzufügen, müssen wir die Seite in den Speicher einlesen, sie ändern und sie wieder zurückschreiben. Die für die Beibehaltung der geordneten Reihenfolge benötigte zusätzliche Zeit dürfte in typischen Fällen, wenn die Seiten nicht groß sind, unerheblich sein.

Indem wir weiter fortfahren, können wir S=10011 und E=00101 hinzufügen, bevor ein weiteres Aufspalten notwendig ist, um A=00001 hinzuzufügen. Dieses Aufspalten erfordert ebenfalls die Verdoppelung des Inhaltsverzeichnisses, wodurch die in Abbildung 18.11 dargestellte Struktur erzeugt wird. Der Prozeß der Verdoppelung des Inhaltsverzeichnisses ist einfach: Lies das alte Inhaltsverzeichnis und stelle dann das neue her, indem jede Eintragung des alten zweimal ausgeschrieben wird. Dadurch entsteht Platz für den Zeiger, der auf die soeben durch das Aufspalten erzeugte neue Seite weist.

Im allgemeinen besteht die Struktur, die durch erweiterbares Hashing erzeugt wird, aus einem *Inhaltsverzeichnis* (directory) aus 2^d Wörtern (einem für jedes Bitmuster aus d Bits) und einer Menge von *Blatt-Seiten* (leaf pages), die alle Datensätze mit Schlüsseln enthalten, die mit einem bestimmten Bitmuster beginnen (mit weniger als oder genau d Bits). Ein Suchvorgang erfordert die Benutzung der führenden d Bits des Schlüssels für den Zugriff auf das Inhaltsverzeichnis. Dieses enthält Zeiger, die auf Blatt-Seiten weisen. Danach wird auf die betreffende Blatt-Seite zugegriffen, und sie wird (unter Benutzung einer beliebigen Strategie) nach dem richtigen Datensatz durchsucht. Es ist möglich, daß mehrere Eintragungen im Inhaltsverzeichnis auf die gleiche Blatt-Seite zeigen. Genau gesagt, falls eine Blatt-Seite alle Datensätze mit Schlüsseln enthält, die mit bestimmten k Bits beginnen (den Bits, die in den Abbildungen nicht schattiert sind), so gibt es 2^{d-k} Eintragungen im Inhaltsverzeichnis, die auf diese Seite zeigen. In Abbildung 18.11 ist $d = 3$, und Seite 1 von Platte 2 enthält alle Datensätze mit Schlüsseln, die mit einem Bit 1 beginnen, so daß es im Inhaltsverzeichnis vier Eintragungen gibt, die auf sie zeigen.

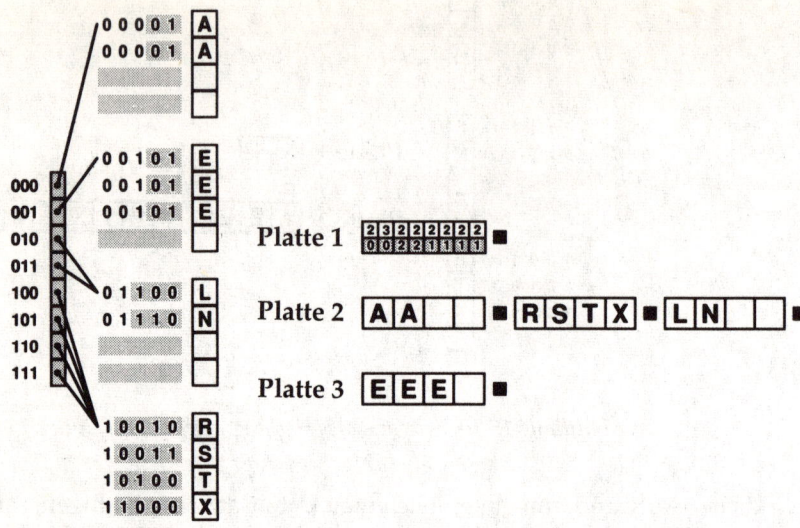

Abbildung 18.11 *Erweiterbares Hashing: dritte Aufspaltung.*

In unserem Beispiel erforderte bis jetzt jede Aufspaltung einer Seite eine Aufspaltung des Inhaltsverzeichnisses; unter normalen Umständen kann jedoch davon ausgegangen werden, daß das Inhaltsverzeichnis nur selten aufgespalten werden muß. Das ist das wesentliche an diesem Algorithmus: Die zusätzlichen Zeiger im Inhaltsverzeichnis gestatten eine elegante Anpassung der Struktur an dynamisches Wachstum. Wenn zum Beispiel in die Struktur in Abbildung 18.11 R eingefügt wird, muß die Seite 1 auf Platte 2 aufgespalten werden, um die fünf mit 1 beginnenden Schlüssel unterzubringen; das Inhaltsverzeichnis braucht jedoch nicht zu wachsen, wie Abbildung 18.12 zeigt. Die einzige Veränderung im Inhaltsverzeichnis besteht darin, daß die letzten beiden Zeiger dahingehend geändert werden, daß sie auf die Seite 1 auf Platte 3 zeigen, die neue Seite, die beim Aufspalten erzeugt wurde, um alle mit 11 beginnenden Schlüssel (die X) in der Datenstruktur unterzubringen.

Das Inhaltsverzeichnis enthält nur Zeiger, die auf Seiten weisen. Diese Zeiger sind gewöhnlich kleiner als Schlüssel oder Datensätze, so daß sich je Seite mehr Inhaltsverzeichniseinträge unterbringen lassen. Für unser Beispiel wollen wir annehmen, daß wir doppelt so viele Eintragungen des Inhaltsverzeichnisses wie Datensätze auf einer Seite unterbringen, obwohl dieses Verhältnis in der Praxis gewöhnlich wesentlich größer ist. Wenn das Inhaltsverzeichnis mehr als eine Seite umfaßt, behalten wir einen »Wurzelknoten« im Speicher, der angibt, wo sich die Seiten des Inhaltsverzeichnisses befinden, wobei das gleiche Zugriffsschema verwendet wird. Wenn das Inhaltsverzeichnis zum Beispiel zwei Seiten umfaßt, könnte der Wurzelknoten angeben, daß sich das Inhaltsverzeichnis für alle Datensätze mit Schlüsseln, die mit 0 beginnen, auf Seite 0 von Platte 1 befindet, und daß sich das Inhaltsverzeichnis für alle mit 1 beginnenden Schlüssel auf Seite 1 von Platte 1 befindet. Für unser Beispiel erfolgt

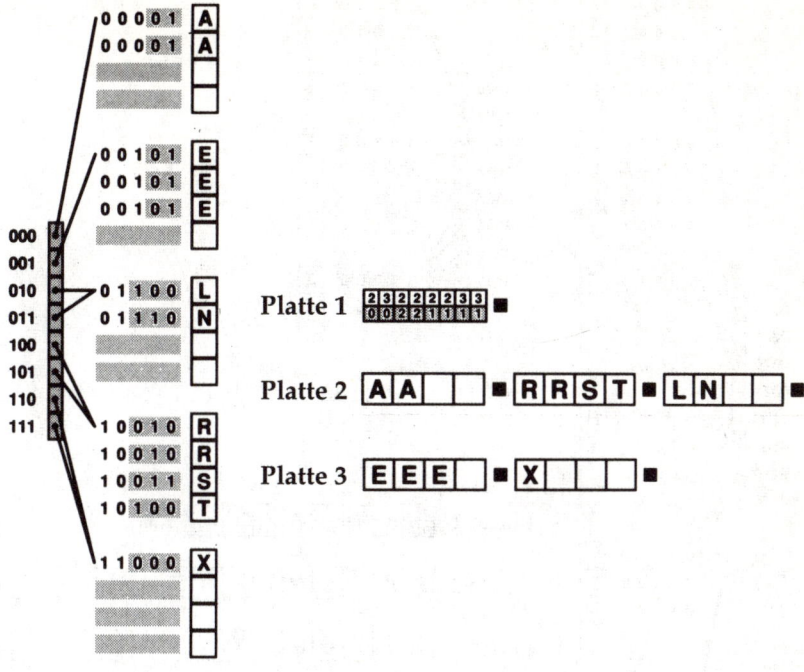

Abbildung 18.12 *Erweiterbares Hashing: vierte Aufspaltung.*

diese Aufspaltung, nachdem wir C, H, I, N, G und E einfügen. Indem wir fortfahren, erhalten wir nach dem Einfügen von X, A, M, P und L die in Abbildung 18.13 dargestellte Struktur des Plattenspeichers. (Der Klarheit halber haben wir die Platte 1 für das Inhaltsverzeichnis reserviert, obwohl es in der Praxis mit den anderen Seiten vermischt, die Seite 0 einer jeden Platte dafür reserviert oder eine andere Strategie angewandt werden könnte.)

Somit kann das Einfügen in eine erweiterbare Hashing-Struktur eine von drei Operationen erfordern, nachdem auf die Blatt-Seite zugegriffen wurde, die den Suchschlüssel enthalten könnte. Falls in der Blatt-Seite Platz vorhanden ist, wird der neue Datensatz einfach dort eingefügt; andernfalls wird die Blatt-Seite in zwei Teile gespalten (die Hälfte der Datensätze wird auf eine neue Seite verschoben). Falls das Inhaltsverzeichnis mehr als eine auf diese Blatt-Seite zeigende Eintragung aufweist, können die Eintragungen im Inhaltsverzeichnis ebenso wie die Seite aufgespalten werden. Falls das nicht der Fall ist, muß das Inhaltsverzeichnis verdoppelt werden.

In der bisher beschriebenen Gestalt ist dieser Algorithmus sehr empfindlich gegenüber einer ungünstigen Verteilung der Eingabe-Schlüssel: Der Wert von d ist die größte Anzahl von Bits, die benötigt werden, um die Schlüssel in Mengen einzuteilen, die genügend klein sind, um auf Blatt-Seiten untergebracht werden zu können; wenn daher eine große Zahl von Schlüsseln in einer großen Zahl führender Bits überein-

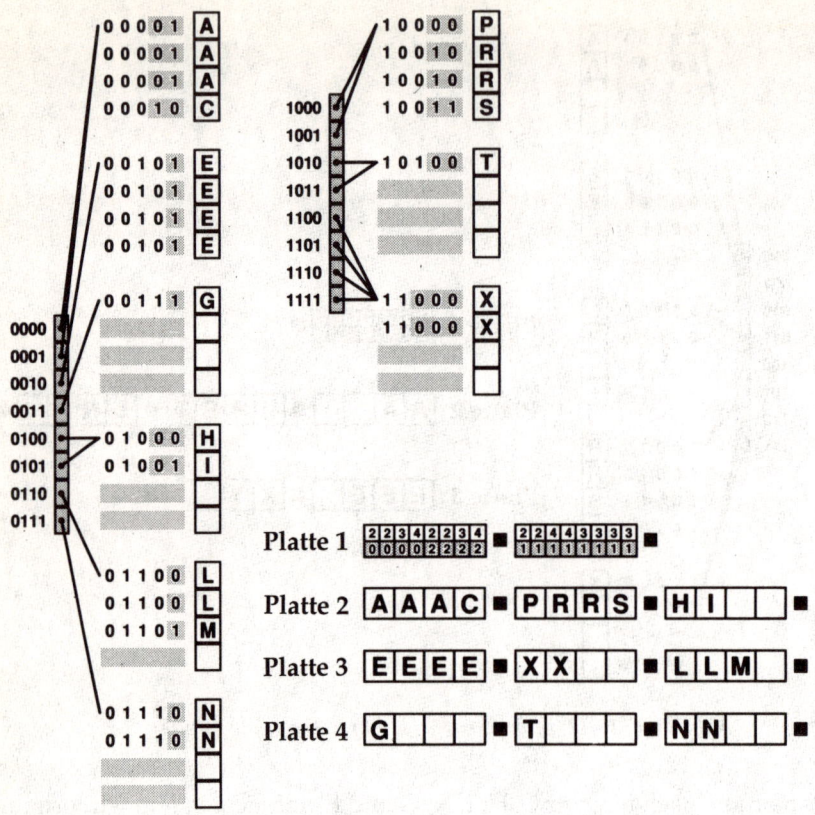

Abbildung 18.13 *Zugriff mit Hilfe von erweiterbarem Hashing.*

stimmt, könnte das Inhaltsverzeichnis unvertretbar groß werden. Für reale, umfangreiche Anwendungen kann dieses Problem vermieden werden, indem ein *Hashing*
(Zerhacken) der Schlüssel vorgenommen wird, so daß die führenden Bits (pseudo-)
zufällig werden. Um einen Datensatz zu suchen, führen wir ein Hashing seines
Schlüssels durch, um eine Folge von Bits zu erhalten, die wir benutzen, um auf das
Inhaltsverzeichnis zuzugreifen; das Inhaltsverzeichnis sagt uns, welche Seite nach
einem Datensatz mit dem gleichen Schlüssel zu durchsuchen ist. Vom Standpunkt
des Hashing aus können wir uns den Algorithmus in der Weise vorstellen, daß Knoten
aufgespalten werden, um Kollisionen von Hash-Werten zu berücksichtigen; hieraus
entstand die Bezeichnung »erweiterbares Hashing«. Diese Methode stellt eine sehr
verlockende Alternative zu B-Bäumen und indexsequentiellem Zugriff dar, da sie für
jeden Suchvorgang stets genau zwei Plattenzugriffe verwendet (wie der indexsequentielle Zugriff), wobei immer noch die Fähigkeit zu einem effizienten Einfügen
erhalten bleibt (wie bei B-Bäumen), ohne daß sehr viel Platz vergeudet wird.

Eigenschaft 18.4 *Bei Seiten, die M Datensätze aufnehmen können, ist zu erwarten, daß erweiterbares Hashing für eine Datei mit N Datensätzen ungefähr 1,44 (N/M) Seiten benötigt. Beim Inhaltsverzeichnis ist zu erwarten, daß es ungefähr $N^{1+1/M}/M$ Eintragungen aufweist.*

Diese Analyse ist eine komplizierte Erweiterung der Analyse von Tries, die im vorangegangenen Kapitel erwähnt wurde. Wenn M groß ist, wird etwa genausoviel Speicherplatz vergeudet wie für B-Bäume; für kleine M kann das Inhaltsverzeichnis jedoch zu groß werden. ∎

Selbst mit Hashing müssen außergewöhnliche Maßnahmen ergriffen werden, falls große Mengen gleicher Schlüssel vorhanden sind. Diese können das Inhaltsverzeichnis künstlich vergrößern. Der Algorithmus versagt vollständig, wenn mehr gleiche Schlüssel vorhanden sind, als auf einer Blatt-Seite untergebracht werden können. (Dieser Fall tritt in unserem Beispiel tatsächlich ein, da wir fünf E haben.) Falls viele gleiche Schlüssel vorliegen, könnten wir (beispielsweise) unterschiedliche Schlüssel in der Datenstruktur voraussetzen und Zeiger verwenden, die auf verkettete Listen von Datensätzen zeigen, die gleiche Schlüssel in den Blatt-Seiten enthalten. Um die sich ergebenden Komplikationen zu sehen, untersuche man, was geschehen würde, wenn das letzte E in die Struktur in Abbildung 18.13 eingefügt werden sollte.

Eine weniger verhängnisvolle Situation, die berücksichtigt werden muß, entsteht dadurch, daß das Einfügen eines neuen Schlüssels dazu führen kann, daß das Inhaltsverzeichnis mehrmals aufgespalten werden muß. Dieser Fall tritt ein, wenn ein weiteres Bit nicht ausreicht, um die Schlüssel einer überfüllten Seite zu unterscheiden. Wenn zum Beispiel zwei Schlüssel mit dem Wert D=00100 in die erweiterbare Hashing-Struktur der Abbildung 18.12 eingefügt werden sollten, so wären zwei Aufspaltungen des Inhaltsverzeichnisses notwendig, da fünf Bits erforderlich sind, um D von E zu unterscheiden (das vierte Bit nützt nichts). Dies läßt sich im Rahmen einer Implementation leicht berücksichtigen, darf jedoch nicht übersehen werden.

Virtueller Speicher

Der »einfachere Weg«, der am Ende von Kapitel 13 für externes Sortieren genannt wurde, läßt sich in direkter und einfacher Weise auf das Suchproblem anwenden. Ein virtueller Speicher ist in Wirklichkeit nichts weiter als ein externes Allzweck-Suchverfahren: Für eine gegebene Adresse (Schlüssel) ist die Information zurückzugeben, die mit dieser Adresse verknüpft ist. Jedoch ist die direkte Benutzung virtuellen Speichers als eine einfache Suchmethode *nicht* zu empfehlen. Wie in Kapitel 13 erwähnt wurde, ist das Verhalten virtuellen Speichers am besten, wenn die meisten Adressen relativ nahe bei vorangehenden Adressen liegen. Sortieralgorithmen können entsprechend angepaßt werden, doch es liegt in der Natur des Suchens selbst begründet, daß Informationen aus beliebigen Teilen der Datenbank angefordert werden.

Übungen

1. Geben Sie den Inhalt des B-Baumes an, der entsteht, wenn die Schlüssel E A S Y Q U E S T I O N in der angegebenen Reihenfolge in einen ursprünglich leeren Baum mit $M = 5$ eingefügt werden.
2. Geben Sie den Inhalt des B-Baumes an, der entsteht, wenn die Schlüssel E A S Y Q U E S T I O N in der angegebenen Reihenfolge in einen ursprünglich leeren Baum mit $M = 6$ eingefügt werden. Benutzen Sie die Variante des Verfahrens, bei der alle Datensätze in externen Knoten aufbewahrt werden.
3. Skizzieren Sie den B-Baum, der erzeugt wird, wenn sechzehn gleiche Schlüssel in einen ursprünglich leeren Baum mit $M = 5$ eingefügt werden.
4. Angenommen, eine Seite aus der Datenbank wird vernichtet. Beschreiben Sie für jede der in diesem Kapitel betrachteten Strukturen von B-Bäumen, wie Sie in diesem Falle vorgehen würden.
5. Geben Sie den Inhalt der Tabelle des erweiterbaren Hashing an, die sich ergibt, wenn die Schlüssel E A S Y Q U E S T I O N in der angegebenen Reihenfolge in eine ursprünglich leere Tabelle eingefügt werden, wobei die Seiten vier Datensätze aufnehmen können. (Orientieren Sie sich dabei an dem Beispiel in diesem Kapitel, führen Sie kein Hashing durch, sondern verwenden Sie die Binärdarstellung von i mit fünf Bits als Schlüssel für den i-ten Buchstaben.)
6. Geben Sie eine Folge von möglichst wenigen unterschiedlichen Schlüsseln an, die bewirken, daß ein Inhaltsverzeichnis des erweiterbaren Hashing von einer ursprünglich leeren Tabelle bis zur Größe 16 anwächst, ausgehend von einer ursprünglich leeren Tabelle, wobei die Seiten drei Datensätze aufnehmen können.
7. Skizzieren Sie ein Verfahren für das *Löschen* eines Elementes aus einer Tabelle des erweiterbaren Hashing.
8. Warum sind Top-Down B-Bäume für den simultanen Datenzugriff besser als Bottom-Up B-Bäume? (Es werde zum Beispiel angenommen, daß zwei Programme gleichzeitig versuchen, einen neuen Knoten einzufügen.)
9. Implementieren Sie *Suchen* und *Einfügen* für *internes* Suchen unter Verwendung der Methode des erweiterbaren Hashing.
10. Vergleichen Sie das Programm aus der vorangegangenen Übung mit den doppeltes Hashing und digitale Tries benutzenden Suchverfahren für interne Suchanwendungen.

Literatur für Suchen

Die wichtigsten Quellen für diesen Abschnitt sind der Band 3 von Knuth, sowie die Bücher von Gonnet und Mehlhorn. Die Mehrzahl der Algorithmen, die wir betrachtet haben, wird in diesen Büchern sehr ausführlich behandelt, mit mathematischen Analysen und Hinweisen für praktische Anwendungen. Klassische Verfahren werden bei Knuth betrachtet; die neueren Methoden werden von Gonnet und Mehlhorn beschrieben. Dort finden Sie auch weitere Literaturhinweise. Diese drei Bücher enthalten nahezu sämtliche »über den Rahmen dieses Buches hinausgehenden« Analysen, auf die in diesem Abschnitt verwiesen wurde.

Das in Kapitel 15 dargelegte Material entstammt der Arbeit von Guiba und Sedgewick von 1978, in der gezeigt wird, wie sich viele klassische Algorithmen, die ausgeglichene Bäume benutzen, in das Rot-schwarz-Schema einfügen lassen, und in der verschiedene weitere Implementationen angegeben werden. Es existiert eine sehr umfangreiche Literatur zu ausgeglichenen Bäumen; der daran interessierte Leser sollte mit der genannten Arbeit beginnen. Das Buch von Mehlhorn enthält ausführliche Beweise der Eigenschaften von Rot-Schwarzen Bäumen und ähnlichen Strukturen sowie Hinweise auf neuere Arbeiten. In dem Überblick von Comer von 1979 werden B-Bäume von einem eher praktischen Standpunkt aus behandelt.

Der in Kapitel 18 vorgestellte Algorithmus des erweiterbaren Hashing stammt aus der Arbeit von Fagin, Nievergelt, Pippenger und Strong von 1979. Diese Arbeit ist obligatorisch für jeden, der weitere Informationen zu externen Suchverfahren erhalten möchte; sie verknüpft Material aus unseren Kapiteln 16 und 17 zu dem Algorithmus aus Kapitel 18. Die Arbeit enthält außerdem eine gründliche Analyse sowie Betrachtungen zu damit zusammenhängenden praktischen Fragen.

Viele praktische Anwendungen der hier, insbesondere in Kapitel 18, betrachteten Methoden treten im Zusammenhang mit Datenbank-Systemen auf. Die Untersuchung von Datenbanken ist ein weites, in der Entwicklung begriffenes Feld, doch elementare Suchalgorithmen spielen in den meisten Systemen weiterhin eine fundamentale Rolle. Eine Einführung in dieses Gebiet gibt das Buch von Ullman von 1982.

D. Comer, »The ubiquitous B-tree«, *Computing Surveys*, **11** (1979).

R. Fagin, J. Nievergelt, N. Pippenger und H. R. Strong, »Extendible hashing — a fast access method for dynamic files«, *ACM Transactions on Database Systems*, **4**, 3 (September 1979).

G. H. Gonnet, *Handbook of Algorithms and Data Structures*, Addison-Wesley, Reading, MA, 1984.

L. Guibas und R. Sedgewick, »A dichromatic framework for balanced trees«, in *19th Annual Symposium on Foundations of Computer Science*, IEEE, 1978. Auch in *A Decade of Progress 1970-1980*, Xerox PARC, Palo Alto, CA.

D. E. Knuth, *The Art of Computer Programming. Volume 3: Sorting and Searching*, Addison-Wesley, Reading, MA, 1975.

K. Mehlhorn, *Data Structures and Algorithms 1: Sorting and Searching*, Springer-Verlag, Berlin, 1984.

J. D. Ullman, *Principles of Database Systems*, Computer Science Press, Rockville, MD, 1982.

Verarbeitung von Zeichenfolgen

Kapitel 19

Suchen in Zeichenfolgen

Zu verarbeitende Daten lassen sich oft nicht logisch in unabhängige Datensätze mit kleinen identifizierbaren Teilen zerlegen. Dieser Datentyp ist nur durch die Tatsache gekennzeichnet, daß er als *Zeichenfolge* (string) aufgeschrieben werden kann: eine lineare (gewöhnlich sehr lange) Folge von Zeichen. Natürlich wurden wir schon früher mit Zeichenfolgen konfrontiert, zum Beispiel in den Kapiteln 3 und 16, da es sich um grundlegende Datenstrukturen in C handelt.

Zeichenfolgen haben offensichtlich eine zentrale Bedeutung für Textverarbeitungssysteme, die eine Vielzahl von Möglichkeiten für die Bearbeitung von Text bereitstellen. Derartige Systeme verarbeiten *Text-Zeichenfolgen*, die grob als Folgen von Buchstaben, Ziffern und Sonderzeichen definiert werden können. Diese Objekte können sehr umfangreich sein (zum Beispiel enthält das vorliegende Buch über eine Million Zeichen), und effiziente Algorithmen spielen für ihre Bearbeitung eine wichtige Rolle.

Ein anderer Typ von Zeichenfolgen ist die *binäre Zeichenfolge*, eine einfache Folge von Einsen und Nullen. In gewisser Hinsicht ist dies nur ein spezieller Typ von Text-Zeichenfolgen, doch es ist zweckmäßig, diese Unterscheidung zu treffen; zum einen, weil für diese Typen unterschiedliche Algorithmen geeignet sind, zum anderen, weil binäre Zeichenfolgen in vielen Anwendungsfällen auf natürliche Weise entstehen. Zum Beispiel stellen einige Computergraphiksysteme Bilder als binäre Zeichenfolgen dar. (Dieses Buch wurde mit Hilfe eines solchen Systems gedruckt; die vorliegende Seite wurde zu einem bestimmten Zeitpunkt als binäre Zeichenfolge dargestellt, die aus Millionen von Bits bestand.)

In bestimmter Hinsicht sind Text-Zeichenfolgen völlig andere Objekte als binäre Zeichenfolgen, da sie aus Zeichen aus einem umfangreichen Alphabet aufgebaut sind. In anderer Beziehung sind die beiden Typen von Zeichenfolgen jedoch äquivalent, da jedes Textzeichen durch (beispielsweise) acht binäre Zeichen dargestellt werden kann, und da eine binäre Zeichenfolge als Text-Zeichenfolge betrachtet werden kann, indem aus acht Bits bestehende Abschnitte jeweils als ein Zeichen aufgefaßt werden. Wir werden sehen, daß die Größe des Alphabets, aus dem die Zeichen zur Bildung einer

Zeichenfolge entnommen werden, ein wichtiger Faktor für die Entwicklung von Algorithmen zur Verarbeitung von Zeichenfolgen ist.

Eine grundlegende Operation mit Zeichenfolgen ist das *pattern matching* (Musteranpassung): Gegeben seien eine *Text*-Zeichenfolge der Länge N und ein *Muster* der
Länge M; zu suchen ist ein Auftreten des Musters innerhalb des Textes. (Wir benutzen
den Begriff »Text« selbst dann, wenn wir uns auf eine Folge von Einsen und Nullen
oder einen anderen speziellen Typ von Zeichenfolgen beziehen.) Die meisten Algorithmen für dieses Problem können leicht dahingehend erweitert werden, daß sie *alle*
Stellen finden, wo das Muster im Text vorkommt, da sie den Text sequentiell durchsuchen können und an der Stelle unmittelbar nach dem Beginn einer Übereinstimmung neu gestartet werden können, um die folgende Übereinstimmung zu finden.

Das Problem des Pattern Matching kann als ein Suchproblem (mit dem Muster als
Schlüssel) charakterisiert werden, doch die Suchalgorithmen, die wir betrachtet
haben, lassen sich nicht unmittelbar anwenden, da das Muster lang sein kann und da
es in einer unbekannten Weise in den Text »eingebaut« ist. Dies ist ein interessantes
Problem; erst in jüngster Zeit sind mehrere sehr unterschiedliche (und überraschende) Algorithmen entdeckt worden, die nicht nur eine Vielzahl von nützlichen praktischen Methoden liefern, sondern auch einige grundlegende Techniken der Entwicklung von Algorithmen illustrieren.

Kurzer historischer Abriß

Die Algorithmen, die wir untersuchen werden, haben eine interessante Geschichte;
wir wollen dazu hier einen Überblick geben, der helfen soll, die verschiedenen
Methoden einzuordnen.

Es gibt einen offensichtlichen »groben« Algorithmus für die Verarbeitung von Zeichenfolgen, der weit verbreitet ist. Auch wenn er im ungünstigsten Fall eine Laufzeit
besitzt, die proportional zu MN ist, führen die Zeichenfolgen, die in vielen Anwendungen auftreten, zu einer Laufzeit, die praktisch immer proportional zu $M + N$ ist.
Außerdem ist er gut an die Architekturmerkmale der meisten Computersysteme
angepaßt, so daß eine optimierte Variante einen »Standard« liefert, der sich mit einem
komplizierteren Algorithmus schwer übertreffen läßt.

Im Jahre 1970 bewies S. A. Cook ein theoretisches Ergebnis zu einem speziellen Typ
abstrakter Maschinen, aus dem folgte, daß ein Algorithmus existiert, der das Problem
des Pattern Matching in einer Zeit löst, die im ungünstigsten Fall proportional zu $M + N$
ist. D. E. Knuth und V. R. Pratt folgten mit viel Mühe der Konstruktion, die Cook für
den Beweis seines Theorems verwendet hatte (die in keiner Weise auf praktische
Anwendungen abzielte), und erhielten einen Algorithmus, den sie dann verfeinern
konnten, so daß sich ein relativ einfacher praktischer Algorithmus ergab. Dies schien
ein seltenes und erfreuliches Beispiel für ein theoretisches Ergebnis mit unmittelbarer
(und unerwarteter) praktischer Anwendbarkeit zu sein. Doch es zeigte sich, daß J. H.

Morris praktisch den gleichen Algorithmus als Lösung für ein lästiges praktisches Problem entdeckt hatte, mit dem er bei der Implementation eines Texteditors konfrontiert wurde (er wollte nicht ständig in der Text-Zeichenfolge »zurückkehren«). Die Tatsache jedoch, daß ein und derselbe Algorithmus im Ergebnis zweier derart unterschiedlicher Ansätze erhalten wurde, untermauert die Annahme, daß er als eine grundlegende Lösung für das Problem betrachtet werden kann.

Knuth, Morris und Pratt gelang es erst 1976, ihren Algorithmus zu veröffentlichen, und in der Zwischenzeit entdeckten R. S. Boyer und J. S. Moore (und unabhängig von ihnen R. W. Gosper) einen Algorithmus, der in vielen Anwendungsfällen wesentlich schneller ist, da er oft nur einen Teil der Zeichen in der Text-Zeichenfolge untersucht. Viele Texteditoren benutzen diesen Algorithmus, um eine beträchtliche Verkürzung der Reaktionszeit bei der Suche nach Zeichenfolgen zu erzielen.

Sowohl der Algorithmus von Knuth-Morris-Pratt als auch der von Boyer-Moore erfordern eine gewisse komplizierte Vorverarbeitung des Musters, die schwer verständlich ist und den Einsatz dieser Algorithmen einschränkt. (Tatsächlich wird erzählt, daß ein unbekannter Systemprogrammierer den Algorithmus von Morris zu kompliziert fand, um ihn zu verstehen, und ihn durch eine »grobe« Implementation ersetzte.)

Im Jahre 1980 stellten R. M. Karp und M. O. Rabin fest, daß sich das Problem nicht so stark vom herkömmlichen Suchproblem unterscheidet, wie es zunächst schien, und schlugen einen Algorithmus vor, der beinahe ebenso einfach ist wie der grobe Algorithmus und der praktisch immer in einer zu $M + N$ proportionalen Zeit abläuft. Außerdem läßt sich ihr Algorithmus leicht auf zweidimensionale Muster und Texte verallgemeinern, wodurch er für die Bildverarbeitung nützlicher ist als andere.

Diese Entwicklung macht deutlich, daß die Suche nach einem »besseren Algorithmus« noch immer sehr oft gerechtfertigt ist; tatsächlich ist zu vermuten, daß selbst für dieses Problem noch weitere Entwicklungen bevorstehen.

Der grobe Algorithmus

Die offensichtliche Methode für das Pattern Matching, an die man sofort denkt, besteht darin, für jede mögliche Position im Text, an der das Muster passen könnte, zu prüfen, ob es tatsächlich paßt. Das folgende Programm sucht auf diese Weise nach dem ersten Auftreten eines Musters p[1..M] in einer Text-Zeichenfolge a[1..N]:

```
int brutesearch(char *p, char *a)
  {
    int i, j, M = strlen(p), N = strlen(a);
    for (i = 0, j = 0; j < M && i < N; i++, j++)
      while (a[i] != p[j]) { i -= j-1; j = 0; }
    if (j == M) return i-M; else return i;
  }
```

Das Programm verwendet einen Zeiger i, der in den Text zeigt, und einen weiteren Zeiger j, der in das Muster zeigt. Solange die beiden Zeiger auf übereinstimmende Zeichen zeigen, werden sie inkrementiert. Wenn i und j auf nicht übereinstimmende Zeichen zeigen, wird j so zurückgesetzt, daß es auf den Anfang des Musters zeigt, und i wird so zurückgesetzt, daß es der Verschiebung des Musters um eine Position nach rechts entspricht, um erneut die Übereinstimmung mit dem Text zu prüfen. Insbesondere wird, wenn die erste Iteration der while-Schleife j auf 0 setzt, durch die nachfolgenden Iterationen so lange ein Inkrementieren von i bewirkt, bis ein Zeichen im Text gefunden wird, das mit dem ersten Zeichen des Musters übereinstimmt.

Wenn das Ende des Musters erreicht wird (j == M), liegt von a[i-M] ab eine Übereinstimmung vor. Andernfalls, wenn das Ende des Textes erreicht wird, noch ehe auch nur einmal das Ende des Musters erreicht worden ist (i == N), liegt keine Übereinstimmung vor; das Muster tritt nicht im Text auf, und der "Marken"-Wert N wird zurückgegeben.

Bei einer Anwendung beim Editieren von Texten wird die innere Schleife dieses Programms selten durchlaufen, und die Laufzeit ist näherungsweise proportional zur Anzahl der untersuchten Textzeichen. Nehmen wir zum Beispiel an, daß wir das Muster STING in der Text-Zeichenfolge

A STRING SEARCHING EXAMPLE CONSISTING OF ...

suchen. Dann wird die Anweisung j++ nur viermal ausgeführt (einmal für jedes S, jedoch zweimal für das erste ST), bevor die wirkliche Übereinstimmung gefunden wird.

Andererseits kann die grobe Suche für manche Muster sehr langsam sein, zum Beispiel dann, wenn der Text binär (aus zwei Zeichen gebildet) ist, wie dies für Anwendungen bei der Bildverarbeitung und Systemprogrammierung der Fall sein kann. Abbildung 19.1 zeigt, was geschieht, wenn der Algorithmus verwendet wird,

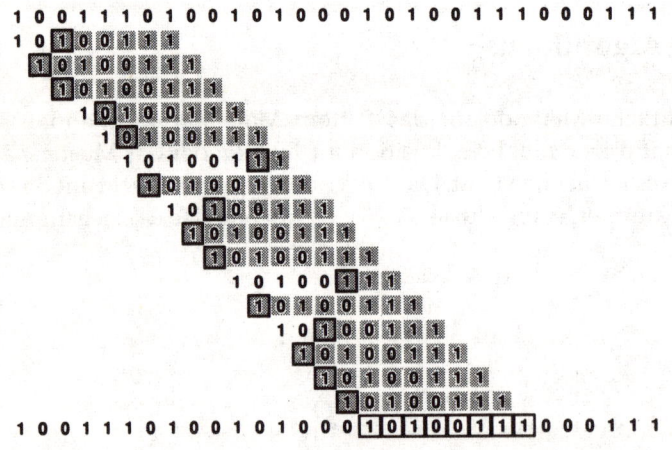

Abbildung 19.1 *Grobes Suchen in Zeichenfolgen in einem binären Text.*

um in einer langen binären Text-Zeichenfolge nach dem Muster 10100111 zu suchen. Jede Zeile (mit Ausnahme der letzten, welche die Übereinstimmung zeigt) besteht aus null oder mehr übereinstimmenden Zeichen, denen eine Nicht-Übereinstimmung folgt. Dies sind die »Fehlstarts«, die bei der Suche nach dem Muster erfolgen; ein offensichtliches Ziel bei der Entwicklung von Algorithmen besteht in dem Versuch, die Anzahl und Länge dieser »Fehlstarts« zu begrenzen. In diesem Beispiel werden im Durchschnitt für jede Textposition ungefähr zwei Zeichen im Muster geprüft, obwohl die Situation wesentlich ungünstiger sein kann.

Eigenschaft 19.1 *Beim groben Suchen in Zeichenfolgen können ungefähr NM Zeichenvergleiche erforderlich sein.*

Der ungünstigste Fall liegt vor, wenn sowohl das Muster als auch der Text ausschließlich aus Nullen und einer 1 in der letzten Stelle bestehen. Dann werden für jede der $N - M + 1$ Positionen, in denen Übereinstimmung möglich wäre, alle Zeichen im Muster mit dem Text verglichen, mit einem Gesamtaufwand von $M(N - M + 1)$. Normalerweise ist M sehr klein im Vergleich zu N, so daß die Gesamtzahl ungefähr NM beträgt. ∎

Derartige entartete Zeichenfolgen sind sicher im normalen Text (oder in C) nicht wahrscheinlich, doch sie können durchaus auftreten, wenn binäre Texte verarbeitet werden, so daß wir nach besseren Algorithmen suchen.

Der Algorithmus von Knuth-Morris-Pratt

Die Idee, die dem von Knuth, Morris und Pratt entdeckten Algorithmus zugrunde liegt, ist folgende: Wenn eine Nichtübereinstimmung festgestellt wird, besteht unser »Fehlstart« aus Zeichen, die wir bereits kennen (da sie sich im Muster befinden). Irgendwie sollte es uns gelingen, aus dieser Information einen Vorteil zu ziehen, anstatt den Zeiger i über alle diese bekannten Zeichen hinweg zurückzusetzen.

Um ein einfaches Beispiel hierfür zu betrachten, werde angenommen, daß das erste Zeichen im Muster nicht noch einmal im Muster erscheint (das Muster sei zum Beispiel 10000000). Nehmen wir weiterhin an, daß an einer gewissen Position im Text ein Fehlstart erfolgt, der sich über j Zeichen erstreckt. Wenn die Nichtübereinstimmung festgestellt wird, wissen wir aufgrund der Tatsache, daß bei j Zeichen Übereinstimmung vorlag, daß wir den Text-Zeiger i nicht »zurückzusetzen« brauchen, da keines der vorangehenden j-1 Zeichen im Text mit dem ersten Zeichen im Muster übereinstimmen kann. Diese Änderung könnte implementiert werden, indem i-= j-1 im obigen Programm durch i++ ersetzt wird. Die praktische Auswirkung dieser Änderung ist begrenzt, da das Auftreten eines solchen speziellen Musters nicht besonders wahrscheinlich ist, doch es lohnt sich, über diese Idee nachzudenken. Der Algorithmus von Knuth-Morris-Pratt stellt eine Verallgemeinerung dieses Falles dar. Erstaunlicherweise ist es immer möglich, es so einzurichten, daß der Zeiger i nie dekrementiert wird.

Ein vollständiges Überspringen des Musters bei Feststellung einer Nichtübereinstimmung, wie es im vorigen Absatz beschrieben wurde, führt nicht zum Ziel, wenn das Muster an der Stelle der Nichtübereinstimmung mit sich selbst in Übereinstimmung gebracht werden könnte. Wenn wir zum Beispiel in 1010100111 nach 10100111 suchen, stellen wir die Nichtübereinstimmung zuerst beim fünften Zeichen fest. Wir müssen jedoch beim dritten Zeichen wiederaufsetzen, um die Suche fortzusetzen, da wir andernfalls die Übereinstimmung verpassen würden. Doch wir können im voraus exakt ausrechnen, was zu tun ist, da dies nur vom Muster abhängt, wie Abbildung 19.2 zeigt.

Das Feld next[M] wird verwendet, um zu bestimmen, wie weit zurückzukehren ist, wenn eine Nichtübereinstimmung festgestellt wird. Stellen wir uns vor, daß wir eine Kopie der ersten j Zeichen des Musters unter sich selbst legen, wobei das erste Zeichen anfangs unter dem zweiten liegt. Dann verschieben wird die untere Kopie soweit nach rechts, bis alle sich überlappenden Zeichen übereinstimmen oder sich keine Zeichen mehr überlappen (Die schattierten Zeichen gehören nicht zu der Kopie, sondern sind nur zur Veranschaulichung aufgeführt). Diese übereinanderliegenden Zeichen definieren die nächste mögliche Stelle, wo das Muster passen könnte, wenn eine Nichtübereinstimmung an der Stelle p[j] festgestellt wird. Die Entfernung (next[j]), um die im Muster zurückzukehren ist, ist genau gleich der Anzahl der übereinanderliegenden Zeichen. Insbesondere ist für $j>0$ der Wert von next[j] gleich dem maximalen $k< j$, für das die ersten k Zeichen des Musters mit den letzten k Zeichen der ersten j Zeichen des Musters übereinstimmen. Wie wir bald sehen werden, ist es zweckmäßig, next[0] per Definition gleich -1 zu setzen.

Dieses Feld next liefert unmittelbar einen Weg zur Begrenzung (in Wirklichkeit, wie wir sehen werden, zur Beseitigung) der oben besprochenen Rücksetzung des Text-Zeigers i. Wenn i und j auf nicht übereinstimmende Zeichen zeigen (bei der Prüfung auf Übereinstimmung mit dem Muster, beginnend bei Position i-j+1 in der Text-Zeichenfolge), so beginnt die nächste mögliche Position für eine Übereinstimmung mit dem Muster bei Position i-next[j]. Doch laut Definition der Tabelle next stimmen die ersten next[j] Zeichen in dieser Position mit den ersten next[j]

j	next[j]	
1	0	10100111 10100111
2	0	10100111 10100111
3	1	10100111 10100111
4	2	10100111 10100111
5	0	10100111 10100111
6	1	10100111 10100111
7	1	10100111 10100111

Abbildung 19.2 Wiederaufsetzpositionen für die Suche nach Knuth-Morris-Pratt.

Zeichen des Musters überein, so daß es nicht notwendig ist, den Zeiger i so weit zurückzusetzen; wir können den Zeiger i einfach unverändert lassen und den Zeiger j auf next[j] setzen:

```
int kmpsearch(char *p, char *a)
  {
    int i, j, M = strlen(p), N = strlen(a);
    initnext(p);
    for (i = 0, j = 0; j < M && i < N; i++, j++)
      while ((j >= 0) && (a[i] != p[j])) j = next[j];
    if (j == M) return i-M; else return i;
  }
```

Wenn j=0 ist und a[i] nicht mit p[0] übereinstimmt, so gibt es keine übereinanderliegenden Zeichen, so daß wir i inkrementieren und j auf den Anfang des Musters gesetzt lassen. Dies wird erreicht, indem next[0] per Definition gleich -1 gesetzt wird, was zur Folge hat, daß j in der while-Schleife auf -1 gesetzt wird; danach wird i inkrementiert, und j wird beim Durchlauf der for-Schleife auf 0 gesetzt. In funktioneller Hinsicht ist dieses Programm das gleiche wie brutesearch, doch es läuft für Muster, die in hohem Maße »selbstwiederholend« sind, sicherlich schneller ab.

Nun muß noch die Tabelle next berechnet werden. Das Programm hierfür ist elegant: Dem Wesen nach ist es das gleiche Programm wie oben, doch wird das Muster auf Übereinstimmung mit sich selbst geprüft:

```
initnext(char *p)
  {
    int i, j, M = strlen(p);
    next[0] = -1;
    for (i = 0, j = -1; i < M; i++, j++, next[i] = j)
      while ((j >= 0) && (p[i] != p[j])) j = next[j];
  }
```

Unmittelbar nachdem i und j inkrementiert worden sind steht fest, daß die ersten j Zeichen des Musters mit den Zeichen in den Positionen p[i-j-1],...,p[i-1] übereinstimmen, den letzten j Zeichen der ersten i Zeichen des Musters. Und dies ist das größte j mit dieser Eigenschaft, da andernfalls eine »mögliche Übereinstimmung« des Musters mit sich selbst verpaßt worden wäre. Folglich ist j genau der Wert, der next[i] zugewiesen werden muß.

Eine interessante Betrachtungsweise dieses Algorithmus besteht darin, das Muster als feststehend zu betrachten, so daß die Tabelle next mit dem Programm »verdrahtet« werden kann. Zum Beispiel entspricht das folgende Programm für das von uns betrachtete Muster genau dem obigen Programm, doch ist es sicherlich wesentlich effizienter.

```
int kmpsearch(char *a)
  {
    int i = -1;
sm: i++;
s0: if (a[i] != '1') goto sm; i++;
s1: if (a[i] != '0') goto s0; i++;
s2: if (a[i] != '1') goto s0; i++;
s3: if (a[i] != '0') goto s1; i++;
s4: if (a[i] != '0') goto s2; i++;
s5: if (a[i] != '1') goto s0; i++;
s6: if (a[i] != '1') goto s1; i++;
s7: if (a[i] != '1') goto s1; i++;
    return i-8;
  }
```

Die `goto`-Marken in diesem Programm entsprechen der Tabelle `next`. Tatsächlich kann das obige Programm `initnext`, welches die Tabelle `next` berechnet, leicht so modifiziert werden, daß es dieses Programm erstellt! Um zu vermeiden, daß jedesmal, wenn i inkrementiert wird, geprüft werden muß, ob i==N gilt, nehmen wir an, daß das Muster selbst am Ende des Textes als Marke in `a[N]`, ... , `a[N+M-1]` gespeichert ist. (Diese Verbesserung könnte auch bei der standardmäßigen Implementation vorgenommen werden.) Dies ist ein einfaches Beispiel eines »Compilers für die Suche in Zeichenfolgen«: Zu einem gegebenen Muster können wir ein sehr effizientes Programm zur Suche nach diesem Muster in einer beliebig langen Text-Zeichenfolge erzeugen. In den nächsten beiden Kapiteln betrachten wir Verallgemeinerungen dieses Grundgedankens.

Das obige Programm verwendet nur einige sehr elementare Operationen, um das Problem der Suche in Zeichenfolgen zu lösen. Das bedeutet, daß es leicht mit Hilfe eines sehr einfachen Maschinenmodells beschrieben werden kann, einem *endlichen Automaten*. Abbildung 19.3 zeigt den endlichen Automaten für das obige Programm.

Der Automat besteht aus *Zuständen* (durch Ziffern in Kreisen dargestellt) und *Übergängen* (durch Linien dargestellt). Jeder Zustand hat zwei Übergänge, auf denen er verlassen werden kann: einen *Übereinstimmungs*-Übergang (durchgehende Linie, nach rechts führend) und einen *Nichtübereinstimmungs*-Übergang (punktierte Linie, nach

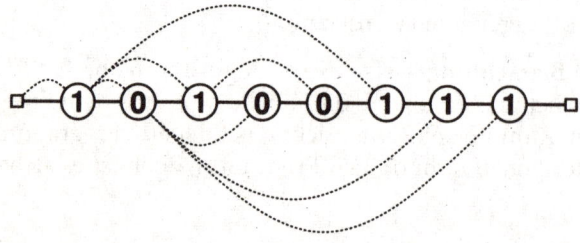

Abbildung 19.3 *Endlicher Automat für den Algorithmus von Knuth-Morris-Pratt.*

links führend). Die Zustände entsprechen den Programmzeilen, die Übergänge den *goto*-Anweisungen. Wenn sich der Automat in dem mit der Marke *x* versehenen Zustand befindet, kann er nur eine Anweisung ausführen: »Falls das aktuelle Zeichen *x* ist, dann »durchlaufe« es und nehme den Übereinstimmungs-Übergang, andernfalls nehme den Nichtübereinstimmungs-Übergang.« Das »Durchlaufen« eines Zeichens bedeutet, daß das nächste Zeichen in der Zeichenfolge als das »aktuelle Zeichen« genommen wird; der Automat »durchläuft« Zeichen, wenn er Übereinstimmung feststellt. Hierbei gibt es zwei Ausnahmen: Im ersten Zustand wird immer ein Übereinstimmungs-Übergang genommen und zum nächsten Zeichen übergegangen (dem Wesen nach entspricht dies der Suche nach dem ersten Auftreten des ersten Zeichens im Muster), und der letzte Zustand ist ein Endzustand, der anzeigt, daß eine Übereinstimmung gefunden wurde. Im folgenden Kapitel sehen wir, wie ein ähnlicher (aber leistungsfähigerer) Automat verwendet werden kann, um einen wesentlich leistungsfähigeren Algorithmus für das Pattern Matching entwickeln zu helfen.

Der aufmerksame Leser wird bemerkt haben, daß es in diesem Algorithmus immer noch Verbesserungsmöglichkeiten gibt, da er nicht das Zeichen berücksichtigt, welches die Nichtübereinstimmung verursachte. Nehmen wir zum Beispiel an, daß unser Text mit 1011 beginnt und wir unser Beispiel-Muster 10100111 suchen. Nach der Übereinstimmung in 101 stellen wir eine Nichtübereinstimmung beim vierten Zeichen fest; an dieser Stelle besagt die Tabelle next, daß nun das zweite Zeichen des Musters mit dem vierten Zeichen des Textes zu vergleichen ist, da, ausgehend von der Übereinstimmung in 101, das erste Zeichen des Musters zum dritten Zeichen des Textes verschoben werden kann (doch wir brauchen diese Zeichen nicht zu vergleichen, da wir wissen, daß sie beide 1 sind). An dieser Stelle kann jedoch keine Übereinstimmung vorliegen: Aufgrund der Nichtübereinstimmung wissen wir, daß das nächste Zeichen im Text nicht 0 ist, wie es das Muster fordert. Eine andere Betrachtungsweise hierzu besteht darin, die Variante des Programms mit der »verdrahteten« Tabelle next zu untersuchen: Bei Marke 4 gehen wir zu 2, falls a[i] nicht 0 ist, doch bei Marke 2 gehen wir zu 1, falls a[i] nicht 0 ist. Warum geht man nicht einfach direkt zu 1? Abbildung 19.4 zeigt die verbesserte Variante des endlichen Automaten für unser Beispiel.

Zum Glück ist es einfach, diese Änderung im Algorithmus vorzunehmen. Wir müssen nur die Anweisung next[i]= j im Programm initnext durch

```
next[i] = (p[i] == p[j]) ? next[j] : j
```

ersetzen. Da wir von links nach rechts vorgehen, ist der benötigte Wert von next bereits berechnet worden, so daß wir ihn einfach benutzen.

Eigenschaft 19.2 *Bei der Suche in Zeichenfolgen gemäß dem Algorithmus von Knuth-Morris-Pratt sind niemals mehr als M + N Zeichenvergleiche erforderlich.*

Diese Eigenschaft wird in Abbildung 19.5 veranschaulicht; sie ist auch vom Programm her offensichtlich: Entweder inkrementieren wir j, oder wir setzen es mittels der Tabelle next zurück, und zwar höchstens einmal für jedes i. ■

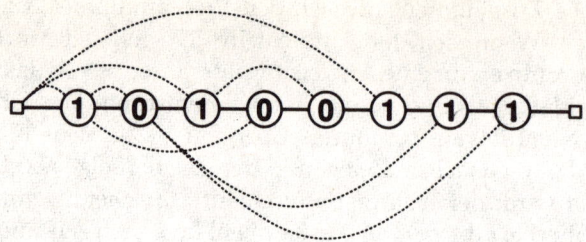

Abbildung 19.4 *Endlicher Automat für den Algorithmus von Knuth-Morris-Pratt (verbessert).*

Abbildung 19.5 zeigt, daß diese Methode sicherlich für unser binäres Beispiel weit weniger Vergleiche verwendet als die grobe Methode. In vielen realen Anwendungen ist der Algorithmus von Knuth-Morris-Pratt jedoch nicht nennenswert schneller als die grobe Methode, da nur wenige Anwendungen das Suchen nach Mustern mit einem hohen Grad an Selbstwiederholung in einem Text mit einem hohen Grad an Selbstwiederholung erfordern. Trotzdem hat das Verfahren einen wichtigen praktischen Vorteil: Es durchläuft die Eingabedaten sequentiell und kehrt niemals innerhalb der Eingabedaten »zurück«. Dadurch ist es für Fälle geeignet, wo eine umfangreiche Datei von irgendeinem externen Gerät eingelesen wird. (Algorithmen, die ein Rücksetzen erfordern, benötigen in dieser Situation eine komplizierte Pufferung.)

Der Algorithmus von Boyer-Moore

Wenn das Rücksetzen nicht kompliziert ist, kann eine bedeutend schnellere Suchmethode entwickelt werden, indem das Muster von rechts nach links durchsucht wird, wenn versucht wird, es mit dem Text in Übereinstimmung zu bringen. Wenn wir nach unserem Beispiel-Muster 10100111 suchen, so können wir, wenn wir Übereinstimmungen beim achten, siebenten und sechsten Zeichen, nicht aber beim fünften feststellen, das Muster sofort um sieben Positionen nach rechts verschieben und das fünfzehnte Zeichen als nächstes überprüfen, da bei unserer teilweisen Übereinstimmung 111 gefunden wurde, was anderswo im Muster nicht auftritt. Natürlich kommt das Endstück im allgemeinen Fall anderswo wieder vor, so daß wir wie oben eine Tabelle next benötigen.

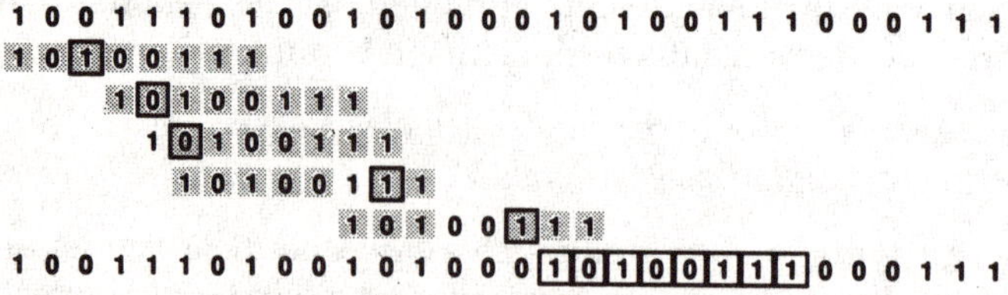

```
1 0 0 1 1 1 0 1 0 0 1 0 1 0 0 0 1 0 1 0 0 1 1 1 0 0 0 1 1 1
1 0 1 0 0 1 1 1
    1 0 1 0 0 1 1 1
      1 0 1 0 0 1 1 1
        1 0 1 0 0 1 1 1
          1 0 1 0 0 1 1 1
1 0 0 1 1 1 0 1 0 0 1 0 1 0 0 0 1 0 1 0 0 1 1 1 0 0 0 1 1 1
```

Abbildung 19.5 *Suche nach Knuth-Morris-Pratt in einem binären Text.*

j	next[j]
2	4
3	7
4	2
5	5
6	5
7	5
8	5

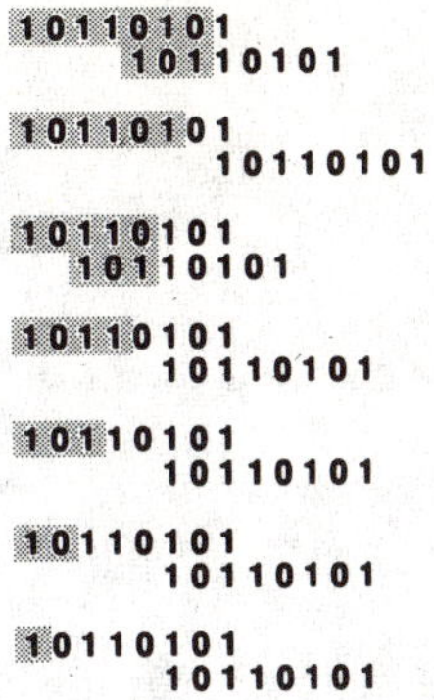

Abbildung 19.6 *Wiederaufsetzpositionen für die Suche nach Boyer-Moore.*

Abbildung 19.6 zeigt eine »Von-rechts-nach-links«-Variante der Tabelle next für das Muster 10110101: In diesem Fall ist next [j] die Anzahl der Zeichenpositionen, um die das Muster nach rechts verschoben werden kann, wenn bei einem Durchsuchen von hinten eine Nichtübereinstimmung beim j-ten Zeichen von rechts im Muster auftrat. Ähnlich wie zuvor bestimmen wir diesen Wert, indem wir zwei Kopien des Musters übereinander legen, wobei anfangs das vorletzte Zeichen unter dem letzten Zeichen liegt. Dann verschieben wir die untere Kopie solange nach rechts, bis die letzten j Zeichen der oberen Kopie mit den sie überlappenden Zeichen der unteren Kopie übereinstimmen **und** das j-letzte Zeichen, das ja die Nicht-Übereinstimmung verursachte, **nicht** mit dem es überlappenden Zeichen übereinstimmt. Zum Beispiel ist next[2]=7, weil, wenn bei einem Durchsuchen von rechts nach links eine Übereinstimmung der letzten zwei Zeichen und dann eine Nichtübereinstimmung vorlag, im Text 001 vorgefunden worden sein muß; dies tritt im Muster nicht auf, außer möglicherweise dann, wenn die 1 auf einer Höhe mit dem ersten Zeichen im Muster liegt, so daß wir um 7 Positionen nach rechts verschieben können.

Dies führt unmittelbar zu einem Programm, welches der obigen Implementation der Methode von Knuth-Morris-Pratt sehr ähnlich ist. Wir gehen hierauf nicht ausführlicher ein, da es einen völlig anderen Weg gibt, beim Durchsuchen von Mustern von rechts nach links Zeichen zu überspringen, der in vielen Fällen weit besser ist.

Die Idee besteht darin, die Entscheidung über den nächsten Schritt sowohl auf der Basis des die Nicht-Übereinstimmung verursachenden Zeichens im *Text* als auch auf der Basis des Musters zu treffen. Der der Verarbeitung vorausgehende Schritt besteht darin, für jedes mögliche Zeichen, das im Text auftreten könnte, zu bestimmen, was wir tun würden, wenn dieses Zeichen die Nichtübereinstimmung verursachen würde. Die einfachste Realisierung dieses Gedankens führt unmittelbar zu einem sehr nützlichen Programm.

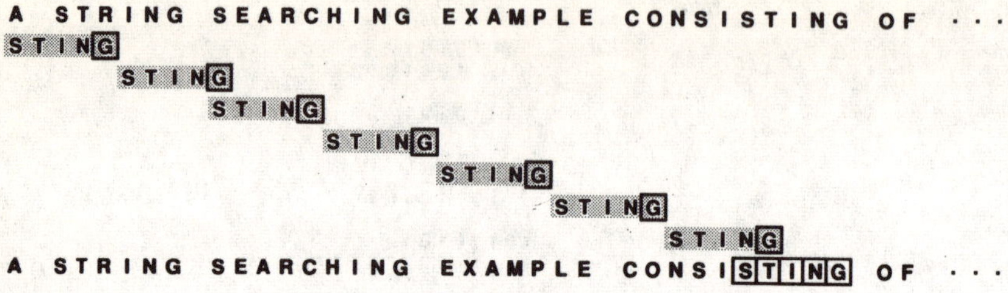

```
A STRING SEARCHING EXAMPLE CONSISTING OF ···
STING
        STING
          STING
             STING
               STING
                  STING
                     STING
A STRING SEARCHING EXAMPLE CONSISTING OF ···
```

Abbildung 19.7 *Suche nach Boyer-Moore unter Verwendung der heuristischen Methode der nicht übereinstimmenden Zeichen.*

Abbildung 19.7 zeigt diese Methode für unseren ersten Beispiel-Text. Indem wir bei der Prüfung auf Übereinstimmung mit dem Muster von rechts nach links vorgehen, vergleichen wir zuerst das G im Muster mit dem R (dem fünften Zeichen) im Text. Sie stimmen nicht nur nicht überein, sondern wir können sogar feststellen, daß R *nirgends* im Muster auftritt, so daß wir das Muster sofort ganz an dem R vorbeischieben können. Der nächste Vergleich wird zwischen dem G im Muster und dem fünften Zeichen nach dem R (dem S in SEARCHING) vorgenommen. Diesmal können wir das Muster soweit nach rechts schieben, daß das S im Muster mit dem S im Text übereinstimmt. Danach wird das G im Muster mit dem C in SEARCHING verglichen, welches im Muster nicht auftritt, so daß das Muster um weitere fünf Positionen nach rechts verschoben werden kann. Nach drei weiteren jeweils fünf Zeichen umfassenden Sprüngen gelangen wir zum T in CONSISTING, wo wir das Muster so ausrichten, daß das T in ihm mit dem T im Text übereinstimmt, und die vollständige Übereinstimmung feststellen. Diese Methode führt uns unmittelbar zur Position der Übereinstimmung, wobei nur sieben Zeichen im Text untersucht werden müssen (und fünf weitere, um die Übereinstimmung zu prüfen)!

Dieser Algorithmus läßt sich sehr leicht implementieren. Dazu wird ein grobes Durchsuchen des Musters von rechts nach links einfach dadurch verbessert, daß ein Feld `skip` initialisiert wird, welches für jedes Zeichen im Alphabet angibt, wie weit zu springen ist, wenn dieses Zeichen im Text auftritt und eine Nichtübereinstimmung während der Suche verursacht. Für jedes Zeichen, das möglicherweise im Text erscheinen könnte, muß ein Eintrag in `skip` vorhanden sein. Der Einfachheit halber nehmen wir an, daß wir eine Funktion `index` haben, die ein Zeichen (`char`) als Argument verwendet und 0 für Leerzeichen und i für den i-ten Buchstaben des Alphabets zurückgibt; wir nehmen weiterhin an, daß ein Unterprogramm `initskip ()` vorliegt, die das Feld `skip` für nicht im Muster enthaltene Zeichen mit `M` initialisiert und dann für `j` von `0 bis M-1 skip[index(p[j])]` auf `M-j-1` setzt. Dann ist die Implementation sehr einfach:

```
int mischarsearch(char *p, char *a)
  {
    int i, j, t, M = strlen(p), N = strlen(a);
    initskip(p);
```

```
for (i = M-1, j = M-1; j > 0; i--, j--)
  while (a[i] != p[j])
    {
      t = skip[index(a[i])];
      i += (M-j > t) ? M-j : t;
      if (i >= N) return N;
      j = M-1;
    }
  return i;
}
```

Wenn die Tabelle `skip` nur Werte 0 enthält (was niemals der Fall ist), würde dies einem groben Durchsuchen von rechts nach links entsprechen, denn die Anweisung `i += M-j` setzt i auf die nächste Position in der Text-Zeichenfolge zurück (da sich das Muster von links nach rechts durch diese bewegt); danach setzt `j = M-1` den Zeiger des Musters als Vorbereitung für den zeichenweisen Vergleich von rechts nach links zurück. Wie gerade dargelegt wurde, führt die Tabelle `skip` dazu, daß das Muster so weit im Text vorwärts verschoben wird, wie es gerechtfertigt ist, in den meisten Fällen um M Zeichen auf einmal (wenn Zeichen im Text vorgefunden werden, die nicht im Muster enthalten sind). Für das Muster STING lautet die Eintragung für G in `skip` 0, die Eintragung für N lautet 1, die für I 2, die für T 3, die für S 4. Die Eintragungen für alle anderen Buchstaben lauten 5. Somit wird zum Beispiel, wenn im Verlauf einer Suche ein S vorgefunden wird, der Zeiger i um 4 inkrementiert, so daß das Ende des Musters sich vier Positionen rechts von dem S befindet (und demzufolge das S im Muster und das S im Text übereinanderliegen). Wenn mehr als ein S im Muster vorhanden wäre, würden wir für diese Berechnung das am weitesten rechts befindliche verwenden wollen; demzufolge wird das Feld `skip` erzeugt, indem von links nach rechts gesucht wird.

Boyer und Moore schlugen vor, die beiden von uns skizzierten Methoden für das Durchsuchen des Musters von rechts nach links zu kombinieren und dann den größeren der zwei erforderlichen Sprünge zu wählen.

Eigenschaft 19.3 *Bei der Suche gemäß dem Algorithmus von Boyer-Moore sind niemals mehr als M + N Zeichenvergleiche erforderlich, und es werden ungefähr N/M Schritte benötigt, wenn das Alphabet nicht klein und das Muster nicht lang ist.*

In der gleichen Weise wie bei der Methode von Knuth-Morris-Pratt ist der Algorithmus im ungünstigsten Fall linear (die oben angegebene Implementation, die nur eine der beiden heuristischen Methoden von Boyer-Moore realisiert, ist nicht linear). Das Ergebnis N/M für den »durchschnittlichen Fall« kann für verschiedene Modelle zufälliger Zeichenfolgen bewiesen werden, doch sind diese meist unrealistisch, so daß wir auf die Einzelheiten verzichten. In vielen praktischen Situationen gilt, daß alle Zeichen des Alphabets mit Ausnahme einiger weniger nirgends im Muster erscheinen, so daß jeder Vergleich dazu führt, daß M Zeichen übersprungen werden, wodurch sich die Behauptung ergibt. ∎

Der Algorithmus der nicht übereinstimmenden Zeichen nützt offenbar für binäre Zeichenfolgen nicht viel, da es hier nur zwei Möglichkeiten für Zeichen gibt, die die Nichtübereinstimmung verursachen (und diese treten beide wahrscheinlich im Muster auf). Die Bits können jedoch zu Gruppen zusammengefaßt werden, um »Zeichen« zu bilden, die genau wie oben benutzt werden können. Wenn wir jeweils b Bits nehmen, benötigen wir eine Tabelle `skip` mit 2^b Einträgen. Der Wert von b sollte genügend klein gewählt werden, so daß diese Tabelle nicht zu groß ist, aber groß genug dafür, daß die meisten der aus b Bits bestehenden Abschnitte des Textes wahrscheinlich nicht im Muster auftreten. Insbesondere gibt es $M - b + 1$ verschiedene, aus b Bits bestehende Abschnitte im Muster (bei jeder Bitposition von 1 bis $M - b + 1$ beginnt jeweils einer), so daß es wünschenswert ist, daß $M - b + 1$ wesentlich kleiner als 2^b ist. Wenn wir zum Beispiel b ungefähr $\lg(4M)$ wählen, so wird die Tabelle `skip` zu mehr als drei Vierteln mit M gefüllt. Ebenso muß b kleiner als $M/2$ sein, da wir andernfalls das Muster ganz verpassen könnten, wenn es zwischen zwei b Bits umfassenden Textabschnitten aufgeteilt wäre.

Der Algorithmus von Rabin-Karp

Ein grober Ansatz für die Suche in Zeichenfolgen, den wir oben noch nicht betrachtet haben, wäre, sehr viel Speicher zu benutzen und jeden möglichen, aus M Zeichen bestehenden Abschnitt des Textes als einen Schlüssel in einer standardmäßigen Hash-Tabelle zu behandeln. Es ist jedoch nicht erforderlich, eine ganze Hash-Tabelle abzuspeichern, da das Problem so geartet ist, daß nur ein Schlüssel gesucht wird; alles, was wir zu tun haben, ist, für jeden der möglichen aus M Zeichen bestehenden Abschnitte des Textes die Hash-Funktion zu berechnen und zu prüfen, ob sie gleich der Hash-Funktion des Musters ist. Das Problem bei dieser Methode ist, daß es zunächst ebenso schwierig zu sein scheint, die Hash-Funktion für M Zeichen aus dem Text zu berechnen, wie nur zu prüfen, ob diese Zeichen mit dem Muster übereinstimmen. Rabin und Karp fanden einen einfachen Weg zur Überwindung dieser Schwierigkeit, und zwar für die Hash-Funktion, die wir in Kapitel 16 verwendeten: $h(k) = k$ mod q, wobei q (die Größe der Tabelle) eine große Primzahl ist. In diesem Falle wird nichts in der Hash-Tabelle gespeichert, daher kann q sehr groß gewählt werden.

Die Methode beruht auf der Berechnung der Hash-Funktion für die Position i im Text, wenn ihr Wert für die Position $i - 1$ gegeben ist, und sie folgt praktisch unmittelbar aus der mathematischen Formulierung. Nehmen wir an, daß wir unsere M Zeichen in Zahlen umwandeln, indem wir sie zu einem Computerwort zusammenfassen, welches wir dann als eine ganze Zahl behandeln. Dies entspricht der Schreibweise der Zeichen als Zahlen in einem Zahlensystem mit der Basis d, wobei d die Anzahl der möglichen Zeichen ist. Die $a[i .. i+ M -1]$ entsprechende Zahl ist folglich

$$x = a[i]d^{M-1} + a[i+1]d^{M-2} + \ldots + a[i+M-1],$$

und wir können annehmen, daß wir den Wert von $h(x) = x$ mod q kennen. Das Verschieben um eine Position im Text nach rechts entspricht jedoch einfach dem Ersetzen von x durch

$$(x - a[i]d^{M-1})d + a[i+M].$$

Eine grundlegende Eigenschaft der Operation mod ist, daß wir, wenn wir nach jeder arithmetischen Operation den Rest nehmen, der bei der Division durch q bleibt (um die Zahlen, mit denen wir operieren, klein zu halten), das gleiche Ergebnis erhalten, wie wenn wir alle arithmetischen Operationen ausführen und danach den Rest nehmen, der bei der Division durch q bleibt.

Dies führt zu dem sehr einfachen Algorithmus des Pattern Matching, der nachstehend implementiert ist. Für das Programm wird die gleiche Funktion index wie oben angenommen, im Interesse der Effizienz wird jedoch d = 32 verwendet (die Multiplikationen könnten dann als Verschiebungen implementiert werden).

```
#define q 33554393
#define d 32
int rksearch(char *p, char *a)
  {
    int i, dM = 1, h1 = 0, h2 = 0;
    int M = strlen(p), N = strlen(a);
    for (i = 1; i < M; i++) dM = (d*dM) % q;
    for (i = 0; i < M; i++)
      {
        h1 = (h1*d+index(p[i])) % q;
        h2 = (h2*d+index(a[i])) % q;
      }
    for (i = 0; h1 != h2; i++)
      {
        h2 = (h2+d*q-index(a[i])*dM) % q;
        h2 = (h2*d+index(a[i+M])) % q;
        if (i > N-M) return N;
      }
    return i;
  }
```

Das Programm berechnet zuerst einen Hash-Wert h1 für das Muster, danach einen Hash-Wert h2 für die ersten M Zeichen des Textes. (Es berechnet auch den Wert von d^{M-1} mod q in der Variablen dM.) Dann durchläuft es die Text-Zeichenfolge, wobei es die obige Methode zur Berechnung der Hash-Funktion für die M Zeichen benutzt, beginnend bei der Position i (für jedes i), und wobei es jeden neuen Hash-Wert mit h1 vergleicht. Die Primzahl q wird so gewählt, daß sie möglichst groß ist, jedoch nicht so groß, daß (d+1)*q einen Überlauf hervorruft; dies erfordert weniger Operationen %, als wenn wir die größte darstellbare Primzahl verwenden würden. (Während der Berechnung von h2 wird ein zusätzliches d*q addiert, um zu gewährleisten, daß alles positiv bleibt, so daß die Operation % wie gewünscht ausgeführt wird.)

Eigenschaft 19.4 *Das Pattern Matching nach Rabin-Karp ist in den allermeisten Fällen linear.*

Dieser Algorithmus benötigt offensichtlich eine Zeit, die proportional zu $N + M$ ist, doch es muß angemerkt werden, daß er in Wirklichkeit nur eine Position im Text findet, welche den gleichen Hash-Wert wie das Muster hat. Um sicherzugehen, sollten wir unbedingt noch einen direkten Vergleich des betreffenden Textes mit dem Muster vornehmen. Jedoch bewirkt die Verwendung eines sehr großen Wertes von q — die durch die Berechnungen mit % und die Tatsache, daß wir die eigentliche Hash-Tabelle nicht führen müssen — ermöglicht wird, daß es äußerst unwahrscheinlich ist, daß eine Kollision auftritt. Theoretisch könnte dieser Algorithmus in dem (unwahrscheinlichen) ungünstigsten Fall dennoch $O(NM)$ Schritte benötigen, doch in der Praxis kann man sich darauf verlassen, daß ungefähr $N + M$ Schritte erforderlich sind. ∎

Mehrfache Suche

Die bisher betrachteten Algorithmen sind alle auf ein spezielles Suchproblem ausgerichtet: auf das Finden des Auftretens eines gegebenen Musters in einer gegebenen Text-Zeichenfolge. Falls ein und dieselbe Text-Zeichenfolge Gegenstand vieler Suchen von Mustern sein soll, lohnt es sich, die Zeichenfolge so zu bearbeiten, daß nachfolgende Suchvorgänge effizient erfolgen.

Wenn eine große Anzahl von Suchvorgängen vorliegt, kann das Problem der Suche in Zeichenfolgen als ein Spezialfall des allgemeinen Suchproblems angesehen werden, das wir im vorangegangenen Abschnitt untersuchten. Wir behandeln die Text-Zeichenfolge einfach als N sich überlappende »Schlüssel«, wobei der i-te Schlüssel per Definition a[i],...,a[N] ist, die gesamte Text-Zeichenfolge ab Position i. Natürlich operieren wir nicht mit den Schlüsseln selbst, sondern mit auf sie weisenden Zeigern: Wenn wir die Schlüssel i und j vergleichen müssen, nehmen wir zeichenweise Vergleiche vor, beginnend bei den Positionen i und j in der Text-Zeichenfolge. (Wenn wir am Ende ein »Marken«-Zeichen verwenden, das größer als alle anderen Zeichen ist, ist einer der Schlüssel stets größer als die anderen.) Dann können Hashing, Binärbaum-Suche und andere Algorithmen aus dem vorangegangenen Kapitel direkt angewandt werden. Erst wird aus der Text-Zeichenfolge eine vollständige Struktur aufgebaut, und dann können effiziente Suchmethoden für spezielle Muster durchgeführt werden.

Wenn Suchalgorithmen in dieser Weise auf die Suche in Zeichenfolgen angewandt werden, müssen viele Einzelheiten ausgearbeitet werden; unsere Absicht ist es, dies als einen gangbaren Weg für manche Suchanwendungen in Zeichenfolgen aufzuzeigen. In unterschiedlichen Situationen sind unterschiedliche Methoden zweckmäßig. Wenn zum Beispiel immer nach Mustern gleicher Länge gesucht wird, wird eine wie bei der Methode von Rabin-Karp mit einem einzigen Durchsuchen erzeugte Hash-

Tabelle im Durchschnitt konstante Suchzeiten liefern. Wenn dagegen die Muster unterschiedliche Längen haben, so könnte eines der auf Bäumen beruhenden Verfahren geeignet sein. (Patricia eignet sich besonders für die Anpassung an derartige Anwendungen.)

Andere Änderungen des Problems können dieses wesentlich komplizierter machen und zu völlig anderen Verfahren führen, wie wir in den nächsten beiden Kapiteln feststellen werden.

Übungen

1. Implementieren Sie einen groben Algorithmus für Pattern Matching, der das Muster von rechts nach links durchsucht.

2. Geben Sie die Tabelle next für den Algorithmus von Knuth-Morris-Pratt für das Muster AAAAAAAA an.

3. Geben Sie die Tabelle next für den Algorithmus von Knuth-Morris-Pratt für das Muster ABRACADABRA an.

4. Zeichnen Sie einen endlichen Automaten, welcher das Muster ABRACADABRA suchen kann.

5. Wie würden Sie eine Textdatei nach einer Zeichenfolge aus 50 aufeinanderfolgenden Leerzeichen durchsuchen?

6. Geben Sie die Sprungtabelle skip für das Durchsuchen von rechts nach links für das Muster ABRACADABRA an.

7. Konstruieren Sie ein Beispiel, für das das Durchsuchen des Musters von rechts nach links bei ausschließlicher Verwendung der heuristischen Methode der Nichtübereinstimmung ein schlechtes Verhalten aufweist.

8. Wie würden Sie den Algorithmus von Rabin-Karp modifizieren, wenn nach einem gegebenen Muster unter der zusätzlichen Bedingung gesucht werden soll, daß das mittlere Zeichen ein »Joker« ist (jedes beliebige Textzeichen kann mit ihm übereinstimmen)?

9. Implementieren Sie eine Variante des Algorithmus von Rabin-Karp für die Suche von Mustern in zweidimensionalem Text. Dabei werde angenommen, daß sowohl Muster als auch Text aus Zeichen gebildete Rechtecke sind.

10. Schreiben Sie Programme für die Erzeugung einer zufälligen, 1000 Bits umfassenden Text-Zeichenfolge und für das anschließende Auffinden aller Vorkommen der letzten k Bits, für $k = 5, 10, 15$. (Für unterschiedliche Werte von k können unterschiedliche Methoden zweckmäßig sein.)

Kapitel 20

Pattern Matching

Oft ist es wünschenswert, eine Suche nach einem nur unvollständig spezifizierten Muster vorzunehmen. Zum Beispiel kann es vorkommen, daß Benutzer eines Text-editors nur einen Teil eines Musters vorgeben wollen, oder ein Muster, welches zu mehreren verschiedenen Wörtern passen würde, oder daß sie festlegen wollen, daß eine beliebige Anzahl bestimmter spezifischer Zeichen ignoriert werden soll. Im vorliegenden Kapitel untersuchen wir, wie ein *Pattern Matching* (Musteranpassung) dieser Art effizient realisiert werden kann.

Die Algorithmen aus dem vorangegangenen Kapitel sind ganz entscheidend von der vollständigen Vorgabe des Musters abhängig, so daß wir andere Methoden benutzen müssen. Die grundlegenden Mechanismen, die wir betrachten werden, ermöglichen die Entwicklung eines sehr leistungsfähigen Verfahrens zur Suche in Zeichenfolgen, welches komplizierte Muster aus M Zeichen an Text-Zeichenfolgen aus N Zeichen anpassen kann, in einer Zeit, die im ungünstigsten Fall proportional zu MN^2 ist, in typischen Anwendungsfällen jedoch wesentlich schneller abläuft.

Zunächst müssen wir eine Methode entwickeln, um die Muster zu beschreiben; eine »Sprache«, die benutzt werden kann, um die obengenannten Probleme der partiellen Suche in Zeichenfolgen exakt zu spezifizieren. Diese Sprache wird leistungsfähigere elementare Operationen umfassen als die im vorangegangenen Kapitel verwendete einfache Operation »Überprüfen, ob das i-te Zeichen der Text-Zeichenfolge mit dem j-ten Zeichen des Musters übereinstimmt«. In diesem Kapitel betrachten wir drei grundlegende Operationen, die sich auf einen imaginären Automatentypus beziehen, der Muster in einer Text-Zeichenfolge suchen kann. Unser Algorithmus des Pattern Matching wird eine Methode sein, die die Arbeitsweise dieses Automatentypus simuliert. Im folgenden Kapitel sehen wir dann, wie man von der Vorgabe des Musters, die der Anwender benutzt, um seine Suchaufgabe zu beschreiben, zu der vom Algorithmus verwendeten Vorgabe für den Automaten gelangen kann, um die Suche tatsächlich auszuführen.

Wie wir sehen werden, steht die Lösung, die wir für das Problem des Pattern Matching entwickeln werden, in engem Zusammenhang mit grundlegenden Vorgängen in der

Informatik. Zum Beispiel ist die Methode, die wir in unserem Programm anwenden, um die sich aus einer gegebenen Beschreibung eines Musters ergebende Suchaufgabe zu lösen, vergleichbar mit der Methode, die das C-System für die Lösung der Berechnungs-aufgabe anwendet, die sich aus einem gegebenen C-Programm ergibt.

Beschreibung von Mustern

Die von uns betrachteten Musterbeschreibungen erfolgen mit Hilfe von Symbolen, welche mittels der folgenden drei grundlegenden Operationen miteinander ver-knüpft sind.

(i) *Verkettung* (Concatenation). Dies ist die Operation, die im letzten Kapitel benutzt wurde. Falls zwei Zeichen im Muster benachbart sind, so liegt genau dann und nur dann eine Übereinstimmung vor, wenn die im Text gleichen beiden Zeichen benachbart sind. Zum Beispiel bedeutet AB, daß B auf A folgt.

(ii) *Oder* (Or). Dies ist die Operation, die uns die Möglichkeit gibt, Alternativen im Muster vorzugeben. Wenn sich zwischen zwei Zeichen ein *oder* befindet, so liegt dann und nur dann eine Übereinstimmung vor, wenn eines der Zeichen im Text auftritt. Wir wollen diese Operation durch Benutzung des Symbols + bezeichnen und Klammern verwenden, um sie mit der Verkettung in beliebig komplexer Weise zu kombinieren. Zum Beispiel bedeutet A+B »entweder A oder B«; C(AC+B)D bedeutet »entweder CACD oder CBD«; (A+C)((B+C)D) bedeutet »entweder ABD oder CBD oder ACD oder CCD«.

(iii) *Hüllenbildung* (Closure). Diese Operation gestattet es, Teile des Musters belie-big oft zu wiederholen. Bei der Hülle eines Symbols liegt dann und nur dann eine Übereinstimmung vor, wenn das Symbol beliebig oft (einschließlich 0 mal) erscheint. Die Hüllenbildung soll bezeichnet werden, indem nach dem zu wiederholenden Zeichen oder der zu wiederholenden, in Klammern ein-geschlossenen Gruppe ein * gesetzt wird. Zum Beispiel stimmt AB* mit Zeichenfolgen überein, die aus einem A bestehen, dem eine beliebige Anzahl (oder kein) B folgt, während (AB)* mit Zeichenfolgen übereinstimmt, die aus sich abwechselnden A und B bestehen.

Eine Folge von Symbolen, die unter Verwendung dieser drei Operationen aufgebaut ist, wird regulärer Ausdruck genannt. Jeder reguläre Ausdruck beschreibt viele spezielle Textmuster. Unser Ziel besteht darin, einen Algorithmus zu entwickeln, mit dem bestimmt werden kann, ob irgendeines der Muster, die durch einen gegebenen regulären Ausdruck beschrieben werden, in einer gegebenen Text-Zeichenfolge auftritt.

Wir konzentrieren uns auf Verkettung, *oder* und Hüllenbildung, um die grundlegen-den Prinzipien bei der Entwicklung eines Pattern Matching-Algorithmus für reguläre Ausdrücke aufzuzeigen. In realen Systemen werden aus Gründen der Zweckmäßig-keit gewöhnlich noch weitere Operationen verwendet. Zum Beispiel könnte -A »Übereinstimmung mit jedem Zeichen *außer* A« bedeuten. Diese Operation *nicht* (not) entspricht einem *oder*, das alle Zeichen außer A umfaßt, läßt sich jedoch viel leichter handhaben. Analog könnte »?« »Übereinstimmung mit einem beliebigen Buchstaben« bedeuten. Auch dies ist offensichtlich wesentlich kompakter als ein umfangreiches *oder*. Weitere Beispiele zusätzlicher Symbole, die die Vorgabe umfangreicher Muster einfacher machen, sind Symbole für den Anfang oder das Ende einer Zeile, einen beliebigen Buchstaben oder eine beliebige Zahl usw.

Diese Operationen können eine bemerkenswert einfache Beschreibung ermöglichen. Zum Beispiel stimmt die Beschreibung eines Musters ?*(*ie* + *ei*)?* mit allen Wörtern überein, in denen *ie* oder *ei* vorkommt; $(1 + 01)^*(0 + 1)$ beschreibt alle aus den Zeichen 0 und 1 bestehenden Zeichenfolgen, in denen keine zwei aufeinanderfolgenden Nullen auftreten. Offenbar gibt es viele verschiedene Musterbeschreibungen, die die gleichen Zeichenfolgen beschreiben; wir müssen versuchen, kurze Musterbeschreibungen vorzugeben, ebenso wie wir uns bemühen, effiziente Algorithmen zu schreiben.

Der Pattern Matching-Algorithmus, den wir untersuchen werden, kann als eine Verallgemeinerung der groben Methode der Suche in Zeichenfolgen von links nach rechts (der ersten in Kapitel 19 betrachteten Methode) angesehen werden. Der Algorithmus sucht nach der am weitesten links stehenden Teil-Zeichenfolge innerhalb der Text-Zeichenfolge, die mit der Beschreibung des Musters übereinstimmt, indem er die Text-Zeichenfolge von links nach rechts durchläuft und bei jeder Position prüft, ob eine bei dieser Position beginnende Teil-Zeichenfolge existiert, die mit der Beschreibung des Musters übereinstimmt.

Automaten für das Pattern Matching

Wir erinnern uns daran, daß wir den Algorithmus von Knuth-Morris-Pratt als einen auf der Grundlage des Suchmusters konstruierten endlichen Automaten betrachten können, der den Text durchsucht. Die Methode, die wir für das Pattern Matching regulärer Ausdrücke anwenden wollen, ist eine Verallgemeinerung dieser Sichtweise.

Der endliche Automat für den Algorithmus von Knuth-Morris-Pratt geht von einem Zustand in den anderen über, indem er ein Zeichen aus der Text-Zeichenfolge untersucht und dann in einen Zustand übergeht, wenn eine Übereinstimmung vorliegt, und in einen anderen, wenn das nicht der Fall ist. Eine Nichtübereinstimmung an irgendeiner Stelle bedeutet, daß das Muster in dem an dieser Stelle beginnenden Text nicht auftreten kann. Der Algorithmus selbst kann als eine Simulation des Automaten angesehen werden. Die Eigenschaft des Automaten, die bewirkt, daß er leicht simuliert werden kann, ist, daß er deterministisch ist: Jeder Übergang von einem Zustand in einen anderen wird vollständig durch das nächste eingegebene Zeichen bestimmt.

Um reguläre Ausdrücke zu behandeln, ist es erforderlich, einen leistungsfähigeren abstrakten Automaten zu betrachten. Aufgrund der Operation *oder* kann der Automat nicht durch Untersuchung von nur einem Zeichen feststellen, ob das Muster an einer gegebenen Stelle auftreten kann oder nicht; aufgrund der Hüllenbildung kann er noch nicht einmal feststellen, wie viele Zeichen betrachtet werden müßten, bevor eine Nichtübereinstimmung entdeckt wird. Der natürlichste Weg zur Überwindung dieser Probleme besteht darin, den Automaten mit der Fähigkeit eines *nichtdeterministischen* Vorgehens auszustatten: Bei Vorhandensein von mehreren Wegen, auf denen man versuchen kann, das Muster anzupassen, sollte der Automat den richtigen »erraten«! Es scheint unmöglich zu sein, diese Operation zu gestatten, doch wie wir sehen werden, kann man leicht ein Programm schreiben, um die Aktionen eines solchen Automaten zu simulieren.

Abbildung 20.1 zeigt einen nichtdeterministischen endlichen Automaten, der verwendet werden könnte, um in einer Text-Zeichenfolge die Musterbeschreibung (A*B+AC)D zu suchen. (Die Zustände sind in einer Weise numeriert, die weiter unten verständlich wird.) Wie der deterministische Automat aus dem vorangegangenen Kapitel kann der Automat aus einem mit einem Zeichen markierten Zustand in den Zustand übergehen, auf den dieser Zustand »zeigt«, indem er dieses Zeichen in der Text-Zeichenfolge anpaßt (und durchläuft). Was den Automaten nichtdeterministisch macht, ist, daß es einige Zustände gibt (*Nullzustände* genannt), die nicht nur mit keinem Zeichen markiert sind, sondern auch auf zwei unterschiedliche Nachfolge-Zustände »zeigen« können. (Einige Nullzustände, wie etwa Zustand 4 im Diagramm, sind »no-op«-Zustände mit einem Ausgang, die auf die Arbeitsweise des Automaten keinen Einfluß haben. Wie wir sehen werden, erleichtern sie die Implementation des Programms, das den Automaten simuliert. Zustand 9 ist ein Nullzustand ohne Ausgänge, der den Automaten anhält.) Wenn sich der Automat in einem solchen Zustand befindet, kann er in *jeden beliebigen* Nachfolge-Zustand übergehen, unabhängig von der Eingabe (ohne irgend etwas zu durchlaufen). Der Automat hat die Fähigkeit zu erraten, welcher Übergang für die gegebene Text-Zeichenfolge zu einer Übereinstimmung führen wird (wenn es überhaupt einen gibt). Wir bemerken, daß es keine »Nichtübereinstimmungs«-Übergänge gibt wie im vorangegangenen Kapitel; dem Automaten mißlingt es nur dann, eine Übereinstimmung zu finden, wenn es keine Möglichkeit gibt, eine zu einer Übereinstimmung führende Folge von Übergängen auch nur zu erraten.

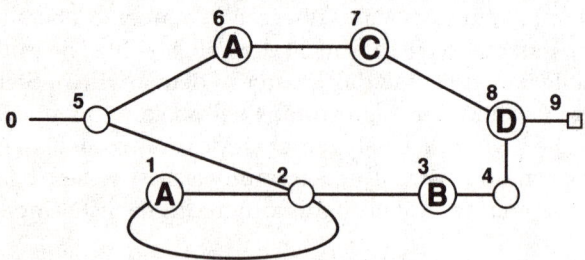

Abbildung 20.1 *Ein nichtdeterministischer Mustererkennungsautomat für (A*B+AC)D.*

Der Automat hat einen eindeutigen *Anfangszustand* (dargestellt mit Hilfe der frei beginnenden Linie links) und einen eindeutigen *Endzustand* (das kleine Quadrat rechts). Wenn der Automat im Anfangszustand gestartet wird, ist er in der Lage, jede durch das Muster beschriebene Zeichenfolge zu »erkennen«, indem er Zeichen liest und seinen Zustand gemäß seinen Regeln verändert, wobei er am Ende zum »Endzustand« gelangt. Da der Automat die Fähigkeit zum nichtdeterministischen Vorgehen hat, kann er die Folge der Zustandsänderungen erraten, die zu einer Lösung führen kann. (Wenn wir jedoch versuchen, den Automaten auf einem gewöhnlichen Computer zu simulieren, müssen wir alle Möglichkeiten ausprobieren.) Um zum Beispiel zu bestimmen, ob seine Musterbeschreibung (A*B+AC)D in der Text-Zeichenfolge

CDAABCAAABDDACDAAC

auftreten kann, würde der Automat sofort einen Mißerfolg melden, wenn er beim ersten oder zweiten Zeichen gestartet würde; bei den nächsten beiden Zeichen würde er etwas arbeiten, bevor er einen Mißerfolg melden würde; beim fünften und sechsten Zeichen würde er sofort einen Mißerfolg melden; wenn er beim siebenten Zeichen gestartet würde, würde er die in Abbildung 20.2 dargestellte Folge von Zustandsübergängen erraten, um AAABD zu erkennen.

Für einen gegebenen regulären Ausdruck können wir den Automaten konstruieren, indem wir für die einzelnen Komponenten des Ausdrucks Teilautomaten herstellen

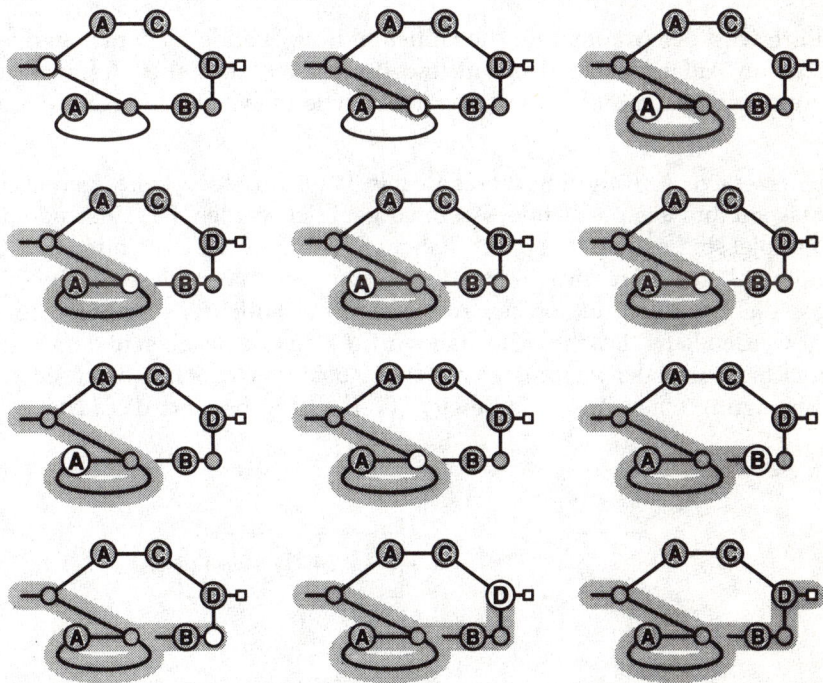

Abbildung 20.2 *Erkennung von AAABD.*

Abbildung 20.3 *Automat mit zwei Zuständen zur Erkennung eines Zeichens.*

und für jede der drei Operationen Verkettung, *oder* und Hüllenbildung die Art und Weise definieren, wie zwei Teilautomaten zu einem größeren Automaten zusammengesetzt werden.

Wir beginnen mit dem trivialen Automaten für die Erkennung eines speziellen Zeichens. Es ist zweckmäßig, diesen als einen Automaten mit zwei Zuständen darzustellen: mit einem Anfangszustand (welcher auch das Zeichen erkennt) und einem Endzustand, wie es Abbildung 20.3 zeigt.

Um nunmehr den Automaten für die Verkettung von zwei Ausdrücken aus den Automaten für die einzelnen Ausdrücke zu bilden, vereinigen wir einfach den Endzustand des ersten mit dem Anfangszustand des zweiten Automaten, wie es Abbildung 20.4 zeigt.

In ähnlicher Weise wird der Automat für die Operation *oder* konstruiert, indem ein neuer Nullzustand hinzugefügt wird, der auf die beiden Anfangszustände zeigt, und indem man einen Endzustand auf den anderen zeigen läßt, der dann zum Endzustand des kombinierten Automaten wird, wie es Abbildung 20.5 zeigt.

Schließlich wird der Automat für die Hüllenbildung gebildet, indem man den Endzustand zum Anfangszustand macht und ihn zurück zum alten Anfangszustand sowie zu einem neuen Endzustand zeigen läßt, wie es in Abbildung 20.6 dargestellt ist.

Durch sukzessive Anwendung dieser Regeln kann für jeden beliebigen regulären Ausdruck ein ihm entsprechender Automat gebildet werden. Die Zustände für das obige Beispiel sind entsprechend der Reihenfolge ihrer Erzeugung numeriert (wenn der Automat konstruiert wird, indem das Muster von links nach rechts durchlaufen wird), so daß die Konstruktion des Automaten mit Hilfe der obigen Regeln leicht verfolgt werden kann. Beachten Sie, daß wir für jeden Buchstaben in dem regulären Ausdruck einen trivialen Automaten mit zwei Zuständen haben und daß jedes + und * die Erzeugung eines Zustands bewirkt (Verkettung bewirkt das Löschen eines

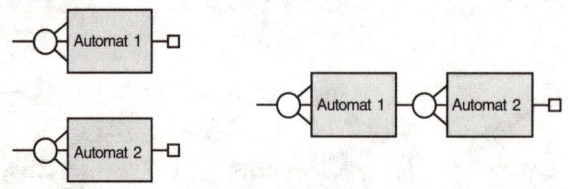

Abbildung 20.4 *Konstruktion eines Zustandsautomaten: Verkettung.*

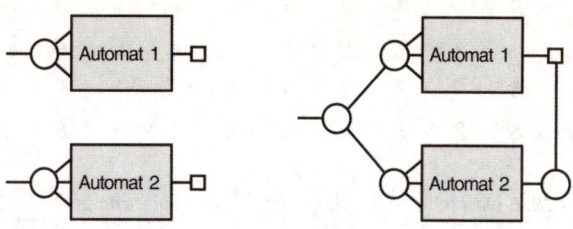

Abbildung 20.5 *Konstruktion eines Zustandsautomaten: oder.*

Zustands), so daß die Anzahl der Zustände mit Sicherheit weniger als doppelt so groß ist wie die Anzahl der Zeichen in dem regulären Ausdruck.

Darstellung des Automaten

Alle unsere nichtdeterministischen Automaten werden ausschließlich unter Verwendung der drei oben dargelegten Regeln für die Zusammensetzung konstruiert, und wir können ihre einfache Struktur ausnutzen, um sie in einer sehr einfachen Weise zu handhaben. Zum Beispiel führen aus keinem Zustand mehr als zwei Linien heraus. Tatsächlich gibt es nur zwei Typen von Zuständen: Zustände, die mit einem Zeichen aus dem Eingabealphabet markiert sind (mit einer herausführenden Linie) und nichtmarkierte Zustände (Nullzustände, mit zwei oder weniger herausführenden Linien). Das bedeutet, daß der Automat mit nur wenigen Informationen pro Zustand dargestellt werden kann. Da wir oft nur über die Nummer auf die Zustände zugreifen wollen, ist die zweckmäßigste Organisation für den Automaten eine Darstellung als Feld. Wir werden die drei mit dem Index `state` (Zustand) versehenen parallelen Felder `ch`, `next1` und `next2` verwenden, um den Automaten darzustellen und auf ihn zuzugreifen. Es wäre möglich, mit zwei Drittel dieses Platzbedarfs auszukommen, da für jeden Zustand tatsächlich nur zwei Informationen von Bedeutung verwendet werden, doch wir wollen im Interesse der Klarheit (und auch weil Musterbeschreibungen gewöhnlich nicht besonders lang sind) auf diese Verbesserung verzichten.

Der obige Automat kann wie in Abbildung 20.7 dargestellt werden. Die mit dem Index `state` versehenen Einträge können als Anweisungen für den nichtdeterministischen

Abbildung 20.6 *Konstruktion eines Zustandsautomaten: Hüllenbildung.*

state	0	1	2	3	4	5	6	7	8	9
ch[state]		A		B			A	C	D	
next1[state]	5	2	3	4	8	6	7	8	9	0
next2[state]	5	2	1	4	8	2	7	8	9	0

Abbildung 20.7 *Darstellung des Automaten aus Abbildung 20.1 als Feld.*

Automaten von der Art »Wenn du dich in `state` befindest und `ch[state]` siehst, dann durchlaufe das Zeichen und gehe in den Zustand `next1[state]` (oder `next2[state]`) über« interpretiert werden. Zustand 9 ist der Endzustand in diesem Beispiel, und Zustand 0 ist ein Pseudo-Anfangszustand, dessen Einträge *next* die Nummer des eigentlichen Anfangszustands sind. (Man beachte die spezielle Darstellung, die für Nullzustände mit 0 oder 1 Ausgängen verwendet wird.)

Wir haben gesehen, wie Automaten aus Beschreibungen von Mustern mittels regulärer Ausdrücke aufgebaut werden können und wie solche Automaten als Felder dargestellt werden können. Die Erstellung eines Programms zur Realisierung des Übergangs von einem regulären Ausdruck zu der entsprechenden Darstellung als nichtdeterministischen Automaten ist jedoch eine ganz andere Sache. Selbst ein Programm zur Bestimmung, ob ein gegebener regulärer Ausdruck zulässig ist, läßt sich nur mit einer gewissen Erfahrung erstellen. Im folgenden Kapitel untersuchen wir diese Operation, die *Syntaxanalyse* (parsing) genannt wird, wesentlich ausführlicher. Einstweilen wollen wir annehmen, daß dieser Übergang vollzogen worden ist, so daß wir die Felder `ch`, `next1` und `next2` zur Verfügung haben, die einen speziellen nichtdeterministischen Automaten darstellen, der der uns interessierenden Musterbeschreibung durch einen regulären Ausdruck entspricht.

Simulation des Automaten

Der letzte Schritt bei der Entwicklung eines allgemeinen Algorithmus zur Anpassung eines mit Hilfe eines regulären Ausdrucks beschriebenen Musters besteht in der Erstellung eines Programms, das in gewisser Weise die Arbeitsweise eines nichtdeterministischen Pattern Matching-Automaten simuliert. Die Idee, ein Programm zu erstellen, das die richtige Antwort »erraten« kann, erscheint lächerlich. In diesem Falle zeigt es sich jedoch, daß wir *alle möglichen* Anpassungen in einer systematischen Weise verfolgen können, so daß wir schließlich die richtige finden.

Eine Möglichkeit wäre, ein rekursives Programm zu entwickeln, das den nichtdeterministischen Automaten nachahmt (aber vielmehr alle Möglichkeiten ausprobiert, anstatt die richtige zu erraten). Statt dieses Ansatzes untersuchen wir eine nichtrekursive Implementation, die die grundlegenden Funktionsprinzipien der Methode verdeutlicht, indem sie die betrachteten Zustände in einer sehr speziellen Datenstruktur ablegt, die Warteschlange mit zweiseitigem Zugriff (»double-ended queue«, kurz und im folgenden »deque«) genannt wird.

Die Idee besteht darin, alle Zustände zu registrieren, die eingenommen werden könnten, während der Automat das aktuelle Zeichen »betrachtet«. Alle diese Zustände werden der Reihe nach abgearbeitet: Nullzustände führen zu zwei (oder weniger) Zuständen, Zustände für Zeichen, die mit dem aktuellen Eingabewert nicht übereinstimmen, werden eliminiert, und Zustände für Zeichen, die mit dem aktuellen Eingabewert übereinstimmen, führen zu neuen Zuständen, die zu verwenden sind, wenn der Automat das *nächste* eingegebene Zeichen untersucht. Demzufolge wollen wir eine Liste aller Zustände führen, in denen sich der nichtdeterministische Automat an einer bestimmten Stelle im Text befinden könnte. Das Problem besteht darin, für diese Liste eine geeignete Datenstruktur zu entwickeln.

Die Verarbeitung von Nullzuständen scheint einen *Stapel* zu erfordern, da wir genau wie bei der Beseitigung der Rekursion im wesentlichen eines von zwei zu erledigenden Dingen aufschieben (daher sollte der neue Zustand an den *Anfang* der aktuellen Liste gesetzt werden, damit er nicht unaufhörlich aufgeschoben wird). Die Verarbeitung der anderen Zustände scheint eine *Warteschlange* zu erfordern, da wir keine Zustände für das nächste eingegebene Zeichen untersuchen wollen, bevor wir nicht mit dem aktuellen Zeichen fertig sind (so daß der neue Zustand an das *Ende* der aktuellen Liste gesetzt werden sollte). Anstatt zwischen diesen zwei Datenstrukturen zu wählen, benutzen wir beide! Warteschlangen mit zweiseitigem Zugriff kombinieren die Merkmale von Stapeln und Warteschlangen: Eine deque ist eine Liste, der Elemente an beiden Seiten hinzugefügt werden können. (Genau genommen benutzen wir eine »ausgabebeschränkte deque«, da wir Elemente stets vom Anfang entnehmen und nicht vom Ende.)

Eine entscheidende Eigenschaft des Automaten ist, daß er keine »Schleifen« haben darf, die nur aus Nullzuständen bestehen, da er sich andernfalls nichtdeterministisch entscheiden könnte, immer wieder die Schleife zu durchlaufen. Es zeigt sich, daß hieraus folgt, daß die Anzahl der Zustände in der deque zu einem beliebigen Zeitpunkt kleiner ist als die Anzahl der Zeichen in der Beschreibung des Musters.

Das unten angegebene Programm verwendet eine deque, um die Aktionen eines nichtdeterministischen Automaten für das Pattern Matching von der oben beschriebenen Art zu simulieren. Während ein spezielles Zeichen in der Eingabe untersucht wird, kann sich der nichtdeterministische Automat in einem beliebigen von verschiedenen möglichen Zuständen befinden; das Programm registriert diese in einer deque, wobei es, wie in Kapitel 3, Prozeduren `push`, `put` und `pop` verwendet. Es könnte eine Darstellung als Feld (wie in der Warteschlangen-Implementation in Kapitel 3) oder als verkettete Liste (wie in der Stapel-Implementation in Kapitel 3) benutzt werden; auf die Implementation wird verzichtet.

Die Hauptschleife des Programms entnimmt der deque einen Zustand und führt die geforderte Aktion aus. Wenn ein Zeichen anzupassen ist, wird die Eingabe hinsichtlich des geforderten Zeichens geprüft; wenn es gefunden wird, wird der Zustands-

übergang vorgenommen, indem der neue Zustand am *Ende* der deque eingefügt wird
(so daß alle Zustände, die das aktuelle Zeichen betreffen, vor denen bearbeitet
werden, die das nächste betreffen). Wenn es sich um einen Nullzustand handelt, so
werden die beiden möglichen zu simulierenden Zustände am *Anfang* der deque
gesetzt. Die das aktuelle eingegebene Zeichen betreffenden Zustände werden von
denen, die das nächste betreffen, durch eine Markierung `scan=-1` in der deque
getrennt; wenn `scan` vorgefunden wird, wird der auf die eingegebene Zeichenfolge
weisende Zeiger vorgestellt. Die Schleife bricht ab, wenn das Ende der Eingabe
erreicht ist (keine Übereinstimmung gefunden), der Zustand 0 erreicht wird (zulässige Übereinstimmung gefunden) oder nur ein Element, die Markierung `scan`, in der
deque verblieben ist (keine Übereinstimmung gefunden). Dies führt unmittelbar zu
der folgenden Implementation;

```
  #define scan -1
int match(char *a)
  {
    int n1, n2;
    int j = 0, N = strlen(a), state = next1[0];
    dequeinit(); put(scan);
    while (state)
      {
        if (state == scan) { j++; put(scan); }
        else if (ch[state] == a[j])
            put(next1[state]);
        else if (ch[state] == ' ')
          {
            n1 = next1[state]; n2 = next2[state];
            push(n1); if (n1 != n2) push(n2);
          }
        if (dequeempty() || j==N) return 0;
        state = pop();
      }
    return j;
  }
```

Diese Funktion verwendet als Argument (den Zeiger auf) die Text-Zeichenfolge a, bei
der sie versuchen sollte, eine Übereinstimmung herzustellen, unter Verwendung des
nichtdeterministischen Automaten, der das Muster in der oben beschriebenen Weise
in den Feldern `ch`, `next1` und `next2` darstellt. Sie gibt die Länge der kürzesten am
Anfang befindlichen Teil-Zeichenfolge von a zurück, die mit dem Muster übereinstimmt (0, falls keine Übereinstimmung vorliegt).

Abbildung 20.8 zeigt den Inhalt der deque jedesmal, wenn ein Zustand entnommen
wird, wenn wir unseren Beispiel-Automaten mit der Text-Zeichenfolge AAABD
arbeiten lassen. Für dieses Diagramm wird eine Darstellung als Feld zugrunde gelegt,
wie sie für Warteschlangen in Kapitel 3 verwendet wurde; das Pluszeichen wird

benutzt, um `scan` darzustellen. Jedesmal, wenn die Marke `scan` das vordere Ende der deque (im Diagramm unten) erreicht, wird der Zeiger `j` inkrementiert und auf das nächste Zeichen im Text positioniert. Demzufolge beginnen wir mit Zustand 5, während das erste Zeichen im Text (das erste A) durchlaufen wird. Zuerst führt Zustand 5 zu den Zuständen 2 und 6, dann führt Zustand 2 zu den Zuständen 1 und 3, die beide das gleiche Zeichen durchlaufen müssen und am Anfang der deque eingefügt werden. Danach führt Zustand 1 zu Zustand 2, jedoch am Ende der deque (für das nächste eingegebene Zeichen). Zustand 3 führt nur dann zu einem weiteren Zustand, wenn ein B durchlaufen wird, und wird daher ignoriert, da ein A durchlaufen wird. Wenn die Marke `scan` schließlich das vordere Ende der deque erreicht, sehen wir, daß sich der Automat nach dem Durchlaufen des ersten A entweder im Zustand 2 oder im Zustand 7 befinden könnte. Danach probiert das Programm die Zustände 2, 1, 3 und 7 aus, während es das zweite A »untersucht«, und stellt fest, wenn `scan` zum zweiten Mal das vordere Ende der deque erreicht, daß Zustand 2 nach dem Durchlaufen von AA die einzige Möglichkeit ist. Während nun das dritte A untersucht wird, sind die einzigen Möglichkeiten die Zustände 2, 1 und 3 (die Möglichkeit AC ist bereits ausgeschlossen). Diese drei Zustände werden erneut ausprobiert und führen schließlich nach dem Durchlaufen von AAAB zu Zustand 4. Das Programm fährt fort, indem es zum Zustand 8 übergeht, D durchläuft und in den Endzustand gelangt. Es ist eine Übereinstimmung gefunden worden, und was noch wichtiger ist, alle Übergänge, die mit der Text-Zeichenfolge vereinbar sind, sind betrachtet worden.

Eigenschaft 20.1 *Die Simulation der Arbeitsweise eines Automaten mit M Zuständen bei der Suche nach Mustern in einer Text-Zeichenfolge aus N Zeichen kann im ungünstigsten Fall mit weniger als NM Zustandsübergängen erfolgen.*

Die Laufzeit von `match` hängt offenbar sehr stark von dem Muster ab, das angepaßt werden soll. Für jedes der eingegebenen N Zeichen könnte es jedoch scheinen, daß höchstens M Zustände des Automaten verarbeitet werden, so daß die Laufzeit im ungünstigsten Fall proportional zu MN sein sollte (für jede Startposition im Text). Leider trifft dies für `match` in der obigen Implementation nicht zu, da das Programm, wenn es einen Zustand in die deque aufnimmt, nicht prüft, ob er sich bereits dort befindet, so daß die deque mehrfache Kopien ein und desselben Zustands enthalten

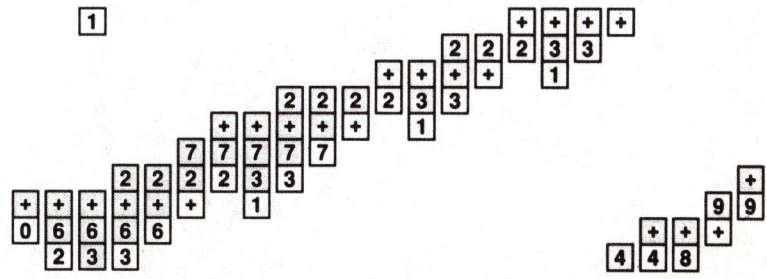

Abbildung 20.8 Inhalt der deque während der Erkennung von AAABD.

kann. Dies mag für praktische Anwendungen keine großen Auswirkungen haben, doch der Effekt kann in einfachen pathologischen Fällen rasch gigantische Ausmaße annehmen, wenn er nicht kontrolliert wird. Zum Beispiel kann dieses Problem zu einer deque mit 2^{N-1} Zuständen führen, wenn das Muster (A*A)*B an eine Zeichenfolge aus N Zeichen A, denen ein B folgt, angepaßt wird. Um dies zu vermeiden, müssen die von `match` verwendeten Unterprogramme für die deque dahingehend geändert werden, daß niemals Zustände mehrmals in die deque aufgenommen werden (so daß damit gewährleistet wird, daß für jedes eingegebene Zeichen höchstens M Zustände verarbeitet werden). Dies kann durch explizite Überprüfung oder durch ein durch `state` indiziertes Feld realisiert werden. Mit dieser Änderung ist die Gesamtanzahl, wenn bestimmt werden soll, ob irgendein Abschnitt der Text-Zeichenfolge durch das Muster beschrieben wird, $O(MN^2)$. ∎

Nicht alle nichtdeterministischen Automaten können so effizient simuliert werden, wie in Kapitel 40 ausführlicher untersucht wird; die Verwendung eines einfachen hypothetischen Automaten für das Pattern Matching führt jedoch für diese Anwendung zu einem sehr sinnvollen Algorithmus für ein recht kompliziertes Problem. Allerdings benötigen wir, um den Algorithmus zu vervollständigen, ein Programm, das beliebige reguläre Ausdrücke in »Automaten« umsetzt, die dann durch das obige Programm interpretiert werden können. Im folgenden Kapitel betrachten wir die Implementation eines solchen Programms im Rahmen einer allgemeineren Untersuchung von Compilern und Techniken der Syntaxanalyse.

Übungen

1. Geben Sie einen regulären Ausdruck für das Erkennen aller Stellen an, wo vier oder weniger aufeinanderfolgende Einsen in einer binären Zeichenfolge auftreten.

2. Skizzieren Sie den nichtdeterministischen Automaten für das Pattern Matching, der das Muster (A+B)*+C beschreibt.

3. Geben Sie die Zustandsübergänge an, die Ihr Automaten aus der vorangegangenen Übung realisieren würde, um ABBAC zu erkennen.

4. Erläutern Sie, wie Sie den nichtdeterministischen Automaten modifizieren würden, um die *nicht*-Funktion (not) zu behandeln.

5. Erläutern Sie, wie Sie den nichtdeterministischen Automaten modifizieren würden, um Joker (»?«) zu behandeln.

6. Wie viele verschiedene Muster können mit Hilfe eines regulären Ausdrucks mit M *oder*-Operatoren und ohne den Hüllenbildungs-Operator beschrieben werden?

7. Modifizieren Sie `match` derart, daß reguläre Ausdrücke mit der *nicht*-Funktion und Joker behandelt werden können.

8. Zeigen Sie, wie eine Beschreibung eines Musters der Länge M und eine Text-Zeichenfolge der Länge N konstruiert werden können, für die die Laufzeit von `match` möglichst groß ist.

9. Implementieren Sie eine Variante von `match`, die das im Beweis von Eigenschaft 20.1 genannte Problem vermeidet.

10. Geben Sie den Inhalt der deque bei jeder Entnahme eines Zustands an, wenn `match` benutzt wird, um den Beispiel-Automaten aus diesem Kapitel mit der Text-Zeichenfolge ACD zu simulieren.

Kapitel 21

Syntaxanalyse (Parsing)

Es wurden verschiedene grundlegende Algorithmen entwickelt, um zulässige (korrekte) Programme zu erkennen und sie in einer Weise zu zerlegen, die eine weitere Verarbeitung ermöglicht. Diese Operation, die *Syntaxanalyse* oder *Parsing* genannt wird, besitzt auch außerhalb der Informatik Anwendungen, da sie unmittelbar mit der Untersuchung der Struktur von Sprachen im allgemeinen zusammenhängt. Zum Beispiel spielt die Syntaxanalyse in Systemen, die versuchen, natürliche (menschliche) Sprachen zu verstehen, eine ebenso wichtige Rolle wie in Systemen für die Übersetzung aus einer Sprache in eine andere. Von Interesse ist auch der Spezialfall der Übersetzung aus einer höheren Programmiersprache, wie etwa C (geeignet für die Benutzung durch den Anwender), in eine Assembler- oder Maschinensprache (geeignet für die Ausführung durch den Computer). Ein Programm für die Realisierung einer solchen Übersetzung wird *Compiler* genannt. Übrigens haben wir bereits eine Methode der Syntaxanalyse gestreift, und zwar in Kapitel 4, als wir einen Baum konstruierten, der einen arithmetischen Ausdruck darstellt.

Zwei grundsätzliche Vorgehensweisen werden für die Syntaxanalyse genutzt. *Top-Down*-ablaufende Methoden überprüfen ein Programm auf Zulässigkeit, indem sie zuerst die Teile eines zulässigen Programms bestimmen, dann Teile von Teilen usw., bis die Teile klein genug sind, um direkt auf Übereinstimmung mit den Eingabedaten geprüft werden zu können. *Bottom-Up*-Methoden setzen Teile der Eingabedaten in einer strukturierten Weise so zusammen, daß immer größere Teilstücke entstehen, bis ein zulässiges Programm konstruiert worden ist. Im allgemeinen sind Top-Down-Methoden rekursiv, Bottom-Up-Methoden dagegen iterativ; Top-Down-Methoden lassen sich gewöhnlich leichter implementieren, Bottom-Up-Methoden gelten dagegen als effizienter. In Kapitel 4 hatten wir es mit einem Bottom-Up-Verfahren zu tun; im vorliegenden Kapitel untersuchen wir eine Top-Down-Methode ausführlich.

Eine vollständige Behandlung der mit der Entwicklung von Parsern (Syntaxanalyse-Programmen) und Compilern zusammenhängenden Fragen würde mit Sicherheit über den Rahmen dieses Buches hinausgehen. Trotzdem werden wir in der Lage sein, einige der dabei verwendeten Grundideen zu betrachten, indem wir einen einfachen »Compiler« erstellen, der den Pattern Matching-Algorithmus aus dem vorangegangenen Kapitel vervollständigt. Zunächst konstruieren wir einen Parser für eine einfache Sprache, die der Beschreibung regulärer Ausdrücke dient. Danach modifizieren wir diesen Parser so, daß er reguläre Ausdrücke in Pattern Matching-Automaten umwandelt, die von der Prozedur `match` aus dem vorangegangenen Kapitel benutzt werden können.

Unsere Absicht besteht in diesem Kapitel darin, ein gewisses Gefühl für die Grundprinzipien der Syntaxanalyse und Kompilierung zu vermitteln und dabei gleichzeitig einen nützlichen Pattern Matching-Algorithmus zu entwickeln. Die hierbei auftretenden Fragen können wir sicherlich nicht so gründlich behandeln, wie sie es verdient hätten. Wenn der Leser denselben Ansatz auf ähnlich gelagerte Probleme anwenden will, sollte er sich dessen bewußt sein, daß eine Vielzahl kniffliger Probleme auftreten können. Der Compilerbau ist jedoch ein sehr weitentwickeltes Gebiet, daß für ernsthafte Anwendungen eine Vielzahl leistungsfähiger Verfahren zur Verfügung stellt.

Kontextfreie Grammatiken

Bevor wir ein Programm zur Bestimmung der Zulässigkeit eines in einer gegebenen Sprache erstellten Programmes schreiben können, benötigen wir eine Beschreibung, die angibt, woraus genau ein zulässiges Programm zusammengesetzt ist. Diese Beschreibung wird *Grammatik* genannt; der Sinn dieser Terminologie ist leicht einzusehen, wenn man sich vorstellt, daß es sich um die deutsche Sprache handelt und in dem vorangegangenen Satz das Wort »Programm« durch »Satz« ersetzt (außer beim ersten Auftreten). Programmiersprachen werden oft durch einen speziellen Grammatiktyp beschrieben, der *kontextfreie Grammatik* genannt wird. Als Beispiel wird nachfolgend die kontextfreie Grammatik angegeben, die die Menge aller zulässigen regulären Ausdrücke definiert (so wie sie im vorangegangenen Kapitel beschrieben wurde).

$$\begin{array}{rcl} \text{<Ausdruck>} & ::= & \text{<Term>} \mid \text{<Term>} + \text{<Ausdruck>} \\ \text{<Term>} & ::= & \text{<Faktor>} \mid \text{<Faktor>} \text{<Term>} \\ \text{<Faktor>} & ::= & (\text{<Ausdruck>}) \mid v \mid (\text{<Ausdruck>})^* \mid v^* \end{array}$$

Diese Grammatik beschreibt reguläre Ausdrücke von der Art, wie wir sie im letzten Kapitel verwendet haben, wie etwa (1+01)*(0+1) oder (A*B+AC)D. Jede Zeile in der Grammatik wird eine *Produktion* (production) oder *Regel* genannt. Die Produktionen bestehen aus den in der beschriebenen Sprache benutzten *terminalen* Symbolen (,), + und * (»v«, ein spezielles Symbol, steht für einen beliebigen Buchstaben oder eine beliebige Ziffer), weiterhin aus den *nichtterminalen Symbolen* <Ausdruck>, <Term> und <Faktor>, die interne Symbole der Grammatik sind, sowie aus den *Metasymbolen* ::= und |, die verwendet werden, um die Bedeutung der Produktionen zu beschreiben. Das Symbol ::=, das »*ist ein*« gelesen werden kann, definiert die linke Seite der Produktion mit Hilfe der rechten Seite, und das Symbol |, welches als »*oder*« gelesen werden kann, gibt mögliche Alternativen an. Die verschiedenen Produktionen entsprechen trotz dieser knappen Schreibweise auf einfache Weise einer intuitiven

Beschreibung der Grammatik. Beispielsweise könnte die zweite Produktion im ange-gebenen Beispiel einer Grammatik wie folgt gelesen werden: »Ein <Term> ist ein <Faktor> oder ein <Faktor>, dem ein <Term> folgt«. Ein nichtterminales Symbol, in diesem Falle <Ausdruck>, ist in dem Sinne herausragend, daß eine Folge von terminalen Symbolen dann und nur dann der durch die Grammatik beschriebenen Sprache angehört, wenn es eine Möglichkeit gibt, unter Anwendung der Produktionen diese Folge aus dem herauragenden nichtterminalen Symbol abzuleiten, indem man (in beliebig vielen Schritten) ein nichtterminales Symbol durch irgendeine der Alternati-ven auf der rechten Seite einer Produktion für dieses nichtterminale Symbol ersetzt.

Ein natürlicher Weg zur Beschreibung des Ergebnisses dieses Ableitungsprozesses ist ein Syntaxbaum (parse tree), ein Diagramm der vollständigen grammatischen Struktur der Zeichenfolge, für die die Syntaxanalyse vorgenommen wird. Beispielsweise zeigt der in Abbildung 21.1 dargestellte Syntaxbaum, daß die Zeichenfolge (A*B+AC)D in der durch die obige Grammatik beschriebenen Sprache enthalten ist. Syntaxbäume dieser Art werden manchmal für die deutsche Sprache benutzt, um einen Satz in Subjekt, Prädikat, Objekt usw. zu zerlegen.

Die Hauptaufgabe eines Parsers besteht darin, Zeichenfolgen, die auf diese Weise abgeleitet werden können, anzunehmen bzw. die, bei denen das nicht möglich ist, zurückzuweisen, indem er versucht, für eine beliebige gegebene Zeichenfolge einen Syntaxbaum zu konstruieren. Das bedeutet, daß der Parser erkennen kann, ob eine Zeichenfolge in der durch die Grammatik beschriebenen Sprache enthalten ist, indem er feststellt, ob für die Zeichenfolge ein Syntaxbaum existiert oder nicht. Top-Down-Parser tun dies, indem sie den Baum in der Weise aufbauen, daß sie mit dem herausragenden nichtterminalen Symbol oben beginnen und dann abwärts in Rich-tung auf die unten befindliche zu erkennende Zeichenfolge vorgehen. Bottom-Up-Parser arbeiten, indem sie mit der Zeichenfolge unten beginnen und rückwärts nach oben in Richtung auf das herausragende nichtterminale Symbol vorgehen. Wie wir noch sehen werden, kann der Parser durch Umwandlung in eine interne Darstellung

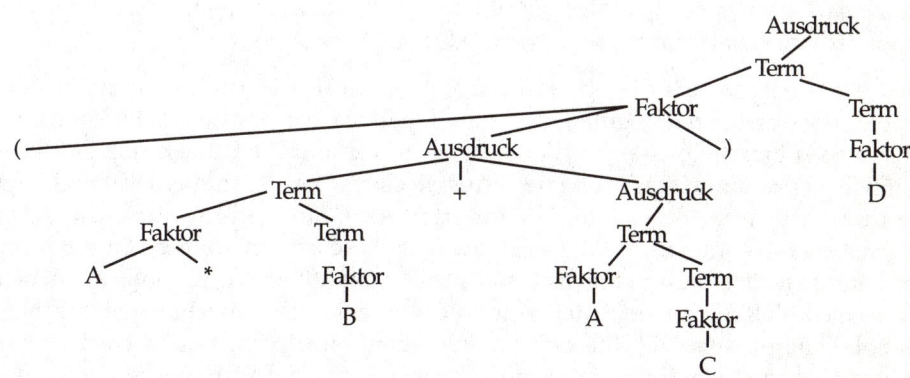

Abbildung 21.1 Syntaxbaum für (A*B+AC)D.

auch die Weiterverarbeitung erleichtern, wenn der Inhalt der erkannten Zeichenfolgen eine solche Weiterverarbeitung benötigt.

Ein weiteres Beispiel für eine kontextfreie Grammatik ist im Anhang von *The C Programming Language* zu finden: Diese Grammatik beschreibt zulässige C-Programme. Die im vorliegenden Abschnitt betrachteten Prinzipien für die Erkennung und Verwendung zulässiger Ausdrücke lassen sich unmittelbar auf die komplexe Aufgabe der Kompilierung und Ausführung von C-Programmen anwenden. Zum Beispiel beschreibt die folgende Grammatik eine sehr kleine Teilmenge von C, nämlich arithmetische Ausdrücke, in denen Addition und Multiplikation vorkommen:

<Ausdruck> ::= *<Term>* | *<Term>* + *<Ausdruck>*
  <Term> ::= *<Faktor>* | *<Faktor>* * *<Term>*
 <Faktor> ::= (*<Ausdruck>*) | v

Diese Regeln beschreiben in einer formalen Weise das, was wir in Kapitel 4 als gegeben annehmen konnten: Es sind die Regeln, die festlegen, woraus »zulässige« arithmetische Ausdrücke bestehen. Auch hier ist v ein spezielles Symbol, das für einen beliebigen Buchstaben steht, doch in dieser Grammatik bezeichnen die Buchstaben gewöhnlich Variablen, die Zahlenwerte annehmen. Beispiele zulässiger Zeichenfolgen für diese Grammatik sind A+(B*C) und A*(((B+C)*(D*E))+F). Für den letzteren Ausdruck haben wir bereits in Kapitel 4 einen Syntaxbaum angegeben, doch jener Baum entspricht nicht der obigen Grammatik; zum Beispiel sind Klammern nicht explizit enthalten.

Gemäß unseren Definitionen sind gewisse Zeichenfolgen sowohl als arithmetische Ausdrücke als auch als reguläre Ausdrücke absolut zulässig. Zum Beispiel könnte A*(B+C) bedeuten »addiere B zu C und multipliziere das Ergebnis mit A« oder »nehme eine beliebige Anzahl von As, denen entweder B oder C folgt«. Dies verdeutlicht die offensichtliche Tatsache, daß die Prüfung der Zulässigkeit einer Zeichenfolge eine Angelegenheit ist, die Interpretation ihrer Bedeutung jedoch eine ganz andere. Wir werden zu dieser Frage zurückkehren, nachdem wir gesehen haben, wie die Syntaxanalyse einer Zeichenfolge vorzunehmen ist, um zu prüfen, ob sie durch eine bestimmte Grammatik beschrieben wird oder nicht.

Jeder reguläre Ausdruck ist selbst ein Beispiel für eine kontextfreie Grammatik: Jede Sprache, die durch einen regulären Ausdruck beschrieben werden kann, kann auch durch eine kontextfreie Grammatik beschrieben werden. Die Umkehrung gilt nicht: Zum Beispiel kann die Forderung des »Ausgleichens« von Klammern mit regulären Ausdrücken nicht erfaßt werden. Andere Arten von Grammatiken können Sprachen beschreiben, die kontextfreie Grammatiken nicht beschreiben können. Zum Beispiel sind *kontextsensitive* Grammatiken ebensolche Grammatiken wie die obigen, mit dem Unterschied, daß die linken Seiten von Produktionen nicht einzelne nichtterminale Symbole sein müssen. Die Unterschiede zwischen Sprachklassen und einer Hierarchie von Grammatiken für ihre Beschreibung sind sehr gründlich untersucht worden und bilden eine sehr schöne Theorie, die zum Kern der Informatik gehört.

Der rekursive Abstieg (Top-Down-Syntaxanalyse)

Es gibt eine Methode der Syntaxanalyse, die zur Erkennung von Zeichenfolgen der beschriebenen Sprache eine unmittelbar aus der Grammatik erzeugte Rekursion verwendet. Einfach ausgedrückt, die Grammatik ist eine derart vollständige Beschreibung der Sprache, daß sie unmittelbar in ein Programm umgewandelt werden kann!

Jede Produktion entspricht einer Prozedur, die nach dem nichtterminalen Symbol auf der linken Seite benannt ist. Nichtterminale Symbole auf der rechten Seite der Eingabe entsprechen (möglicherweise rekursiven) Prozeduraufrufen; terminale Symbole entsprechen dem Durchlaufen der eingegebenen Zeichenfolge. Zum Beispiel ist die folgende Prozedur Teil eines Top-Down-Parsers für unsere Grammatik der regulären Ausdrücke:[*)]

```
expression()
  {
    term();
    if (p[j] == '+')
      { j++;  expression(); }
  }
```

Eine Zeichenfolge p enthält den regulären Ausdruck, der Gegenstand der Syntaxanalyse ist, mit einem Index j, der auf das Zeichen zeigt, dessen Untersuchung gerade beginnt. Um die Syntaxanalyse für einen gegebenen regulären Ausdruck p vorzunehmen, setzen j auf 0 und rufen expression (Ausdruck) auf. Wenn dies dazu führt, daß j auf M gesetzt wird, so ist der reguläre Ausdruck in der durch die Grammatik beschriebenen Sprache enthalten. Wenn nicht, so werden wir weiter unten sehen, wie verschiedene Fehlerbedingungen behandelt werden können. Das erste, was *Ausdruck* bewirkt, ist ein Aufruf der Prozedur Term, deren Implementation etwas komplizierter ist:

```
term()
  {
    factor();
    if ((p[j] == '(') || letter(p[j])) term();
  }
```

Da nach unserer Grammatik ein Term entweder ein Faktor oder eine von einem Term gefolgter Faktor ist, muß die Prozedur Term einen anderen Weg als die Prozedur Ausdruck einschlagen, um zu überprüfen, welche beiden Alternativen bei der Ableitung zu wählen ist. Bei der Prozedur Ausdruck stand hierfür das terminale

---

[*)]   In diesem Abschnitt verwenden wir weiter die deutschen Begriffe *Ausdruck*, *Term* und *Faktor*, auch wenn wir uns auf die Prozeduren *expression*, *term* und *factor* beziehen, um den Lesefluß zu erleichtern. (A.d.Ü.).

Symbol + zur Verfügung. Die Prozedur `Term` hingegen muß einen Teil der Aufgabe der Prozedur `Faktor` übernehmen und überprüfen, ob nach dem Aufruf von `Faktor` zu Beginn ein weiterer Faktor folgt (der laut unserer Grammatik mit einer öffnenden Klammer oder einem Buchstaben v beginnen muß). Dieser Prozeß der Prüfung des nächsten Zeichens ohne Inkrementieren von j zwecks Entscheidung, was zu tun ist, wird *look-ahead* (Vorausschau) genannt. Für manche Grammatiken ist dies nicht notwendig; für andere ist sogar noch mehr look-ahead erforderlich.

Die Implementation von `Faktor` ergibt sich nun unmittelbar aus der Grammatik. Wenn das Eingabezeichen, das gerade durchlaufen wird, keine Klammer »(« und kein Buchstabe ist, wird eine Prozedur `error` aufgerufen, um die Fehlerbedingung zu behandeln:

```
factor()
  {
    if (p[j] == '(')
      {
        j++; expression();
        if (p[j] == ')') j++; else error();
      }
    else if (letter(p[j])) j++; else error();
    if (p[j] == '*') j++;
  }
```

Eine weitere Fehlerbedingung tritt auf, wenn eine Klammer »)« fehlt.

```
Ausdruck
   Term
      Faktor
         (
         Ausdruck
            Term
               Faktor    A     *
                  Term
                     Faktor    B
               +
            Ausdruck
               Term
                  Faktor    A
                  Term
                     Faktor    C
         )
   Term
      Faktor    D
```

*Abbildung 21.2 Syntaxanalyse von (A * B+AC)D.*

Die Funktionen `Ausdruck`, `Term` und `Faktor` sind offensichtlich rekursiv; tatsächlich sind sie derart miteinander verflochten, daß es keine Möglichkeit gibt, sie so aufzuzählen, daß jede Funktion deklariert wird, bevor sie benutzt wird (für manche Programmiersprachen ist dies ein Problem).

Der Syntaxbaum für eine gegebene Zeichenfolge gibt die Struktur der rekursiven Aufrufe während der Syntaxanalyse an. Abbildung 21.2 stellt die Arbeitsweise der obigen drei Prozeduren dar, wenn p (A $*$ B+AC)D enthält und `Ausdruck` mit `j=1` aufgerufen wird. Außer für das Pluszeichen wird das gesamte »Durchsuchen« in `Faktor` realisiert. Zur Verbesserung der Lesbarkeit wurden die von der Prozedur `Faktor` durchlaufenen Zeichen, mit Ausnahme der Klammern, in der gleichen Zeile wie der Aufruf `Faktor` dargestellt.

Dem Leser wird empfohlen, diesen Prozeß in Beziehung zu der Grammatik und dem Baum in Abbildung 21.1 zu setzen. Der Prozeß entspricht der Preorder-Traversierung des Baumes, obwohl die Entsprechung nicht exakt ist, da unsere look-ahead-Strategie dem Wesen nach eine Änderung der Grammatik darstellt. Da wir an der Spitze des Baumes beginnen und nach unten vorgehen, ist die Herkunft der Bezeichnung »Top-Down« offensichtlich. Solche Parser werden auch oft *rekursiv absteigende Parser* genannt, da sie sich im Syntaxbaum rekursiv nach unten bewegen.

Der Top-Down-Ansatz führt nicht für alle möglichen kontextfreien Grammatiken zum Ziel. Zum Beispiel würden wir bei der Produktion *<Ausdruck>* ::= *v* | *<Ausdruck>* + *<Term>* ein unerwünschtes Ergebnis erhalten, wenn wir der mechanischen Übersetzung in C wie oben folgen würden:

```
badexpression();
   {
     if (letter(p[j])) j++; else
       {
         badexpression();
         if (p[j] == '+') { j++; term(); }
         else error();
       }
   }
```

Wenn diese Prozedur mit einem `p[j]` aufgerufen würde, das kein Buchstabe ist (wie in unserem Beispiel für `j=1`), so würde sie in eine rekursive Endlosschleife einmünden. Die Vermeidung solcher Schleifen ist eine der Hauptschwierigkeiten bei der Implementation von rekursiv absteigenden Parsern. Für `Term` benutzten wir den look-ahead, um eine solche Schleife zu vermeiden; in diesem Falle besteht der geeignete Weg, dieses Problem zu umgehen, in einer Umformulierung der Grammatik nach *<Term>* + *<Ausdruck>*. Das Auftreten eines nichtterminalen Symbols als erstes Element auf der rechten Seite einer Regel für dieses gleiche Symbol wird *Links-Rekursion* genannt. In Wirklichkeit ist das Problem noch subtiler, da die Links-Rekursion indirekt auftreten kann, zum Beispiel bei den Produktionen *<Ausdruck>* ::= *<Term>* und *<Term>* ::= *v* | *<Ausdruck>* + *<Term>*. Rekursiv absteigende Parser sind für solche

Grammatiken nicht geeignet; letztere müssen in äquivalente Grammatiken ohne Links-Rekursion umgewandelt werden, oder es muß ein anderes Syntaxanalyseverfahren benutzt werden. Im allgemeinen besteht eine enge und sehr gründlich erforschte Beziehung zwischen Parsern und den Grammatiken, die sie erkennen, und die Wahl des Syntaxanalyseverfahrens wird oft von den Merkmalen der zu analysierenden Grammatik diktiert.

Bottom-Up-Syntaxanalyse

Obwohl das obige Programm mehrere rekursive Aufrufe enthält, ist es eine nützliche Übung, die Rekursion systematisch zu beseitigen. Aus Kapitel 5 wissen wir, daß jeder Prozeduraufruf durch ein Ablegen in einem Stapel und jeder Rücksprung aus einer Prozedur durch ein Entnehmen aus einem Stapel ersetzt werden kann, dadurch wird das Verhalten eines C-Systems bei der Rekursion imitiert. Ebenso wissen wir, daß viele Aufrufe, die rekursiv zu sein scheinen, nicht wirklich rekursiv sind. Wenn ein Prozeduraufruf die letzte Anweisung einer Prozedur ist, so kann eine einfache `goto`-Anweisung benutzt werden. Dies verwandelt `Ausdruck` und `Term` in einfache Schleifen, die gemischt und mit `Faktor` kombiniert werden können, so daß eine einzige Prozedur mit einem echten rekursiven Aufruf (dem Aufruf von `Ausdruck` in `Faktor`) erzeugt wird.

Diese Betrachtung führt unmittelbar zu einer sehr einfachen Methode, wie geprüft werden kann, ob reguläre Ausdrücke zulässig sind. Nachdem alle Prozeduraufrufe beseitigt worden sind, sehen wir, daß jedes terminale Symbol einfach durchlaufen wird, wenn es angetroffen wird. Die einzige echte Verarbeitung, die erfolgt, besteht in der Prüfung, ob für jede linke Klammer eine zugehörige rechte Klammer vorhanden ist, ob nach jedem »+« entweder ein Buchstabe oder eine Klammer »(« folgt und ob jedes »*« entweder einem Buchstaben oder einer Klammer »)« folgt. Das heißt, daß die Prüfung, ob ein regulärer Ausdruck zulässig ist, im wesentlichen zu einer Prüfung auf korrekte Klammernsetzung äquivalent ist. Dies läßt sich leicht implementieren, indem man einen mit 0 initialisierten Zähler führt, der inkrementiert wird, wenn eine linke Klammer angetroffen wird, und dekrementiert, wenn eine rechte Klammer vorgefunden wird. Wenn der Zähler am Ende des Ausdrucks den Wert 0 hat, keine schließende Klammer direkt auf eine öffnende folgte und die Symbole »+« und »*« im Ausdruck den obengenannten Forderungen genügen, so war der Ausdruck zulässig.

Natürlich gehört zur Syntaxanalyse mehr als die einfache Prüfung, ob die eingegebene Zeichenfolge zulässig ist; die Hauptaufgabe besteht in der Produktion des Syntaxbaumes für die weitere Verarbeitung (selbst wenn dies wie beim Top-Down-Parser nur implizit erfolgt). Es zeigt sich, daß sich dies mit Programmen realisieren läßt, die ähnlich strukturiert sind wie das soeben vorgestellte Programm für die Überprüfung der Klammern. Ein Typ eines Parsers, der in dieser Weise abläuft, ist der sogenannte *shift-reduce-Parser*. Die Idee besteht darin, einen Stapel zu verwenden, der terminale und nichtterminale Symbole aufnimmt. Jeder Schritt der Syntaxanalyse ist entweder ein *verschiebender (shift)* Schritt, bei dem das nächste eingegebene Zeichen einfach im

Stapel abgelegt wird, oder ein *reduzierender* (*reduce*) Schritt, bei dem die im Stapel oben befindlichen Zeichen auf Übereinstimmung mit der rechten Seite einer Produktion in der Grammatik geprüft und auf das auf der linken Seite dieser Produktion befindliche nichtterminale Symbol »reduziert« (d. h. durch dieses ersetzt) werden. (Die Hauptschwierigkeit bei der Erstellung eines shift-reduce-Parser besteht darin zu entscheiden, wann zu schieben und wann zu reduzieren ist. Dies kann je nach Grammatik eine komplizierte Entscheidung sein.) Letztendlich werden alle eingegebenen Zeichen im Stapel abgelegt, und schließlich wird der Stapel auf ein einziges nichtterminales Symbol reduziert. Ein einfaches Beispiel für einen solchen Parser stellen die in den Kapiteln 3 und 4 angeführten Programme dar, die ausgehend von einem zunächst in einen Postfix umgewandelten Infix-Ausdruck einen Syntaxbaum erzeugen.

Für reale Programmiersprachen wird im allgemeinen die Bottom-Up-Syntaxanalyse als zu bevorzugende Methode betrachtet, und es existiert eine umfangreiche Literatur zur Erstellung von Parsern für umfangreiche Grammatiken des Typs, der für die Beschreibung einer Programmiersprache benötigt wird. Unsere kurze Beschreibung streift lediglich die Oberfläche der damit zusammenhängenden Fragen.

Compiler

Einen *Compiler* kann man sich als ein Programm vorstellen, das aus einer Sprache in eine andere übersetzt. Zum Beispiel übersetzt ein C-Compiler Programme aus der Sprache C in die Maschinensprache eines speziellen Computers. Wir werden eine Möglichkeit aufzeigen, wie sich dies realisieren läßt, indem wir mit unserem Beispiel des Pattern Matching für einen regulären Ausdruck fortfahren; nunmehr wollen wir jedoch die Felder ch, next1 und next2 des Programms match aus dem vorangegangenen Kapitel aus der Sprache regulärer Ausdrücke in eine »Sprache« für Pattern Matching-Automaten übersetzen.

Der Übersetzungsprozeß verläuft im wesentlichen »Eins zu eins«: Für jedes Zeichen im Muster (mit Ausnahme von Klammern) möchten wir einen Zustand für den Pattern Matching-Automaten erzeugen (einen Eintrag für jedes der Felder). Der Trick besteht darin, die in die Felder next1 und next2 einzutragende Information zwischenzuspeichern. Um das zu erreichen, wandeln wir jede der Prozeduren in unserem rekursivabsteigenden Parser in eine Funktion, die einen Pattern Matching-Automaten erzeugt. Jede Funktion fügt nach Bedarf neue Zustände am Ende der Felder ch, next1 und next2 an und gibt den Index des Anfangszustands des erzeugten Automaten zurück (der Endzustand wird immer der letzte Eintrag in den Feldern sein). Zum Beispiel erzeugt die nachfolgend für die Produktion <*Ausdruck*> angegebene Funktion die alternativen Zustände für den Pattern Matching-Automaten.

```
int expression()
  {
    int t1,t2,r;
```

```
    t1 = term(); r = t1;
    if (p[j] == '+')
      {
         j++; state++;
         t2 = state; r = t2; state++;
         setstate(t2, ' ', expression(), t1);
         setstate(t2-1, ' ', state, state);
      }
    return r;
  }
```

Diese Funktion verwendet eine Prozedur `setstate`, welche einfach die Einträge in die Felder `ch`, `next1` und `next2`, die mit dem ersten Argument indiziert sind, auf die Werte setzt, die im zweiten, dritten bzw. vierten Argument angegeben sind. Der Index `state` registriert den »aktuellen« Zustand in dem erzeugten Automaten: Jedesmal, wenn ein neuer Zustand erzeugt wird, wird `state` inkrementiert. Demzufolge liegen die Indizes des Zustands für den Automaten, die einem speziellen Prozeduraufruf entsprechen, zwischen dem Wert von `state` am Eingang und dem Wert von `state` am Ausgang. Der Index des Endzustands ist der Wert von `state` am Ausgang. (In Wirklichkeit »erzeugen« wir den Endzustand nicht durch explizit Inkrementieren von `state` vor dem Ausgang, da es dadurch einfach wird, den Endzustand mit späteren Anfangszuständen zu »vereinigen«, wie wir weiter unten sehen werden.)

Mit dieser Konvention läßt es sich leicht nachprüfen (Vorsicht mit dem rekursiven Aufruf!), daß das obige Programm die Regel für die Zusammensetzung zweier Automaten mittels der Operation *oder*, so wie sie im vorangegangenen Kapitel dargestellt wurde, implementiert. Zunächst wird der Automat für den ersten Teil des Ausdrucks erzeugt (rekursiv), dann werden zwei neue Nullzustände hinzugefügt und der zweite Teil des Ausdrucks erzeugt. Der erste Nullzustand (mit dem Index `t2-1`) ist der Endzustand für den Automaten des ersten Teils des Ausdrucks, welcher zu einem »no-op«-Zustand gemacht wird, um wie verlangt zum Endzustand für den Automaten für den zweiten Teil des Ausdrucks zu springen. Der zweite Nullzustand (mit dem Index `t2`) ist der Anfangszustand, so daß sein Index der Rückgabewert für `Ausdruck` ist und seine Eintragungen `next1` und `next2` auf die Anfangszustände der zwei Ausdrücke zeigen. Man beachte, daß diese in der entgegengesetzten Reihenfolge erzeugt werden, als man erwarten könnte, da der Wert von `state` für den Nicht-Operations-Zustand nicht bekannt ist, solange der rekursive Aufruf von `Ausdruck` nicht erfolgt ist.

Die Funktion für *<Term>* erzeugt zuerst den Automaten für einen *<Faktor>* und vereinigt dann, falls erforderlich, den Endzustand dieses Automaten mit dem Anfangszustand des Automaten für einen anderen *<Term>*. Dies ist leichter getan als gesagt, da `state` der Index des Endzustands des Aufrufs von `Faktor` ist:

```
  term()
    {
```

```
      int t,r;
      r = factor();
      if ((p[j] == '(') || letter(p[j])) t = term();
      return r;
   }
```

Den vom Aufruf von `Term` gelieferten Index des Anfangszustands ignorieren wir
einfach; C zwingt uns, ihn irgendwo zu verwenden, daher beseitigen wir ihn, indem
wir ihn in einer temporären Variablen `t` abspeichern.

Die Funktion für *<Faktor>* verwendet für die Behandlung ihrer drei Fälle ähnliche
Techniken: Eine Klammer erfordert einen rekursiven Aufruf von `Ausdruck`, ein v
erfordert eine einfache Verkettung mit einem neuen Zustand, und ein $*$ erfordert
Operationen, die denen in `Ausdruck` ähnlich sind, entsprechend dem Schema für die
Hüllenbildung aus dem vorangegangenen Abschnitt:

```
   factor()
     {
        int t1,t2,r;
        t1 = state;
        if (p[j] == '(')
           {
              j++; t2 = expression();
              if (p[j] == ')') j++; else error();
           }
        else if (letter(p[j]))
           {
              setstate(state,p[j],state+1,state+1);
              t2 = state; j++; state++;
           }
        else error();
        if (p[j] != '*') r = t2; else
           {
              setstate(state,' ',state+1,t2);
              r = state; next1[t1-1] = state;
              j++; state++;
           }
        return r;
     }
```

Abbildung 21.3 zeigt, wie die Zustände für das Muster (A ∗ B+AC)D, unser Beispiel
aus dem vorangegangenen Kapitel, konstruiert werden. Zuerst wird für das A Zustand 1 konstruiert. Dann wird Zustand 2 für den Hüllenbildungsoperator konstruiert, und Zustand 3 wird für das B angehängt. Danach wird das »+« gefunden, und
die Zustände 4 und 5 werden mittels `Ausdruck` erzeugt, doch ihre Felder können
erst nach einem rekursiven Aufruf von `Ausdruck` ausgefüllt werden, und dies führt

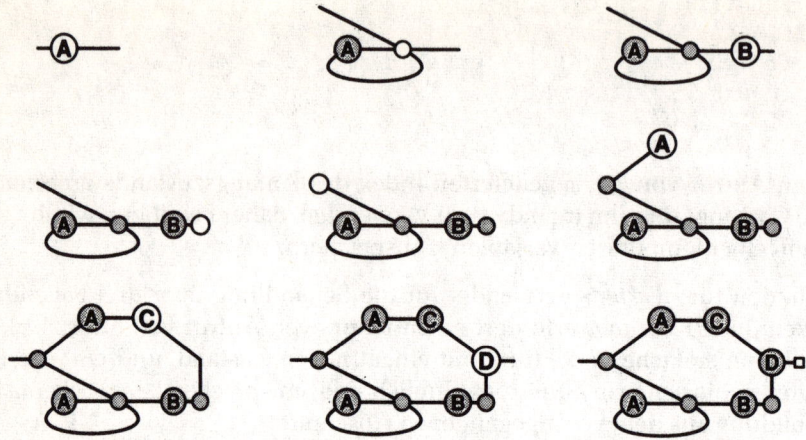

Abbildung 21.3 *Herstellung eines Pattern Matching-Automaten für (A*B+AC)D.*

schließlich zur Produktion der Zustände 6 und 7. Schließlich wird die Verkettung mit dem D mittels Zustand 8 behandelt, und Zustand 9 verbleibt als der Endzustand.

Der abschließende Schritt bei der Entwicklung eines allgemeinen Pattern Matching-Algorithmus für reguläre Ausdrücke besteht darin, diese Prozeduren mit der Prozedur `match` zu verbinden:

```
matchall(char *a)
{
    j = 0; state = 1;
    next1[0] = expression();
    setstate(0,' ', next1[0], next1[0]);
    setstate(state,' ', 0, 0);
    while (*a != '\0') printf("%d ", match(a++));
    printf("\n");
}
```

Dieses Programm gibt für jede Zeichenposition in einer Text-Zeichenfolge a die Länge der kürzesten Teil-Zeichenfolge aus, die in dieser Position beginnt und mit einem Muster p übereinstimmt (0, falls keine Übereinstimmung vorliegt).

Compiler-Compiler

Das Programm für das allgemeine Pattern Matching regulärer Ausdrücke, das wir in diesem und im vorangegangenen Kapitel entwickelt haben, ist effizient und sehr nützlich. Eine Variante dieses Programms mit einigen zusätzlichen Erleichterungen (für die Behandlung von Jokern usw.) gehört sicherlich zu den am häufigsten benutzten Hilfsprogrammen in vielen Computersystemen.

Es ist interessant (man könnte auch sagen, verwirrend), von einem eher philosophischen Standpunkt aus über diesen Algorithmus nachzudenken. In diesem Kapitel haben wir Parser für die Aufschlüsselung der Struktur regulärer Ausdrücke betrachtet, die auf einer formalen Beschreibung regulärer Ausdrücke unter Benutzung einer kontextfreien Grammatik beruhen. Anders gesagt, wir benutzten die kontextfreie Grammatik, um ein spezielles »Muster« vorzugeben, eine Folge von Zeichen mit in zulässiger Weise verwendeten Klammern. Das bedeutet, das Syntaxanalyse und Pattern Matching im wesentlichen die gleiche Funktion ausführen! Hier wird geprüft, ob eine eingegebene Zeichenfolge durch eine bestimmte kontextfreie Grammatik definiert wird; dort wird geprüft, ob eine eingegebene Zeichenfolge durch einen bestimmten regulären Ausdruck definiert wird. Der Hauptunterschied besteht darin, daß kontextfreie Grammatiken in der Lage sind, eine weit umfangreichere Klasse von Zeichenfolgen zu beschreiben. Zum Beispiel können reguläre Ausdrücke nicht die Menge aller regulären Ausdrücke beschreiben.

Ein weiterer Unterschied zwischen den Programmen ist, daß die kontextfreie Grammatik in den Parser »eingebaut« ist, während die Prozedur `match` »tabellengesteuert« ist: Ein und dasselbe Programm funktioniert für alle regulären Ausdrücke, nachdem diese in das geeignete Format umgewandelt worden sind. Es erweist sich, daß es möglich ist, Parser zu bauen, die in der gleichen Weise tabellengesteuert sind, so daß das gleiche Programm verwendet werden kann, um die Syntaxanalyse aller Sprachen vorzunehmen, die mittels kontextfreier Grammatiken beschrieben werden können. Ein *Parser-Generator* ist ein Programm, das eine Grammatik als Eingabe verwendet und als Ausgabe einen Parser für die von dieser Grammatik beschriebene Sprache erzeugt. Man kann noch einen Schritt weiter gehen: Man kann Compiler herstellen, die sowohl hinsichtlich der Eingangs- als auch hinsichtlich der Ausgangssprache tabellengesteuert sind. Ein *Compiler-Compiler* ist ein Programm, das zwei Grammatiken (und eine Beschreibung des Zusammenhangs zwischen ihnen) als Eingabe verwendet und als Ausgabe einen Compiler erzeugt, der Zeichenfolgen aus einer Sprache in die andere übersetzt.

Parser-Generatoren und Compiler-Compiler stehen in vielen Datenverarbeitungssystemen für die allgemeine Benutzung zur Verfügung und sind sehr nützliche Werkzeuge, die verwendet werden können, um mit relativ geringem Aufwand effiziente und zuverlässige Parser und Compiler zu erzeugen. Andererseits sind rekursiv-absteigende Parser des hier betrachteten Typs sehr brauchbar für die einfachen Grammatiken, die in vielen Anwendungen auftreten. Demzufolge verfügen wir, wie bei vielen der von uns betrachteten Algorithmen, über eine sehr einfache Methode, die für Anwendungen geeignet ist, bei denen ein hoher Aufwand für die Implementation nicht gerechtfertigt ist, sowie über verschiedene höherentwickelte Methoden, die für umfangreichere Anwendungen zu beträchtlichen Verbesserungen der Leistungsfähigkeit führen können. Wie oben bereits gesagt wurde, haben wir nur die Oberfläche dieses sehr gründlich untersuchten Feldes berührt.

Übungen

1. Wie findet der rekursiv absteigende Parser einen Fehler in einem unvollständigen regulären Ausdruck der Art (A+B) ∗ BC?
2. Geben Sie den Syntaxbaum für den regulären Ausdruck ((A+B)+(C+D) ∗) ∗ an.
3. Erweitern Sie die Grammatik für arithmetische Ausdrücke dahingehend, daß auch Potenzieren, Division und der Modulo-Operator erfaßt werden.
4. Geben Sie eine kontextfreie Grammatik zur Beschreibung aller Zeichenfolgen mit nicht mehr als zwei aufeinanderfolgenden Einsen an.
5. Wie viele Prozeduraufrufe verwendet der rekursiv absteigende Parser zum Erkennen eines regulären Ausdrucks, ausgedrückt über die Anzahl der Verkettungen, *oder*-Operationen und Hüllenbildungen und die Anzahl der Klammern?
6. Geben Sie die Felder ch, next1 und next2 an, die sich aus der Herstellung des Pattern Matching-Automaten für das Muster ((A+B)+(C+D) ∗) ∗ ergeben.
7. Modifizieren Sie die Grammatik für reguläre Ausdrücke dahingehend, daß sie die Funktion »nicht« und Joker behandelt.
8. Erstellen Sie ein allgemeines Pattern Matching-Programm für reguläre Ausdrücke, das auf der verbesserten Grammatik aus Ihrer Lösung für die vorige Aufgabe beruht.
9. Beseitigen Sie die Rekursion aus dem rekursiv absteigenden Compiler und vereinfachen Sie den resultierenden Code so weit wie möglich. Vergleichen Sie die Laufzeit der nichtrekursiven und der rekursiven Methode.
10. Erstellen Sie einen Compiler für einfache arithmetische Ausdrücke, die durch die im vorliegenden Kapitel angegebene Grammatik beschrieben werden. Er soll eine Liste von »Anweisungen« für einen Automaten erzeugen, der in der Lage ist, drei Operationen auszuführen: *Ablegen* (*push*) des Wertes einer Variablen in einem Stapel; *Addieren* (*add*) der beiden obersten Werte im Stapel, indem diese aus dem Stapel entnommen werden und danach das Ergebnis dort abgelegt wird; *Multiplizieren* (*multiply*) der beiden obersten Werte im Stapel in der gleichen Weise.

Kapitel 22

Datenkomprimierung

Bei den meisten der bisher betrachteten Algorithmen wurde vor allem das Ziel verfolgt, möglichst wenig *Zeit* aufzuwenden, und erst in zweiter Linie ging es darum, *Platz* zu sparen. Im vorliegenden Kapitel untersuchen wir einige Algorithmen mit der entgegengesetzten Zielsetzung: Methoden, die primär dazu bestimmt sind, den benötigten Platz zu reduzieren, ohne zu viel Zeit zu verbrauchen. Das Eigenartige dabei ist, daß die Techniken, die wir mit dem Ziel der Platzeinsparung betrachten werden, »Kodierungsmethoden« aus der Informationstheorie sind, die entwickelt wurden, um die in Kommunikationssystemen benötigte Informationsmenge zu minimieren, und die demzufolge ursprünglich dazu bestimmt waren, Zeit (und nicht Platz) einzusparen.

Im allgemeinen besitzen die meisten Dateien einen hohen Grad an Redundanz. Die Verfahren, die wir untersuchen werden, sparen Platz ein, indem sie die Tatsache ausnutzen, daß die meisten Dateien einen relativ geringen »Informationsgehalt« haben. Techniken zur Komprimierung (Verdichtung) von Dateien werden oft für Textdateien (in denen gewisse Zeichen wesentlich häufiger auftreten als andere), »Raster«-Dateien für die Kodierung von Bildern (die große homogene Flächen haben können) und Dateien für die digitale Darstellung von akustischen und anderen analogen Signalen (bei denen umfangreiche Wiederholungen von Mustern auftreten können) verwendet.

Wir werden einen elementaren (aber dennoch sehr nützlichen) Algorithmus für dieses Problem und eine fortgeschrittene »optimale« Methode betrachten. Die Platzeinsparung variiert bei diesen Methoden in Abhängigkeit der Dateimerkmale. Einsparungen von 20% bis 50% sind typisch für Textdateien, und für binäre Dateien können Einsparungen von 50% bis 90% erzielt werden. Bei manchen Dateitypen, zum Beispiel bei Dateien, die aus zufälligen Bits bestehen, kann nur wenig erreicht werden. Tatsächlich ist es interessant festzustellen, daß jedes beliebige Mehrzweck-Komprimierungsverfahren gewisse Dateien verlängern muß (andernfalls könnten wir das betreffende Verfahren wiederholt anwenden und dadurch eine beliebig kleine Datei erzeugen).

Einerseits könnte man vermuten, daß Datenkomprimierungstechniken weniger wichtig sind als einstmals, da sich die Kosten für Computerspeicher aller Art drastisch verringert haben und dem typischen Anwender bedeutend mehr Speicherplatz zur Verfügung steht als in der Vergangenheit. Andererseits kann man jedoch sagen, daß Datenkomprimierungstechniken eine größere Bedeutung haben als je zuvor, da die durch sie ermöglichten Einsparungen aufgrund der Tatsache, daß so viel gespeichert wird, größer sind. Komprimierungstechniken sind auch für Speichergeräte geeignet, die einen äußerst schnellen Zugriff gestatten und von Natur aus relativ teuer (und daher meist klein) sind.

Lauflängenkodierung

Der einfachste Typ einer Redundanz in einer Datei sind lange Folgen sich wiederholender Zeichen, die wir *Läufe* (runs) nennen wollen. Betrachten wir zum Beispiel die folgende Zeichenfolge:

AAAABBBAABBBBBCCCCCCCCDABCBAAABBBBCCCD

Diese Zeichenfolge kann in einer kompakteren Form kodiert werden, indem jede Serie sich wiederholender Zeichen durch eine einmalige Angabe des sich wiederholenden Zeichens und einer Angabe der Anzahl der Wiederholungen ersetzt wird. Wir würden sagen, daß diese Zeichenfolge aus 4 A besteht, denen 3 B folgen, denen 2 A folgen, denen 5 B folgen usw. Das Komprimieren einer Zeichenfolge in dieser Weise nennt man *Lauflängenkodierung* (run-length encoding). Wenn lange Läufe auftreten, können die Einsparungen ganz erheblich sein. Es gibt — in Abhängigkeit von den durch Anwendung vorgegebenen Bedingungen — verschiedene Methoden zur Umsetzung dieser Idee. (Sind die Läufe gewöhnlich relativ lang? Wie viele Bits werden verwendet, um die zu kodierenden Zeichen zu kodieren?) Wir betrachten ein spezielles Verfahren und erörtern dann weitere Möglichkeiten.

Wenn wir wissen, daß unsere Zeichenfolge nur Buchstaben enthält, können wir die Anzahl einfach kodieren, indem wir Ziffern zwischen die Buchstaben setzen. Demzufolge könnte unsere Zeichenfolge wie folgt kodiert werden:

4A3BAA5B8CDABCB3A4B3CD

Hierbei steht »4A« für »vier Buchstaben A« usw. Wir bemerken, daß es sich nicht lohnt, Läufe der Länge eins oder zwei zu kodieren, da für die Kodierung zwei Zeichen benötigt werden.

Für binäre Dateien wird gewöhnlich eine verfeinerte Variante dieser Methode benutzt, mit der drastische Einsparungen erzielt werden können. Die Idee besteht einfach darin, die Lauflängen zu speichern und dabei die Tatsache auszunutzen, daß sich Läufe zwischen 0 und 1 abwechseln, so daß auf das Speichern der Werte 0 und 1 selbst verzichtet werden kann. Dies setzt voraus, daß wenig kurze Läufe auftreten (wir sparen bei einem Lauf nur dann Bits ein, wenn die Länge des Laufs größer ist als

```
0000000000000000000000000000111111111111111000000000      28 14  9
0000000000000000000000000001111111111111111110000000      26 18  7
0000000000000000000000001111111111111111111111110000      23 24  4
0000000000000000000000011111111111111111111111111000      22 26  3
0000000000000000000001111111111111111111111111111110      20 30  1
0000000000000000000111111000000000000000001111111        19  7 18 7
0000000000000000001111100000000000000000000011111        19  5 22 5
0000000000000000011100000000000000000000000000111        19  3 26 3
0000000000000000011100000000000000000000000000111        19  3 26 3
0000000000000000011100000000000000000000000000111        19  3 26 3
0000000000000000011100000000000000000000000000111        19  3 26 3
0000000000000000011100000000000000000000000001110        20  4 23 3 1
0000000000000000011100000000000000000000000111000        22  3 20 3 3
0111111111111111111111111111111111111111111111111111      1  50
0111111111111111111111111111111111111111111111111111      1  50
0111111111111111111111111111111111111111111111111111      1  50
0111111111111111111111111111111111111111111111111111      1  50
0111111111111111111111111111111111111111111111111111      1  50
0110000000000000000000000000000000000000000000000011      1   2 46 2
```

Abbildung 22.1 *Ein typisches Bitraster, mit Informationen für die Lauflängenkodierung.*

die Anzahl der Bits, die benötigt werden, um diese Länge als Binärzahl darzustellen), doch kein Verfahren der Lauflängenkodierung funktioniert gut, wenn nicht die meisten Läufe lang sind.

Abbildung 22.1 ist eine »Raster«-Darstellung des auf der Seite liegenden Buchstaben »q«; dies ist typisch für die Art von Information, die mit Hilfe eines Satz-Systems (wie z.B. dem System, das zum Druck des vorliegenden Buches benutzt wurde) verarbeitet wird. Rechts befindet sich eine Liste der Zahlen, die verwendet werden können, um den Buchstaben in einer komprimierten Form zu speichern. Das bedeutet, daß die erste Zeile aus 28 Nullen besteht, denen 14 Einsen folgen, denen weitere 9 Nullen folgen usw. Die 63 Zahlenangaben in dieser Tabelle enthalten zusammen mit der Anzahl der Bits pro Zeile (51) genügend Information, um das Bit-Feld zu rekonstruieren (insbesondere betonen wir, daß kein »Zeilenende«-Indikator benötigt wird). Wenn sechs Bits für die Darstellung jeder Zahlenangabe benutzt werden, wird die gesamte Datei mit Hilfe von 384 Bits dargestellt, was gegenüber den 975 Bits, die notwendig sind, um sie explizit zu speichern, eine beträchtliche Einsparung ist.

Die Lauflängenkodierung erfordert unterschiedliche Darstellungen für die Datei und ihre kodierte Variante, so daß sie nicht für alle Dateien möglich ist. Dies kann sehr störend sein: Beispielsweise ist die oben vorgeschlagene Methode zur Komprimierung von Zeichendateien nicht für Zeichenfolgen geeignet, die Ziffern enthalten. Wenn andere Zeichen verwendet werden, um die Zahlenangaben zu kodieren, so ist sie nicht für Zeichenfolgen anwendbar, die die betreffenden Zeichen enthalten. Um eine Möglichkeit zur Kodierung einer beliebigen Folge von Zeichen aus einem festste-

henden Zeichen-Alphabet unter ausschließlicher Verwendung der Zeichen dieses
Alphabets zu illustrieren, wollen wir annehmen, daß uns nur die 26 Buchstaben des
Alphabets (und Leerzeichen) zur Verfügung stehen, mit denen wir arbeiten können.

Wie können wir erreichen, daß einige Buchstaben Ziffern und andere Buchstaben
Teile der zu verschlüsselnden Zeichenfolge darstellen? Eine Lösung besteht darin, ein
Zeichen, das im Text wahrscheinlich nur selten erscheint, als sogenanntes *Escape-Zei-*
chen zu verwenden. Jedes Auftreten dieses Zeichens besagt, daß die folgenden beiden
Buchstaben ein Paar (Zähler, Zeichen) bilden, wobei Zähler dargestellt werden, indem
der *i*-te Buchstabe des Alphabets zur Darstellung der Zahl *i* benutzt wird. Demzufolge
könnte unser Beispiel einer Zeichenfolge mit Q als Escape-Zeichen wie folgt dargestellt werden:

   QDABBBAAQEBQHCDABCBAAAQDBCCCD

Die Kombination des Escape-Zeichens, des Zählers und der einen Kopie des sich
wiederholenden Zeichens wird *Escape-Sequenz* genannt. Wir bemerken, daß es sich
nicht lohnt, Läufe zu verschlüsseln, die weniger als vier Zeichen umfassen, da für die
Verschlüsselung eines beliebigen Laufs mindestens (siehe unten) drei Zeichen erforderlich sind.

Doch was ist zu tun, wenn das Escape-Zeichen selbst in den Eingabedaten auftritt?
Wir dürfen diese Möglichkeit nicht einfach ignorieren, da es kaum zu gewährleisten
ist, daß irgendein spezielles Zeichen nicht auftreten kann. (Zum Beispiel könnte
jemand versuchen, eine Zeichenfolge zu kodieren, die bereits kodiert worden ist.)
Eine Lösung für dieses Problem besteht in der Benutzung einer Escape-Sequenz mit
einem Zähler Null zur Darstellung des Escape-Zeichens. Demzufolge könnte in unserem Beispiel das Leerzeichen die Null darstellen, und die Escape-Sequenz »Q<Leerzei-
chen>« würde jedes Auftreten von Q in den Eingabedaten bezeichnen. Es ist interessant anzumerken, daß nur Dateien, die Q enthalten, durch dieses Komprimierungs-
verfahren verlängert werden. Wenn eine bereits komprimierte Datei nochmals komprimiert wird, vergrößert sie sich um eine Anzahl von Zeichen, die wenigstens gleich
der Anzahl der benutzten Escape-Sequenzen ist.

Sehr lange Läufe können mit Hilfe mehrerer Escape-Sequenzen kodiert werden. Zum
Beispiel würde ein aus 51 As bestehender Lauf unter Verwendung der obigen Vereinbarungen als QZAQYA kodiert. Wenn viele sehr lange Läufe zu erwarten sind, könnte
es lohnenswert sein, für die Kodierung der Zähler mehr als ein Zeichen zu reservieren.

In der Praxis empfiehlt es sich, sowohl das Komprimierungs- als auch das Expandierungsprogramm in gewissem Maße fehlersensitiv zu machen. Dies läßt sich erreichen,
indem eine gewisse Redundanz in die komprimierte Datei eingebaut wird, so daß das
Expandierungsprogramm eine unbeabsichtigte geringfügige Änderung in der Datei
zwischen der Komprimierung und ihrer Expandierung ausgleichen kann. Zum Beispiel lohnt es sich sicher, in die obige komprimierte Variante des Buchstabens »q«
Zeilenendezeichen einzusetzen, so daß sich das Expandierungsprogramm im Falle
eines Fehlers wieder synchronisieren kann.

Für Textdateien ist die Lauflängenkodierung nicht besonders effizient, da das einzige Zeichen, bei dem Wiederholungen wahrscheinlich sind, das Leerzeichen ist, und es für die Kodierung sich wiederholender Leerzeichen einfachere Methoden gibt. (Diese wurden in der Vergangenheit sehr erfolgreich angewandt, um Textdateien zu komprimieren, die durch das Einlesen von Lochkartenstapeln erzeugt wurden, die notwendigerweise viele Leerzeichen enthielten.) In modernen Systemen werden Zeichenfolgen aus sich wiederholenden Leerzeichen niemals eingegeben und niemals gespeichert: Leerzeichenfolgen am Zeilenanfang werden als »Tabs« kodiert, und Leerzeichen an den Zeilenenden werden durch die Benutzung von Zeilenendezeichen vermieden. Eine Implementation der Lauflängenkodierung ähnlich der oben angegebenen (doch dahingehend modifiziert, daß alle darstellbaren Zeichen behandelt werden können) ergibt bei Anwendung auf die Textdatei für das vorliegende Kapitel Einsparungen von nur ungefähr 4% (und diese Einsparungen ergeben sich alle aus Abbildung 22.1!)

Kodierung mit variabler Länge

Im vorliegenden Abschnitt betrachten wir ein Datenkompressionsverfahren, das in Textdateien (und vielen anderen Arten von Dateien) eine beträchtliche Platzeinsparung ermöglichen kann. Die Idee besteht darin, von der Methode abzuweichen, mit der Textdateien gewöhnlich gespeichert werden: Anstatt die üblichen sieben oder acht Bits für jedes Zeichen zu benutzen, werden für Zeichen, die häufig auftreten, nur wenige Bits verwendet, und mehr Bits für die, die selten vorkommen.

Es ist zweckmäßig, wenn wir anhand eines kleinen Beispiels betrachten, wie der Code benutzt wird, bevor wir beschreiben, wie er erzeugt wird. Nehmen wir an, daß wir die Zeichenfolge »ABRACADABRA« kodieren möchten. Eine Kodierung mittels unseres standardmäßigen binären Codes, bei dem die Binärdarstellung von i mit Hilfe von fünf Bits zur Darstellung des i-ten Buchstaben des Alphabets benutzt wird (0 für Leerzeichen), ergibt die folgende Bitfolge:

    0000100010100100000100011000010010000001000101001000001

Um diese Meldung zu dekodieren, lese man einfach jeweils fünf Bits und wandle diese entsprechend dem oben definierten binären Code um. In diesem Standard-Code benötigt das nur einmal vorkommende D die gleiche Anzahl Bits wie A, welches fünfmal auftritt. Bei Verwendung eines Codes mit variabler Länge können wir eine Platzeinsparung erzielen, indem wir häufig verwendete Zeichen mittels möglichst weniger Bits verschlüsseln, so daß die Gesamtzahl der für die Zeichenfolge benutzten Bits minimiert wird.

Wir können versuchen, den am häufigsten verwendeten Buchstaben die kürzesten Bitfolgen zuzuweisen, indem wir A mit 0 kodieren, B mit 1, R mit 01, C mit 10 und D mit 11, so daß ABRACADABRA als

0 1 01 0 10 0 11 0 1 01 0

kodiert würde. Hier werden nur 15 Bits im Vergleich zu den oben erforderlichen 55 Bits benutzt, doch es ist kein wirklicher Code, da er von den Leerzeichen abhängt, die die Zeichen voneinander abgrenzen. Ohne die Leerzeichen könnte die Zeichenfolge 010101001101010 als RRRARBRRA oder eine Reihe weiterer Zeichenfolgen dekodiert werden. Trotzdem ist die Zahl von 15 Bits plus 10 Begrenzern viel kompakter als der Standard-Code, vor allem weil *keine* Bits verwendet werden, um Buchstaben zu kodieren, die in der Meldung nicht vorkommen. Von Rechts wegen müssen wir auch die Bits im Code selbst mitzählen, da die Meldung ohne ihn nicht dekodiert werden kann und der Code von der Zeichenfolge abhängt (andere Zeichenfolgen entsprechen anderen Buchstabenhäufigkeiten). Wir gehen auf diese Frage später ein; vorerst wollen wir sehen, wie kompakt wir die Zeichenfolge darstellen können.

Zunächst werden keine Begrenzer benötigt, wenn kein Zeichencode mit dem Anfang eines anderen übereinstimmt. Wenn wir zum Beispiel A mit 11 verschlüsseln, B mit 00, C mit 010, D mit 10 und R mit 011, so gibt es nur eine Möglichkeit, die aus 25 Bits bestehende Zeichenfolge

11000111101011101110001111

zu dekodieren.

Eine einfache Methode zur Darstellung des Codes ist die Verwendung eines Trie (siehe Kapitel 17). Tatsächlich kann jeder beliebige Trie mit M äußeren Knoten benutzt werden, um jede beliebige Zeichenfolge mit M verschiedenen Zeichen zu kodieren. Als Beispiel zeigt Abbildung 22.2 zwei Codes, die für ABRACADABRA verwendet werden könnten. Der Code für jedes Zeichen wird durch den Pfad von der Wurzel zu diesem Zeichen bestimmt, mit 0 für »nach links gehen« und 1 für »nach rechts gehen«, wie gewöhnlich in einem Trie. Demzufolge entspricht der links dargestellte Trie dem oben angegebenen Code, und der rechts dargestellte Trie entspricht einem Code, der die Zeichenfolge

0110100111101110011010 0

erzeugt, die um zwei Bits kürzer ist. Die Darstellung als Trie garantiert, daß kein Code für ein Zeichen mit dem Anfang eines anderen übereinstimmt, so daß sich die Zeichenfolge unter Benutzung des Trie auf eindeutige Weise dekodieren läßt. Bei der Wurzel beginnend bewege man sich entsprechend den Bits der Zeichenfolge im Trie

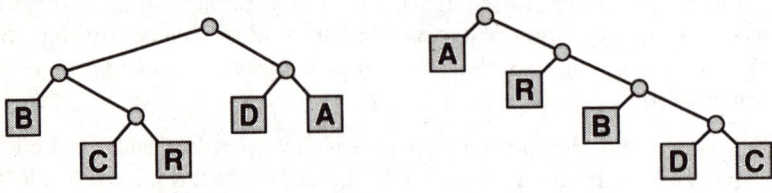

Abbildung 22.2 Zwei Tries für die Kodierung von A, B, C, D und R.

abwärts; jedesmal, wenn ein äußerer Knoten angetroffen wird, gebe man das zu diesem Knoten gehörige Zeichen aus und beginne erneut bei der Wurzel.

Doch welchen Trie sollte man am besten benutzen? Es erweist sich, daß es einen eleganten Weg gibt, wie man für eine beliebige gegebene Zeichenfolge einen Trie berechnen kann, der zu einer Bitfolge minimaler Länge führt. Das allgemeine Verfahren zur Bestimmung dieses Codes wurde 1952 von D. Huffman entdeckt und wird *Huffman-Kodierung* genannt. (Die Implementation, die wir betrachten wollen, verwendet etwas modernere algorithmische Techniken.)

Erzeugung des Huffman-Codes

Der erste Schritt bei der Erzeugung des Huffman-Codes besteht darin, durch Zählen die Häufigkeit jedes Zeichens innerhalb der zu kodierenden Zeichenfolge zu ermitteln. Das folgende Programm ermittelt die Buchstabenhäufigkeiten einer Zeichenfolge a und trägt diese in ein Feld count[26] ein. (Die Funktion index aus Kapitel 19 dient hier dazu, daß der Häufigkeitswert für den i-ten Buchstaben des Alphabets in dem Eintrag count[i] eingetragen wird, wobei wie üblich der Index 0 für das Leerzeichen verwendet wird.)

```
for (i = 0; i <= 26; i++) count[i] = 0;
for (i = 0; i < M; i++) count[index(a[i])]++;
```

Nehmen wir zum Beispiel an, daß wir die Zeichenfolge »A SIMPLE STRING TO BE ENCODED USING A MINIMAL NUMBER OF BITS« kodieren möchten. Abbildung 22.3 zeigt die erzeugte Häufigkeitstabelle: Es sind elf Leerzeichen, drei A, drei B usw. vorhanden.

Der nächste Schritt ist der Aufbau des Kodierungs-Tries entsprechend den Häufigkeiten. Während der Erzeugung des Trie betrachten wir ihn als einen binären Baum mit Häufigkeiten, die in den Knoten gespeichert sind; nach seiner Erzeugung betrachten wir ihn dann als einen Trie für die Kodierung in der oben beschriebenen Weise. Zunächst wird für jede von null verschiedene Häufigkeit ein Knoten des Baumes erzeugt, wie es in der ersten Zeile links von Abbildung 22.4 dargestellt ist (die Reihenfolge, in der die Knoten erscheinen, wird durch die Dynamik des im folgenden beschriebenen Algorithmus bestimmt, ist jedoch für die folgenden Erläuterungen nicht besonders wesentlich). Danach werden die beiden Knoten mit den kleinsten Häufigkeiten ausgewählt, und es wird ein neuer Knoten erzeugt, der diese beiden

	A	B	C	D	E	F	G	H	I	J	K	L	M	N	O	P	Q	R	S	T	U	V	W	X	Y	Z
k	0	1	2	3	4	5	6	7	8	9	10	11	12	13	14	15	16	17	18	19	20	21	22	23	24	25	26
count[k]	11	3	3	1	2	5	1	2	0	6	0	0	2	4	5	3	1	0	2	4	3	2	0	0	0	0	0

Abbildung 22.3 Häufigkeiten für *A SIMPLE STRING TO BE ENCODED ...*

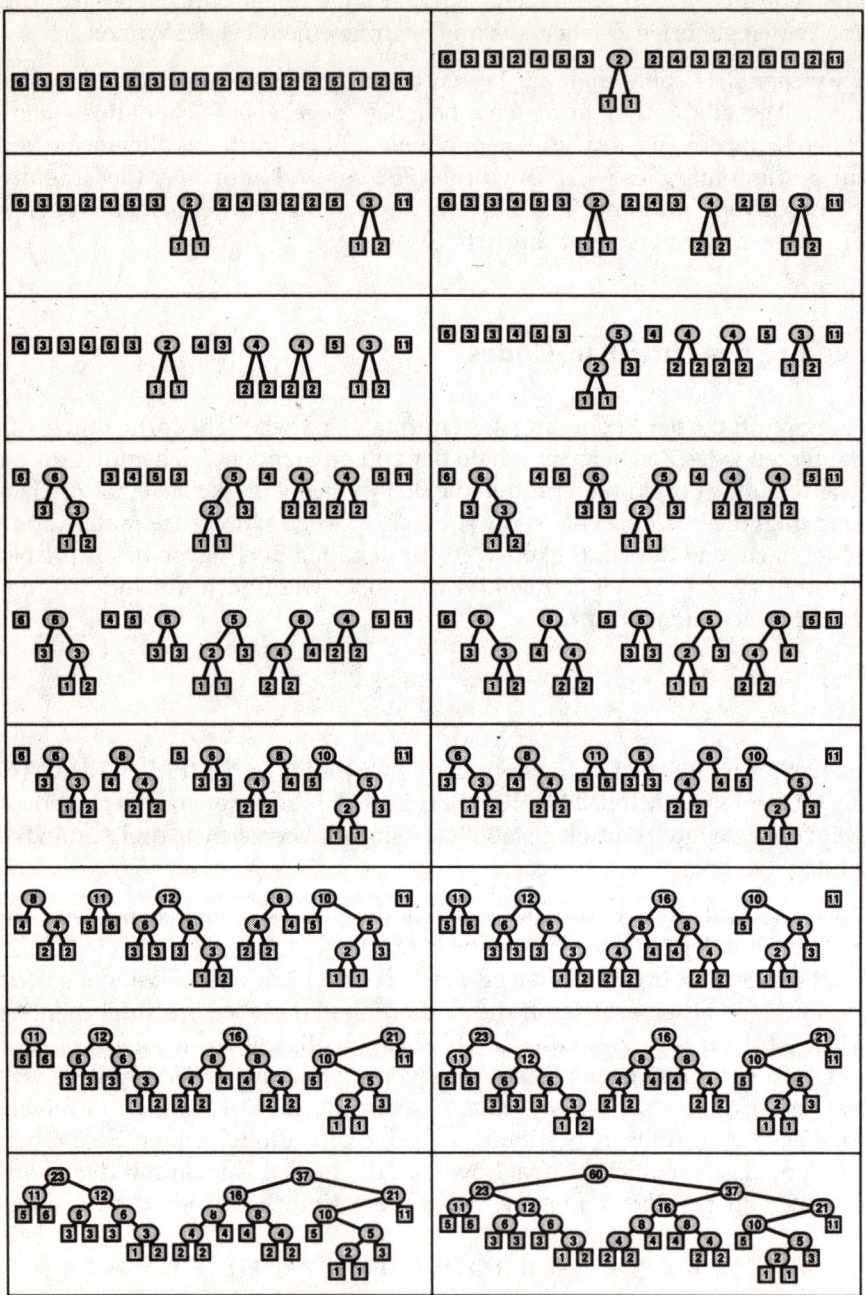

Abbildung 22.4 Erzeugung eines Huffman-Baumes.

Knoten als Nachfolger hat und dessen Häufigkeit einen Wert hat, der gleich der Summe der Werte für seine Nachfolger ist. Dies ist in der ersten Zeile von Abbildung 22.4 rechts dargestellt. (Falls mehr als zwei Knoten mit der kleinsten Häufigkeit vorhanden sind, ist es gleichgültig, welche benutzt werden.) Danach werden die beiden Knoten mit der kleinsten Häufigkeit in diesem Wald ermittelt, und ein neuer Knoten wird auf die gleiche Weise erzeugt, wie es in der zweiten Zeile von Abbildung 22.4 links dargestellt ist. Indem wir in dieser Weise fortfahren, stellen wir immer größere Unterbäume her und verringern gleichzeitig bei jedem Schritt die Anzahl der Bäume im Wald um eins (wir entfernen zwei und fügen einen hinzu). Am Schluß sind alle Knoten miteinander zu einem einzigen Baum verbunden.

Beachten Sie, daß sich am Ende Knoten mit geringen Häufigkeiten weit unten im Baum befinden, Knoten mit großen Häufigkeiten in der Nähe der Wurzel des Baumes. Die Zahlen, mit denen die äußeren (quadratischen) Knoten in diesem Baum gekennzeichnet sind, sind Häufigkeitszähler, während die Zahl, mit der jeder innere (runde) Knoten gekennzeichnet ist, die Summe der Kennzeichnungen seiner beiden Nachfolger darstellt.

Nunmehr kann der Huffman-Code abgeleitet werden, indem die Häufigkeiten an den unteren Knoten einfach durch die zugehörigen Buchstaben ersetzt werden und der Baum dann als ein Trie für die Kodierung angesehen wird, wobei, genau wie oben, »links« einem Bit 0 und »rechts« einem Bit 1 im Code entspricht. Den Trie für unser Beispiel zeigt Abbildung 22.5. Der Code für N ist 000, der Code für I ist 001, der Code für C ist 110100 usw. Die kleine Zahl oberhalb jedes Knotens in diesem Baum ist der Index für das Feld `count`, der angibt, wo die Häufigkeit gespeichert ist. Diese Angabe benötigen wir, um uns bei der Untersuchung des Programms, das den untenstehenden Baum erzeugt, darauf beziehen zu können. Folglich ist für unser Beispiel `count` [33] gleich 11, der Summe der Häufigkeitszähler für N und I (siehe auch Abbildung 22.4) usw.

Es ist klar, daß sich Buchstaben mit großen Häufigkeiten näher bei der Wurzel des Baumes befinden und mit weniger Bits verschlüsselt werden, so daß dies ein guter Code ist; doch warum ist es der *beste* Code?

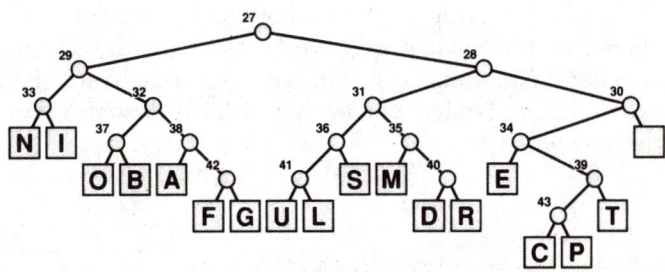

Abbildung 22.5 *Trie für die Huffman-Kodierung von A SIMPLE STRING TO BE ENCODED ...*

Eigenschaft 22.1 *Die Länge der kodierten Zeichenfolge ist gleich der gewichteten äußeren Pfadlänge des Huffman-Baumes.*

Die »gewichtete äußere Pfadlänge« eines Baumes ist gleich der über alle äußeren Knoten gebildeten Summe der Produkte des »Gewichts« (zugehöriger Häufigkeitszähler) mit der Entfernung von der Wurzel. Dies ist offensichtlich eine Möglichkeit, die Länge der kodierten Zeichenfolge zu berechnen; sie ist äquivalent zu der über alle Buchstaben gebildeten Summe der Produkte der Häufigkeit des Auftretens eines Buchstaben mit der Anzahl der Bits bei jedem Auftreten. ∎

Eigenschaft 22.2 *Kein Baum mit den gleichen Häufigkeiten bei den äußeren Knoten hat eine kleinere gewichtete äußere Pfadlänge als der Huffman-Baum.*

Mit Hilfe des gleichen Prozesses kann ein beliebiger Baum rekonstruiert werden, den wir benutzt haben, um den Huffman-Baum zu erzeugen, doch ohne bei jedem Schritt unbedingt die zwei Knoten mit dem kleinsten Gewicht auszuwählen. Mittels Induktion läßt sich beweisen, daß keine Strategie zu einem besseren Ergebnis führen kann, als die, bei der zuerst die beiden kleinsten Gewichte ausgewählt werden. ∎

Die obige Beschreibung liefert eine allgemeine Vorstellung davon, wie der Huffman-Code anhand der algorithmischen Operationen, die wir untersucht haben, zu berechnen ist. Wie gewöhnlich ist der Schritt von einer solchen Beschreibung zu einer wirklichen Implementation sehr instruktiv, so daß wir nunmehr die Einzelheiten der Implementation betrachten wollen.

Implementation

Für die Konstruktion des Häufigkeitsbaumes der wird der allgemeine Prozeß der Entfernung des kleinsten Elements aus einer Menge ungeordneter Elemente benötigt, weshalb wir die Prozedur `pqdownheap` aus Kapitel 11 benutzen, um mit Hilfe der Häufigkeitszähler einen indirekten Heap zu erzeugen und zu verwalten. Da wir zuerst an den kleinen Werten interessiert sind, wollen wir annehmen, daß die Richtung der Ungleichungen in `pqdownheap` umgekehrt worden ist. Ein Vorteil der Anwendung der indirekten Vorgehensweise besteht darin, daß es einfach ist, Häufigkeitszähler mit dem Wert 0 zu ignorieren. Abbildung 22.6 zeigt den Heap, der für unser Beispiel erzeugt wird; genau gesagt, wird dieser Heap aufgebaut, indem zuerst das `heap`-Feld in der Weise initialisiert wird, daß es auf die von null verschiedenen Häufigkeitszähler zeigt, und indem danach wie folgt die Prozedur `pqdownheap` aus Kapitel 11 verwendet wird:

```
for (i = 0, N = 0; i <= 26; i++)
  if (count[i]) heap[++N] = i;
for (k = N; k > 0; k−) pqdownheap(k);
```

k	1	2	3	4	5	6	7	8	9	10	11	12	13	14	15	16	17	18
heap[k]	3	7	16	21	12	15	6	20	9	4	13	14	5	2	18	19	1	0
count[heap[k]]	1	2	1	2	2	3	1	3	6	2	4	5	5	3	2	4	3	11

Abbildung 22.6 *Anfänglicher Heap (indirekt) für die Erzeugung des Huffman-Baumes.*

Wie oben erwähnt wurde, wird dabei vorausgesetzt, daß die Richtung der Unglei-chungen in der Implementation von `pqdownheap` umgekehrt worden ist.

Nunmehr ist die Benutzung dieser Prozedur zur Konstruktion des Baumes in der oben beschriebenen Weise sehr einfach: Wir entnehmen die beiden kleinsten Elemente aus dem Heap, addieren sie und legen das Ergebnis wieder im Heap ab. Bei jedem Schritt erzeugen wir einen neuen Zählwert und verringern die Größe des Heap um eins. Im Ergebnis dieses Prozesses werden N - 1 neue Zählwerte erzeugt, einer für jeden inneren Knoten des erzeugten Baumes, wie im folgenden Programmstück:

```
while (N > 1)
  {
    t = heap[1]; heap[1] = heap[N−];
    pqdownheap(1);
    count[26+N] = count[heap[1]]+count[t];
    dad[t] = 26+N; dad[heap[1]] = -26-N;
    heap[1] = 26+N; pqdownheap(1);
  }
dad[26+N] = 0;
```

Die ersten beiden Zeilen dieser Schleife stellen in Wirklichkeit `pqremove` dar; die Größe des Heap wird um eins verringert. Danach wird ein neuer innerer Knoten mit dem Index `26 + N` »erzeugt«, und er erhält einen Wert, der gleich der Summe des Wertes an der Wurzel und des gerade entfernten Wertes ist. Danach wird dieser Knoten an die Wurzel gesetzt, was ihre Priorität erhöht, wodurch ein weiterer Aufruf von `pqdownheap` erforderlich wird, um die Ordnung im Heap wiederherzustellen. Der Baum selbst wird mit Hilfe eines Feldes von »Vorgänger«-Verkettungen darge-stellt: `dad[t]` ist der Index des Vorgängers des Knotens, dessen Gewicht in `count[t]` gespeichert ist. Das Vorzeichen von `dad[t]` gibt an, ob der Knoten ein linker oder rechter Nachfolger seines Vorgängers ist. Zum Beispiel gilt in dem obigen Baum `count[30]=21`, `dad[30]=-28` und `count[28]=37` (womit angegeben wird, daß der Knoten mit dem Gewicht 21 den Index 30 hat und der rechte Nachfolger eines Vorgängers mit dem Index 28 und dem Gewicht 37 ist). In Abbildung 22.7 ist das Feld *dad* für die inneren Knoten des Baumes aus Abbildung 22.5 angegeben.

Der folgende Programmabschnitt erzeugt den eigentlichen Huffman-Code, so wie er durch den Trie in Abbildung 22.5 dargestellt ist, aus der Darstellung des Verschlüs-selungsbaumes, der im Verlaufe des Analyseprozesses berechnet wurde. Der Code wird durch zwei Felder repräsentiert: Die am weitesten rechts befindlichen `len[k]`

k	27	28	29	30	31	32	33	34	35	36	37	38	39	40	41	42	43
count[k]	60	37	23	21	16	12	11	10	8	8	6	6	5	4	4	3	2
dad[k]	0	-27	27	-28	28	-29	29	30	-31	31	32	-32	-34	-35	36	-38	39

Abbildung 22.7 *Darstellung eines Huffman-Baumes (innere Knoten) mit Hilfe der Vorgänger-Verkettungen.*

Bits in der Binärdarstellung der ganzen Zahl code[k] bilden den Code für den k-ten Buchstaben. (Diese Darstellung ist sicher kompakter als eine direkte Darstellung des Codes in Form einer Menge von binären Zeichenfolgen.) Beispielsweise ist I der neunte Buchstabe und hat den Code 001, daher ist code[9] = 1 und len[9] = 3.

```
for (k = 0; k <= 26; k++)
  if (!count[k])
    { code[k] = 0; len[k] = 0; }
  else
    {
      i = 0; j = 1; t = dad[k]; x = 0;
      while (t)
        {
          if (t < 0) { x += j; t = -t; }
          t = dad[t]; j += j; i++;
        }
      code[k] = x; len[k] = i;
    }
```

Schließlich können wir diese berechneten Darstellungen des Codes benutzen, um die Zeichenfolge zu kodieren:

```
for (j = 0; j < M; j++)
    for (i = len[index(a[j])]; i > 0; i-)
        printf("%1d", bits(code[index(a[j])],i-1,1));
```

Dieses Programm verwendet die Prozedur bits aus den Kapiteln 10 und 17 für den Zugriff auf einzelne Bits. Unser Beispiel wird mit nur 236 Bits kodiert, was gegenüber den für die einfache Kodierung verwendeten 300 Bits eine Einsparung von 21% bedeutet:

```
0110111100100110101101011000111001111001101110111001000011111111110
1101001110101110011111000001101000100101101100101101111000010010010
0000111111101101111010001000001101001101000111100010000101001011100
0101111110100011101110101001110111001
```

Nunmehr muß, wie bereits erwähnt, der Baum gespeichert oder zusammen mit der Zeichenfolge übertragen werden, um diese dekodieren zu können. Zum Glück ist dies mit keinerlei ernsthaften Schwierigkeiten verbunden. In Wirklichkeit ist es nur erforderlich, das Feld `code` zu speichern, da der digitale Such-Trie, der sich aus dem Einfügen der Einträge aus diesem Feld in einen ursprünglich leeren Baum ergibt, der Baum für die Dekodierung ist.

Demzufolge sind die obengenannten Einsparungen bei der Speicherung nicht ganz korrekt, da die Zeichenfolge nicht ohne den Trie dekodiert werden kann und wir den Speicherplatzbedarf des Trie (d. h. des Feldes `code`) mit berücksichtigen müssen. Eine Kodierung mit Hilfe des Huffman-Codes ist daher nur für umfangreiche Dateien effizient, wo die Einsparungen bei der Zeichenfolge ausreichend sind, um diesen Mehraufwand auszugleichen, oder auch in Situationen, wo der Kodierungs-Trie im voraus berechnet und für eine große Anzahl von Zeichenfolgen benutzt werden kann. Zum Beispiel könnte für Textdokumente ein Trie, der auf den Häufigkeiten des Auftretens der Buchstaben in der deutschen Sprache beruht, verwendet werden. In gleicher Weise könnte ein Trie, der auf den Häufigkeiten des Auftretens von Zeichen in Pascal-Programmen beruht, für die Kodierung von Programmen benutzt werden (zum Beispiel befindet sich »;« wahrscheinlich in der Nähe der Spitze eines solchen Trie). Ein Kodierungsalgorithmus mit Hilfe des Huffman-Codes liefert bei Anwendung auf den Text des vorliegenden Kapitels eine Einsparung von ungefähr 23%.

Wie zuvor führt für echt zufällige Dateien selbst dieses verfeinerte Kodierungsschema zu keinem Erfolg, da jedes Zeichen annähernd gleich häufig auftritt, was zu einem vollständig ausgeglichenen Kodierungsbaum und einer gleichen Anzahl von Bits pro Zeichen im Code führen würde.

Übungen

1. Implementieren Sie Komprimierungs- und Expandierungsprozeduren für die Methode der Lauflängenkodierung für ein im Text beschriebenes feststehendes Alphabet, unter Benutzung von Q als Escape-Zeichen.
2. Könnte in einer Datei, die mittels der in diesem Kapitel beschriebenen Methode komprimiert worden ist, irgendwo »QQ« auftreten? Könnte »QQQ« auftreten?
3. Implementieren Sie Komprimierungs- und Expandierungsprozeduren für die im vorliegenden Kapitel beschriebene Methode der Kodierung binärer Dateien.
4. Der in diesem Kapitel dargestellte Buchstabe »q« kann als eine Folge von mit Hilfe von fünf Bits dargestellten Zeichen verarbeitet werden. Erörtern Sie Für und Wider dieser Vorgehensweise, wenn eine auf Zeichen beruhende Methode der Lauflängenkodierung angewandt werden soll.
5. Beschreiben Sie den Konstruktionsprozeß, wenn die in diesem Kapitel verwendete Methode benutzt wird, um den Baum für die Huffman-Kodierung für die Zeichenfolge »ABRACADABRA« zu erzeugen. Wie viele Bits erfordert die kodierte Zeichenfolge?
6. Wie lautet der Huffman-Code für eine binäre Datei? Geben Sie ein Beispiel an, aus dem die maximale Anzahl von Bits ersichtlich ist, die in einem Huffman-Code für eine N Zeichen umfassende ternäre (dreiwertige) Datei verwendet werden könnte.
7. Angenommen, die Häufigkeiten des Auftretens aller zu verschlüsselnden Zeichen sind unterschiedlich. Ist dann der Baum für die Huffman-Kodierung eindeutig?
8. Die Huffman-Kodierung könnte auf einfache Weise dahingehend erweitert werden, das eine Kodierung mit aus zwei Bits bestehenden Zeichen erfolgt (unter Benutzung von 4-Weg-Bäumen). Was wäre der Hauptvorteil und was der Hauptnachteil einer solchen Vorgehensweise?
9. Was würde sich ergeben, wenn man eine mit dem Huffman-Code kodierte Zeichenfolge in mit Hilfe von fünf Bits dargestellte Zeichen zerlegen und dann diese Zeichenfolge einer Huffman-Kodierung unterziehen würde?
10. Implementieren Sie eine Prozedur für das *Dekodieren* einer mit dem Huffman-Code kodierten Zeichenfolge, wenn die Felder `code` und `len` gegeben sind.

Kapitel 23

Kryptologie

Im vorangegangenen Kapitel betrachteten wir Methoden für die Verschlüsselung von Zeichenfolgen zum Zwecke der Platzersparnis. Natürlich gibt es noch einen anderen sehr wichtigen Grund, um Zeichenfolgen zu verschlüsseln: um sie geheimzuhalten.

Die Kryptologie, die Untersuchung von Systemen für die geheime Kommunikation, besteht aus zwei einander ergänzenden Wissensgebieten: der *Kryptographie*, der Entwicklung von Systemen für die geheime Kommunikation, und der *Kryptoanalyse*, der Untersuchung von Methoden zur Entschlüsselung von Systemen der geheimen Kommunikation. Die Kryptologie wurde vor allem in militärischen und diplomatischen Kommunikationssystemen angewandt, doch weitere wesentliche Anwendungen zeichnen sich ab. Zwei wichtige Beispiele sind Dateisysteme (wo jeder Nutzer es vorzieht, wenn seine Dateien seine Privatsache bleiben) und elektronische Kapitaltransfersysteme (wo es um sehr hohe Geldbeträge geht). Jeder Computeranwender wünscht, daß seine Computerdateien ebenso seine persönliche Angelegenheit bleiben wie Papiere in seinem Aktenschrank, und eine Bank möchte, daß ein elektronischer Kapitaltransfer ebenso sicher ist wie ein Geldtransport in einem gepanzerten Fahrzeug.

Indem wir von militärischen Anwendungen einmal absehen, wollen wir annehmen, daß die Kryptographen die »Guten« und die Kryptoanalytiker die »Bösen« sind: Unser Ziel ist es, unsere Computerdateien und unsere Bankkonten vor Kriminellen zu schützen. Wenn dieser Standpunkt auch etwas unfreundlich erscheint, so muß doch angemerkt werden (ohne übermäßig philosophisch zu sein), daß der Einsatz der Kryptographie die Existenz von Übelwollen voraussetzt! Natürlich müssen die »Guten« etwas über Kryptoanalyse wissen, denn der allerbeste Weg, um sich davon zu überzeugen, daß ein System sicher ist, besteht darin, selbst zu versuchen, in dieses System einzudringen. (Es gibt auch mehrere dokumentarisch belegte Beispiele dafür, daß aufgrund von Erfolgen der Kryptoanalyse Kriege beendet und viele Menschenleben gerettet wurden.)

Die Kryptologie weist viele enge Verbindungen zur Informatik und zu Algorithmen auf, insbesondere zu den von uns untersuchten arithmetischen und für die Verarbeitung von Zeichenfolgen bestimmten Algorithmen. Tatsächlich besteht eine sehr innige Beziehung zwischen der Kunst (Wissenschaft?) der Kryptologie und Computern und der Informatik, deren vollen Umfang man gerade erst zu erkennen beginnt. Ebenso wie Algorithmen werden kryptographische Systeme schon viel länger verwendet als Computer. Die Entwicklung von Systemen zur Geheimhaltung und die Entwicklung von Algorithmen haben ein gemeinsames Erbe, und beide faszinieren den gleichen Personenkreis.

Es ist schwer zu sagen, welcher Teil der Kryptologie durch die Verfügbarkeit von Computern am meisten beeinflußt wurde. Kryptographen haben nunmehr wesentlich leistungsfähigere Maschinen für die Verschlüsselung zur Verfügung als früher, doch sie haben nun auch mehr Möglichkeiten, Fehler zu begehen. Kryptoanalytiker besitzen leistungsfähigere Werkzeuge für die Entschlüsselung von Codes als je zuvor, doch sind die zu entschlüsselnden Codes komplizierter. Die Kryptoanalyse übt einen gewaltigen Einfluß auf die Computertechnik aus; sie gehörte nicht nur zu den ersten Anwendungsgebieten für Computer, sondern ist nach wie vor eines der wichtigsten Anwendungsgebiete für moderne Supercomputer.

In der jüngeren Vergangenheit hat die vielfältige Nutzung von Computern zum Entstehen einer großen Anzahl wichtiger neuer Anwendungen für die Kryptologie geführt. In letzter Zeit wurden für diese Anwendungen neue kryptographische Methoden entwickelt und diese haben zur Entdeckung eines fundamentalen Zusammenhangs zwischen der Kryptologie und einem wichtigen Gebiet der theoretischen Informatik geführt, das wir im Kapitel 45 kurz betrachten werden.

Im vorliegenden Kapitel behandeln wir einige der grundlegenden Merkmale kryptographischer Algorithmen. Wir verzichten darauf, uns mit detaillierten Implementationen zu beschäftigen; die Kryptographie ist sicher ein Feld, das man Experten überlassen sollte. Während es nicht schwierig ist, dafür zu sorgen, daß »die Leute ehrlich bleiben«, indem man die Dinge mittels eines einfachen kryptographischen Algorithmus verschlüsselt, ist es gefährlich, sich auf eine Methode zu verlassen, die von einem Laien implementiert wurde.

Spielregeln

Die Elemente, die bei der Schaffung eines Mittels für eine sichere Kommunikation zwischen zwei Personen benutzt werden, werden in ihrer Gesamtheit als *Kryptosystem* (Ver- und Entschlüsselungssystem) bezeichnet. Die prinzipielle Struktur eines typischen Kryptosystems ist in Abbildung 23.1 schematisch dargestellt.

Der *Absender* sendet eine Botschaft (*Klartext* genannt) an den *Empfänger*, indem er den Klartext in eine für die Übertragung geeignete geheime Form (*Chiffretext* genannt) umwandelt und dazu einen kryptographischen Algorithmus (die *Verschlüsselungsmethode*) und gewisse *Schlüsselparameter* verwendet. Um die Botschaft zu lesen, muß der Empfänger einen hierzu passenden kryptographischen Algorithmus (die *Entschlüsselungsmethode*) und die gleichen Schlüsselparameter haben, um den der Chiffretext

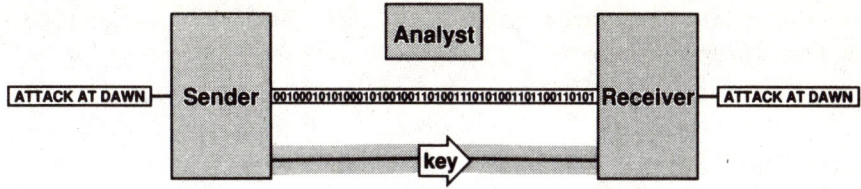

Abbildung 23.1 *Ein typisches Kryptosystem.*

in den Klartext, die Botschaft, zurückwandeln zu können. Gewöhnlich wird angenommen, daß der Chiffretext über unsichere Verbindungskanäle gesendet wird und
dem Kryptoanalytiker zugänglich ist. Weiterhin wird gewöhnlich vorausgesetzt, daß
die Methoden der Ver- und Entschlüsselung dem Kryptoanalytiker bekannt sind; sein
Ziel ist die Wiedergewinnung des Klartextes aus dem Chiffretext ohne Kenntnis der
Schlüsselparameter. Beachten Sie, daß das gesamte System von einer vorausgehenden
separaten Kommunikationsmöglichkeit zwischen Absender und Empfänger zwecks
Vereinbarung der Schlüsselparameter abhängt. In der Regel gilt, daß das Kryptosystem um so sicherer ist, seine Benutzung jedoch um so komplizierter, je mehr Schlüsselparameter vorhanden sind. Diese Situation ist mit der bei herkömmlichen Sicher-
heitssystemen vergleichbar: Ein Safe mit einem Kombinationsschloß ist sicherer,
wenn dieses Kombinationsschloß mehr Zahlen aufweist, doch dann kann man sich
die Kombination schwerer merken. Die Parallele zu herkömmlichen Systemen erinnert uns auch daran, daß ein beliebiges Sicherheitssystem nur so zuverlässig ist wie
die Personen, die den Schlüssel besitzen.

Man darf nicht vergessen, daß ökonomische Fragen für Kryptosysteme eine zentrale
Rolle spielen. Es gibt eine ökonomische Motivation für die Herstellung einfacher Ver-
und Entschlüsselungsgeräte (da möglicherweise viele davon bereitgestellt werden
müssen und komplizierte Geräte teurer sind). Außerdem gibt es ökonomische Gründe dafür, die Menge der zu verteilenden Schlüsselinformationen gering zu halten (da
ein sehr sicheres und somit teures Kommunikationsverfahren benutzt werden muß).
Den Kosten der Implementation kryptographischer Algorithmen und der Verteilung
von Schlüsselinformationen muß der (pekuniäre) Aufwand gegenübergestellt werden, den der Kryptoanalytiker bereit wäre aufzuwenden, um in das System einzudringen. Bei den meisten Anwendungen verfolgt der Kryptograph das Ziel, ein
System mit geringem Kostenaufwand zu entwickeln, das die Eigenschaft hat, daß es
den Kryptoanalytiker viel mehr kosten würde, Botschaften zu entschlüsseln, als er
dafür zu bezahlen bereit ist. Für einige Anwendungen kann ein »nachweisbar sicheres« Kryptosystem gefordert werden: ein System, für das garantiert werden kann, daß
der Kryptoanalytiker niemals Botschaften entschlüsseln kann, gleichgültig, wieviel
er bereit ist dafür aufzuwenden. (Die sehr hohen Einsätze, um die es bei manchen
Anwendungen der Kryptologie geht, haben natürlich zur Folge, daß sehr hohe
Geldbeträge für die Kryptoanalyse aufgewandt werden). Bei der Entwicklung von
Algorithmen versuchen wir, die Kosten zu berücksichtigen, um die Wahl der besten

Algorithmen zu erleichtern; in der Kryptologie spielen die Kosten eine zentrale Rolle für den Entwicklungsprozeß.

Einfache Methoden

Zu den einfachsten (und ältesten) Verschlüsselungsmethoden gehört die *Cäsar-Chiffre*: Falls ein Buchstabe im Klartext der N-te Buchstabe im Alphabet ist, so ersetze man ihn durch den $(N+K)$-ten Buchstaben im Alphabet, wobei K eine gewisse feste Zahl ist (Cäsar benutzte $K = 3$). Die nachfolgende Tabelle zeigt, wie eine Botschaft ATTACK AT DAWN (Angriff in der Morgendämmerung) unter Verwendung dieser Methode mit $K = 1$ verschlüsselt wird:

```
Klartext   : A T T A C K   A T   D A W N
Chiffretext : B U U B D L   A B U A E B X O
```

Diese Methode ist unzuverlässig, da der Kryptoanalytiker nur den Wert von K zu erraten braucht: Wenn er jede der 26 in Frage kommenden Möglichkeiten ausprobiert, kann er sicher sein, daß er die Botschaft entschlüsseln wird.

Eine weit bessere Methode ist die Verwendung einer allgemeinen Tabelle, um die vorzunehmende Ersetzung zu definieren: Für jeden Buchstaben im Klartext wird in der Tabelle angegeben, welcher Buchstabe im Chiffretext zu verwenden ist. Wenn zum Beispiel in der Tabelle die Beziehung

```
A B C D E F G H I J K L M N O P Q R S T U V W X Y Z
T H E   Q U I C K B R O W N F X J M P D V R L A Z Y G
```

vorgegeben wird, so wird die Botschaft wie folgt verschlüsselt:

```
Klartext   : A T T A C K   A T   D A W N
Chiffretext : H V V H   O T H V T Q H A F
```

Dies ist eine viel leistungsstärkere Methode als die einfache Cäsar-Chiffre, da der Kryptoanalytiker wesentlich mehr (ungefähr $27! > 10^{28}$) Tabellen ausprobieren müßte, um eine sichere Entschlüsselung zu gewährleisten. Dennoch lassen sich Chiffren mit »einfacher Substitution« wie diese aufgrund der Häufigkeiten von Buchstaben, die die Sprache aufweist, leicht entschlüsseln. Da zum Beispiel in einem deutschen Text E der häufigste Buchstabe ist, könnte der Kryptoanalytiker beim Entschlüsseln der Botschaft einen guten Anfang finden, indem er den häufigsten Buchstaben im Chiffretext bestimmt und diesen durch E ersetzt. Auch wenn dies eine falsche Wahl sein kann, ist es sicher besser, als alle 26 Buchstaben blind auszuprobieren. Die Situation wird sogar noch günstiger (für den Kryptoanalytiker), wenn auch Kombinationen von zwei Buchstaben (»Digramme«) berücksichtigt werden: Manche Digramme (wie etwa QJ) treten in einem deutschen Text niemals auf, während andere (wie etwa ER) sehr oft vorkommen. Durch Untersuchung der Häufigkeiten von Buchstaben und

Buchstabenkombinationen kann ein Kryptoanalytiker eine Chiffre mit einfacher Substitution sehr leicht entschlüsseln.

Eine Möglichkeit, diesen Weg zur Entschlüsselung zu erschweren, besteht in der Verwendung von mehr als einer Tabelle. Ein einfaches Beispiel hierfür ist eine Verallgemeinerung der Cäsar-Chiffre, die *Vigenere-Chiffre* genannt wird: Ein kurzer, sich wiederholender Schlüssel wird benutzt, um den Wert von K für jeden Buchstaben neu zu bestimmen. Bei jedem Schritt wird der Index des Buchstabens im Schlüssel zum Index des Buchstabens im Klartext addiert, um den Index des Buchstabens im Chiffretext zu bestimmen. Der Klartext aus unserem Beispiel läßt sich mit dem Schlüssel ABC wie folgt verschlüsseln:

```
    Schlüssel : A B C A B C A B C A B C A B
     Klartext : A T T A C K   A T   D A W N
 Chiffretext : B V W B E N A C W A F D X P
```

Zum Beispiel ist der letzte Buchstabe des Chiffretextes ein P, der sechzehnte Buchstabe des Alphabets, da der entsprechende Buchstabe im Klartext ein N (der vierzehnte Buchstabe) und der entsprechende Buchstabe im Schlüssel ein B (der zweite Buchstabe) ist.

Die Vigenere-Chiffre läßt sich offensichtlich noch weiter komplizieren, indem man für jeden Buchstaben im Klartext unterschiedliche allgemeine Tabellen (anstelle einfacher Verschiebungen) verwendet. Ebenso ist es klar, daß die Methode um so besser ist, je länger der Schlüssel ist. Tatsächlich liegt, wenn der Schlüssel ebenso lang ist wie der Klartext, die *Vernam-Chiffre* vor, die häufiger als *einmalige Überlagerung* (one-time pad) bezeichnet wird. Dies ist das einzige bekannte nachweisbar sichere Kryptosystem, und es wird Gerüchten zufolge für den »heißen Draht« zwischen Washington und Moskau und andere lebenswichtige Anwendungen benutzt. Da jeder Buchstabe im Schlüssel nur einmal verwendet wird, hat der Kryptoanalytiker keine andere Möglichkeit, als für jede Position der Botschaft jeden möglichen Schlüsselbuchstaben auszuprobieren, was natürlich eine hoffnungslose Situation ist, da dies ebenso schwierig ist wie das Ausprobieren aller möglichen Botschaften. Allerdings führt die nur einmalige Benutzung jedes Buchstabens im Schlüssel offenbar zu einem ernsten Problem hinsichtlich der Verteilung des Schlüssels, und die einmalige Überlagerung ist nur für relativ kurze Botschaften von Nutzen, die selten gesendet werden sollen.

Wenn die Botschaft und der Schlüssel binär kodiert werden, besteht ein gebräuchlicheres Schema für die positionsweise Verschlüsselung in der Benutzung der XOR-Funktion (exklusives Oder): Um den Klartext zu verschlüsseln, wird er (Bit für Bit) mit dem Schlüssel XOR-verknüpft. Eine nützliche Eigenschaft dieser Methode ist, daß die Entschlüsselung die gleiche Operation ist wie die Verschlüsselung: Der Chiffretext ist das Ergebnis der XOR-Verknüpfung von Klartext und Schlüssel, doch eine erneute Anwendung der XOR-Verknüpfung von Chiffretext und Schlüssel liefert wieder den Klartext. Bemerkenswert ist, daß man bei XOR-Verknüpfung von Chiffretext und Klartext den Schlüssel erhält. Dies ist zunächst scheinbar überraschend, doch in

Wirklichkeit haben viele kryptographische Systeme die Eigenschaft, daß der Krypto-analytiker den Schlüssel bestimmen kann, wenn er den Klartext kennt.

Ver- und Entschlüsselungsmaschinen

Viele kryptographische Anwendungen (zum Beispiel militärische Sprach-Kommuni-kationssysteme) erfordern die Übertragung großer Datenmengen, weshalb die Me-thode der einmaligen Überlagerung ungeeignet ist. Was benötigt wird, ist eine Annä-herung an die einmalige Überlagerung, bei der aus einem kleinen echten Schlüssel, der verteilt wird, ein großer »Pseudo-Schlüssel« erzeugt werden kann.

Die übliche Vorgehensweise in solchen Situationen ist folgende: In eine Verschlüssel-ungsmaschine werden vom Absender gewisse *Kryptovariablen* (echter Schlüssel) ein-gegeben, die die Maschine benutzt, um eine lange Folge von Schlüssel-Bits (Pseudo-Schlüssel) zu erzeugen. Durch XOR-Verknüpfung dieser Bits mit dem Klartext wird der Chiffretext gebildet. Der Empfänger, der eine ähnliche Maschine und dieselben Kryptovariablen hat, verwendet sie, um die gleiche Folge von Schlüssel-Bits zu erzeugen, die er dann mit dem Chiffretext XOR-verknüpft und so den Klartext zurückgewinnt.

Die Erzeugung des Schlüssels besitzt in diesem Zusammenhang große Ähnlichkeit mit Hashing und der Erzeugung von Zufallszahlen, und die in den Kapiteln 16 und 35 erörterten Verfahren sind für die Erzeugung des Schlüssels geeignet. Tatsächlich wurden einige der in Kapitel 35 betrachteten Mechanismen zuerst für die Verwen-dung in Ver- und Entschlüsselungsmaschinen von der hier beschriebenen Art ent-wickelt. Allerdings müssen Schlüsselgeneratoren etwas komplizierter sein als Zu-fallszahlengeneratoren, da es Möglichkeiten gibt, einfachen Maschinen beizukom-men. Das Problem besteht darin, daß es für den Kryptoanalytiker leicht sein könnte, etwas Klartext zu bekommen (zum Beispiel Schweigen in einem Sprechsystem) und damit ein Stück des Schlüssels. Falls der Kryptoanalytiker genug über die Maschine weiß, könnte der Schlüssel genügend Anhaltspunkte liefern, um die Werte aller Kryptovariablen zu einem bestimmten Zeitpunkt abzuleiten; danach kann die Ar-beitsweise der Maschine simuliert und der gesamte Schlüssel von diesem Moment an berechnet werden.

Kryptographen haben verschiedene Möglichkeiten, um solche Probleme zu umge-hen. Ein Weg besteht darin, eine Kryptovariable zu einem Teil der Maschinenarchi-tektur selbst zu machen. Gewöhnlich wird angenommen, daß der Kryptoanalytiker alles über die Struktur der Maschine weiß (vielleicht wurde eine gestohlen), mit Ausnahme der Kryptovariablen. Wenn jedoch einige der Kryptovariablen zur Konfi-gurierung der Maschine verwendet werden, kann es schwierig sein, deren Werte zu finden. Eine andere Methode, die gewöhnlich angewandt wird, um den Kryptoana-lytiker in die Irre zu führen, ist die *Produktchiffre*. Dabei werden zwei verschiedene Maschinen so kombiniert, daß sie eine komplizierte Schlüsselfolge erzeugen (oder einander steuern). Ein weiteres Verfahren ist die *nichtlineare Substitution*; hierbei erfolgt die Übersetzung zwischen Klartext und Chiffretext nicht Bit für Bit, sondern in großen Abschnitten. Das allgemeine Problem bei solchen komplexen Methoden ist, daß sie sich aufgrund ihrer Komplexität mitunter dem Verständnis des Kryptographen entziehen und daß stets die Möglichkeit besteht, daß für eine bestimmte Wahl der Kryptovariablen ungünstige Entartungen auftreten.

Kryptosysteme mit öffentlichen Schlüsseln

Bei kommerziellen Anwendungen, wie etwa beim elektronischen Kapitaltransfer und bei der (echten) Computerpost, ist das *Problem der Schlüsselverteilung* sogar noch komplizierter als bei den traditionellen Anwendungen der Kryptographie. Die Aussicht, jeden Bürger mit langen, oft zu ändernden Schlüsseln versorgen zu müssen, wobei gleichzeitig sowohl die Sicherheit als auch die Rentabilität zu gewährleisten sind, erschwert sicher die Entwicklung solcher Systeme. In jüngster Zeit wurden jedoch Verfahren entwickelt, die das Problem der Schlüsselverteilung vollständig zu beseitigen versprechen. Solche Systeme, die *Kryptosysteme mit öffentlichen Schlüsseln* oder auch *Public-Key-Systeme* genannt werden, dürften wahrscheinlich in naher Zukunft eine weite Verbreitung finden. Eines der herausragendsten dieser Systeme beruht auf einigen der von uns betrachteten arithmetischen Algorithmen, weshalb wir uns seine Arbeitsweise genauer ansehen wollen.

Die Idee der Kryptosysteme mit öffentlichen Schlüsseln besteht in der Verwendung eines »Telefonbuchs« mit Schlüsseln für die Verschlüsselung. Jedermanns Schlüssel für die Verschlüsselung (mit P bezeichnet) ist öffentlich bekannt; der Schlüssel einer Person könnte zum Beispiel neben ihrer Nummer im Telefonbuch angegeben sein. Jedermann besitzt außerdem einen geheimen Schlüssel, der für die Entschlüsselung benutzt wird; dieser geheime Schlüssel (mit S bezeichnet) ist niemandem sonst bekannt. Um eine Botschaft M zu übermitteln, sucht der Absender den öffentlichen Schlüssel des Empfängers heraus, benutzt ihn, um die Botschaft zu verschlüsseln, und übermittelt dann die Botschaft. Wir wollen die verschlüsselte Botschaft (Chiffretext) mit $C = P(M)$ bezeichnen. Der Empfänger verwendet seinen privaten Schlüssel für das Entschlüsseln der Botschaft. Damit dieses System funktioniert, müssen zumindest die folgenden Bedingungen erfüllt sein:

(i) $S(P(M)) = M$ für jede Botschaft M.

(ii) Alle Paare (S, P) sind verschieden.

(iii) Die Ableitung von S aus P ist ebenso schwer wie das Entschlüsseln von M ohne Kenntnis des Schlüssels S.

(iv) Sowohl S als auch P lassen sich leicht berechnen.

Die erste Bedingung ist eine grundlegende kryptographische Eigenschaft, die nächsten beiden gewährleisten die Sicherheit und die vierte die praktische Anwendbarkeit des Systems.

Dieses allgemeine Schema wurde 1976 von W. Diffie und M. Hellman angegeben, doch sie verfügten über keine Methode, die allen diesen Bedingungen genügt hätte. Eine derartige Methode wurde bald danach von R. Rivest, A. Shamir und L. Adleman entdeckt. Ihr Schema, das als *RSA-Kryptosystem mit öffentlichen Schlüsseln* bekannt geworden ist, beruht auf arithmetischen Algorithmen, die auf sehr große ganze Zahlen angewandt werden. Der Schlüssel P für die Verschlüsselung ist das Paar ganzer Zahlen (N, p), und der Schlüssel für die Entschlüsselung ist das Paar ganzer Zahlen (N, s), wobei s geheimgehalten wird. Hierfür sollen sehr große Zahlen verwendet werden (typisch wäre etwa, daß N aus 200 Ziffern besteht und p und s aus 100 Ziffern). Die Verfahren der Verschlüsselung und Entschlüsselung sind dann einfach: Zuerst wird die Botschaft in Zahlen zerlegt, die kleiner als N sind (zum Beispiel indem von der binären Zeichenfolge, die der Kodierung der Zeichen der Botschaft entspricht, jedesmal lg N Bits betrachtet werden). Danach werden diese Zahlen unabhängig voneinander zu einer Potenz modulo N erhoben: Um eine Botschaft (bzw. einen Teil einer Botschaft) M zu *verschlüsseln*, berechne man $C = P(M) = M^p \bmod N$, und um einen Chiffretext C zu *entschlüsseln*, berechne man $M = S(C) = C^s \bmod N$. In Kapitel 36 untersuchen wir, wie diese Berechnung erfolgen kann; wiewohl das Rechnen mit aus 200 Ziffern bestehenden Zahlen beschwerlich sein kann, bedeutet die Tatsache, daß wir nur den nach der Division durch N verbleibenden Rest benötigen, daß die Zahlen nicht zu groß werden, auch wenn M^p und C^s selbst außerordentlich große Zahlen sind.

Eigenschaft 23.1 *Im RSA-Kryptosystem kann eine Botschaft in linearer Zeit verschlüsselt werden.*

Für lange Botschaften kann die Länge der Schlüssel-Zahlen als konstant angesehen werden; dies ist ein Implementationsdetail. Weiterhin erfolgt das Erheben einer Zahl in eine Potenz in konstanter Zeit, da die Zahlen eine »konstante« Länge nicht überschreiten dürfen. Diese Argumentation kaschiert natürlich viele bei der Implementation auftretende Probleme, die mit dem Rechnen mit langen Zahlen zusammenhängen; die Kosten dieser Operationen erschweren natürlich die Verbreitung dieses Verfahrens. ∎

Die obige Bedingung (*iv*) ist demzufolge erfüllt, und die Einhaltung von Bedingung (*ii*) kann leicht erreicht werden. Wir müssen noch gewährleisten, daß die Kryptovariablen N, p und s so gewählt werden können, daß sie den Bedingungen (*i*) und (*iii*) genügen. Um das nachzuweisen, wäre eine Darlegung von Problemen aus der Zahlentheorie notwendig, die über den Rahmen dieses Buches hinausgehen würde; wir können jedoch die Grundidee skizzieren. Zuerst ist es erforderlich, drei große (ungefähr 100 Ziffern besitzende) »zufällige« Primzahlen zu erzeugen; die größte ist dann s, und die beiden anderen wollen wir x und y nennen. Dann wird N als das Produkt von x und y gewählt, und p wird so gewählt, daß $ps \bmod (x - 1)(y - 1) = 1$ gilt. Man kann beweisen, daß für derartige N, p und s für alle Botschaften M $M^{ps} \bmod N = M$ gilt.

Zum Beispiel könnte bei Benutzung unserer Standard-Kodierung die Botschaft AT-TACK AT DAWN der aus 28 Ziffern zusammengesetzten Zahl

0120200103110001200004012314

entsprechen, da A der erste Buchstabe (01) im Alphabet ist, T der zwanzigste Buchstabe (20) usw. Damit nun der Umfang des Beispiels klein bleibt, beginnen wir mit einigen zweistelligen Primzahlen (anstatt mit 100-stelligen, wie es gefordert wird): Wir wählen $x = 47$, $y = 79$ und $s = 97$. Diese Werte führen zu $N = 3713$ (dem Produkt von x und y) und $p = 37$ (der einzigen ganzen Zahl, die den Rest 1 liefert, wenn sie mit 97 multipliziert und dann durch 3588 dividiert wird). Um nun die Botschaft zu verschlüsseln, zerlegen wir sie in vier Ziffern lange Teilstücke und erheben diese in die p-te Potenz (modulo N). Dies liefert die verschlüsselte Version

1404293235360001328422802235.

Das heißt, es ist $0120^{37} \equiv 1404$, $2001^{37} \equiv 2932$, $0311^{37} \equiv 3536$ (mod 3713) usw. Der Prozeß der Entschlüsselung ist der gleiche, nur daß s anstelle von p verwendet wird. Somit erhalten wir wieder die ursprüngliche Botschaft, da $1404^{97} \equiv 0120$, $2932^{97} \equiv 2001$ (mod 3713) usw. gilt.

Der wesentliche Teil der erforderlichen Berechnungen entfällt auf die Verschlüsselung der Botschaft, wie in der obigen Eigenschaft 23.1 erörtert wurde. Doch es gibt überhaupt kein Kryptosystem, wenn es nicht möglich ist, die Schlüsselvariablen zu berechnen. Obwohl hierzu sowohl hochentwickelte Hilfsmittel aus der Zahlentheorie als auch relativ ausgeklügelte Programme für die Behandlung großer Zahlen benötigt werden, ist die für die Berechnung der Schlüssel notwendige Zeit meist kleiner als das Quadrat ihrer Länge (und nicht proportional zu ihrer Größe, was unannehmbar wäre).

Eigenschaft 23.2 *Die Schlüssel für das RSA-Kryptosystem können ohne übermäßigen Berechnungsaufwand erzeugt werden.*

Auch hierfür werden gewisse auf der Zahlentheorie beruhende Methoden benötigt, deren Darlegung über den Rahmen dieses Buches hinausgehen würde; es erweist sich, daß jede große Primzahl erzeugt werden kann, indem zuerst eine große Zufallszahl erzeugt wird und dann an dieser Stelle beginnend die folgenden Zahlen testet, bis eine Primzahl gefunden wird. Mit Hilfe einer einfachen Methode kann für eine beliebige Zahl eine Berechnung ausgeführt werden, mit der mit einer Wahrscheinlichkeit von 50% »bewiesen« werden kann, daß die zu prüfende Zahl keine Primzahl ist. (Eine Zahl, die keine Primzahl ist, übersteht 20 Anwendungen dieses Tests in weniger als einem von einer Million Fällen, 30 Anwendungen in weniger als einem von einer Milliarde Fällen.) Der letzte Schritt ist die Berechnung von p; es zeigt sich, daß eine Variante des Euklidischen Algorithmus (siehe Kapitel 2) genau das ist, was gebraucht wird. ∎

Wir erinnern daran, daß der Schlüssel für die Entschlüsselung s (und die Faktoren x und y von N) geheimgehalten werden müssen und daß der Erfolg der Methode davon abhängt, daß der Kryptoanalytiker nicht in der Lage ist, bei gegebenen N und p den

Wert von s zu finden. Nun ist es zwar für unser kleines Beispiel einfach festzustellen, daß 3713 = 47 * 79 ist, doch wenn N eine Zahl mit 200 Stellen ist, gibt es kaum Hoffnung, ihre Faktoren zu finden. Das heißt, daß es schwer zu sein scheint, ausgehend von der Kenntnis von p (und N) s zu berechnen, doch noch niemand konnte *beweisen*, daß dies so ist. Offenbar erfordert die Bestimmung von s aus p die Kenntnis von x und y, und offenbar ist es erforderlich, N in Faktoren zu zerlegen, um x und y zu berechnen. Die Zerlegung von N in Faktoren gilt jedoch als sehr kompliziert: Die besten bekannten Algorithmen für die Zerlegung in Faktoren würden beim gegenwärtigen Stand der Technik Millionen von Jahren benötigen, um eine 200-stellige Zahl in Faktoren zu zerlegen.

Eine günstige Eigenschaft des RSA-Systems besteht darin, daß die komplizierten Berechnungen, die N, p und s betreffen, für jeden Anwender, der sich an dem System beteiligt, nur einmal ausgeführt werden müssen, während die wesentlich häufigeren Operationen der Ver- und Entschlüsselung nur das Zerlegen der Botschaft und die Anwendung der einfachen Prozedur des Potenzierens erfordern. Diese rechnerische Einfachheit macht in der Kombination mit all den Zweckmäßigkeitsmerkmalen, die Kryptosysteme mit öffentlichen Schlüsseln aufweisen, dieses System für sichere Kommunikationen sehr attraktiv, besonders für Computersysteme und Netzwerke.

Die RSA-Methode besitzt ihre Nachteile: Die Prozedur des Potenzierens ist im Vergleich zu kryptographischen Standards ziemlich aufwendig, und - was schlimmer ist - es kann nicht ausgeschlossen werden, daß es doch möglich ist, unter Benutzung dieser Methode verschlüsselte Botschaften zu knacken. Dies gilt für viele Kryptosysteme: Ein kryptographisches Verfahren muß ernsthaften kryptoanalytischen Angriffen standhalten, bevor es ohne Bedenken benutzt werden kann.

Für die Implementation von Kryptosystemen mit öffentlichen Schlüsseln wurden einige weitere Methoden vorgeschlagen. Einige der interessantesten davon hängen mit einer wichtigen Klasse von Problemen zusammen, die im allgemeinen als sehr schwierig gelten (obwohl dies nicht mit Sicherheit bekannt ist) und die wir in Kapitel 45 erörtern werden. Diese Kryptosysteme haben die interessante Eigenschaft, daß ein erfolgreicher Angriff Einblicke vermitteln könnte, wie bestimmte bekannte, schwierige, ungelöste Probleme gelöst werden könnten (wie im Falle der Zerlegung in Faktoren bei der RSA-Methode). Diese Verbindung zwischen der Kryptologie und grundlegenden Forschungsgegenständen der Informatik hat zusammen mit den potentiellen Möglichkeiten einer breiten Anwendung der Kryptographie mit öffentlichen Schlüsseln bewirkt, daß auf diesem Gebiet gegenwärtig aktive Forschungsarbeit geleistet wird.

Übungen

1. Entschlüsseln Sie die folgende Botschaft, die mit Hilfe einer Vigenere-Chiffre unter Benutzung des Musters CAB (so oft wie nötig wiederholt) als Schlüssel verschlüsselt wurde (für ein Alphabet mit 27 Buchstaben, mit dem Leerzeichen vor dem A): DOBHBUAASXFZWJQQ.
2. Welche Tabelle sollte benutzt werden, um Botschaften zu *entschlüsseln*, die unter Benutzung der Methode der Substitution mittels Tabelle verschlüsselt wurden?
3. Es werde angenommen, daß eine Vigenere-Chiffre mit einem zwei Zeichen umfassenden Schlüssel benutzt wird, um eine relativ lange Botschaft zu verschlüsseln. Schreiben Sie ein Programm für die Herleitung des Schlüssels, das auf der Annahme beruht, daß die Häufigkeit des Auftretens jedes Zeichens an ungeraden Positionen ungefähr gleich der Häufigkeit des Auftretens jedes Zeichens an den geraden Positionen ist.
4. Schreiben Sie einander entsprechende Ver- und Entschlüsselungsprozeduren, die die XOR-Operation zur Verknüpfung einer binären Version der Botschaft mit einer binären Folge von einem der linearen Kongruenz-Zufallszahlengeneratoren aus Kapitel 35 benutzen.
5. Schreiben Sie ein Programm zur Entschlüsselung der in der vorangegangenen Übung angegebenen Methode unter der Annahme, daß bekannt ist, daß die ersten 10 Zeichen der Botschaft Leerzeichen sind.
6. Könnte man Klartext verschlüsseln, indem man ihn (Bit für Bit) mit dem Schlüssel UND-verknüpft? Erklären Sie, warum oder warum nicht.
7. Ist folgende Behauptung wahr oder falsch? Die Kryptographie mit öffentlichen Schlüsseln macht es einfach, die gleiche Botschaft an mehrere unterschiedliche Empfänger zu senden. Erläutern Sie Ihre Antwort.
8. Was ergibt $P(S(M))$ für die RSA-Methode für die Kryptographie mit öffentlichen Schlüsseln?
9. RSA-Kodierung kann die Berechnung von M^n erfordern, wobei M eine k-stellige Zahl sein könnte, die zum Beispiel in einem Feld aus k ganzen Zahlen dargestellt ist. Wieviel Operationen wären für diese Berechnung etwa erforderlich?
10. Implementieren Sie Ver- und Entschlüsselungsprozeduren für die RSA-Methode (unter der Annahme, daß s, p und N gegeben und in Feldern von ganzen Zahlen der Größe 25 dargestellt sind).

Literatur für Verarbeitung von Zeichenfolgen

Die besten Referenzen für weitere Informationen zu vielen der Themen, die in den Kapiteln dieses Abschnitts behandelt wurden, sind die Original-Literaturstellen. Der Artikel von Knuth, Morris und Pratt von 1977, der Artikel von Boyer und Moore von 1977 und der Artikel von Karp und Rabin von 1981 bilden die Grundlage für einen großen Teil des im Kapitel 19 dargelegten Materials. Der Artikel von Thompson von 1968 ist die Grundlage für den Algorithmus für die Musteranpassung für reguläre Ausdrücke aus den Kapiteln 20 und 21. Der Artikel von Huffman aus dem Jahre 1952 ist immer noch interessant zu lesen, auch wenn er älter ist als viele der hier dargelegten algorithmischen Überlegungen. Rivest, Shamir und Adleman beschreiben die Implementation und Anwendungen ihres Kryptosystems mit öffentlichen Schlüsseln vollständig in ihrem Artikel von 1978.

Das Buch von Standish ist eine gute allgemeine Quelle für viele der Themen, die in diesen Kapiteln behandelt wurden, insbesondere in den Kapiteln 19, 22 und 23. Das Buch behandelt auch einige Darstellungen und grundlegende praktische Algorithmen, auf die hier nicht eingegangen wurde.

Syntaxanalyse und Kompilierung werden von vielen als das Kernstück der Informatik angesehen; wir haben eine Verbindung zu Algorithmen untersucht, doch ihre Beziehung zu Programmiersprachen, theoretischer Informatik und anderen Gebieten ist sicher noch wichtiger. Viele algorithmische Fragen sind gleichfalls sehr gründlich untersucht worden. Das Standardwerk zu diesem Thema ist das Buch von Aho, Sethi und Ullman.

Aus offensichtlichen Gründen ist die öffentlich zugängliche Literatur über Kryptographie nicht umfangreich, jedoch können viele Hintergrundinformationen zu diesem Thema in den Büchern von Kahn und Konheim gefunden werden.

A. V. Aho, R. Sethi und J. D. Ullman, *Compilers: Principles, Techniques, Tools*, Addison-Wesley, Reading, MA, 1986.

R. S. Boyer und J. S. Moore, »A fast string searching algorithm«, *Communications of the ACM*, **20**, 10 (Oktober 1977).

D. A. Huffman, »A method for the construction of minimum-redundancy codes«, *Proceedings of the IRE*, **40** (1952).

D. Kahn, *The Codebreakers*, Macmillan, New York, 1967.

R. M. Karp und M. O. Rabin, »Efficient Randomized Pattern-Matching Algorithms«, Technical Report TR-31-81, Aiken Comput. Lab., Harvard U., Cambridge, MA, 1981.

D. E. Knuth, J. H. Morris und V. R. Pratt, »Fast pattern matching in strings«, *SIAM Journal on Computing*, **6**, 2 (Juni 1977).

A. G. Konheim, *Cryptography: A Primer*, John Wiley & Sons, New York, 1981.

R. L. Rivest, A. Shamir und L. Adleman, »A method for obtaining digital signatures and public-key cryptosystems«, *Communications of the ACM*, **21**, 2 (Februar 1978).

T. A. Standish, *Data Structure Techniques*, Addison-Wesley, Reading, MA, 1980.

K. Thompson, »Regular expression search algorithm«, *Communications of the ACM*, **11**, 6 (Juni 1968).

Geometrische Algorithmen

Kapitel 24

Elementare geometrische Methoden

Computer werden in steigendem Maße zur Lösung von umfangreichen Problemen geometrischer Natur eingesetzt. Geometrische Objekte wie Punkte, Linien und Polygone sind die Grundlage für ein breites Spektrum wichtiger Anwendungen und führen zu einer interessanten Gruppe von Problemen und Algorithmen.

Geometrische Algorithmen sind für die Entwicklung und Analyse von Systemen von Bedeutung, mit denen physikalische Objekte modelliert werden, von Gebäuden und Autos bis hin zu VLSI-Schaltungen. Ein Konstrukteur, der mit einem physikalischen Objekt arbeitet, hat eine geometrische Intuition, die sich schwer auf eine computerisierte Darstellung übertragen läßt. Viele andere Anwendungen erfordern unmittelbar die Verarbeitung geometrischer Daten. Zum Beispiel ist ein politisches »Wahlbetrugs«-Schema zur Aufteilung eines Regierungsbezirks in Wahlkreise mit gleicher Bevölkerungszahl (in der Weise, daß noch andere Kriterien erfüllt sind, wie etwa, daß die meisten Mitglieder der anderen Partei auf einem Gebiet konzentriert werden) ein komplizierter geometrischer Algorithmus. Weitere Anwendungen sind in großer Zahl in der Mathematik und in der Statistik zu finden, Gebieten, in denen viele Probleme in natürlicher Weise zu einer geometrischen Darstellung führen.

Bei der Mehrzahl der Algorithmen, die wir betrachtet haben, wurden Text und Zahlen verwendet, die in den meisten Programmiersystemen auf natürliche Art dargestellt und verarbeitet werden. Tatsächlich sind die benötigten elementaren Operationen in den meisten Computersystemen hardwaremäßig implementiert. Wir werden sehen, daß die Situation bei geometrischen Problemen anders ist: Selbst die einfachsten Operationen mit Punkten und Linien können mittels Computer schwer realisierbar sein.

Geometrische Probleme lassen sich leicht veranschaulichen, doch das kann störend sein. Viele Probleme, die jemand sofort lösen kann, der ein Stück Papier betrachtet (Beispiel: Befindet sich ein gegebener Punkt innerhalb eines gegebenen Polygons?), erfordern nichttriviale Programme. Für kompliziertere Probleme kann sich (wie bei vielen anderen Anwendungen) das für eine Implementation geeignete Lösungsverfahren durchaus stark von der für einen Menschen geeigneten Lösungsmethode unterscheiden.

Aufgrund der konstruktiven Natur der antiken Geometrie und weiten Verbreitung nützlicher Anwendungen könnte man annehmen, daß geometrische Algorithmen auf eine lange Geschichte zurückblicken können; in Wirklichkeit ist ein großer Teil der Arbeit auf diesem Gebiet erst in jüngster Vergangenheit geleistet worden. Trotzdem ist die Arbeit von Mathematikern der Antike oft von Nutzen für die Entwicklung von Algorithmen für moderne Computer. Die Untersuchung der geometrischen Algorithmen ist deshalb interessant, weil ein starker historischer Zusammenhang vorliegt, weil immer noch neue grundlegende Algorithmen entwickelt werden und weil viele wichtige umfangreiche Anwendungen diese Algorithmen erfordern.

Punkte, Linien und Polygone

Die Mehrzahl der Programme, die wir untersuchen wollen, operiert mit einfachen geometrischen Objekten, die in einem zweidimensionalen Raum definiert sind (obwohl wir auch einige Algorithmen für höhere Dimensionen betrachten werden). Das grundlegende Objekt ist der *Punkt*, den wir als ein Paar ganzer Zahlen ansehen: die »Koordinaten« des Punktes im üblichen kartesischen System. Eine *Linie* ist ein Paar von Punkten, von denen wir annehmen, daß sie durch einen geraden Linienabschnitt (d. h. eine Strecke) miteinander verbunden sind. Ein *Polygon* ist eine Liste von Punkten: Wir nehmen an, daß aufeinanderfolgende Punkte durch Linien miteinander verbunden sind und daß der erste Punkt mit dem letzten verbunden ist, so daß eine geschlossene Figur entsteht.

Um mit diesen geometrischen Objekten arbeiten zu können, müssen wir festlegen, wie wir sie darstellen wollen. Gewöhnlich benutzen wir für Polygone eine Darstellung als Feld, obwohl eine verkettete Liste oder eine andere Darstellungsform verwendet werden kann, wenn dies zweckmäßiger ist. Die meisten unserer Programme benutzen die sehr einfachen Darstellungen:

```
struct point { int x, y; char c; };
struct line { struct point p1, p2; };
struct point polygon[Nmax];
```

Beachten Sie, daß Punkte auf ganzzahlige Koordinaten beschränkt sind. Eine Gleitkomma-Darstellung könnte gleichfalls benutzt werden. Die Verwendung ganzzahliger Koordinaten führt zu etwas einfacheren und effizienteren Algorithmen und ist keine so starke Einschränkung, wie es scheinen könnte. Wie in Kapitel 2 erwähnt wurde, können bei vielen Computersystemen ganz erhebliche Zeiteinsparungen erzielt werden, wenn nach Möglichkeit mit ganzen Zahlen gearbeitet wird, da Operationen mit ganzen Zahlen gewöhnlich viel effizienter sind als Operationen mit Gleitkommazahlen. Wenn es daher ausreichend ist, nur mit ganzen Zahlen zu operieren, ohne daß dadurch zusätzliche Komplikationen auftreten, werden wir dies tun.

Kompliziertere geometrische Objekte werden wir mit Hilfe dieser elementaren Komponenten darstellen. Zum Beispiel stellen wir Polygone als Felder von Punkten dar.

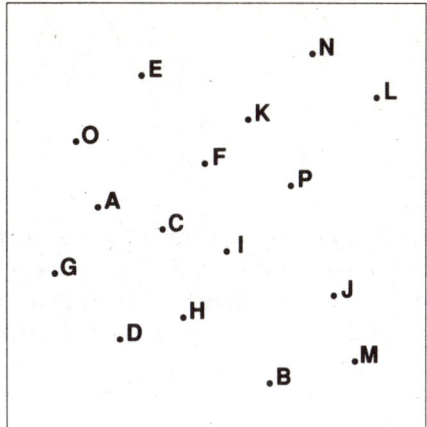 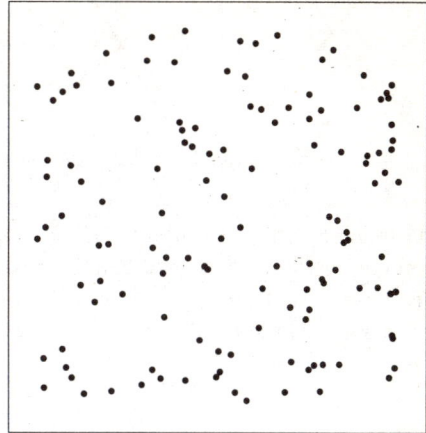

Abbildung 24.1 Beispiele von Punktmengen für geometrische Algorithmen.

Beachten Sie, daß die Verwendung von Feldern von `Linien` dazu führen würde, daß jeder Punkt im Polygon zweimal aufgenommen würde (obwohl dies für manche Algorithmen trotzdem die natürliche Darstellungsweise sein könnte). Ebenso ist es bei manchen Anwendungen von Nutzen, mit jedem Punkt oder jeder Linie verknüpfte zusätzliche Informationen mit aufzunehmen; dies läßt sich realisieren, indem den Records ein Feld `info` angefügt wird.

Wir wollen die in Abbildung 24.1 dargestellten Punktmengen verwenden, um die Arbeitsweise verschiedener geometrischer Algorithmen zu veranschaulichen. Die sechzehn Punkte auf der linken Seite sind jeweils mit einem Buchstaben markiert, um bei der Erläuterung der Beispiele auf sie Bezug nehmen zu können; sie haben die ganzzahligen Koordinaten, die in Abbildung 24.2 angegeben sind. (Die Buchstaben, die wir benutzen, wurden in der Reihenfolge zugewiesen, in der wir die Punkte in der Eingabe erwarten.) In den Programmen gibt es gewöhnlich keinen Grund, Punkte mittels ihres Namens zu referieren; sie werden einfach in einem Feld gespeichert, und die Bezugnahme erfolgt über deren Index. Die Reihenfolge, in der die Punkte im Feld erscheinen, kann in manchen der Programme von Bedeutung sein; tatsächlich ist es das Ziel einiger geometrischer Algorithmen, die Punkte in einer bestimmten Reihenfolge zu »sortieren«. Auf der rechten Seite von Abbildung 24.1 befinden sich 128 zufällig erzeugte Punkte mit ganzzahligen Koordinaten zwischen 0 und 1000.

	A	B	C	D	E	F	G	H	I	J	K	L	M	N	O	P
x	3	11	6	4	5	8	1	7	9	14	10	16	15	13	3	12
y	9	1	8	3	15	11	6	4	7	5	13	14	2	16	12	10

Abbildung 24.2 Koordinaten der Punkte in dem kleinen Beispiel einer Punktmenge *(Abbildung 24.1 links).*

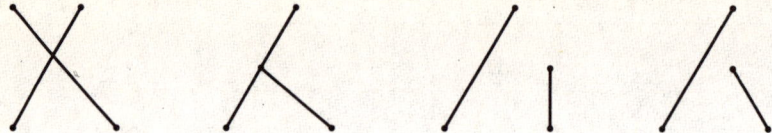

Abbildung 24.3 Überprüfen, ob Strecken sich schneiden: vier Fälle.

Ein typisches Programm enthält ein Feld p von Punkten und liest einfach N Paare ganzer Zahlen ein, wobei es das erste Paar den Koordinaten x und y von p[1] zuweist, das zweite Paar dem Punkt p[2] usw. Wenn *p* ein Polygon darstellt, ist es manchmal zweckmäßig, »Marken«-Werte p[0] = p[N] und p[N+1] = p[1] zu verwenden.

Schnitt von Strecken

Als unser erstes elementares geometrisches Problem betrachten wir die Untersuchung, ob sich zwei gegebene Strecken schneiden oder nicht. Abbildung 24.3 veranschaulicht einige der Situationen, die eintreten können. Im ersten Fall schneiden sich die Strecken. Im zweiten Fall befindet sich der Endpunkt der einen Strecke auf der anderen Strecke; wir wollen das als Schnitt betrachten, indem wir die Strecken als »abgeschlossen« annehmen (die Endpunkte sind Bestandteil der Strecken); Strecken, die einen Endpunkt gemeinsam haben, schneiden sich demzufolge auch. In den beiden letzten Fällen in Abbildung 24.3 schneiden sich die Strecken nicht, doch die Fälle unterscheiden sich durch den Schnittpunkt der Geraden, die durch die Strecken definiert sind. Im vierten Fall befindet sich dieser Schnittpunkt auf einer der Strecken, im dritten Fall nicht. Weiterhin könnten die Geraden parallel sein (ein häufig auftretender Spezialfall ist, daß eine Strecke oder beide zu einem Punkt entarten).

Der direkte Weg zur Lösung dieses Problems besteht darin, den Schnittpunkt der Geraden zu ermitteln, die durch die Strecken definiert sind, und dann zu prüfen, ob dieser Schnittpunkt zwischen den Endpunkten beider Strecken liegt. Ein anderes einfaches Verfahren beruht auf einem Hilfsmittel, das uns später noch von Nutzen sein wird, weshalb wir es ausführlicher betrachten wollen: Für drei gegebene Punkte möchten wir wissen, ob wir uns, wenn wir vom ersten zum zweiten und dann zum dritten gehen, gegen den Uhrzeigersinn bewegen oder nicht (also im Uhrzeigersinn). Zum Beispiel lautet für die Punkte A, B und C in Abbildung 24.1 die Antwort »ja«, für die Punkte A, B und D lautet sie dagegen »nein«. Diese Funktion läßt sich aus den Geradengleichungen sehr leicht wie folgt berechnen:

```
int ccw(struct point p0,
        struct point p1,
        struct point p2 )
  {
    int dx1, dx2, dy1, dy2;
```

```
      dx1 = p1.x - p0.x; dy1 = p1.y - p0.y;
      dx2 = p2.x - p0.x; dy2 = p2.y - p0.y;
      if (dx1*dy2 > dy1*dx2) return +1;
      if (dx1*dy2 < dy1*dx2) return -1;
      if ((dx1*dx2 < 0) || (dy1*dy2 < 0)) return -1;
      if ((dx1*dx1+dy1*dy1) < (dx2*dx2+dy2*dy2))
                                          return +1;
      return 0;
    }
```

Um zu verstehen, wie das Programm abläuft, nehmen wir zunächst an, daß die Größen dx1, dx2, dy1 und dy2 alle positiv sind. Dann bemerken wir, daß die Steigung der p0 und p1 verbindenden Geraden dy1/dx1 ist, und daß die Steigung der p0 und p2 verbindenden Geraden dy2/dx2 ist. Nun ist, falls die Steigung der zweiten Geraden größer ist als die Steigung der ersten, eine »linke« (gegen den Uhrzeigersinn erfolgende) Drehung erforderlich, um von p0 über p1 zu p2 zu gelangen; falls er kleiner ist, ist eine »rechte« (im Uhrzeigersinn erfolgende) Drehung notwendig. Der direkte Vergleich von Geradensteigungen im Programm ist etwas unbequem, da die Geraden vertikal sein könnten (dx1 oder dx2 könnte 0 sein); wir multiplizieren mit dx1*dx2, um diese Schwierigkeit zu umgehen. Es erweist sich, daß die Steigungen nicht positiv sein müssen, damit dieser Test richtig funktioniert; die Überprüfung dieser Tatsache wird dem Leser als nützliche Übung überlassen.

Die obige Beschreibung enthält jedoch eine weitere wesentliche Auslassung: Sie läßt alle Fälle unberücksichtigt, in denen die Steigungen gleich sind (wenn die drei Punkte kollinear sind). In diesen Situationen kann man mehrere Möglichkeiten ins Auge fassen, wie man ccw definieren könnte. Wir wählen die Funktion als dreiwertig: Standard-Werte "ungleich null" oder "null" benutzen wir 1 und -1, wobei wir den Wert 0 für den Fall reservieren, daß sich p2 *auf* der Strecke *zwischen* p0 und p1 befindet. Falls die Punkte kollinear sind und p0 zwischen p2 und p1 liegt, nehmen wir für ccw den Wert -1; falls p2 zwischen p0 und p1 liegt, nehmen wir für ccw den Wert 0; falls p1 zwischen p0 und p2 liegt, nehmen wir für ccw den Wert 1. Wir werden sehen, daß diese Vereinbarung in diesem und im folgenden Kapitel die Programmierung von Funktionen vereinfacht, die ccw benutzen.

Damit erhalten wir sofort eine Implementation der Funktion intersect (Schnitt). Falls die beiden Endpunkte jeder Strecke sich auf verschiedenen »Seiten« der anderen Strecke befinden (verschiedene ccw-Werte haben), müssen sich die Strecken schneiden:

```
  int intersect(struct line l1, struct line l2)
    {
      return ((ccw(l1.p1, l1.p2, l2.p1)
            *ccw(l1.p1, l1.p2, l2.p2)) <= 0)
        && ((ccw(l2.p1, l2.p2, l1.p1)
            *ccw(l2.p1, l2.p2, l1.p2)) <= 0);
    }
```

Diese Lösung scheint für ein derart einfaches Problem einen erheblichen Rechenaufwand zu erfordern. Der Leser sollte versuchen, eine einfachere Lösung zu finden, dabei jedoch darauf achten, daß die Lösung wirklich für alle Fälle geeignet ist. Falls zum Beispiel alle vier Punkte kollinear sind, gibt es sechs verschiedene Fälle (Situationen, wo Punkte zusammenfallen, nicht mitgerechnet), von denen nur vier einem Schnitt entsprechen. Spezialfälle dieser Art sind ein generelles Problem geometrischer Algorithmen; sie lassen sich nicht vermeiden, doch wir können mit Grundelementen von der Art von ccw ihren Einfluß abschwächen.

Wenn viele Strecken betrachtet werden, wird die Situation wesentlich schwieriger. Im Kapitel 27 lernen wir einen komplizierten Algorithmus kennen, mit dessen Hilfe bestimmt werden kann, ob sich je zwei Strecken aus einer Menge von N Strecken schneiden.

Einfacher geschlossener Pfad

Um ein Gefühl für die Probleme zu bekommen, die mit Punktmengen zusammenhängen, betrachten wir das Problem einen Pfad durch eine Menge von N gegebenen Punkten zu finden, der sich nicht selbst überschneidet, alle Punkte berührt und zum Anfangspunkt zurückführt. Ein solcher Pfad wird *einfacher geschlossener Pfad* genannt. Man kann sich viele Anwendungen hierfür vorstellen: Die Punkte könnten Häuser darstellen und der Pfad die Route, die ein Postbote wählen könnte, um jedes der Häuser aufzusuchen, ohne daß sich sein Pfad überkreuzt. Oder es könnte sein, daß wir nach einem einfachen Verfahren suchen, wie die Punkte unter Verwendung eines Plotters gezeichnet werden könnten. Dieses Problem ist elementar, da lediglich nach irgendeinem geschlossenen Pfad gefragt wird, der die Punkte verbindet. Das Problem

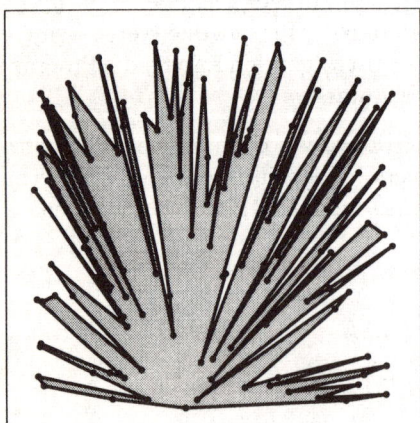 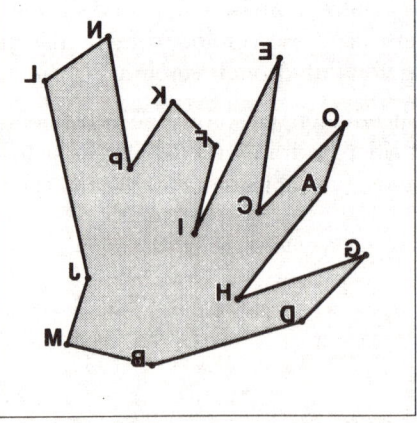

Abbildung 24.4 Einfache geschlossene Pfade.

der Bestimmung des besten derartigen Pfades, das das *Problem des Handelsreisenden* (traveling salesman problem) genannt wird, ist viel, viel komplizierter, und wir betrachten es in den letzten Kapiteln dieses Buches etwas ausführlicher. Im folgenden Kapitel betrachten wir ein ähnlich gelagertes, doch wesentlich einfacheres Problem: die Bestimmung des kürzesten Pfades, der eine Menge von N gegebenen Punkten umschließt. In Kapitel 31 werden wir sehen, wie man den besten Pfad finden kann, um eine Menge von Punkten zu »verbinden«.

Ein sich anbietender einfacher Weg zur Lösung des elementaren Problems ist folgender. Wähle einen der Punkte aus, der als »Anker« dienen soll. Berechne dann den Winkel von jedem der Punkte aus der Menge über den Anker und zur Waagerechten (dies ist ein Bestandteil der Polarkoordinaten des jeweiligen Punktes mit dem als Anker dienenden Punkt als Ursprung). Sortiere dann die Punkte entsprechend diesem Winkel. Verbinde schließlich benachbarte Punkte. Das Ergebnis ist ein einfacher geschlossener Pfad, der die Punkte verbindet, wie es in Abbildung 24.4 für die Punkte aus Abbildung 24.1 dargestellt ist. Für die kleine Punktmenge wird B als Anker benutzt; wenn die Punkte in der Reihenfolge

B M J L N P K F I E C O A H G D B

besucht werden, wird ein einfaches geschlossenes Polygon gezeichnet.

Falls dx und dy die Abstände von dem als Anker verwendeten Punkt zu einem anderen Punkt längs der x-Achse bzw. y-Achse bezeichnen, so ist der in diesem Algorithmus benötigte Winkel $\tan^{-1} dy/dx$. Obwohl der Arkustangens in C (und einigen anderen Programmierumgebungen) eine Standardfunktion ist, ist er gewöhnlich langsam und führt zu wenigstens zwei lästigen zusätzlichen Bedingungen, die überprüft werden müssen: ob dx gleich 0 ist und in welchem Quadrant der Punkt liegt. Da der Winkel in diesem Algorithmus nur für das Sortieren benutzt wird, ist es sinnvoll, eine Funktion zu benutzen, die sich wesentlich leichter berechnen läßt, jedoch die gleichen ordnenden Eigenschaften hat wie der Arkustangens (so daß wir beim Sortieren das gleiche Ergebnis erhalten). Ein guter Kandidat für eine solche Funktion ist einfach $dy/(dy + dx)$. Ein Test für Ausnahmebedingungen ist trotzdem noch notwendig, doch einfacher. Das folgende Programmsegment gibt eine Zahl zwischen 0 und 360 zurück, die *nicht* gleich dem Winkel ist, den p1 und p2 mit der Waagerechten bilden, die jedoch die gleichen Ordnungseigenschaften wie dieser Winkel besitzt.

```
float theta(struct point p1, struct point p2)
  {
    int dx, dy, ax, ay;
    float t;
    dx = p2.x - p1.x; ax = abs(dx);
    dy = p2.y - p1.y; ay = abs(dy);
    t = (ax+ay == 0) ? 0 : (float) dy/(ax+ay);
    if (dx < 0) t = 2-t; else if (dy < 0) t = 4+t;
    return t*90.0;
  }
```

In manchen Programmierumgebungen lohnt es sich möglicherweise nicht, solche Funktionen anstelle der standardmäßigen trigonometrischen Funktionen zu verwenden; in anderen können sie zu beträchtlichen Einsparungen führen. (In manchen Fällen kann es sich lohnen, theta so zu ändern, daß ein ganzzahliger Wert vorliegt, um die Benutzung von Gleitkommazahlen vollständig zu vermeiden.)

Enthaltensein in einem Polygon

Das nächste Problem, das wir betrachten wollen, ist von natürlicher Art: Gegeben seien ein Punkt und ein Polygon, das als Feld von Punkten dargestellt ist; es ist zu bestimmen, ob der Punkt innerhalb oder außerhalb des Polygons liegt. Eine einfache Lösung für dieses Problem bietet sich sofort an: Man zeichne eine in diesem Punkt beginnende, eine beliebige Richtung besitzende Strecke (die so lang ist, daß ihr anderer Endpunkt garantiert außerhalb des Polygons liegt) und zähle die zum Polygon gehörenden Linien, die sie schneidet. Falls die Anzahl ungerade ist, muß der Punkt innerhalb des Polygons liegen; wenn sie gerade ist, liegt er außerhalb. Dies läßt sich leicht einsehen, wenn man überlegt, was passiert, wenn wir von dem außerhalb des Polygons gelegenen Endpunkt zurückkommen: Nach der ersten Linie befinden wir uns innerhalb des Polygons, nach der zweiten außerhalb usw. Wenn wir dies eine gerade Anzahl Male wiederholen, muß sich der Punkt, zu dem wir am Ende gelangen (der ursprünglich gegebene Punkt), außerhalb des Polygons befinden.

Die Situation ist jedoch nicht ganz so einfach, da manche Schnitte unmittelbar an den Ecken des gegebenen Polygons erfolgen könnten. Abbildung 24.5 zeigt einige der Situationen, die behandelt werden müssen. Die erste ist ein einfacher Fall vom Typ »außerhalb«, die zweite ein einfacher Fall vom Typ »innerhalb«; in der dritten Situation verläßt die Testlinie das Polygon an einer Ecke (nachdem sie zwei andere Ecken berührt hat), und in der vierten fällt sie mit einer Seite des Polygons zusammen, bevor sie dieses verläßt. In manchen Fällen, in denen die Testlinie eine Ecke schneidet, sollte dies als ein Schnitt mit dem Polygon zählen, in anderen Fällen sollte es als kein Schnitt (oder zwei Schnitte) zählen. Der Leser könnte versuchen, vor dem Weiterlesen einen einfachen Test zur Unterscheidung dieser Fälle zu finden.

Die Notwendigkeit zur Behandlung der Fälle, in denen Ecken des Polygons auf der Testlinie liegen, zwingt uns, mehr zu tun, als nur die Strecken im Polygon zu zählen, die die Testlinie schneiden. Im wesentlichen wollen wir das Polygon umfahren und

Abbildung 24.5 *Fälle, die durch einen Algorithmus »Punkt im Polygon« behandelt werden müssen.*

einen Zähler jedesmal dann inkrementieren, wenn wir von einer Seite der Teststrecke auf die andere gelangen. Eine Möglichkeit, dies zu implementieren, besteht darin, wie im folgenden Programm auf der Testlinie liegende Punkte einfach zu ignorieren;

```
int inside(struct point t, struct point p[], int N)
  {
    int i, count = 0, j = 0;
    struct line lt,lp;
    p[0] = p[N]; p[N+1] = p[1];
    lt.p1 = t; lt.p2 = t; lt.p2.x = INT_MAX;
    for (i = 1; i <= N; i++)
      {
        lp.p1= p[i]; lp.p2 = p[i];
        if (!intersect(lp,lt))
          {
            lp.p2 = p[j]; j = i;
            if (intersect(lp,lt)) count++;
          }
      }
    return count & 1;
  }
```

Dieses Programm verwendet zur Vereinfachung der Berechnung eine waagerechte Testlinie (man stelle sich die Diagramme in Abbildung 24.5 um 45 Grad gedreht vor). Die Variable j wird für den Index des letzten Punktes des Polygons verwendet, von dem bekannt ist, daß er nicht auf der Testlinie liegt. Das Programm nimmt an, daß p[1] der Punkt mit der kleinsten x-Koordinate unter allen Punkten mit der kleinsten y-Koordinate ist, so daß, wenn p[1] auf der Testlinie liegt, dies bei p[0] nicht der Fall sein kann. Das gleiche Polygon kann mittels N verschiedener Felder p dargestellt werden, doch wie durch dieses Programm veranschaulicht wird, ist es manchmal zweckmäßig, gewisse Regeln für p[1] festzulegen. (Zum Beispiel ist die gleiche Regel für p[1] als »Anker« für die oben vorgeschlagene Prozedur zur Berechnung eines einfachen geschlossenen Polygons von Nutzen.) Falls sich der nächste Punkt im Polygon, der nicht auf der Testlinie liegt, auf der gleichen Seite der Testlinie befindet wie der j-te Punkt, so brauchen wir den Zähler der Schnitte (count) nicht zu inkrementieren; andernfalls liegt ein Schnitt vor. Der Leser mag sich davon überzeugen, daß dieser Algorithmus für die in Abbildung 24.5 dargestellten Fälle korrekt abläuft.

Falls das Polygon nur drei oder vier Seiten hat, wie es in vielen Anwendungen der Fall ist, ist ein derart komplexes Programm nicht erforderlich; in solchen Fällen ist eine einfachere Prozedur angebracht, die auf Aufrufen von ccw beruht. Ein anderer wichtiger Spezialfall ist das *konvexe Polygon*, das im folgenden Kapitel untersucht wird; es besitzt die Eigenschaft, daß keine Testlinie mehr als zwei Schnitte mit dem Polygon haben kann. In diesem Fall kann eine Prozedur von der Art der binären Suche benutzt werden, um in $O(\log N)$ Schritten zu bestimmen, ob ein Punkt sich innerhalb des Polygons befindet oder nicht.

Ausblick

Aus den wenigen angeführten Beispielen sollte deutlich werden, daß man die Schwierigkeit der Lösung geometrischer Probleme mit Hilfe eines Computers leicht unterschätzen kann. Es gibt viele andere elementare geometrische Berechnungen, die wir überhaupt nicht behandelt haben. Zum Beispiel stellt ein Programm zur Berechnung der Fläche eines Polygons eine interessante Übung dar. Die betrachteten Probleme haben uns jedoch einige grundlegende Werkzeuge in die Hand gegeben, die in späteren Abschnitten für die Lösung der komplizierteren Probleme von Nutzen sein werden.

Einige der zu untersuchenden Algorithmen betreffen die Erzeugung geometrischer Strukturen aus einer gegebenen Menge von Punkten. Das einfache geschlossene Polygon ist ein elementares Beispiel hierfür. Wir werden Entscheidungen hinsichtlich geeigneter Darstellungen für solche Strukturen treffen, Algorithmen für ihre Erzeugung entwickeln und ihren Nutzen in speziellen Anwendungsfällen untersuchen müssen. In der Regel sind diese Überlegungen miteinander verflochten. Zum Beispiel hängt der in der Prozedur `inside` im vorliegenden Kapitel verwendete Algorithmus in entscheidendem Maße von der Darstellung des Polygons als geordneter Punktmenge ab (statt als ungeordneter Menge von Linien).

Viele der von uns zu betrachtenden Algorithmen erfordern *geometrische Suche*: Wir möchten wissen, welche Punkte aus einer gegebenen Menge nahe bei einem gegebenen Punkt liegen, welche Punkte in ein gegebenes Rechteck fallen oder welche Punkte den geringsten Abstand voneinander haben. Viele der für solche Suchprobleme geeigneten Algorithmen stehen in engem Zusammenhang mit den in den Kapiteln 14-17 untersuchten Suchalgorithmen. Die Parallelen werden sehr deutlich sein.

Wenige geometrische Algorithmen sind so eingehend untersucht worden, daß genaue Aussagen über ihre jeweiligen Leistungsmerkmale möglich sind. Wie wir bereits gesehen haben, kann die Laufzeit eines geometrischen Algorithmus von vielen Faktoren abhängen. Die Verteilung der Punkte selbst, die Reihenfolge, in der sie vorliegen, und die Frage, ob trigonometrische Funktionen benutzt werden, können alle einen beträchtlichen Einfluß auf die Laufzeit geometrischer Algorithmen haben. Wir haben jedoch, wie gewöhnlich in solchen Situationen, empirische Nachweise, aus denen sich die Eignung bestimmter Algorithmen für spezielle Anwendungen ergibt. Außerdem wurden viele der Algorithmen aus Komplexitätsuntersuchungen abgeleitet und mit dem Ziel einer guten Leistungsfähigkeit im ungünstigsten Fall entwickelt.

Übungen

1. Geben Sie den Wert von `ccw` für die drei Fälle an, daß zwei der Punkte identisch sind (und der dritte von ihnen verschieden ist), und für den Fall, daß alle drei Punkte identisch sind.
2. Geben Sie einen schnellen Algorithmus an, mit dem ohne Verwendung von Divisionen bestimmt werden kann, ob zwei Strecken parallel sind.
3. Geben Sie einen schnellen Algorithmus an, mit dem ohne Verwendung von Divisionen bestimmt werden kann, ob vier Strecken ein Quadrat bilden.
4. Gegeben sei ein Feld von `Linien`; wie würden Sie testen, ob sie ein einfaches geschlossenes Polygon bilden?
5. Zeichnen Sie die einfachen geschlossenen Polygone, die sich ergeben, wenn A, C und D in Abbildung 24.1 in dem in diesem Kapitel beschriebenen Verfahren als »Anker« benutzt werden.
6. Angenommen, wir benutzen in dem in diesem Kapitel beschriebenen Verfahren einen beliebigen Punkt als »Anker« zur Berechnung eines einfachen geschlossenen Polygons. Geben Sie Bedingungen an, denen ein solcher Punkt genügen muß, damit das Verfahren funktioniert.
7. Was gibt die Funktion `intersect` zurück, wenn sie mit zwei Kopien der gleichen Strecke aufgerufen wird?
8. Betrachtet `inside` eine Ecke des Polygons als innerhalb oder außerhalb des Polygons befindlich?
9. Welches ist der maximale Wert, den `count` erreichen kann, wenn `inside` für ein Polygon mit N Ecken ausgeführt wird? Geben Sie ein Beispiel an, das Ihre Antwort bestätigt.
10. Schreiben Sie ein effizientes Programm, mit dem bestimmt werden kann, ob sich ein gegebener Punkt innerhalb eines gegebenen Vierecks befindet.

Kapitel 25

Bestimmung der konvexen Hülle

Wenn wir eine große Anzahl von Punkten zu verarbeiten haben, interessieren uns oft die äußeren Grenzen der Punktmenge. Wer eine Darstellung einer in der Ebene gezeichneten Menge von Punkten betrachtet, hat wenig Mühe, die im »Inneren« der Punktmenge gelegenen Punkte von den am Rande gelegenen zu unterscheiden. Diese Unterscheidung ist eine grundlegende Eigenschaft von Punktmengen; in diesem Kapitel werden wir sehen, wie sie exakt charakterisiert werden kann, indem wir Algorithmen betrachten, die der Hervorhebung der »natürlichen Grenzpunkte« dienen.

Die mathematische Methode zur Beschreibung der natürlichen Grenze einer Menge von Punkten beruht auf einer geometrischen Eigenschaft, die *Konvexität* genannt wird. Dies ist ein einfacher Begriff, der dem Leser vielleicht schon früher begegnet ist: Ein *konvexes Polygon* hat die Eigenschaft, daß jede Linie, die zwei beliebige innerhalb des Polygons gelegene Punkte verbindet, selbst vollständig innerhalb des Polygons liegen muß. Zum Beispiel ist das »einfache abgeschlossene Polygon«, das wir im vorangegangenen Kapitel berechnet haben, sicherlich nicht konvex; andererseits ist jedes Dreieck oder Rechteck konvex.

Die mathematische Bezeichnung für die natürliche Grenze einer Punktmenge lautet *konvexe Hülle*. Die konvexe Hülle einer Menge von Punkten in der Ebene ist als das kleinste konvexe Polygon definiert, das alle diese Punkte enthält. Hierzu äquivalent ist die Definition, daß die konvexe Hülle der kürzeste Pfad ist, der die Punkte umschließt. Es ist eine offensichtliche, leicht beweisbare Eigenschaft der konvexen Hülle, daß die Ecken des die Hülle definierenden konvexen Polygons Punkte aus der ursprünglichen Punktmenge sind. Wenn *N* Punkte gegeben sind, so bilden einige von ihnen ein konvexes Polygon, in dem alle übrigen enthalten sind. Das Problem besteht darin, diese Punkte zu finden. Für die Bestimmung der konvexen Hülle sind viele Algorithmen entwickelt worden; wir wollen in diesem Kapitel einige der wichtigeren betrachten.

Abbildung 25.1 zeigt unsere Beispiele von Punktmengen aus Abbildung 24.1 und ihre konvexen Hüllen. Der Hülle der kleinen Menge gehören 8 Punkte an, der Hülle der

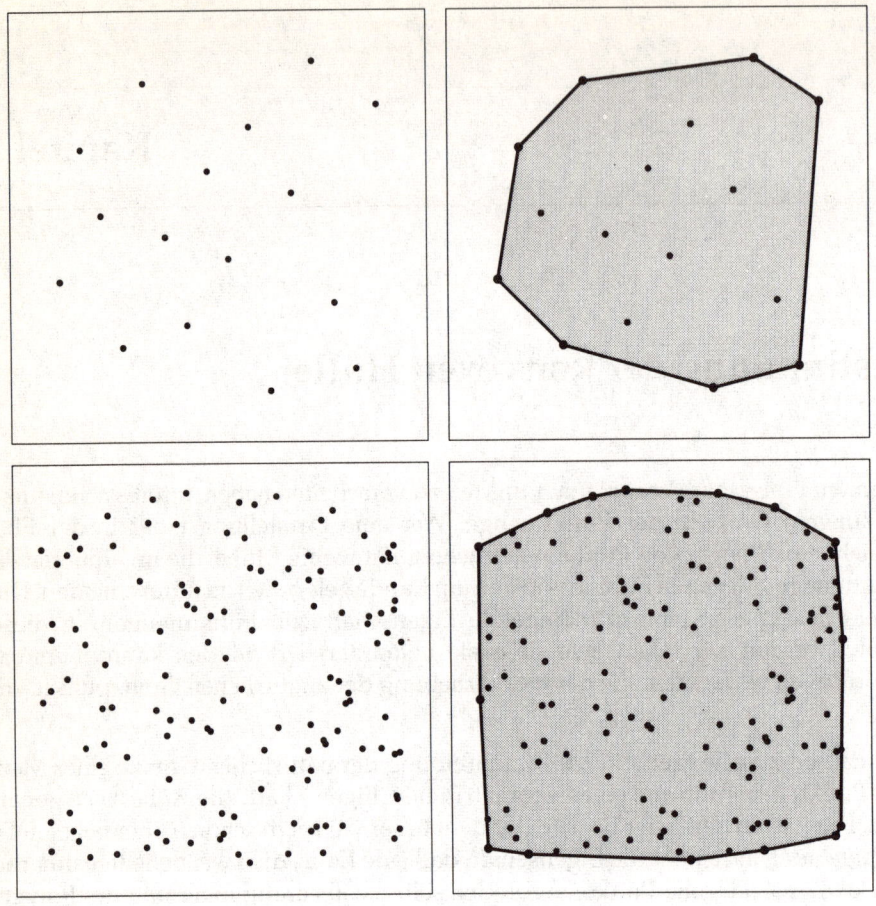

Abbildung 25.1 *Konvexe Hüllen der Punkte aus Abbildung 24.1.*

größeren Menge 15 Punkte. Es ist möglich, daß die konvexe Hülle nur drei Punkte enthält (falls die drei Punkte ein großes Dreieck bilden, das alle anderen enthält), oder auch, daß ihr alle Punkte angehören (wenn die Punkte auf einem konvexen Polygon liegen, so bilden sie ihre eigene konvexe Hülle). Die Anzahl der Punkte für die konvexe Hülle einer »zufälligen« Punktmenge liegt irgendwo zwischen diesen Extremfällen, wie wir weiter unten sehen werden. Einige Algorithmen sind effizient, wenn der konvexen Hülle viele Punkte angehören; andere laufen besser ab, wenn ihr nur wenige angehören.

Eine grundlegende Eigenschaft der konvexen Hülle ist, daß eine beliebige außerhalb der Hülle verlaufende Gerade, wenn sie in irgendeiner Richtung zur Hülle hin verschoben wird, diese in einem ihrer Eckpunkte berührt. (Dies ist eine weitere Möglichkeit, die Hülle zu definieren: Es ist die Teilmenge der Punktmenge, die diejenigen Punkte enthält, die von einer aus dem Unendlichen unter einem beliebigen

Winkel sich nähernden Geraden berührt werden können.) Insbesondere ist es leicht, einige Punkte zu finden, die garantiert der Hülle angehören, nämlich indem man diese Regel auf waagerechte und senkrechte Geraden anwendet: Die Punkte mit den kleinsten und größten Koordinaten x und y gehören alle der konvexen Hülle an. Diese Tatsache wird als Ausgangspunkt für die Algorithmen benutzt, die wir betrachten wollen.

Spielregeln

Die Eingabe für einen Algorithmus zur Bestimmung der konvexen Hülle erfolgt natürlich in Form eines Felds von Punkten; wir können sonst den im vorangegangenen Kapitel definierten Typ `point` verwenden. Ausgegeben wird ein Polygon, das ebenfalls als ein Feld von Punkten dargestellt wird; dieses hat die Eigenschaft, daß man, wenn man die Punkte in der Reihenfolge, in der sie im Feld erscheinen, verbindet, den Umriß des Polygons erhält. Es könnte scheinen, daß dies eine zusätzliche Ordnungsbedingung für die Berechnung der konvexen Hülle erfordert (warum sollten die Punkte der Hülle nicht einfach in beliebiger Reihenfolge zurückgegeben werden?), doch zum einen ist eine Ausgabe in der geordneten Form offenbar von größerem Nutzen, und zum anderen ist gezeigt worden, daß die ungeordnete Berechnung nicht leichter zu realisieren ist. Für alle Algorithmen, die wir betrachten, ist es zweckmäßig, die Berechnung *an Ort und Stelle* vorzunehmen: Das Feld, das für die ursprüngliche Punktmenge verwendet wurde, wird auch für die Speicherung der Ausgabedaten benutzt. Die Algorithmen ordnen einfach die Punkte im ursprünglichen Feld so um, daß die konvexe Hülle in den ersten M Positionen in geordneter Folge erscheint.

Aus der obigen Beschreibung geht hervor, daß die Berechnung der konvexen Hülle in enger Beziehung zum Sortieren steht. Tatsächlich kann ein Algorithmus zur Berechnung der konvexen Hülle folgendermaßen zum Sortieren verwendet werden: Wenn N zu sortierende Zahlen gegeben sind, wandle man sie in (durch ihre Polarkoordinaten gegebene) Punkte um, indem man die Zahlen als (in geeigneter Weise normierte) Winkel mit einem festen Radius behandelt. Die konvexe Hülle dieser Punktmenge ist ein N-Eck, das sämtliche Punkte enthält. Da nun die Ausgabedaten in der Reihenfolge geordnet werden müssen, in der die Punkte in diesem Polygon angeordnet sind, können sie verwendet werden, um die sortierte Folge der ursprünglichen Werte zu erhalten (wir erinnern daran, daß die Eingabedaten ungeordnet waren). Dies ist kein formaler Beweis dafür, daß die Berechnung der konvexen Hülle nicht einfacher ist als Sortieren, da zum Beispiel die Kosten der trigonometrischen Funktionen berücksichtigt werden müssen, die benötigt werden, um die Zahlen in Eckpunkte des Polygons umzuwandeln. Der Vergleich von Algorithmen für die konvexe Hülle (die trigonometrische Operationen erfordern) mit Sortieralgorithmen (die Vergleiche zwischen Schlüsseln erfordern) ähnelt in gewisser Hinsicht einem Vergleich zwischen Äpfeln und Birnen; nichtsdestotrotz wurde nachgewiesen, daß jeder beliebige Algorithmus für die konvexe Hülle ungefähr $N \log N$ Operationen erfordern muß, ebenso viele wie zum Sortieren (obwohl die Operationen wahrscheinlich sehr unterschiedlich sind). Es ist zweckmäßig, die Bestimmung der konvexen Hülle einer Punktmenge als eine Art »zweidimensionales Sortieren« zu betrachten, da bei der Untersuchung von Algorithmen zur Bestimmung der konvexen Hülle häufig Parallelen zu Sortieralgorithmen auftreten.

Tatsächlich zeigen die von uns behandelten Algorithmen, daß die Bestimmung der konvexen Hülle auch nicht aufwendiger ist als Sortieren: Es gibt verschiedene Algorithmen, die in einer Zeit ablaufen, die im ungünstigsten Fall proportional zu $N \log N$ ist. Viele der Algorithmen tendieren dazu, bei realen Punktmengen sogar noch weniger Zeit aufzuwenden, da ihre Laufzeit davon abhängig ist, wie die Punkte verteilt sind und wie viele Punkte zur Hülle gehören.

Wie bei allen geometrischen Algorithmen müssen wir entarteten Fällen, die bei der Eingabe auftreten könnten, eine gewisse Beachtung schenken. Was ist zum Beispiel die konvexe Hülle einer Punktmenge, die alle auf derselben Strecke liegen? Je nach Anwendungsfall könnten dies alle Punkte sein, oder nur die zwei Endpunkte, oder vielleicht wäre eine beliebige Menge, die die beiden Endpunkte enthält, eine Lösung. Obwohl dies ein extremes Beispiel zu sein scheint, ist es nicht ungewöhnlich, wenn mehr als zwei Punkte auf einem der Geradenabschnitte liegen, die die Hülle einer Menge von Punkten definieren. In den nachfolgend betrachteten Algorithmen bestehen wir nicht darauf, daß Punkte, die auf einer Seite des Polygons liegen, mit aufgenommen werden, da dies im allgemeinen mehr Aufwand erfordert (obwohl wir an geeigneter Stelle darauf hinweisen werden, wie dies realisiert werden könnte). Andererseits bestehen wir auch nicht darauf, diese Punkte wegzulassen, da diese Bedingung bei Bedarf nachträglich überprüft werden kann.

Einwickeln

Der natürlichste Algorithmus zur Bestimmung der konvexen Hülle, der der Art und Weise entspricht, wie ein Mensch die konvexe Hülle einer Punktmenge zeichnen würde, ist ein systematisches Verfahren des »Einwickelns« der Punktmenge. Man beginne bei irgendeinem Punkt, der garantiert zur konvexen Hülle gehört (etwa bei dem Punkt mit der kleinsten y-Koordinate), nehme einen horizontalen, in die positive Richtung verlaufenden Strahl und »schwenke« ihn nach oben, bis er auf einen weiteren Punkt trifft; dieser Punkt muß zur Hülle gehören. Dann benutze man diesen Punkt als Drehpunkt und »schwenke« weiter, bis wieder ein Punkt getroffen wird, usw., bis das »Paket« vollständig »eingewickelt« ist (der Anfangspunkt ist wieder erreicht). Abbildung 25.2 zeigt, wie für unsere Beispiel-Punktmenge die Hülle ermittelt wird. Punkt B hat die kleinste y-Koordinate und ist der Ausgangspunkt. Danach ist M der erste Punkt, auf den der schwenkende Strahl trifft, dann L usw.

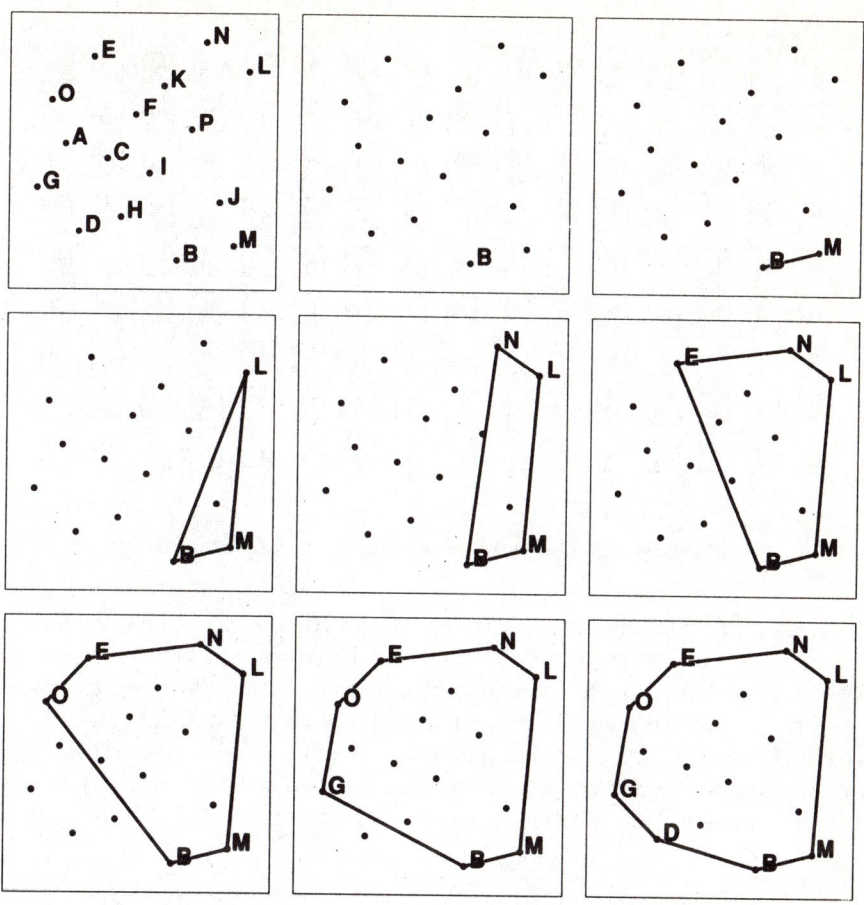

Abbildung 25.2 Einwickeln einer Punktmenge.

Natürlich brauchen wir nicht wirklich durch alle möglichen Winkelpositionen zu schwenken; wir führen einfach eine standardmäßige Berechnung zum Auffinden eines Minimums aus, um den Punkt zu ermitteln, der als nächster getroffen würde. Jedesmal, wenn wir einen Punkt in die Hülle aufnehmen wollen, müssen wir alle Punkte betrachten, die noch nicht in die Hülle aufgenommen wurden. Daher ist das Verfahren der Anwendung von selection sort sehr ähnlich: Wir wählen sukzessive den jeweils »besten« unter den noch nicht gewählten Punkten aus, unter Benutzung einer groben Suchmethode für das Minimum. Die tatsächliche erforderliche Umordnung der Daten wird in Abbildung 25.3 dargestellt: Die M-te Zeile der Tabelle zeigt die Situation nach dem Hinzufügen des M-ten Punktes zur Hülle.

Das folgende Programm bestimmt die konvexe Hülle für ein Feld p von N Punkten, das in der zu Beginn von Kapitel 24 beschriebenen Form dargestellt ist. Die Grundlage für diese Implementation ist die im vorigen Kapitel dargestellte Funktion theta, die

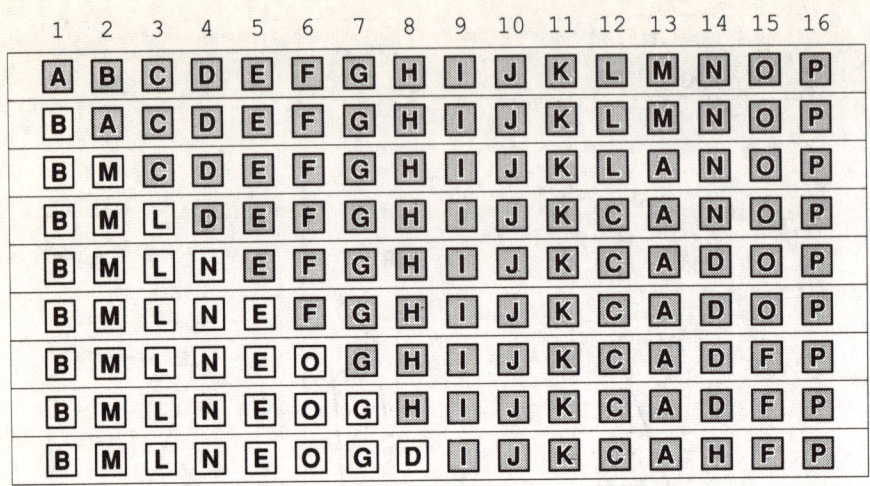

Abbildung 25.3 *Datenumordnung beim Einwickeln eines Pakets.*

zwei Punkte p1 und p2 als Argumente besitzt und von der man sich vorstellen kann, daß sie den Winkel zwischen p1, p2 und der Horizontalen liefert (obwohl sie in Wirklichkeit eine einfacher berechnete Zahl mit den gleichen Ordnungseigenschaften zurückgibt). Im übrigen folgt die Implementation unmittelbar aus der obigen Beschreibung. Für die Berechnung zum Auffinden des Minimums wird eine Marke benötigt; obwohl wir normalerweise versuchen würden, dafür zu sorgen, daß p[0] verwendet wird, ist es in diesem Falle günstiger, p[N+1] zu benutzen.

```
int wrap(struct point p[], int N)
    {
    int i, min, M;
    float th, v;
    struct point t;
    for (min = 0, i = 1; i < N; i++)
      if (p[i].y < p[min].y) min = i;
    p[N] = p[min]; th = 0.0;
    for (M = 0; M < N; M++)
      {
      t = p[M]; p[M] = p[min]; p[min] = t;
      min = N; v = th; th = 360.0;
      for (i = M+1; i <= N; i++)
        if (theta(p[M], p[i]) > v)
          if (theta(p[M], p[i]) < th)
            { min = i; th = theta(p[M], p[min]); }
      if (min == N) return M;
      }
    }
```

Zuerst wird der Punkt mit der kleinsten y-Koordinate gefunden und in p[N+1] kopiert, um die Schleife abzubrechen. Die Variable M wird für die Anzahl der bisher in die Hülle aufgenommenen Punkte verwendet, und v ist der aktuelle Wert des »Schwenkwinkels« (des Winkels zwischen der Horizontalen und der Geraden, die p[M-1] und p[M] verbindet). Die for-Schleife nimmt den letzten gefundenen Punkt in die Hülle auf, indem sie ihn mit dem M-ten Punkt vertauscht, und verwendet die Funktion theta aus dem vorangegangenen Kapitel, um den Winkel zu berechnen, der zwischen der Horizontalen und der diesen Punkt und jeden der noch nicht in die Hülle aufgenommenen Punkte verbindenden Geraden eingeschlossen ist. Dabei sucht sie denjenigen Punkt, dessen Winkel unter den Punkten, deren Winkel größer als v sind, am kleinsten ist. Die Schleife bricht ab, wenn der erste Punkt (in Wirklichkeit die Kopie des ersten Punktes, die in p[N+1] gespeichert wurde) wieder erreicht wird.

Dieses Programm kann Punkte, die auf einer der die konvexe Hülle begrenzenden Seiten liegen, wahlweise zurückgeben oder nicht. Diese Situation tritt ein, wenn während der Ausführung des Algorithmus mehr als ein Punkt den gleichen Wert theta hat wie p[M]; die obige Implementation gibt denjenigen dieser Punkte zurück, der zuerst angetroffen wird, auch wenn es andere geben kann, die näher bei p[M] liegen. Wenn es wichtig ist, alle Punkte zu finden, die auf den Seiten der konvexen Hülle liegen, so können wir dies erreichen, indem wir theta so verändern, daß die Entfernung zwischen den Punkten mit berücksichtigt wird und dem näher liegenden Punkt einen kleineren Wert zuweisen, wenn zwei Punkte den gleichen Winkel haben.

Der Hauptnachteil beim »Einwickeln« besteht darin, daß im ungünstigsten Fall, wenn alle Punkte der konvexen Hülle angehören, die Laufzeit proportional zu N^2 ist (ebenso wie selection sort). Andererseits hat das Verfahren den Vorzug, daß es sich auf drei (oder mehr) Dimensionen verallgemeinern läßt. Die konvexe Hülle einer Menge von Punkten in einem k-dimensionalen Raum ist das minimale konvexe Polytop, das alle diese Punkte enthält, wobei ein konvexes Polytop durch die Eigenschaft definiert ist, daß jede Linie, die zwei in seinem Inneren befindliche Punkte verbindet, sich selbst vollständig in seinem Inneren befinden muß. Beispielsweise ist die konvexe Hülle einer Menge von Punkten im dreidimensionalen Raum ein konvexes dreidimensionales Objekt mit ebenen Seitenflächen. Sie kann gefunden werden, indem eine Ebene »geschwenkt« wird, bis die Hülle berührt wird, und indem dann Seiten der Ebene »gefaltet« werden, wobei die Schwenkung um verschiedene Linien an der Grenze der Hülle erfolgt, so lange, bis das »Paket eingewickelt« ist. (Wie bei vielen geometrischen Algorithmen ist es viel leichter, diese Verallgemeinerung zu beschreiben, als sie zu implementieren!)

Das Durchsuchen nach Graham

Das nächste Verfahren, das wir betrachten wollen und das 1972 von R. L. Graham entwickelt wurde, ist interessant, weil der größte Teil der erforderlichen Berechnungen das Sortieren betrifft: Der Algorithmus enthält ein Sortierverfahren, dem eine relativ einfache (wenn auch nicht unmittelbar offensichtliche) Berechnung folgt. Der Algorithmus beginnt mit der Konstruktion eines einfachen geschlossenen Polygons aus den Punkten unter Anwendung der Methode aus dem vorangegangenen Kapitel: Sortieren der Punkte, wobei als Schlüssel die Werte der Funktion `theta` verwendet werden, die dem Winkel entsprechen, den die Gerade, die jeden Punkt mit einem »Anker«-Punkt `p[1]` (dem Punkt mit der kleinsten y-Koordinate) verbindet, mit der Horizontalen einschließt, so daß die Verbindung von `p[1]`, `p[2]`, ... , `p[N]`, `p[1]` ein geschlossenes Polygon ergibt. Für unsere Beispiel-Punktmenge erhalten wir das einfache geschlossene Polygon aus dem vorangegangenen Kapitel. Beachten Sie, daß `p[N]`, `p[1]` und `p[2]` aufeinanderfolgende Punkte der Hülle sind; indem wir sortieren, durchlaufen wir die erste Iteration der Prozedur des »Einwickelns« (in beiden Richtungen).

Die Bestimmung der konvexen Hülle wird vollendet, indem die Punkte der Reihe nach durchlaufen werden und dabei versucht wird, jeden Punkt in die Hülle aufzunehmen, wobei zuvor aufgenommene Punkte, die der Hülle nicht angehören können, entfernt werden. Für unser Beispiel betrachten wir die Punkte in der Reihenfolge B M J L N P K F I E C O A H G D; die ersten Schritte zeigt Abbildung 25.4. Zu Beginn wissen wir aufgrund der Anordnung, daß B und M der Hülle angehören. Wenn J vorgefunden wird, nimmt es der Algorithmus in die Versuchs-Hülle für die ersten drei Punkte auf. Danach, wenn L angetroffen wird, stellt der Algorithmus fest, daß J nicht der Hülle angehören kann (da der Punkt zum Beispiel innerhalb des Dreiecks BML liegt).

Im allgemeinen ist die Überprüfung, welche Punkte entfernt werden müssen, nicht schwierig. Jedesmal, wenn ein Punkt hinzugefügt worden ist, nehmen wir an, daß wir genügend viele Punkte entfernt haben, so daß das, was wir bisher gezeichnet haben, ein Teil der konvexen Hülle auf der Basis der bisher betrachteten Punkte ist. Wenn wir die Punkte der Reihe nach durchlaufen, erwarten wir bei jeder Ecke der Hülle ein Abbiegen nach links. Wenn ein neuer Punkt uns zwingt, nach *rechts* abzubiegen, so muß der gerade hinzugefügte Punkt entfernt werden, da bereits ein konvexes Polygon existiert, welches ihn enthält. Der Test für das Entfernen eines Punktes verwendet die Prozedur `ccw` aus dem vorangegangenen Kapitel. Angenom-

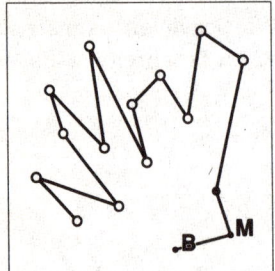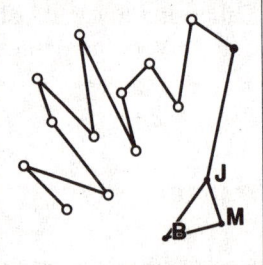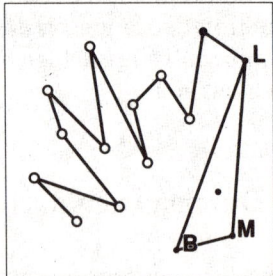

Abbildung 25.4 *Beginn des Durchsuchens nach Graham.*

men, wir haben ermittelt, daß `p[1],...,[M]` der partiellen Hülle angehören, die auf der Basis der Betrachtung von `p[1],...,[i-1]` bestimmt wurde. Wenn wir dann einen neuen Punkt `p[i]` betrachten, entfernen wir `p[M]` aus der Hülle, falls `ccw(p[M], p[M-1], p[i])` nichtnegativ ist. Andernfalls kann der Punkt `p[M]` noch immer der Hülle angehören, so daß wir ihn nicht entfernen.

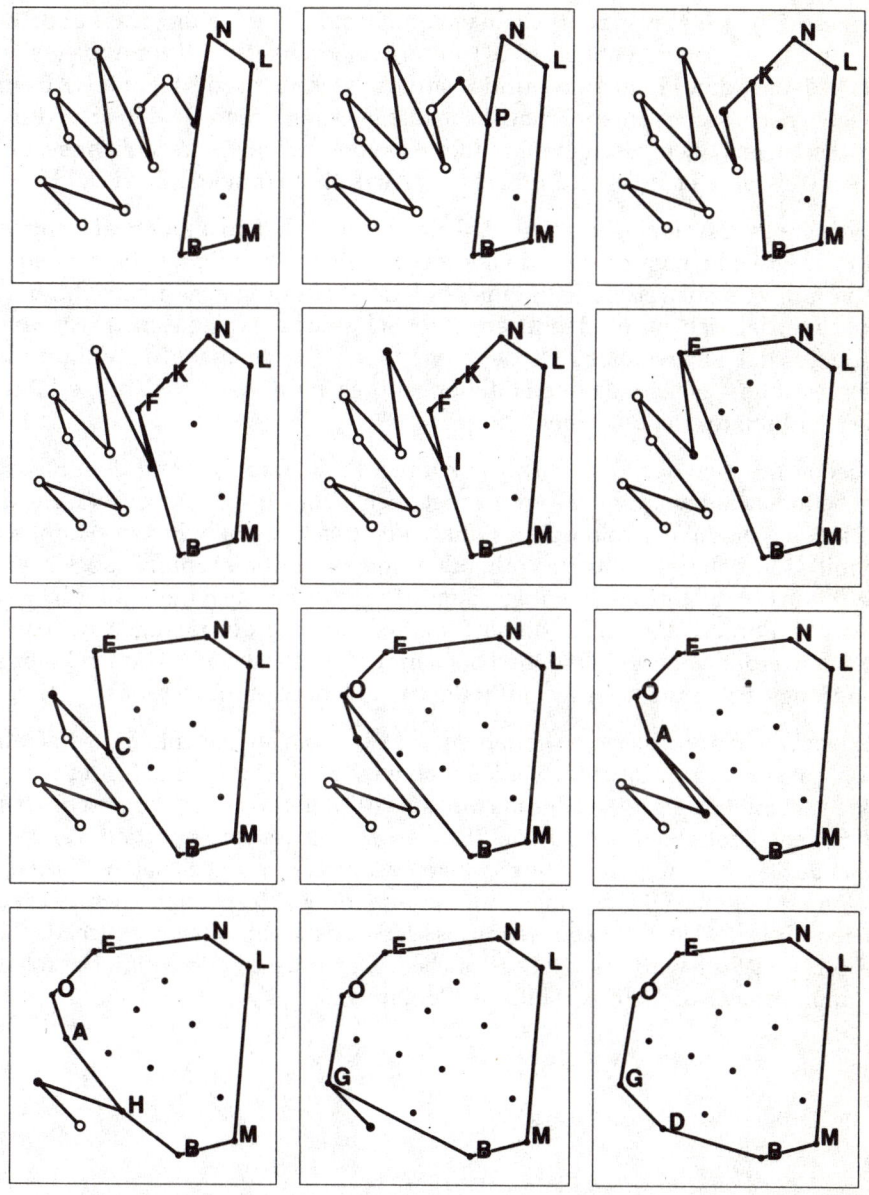

Abbildung 25.5 *Vollendung des Durchsuchens nach Graham.*

Abbildung 25.5 zeigt die Vollendung dieses Prozesses für unsere Beispiel-Punktmenge. Die Situation, die jedesmal vorliegt, wenn ein neuer Punkt vorgefunden wird, ist hier schematisch dargestellt: Jeder neue Punkt wird zu der bis dahin konstruierten partiellen Hülle hinzugefügt und wird dann als »Zeuge« für das Entfernen von (null oder mehr) zuvor betrachteten Punkten benutzt. Nachdem L, N und P zur Hülle hinzugefügt worden sind, wird P entfernt, wenn K betrachtet wird (da NPK einem Abbiegen nach rechts entspricht); dann werden F und I hinzugefügt, was zur Betrachtung von E führt. An dieser Stelle muß I entfernt werden, weil FIE ein Abbiegen nach rechts bedeutet; danach müssen F und K entfernt werden, weil KFE und NKE einem Abbiegen nach rechts entsprechen. Demzufolge kann während der Prozedur des »Zurückschauens« mehr als ein Punkt entfernt werden, möglicherweise mehrere. Indem in dieser Weise fortgefahren wird, erreicht der Algorithmus schließlich wieder B.

Das Sortieren am Anfang garantiert, daß ein Punkt nach dem anderen als möglicher Punkt der Hülle betrachtet wird, da alle zuvor betrachteten Punkte einen kleineren Wert von theta aufweisen. Jede Linie, die die »Beseitigungen« übersteht, hat die Eigenschaft, daß sich alle bis dahin betrachteten Punkte auf der gleichen Seite von ihr befinden, so daß wir, wenn wir wieder zum Punkt p[N] gelangen, der aufgrund des Sortierverfahrens gleichfalls der Hülle angehören muß, die vollständige konvexe Hülle aller Punkte erhalten haben.

Wie beim Verfahren des »Einwickelns« können Punkte, die sich auf dem Rand der Hülle befinden, aufgenommen werden oder auch nicht, obwohl es zwei verschiedene Situationen gibt, die bei kollinearen Punkten eintreten können. Erstens kann, wenn zwei mit p[1] kollineare Punkte vorhanden sind, das theta benutzende Sortierverfahren sie in der richtigen Reihenfolge längs ihrer gemeinsamen Linie einordnen oder auch nicht. Punkte, die sich in dieser Situation nicht in der richtigen Reihenfolge befinden, werden während des Durchsuchens entfernt. Zweitens können kollineare Punkte längs der Versuchs-Hülle auftreten (und nicht entfernt werden).

Nachdem das zugrundeliegende Verfahren klar ist, ist die Implementation sehr einfach, obwohl ein paar Details beachtet werden müssen. Zuerst wird der Punkt, der von allen Punkten mit minimalem y-Wert den maximalen x-Wert hat, mit p[1] vertauscht. Danach wird für das Umordnen der Punkte shellsort verwendet (jedes auf Vergleichen beruhende Standardprogramm zum Sortieren wäre geeignet), geeignet modifiziert, um zwei Punkte unter Benutzung ihrer theta-Werte mit p[1] zu vergleichen. Nach dem Sortieren wird p[N] in p[0] kopiert, um als Marke zu dienen, falls p[3] nicht der Hülle angehört. Schließlich wird das oben beschriebene Durchsuchen ausgeführt. Das folgende Programm ermittelt die konvexe Hülle der Punktmenge p[1], ..., [N]:

```
int grahamscan(struct point p[], int N)
  {
    int i, min, M;
    struct point t;
    for (min = 1, i = 2; i <= N; i++)
      if (p[i].y < p[min].y) min = i;
    for (i = 1; i <= N; i++)
```

```
    if (p[i].y == p[min].y)
        if (p[i].x > p[min].x) min = i;
    t = p[1]; p[1] = p[min]; p[min] = t;
    shellsort(p, N);
    p[0] = p[N];
    for (M = 3, i = 4; i <= N; i++)
        {
            while (ccw(p[M],p[M-1],p[i]) >= 0) M-;
            M++; t = p[M]; p[M] = p[i]; p[i] = t;
        }
    return M;
}
```

Die Schleife speichert eine partielle Hülle in p[1], ..., p[M], wie oben beschrieben wurde. Für jeden neuen betrachteten Wert von i wird, wenn notwendig, M dekrementiert, um Punkte aus der partiellen Hülle zu entfernen, und dann wird p[i] mit p[M+1] ausgetauscht, um den entsprechenden Punkt (versuchsweise) zur partiellen Hülle hinzuzufügen. Abbildung 25.6 zeigt für unser Beispiel den Inhalt des Feldes p jedesmal, wenn ein neuer Punkt betrachtet wird.

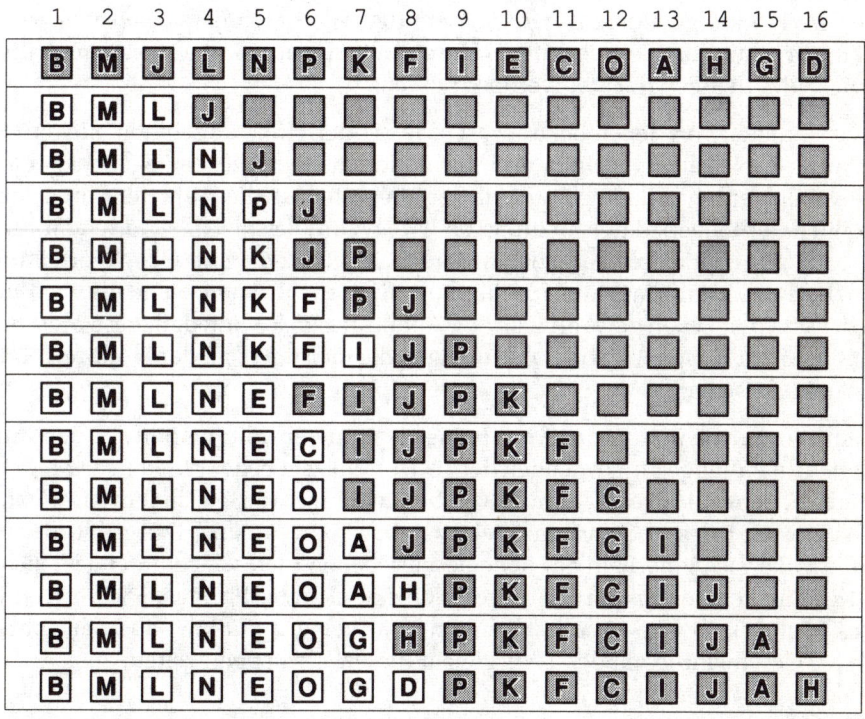

Abbildung 25.6 Datenumordnung beim Durchsuchen nach Graham.

Der Leser kann nachprüfen, warum es für die Berechnung von min notwendig ist, unter allen Punkten mit der kleinsten y-Koordinate den Punkt mit der größten x-Koordinate zu finden, also die in Kapitel 24 beschriebene kanonische Form. Wie bereits erwähnt wurde, ist ein weiterer schwieriger Punkt die Untersuchung der Auswirkung der Tatsache, daß kollineare Punkte zu gleichen theta-Werten führen und möglicherweise nicht, wie es wünschenswert wäre, in der Reihenfolge sortiert werden, in der sie auf der Linie angeordnet sind.

Ein Grund dafür, daß die Untersuchung dieses Verfahrens interessant ist, ist die Tatsache, daß es sich um eine einfache Form von backtracking (Zurückverfolgen) handelt. Dies sind Algorithmen der Art »versuche etwas, und wenn es nicht klappt, versuche etwas anderes«, auf die wir in Kapitel 44 zurückkommen werden.

Innere Elimination

Nahezu jedes Verfahren zur Bestimmung der konvexen Hülle kann mit Hilfe einer einfachen Methode, die die meisten Punkte schnell aussondert, beträchtlich verbessert werden. Die Grundidee ist einfach: Wähle vier Punkte aus, von denen bekannt ist, daß sie der Hülle angehören, und entferne dann alles, was sich innerhalb des durch diese vier Punkte gebildeten Vierecks befindet. Als Ergebnis bleiben viel weniger Punkte übrig, die zum Beispiel mittels Durchsuchens nach Graham oder mit Hilfe der Einwickel-Methode betrachtet werden müssen.

Die vier Punkte, von denen bekannt ist, daß sie der Hülle angehören, sollten unter Beachtung sämtlicher verfügbarer Informationen über die eingegebenen Punkte ausgewählt werden. Allgemein gilt, daß es am besten ist, die Wahl der Punkte an die Verteilung der Eingabedaten anzupassen. Wenn zum Beispiel alle Werte von x und y innerhalb gewisser Bereiche gleich wahrscheinlich sind (eine Gleichverteilung in einem Rechteck), dann lassen sich nahezu alle Punkte entfernen, wenn die vier Punkte möglichst in den Ecken gewählt werden. Abbildung 25.7 zeigt, daß diese Methode in unseren beiden Beispielen von Punktmengen die meisten nicht der Hülle angehörenden Punkte beseitigt.

Bei einer Implementation des Verfahrens der inneren Elimination ist die »innere Schleife« für zufällige Punktmengen der Test, ob ein gegebener Punkt in das Test-Viereck fällt oder nicht. Dieser kann etwas beschleunigt werden, indem ein Rechteck verwendet wird, dessen Seiten parallel zur x- bzw. y-Achse sind. Das größte derartige Rechteck, das sich innerhalb des oben beschriebenen Vierecks befindet, läßt sich aus den Koordinaten der Eckpunkte dieses Vierecks leicht bestimmen. Die Verwendung dieses Rechtecks bewirkt die Elimination von weniger Punkten aus dem Inneren, doch die Geschwindigkeit des Tests gleicht diesen Verlust bei weitem aus.

Aspekte der Leistungsfähigkeit

Wie im vorangegangenen Kapitel erwähnt wurde, lassen sich geometrische Algorithmen schwerer analysieren als Algorithmen für manche der anderen Gebiete, die wir betrachtet haben, da die Eingabedaten (und Ausgabedaten) sich schwerer charakterisieren lassen. Oft ist es nicht sinnvoll, von »zufälligen« Punktmengen zu sprechen: Wenn zum Beispiel N groß wird, kommt die konvexe Hülle von Punkten, die gleichmäßig auf einem Rechteck verteilt sind, dem Rechteck, auf dem die Verteilung definiert ist, sehr nahe. Die Algorithmen, die wir betrachtet haben, hängen von verschiedenen Eigenschaften der Verteilung der Punktmenge ab und sind daher in der Praxis nicht vergleichbar, da ihr analytischer Vergleich ein Verständnis von sehr komplizierten Wechselwirkungen zwischen wenig erforschten Eigenschaften von Punktmengen erfordern würde. Andererseits können wir einiges über die Leistungsfähigkeit der Algorithmen aussagen, was die Auswahl eines Algorithmus für eine spezielle Anwendung erleichtert.

Eigenschaft 25.1 *Nach dem Sortieren ist das Durchsuchen nach Graham ein in linearer Zeit ablaufender Prozeß.*

Man muß etwas nachdenken, um sich davon zu überzeugen, daß dies zutrifft, da in dem Programm eine geschachtelte Schleife auftritt. Es ist jedoch leicht einzusehen, daß kein Punkt mehr als einmal »eliminiert« wird, so daß der Programmabschnitt innerhalb dieser doppelten Schleife weniger als N mal durchlaufen wird. Die Gesamtzeit, die bei Anwendung dieser Methode für die Bestimmung der konvexen Hülle benötigt wird, ist $O(N \log N)$, doch die »innere Schleife« der Methode ist das Sortieren selbst, dessen Effizienz unter Benutzung der Techniken aus den Kapiteln 8 - 12 erhöht werden kann. ∎

Eigenschaft 25.2 *Wenn der Hülle M Ecken angehören, erfordert die Einwickel-Methode ungefähr MN Schritte.*

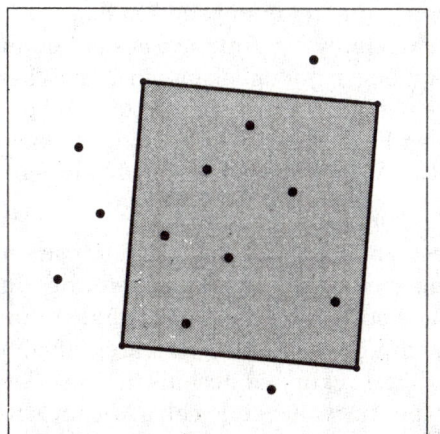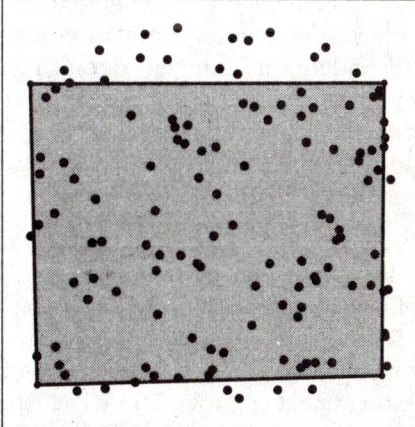

Abbildung 25.7 Innere Elimination.

Zuerst müssen wir $N-1$ Winkel berechnen, um das Minimum zu finden, dann $N-2$, um das nächste zu finden, dann $N-3$ usw., so daß die Anzahl der Winkelberechnungen $(N-1)+(N-2)+\ldots+(N-M+1)$ ist, was genau $(M-1)N-M(M-1)/2$ ergibt. Um dies analytisch mit dem Durchsuchen nach Graham zu vergleichen, wäre es erforderlich, eine Formel zu finden, die M über N ausdrückt, was in der stochastischen Geometrie ein kompliziertes Problem ist. Für eine Gleichverteilung auf einem Kreis (und einige andere) lautet die Antwort, daß M $O(N^{1/3})$ ist, und für nicht zu große Werte von N ist $N^{1/3}$ mit $\log N$ vergleichbar (was der zu erwartende Wert für eine Gleichverteilung auf einem Rechteck ist), so daß für dieses Verfahren der Vergleich mit dem Durchsuchen nach Graham sehr günstig ausfällt. Natürlich sollte der ungünstigste Fall N^2 nie vergessen werden. ■

Eigenschaft 25.3 *Die Methode der inneren Elimination ist im durchschnittlichen Fall linear.*

Eine vollständige mathematische Analyse dieses Verfahrens würde sogar noch komplizertere Untersuchungen mit Hilfe der stochastischen Geometrie erfordern als oben, doch das prinzipielle Ergebnis stimmt mit dem überein, was die Intuition erwarten läßt: Fast alle Punkte entfallen auf das Innere des Vierecks und werden ausgesondert; die Anzahl der verbleibenden Punkte ist $O(\sqrt{N})$. Dies gilt sogar dann, wenn das oben beschriebene Rechteck benutzt wird. Dies führt dazu, daß die durchschnittliche Laufzeit des gesamten Algorithmus zur Bestimmung der konvexen Hülle proportional zu N ist, da die meisten Punkte nur einmal betrachtet werden (wenn sie ausgesondert werden). Im durchschnittlichen Fall spielt es keine große Rolle, welches Verfahren anschließend angewandt wird, da nur wenige Punkte übrigbleiben. Um jedoch Vorkehrungen für den ungünstigsten Fall (wenn alle Punkte auf der Hülle liegen) zu treffen, ist es ratsam, das Durchsuchen nach Graham zu benutzen. Das ergibt einen Algorithmus, der in der Praxis meist in linearer Zeit, im schlimmsten Fall jedoch garantiert in einer zu $N\log N$ proportionalen Zeit abläuft. ■

Das als Eigenschaft 25.3 formulierte Ergebnis für den durchschnittlichen Fall gilt nur für zufällig verteilte Punkte in einem Rechteck, und im ungünstigsten Fall wird mit der Methode der inneren Elimination gar nichts eliminiert. Trotzdem ist das Verfahren auch für andere Verteilungen oder für Punktmengen mit unbekannten Eigenschaften zu empfehlen, da die Kosten niedrig sind (ein lineares Durchsuchen der Punkte, mit wenigen einfachen Tests) und die möglichen Einsparungen groß sind (die meisten Punkte können leicht eliminiert werden). Das Verfahren läßt sich auch auf den Fall höherer Dimensionen verallgemeinern.

Es ist möglich, eine rekursive Variante des Verfahrens der inneren Elimination zu entwickeln: Bestimme Extrempunkte und entferne Punkte aus dem Inneren des durch sie definierten Vierecks wie oben, betrachte jedoch dann die verbleibenden Punkte als in Teilprobleme zerlegt, die unter Anwendung des gleichen Verfahrens unabhängig voneinander gelöst werden können. Diese rekursive Technik ist mit der zu Quicksort ähnlichen Prozedur `select` für die Auswahl vergleichbar, die im Kapitel 12 behandelt wurde. Wie diese Prozedur besitzt sie den Nachteil, daß im ungünstigsten Fall eine zu N^2 proportionale Laufzeit auftreten kann. Wenn zum Beispiel alle ursprünglichen Punkte der konvexen Hülle angehören, werden beim rekursiven Schritt keine Punkte ausgesondert. Wie bei `select` ist die Laufzeit im durchschnittlichen Fall linear (obwohl es nicht einfach ist, dies zu beweisen). Da jedoch so viele Punkte im ersten Schritt eliminiert werden, dürfte sich bei praktischen Anwendungen der Aufwand nicht lohnen, der erforderlich ist, um eine weitere rekursive Zerlegung vorzunehmen.

Übungen

1. Angenommen, es ist im voraus bekannt, daß die konvexe Hülle einer Punktmenge ein Dreieck ist. Geben Sie einen einfachen Algorithmus zur Bestimmung des Dreiecks an. Lösen Sie die gleiche Aufgabe für ein Viereck.

2. Geben Sie ein effizientes Verfahren an, mit dem bestimmt werden kann, ob ein Punkt innerhalb eines gegebenen konvexen Polygons liegt.

3. Implementieren Sie unter Benutzung Ihres Verfahrens aus der vorangegangenen Übung einen Algorithmus zur Bestimmung der konvexen Hülle von der Art von insertion sort.

4. Ist es für das Durchsuchen nach Graham unbedingt erforderlich, mit einem Punkt zu beginnen, der garantiert auf der Hülle liegt? Erklären Sie, warum oder warum nicht.

5. Ist es für das Einwickel-Verfahren unbedingt erforderlich, mit einem Punkt zu beginnen, der garantiert auf der Hülle liegt? Erklären Sie, warum oder warum nicht.

6. Skizzieren Sie eine Punktmenge, für die das Durchsuchen nach Graham zur Bestimmung der konvexen Hülle besonders ineffizient wird.

7. Liefert das Durchsuchen nach Graham die konvexe Hülle der Punkte, die die Ecken eines *beliebigen* einfachen Polygons darstellen? Erklären Sie, warum, oder geben Sie ein Gegenbeispiel an, das zeigt, warum nicht.

8. Welche vier Punkte sollten für das Verfahren der inneren Elimination verwendet werden, wenn die Eingabedaten als innerhalb eines Kreises zufällig verteilt angenommen werden (unter Verwendung zufälliger Polarkoordinaten)?

9. Führen Sie einen empirischen Vergleich des Durchsuchens nach Graham und des Einwickel-Verfahrens für große Punktmengen durch, wobei sowohl x als auch y zwischen 0 und 1000 gleichverteilt sind.

10. Implementieren Sie das Verfahren der inneren Elimination und bestimmen Sie empirisch, wie groß N sein sollte, bevor man erwarten kann, daß fünfzig Punkte übrigbleiben, nachdem das Verfahren auf Punktmengen angewandt worden ist, bei denen x und y zwischen 0 und 1000 gleichverteilt sind.

Kapitel 26

Bereichssuche

Wenn eine Menge von Punkten gegeben ist, ist es natürlich, danach zu fragen, welcher dieser Punkte auf ein bestimmtes vorgegebenes Gebiet entfällt. »Aufzählen aller Städte, die im Umkreis von 50 Meilen um Princeton liegen« ist eine Frage dieses Typs, die zu stellen sinnvoll wäre, wenn eine Menge von den Städten der USA entsprechenden Punkten zur Verfügung stünde. Wenn die geometrische Form dahingehend eingeschränkt wird, daß es sich um ein Rechteck handelt, läßt sich die Frage mühelos auf nichtgeometrische Probleme übertragen. Zum Beispiel entspricht die Forderung »Aufzählen aller Personen zwischen 21 und 25 mit Einkommen zwischen 60.000 $ und 100.000 $« der Frage, welche »Punkte« aus einer Datei, die Namen, Altersangaben und Einkommen von Personen enthält, auf ein bestimmtes Rechteck im Alter-Einkommen-Diagramm entfallen.

Eine Übertragung auf mehr als zwei Dimensionen ist ebenso möglich. Wenn wir alle Sterne im Umkreis von 50 Lichtjahren um die Sonne aufzählen wollen, so liegt ein dreidimensionales Problem vor, und wenn wir möchten, daß die reichen jungen Leute aus dem obigen Absatz zusätzlich noch groß und weiblich sind, so haben wir ein vierdimensionales Problem. Die Dimension solcher Probleme kann beliebig hoch werden.

Im allgemeinen setzen wir voraus, daß wir eine Menge von *Datensätzen* (*records*) mit gewissen *Attributen* haben, die Werte aus einer bestimmten geordneten Menge annehmen. (Dies wird manchmal eine *Datenbank* genannt, obwohl spezifischere und vollständigere Definitionen für diesen wichtigen Begriff entwickelt worden sind.) Das Auffinden aller Datensätze in einer Datenbank, die bestimmten Bereichsbeschränkungen einer vorgegebenen Menge von Attributen genügen, wird *Bereichssuche* (range searching) genannt und stellt ein kompliziertes und wichtiges Problem in praktischen Anwendungen dar. Im vorliegenden Kapitel konzentrieren wir uns auf das zweidimensionale geometrische Problem, in dem die Datensätze Punkte und die Attribute ihre Koordinaten sind, und erörtern dann geeignete Verallgemeinerungen.

Die Verfahren, die wir betrachten wollen, sind unmittelbare Verallgemeinerungen von Methoden, die wir für das Suchen mit einfachen Schlüsseln (im eindimensionalen

Fall) kennengelernt haben. Wir setzen voraus, daß viele Anfragen betreffs der gleichen Punktmenge zu erwarten sind, so daß das Problem in zwei Teile zerfällt: Wir benötigen einen Algorithmus für die Vorverarbeitung, der aus den gegebenen Punkten eine Struktur aufbaut, die eine effiziente Bereichssuche unterstützt, und einen Algorithmus für die *Bereichssuche*, der die Struktur verwendet, um Punkte zurückzugeben, die einem beliebigen gegebenen (mehrdimensionalen) Bereich angehören. Diese Trennung erschwert den Vergleich zwischen verschiedenen Verfahren, da die Gesamtkosten nicht nur von der Verteilung der betreffenden Punkte abhängen, sondern auch von der Anzahl und Art der Anfragen.

Das Problem der Bereichssuche im eindimensionalen Fall besteht darin, alle Punkte zurückzugeben, die in einem vorgegebenen Intervall liegen. Dies läßt sich erreichen, indem als Vorverarbeitung die Punkte sortiert werden und danach eine binäre Suche nach den Endpunkten des Intervalls vorgenommen wird, um alle Punkte zurückzugeben, die dazwischen liegen. Eine andere Lösung wäre, einen binären Suchbaum zu konstruieren und dann eine einfache rekursive Traversierung des Baumes zu realisieren, wobei innerhalb des Intervalls liegende Punkte zurückgegeben und außerhalb des Intervalls befindliche Teile des Baumes ignoriert werden. Das benötigte Programm ist eine einfache rekursive Traversierung des Baumes (siehe Kapitel 4). Falls sich der linke Endpunkt des Intervalls links von dem Punkt an der Wurzel befindet, durchsuchen wir (rekursiv) den linken Teilbaum und analog den rechten, wobei wir jeden Knoten, den wir vorfinden, prüfen, um festzustellen, ob sein Punkt im Intervall liegt:

```
struct interval { int x1, x2; };
treerange(struct node *t; struct interval range);
  {
    int tx1, tx2;
    if (t == z) return;
    tx1 = (t->key >= range.x1);
    tx2 = (t->key <= range.x2);
    if (tx1) treerange(t->l, range);
    if (tx1 && tx2)
        /* t->key is within the range */
    if (tx2) treerange(t->r, range);
  }
```

Die Effizienz dieses Programms könnte noch etwas erhöht werden, wenn das Intervall int als eine globale Variable verwendet würde, anstatt seine unveränderten Werte bei jedem rekursiven Aufruf weiterzureichen. Abbildung 26.1 zeigt die gefundenen Punkte, wenn dieses Programm für einen exemplarischen Baum abgearbeitet wird. Beachten Sie, daß die zurückgegebenen Punkte in dem Baum nicht verbunden sein müssen.

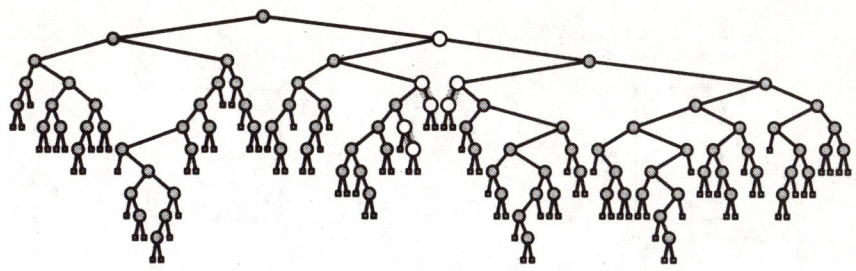

Abbildung 26.1 Bereichssuche (eindimensional) mit einem binären Suchbaum.

Eigenschaft 26.1 *Eindimensionale Bereichssuche kann mit O(N log N) Schritten für die Vorverarbeitung und O (R + log N) Schritten für die Bereichssuche ausgeführt werden, wobei R die Anzahl der Punkte ist, die tatsächlich in dem Bereich liegen.*

Dies folgt unmittelbar aus elementaren Eigenschaften der Suchstrukturen (siehe Kapitel 14 und 15). Bei Bedarf könnte ein ausgeglichener Baum verwendet werden. ∎

Unser Ziel in diesem Kapitel besteht darin, die gleichen Laufzeiten für die mehrdimensionale Bereichssuche zu erreichen. Der Parameter *R* kann sehr groß sein: Wenn die Möglichkeit gegeben ist, Bereiche betreffende Anfragen beantworten zu lassen, könnte ein Anwender leicht Anfragen formulieren, die alle oder beinahe alle Punkte betreffen. Das Auftreten dieses Typs von Anfragen muß sicher in vielen Anwendungen erwartet werden, doch sind keine ausgeklügelten Algorithmen erforderlich, wenn *alle* Anfragen von diesem Typ sind. Die von uns betrachteten Algorithmen werden mit dem Ziel entwickelt, für Anfragen effizient zu sein, bei denen nicht zu erwarten ist, daß eine große Anzahl von Punkten zurückzugeben ist.

Elementare Verfahren

Im zweidimensionalen Fall ist unser »Bereich« eine Fläche in der Ebene. Der Einfachheit halber betrachten wir das Problem der Bestimmung aller Punkte, deren *x*-Koordinaten innerhalb eines gegebenen *x*-Intervalls und deren *y*-Koordinaten innerhalb eines gegebenen *y*-Intervalls liegen, das heißt, wir suchen alle Punkte, die innerhalb eines gegebenen Rechtecks liegen. Demzufolge setzen wir einen Typ `rect` voraus, der einen aus vier ganzen Zahlen bestehenden *record* darstellt, bei denen es sich um die Endpunkte des horizontalen und vertikalen Intervalls handelt. Unsere grundlegende Operation besteht darin zu testen, ob ein Punkt innerhalb eines gegebenen Rechtecks liegt, so daß wir eine Funktion `insiderect (struct point p; struct rect r)` einführen, die dies in der offensichtlichen Weise überprüft und einen von null verschiedenen Wert zurückgibt, falls `p` in `r` liegt. Unser Ziel ist es, alle Punkte zu finden, die innerhalb eines gegebenen Rechtecks liegen, und dafür so wenige Aufrufe von `insiderect` wie möglich zu verwenden.

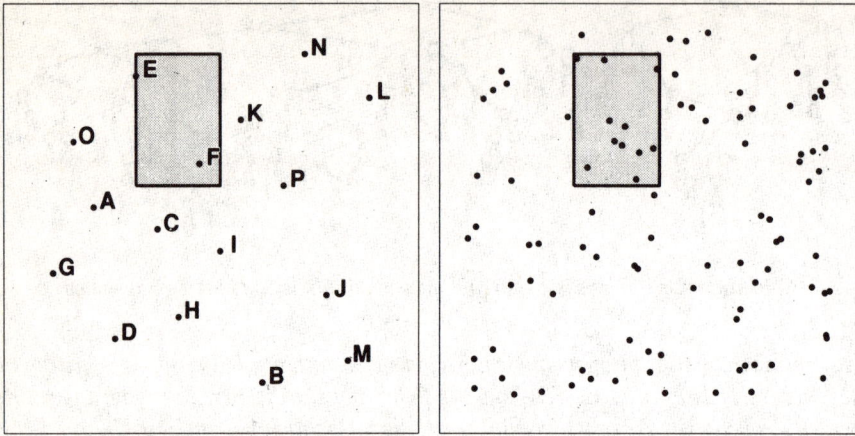

Abbildung 26.2 *Zweidimensionales Bereichssuchen.*

Der einfachste Weg zur Lösung dieses Problems ist *sequentielles Suchen*: Durchsuche alle Punkte und prüfe jeden, um festzustellen, ob er innerhalb des vorgegebenen Bereichs liegt (durch Aufrufen von `insiderect` für jeden Punkt). Dieses Verfahren wird tatsächlich in vielen Datenbanken angewandt, da es sich leicht verbessern läßt, indem man die Anfragen »bündelt« und bei einem Durchsuchen der Punkte gleichzeitig die Prüfung betreffs vieler verschiedener Anfragen vornimmt. Für eine sehr umfangreiche Datenbank, bei der sich die Daten auf einem externen Gerät befinden und die zum Einlesen benötigte Zeit der bei weitem dominierende Kostenfaktor ist, kann dies eine sehr sinnvolle Methode sein: Man sammle so viele Anfragen, wie in den internen Speicher passen, und führe in einem Durchlauf der umfangreichen externen Datei die Prüfung betreffs aller dieser Anfragen durch. Falls jedoch diese Bündelung unzweckmäßig oder die Datenbank etwas kleiner ist, stehen weit bessere Verfahren zur Verfügung.

Für unser geometrisches Problem scheint die sequentielle Suche jedoch zu viel Aufwand zu erfordern, wie die Abbildung 26.2 zeigt. Das den Suchbereich darstellende Rechteck enthält sicher nur einige unserer Punkte; müssen wir daher unbedingt alle Punkte durchsuchen, nur um diese wenigen zu finden? Eine einfache erste Verbesserung der sequentiellen Suche ist die direkte Anwendung eines bekannten eindimensionalen Verfahrens längs einer oder mehrerer der Dimensionen, in denen zu suchen ist. Eine Vorgehensweise besteht darin, die Punkte zu bestimmen, deren x-Koordinaten innerhalb des durch das Rechteck vorgegebenen x-Bereichs liegen, und dann die y-Koordinaten dieser Punkte zu prüfen, um zu ermitteln, ob die Punkte im Rechteck liegen oder nicht. Demzufolge werden Punkte, die nicht im Rechteck liegen können, da ihre x-Koordinaten außerhalb des vorgegebenen Bereichs liegen, niemals betrachtet. Diese Methode wird *Projektion* genannt; offenbar könnten wir auch auf y projizieren. Für unser Beispiel würden wir E, C, H, F und I bei einer Projektion auf x in der oben beschriebenen Weise prüfen, und wir würden O, E, F, K, P, N und L bei einer Projektion auf y prüfen. Beachten

Sie, daß die gesuchte Punktmenge (E und F) genau aus denjenigen Punkten besteht, die in beiden Projektionen erscheinen.

Falls die Punkte gleichmäßig in einem rechteckigen Bereich verteilt sind, ist es sehr einfach, die durchschnittliche Anzahl der geprüften Punkte zu berechnen. Der Anteil der Punkte, der in einem gegebenen Rechteck zu erwarten wäre, ist einfach gleich dem Verhältnis der Fläche dieses Rechtecks zur Fläche des gesamten Gebiets; der zu erwartende Anteil der Punkte, die bei einer Projektion auf x geprüft werden, ist gleich dem Verhältnis der Breite des Rechtecks zur Breite des Bereichs; analoges gilt für eine Projektion auf y. Für unser Beispiel bedeutet die Verwendung eines 4×6-Rechtecks in einem 16×16-Gebiet, daß 3/32 der Punkte im Rechteck, 1/4 der Punkte in einer Projektion auf x und 3/8 der Punkte in einer Projektion auf y zu erwarten wären. Offensichtlich ist es unter solchen Umständen am besten, auf diejenige Achse zu projizieren, die dem kleineren der beiden Maße des Rechtecks entspricht. Andererseits ist es leicht, Situationen zu konstruieren, in denen die Methode der Projektion ein dürftiges Ergebnis liefert: Wenn zum Beispiel die Punktmenge die Form eines »L« besitzt und die Suche einen Bereich betrifft, der nur den Punkt an der Ecke des »L« umfaßt, wird bei der Projektion auf jede der Achsen nur die Hälfte der Punkte eliminiert.

Auf den ersten Blick scheint es, daß die Methode der Projektion dahingehend verbessert werden könnte, daß man die Punkte, die innerhalb des x-Bereichs liegen, und die Punkte, die innerhalb des y-Bereichs liegen, irgendwie schneidet. Versuche, das zu tun, ohne im ungünstigsten Fall entweder alle Punkte im x-Bereich oder alle Punkte im y-Bereich zu prüfen, führen vor allem dazu, daß man die raffinierteren Verfahren zu schätzen weiß, denen wir uns nun zuwenden.

Gitterverfahren

Eine einfache, doch effiziente Methode für die Beibehaltung von Nachbarschaftsbeziehungen zwischen Punkten in der Ebene besteht darin, ein künstliches Gitter zu konstruieren, das die zu durchsuchende Fläche in kleine Quadrate zerlegt, und kurze Listen der in jedem Quadrat befindlichen Punkte anzulegen. (Diese Methode wird zum Beispiel in der Archäologie verwendet.) Wenn dann Punkte gesucht werden, die innerhalb eines gegebenen Rechtecks liegen, brauchen nur diejenigen Listen durchsucht zu werden, die Quadraten entsprechen, die sich mit dem Rechteck überschneiden. In unserem Beispiel werden nur E, C, F und K geprüft, wie Abbildung 26.3 zeigt.

Die wichtigste Entscheidung, die zu treffen ist, ist die Festlegung der Größe des Gitters: Falls es zu grob ist, enthält jedes Quadrat des Gitters zu viele Punkte, und falls es zu fein ist, müssen zu viele Gitterquadrate abgesucht werden (von denen die meisten leer sind). Ein Kompromiß zwischen diesen beiden Extremfällen läßt sich finden, indem die Größe des Gitters so gewählt wird, daß die Anzahl der Gitterquadrate ein konstanter Bruchteil der Gesamtzahl der Punkte ist. Dann ist zu erwarten, daß die Anzahl der Punkte in jedem Quadrat ungefähr gleich einer gewissen kleinen

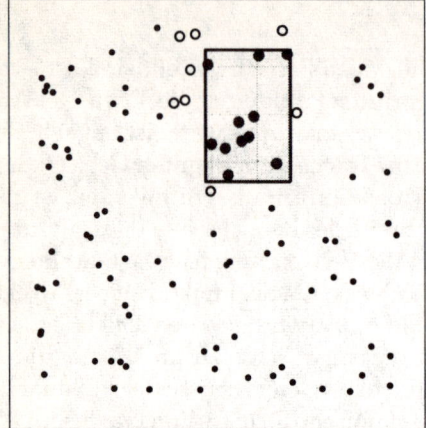 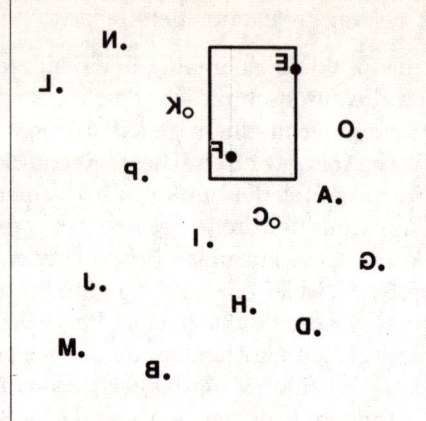

Abbildung 26.3 *Gitterverfahren für die Bereichssuche.*

Konstante ist. Für unser kleines Beispiel einer Punktmenge bedeutet die Verwendung eines 4×4-Gitters für eine aus 16 Punkten bestehende Menge, daß jedes Gitterquadrat im Mittel einen Punkt enthält.

Nachfolgend wird eine einfache Implementation eines Programms zur Erzeugung der Gitterstruktur angegeben, das die Punkte in einem Feld p[N+1] von Punkten des zu Beginn von Kapitel 24 beschriebenen Typs enthält. Die Variable size wird verwendet, um die Größe der Gitterquadrate zu steuern und demzufolge das Auflösungsvermögen des Gitters zu bestimmen. Der Einfachheit halber wird angenommen, daß die Koordinaten aller Punkte zwischen 0 und einem gewissen maximalen Wert max liegen. Dann wird size für die Breite eines Gitterquadrats genommen, und es gibt max/size mal max/size Gitterquadrate. Um zu ermitteln, welchem Gitterquadrat ein Punkt angehört, dividieren wir seine Koordinaten durch size:

```
#define maxG 20
struct node { struct point p, struct node *next; };
struct node *grid[maxG][maxG];
int size;
struct node *z;
preprocess(struct point p[], int N)
  {
    int i, j;
    z = (struct node *) malloc(sizeof *z);
    for (size = 1; size*size < max*max/N; size *= 2);
    for (i = 0; i <= maxG; i++)
      for (j = 0; j <= maxG; j++)
          grid[i][j] = z;
    for (i = 0; i <= N; i++) insert(p[i]);
  }
```

```
insert(struct point p)
  {
    struct node *t;
    t = (struct node *) malloc(sizeof *t);
    t->p = p; t->next = grid[p.x/size][p.y/size];
    grid[p.x/size][p.y/size] = t;
  }
```

Dieses Programm verwendet unsere standardmäßigen Darstellungen mittels verketteter Listen mit einem Pseudo-Endknoten z. Die Variable max wird wiederum als global vorausgesetzt; vielleicht wird sie während der Eingabe der Punkte gleich dem maximalen auftretenden Wert einer Koordinaten gesetzt.

Wie oben erwähnt wurde, hängt die Festlegung des Wertes der Variablen size von der Anzahl der Punkte, vom Umfang des verfügbaren Speicherplatzes und von der Streubreite der Werte der Koordinaten ab. Grob gesagt, um M Punkte pro Gitterquadrat zu erhalten, sollte für size die ganze Zahl gewählt werden, die max dividiert durch $\sqrt{N/M}$ am nächsten kommt. Dies führt zu ungefähr N/M Gitterquadraten. Diese Abschätzungen sind für kleine Parameterwerte ungenau, doch sie sind für die meisten Situationen nützlich; für spezielle Anwendungen können leicht ähnliche Abschätzungen angegeben werden. Der Wert braucht nicht exakt berechnet zu werden; in der obigen Implementation wird für size eine Zweierpotenz verwendet, was die Multiplikation mit size und die Division durch size in den meisten Programmierumgebungen wesentlich effizienter machen dürfte.

In der obigen Implementation wird $M = 1$ verwendet, was eine häufig getroffene Wahl ist. Wenn Platz sehr kostbar ist, kann ein großer Wert geeignet sein, doch ein kleinerer Wert ist, außer in sehr speziellen Situationen, sicherlich nicht sinnvoll.

Nunmehr wird die Hauptarbeit bei der Bereichssuche einfach ausgeführt, indem auf das Feld grid Bezug genommen wird:

```
gridrange(struct rectangle range)
  {
    struct node *t;
    int i, j;
    for (i = range.x1/size; i <= range.x2/size; i++)
      for (j = range.y1/size; j <= range.y2/size; j++)
        for (t = grid[i][j]; t != z; t = t->next)
          if (insiderect(t->p, range))
            /* point t->p is within the range */
  }
```

Die Laufzeit dieses Programms ist proportional zur Anzahl der betroffenen Gitterquadrate. Da wir dafür gesorgt hatten, daß jedes Gitterquadrat im Durchschnitt eine konstante Anzahl von Punkten enthält, ist die Anzahl der betroffenen Gitterquadrate im Durchschnitt gleichfalls zur Anzahl der betrachteten Punkte proportional.

Eigenschaft 26.2 *Das Gitterverfahren für die Bereichssuche ist im durchschnittlichen Fall linear bezüglich der Anzahl der Punkte im Bereich und im ungünstigsten Fall linear bezüglich der Gesamtzahl der Punkte.*

Wenn R die Anzahl der Punkte in dem den Suchbereich darstellenden Rechteck ist, so ist die Anzahl der untersuchten Gitterquadrate proportional zu R. Die Anzahl der untersuchten Gitterquadrate, die sich nicht vollständig innerhalb des Suchrechtecks befinden, ist sicherlich kleiner als eine kleine Konstante mal R, so daß die Gesamtlaufzeit (im Durchschnitt) linear in R ist. Für große R wird die Anzahl der untersuchten Punkte, die sich nicht im Suchrechteck befinden, sehr klein: Alle derartige Punkte liegen in einem Gitterquadrat, das sich mit dem Rand des Rechtecks überschneidet, und die Anzahl solcher Quadrate ist für große R proportional zu $\sqrt{R}$. Beachten Sie, daß diese Überlegung nicht zutrifft, wenn die Gitterquadrate zu klein sind (zu viele leere Quadrate innerhalb des Suchrechtecks), oder wenn sie zu groß sind (zu viele Punkte in Gitterquadraten an Rand des Rechtecks), oder wenn das Rechteck schmaler ist als die Gitterquadrate (es könnte viele Gitterquadrate schneiden, jedoch nur wenige Punkte enthalten). ∎

Das Gitterverfahren ist gut geeignet, falls die Punkte über den angenommenen Bereich gut verteilt sind, doch schlecht, falls sie gehäuft beieinander liegen. (Zum Beispiel könnten alle Punkte in einem Feld des Gitters enthalten sein, was bedeuten würde, daß der gesamte Aufwand mit dem Gitter nichts genützt hätte.) Das Verfahren, das wir als nächstes betrachten, macht diesen ungünstigsten Fall sehr unwahrscheinlich, indem der Platz in einer ungleichmäßigen Weise unterteilt wird, die an die vorliegende Punktmenge angepaßt ist.

Zweidimensionale Bäume

Zweidimensionale (2D-) Bäume sind dynamische, anpaßbare Datenstrukturen, die binären Bäumen sehr ähnlich sind, jedoch einen geometrischen Raum in einer Weise aufteilen, die für die Anwendung bei der Bereichssuche und anderen Problemen zweckmäßig ist. Die Idee besteht darin, binäre Suchbäume mit Punkten in den Knoten zu erzeugen und dabei die Koordinaten y und x der Punkte in alternierender Folge als Schlüssel zu verwenden.

Zum Einfügen von Punkten in 2D-Bäume wird der gleiche Algorithmus verwendet wie bei normalen binären Suchbäumen, nur daß wir an der Wurzel die y-Koordinate verwenden (gehe nach links, wenn der einzufügende Punkt eine kleinere y-Koordinate hat als der Punkt an der Wurzel, andernfalls gehe nach rechts), wir danach auf der nächsten Ebene die x-Koordinate verwenden, dann auf der folgenden Ebene die y-Koordinate usw., bis ein äußerer Knoten erreicht wird. Abbildung 26.4 zeigt den 2D-Baum, der unserer kleinen Punktmenge entspricht.

Die Bedeutung dieses Verfahrens besteht darin, daß es einer Aufteilung der Ebene in einer einfachen Weise entspricht: Alle Punkte, die sich unterhalb des Punktes an der

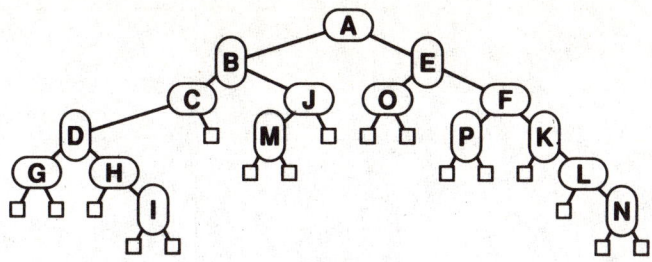

Abbildung 26.4 *Ein zweidimensionaler (2D-) Baum.*

Wurzel befinden, kommen in den linken Teilbaum, alle, die sich oberhalb von ihm befinden, in den rechten Teilbaum; danach kommen alle Punkte, die oberhalb des Punktes an der Wurzel und links von dem Punkt im rechten Teilbaum liegen, in den linken Teilbaum des rechten Teilbaumes der Wurzel usw.

Die Abbildungen 26.5 und 26.6 zeigen, wie die Ebene entsprechend der Konstruktion des Baumes aus Abbildung 26.4 aufgeteilt wird. Zuerst wird auf der Höhe der y-Koordinate von A, des ersten eingefügten Knotens, eine horizontale Linie gezeichnet. Danach wird B, da es sich unterhalb von A befindet, links von A in den Baum aufgenommen, und die Halbebene unterhalb von A wird mittels einer vertikalen Linie bei der x-Koordinate von B zerlegt (zweite Skizze in Abbildung 26.5). Danach gehen wir, da sich C unterhalb von A befindet, an der Wurzel nach links, und da es sich links von B befindet, in B nach links und zerlegen den Teil der Ebene, der sich unterhalb von A und links von B befindet, mittels einer horizontalen Linie bei der y-Koordinate von C (dritte Skizze in Abbildung 26.5). Das Einfügen von D ist ähnlich, doch dann wird E rechts von A in den Baum aufgenommen, da es sich oberhalb von A befindet (erste Skizze in Abbildung 26.6) usw.

Jeder äußere Knoten des Baumes entspricht einem bestimmten Rechteck in der Ebene. Jedes Gebiet entspricht einem äußeren Knoten im Baum; jeder Punkt liegt auf einem horizontalen oder vertikalen Geradenabschnitt, der die Zerlegung definiert, die bei diesem Punkt im Baum vorgenommen wurde.

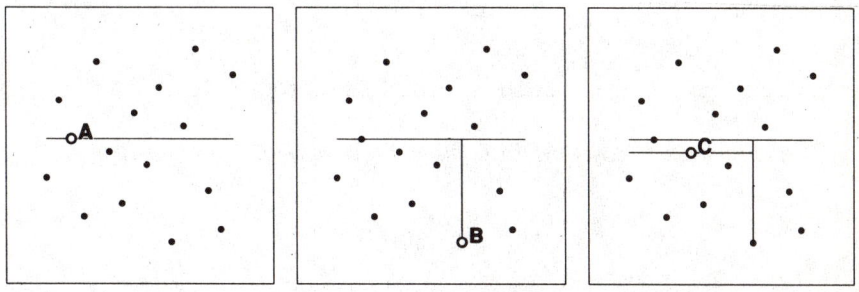

Abbildung 26.5 *Zerlegung der Ebene mittels eines 2D-Baumes: Anfangsschritte.*

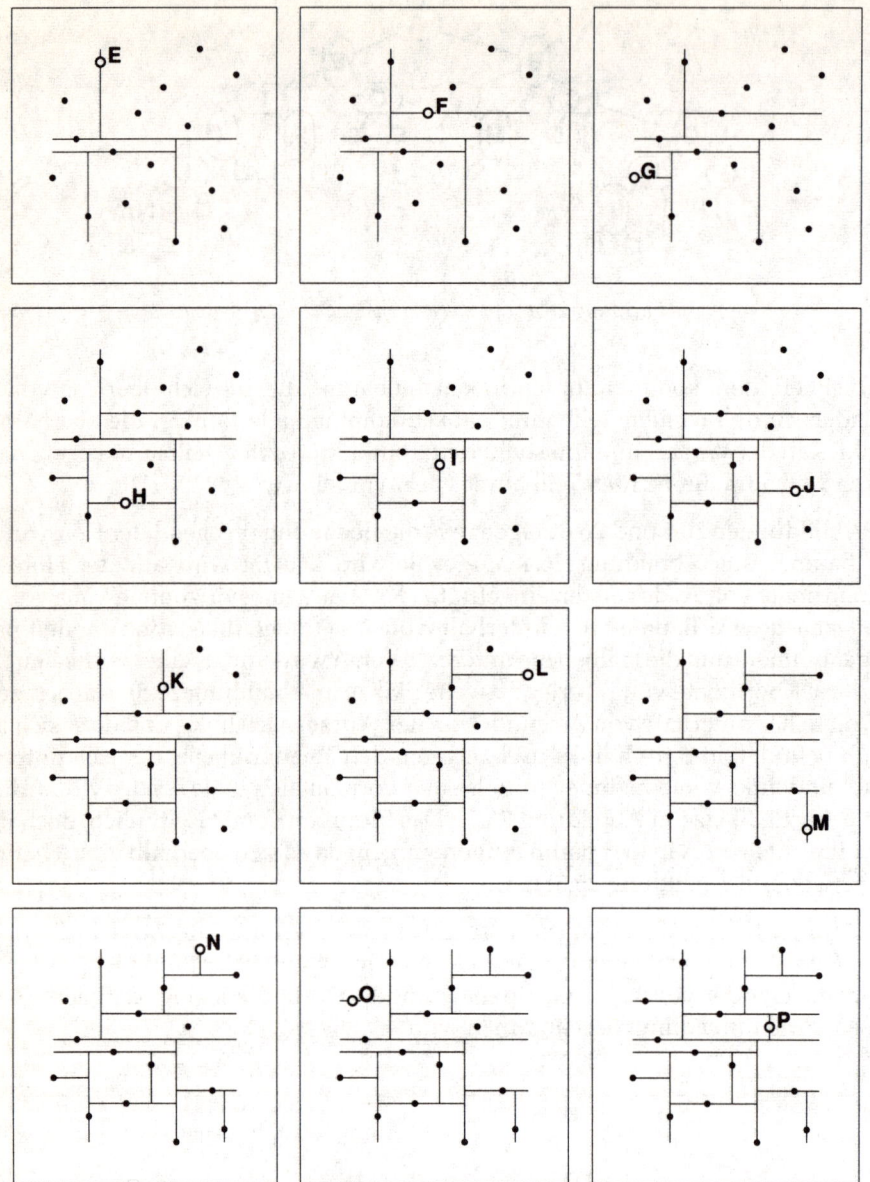

Abbildung 26.6 *Zerlegung der Ebene mittels eines 2D-Baumes: Fortsetzung.*

Das Programm für die Konstruktion von 2D-Bäumen ist eine einfache Modifikation der gewöhnlichen Suche mit Hilfe binärer Bäume in der Weise, daß auf jeder Ebene zwischen den *x*- und *y*-Koordinaten gewechselt wird.

```
tree2Dinsert(struct point p)
  {
    struct node *f;
    int d, td;
    for (d = 0, t = head; t != z; d !=d)
      {
        td = d ? (p.x < t->p.x) : (p.y < t->p.y);
        f = t; t = td ? t->l : t->r;
      }
    t = (struct node *) malloc(sizeof *t);
    t->p = p; t->l = z; t->r = z;
    if (td) f->l = t; else f->r = t;
  }
```

Hierbei ist `node` ein Punkt mit linken und rechten Verkettungen zu Knoten. Wie üblich benutzen wir einen Kopfknoten `head` mit einem künstlichen Punkt (0,0), der »kleiner« ist als alle anderen Punkte, so daß der Baum am rechten Ast von `head` hängt. Ein künstlicher Knoten z wird verwendet, um alle äußeren Knoten darzustellen. Eine boolesche Variable d wechselt auf dem Weg im Baum abwärts jedesmal ihren Wert, um die abwechselnden Tests für die *x*- und *y*-Koordinaten auszuführen. Ansonsten ist die Prozedur mit der Standardprozedur aus Kapitel 14 identisch.

Eigenschaft 26.3 *Die Konstruktion eines 2D-Baumes aus N zufälligen Punkten erfordert im durchschnittlichen Fall 2N ln N Vergleiche.*

Tatsächlich haben 2D-Bäume für zufällig verteilte Punkte die gleichen Leistungsfähigkeitsmerkmale wie binäre Suchbäume. Beide Koordinaten spielen die Rolle zufälliger »Schlüssel«. ■

Um eine Bereichssuche unter Benutzung von 2D-Bäumen auszuführen, erzeugen wir in der Vorverarbeitungsphase zuerst den 2D-Baum aus den Punkten:

```
preprocess(struct point p[], int N)
  {
    int i;
    p[0].x = 0; p[0].y = 0; p[0].info = 0;
    z = (struct node *) malloc(sizeof *z);
    z->l = z; z->r = z; z->p = p[0];
    head = (struct node *) malloc(sizeof *head);
    head->r = z; head->p = p[0];
    for (i = 1; i <= N; i++) tree2Dinsert(p[i]);
  }
```

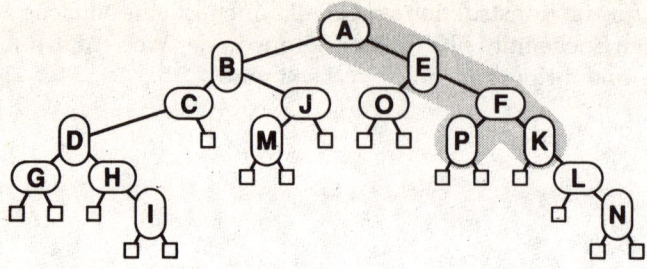

Abbildung 26.7 *Bereichssuche mit einem 2D-Baum.*

Der Baum wird wie oben beschrieben initialisiert, danach werden alle Punkte eingefügt. Der Programmabschnitt für die Initialisierung muß sorgfältig mit den Anfangsbedingungen für das Programm koordiniert werden, welches den Baum durchläuft,
da andernfalls lästige Komplikationen auftreten, wenn der Algorithmus nach x-Ko-
ordinaten sucht, während der Baum y-Koordinaten hat, und umgekehrt.

Für die Bereichssuche vergleichen wir dann den Punkt bei jedem Knoten mit dem
Bereich längs der Dimension, die benutzt wurde, um die Ebene dieses Knotens zu
zerlegen. In unserem Beispiel beginnen wir, indem wir sowohl bei der Wurzel als auch
bei dem Knoten E nach rechts gehen, da sich unser Suchrechteck vollständig oberhalb
von A und rechts von E befindet. Danach müssen wir uns beim Knoten F in beiden
Teilbäumen abwärts bewegen, da F in dem durch das Rechteck definierten x-Bereich
liegt (beachten Sie, daß dies *nicht* das gleiche ist, wie wenn wir sagen würden, daß F
im Rechteck liegt). Dann werden die linken Teilbäume von P und K geprüft, was der
Prüfung der Gebiete der Ebene entspricht, die sich mit dem Suchrechteck überschneiden. (Siehe Abbildungen 26.7 und 26.8.)

Dieser Prozeß läßt sich mittels einer einfachen Verallgemeinerung der zu Beginn dieses
Kapitels betrachteten eindimensionalen Prozedur `treerange` leicht implementieren:

```
tree2Drange(struct node *t, struct rect range, int d)
{
 int t1,t2,tx1,tx2,ty1,ty2;
 if (t == z) return;
 tx1 = range.x1 < t->p.x; tx2 = t->p.x <= range.x2;
 ty1 = range.y1 < t->p.y; ty2 = t->p.y <= range.y2;
 t1 = d ? tx1 : ty1; t2 = d ? tx2 : ty2;
 if (t1) tree2Drange(t->l, range, !d);
 if (insiderect(t->p, range))
   /* point t->p is within the range */
 if (t2) tree2Drange(t->r, range, !d);
}
```

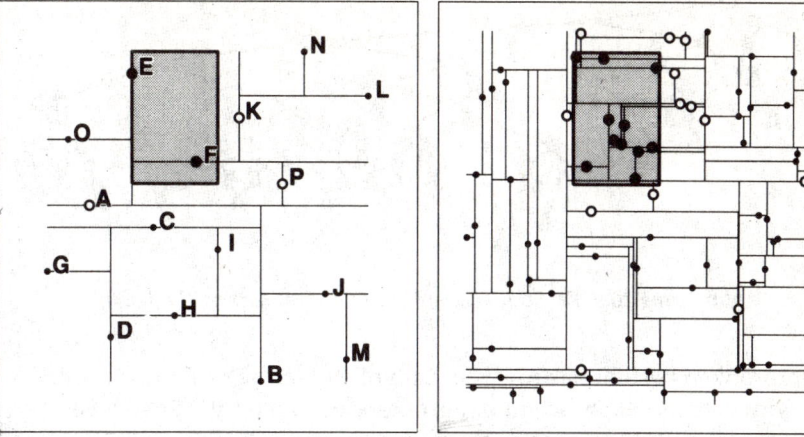

Abbildung 26.8 Bereichssuche mit einem 2D-Baum (Zerlegung der Ebene).

Bei dieser Prozedur wird nur dann in beiden Teilbäumen abwärts gegangen, wenn die zerlegende Linie das Rechteck schneidet, was bei relativ kleinen Rechtecken nicht oft vorkommen dürfte. Abbildung 26.8 zeigt die Zerlegungen der Ebene und die untersuchten Punkte für unsere beiden Beispiele.

Eigenschaft 26.4 *Für die Bereichssuche mit einem 2D-Baum scheinen ungefähr $R + \log N$ Schritte erforderlich zu sein, um in einem N Punkte enthaltenden Gebiet R Punkte in sinnvollen Bereichen zu finden.*

Dieses Verfahren wurde noch nicht umfassend analysiert, und die angegebene Eigenschaft ist eine Vermutung, die ausschließlich auf empirischen Untersuchungen beruht. Natürlich hängt die Leistungsfähigkeit (und die Analyse) immer sehr stark von dem verwendeten Bereichstyp ab. Doch das Verfahren hält einem Vergleich mit dem Gitterverfahren sehr gut stand und ist etwas weniger von der »Zufälligkeit« in der Punktmenge abhängig. Abbildung 26.9 zeigt den 2D-Baum für unser umfangreiches Beispiel. ∎

Mehrdimensionale Bereichssuche

Sowohl das Gitterverfahren als auch 2D-Bäume lassen sich unmittelbar auf mehr als zwei Dimensionen verallgemeinern: Einfache, direkte Verallgemeinerungen der obigen Algorithmen führen unmittelbar zu Bereichssuchverfahren, die für mehr als zwei Dimensionen geeignet sind. Die Natur der mehrdimensionalen Räume erfordert jedoch eine gewisse Vorsicht und läßt vermuten, daß sich die Leistungsfähigkeitsmerkmale der Algorithmen für eine spezielle Anwendung schwer vorhersagen lassen.

Um das Gitterverfahren für eine k-dimensionale Suche zu implementieren, definieren wir einfach `grid` als k-dimensionales Feld und benutzen einen Index pro Dimension.

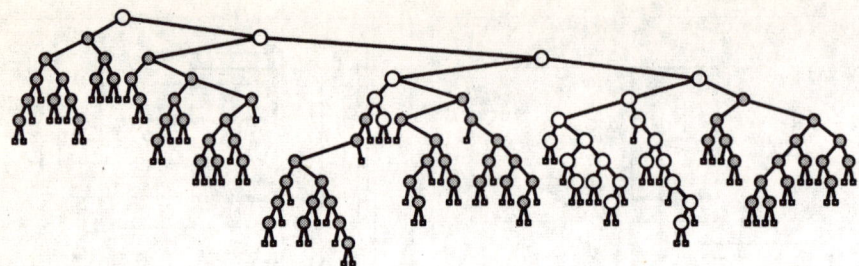

Abbildung 26.9 *Bereichssuche mit einem umfangreichen 2D-Baum.*

Das Hauptproblem besteht darin, einen sinnvollen Wert für `size` zu wählen. Dieses Problem wird sehr deutlich, wenn ein großes k betrachtet wird: Welchen Gittertyp sollten wir für eine 10-dimensionale Suche verwenden? Die Schwierigkeit ergibt sich daraus, daß wir selbst dann, wenn wir nur drei Aufteilungen pro Dimension benutzen, 3^{10} Gitterquadrate benötigen, von denen die meisten für sinnvolle Werte von N leer sind.

Die Verallgemeinerung von 2D- auf kD-Bäume ist gleichfalls unmittelbar möglich: Während der Bewegung im Baum abwärts durchlaufe man die Dimensionen einfach zyklisch (so wie wir dies für zwei Dimensionen getan haben, indem wir zwischen x und y wechselten). Wie zuvor haben die sich ergebenden Bäume bei einer zufälligen Verteilung die gleichen Merkmale wie binäre Suchbäume. Wie zuvor existiert auch eine natürliche Entsprechung zwischen den Bäumen und einem einfachen geometrischen Prozeß. Im dreidimensionalen Fall entspricht das Abzweigen bei jedem Knoten der Zerlegung des betreffenden dreidimensionalen Gebiets mittels einer Ebene; im allgemeinen Fall zerlegen wir das betreffende k-dimensionale Gebiet mittels einer $(k-1)$-dimensionalen Hyperebene.

Falls k sehr groß ist, ist es wahrscheinlich, daß die kD-Bäume sehr unausgeglichen sind, was wiederum daran liegt, daß in der Praxis auftretende Punktmengen nicht genügend umfangreich dafür sind, daß sich die Zufälligkeit über eine große Zahl von Dimensionen erstrecken kann. In typischen Fällen haben alle Punkte in einem Teilbaum für mehrere Dimensionen den gleichen Wert, was zu verschiedenen Verzweigungen in nur einer Richtung in den Bäumen führt. Eine Möglichkeit, wie dieses Problem abgeschwächt werden kann, besteht darin, immer diejenige Dimension zu verwenden, die die Punktmenge in der besten Weise zerlegt, anstatt die Dimensionen einfach zyklisch zu durchlaufen. Diese Methode kann auch für 2D-Bäume angewandt werden. Sie erfordert, daß in jedem Knoten zusätzliche Information (welche Dimension ausgewählt werden sollte) gespeichert wird, verringert jedoch die Unausgeglichenheit, besonders in Bäumen mit vielen Dimensionen.

Zusammenfassend kann gesagt werden, daß, obwohl man leicht sehen kann, wie sich unsere Programme für die Bereichssuche auf die Behandlung mehrdimensionaler Probleme übertragen lassen, ein solcher Schritt für eine umfangreiche Anwendung nicht leichtfertig ausgeführt werden sollte. Große Datenbanken mit vielen Attributen pro Datensatz können tatsächlich sehr komplizierte Objekte sein, und oft sind gründliche Kenntnisse der Merkmale einer Datenbank erforderlich, um für eine spezielle Anwendung ein effizientes Verfahren für die Bereichssuche zu entwickeln. Dies ist ein sehr wichtiges Problem, welches gegenwärtig noch aktiv erforscht wird.

Übungen

1. Erstellen Sie eine nichtrekursive Variante des in diesem Kapitel angegebenen Programms für die eindimensionale Bereichssuche.

2. Erstellen Sie ein Programm für die Ausgabe aller Punkte aus einem binären Baum, die *nicht* in einem vorgegebenen Intervall liegen.

3. Geben Sie die maximale und minimale Anzahl von Gitterquadraten, die bei dem Gitterverfahren durchsucht werden, als Funktion der Maße der Gitterquadrate und des den Suchbereich darstellenden Rechtecks an.

4. Erörtern Sie die Idee, die darin besteht, das Durchsuchen von leeren Gitterquadraten durch die Benutzung verketteter Listen zu vermeiden: Jedes Gitterquadrat könnte mit dem nächsten nichtleeren Gitterquadrat in der gleichen Zeile und dem nächsten nichtleeren Gitterquadrat in der gleichen Spalte verbunden werden. Wie würde die Anwendung einer solchen Vorgehensweise die zu verwendende Größe der Gitterquadrate beeinflussen?

5. Skizzieren Sie den Baum und die sich ergebende Zerlegung der Ebene, wenn wir für unser Beispiel einer Punktmenge einen 2D-Baum erzeugen und dabei mit einer vertikalen Trennungslinie beginnen. (Das heißt, rufen Sie *range* mit einem dritten Parameter *false* anstelle von *true* auf.)

6. Geben Sie eine Punktmenge an, die zu dem ungünstigsten 2D-Baum führt, der keine Knoten mit zwei Nachfolgern hat; geben Sie die sich ergebende Zerlegung der Ebene an.

7. Beschreiben Sie, wie die Verfahren modifiziert werden müßten, damit alle Punkte zurückgegeben werden, die innerhalb eines gegebenen Kreises liegen.

8. Wenn alle Suchrechtecke mit der gleichen Fläche betrachtet werden, welche Form dürfte dann für jedes der Verfahren die geringste Leistungsfähigkeit zur Folge haben?

9. Welches Verfahren sollte für die Bereichssuche bevorzugt werden, wenn die Punkte in großen, weit voneinander entfernten Haufen angeordnet sind?

10. Skizzieren Sie den 3D-Baum, der sich ergibt, wenn die Punkte (3,1,5), (4,8,3), (8,3,9), (6,2,7), (1,6,3), (1,3,5), (6,4,2) in einen ursprünglich leeren Baum eingefügt werden.

Kapitel 27

Geometrischer Schnitt

Ein natürliches Problem, das in geometrischen Anwendungen häufig entsteht, lautet: »Gegeben sei eine Menge von N Objekten; schneiden sich zwei beliebige von ihnen?« Die betreffenden »Objekte« können Linien, Rechtecke, Kreise, Polygone oder andere geometrische Objekte sein. Wenn es um physische Objekte geht, so wissen wir, daß sich zwei Objekte nicht zur gleichen Zeit am gleichen Ort befinden können; es ist jedoch einige Mühe erforderlich, um zu erreichen, das ein Computerprogramm diese Tatsache akzeptiert. Zum Beispiel ist es in einem System für die Entwicklung und Verarbeitung von integrierten Schaltkreisen oder Leiterplatten wichtig zu wissen, daß sich keine zwei Leiter schneiden und einen Kurzschluß hervorrufen. In einem industriellen System für den Entwurf von Plänen, die mit Hilfe einer CNC-Maschine ausgeführt werden sollen, ist es wichtig zu wissen, daß sich keine zwei Teile des Plans überschneiden. In der Computergraphik kann das Problem der Bestimmung, welches Objekt aus einer Menge von Objekten unter einem bestimmten Blickwinkel verdeckt wird, als ein Problem des geometrischen Schnitts der Projektionen der Objekte auf die Betrachtungsebene formuliert werden. Selbst dann, wenn es nicht um physische Objekte geht, gibt es viele Beispiele, wo die mathematische Formulierung eines Problems in natürlicher Weise zu einem Problem des geometrischen Schnitts führt. Ein besonders wichtiges Beispiel dafür wird im Kapitel 43 betrachtet.

Die offensichtliche Lösung des Schnittproblems besteht darin, jedes Paar von Objekten zu überprüfen und festzustellen, ob sie sich schneiden. Da es ungefähr $N^2/2$ Paare von Objekten gibt, ist die Laufzeit dieses Algorithmus proportional zu N^2. Für manche Anwendungen ist dies möglicherweise kein Problem, da andere Faktoren die Anzahl der zu bearbeitenden Objekte begrenzen. Bei vielen anderen Anwendungen ist es jedoch nicht ungewöhnlich, daß man es mit Hunderttausenden oder sogar Millionen von Objekten zu tun hat. Der grobe N^2-Algorithmus ist für solche Anwendungen offenbar ungeeignet. Im vorliegenden Abschnitt untersuchen wir ein allgemeines Verfahren, mit dessen Hilfe in einer zu $N \log N$ proportionalen Zeit bestimmt werden kann, ob sich zwei beliebige Objekte aus einer Menge von N Objekten schneiden; dieses Verfahren beruht auf Algorithmen, die von M. Shamos und D. Hoey 1976 in einer richtungsweisenden Arbeit vorgestellt wurden.

Zuerst betrachten wir einen Algorithmus, der aus einer Menge von Linien, die ausschließlich horizontal oder vertikal verlaufen, alle sich schneidenden Paare zurückgibt. Dies macht das Problem in gewisser Hinsicht einfacher (horizontale und vertikale Linien sind relativ einfache geometrische Objekte), in anderer Hinsicht jedoch komplizierter (das Zurückgeben aller sich schneidenden Paare ist schwieriger, als einfach zu bestimmen, ob ein solches Paar existiert). Die Implementation, die wir entwickeln werden, wendet binäre Suchbäume und das Programm für die Bereichssuche in Intervallen aus dem vorangegangenen Kapitel in einem doppelt rekursiven Programm an.

Danach untersuchen wir das Problem, das darin besteht zu bestimmen, ob sich zwei beliebige Strecken aus einer Menge von N Strecken schneiden, ohne einschränkende Bedingungen für die Strecken. Dabei kann dieselbe allgemeine Strategie angewandt werden, die für den horizontal-vertikalen Fall benutzt wurde. Tatsächlich ist die gleiche Grundidee für das Auffinden von Schnitten zwischen vielen anderen Typen von geometrischen Objekten geeignet. Allerdings ist für Strecken und andere Objekte die erweiterte Aufgabenstellung, alle sich schneidenden Paare zurückzugeben, um einiges komplizierter als für den horizontal-vertikalen Fall.

Horizontale und vertikale Linien

Zunächst wollen wir voraussetzen, daß alle Linien entweder horizontal oder vertikal sind; die beiden Punkte, die eine solche Linie definieren, haben entweder gleiche x- oder gleiche y-Koordinaten, wie in den Beispielen, die Abbildung 27.1 zeigt. (Dies wird manchmal als *Manhattan-Geometrie* bezeichnet, da der Stadtplan von Manhattan in der Hauptsache aus horizontalen und vertikalen Linien besteht, abgesehen vom Broadway, der eine Ausnahme darstellt.) Die Forderung, daß die Linien horizontal oder vertikal sein müssen, ist sicherlich eine starke Einschränkung, doch dieses

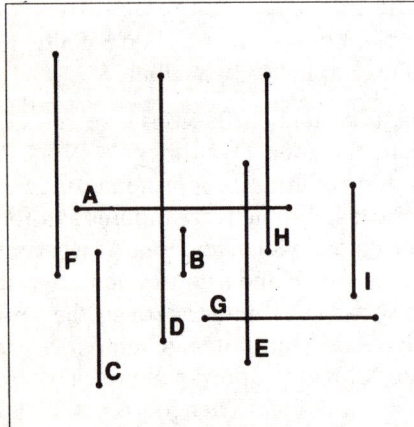
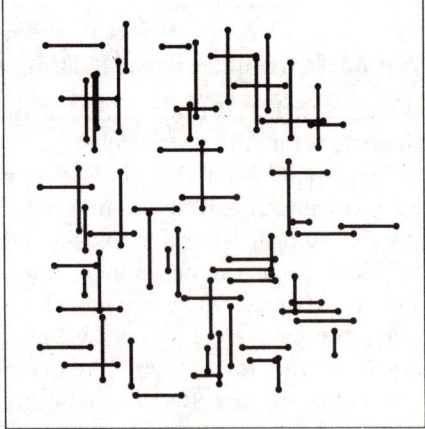

Abbildung 27.1 Zwei Linienschnittprobleme (Manhattan).

Problem ist bei weitem keine »Spielerei«. In Wirklichkeit wird diese Einschränkung in speziellen Anwendungsfällen oft auferlegt: Zum Beispiel werden VLSI-Schaltungen gewöhnlich unter dieser Einschränkung entworfen. In der rechten Abbildung sind die Linien relativ kurz, wie dies für viele Anwendungen typisch ist, obwohl man meist damit rechnen kann, daß einige sehr lange Linien auftreten.

Das allgemeine Prinzip des Algorithmus zum Auffinden eines Schnitts in solchen Linienmengen besteht darin, sich eine horizontale Durchmusterungslinie vorzustellen, die von unten nach oben verschoben wird. Auf diese Durchmusterungslinie projiziert sind vertikale Linien Punkte, und horizontale Linien sind Intervalle; wenn die Durchmusterungslinie sich von unten nach oben bewegt, erscheinen und verschwinden Punkte (die vertikale Linien darstellen), und horizontale Linien werden von Zeit zu Zeit angetroffen. Ein Schnitt ist gefunden, wenn eine horizontale Linie angetroffen wird, die auf der Durchmusterungslinie ein Intervall darstellt, welches einen Punkt enthält, der eine vertikale Linie darstellt. Die Existenz des Punktes bedeutet, daß die vertikale Linie die Durchmusterungslinie schneidet, und da die horizontale Linie auf der Durchmusterungslinie liegt, müssen sich die horizontale und die vertikale Linie schneiden. Auf diese Weise wird das zweidimensionale Problem des Auffindens eines sich schneidenden Linienpaars auf das eindimensionale Problem der Bereichssuche aus dem vorangegangenen Kapitel zurückgeführt.

Natürlich ist es nicht notwendig, wirklich eine horizontale Linie längs des ganzen Weges durch die Linienmenge nach oben zu verschieben; da wir nur dann handeln müssen, wenn Endpunkte von Linien angetroffen werden, können wir damit beginnen, daß wir die Linien nach ihren y-Koordinaten sortieren, und können danach die Linien in dieser Reihenfolge verarbeiten. Wenn der untere Endpunkt einer vertikalen Linie angetroffen wird, fügen wir die x-Koordinate dieser Linie zu dem binären Suchbaum (hier x-Baum genannt) hinzu; wenn der obere Endpunkt einer vertikalen Linie angetroffen wird, löschen wir die betreffende Linie aus dem Baum; wenn schließlich eine horizontale Linie angetroffen wird, führen wir unter Verwendung ihrer beiden x-Koordinaten eine Bereichssuche in diesem Intervall durch. Wie wir sehen werden, ist einige Sorgfalt erforderlich, um gleiche Koordinaten von Endpunkten von Linien zu behandeln (inzwischen dürfte der Leser daran gewöhnt sein, daß bei geometrischen Algorithmen derartige Schwierigkeiten auftreten).

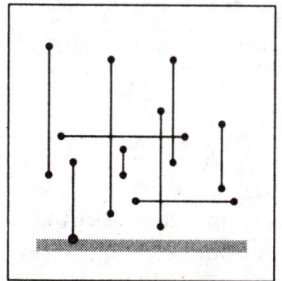 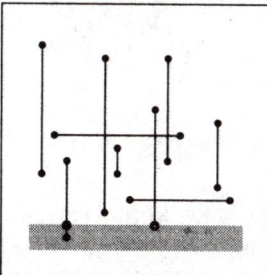 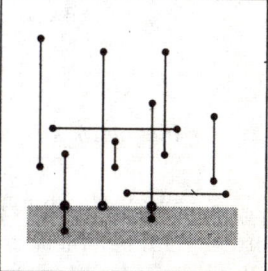

Abbildung 27.2 Durchmusterung nach Schnitten: Anfangsschritte.

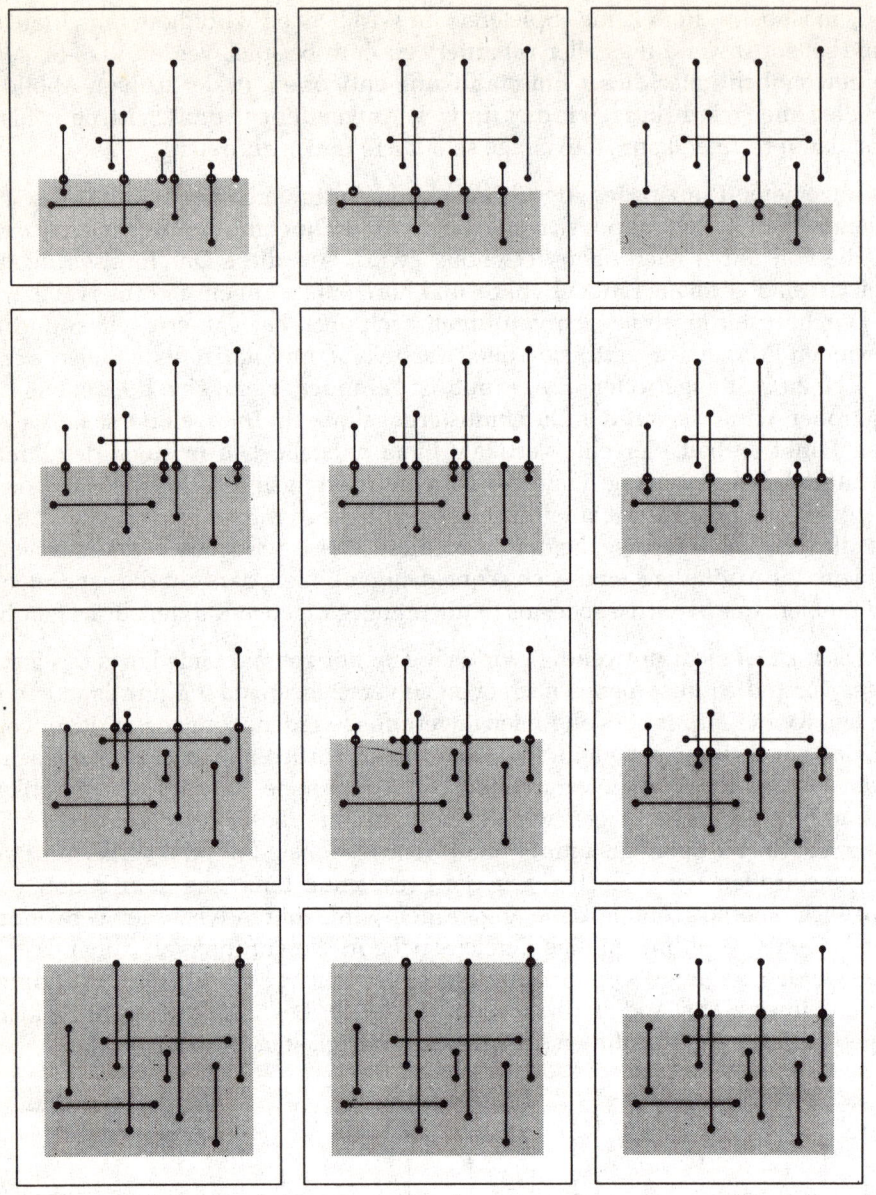

Abbildung 27.3 *Durchmusterung nach Schnitten: Vollendung des Prozesses.*

Abbildung 27.2 zeigt die ersten Schritte der Durchmusterung zum Auffinden der Schnitte in dem Beispiel von Abbildung 27.1 links. Die Durchmusterung beginnt bei dem Punkt mit der kleinsten y-Koordinate, dem unteren Endpunkt von C. Danach wird E angetroffen, dann D. Der Rest des Prozesses ist in Abbildung 27.3 dargestellt:

Die nächste angetroffene Linie ist die horizontale Linie G, die hinsichtlich eines Schnitts mit C, D und E (den vertikalen Linien, die die Durchmusterungslinie schneiden) überprüft wird.

Um die Durchmusterung zu implementieren, brauchen wir nur die Endpunkte der Linien nach ihren y-Koordinaten zu sortieren. Für unser Beispiel ergibt dies die Liste

   C E D G I B F C H B A I E D H F

Jede vertikale Linie erscheint in der Liste zweimal, jede horizontale Linie erscheint einmal. Für die Zwecke des Algorithmus kann man sich diese sortierte Liste als eine Folge von Befehlen *Einfügen* (vertikale Linien, wenn der untere Endpunkt angetroffen wird), *Löschen* (vertikale Linien, wenn der obere Endpunkt angetroffen wird) und *Bereichssuche* (für die Endpunkte horizontaler Linien) vorstellen. Alle diese »Befehle« sind einfach Aufrufe der Standardprogramme für Binärbäume aus den Kapiteln 14 und 26, bei Verwendung der x-Koordinaten als Schlüssel.

Abbildung 27.4 zeigt den Prozeß der Erzeugung des x-Baumes während der Durchmusterung. Jeder Knoten im Baum entspricht einer vertikalen Linie, doch der während der Erzeugung des Baumes verwendete Schlüssel ist die x-Koordinate. Da sich E rechts von C befindet, gehört es zum rechten Teilbaum von C usw. Die erste Reihe von Skizzen in Abbildung 27.4 entspricht Abbildung 27.2, der Rest entspricht Abbildung 27.3.

Wenn eine horizontale Linie angetroffen wird, so wird sie benutzt, um in dem Baum eine Bereichssuche durchzuführen: Alle vertikalen Linien in dem Bereich, der durch die horizontale Linie angegeben wird, entsprechen Schnitten. In unserem Beispiel wird der Schnitt zwischen E und G entdeckt, danach werden I, B und F eingefügt. Dann wird C gelöscht, H eingefügt und B gelöscht. Danach wird A angetroffen, und es wird eine Bereichssuche für das durch A definierte Intervall durchgeführt, bei der die Schnitte zwischen A und D, E sowie H entdeckt werden. Anschließend werden die oberen Endpunkte von I, E, D, H und F gelöscht, was zurück zu dem leeren Baum führt.

Implementation

Der erste Schritt bei der Implementation besteht im Sortieren der Endpunkte der Linien nach ihren y-Koordinaten. Da jedoch binäre Bäume benutzt werden sollen, um die Lage vertikaler Linien bezüglich der horizontalen Durchmusterungslinie zu registrieren, können sie ebensogut für das anfängliche Sortieren nach y verwendet werden! Genau gesagt, wollen wir zwei »indirekte« binäre Bäume für die Linienmenge verwenden, einen mit dem Kopfknoten `hy` und einen mit dem Kopfknoten `hx`. Der y-Baum soll alle Endpunkte von Linien enthalten, die der Reihe nach verarbeitet werden sollen; der x-Baum soll die Linien enthalten, die die aktuelle horizontale Durchmusterungslinie schneiden. Wir beginnen damit, daß wir wie in `treeinitialize` in Kapitel 14 sowohl `hx` als auch `hy` mit Schlüsseln 0 und Zeigern auf einen äußeren

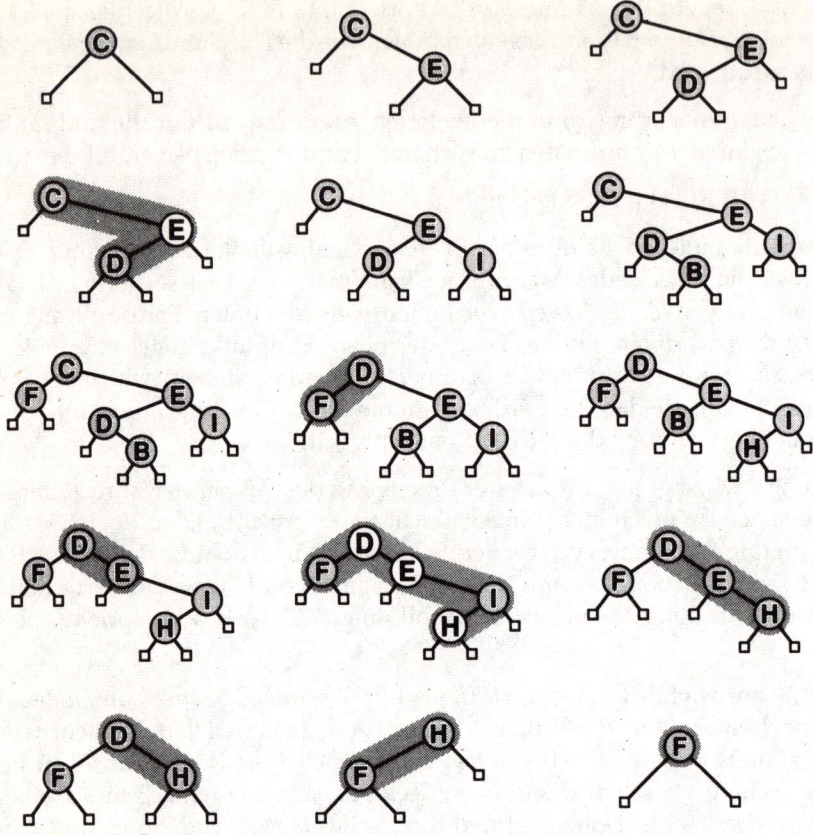

Abbildung 27.4 *Datenstruktur während der Durchmusterung: Erzeugung des x-Baumes.*

Pseudo-Knoten z initialisieren. Danach wird der hy-Baum konstruiert, indem sowohl die beiden *y*-Koordinaten von vertikalen Linien als auch die *y*-Koordinate von horizontalen Linien in den binären Suchbaum mit dem Kopfknoten hy eingefügt werden:

```
buildytree()
  {
    int t, x1, y1, x2, y2;
    hy = bstinitialize();
    for (N = 1; ; N++)
      {
        t = scanf("%d %d %d %d", &x1, &y1, &x2, &y2;
        if (t == EOF) break;
        lines[N].p1.x = x1; lines[N].p1.y = y1;
        lines[N].p2.x = x2; lines[N].p2.y = y2;
        bstinsert(N, y1, hy);
```

```
            if (y2 != y1) bstinsert(N, y2, hy);
        }
    }
```

Dieses Programm liest Gruppen von vier Zahlen ein, die Linien beschreiben, und speichert sie im Feld `lines` und im binären Suchbaum für die y-Koordinate. Das Standardprogramm `bstinsert` aus Kapitel 14 wird verwendet, mit den y-Koordinaten als Schlüssel und mit auf das Feld von Linien weisenden Indizes als Feld `info`. Für unser Beispiel einer Linienmenge wird der in Abbildung 27.5 dargestellte Baum erzeugt.

Nunmehr wird das Sortieren nach y mit Hilfe eines rekursiven Standardprogramms für die Inorder-Traversierung eines Baumes vorgenommen (siehe Kapitel 4 und 14). Wir besuchen die Knoten in der wachsenden y-Koordinaten entsprechenden Reihenfolge, indem wir alle Knoten im linken Teilbaum des hy-Baumes, dann die Wurzel und danach alle Knoten im rechten Teilbaum des hy-Baumes besuchen. Gleichzeitig verwalten wir einen separaten Baum (mit der Wurzel hx) in der oben beschriebenen Weise, um das Durchlaufen einer horizontalen Durchmusterungslinie zu simulieren;

```
scan(struct node *next)
    {
        int t, x1, x2, y1, y2;
        struct interval range;
        if (next == z) return;
        scan(next->l);
        x1 = lines[next->info].p1.x;
        y1 = lines[next->info].p1.y;
        x2 = lines[next->info].p2.x;
        y2 = lines[next->info].p2.y;
        if (x2 < x1) { t = x2; x2 = x1; x1 = t; }
        if (y2 < y1) { t = y2; y2 = y1; y1 = t; }
        if (next->key == y1) bstinsert(next->info,x1,hx);
        if (next->key == y2)
            {
                bstdelete(next->info, x1, hx);
                range.x1 = x1; range.x2 = x2;
                bstrange(hx->r, range);
            }
        scan(next->r);
    }
```

Anhand der obigen Beschreibung ist es sehr einfach, das Programm an der Stelle zusammenzusetzen, wo jeder Knoten »besucht« wird. Zuerst werden die Koordinaten des Endpunkts der entsprechenden Linie aus dem Feld `lines` geholt, indiziert durch das Feld `info` des Knotens. Danach wird das Feld `key` im Knoten mit diesen Koordinaten verglichen, um festzustellen, ob dieser Knoten dem oberen oder dem unteren Endpunkt der Linie entspricht; falls es der untere Endpunkt ist, wird er in den hx-Baum eingefügt, und falls es der obere Endpunkt ist, wird er aus dem hx-Baum gelöscht, und es wird

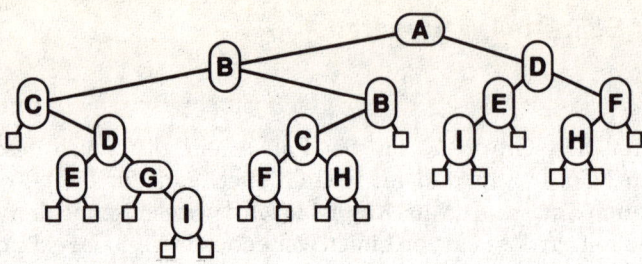

Abbildung 27.5 *Sortieren für die Durchmusterung unter Verwendung des y-Baumes.*

eine Bereichssuche durchgeführt. Die Implementation unterscheidet sich leicht von dieser Beschreibung, und zwar dadurch, daß horizontale Linien in Wirklichkeit in den hx-Baum eingefügt und dann sofort gelöscht werden, und daß für vertikale Linien eine Bereichssuche für ein aus einem Punkt bestehendes Intervall durchgeführt wird. Dadurch wird erreicht, daß das Programm den Fall sich überlappender vertikaler Linien richtig behandelt, welche als »sich schneidend« betrachtet werden.

Diese Vorgehensweise mit einer gemischten Anwendung rekursiver Prozeduren, die mit den Koordinaten x und y operieren, ist bei geometrischen Algorithmen sehr wichtig. Ein weiteres Beispiel dafür ist der 2D-Baum-Algorithmus aus dem vorangegangenen Kapitel, und wir werden im folgenden Kapitel noch ein weiteres Beispiel kennenlernen.

Eigenschaft 27.1 *Alle Schnitte von N horizontalen und vertikalen Linien können in einer Zeit gefunden werden, die zu N log N + I proportional ist, wobei I die Anzahl der Schnitte ist.*

Für die im Baum durchzuführenden Operationen wird eine Zeit benötigt, die im durchschnittlichen Fall zu log N proportional ist (falls ausgeglichene Bäume verwendet würden, könnte für den ungünstigsten Fall log N garantiert werden), doch die für bstrange erforderliche Zeit hängt auch von der Gesamtzahl der Schnitte ab. Im allgemeinen kann die Zahl der Schnitte sehr groß werden. Wenn zum Beispiel $N/2$ horizontale Linien und $N/2$ vertikale Linien vorliegen, die in einem Gittermuster angeordnet sind, ist die Anzahl der Schnitte proportional zu N^2. ■

Wie bei der Bereichssuche sollte, wenn im voraus bekannt ist, daß die Anzahl der Schnitte sehr groß ist, eine grober Ansatz benutzt werden. Typisch ist jedoch, daß bei Anwendungen eine Situation vom Typ »Stecknadel in einem Heuhaufen« vorliegt, wo eine große Menge von Linien auf wenige mögliche Schnitte hin überprüft werden muß.

Allgemeiner Schnitt von Strecken

Wenn Geradenabschnitte mit beliebiger Steigung zugelassen sind, kann die Situation komplizierter werden, wie Abbildung 27.6 veranschaulicht. Erstens machen es die verschiedenen möglichen Richtungen der Linien notwendig, explizit zu testen, ob bestimmte Paare von Linien sich schneiden; ein einfacher Bereichstest für ein Intervall genügt nicht. Zweitens sind die Ordnungsbeziehungen zwischen den Linien für den binären Baum komplizierter als zuvor, da sie von dem aktuell interessierenden y-Bereich abhängen. Drittens führen beliebige auftretende Schnitte dazu, daß neue »interessierende« y-Werte hinzukommen, die sich von der Menge der y-Werte unterscheiden dürften, die wir aus den Endpunkten der Linien erhalten.

Es erweist sich, daß diese Probleme mit einem Algorithmus behandelt werden können, dessen Grundstruktur der oben angegebenen gleicht. Um die Untersuchung zu vereinfachen, betrachten wir einen Algorithmus, mit dem festgestellt werden kann, ob in einer Menge von N Strecken ein sich schneidendes Paar existiert oder nicht, und erörtern dann, wie er dahingehend erweitert werden kann, daß alle Schnitte zurückgegeben werden.

Wie zuvor sortieren wir zuerst nach y, um den Raum in Streifen zu unterteilen, in denen sich keine Endpunkte von Linien befinden. Wie zuvor gehen wir dann die sortierte Liste von Punkten durch, wobei wir jede Linie einem binären Suchbaum hinzufügen, wenn ihr unterer Endpunkt angetroffen wird, und sie wieder löschen, wenn ihr oberer Endpunkt angetroffen wird. Wie zuvor gibt der binäre Baum die Reihenfolge an, in der die Linien in dem horizontalen »Streifen« zwischen zwei aufeinanderfolgenden y-Werten erscheinen. Zum Beispiel sollten in dem Streifen zwischen dem unteren Endpunkt von D und dem oberen Endpunkt von B in Abbildung 27.6 die Linien in der Reihenfolge F B D H G erscheinen. Wir nehmen an, daß

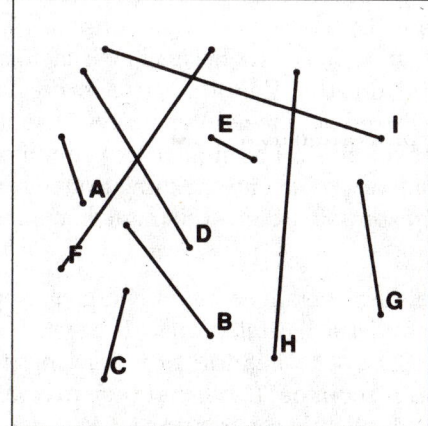 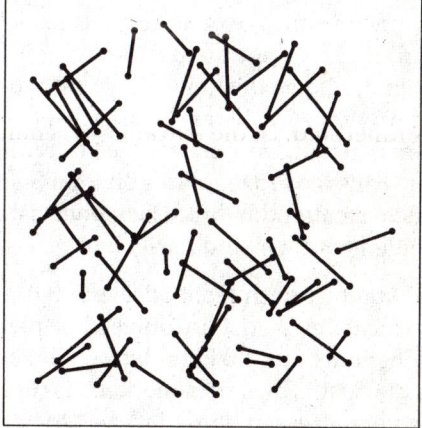

Abbildung 27.6 Zwei Probleme des allgemeinen Schnitts von Strecken.

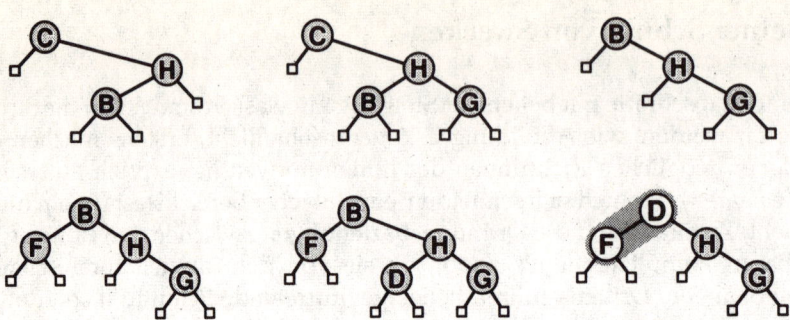

Abbildung 27.7 *Datenstruktur (x-Baum) für das allgemeine Problem.*

in dem aktuellen horizontalen Streifen keine Schnitte vorhanden sind; unser Ziel ist es, diese Baumstruktur laufend zu aktualisieren und sie zu benutzen, um das Auffinden des ersten Schnittes zu ermöglichen.

Um den Baum zu erzeugen, können wir nicht einfach die x-Koordinaten der Endpunkte der Linien als Schlüssel verwenden (wenn wir das tun würden, würden zum Beispiel in dem obigen Beispiel B und D in der falschen Reihenfolge angeordnet). Stattdessen verwenden wir eine allgemeinere Ordnungsbeziehung: Eine Linie x wird als rechts von einer Linie y befindlich definiert, falls beide Endpunkte von x sich auf der gleichen Seite von y befinden wie ein unendlich weit rechts befindlicher Punkt, *oder* falls y sich links von x befindet, wobei »links« analog definiert ist. Demzufolge befindet sich in der obigen Skizze B rechts von A, und B befindet sich rechts von C (da C sich links von B befindet). Falls x sich weder links noch rechts von y befindet, müssen sich die Linien schneiden. Diese verallgemeinerte Operation des »Linienvergleichs« kann unter Benutzung der Prozedur ccw aus Kapitel 24 implementiert werden. Abgesehen von der Benutzung dieser Funktion jedesmal dann, wenn ein Vergleich erforderlich ist, können die Standardprozeduren für binäre Suchbäume verwendet werden (sogar für ausgeglichene Bäume, wenn es gewünscht wird). Abbildung 27.7 zeigt die Behandlung des Baumes für unser Beispiel zwischen dem Zeitpunkt, zu dem die Linie C angetroffen wird, und dem Zeitpunkt, zu dem die Linie D angetroffen wird. Jeder »Vergleich«, der während der Prozeduren für die Operationen am Baum ausgeführt wird, ist in Wirklichkeit ein Test bezüglich des Schnitts von Linien: Falls die Prozedur des binären Suchbaumes keine Entscheidung treffen kann, ob nach rechts oder links zu gehen ist, müssen sich die zwei fraglichen Linien schneiden, und wir sind fertig.

Doch damit ist noch nicht alles erledigt, weil diese verallgemeinerte Vergleichsoperation nicht *transitiv* ist. Im obigen Beispiel befindet sich F links von B (da B sich rechts von F befindet), und B befindet sich links von D, doch F befindet sich *nicht* links von D. Es ist wichtig, dies zu bemerken, da für die Prozedur des Löschens in einem binären Baum vorausgesetzt wird, daß die Operation des Vergleichs transitiv ist: Wenn B aus dem letzten Baum in der obigen Folge gelöscht wird, wird der in Abbildung 27.7

dargestellte Baum gebildet, ohne daß irgendein expliziter Vergleich zwischen F und D erfolgt. Damit unser Algorithmus für die Prüfung auf Schnitte einwandfrei arbeitet, müssen wir jedesmal, wenn wir die Struktur des Baumes ändern, explizit testen, ob die Beziehungen noch gültig sind. Insbesondere führen wir jedesmal, wenn wir die linke Verbindung des Knotens x auf den Knoten y zeigen lassen, einen expliziten Test durch, ob die x entsprechende Linie sich links von der y entsprechenden Linie befindet, und analog für eine rechte Verbindung. Natürlich könnte dieser Vergleich zur Entdeckung eines Schnitts führen, wie dies in unserem Beispiel der Fall ist.

Zusammenfassend kann gesagt werden, daß wir, um eine Menge von N Strecken auf das Vorliegen eines Schnitts zu testen, das obige Programm benutzen, jedoch den Aufruf der *Bereichssuche* entfernen und die Routinen für binäre Bäume dahingehend erweitern, daß der verallgemeinerte Vergleich in der oben beschriebenen Weise benutzt wird. Wenn kein Schnitt vorhanden ist, beginnen wir mit einem Null-Baum und enden mit einem Null-Baum, ohne nicht vergleichbare Linien zu finden. Wenn ein Schnitt existiert, dann müssen die zwei sich schneidenden Linien an einer bestimmten Stelle während des Prozesses der Durchmusterung miteinander verglichen werden, und der Schnitt wird entdeckt.

Nachdem wir jedoch einen Schnitt gefunden haben, können wir nicht einfach rasch fortfahren und hoffen, noch weitere zu finden, da die beiden sich schneidenden Linien unmittelbar nach dem Schnittpunkt ihre Plätze in der Folge der Linien vertauschen müßten. Eine Möglichkeit, diese Frage zu lösen, wäre die Verwendung einer Prioritätswarteschlange anstelle eines binären Baumes für das Sortieren nach y: Am Anfang werden die Linien entsprechend den y-Koordinaten ihrer Endpunkte in der Prioritätswarteschlange angeordnet. Dann wird die Durchmusterungslinie eingesetzt, indem sukzessive die kleinste y-Koordinate aus der Prioritätswarteschlange entnommen wird und ein Einfügen oder Löschen im binären Baum wie oben vorgenommen wird. Wenn ein Schnitt gefunden wird, werden für jede Linie neue Eintragungen zur Prioritätswarteschlange hinzugefügt, wobei der Schnittpunkt als der untere Endpunkt dieser Linien benutzt wird.

Ein anderer Weg zum Auffinden aller Schnitte, der geeignet ist, wenn nicht zu viele Schnitte zu erwarten sind, besteht einfach darin, eine der sich schneidenden Linien zu entfernen, wenn ein Schnitt gefunden wird. Nachdem die Durchmusterung beendet ist, wissen wir, daß bei allen sich schneidenden Paaren eine dieser Linien beteiligt sein muß, und wir können eine grobe Methode anwenden, um alle Schnitte anzugeben.

Eigenschaft 27.2 *Alle Schnitte von N Linien können in einer zu $(N + I)$ $\log N$ proportionalen Zeit gefunden werden, wobei I die Anzahl der Schnitte ist.*

Dies folgt unmittelbar aus den obigen Erläuterungen. ∎

Ein interessantes Merkmal der obigen Prozedur ist, daß sie einfach durch Änderung der Prozedur des verallgemeinerten Vergleichs dahingehend angepaßt werden kann, daß die Existenz eines sich schneidenden Paares innerhalb einer Menge von allgemeineren geometrischen Formen geprüft wird. Wenn wir zum Beispiel eine Prozedur implementieren wollen, die zwei Rechtecke mit horizontalen und vertikalen Seiten entsprechend der trivialen Regel vergleicht, daß das Rechteck x sich links vom Rechteck y befindet, wenn sich die rechte Seite von x links von der linken Seite von y befindet, so können wir das obige Verfahren benutzen, um zu prüfen, ob innerhalb einer Menge solcher Rechtecke ein Schnitt vorliegt. Für Kreise können wir die x-Koordinaten der Mittelpunkte zum Ordnen benutzen und explizit auf einen Schnitt testen (zum Beispiel vergleiche man den Abstand zwischen den Mittelpunkten mit der Summe der Radien). Auch hier erhalten wir, wenn diese Vergleichsprozedur in dem obigen Verfahren verwendet wird, einen Algorithmus zur Überprüfung einer Menge von Kreisen auf das Vorhandensein von Schnitten. Das Problem der Ermittlung aller Schnitte ist in solchen Fällen wesentlich komplizierter, obwohl die im vorangegangenen Absatz erwähnte grobe Methode stets anwendbar ist, wenn wenige Schnitte zu erwarten sind. Ein anderer Ansatz, die für viele Anwendungen ausreichend ist, besteht einfach darin, komplizierte Objekte als Mengen von Linien zu betrachten und die Prozedur für den Schnitt von Linien zu benutzen.

Übungen

1. Wie würden Sie bestimmen, ob sich zwei Dreiecke schneiden? Quadrate? Regelmäßige n-Ecke für $n > 4$?

2. Wie viele Paare von Linien in einer Linienmenge ohne Schnitte werden bei dem Algorithmus für den Schnitt horizontaler und vertikaler Linien im ungünstigsten Fall auf einen Schnitt geprüft? Fertigen Sie eine Skizze an, die Ihre Antwort belegt.

3. Was geschieht, wenn die Prozedur für den Schnitt horizontaler und vertikaler Linien auf eine Menge von Strecken mit beliebiger Steigung angewandt wird?

4. Erstellen Sie ein Programm zur Ermittlung der Anzahl sich schneidender Paare innerhalb einer Menge von N zufälligen horizontalen und vertikalen Linien, wobei jede Linie mit Hilfe von zwei zufälligen ganzzahligen Koordinaten zwischen 0 und 1000 und einem zufälligen Bit zur Unterscheidung zwischen horizontal und vertikal erzeugt wird.

5. Geben Sie ein Verfahren an, mit dem geprüft werden kann, ob ein gegebenes Polygon einfach ist (sich nicht selbst schneidet).

6. Geben Sie ein Verfahren an, mit dem geprüft werden kann, ob ein Polygon vollständig in einem anderen enthalten ist.

7. Beschreiben Sie, wie Sie das allgemeine Problem des Schnitts von Strecken lösen würden, wenn die zusätzliche Tatsache gegeben ist, daß der minimale Abstand zwischen zwei Linien größer ist als die maximale Länge der Linien.

8. Geben Sie die Binärbaum-Strukturen an, die vorliegen, wenn der Algorithmus für den Schnitt der Linien auf die Linien in Abbildung 27.6 angewandt wird, nachdem letztere um 90 Grad gedreht wurde.

9. Sind die in diesem Kapitel beschriebenen Vergleichsprozeduren für Kreise und Manhattan-Rechtecke transitiv?

10. Erstellen Sie ein Programm zum Auffinden der Anzahl sich schneidender Paare innerhalb einer Menge von N zufälligen Linien, wobei jede Linie mit Hilfe von zufälligen ganzzahligen Koordinaten zwischen 0 und 1000 erzeugt wird.

Kapitel 28

Probleme des nächsten Punktes

Geometrische Probleme, bei denen Punkte in der Ebene eine Rolle spielen, erfordern gewöhnlich eine implizite oder explizite Verarbeitung von Abständen zwischen den Punkten. Ein sehr natürliches Problem, das in vielen Anwendungen auftritt, ist zum Beispiel das Problem des *nächsten Nachbarn*: Finde denjenigen Punkt aus einer Menge von gegebenen Punkten, der zu einem gegebenen neuen Punkt am nächsten liegt. Dazu scheint es erforderlich zu sein, den Abstand des gegebenen Punkts zu jedem Punkt in der Menge zu prüfen, doch es sind viel bessere Lösungen möglich. Im vorliegenden Abschnitt betrachten wir einige weitere Abstandsprobleme, den Prototyp eines Algorithmus und eine grundlegende geometrische Struktur, die *Voronoi-Diagramm* genannt wird und für eine Vielzahl solcher Probleme in der Ebene effizient verwendet werden kann. Unsere Vorgehensweise wird darin bestehen, daß wir ein allgemeines Verfahren zur Lösung von Problemen des nächsten Punktes über die gründliche Betrachtung eines Prototyps einer Implementation für ein einfaches Problem beschreiben.

Einige der Fragen, die wir in diesem Kapitel betrachten, sind den Problemen der Bereichssuche aus Kapitel 26 ähnlich, und das Gitterverfahren und das 2D-Baum-Verfahren, die dort entwickelt wurden, sind für die Lösung des Problems des nächsten Nachbarn und anderer Aufgaben geeignet. Der grundlegende Nachteil dieser Methoden besteht jedoch darin, daß sie von Zufälligkeit in der Punktmenge ausgehen: Sie zeigen ein schlechtes Verhalten im ungünstigsten Fall. Unser Ziel besteht in diesem Kapitel darin, einen anderen allgemeinen Ansatz zu untersuchen, der für viele Probleme unabhängig von den Eingabedaten eine gute Leistungsfähigkeit garantiert. Einige der Verfahren sind zu kompliziert, um eine vollständige Implementation zu betrachten, und sie beinhalten so viel Ballast, daß die einfachen Verfahren besser geeignet sind, wenn die Punktmenge nicht zu groß ist oder wenn sie genügend gut verteilt ist. Trotzdem wird die Untersuchung von Verfahren mit guter Leistungsfähigkeit im ungünstigsten Fall einige grundlegende Eigenschaften von Punktmengen sichtbar machen, deren Verständnis auch dann von Nutzen ist, wenn einfachere Methoden in speziellen Situationen geeigneter sind.

Der allgemeine Ansatz, den wir betrachten wollen, liefert noch ein weiteres Beispiel für die Nützlichkeit von doppelt rekursiven Prozeduren für die Verflechtung der Verarbeitungsprozesse längs der beiden Koordinatenrichtungen. Die beiden Verfahren dieses Typs, die wir zuvor kennengelernt haben (*k*D-Bäume und Schnitt von Linien), beruhten auf binären Suchbäumen; die jetzt betrachtete Methode ist ein Verfahren vom Typ »Kombiniere und Herrsche«, das auf Mergesort beruht.

Das Problem des nächsten Paares

Das Problem des *nächsten Paares* besteht darin, in einer Menge von Punkten die beiden Punkte zu finden, die am nächsten beieinander liegen. Dieses Problem ist mit dem Problem des nächsten Nachbarn verwandt; obwohl es nicht so weitverbreitete Anwendungsmöglichkeiten besitzt, wird es uns doch als Prototyp für das Problem des nächsten Punktes von Nutzen sein, da es mit Hilfe eines Algorithmus gelöst werden kann, dessen allgemeine rekursive Struktur für andere Probleme geeignet ist.

Man könnte meinen, daß es erforderlich sei, die Abstände zwischen allen Paaren von Punkten zu betrachten, um den kleinsten derartigen Abstand zu ermitteln; für N Punkte würde dies eine zu N^2 proportionale Laufzeit bedeuten. Es erweist sich jedoch, daß wir Sortierverfahren anwenden können und dadurch mit der Untersuchung von nur ungefähr $N \log N$ Abständen zwischen Punkten im ungünstigsten Fall (weit weniger im durchschnittlichen Fall) auskommen und eine Laufzeit erhalten, die im ungünstigsten Fall proportional zu $N \log N$ ist (weit besser im durchschnittlichen Fall). Im vorliegenden Abschnitt untersuchen wir einen solchen Algorithmus ausführlich.

Der Algorithmus, den wir benutzen wollen, beruht auf einer sehr einfachen Strategie vom Typ »Teile und Herrsche«. Die Idee besteht darin, die Punkte bezüglich einer Koordinate, etwa der *x*-Koordinate, zu sortieren und dann diese Ordnung zu benutzen, um die Menge der Punkte in zwei Hälften zu zerlegen. Das nächste Paar in der gesamten Menge ist entweder das nächste Paar in einer der Hälften oder das nächste Paar unter den Paaren mit je einem Punkt in jeder Hälfte. Der interessante Fall ist natürlich der, wo das nächste Paar die Trennlinie kreuzt; das nächste Paar in jeder Hälfte kann offensichtlich durch Anwendung von rekursiven Aufrufen gefunden werden, doch wie können alle Paare mit Punkten beiderseits der Trennlinie in effizienter Weise geprüft werden?

Da die einzige Information, die wir benötigen, das nächste Paar in der Punktmenge ist, brauchen wir nur Punkte innerhalb eines Abstands min von der Trennlinie zu prüfen, wobei min der kleinere der Abstände zwischen den in den beiden Hälften gefundenen nächsten Paaren ist. Diese Bemerkung für sich allein ist im ungünstigsten Fall jedoch nicht ausreichend, da es viele Paare von Punkten geben könnte, die sehr nahe bei der Trennlinie liegen; zum Beispiel könnten in jeder Hälfte alle Punkte unmittelbar neben der Trennlinie aufgereiht sein.

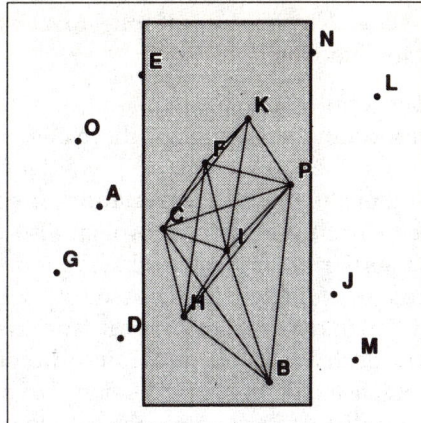 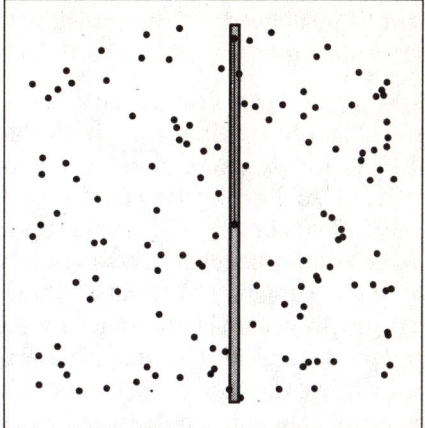

Abbildung 28.1 *Vorgehensweise nach der Methode »Teile und Herrsche« zum Auffinden des nächsten Paares.*

Um solche Situationen zu behandeln, scheint es notwendig zu sein, die Punkte nach y zu sortieren. Dann können wir die Anzahl der für jeden Punkt erforderlichen Abstandsberechnungen wie folgt begrenzen: Durchlaufe die Punkte in steigender y-Reihenfolge und prüfe dabei, ob sich der jeweilige Punkt innerhalb des vertikalen Streifens befindet, der alle Punkte der Ebene mit einem Abstand von weniger als `min` von der Trennlinie enthält. Berechne für jeden solchen Punkt den Abstand zwischen ihm und jedem ebenfalls in dem Streifen befindlichen Punkt, dessen y-Koordinate kleiner als die y-Koordinate des aktuellen Punktes ist, jedoch nicht um mehr als `min` kleiner. Die Tatsache, daß der Abstand zwischen allen Paaren von Punkten in jeder Hälfte wenigstens `min` beträgt, hat zur Folge, daß wahrscheinlich nur wenige Punkte geprüft werden müssen.

Bei der kleinen Punktmenge auf der linken Seite von Abbildung 28.1 liegen acht Punkte links und acht Punkte rechts von der unmittelbar rechts neben F verlaufenden imaginären vertikalen Trennlinie. Das nächste Paar innerhalb der linken Hälfte ist AC (oder AO), das nächste Paar auf der rechten Seite ist JM. Wenn die Punkte nach y sortiert werden, wird das nächste durch die Trennlinie aufgespaltene Paar durch Prüfen der Paare HI, CI, FK (nächstes Paar in der gesamten Punktmenge) und schließlich EK gefunden. Für umfangreichere Punktmengen ist der die Trennlinie umgebende Streifen, der ein nächstes Paar enthalten könnte, schmaler, wie im rechten Teil von Abbildung 28.1 dargestellt ist.

Obwohl sich dieser Algorithmus einfach formulieren läßt, ist eine gewisse Sorgfalt erforderlich, um ihn effizient zu implementieren: Zum Beispiel wäre es zu aufwendig, die Punkte innerhalb unseres rekursiven Unterprogramms nach y zu sortieren. Wir haben verschiedene Algorithmen mit Laufzeiten kennengelernt, die durch die rekurrente Beziehung $C_N = 2C_{N/2} + N$ beschrieben werden, welche zur Folge hat, daß C_N proportional zu $N \log N$ ist; wenn wir das vollständige Sortieren nach y vornehmen würden, würde die rekurrente Beziehung die Form $C_N = 2C_{N/2} + N \log N$ erhalten, was zur Folge hätte, daß C_N proportional zu $N \log^2 N$ wäre (siehe Kapitel 6). Um dies zu vermeiden, müssen wir das Sortieren nach y umgehen.

Die Lösung für dieses Problem ist einfach, aber subtil. Das Verfahren Mergesort aus Kapitel 12 beruht auf einer Aufteilung der zu sortierenden Elemente, die in genau der gleichen Weise vorgenommen wird, in der oben die Punkte aufgeteilt werden. Wir haben zwei zu lösende Probleme und das gleiche allgemeine Verfahren für ihre Lösung, daher können wir sie ebensogut gleichzeitig lösen! Wir wollen also eine rekursive Routine erstellen, die sowohl nach y sortiert *als auch* das nächste Paar findet. Sie löst diese Aufgabe, indem sie die Punktmenge aufspaltet, sich dann selbst rekursiv aufruft, um die beiden Hälften nach y zu sortieren und das nächste Paar in jeder Hälfte zu finden, danach mischt, um das Sortieren nach y zu vollenden, und die obige Prozedur anwendet, um die Berechnung des nächsten Paares zu vollenden. Auf diese Weise vermeiden wir den Aufwand eines zusätzlichen Sortierens nach y, indem wir die für das Sortieren erforderliche Umordnung der Daten mit den für die Berechnung des nächsten Paares erforderlichen Datenmanipulationen mischen.

Für das Sortieren nach y könnte das Aufspalten in beliebiger Weise vorgenommen werden, doch für die Berechnung des nächsten Paares ist es notwendig, daß die Punkte in der einen Hälfte kleinere x-Koordinaten haben als die Punkte in der anderen Hälfte. Das läßt sich leicht erreichen, indem man vor Ausführung der Zerlegung nach x sortiert. In Wirklichkeit können wir genausogut die gleiche Routine für das Sortieren nach x verwenden! Nachdem dieses allgemeine Schema festgelegt ist, ist die Implementation nicht schwer zu verstehen.

Wie bereits erwähnt wurde, werden für die Implementation die rekursiven Prozeduren sort und merge aus Kapitel 12 verwendet. Der erste Schritt besteht darin, die Strukturen der Listen dahingehend zu modifizieren, daß sie Punkte anstelle von Schlüsseln enthalten, und merge so zu modifizieren, daß eine globale Variable pass geprüft wird, um zu entscheiden, wie der Vergleich vorgenommen wird. Falls pass den Wert 1 hat, sind die x-Koordinaten der beiden Punkte zu vergleichen; falls pass den Wert 2 hat, vergleichen wir die y-Koordinaten der beiden Punkte. Die zugehörige Implementation ist sehr einfach:

```
int comp(struct node *t)
  { return (pass == 1) ? t->p.x : t->p.y; }
struct node *merge(struct node *a, struct node *b)
  {
    struct node *c;
    c = z;
    do
      if (comp(a) < comp(b))
        { c->next = a; c = a; a = a->next; }
      else
        { c->next = b; c = b; b = b->next; }
    while (c != z);
```

```
        c = z->next; z->next = z;
        return c;
    }
```

Der Pseudoknoten z, der am Ende aller Listen erscheint, wird so initialisiert, daß er einen »Marken«-Punkt mit künstlich großen Koordinaten *x* und *y* enthält.

Um Abstände zu berechnen, verwenden wir eine andere einfache Prozedur, die prüft, ob der Abstand zwischen den beiden als Parameter angegebenen Punkten kleiner ist als die globale Variable min. Wenn dies der Fall ist, setzt sie min auf den Wert dieses Abstands und speichert die Punkte in den globalen Variablen cp1 und cp2:

```
    check(struct point p1, struct point p2)
    {
        float dist;
        if ((p1.y != z->p.y) && (p2.y != z->p.y))
            {
            dist = sqrt((p1.x-p2.x)*(p1.x-p2.x)
                        +(p1.y-p2.y)*(p1.y-p2.y));
            if (dist < min)
                { min = dist; cp1 = p1; cp2 = p2; };
            }
    }
```

Somit enthält die globale Variable min immer den Abstand zwischen cp1 und cp2, dem nächsten bisher gefundenen Paar.

Der folgende Schritt besteht darin, das rekursive *Sortieren* aus Kapitel 12 gleichfalls zu modifizieren, damit die Berechnung des nächsten Punktes ausgeführt wird, wenn pass den Wert 2 hat:

```
    struct node *sort(struct node *c, int N)
    {
        int i;
        struct node *a, *b;
        float middle;
        struct point p1, p2, p3, p4;
        if (c->next == z) return c;
        a = c;
        for (i = 2; i <= N/2; i++) c = c->next;
        b = c->next; c->next = z;
        if (pass == 2) middle = b->p.x;
        c = merge(sort(a, N/2), sort(b, N-(N/2)));
        if (pass == 2)
            {
            p1 = z->p; p2 = z->p; p3 = z->p; p4 = z->p;
            for (a = c; a != z; a = a->next)
                if (fabs(a->p.x - middle) < min)
```

```
            {
              check(a->p, p1);
              check(a->p, p2);
              check(a->p, p3);
              check(a->p, p4);
              p1 = p2; p2 = p3; p3 = p4; p4 = a->p;
            }
        }
    }
```

Falls pass den Wert 1 hat, ist dies genau die rekursive Routine für Mergesort aus
Kapitel 12; sie gibt eine verkettete Liste zurück, die die nach ihren x-Koordinaten
sortierten Punkte enthält (da merge in der oben beschriebenen Weise modifiziert
wurde, um beim ersten Durchlauf x-Koordinaten zu vergleichen). Der Glanzpunkt
dieser Implementation kommt, wenn pass den Wert 2 hat. Das Programm sortiert
nicht nur nach y (da merge in der oben beschriebenen Weise modifiziert wurde, um
beim zweiten Durchlauf die y-Koordinaten zu vergleichen), sondern es vollendet
auch die Berechnung des nächsten Punktes. *Vor* den rekursiven Aufrufen sind die
Punkte nach x sortiert; diese Ordnung wird benutzt, um die Punktemenge in zwei
Hälften zu zerlegen und die x-Koordinate der Trennlinie zu finden. *Nach* den rekursiven Aufrufen sind die Punkte nach y sortiert, und es ist bekannt, daß der Abstand
zwischen jedem Paar von Punkten in jeder Hälfte größer als min ist. Das Ordnen nach
y wird benutzt, um die nahe der Trennlinie befindlichen Punkte zu durchmustern;
der Wert von min wird verwendet, um die Anzahl der zu prüfenden Punkte zu
begrenzen. Jeder Punkt, dessen Abstand von der Trennlinie kleiner als min ist, wird
mit Hilfe von check mit jedem der vorangegangenen vier Punkte verglichen, die in
einem Abstand von weniger als min von der Trennlinie gefunden wurden. Durch
diese Prüfung wird garantiert, daß jedes Paar von Punkten mit jeweils einem Punkt
auf jeder Seite der Trennlinie gefunden wird, das näher beieinander liegt als min.

Warum werden die vorangegangenen *vier* Punkte mit Hilfe von check geprüft, nicht
zwei, drei oder fünf? Dies ist eine interessante geometrische Tatsache, die der Leser
nachprüfen kann: Wir wissen, daß Punkte, die sich auf der gleichen Seite der Trennlinie befinden, wenigstens den Abstand min voneinander haben, daher ist die Anzahl
der Punkte, die sich innerhalb eines Kreises mit dem Radius min befinden können,
begrenzt. Es schadet nichts, mehr als vier Punkte zu prüfen, doch es ist nicht schwer,
sich davon zu überzeugen, daß vier genügen.

Im folgenden Programmabschnitt wird sort zweimal aufgerufen, um die Berechnung des nächsten Paares auszuführen. Zuerst sortieren wir nach x (wobei pass
gleich 1 gesetzt ist); danach sortieren wir nach y und finden das nächste Paar (wobei
pass gleich 2 gesetzt ist):

```
  z = (struct node *) malloc(sizeof *z);
  z->p.x = INT_MAX; z->p.y = INT_MAX; z->next = z;
  h = (struct node *) malloc(sizeof *h);
```

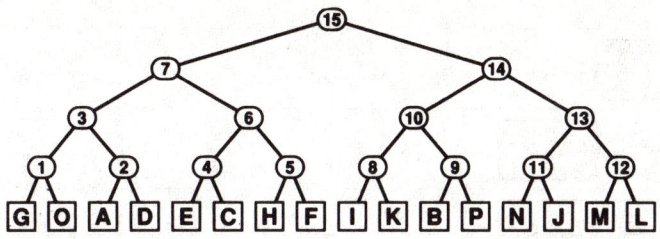

Abbildung 28.2 *Baum der rekursiven Aufrufe für die Berechnung des nächsten Paares.*

```
h->next = readlist();
min = INT_MAX;
pass = 1; h->next = sort(h->next, N);
pass = 2; h->next = sort(h->next, N);
```

Nach diesen Aufrufen wird das nächste Paar von Punkten in den globalen Variablen cp1 und cp2 gefunden, welche mit Hilfe der Prozedur check »Auffinden des Minimums« verwaltet werden.

Abbildung 28.2 zeigt den Baum der rekursiven Aufrufe, der die Arbeitsweise dieses Algorithmus für unsere kleine Punktmenge zeigt. Ein innerer Knoten in diesem Baum stellt eine vertikale Linie dar, die die Punkte im linken und rechten Teilbaum voneinander trennt. Die Knoten sind in der Reihenfolge numeriert, in der die vertikalen Linien von dem Algorithmus geprüft werden. Diese Numerierung entspricht einer Postorder-Traversierung des Baumes, da die Berechnung, in der die Trennlinie eine Rolle spielt, *nach* den rekursiven Aufrufen im Programm kommt; sie ist einfach eine andere Betrachtungsweise der Reihenfolge, in der während eines rekursiven Mergesorts die Mischoperationen ausgeführt werden (siehe Kapitel 12).

Demzufolge wird zuerst die Verbindung zwischen G und O geprüft, und das Paar GO wird als das bisher nächste gespeichert. Dann wird die Verbindung zwischen A und D getestet, doch A und D liegen zu weit auseinander, um min zu ändern. Danach wird die Verbindung zwischen O und A geprüft, und die Paare GD, GA und OA stellen nacheinander jeweils nähere Paare dar. Dann werden bis zum Auftreten von FK, welches das letzte geprüfte Paar für die letzte getestete Trennlinie ist, keine näheren Paare gefunden.

Der aufmerksame Leser wird bemerkt haben, daß wir nicht den oben beschriebenen reinen Algorithmus vom Typ »Teile und Herrsche« implementiert haben; in Wirklichkeit berechnen wir nicht das nächste Paar in den beiden Hälften und nehmen dann das bessere von beiden. Stattdessen erhalten wir das nähere der beiden nächsten Paare einfach dadurch, daß wir während der rekursiven Berechnung eine globale Variable für min benutzen. Jedesmal, wenn wir ein näheres Paar finden, können wir einen schmaleren vertikalen Streifen um die aktuelle Trennlinie herum betrachten, unabhängig davon, wo wir uns bei der rekursiven Berechnung befinden.

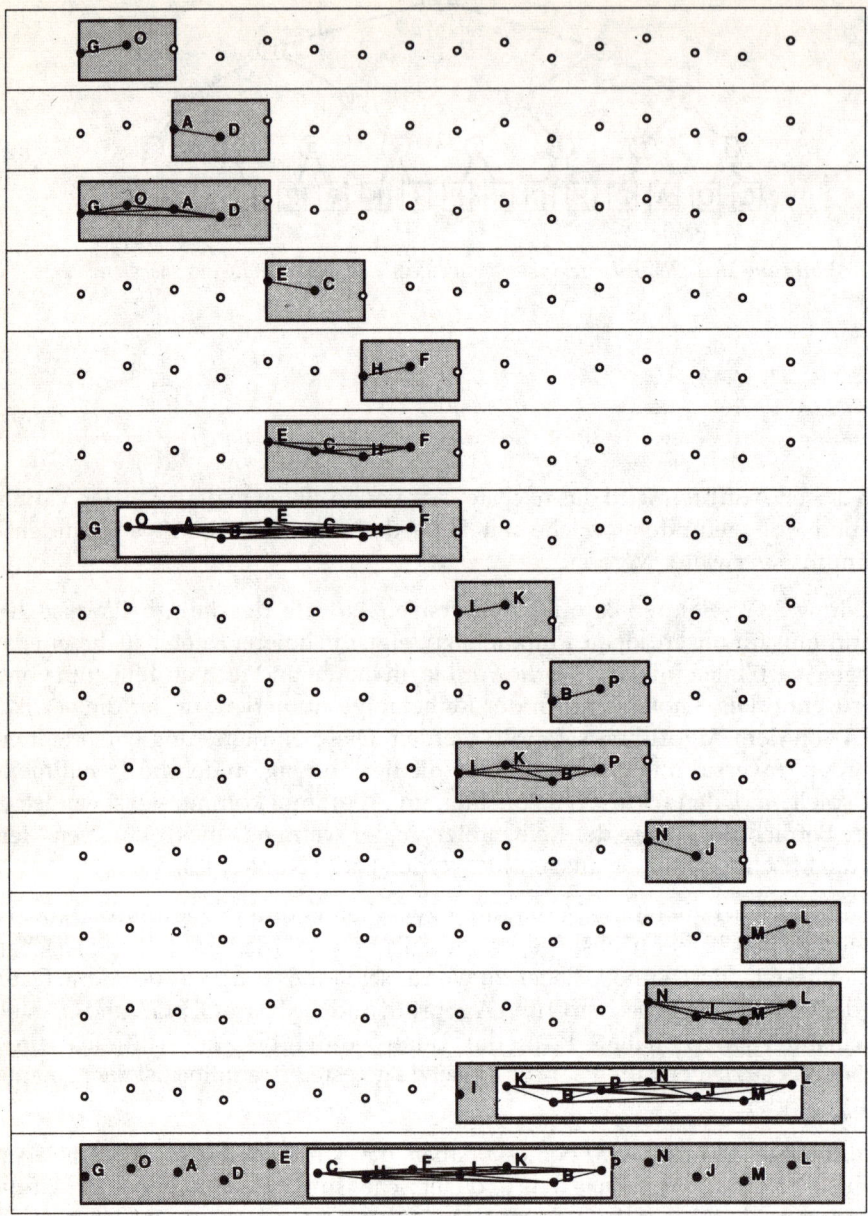

Abbildung 28.3 *Berechnung des nächsten Paares (x-Koordinate vergrößert).*

Abbildung 28.3 zeigt den Prozeß im einzelnen. Die x-Koordinate in diesen Schemata wurde vergrößert, um die Orientierung des Prozesses auf x zu unterstreichen und Parallelen zu Mergesort (siehe Kapitel 12) sichtbar zu machen. Wir beginnen damit, daß wir ein Sortieren nach y für die vier am weitesten links befindlichen Punkte G O A D vornehmen, indem wir G O sortieren, dann A D sortieren und dann mischen. Nach dem Mischen ist das Sortieren nach y beendet, und wir finden das nächste Paar AO, das sich beiderseits der Trennlinie befindet. Schließlich sind die Punkte nach ihren y-Koordinaten sortiert, und das nächste Paar ist berechnet.

Eigenschaft 28.1 *Das nächste Paar in einer Menge von N Punkten kann in O (N log N) Schritten gefunden werden.*

Im wesentlichen wird die Berechnung in der Zeit ausgeführt, die benötigt wird, um zwei Mergesorts (einen für die x-Koordinate und einen für die y-Koordinate) auszuführen; hinzu kommt der Aufwand für die Suche entlang der Trennlinie. Auch dieser Aufwand wird durch die rekurrente Beziehung $T_N = T_{N/2} + N$ bestimmt (siehe Kapitel 6). ∎

Der allgemeine Ansatz, den wir hier für das Problem des nächsten Paares benutzt haben, kann verwendet werden, um andere geometrische Probleme zu lösen. Eine andere Frage, die von Interesse ist, ist zum Beispiel das Problem *aller nächsten Nachbarn*: Für jeden Punkt möchten wir denjenigen Punkt finden, der ihm am nächsten liegt. Dieses Problem kann gelöst werden, indem ein Programm von der Art des obigen benutzt wird, mit einem zusätzlichen Durchsuchen entlang der Trennlinie, um für jeden Punkt festzustellen, ob ein Punkt auf der anderen Seite vorhanden ist, der näher ist als der ihm nächstgelegene Punkt auf der eigenen Seite. Auch für diese Berechnung ist wiederum das »freie« Sortieren nach y von Nutzen.

Voronoi-Diagramme

Die Menge alle Punkte, die von einem gegebenen Punkt in einer Punktmenge einen geringeren Abstand haben als von allen anderen Punkten in der Punktmenge, ist eine interessante geometrische Struktur, die als das *Voronoi-Polygon* für den Punkt bezeichnet wird. Die Vereinigung aller Voronoi-Polygone für eine Punktmenge wird ihr *Voronoi-Diagramm* genannt. Dies ist der Grundbaustein für Berechnungen zu Problemen des nächsten Punktes: Wir werden sehen, daß die meisten der von uns behandelten Probleme, in denen Abstände zwischen Punkten eine Rolle spielen, natürliche und interessante Lösungen besitzen, die auf dem Voronoi-Diagramm beruhen. Die Diagramme für unsere Beispiel-Punktmengen sind in Abbildung 28.4 dargestellt.

Das Voronoi-Polygon für einen Punkt wird von den Mittelsenkrechten der Strecken gebildet, die den Punkt mit den ihm am nächsten liegenden Punkten verbinden. Seine tatsächliche Definition wird umgekehrt formuliert: Das Voronoi-Polygon ist definiert als die Randlinie der Menge aller Punkte in der Ebene, die näher bei dem gegebenen Punkt liegen als bei irgendeinem anderen Punkt in der Punktmenge, und jede Seite des Voronoi-Polygons trennt einen gegebenen Punkt von einem der ihm »nächstgelegenen« Punkte.

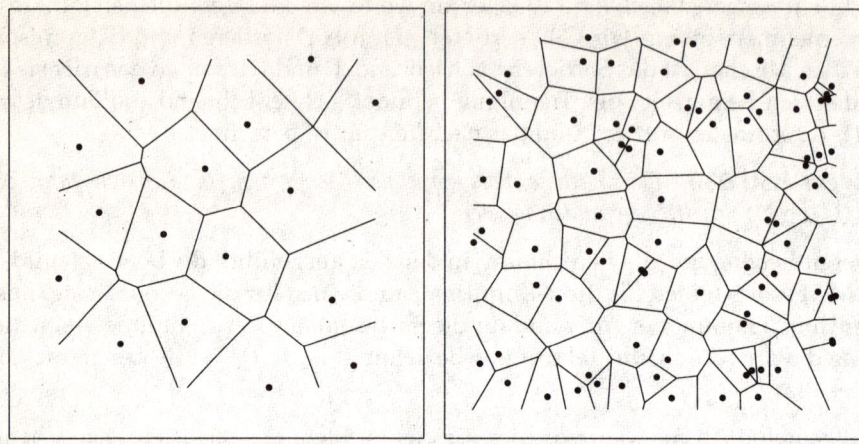

Abbildung 28.4 *Voronoi-Diagramm.*

Die zum Voronoi-Diagramm *duale* Struktur, die in Abbildung 28.5 dargestellt ist, macht diese Entsprechung explizit deutlich: In der dualen Struktur werden von jedem Punkt zu allen Punkten, die ihm »am nächsten« liegen, Linien gezogen. Dies wird auch *Delaunay-Triangulation* genannt. Punkte x und y sind in der zum Voronoi-Diagramm dualen Struktur verbunden, wenn ihre Voronoi-Polygone eine Seite gemeinsam haben.

Das Voronoi-Diagramm und die Delaunay-Triangulation haben viele Eigenschaften, die zu effizienten Algorithmen für Probleme des nächsten Punktes führen. Die Eigenschaft, die die Effizienz dieser Algorithmen gewährleistet, besteht darin, daß die Anzahl der Linien sowohl im Diagramm als auch in der dualen Struktur proportional zu einer kleinen Konstanten mal N ist. Zum Beispiel muß die Linie, die das nächste

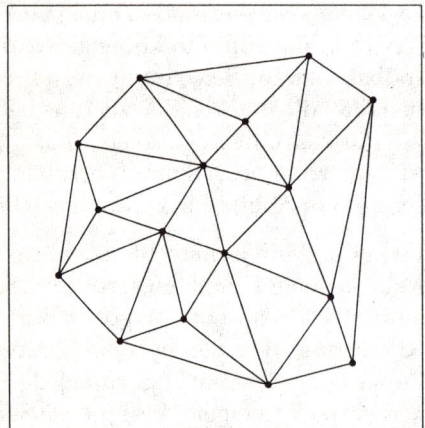
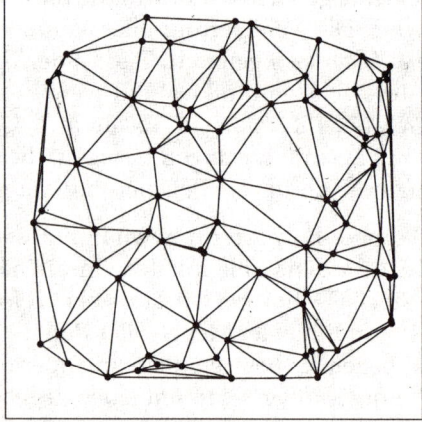

Abbildung 28.5 *Delaunay-Triangulation.*

Paar von Punkten verbindet, in der dualen Struktur enthalten sein, so daß das Problem aus dem vorigen Abschnitt gelöst werden kann, indem die duale Struktur berechnet wird und dann einfach unter den Linien in der dualen Struktur die Linie mit der minimalen Länge bestimmt wird. Analog muß die Linie, die jeden Punkt mit seinem nächsten Nachbarn verbindet, in der dualen Struktur enthalten sein, so daß das Problem aller nächsten Nachbarn unmittelbar auf das Auffinden der dualen Struktur zurückgeführt werden kann. Die konvexe Hülle der Punktmenge ist ein Teil der dualen Struktur, so daß die Berechnung der zum Voronoi-Diagramm dualen Struktur einen weiteren Algorithmus zur Bestimmung der konvexen Hülle liefert. In Kapitel 31 betrachten wir noch ein anderes Beispiel eines Problems, welches effizient gelöst werden kann, indem zuerst die duale Struktur zum Voronoi-Diagramm ermittelt wird.

Die für die Definition verwendete Eigenschaft des Voronoi-Diagramms besagt, daß es benutzt werden kann, um das Problem des nächsten Nachbarn zu lösen: Um für einen gegebenen Punkt den nächsten Nachbarn in einer Punktmenge zu identifizieren, brauchen wir nur herauszufinden, in welchem Voronoi-Polygon sich der Punkt befindet. Es ist möglich, die Voronoi-Polygone in einer Struktur von der Art eines 2D-Baumes zu organisieren, um eine effiziente Durchführung dieser Suche zu ermöglichen.

Das Voronoi-Diagramm kann unter Verwendung eines Algorithmus berechnet werden, der die gleiche allgemeine Struktur hat wie der obige Algorithmus des nächsten Punktes. Die Punkte werden zuerst nach ihrer x-Koordinate sortiert. Danach wird diese Ordnung verwendet, um die Punktmenge in zwei Hälften zu zerlegen, was zu zwei rekursiven Aufrufen zur Bestimmung des Voronoi-Diagramms der Punktmenge für jede Hälfte führt. Gleichzeitig werden die Punkte nach y sortiert; schließlich werden die beiden Voronoi-Diagramme für die beiden Hälften gemischt. Wie zuvor kann bei diesem Mischen (das mit dem Wert 2 von *pass* vorgenommen wird) die Tatsache ausgenutzt werden, daß die Punkte vor den rekursiven Aufrufen nach x sortiert sind, und daß nach den rekursiven Aufrufen die Punkte nach y sortiert und die Voronoi-Diagramme für die beiden Hälften erzeugt worden sind. Jedoch ist das Mischen selbst mit diesen Hilfsmitteln eine sehr komplizierte Aufgabe, und die Darstellung einer vollständigen Implementation würde über den Rahmen dieses Buches hinausgehen.

Das Voronoi-Diagramm ist sicherlich die natürliche Struktur für Probleme des nächsten Punktes, und das Verstehen der Merkmale eines Problems anhand des Voronoi-Diagramms oder der zu ihm dualen Struktur ist gewiß eine lohnenswerte Übung. Für viele spezielle Probleme kann jedoch eine direkte, auf dem im vorliegenden Kapitel angegebenen allgemeinen Schema beruhende Implementation geeignet sein. Dieses Schema ist leistungsfähig genug, um das Voronoi-Diagramm zu berechnen; dabei ist es auch leistungsfähig genug für Algorithmen, die auf dem Voronoi-Diagramm beruhen, und es kann zu einfacheren, effizienteren Programmen führen, wie wir im Falle des Problems des nächsten Paares gesehen haben.

Übungen

1. Erstellen Sie Programme zur Lösung des Problems des nächsten Nachbarn, zuerst unter Anwendung des Gitterverfahrens, dann unter Anwendung von 2D-Bäumen.
2. Beschreiben Sie, was geschieht, wenn die Prozedur des nächsten Paares auf eine Menge von äquidistanten Punkten angewandt wird, die alle auf ein und derselben horizontalen Linie liegen.
3. Beschreiben Sie, was geschieht, wenn die Prozedur des nächsten Paares auf eine Menge von äquidistanten Punkten angewandt wird, die alle auf ein und derselben vertikalen Linie liegen.
4. Geben Sie einen Algorithmus an, der für eine gegebene Menge von $2N$ Punkten, von denen eine Hälfte positive und die andere Hälfte negative x-Koordinaten hat, das nächste Paar mit jeweils einem Punkt in jeder Hälfte auffindet.
5. Geben Sie die aufeinanderfolgenden Paare von Punkten an, die cp1 und cp2 zugewiesen werden, wenn man das Programm aus diesem Kapitel für die Punkte aus dem Beispiel, jedoch nach Entfernen von A ablaufen läßt.
6. Überprüfen Sie die Effizienz der Wahl von *min* als globalen Variablen, indem Sie für eine gewisse umfangreiche zufällige Punktmenge die Leistungsfähigkeit der angegebenen Implementation mit einer rein rekursiven Implementation vergleichen.
7. Geben Sie einen Algorithmus für das Auffinden des nächsten Paares aus einer Menge von Strecken an.
8. Zeichnen Sie das Voronoi-Diagramm und die zu ihm duale Struktur für die Punkte A B C D E F aus der Beispiel-Punktmenge.
9. Geben Sie ein »grobes« Verfahren (welches eine zu N^2 proportionale Zeit erfordern könnte) zur Berechnung des Voronoi-Diagramms an.
10. Erstellen Sie ein Programm zum Auffinden der konvexen Hülle einer Menge von Punkten, in dem die gleiche rekursive Struktur benutzt wird wie in der in diesem Kapitel angegebenen Implementation für das nächste Paar.

Literatur für Geometrische Algorithmen

Ein großer Teil des im vorliegenden Abschnitt dargelegten Materials ist erst vor relativ kurzer Zeit ausgearbeitet worden. Viele der von uns betrachteten Probleme und Lösungen wurden 1975 von M. Shamos vorgestellt. Eine große Anzahl geometrischer Algorithmen wurde in der Dissertation von Shamos behandelt; diese diente als Anregung für viele der in letzter Zeit durchgeführten Forschungsarbeiten und letzten Endes als Grundlage für die entscheidende Referenz auf diesem Gebiet, das Buch von Preparata und Shamos. Das Gebiet ist in rascher Entwicklung begriffen; im Buch von Edelsbrunner werden viele Forschungsergebnisse jüngeren Datums dargelegt.

Im wesentlichen gilt, daß jeder der von uns erörterten geometrischen Algorithmen in der entsprechenden Originalliteratur beschrieben ist. Die in Kapitel 25 behandelten Algorithmen zur Bestimmung der konvexen Hülle sind in den Arbeiten von Jarvis, Graham sowie Golin und Sedgewick zu finden. Die Verfahren für die Bereichssuche aus Kapitel 26 stammen aus dem Übersichtsartikel von Bentley und Friedman, der zahlreiche Hinweise auf Originalquellen enthält (von besonderem Interesse ist der Originalartikel von Bentley selbst über kD-Bäume, den er als Student des letzten Studienjahres verfaßte). Die Darlegung der Probleme des nächsten Punktes in Kapitel 28 beruht auf der Arbeit von Shamos und Hoey aus dem Jahre 1976, und die Schnittalgorithmen aus Kapitel 27 stammen aus ihrer Arbeit von 1975 sowie aus dem Artikel von Bentley und Ottmann.

Die beste Verfahrensweise für jemanden, der mehr über geometrische Algorithmen erfahren möchte, besteht jedoch darin, einige von ihnen zu implementieren, um ihre Eigenschaften und die Eigenschaften der Objekte, mit denen sie operieren, kennenzulernen.

J. L. Bentley, »Multidimensional binary search trees used for associative searching«, *Communications of the ACM*, **18**, 9 (September 1975).

J. L. Bentley und J. H. Friedman, »Data structures for range searching«, *Computing Surveys*, **11**, 4 (Dezember 1979).

J. L. Bentley und T. Ottmann, »Algorithms for reporting and counting geometric intersections«, *IEEE Transactions on Computing*, **C-28**, 9 (September 1979).

H. Edelsbrunner, *Algorithms in Combinatorial Geometry*, Springer-Verlag, 1987.

M. Golin und R. Sedgewick, »Analysis of a simple yet efficient convex hull algorithm«, in *4th Annual Symposium on Computational Geometry*, ACM, 1988.

R. L. Graham, »An efficient algorithm for determining the convex hull of a finite planar set«, *Information Processing Letters*, **1** (1972).

R. A. Jarvis, »On the identification of the convex hull of a finite set of points in the plane«, *Information Processing Letters*, **2** (1973).

F. P. Preparata und M. I. Shamos, *Computational Geometry: An Introduction*, Springer-Verlag, 1985.

M. I. Shamos und D. Hoey, »Closest-point problems«, in *16th Annual Symposium on Foundations of Computer Science*, IEEE, 1975.

M. I. Shamos und D. Hoey, »Geometric intersection problems«, in *17th Annual Symposium on Foundations of Computer Science*, IEEE, 1976.

Algorithmen für Graphen

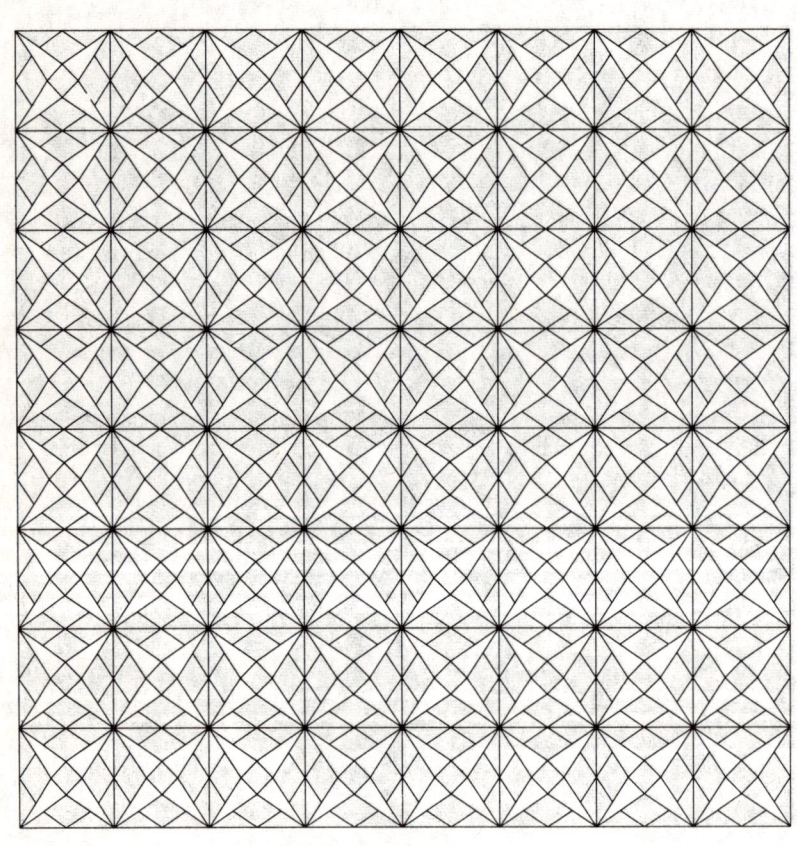

Kapitel 29

Elementare Algorithmen für Graphen

Sehr viele Probleme lassen sich in natürlicher Weise unter Benutzung von Objekten und Verbindungen zwischen ihnen formulieren. Wenn zum Beispiel eine Karte der Fluglinien des östlichen Teils der USA gegeben ist, könnten uns Fragen interessieren wie: »Was ist der schnellste Weg von Providence nach Princeton?« Oder es könnte sein, daß Geld für uns wichtiger ist als Zeit und wir nach dem billigsten Weg suchen, um von Providence nach Princeton zu gelangen. Um solche Fragen zu beantworten, benötigen wir lediglich Informationen über Verbindungen (Fluglinien) zwischen Objekten (Städten).

Elektrische Schaltungen sind ein weiteres offensichtliches Beispiel, wo Verbindungen zwischen Objekten eine zentrale Rolle spielen. Schaltelemente, wie etwa Transistoren, Widerstände und Kondensatoren, sind in komplizierter Weise miteinander verdrahtet. Solche Schaltungen können mit Hilfe eines Computers dargestellt und verarbeitet werden, um sowohl einfache Fragen von der Art »Ist alles miteinander verbunden?« als auch komplizierte Fragen wie »Wenn diese Schaltung hergestellt ist, wird sie funktionieren?« zu beantworten. Hierbei hängt die Antwort auf die erste Frage nur von den Eigenschaften der Verbindungen (Drähte) ab, während die Antwort auf die zweite genaue Informationen sowohl über die Drähte als auch die Objekte, die durch sie verbunden sind, erfordert.

Ein drittes Beispiel ist das Scheduling, wobei die Objekte auszuführende Aufgaben sind, zum Beispiel in einem Fertigungsprozeß, und die Verbindungen angeben, welche Aufgaben vor anderen ausgeführt werden sollten. Hierbei könnte uns die Antwort auf Fragen wie »Wann sollte jede Aufgabe ausgeführt werden?« interessieren.

Ein *Graph* ist ein mathematisches Objekt, das solche Situationen exakt modelliert. Im vorliegenden Kapitel wollen wir einige grundlegende Eigenschaften von Graphen betrachten, und in den nachfolgenden Kapiteln untersuchen wir eine Vielzahl von Algorithmen zur Beantwortung von Fragen der oben gestellten Art.

Tatsächlich haben wir es in weiter zurückliegenden Kapiteln bereits mit Graphen zu tun gehabt. Verkettete Datenstrukturen sind dem Wesen nach Darstellungen von

Graphen, und einige der Algorithmen, die wir für die Verarbeitung von Graphen betrachten werden, sind Algorithmen ähnlich, die wir bereits für die Verarbeitung von Bäumen und anderen Strukturen kennengelernt haben. Zum Beispiel wurden die endlichen Automaten in den Kapiteln 19 und 20 mit Hilfe von Graphen dargestellt.

Die Graphentheorie ist ein wichtiger Zweig der kombinatorischen Mathematik, der seit Jahrhunderten Gegenstand intensiver Forschung ist. Viele wichtige und nützliche Eigenschaften von Graphen wurden bewiesen, doch viele komplizierte Probleme sind noch zu lösen. Hier können wir nur die Oberfläche dessen streifen, was über Graphen bekannt ist, in einem Ausmaß, der für das Verständnis der grundlegenden Algorithmen ausreichend ist.

Wie bei vielen anderen der von uns untersuchten Problemkreise wurde auch bei Graphen erst in jüngster Zeit damit begonnen, sie von einem algorithmischen Standpunkt aus zu betrachten. Auch wenn einige der grundlegenden Algorithmen sehr alt sind, sind viele interessante Algorithmen erst im Laufe der letzten zehn Jahre entdeckt worden. Selbst triviale Algorithmen für Graphen führen zu interessanten Programmen, und die nichttrivialen Algorithmen, die wir kennenlernen werden, gehören zu den elegantesten und interessantesten (wenn auch schwer verständlichen) bekannten Algorithmen.

Glossar

Mit Graphen ist eine umfangreiche Nomenklatur verknüpft. Die meisten Begriffe haben sehr einfache Definitionen, und es ist zweckmäßig, sie an dieser Stelle zusammenzufassen, selbst dann, wenn wir einige von ihnen erst später benutzen werden.

Ein *Graph* ist eine Menge von *Knoten* (oder *Ecken*) und *Kanten*. Knoten sind einfache Objekte, die Namen und andere Eigenschaften haben können; eine Kante ist eine Verbindung zwischen zwei Knoten. Man kann einen Graph zeichnen, indem man die Knoten durch Punkte markiert und diese durch Linien verbindet, die die Kanten darstellen. Dabei darf man jedoch nicht vergessen, daß der Graph unabhängig von der Darstellung definiert ist. Zum Beispiel stellen die beiden Zeichnungen in Abbildung 29.1 denselben Graph dar. Wir definieren diesen Graph, indem wir sagen, daß er aus der Menge von Knoten A B C D E F G H I J K L M und der Menge von Kanten AG AB AC LM JM JL JK ED FD HI FE AF GE zwischen diesen Knoten besteht.

Für gewisse Anwendungen, wie etwa das obige Beispiel mit den Fluglinien, ist es möglicherweise nicht sinnvoll, die Knoten wie in Abbildung 29.1 anders anzuordnen. Doch für andere Anwendungen, wie die obengenannte Anwendung bei elektrischen Schaltungen, ist es am besten, sich nur auf die Kanten und Knoten zu konzentrieren, unabhängig von irgendeiner speziellen geometrischen Anordnung. Und für wieder andere Anwendungen wie etwa die endlichen Automaten in den Kapiteln 19 und 20 ist niemals eine spezielle geometrische Anordnung von Knoten erforderlich. Der Zusammenhang zwischen Algorithmen für Graphen und geometrischen Problemen wird in

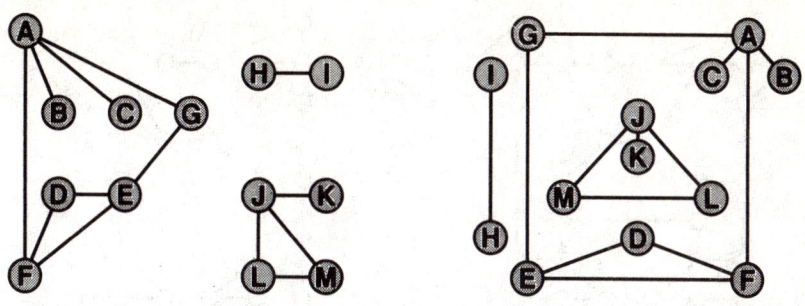

Abbildung 29.1 *Zwei Darstellungen des gleichen Graphen.*

Kapitel 31 noch eingehender erörtert. Einstweilen konzentrieren wir uns auf »reine« Algorithmen für Graphen, die einfache Mengen von Kanten und Knoten verarbeiten.

Ein *Pfad* oder *Weg* von Knoten x zu Knoten y in einem Graph ist eine Liste von Knoten, in der aufeinanderfolgende Knoten durch Kanten im Graph miteinander verbunden sind. Zum Beispiel ist in Abbildung 29.1 BAFEG ein Pfad von B nach G. Ein Graph ist *zusammenhängend*, wenn von jedem Knoten zu jedem anderen Knoten im Graph ein Pfad existiert. Man kann sich dies so vorstellen, daß, wenn die Knoten physische Objekte und die Kanten Verbindungsfäden dazwischen wären, ein zusammenhängender Graph in einem Stück zusammenbleiben würde, wenn man ihn an irgendeinem Knoten hochheben würde. Ein Graph, der nicht zusammenhängend ist, setzt sich aus *zusammenhängenden Komponenten* zusammen; beispielsweise besitzt der Graph in Abbildung 29.1 drei zusammenhängende Komponenten. Ein *einfacher Pfad* ist ein Pfad, auf dem sich kein Knoten wiederholt. (Zum Beispiel ist BAFEGAC kein einfacher Pfad.) Ein *Zyklus* ist ein einfacher Pfad, mit der Ausnahme, daß der erste und der letzte Knoten identisch sind (ein Pfad von einem Punkt zurück zu sich selbst); der Pfad AFEGA ist ein Zyklus.

Ein Graph ohne Zyklen wird *Baum* genannt (siehe Kapitel 4). Eine Gruppe nicht zusammenhängender Bäume wird *Wald* genannt. Ein *Spannbaum* eines Graphen ist ein Teilgraph, der alle Knoten enthält, doch nur so viele von den Kanten, daß er einen Baum bildet. Zum Beispiel bilden die Kanten AB AC AF FD DE EG einen Spannbaum für die große Komponente des Graphen in Abbildung 29.1, und Abbildung 29.2 zeigt einen größeren Graph und einen seiner Spannbäume.

Beachten Sie, daß die Hinzufügung einer Kante zu diesem Baum zu einem Zyklus führt (da zwischen den beiden Knoten, die diese Kante verbindet, bereits ein Pfad vorhanden ist). Weiterhin hat, wie wir in Kapitel 4 gesehen haben, ein Baum mit V Knoten genau $V - 1$ Kanten. Falls ein Graph mit V Knoten weniger als $V - 1$ Kanten hat, kann er nicht zusammenhängend sein. Falls er mehr als $V - 1$ Kanten hat, muß er einen Zyklus enthalten. (Doch falls er genau $V - 1$ Kanten hat, muß es sich nicht unbedingt um einen Baum handeln.)

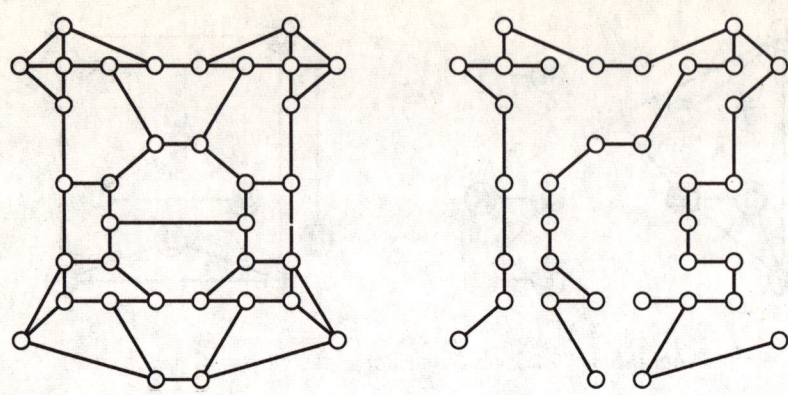

Abbildung 29.2 *Ein umfangreicher Graph und ein Spannbaum für diesen Graph.*

Wir wollen die Anzahl der Knoten in einem gegebenen Graph mit V und die Anzahl der Kanten mit E bezeichnen. Wie man leicht sieht, kann E jeden beliebigen Wert zwischen 0 und $V(V-1)/2$ haben. Graphen, in denen alle Kanten vorhanden sind, werden *vollständige* Graphen genannt; Graphen mit relativ wenigen Kanten (zum Beispiel weniger als $V \log V$) werden *licht* genannt; Graphen, bei denen relativ wenige der möglichen Kanten fehlen, werden *dicht* genannt.

Die grundlegende Abhängigkeit der Graphentopologie von zwei Parametern bewirkt, daß die vergleichende Untersuchung von Algorithmen für Graphen etwas komplizierter ist als viele andere Algorithmen, die wir betrachtet haben, da mehr Möglichkeiten entstehen. Zum Beispiel könnte es sein, daß ein Algorithmus ungefähr V^2 Schritte benötigt, während ein anderer Algorithmus für das gleiche Problem $(E+V) \log E$ Schritte benötigt. Der zweite Algorithmus wäre für lichte Graphen besser geeignet, für dichte Graphen wäre dagegen der erste vorzuziehen.

Graphen der bisher definierten Art werden *ungerichtete Graphen* genannt; dies ist der einfachste Graphentypus. Wir werden auch kompliziertere Graphentypen betrachten, bei denen mit den Knoten und Kanten mehr Information verknüpft ist. In *gewichteten Graphen* werden jeder Kante ganze Zahlen (*Gewichte*) zugewiesen, um zum Beispiel Entfernungen oder Kosten darzustellen. In *gerichteten Graphen* sind Kanten »Einbahnstraßen«: Eine Kante kann von x nach y führen, aber nicht von y nach x. Gerichtete gewichtete Graphen werden manchmal *Netzwerke* genannt. Wie wir feststellen werden, führt die in gewichteten und gerichteten Graphen enthaltene zusätzliche Information dazu, daß ihre Handhabung etwas schwieriger ist als die von einfachen ungerichteten Graphen.

Darstellung

Um Graphen mit einem Programm verarbeiten zu können, müssen wir zuerst entscheiden, wie sie im Computer dargestellt werden sollen. Wir wollen zwei gewöhnlich zur Anwendung kommende Darstellungsarten betrachten; die Entscheidung zwischen ihnen hängt vor allem davon ab, ob der Graph dicht oder licht ist, obwohl die Art der auszuführenden Operationen wie üblich ebenfalls eine wichtige Rolle spielt.

Der erste Schritt zur Darstellung eines Graphen besteht darin, die Namen der Knoten auf ganze Zahlen zwischen 1 und V abzubilden. Der Hauptgrund hierfür ist, daß es ermöglicht werden soll, mittels Feldindizes schnell auf die jedem Knoten entsprechende Information zuzugreifen. Für diesen Zweck kann jede standardmäßige Suchmethode verwendet werden; zum Beispiel können wir die Knotennamen in ganze Zahlen zwischen 1 und V umwandeln, indem wir eine Hash-Tabelle oder einen binären Baum führen, der durchsucht werden kann, um zu einem beliebigen gegebenen Knotennamen die entsprechende ganze Zahl zu finden. Da wir diese Methoden bereits betrachtet haben, setzen wir voraus, daß eine Funktion `index` zur Verfügung steht, die Knotennamen in ganze Zahlen zwischen 1 und V umwandelt, und eine Funktion `name`, die ganze Zahlen in Knotennamen umwandelt. Damit sich unsere Algorithmen leicht nachvollziehen lassen, benutzen wir einbuchstabige Knotennamen, wobei der i-te Buchstabe des Alphabets der Zahl i entspricht. Obwohl sich `name` und `index` für unsere Beispiele sehr leicht implementieren lassen, erleichtern sie es, unter Anwendung der Methoden aus den Kapiteln 14-17 die Algorithmen dahingehend zu erweitern, daß sie für Graphen mit realen Knotennamen benutzt werden können.

Die allereinfachste Darstellungsweise für Graphen ist die Darstellung als sogenannte *Adjazenzmatrix*. Es wird ein Feld der Größe V mal V aus booleschen Variablen geführt, wobei `a[x][y]` auf 1 gesetzt wird, wenn eine Kante von Knoten `x` zu Knoten `y` vorhanden ist, und auf 0, wenn das nicht der Fall ist. Die Adjazenzmatrix für den Graph in Abbildung 29.1 ist in Abbildung 29.3 angegeben.

Wie wir sehen, wird jede Kante in Wirklichkeit durch zwei Bits dargestellt: Eine Kante, die `x` und `y` verbindet, wird durch wahre Werte sowohl in `a[x][y]` als auch in `a[y][x]` dargestellt. Obwohl Platz gespart werden kann, indem nur die Hälfte dieser symmetrischen Matrix gespeichert wird, ist es in C nicht zweckmäßig, dies zu tun, und die Algorithmen sind mit der vollständigen Matrix etwas einfacher. Weiterhin ist es gewöhnlich zweckmäßig anzunehmen, daß eine »Kante« von jedem Knoten zu sich selbst existiert, weshalb `a[x][x]` für `x` von 1 bis V auf 1 gesetzt wird. (In manchen Fällen ist es günstiger, die Elemente auf der Diagonalen auf 0 zu setzen; es steht uns frei, das zu tun, wenn es angebracht ist.)

Ein Graph ist durch eine Menge von Knoten und eine Menge von sie verbindenden Kanten definiert. Zur Eingabe eines Graphen müssen wir uns auf ein Format einigen, um diese Mengen einzulesen. Eine Möglichkeit wäre, die Adjazenzmatrix selbst als Eingabeformat zu verwenden, doch wie wir sehen werden, ist dies für lichte Graphen

	A	B	C	D	E	F	G	H	I	J	K	L	M
A	1	1	1	0	0	1	1	0	0	0	0	0	0
B	1	1	0	0	0	0	0	0	0	0	0	0	0
C	1	0	1	0	0	0	0	0	0	0	0	0	0
D	0	0	0	1	1	1	0	0	0	0	0	0	0
E	0	0	0	1	1	1	1	0	0	0	0	0	0
F	1	0	0	1	1	1	0	0	0	0	0	0	0
G	1	0	0	0	1	0	1	0	0	0	0	0	0
H	0	0	0	0	0	0	0	1	1	0	0	0	0
I	0	0	0	0	0	0	0	1	1	0	0	0	0
J	0	0	0	0	0	0	0	0	0	1	1	1	1
K	0	0	0	0	0	0	0	0	0	1	1	0	0
L	0	0	0	0	0	0	0	0	0	1	0	1	1
M	0	0	0	0	0	0	0	0	0	1	0	1	1

Abbildung 29.3 *Darstellung mittels Adjazenzmatrix.*

unzweckmäßig. Stattdessen wollen wir ein direkteres Format benutzen: Wir lesen zuerst die Namen der Knoten und dann Paare von Knotennamen (welche Kanten definieren) ein. Wie bereits erwähnt wurde, besteht eine einfache Vorgehensweise darin, die Knotennamen in eine Hash-Tabelle oder einen binären Suchbaum einzulesen und jedem Knotennamen eine ganze Zahl zuzuweisen. Diese wird benutzt, um auf knotenindizierte Felder von der Art der Adjazenzmatrix zuzugreifen. Dem i-ten eingelesenen Knoten kann die Zahl i zugewiesen werden. Im Interesse der Einfachheit unserer Programme lesen wir zuerst V und E ein, dann die Knoten und die Kanten. Eine andere Möglichkeit wäre, die Eingabe mit einem Begrenzer zu realisieren, der die Knoten von den Kanten trennt; das Programm könnte V und E dann aus den Eingabedaten bestimmen. (In unseren Beispielen benutzen wir für die Knotennamen die ersten V Buchstaben des Alphabets. Man könnte daher sogar eine noch einfachere Methode anwenden, nämlich V und E einlesen und anschließend E aus den ersten V Buchstaben des Alphabets gebildete Paare von Buchstaben.) Die Reihenfolge, in der die Kanten erscheinen, ist nicht wesentlich, da alle Kantenanordnungen den gleichen Graph darstellen und die gleiche Adjazenzmatrix ergeben, so wie sie durch das folgende Programm berechnet wird:

```
#define maxV 50
int j, x, y, V, E;
int a[maxV][maxV];

adjmatrix()
   {
     scanf("%d %d\n", &V, &E);
     for (x = 1; x <= V; x++)
       for (y = 1; y <= V; y++) a[x][y] = 0;
```

```
for (x = 1; x <= V; x++) a[x][x] = 1;
for (j = 1; j <= E; j++)
  {
    scanf("%c %c\n", &v1, &v2);
    x = index(v1); y = index(v2);
    a[x][y] = 1; a[y][x] = 1;
  }
}
```

Die Typen der Variablen v1 und v2 wurden in diesem Programm weggelassen, ebenso der Programmabschnitt für index. Diese können in Abhängigkeit von der gewünschten Eingabedarstellung des Graphen in einfacher Weise hinzugefügt werden. (Für unsere Beispiele könnten v1 und v2 vom Typ char sein, und index könnte eine einfache Funktion sein, die c-'A'+1 oder etwas ähnliches zurückgibt.) Die Matrix wird als globale Variable mit einer im Voraus definierten maximalen Größe deklariert, obwohl es in C vielleicht zweckmäßiger wäre, Speicherplatz für das Feld bereitzustellen, nachdem die Anzahl der Knoten bekannt ist, und dafür zu sorgen, daß der Zeiger des Feldes der zurückgegebene Wert ist. Bei Bedarf kann eine solche Änderung sehr leicht vorgenommen werden.

Die Darstellung mit Hilfe der Adjazenzmatrix ist nur dann zufriedenstellend, wenn die zu verarbeitenden Graphen dicht sind: Die Matrix benötigt V^2 Bits Speicherplatz und V^2 Schritte allein für ihre Initialisierung. Falls die Anzahl der Kanten (die Anzahl der 1-Bits in der Matrix) proportional zu V^2 ist, mag dies akzeptabel sein, da dann auf jeden Fall ungefähr V^2 Schritte benötigt werden, um die Kanten einzulesen. Falls der Graph jedoch licht ist, könnte allein die Initialisierung der Matrix zum dominierenden Faktor für die Laufzeit eines Algorithmus werden. Dies könnte auch die beste Darstellung für einige Algorithmen sein, die mehr als V^2 Schritte für ihre Ausführung benötigen.

Betrachten wir nun eine Darstellung, die für nicht so dichte Graphen geeigneter ist. Bei der Darstellung als *Adjazenzstruktur* werden für jeden Knoten alle mit ihm verbundenen Knoten in einer *Adjazenzliste* für diesen Knoten aufgelistet. Dies läßt sich leicht mit verketteten Listen realisieren, wie das nachstehende Programm zeigt, das die Adjazenzstruktur für den Graph aus unserem Beispiel erzeugt. Die verketteten Listen werden wie gewöhnlich mit einem künstlichen Knoten z am Ende (welcher auf sich selbst zeigt) erzeugt. Die künstlichen Knoten für den Anfang der Listen werden in einem knotenindizierten Feld adj gespeichert. Um zu dieser Darstellung des Graphen eine Kante hinzuzufügen, die x mit y verbindet, fügen wir x zu der Adjazenzliste von y und y zu der Adjazenzliste von x hinzu:

```
#define maxV 1000
struct node
  { int v; struct node *next; };
int j, x, y, V, E;
struct node *t, *z;
struct node *adj[maxV];
 adjlist()
```

```
{
    scanf("%d %d\n", &V, &E);
    z = (struct node *) malloc(sizeof *z);
    z->next = z;
    for (j = 1; j <= V; j++) adj[j] = z;
    for (j = 1; j <= E; j++)
      {
        scanf("%c %c\n", &v1, &v2);
        x = index(v1); y = index(v2);
        t = (struct node *) malloc(sizeof *t);
        t->v = x; t->next = adj[y]; adj[y] = t;
        t = (struct node *) malloc(sizeof *t);
        t->v = y; t->next = adj[x]; adj[x] = t;
      }
}
```

Falls die Kanten in der Reihenfolge AG AB AC LM JM JL JK ED FD HI FE AF GE erscheinen, erzeugt das obige Programm die Adjazenzlistenstruktur, die in Abbildung 29.4 dargestellt ist. Wir bemerken wiederum, daß jede Kante zweimal dargestellt wird: Eine Kante, die x und y verbindet, wird in der Adjazenzliste von y als Knoten dargestellt, der x enthält, und in der Adjazenzliste von x als Knoten, der y enthält. Es ist wesentlich, daß beide aufgenommen werden, da andernfalls einfache Fragen wie »Welche Knoten sind mit Knoten x direkt verbunden?« nicht effizient beantwortet werden könnten.

Für diese Darstellung ist die Reihenfolge, in der die Kanten bei der Eingabe erscheinen, sehr wichtig: Sie bestimmt (zusammen mit der benutzten Einfügemethode in die Liste) die Reihenfolge, in der die Knoten in den Adjazenzlisten erscheinen. Folglich kann der gleiche Graph in einer Adjazenzlistenstruktur auf viele unterschiedliche Weisen dargestellt werden. Tatsächlich läßt sich nur schwer vorhersagen, wie die Adjazenzlisten aussehen werden, wenn man nur die Folge der Kanten betrachtet, da jede Kante Einfügungen in zwei Adjazenzlisten erfordert.

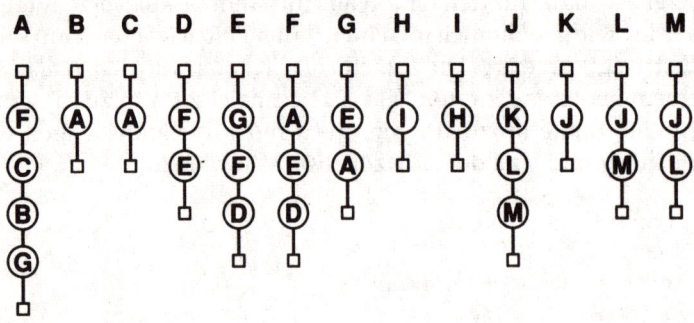

Abbildung 29.4 *Eine Darstellung mit Hilfe einer Adjazenzstruktur.*

Die Reihenfolge, in der Kanten in der Adjazenzliste erscheinen, beeinflußt wiederum die Reihenfolge, in der Kanten durch Algorithmen verarbeitet werden. Das heißt, daß die Struktur der Adjazenzliste bestimmt, wie verschiedene Algorithmen, die wir betrachten werden, den Graph »sehen«. Obwohl ein Algorithmus unabhängig von der Anordnung der Kanten in den Adjazenzlisten zu einer richtigen Lösung gelangen muß, könnte er für verschiedene Reihenfolgen über sehr unterschiedliche Berechnungsfolgen zu dieser Lösung gelangen. Weiterhin können, wenn mehr als eine »richtige Lösung« existiert, verschiedene Reihenfolgen der Eingabedaten zur Ausgabe verschiedener Ergebnisse führen.

Einige einfache Operationen werden durch diese Darstellung nicht unterstützt. Zum Beispiel könnte man beabsichtigen, einen Knoten x und alle mit ihm verbundenen Kanten zu löschen. Dafür genügt es nicht, Knoten aus der Adjazenzliste zu löschen: Durch jeden Knoten in der Adjazenzliste wird ein weiterer Knoten vorgegeben, dessen Adjazenzliste durchsucht werden muß, um einen x entsprechenden Knoten zu löschen. Dieses Problem kann beseitigt werden, indem man die beiden Knoten der Liste, die einer bestimmten Kante entsprechen, miteinander verkettet und damit die Adjazenzlisten zu doppelt verketteten Listen macht. Wenn dann eine Kante entfernt werden soll, können beide Knoten, die dieser Kante entsprechen, schnell gelöscht werden. Natürlich ist die Verarbeitung dieser zusätzlichen Verkettungen mühsam, und sie sollten nur dann aufgenommen werden, wenn Lösch- oder ähnliche Operationen benötigt werden.

Aus solchen Überlegungen wird auch klar, warum wir keine »direkte« Darstellung für Graphen benutzen, eine Datenstruktur, die den Graph exakt modelliert, mit Knoten, die als zugeordnete Datensätze dargestellt sind, und Listen von Kanten, die Verbindungen zu Knoten anstelle von Knotennamen enthalten. Wie sollte man einem derartig dargestellten Graph eine Kante hinzufügen?

Gerichtete und gewichtete Graphen werden mit Hilfe ähnlicher Strukturen dargestellt. Für gerichtete Graphen bleibt alles unverändert, mit der Ausnahme, daß jede Kante nur einmal dargestellt wird: Eine Kante von x nach y wird durch einen Wert 1 in a[x][y] in der Adjazenzmatrix oder durch das Erscheinen von y in der Adjazenzliste von x in der Adjazenzstruktur dargestellt. Demzufolge kann man sich einen ungerichteten Graph als einen gerichteten Graph vorstellen, der gerichtete Kanten besitzt, die zwischen jedem Paar von durch eine Kante verbundenen Knoten in beiden Richtungen verlaufen. Für gewichtete Graphen bleibt ebenfalls alles genauso, nur daß die Adjazenzmatrix mit Gewichten anstatt mit booleschen Werten ausgefüllt wird (wobei zur Darstellung des Nichtvorhandenseins einer Kante irgendein nicht existierendes Gewicht benutzt wird), oder daß in der Adjazenzstruktur ein Feld für das Gewicht der Kante in die Datensätze der Adjazenzlisten eingefügt wird.

Oft ist es notwendig, mit den Knoten oder Ecken eines Graphen weitere Informationen zu verknüpfen, um die Möglichkeit zu schaffen, mit ihm kompliziertere Objekte zu modellieren, oder um in komplizierten Algorithmen Verwaltungs-Informationen zu speichern. Mit jedem Knoten verknüpfte zusätzliche Informationen können untergebracht werden, indem Hilfsfelder mit der Knotennummer als Index verwendet werden, oder indem `adj` in der Adjazenzstruktur-Darstellung zu einem Feld von Datensätzen gemacht wird. Mit jeder Kante verknüpfte zusätzliche Informationen können in den Knoten der Adjazenzlisten gespeichert werden (oder in einem Feld a von Datensätzen in der Adjazenzmatrix-Darstellung), oder in Hilfsfeldern mit der Nummer der Kante als Index (was eine Numerierung der Kanten erfordert).

Tiefensuche

Zu Beginn dieses Kapitels sahen wir, daß bei der Verarbeitung eines Graphen sofort verschiedene Fragen auftreten. Ist der Graph zusammenhängend? Wenn nicht, welches sind seine zusammenhängenden Komponenten? Enthält der Graph einen Zyklus? Diese und viele andere Probleme können leicht mit einer Methode gelöst werden, die *Tiefensuche* genannt wird und einen natürlichen Weg darstellt, wie im Graph systematisch jeder Knoten »besucht« und jede Kante geprüft werden kann. In den folgenden Kapiteln werden wir sehen, daß einfache Variationen einer Verallgemeinerung dieses Verfahrens benutzt werden können, um eine Vielzahl von mit Graphen zusammenhängenden Problemen zu lösen.

Einstweilen konzentrieren wir uns auf die Methode, wie jedes Element des Graphen in einer systematischen Weise betrachtet werden kann. Wir beginnen mit einem Programm für Graphen, die mit Hilfe von Adjazenzlisten dargestellt sind:

```
int val[maxV]; int id = 0;
visit(int k)
  {
    struct node *t;
    val[k] = ++id;
    for (t = adj[k]; t != z; t = t->next)
      if (val[t->v] == 0) visit(t->v);
  }
listdfs()
  {
    int k;
    for (k = 1; k <= V; k++) val[k] = 0;
    for (k = 1; k <= V; k++)
      if (val[k] == 0) visit(k);
  }
```

Dieses Programm füllt, während es jeden Knoten eines Graphen besucht, ein Feld `val[V]`. Am Anfang werden alle Elemente des Felds auf null gesetzt, so daß `val[k]==0` besagt, daß Knoten k noch nicht besucht worden ist. Das Ziel besteht darin, alle Knoten des Graphen systematisch zu besuchen und dabei für id = 1, 2, . . . , V die Eintragung `val` für den id-ten besuchten Knoten auf id zu setzen. Das Programm verwendet eine rekursive Prozedur `visit`, die alle Knoten besucht, die sich in der gleichen zusammenhängenden Komponente befinden wie der als Argument gegebene Knoten. Um einen Knoten mittels `visit` zu durchlaufen, prüfen wir alle seine Kanten, um festzustellen, ob sie zu Knoten führen, die noch nicht besucht worden sind (was aus den Einträgen 0 in `val` hervorgeht); wenn das der Fall ist, besuchen wir sie mittels `visit`. Zunächst wird `visit` für den ersten Knoten aufgerufen, was zur Folge hat, daß für alle mit diesem Knoten verbundenen Knoten die entsprechenden Elemente von `val` auf von null verschiedene Werte gesetzt werden. Danach durchsucht `listdfs` das Feld `val`, um einen Null-Eintrag zu finden (der einem Knoten entspricht, der noch nicht betrachtet wurde), und ruft für diesen Knoten `visit` auf, wobei in dieser Weise so lange fortgefahren wird, bis alle Knoten besucht worden sind.

Abbildung 29.5 zeichnet die Vorgehensweise bei der Tiefensuche für die große Komponente des Graphen aus unserem Beispiel nach und zeigt, wie im Ergebnis des Aufrufs `visit(1)` jede Kante in dieser Komponente berührt wird (nachdem die in Abbildung 29.4 dargestellten Adjazenzlisten erzeugt worden sind). Tatsächlich wird

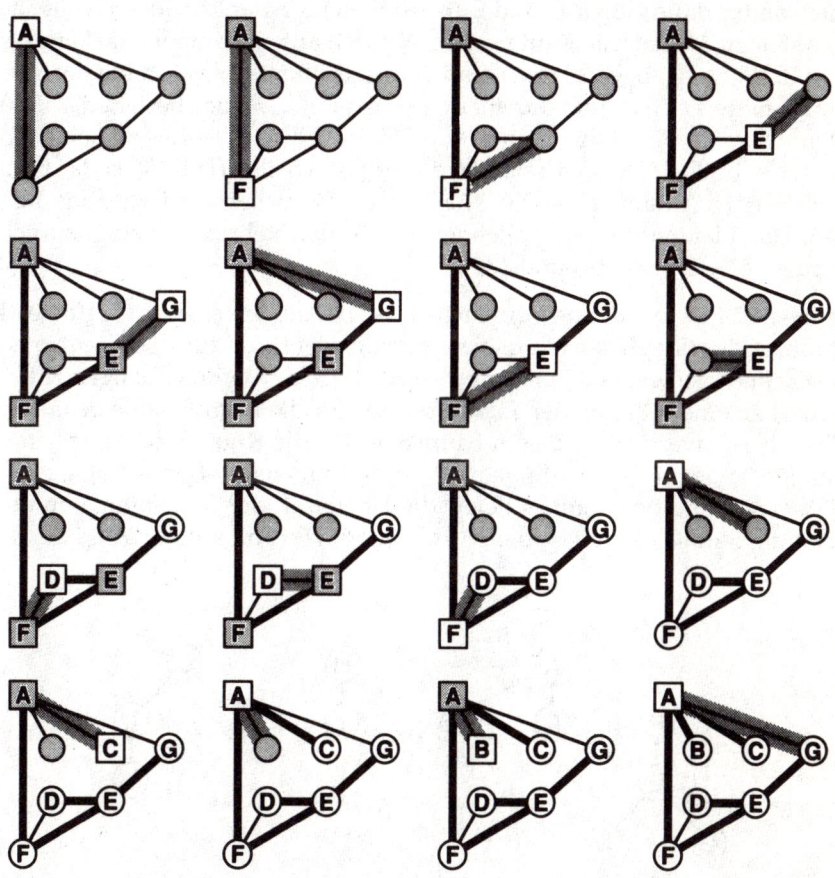

Abbildung 29.5 Tiefensuche für die große Komponente des Graphen (rekursiv).

jede Kante *zweimal* »berührt«, da jede Kante in beiden Adjazenzlisten der durch sie
verbundenen Knoten dargestellt ist. Abbildung 29.5 enthält für jede durchlaufene
Kante eine Skizze (jedesmal, wenn die Verbindung t gesetzt wird, so daß sie auf einen
bestimmten Knoten in einer bestimmten Adjazenzliste zeigt). In jeder Skizze ist die
»aktuelle« Kante schattiert, und der Knoten, dessen Adjazenzliste diese Kante enthält,
ist mit einem Quadrat markiert. Zusätzlich ist jedesmal, wenn ein Knoten zum
erstenmal besucht wird (was einem neuen Aufruf von visit entspricht), die Kante,
die zu diesem Knoten führte, durch eine dicke Linie dargestellt. Knoten, die noch gar
nicht berührt wurden, sind schattiert, doch nicht mit Buchstaben markiert, und
Knoten, für die visit abgeschlossen ist, sind schattiert und mit Buchstaben markiert.

Die erste durchlaufene Kante ist AF, was dem ersten Knoten in der ersten Adjazenzliste entspricht. Danach wird visit für den Knoten F aufgerufen, und die Kante FA
wird durchlaufen, da A der erste Knoten in der Adjazenzliste von F ist. Doch A hat
an dieser Stelle einen von Null verschiedenen Eintrag in val, daher nehmen wir
gemäß der nächsten Eintragung in der Adjazenzliste von F die Kante FE. Dann wird
EG durchlaufen, dann GE, da G und E an erster Stelle in der Liste des jeweils anderen
Knotens stehen. Als nächste Kante wird GA durchlaufen; damit ist die Verarbeitung
von G mittels visit abgeschlossen, und der Algorithmus fährt fort mit der Verarbeitung von E mittels visit und durchläuft EF, dann ED. Danach besteht das Besuchen
von D mittels visit im Durchlaufen von DE und DF, was beides zu keinem neuen
Knoten führt. Da D der letzte Knoten in der Adjazenzliste von E ist, ist das Besuchen
von E mittels visit damit abgeschlossen, und das Besuchen von F wird anschließend
mit dem Durchlaufen von FD vollendet. Am Schluß kehren wir zu A zurück und
durchlaufen AC, CA, AB, BA und AG.

Ein anderer Weg, wie man die Vorgehensweise bei der Tiefensuche verfolgen kann,
besteht darin, den Graph den rekursiven Aufrufen der Prozedur visit entsprechend
nachzuzeichnen, so wie es Abbildung 29.6 zeigt. Jede zusammenhängende Komponente führt zu einem Baum, der *Tiefensuchbaum* für die **Komponente** genannt wird.
Eine Preorder-Traversierung dieses Baumes liefert die Knoten des Graphen in der
Reihenfolge, in der sie bei der Suche zum erstenmal angetroffen werden; eine Postorder-Traversierung des Baumes liefert die Knoten in der Reihenfolge, in der ihre
Verarbeitung mittels *visit* vollendet wird. Beachten Sie, daß dieser Wald aus Tiefen-

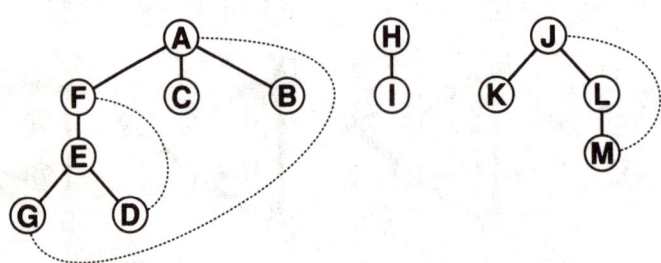

Abbildung 29.6 Tiefensuch-Wald.

suchbäumen einfach ein anderer Weg ist, den Graph zu zeichnen; alle Knoten und Kanten des Graphen werden durch den Algorithmus betrachtet.

Durchgehende Linien in Abbildung 29.6 besagen, daß durch den Algorithmus festgestellt wurde, daß sich der untere Knoten in der Liste der Kanten des oberen Knotens befindet und bisher noch nicht besucht wurde, so daß ein rekursiver Aufruf erfolgte. Gestrichelte Linien entsprechen Kanten, die zu Knoten führen, die bereits besucht wurden, so daß der if-Test in visit scheiterte und die Kante nicht mittels eines rekursiven Aufrufs »verfolgt« wurde. Diese Bemerkungen beziehen sich auf das *erste* Mal, wo jede Kante angetroffen wird; wie wir in Abbildung 29.5 gesehen haben, verhindert der if-Test in visit auch, daß die Kante verfolgt wird, wenn sie zum *zweiten* Mal angetroffen wird.

Eine entscheidende Eigenschaft dieser Tiefensuchbäume für ungerichtete Graphen besteht darin, daß die gestrichelten Verbindungen immer von einem Knoten zu einem bestimmten *Vorgänger* im Baum verlaufen (einem anderen Knoten im gleichen Baum, der sich auf dem Pfad zur Wurzel weiter oben befindet). Zu jedem beliebigen Zeitpunkt während der Ausführung des Algorithmus lassen sich die Knoten in drei Klassen einteilen: Knoten, für die visit abgeschlossen ist, Knoten, für die visit nur teilweise abgeschlossen ist, und Knoten, die noch gar nicht betrachtet wurden. Aus der Definition von visit ergibt sich, daß wir keine Kante antreffen werden, die auf irgendeinen Knoten der ersten Klasse zeigt; falls wir eine Kante vorfinden, die auf einen Knoten der dritten Klasse zeigt, so erfolgt ein rekursiver Aufruf (so daß die Kante im Tiefensuchbaum mittels einer durchgehenden Linie dargestellt wird). Die einzigen verbleibenden Knoten sind die der zweiten Klasse. Doch dies sind genau die Knoten auf dem Pfad vom aktuellen Knoten zu der Wurzel im gleichen Baum, und eine beliebige Kante, die auf einen von ihnen zeigt, entspricht einer gestrichelten Linie im Tiefensuchbaum.

Eigenschaft 29.1 *Für eine Tiefensuche in einem Graph, der mit Hilfe von Adjazenzlisten dargestellt ist, ist eine zu $V + E$ proportionale Zeit erforderlich.*

Wir setzen jeden der V Werte von val (woraus sich der Term V ergibt), und wir betrachten jede Kante zweimal (woraus sich der Term E ergibt). Es könnten (äußerst) lichte Graphen auftreten, für die $E < V$ gilt, doch falls isolierte Knoten nicht zugelassen sind (zum Beispiel könnten sie in einer Vorverarbeitungsphase entfernt werden), ziehen wir es vor, uns die Laufzeit der Tiefensuche als linear bezüglich der Anzahl der Kanten vorzustellen. ■

Das gleiche Verfahren kann auf Graphen angewandt werden, die mit Hilfe von Adjazenzmatrizen dargestellt sind, indem die folgende Prozedur visit verwendet wird:

```
visit(int k)
  {
    int t;
    val[k] = ++id;
```

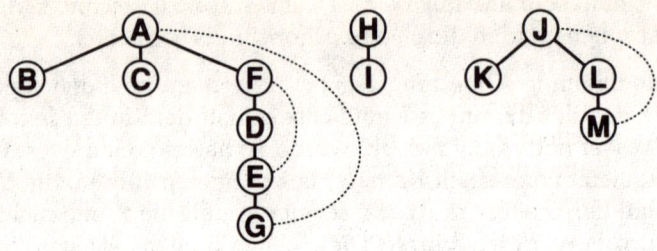

Abbildung 29.7 *Tiefensuch-Wald (Matrixdarstellung des Graphen).*

```
for (t = 1; t <= V; t++)
   if (a[k][t] != 0)
      if (val[t] == 0) visit(t);
}
```

Dem Durchlaufen einer Adjazenzliste entspricht nunmehr das Durchsuchen einer Zeile der Adjazenzmatrix nach `true` (welche Kanten entsprechen). Wie zuvor wird jede Kante, die auf einen Knoten zeigt, der vorher noch nicht betrachtet wurde, über einen rekursiven Aufruf »verfolgt«. Nun werden die Kanten, die mit jedem Knoten verbunden sind, in einer anderen Reihenfolge betrachtet, so daß wir einen anderen Tiefensuch-Wald erhalten, wie Abbildung 29.7 zeigt. Dies unterstreicht die Tatsache, daß der Tiefensuch-Wald einfach eine andere Darstellung des Graphen ist, eine Darstellung, deren spezielle Struktur sowohl vom Suchalgorithmus als auch von der benutzten internen Darstellung abhängt.

Eigenschaft 29.2 *Für die Tiefensuche in einem Graph, der mit Hilfe einer Adjazenzmatrix dargestellt ist, ist eine zu V^2 proportionale Zeit erforderlich.*

Der Beweis dieser Tatsache ist trivial: Jedes Bit in der Adjazenzmatrix wird geprüft. ∎

Mit der Tiefensuche können einige grundlegende Probleme der Verarbeitung von Graphen sofort gelöst werden. Zum Beispiel beruht die Prozedur darauf, daß die zusammenhängenden Komponenten der Reihe nach gefunden werden: Die Anzahl der zusammenhängenden Komponenten ist gleich der Anzahl der Aufrufe von `visit` in der letzten Zeile des Programms. Die Überprüfung, ob ein Graph einen Zyklus aufweist, ist gleichfalls eine sehr einfache Modifikation des obigen Programms. Ein Graph beinhaltet dann und nur dann einen Zyklus, wenn in `visit` ein von Null verschiedener Eintrag in `val` entdeckt wird. Das heißt, wenn wir eine Kante antreffen, die auf einen Knoten zeigt, den wir bereits besucht haben, so liegt ein Zyklus vor. Äquivalent dazu ist die Tatsache, daß alle gestrichelten Verbindungen in den Tiefensuchbäumen zu Zyklen gehören.

Nichtrekursive Tiefensuche

Tiefensuche in einem Graph ist eine Verallgemeinerung der Traversierung eines Baumes. Wenn es auf einen Baum angewandt wird, ist sie zur Traversierung des Baumes genau äquivalent; für Graphen entspricht es der Traversierung eines Baumes, der den Graph »aufspannt« und der »entdeckt« wird, während der Prozeß des Suchens voranschreitet. Wie wir gesehen haben, hängt der spezielle durchlaufene Baum davon ab, wie der Graph dargestellt ist.

Die Rekursion bei der Tiefensuche kann durch Verwendung eines Stapels beseitigt werden, in der gleichen Weise, wie wir in Kapitel 5 die Rekursion aus der Traversierung von Bäumen beseitigt haben. Für Bäume stellten wir fest, daß uns die Beseitigung der Rekursion zu einer anderen (recht einfachen) äquivalenten Implementation führte, und wir fanden einen zugehörigen nichtrekursiven Algorithmus für die Traversierung (Level-Order). Für Graphen wird die Entwicklung ähnlich verlaufen und letzten Endes (in Kapitel 31) zu einem Mehrzweck-Algorithmus für die Traversierung von Graphen führen.

Auf unserer Erfahrung aus dem Kapitel 5 aufbauend gehen wir unmittelbar zu einer Implementation auf der Basis eines Stapels über:

```
int val[maxV]; int id = 0;
visit(int k)
  {
    struct node *t;
    push(k);
    while (!stackempty())
      {
        k - pop(); val[k] = ++id;
        for (t = adj[k]; t != z; t = t->next)
          if (val[t->v] == 0)
            { push(t->v); val[t->v] = -1; }
      }
  }
listdfs()
  {
    int k;
    stackinit();
    for (k = 1; k <= V; k++) val[k] = 0;
    for (k = 1; k <= V; k++)
      if (val[k] == 0) visit(k);
  }
```

Knoten, die berührt, aber noch nicht besucht worden sind, werden in einem Stapel gespeichert. Um einen Knoten zu besuchen, durchlaufen wir seine Kanten und legen jeden Knoten im Stapel ab, der noch nicht besucht worden ist und sich nicht bereits im Stapel befindet. Bei der rekursiven Implementation ist die Verwaltung für die

»teilweise besuchten« Knoten in der lokalen Variablen t der rekursiven Prozedur versteckt. Wir könnten dies direkt implementieren, indem wir auf die Adjazenzlisten weisende (t entsprechende) Zeiger verwenden usw. Stattdessen erweitern wir einfach die Bedeutung der Einträge von val, um Knoten markieren zu helfen, die sich im Stapel befinden: Knoten mit Einträgen 0 in val sind (wie zuvor) noch nicht angetroffen worden, solche mit negativen Einträgen in val befinden sich im Stapel, und solche mit positiven Einträgen in val sind bereits besucht worden (alle Kanten in ihren Adjazenzlisten sind im Stapel abgelegt worden).

Abbildung 29.8 veranschaulicht die Arbeitsweise dieser auf einem Stapel beruhenden Tiefensuchprozedur, während die ersten vier Knoten aus unserem Graphen besucht werden. Jede Skizze in dieser Abbildung entspricht einem Besuch eines Knotens: Der besuchte Knoten ist durch ein Quadrat gekennzeichnet, und alle Kanten in seiner Adjazenzliste sind schattiert. Wie zuvor sind Knoten, die noch nicht angetroffen wurden, mit keinem Buchstaben markiert und schattiert, und Knoten, für die das Besuchen beendet ist, sind mit einem Buchstaben markiert und nicht schattiert; weiterhin ist jeder Knoten durch eine fette Linie mit dem Knoten verbunden, der sein Ablegen im Stapel bewirkte. Knoten, die sich noch im Stapel befinden, sind durch Quadrate gekennzeichnet.

Der erste besuchte Knoten ist A; die Kanten AF, AB, AC und AG werden durchlaufen, und F, B, C und G werden im Stapel abgelegt. Dann wird G entnommen (beachten Sie, daß es der *letzte* Knoten in der Adjazenzliste von A ist), und die Kanten GA und GE werden durchlaufen, was zur Folge hat, daß E im Stapel abgelegt wird (A wird nicht nochmals abgelegt). Danach werden EG, EF und ED durchlaufen, und D wird im Stapel abgelegt usw. Abbildung 29.9 zeigt den Inhalt des Stapels während der Suche, und Abbildung 29.10 zeigt die Fortsetzung zu Abbildung 29.8.

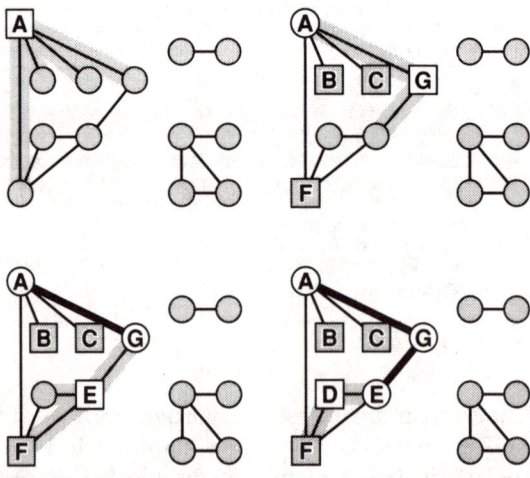

Abbildung 29.8 *Beginn der Stapel-basierten Suche.*

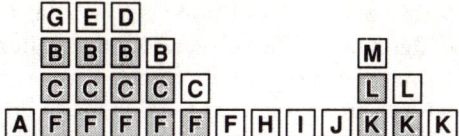

Abbildung 29.9 Inhalt des Stapels während der Stapel-basierten Suche.

Der Leser hat zweifellos bemerkt, daß das obige Programm die Kanten und Knoten *nicht* in genau der gleichen Reihenfolge besucht wie die rekursive Implementation. Das ließe sich erreichen, indem man die Kanten in umgekehrter Reihenfolge im Stapel ablegt und den Fall, wo ein bereits im Stapel befindlicher Knoten erneut angetroffen wird, anders behandelt. Wenn wir die Kanten in der Adjazenzliste für jeden Knoten in der umgekehrten Reihenfolge, wie sie in der Liste erscheinen, im Stapel ablegen würden, würden wir die entsprechenden Knoten in der gleichen Reihenfolge entnehmen und besuchen wie bei der rekursiven Implementation. (Dies ist der gleiche Effekt wie in dem Beispiel der Traversierung von Bäumen in Kapitel 5, wo bei der nichtrekursiven Implementation der rechte Teilbaum vor dem linken im Stapel abgelegt wird.) Ein noch grundlegenderer Unterschied besteht darin, daß das auf dem Stapel beruhende Verfahren technisch überhaupt keine Tiefensuchprozedur ist, da der Kno-

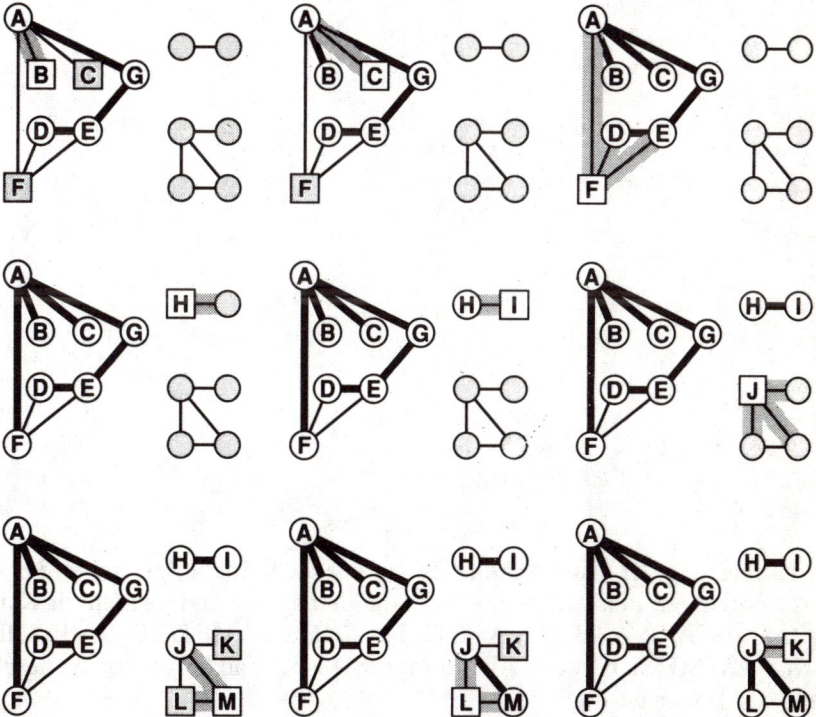

Abbildung 29.10 Vollendung der Stapel-basierten Suche.

ten besucht wird, der zuletzt im Stapel abgelegt wurde, und nicht, wie bei der
rekursiven Tiefensuche, der Knoten, der als letzter angetroffen wurde. Hier läßt sich
Abhilfe schaffen, indem man im Stapel befindliche Knoten an das obere Ende des
Stapels bewegt, wenn sie erneut angetroffen werden, doch erfordert diese Operation
eine leistungsfähigere Datenstruktur als einen Stapel. Eine sehr einfache Methode,
um dies zu implementieren, betrachten wir in Kapitel 31.

Breitensuche

Genauso wie bei der Traversierung von Bäumen (siehe Kapitel 4) können wir als
Datenstruktur für die Speicherung der Knoten anstelle eines Stapels eine *Warteschlange* benutzen. Dies führt zu einem zweiten klassischen Algorithmus für die
Traversierung von Graphen, der *Breitensuche* genannt wird. Um die Breitensuche zu
implementieren, tauschen wir in dem obigen Suchprogramm Stapel-Operationen
gegen Warteschlangen-Operationen aus:

```
   int val[maxV]; int id = 0;
 visit(int k)
   {
     struct node *t;
     put(k);
     while (!queueempty())
       {
         k = get(); val[k] = ++id;
         for (t = adj[k]; t != z; t = t->next)
           if (val[t->v] == 0)
             { put(t->v); val[t->v] = -1; }
       }
   }
 listbfs()
   {
     int k;
     queueinit();
     for (k = 1; k <= V; k++) val[k] = 0;
     for (k = 1; k <= V; k++)
       if (val[k] == 0) visit(k);
   }
```

Diese Veränderung der Datenstruktur beeinflußt die Reihenfolge, in der die Knoten
besucht werden. Für den Graph aus unserem kleinen Beispiel werden die Kanten in
der Reihenfolge AF AC AB AG FA FE FD CA BA GE GA DF DE EG EF ED HI IH JK
JL JM KJ LJ LM MJ ML besucht. Abbildung 29.11 zeigt den Inhalt der Warteschlange
während der Traversierung.

Wie bei der Tiefensuche können wir aus den Kanten, die uns zum erstenmal zu jedem Knoten führen, einen Wald definieren, wie es in Abbildung 29.12 dargestellt ist. Breitensuche entspricht einer Level-Order-Traversierung der Bäume in diesem Wald.

Bei beiden Algorithmen können wir uns die Knoten als in drei Klassen eingeteilt vorstellen: *Baum*knoten (oder *besuchte* Knoten), welche aus der Datenstruktur entnommen worden sind; *Rand*knoten, die Baumknoten benachbart, jedoch noch nicht besucht worden sind; sowie *unsichtbare* Knoten, die überhaupt noch nicht angetroffen worden sind. Falls jeder Baumknoten mit der Kante verbunden wird, die bewirkt hat, daß er zur Datenstruktur hinzugefügt wurde (fett gezeichnete Kanten in den Abbildungen 29.8 und 29.10), so bilden diese Kanten einen Baum.

Um eine zusammenhängende Komponente eines Graphen systematisch abzusuchen (eine Prozedur `visit` zu implementieren), beginnen wir mit einem Knoten am Rand, während alle anderen unsichtbar sind, und führen den folgenden Schritt so oft aus, bis alle Knoten besucht worden sind: »Bewege einen Knoten (sagen wir x) vom Rand zum Baum, und nehme alle dem Knoten x benachbarten unsichtbaren Knoten in den Rand auf.« Verfahren zur Traversierung von Graphen unterscheiden sich darin, wie entschieden wird, welcher Knoten vom Rand zum Baum bewegt werden soll. Bei der Tiefensuche möchten wir den Knoten aus dem Rand auswählen, der als letzter angetroffen wurde; dies entspricht der Verwendung eines Stapels zum Speichern der Knoten, die zum Rand gehören. Bei der Breitensuche möchten wir den Knoten aus dem Rand auswählen, dessen Antreffen am weitesten zurückliegt; dies entspricht der Verwendung einer Warteschlange zum Speichern der zum Rand gehörenden Knoten. In Kapitel 31 werden wir die Auswirkung der Verwendung einer *Prioritätswarteschlange* für den Rand untersuchen.

Der Gegensatz zwischen Tiefensuche und Breitensuche wird sehr deutlich sichtbar, wenn wir einen umfangreicheren Graph betrachten. Abbildung 29.13 zeigt die Arbeitsweise der Tiefensuche in einem größeren Graph nach einem Drittel und nach zwei Dritteln des Weges durch den Prozeß; Abbildung 29.14 ist das entsprechende Bild für die Breitensuche. In diesen Skizzen sind Knoten und Kanten im Baum schwarz dargestellt, unsichtbare Knoten sind schattiert, und Randknoten sind weiß.

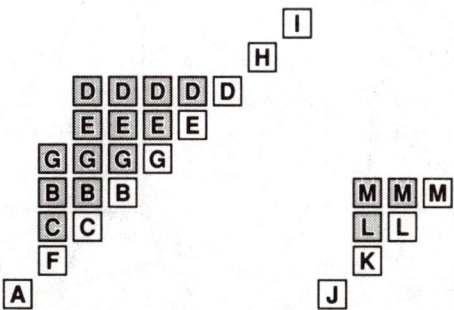

Abbildung 29.11 Inhalt der Warteschlange während der Breitensuche.

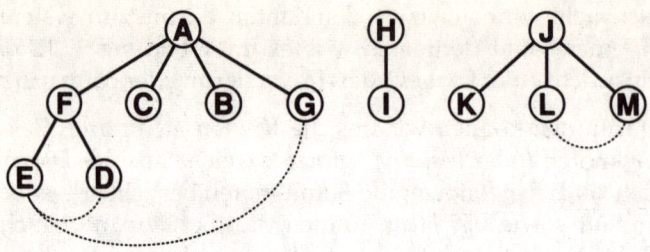

Abbildung 29.12 *Breitensuch-Wald.*

In beiden Fällen beginnt die Suche bei dem linken unteren Knoten. Bei der Tiefensuche windet sich der Weg durch den Graph hindurch, wobei im Stapel die Stellen gespeichert werden, wo andere Pfade abzweigen; bei der Breitensuche wird der Graph unter Benutzung einer Warteschlange zur Speicherung der Front der besuchten Stellen »durchkämmt«. Bei der Tiefensuche wird der Graph »erkundet«, indem nach neuen Knoten weit weg vom Ausgangspunkt gesucht wird und näherliegende Knoten nur dann genommen werden, wenn Sackgassen gefunden wurden; bei der Breitensuche wird das Gebiet in der Nähe des Ausgangspunktes vollständig abgesucht, und die Suche führt erst dann weiter weg, wenn alles in der Nähe liegende betrachtet worden ist. Auch hier hängt die Reihenfolge, in der die Knoten besucht werden, in starkem Maße von der Reihenfolge ab, in der die Kanten bei der Eingabe erscheinen, sowie von den Auswirkungen dieser Reihenfolge auf die Reihenfolge, in der Knoten in den Adjazenzlisten erscheinen.

Abgesehen von diesen Unterschieden in der Arbeitsweise ist es interessant, über die grundlegenden Unterschiede zwischen den Implementationen dieser Verfahren nachzudenken. Tiefensuche läßt sich sehr einfach rekursiv ausdrücken (da die ihm zugrundeliegende Datenstruktur ein Stapel ist), und Breitensuche ermöglicht eine sehr

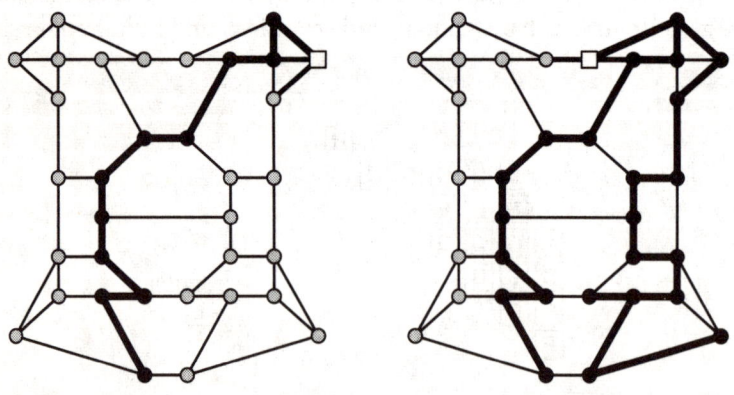

Abbildung 29.13 *Tiefensuche in einem größeren Graph.*

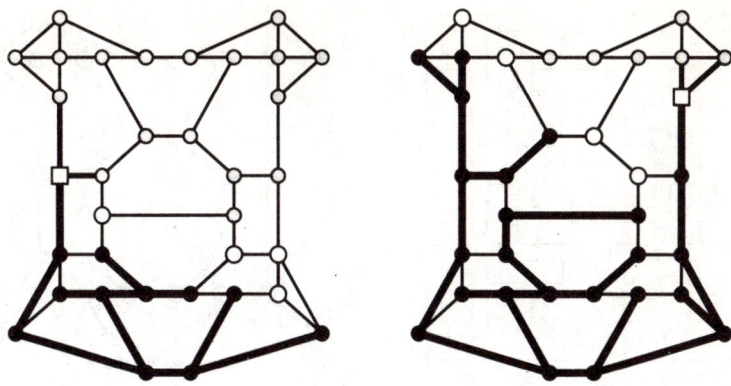

Abbildung 29.14 *Breitensuche in einem größeren Graph.*

einfache nichtrekursive Implementation (da die ihm zugrundeliegende Datenstruktur eine Warteschlange ist). In Kapitel 31 sehen wir, daß die wirklich zugrundeliegende Datenstruktur für Graphen-Algorithmen eine Prioritätswarteschlange ist, und dies hat eine große Vielfalt interessanter Eigenschaften und Algorithmen zur Folge.

Labyrinthe

Unsere systematische Methode der Betrachtung jedes Knotens und jeder Kante eines Graphen hat eine bemerkenswerte Geschichte: Tiefensuche wurde schon vor Jahrhunderten erstmals formal beschrieben, und zwar als ein Verfahren zum Durchqueren von Labyrinthen. Zum Beispiel ist in Abbildung 29.15 links ein bekanntes Labyrinth dargestellt, und rechts ist der Graph abgebildet, der erzeugt wird, indem an jeder Stelle, wo mehr als ein Weg gewählt werden kann, ein Knoten angeordnet wird und die Knoten dann entsprechend den Wegen verbunden werden. Dies ist wesentlich komplizierter als die noch älteren englischen Gartenlabyrinthe, die als von hohen Hecken umgebene Wege angelegt waren. In diesen Labyrinthen waren alle Mauern mit den äußeren Mauern verbunden, so daß die Damen und Herren hineinspazieren konnten und die klügeren wieder hinausfinden konnten, indem sie einfach so gingen, daß die Mauer stets zu ihrer Rechten blieb (angeblich haben sogar Labormäuse diesen Trick erlernt). Wenn unabhängige Mauern im Inneren vorhanden sein können, ist eine kompliziertere Strategie vonnöten, um sich in einem Labyrinth zurechtzufinden, was uns zur Tiefensuche führt.

Wenn wir die Tiefensuche anwenden wollen, um in einem Labyrinth von einem Ort zu einem anderen zu gelangen, verwenden wir visit, wobei wir bei dem Knoten des Graphen beginnen, der unserem Ausgangspunkt entspricht. Jedesmal, wenn visit mittels eines rekursiven Aufrufs eine Kante »verfolgt«, gehen wir den entsprechenden Weg im Labyrinth entlang. Der Trick, der zum Erfolg führt, besteht darin,

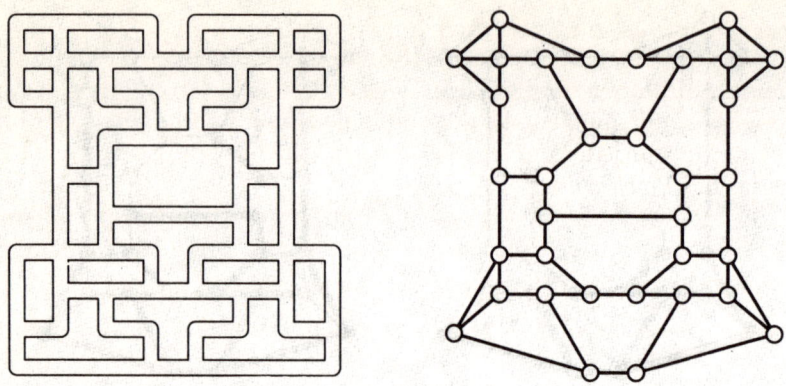

Abbildung 29.15 *Ein Labyrinth und ein zugehöriger Graph.*

daß wir auf dem Weg, auf dem wir zu dem jeweiligen Knoten gelangt sind, *zurückge-hen* müssen, wenn `visit` für diesen Knoten abgeschlossen ist. Dadurch kommen wir zurück zu dem Knoten, der sich im Tiefensuchbaum einen Schritt weiter oben befindet und sind bereit, seiner nächsten Kante zu folgen. (Dieser Prozeß entspricht genau der Traversierung des Tiefensuchbaumes für den Graph.) Tiefensuche ist für eine Person zweckmäßig, die in einem Labyrinth etwas sucht, da der »nächste Ort, an dem zu suchen ist«, stets in der Nähe liegt; Breitensuche entspricht eher einer Gruppe von Personen, die etwas suchen, indem sie in alle Richtungen ausschwärmen.

Ausblick

In den nachfolgenden Kapiteln betrachten wir eine große Zahl von Algorithmen für Graphen, die weitgehend darauf abzielen, Eigenschaften des Zusammenhangs sowohl gerichteter als auch ungerichteter Graphen zu bestimmen. Hierbei handelt es sich um grundlegende Algorithmen für die Verarbeitung von Graphen, doch stellen sie nur eine Einführung in das Gebiet der Graphen-Algorithmen dar. Es sind viele interessante und nützliche Algorithmen entwickelt worden, die über den Rahmen dieses Buches hinausgehen würden, und es sind viele interessante Probleme untersucht worden, für die noch keine guten Algorithmen gefunden wurden.

Einige sehr effiziente Algorithmen wurden entwickelt, die viel zu kompliziert sind, als daß sie hier vorgestellt werden könnten. Zum Beispiel ist es möglich, auf effiziente Weise zu bestimmen, ob ein Graph in der Ebene gezeichnet werden kann, ohne daß sich irgendwelche Linien schneiden, oder ob dies nicht möglich ist. Dieses Problem wird das Problem der *Planarität* (Ebenheit) genannt, und es war kein effizienter Algorithmus für seine Lösung bekannt, bis R. E. Tarjan 1974 einen genialen (jedoch sehr schwierigen) Algorithmus zur Lösung des Problems in linearer Zeit entwickelte, bei dem Tiefensuche benutzt wird.

Einige mit Graphen zusammenhängende Probleme, die in natürlicher Weise entstehen und sich leicht formulieren lassen, scheinen sehr kompliziert zu sein, und es sind keine guten Algorithmen für ihre Lösung bekannt. Beispielsweise ist kein effizienter Algorithmus bekannt, mit dem der mit minimalen Kosten verbundene Weg bestimmt werden kann, bei dem jeder Knoten in einem gewichteten Graph besucht wird. Dieses Problem, das das *Problem des Handelsreisenden* (traveling salesman problem) genannt wird, gehört zu einer großen Klasse von komplizierten Problemen, die wir in Kapitel 45 ausführlicher erörtern werden. Die meisten Spezialisten sind der Meinung, daß für diese Probleme keine effizienten Algorithmen existieren.

Für andere Graphen betreffende Probleme können effiziente Algorithmen vorhanden sein, obwohl noch keine entdeckt worden sind. Ein Beispiel hierfür ist das Problem der *Isomorphie von Graphen*: Zu bestimmen ist, ob zwei Graphen durch Umbenennung von Knoten zu identischen Graphen gemacht werden können. Für viele spezielle Typen von Graphen sind effiziente Algorithmen für dieses Problem bekannt, doch das allgemeine Problem ist noch ungelöst.

Kurz gesagt, es existiert ein breites Spektrum von Problemen und Algorithmen, die Graphen betreffen. Wir können sicher nicht erwarten, daß wir jedes auftretende Problem lösen können, und selbst mit manchen Problemen, die einfach zu sein scheinen, kämpfen die Experten noch immer vergeblich. Doch viele relativ einfache Probleme treten sehr häufig auf, und die Algorithmen für Graphen, die wir untersuchen wollen, sind für eine Vielzahl von Anwendungen von großem Nutzen.

Übungen

1. Welche Darstellung eines ungerichteten Graphen ist am zweckmäßigsten, um schnell zu bestimmen, ob ein Knoten isoliert (mit keinem anderen Knoten verbunden) ist oder nicht?

2. Angenommen, Tiefensuche wird für einen binären Suchbaum benutzt, und von jedem Knoten aus wird die rechte Kante vor der linken genommen. In welcher Reihenfolge werden die Knoten besucht?

3. Wie viele Speicherbits sind erforderlich, um die Adjazenzmatrix für einen ungerichteten Graphen mit V Knoten und E Kanten darzustellen, und wie viele sind für die Darstellung mittels einer Adjazenzliste erforderlich?

4. Skizzieren Sie einen Graph, der nicht auf einem Blatt Papier gezeichnet werden kann, ohne daß sich zwei Kanten schneiden.

5. Erstellen Sie ein Programm zum Löschen einer Kante aus einem Graph, der mittels Adjazenzlisten dargestellt ist.

6. Schreiben Sie eine Variante von `adjlist`, bei der gewährleistet ist, daß die Adjazenzlisten nach der Reihenfolge der Knotenindizes geordnet bleiben. Erörtern Sie die Vorteile dieses Ansatzes.

7. Zeichnen Sie die Tiefensuch-Wälder, die sich für das Beispiel aus diesem Kapitel ergeben, wenn `dfs` die Knoten in umgekehrter Reihenfolge (von V rückwärts bis 1) durchsucht, für beide Darstellungsarten.

8. Exakt wie oft wird `visit` bei der Tiefensuche in einem ungerichteten Graphen aufgerufen, ausgedrückt über die Anzahl der Knoten V, die Anzahl der Kanten E und die Anzahl der zusammenhängenden Komponenten C?

9. Geben Sie die Adjazenzlisten an, die erzeugt werden, wenn die Kanten für den Graph aus dem Beispiel in umgekehrter Reihenfolge eingelesen werden wie bei der Erzeugung der Struktur in Abbildung 29.4.

10. Geben Sie den Tiefensuch-Wald für den Graph aus dem Beispiel in diesem Kapitel an, wenn die rekursive Routine `listdfs` auf die Adjazenzliste aus der vorangegangenen Übung angewandt wird.

Kapitel 30

Zusammenhang

Die grundlegende Prozedur der Tiefensuche aus dem vorangegangenen Kapitel findet die zusammenhängenden Komponenten eines gegebenen Graphen; im vorliegenden Kapitel wollen wir damit verwandte Algorithmen und Probleme, die andere Eigenschaften des Zusammenhangs von Graphen betreffen, untersuchen.

Nach der Betrachtung einiger unmittelbarer Anwendungen der Tiefensuche zur Gewinnung von Informationen über den Zusammenhang gehen wir auf eine Verallgemeinerung des Zusammenhangs ein, die *zweifacher Zusammenhang* (biconnectivity) genannt wird. Hierbei interessieren wir uns dafür, ob mehr als ein Weg existiert, um von einem Knoten in einem Graph zu einem anderen zu gelangen. Ein Graph ist *zweifach zusammenhängend* dann und nur dann, wenn es wenigstens zwei verschiedene Pfade gibt, die jedes Paar von Knoten verbinden. Demzufolge ist der Graph selbst dann, wenn ein Knoten und alle von ihm ausgehenden Kanten entfernt werden, immer noch zusammenhängend. Wenn es für eine bestimmte Anwendung wichtig ist, daß ein Graph zusammenhängend *ist*, könnte es auch wichtig sein, daß er zusammenhängend *bleibt*. Die Lösung für dieses Problem ist ein Algorithmus, der wesentlich komplizierter ist als der Traversierungsalgorithmus aus dem vorangegangenen Kapitel, doch auch er beruht auf der Tiefensuche.

Eine spezielle Variante des Zusammenhangsproblems, die häufig auftritt, betrifft eine dynamische Situation, in der Kanten nacheinander zum Graph hinzugefügt werden, wobei Anfragen eingestreut werden, ob zwei bestimmte Knoten der gleichen zusammenhängenden Komponente angehören oder nicht. Dies ist ein gründlich erforschtes Problem, und wir werden zwei entsprechende »klassische« Algorithmen dafür ausführlich untersuchen. Die Verfahren sind nicht nur einfach und vielfältig anwendbar, sondern sie veranschaulichen auch, wie schwierig die Analyse einfacher Algorithmen sein kann. Das Problem wird manchmal »Vereinigungs-Suchproblem« genannt, eine Bezeichnung, die von der Anwendung der Algorithmen zur Ausführung einfacher Operationen auf Mengen von Elementen stammt.

Zusammenhängende Komponenten

Für das Auffinden der zusammenhängenden Komponenten eines Graphen kann jedes Graphen-Traversierungsverfahren aus dem vorangegangenen Kapitel benutzt werden, da sie alle auf der gleichen allgemeinen Strategie beruhen, alle Knoten in einer zusammenhängenden Komponente zu besuchen und sich dann zur nächsten zu begeben. Ein einfacher Weg, um die zusammenhängenden Komponenten auszudrucken, besteht darin, eines der rekursiven Programme für die Tiefensuche so zu modifizieren, daß man visit den Knoten ausdrucken läßt, der gerade besucht wird (etwa durch Ausdrucken von name(k) unmittelbar vor dem Verlassen der Schleife), und daß man dann unmittelbar vor dem (nichtrekursiven) Aufruf von visit in dfs einen Hinweis darauf ausdruckt, daß nun eine neue Komponente beginnt (etwa durch Einfügen von printf("\n\n")). Diese Methode würde, wenn dfs auf die Adjazenzlistendarstellung des Graphen aus unserem Beispiel (Abbildung 29.1) mittels Adjazenzliste angewandt würde, die folgende Ausgabe bewirken:

G D E F C B A
I H
K M L J

Andere Varianten, wie etwa die Adjazenzmatrix-Variante von visit, stapelbasierte Tiefensuche und Breitensuche, können (selbstverständlich) die gleichen zusammenhängenden Komponenten berechnen, doch die Knoten werden in einer anderen Reihenfolge ausgedruckt.

Erweiterungen mit dem Ziel, kompliziertere Operationen mit den zusammenhängenden Komponenten vorzunehmen, sind sehr einfach. Zum Beispiel erhalten wir, indem wir einfach inval[id]=k nach der Anweisung val[k]=id einfügen, das zum Feld val »inverse« Feld, dessen id-te Eintragung der Index des id-ten besuchten Knotens ist. Knoten in den gleichen zusammenhängenden Komponenten sind in diesem Feld benachbart, wobei der Index jeder neuen zusammenhängenden Komponente jedesmal, wenn visit in dfs aufgerufen wird, durch den Wert von id gegeben ist. Diese Werte können gespeichert werden, oder sie können benutzt werden, um Begrenzer in inval zu markieren (zum Beispiel könnte der erste Eintrag jeder zusammenhängenden Komponente negiert werden).

Abbildung 30.1 zeigt die Werte, die diese Felder für unser Beispiel enthalten würden, wenn die Adjazenzlisten-Variante von dfs derart modifiziert würde. Gewöhnlich lohnt es sich, solche Methoden anzuwenden, um einen Graph für die spätere Verar-

k	1	2	3	4	5	6	7	8	9	10	11	12	13
name[k]	A	B	C	D	E	F	G	H	I	J	K	L	M
val[k]	1	7	6	5	3	2	4	8	9	10	11	12	13
inval[k]	-1	6	5	7	4	3	2	-8	9	-10	11	12	13

Abbildung 30.1 *Datenstrukturen für zusammenhängende Komponenten.*

beitung mit Hilfe komplizierterer Algorithmen in seine zusammenhängenden Komponenten zu zerlegen, um diese Algorithmen von den Einzelheiten der Behandlung nicht zusammenhängender Komponenten zu befreien.

Zweifacher Zusammenhang

Es ist manchmal von Nutzen, mehr als einen Weg zwischen Punkten in einem Graph vorzusehen, so daß bei möglichen Ausfällen an den Verbindungsstellen (Knoten) ein Ausweg vorhanden ist. So können wir sogar dann von Providence nach Princeton fliegen, wenn New York zugeschneit ist, indem wir stattdessen über Philadelphia fliegen. Die wichtigsten Verbindungen in einem integrierten Schaltkreis sind oft zweifach zusammenhängend, so daß der Rest der Schaltung noch funktionieren kann, wenn eine Komponente ausfällt. Eine andere Anwendung (nicht sehr realistisch, doch eine natürliche Veranschaulichung der Idee) wäre, sich eine Situation im Krieg vorzustellen, wo wir es so einrichten können, daß ein Feind mindestens zwei Stationen bombardieren muß, um unsere Eisenbahnlinien zu unterbrechen.

Ein *Gelenkpunkt* in einem zusammenhängenden Graph ist ein Knoten, der, wenn er gelöscht würde, den Graph in zwei oder mehr Teile zerbrechen lassen würde. Ein Graph ohne Gelenkpunkte wird *zweifach zusammenhängend* genannt. In einem zweifach zusammenhängenden Graph ist jedes Paar von Knoten durch zwei verschiedene Pfade verbunden. Ein Graph, der nicht zweifach zusammenhängend ist, läßt sich in *zweifach zusammenhängende Komponenten* zerlegen, Mengen von Knoten, die sich untereinander über zwei unterschiedliche Pfade erreichen lassen.

Abbildung 30.2 zeigt einen Graph, der zusammenhängend, aber nicht zweifach zusammenhängend ist. (Dieser Graph läßt sich aus dem Graph aus dem vorangegangenen Kapitel erzeugen, indem die Kanten GC, GH, JG und LG hinzugefügt werden. In unseren Beispielen wollen wir annehmen, daß diese vier Kanten am Ende der Eingabe in der angegebenen Reihenfolge hinzugefügt werden, so daß (zum Beispiel) die Adjazenzlisten denen in Abbildung 29.4 ähnlich sind, mit acht neuen Einträgen

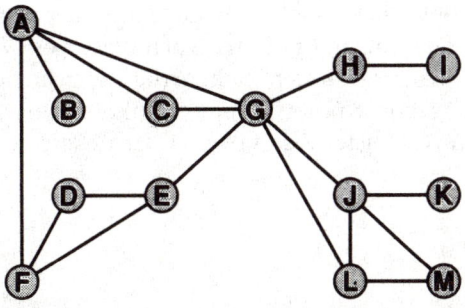

Abbildung 30.2 Ein nicht zweifach zusammenhängender Graph.

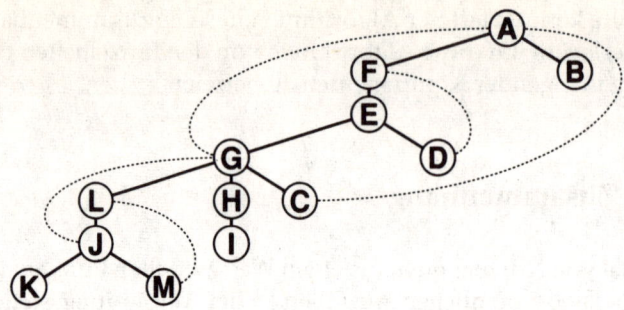

Abbildung 30.3 *Tiefensuche für zweifachen Zusammenhang.*

in den Listen, die die vier neuen Kanten widerspiegeln.) Die Gelenkpunkte dieses Graphen sind die Knoten A (da er B mit dem restlichen Graph verbindet), H (da er I mit dem restlichen Graph verbindet), J (da er K mit dem restlichen Graph verbindet) und G (da der Graph in drei Teile zerfallen würde, wenn G gelöscht würde). Es gibt sechs zweifach zusammenhängende Komponenten: {A C G D E F}, {G J L M} und die einzelnen Knoten B, H, I und K.

Die Bestimmung der Gelenkpunkte erweist sich als eine einfache Erweiterung der Tiefensuche. Um uns davon zu überzeugen, betrachten wir den Tiefensuchbaum für diesen Graph, der in Abbildung 30.3 dargestellt ist. Das Löschen des Knotens E führt nicht zu einer Trennung des Graphen, da sowohl G als auch D gestrichelte Linien besitzen, die auf eine Stelle oberhalb von E zeigen, womit sie andere Pfade von diesen Knoten zu F (dem Vorgänger von E im Baum) angeben. Andererseits führt das Löschen von G zu einem Zerfall des Graphen, da es keine solchen alternativen Pfade von L oder H zu E (dem Vorgänger von G) gibt.

Ein Knoten x ist kein Gelenkpunkt, falls es für jeden Nachfolger y einen weiter unten im Baum befindlichen Knoten gibt, der (über eine gestrichelte Verbindung) mit einem oberhalb von x im Baum befindlichen Knoten verbunden ist, womit eine andere Verbindung von x nach y vorhanden ist. Dieser Test ist nicht unmittelbar auf die Wurzel des Tiefensuchbaumes anwendbar, da es hier keine »weiter oben im Baum befindlichen« Knoten gibt. Die Wurzel ist ein Gelenkpunkt, wenn sie zwei oder mehr Nachfolger besitzt, da der einzige Pfad, der Nachfolger der Wurzel verbindet, über die Wurzel führt. Diese Tests lassen sich leicht in die Tiefensuche einbauen, indem die Prozedur des Besuchens von Knoten in eine Funktion verwandelt wird, die den höchsten Punkt im Baum (kleinster Wert von `val`) zurückgibt, der während der Suche angetroffen wird:

```
int visit(int k)
  {
    struct node *t;
    int m, min;
    val[k] = ++id;
```

```
    min = id;
    for (t = adj[k]; t != z; t = t->next)
      if (val[t->v] == 0)
        {
          m = visit(t->v);
          if (m < min) min = m;
          if (m >= val[k]) printf("%c ", name(k));
        }
      else if (val[t->v] < min) min = val[t->v];
    return min;
  }
```

Diese Prozedur bestimmt rekursiv den höchsten Punkt im Baum, der (über eine gestrichelte Linie) von irgendeinem Nachfolger des Knotens k erreicht werden kann, und verwendet diese Information, um zu bestimmen, ob k ein Gelenkpunkt ist. Normalerweise erfordert diese Berechnung einfach einen Test, ob sich der von einem Nachfolger aus erreichbare minimale Wert weiter oben im Baum befindet. Wir benötigen jedoch einen zusätzlichen Test, um zu bestimmen, ob k die Wurzel eines Tiefensuchbaumes ist (oder, was dazu äquivalent ist, ob dies für die zusammenhängende Komponente, die k enthält, der erste Aufruf von visit ist), da wir das gleiche rekursive Programm für beide Fälle verwenden. Dieser Test wird außerhalb des rekursiven visit ordnungsgemäß ausgeführt und erscheint daher in dem obigen Programm nicht.

Eigenschaft 30.1 *Die zweifach zusammenhängenden Komponenten eines Graphen können in linearer Zeit gefunden werden.*

Obwohl das obige Programm einfach die Gelenkpunkte ausdruckt, läßt es sich leicht dahingehend erweitern (wie wir es für zusammenhängende Komponenten getan haben) daß es eine zusätzliche Verarbeitung der Gelenkpunkte und zweifach zusammenhängenden Komponenten vornimmt. Da es sich um eine Tiefensuchprozedur handelt, ist die Laufzeit proportional zu $V + E$. (Ein ähnliches Programm, das auf einer Adjazenzmatrix beruht, würde in $O(V^2)$ Schritten ablaufen.) ∎

Neben den oben erwähnten Anwendungen, wo der zweifache Zusammenhang benutzt wurde, um die Zuverlässigkeit zu erhöhen, kann er von Nutzen sein, wenn umfangreiche Graphen in überschaubare Teile zerlegt werden sollen. Es ist offensichtlich, daß ein sehr umfangreicher Graph in vielen Anwendungsfällen verarbeitet werden kann, indem eine zusammenhängende Komponente nach der anderen verarbeitet wird; es ist etwas weniger offensichtlich, doch gelegentlich ebenso nützlich, daß ein Graph manchmal verarbeitet werden kann, indem eine zweifach zusammenhängende Komponente nach der anderen verarbeitet wird.

Algorithmen zur Vereinigungs-Suche

Bei manchen Anwendungen möchten wir einfach wissen, ob in einem Graph ein Knoten x mit einem Knoten y verbunden ist oder nicht; der eigentliche Pfad, der sie verbindet, kann bedeutungslos sein. Dieses Problem ist in den letzten Jahren gründlich untersucht worden; die effizienten Algorithmen, die dabei entwickelt worden sind, sind auch für sich allein von Interesse, da sie auch für die Verarbeitung von *Mengen* verwendet werden können.

Graphen entsprechen in einer natürlichen Weise Mengen von Objekten: Knoten entsprechen Objekten, und Kanten bedeuten »gehört der gleichen Menge an wie«. So entspricht der Graph aus dem Beispiel im vorangegangenen Kapitel den Mengen {A B C D E F G}, {H I} und {J K L M}. Jede zusammenhängende Komponente entspricht einer anderen Menge. Bei Mengen interessiert uns die grundlegende Frage: »Gehört x der gleichen Menge an wie y?« Dies entspricht offenbar der grundlegenden Frage für Graphen: »Ist Knoten x mit Knoten y verbunden?«

Wenn eine Menge von Kanten gegeben ist, können wir eine Darstellung des entsprechenden Graphen mit Hilfe von Adjazenzlisten erzeugen und Tiefensuche benutzen, um jedem Knoten den Index seiner zusammenhängenden Komponente zuzuweisen, und damit können Fragen der Art »Ist x mit y verbunden?« mit nur zwei Zugriffen auf ein Feld und einem Vergleich beantwortet werden. Die zusätzliche Besonderheit bei den Methoden, die wir hier betrachten, ist, daß sie *dynamisch* sind: Sie können neue Kanten aufnehmen, wobei beliebig Anfragen eingestreut werden können, und die Anfragen unter Verwendung der erhaltenen Informationen richtig beantworten. Aufgrund der Entsprechung zu dem Problem für Mengen wird das Hinzufügen einer neuen Kante eine *Vereinigungs*-Operation genannt, und Anfragen werden *Such*-Operationen genannt.

Unser Ziel ist es, eine Funktion anzugeben, die prüfen kann, ob zwei Knoten x und y der gleichen Menge angehören (oder, bei der Darstellung als Graph, der gleichen zusammenhängenden Komponente), und die, wenn das nicht der Fall ist, die Knoten in die gleiche Menge aufnehmen kann (im Graph eine Kante zwischen ihnen erzeugen kann). Anstatt eine direkte Adjazenzliste oder eine andere Darstellung des Graphen herzustellen, wollen wir die Effizienz erhöhen, indem wir eine interne Struktur benutzen, die speziell auf die Unterstützung der *Vereinigungs*- und des *Such*-Operationen abzielt. Bei dieser internen Struktur handelt es sich um einen Wald von Bäumen, mit einem Baum für jede zusammenhängende Komponente. Wir müssen feststellen können, ob zwei Knoten zu ein und demselben Baum gehören, und in der Lage sein, zwei Bäume zu einem zu kombinieren. Es erweist sich, daß diese beiden Operationen effizient implementiert werden können.

Um zu veranschaulichen, wie dieser Algorithmus abläuft, wollen wir den Wald betrachten, der erzeugt wird, wenn die Kanten des Graphen aus dem in Abbildung 30.1 dargestellten Beispiel in der Reihenfolge AG AB AC LM JM JL JK ED FD HI FE AF GE GC GH JG JL verarbeitet werden. Die ersten sieben Schritte zeigt Abbildung

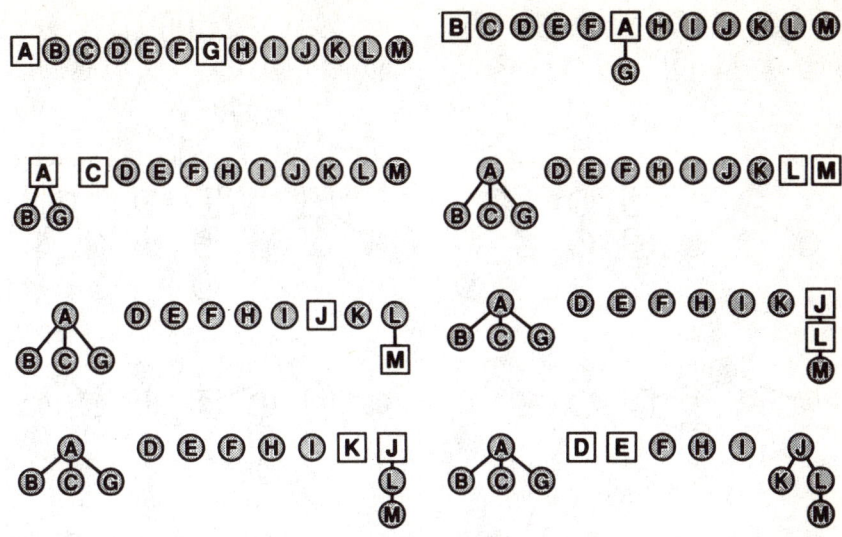

Abbildung 30.4 *Anfangsschritte der Vereinigungs-Suche.*

30.4. Am Anfang befinden sich alle Knoten in verschiedenen Bäumen. Dann bewirkt die Kante AG, daß ein zwei Knoten enthaltender Baum mit A an der Wurzel gebildet wird. (Diese Wahl ist willkürlich; wir hätten ebensogut G an die Wurzel setzen können.) Die Kanten AB und AC fügen in der gleichen Weise B und C diesem Baum hinzu. Danach erzeugen die Kanten LM, JM, JL und JK einen J, K, L und M enthaltenden Baum, der eine etwas andere Struktur besitzt (wir bemerken, daß JL keine Veränderung bewirkt, da LM und JM die Knoten L und J bereits in der gleichen Komponente anordnen).

Abbildung 30.5 zeigt die Vollendung des Prozesses. Die Kanten ED, FD und HI erzeugen zwei weitere Bäume, so daß ein Wald mit vier Bäumen vorliegt. Dieser Wald besagt, daß die bis zu diesem Moment verarbeiteten Kanten einen Graph mit vier zusammenhängenden Komponenten beschreiben, oder, was dazu äquivalent ist, daß die bis zu diesem Moment ausgeführten Vereinigungs-Operationen zu vier Mengen {A B C G}, {J K L M}, {D E F} und {H I} geführt haben. Die Kante FE ändert nun nichts an der Struktur, da F und E der gleichen Komponente angehören, doch die Kante AF kombiniert die ersten zwei Bäume; danach ändern GE und GC nichts, doch GH und JG bewirken, daß alles zu einem Baum kombiniert wird.

Es muß darauf hingewiesen werden, daß im Unterschied zu Tiefensuchbäumen, der einzige Zusammenhang zwischen diesen Vereinigungs-Suchbäumen und dem ihnen zugrundeliegenden Graph mit den gegebenen Kanten darin besteht, daß sie die Knoten in der gleichen Weise in Mengen einteilen. Zum Beispiel gibt es keine Entsprechung zwischen den Pfaden, die Knoten in den Bäumen verbinden, und den Pfaden, die Knoten im Graph verbinden.

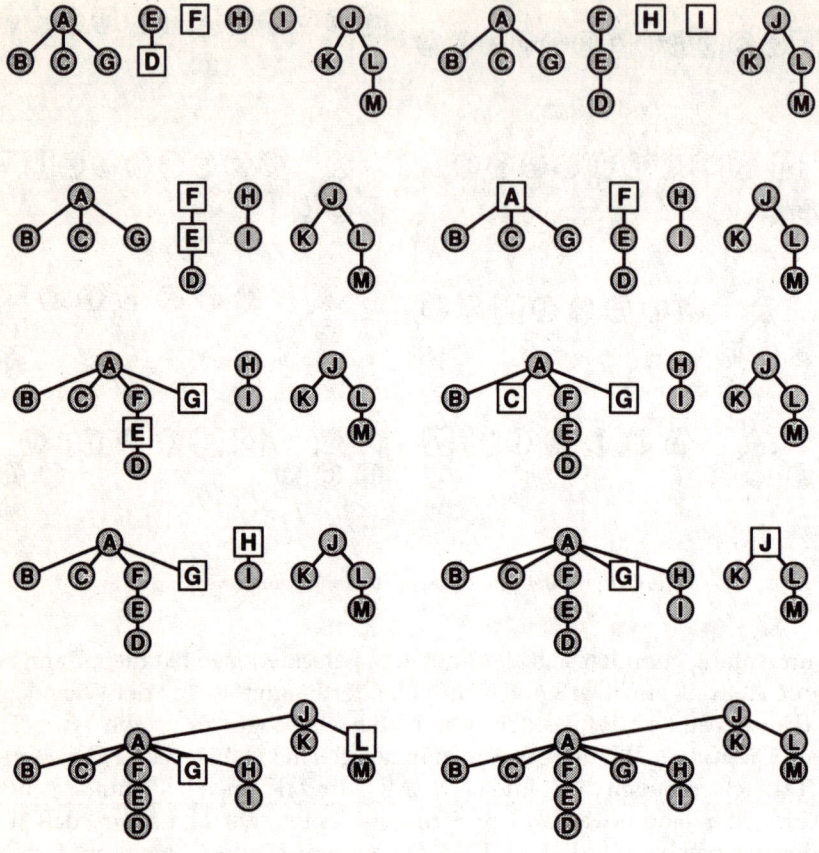

Abbildung 30.5 Vollendung der Vereinigungs-Suche.

Die *Vereinigungs-* und *Such*-Operationen lassen sich sehr leicht implementieren, indem die Darstellung über die »Verkettung mit dem Vorgänger« für die Bäume verwendet wird (siehe Kapitel 4):

```
int find(int x, int y, int doit)
  {
    int i = x, j = y;
    while (dad[i] > 0) i = dad[i];
    while (dad[j] > 0) j = dad[j];
    if ((doit != 0) && (i != j)) dad[j] = i;
    return (i != j);
  }
```

Das Feld dad[V] enthält für jeden Knoten den Index seines Vorgängers (mit einem Eintrag 0 für Knoten, die sich an der Wurzel eines Baumes befinden). Um den

Vorgänger eines Knotens j zu finden, setzen wir einfach j=dad[j], und um die Wurzel des Baumes zu finden, zu dem j gehört, wiederholen wir diese Operation so lange, bis wir 0 erreichen.

Die Funktion find gibt 0 zurück, wenn sich die beiden übergebenen Knoten in der gleichen Komponente befinden. Wenn sie nicht der gleichen Komponente angehören und das doit-Flag gesetzt ist, wird bewirkt, daß sie in die gleiche Komponente kommen. Die Methode ist einfach: Benutze das Feld dad, um zur Wurzel des Baumes zu gelangen, der jeden der Knoten enthält, und prüfe dann, ob die Wurzeln identisch sind. Um den Baum mit der Wurzel j mit dem Baum mit der Wurzel i zu verknüpfen, setzen wir einfach dad[j]=i.

Abbildung 30.6 zeigt den Inhalt der Datenstruktur während dieses Prozesses. Wie gewöhnlich nehmen wir an, daß Funktionen index und name zur Verfügung stehen, um den Übergang zwischen Knotennamen und ganzen Zahlen zwischen 1 und V zu vollziehen: Jeder Eintrag in der Tabelle ist der Name des entsprechenden Eintrags im Feld dad. Zum Beispiel könnte man mit dem Funktionsaufruf find(index(x), index(y),0) prüfen, ob ein Knoten mit dem Namen x der gleichen Komponente

	A	B	C	D	E	F	G	H	I	J	K	L	M
AG							A						
AB		A					A						
AC		A	A				A						
LM		A	A				A						L
JM		A	A				A					J	L
JL		A	A				A					J	L
JK		A	A				A				J	J	L
ED		A	A	E			A				J	J	L
FD		A	A	E	F		A				J	J	L
HI		A	A	E	F		A		H		J	J	L
FE		A	A	E	F		A		H		J	J	L
AF		A	A	E	F	A	A		H		J	J	L
GE		A	A	E	F	A	A		H		J	J	L
GC		A	A	E	F	A	A		H		J	J	L
GH		A	A	E	F	A	A	A	H		J	J	L
JG	J	A	A	E	F	A	A	A	H		J	J	L
LG	J	A	A	E	F	A	A	A	H		J	J	L

Abbildung 30.6 Datenstruktur der Vereinigungs-Suche.

angehört wie ein Knoten mit dem Namen y (ohne eine Kante zwischen ihnen zu erzeugen).

Der oben beschriebene Algorithmus weist im ungünstigsten Fall ein schlechtes Verhalten auf, da die erzeugten Bäume entartet sein können. Wenn zum Beispiel die Kanten in der Reihenfolge AB BC CD DE EF FG GH HI IJ . . . YZ genommen werden, wird eine lange Kette erzeugt, wobei Z auf Y zeigt, Y auf X usw. Eine derartige Struktur benötigt eine zu V^2 proportionale Zeit für ihre Erzeugung, und die für eine durchschnittliche Prüfung auf Äquivalenz erforderliche Zeit ist proportional zu V.

Es wurden verschiedene Verfahren vorgeschlagen, um dieses Problem zu lösen. Eine natürliche Methode, an die der Leser vielleicht schon gedacht hat, besteht darin, zwei Bäume »besser« zu mischen, anstatt willkürlich dad[j]=i zu setzen. Wenn ein Baum mit Wurzel i mit einem Baum mit Wurzel j gemischt werden soll, muß einer der Knoten eine Wurzel bleiben, und der andere (und alle seine Nachfolger) muß sich im Baum um eine Ebene nach unten bewegen. Um für die Mehrheit der Knoten die Entfernung zur Wurzel zu minimieren, ist es sinnvoll, als Wurzel denjenigen Knoten zu nehmen, der mehr Nachfolger hat. Diese Idee, die *Ausgleichen des Gewichts* (weight balancing) genannt wird, läßt sich leicht implementieren, indem man die Größe jedes Baumes (Anzahl von Nachfolgern der Wurzel) in den Eintrag im Feld dad eines jeden Wurzelknotens speichert. Zur Kodierung der Baumgröße verwendet man nichtpositive Zahlen, so daß der Wurzelknoten entdeckt werden kann, wenn in find im Baum aufwärts gegangen wird.

Als Idealfall würden wir wünschen, daß jeder Knoten direkt auf die Wurzel seines Baumes zeigt. Doch gleichgültig, welche Strategie wir benutzen: Die Realisierung dieses Idealfalls würde es erfordern, wenigstens alle Knoten in einem der beiden zu mischenden Bäume zu betrachten. Dies könnten jedoch sehr viele sein, im Vergleich zu den relativ wenigen Knoten auf dem Pfad zur Wurzel, die find gewöhnlich prüft. Doch wir können uns dem Idealzustand nähern, indem wir alle Knoten, die wir prüfen, auf die Wurzel zeigen lassen! Dies scheint auf den ersten Blick ein drastischer Schritt zu sein, doch er läßt sich leicht verwirklichen, und die Struktur dieser Bäume ist wirklich nichts Unantastbares; wenn sie so modifiziert werden können, daß der Algorithmus effizienter wird, sollten wir das tun. Dieses *Pfadverdichtung* (path compression) genannte Verfahren läßt sich leicht implementieren, indem jeder Baum, nachdem die Wurzel gefunden worden ist, nochmals durchlaufen wird und der Eintrag im Feld dad für jeden Knoten, der längs des Weges angetroffen wird, so gesetzt wird, daß er auf die Wurzel zeigt.

Die Kombination des Gewichtausgleichens und der Pfadverdichtung gewährleistet, daß der Algorithmus sehr schnell abläuft. Die folgende Implementation zeigt, daß der erforderliche zusätzliche Programmieraufwand ein kleiner Preis ist, um entarteten Fällen vorzubeugen.

```
int find(int x, int y, int doit)
  {
    int t, i = x, j = y;
```

```
while (dad[i] > 0) i = dad[i];
while (dad[j] > 0) j = dad[j];
while (dad[x] > 0)
  { t = x; x = dad[x]; dad[t] = i; }
while (dad[y] > 0)
  { t = y; y = dad[y]; dad[t] = j; }
if ((doit != 0) && (i != j))
  if (dad[j] < dad[i])
    { dad[j] += dad[i] - 1; dad[i] = j; }
  else
    { dad[i] += dad[j] - 1; dad[j] = i; }
return (i != j);
}
```

Es wird angenommen, daß das Feld dad mit 0 initialisiert ist. (In den folgenden Kapiteln setzen wir voraus, daß das in einer getrennten Prozedur findinit erfolgt.) Abbildung 30.7 zeigt die ersten acht Schritte, wenn dieses Verfahren auf die Daten aus unserem Beispiel angewandt wird, und Abbildung 30.8 zeigt die Vollendung des Prozesses. Die durchschnittliche Pfadlänge des resultierenden Baumes beträgt 31/13 ≈ 2,38, im Vergleich zu 38/13 ≈ 2,92 für Abbildung 30.5. Für die ersten fünf Kanten ist der sich ergebende Wald der gleiche wie in Abbildung 30.4; die letzten drei Kanten ergeben jedoch aufgrund der Regel des Gewichtausgleichens einen »flachen« Baum, der J, K, L und M enthält. Die Wälder sind in diesem Beispiel tatsächlich so flach, daß sich alle Knoten, die an *Vereinigungs*-Operationen beteiligt sind, an der Wurzel oder unmittelbar darunter befinden; Pfadverdichtung kommt nicht zur Anwendung. Pfadverdichtung

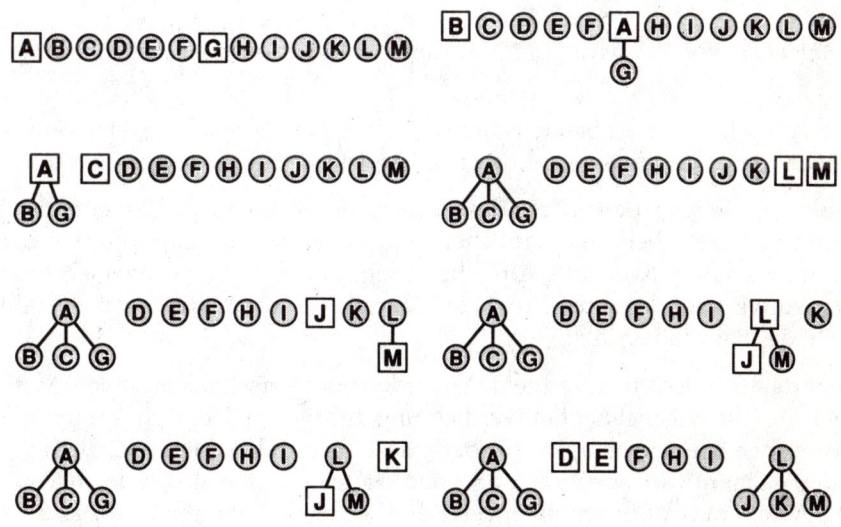

Abbildung 30.7 *Anfangsschritte der Vereinigungs-Suche (gewichtet, mit Pfadverdichtung).*

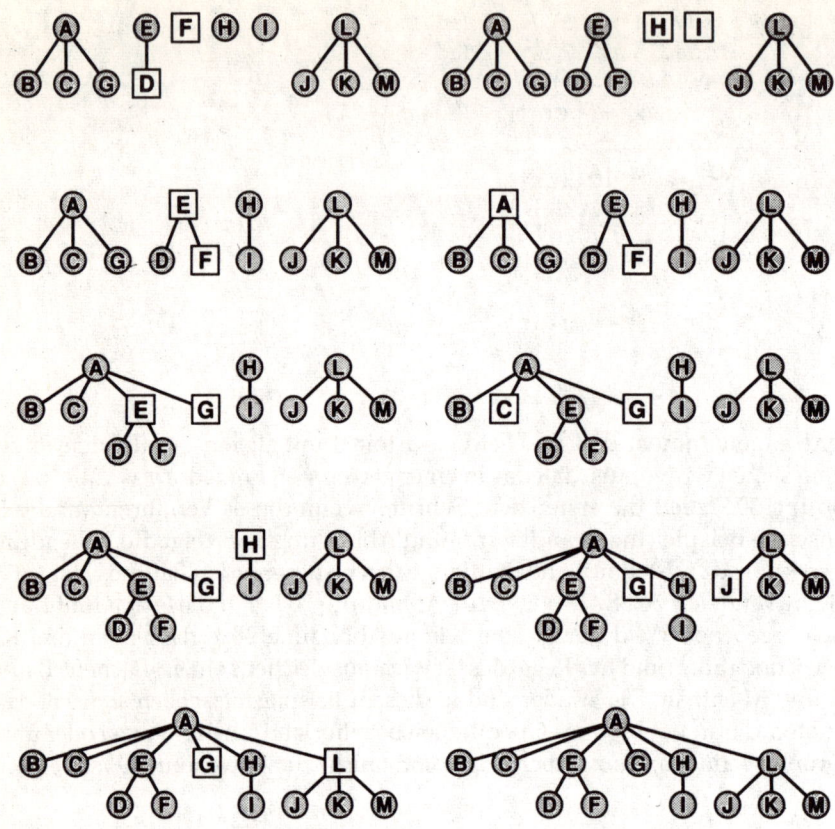

Abbildung 30.8 *Vollendung der Vereinigungs-Suche (gewichtet, mit Pfadverdichtung).*

könnte zu noch flacheren Bäumen führen: Wenn zum Beispiel die letzte *Vereinigung* FJ anstelle von GJ beträfe, so wäre am Ende F gleichfalls ein Nachfolger von A.

Abbildung 30.9 zeigt den Inhalt des Feldes dad während der Erzeugung dieses Waldes. Um diese Tabelle anschaulicher zu gestalten, wurde jeder positive Eintrag *i* durch den *i*-ten Buchstaben des Alphabets (den Namen des Vorgängers) ersetzt, und jeder negative Eintrag wurde durch die komplementäre positive ganze Zahl (das Gewicht des Baumes) ersetzt.

Um entartete Strukturen zu vermeiden, wurden noch verschiedene andere Methoden entwickelt. Zum Beispiel hat Pfadverdichtung den Nachteil, daß ein weiterer Durchlauf durch den Baum nach oben erforderlich ist. Eine andere Methode, die *Halbierung* (halving) genannt wird, bewirkt, daß jeder Knoten auf seinen vorletzten Vorgänger auf dem Weg im Baum nach oben zeigt. Ein weiteres Verfahren, *Aufspaltung* (splitting), läuft wie die Halbierung ab, wird aber nur auf jeden zweiten Knoten auf dem Suchpfad angewandt. Jede dieser Methoden kann in Kombination mit dem Ausglei-

	A	B	C	D	E	F	G	H	I	J	K	L	M
AG	1						A						
AB	2	A					A						
AC	3	A	A				A						
LM	3	A	A				A					1	L
JM	3	A	A				A			L		2	L
JL	3	A	A				A			L		2	L
JK	3	A	A				A			L	L	3	L
ED	3	A	A	E	1		A			L	L	3	L
FD	3	A	A	E	2	E	A			L	L	3	L
HI	3	A	A	E	2	E	A	1	H	L	L	3	L
FE	3	A	A	E	2	E	A	1	H	L	L	3	L
AF	6	A	A	E	A	E	A	1	H	L	L	3	L
GE	6	A	A	E	A	E	A	1	H	L	L	3	L
GC	6	A	A	E	A	E	A	1	H	L	L	3	L
GH	8	A	A	E	A	E	A	A	H	L	L	3	L
JG	12	A	A	E	A	E	A	A	H	L	L	A	L
LG	12	A	A	E	A	E	A	A	H	L	L	A	L

Abbildung 30.9 Datenstruktur der Vereinigungs-Suche (gewichtet, mit Pfadverdichtung).

chen des Gewichts benutzt werden, oder mit dem *Ausgleichen der Höhe* (height balancing), das ähnlich ist, jedoch die Höhe des Baumes anstelle der Größe des Baumes verwendet, um zu entscheiden, in welcher Weise Bäume zu mischen sind.

Wie soll man unter all diesen Verfahren eine Wahl treffen? Und exakt wie »flach« werden die erzeugten Bäume? Die Analyse dieses Problems ist sehr kompliziert, da die Leistungsfähigkeit nicht nur von den Parametern V und E abhängt, sondern auch von der Anzahl der Such-Operationen und, was noch schlimmer ist, von der Reihenfolge, in der die Operationen union und find auftreten. Anders als beim Sortieren, wo die in der Praxis tatsächlich auftretenden Dateien sehr oft annähernd »zufällig« sind, ist es schwer zu sagen, wie Graphen und Anforderungen, die in der Praxis auftreten könnten, modelliert werden sollten. Aus diesem Grunde werden Algorithmen, die sich im ungünstigsten Fall gut verhalten, normalerweise als Vereinigungs-Such-Algorithmen (und als andere Algorithmen für Graphen) bevorzugt, auch wenn dies ein übervorsichtiger Ansatz sein mag.

Selbst wenn nur der ungünstigste Fall betrachtet wird, ist die Analyse von Vereinigungs-Such-Algorithmen äußerst komplex und schwierig. Dies ergibt sich schon aus der Natur der Ergebnisse, welche uns dennoch eine klare Vorstellung davon geben, wie sich die Algorithmen in einer praktischen Situation verhalten.

Eigenschaft 30.2 *Falls entweder das Ausgleichen des Gewichts oder das Ausgleichen der Höhe in Kombination mit Verdichtung, Halbierung oder Aufspaltung verwendet wird, so ist die Gesamtzahl der Operationen, die erforderlich sind, um unter Verwendung von E Kanten eine Struktur zu erzeugen, nahezu (doch nicht ganz) linear.*

Die Anzahl der erforderlichen Operationen ist exakt proportional zu $E\ \alpha(E)$, wobei $\alpha(E)$ eine Funktion ist, die derart langsam wächst, daß $\alpha(E) < 4$ ist, es sei denn, E ist so groß, daß $\lg^{16} E$ (also 16-malige Anwendung von lg auf E) immer noch größer als 1 ist. Dies ist eine unvorstellbar große Zahl; für alle praktischen Zwecke kann man mit Sicherheit annehmen, daß die durchschnittliche Zeit für die Ausführung jeder Operation `find` und `union` konstant ist. Dieses Ergebnis stammt von R. E. Tarjan, der außerdem zeigte, daß *kein* Algorithmus für dieses Problem (aus einer gewissen allgemeinen Klasse) besser sein kann als $E\ \alpha(E)$, so daß diese Funktion für das Problem charakteristisch ist. ∎

Eine wichtige praktische Anwendung von Vereinigungs-Such-Algorithmen besteht darin, mit einem zu V proportionalen Aufwand an Platz (und in nahezu linearer Zeit) zu bestimmen, ob ein Graph mit V Knoten und E Kanten zusammenhängend ist. Dies ist in manchen Situationen ein Vorteil gegenüber der Tiefensuche: Hier brauchen wir die Kanten nicht im Speicher zu halten. Somit kann der Zusammenhang eines Graphen mit Tausenden von Knoten und Millionen von Kanten mit einem schnellen Durchlauf durch die Kanten bestimmt werden.

Übungen

1. Geben Sie die Gelenkpunkte und die zweifach zusammenhängenden Komponenten des Graphen an, der gebildet wird, wenn in dem Graph aus unserem Beispiel GJ gelöscht und IK hinzugefügt wird.

2. Zeichnen Sie den Tiefensuchbaum für den in Übung 1 beschriebenen Graph.

3. Welches ist die minimale Anzahl von Kanten, die erforderlich ist, um einen zweifach zusammenhängenden Graph mit V Knoten zu erzeugen?

4. Erstellen Sie ein Programm zur Ausgabe der zweifach zusammenhängenden Komponenten eines Graphen.

5. Zeichnen Sie den Wald der Vereinigungs-Suche, der für das Beispiel aus diesem Kapitel erzeugt wird, wobei jedoch angenommen werden soll, daß *find* dahingehend geändert wird, daß a[i]=j anstatt a[j]=i gesetzt wird.

6. Lösen Sie die Aufgabe aus der vorangegangenen Übung unter der zusätzlichen Annahme, daß Pfadverdichtung angewandt wird.

7. Zeichnen Sie die Wälder der Vereinigungs-Suche, die für die Kanten AB BC CD DE EF . . . YZ erzeugt werden, wenn zuerst angenommen wird, daß Ausgleichen des Gewichts ohne Pfadverdichtung verwendet wird, und dann, daß Pfadverdichtung ohne Ausgleichen des Gewichts verwendet wird.

8. Lösen Sie die Aufgabe aus der vorangegangenen Übung unter der Annahme, daß sowohl Pfadverdichtung als auch Ausgleichen des Gewichts verwendet werden.

9. Implementieren Sie die in diesem Kapitel beschriebenen Varianten der Vereinigungs-Suche, und führen Sie empirisch einen Vergleich ihrer Leistungsfähigkeit für 1000 Vereinigungs-Operationen durch, unter Verwendung von zufälligen ganzen Zahlen zwischen 1 und 100 für beide Argumente.

10. Erstellen Sie ein Programm zur Erzeugung eines zufälligen zusammenhängenden Graphen mit V Knoten, indem Sie zufällige Paare von ganzen Zahlen zwischen 1 und V erzeugen. Schätzen Sie ab, wie viele Kanten benötigt werden, um einen zusammenhängenden Graph herzustellen, in Abhängigkeit von V.

Gewichtete Graphen

Oft möchten wir praktische Probleme unter Verwendung von Graphen modellieren, in denen mit jeder Kante *Gewichte* oder *Kosten* verknüpft sind. Auf einer Karte der Fluglinien, auf der Kanten Flugstrecken darstellen, könnten diese Gewichte Entfernungen oder Flugpreise bezeichnen. In einer elektrischen Schaltung, in der Kanten Drähte darstellen, könnten als Gewichte Länge oder Kosten des Drahtes verwendet werden. In einem Scheduling-Chart können Gewichte den Zeitaufwand oder Ausführungs- oder Wartekosten von Aufgaben darstellen.

Fragen, die mit der Minimierung von Kosten zusammenhängen, entstehen in solchen Situationen in natürlicher Weise. Im vorliegenden Kapitel wollen wir Algorithmen für zwei derartige Probleme ausführlich betrachten: »Finde die mit den geringsten Kosten verbundene Möglichkeit, alle Punkte zu verbinden«, und »finde den mit den geringsten Kosten verbundenen Pfad zwischen zwei gegebenen Punkten.« Das erste Problem, das offensichtlich für Graphen von Nutzen ist, die etwas wie eine elektrischen Schaltung darstellen, wird Problem des *minimalen Spannbaumes* genannt; das zweite, das offenbar für Graphen nützlich ist, die etwas wie eine Streckenkarte von Fluglinien darstellen, wird Problem des *kürzesten Pfades* genannt. Diese Probleme sind für eine Vielzahl von Problemen repräsentativ, die im Zusammenhang mit gewichteten Graphen entstehen.

Unsere Algorithmen erfordern ein Durchsuchen des Graphen, und manchmal wird unsere Vorstellung dadurch unterstützt, daß wir uns die Gewichte als Abstände vorstellen; wir sprechen von dem »nächsten Knoten von x« usw. Tatsächlich ist diese Interpretration in der Nomenklatur für das Problem des kürzesten Pfades enthalten. Dennoch ist es wichtig, sich daran zu erinnern, daß die Gewichte keineswegs einem Abstand entsprechen müssen; sie könnten Zeit oder Kosten oder etwas anderes, völlig davon verschiedenes darstellen. Wenn die Gewichte *tatsächlich* Abstände darstellen, sind möglicherweise andere Algorithmen geeignet. Auf diese Frage gehen wir am Ende dieses Kapitels noch ausführlicher ein.

Abbildung 31.1 zeigt ein Beispiel eines gewichteten ungerichteten Graphen. Es ist offensichtlich, wie gewichtete Graphen dargestellt werden können: Bei der Darstel-

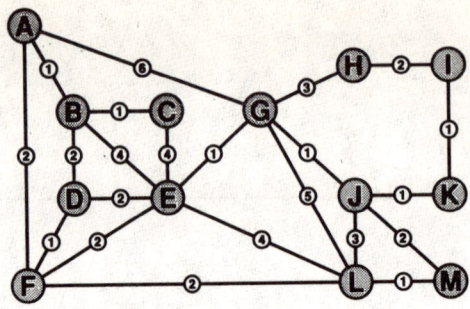

Abbildung 31.1 *Ein gewichteter ungerichteter Graph.*

lung mittels einer Adjazenzmatrix kann die Matrix anstelle boolescher Werte Kantengewichte enthalten, und bei der Darstellung mittels einer Adjazenzstruktur kann zu
jedem Element der Liste (das eine Kante darstellt) ein Feld für das Gewicht hinzugefügt werden. Wir setzen voraus, daß alle Gewichte positiv sind. Manche Algorithmen
können an die Behandlung negativer Gewichte angepaßt werden, doch sie werden
dann um einiges komplizierter. In anderen Fällen verändern negative Gewichte die
Natur des Problems in grundlegender Weise und erfordern Algorithmen, die erheblich ausgeklügelter sind als die hier betrachteten. Als Beispiel für möglicherweise
auftretende Schwierigkeiten betrachte man die Situation, daß die Summe der Gewichte der Kanten entlang eines Zyklus negativ ist: Durch einfaches wiederholtes Durchlaufen des Zyklus könnte ein unendlich kurzer Weg erzeugt werden.

Für die Probleme des minimalen Spannbaumes und des kürzesten Weges sind verschiedene »klassische« Algorithmen entwickelt worden. Diese Verfahren gehören zu den
bekanntesten und am häufigsten verwendeten Algorithmen in diesem Buch. Wie wir
schon früher bei der Untersuchung von seit langem bekannten Algorithmen gesehen
haben, liefern die klassischen Verfahren einen allgemeinen Zugang, doch moderne
Datenstrukturen helfen bei der Erstellung kompakter und effizienter Implementationen.
Im vorliegenden Kapitel werden wir sehen, wie für eine Verallgemeinerung der Methoden für das Traversieren von Graphen aus Kapitel 29 Prioritätswarteschlangen benutzt
werden können, um beide Probleme für lichte Graphen effizient zu lösen; wir untersuchen die Beziehung zwischen diesen Methoden und den klassischen Verfahren für dichte
Graphen, und wir betrachten ein Verfahren für das Problem des minimalen Spannbaumes, das einen vollständig anderen Ansatz verwendet.

Minimaler Spannbaum

Ein *minimaler Spannbaum* eines gewichteten Graphen ist eine Menge von Kanten, die
alle Knoten so verbindet, daß die Summe der Kantengewichte wenigstens ebenso
klein ist wie die Summe der Gewichte jeder beliebigen anderen Menge von Kanten,

die alle Knoten verbinden. Der minimale Spannbaum muß nicht eindeutig sein: Abbildung 31.2 zeigt drei minimale Spannbäume für den Graph aus unserem Beispiel. Es läßt sich leicht beweisen, daß die »Menge von Kanten« in der obigen Definition einen Spannbaum bilden muß: Wenn ein Zyklus enthalten ist, kann eine bestimmte Kante in dem Kreis gelöscht werden, was eine Menge von Kanten ergibt, die noch immer alle Knoten verbinden, jedoch ein kleineres Gewicht hat.

Wir haben in Kapitel 29 gesehen, daß in vielen Prozeduren für die Traversierung von Graphen ein Spannbaum für den Graph berechnet wird. Wie können wir es für einen gewichteten Graph so einrichten, daß der berechnete Baum derjenige ist, der das kleinste Gesamtgewicht hat? Es gibt verschiedene Wege, das zu erreichen, die alle auf der folgenden allgemeinen Eigenschaft minimaler Spannbäume beruhen.

Eigenschaft 31.1 *Für jede gegebene Zerlegung eines Graphen in zwei Mengen enthält der minimale Spannbaum die kürzeste der Kanten, die Knoten aus der einen Menge mit denen der anderen verbinden.*

Wenn wir zum Beispiel die Knoten des Graphen aus unserem Beispiel in die Mengen {A B C D} und {E F G H I J K L M} zerlegen, so folgt daraus, daß DF jedem minimalen Spannbaum angehören muß. Diese Eigenschaft läßt sich leicht indirekt beweisen. Bezeichnen wir die kürzeste Kante, die die zwei Mengen verbindet, mit s, und nehmen wir an, daß s nicht im minimalen Spannbaum enthalten ist. Betrachten wir dann den Graph, der gebildet wird, indem s zu dem besagten minimalen Spannbaum hinzugefügt wird. Dieser Graph besitzt einen Zyklus; in diesem Zyklus muß neben s noch eine weitere Kante die beiden Mengen verbinden. Das Löschen dieser Kante und das Hinzufügen von s ergibt einen kürzeren Spannbaum, und dies widerspricht der Annahme, daß s nicht im minimalen Spannbaum enthalten ist. ∎

Folglich können wir den minimalen Spannbaum erzeugen, indem wir bei einem beliebigen Knoten beginnen und als nächstes immer den Knoten nehmen, der den bereits verwendeten Knoten »am nächsten« liegt. Mit anderen Worten, wir suchen unter jenen Kanten, die bereits im Baum befindliche Knoten mit noch nicht im Baum enthaltenen Knoten verbinden, die Kante mit dem kleinsten Gewicht und fügen dann diese Kante und den Knoten, zu dem sie führt, zum Baum hinzu. (Falls es mehrere Kanten mit diesem kleinsten Gewicht gibt, kann jede beliebige dieser Kanten gewählt werden.) Eigenschaft 31.1 garantiert, daß jede hinzugefügte Kante ein Teil des minimalen Spannbaumes ist.

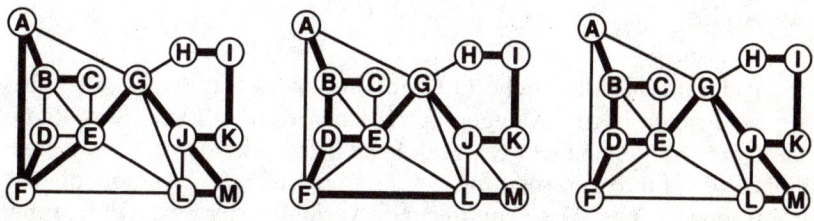

Abbildung 31.2 Minimale Spannbäume.

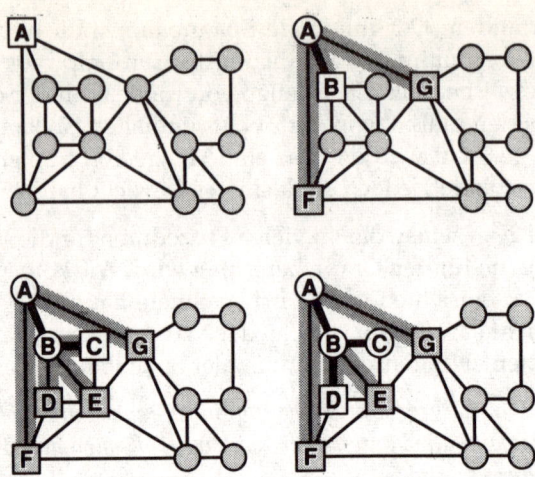

Abbildung 31.3 Anfangsschritte der Erzeugung eines minimalen Spannbaumes.

Abbildung 31.3 veranschaulicht die ersten vier Schritte, wenn diese Strategie auf den Graph aus unserem Beispiel angewandt wird, beginnend bei Knoten A. Der zu A »nächstgelegene« Knoten (der mittels einer Kante minimalen Gewichts mit A verbunden ist) ist B, demnach ist AB im minimalen Spannbaum enthalten. Von allen Kanten, die A oder B berühren, hat die Kante BC das kleinste Gewicht, so daß sie zum Baum hinzugefügt wird, und Knoten C wird als nächster besucht. Danach ist der nächste Knoten für A, B oder C nunmehr D, so daß BD zum Baum hinzugefügt wird. Die Vollendung des Prozesses wird weiter unten in der Abbildung 31.5 dargestellt, nachdem wir die Implementation erörtert haben.

Wie implementieren wir diese Strategie nun? Inzwischen hat der Leser sicher die grundlegende Struktur von Baumknoten, Randknoten und noch nicht besuchten Knoten erkannt, die für die Strategien der Tiefen- und Breitensuche aus Kapitel 29 charakteristisch waren. Es zeigt sich, daß das gleiche Verfahren anwendbar ist, unter Verwendung einer *Prioritätswarteschlange* (anstelle eines Stapels oder einer Warteschlange) zum Speichern der zum Rand gehörenden Knoten.

Prioritätssuche

Wir erinnern daran, daß die Suche in Graphen gemäß Kapitel 29 mit Hilfe einer Einteilung der Knoten in drei Mengen beschrieben werden kann: *Baum*knoten, bei denen alle Kanten untersucht worden sind, *Rand*knoten, die sich in einer Datenstruktur befinden, die auf ihre Verarbeitung wartet, und *unsichtbare* Knoten, die noch gar nicht berührt worden sind. Das grundlegende Verfahren der Suche in Graphen, das wir verwenden, beruht auf dem Schritt »bewege einen Knoten (der mit x bezeichnet

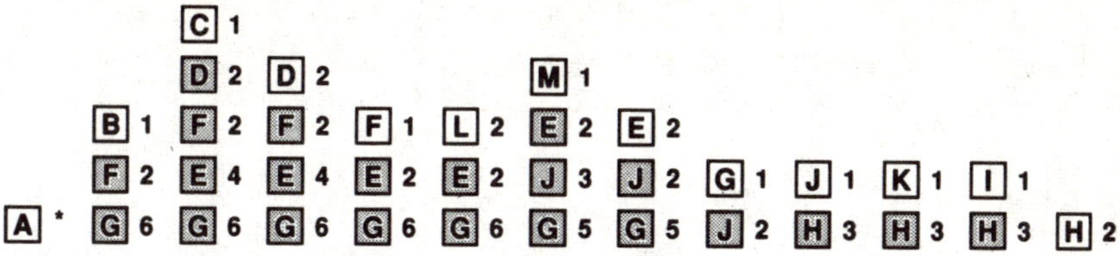

```
 C 1
 D 2  D 2                    M 1
B 1  F 2  F 2  F 1  L 2  E 2  E 2
F 2  E 4  E 4  E 2  E 2  J 3  J 2  G 1  J 1  K 1  I 1
A *  G 6  G 6  G 6  G 6  G 6  G 5  G 5  J 2  H 3  H 3  H 3  H 2
```

Abbildung 31.4 *Inhalt der Prioritätswarteschlange während der Erzeugung des minimalen Spannbaumes.*

werde) vom Rand zum Baum, und nimm dann alle unsichtbaren Knoten, die zu x benachbart sind, in den Rand auf«. Wir benutzen den Begriff *Prioritätssuche*, um die allgemeine Strategie zu bezeichnen, die darin besteht, eine Prioritätswarteschlange zu benutzen, um zu entscheiden, welcher Knoten vom Rand zu nehmen ist. Dies ermöglicht eine hohe Flexibilität. Wie wir sehen werden, unterscheiden sich verschiedene klassische Algorithmen (einschließlich Tiefen- und Breitensuche) nur hinsichtlich der Wahl der Priorität.

Für die Berechnung des minimalen Spannbaumes sollte die Priorität jedes zum Rand gehörenden Knotens die Länge der kürzesten Kante sein, die ihn mit dem Baum verbindet. Abbildung 31.4 zeigt den Inhalt der Prioritätswarteschlange während des Erzeugungsprozesses, den die Abbildungen 31.3 und 31.5 veranschaulichen. Aus Gründen der Übersichtlichkeit wurden die Elemente in der Warteschlange in sortierter Reihenfolge dargestellt. Diese Implementation von Prioritätswarteschlangen mittels »sortierter Listen« könnte für kleine Graphen geeignet sein, doch für umfangreiche Graphen sollten Heaps verwendet werden, um zu gewährleisten, daß alle Operationen in $O(\log N)$ Schritten ausgeführt werden können (siehe Kapitel 11).

Zuerst betrachten wir lichte Graphen mit einer Adjazenzlisten-Darstellung. Wie bereits erwähnt, fügen wir zu dem Datensatz der *Kante* ein Feld w für das Gewicht hinzu (und modifizieren das Eingabeprogramm dahingehend, daß auch Gewichte eingelesen werden). Dann erhalten wir, unter Verwendung einer Prioritätswarteschlange für den Rand, die folgende Implementation:

```
visit(int k)
  {
    struct node *t;
    if (pqupdate(k, unseen) != 0) dad[k] = 0;
    while (!pqempty())
      {
        id++; k = pqremove(); val[k] = -val[k];
        if (val[k] == unseen) val[k] = 0;
        for (t = adj[k]; t != z; t = t->next)
          if (val[t->v] < 0)
            if (pqupdate(t->v, priority))
              {
```

```
                    val[t->v] = -(priority);
                    dad[t->v] = k;
                }
        }
    }
listpfs()
    {
        int k;
        pqinitialize();
        for (k = 1; k <= V; k++) val[k] = -unseen;
        for (k = 1; k <= V; k++)
            if (val[k] == -unseen) visit(k);
    }
```

Um den minimalen Spannbaum zu berechnen, ist `priority` an beiden Stellen durch `t->w` zu ersetzen. Die Prozeduren `pqinitialize` und `pqremove` sind Hilfsprozeduren für Prioritätswarteschlangen, wie sie in Kapitel 11 beschrieben wurden. Die Funktion `pqupdate` ist eine leicht zu implementierende Ergänzung zu dieser Menge von Hilfsprogrammen, deren Zweck darin besteht zu gewährleisten, daß der übergebene Knoten höchstens mit der angegebenen Priorität in der Warteschlange erscheint: Falls sich der Knoten nicht in der Warteschlange befindet, wird `pqinsert` ausgeführt, und falls der Knoten vorhanden ist, jedoch eine höhere Priorität besitzt, wird `pqchange` verwendet, um die Priorität zu ändern. Falls irgendeine Änderung vorgenommen wurde (entweder Einfügung oder Änderung der Priorität), gibt `pqupdate` einen von null verschiedenen Wert zurück. Dies gibt dem obigen Programm die Möglichkeit, die Felder `val` und `dad` zu aktualisieren. Das Feld `val` selbst könnte die Prioritätswarteschlange in Wirklichkeit auf »indirekte« Weise enthalten; im obigen Programm haben wir die Operationen mit der Prioritätswarteschlange der Klarheit wegen herausgelöst.

Abgesehen von der Umänderung der Datenstruktur in eine Prioritätswarteschlange ist dies praktisch das gleiche Programm, das wir für Tiefen- und Breitensuche verwendeten, mit zwei Ausnahmen. Erstens sind zusätzliche Maßnahmen erforderlich, wenn eine Kante angetroffen wird, die bereits dem Rand angehört. Bei Tiefen- und Breitensuche werden solche Kanten ignoriert, doch im obigen Programm müssen wir prüfen, ob die neue Kante die Priorität verringert. Dadurch wird gewährleistet, daß wir als nächstes immer denjenigen Knoten des Randes besuchen, der dem Baum am nächsten liegt. Zweitens erfolgt dieses Programm explizit der Erzeugung des Baumes, indem das Feld `dad` geführt wird, in welchem der Vorgänger jedes Knotens im Prioritätssuchbaum gespeichert wird (der Name des Knotens, der bewirkt hat, daß er vom Rand zum Baum bewegt wurde). Außerdem ist für jeden Knoten k im Baum `val[k]` das Gewicht der Kante zwischen k und `dad[k]`. Randknoten sind wie zuvor durch negative Werte von `val` markiert; unsichtbare Knoten sind mittels der Marke −unseen anstelle von 0 markiert. Der Grund für diese Änderung wird weiter unten klar werden.

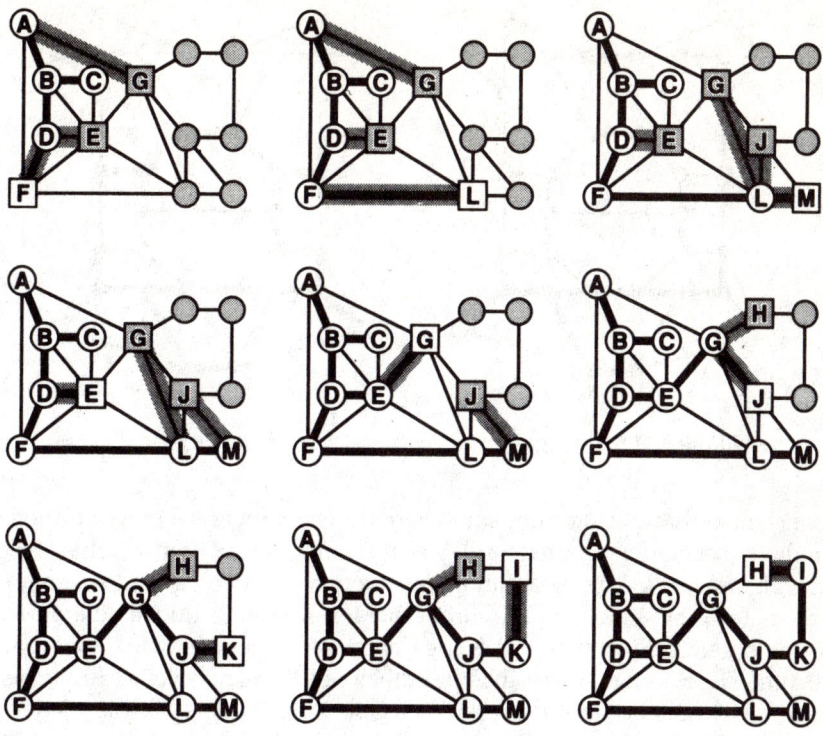

Abbildung 31.5 *Vollendung der Erzeugung eines minimalen Spannbaumes.*

Abbildung 31.5 vervollständigt die Konstruktion des minimalen Spannbaumes für unser Beispiel. Wie üblich sind Knoten des Randes durch Quadrate mit Buchstaben dargestellt, Baumknoten durch Kreise mit Buchstaben und unsichtbare Knoten durch Kreise ohne Buchstaben. Kanten des Baumes sind als fette schwarze Linien gezeichnet, und für jeden Knoten des Randes ist die kürzeste Kante, die ihn mit dem Baum verbindet, schattiert. Dem Leser wird empfohlen, die Erzeugung des Baumes unter Benutzung dieser Skizzen und der Abbildung 31.4 zu verfolgen. Man beachte insbesondere, wie Knoten G zum Baum hinzugefügt wird, nachdem er während mehrerer Schritte dem Rand angehörte. Am Anfang beträgt der Abstand von G zum Baum 6 (wegen der Kante GA). Nachdem L zum Baum hinzugefügt worden ist, verringert GL den Abstand auf 5, und danach, nach dem Hinzufügen von E, verkürzt sich der Abstand schließlich auf 1, und G wird *vor* J zum Baum hinzugefügt. Abbildung 31.6 zeigt die Erzeugung eines minimalen Spannbaumes für unseren großen »Labyrinth«-Graph, wobei die Längen der Kanten als Gewichte benutzt werden.

Eigenschaft 31.2 *Prioritätssuche bei lichten Graphen ermöglicht die Berechnung des minimalen Spannbaumes in O ((E + V) log V) Schritten.*

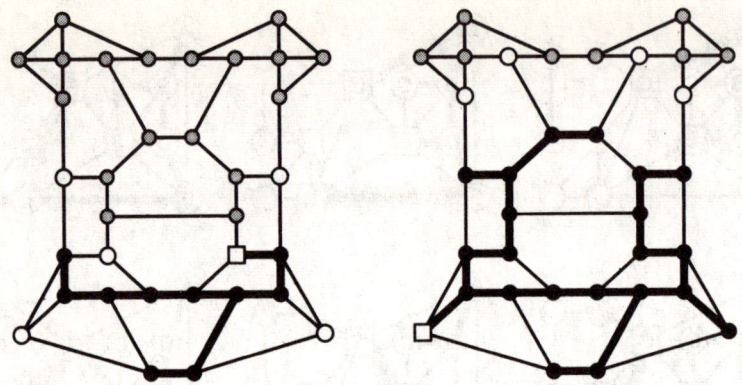

Abbildung 31.6 *Erzeugung eines umfangreichen minimalen Spannbaumes.*

Die obige Eigenschaft 31.1 kommt zur Anwendung: Die beiden besagten Knotenmengen sind die besuchten Knoten und die noch nicht besuchten Knoten. Bei jedem Schritt wählen wir die kürzeste Kante von einem besuchten Knoten zu einem Randknoten aus (es gibt keine Kanten von besuchten Knoten zu unsichtbaren Knoten). Daher gehört gemäß Eigenschaft 31.1 jede Kante, die ausgewählt wird, zum minimalen Spannbaum. Die Prioritätswarteschlange enthält nur Knoten; bei einer Implementation als Heap (siehe Kapitel 11) erfordert dann jede Operation $O(\log V)$ Schritte. Jeder Knoten führt zu einer Einfügung, und jede Kante führt zu einer `pqchange`-Operation. ∎

Weiter unten werden wir sehen, daß mit diesem Verfahren bei einer geeigneten Wahl der Priorität auch das Problem des kürzesten Pfades gelöst werden kann. Außerdem sehen wir, wie eine andere Implementation der Prioritätswarteschlange einen Algorithmus mit einer zu V^2 proportionalen Laufzeit ergeben kann, der für dichte Graphen geeignet ist. Dieser ist zu einem seit langem bekannten Algorithmus äquivalent, der spätestens aus dem Jahr 1957 stammt; für minimale Spannbäume wird er im allgemeinen R. Prim zugeschrieben, für kürzeste Pfade im allgemeinen E. Dijkstra. Der Einheitlichkeit wegen wollen wir diese Lösungen (für dichte Graphen) als »Algorithmus von Prim« bzw. »Algorithmus von Dijkstra« bezeichnen; das obige Verfahren (für lichte Graphen) nennen wir die »Lösung mit Prioritätssuche«.

Die Prioritätssuche ist eine echte Verallgemeinerung der Breiten- und Tiefensuche, da diese Verfahren durch geeignete Festlegungen der Priorität abgeleitet werden können. Wir erinnern daran, daß sich `id` während der Ausführung des Algorithmus von 1 auf V erhöht und demzufolge benutzt werden kann, um den Knoten eindeutige Prioritäten zuzuordnen. Wenn wir in `listpfs` an den beiden Stellen, wo `priority` auftritt, dieses durch `V-id` ersetzen, erhalten wir Tiefensuche, da neu gefundene Knoten die höchste Priorität haben. Wenn wir `id` als `priority` benutzen, erhalten wir Breitensuche, da alte Knoten die höchste Priorität haben. Diese Festlegungen der Priorität bewirken, daß sich Prioritätswarteschlangen wie Stapel und Warteschlangen verhalten.

Das Verfahren von Kruskal

Eine vollständig andere Vorgehensweise zur Bestimmung des minimalen Spannbaumes besteht darin, einfach Kanten nacheinander hinzuzufügen und hierbei bei jedem Schritt die kürzeste Kante zu verwenden, die keinen Zyklus bildet. Anders ausgedrückt, der Algorithmus beginnt mit einem aus N Bäumen bestehenden Wald; in N Schritten kombiniert er jeweils zwei Bäume (unter Verwendung der kürzesten möglichen Kante), bis nur noch ein Baum übrigbleibt. Dieser Algorithmus ist spätestens seit 1956 bekannt und wird im allgemeinen J. Kruskal zugeschrieben.

Die Abbildungen 31.7 und 31.8 zeigen die Arbeitsweise dieses Algorithmus für den Graph aus unserem Beispiel. Die ersten ausgewählten Kanten sind die mit der kleinsten Länge (1) im Graph. Danach werden Kanten mit der Länge 2 ausprobiert; beachten Sie insbesondere, daß FE betrachtet, jedoch nicht aufgenommen wird, da diese Kante mit bereits zum Baum gehörenden Kanten einen Zyklus bildet. Die nicht zusammenhängenden Komponenten entwickeln sich nach und nach zu einem Baum, im Gegensatz zur Prioritätssuche, bei der der Baum jedesmal um eine Kante wächst.

Die Implementation des Algorithmus von Kruskal kann aus Programmen zusammengesetzt werden, die wir bereits untersucht haben. Erstens müssen wir die Kanten entsprechend der wachsenden Reihenfolge ihres Gewichts nacheinander betrachten. Eine Möglichkeit wäre, sie einfach zu sortieren, doch es erweist sich als günstiger, eine Prioritätswarteschlange zu benutzen, vor allem weil wir vielleicht nicht alle Kanten betrachten müssen. Dies wird weiter unten ausführlicher erörtert. Zweitens müssen wir in der Lage sein zu prüfen, ob eine gegebene Kante einen Zyklus erzeugt, wenn sie zu den bisher verwendeten Kanten hinzugefügt wird. Die im vorangegangenen

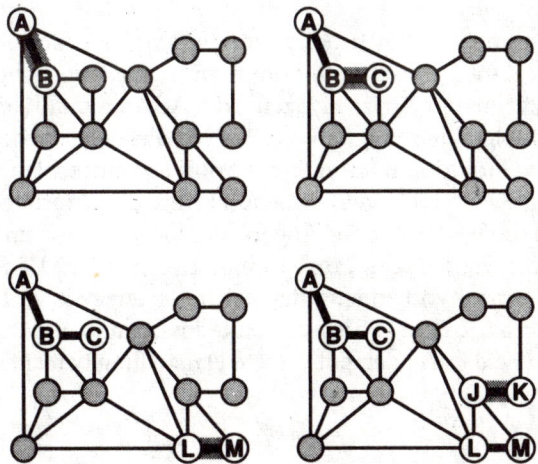

Abbildung 31.7 *Anfangsschritte des Algorithmus von Kruskal.*

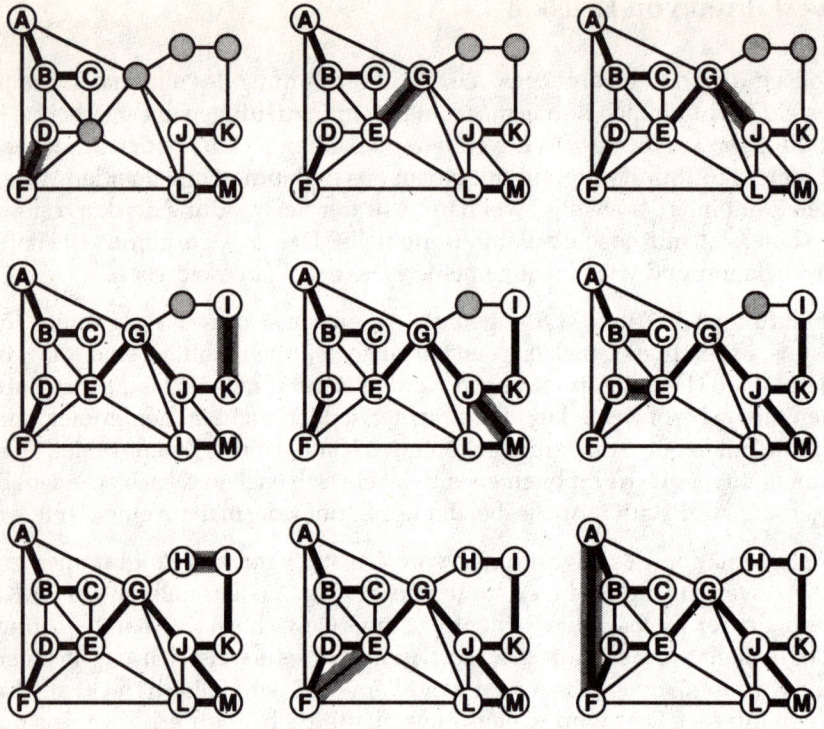

Abbildung 31.8 *Vollendung des Algorithmus von Kruskal.*

Kapitel untersuchten Strukturen für die Vereinigungs-Suche sind für diese Aufgabe prädestiniert.

Nunmehr ist die geeignete Datenstruktur für den Graph einfach ein Feld e mit einer Eintragung für jede Kante. Dieses Feld könnte mittels Tiefensuche oder einer einfacheren Prozedur leicht aus der Adjazenzlisten- oder Adjazenzmatrixdarstellung gewonnen werden. Im nachfolgenden Programm füllen wir dieses Feld jedoch direkt mit Hilfe der Eingabedaten. Die Prozeduren für indirekte Prioritätswarteschlangen pqconstruct und pqremove aus Kapitel 11 werden benutzt, um die Prioritätswarteschlange zu aktualisieren, wobei die Felder mit der Angabe des Gewichts (w) im Feld edge für die Prioritäten verwendet werden. Die Prozeduren findinit und find aus Kapitel 30 werden für den Test auf das Vorhandensein von Kreisen angewandt. Das Programm ruft einfach die Prozedur edgefound für jede Kante im Spannbaum auf; mit etwas mehr Aufwand könnte ein Feld dad oder eine andere Darstellung berechnet werden.

```
#define maxV 50
#define maxE 2500
struct edge
  { char v1, v2; int w; };
```

```
int i, j, m, V, E;
struct edge e[maxE];

kruskal()
  {
    scanf("%d %d\n", &V, &E);
    for (j = 1; j <= E; j++)
      { scanf("%c %c %d\n",
              &e[j].v1, &e[j].v2, &e[j].w); }
    findinit();
    for (pqconstruct(), i = 0; pqempty != 0;)
      {
        m = pqremove();
        if (find(index(e[m].v1), index(e[m].v2), 1))
          { edgefound(e[m].v1, e[m].v2); i++; };
        if (i == V-1) break;
      }
  }
```

Wir bemerken, daß es zwei Möglichkeiten gibt, wie der Prozeß beendet werden kann. Falls wir $V - 1$ Kanten finden, so liegt ein Baum vor, und wir können abbrechen. Falls die Prioritätswarteschlange schon vorher geleert wird, so haben wir alle Kanten betrachtet, ohne einen Spannbaum zu finden; dieser Fall tritt ein, wenn der Graph nicht zusammenhängend ist. Die Laufzeit dieses Programms wird primär durch die Zeit bestimmt, die für die Verarbeitung der Kanten in der Prioritätswarteschlange benötigt wird.

Eigenschaft 31.3 *Mit dem Algorithmus von Kruskal wird der minimale Spannbaum eines Graphen in O(E log E) Schritten berechnet.*

Die Korrektheit dieses Algorithmus folgt auch aus Eigenschaft 31.1. Die beiden besagten Knotenmengen sind die Knoten, die zu für den Baum ausgewählten Kanten gehören, und die noch nicht berührten Knoten. Jede hinzugefügte Kante ist die kürzeste Kante zwischen Knoten in diesen beiden Mengen. Der ungünstigste Fall ist ein Graph, der nicht zusammenhängend ist, so daß alle Kanten untersucht werden müssen. Selbst für einen zusammenhängenden Graph ist der ungünstigste Fall der gleiche, da der Graph aus zwei Anhäufungen von Knoten bestehen könnte, die alle durch sehr kurze Kanten miteinander verbunden sind, mit nur einer sehr langen Kante, die die zwei Anhäufungen verbindet. Dann gehört die längste Kante im Graph zum minimalen Spannbaum, doch sie ist die letzte Kante, die der Prioritätswarteschlange entnommen wird. Bei typischen Graphen können wir damit rechnen, daß der Spannbaum vollständig ist (er hat nur $V - 1$ Kanten), lange bevor die längste Kante im Graph an die Reihe kommt, doch es wird stets eine zu E proportionale Zeit benötigt, um am Anfang die Prioritätswarteschlange zu erzeugen (siehe Eigenschaft 11.2). ∎

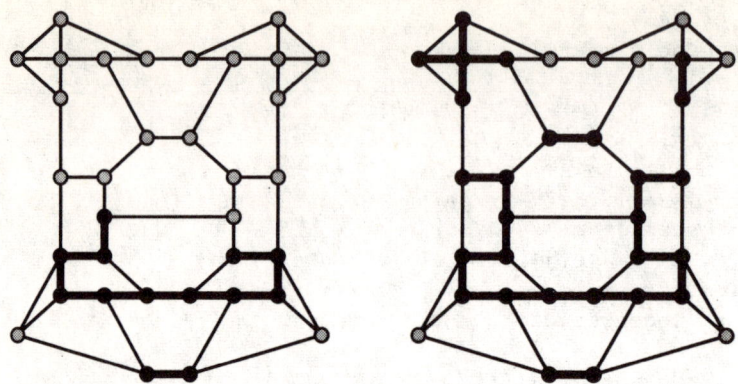

Abbildung 31.9 *Bestimmung eines umfangreichen minimalen Spannbaumes mit dem Algorithmus von Kruskal.*

Abbildung 31.9 zeigt die Erzeugung eines umfangreicheren minimalen Spannbaumes mit Hilfe des Algorithmus von Kruskal. Diese Skizze zeigt deutlich, wie bei diesem Verfahren alle kurzen Kanten zuerst ausgewählt werden; die längeren (diagonalen) Kanten werden zuletzt hinzugefügt.

Anstatt Prioritätswarteschlangen zu verwenden, könnte man die Kanten einfach am Anfang dem Gewicht nach sortieren und sie dann der Reihe nach verarbeiten. Weiterhin kann die Prüfung auf das Vorliegen eines Zyklus in einer zu $E \log E$ proportionalen Zeit mit einer Strategie ausgeführt werden, die viel einfacher ist als Vereinigungs-Suche, was einen Algorithmus für den minimalen Spannbaum ergibt, der stets $E \log E$ Schritte benötigt. Dies ist das ursprünglich von Kruskal vorgeschlagene Verfahren, doch wir bezeichnen die obige modernisierte Variante, bei der Prioritätswarteschlangen und Strukturen der Vereinigungs-Suche benutzt werden, als »Algorithmus von Kruskal«.

Kürzester Pfad

Das Problem des *kürzesten Pfades* besteht darin, in einem gewichteten Graph den zwei gegebene Knoten x und y verbindenden Pfad zu finden, der die Eigenschaft hat, daß die Summe der Gewichte aller Kanten innerhalb der Menge aller solchen Pfade minimal ist.

Auch wenn die Gewichte alle 1 betragen, ist das Problem dennoch interessant: Es lautet dann, daß der x und y verbindende Pfad zu finden ist, der eine minimale Anzahl von Kanten enthält. Außerdem haben wir bereits einen Algorithmus betrachtet, der dieses Problem löst: Breitensuche. Mittels Induktion läßt sich leicht zeigen, daß, bei einer in x beginnenden Breitensuche zuerst alle Knoten besucht werden, die von x aus

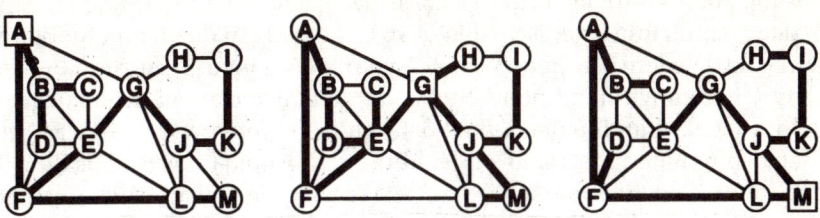

Abbildung 31.10 Spannbäume der kürzesten Pfade.

über eine Kante erreicht werden können, dann alle Knoten, die von x aus über zwei Kanten erreicht werden können usw., so daß alle Knoten, die über k Kanten erreicht werden können, besucht werden, bevor irgendein Knoten angetroffen wird, der $k+1$ Kanten erfordert. Wenn daher y zum erstenmal angetroffen wird, ist der kürzeste Pfad von x gefunden worden, da keine kürzeren Pfade y erreicht haben (vgl. Abbildung 29.14).

Im allgemeinen könnte der Pfad von x nach y alle Knoten berühren, so daß wir gewöhnlich das Problem des Auffindens der kürzesten Pfade betrachten, die einen gegebenen Knoten x mit *allen* anderen Knoten im Graph verbinden. Auch diesmal erweist es sich, daß das Problem mit dem oben angegebenen Algorithmus für die Traversierung eines Graphen mit Prioritätssuche leicht gelöst werden kann.

Wenn wir den kürzesten Pfad von x zu jedem anderen Knoten im Graph zeichnen, so erhalten wir natürlich keine Zyklen, und es liegt ein Spannbaum vor. Jeder Knoten führt zu einem anderen Spannbaum; Abbildung 31.10 zeigt als Beispiel die aus den kürzesten Pfaden bestehenden Spannbäume für die Knoten A, G und M in dem von uns betrachteten Graphen.

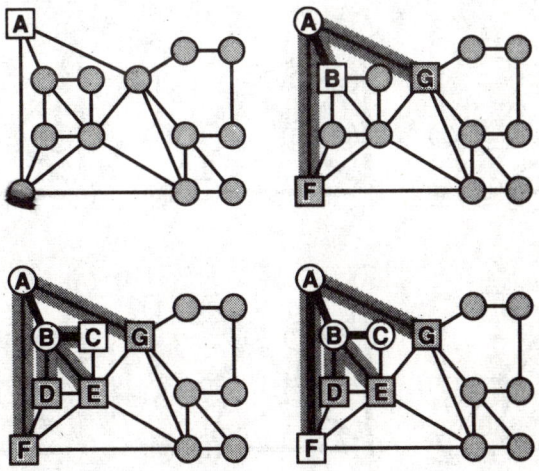

Abbildung 31.11 Anfangsschritte der Erzeugung eines Baumes der kürzesten Pfade.

Die Lösung dieses Problems mittels Prioritätssuche ist mit der Lösung für den minimalen Spannbaum praktisch identisch: Wir erzeugen den Baum für den Knoten x, indem wir bei jedem Schritt den Knoten vom Rand hinzufügen, der x am nächsten liegt (zuvor fügten wir den Knoten hinzu, der dem *Baum* am nächsten liegt). Um zu ermitteln, welcher Randknoten x am nächsten liegt, verwenden wir das Feld `val`: Für jeden Baumknoten k ist `val[k]` der kürzeste Abstand (welcher aus Baumknoten bestehen muß) von diesem Knoten zu x. Wenn k dem Baum hinzugefügt wird, aktualisieren wir den Rand, indem wir die Adjazenzliste von k durchlaufen. Für jeden Knoten t in dieser Liste hat der kürzeste Abstand von `t->v` über k zu x den Wert `val[k]+t->v`. Daher läßt sich der Algorithmus leicht implementieren, indem man diese Größe für `priority` in dem Programm für die Traversierung von Graphen mit Prioritätssuche verwendet.

Abbildung 31.11 zeigt die ersten vier Schritte bei der Erzeugung des aus den kürzesten Pfaden bestehenden Spannbaumes für Knoten A in unserem Beispiel. Zuerst besuchen wir den zu A nächstgelegenen Knoten, nämlich B. Danach haben sowohl C als auch F einen Abstand 2 von A, daher besuchen wir sie als nächste (in der Reihenfolge, in der die Prioritätswarteschlange sie zurückgibt, in diesem Falle erst C und dann F). Die Vollendung des Prozesses ist in Abbildung 31.12 dargestellt, und Abbildung 31.13 zeigt den Inhalt der Prioritätswarteschlange während der Suche.

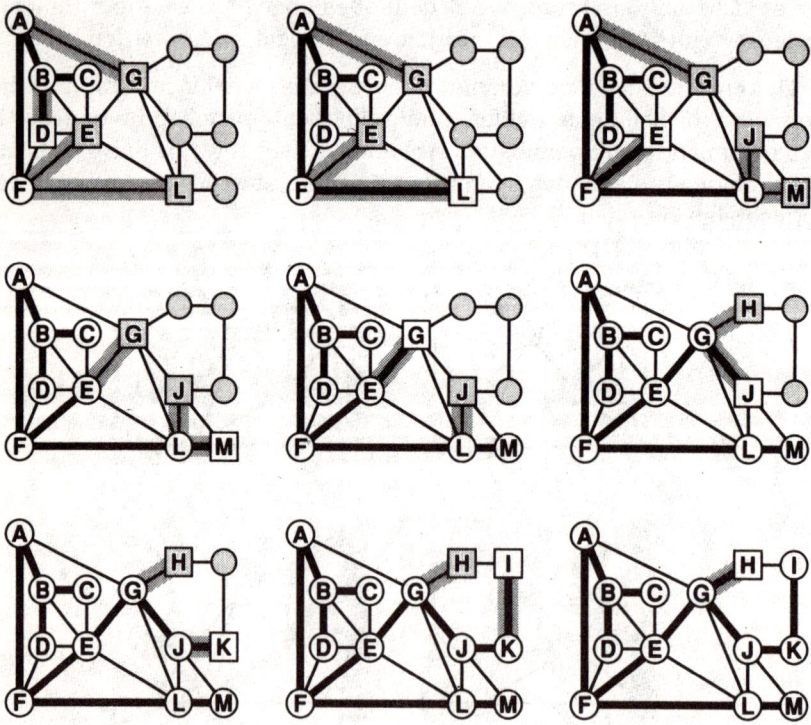

Abbildung 31.12 *Vollendung der Erzeugung eines Baumes der kürzesten Pfade.*

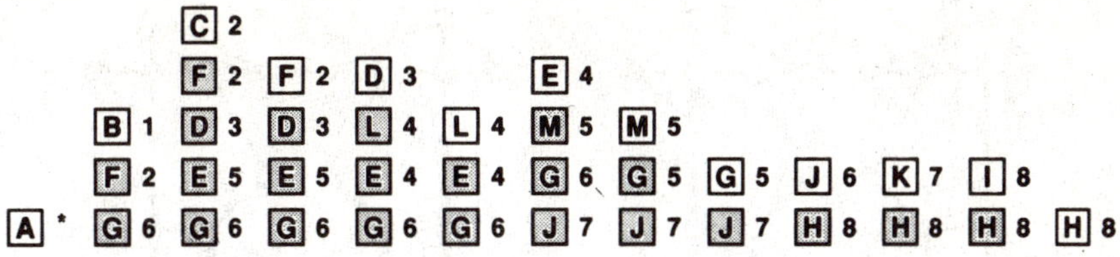

```
      C 2
      F 2  F 2  D 3        E 4
   B 1  D 3  D 3  L 4  L 4  M 5  M 5
   F 2  E 5  E 5  E 4  E 4  G 6  G 5  G 5  J 6  K 7  I 8
A *  G 6  G 6  G 6  G 6  G 6  J 7  J 7  J 7  H 8  H 8  H 8  H 8
```

Abbildung 31.13 *Inhalt der Prioritätswarteschlange während der Erzeugung des Baumes der kürzesten Pfade.*

Als nächster Knoten kann D mit F oder mit B verbunden werden, so daß ein Pfad der Länge 3 bis A entsteht. (Der Algorithmus verbindet D mit B, da B vor F zum Baum hinzugefügt wurde; daher gehörte D bereits dem Rand an, als F zum Baum hinzugefügt wurde, und F lieferte keinen kürzeren Pfad zu A.) Anschließend werden L E M G J K I und H zum Baum hinzugefügt, entsprechend der wachsenden Reihenfolge ihres minimalen Abstands von A. Somit ist zum Beispiel H der von A am weitesten entfernte Knoten; der Pfad AFEGH hat ein Gesamtgewicht von 8. Es gibt keinen kürzeren Pfad zu H, und der kürzeste Pfad von A zu jedem anderen Knoten ist nicht länger.

Abbildung 31.14 zeigt die endgültigen Werte der Felder dad und val für unser Beispiel. Demzufolge hat der kürzeste Pfad von A zu H ein Gesamtgewicht von 8 (das in val[8] zu finden ist, dem Eintrag für H) und verläuft von A über F und E und G zu H (was gefunden werden kann, indem man beginnend bei H den Weg im Feld dad zurückverfolgt). Beachten Sie, daß dieses Programm darauf aufbaut, daß der Eintrag in val für die Wurzel 0 ist, was wir für listpfs vereinbart hatten.

Eigenschaft 31.4 *Die Prioritätssuche in lichten Graphen berechnet den Baum der kürzesten Pfade in $O((E + V) \log V)$ Schritten.*

Die Korrektheit des Algorithmus kann auf ähnliche Weise bewiesen werden wie im Falle von Eigenschaft 31.1. Wenn die Prioritätswarteschlange wie in Kapitel 12 unter Benutzung von Heaps implementiert wird, kann für Prioritätssuche *immer* garantiert werden, daß die angegebene Schranke für die Laufzeit eingehalten wird, unabhängig davon, welche Prioritätsregel verwendet wird. ∎

Weiter unten sehen wir, wie eine andere Implementation der Prioritätswarteschlange einen Algorithmus mit zu V^2 proportionaler Laufzeit ergeben kann, der für dichte Graphen geeignet ist. Für das Problem des kürzesten Pfades läuft dies auf ein Verfahren hinaus, das mindestens auf das Jahr 1959 zurückgeht und im allgemeinen E. Dijkstra zugeschrieben wird.

k	1	2	3	4	5	6	7	8	9	10	11	12	13
name(dad[k])	A	B	B	F	A	E	G	K	G	I	F	L	
val[k]	0	1	2	3	4	2	5	8	8	6	7	4	5

Abbildung 31.14 *Darstellung des Spannbaumes der kürzesten Pfade.*

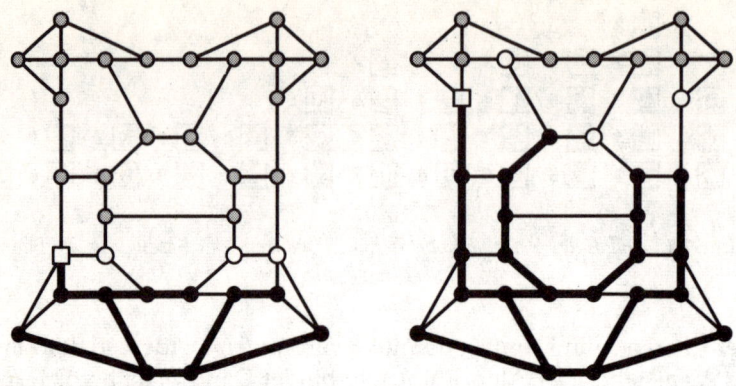

Abbildung 31.15 Erzeugung eines umfangreichen Baumes der kürzesten Pfade.

Abbildung 31.15 zeigt einen größeren Baum der kürzesten Pfade. Wie zuvor werden in diesem Graph die Längen der Kanten als Gewichte benutzt, so daß die Aufgabe darin besteht, den Pfad minimaler Länge vom linken unteren Knoten zu jedem anderen Knoten zu finden. Später erörtern wir eine Verbesserung, die für solche Graphen zweckmäßig sein kann. Doch selbst in diesem Graph könnte es angebracht sein, andere Werte für die Gewichte zu verwenden; wenn dieser Graph zum Beispiel ein Labyrinth darstellt (siehe Kapitel 29), könnte das Gewicht einer Kante die Entfernung im Labyrinth selbst darstellen und nicht die im Graph gezeichneten Abkürzungen.

Minimaler Spannbaum und kürzeste Pfade in dichten Graphen

Für einen mit Hilfe einer Adjazenzmatrix dargestellten Graph ist es am besten, für die Prioritätswarteschlange eine Darstellung als ungeordnetes Feld zu benutzen, um für jeden Algorithmus für die Traversierung eines Graphen mit Prioritätssuche eine zu V^2 proportionale Laufzeit zu erreichen. Dies wird realisiert, indem die Schleife zur Aktualisierung der Prioritäten und die Schleife zur Bestimmung des Minimums kombiniert werden: Jedesmal, wenn wir einen Knoten vom Rand entfernen, durchlaufen wir alle Knoten, wobei wir bei Bedarf ihre Priorität aktualisieren und den gefundenen minimalen Wert registrieren. Dies liefert einen linearen Algorithmus für die Prioritätssuche (und folglich für die Probleme des minimalen Spannbaumes und des kürzesten Pfades) für dichte Graphen.

Wir speichern die Prioritätswarteschlange im Feld `val` (dies könnte auch in `listpfs` erfolgen, wie oben erörtert wurde), doch anstatt Heaps zu verwenden, implementieren wir die Prioritätswarteschlangenoperation unmittelbar. Wie oben gibt das Vorzeichen eines Eintrags in `val` an, ob der entsprechende Knoten dem Baum oder der Prioritätswarteschlange angehört. Alle Knoten beginnen in der Prioritätswarteschlange und haben die als Marke dienende Priorität `unseen` (unsichtbar). Um die

Priorität eines Knotens zu ändern, weisen wir einfach dem Eintrag in val für diesen Knoten die neue Priorität zu. Um den Knoten mit der höchsten Priorität zu entfernen, durchsuchen wir das Feld val, um den Knoten mit dem größten negativen (am nächsten bei 0 gelegenen) Wert in val zu finden, und kehren dann bei seiner Eintragung in val das Vorzeichen um. Nachdem wir in dem von uns verwendeten Programm listpfs diese mechanischen Änderungen vorgenommen haben, erhalten wir das folgende kompakte Programm:

```
matrixpfs()
  {
    int k, t, min = 0;
    for (k = 1; k <= V; k++)
      { val[k] = -unseen; dad[k] = 0; }
    val[0] = -(unseen+1);
    for (k = 1; k != 0; k = min, min = 0)
      {
        val[k] = -val[k];
        if (val[k] == unseen) val[k] = 0;
        for (t = 1; t <= V; t++)
          if (val[t] < 0)
            {
              if (a[k][t] && (val[t] < -priority))
                { val[t] = -priority; dad[t] = k; }
              if (val[t] > val[min]) min = t;
            }
      }
  }
```

Beachten Sie, daß unseen etwas kleiner als maxint sein muß, da unseen+1 als Marke für das Auffinden des Minimums verwendet wird und dieser Wert mit negativem Vorzeichen darstellbar sein muß.

Wenn wir die Gewichte in der Adjazenzmatrix speichern und anstelle von priority in diesem Programm a[k][t] benutzen, erhalten wir den Algorithmus von Prim zur Bestimmung des minimalen Spannbaumes; wenn wir anstelle von priority val[k]+a[k][t] benutzen, erhalten wir den Algorithmus von Dijkstra für das Problem des kürzesten Pfades. Wie oben erhalten wir, wenn wir den Programmabschnitt zur Registrierung von id als Anzahl der bisher durchsuchten Knoten einfügen und V-id anstelle von priority verwenden, die Tiefensuche; wenn wir id verwenden, erhalten wir die Breitensuche. Dieses Programm unterscheidet sich von dem Programm für die Prioritätssuche, mit dem wir bei lichten Graphen gearbeitet haben, nur hinsichtlich der verwendeten Darstellung des Graphen (Adjazenzmatrix anstelle einer Adjazenzliste) und der Implementation der Prioritätswarteschlange (ungeordnetes Feld anstelle eines indirekten Heap).

Eigenschaft 31.5 *Die Probleme des minimalen Spannbaumes und des kürzesten Pfades können für dichte Graphen in linearer Zeit gelöst werden.*

Aus der Betrachtung des Programms ist unmittelbar ersichtlich, daß die Laufzeit im ungünstigsten Fall proportional zu V^2 ist. Jedesmal, wenn ein Knoten besucht wird, erfüllt ein Durchlaufen der V Einträge in seiner Zeile in der Adjazenzmatrix den dualen Zweck der Prüfung aller benachbarten Kanten und der Aktualisierung und des Auffindens des nächsten minimalen Wertes in der Prioritätswarteschlange. Daher ist die Laufzeit linear, wenn E zu V^2 proportional ist. ∎

Wir haben drei Programme für das Problem des minimalen Spannbaumes mit sehr unterschiedlichen Verhaltensmerkmalen betrachtet: das Verfahren der Prioritätssuche (Seite 516), den Algorithmus von Kruskal (Seite 523) und den Algorithmus von Prim (s.o.). Für manche Graphen dürfte der Algorithmus von Prim der schnellste der drei Algorithmen sein, für andere der Algorithmus von Kruskal, für wieder andere die Prioritätssuche. Wie oben beschrieben, ist der ungünstigste Fall für die Prioritätssuche $(E + V)$ log V, während der ungünstigste Fall für den Algorithmus von Prim V^2 und für den Algorithmus von Kruskal E log E ist. Doch es wäre unklug, die Auswahl unter den Algorithmen allein auf der Grundlage dieser Formeln zu treffen, da das Auftreten von Graphen, die dem ungünstigsten Fall entsprechen, in der Praxis unwahrscheinlich ist. In Wirklichkeit dürften sowohl die Prioritätssuche als auch das Verfahren von Kruskal für Graphen, die in der Praxis auftreten, in einer zu E proportionalen Zeit ablaufen: das erstere, weil die meisten Kanten keine Anpassung der Prioritätswarteschlange erfordern, die log V Schritte benötigt, und das letztere, weil die längste Kante im minimalen Spannbaum wahrscheinlich relativ kurz ist, so daß der Prioritätswarteschlange nicht viele Kanten entnommen werden. Bei lichten Graphen läuft wahrscheinlich die Prioritätssuche am schnellsten ab, da sie mit einer kleinen Prioritätswarteschlange arbeiten dürfte. Natürlich läuft das Verfahren von Prim für dichte Graphen gleichfalls in einer ungefähr zu E proportionalen Zeit ab (doch es sollte nicht für lichte Graphen benutzt werden).

Geometrische Probleme

Gegeben seien N Punkte in der Ebene, und wir möchten die kürzeste Menge von Linien finden, die alle Punkte verbinden. Dies ist ein geometrisches Problem, welches Problem des *Euklidischen minimalen Spannbaumes* genannt wird. Es kann unter Benutzung des oben angegebenen Algorithmus für Graphen gelöst werden, doch es dürfte klar sein, daß die Geometrie genügend viele zusätzliche Strukturen bietet, um die Entwicklung wesentlich effizienterer Algorithmen zu ermöglichen.

Der Lösungsweg für das Euklidische Problem, bei dem der oben angegebene Algorithmus benutzt wird, besteht in der Erzeugung eines vollständigen Graphen mit N Knoten und $N(N-1)/2$ Kanten, wobei jedes Paar von Knoten durch eine Kante verbunden ist, mit dem Abstand zwischen den betreffenden Punkten als Gewicht. Der minimale Spannbaum kann dann mit `matrixpfs` für dichte Graphen in einer zu N^2 proportionalen Zeit gefunden werden.

Es konnte bewiesen werden, daß es möglich ist, noch mehr zu erreichen. Die entscheidende Tatsache ist, daß die geometrische Struktur bewirkt, daß die meisten Kanten des vollständigen Graphen für das Problem irrelevant sind und wir die meisten von ihnen eliminieren können, noch bevor wir mit der Erzeugung des minimalen Spannbaumes beginnen. Tatsächlich ist bewiesen worden, daß der minimale Spannbaum eine Teilmenge des Graphen ist, den man erhält, indem man nur die Kanten aus der zum Voronoi-Diagramm dualen Struktur nimmt (siehe Kapitel 28). Wir wissen, daß die Anzahl der Kanten dieses Graphen proportional zu N ist, und sowohl der Algorithmus von Kruskal als auch die Prioritätssuche sind für solche lichte Graphen effizient. Im Prinzip könnten wir daher die zum Voronoi-Diagramm duale Struktur berechnen (wozu eine zu $N \log N$ proportionale Zeit erforderlich ist) und dann entweder den Algorithmus von Kruskal oder die Prioritätssuche anwenden, um einen Algorithmus für den Euklidischen minimalen Spannbaum zu erhalten, der in einer zu $N \log N$ proportionalen Zeit abläuft. Doch die Erstellung eines Programms zur Berechnung der zum Voronoi-Diagramm dualen Struktur ist selbst für einen erfahrenen Programmierer eine sehr schwierige Aufgabe, so daß sich diese Vorgehensweise wohl als nicht realisierbar erweisen dürfte.

Ein anderer Ansatz, der für zufällige Punktmengen verwendet werden kann, besteht darin, die Verteilung der Punkte auszunutzen, um die Anzahl der in den Graph aufgenommenen Kanten zu begrenzen, etwa wie in dem Gitterverfahren, das in Kapitel 26 für die Bereichssuche angewandt wurde. Wenn wir die Ebene so in Quadrate einteilen, daß jedes Quadrat wahrscheinlich ungefähr lg $N/2$ Punkte enthält, und dann für jeden Punkt nur die Kanten in den Graph aufnehmen, die ihn mit den Punkten in den benachbarten Quadraten verbinden, so ist es sehr wahrscheinlich (wenn auch nicht sicher), daß wir alle Kanten des minimalen Spannbaumes erhalten, was bedeuten würde, daß die Lösung der Aufgabe mit Hilfe des Algorithmus von Kruskal oder die Prioritätssuche effizient vollendet werden könnte.

Es ist interessant, über den Zusammenhang zwischen Algorithmen für Graphen und geometrischen Algorithmen nachzudenken, der in dem in den obigen Absätzen genannten Problem zum Ausdruck kommt. Sicher trifft es zu, daß viele Probleme entweder als geometrische Probleme oder als Probleme für Graphen formuliert werden können. Wenn die tatsächliche physikalische Anordnung von Objekten ein entscheidendes Merkmal ist, so können die geometrischen Algorithmen aus den Kapiteln 24-28 geeignet sein. Sind dagegen Verbindungen zwischen Objekten von grundlegender Bedeutung, so könnten die Algorithmen für Graphen aus dem vorliegenden Kapitel zweckmäßiger sein. Der Euklidische minimale Spannbaum scheint auf der Grenze zwischen diesen beiden Gebieten zu liegen (bei der Eingabe spielt Geometrie eine Rolle, bei der Ausgabe Verbindungen), und die Entwicklung einfacher, unmittelbar anwendbarer Verfahren für dieses und verwandte Probleme bleibt eine wichtige, jedoch schwierige Aufgabe.

Eine andere Situation, wo geometrische Algorithmen und Algorithmen für Graphen in Wechselwirkung treten, ist das Problem der Bestimmung des kürzesten Weges zwischen x und y in einem Graph, dessen Knoten Punkte in der Ebene sind und dessen

Kanten Linien sind, die diese Punkte verbinden. Der von uns betrachtete Labyrinth-Graph kann als ein solcher Graph angesehen werden. Die Lösung dieses Problems ist einfach: Wir benutzen die Prioritätssuche, wobei wir die Priorität jedes vorgefundenen Randknotens gleich dem Abstand im Baum von x bis zu dem Randknoten (wie in dem angegebenen Algorithmus) *plus* dem Euklidischen Abstand von dem Randknoten bis y setzen. Dann brechen wir ab, wenn y zum Baum hinzugefügt wird. Mit Hilfe dieses Verfahrens wird sehr schnell der kürzeste Pfad von x nach y gefunden, indem stets in der Richtung von y vorgegangen wird, während bei dem Standardalgorithmus nach y »gesucht« werden muß. Die Bewegung von einer Ecke eines großen Labyrinth-Graphen zu einer anderen könnte die Untersuchung einer Anzahl von Knoten erfordern, die zu $\sqrt{N}$ proportional ist, während bei dem Standardalgorithmus praktisch alle Knoten betrachtet werden müssen.

Übungen

1. Geben Sie einen weiteren minimalen Spannbaum für den Graph aus dem Beispiel zu Beginn dieses Kapitels an.

2. Geben Sie einen Algorithmus zur Bestimmung des *minimalen aufspannenden Waldes* eines zusammenhängenden Graphen an (jeder Knoten muß von irgendeiner Kante berührt werden, doch der resultierende Graph muß nicht zusammenhängend sein).

3. Existiert ein Graph mit V Knoten und E Kanten, für den die Lösung des Problems des minimalen Spannbaum mit Prioritätssuche eine zu $(E + V) \log V$ proportionale Zeit erfordern könnte? Geben Sie ein Beispiel an bzw. begründen Sie Ihre Antwort.

4. Angenommen, wir führen in den allgemeinen Implementationen der Traversierung von Graphen die Prioritätswarteschlange als eine sortierte Liste. Wie groß wäre die Laufzeit im ungünstigsten Fall, bis auf einen konstanten Faktor genau? Wann wäre dieses Verfahren zweckmäßig, wenn überhaupt?

5. Geben Sie Gegenbeispiele an, die zeigen, weshalb die folgende »gefräßige« Strategie weder für das Problem des kürzesten Pfades noch für das Problem des minimalen Spannbaumes geeignet ist: »Besuche bei jedem Schritt denjenigen noch nicht besuchten Knoten, der dem soeben besuchten Knoten am nächsten liegt.«

6. Geben Sie die Bäume der kürzesten Pfade für die anderen Knoten in dem Graph aus dem Beispiel an.

7. Beschreiben Sie, wie Sie für einen extrem umfangreichen Graph (der zu groß ist, um im Hauptspeicher untergebracht werden zu können) den minimalen Spannbaum finden würden.

8. Erstellen Sie ein Programm zur Erzeugung von zufälligen zusammenhängenden Graphen mit V Knoten, und finden Sie dann den minimalen Spannbaum und den Baum der kürzesten Pfade für einen bestimmten Knoten. Verwenden Sie zufällige Gewichte zwischen 1 und V. Wie unterscheiden sich die Gewichte der Bäume für verschiedene Werte von V?

9. Erstellen Sie ein Programm zur Erzeugung von zufälligen vollständigen gewichteten Graphen mit V Knoten durch einfaches Ausfüllen einer Adjazenzmatrix mit zufälligen Zahlen zwischen 1 und V. Führen Sie empirische Testläufe durch, um zu bestimmen, mit welchem Verfahren der minimale Spannbaum für $V = 10, 25, 100$ schneller gefunden wird: mit dem von Prim oder mit dem von Kruskal.

10. Geben Sie ein Gegenbeispiel an, das zeigt, warum die folgende Methode zum Auffinden des Euklidischen minimalen Spannbaumes nicht funktioniert: »Sortiere die Punkte nach ihren x-Koordinaten, finde dann die minimalen Spannbäume der ersten Hälfte und der zweiten Hälfte, und finde dann die kürzeste Kante, die sie verbindet.«

Kapitel 32

Gerichtete Graphen

Gerichtete Graphen sind Graphen, in denen die die Knoten verbindenden Kanten eine Richtung haben; diese zusätzliche Struktur führt dazu, daß die Bestimmung verschiedener Eigenschaften schwieriger wird. Die Verarbeitung solcher Graphen ist mit dem Umherfahren in einer Stadt mit vielen Einbahnstraßen vergleichbar; in einer solchen Situation kann es wirklich eine komplizierte Aufgabe sein, von einem Ort zu einem anderen zu gelangen.

Oft spiegelt die Richtung der Kante eine Art Reihenfolgebeziehung bei der zu modellierenden Anwendung wider. Zum Beispiel könnte ein gerichteter Graph benutzt werden, um eine Fertigungsstraße zu modellieren; Knoten entsprechen auszuführenden Arbeitsgängen, und von Knoten x nach Knoten y existiert eine Kante, wenn der dem Knoten x entsprechende Arbeitsgang vor dem dem Knoten y entsprechenden Arbeitsgang ausgeführt werden muß. Wie legen wir fest, wann die einzelnen Arbeitsgänge auszuführen sind, so daß keine der Vorrangbedingungen verletzt wird?

Im vorliegenden Kapitel betrachten wir die Tiefensuche für gerichtete Graphen sowie Algorithmen für die Berechnung der *transitiven Hülle* (die Informationen über den Zusammenhang zusammenfaßt), für *topologisches Sortieren* und für die Berechnung von *streng zusammenhängenden Komponenten* (die etwas mit Vorrangbeziehungen zu tun haben).

Wie in Kapitel 29 erwähnt, sind Darstellungen für gerichtete Graphen einfache Erweiterungen (eigentlich Einschränkungen) von Darstellungen für ungerichtete Graphen. Bei der Darstellung mittels Adjazenzliste erscheint jede Kante nur einmal: Die Kante, die von x nach y führt, ist als ein y enthaltender Listenknoten in der x entsprechenden verketteten Liste dargestellt. Bei der Darstellung mittels Adjazenzmatrix müssen wir eine vollständige $V \times V$-Matrix beibehalten, mit einer Eins in Zeile x und Spalte y (doch nicht notwendigerweise in Zeile y und Spalte x), wenn eine von x nach y führende Kante existiert.

Ein gerichteter Graph, der dem von uns betrachteten ungerichteten Graph ähnlich ist, ist in Abbildung 32.1 dargestellt. Dieser Graph besteht aus den Kanten AG AB CA LM JM JL JK ED DF HI FE AF GE GC HG GJ LG IH ML. Die Reihenfolge, in der die Knoten

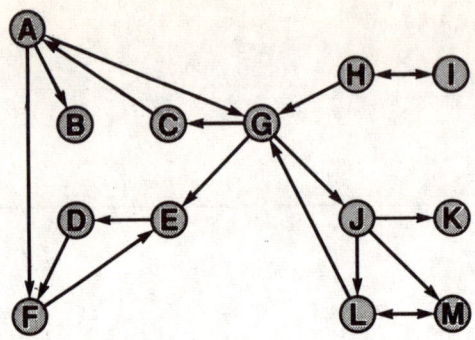

Abbildung 32.1 *Ein gerichteter Graph.*

bei der Angabe der Kanten erscheinen, ist nunmehr wesentlich: Die Schreibweise AG bezeichnet eine Kante, die von A nach G führt, jedoch *nicht* von G nach A. Es ist aber möglich, daß zwischen zwei Knoten zwei Kanten vorhanden sind, eine in jeder Richtung (Abbildung 32.1 enthält sowohl HI als auch IH und sowohl LM als auch ML).

Wir bemerken, daß bei diesen Darstellungen zwischen einem ungerichteten Graph und einem gerichteten Graph, der anstelle jeder Kante im ungerichteten Graph zwei in entgegengesetzter Richtung verlaufende Kanten besitzt, kein Unterschied feststellbar wäre. Daher können einige der Algorithmen im vorliegenden Kapitel als Verallgemeinerungen von Algorithmen aus vorangegangenen Kapiteln betrachtet werden.

Tiefensuche

Der Tiefensuch-Algorithmus aus Kapitel 29 ist für gerichtete Graphen genau in der angegebenen Form anwendbar. In Wirklichkeit ist seine Arbeitsweise sogar noch etwas einfacher als bei ungerichteten Graphen, da keine doppelten Kanten zwischen Knoten beachtet werden müssen, außer wenn sie explizit in den Graph aufgenommen werden. Die Suchbäume haben jedoch eine etwas kompliziertere Struktur. Zum Beispiel zeigt Abbildung 32.2 die Tiefensuch-Struktur, die die Arbeitsweise des rekursiven Algorithmus aus Kapitel 29 bei Anwendung auf unseren Beispiel-Graphen beschreibt. Wie zuvor ist dies eine in anderer Form gezeichnete Variante des Graphen: Als durchgehende Linien dargestellte Kanten entsprechen denjenigen Kanten, die tatsächlich benutzt wurden, um über rekursive Aufrufe Knoten zu besuchen, und gestrichelt gezeichnete Kanten entsprechen denjenigen Kanten, die auf Knoten zeigen, die zu dem Zeitpunkt, als die Kante betrachtet wurde, schon besucht worden waren. Die Knoten werden in der Reihenfolge A F E D B G J K L M C H I besucht.

Beachten Sie, daß die Richtungen der Kanten bewirken, daß sich dieser Tiefensuch-Wald von den Tiefensuch-Wäldern für ungerichtete Graphen stark unterscheidet. Zum Beispiel ist, obwohl der ursprüngliche Graph zusammenhängend war, die durch

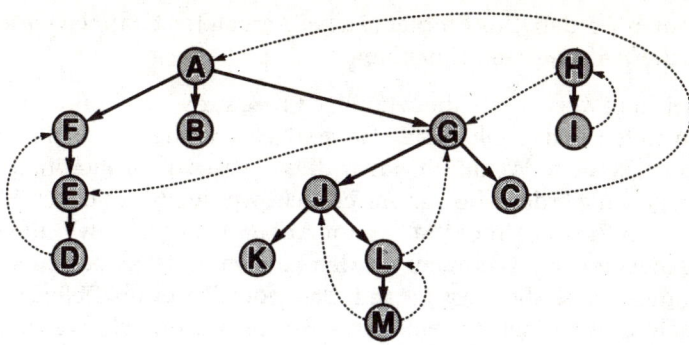

Abbildung 32.2 *Tiefensuch-Wald für einen gerichteten Graph.*

die durchgehenden Kanten definierte Struktur der Tiefensuche nicht zusammenhängend; es ist ein Wald, kein Baum.

Bei ungerichteten Graphen trat nur eine Art von gestrichelten Kanten auf, nämlich Kanten, die einen Knoten mit einem bestimmten Vorgänger im Baum verbinden. Bei gerichteten Graphen gibt es drei Arten von gestrichelten Kanten: *nach oben* verlaufende Kanten, die von einem Knoten zu einem bestimmten Vorgänger im Baum zeigen, *nach unten* verlaufende Kanten, die von einem Knoten zu einem bestimmten Nachfolger im Baum zeigen, und *quer* verlaufende Kanten, die von einem Knoten zu einem anderen Knoten führen, der weder ein Nachfolger noch ein Vorgänger im Baum ist.

Wie im Falle ungerichteter Graphen interessieren uns auch bei gerichteten Graphen Zusammenhangseigenschaften. Wir möchten in der Lage sein, Fragen der Art »Existiert ein *gerichteter Pfad* von Knoten *x* nach Knoten *y* (ein Pfad, der Kanten nur längs der angegebenen Richtung folgt)?«, »Welche Knoten können wir von *x* aus über einen gerichteten Pfad erreichen?« und »Existiert ein gerichteter Pfad von Knoten *x* nach Knoten *y und* ein gerichteter Pfad von *y* nach *x*?« zu beantworten. Genau wie bei ungerichteten Graphen wird es uns möglich sein, solche Fragen zu beantworten, indem wir den grundlegenden Algorithmus der Tiefensuche in geeigneter Weise modifizieren, obwohl die Existenz mehrerer unterschiedlicher Typen von gestrichelten Kanten bewirkt, daß die Modifikationen etwas komplizierter sind.

Transitive Hülle

In ungerichteten Graphen sind durch den einfachen Zusammenhang die Knoten gegeben, die von einem gegebenen Knoten aus erreicht werden können, indem Kanten des Graphen durchlaufen werden: Es sind alle Knoten, die der gleichen zusammenhängenden Komponente angehören. In ähnlicher Weise interessiert uns bei gerichteten Graphen oft die Menge der Knoten, die von einem gegebenen Knoten aus erreicht werden können, indem Kanten des Graphen in der angegebenen Richtung durchlaufen werden. Das Problem ist bei gerichteten Graphen wesentlich komplizierter als der einfache Zusammenhang.

Es läßt sich leicht beweisen, daß die rekursive Prozedur visit aus dem in Kapitel 29 angegebenen Tiefensuchverfahren alle Knoten besucht, die vom Anfangsknoten aus erreicht werden können. Wenn wir daher diese Prozedur so modifizieren, daß die Knoten ausgegeben werden, die von ihr besucht werden (etwa durch Einfügen von printf("%c",name(k)) unmittelbar am Anfang), so geben wir alle Knoten aus, die vom Anfangsknoten aus erreicht werden können. Es ist jedoch zu beachten, daß *nicht* notwendigerweise die Aussage gilt, daß jeder Baum im Tiefensuch-Wald alle Knoten enthält, die von der Wurzel dieses Baums aus erreicht werden können: In unserem Beispiel können von H aus alle Knoten im Graph erreicht werden, nicht nur I. Um für jeden Knoten alle Knoten zu erhalten, die von ihm aus besucht werden können, rufen wir einfach *V* mal visit auf, einmal für jeden Knoten:

```
for (k = 1; k <= V; k++)
   {
      id = 0;
      for (j = 1; j <= V; j++) val[j] = 0;
      visit(k);
      printf("\n");
   }
```

Dieses Programm erzeugt für den gerichteten Graph in Abbildung 32.1 die folgende Ausgabe. Wie zuvor hängt die Anordnung der Namen der Knoten in jeder Zeile von der verwendeten speziellen Darstellung des Graphen und der benutzten Suchprozedur ab. Die *Menge* der Knoten in jeder Zeile ist eine Struktureigenschaft des Graphen selbst: Jede Zeile enthält diejenigen Knoten, die vom ersten Knoten in der Zeile über einen gerichteten Pfad erreichbar sind.

```
A  F  E  D  B  G  J  K  L  M  C
B
C  A  F  E  D  B  G  J  K  L  M
D  F  E
E  D  F
F  E  D
G  J  K  L  M  C  A  F  E  D  B
H  G  J  K  L  M  C  A  F  E  D  B  I
I  H  G  J  K  L  M  C  A  F  E  D  B
J  K  L  G  C  A  F  E  D  B  M
K
L  G  J  K  M  C  A  F  E  D  B
M  L  G  J  K  C  A  F  E  D  B
```

Für ungerichtete Graphen würde diese Berechnung eine Tabelle mit der Eigenschaft erzeugen, daß jedem Knoten in einer zusammenhängenden Komponente eine Zeile entspricht, in der alle in dieser Komponente enthaltenen Knoten aufgezählt sind. Die obige Tabelle besitzt eine ähnliche Eigenschaft: In einigen der Zeilen sind identische Mengen von Knoten aufgeführt. Weiter unten betrachten wir die Verallgemeinerung des Zusammenhangbegriffs, die diese Eigenschaft erklärt.

Wie gewöhnlich könnten wir Programmabschnitte hinzufügen, um eine zusätzliche Verarbeitung vorzunehmen, anstatt nur die Tabelle auszugeben. Eine Operation, die wir vielleicht ausführen möchten, ist das Hinzufügen einer Kante direkt von x nach y, wenn ein Weg existiert, um von x nach y zu gelangen. Der Graph, der durch das Hinzufügen aller Kanten dieser Art zu einem gerichteten Graph entsteht, wird die *transitive Hülle* des Graphen genannt. Im Normalfall wird dabei eine große Anzahl von Kanten hinzugefügt, und die transitive Hülle ist meist dicht, so daß eine Darstellung mittels Adjazenzmatrix benutzt wird. Hierbei existiert eine Analogie zu zusammenhängenden Komponenten in einem ungerichteten Graph: Wenn wir diese Berechnung erst einmal ausgeführt haben, können wir schnell Fragen beantworten wie: »Existiert ein Weg, um von x nach y zu gelangen?«

Eigenschaft 32.1 *Mittels Tiefensuche läßt sich die transitive Hülle eines gerichteten Graphen in $O(V(E+V))$ Schritten für einen lichten Graph und in $O(V^3)$ Schritten für einen dichten Graph zu berechnen.*

Dies folgt unmittelbar aus den grundlegenden Eigenschaften in Kapitel 29: Wir führen die dort angegebene Tiefensuchprozedur für jeden der V Knoten im Graph aus. Das gleiche Ergebnis gilt für Breitensuche; wie oben erwähnt, ist die Reihenfolge, in der wir die Knoten besuchen, für dieses Problem nicht weiter wesentlich. ■

Es existiert ein bemerkenswert einfaches nichtrekursives Programm zur Berechnung der transitiven Hülle eines Graphen, der mittels einer Adjazenzmatrix dargestellt ist:

```
for (y = 1; y <= V; y++)
   for (x = 1; x <= V; x++)
     if (a[x][y])
       for (j = 1; j <= V; j++)
         if (a[y][j]) a[x][j] = 1;
```

S. Warshall entwickelte dieses Verfahren 1962, unter Benutzung der einfachen Bemerkung, daß, »falls ein Weg existiert, um von Knoten x nach Knoten y zu gelangen, und ein Weg, um von Knoten y nach Knoten j zu gelangen, auch ein Weg existiert, um von Knoten x nach Knoten j zu gelangen.« Der Trick besteht darin, diese Aussage etwas zu verstärken, so daß die Berechnung in nur einem Durchlauf durch die Matrix ausgeführt werden kann, nämlich: »Falls ein Weg existiert, um von Knoten x nach Knoten y zu gelangen, *unter ausschließlicher Verwendung von Knoten mit Indizes, die kleiner als y sind,* und ein Weg, um von Knoten y nach Knoten j zu gelangen, so existiert auch ein Weg, um von Knoten x nach Knoten j zu gelangen, *unter ausschließlicher Verwendung von Knoten mit Indizes, die kleiner als* y+1 *sind.*« Das obige Programm ist eine direkte Implementation dieser Aussage.

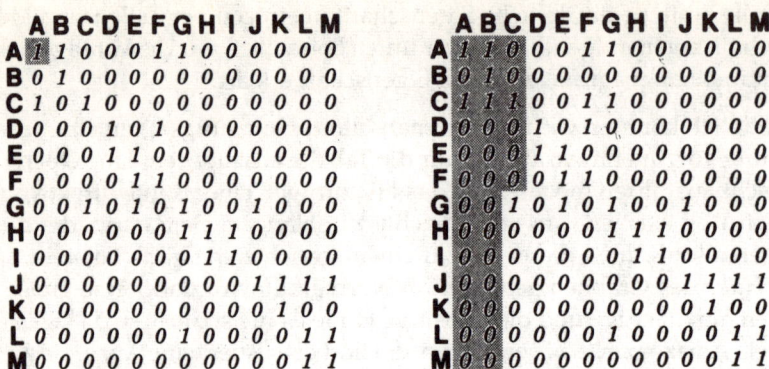

Abbildung 32.3 Anfangsetappen des Algorithmus von Warshall.

Mit dem Verfahren von Warshall wird die Adjazenzmatrix eines Graphen in die Adjazenzmatrix seiner transitiven Hülle umgewandelt. Eine Möglichkeit, dem Algorithmus zu folgen, besteht darin, sich ihn in der Weise vorzustellen, daß jedesmal in einer ganzen Zeile der Matrix auf einmal Werte gesetzt werden. Die Operation für Spalte y besteht darin, jede Zeile mit einer Eins in Spalte y durch das Ergebnis der OR-Verknüpfung dieser Zeile und *Zeile* y zu ersetzen. Abbildung 32.3 zeigt die ursprüngliche Matrix für unseren Beispiel-Graphen und den Zustand der Matrix nach der Verarbeitung der ersten zwei und der Hälfte der dritten Spalte; bis zu diesem Moment wurde nur Zeile C verändert. Abbildung 32.4 zeigt die Matrix vor der Verarbeitung der letzten Spalten sowie das Endergebnis (die transitive Hülle).

Eigenschaft 32.2 *Der Algorithmus von Warshall ermöglicht die Berechnung der transitiven Hülle in $O(V^3)$ Schritten.*

Falls die Matrix ursprünglich mit Einsen gefüllt ist, ist dies aufgrund der dreifach verschachtelten Schleifen offensichtlich. Doch selbst bei einem lichten Graph kann leicht

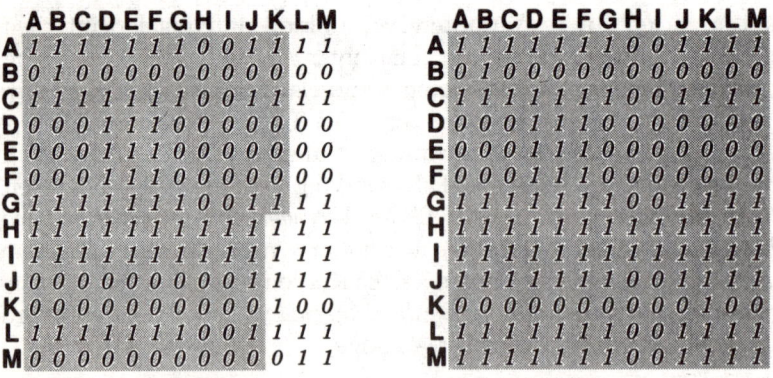

Abbildung 32.4 Letzte Etappen des Algorithmus von Warshall.

dieser Fall eintreten; wenn zum Beispiel der erste Knoten mit jedem anderen Knoten verbunden ist, wird die Matrix mit Einsen gefüllt, bevor *y* auf 2 gesetzt wird. ■

Bei sehr großen Graphen kann diese Berechnung so organisiert werden, daß die Bit-Operationen jedesmal für ein Computerwort ausgeführt werden, was in vielen Umgebungen zu erheblichen Einsparungen führt.

Alle kürzesten Pfade

Die transitive Hülle eines ungewichteten Graphen (gerichtet oder nicht) beantwortet die Frage »Existiert ein Pfad von *x* nach *y*?« für alle Paare *x*, *y* von Knoten. Für gewichtete Graphen (gerichtet oder nicht) ist es manchmal wünschenswert, eine Tabelle anzugeben, die es gestattet, den kürzesten Pfad von *x* nach *y* für alle Paare von Knoten zu finden. Dies ist das *Problem des kürzesten Pfades für alle Paare*. Zum Beispiel möchten wir für den in Abbildung 32.5 dargestellten gewichteten Graph allein durch Zugriff auf diese Tabelle erfahren, daß der kürzeste Pfad von M nach K die Länge 8 hat, der kürzeste Pfad von J nach F die Länge 12 usw.

Wie oben findet der Algorithmus des kürzesten Pfades aus dem vorangegangenen Kapitel den kürzesten Pfad vom Anfangsknoten zu jedem anderen Knoten, so daß wir nur diese Prozedur *V* mal anwenden müssen, beginnend in jedem Knoten. Dies ergibt einen Algorithmus, der in $O((E + V)V \log V)$ Schritten abläuft. Doch es ist auch möglich, ein Verfahren anzuwenden, das mit dem Verfahren von Warshall vergleichbar ist und gewöhnlich R. W. Floyd zugeschrieben wird:

```
for (y = 1; y <= V; y++)
 for (x = 1; x <= V; x++)
  if (a[x][y])
    for (j = 1; j <= V; j++)
    if (a[y][j] > 0)
      if (!a[x][j] || (a[x][y]+a[y][j] < a[x][j]))
      a[x][j] = a[x][y] + a[y][j];
```

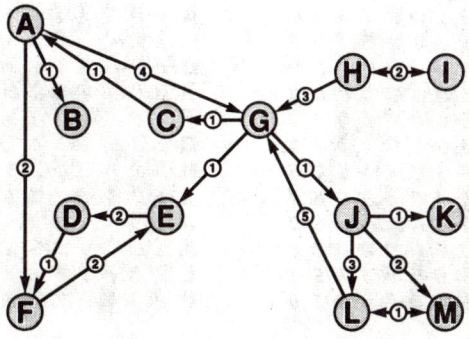

Abbildung 32.5 Ein gewichteter gerichteter Graph.

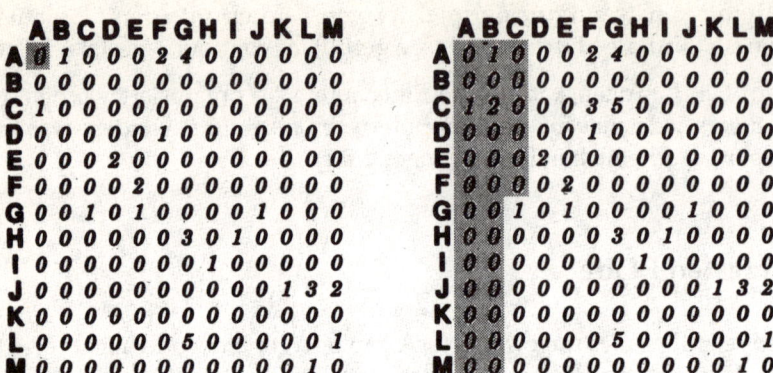

Abbildung 32.6 *Anfangsetappen des Algorithmus von Floyd.*

Die Struktur des Algorithmus ist genau die gleiche wie beim Verfahren von Warshall. Anstelle der Verwendung von OR zur Verfolgung der Pfade führen wir für jede Kante eine kleine Berechnung aus, um zu bestimmen, ob sie Teil eines neuen kürzesten Pfades ist: »Der kürzeste Weg von Knoten x nach Knoten j *unter ausschließlicher Benutzung von Knoten mit Indizes, die kleiner als $y + 1$ sind*, ist entweder der kürzeste Weg von Knoten x nach Knoten j *unter ausschließlicher Benutzung von Knoten mit Indizes, die kleiner als y sind*, oder, wenn er kürzer ist, der kürzeste Weg von x nach y plus dem Abstand zwischen y und j.« Wie gewöhnlich entspricht ein Eintrag 0 in der Matrix dem Fehlen der angegebenen Kante; das Programm könnte etwas vereinfacht werden (indem alle Vergleiche auf 0 entfallen), wenn ein als Marke dienender Wert verwendet wird, der einer Kante mit unendlich großem Gewicht entspricht.

Eigenschaft 32.3 *Der Algorithmus von Floyd ermöglicht die Lösung des Problems des kürzesten Pfades für alle Paare in $O(V^3)$ Schritten.*

Dies folgt aus den gleichen Überlegungen wie im Falle der Eigenschaft 32.2. ∎

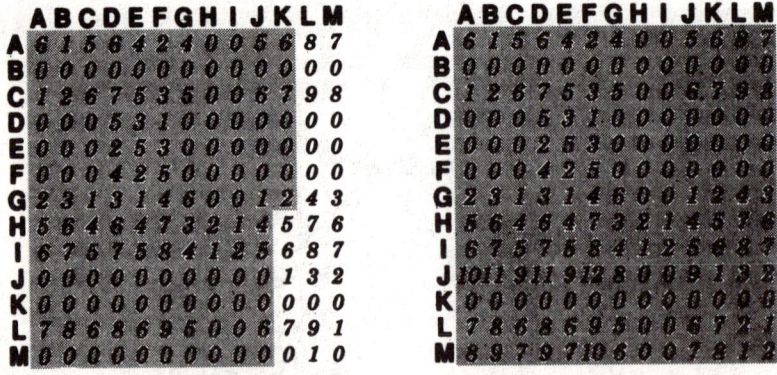

Abbildung 32.7 *Letzte Etappen des Algorithmus von Floyd.*

Die Abbildungen 32.6 und 32.7 zeigen das Verhalten des Algorithmus von Floyd ausführlicher anhand unseres Beispiels, das zum Zwecke des Vergleichs genauso wie die Abbildungen 32.3 und 32.4 angeordnet wurde. Die Nulleinträge in den verschiedenen Matrizen, die dem Fehlen eines Pfades zwischen den beiden Knoten mit den betreffenden Indizes entsprechen, sind für beide Algorithmen identisch. Die von null verschiedenen Einträge in den Matrizen für den Algorithmus von Warshall bezeichnen die Existenz eines Pfades zwischen den beiden Knoten; beim Algorithmus von Floyd geben sie die Länge des kürzesten solchen Pfades an, der schon entdeckt worden ist. Der aktuell kürzeste Pfad kann auch berechnet werden, indem eine Matrixvariante unseres Feldes dad aus den vorangegangenen Kapiteln benutzt wird: Man setze den Eintrag in Zeile x und Spalte j auf den Namen des letzten Knotens im kürzesten Pfad von x nach j (Knoten y in der inneren Schleife des obigen Programms).

Topologisches Sortieren

Zyklische Graphen treten in vielen Anwendungen auf, in denen gerichtete Graphen eine Rolle spielen. Wenn der Graph in Abbildung 32.1 zur Modellierung einer Fertigungsstraße dienen würde, so würde daraus beispielsweise folgen, daß Arbeitsgang A vor Arbeitsgang G ausgeführt werden muß, welcher vor Arbeitsgang C ausgeführt werden muß, welcher vor Arbeitsgang A ausgeführt werden muß. Doch eine solche Situation ist in sich widersprüchlich; für diese und viele andere Anwendungen werden gerichtete Graphen ohne *gerichtete Zyklen* (Zyklen, bei denen alle Kanten in der gleichen Richtung zeigen) benötigt. Derartige Graphen werden *gerichtete azyklische Graphen* (directed acyclic graphs, abgekürzt *dags*) genannt. Dags können viele Zyklen aufweisen, wenn die Richtungen der Kanten nicht berücksichtigt werden; ihre definierende Eigenschaft besagt einfach, daß man niemals einen Zyklus durchlaufen kann, wenn man den Kanten in der angegebenen Richtung folgt. Abbildung 32.8 zeigt einen dag, der dem gerichteten Graph in Abbildung 32.1 ähnlich ist, wobei ein paar Kanten entfernt oder in der Richtung geändert wurden, um Zyklen zu beseitigen. Die Liste der Kanten für diesen Graph ist die gleiche wie für den zusammenhängenden

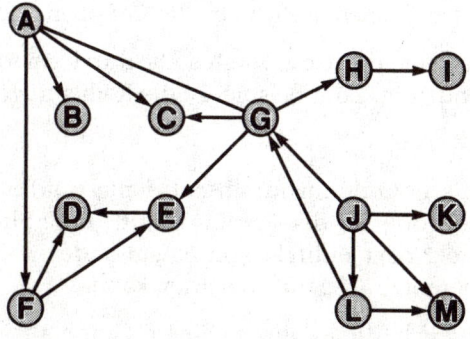

Abbildung 32.8 Ein gerichteter azyklischer Graph.

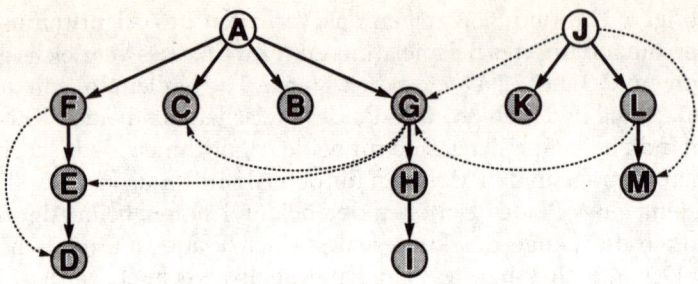

Abbildung 32.9 *Tiefensuche in einem dag.*

Graph aus Kapitel 30, doch auch hier bewirkt die Reihenfolge der Knoten bei der Angabe der Kante einen Unterschied.

Dags unterscheiden sich tatsächlich sehr stark von allgemeinen gerichteten Graphen; in gewissem Sinne sind sie teils Baum, teils Graph. Bei ihrer Verarbeitung läßt sich sicher ihre spezielle Struktur ausnutzen. Von einem beliebigen Knoten aus betrachtet sieht ein dag wie ein Baum aus; anders gesagt, der Tiefensuch-Wald für einen dag hat keine nach oben führenden Kanten. Abbildung 32.9 zeigt den Tiefensuch-Wald, der die Arbeitsweise von dfs bei Anwendung auf den dag in Abbildung 32.8 beschreibt.

Eine grundlegende Operation mit dags ist die Verarbeitung der Knoten des Graphen in einer solchen Reihenfolge, daß kein Knoten vor einem auf ihn zeigenden Knoten verarbeitet wird. Die Knoten im obigen Graph könnten zum Beispiel in der folgenden Reihenfolge verarbeitet werden:

    J K L M A G H I F E D B C

Zeichnet man zu den in diesen Positionen angeordneten Knoten die Kanten, so verlaufen sie alle von links nach rechts. Wie bereits erwähnt, gibt es hierfür offensichtliche Anwendungen, zum Beispiel bei Graphen, die Fertigungsprozesse darstellen, denn es wird eine spezielle Vorgehensweise im Rahmen der durch den Graph vorgegebenen Einschränkungen angegeben. Diese Operation wird *topologisches Sortieren* genannt, da sie das Ordnen der Knoten des Graphen erfordert.

Im allgemeinen ist die Reihenfolge der Knoten, die durch ein topologisches Sortieren erzeugt wird, nicht eindeutig. Zum Beispiel ist die Reihenfolge

    A J G F K L E M B H C I D

eine zulässige topologische Ordnung für unser Beispiel (und es gibt viele andere). Bei der erwähnten Anwendung bei der Fertigung tritt diese Situation auf, wenn ein Arbeitsgang nicht direkt oder indirekt von einem anderen abhängt und daher in dieser oder jener Reihenfolge ausgeführt werden kann.

Gelegentlich ist es nützlich, die Kanten in einem Graph auf umgekehrte Weise zu definieren, indem man sagt, daß eine von *x* nach *y* gerichtete Kante bedeutet, daß

Knoten x von Knoten y »abhängt«. Die Knoten könnten zum Beispiel Begriffe darstellen, die in einem Handbuch einer Programmiersprache (oder einem Buch über Algorithmen!) definiert werden sollen, wobei eine Kante von x nach y führt, falls y in der Definition von x benutzt wird. In diesem Falle wäre es von Nutzen, eine Reihenfolge mit der Eigenschaft zu finden, daß jeder Begriff definiert wird, bevor er in einer anderen Definition verwendet wird. Dies entspricht der Anordnung der Knoten in einer Zeile in der Weise, daß alle Kanten von rechts nach links verlaufen. Eine *umgekehrte topologische Reihenfolge* für den Graph aus unserem Beispiel ist:

D E F C B I H G A K M L J

Der Unterschied ist hierbei nicht von größerer Bedeutung: Die Ausführung eines umgekehrten topologischen Sortierens für einen Graph ist äquivalent zur Ausführung eines topologischen Sortierens für den Graph, den man durch Umkehrung der Richtung aller Kanten erhält.

Wir haben jedoch schon einen Algorithmus für das umgekehrte topologische Sortieren kennengelernt: Die standardmäßige rekursive Tiefensuchprozedur aus Kapitel 29! Wenn der eingegebene Graph ein dag ist, bewirkt eine einfache Änderung von `visit` in der Weise, daß vor dem *Verlassen* der Prozedur der gerade besuchte Knoten ausgegeben wird (zum Beispiel durch Einfügen von `printf("%c",name[k])` unmittelbar am Ende), daß `dfs` die Knoten in der umgekehrten topologischen Reihenfolge ausgibt. Daß dies zum Ziel führt, läßt sich leicht mittels Induktion beweisen: Wir geben den Namen jedes Knotens aus, *nachdem* wir die Namen aller der Knoten ausgegeben haben, auf die er zeigt. Wenn `visit` in dieser Weise geändert und auf unser Beispiel angewandt wird, werden die Knoten in der oben angegebenen umgekehrten topologischen Reihenfolge ausgegeben. Die Ausgabe des Knotennamens beim Verlassen dieser rekursiven Prozedur entspricht genau dem Ablegen des Knotennamens in einem Stapel beim Eintreten und dem Entnehmen und Ausgeben dieses Namens beim Verlassen. In diesem Falle gibt es keinen Grund, einen expliziten Stapel zu verwenden, da ihn die Rekursion automatisch bereitstellt; für das nachfolgend betrachtete kompliziertere Problem werden wir jedoch einen Stapel benötigen.

Streng zusammenhängende Komponenten

Falls ein Graph einen *gerichteten Zyklus* enthält (falls wir von einem Knoten aus zu diesem gleichen Knoten zurück gelangen können, indem wir Kanten in der angegebenen Richtung folgen), so handelt es sich um keinen dag, und er kann nicht topologisch sortiert werden: Unabhängig davon, welcher Knoten im Zyklus zuerst ausgegeben wird, wird stets ein anderer Knoten existieren, der auf diesen zeigt und der noch nicht ausgegeben wurde. Die Knoten im Zyklus sind in dem Sinne untereinander erreichbar, daß es einen Weg gibt, um von jedem Knoten im Zyklus zu jedem anderen Knoten im Zyklus und zurück zu gelangen. Andererseits ist es selbst dann, wenn ein Graph zusammenhängend ist, unwahrscheinlich, daß jeder Knoten von jedem anderen aus über einen gerichteten Pfad erreicht werden kann. Tatsächlich lassen sich die Knoten in Mengen einteilen, die *streng zusammenhängende Komponenten* genannt werden; diese haben die Eigenschaft, daß alle Knoten innerhalb einer Komponente untereinander erreichbar sind, daß es jedoch keinen Weg gibt, um von einem Knoten einer Komponente zu einem Knoten einer anderen Komponente und zurück zu gelangen. Die streng zusammenhängenden Komponenten des gerichteten Graphen in Abbildung 32.1 sind zwei einzelne Knoten B und K, ein Paar von Knoten H I, eine Gruppe von drei Knoten D E F und eine große Komponente mit sechs Knoten A C G J L M. Beispielsweise gehört Knoten A zu einer anderen Komponente als Knoten F, da zwar ein Pfad von A nach F existiert, jedoch kein Weg, um von F nach A zu gelangen.

Die streng zusammenhängenden Komponenten eines gerichteten Graphen können, wie der Leser sicher erwartet hat, unter Benutzung einer Variante der Tiefensuche gefunden werden. Das Verfahren, das wir betrachten wollen, wurde 1972 von R. E. Tarjan entwickelt. Da es auf der Tiefensuche beruht, läuft es in einer zu $V + E$ proportionalen Zeit ab, doch in Wirklichkeit ist es ein sehr wohldurchdachtes Verfahren. Es erfordert nur wenige einfache Modifikationen unserer grundlegenden Prozedur *visit*, doch bevor es von Tarjan vorgestellt wurde, war für dieses Problem kein in linearer Zeit ablaufender Algorithmus bekannt, obwohl viele Wissenschaftler daran gearbeitet hatten.

Die modifizierte Variante der Tiefensuche, die wir benutzen, um die streng zusammenhängenden Komponenten eines Graphen zu finden, ist dem Programm sehr ähnlich, das wir in Kapitel 30 für die Bestimmung von zweifach zusammenhängenden Komponenten untersucht haben. Die unten angegebene rekursive Funktion visit verwendet die gleiche Berechnung von min, um den höchsten Knoten zu finden, der (über eine nach oben führende Verbindung) von irgendeinem Nachfolger des Knotens k aus erreichbar ist, benutzt jedoch den Wert von min in einer etwas anderen Weise, um die streng zusammenhängenden Komponenten auszudrucken:

```c
int visit(int k)
  {
    struct node *t; int m, min;
    val[k] = ++id; min = id;
    stack[p++] = k;
    for (t = adj[k]; t != z; t = t->next)
      {
        m = (!val[t->v]) ? visit(t->v) : val[t->v];
        if (m < min) min = m;
      }
    if (min == val[k])
      {
        while (stack[p] != k)
          {
            printf(" %c ", name(stack[-p]));
            val[stack[p]] = V+1;
```

```
            }
        printf(" \n");
        }
    return min;
    }
```

Dieses Programm legt die Namen der Knoten zu Beginn von visit in einem Stapel ab, entnimmt sie und gibt sie dann nach dem Besuchen des letzten Elements jeder streng zusammenhängenden Komponente aus. Die entscheidende Stelle bei der Berechnung ist der Test am Ende, ob min und val[k] gleich sind; ist dies der Fall, so gehören alle Knoten, die seit Eintritt in die Schleife angetroffen wurden (mit Ausnahme der bereits ausgegebenen), der gleichen streng zusammenhängenden Komponente an wie k. Wie gewöhnlich kann dieses Programm leicht dahingehend modifiziert werden, daß kompliziertere Operationen ausgeführt werden als eine einfache Ausgabe der Komponenten.

Eigenschaft 32.3 *Die streng zusammenhängenden Komponenten eines Graphen können in linearer Zeit gefunden werden.*

Ein exakter Beweis der Tatsache, daß der obige Algorithmus die streng zusammenhängenden Komponenten berechnet, würde über den Rahmen dieses Buches hinausgehen, doch wir können die Grundideen skizzieren. Das Verfahren beruht auf zwei Beobachtungen, die wir bereits in anderem Zusammenhang gemacht haben. Erstens, wenn wir das Ende eines Aufrufs von visit für einen Knoten erreicht haben, werden wir in der gleichen streng zusammenhängenden Komponente keine weiteren Knoten mehr antreffen (da alle Knoten, die von diesem Knoten aus erreicht werden können, verarbeitet worden sind, wie wir oben für das topologische Sortieren bemerkt haben). Zweitens stellen die nach oben führenden Verbindungen im Baum einen zweiten Pfad von einem Knoten zu einem anderen dar und verbinden die streng zusammenhängenden Komponenten miteinander. Wie im Falle des Algorithmus aus Kapitel 30 für die Bestimmung von Gelenkpunkten verfolgen wir den am weitesten oben befindlichen Vorgänger, der von irgendeinem Nachfolger des jeweiligen Knotens über eine nach oben führende Verbindung erreichbar ist. Falls nun ein Knoten *x* keine Nachfolger oder nach oben führende Verbindungen im Tiefensuchbaum besitzt, oder falls er einen Nachfolger im Tiefensuchbaum mit einer nach oben führenden Verbindung besitzt, die auf *x* zeigt, doch keine Nachfolger mit nach oben führenden Verbindungen, die auf Knoten weiter oben im Baum zeigen, so bilden dieser Knoten und alle seine Nachfolger (mit Ausnahme solcher Knoten, die die gleiche Eigenschaft besitzen, und ihrer Nachfolger) eine streng zusammenhängende Komponente. So genügen im Tiefensuchbaum in Abbildung 32.2 die Knoten B und K der ersten Bedingung (so daß sie selbst streng zusammenhängende Komponenten darstellen), und die Knoten F (der F E D repräsentiert), H (der H I repräsentiert) und A (der A G J L M C repräsentiert) genügen der zweiten Bedingung. Die Elemente der Komponente, die durch A repräsentiert wird, werden gefunden, indem B K F und ihre Nachfolger gelöscht werden (sie erscheinen in früher ermittelten Komponenten). Jeder Nachfolger *y* von *x*, der nicht die gleiche Eigenschaft besitzt, hat einen Nachfolger, der eine nach oben führende Verbindung besitzt, die auf einen im Baum höher als y befindlichen Knoten zeigt. Es existiert ein Pfad von x nach y, der im Baum abwärts führt; ein Pfad von y nach x kann auch gefunden werden, indem von y abwärts zu dem Knoten gegangen wird, der die nach oben an y vorbeiführende Verbindung besitzt, und indem dann der gleiche Prozeß fortgesetzt wird, bis x erreicht ist. Eine wesentliche zusätzliche Vorkehrung besteht darin, daß wir, nachdem wir mit einem Knoten fertig sind, diesem Knoten einen hohen Wert von `val` geben, so daß Querverbindungen zu diesem Knoten ignoriert werden. ■

Dieses Programm liefert eine täuschend einfache Lösung für ein relativ kompliziertes Problem. Es veranschaulicht sicher die Schwierigkeiten, die bei der Suche in gerichteten Graphen auftreten, wobei diese Schwierigkeiten (in diesem Falle) mit Hilfe eines sorgfältig erstellten rekursiven Programms gelöst werden können.

Übungen

1. Geben Sie die Adjazenzmatrix für die transitive Hülle des dag in Abbildung 32.8 an.

2. Welches Ergebnis erhielte man, wenn man die Algorithmen für die transitive Hülle auf einen ungerichteten Graph anwenden würde, der mittels einer Adjazenzmatrix dargestellt ist?

3. Erstellen Sie ein Programm zur Bestimmung der Anzahl der Kanten in der transitiven Hülle eines gegebenen gerichteten Graphen unter Verwendung einer Darstellung mittels Adjazenzliste.

4. Stellen Sie einen Vergleich zwischen dem Algorithmus von Warshall und dem in diesem Kapitel beschriebenen, unter Verwendung der Tiefensuche abgeleiteten Algorithmus für die transitive Hülle an, jedoch unter Benutzung der einer Adjazenzmatrix entsprechenden Form von `visit` und bei Beseitigung der Rekursion.

5. Geben Sie die topologische Reihenfolge an, die für den in Abbildung 32.8 angegebenen dag erzeugt wird, wenn die vorgeschlagene Methode mit einer Darstellung mittels Adjazenzmatrix angewandt wird, `dfs` jedoch beim Suchen nach noch nicht besuchten Knoten die Knoten in umgekehrter Reihenfolge (von V bis 1) durchläuft.

6. Ist der Algorithmus des kürzesten Pfades aus Kapitel 31 auf gerichtete Graphen anwendbar? Erklären Sie, warum, bzw. geben Sie ein Beispiel an, wo er scheitert.

7. Erstellen Sie ein Programm, mit dem bestimmt werden kann, ob ein gegebener gerichteter Graph ein dag ist oder nicht.

8. Wie viele streng zusammenhängende Komponenten existieren in einem dag? In einem Graph mit einem gerichteten Zyklus der Größe V?

9. Benutzen Sie Ihre Programme aus den Kapiteln 29 und 30, um umfangreiche zufällige gerichtete Graphen mit V Knoten zu erzeugen. Wie viele streng zusammenhängende Komponenten haben solche Graphen im allgemeinen etwa?

10. Erstellen Sie ein Programm, welches von seiner Funktion her zu `find` aus Kapitel 30 analog ist, jedoch *streng* zusammenhängende Komponenten des durch die eingegebenen Kanten beschriebenen *gerichteten* Graphen betrifft. (Dies ist kein leichtes Problem; es wird sicher nicht gelingen, ein Programm zu erhalten, das so effizient ist wie `find`.)

Kapitel 33

Fluß in einem Netzwerk

Gewichtete gerichtete Graphen sind nützliche Modelle für verschiedene Anwendungsarten, die Güter betreffen, welche durch ein Verbundnetz fließen. Betrachten wir zum Beispiel ein Netz von Ölleitungen unterschiedlicher Abmessungen, die auf komplexe Weise untereinander verbunden sind, mit Schiebern, die die Richtung des Flusses an den Verzweigungen steuern. Nehmen wir weiterhin an, daß das Netz eine einzige Quelle hat (zum Beispiel ein Ölfeld), und einen einzigen Bestimmungsort (zum Beispiel eine große Raffinerie), zu der letzten Endes alle Leitungen führen. Welche Schieberstellungen gewährleisten eine Maximierung des Ölflusses von der Quelle zum Bestimmungsort? Komplexe Wechselwirkungen, die den Materialfluß an den Verzweigungsstellen betreffen, bewirken, daß die Lösung dieses Problems nicht trivial ist.

Der gleiche allgemeine Ansatz kann verwendet werden, um den Verkehrsfluß auf Autostraßen, den Materialfluß durch Betriebe usw. zu beschreiben. Viele verschiedene Varianten des Problems wurden untersucht, die vielen unterschiedlichen praktischen Situationen entsprechen. Daher ist es natürlich sehr wünschenswert, einen effizienten Algorithmus für diese Probleme zu finden.

Diese Art von Problemen liegt im Grenzbereich zwischen der Informatik und dem *Operations Research* (Unternehmensforschung). Die Spezialisten auf diesem Gebiet beschäftigen sich allgemein mit der mathematischen Modellierung komplexer Systeme zum Zwecke der (nach Möglichkeit optimalen) Entscheidungsfindung. Der Fluß in einem Netzwerk ist ein typisches Problem des Operations Research; in den Kapiteln 42 - 45 werden wir noch einige andere kurz streifen.

In Kapitel 43 betrachten wir Fragen der *linearen Optimierung*, eines allgemeinen Ansatzes zur Lösung der komplexen mathematischen Gleichungen, die sich gewöhnlich aus Modellen des Operations Research ergeben. Für spezielle Probleme, wie das des Flusses in einem Netzwerk, sind bessere Algorithmen möglich. Tatsächlich werden wir feststellen, daß die klassische Lösung für das Problem des Flusses in einem Netzwerk in enger Beziehung zu den von uns betrachteten Algorithmen für Graphen steht, und daß es recht einfach ist, unter Benutzung der entwickelten algorithmischen

Werkzeuge ein Programm zur Lösung des Problems zu erstellen. Dieses Problem gehört jedoch zu denen, die noch aktiv bearbeitet werden; im Gegensatz zu vielen der von uns betrachteten Probleme ist die »beste« Lösung noch nicht gefunden worden, und noch immer werden neue Algorithmen entdeckt.

Das Problem des Flusses in einem Netzwerk

Betrachten wir die idealisierte Skizze eines kleinen Netzwerks von Ölleitungen in Abbildung 33.1. Die Leitungen besitzen eine feste Kapazität, die zu ihrer Größe proportional ist, und Öl kann nur bergab fließen (von oben nach unten). Weiterhin wird mit Hilfe von Schiebern an jeder Verzweigungsstelle gesteuert, wieviel Öl in jede Richtung fließt. Unabhängig von der Stellung der Schieber erreicht das System einen Gleichgewichtszustand, wenn die Ölmenge, die oben in das System hineinfließt, gleich der Ölmenge ist, die unten hinausfließt (dies ist die Menge, die wir maximieren wollen), und wenn die Ölmenge, die in jede Verzweigungsstelle hineinfließt, gleich der hinausfließenden Ölmenge ist. Wir messen sowohl die Durchflußmenge als auch die Kapazität der Leitungen in ganzzahligen Einheiten (zum Beispiel in Litern pro Sekunde).

Es ist nicht unmittelbar ersichtlich, daß die Schieberstellungen tatsächlich die maximale Gesamt-Durchflußmenge beeinflussen können; Abbildung 33.1 veranschaulicht, daß dies möglich ist. Nehmen wir zuerst an, daß der die Leitung AB steuernde Schieber geöffnet ist, wobei er diese Leitung füllt, Leitung BD füllt und DF beinahe füllt, wie es die linke Skizze in der Abbildung zeigt. Nehmen wir dann an, daß Leitung AC geöffnet ist, und daß Schieber C so eingestellt ist, daß er Leitung CD schließt und Leitung CE öffnet (vielleicht hat der Bediener von Schieber D den Bediener von Schieber C darüber informiert, daß bei ihm aufgrund des von B kommenden Stroms nicht mehr viel zusätzliches Öl passieren kann). Den resultierenden Fluß zeigt die mittlere Skizze der Abbildung: Die Leitungen BD und CE sind voll. Die Durchflußmenge könnte nun noch etwas vergrößert werden, indem über den Pfad ACDF eine

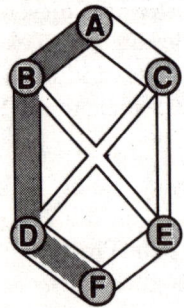 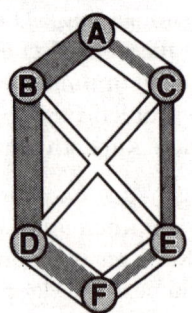 

Abbildung 33.1 Maximaler Fluß in einem einfachen Netzwerk.

Ölmenge geleitet wird, die ausreicht, um Leitung DF zu füllen; es existiert jedoch eine bessere Lösung, wie die dritte Skizze zeigt. Durch Umstellung des Schiebers B in der Weise, daß eine Ölmenge umgeleitet wird, die ausreicht, um BE zu füllen, wird in Leitung DF eine genügend große Kapazität frei, die es gestattet, mit Hilfe des Schiebers C Leitung CD vollständig zu öffnen. Die Gesamtmenge, die in das Netzwerk hinein und aus ihm hinaus fließt, läßt sich also erhöhen, indem man die geeigneten Schieberstellungen ermittelt.

Unsere Aufgabe besteht darin, einen Algorithmus zu entwickeln, der für jedes beliebige Netzwerk die »richtigen« Schieberstellungen finden kann. Weiterhin möchten wir die Gewißheit haben, daß keine andere Schieberstellung eine höhere Durchflußmenge ergeben würde.

Diese Situation kann offenbar mit Hilfe eines gerichteten Graphen modelliert werden, und es zeigt sich, daß die von uns untersuchten Programme zur Anwendung kommen können. Wir definieren ein *Netzwerk* als einen gewichteten gerichteten Graph mit zwei hervorgehobenen Knoten: einem Knoten, auf den keine Kanten zeigen (der *Quelle*), und einem Knoten, von dem keine Kanten wegführen (der *Senke*). Die Gewichte an den Kanten, die wir als nichtnegativ voraussetzen, werden *Kapazitäten der Kanten* genannt. Ein *Fluß* ist dann als eine weitere Menge von Gewichten an den Kanten definiert, wobei der Fluß in jeder Kante kleiner oder gleich der Kapazität ist, und der Fluß in jeden Knoten hinein gleich dem Fluß aus dem Knoten hinaus ist. Der *Wert des Flusses* ist der Fluß in die Quelle hinein (oder aus der Senke hinaus). Das *Problem des Flusses in einem Netzwerk* besteht darin, für ein gegebenes Netzwerk einen Fluß mit maximalem Wert zu finden.

Für Netzwerke können offensichtlich die Darstellungen mittels Adjazenzmatrix oder Adjazenzliste verwendet werden, die wir in den vorangegangenen Kapiteln für Graphen benutzt haben. Anstelle eines einzigen Gewichts sind mit jeder Kante zwei Gewichte verknüpft, *Kapazität* und *Fluß*. Diese können als zwei Felder in einem Knoten der Adjazenzliste dargestellt werden, als zwei Matrizen bei der Darstellung mittels Adjazenzmatrix oder als zwei Felder innerhalb eines einzigen Datensatzes bei jeder der beiden Darstellungsarten. Obwohl Netzwerke gerichtete Graphen sind, müssen bei den Algorithmen, die wir betrachten wollen, Kanten in der »falschen« Richtung durchlaufen werden, weshalb wir eine Darstellung mit Hilfe eines ungerichteten Graphen verwenden: Falls eine Kante von x nach y mit Kapazität s und Fluß f existiert, führen wir auch eine Kante von y nach x mit Kapazität $-s$ und Fluß $-f$ ein. Bei einer Darstellung mittels Adjazenzliste ist es erforderlich, die beiden die jeweilige Kante repräsentierenden Listenknoten zu verbinden, so daß wir, wenn wir den Fluß in einem Knoten ändern, ihn in dem anderen aktualisieren können.

Das Verfahren von Ford-Fulkerson

Der klassische Ansatz für das Problem des Flusses in einem Netzwerk wurde 1962 von L. R. Ford und D. R. Fulkerson entwickelt. Sie gaben ein Verfahren an, wie ein beliebiger zulässiger Fluß (natürlich mit Ausnahme des maximalen) erhöht werden kann. Mit einem Null-Fluß beginnend, wenden wir das Verfahren wiederholt an. Solange das Verfahren angewandt werden kann, erzeugt es einen größeren Fluß; wenn es nicht mehr angewandt werden kann, liegt bereits der maximale Fluß vor. Der Fluß in Abbildung 33.1 wurde tatsächlich unter Anwendung dieses Verfahrens ermittelt; wir betrachten ihn nun nochmals unter Benutzung der in Abbildung 33.2 gezeigten Darstellung mittels eines Graphen.

Zur Vereinfachung verzichten wir auf die Pfeile, da sie alle nach unten zeigen. Die Verfahren, die wir betrachten, sind nicht auf Graphen beschränkt, deren Kanten alle in eine Richtung zeigen. Wir verwenden solche Graphen, da sie das Verständnis des Flusses in einem Netzwerk durch die Veranschaulichung mit Hilfe von in Leitungen fließenden Flüssigkeiten erleichtern.

Betrachten wir einen (nach unten) gerichteten Pfad durch das Netzwerk (von der Quelle zur Senke). Es ist klar, daß der Fluß wenigstens um den kleinsten Betrag der ungenutzten Kapazität jeder Kante des Pfades erhöht werden kann, indem der Fluß in allen Kanten des Pfades um diesen Betrag vergrößert wird. Bei der linken Skizze in Abbildung 33.2 wird diese Regel längs des Pfades ABDF angewandt; bei der mittleren Skizze wird sie dann längs des Pfades ACEF angewandt.

Wie bereits erwähnt wurde, könnten wir dann die Regel längs des Pfades ACDF anwenden, womit eine Situation geschaffen würde, in der alle gerichteten Pfade durch das Netzwerk wenigstens eine Kante aufweisen, die ihrer Kapazität entsprechend gefüllt ist. Es gibt jedoch noch einen anderen Weg, den Fluß zu erhöhen: Wir können beliebige Pfade durch das Netzwerk betrachten, die Kanten enthalten können, die in die »falsche Richtung« zeigen (von der Senke zur Quelle längs des Pfades). Der Fluß längs eines solchen Pfades kann erhöht werden, indem der Fluß in von der Quelle zur Senke zeigenden Kanten *erhöht* und in von der Senke zur Quelle zeigenden Kanten um den gleichen Betrag *verringert* wird. In unserem Beispiel kann der Fluß

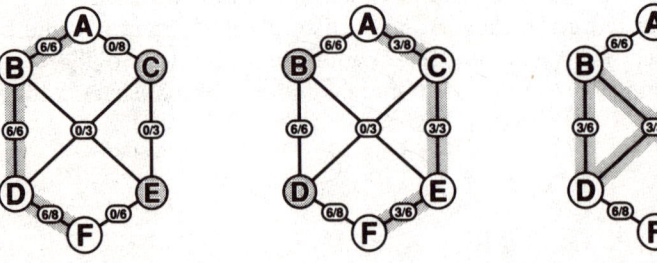

Abbildung 33.2 Bestimmung des maximalen Flusses in einem Netzwerk.

durch das Netzwerk längs des Pfades ACDBEF um 3 erhöht werden, wie die dritte Skizze in Abbildung 33.2 zeigt. Wie oben beschrieben wurde, entspricht dies dem Hinzufügen von 3 Einheiten zum Fluß durch AC und CD und dem anschließenden Umleiten von 3 Einheiten am Schieber B von BD nach BE und EF. Der Fluß in DF verringert sich nicht, da 3 Einheiten, die zuvor von BD kamen, nun von CD kommen.

Um die Terminologie zu vereinfachen, wollen wir Kanten, die längs eines Pfades von der Quelle zur Senke zeigen, *Vorwärts*-Kanten nennen, und Kanten, die von der Senke zur Quelle gerichtet sind, *Rückwärts*-Kanten. Wir bemerken, daß der Betrag, um den der Fluß erhöht werden kann, durch das Minimum der ungenutzten Kapazitäten in den Vorwärts-Kanten und das Minimum der Flüsse in den Rückwärts-Kanten begrenzt ist. Mit anderen Worten, in dem neuen Fluß wird wenigstens eine der Vorwärts-Kanten längs des Pfades voll, oder es wird wenigstens eine der Rückwärts-Kanten leer. Weiterhin kann der Fluß auf keinem Pfad erhöht werden, der eine volle Vorwärts-Kante oder eine leere Rückwärts-Kante enthält.

Aus dem obigen Absatz ergibt sich ein Verfahren, wie der Fluß in einem beliebigen Netzwerk erhöht werden kann, *vorausgesetzt*, daß ein Pfad ohne volle Vorwärts-Kanten oder leere Rückwärts-Kanten gefunden werden kann. Die entscheidende Tatsache für das Verfahren von Ford-Fulkerson ist die Bemerkung, daß, wenn kein solcher Pfad gefunden werden kann, der Fluß maximal ist.

Eigenschaft 33.1 *Falls jeder von der Quelle zur Senke führende Pfad in einem Netzwerk eine volle Vorwärts-Kante oder eine leere Rückwärts-Kante aufweist, ist der Fluß maximal.*

Um diese Tatsache zu beweisen, gehen wir zuerst durch den Graph und identifizieren auf jedem Pfad die erste volle Vorwärts-Kante oder leere Rückwärts-Kante. Diese Menge von Kanten *zerschneidet* den Graph in zwei Teile. (In unserem Beispiel bilden die Kanten AB, CD und CE einen solchen Schnitt.) Für jeden Schnitt, der das Netzwerk in zwei Teile zerlegt, können wir den Fluß »durch« den Schnitt messen: die Summe der Werte des Flusses in den Kanten, die von der Quelle zur Senke zeigen. Im allgemeinen können Kanten in beiden Richtungen durch den Schnitt verlaufen; um den Fluß durch den Schnitt zu erhalten, muß die Summe der Werte des Flusses in den Kanten, die in der anderen Richtung verlaufen, subtrahiert werden. Für unser Beispiel eines Schnittes beträgt der Wert 12, was gleich dem gesamten Fluß für das Netzwerk ist. Es zeigt sich, daß wir immer dann, wenn der Fluß durch einen Schnitt gleich dem Gesamtfluß ist, nicht nur wissen, daß der Fluß maximal ist, sondern auch, daß der Schnitt minimal ist (das heißt, jeder andere Schnitt hat einen wenigstens ebenso großen »Durchfluß«). Dies wird der *Satz über den maximalen Fluß und den minimalen Schnitt* (maxflow-mincut theorem) genannt: Der Fluß könnte nicht mehr größer werden (andernfalls müßte auch der Schnitt größer sein), und es existieren keine kleineren Schnitte (andernfalls müßte auch der Fluß kleiner sein). Wir verzichten auf Einzelheiten dieses Beweises. ∎

Suche in Netzwerken

Das oben beschriebene Verfahren von Ford-Fulkerson kann wie folgt zusammengefaßt werden: »Beginne überall mit einem Fluß 0 und erhöhe den Fluß längs eines
beliebigen Pfades von der Quelle zur Senke, der keine vollen Vorwärts-Kanten oder
leeren Rückwärts-Kanten besitzt, wobei dies so lange zu wiederholen ist, bis im
Netzwerk keine derartigen Pfade mehr vorhanden sind.« Doch dies ist kein *Algorithmus* im üblichen Sinne, da die Methode für das Auffinden der Pfade nicht angegeben ist und überhaupt jeder beliebige Pfad benutzt werden könnte. Zum Beispiel
könnte man das Verfahren auf der intuitiven Annahme aufbauen, daß das Netzwerk
um so gefüllter wird, je länger der Pfad ist, und daß folglich lange Pfade bevorzugt
werden sollten. Doch das in Abbildung 33.3 gezeigte (klassische) Beispiel beweist,
daß eine gewisse Vorsicht angebracht ist.

In diesem Netzwerk wird, falls der erste gewählte Pfad ABCD ist, der Fluß lediglich
um eins erhöht. Danach könnte der zweite gewählte Pfad ACBD sein, wodurch der
Fluß erneut um eins erhöht würde und eine Situation entstünde, die mit der Aus-
gangssituation identisch ist, abgesehen davon, daß die Flüsse in den äußeren Kanten
um eins erhöht sind. Jeder Algorithmus, der diese beiden Pfade gewählt hat (zum
Beispiel ein Algorithmus, der lange Pfade auswählt), würde mit dieser Strategie
fortfahren, so daß 1000 Paare von Iterationen erforderlich wären, bis der maximale
Fluß gefunden würde. Wenn die Zahlen an den Seiten eine Milliarde lauten würden,
so würden zwei Milliarden Iterationen benötigt. Offensichtlich ist das eine Situation,
die nicht wünschenswert ist, da die Pfade ABC und ADC in nur zwei Schritten den
maximalen Fluß liefern. Damit der Algorithmus brauchbar ist, müssen wir vermeiden, daß die Laufzeit so stark von den Kapazitäten abhängt. Glücklicherweise kann
dieses Problem leicht beseitigt werden:

Eigenschaft 33.2 *Wenn beim Verfahren von Ford-Fulkerson der kürzeste vorhandene
Pfad von der Quelle zur Senke verwendet wird, muß die Anzahl der Pfade, die in einem
Netzwerk mit V Knoten und E Kanten benutzt werden, bevor der maximale Fluß
gefunden wird, kleiner als VE sein.*

Diese Tatsache wurde 1972 von Edmonds und Karp bewiesen. Einzelheiten des
Beweises würden über den Rahmen dieses Buches hinausgehen. ■

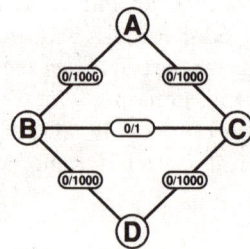

Abbildung 33.3 Ein Netzwerk, bei dem eine große Zahl von Iterationen erforderlich sein kann.

Mit anderen Worten, eine gute Strategie besteht einfach darin, eine in geeigneter Weise modifizierte Variante der Breitensuche für die Bestimmung des Pfades zu benutzen. Die in Eigenschaft 33.2 angegebene Schranke ist eine Schranke für den ungünstigsten Fall; typische Netzwerke erfordern gewöhnlich wesentlich weniger Schritte.

Mit der Methode der Traversierung von Graphen nach dem Prioritäts-Prinzip aus Kapitel 31 können wir ein anderes Verfahren implementieren, das von Edmonds und Karp vorgeschlagen wurde: *Finde den Pfad durch das Netzwerk, der den Fluß um den höchsten Betrag vergrößert*. Dies kann einfach dadurch erreicht werden, daß bei der Prioritätssuche mittels Adjazenzliste oder Adjazenzmatrix aus Kapitel 31 eine Variable für *priority* (mit geeignetem Wert) verwendet wird. Für die Matrix-Darstellung bewirken die folgenden Anweisungen die Berechnung der Priorität, und der Programmabschnitt für die Listendarstellung ist ähnlich:

```
priority = -flow[k][t];
if (size[k][t] > 0) priority += size[k][t];
if (priority > val[k]) priority = val[k];
```

Danach müssen wir, da wir den Knoten mit der *höchsten* Priorität nehmen möchten, entweder die Mechanismen der Prioritätswarteschlange in diesen Programmen umkehren, damit das Maximum statt des Minimums zurückgegeben wird, oder sie in der Weise benutzen, daß zu `priority` das Komplement bezüglich einer bestimmten großen ganzen Zahl gebildet wird (und der Prozeß umgekehrt wird, wenn der Wert entfernt wird). Außerdem modifizieren wir die Prioritätssuche dahingehend, daß die Quelle und die Senke als Parameter verwendet werden und dann jede Suche bei der Quelle begonnen und abgebrochen wird, wenn ein zur Senke führender Pfad gefunden worden ist (wobei 1 zurückgegeben wird, wenn ein Pfad gefunden wurde, und 0, wenn keine existieren). Wenn ein solcher Pfad nicht vorhanden ist, definiert der partielle Prioritätssuchbaum einen minimalen Schnitt für das Netzwerk; andernfalls kann der Fluß erhöht werden. Schließlich sollte der Wert `val` für die Quelle auf `maxint` gesetzt werden, bevor mit der Suche begonnen wird, um anzuzeigen, daß ein beliebig großer Betrag an der Quelle ausfließen kann (obwohl dieser sofort durch die Gesamtkapazität aller direkt aus der Quelle hinausführenden Leitungen begrenzt wird).

Wenn `matrixpfs` so implementiert wird, wie es im vorigen Absatz beschrieben wurde, ist die Bestimmung des maximalen Flusses tatsächlich recht einfach, wie das folgende Programm zeigt:

```
for (;;)
  {
    if (!matrixpfs(1,V)) break;
    y = V; x = dad[V];
    while (x != 0)
      {
        flow[x][y] = flow[x][y]+val[V];
        flow[y][x] = -flow[x][y];
```

```
        y = x; x = dad[y];
    }
}
```

Bei diesem Programm wird vorausgesetzt, daß für das Netzwerk eine Darstellung mittels Adjazenzmatrix verwendet wird. Solange `matrixpfs` einen Pfad finden kann, der den Fluß erhöht (um den maximalen Betrag), verfolgen wir den Pfad zurück (unter Benutzung des durch `matrixpfs` erzeugten Feldes `dad`) und erhöhen den Fluß in der angegebenen Weise. Falls V nach einem Aufruf von `matrixpfs` unsichtbar bleibt, so ist ein minimaler Schnitt gefunden worden, und der Algorithmus bricht ab.

Wie wir gesehen haben, erhöht der Algorithmus zuerst den Fluß längs des Pfades ABDF, dann längs ACEF, dann längs ACDBEF. Bei diesem Verfahren wird als dritter Pfad nicht ACDF gewählt, da dies den Fluß nur um eine Einheit erhöhen würde, nicht um drei Einheiten, wie dies bei dem längeren Pfad möglich ist. Wir bemerken, daß die in Eigenschaft 33.2 angegebene Breitensuche des »kürzesten Pfades zuerst« diese Wahl treffen würde.

Obwohl sich dieser Algorithmus leicht implementieren läßt und für in der Praxis auftretende Netzwerke gewöhnlich ein gutes Verhalten zeigt, ist seine Analyse sehr kompliziert. Zunächst erfordert `matrixpfs` wie gewöhnlich V^2 Schritte im ungünstigsten Fall; eine andere Möglichkeit wäre, `listpfs` zu benutzen, das in einer zu $(E + V) \log V$ proportionalen Zeit pro Iteration abläuft (obwohl der Algorithmus sicher etwas schneller abläuft, da er abbricht, wenn die Senke erreicht ist). Doch wie viele Iterationen werden benötigt?

Eigenschaft 33.3 *Falls bei dem Verfahren von Ford-Fulkerson der Pfad von der Quelle zur Senke benutzt wird, der den Fluß um den größten Betrag erhöht, so ist die Anzahl der Pfade, die vor dem Auffinden des maximalen Flusses in einem Netzwerk benutzt werden, kleiner als $1 + \log_{M/M-1} f^*$, wobei f^* die Kosten des Flusses und M die maximale Anzahl der Kanten in einem Schnitt des Netzwerks bezeichnet.*

Der Beweis dieser Tatsache wurde ebenfalls zuerst von Edmonds und Karp angegeben und würde weit über den Rahmen dieses Buches hinausgehen. Die Berechnung dieser Größe ist sicher kompliziert, doch für reale Netzwerke ist sie gewöhnlich nicht groß. ∎

Wir erwähnen diese Eigenschaft nicht, um anzugeben, wieviel Zeit der Algorithmus für ein reales Netzwerk benötigen würde, sondern um die Komplexität der Analyse zu verdeutlichen. Im übrigen ist dieses Problem sehr gründlich untersucht worden, und es wurden komplizierte Algorithmen mit wesentlich besseren Schranken für den ungünstigsten Fall entwickelt. Bei Netzwerken, die in praktischen Anwendungen auftreten, dürfte der Algorithmus von Edmonds-Karp in der oben implementierten Form jedoch schwer zu übertreffen sein. Abbildung 33.4 zeigt die Arbeitsweise des Algorithmus bei Anwendung auf ein umfangreicheres Netzwerk.

Das Problem des Flusses in einem Netzwerk kann in verschiedenen Richtungen verallgemeinert werden, und viele Varianten wurden recht eingehend untersucht, da sie für reale Anwendungen von Bedeutung sind. Zum Beispiel erfordert das *Flußpro-*

Abbildung 33.4 *Bestimmung des maximalen Flusses in einem größeren Netzwerk.*

blem für mehrere Medien (multicommodity flow problem) die Einführung von mehreren Quellen, Senken und Materien. Dadurch wird das Problem erheblich komplizierter, und es sind schwierigere Algorithmen als die hier betrachteten erforderlich; beispielsweise ist kein Analogon zu dem Satz über den maximalen Fluß und den minimalen Schnitt bekannt, das für den allgemeinen Fall gelten würde. Andere Verallgemeinerungen des Problems des Flusses in einem Netzwerk betreffen die Vorgabe von Beschränkungen der Kapazität für Knoten (was sich leicht modellieren läßt, indem künstliche Kanten zur Berücksichtigung dieser Kapazitäten eingeführt werden), die Zulassung von ungerichteten Kanten (was sich ebenfalls leicht modellieren läßt, indem ungerichtete Kanten durch Paare von gerichteten Kanten ersetzt werden) und die Einführung von unteren Schranken für die Werte des Flusses durch die Kanten (was sich nicht so einfach berücksichtigen läßt). Falls wir von der realistischen Annahme ausgehen, daß mit den Leitungen neben den Kapazitäten auch Kosten verknüpft sind, so liegt das Problem des Flusses mit *minimalen Kosten* vor, ein sehr kompliziertes Problem aus dem Bereich des Operations Research.

Übungen

1. Geben Sie einen Algorithmus zur Lösung des Problems des Flusses in einem Netzwerk für den Fall an, daß das Netzwerk einen Baum bildet, wenn die Senke entfernt wird.

2. Welche Pfade werden durch den in Eigenschaft 33.3 genannten Algorithmus verfolgt, wenn der maximale Fluß in dem Netzwerk gefunden werden soll, das man erhält, wenn Kanten von B zu C und von E zu D, beide mit dem Gewicht 3, hinzugefügt werden?

3. Skizzieren Sie für das in diesem Kapitel betrachtete Beispiel die Prioritätssuch-bäume, die bei jedem Aufruf von `matrixpfs` berechnet werden.

4. Geben Sie für das in diesem Kapitel betrachtete Beispiel den Inhalt der Matrix `flow` nach jedem Aufruf von `matrixpfs` an.

5. Ist folgende Aussage wahr oder unwahr: Kein Algorithmus kann den maximalen Fluß ermitteln, ohne jede Kante im Netzwerk zu betrachten.

6. Was geschieht mit dem Verfahren von Ford-Fulkerson, wenn das Netzwerk einen gerichteten Zyklus enthält?

7. Geben Sie eine vereinfachte Variante der Schranke von Edmonds-Karp für den Fall an, daß alle Kapazitäten $O(1)$ sind.

8. Geben Sie ein Gegenbeispiel an, welches zeigt, warum die Tiefensuche für das Problem des Flusses in einem Netzwerk nicht geeignet ist.

9. Implementieren Sie die Lösung der Breitensuche für das Problem des Flusses in einem Netzwerk unter Benutzung von `sparsepfs`.

10. Erstellen Sie ein Programm zur Bestimmung des maximalen Flusses in zufälligen Netzwerken mit V Knoten und ungefähr $10V$ Kanten. Wie viele Aufrufe von `sparsepfs` erfolgen für $V = 25, 50, 100$?

Kapitel 34

Paarung

In diesem Kapitel untersuchen wir das Problem der »Bildung von Paaren« von Objekten in einer Graphenstruktur, oder auf der Grundlage von Präferenzen, die gewöhnlich miteinander kollidieren.

Zum Beispiel wurde in den USA ein sehr kompliziertes System entwickelt, wie graduierende Medizinstudenten auf Arbeitsplätze in Krankenhäusern zu verteilen sind. Jeder Student gibt eine Präferenzliste der Krankenhäuser an, und jedes Krankenhaus gibt eine Präferenzliste mehrerer Studenten an. Das Problem besteht darin, unter Beachtung aller angegebenen Präferenzen auf eine gerechte Weise Studenten zu Arbeitsplätzen zuzuordnen. Es wird ein komplizierter Algorithmus benötigt, da die besten Studenten gewöhnlich von mehreren Krankenhäusern bevorzugt werden, während die besten Positionen in Krankenhäusern sicher von mehreren Studenten bevorzugt werden. Es ist nicht einmal klar, ob jede Stelle in einem Krankenhaus mit einem Studenten besetzt werden kann, den das Krankenhaus angegeben hat, oder ob jedem Studenten eine der von ihm gewünschten Positionen vermittelt werden kann, ganz zu schweigen davon, ob die Reihenfolge in den Präferenzlisten eingehalten werden kann. Nachdem der Algorithmus sein Bestes geleistet hat, kommt es - um den Prozeß zu beenden - oft in letzter Minute noch zu einer Balgerei zwischen Studenten und Krankenhäusern um die nicht verteilten Stellen.

Dieses Beispiel ist ein Spezialfall eines komplizierten grundlegenden Problems bei Graphen, das gründlich untersucht worden ist. Für einen gegebenen Graph ist eine *Paarung* eine Teilmenge der Kanten, in der kein Knoten mehr als einmal erscheint. Das heißt, daß jeder Knoten, der von einer der Kanten der Paarung berührt wird, mit dem anderen Knoten dieser Kante zu einem Paar vereinigt wird, wobei jedoch einige Knoten ungepaart bleiben können. Selbst wenn wir darauf bestehen, daß eine Paarung so viele Knoten wie möglich einbeziehen soll, daß also keine der nicht in der Paarung enthaltenen Kanten ungepaarte Knoten verbinden soll, können verschiedene Arten der Auswahl der Kanten zu verschiedenen Anzahlen von übriggebliebenen (ungepaarten) Knoten führen.

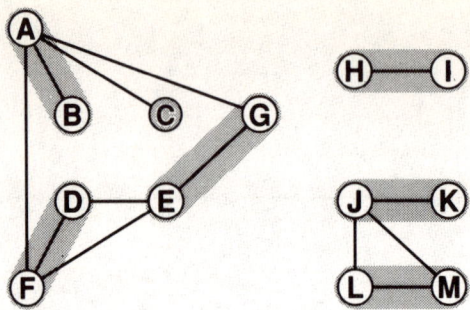

Abbildung 34.1 *Eine maximale Paarung (schattierte Kanten).*

Von besonderem Interesse ist eine *maximale Paarung*, welche so viele Kanten wie möglich enthält, oder, was dazu äquivalent ist, welche die Anzahl der ungepaarten Knoten minimiert. Als Optimum können wir eine Menge von Kanten erhalten, in der jeder Knoten genau einmal auftritt (eine solche Paarung in einem Graph mit $2V$ Knoten würde V Kanten enthalten), doch es ist nicht immer möglich, dies zu erreichen.

Abbildung 34.1 zeigt eine maximale Paarung (die schattierten Kanten) für den Graph aus unserem Beispiel. Bei 13 Knoten können wir nichts Besseres erreichen als eine Paarung mit sechs Kanten. Doch einfache Algorithmen für die Bestimmung von Paarungen hätten bereits bei diesem Beispiel Schwierigkeiten. Ein Verfahren, welches man ausprobieren könnte, wäre zum Beispiel, auswählbare Kanten für die Paarung in der Reihenfolge zu wählen, in der sie bei der Tiefensuche erscheinen (vgl. Abbildung 29.7). Für das Beispiel in Abbildung 34.1 würde dies die fünf Kanten AF EG HI JK LM ergeben, keine maximale Paarung. Auch läßt es sich, wie bereits erwähnt wurde, nicht einmal leicht sagen, wie viele Kanten für einen gegebenen Graph in einer maximalen Paarung enthalten sind. Wir bemerken zum Beispiel, daß keine aus drei Kanten bestehende Paarung für den Teilgraph existiert, der nur aus den sechs Knoten A bis F und den sie verbindenden Kanten besteht. Während es oft sehr leicht ist, bei einem großen Graph eine umfangreiche Paarung zu erhalten (zum Beispiel ist es nicht schwierig, eine maximale Paarung für den Graph für das »Labyrinth« aus Kapitel 29 zu finden), ist die Entwicklung eines Algorithmus zur Bestimmung der maximalen Paarung für einen beliebigen Graph tatsächlich eine komplizierte Aufgabe, wie Gegenbeispiele wie das obige verdeutlichen.

Für das oben beschriebene Problem der Paarung mit den Medizinstudenten entsprechen die Studenten und Krankenhäuser Knoten im Graph; ihre Präferenzen entsprechen Kanten. Wenn sie ihren Präferenzen Werte zuordnen (vielleicht unter Benutzung der bewährten Skala »1-10«), so liegt das Problem der *gewichteten Paarung* vor: Für einen gegebenen gewichteten Graph ist eine Menge von Kanten zu finden, in der kein Knoten mehr als einmal erscheint, so daß die Summe der Kantengewichte in der gewählten Menge maximiert wird. Weiter unten werden wir eine andere Alternative kennenlernen, bei der wir die Reihenfolge der Präferenzen berücksichtigen, jedoch nicht fordern, daß ihnen (vielleicht willkürliche) Werte zugewiesen werden.

Dem Problem der Paarung ist aufgrund seiner intuitiven Natur und seiner vielfältigen Anwendungen von Mathematikern viel Aufmerksamkeit geschenkt worden. Seine Lösung erfordert im allgemeinen Fall komplizierte, doch wunderschöne Hilfsmittel aus der kombinatorischen Mathematik, deren Darlegung weit über den Rahmen dieses Buches hinausführen würde. Unsere Absicht ist es hier, dem Leser einen Eindruck von diesem Problem zu vermitteln, indem wir einige interessante Spezialfälle betrachten, wobei wir gleichzeitig einige nützliche Algorithmen entwickeln.

Bipartite Graphen

Das oben erwähnte Beispiel, das die Zuordnung von Medizinstudenten zu Arbeitsplätzen betraf, kann sicher stellvertretend für viele andere Anwendungen der Paarung stehen. Zum Beispiel könnten in einem Eheanbahnungsinstitut Herren und Damen einander zugeordnet werden, Anwärter auf eine Stellung könnten freien Stellen zugeordnet werden, oder Abgeordnete zu Ausschüssen. Die Graphen, die in solchen Fällen auftreten, werden *bipartite Graphen* genannt. Dies sind Graphen, bei denen alle Kanten zwischen zwei Mengen von Knoten verlaufen. Das bedeutet, daß sich die Knoten in zwei Mengen einteilen lassen und keine Kanten zwei Knoten der gleichen Menge verbinden. (Offenbar beabsichtigen wir nicht, einen Stellenanwärter mit einem anderen oder eine Funktion in einem Ausschuß mit einer anderen zu »paaren«.) Abbildung 34.2 zeigt ein Beispiel eines bipartiten Graphen. Der Leser kann versuchen, eine maximale Paarung in diesem Graph zu suchen.

Bei einer Darstellung bipartiter Graphen mittels Adjazenzmatrix kann man offensichtliche Einsparungen erzielen, indem man für eine Menge nur Zeilen und für die andere Menge nur Spalten verwendet. Bei einer Darstellung mittels Adjazenzliste bieten sich keine besonderen Einsparungen an, abgesehen von einer geschickten Bezeichnung der Knoten, so daß einfach zu erkennen ist, welcher Menge ein Knoten angehört.

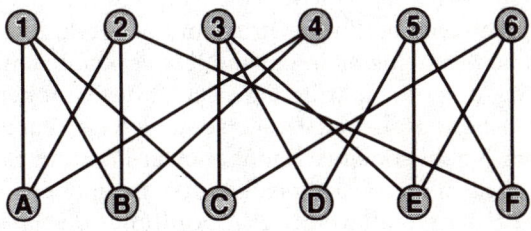

Abbildung 34.2 *Ein bipartiter Graph.*

In unseren Beispielen verwenden wir Buchstaben für die Knoten der einen Menge und Zahlen für die der anderen. Das Problem der maximalen Paarung für bipartite Graphen kann bei dieser Darstellungsweise einfach ausgedrückt werden: »Finde die größte Teilmenge einer Menge aus Buchstaben und Zahlen bestehender Paare mit der Eigenschaft, daß keine zwei Paare den gleichen Buchstaben oder die gleiche Zahl enthalten.« Die Bestimmung der maximalen Paarung für den bipartiten Graph in Abbildung 34.2 entspricht der Lösung dieses Puzzles für die Paare E5 A2 A1 C1 B4 C3 D3 B2 A4 D5 E3 B1 C6 E6 F2 F5 F6.

Es ist ein interessanter Versuch, eine direkte Lösung für das Problem der Paarung für bipartite Graphen zu finden. Das Problem scheint auf den ersten Blick einfach zu sein, doch Schwierigkeiten werden schnell sichtbar. Mit Sicherheit gibt es viel zu viele Paarungen, als daß alle Möglichkeiten ausprobiert werden könnten; eine Lösung für das Problem muß genügend geschickt sein, so daß nur einige wenige der möglichen Varianten der Zusammenstellung der Knoten zu Paaren ausprobiert werden.

Die Lösung, die wir betrachten wollen, ist von indirekter Art: Um ein spezielles Paarungsproblem zu lösen, konstruieren wir ein Beispiel des Problems des Flusses in einem Netzwerk, benutzen den Algorithmus aus dem vorangegangenen Kapitel und verwenden dann die Lösung des Problems des Flusses in einem Netzwerk, um das Paarungsproblem zu lösen. Das heißt, wir führen das Paarungsproblem auf das Problem des Flusses in einem Netzwerk zurück. Das *Zurückführen* (Reduktion) ist eine Methode zur Algorithmenentwicklung, die in gewisser Hinsicht der Verwendung eines Unterprogramms aus einer Bibliothek entspricht. Es ist in der Theorie der höherentwickelten kombinatorischen Algorithmen von grundlegender Bedeutung (siehe Kapitel 40). Einstweilen wird uns die Methode des Zurückführens eine effiziente Lösung für das Problem der bipartiten Paarung liefern.

Zu einem gegebenen Problem der bipartiten Paarung erstellen wir ein entsprechendes Problem für den Fluß in einem Netzwerk, indem wir zunächst einen neuen Knoten als Quelle erzeugen. Von diesem aus führen Kanten zu allen Knoten der einen Menge im bipartiten Graphen. Dann führen alle Kanten von Knoten dieser ersten Menge zu den Knoten der zweiten Menge abwärts; die letzteren erhalten zusätzlich eine weitere Kante, die zu einem ebenfalls neu erstellten Senken-Knoten führt. Alle Kanten in dem resultierenden Graph erhalten die Kapazität 1.

Abbildung 34.3 zeigt, ausgehend von dem bipartiten Graph aus Abbildung 34.2, die Konstruktion eines Problems des Flusses in einem Netzwerk, gefolgt von der Anwendung des Algorithmus des Flusses in einem Netzwerk aus dem vorangegangenen Kapitel. Beachten Sie, daß die bipartite Eigenschaft des Graphen, die Richtung des Flusses und die Tatsache, daß alle Kapazitäten den Wert eins haben, dazu führen, daß jeder Pfad durch das Netzwerk einer Kante in einer Paarung entsprechen muß: Im Beispiel entsprechen die in den ersten vier Schritten gefundenen Pfade der partiellen Paarung A1 B2 C3 D5. Jedesmal, wenn der Algorithmus des Flusses in einem Netzwerk `pfs` aufruft, findet er entweder einen Pfad, der den Fluß um eins erhöht, oder er bricht ab.

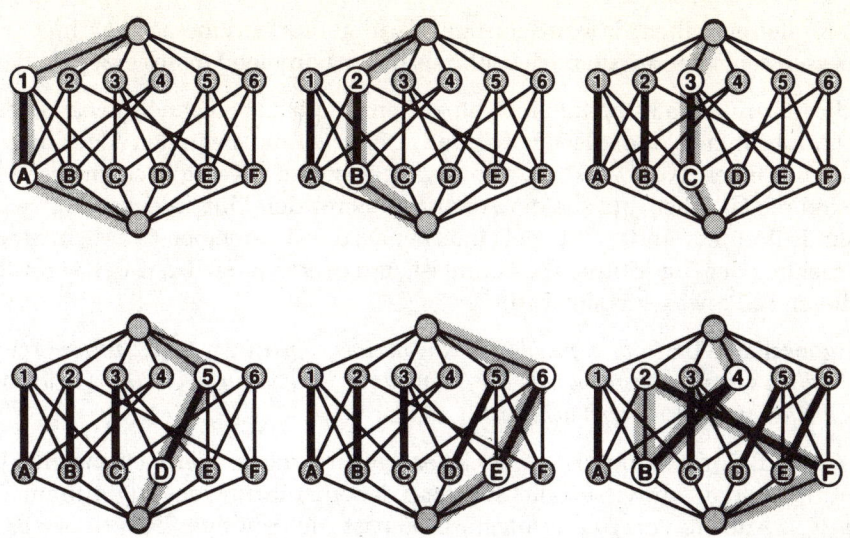

Abbildung 34.3 *Benutzung des Flusses in einem Netzwerk zur Bestimmung einer maximalen Paarung in einem bipartiten Graph.*

Im fünften Schritt sind alle vorwärts durch das Netzwerk führenden Pfade voll, und der Algorithmus muß Rückwärts-Kanten benutzen. Der in diesem Schritt gefundene Pfad ist der Pfad 4B2F. Dieser Pfad erhöht eindeutig den Fluß in dem Netzwerk, wie im vorangegangenen Kapitel beschrieben wurde. Im Zusammenhang mit der jetzigen Anwendung können wir uns den Pfad als eine Folge von Anweisungen vorstellen, wie aus der aktuellen partiellen Paarung eine neue (mit einer Kante mehr) erzeugt werden kann. Diese Konstruktion ergibt sich in natürlicher Weise, wenn man den Verlauf des Pfades verfolgt: »4B« bedeutet das Hinzufügen von B4 zur Paarung, »B2« bedeutet das Entfernen von B2, und »2F« bedeutet das Hinzufügen von F2 zur Paarung. Somit liegt, nachdem dieser Pfad verarbeitet worden ist, die Paarung A1 B4 C3 D5 E6 F2 vor; äquivalent dazu ist die Aussage, daß der Fluß in dem Netzwerk durch volle Leitungen in den diese Knoten verbindenden Kanten gegeben ist. Der Algorithmus endet mit der Realisierung der Paarung F6; alle Leitungen, die aus der Quelle hinausführen und in die Senke hineinführen, sind voll, so daß eine maximale Paarung vorliegt.

Der Beweis, daß die Paarung genau jenen Kanten entspricht, die im Ergebnis des Algorithmus des maximalen Flusses bis an die Grenze ihrer Kapazität gefüllt werden, ist sehr einfach. Erstens ergibt der Fluß in einem Netzwerk stets eine zulässige Paarung: Da jeder Knoten entweder eine hineinführende Kante (von der Senke) oder eine hinausführende Kante (zur Quelle) mit der Kapazität eins hat, kann durch jeden Knoten höchstens eine Einheit des Flusses gehen. Dies führt dazu, daß jeder Knoten höchstens einmal in die Paarung einbezogen wird. Zweitens kann keine Paarung mehr Kanten enthalten, da jede derartige Paarung sofort zu einem Fluß führen würde, der besser ist als der mit dem Algorithmus des maximalen Flusses erzeugte Fluß.

Um die maximale Paarung für einen bipartiten Graph zu berechnen, geben wir somit dem Graph einfach eine solche Form, daß er für die Eingabe in den Algorithmus für den Fluß in einem Netzwerk aus dem vorangegangenen Kapitel geeignet ist. Natürlich sind die Graphen, auf die der Algorithmus für den Fluß in einem Netzwerk in diesem Falle angewandt wird, viel einfacher als die allgemeinen Graphen, für deren Verarbeitung der Algorithmus bestimmt ist, und es erweist sich, daß der Algorithmus für diesen Fall etwas effizienter ist.

Eigenschaft 34.1 *Eine maximale Paarung in einem bipartiten Graph kann in* $O(V^3)$ *Schritten gefunden werden, falls der Graph dicht ist, oder in* $O(V(E+V)\log V)$ *Schritten, wenn der Graph licht ist.*

Die Konstruktion gewährleistet, daß jeder Aufruf von `pfs` der Paarung eine Kante hinzufügt, so daß wir wissen, daß während der Ausführung des Algorithmus höchstens $V/2$ Aufrufe von `pfs` erfolgen. Daher ist die benötigte Zeit zu einer Größe proportional, die um den Faktor V größer ist als die Zeit für einen einzelnen Suchvorgang, die in Kapitel 31 betrachtet wurde. ∎

Problem der stabilen Ehe

Das zu Beginn dieses Kapitels angeführte Beispiel, in dem es um Medizinstudenten und Krankenhäuser ging, wird offenbar von den Beteiligten sehr ernst genommen. Doch das Verfahren, das wir für die Realisierung der Paarung betrachten wollen, läßt sich vielleicht anhand eines etwas heiteren Modells der Situation besser verstehen. Wir nehmen an, daß N Herren und N Damen gegeben sind, die ihre gegenseitigen Präferenzen zum Ausdruck gebracht haben (jeder Herr muß genau sagen, wie er zu jeder der N Damen steht und umgekehrt). Das Problem besteht darin, eine Menge von N Ehen zu finden, bei der die Präferenzen aller Beteiligten berücksichtigt werden.

Wie sollten die Präferenzen ausgedrückt werden? Eine Methode wäre, die Skala »1-10« zu benutzen, wobei jede Seite einigen Personen des anderen Geschlechts eine absolute Bewertung zuordnet. Dies bewirkt, daß das Eheproblem dem Problem der gewichteten Paarung, dessen Lösung relativ kompliziert ist, entspricht. Außerdem kann die Verwendung von absoluten Skalen selbst zu Ungenauigkeiten führen, da die Skalen der Personen nicht übereinstimmen würden (die 10 einer Dame könnte der 7 einer anderen Dame entsprechen). Eine natürlichere Methode, die Präferenzen zum Ausdruck zu bringen, besteht darin, daß man jede Person alle Personen des anderen Geschlechts entsprechend der Reihenfolge ihrer Präferenz aufführen läßt. Abbildung 34.4 zeigt eine Menge von Präferenzlisten, wie sie innerhalb einer Menge von fünf Damen und fünf Herren existieren könnte. Wie üblich (und aus Gründen der Diskretion!) setzen wir voraus, daß Hashing oder irgendein anderes Verfahren

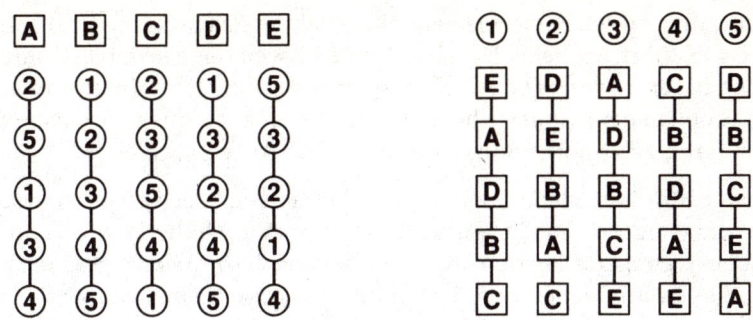

Abbildung 34.4 Präferenzlisten für das Problem der stabilen Ehe.

angewandt wurde, um die wahren Namen in einzelne Ziffern für Damen und einzelne Buchstaben für Herren umzuwandeln.

Es ist klar, daß diese Präferenzen oft kollidieren: Zum Beispiel geben sowohl A als auch C die Dame 2 als ihre erste Wahl an, und niemand scheint 4 sehr zu mögen (doch einer muß sie bekommen). Die Aufgabe besteht darin, alle Damen mit allen Herren so zu verloben, daß sämtliche Präferenzen in möglichst hohem Grade berücksichtigt werden, und dann in einer großen Zeremonie N Hochzeiten zu feiern. Bei der Entwicklung einer Lösung müssen wir davon ausgehen, daß jeder, der nicht seiner ersten Wahl zugeordnet wurde, enttäuscht ist und immer jemanden bevorzugen wird, der in seiner Liste weiter oben steht. Eine Menge von Ehen wird *instabil* genannt, wenn zwei nicht miteinander verheiratete Personen einander ihren Ehegatten gegenüber bevorzugen. Zum Beispiel ist die Zuordnung A1 B3 C2 D4 E5 instabil, denn A zieht 2 gegenüber 1 vor, und 2 bevorzugt A gegenüber C. Daher würde A, wenn die Personen ihren Präferenzen entsprechend handeln, 1 wegen 2 verlassen, und 2 würde C wegen A verlassen (womit 1 und C kaum eine andere Wahl hätten, als sich zusammenzutun).

Die Bestimmung einer stabilen Konfiguration scheint auf den ersten Blick ein kompliziertes Problem zu sein, da es so viele mögliche Zuordnungen gibt. Selbst die Bestimmung, ob eine Konfiguration stabil ist, ist nicht einfach, wovon sich der Leser überzeugen kann, indem er (vor dem Lesen des folgenden Absatzes) in dem obigen Beispiel das instabile Paar nach der Bildung der neuen Paare A2 und C1 sucht. Im allgemeinen gibt es für eine gegebene Menge von Präferenzlisten viele verschiedene stabile Zuordnungen, und wir brauchen nur eine zu finden. (Die Bestimmung *aller* stabilen Zuordnungen ist ein viel komplizierteres Problem.)

Ein möglicher Algorithmus zur Bestimmung einer stabilen Konfiguration könnte darin bestehen, ein instabiles Paar nach dem anderen zu entfernen. Dieser Prozeß ist jedoch nicht aufgrund der für die Feststellung der Stabilität benötigten Zeit nur langsam, sondern er ist nicht einmal notwendigerweise endlich! Nachdem zum Beispiel A2 und C1 in dem obigen Beispiel als Paare gebildet wurden, stellen B und 2 jeweils ein instabiles Paar dar, was zu der Konfiguration A3 B2 C1 D4 E5 führt. Bei dieser Zuordnung bilden B und 1 jeweils ein instabiles Paar, was zu der Konfiguration A3 B1 C2 D4 E5 führt. Schließlich bilden A und 1 jeweils eine instabile Konfiguration, die zurück zu der ursprünglichen Konfiguration führt. Ein Algorithmus, der versucht, das Problem der stabilen Ehe zu lösen, indem er ein instabiles Paar nach dem anderen entfernt, gerät notwendigerweise in diese Art von Schleifen.

Wir wollen stattdessen einen Algorithmus betrachten, der versucht, systematisch stabile Paarungen zu erzeugen. Dabei benutzt er eine Methode, die darauf beruht, was in der ein wenig idealisierten »realen« Variante des Problems geschehen könnte. Die Idee besteht darin, jeden der Herren der Reihe nach einen »Bewerber« werden und eine Braut suchen zu lassen. Offensichtlich besteht der erste Schritt seiner Suche darin, der ersten Dame auf seiner Liste einen Antrag zu machen. Falls diese bereits mit einem Herrn verlobt ist, den sie bevorzugt, muß unser Bewerber die nächste Dame auf seiner Liste ansprechen und damit fortfahren, bis er eine Dame findet, die nicht verlobt ist oder ihn ihrem gegenwärtigen Bräutigam vorzieht. Falls diese Dame nicht verlobt ist, so verlobt sie sich mit dem Bewerber, und der nächste Herr wird Bewerber. Falls sie bereits verlobt ist, so löst sie die Verlobung und verlobt sich mit dem Bewerber (den sie bevorzugt). Dadurch bleibt ihrem alten Bräutigam nichts weiter übrig, als nochmals Bewerber zu werden, wobei er in seiner Liste wieder dort beginnt, wo er aufgehört hatte. Eventuell findet er eine neue Braut, doch dazu muß vielleicht eine andere Verlobung gelöst werden. Wir fahren in dieser Weise fort, wobei wir, wenn nötig, Verlobungen lösen, bis ein Bewerber eine Dame findet, die noch nicht verlobt war.

Dieses Verfahren mag vielleich das Geschehen mancher Romane des 19. Jahrhunderts modellieren, doch es ist eine sorgfältige Untersuchung notwendig, um zu zeigen, daß dadurch eine stabile Menge von Zuordnungen erzeugt wird. Abbildung 34.5 zeigt die Folge von Ereignissen für die Anfangsetappen des Prozesses für unser Beispiel. Zuerst macht A der Dame 2 (seiner ersten Wahl) einen Antrag und wird erhört; danach macht B der Dame 1 (seiner ersten Wahl) einen Antrag und wird erhört; dann macht C der Dame 2 einen Antrag, wird abgewiesen, macht 3 einen Antrag und wird erhört, wie es in der dritten Skizze schematisch dargestellt ist.

Jede Skizze zeigt die Folge von Ereignissen, die eintreten, wenn ein neuer Herr als Bewerber auszieht, um eine Braut zu suchen. Jede Linie gibt die »verwendete«

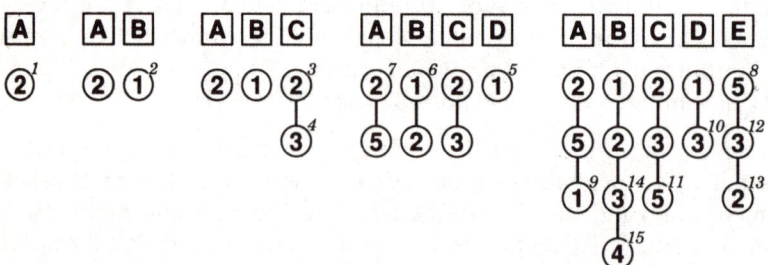

Abbildung 34.5 *Lösung des Problems der stabilen Ehe.*

Präferenzliste für den betreffenden Herrn an, und jedes Kettenglied ist mit einer ganzen Zahl markiert, die angibt, wann dieses Kettenglied durch diesen Herrn benutzt wurde, um dieser Dame einen Antrag zu machen. Diese zusätzliche Information ist von Nutzen, um die Folge von Anträgen zu verfolgen, wenn D und E Bewerber werden: Wenn D der Dame 1 einen Antrag macht, kommt es zu unserer ersten gelösten Verlobung, da 1 den Herrn D gegenüber Herrn B vorzieht. Daraufhin wird B Bewerber und macht 2 einen Antrag; dies führt zu unserer zweiten gelösten Verlobung, da 2 den Herrn B gegenüber A bevorzugt. Danach wird A Bewerber und macht 5 einen Antrag, was eine stabile Situation ergibt. Doch diese Stabilität ist nur von zeitweiliger Natur! Der Leser kann die Folge der Anträge verfolgen, die gemacht werden, wenn E zum Bewerber wird: Die Situation stabilisiert sich erst, nachdem acht Anträge gemacht worden sind. Wir bemerken, daß E in diesem Prozeß zweimal die Rolle des Bewerbers übernimmt.

Der erste Schritt bei der Implementation besteht in der Festlegung der Datenstrukturen, die für die Präferenzlisten benutzt werden sollen. Diese sind als abstrakte Datenstrukturen einfache lineare Listen, doch wie wir von den Beispielen in Kapitel 3 und anderen Stellen wissen, kann die richtige Wahl der Darstellung die Leistungsfähigkeit unmittelbar beeinflussen. Auch in diesem Falle sind für die Herren und die Damen unterschiedliche Strukturen geeignet, da sie die Präferenzlisten auf unterschiedliche Weise benutzen.

Die Herren gehen ihre Präferenzlisten einfach der Reihe nach durch, so daß jede Implementation linearer Listen verwendet werden könnte. Da die Präferenzlisten alle die gleiche Länge haben, ist es am besten, eine einfache Implementation als zweidimensionales Feld zu benutzen. Zum Beispiel bezeichnet `prefer[m][w]` die w-te Dame auf der Präferenzliste des m-ten Herrn. Außerdem müssen wir registrieren, wie weit jeder Herr auf seiner Liste gekommen ist. Dies kann mit einem eindimensionalen Feld `next` realisiert werden, das mit 0 initialisiert wird, wobei `next[m]+1` der Index der nächsten Dame auf der Präferenzliste des m-ten Herrn ist; ihr Bezeichner ist in `prefer[m][next[m]+1]` zu finden.

Für jede Dame müssen wir ihren Bräutigam registrieren (`fiancée[w]` bezeichnet den Herrn, der mit der Dame w verlobt ist), und wir müssen in der Lage sein, die Frage »Ist der Herr s dem Herrn `fiancé[w]` vorzuziehen?« zu beantworten. Dies könnte getan werden, indem die Präferenzliste sequentiell durchsucht wird, bis entweder s oder `fiancée[w]` gefunden wird, doch diese Methode wäre sehr ineffizient, wenn sich beide nahe dem Ende befinden. Was benötigt wird, ist die zur Präferenzliste »inverse« Liste: `rank[w][s]` ist der Index des Herrn s auf der Präferenzliste der Dame w. Für das obige Beispiel gilt, daß `rank[1][1]` gleich 2 ist, da A an zweiter Stelle auf der Präferenzliste von 1 steht, daß `rank[5,4]` gleich 1 ist, da D an erster Stelle auf der Präferenzliste von 5 steht usw.

Die Eignung des Bewerbers s kann sehr schnell bestimmt werden, indem geprüft wird, ob `rank[w][s]` kleiner als `rank[w][fiancée[w]]` ist. Diese Felder lassen sich leicht unmittelbar aus den Präferenzlisten erzeugen. Abschließend benötigen wir noch einen als »Marke« dienenden Herrn 0 als anfänglichen Bewerber und setzen diesen an das Ende der Präferenzlisten aller Damen.

Mit den in dieser Weise initialisierten Datenstrukturen ist die Implementation, so wie sie oben beschrieben wurde, sehr einfach:

```
for (m = 1; m <= N; m++)
  {
    for (s = m; s != 0;)
      {
        next[s]++; w = prefer[s][next[s]];
        if (rank[w][s] < rank[w][fiancee[w]])
          { t = fiancee[w]; fiancee[w] = s; s = t; }
      }
  }
```

Jede Iteration beginnt mit einem Herrn, der nicht verlobt ist, und endet mit einer nicht verlobten Dame. Die innere Schleife muß abbrechen, da die Liste jedes Herrn jede Dame enthält und jede Iteration der Schleife die Liste irgendeines Herrn inkrementiert; dazu muß folglich eine nicht verlobte Dame gefunden werden, ehe die Liste aller Herren abgearbeitet ist. Die durch den Algorithmus erzeugte Menge der Verlobungen ist stabil, da jede Dame, die irgendein Herr gegenüber seiner Braut bevorzugt, mit jemandem verlobt ist, den sie ihm gegenüber bevorzugt.

Eigenschaft 34.2 *Das Problem der stabilen Ehe kann in linearer Zeit gelöst werden.*

Wie soeben erwähnt wurde, inkrementiert jede Iteration der Schleife die Präferenzliste irgendeines Herrn. Im ungünstigsten Fall werden alle Einträge der Liste betrachtet (doch kein Eintrag wird zweimal betrachtet). In Wirklichkeit ist es möglich, daß der Algorithmus viel weniger Zeit als zur Erzeugung der Listen erforderlich benötigt, da eine stabile Konfiguration gefunden werden könnte, lange bevor alle Listen abgearbeitet sind. Diese Art von Überlegungen führt zu einer Anzahl interessanter analytischer Probleme. ■

Dieser Algorithmus ist offensichtlich in verschiedener Hinsicht unausgeglichen. Erstens gehen die Herren die Damen auf ihren Listen der Reihe nach durch, während die Damen warten müssen, bis der »richtige Mann« kommt. Diese Asymmetrie kann korrigiert werden (auf etwas einfachere Weise als im realen Leben), indem die Reihenfolge, in der die Präferenzlisten eingegeben werden, vertauscht wird. Dies erzeugt die stabile Konfiguration 1E 2D 3A 4C 5B, bei der jede Dame ihre »erste Wahl« bekommt, außer 5, die ihre zweite Wahl bekommt. Im allgemeinen können viele stabile Konfigurationen existieren; es läßt sich zeigen, daß diese »optimal« für die Damen ist, daß also keine andere stabile Konfiguration irgendeiner Dame eine bessere Wahl von ihrer Liste geben würde. (Natürlich ist die erste stabile Konfiguration für unser Beispiel optimal für die Herren.)

Eine anderes Merkmal des Algorithmus, das asymmetrisch zu sein scheint, ist die Reihenfolge, in der die Herren zum Bewerber werden: Ist es besser, der erste Herr zu sein, der einen Antrag macht (und daher wenigstens für kurze Zeit mit seiner ersten Wahl verlobt zu sein), oder der letzte (und daher weniger der Gefahr ausgesetzt zu sein, unter den Unannehmlichkeiten einer gelösten Verlobung leiden zu müssen)? Die Antwort lautet, daß dies keineswegs eine Asymmetrie ist; die Reihenfolge, in der die Herren zum Bewerber werden, spielt keine Rolle. Solange entsprechend den Listen jeder Herr Anträge macht und jede Dame Anträge annimmt, ergibt sich die gleiche stabile Konfiguration.

Weiterentwickelte Algorithmen

Die beiden Spezialfälle, die wir betrachtet haben, geben eine Vorstellung von der Schwierigkeit des Paarungsproblems. Obwohl diese speziellen Algorithmen für verschiedene reale Anwendungen der angegebenen Art von Nutzen sind, können viele andere Anwendungen die Lösung von allgemeineren Problemen erfordern.

Zu den allgemeineren Problemen, die gründlicher untersucht worden sind, gehören: das Problem der maximalen Paarung für allgemeine (nicht notwendig bipartite) Graphen; gewichtete Paarung für bipartite Graphen, wobei Kanten Gewichte haben und eine Paarung mit maximalem Gesamtgewicht gesucht wird; sowie gewichtete Paarung für allgemeine Graphen.

Gewichtete Paarung für bipartite Graphen und ähnliche Verallgemeinerungen können in dem Umfang verarbeitet werden, in dem Algorithmen für Verallgemeinerungen des Problems des Flusses in einem Netzwerk bekannt sind. Allgemeine Graphen sind jedoch eine ganz andere Angelegenheit. (Das Problem der stabilen Ehe könnte als eine Methode charakterisiert werden, wie das Problem der gewichteten Paarung für allgemeine Graphen durch Umformulierung des Problems umgangen werden kann.) Die Abhandlung der vielen Methoden, die für die Paarung bei allgemeinen Graphen ausprobiert wurden, würde ein ganzes Buch füllen; es handelt sich um eins der am intensivsten untersuchten Probleme in der Graphentheorie.

Übungen

1. Finden Sie alle Paarungen mit fünf Kanten für den bipartiten Graph in Abbildung 34.2.

2. Verwenden Sie den in diesem Kapitel angegebenen Algorithmus zur Bestimmung von maximalen Paarungen für zufällige bipartite Graphen mit 50 Knoten und 100 Kanten. Wie viele Kanten umfassen die Paarungen ungefähr?

3. Konstruieren Sie einen bipartiten Graph mit sechs Knoten und acht Kanten, der eine drei Kanten umfassende Paarung aufweist, oder beweisen Sie, daß keiner existiert.

4. Angenommen, die Knoten in einem bipartiten Graph stellen Arbeiten und Personen dar, und jeder Person sollen *zwei* Arbeiten zugewiesen werden. Würde die Zurückführung auf den Fluß in einem Netzwerk einen Algorithmus für dieses Problem liefern? Beweisen Sie Ihre Antwort.

5. Modifizieren Sie das Programm des Flusses in einem Netzwerk aus Kapitel 33 dahingehend, daß die spezielle Struktur der 0-1 Netzwerke ausgenutzt wird, die bei der bipartiten Paarung entstehen.

6. Erstellen Sie ein effizientes Programm, mit dem bestimmt werden kann, ob eine Zuordnung für das Problem der stabilen Ehe stabil ist.

7. Ist es möglich, daß bei dem Algorithmus der stabilen Ehe zwei Herren ihre jeweils letzte Wahl bekommen? Beweisen Sie Ihre Antwort.

8. Konstruieren Sie eine Menge von Präferenzlisten für $N = 4$ für das Problem der stabilen Ehe, bei der jede Person ihre zweite Wahl bekommt, oder beweisen Sie, daß eine solche Menge nicht existiert.

9. Geben Sie eine stabile Konfiguration für das Problem der stabilen Ehe für den Fall an, daß die Präferenzlisten für Herren und Damen alle gleich sind: in aufsteigender Reihenfolge.

10. Lassen Sie das Programm für das Problem der stabilen Ehe für $N = 50$ ablaufen, unter Verwendung von zufälligen Permutationen für die Präferenzlisten. Wie viele Anträge werden während der Ausführung des Algorithmus ungefähr gemacht?

Literatur für Algorithmen für Graphen

Es gibt eine Reihe von Lehrbüchern zu Algorithmen für Graphen, doch der Leser sei gewarnt, daß man eine ganze Menge über Graphen lernen muß, daß sie noch immer nicht vollständig erforscht sind, und daß sie traditionell von einem mathematischen Standpunkt aus (als Gegenstück zu einem algorithmischen Standpunkt) untersucht werden. Daher enthalten viele der Literaturstellen eine strengere und tiefgehendere Abhandlung wesentlich komplizierterer Fragen, als dies uns hier möglich ist.

Viele der Themen, die wir hier angesprochen haben, werden in den Büchern von Mehlhorn und Tarjan behandelt. Beide sind grundlegende Referenzen, die sorgfältige Darlegungen zu elementaren und weiterentwickelten Algorithmen für Graphen enthalten, mit umfangreichen Hinweisen auf neuere Literatur. Eine weitere Referenz für weiterführendes Material ist das Buch von Papadimitriou und Steiglitz. Obwohl der größte Teil des Buches wesentlich anspruchsvolleren Themen gewidmet ist (zum Beispiel enthält es eine vollständige Abhandlung zur Paarung in allgemeinen Graphen), werden in ihm viele der von uns erörterten Algorithmen behandelt, was Hinweise auf weitere Literaturstellen einschließt.

Die Anwendung der Tiefensuche auf die Lösung des Problems des Zusammenhangs von Graphen ist das Verdienst von R. E. Tarjan, dessen Originalarbeit ein gründliches Studium verdient. Die vielen Varianten von Algorithmen für das Problem der Vereinigungs-Suche aus Kapitel 30 werden von van Leeuwen und Tarjan mit Erfolg kategorisiert und verglichen. Die Algorithmen für kürzeste Pfade und minimale Spannbäume in dichten Graphen aus Kapitel 31 sind relativ alt, doch die Originalarbeiten von Dijkstra, Prim und Kruskal sind noch immer eine interessante Lektüre. Unsere Abhandlung des Problems der stabilen Ehe in Kapitel 34 beruht auf dem unterhaltsamen Vortrag von Knuth.

E. W. Dijkstra, »A note on two problems in connexion with graphs«, *Numerische Mathematik*, **1** (1959).

D. E. Knuth, *Marriages stables*, Les Presses de l'Université de Montréal, Montréal, 1976.

J. R. Kruskal Jr., »On the shortest spanning subtree of a graph and the traveling salesman problem«, *Proceedings AMS*, **7**, 1 (1956).

K. Mehlhorn, *Data Structures and Algorithms 2: NP-Completeness and Graph Algorithms*, Springer-Verlag, Berlin, 1984.

C. H. Papadimitriou und K. Steiglitz, *Combinatorial Optimization: Algorithms and Complexity*, Prentice-Hall, Englewood Cliffs, NJ, 1982.

R. C. Prim, »Shortest connection networks and some generalizations«, *Bell System Technical Journal*, **36** (1957).

R. E. Tarjan, »Depth-first search and linear graph algorithms«, *SIAM Journal on Computing*, **1**, 2 (1972).

R. E. Tarjan, *Data Structures and Network Algorithms*, Society for Industrial and Applied Mathematics, Philadelphia, PA, 1983.

J. van Leeuwen und R. E. Tarjan, »Worst-case analysis of set-union algorithms«, *Journal of the ACM*, 1986.

Mathematische Algorithmen

Kapitel 35

Zufallszahlen

Bei unserer nächsten Gruppe von Algorithmen handelt es sich um Methoden zur Verwendung eines Computers zur Erzeugung von Zufallszahlen. Obwohl wir im Verlaufe dieses Buches schon im Zusammenhang mit unterschiedlichen Fragen Zufallszahlen erwähnt haben, wollen wir nun versuchen, eine bessere Vorstellung davon zu erhalten, was dies eigentlich ist.

In der Umgangssprache wird oft der Begriff *zufällig* gebraucht, wenn in Wirklichkeit *beliebig* gemeint ist. Wenn man nach einer *beliebigen* Zahl fragt, meint man, daß es eigentlich nicht von Bedeutung ist, welche Zahl man erhält; nahezu jede Zahl ist geeignet. Im Gegensatz dazu ist *Zufallszahl* ein exakt definierter mathematischer Begriff: Jede Zahl sollte mit gleicher Wahrscheinlichkeit auftreten. Eine Zufallszahl wird jemanden befriedigen, der eine beliebige Zahl braucht, doch die Umkehrung gilt nicht.

Damit die Formulierung »jede Zahl sollte mit gleicher Wahrscheinlichkeit auftreten« sinnvoll ist, müssen wir die Zahlen, die verwendet werden sollen, auf einen bestimmten endlichen Bereich begrenzen. Man kann nicht eine zufällige ganze Zahl schlechthin betrachten, sondern nur eine zufällige ganze Zahl in einem bestimmten Bereich; man kann nicht eine zufällige reelle Zahl betrachten, sondern nur einen zufälligen Bruch mit vorgegebener Auflösung und in einem bestimmten Bereich.

Fast immer liegt der Fall vor, daß nicht nur eine Zufallszahl, sondern eine *Folge* von Zufallszahlen benötigt wird (andernfalls würde eine beliebige Zahl genügen). An dieser Stelle kommt die Mathematik ins Spiel: Es ist möglich, viele Eigenschaften von Folgen von Zufallszahlen zu beweisen. Zum Beispiel können wir in einer sehr langen Folge von Zufallszahlen aus einem kleinen Bereich erwarten, daß jeder Wert ungefähr gleich häufig auftritt. Zufällige Folgen modellieren viele natürliche Situationen, und über ihre Eigenschaften ist sehr viel bekannt. Der üblichen Ausdrucksweise folgend, wollen wir Zahlen aus zufälligen Folgen als Zufallszahlen bezeichnen.

Es gibt keine Möglichkeit, echte Zufallszahlen auf einem Computer (oder irgendeinem anderen deterministischen Gerät) zu erzeugen. Wenn das Programm einmal erstellt ist, können die Zahlen, die es erzeugen wird, abgeleitet werden; wie sollten sie also zufällig sein? Das Optimum sind Programme, die Folgen von Zahlen erzeugen, die viele der Eigenschaften von Zufallszahlen haben. Derartige Zahlen werden gewöhnlich *Pseudo-Zufallszahlen* genannt; sie sind nicht wirklich zufällig, doch sie können als Näherungen für Zufallszahlen von Nutzen sein, etwa so, wie Gleitkommazahlen als Näherungen für reelle Zahlen von Nutzen sind. (Manchmal ist es zweckmäßig, noch eine weitere Unterscheidung zu treffen: In gewissen Situationen sind einige Eigenschaften von Zufallszahlen von entscheidender Bedeutung, während andere unwesentlich sind. In derartigen Situationen kann man *Quasi-Zufallszahlen* erzeugen, die mit Sicherheit die interessierenden Eigenschaften besitzen, jedoch andere Eigenschaften von Zufallszahlen wahrscheinlich nicht aufweisen. Für manche Anwendungen läßt sich beweisen, daß Quasi-Zufallszahlen Pseudo-Zufallszahlen vorzuziehen sind.)

Es ist leicht einzusehen, daß das Approximieren der Eigenschaft »jede Zahl tritt mit gleicher Wahrscheinlichkeit auf« in einer langen Folge nicht ausreichend ist. Zum Beispiel tritt jede ganze Zahl aus dem Intervall [1,100] in der Folge (1, 2, . . . , 100) einmal auf, doch diese Folge ist sicher als Approximation einer zufälligen Folge nicht brauchbar. In Wirklichkeit werden in einer zufälligen Folge der Länge 100 von Zahlen aus dem Intervall [1,100] wahrscheinlich einige Zahlen mehr als einmal auftreten, andere überhaupt nicht. Wenn dies bei einer Folge von Pseudo-Zufallszahlen nicht der Fall ist, so stimmt mit dem Zufallszahlengenerator etwas nicht. Für Zufallszahlengeneratoren wurden viele komplizierte Tests entwickelt, die auf speziellen Beobachtungen wie dieser beruhen. Diese sollen überprüfen, ob eine lange Folge von Pseudo-Zufallszahlen eine bestimmte Eigenschaft besitzt, die Zufallszahlen haben würden. Die Zufallszahlengeneratoren, die wir untersuchen wollen, zeigen bei solchen Tests ein sehr gutes Verhalten. Im vorliegenden Kapitel betrachten wir einen der wichtigsten dieser Tests, den χ^2-*Test* (*Chi-Quadrat-Test*).

Wir haben bisher ausschließlich über *gleichverteilte* Zufallszahlen gesprochen (und werden auch künftig nur über sie sprechen), bei denen jeder Wert gleich wahrscheinlich ist. Es kommt auch häufig vor, daß man es mit Zufallszahlen zu tun hat, die einer bestimmten anderen Verteilung gehorchen, bei der manche Werte wahrscheinlicher sind als andere. Pseudo-Zufallszahlen, die nicht gleichverteilt sind, erhält man gewöhnlich, indem man mit gleichverteilten Zufallszahlen gewisse Operationen ausführt. Bei den meisten Anwendungen in diesem Buch werden gleichverteilte Zufallszahlen benutzt. Wie wir sehen werden, ist es schwierig genug, sich davon zu überzeugen, daß die Zahlen, die wir erzeugen, »alle« Eigenschaften von Zufallszahlen haben; das Problem wird noch viel komplizierter, wenn es um andere Verteilungen geht.

Anwendungen

Wir haben in diesem Buch bereits viele Anwendungen kennengelernt, in denen Zufallszahlen von Nutzen sind. Einige von ihnen umreißen wir hier. Eine offensichtliche Anwendung liegt in der *Kryptographie*, wo das Hauptziel darin besteht, eine

Nachricht so zu verschlüsseln, daß sie von niemandem außer von dem vorgesehenen Empfänger gelesen werden kann. Wie wir in Kapitel 23 gesehen haben, besteht ein Weg, dies zu erreichen, darin, die Nachricht zufällig aussehen zu lassen, indem man eine pseudo-zufällige Folge verwendet, um die Nachricht so zu verschlüsseln, daß der Empfänger die gleiche pseudo-zufällige Folge für ihre Entschlüsselung benutzen kann.

Ein weiteres Gebiet, in dem Zufallszahlen breite Anwendung gefunden haben, ist die *Simulation*. Eine typische Simulation beinhaltet ein umfangreiches Programm, welches einen bestimmten Aspekt der realen Welt modelliert: Zufallszahlen eignen sich in natürlicher Weise für die Eingabe solcher Programme. Selbst dann, wenn keine echten Zufallszahlen benötigt werden, werden für Simulationen gewöhnlich viele beliebige Zahlen für die Eingabe benötigt, und es ist zweckmäßig, diese mit Hilfe eines Zufallszahlengenerators zur Verfügung zu stellen.

Wenn eine große Datenmenge analysiert werden soll, ist es manchmal ausreichend, nur eine sehr kleine Teilmenge dieser Daten zu verarbeiten, welche durch die Entnahme einer zufälligen *Stichprobe* ausgewählt wird. Entsprechende Anwendungen sind weit verbreitet, wobei das bekannteste Beispiel Meinungsumfragen sein dürften.

Oft ist es erforderlich, eine Auswahl zu treffen, wenn alle zu berücksichtigenden Faktoren gleich zu sein scheinen. Die Lottozahlen oder die Vergabe von Studienplätzen an Gleichberechtigte sind Beispiele für die Verwendung von Zufallszahlen für die *Entscheidungsfindung*. Auf diese Weise wird die Verantwortung für die Entscheidung dem »Schicksal« (oder dem Computer) übertragen.

Der Leser wird sicher feststellen, daß er selbst häufig von die Simulation von Zufallszahlen Gebrauch macht: um zufällige oder beliebige Eingabedaten für Programme bereitzustellen. Eine andere Anwendung, die wir kennengelernt haben, betrifft Algorithmen, deren Effizienz sich dadurch erhöht, daß sie Zufallszahlen zur Entnahme von Stichproben oder als Hilfsmittel bei der Entscheidungsfindung verwenden. Ausgezeichnete Beispiele dafür sind Quicksort (siehe Kapitel 9) und das Verfahren von Rabin-Karp für die Suche in Zeichenfolgen (siehe Kapitel 19).

Methode der linearen Kongruenz

Das bekannteste Verfahren für die Erzeugung von Zufallszahlen, welches seit seiner Vorstellung durch D. Lehmer im Jahre 1951 fast ausschließlich verwendet wird, ist die sogenannte Methode der *linearen Kongruenz* (Restmethode von Lehmer). Falls seed eine beliebige Zahl enthält, so erstellt die folgende Anweisung unter Benutzung dieser Methode ein Feld mit N Zufallszahlen:

```
a[0] = seed;
for (i = 1; i <= N; i++)
  a[i] = (a[i-1]*b+1) % m;
```

Das heißt, um eine neue Zufallszahl zu erhalten, nehme man die vorangegangene, multipliziere sie mit einer Konstanten b, addiere 1 und berechne den Rest, der sich bei der Division durch eine zweite Konstante m ergibt. Das Ergebnis ist stets eine ganze Zahl zwischen 0 und m − 1. Dies ist für die Anwendung in Computern günstig, da sich die Funktion % gewöhnlich leicht implementieren läßt: Wenn wir den Überlauf bei den Rechenoperationen unterdrücken, so entfernt die Hardware der meisten Computer die Überlauf-Bits, und führt somit effizient eine %-Operation aus, wobei m um eins größer ist als die größte ganze Zahl, die in einem Computerwort dargestellt werden kann. Auch diesmal sind die Zahlen nicht wirklich zufällig; das Programm erzeugt lediglich Zahlen, von denen wir hoffen, daß sie einem bestimmten anderen Prozeß als zufällig *erscheinen*.

So einfach die Methode zu sein scheint, war der Zufallszahlengenerator der linearen Kongruenz doch Gegenstand einer Bücher füllenden, ausführlichen und schwierigen mathematischen Analyse. Aus diesen Ergebnissen können wir gewisse Anhaltspunkte für die Wahl der Konstanten seed, b und m erhalten. Einige dem »gesunden Menschenverstand« entsprechende Prinzipien kommen hierbei zur Anwendung, doch in diesem Falle ist der gesunde Menschenverstand nicht ausreichend, um gute Zufallszahlen zu gewährleisten. Erstens sollte m groß sein; es kann die Größe des Computerwortes sein, muß jedoch nicht ganz so groß sein, wenn dies unzweckmäßig ist (siehe untenstehende Implementation). Normalerweise wird es zweckmäßig sein, m als eine Zweier- oder Zehnerpotenz zu wählen. Zweitens sollte b weder zu groß noch zu klein sein; eine günstige Wahl ist die Verwendung einer Zahl, die eine Ziffer weniger hat als m. Drittens sollte b eine beliebige Konstante ohne besonderes Muster in ihren Ziffern sein, *abgesehen davon*, daß sie auf . . . x 21 enden sollte, wobei x gerade sein soll: diese letzte Forderung ist sicherlich eigenartig, doch sie verhindert das Auftreten bestimmter, möglicherweise problematischer Fälle, die durch die mathematische Analyse gefunden wurden.

Die oben beschriebenen Regeln wurden von D. E. Knuth entwickelt, in dessen Lehrbuch diese Fragen recht gründlich behandelt werden. Knuth zeigt, daß eine solche Auswahl bewirkt, daß die Methode der linearen Kongruenz gute Zufallszahlen erzeugt, die verschiedenen komplizierten statistischen Tests genügen. Das ernsthafteste potentielle Problem, das schnell sichtbar werden kann, besteht darin, daß der Generator in einen Zyklus geraten kann und viel früher, als es der Fall sein sollte, Zahlen erzeugt, die er bereits erzeugt hat. Zum Beispiel führt die Wahl von b = 19, m = 381 und seed = 0 zur Erzeugung der Folge 0, 1, 20, 0, 1, 20, . . . , was eine nicht sehr zufällige Folge ganzer Zahlen zwischen 0 und 380 ist. Leider sind nicht alle derartigen Schwierigkeiten so leicht zu erkennen, so daß man gut beraten ist, wenn man den von Knuth angegebenen Richtlinien folgt, wodurch man viele der von ihm entdeckten versteckten Fallen umgeht.

Um den Zufallszahlengenerator zu starten, kann man einen beliebigen Anfangswert benutzen, ohne daß dies besondere Auswirkungen hätte (abgesehen natürlich davon, daß verschiedene Anfangswerte zur Erzeugung unterschiedlicher zufälliger Folgen führen). Oft ist es unnötig, wie im obigen Programm die gesamte Folge zu speichern.

Stattdessen verwenden wir einfach eine globale Variable a, die mit einem bestimmten Wert initialisiert und dann durch die Berechnung $a = (a * b+1) \% m$ aktualisiert wird.

In C (und vielen anderen Programmiersprachen) sind wir von einer anwendungsfähigen Implementation immer noch einen Schritt entfernt, da wir nicht die Möglichkeit haben, den Überlauf zu unterdrücken; er ist eine Fehlerbedingung, die zu nicht vorhersagbaren Ergebnissen führen kann. Nehmen wir an, daß unser Computer ein 32-Bit-Wort hat, und wählen wir $m = 100000000$, $b = 31415821$ und als Anfangswert $a = 1234567$. Alle diese Werte sind deutlich kleiner als die größte darstellbare ganze Zahl, doch bereits die erste Operation $a * b+1$ führt zu einem Überlauf. Der Teil des Produkts, der den Überlauf verursacht, ist für unsere Berechnung jedoch nicht von Bedeutung; uns interessieren nur die letzten acht Ziffern. Der Trick besteht darin, den Überlauf zu vermeiden, indem die Multiplikation in Teile zerlegt wird. Um p mit q zu multiplizieren, schreiben wir $p = 10^4 p_1 + p_0$ und $q = 10^4 q_1 + q_0$, so daß das Produkt

$$
\begin{aligned}
pq &= (10^4 p_1 + p_0)(10^4 q_1 + q_0) \\
   &= 10^8 p_1 q_1 + 10^4 (p_1 q_0 + p_0 q_1) + p_0 q_0.
\end{aligned}
$$

lautet.

Da wir nun für das Ergebnis nur acht Ziffern benötigen, können wir den ersten Term und alle außer den letzten vier Ziffern des zweiten Terms (vor der Multiplikation) ignorieren. Dies führt zu dem folgenden Programm:

```
#define m 100000000
#define m1 10000
#define b 31415821
static int a;
int mult(int p, int q)
  {
    int p1, p0, q1, q0;
    p1 = p/m1; p0 = p%m1;
    q1 = q/m1; q0 = q%m1;
    return (((p0*q1+p1*q0) % m1)*m1+p0*q0) % m;
  }
int random()
  {
    a = (mult(a,b)+1) % m;
    return a;
  }
main()
  {
    int i, N;
    scanf("%d %d", &N, &a);
    for (i = 1; i <= N; i++) printf("%d ", random());
    printf("\n");
  }
```

Die Funktion `mult` in diesem Programm berechnet `p * q % m`, wobei kein Überlauf auftritt, solange m kleiner ist als die Hälfte der größten darstellbaren ganzen Zahl. Das Verfahren kann offensichtlich mit `m = m1 * m1` auch für andere Werte von `m1` angewandt werden.

Wenn dieses Programm mit den Eingabedaten $N = 10$ und $a = 1234567$ abgearbeitet wird, gibt es die folgenden zehn Zahlen aus: 35884508, 80001069, 63512650, 43635651, 1034472, 87181513, 6917174, 209855, 67115956, 59939877. Diesen Zahlen wohnt offensichtlich ein nicht zufälliges Element inne: Zum Beispiel durchlaufen die Endziffern zyklisch die Ziffernfolge 0-9. Anhand der Formel läßt sich leicht beweisen, daß dies der Fall sein muß. Im allgemeinen sind die rechts stehenden Ziffern nicht zufällig, eine Tatsache, die die Ursache für einen verbreiteten und ernsthaften Fehler bei der Benutzung von derartigen Zufallszahlengeneratoren ist. Das folgende ist ein schlechtes Programm für die Erzeugung von Zufallszahlen im Bereich [0,r – 1]:

```
int randombad(int r)
  {
    a = (mult(a,b)+1) % m;
    return a % r;
  }
```

Die nicht zufälligen Ziffern auf der rechten Seite sind die einzigen verwendeten Ziffern, so daß die sich ergebende Folge wenige der gewünschten Eigenschaften besitzt. Dieses Problem läßt sich leicht beheben, indem man stattdessen die *links* stehenden Ziffern benutzt. Wir können eine Zahl zwischen 0 und `r-1` berechnen, indem wir `a * r / m` bilden, doch auch diesmal muß der Überlauf umgangen werden:

```
int randomint(int r)
  {
    a = (mult(a,b)+1) % m;
    return ((a/m1)*r)/m1;
  }
```

Ein anderes gebräuchliches Verfahren besteht darin, zufällige reelle Zahlen zwischen 0 und 1 zu erzeugen, indem man die obigen Zahlen als Nachkommastellen eines Dezimalbruchs auffaßt. Dies läßt sich implementieren, indem einfach der reelle Wert `a/m` statt der ganzen Zahl `a` zurückgegeben wird. Ein Anwender kann dann eine ganze Zahl im Bereich [0,r] erhalten, indem er diesen Wert einfach mit r multipliziert und das Ergebnis auf die nächstkleinere ganze Zahl abrundet. Es ist auch möglich, daß eine reelle Zahl zwischen 0 und 1 genau das ist, was benötigt wird.

Methode der additiven Kongruenz

Ein anderes Verfahren für die Erzeugung von Zufallszahlen beruht auf den *Schieberegistern mit linearer Rückführung*, die für ältere Verschlüsselungsmaschinen verwendet wurden. Die Idee besteht darin, mit einem Register zu beginnen, das mit einem beliebigen Muster gefüllt ist (nicht alles Nullen), und es dann (zum Beispiel) um einen Schritt nach rechts zu verschieben, wobei die links freigewordene Positione mit einem Bit gefüllt wird, das auf der Grundlage des Registerinhalts bestimmt wird.

Abbildung 35.1 zeigt ein einfaches, vier Bits umfassendes Schieberegister mit linearer Rückführung, wobei das neue Bit durch die XOR-Verknüpfung der beiden am weitesten rechts befindlichen Bits gebildet wird. Wenn das Register zum Beispiel am Anfang mit dem Muster 1111 gefüllt ist, enthält es nach einem Schritt 0111: Die Bits 111 werden um eine Stelle nach rechts verschoben, und das Bit ganz links erhält den Wert 0, da die beiden ganz rechts befindlichen Bits übereinstimmen. Wenn man dies fortsetzt, lauten die Inhalte des Registers in den aufeinanderfolgenden Schritten 0011, 0001, 1000, 0100, 0010, 1001, 1100, 0110, 1011, 0101, 1010, 1101, 1110, 1111. Nachdem wir wieder beim Anfangsmuster angelangt sind, verläuft der Prozeß offensichtlich zyklisch.

Beachten Sie, daß alle möglichen von 0000 verschiedenen Bitmuster auftreten: Der Anfangswert wiederholt sich nach 15 Schritten. Wenn wir jedoch als »Abgriffs«-Positionen (Bits, die für die Rückführung verwendet werden) 0 und 2 (wenn wir sie von rechts numerieren) anstelle von 0 und 1 benutzen, erhalten wir die Folge 1111, 0111, 0011, 1001, 1100, 1110, 1111 und somit nicht den vollständigen Zyklus. Wir möchten jedoch garantieren, daß wir immer einen vollständigen Zyklus erhalten.

Im allgemeinen ist es für n Bits umfassende Schieberegister mit linearer Rückführung möglich, es so einzurichten, daß die Länge des Zyklus $2^n - 1$ beträgt. Daher ergeben solche Register für große n gute Zufallszahlengeneratoren. Beispielsweise könnte man $n = 31$ oder $n = 63$ verwenden. Wie bei der Methode der linearen Kongruenz sind die mathematischen Eigenschaften dieser Register gründlich untersucht worden. Zum Beispiel ist viel über die Wahl der »Abgriffs«-Positionen bekannt, die für Register von verschiedener Größe zur Erzeugung aller Bitmuster führen. Für $n = 31$ etwa würde den Abgriff der Positionen 0 und entweder 4, 7, 8, 14, 19, 25, 26 oder 29 zum Ziel führen.

Die aufeinanderfolgenden Registerinhalte sind als zufällige Folge nicht brauchbar, da in jedem aufeinanderfolgenden Paar alle Bits außer einem übereinstimmen. Vielmehr

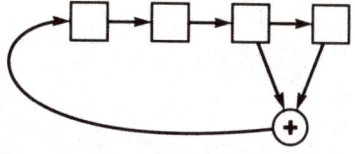

Abbildung 35.1 Ein aus vier Bits bestehendes Schieberegister mit linearer Rückführung.

sollte man sich dies als eine Vorrichtung zur Erzeugung einer Folge zufälliger Bits vorstellen (das am weitesten links befindliche Bit des Registers), in unserem Beispiel 1000100110110111. Wie in Kapitel 23 erwähnt wurde, sind solche Vorrichtungen in der Kryptographie von Nutzen, da sie aus kleinen Schlüsseln lange Bitfolgen erzeugen können.

Eine weitere interessante Tatsache ist, daß die Berechnung mit der gleichen Rekursionsformel wortweise anstatt bitweise ausgeführt werden kann. Wenn wir in unserem Beispiel zwei aufeinanderfolgende Worte bitweise XOR-verknüpfen, erhalten wir das Wort, das in der Liste drei Plätze später erscheint. Dies führt uns zu einem Zufallszahlengenerator, der sich auf einem Universalrechner leicht implementieren läßt. Die Verwendung eines Schieberegisters mit Rückführung mit Abgriff der Bits b und c entspricht der Anwendung der Rekursion $a[k] = (a[k-b]+a[k-c]) \% m$. Um den Zusammenhang mit dem Schieberegistermodell zu gewährleisten, sollte das »+« in dieser Rekursionsformel ein bitweises XOR sein. Es wurde jedoch gezeigt, daß sogar dann gute Zufallszahlen erzeugt werden dürften, wenn normale ganzzahlige Addition benutzt wird. Dies wird die Methode der *additiven Kongruenz* genannt.

Das ganz rechts stehende Bit der Zahlen in einem Generator der additiven Kongruenz verhält sich genau so wie die Bits in dem entsprechenden Schieberegister mit linearer Rückführung, so daß die Anzahl der Schritte, die ausgeführt werden, bevor sich das Verfahren zu wiederholen beginnt, wenigstens ebenso groß ist wie die Länge des Zyklus. Über diese Tatsache hinaus sind bezüglich der von solchen Generatoren erzeugten Zahlen nur wenige Ergebnisse erzielt worden; was für sie spricht, sind vor allem empirische Aussagen (sie genügen den statistischen Tests).

Um einen Generator der additiven Kongruenz zu implementieren, müssen wir eine Tabelle der Größe c führen, welche stets die letzten c erzeugten Zahlen enthält. Die Berechnung erfolgt, indem eine der Zahlen in der Tabelle durch die Summe zweier anderer Zahlen in der Tabelle ersetzt wird. Am Anfang sollte die Tabelle mit Zahlen gefüllt werden, die weder zu klein noch zu groß sind. (Ein einfacher Weg, diese Zahlen zu erhalten, ist die Benutzung eines einfachen Generators der linearen Kongruenz!) Knuth empfiehlt, $b = 31$ und $c = 55$ zu wählen. Somit müssen wir die 55 zuletzt erzeugten Zahlen registrieren. Die geeignete Datenstruktur hierfür ist eine Warteschlange (siehe Kapitel 3), doch da die Größe fest ist, verwenden wir einfach ein Feld dieser Größe, das mittels eines »zyklischen« Zeigers indiziert wird, wie in der folgenden Implementation:

```
randinit(int s)
  {
    for (a[0] = s, j = 0; j <= 54; j++)
      a[j] = (mult(a[j-1],b)+1) % m;
  }
int randomint(int r)
  {
    j = (j+1) % 55;
    a[j] = (a[(j+23) % 55]+a[(j+54) % 55]) % m;
```

```
        return ((a[j]/m1)*r)/m1;
    }
```

Die globale Variable a wurde durch eine vollständige Tabelle sowie einen auf sie weisenden Zeiger (j) ersetzt. Dieser große »globale Zustand« ist bei manchen Anwendungen ein Nachteil dieses Generators, doch er ist gleichzeitig ein Vorteil, da er zu einem extrem langen Zyklus führt (mindestens $2^{55} - 1$, selbst dann, wenn m klein ist).

Die Funktion randomint gibt eine zufällige ganze Zahl zwischen 0 und r - 1 zurück. Natürlich kann sie genauso wie oben leicht in eine Funktion umgewandelt werden, die eine zufällige reelle Zahl zwischen 0 und 1 zurückgibt (a[j]/m).

Test der Zufälligkeit

Oft kann man ermitteln, daß eine Folge nicht zufällig ist; der Nachweis, das eine Folge zufällig *ist*, ist dagegen eine wahrhaft schwierige Aufgabe. Wie bereits erwähnt wurde, kann keine von einem Computer erzeugte Folge wirklich zufällig sein, doch wir können eine Folge erhalten, die viele der Eigenschaften von Zufallszahlen aufweist. Leider ist es oft unmöglich, genau anzugeben, welche Eigenschaften von Zufallszahlen für eine spezielle Anwendung wichtig sind. Weiterhin ist es stets angebracht, für einen Zufallszahlengenerator eine Art Test auszuführen, um sicher zu sein, daß keine entarteten Situationen auftreten. Zufallszahlengeneratoren können sehr, sehr gut sein, doch wenn sie schlecht sind, hat das schreckliche Folgen.

Es wurden viele Tests entwickelt, um zu bestimmen, ob eine Folge verschiedene Eigenschaften mit einer echt zufälligen Folge gemeinsam hat. Die meisten dieser Tests beruhen in wesentlichem Umfang auf mathematischen Grundlagen, und es würde weit über den Rahmen dieses Buches hinausgehen, sie im einzelnen zu untersuchen. Ein statistischer Test jedoch, der χ^2 -Test (Chi-Quadrat-Test), ist von grundlegender Natur, läßt sich sehr leicht implementieren und ist für verschiedene Anwendungen von Nutzen, so daß wir ihn eingehender betrachten wollen.

Der Grundgedanke des χ^2 -Tests besteht in der Prüfung, ob die erzeugten Zahlen sinnvoll verteilt sind oder nicht. Falls wir N positive Zahlen erzeugen, die kleiner als r sind, so können wir erwarten, daß wir für jeden Wert ungefähr N/r Zahlen erhalten. Jedoch, und das ist die entscheidende Tatsache, sollten die Häufigkeiten nicht genau die gleichen sein, denn das wäre wiederum nicht zufällig! Es erweist sich, daß die Berechnung, mit der bestimmt werden kann, ob eine Folge von Zahlen so gut verteilt ist wie eine zufällige Folge oder nicht, sehr einfach ist:

```
float chisquare(int N, int r, int s)
    {
        int i, t, f[rmax];
        randinit(s);
```

```
for (i = 0; i < r; i++) f[i] = 0;
for (i = 0; i < N; i++) f[randomint(r)]++;
for (i = 0, t = 0; i < r; i++) t += f[i]*f[i];
return (float) ((r*t/N) - N);
}
```

Wir berechnen einfach die Summe der Quadrate der Häufigkeiten, dividiert durch die zu erwartende Häufigkeit, und subtrahieren davon dann die Größe der Folge. Diese Zahl, die » χ^2 -Statistik«, kann mathematisch in der Form

$$\chi^2 = \frac{\sum_{0 \le i \le r} (f_i - N/r)^2}{N/r}$$

ausgedrückt werden. Falls die χ^2-Statistik nahe bei r liegt, sind die Zahlen zufällig; falls sie zu weit weg liegt, sind sie es nicht. Die Begriffe »nahe« und »weit weg« können exakter definiert werden; es existieren Tabellen, aus denen genau hervorgeht, wie die Statistik zu Eigenschaften zufälliger Folgen in Beziehung zu setzen ist. Für den einfachen Test, den wir ausführen, sollte die Statistik innerhalb eines Abstands von $2\sqrt{r}$ von r liegen. Dies gilt, falls N größer als etwa $10r$ ist; um sicherzugehen, sollte der Test mehrmals ausgeführt werden, da er ungefähr jedes zehnte Mal zu einem falschen Ergebnis führt.

Dieser Test läßt sich so leicht implementieren, daß er eigentlich in jeden Zufallszahlengenerator eingefügt werden sollte, einfach um abzusichern, daß nichts Unerwartetes ernsthafte Probleme verursachen kann. Alle »guten« Generatoren, die wir betrachtet haben, genügen diesem Test, die »schlechten« hingegen nicht. Wenn wir die obigen Generatoren verwenden, um tausend Zahlen zu erzeugen, die kleiner als 100 sind, erhalten wir eine χ^2-Statistik von 100,8 für die Methode der linearen Kongruenz und von 105,4 für die Methode der additiven Kongruenz, was beides sicher innerhalb des Abstands 20 von 100 liegt. Für den »schlechten« Generator dagegen, der die rechten

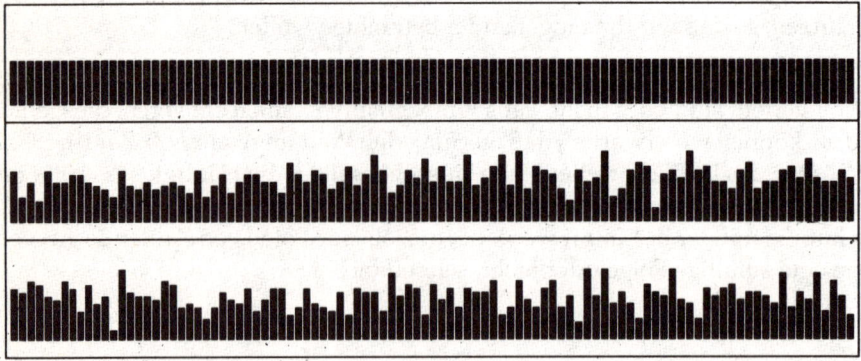

Abbildung 35.2 *Häufigkeiten für drei Generatoren: rechte Bits, linke Bits, ungeeigneter Multiplikator.*

Bits des Generators der linearen Kongruenz verwendet, hat die Statistik den Wert 0 (warum?), und für eine Methode der linearen Kongruenz mit einem ungeeigneten Multiplikator (101011) hat die Statistik den Wert 77,8, was deutlich außerhalb des zulässigen Bereichs liegt. Abbildung 35.2 zeigt die Häufigkeiten des Auftretens sämtlicher Werte, die kleiner als 100 sind, für die drei soeben erwähnten Varianten der Methode der linearen Kongruenz. Während die Benutzung der rechten Bits (oberstes Diagramm) offensichtlich ungünstig ist, ist es nicht leicht, den Unterschied zwischen dem mittleren und dem unteren Häufigkeitsdiagramm zu bemerken; die χ^2-Statistik gibt die Möglichkeit, den ungeeigneten Multiplikator zu identifizieren.

Bemerkungen zur Implementation

Um zu erreichen, daß ein Zufallszahlengenerator für eine große Anzahl von Anwendungen geeignet ist, wird gewöhnlich eine Reihe von zusätzlichen Vorkehrungen getroffen. Normalerweise ist es wünschenswert, den Generator als eine Funktion bereitzustellen, die initialisiert und dann wiederholt aufgerufen wird, wobei sie jedesmal eine andere Zufallszahl zurückgibt. Eine andere Möglichkeit ist, den Zufallszahlengenerator einmal aufzurufen und ihn ein Feld ausfüllen zu lassen, das alle Zufallszahlen enthält, die für eine bestimmte Berechnung benötigt werden. In beiden Fällen ist es wünschenswert, daß der Generator bei aufeinanderfolgenden Aufrufen die gleiche Folge erzeugt (für das Überprüfen am Anfang oder für den Vergleich von Programmen mit Hilfe der gleichen Eingabedaten), und daß er eine beliebige Folge erzeugt (für späteres Überprüfen). Alle diese Eigenschaften erfordern das Operieren mit dem »Status«, den der Zufallszahlengenerator zwischen den Aufrufen annimmt. In manchen Programmierumgebungen kann dies sehr mühsam sein. Der additive Generator hat den Nachteil, daß er einen relativ großen Status besitzt (das Feld der zuletzt erzeugten Wörter), hat jedoch den Vorteil, daß er einen derart langen Zyklus hat, daß es wahrscheinlich nicht notwendig ist, daß jeder Anwender ihn initialisiert.

Eine konservative Methode, sich vor Unregelmäßigkeiten in einem Zufallszahlengenerator zu schützen, ist die Kombination von zwei Generatoren. (Die Benutzung eines Generators der linearen Kongruenz zum Initialisieren der Tabelle für einen Generator der additiven Kongruenz ist ein elementares Beispiel dafür.) Eine einfache Methode, eine Kombination von Generatoren zu implementieren, besteht darin, den ersten Generator eine Tabelle ausfüllen und den zweiten zufällige Positionen in der Tabelle wählen zu lassen, um Zahlen für die Ausgabe zu liefern (und neue Zahlen vom ersten Generator zu speichern).

Beim Überprüfen eines Programms, das einen Zufallszahlengenerator verwendet, ist es gewöhnlich sinnvoll, zuerst einen trivialen oder entarteten Generator zu benutzen, einen Generator, der immer 0 oder aufeinanderfolgende zurückgibt.

In der Regel sind Zufallszahlengeneratoren empfindlich und müssen mit Vorsicht behandelt werden. Es ist schwer nachzuweisen, daß ein spezieller Generator gut ist, ohne einen enormen Aufwand in die verschiedenen statistischen Tests zu investieren. Die Lehre daraus ist: Man sollte sein Bestes tun, um einen guten Generator zu benutzen, auf der Grundlage der mathematischen Analyse und der Erfahrungen anderer; nur um sicherzugehen, sollte man die Zahlen untersuchen, um zu gewährleisten, daß sie zufällig »aussehen«; falls irgend etwas schiefgeht, suche man die Schuld beim Zufallszahlengenerator!

Übungen

1. Erstellen Sie ein Programm zur Erzeugung von zufälligen, aus vier Buchstaben bestehenden Wörtern (Reihen von Buchstaben). Schätzen Sie, wie viele Wörter Ihr Programm erzeugt, bevor es ein Wort wiederholt.

2. Wie würden Sie die Erzeugung von Zufallszahlen durch das Werfen von zwei Würfeln und die Bildung ihrer Summe simulieren, mit der zusätzlichen Schwierigkeit, daß es keine standardmäßigen Würfel sind (sie seien zum Beispiel mit den Zahlen 1, 2, 3, 5, 8 und 13 beschriftet)?

3. Geben Sie die Musterfolge an, die durch ein Schieberegister mit linearer Rückführung von der in Abbildung 35.1 dargestellten Art erzeugt wird, wobei sich jedoch die Abgriffs-Positionen beim ersten und beim letzten Bit befinden sollen. Es werde angenommen, daß das Anfangsmuster 1111 ist.

4. Warum wären die Funktionen OR oder AND (anstelle der XOR-Funktion) für Schieberegister mit linearer Rückführung ungeeignet?

5. Erstellen Sie ein Programm zur Erzeugung eines zufälligen zweidimensionalen Bildes. (Beispiel: Man erzeuge zufällige Bits und schreibe »*«, wenn 1 erzeugt wird, und » «, wenn 0 erzeugt wird. Anderes Beispiel: Man benutze Zufallszahlen als Koordinaten in einem zweidimensionalen kartesischen Koordinatensystem und schreibe in den angegebenen Punkten »*«.)

6. Verwenden Sie einen Zufallszahlengenerator der additiven Kongruenz zur Erzeugung von 1000 positiven ganzen Zahlen, die kleiner als 1000 sind. Entwickeln Sie einen Test, um zu bestimmen, ob sie zufällig sind oder nicht, und wenden Sie ihn an.

7. Verwenden Sie einen Generator der linearen Kongruenz mit Parametern Ihrer Wahl zur Erzeugung von 1000 positiven ganzen Zahlen, die kleiner als 1000 sind. Entwickeln Sie einen Test, um zu bestimmen, ob sie zufällig sind oder nicht, und wenden Sie ihn an.

8. Warum wäre es unklug, für den Generator der additiven Kongruenz zum Beispiel $b = 3$ und $c = 6$ zu verwenden?

9. Welchen Wert hat die χ^2 - Statistik für einen entarteten Generator, der immer die gleiche Zahl zurückgibt?

10. Beschreiben Sie, wie Sie Zufallszahlen erzeugen würden, wenn m größer ist als die Größe eines Computerwortes.

Kapitel 36

Arithmetik

Trotz ständiger Veränderungen beruht die Existenzberechtigung vieler Computersysteme darauf, daß sie in der Lage sind, schnelle und genaue numerische Berechnungen zu realisieren. Computer haben Fähigkeiten, arithmetische Operationen mit ganzen Zahlen und mit Gleitkommazahlen auszuführen; zum Beispiel können in C Zahlen vom Typ `integer` oder `float` sein, wobei alle normalen Rechenoperationen für beide Typen definiert sind. Das Verfahren, das für Rechenoperationen wirklich angewandt wird, ist Teil der Maschinenarchitektur und nicht Gegenstand unserer Betrachtungen (obwohl ein schneller neuer Algorithmus, beispielsweise für die Multiplikation von zwei aus 32-Bit-Zahlen, tatsächlich von enormer Bedeutung sein könnte). Stattdessen wollen wir einige der Algorithmen erörtern, die eine Rolle spielen, wenn die Operationen mit komplizierteren mathematischen Objekten ausgeführt werden müssen.

Im vorliegenden Kapitel wollen wir C-Implementationen von Algorithmen für die Addition und Multiplikation von Polynomen, langen ganzen Zahlen und Matrizen betrachten. Elementare Algorithmen für diese Probleme sind wohlbekannt und sehr einfach, doch es lohnt sich, darüber nachzudenken, wie grundlegende Datenstrukturen für spezielle Situationen anzuwenden sind. Unser Schwerpunkt liegt weniger als sonst bei Anwendungen; stattdessen betrachten wir den Gesamtkomplex der Berechnungen für grundlegende arithmetische Probleme, da die Arithmetik ein ausgezeichnetes Beispiel dafür darstellt, wie die richtige Anwendung algorithmischen Denkens zur Entwicklung raffinierter Verfahren führen kann, die (asymptotisch) wesentlich effizienter sind als elementare Verfahren. Solche Untersuchungen sind auch wegen ihres historischen Hintergrunds von Interesse: Algorithmen für die Ausführung elementarer Rechenoperationen wie Addition, Multiplikation und Division haben eine sehr lange Geschichte, die bis auf die Ursprünge algorithmischer Untersuchungen in den Arbeiten des arabischen Mathematikers al-Khowarizmi zurückgeht, wobei die Wurzeln sogar noch weiter bis zu den Griechen und Babyloniern zurück reichen.

Wir werden sehen, daß die Multiplikation von Polynomen und Matrizen klassische Beispiele für die Leistungsfähigkeit der Methode »Teile und Herrsche« darstellen. Leider sind die sich ergebenden Algorithmen (mit der wichtigen Ausnahme des Verfahrens, das in Kapitel 41 betrachtet wird) kaum praktisch anwendbar; elementare

Methoden, die grundlegende Datenstrukturen benutzen, sind mit Sicherheit am besten, außer für ungewöhnlich umfangreiche Probleme.

Arithmetik für Polynome

Nehmen wir an, daß wir ein Programm erstellen wollen, das zwei Polynome addiert; wir möchten, daß es Berechnungen der Art

$$(1 + 2x - 3x^3) + (2 - x) = 3 + x - 3x^3$$

ausführt. Allgemein gesagt, nehmen wir an, daß unser Programm in der Lage sein soll, $r(x) = p(x) + q(x)$ zu berechnen, wobei p und q Polynome mit N Koeffizienten seien. Bei einer Darstellung mit Hilfe eines Feldes läßt sich das sehr leicht realisieren. Wir stellen das Polynom $p(x) = p_0 + p_1x + \ldots + p_{N-1}x^{N-1}$ durch das Feld p[N] dar, mit p[j] $\equiv p_j$ usw. Die Addition ist dann weiter nichts als das einzeilige Programm

```
for (i = 0; i < N; i++) r[i] = p[i]+q[i];
```

Wie gewöhnlich in C (siehe Kapitel 3) müssen wir im voraus entscheiden, wie groß N werden kann, da die Größen der Felder p, q und r auf den vermuteten maximalen Wert gesetzt werden müssen.

Das obige Programm zeigt, daß die Addition sehr einfach ist, nachdem für Polynome die Feld-Darstellung gewählt worden ist; andere Rechenarten lassen sich ebenfalls leicht programmieren. Zum Beispiel ist der folgende Programmabschnitt eine sehr einfache Implementation der Multiplikation von Polynomen:

```
for (i = 0; i < 2*N-1; i++) r[i] = 0;
for (i = 0; i < N; i++)
  for (j = 0; j < N; j++)
    r[i+j] += p[i]*q[j];
```

Bei der Deklaration von r müssen doppelt so viele Koeffizienten für das Produkt berücksichtigt werden. Jeder der N Koeffizienten von p wird mit jedem der N Koeffizienten von q multipliziert, so daß die Laufzeit dieses Algorithmus natürlich quadratisch bezüglich der Anzahl der Koeffizienten ist.

Wie wir in Kapitel 3 gesehen haben, besteht ein Vorteil der Darstellung eines Polynoms durch ein Feld, welches seine Koeffizienten enthält, darin, daß es einfach ist, auf jeden Koeffizienten direkt Bezug zu nehmen; ein Nachteil ist, daß möglicherweise für mehr Zahlen als nötig Platz reserviert werden muß. Zum Beispiel könnte das obige Programm nicht sinnvoll angewandt werden, um die Multiplikation

$$(1 + x^{10000})(1 + 2x^{10000}) = 1 + 3x^{10000} + 2x^{20000}$$

auszuführen, obwohl die Eingabedaten nur vier Koeffizienten und die Ausgabedaten sogar nur drei umfassen.

Eine andere Möglichkeit wäre, Polynome unter Verwendung verketteter Listen darzustellen und sie wie folgt zu addieren:

```
struct node *add(struct node *p, struct node *q)
  {
    struct node *t;
    t = z; z->c = 0;
    while ((p !=z) && (q != z))
      {
        t->next = (struct node *) malloc(sizeof *t);
        t = t->next; t->c = p->c + q->c;
        p = p->next; q = q->next;
      }
    t->next = z; t = z->next; z->next = z;
    return t;
  }
```

Die Eingabe-Polynome werden mit Hilfe verketteter Listen mit einem Listenelement pro Koeffizient dargestellt; das Ausgabe-Polynom wird mittels der Funktion add erzeugt. Die Operationen mit Verkettungen weisen große Ähnlichkeiten mit Programmen auf, die wir in den Kapiteln 3, 8, 14, 29 und an anderen Stellen in diesem Buch betrachtet haben.

In der angegebenen Form ist das obige Programm keine echte Verbesserung gegenüber der Feld-Darstellung, abgesehen davon, daß es den Mangel an dynamischen Feldern in C geschickt ausgleicht (der Preis dafür ist der Platz für eine Verkettung pro Koeffizient). Wie jedoch das obige Beispiel vermuten läßt, können wir die Tatsache ausnutzen, daß möglicherweise viele der Koeffizienten null sind. Wir können erreichen, daß Listenknoten nur die von null verschiedenen Glieder des Polynoms darstellen, indem wir den Grad des dargestellten Gliedes mit in den Listenknoten aufnehmen, so daß jeder Listenknoten die Werte von c und j enthält, um cx^j darzustellen. Es ist dann zweckmäßig, die Funktion der Erzeugung eines Knotens und seiner Hinzufügung zu einer Liste herauszulösen:

```
struct node
  { int c; int j; struct node *next; };

struct node *insert(struct node *t, int c, int j)
  {
    t->next = (struct node *) malloc(sizeof *t);
    t = t->next; t->c = c; t->j = j;
    return t;
  }
```

Die Funktion `insert` erzeugt einen neuen Knoten, weist ihm die angegebenen Felder zu und verkettet ihn nach dem Knoten `t` mit einer Liste. Um eine systematische Verarbeitung der Polynome zu ermöglichen, können die Listenknoten entsprechend der wachsenden Reihenfolge des Grades des dargestellten Gliedes angeordnet werden.

Nunmehr wird die Funktion `add` interessanter, da sie eine Addition nur für Glieder auszuführen hat, deren Grade übereinstimmen, und danach gewährleisten muß, daß kein Glied mit einem Koeffizienten 0 ausgegeben wird:

```
struct node *add(struct node *p, struct node *q)
  {
    struct node *t;
    t = z; z->c = 0; z->j = maxN;
    while ((p !=z) || (q != z))
      {
        if ((p->j == q->j) && ((p->c + q->c) != 0))
          {
            t = insert(t, p->c+q->c, p->j);
            p = p->next; q = q->next;
          }
        else if (p->j < q->j)
          { t = insert(t, p->c, p->j); p = p->next; }
        else if (q->j < p->j)
          { t = insert(t, q->c, q->j); q = q->next; }
      }
    t->next = z; t = z->next; z->next = z;
    return t;
  }
```

Diese Verbesserungen sind für die Verarbeitung von »lichten« Polynomen, bei denen viele Koeffizienten den Wert null haben, lohnenswert, da sie bedeuten, daß der Platz und die Zeit, die für die Verarbeitung der Polynome benötigt werden, proportional zur Anzahl der Koeffizienten und nicht zum Grad des Polynoms sind. Ähnliche Einsparungen sind bei anderen Operationen mit Polynomen möglich, zum Beispiel bei der Multiplikation, doch es ist Vorsicht geboten, da die Polynome möglicherweise wesentlich weniger licht sind, nachdem eine Reihe derartiger Operationen ausgeführt worden ist. Die Darstellung mittels Feld ist besser geeignet, wenn nur wenige Glieder vorhanden sind, deren Koeffizienten den Wert null haben, oder wenn der Grad nicht hoch ist. Zur Vereinfachung nehmen wir bei der nachfolgenden Beschreibung weiterer Algorithmen für Polynome an, daß diese Darstellung benutzt wird.

Ein Polynom kann nicht nur eine, sondern mehrere Variablen enthalten. Zum Beispiel könnte es erforderlich sein, Polynome der Art

$$1 + wx^2 + y^6z + w^{25}x^{50}y^{99}z^{38} + x^{1000}z^{1000}$$

zu verarbeiten. In solchen Fällen ist die Darstellung mittels verketteter Listen auf jeden Fall vorzuziehen; die Alternative (mehrdimensionale Felder) würde zu viel

Platz beanspruchen. Es ist nicht schwierig, das obige Programm add (zum Beispiel) so zu erweitern, daß solche Polynome verarbeitet werden können.

Berechnung und Interpolation von Polynomen

Untersuchen wir, wie der Wert eines gegebenen Polynoms in einem gegebenen Punkt zu berechnen ist. Um zum Beispiel

$$p(x) = x^4 + 3x^3 - 6x^2 + 2x + 1$$

für irgendein gegebenes x zu berechnen, könnte man x^4 berechnen, dann $3x^3$ berechnen und addieren usw. Diese Methode erfordert die wiederholte Berechnung der Potenzen von x; eine andere Variante wäre, die Potenzen von x bei ihrer Berechnung zu speichern, doch das erfordert zusätzlichen Speicherplatz.

Eine einfache Methode, bei der eine wiederholte Berechnung vermieden und kein zusätzlicher Speicherplatz benötigt wird, ist unter der Bezeichnung *Horner-Schema* bekannt: Indem die Operationen der Multiplikation und Addition in zweckmäßiger Weise abwechselnd ausgeführt werden, kann ein Polynom vom Grad N unter Anwendung von nur N - 1 Multiplikationen und N Additionen berechnet werden. Die Schreibweise unter Benutzung von Klammern

$$p(x) = x(x(x(x + 3) - 6) + 2) + 1$$

macht die Reihenfolge der Berechnung offensichtlich:

```
y = p[N];
for (i = N-1; i >= 0; i-) y = x*y + p[i];
```

Wir haben bereits bei einer sehr wichtigen praktischen Anwendung eine Variante dieses Verfahrens verwendet, als wir Hash-Funktionen von langen Schlüsseln berechneten (siehe Kapitel 16).

Ein komplizierteres Problem ist die Auswertung (Berechnung) eines gegebenen Polynoms in vielen verschiedenen Punkten. Dafür sind unterschiedliche Algorithmen geeignet, je nachdem, wie viele Auswertungen auszuführen sind und ob sie gleichzeitig auszuführen sind oder nicht. Wenn eine sehr große Anzahl von Auswertungen vorgenommen werden soll, lohnt es sich eventuell, eine gewisse »vorbereitende Berechnung« auszuführen, wodurch der Aufwand der späteren Auswertungen leicht reduziert werden kann. Wir bemerken, daß das Horner-Schema ungefähr N^2 Multiplikationen erfordert, um ein Polynom vom Grad N in N verschiedenen Punkten zu berechnen. Es wurden wesentlich ausgeklügeltere Verfahren entwickelt, mit denen das Problem in $N (\log N)^2$ Schritten gelöst werden kann, und in Kapitel 41 werden wir eine Methode kennenlernen, die für eine spezielle Menge von N interessierenden Punkten nur $N \log N$ Multiplikationen erfordert.

Falls das gegebene Polynom nur ein Glied besitzt, reduziert sich das Problem der Auswertung des Polynoms auf das Problem der *Potenzierung*: Man berechne x^N. Das Horner-Schema entartet in diesem Fall zu einem trivialen Algorithmus, der $N-1$ Multiplikationen erfordert. Um zu sehen, wie wir viel besser zum Ziel kommen können, betrachten wir die folgende Folge zur Auswertung von x^{32}:

$$x, x^2, x^4, x^8, x^{16}, x^{32}.$$

Jedes Glied dieser Folge ergibt sich durch Quadrieren des vorangegangenen Glieds, so daß nur fünf Multiplikationen erforderlich sind, nicht 31.

Das Verfahren des »sukzessiven Quadrierens« kann leicht auf allgemeines N verallgemeinert werden, wenn die berechneten Werte gespeichert werden. Zum Beispiel kann x^{55} aus den obigen Werten mit Hilfe von vier weiteren Multiplikationen berechnet werden:

$$x^{55} = x^{32}x^{16}x^4x^2x^1.$$

Im allgemeinen kann die Binärdarstellung von N benutzt werden, um zu bestimmen, welche berechneten Werte zu verwenden sind. (Im angegebenen Beispiel werden alle Werte außer x^8 verwendet, da $55 = (110111)_2$ gilt.) Die Berechnung der sukzessiven Quadrate und die Prüfung der Bits von N können innerhalb der gleichen Schleife erfolgen. Zur Implementation dieses Ansatzes stehen zwei Verfahren zur Verfügung, die wie das Horner-Schema nur einen »Zwischenspeicher« benutzen. Ein Algorithmus besteht im Durchsuchen der Binärdarstellung von N von links nach rechts, beginnend mit 1 im Zwischenspeicher. Bei jedem Schritt wird der Zwischenspeicher quadriert, und wenn in der Binärdarstellung von N die Ziffer 1 steht, wird er außerdem noch mit x multipliziert. Mit Hilfe dieses Verfahrens wird für $N = 55$ die nachfolgende Wertfolge berechnet:

$$1, 1, x, x^2, x^3, x^6, x^{12}, x^{13}, x^{26}, x^{27}, x^{54}, x^{55}.$$

Ein anderer gut bekannter Algorithmus läuft ähnlich ab, durchsucht jedoch N von rechts nach links. Dieses Problem ist eine Standardübung bei der Einführung in die Programmierung. Obwohl es kaum von praktischem Interesse zu sein scheint, daß man in der Lage ist, derart große Zahlen zu berechnen, werden wir weiter unten bei unserer Betrachtung von großen ganzen Zahlen sehen, daß dieses Verfahren bei der Implementation der Verschlüsselungssysteme mit öffentlichem Schlüssel aus Kapitel 23 eine Rolle spielt.

Das »inverse« Problem zur gleichzeitigen Berechnung eines Polynoms vom Grad N in N Punkten ist das Problem der *Polynom-Interpolation*: Zu einer gegebenen Menge von N Punkten $x_1, x_2, \ldots, x_N$ und zugehörigen Werten $y_1, y_2, \ldots, y_N$ ist das eindeutige Polynom vom Grad $N-1$ zu bestimmen, für das gilt

$$p(x_1) = y_1, p(x_2) = y_2, \ldots, p(x_N) = y_N.$$

Das Problem der Interpolation ist die Bestimmung des Polynoms, wenn eine Menge von Punkten und Werten gegeben ist. Das Problem der Auswertung ist die Bestimmung der Werte, wenn das Polynom und die Punkte gegeben sind. (Das Problem der

Bestimmung der Punkte, wenn das Polynom und die Werte gegeben sind, ist die *Auswertung der Wurzeln.*)

Die klassische Lösung für das Problem der Interpolation wird durch die Lagrangesche Interpolationsformel gegeben, welche oft als ein Beweis dafür benutzt wird, daß ein Polynom vom Grad $N-1$ durch N Punkte vollständig bestimmt ist:

$$p(x) = \sum_{1 \le i \le N} y_i \prod_{\substack{1 \le i \le N \\ i \ne j}} \frac{x - x_i}{y_j - x_i}$$

Diese Formel sieht zunächst sehr kompliziert aus, ist jedoch in Wirklichkeit recht einfach. Zum Beispiel ist das Polynom vom Grad 2, für das $p(1) = 3$, $p(2) = 7$ und $p(3) = 13$ gilt, durch

$$p(x) = 3\,\frac{x-2}{1-2}\,\frac{x-3}{1-3} + 7\,\frac{x-1}{2-1}\,\frac{x-3}{2-3} + 13\,\frac{x-1}{3-1}\,\frac{x-2}{3-2}$$

gegeben, was sich zu

$$x^2 + x + 1$$

vereinfacht.

Für alle x aus der Menge $x_1, x_2, ..., x_N$ ist die Formel so aufgebaut, daß $p(x_k) = y_k$ für $1 \le k \le N$ gilt, da das Produkt stets den Wert 0 hat, außer für $j = k$, wo es den Wert 1 hat. Im angegebenen Beispiel haben die letzten beiden Summanden den Wert null, wenn $x = 1$ ist, der erste und der letzte Summand haben den Wert null, wenn $x = 2$ ist, und die ersten beiden Summanden haben den Wert null, wenn $x = 3$ ist.

Die Umwandlung eines Polynoms von der durch die Lagrange-Formel gegebenen Form in unsere standardmäßige Darstellung mit Koeffizienten ist keineswegs einfach. Es scheinen wenigstens N^2 Operationen erforderlich zu sein, da die Summe N Summanden enthält, von denen jeder ein Produkt aus N Faktoren darstellt. In Wirklichkeit muß sogar geschickt vorgegangen werden, um zu einem quadratischen Algorithmus zu gelangen, da die Faktoren nicht einfach Zahlen sind, sondern Polynome vom Grad N. Andererseits ist jeder Ausdruck dem vorangegangenen sehr ähnlich. Der Leser sollte versuchen herauszufinden, wie diese Tatsache ausgenutzt werden kann, um zu einem quadratischen Algorithmus zu gelangen. Im Ergebnis erhält man eine gewisse Vorstellung davon, daß es durchaus nicht einfach ist, ein effizientes Programm zu erstellen, das die sich aus einer mathematischen Formel ergebende Auswertung ausführt.

Wie im Falle der Auswertung von Polynomen existieren raffiniertere Verfahren, die das Problem in $N(\log N)^2$ Schritten lösen können, und in Kapitel 41 lernen wir eine Methode kennen, die für eine spezielle Menge aus N interessierenden Punkten nur $N \log N$ Multiplikationen benötigt.

Multiplikation von Polynomen

Unser erster komplizierter arithmetischer Algorithmus ist für das Problem der *Multiplikation von Polynomen* bestimmt: Gegeben seien zwei Polynome $p(x)$ und $q(x)$, zu berechnen ist ihr Produkt $p(x)q(x)$. Wie wir zu Beginn dieses Kapitels angemerkt haben, können Polynome vom Grad $N-1$ aus N Summanden bestehen (einschließlich der Konstanten), und ihr Produkt ist vom Grad $2N-2$ und besteht aus $2N-1$ Summanden. Zum Beispiel ist

$$(1 + x + 3x^2 - 4x^3)(1 + 2x - 5x^2 - 3x^3) = (1 + 3x - 6x^3 - 26x^4 + 11x^5 + 12x^6).$$

Der primitive Algorithmus für dieses Problem, der am Anfang dieses Kapitels angegeben wurde, erfordert N^2 Multiplikationen für Polynome vom Grad $N-1$: Jeder der N Summanden von $p(x)$ wird mit jedem der N Summanden von $q(x)$ multipliziert.

Um diesen einfachen Algorithmus zu verbessern, wenden wir das Prinzip «Teile und Herrsche« an. Ein Weg, um ein Polynom in zwei zu zerlegen, besteht darin, die Menge der Koeffizienten in zwei Hälften zu teilen; wenn ein Polynom vom Grad $N-1$ (mit N Koeffizienten) gegeben ist, können wir es in zwei Polynome mit $N/2$ Koeffizienten aufspalten (wir setzen N als gerade voraus): Wir verwenden die $N/2$ Koeffizienten niedrigerer Ordnung für ein Polynom und die $N/2$ Koeffizienten höherer Ordnung für das andere. Für $p(x) = p_0 + p_1 x + \ldots + p_{N-1} x^{N-1}$ definieren wir

$$p_l(x) = p_0 + p_1 x + \ldots + p_{N/2-1} x^{N/2-1},$$
$$p_h(x) = p_{N/2} + p_{N/2+1} x + \ldots + p_{N-1} x^{N/2-1}.$$

Dann gilt, wenn wir $q(x)$ in der gleichen Weise aufspalten:

$$p(x) = p_l(x) + x^{N/2} p_h(x),$$
$$q(x) = q_l(x) + x^{N/2} q_h(x).$$

Ausgedrückt über die kleineren Polynome ist das Produkt nunmehr gegeben durch:

$$p(x)q(x) = p_l(x)q_l(x) + (p_l(x)q_h(x) + q_l(x)p_h(x))x^{N/2} + p_h(x)q_h(x)x^N.$$

(Die gleiche Aufspaltung verwendeten wir in Kapitel 35, um einen Überlauf zu vermeiden.)

Die entscheidende Tatsache bei dieser Vorgehensweise ist nun, daß nur *drei* Multiplikationen erforderlich sind, um diese Produkte zu berechnen (nicht vier, wie es aufgrund obiger Formel den Anschein hat), denn wenn wir $r_l(x) = p_l(x)q_l(x)$, $r_h(x) = p_h(x)q_h(x)$ und $r_m(x) = (p_l(x) + p_h(x))(q_l(x) + q_h(x))$ berechnen, können wir das Produkt $p(x)q(x)$ erhalten, indem wir

$$p(x)q(x) = r_l(x) + (r_m(x) - r_l(x) - r_h(x))x^{N/2} + r_h(x)x^N$$

berechnen. Die erzielbaren Einsparungen werden durch dieses kleine Beispiel vielleicht noch nicht deutlich. Das Verfahren beruht auf der Tatsache, daß die Addition von Polynomen einen linearen Algorithmus erfordert, die einfache Multiplikation von Polynomen dagegen quadratisch ist, so daß es sich lohnt, ein paar (einfache)

Additionen auszuführen, um eine (schwierige) Multiplikation einzusparen. Weiter unten betrachten wir die mit dieser Methode erzielbaren Einsparungen ausführlicher.

Für das oben angegebene Beispiel mit $p(x) = 1 + x + 3x^2 - 4x^3$ und $q(x) = 1 + 2x - 5x^2 - 3x^3$ erhalten wir

$$
\begin{aligned}
r_l(x) &= (1+x)(1+2x) = 1 + 3x + 2x^2, \\
r_h(x) &= (3-4x)(-5-3x) = -15 + 11x + 12x^2, \\
r_m(x) &= (4-3x)(-4-x) = -16 + 8x + 3x^2.
\end{aligned}
$$

Somit ist $r_m(x) - r_l(x) - r_h(x) = -2 - 6x - 11x^2$, und das Produkt wird gemäß der obigen Formel als die Summe von drei Gliedern berechnet:

$$
\begin{aligned}
p(x)q(x) &= (1 + 3x + 2x^2) \\
&\quad + (-2 - 6x - 11x^2)x^2 \\
&\qquad + (-15 + 11x + 12x^2)x^4 \\
&= 1 + 3x - 6x^3 - 26x^4 + 11x^5 + 12x^6.
\end{aligned}
$$

Durch diese Herangehensweise nach der Methode »Teile und Herrsche« wird ein Problem der Multiplikation von Polynomen der Größe N durch das Lösen von drei Teilproblemen der Größe $N/2$ gelöst, wobei einige Additionen von Polynomen angewandt werden, um die Teilprobleme zu formulieren und ihre Lösungen zu kombinieren. (Falls $N = 1$ gilt, ist das Produkt einfach gleich dem Skalarprodukt der beiden konstanten Koeffizienten.) Somit läßt sich diese Prozedur leicht in Form eines rekursiven Programms beschreiben:

```
float *mult(float p[], float q[], int N)
  {
    float pl[N/2], ql[N/2], ph[N/2], qh[N/2],
          t1[N/2], t2[N/2];
    float r[2*N-2], rl[N], rm[N], rh[N];
    int i, N2;
    if (N == 1)
      { r[0] = p[0]*q[0]; return (float *) r; }
    for (i = 0; i < N/2; i++)
      { pl[i] = p[i]; ql[i] = q[i]; }
    for (i = N/2; i < N; i++)
      { ph[i-N/2] = p[i]; qh[i-N/2] = q[i]; }
    for (i = 0; i < N/2; i++) t1[i] = pl[i]+ph[i];
    for (i = 0; i < N/2; i++) t2[i] = ql[i]+qh[i];
    rm = mult(t1, t2, N/2);
    rl = mult(pl, ql, N/2);
    rh = mult(ph, qh, N/2);
    for (i = 0; i < N-1; i++)  r[i] = rl[i];
    r[N-1] = 0;
    for (i = 0; i < N-1; i++)  r[N+i] = rh[i];
```

```
     for (i = 0; i < N-1; i++)
       r[N/2+i] += rm[i] - (rl[i]+rh[i]);
     return (float *) r;
   }
```

Obwohl das obige Programm eine komprimierte Beschreibung dieses Verfahrens darstellt, ist es leider kein zulässiges C-Programm, da Funktionen nicht dynamisch Felder deklarieren können. Dieses Problem kann in C gelöst werden, indem für die Felder explizit Speicherplatz vorgesehen und freigemacht wird, oder indem die Polynome als verkettete Listen dargestellt werden; wir überlassen dies dem Leser als Übung. Für das obige Programm wird vorausgesetzt, daß N eine Zweierpotenz ist, obwohl die Details für allgemeines N leicht ausgearbeitet werden können. Die Hauptschwierigkeiten sind, daß gewährleistet werden muß, daß die Rekursion ordnungsgemäß abbricht, und daß die Polynome richtig zerlegt werden, wenn N ungerade ist.

Warum ist diese auf dem Prinzip »Teile und Herrsche« beruhende Methode eine Verbesserung? Um die Antwort zu finden, müssen wir eine grundlegende rekurrente Beziehung lösen, die nur unwesentlich komplizierter ist als die in Kapitel 6 betrachteten.

Eigenschaft 36.1 *Zwei Polynome vom Grad N können unter Verwendung von ungefähr $N^{1.58}$ Multiplikationen multipliziert werden.*

Aus dem rekursiven Programm ist ersichtlich, daß die Anzahl der ganzzahligen Multiplikationen, die für die Multiplikation von zwei Polynomen der Größe N erforderlich sind, gleich der Anzahl der Multiplikationen ist, die ausgeführt werden müssen, um drei Paare von Polynomen der Größe $N/2$ zu multiplizieren. (Wir bemerken, daß zum Beispiel keine Multiplikationen benötigt werden, um $r_h(x)x^N$ zu berechnen, sondern nur Verschiebungen von Daten.) Falls M_N die Anzahl der Multiplikationen bezeichnet, die erforderlich sind, um zwei Polynome der Größe N zu multiplizieren, so erhalten wir

$$M_N = 3M_{N/2}, \text{ für } N \geq 2, \text{ mit } M_1 = 1.$$

Somit ist $M(2) = 3$, $M(4) = 9$, $M(8) = 27$ usw. Wie in Kapitel 6 können wir, wenn wir $N = 2^n$ wählen, die rekurrente Beziehung wiederholt auf sich selbst anwenden, um die Lösung zu finden:

$$M(2^n) = 3M(2^{n-1}) = 3^2M(2^{n-2}) = 3^3M(2^{n-3}) = \ldots = 3^nM(1) = 3^n.$$

$$M_{2^n} = 3M_{2^{n-1}}$$

$$= 3^2M_{2^{n-2}}$$

$$= 3^3M_{2^{n-3}}$$

$$\vdots$$

$$= 3^nM_{2^0} + n$$

$$= 3^n.$$

Falls $N = 2^n$ ist, so ist $3^n = 2^{(\lg 3)n} = 2^{n \lg 3} = N^{\lg 3}$. Obwohl diese Lösung nur für $N = 2^n$ exakt ist, zeigt es sich, daß allgemein gilt

$$M_N \approx N^{\lg 3} \approx N^{1,58},$$

was im Vergleich zu N^2 bei der primitiven Methode eine erhebliche Einsparung ist. ■

Wir bemerken, daß, wenn wir bei der einfachen Methode »Teile und Herrsche« alle vier Multiplikationen benutzt hätten, die Leistungsfähigkeit die gleiche wäre wie bei der elementaren Methode, denn die rekurrente Beziehung würde $M(N) = 4M(N/2)$ lauten, mit der Lösung $M(2^n) = 4^n = N^2$.

Dieses Verfahren ist eine schöne Veranschaulichung der Methode »Teile und Herrsche«, wird jedoch in der Praxis selten angewandt, da eine weit bessere Methode vom Typ »Teile und Herrsche« bekannt ist, die wir in Kapitel 41 betrachten. Diese Methode kommt mit der Zerlegung des ursprünglichen Problems in nur zwei Teilprobleme aus, mit etwas zusätzlichem Rechenaufwand. Dies führt zu unserer standardmäßigen rekurrenten Beziehung des Prinzips »Teile und Herrsche« $M_N = 2M_{N/2} + N$ für die Anzahl der erforderlichen Multiplikationen und ergibt die Lösung, daß M_N ungefähr $N \lg N$ ist.

Rechenoperationen mit großen ganzen Zahlen

Eine große ganze Zahl kann wie ein Polynom behandelt werden, mit gewissen Einschränkungen bezüglich der Koeffizienten. Zum Beispiel könnte die aus 28 Ziffern bestehende ganze Zahl

01202001031100012000004012314

dem Polynom

$$x^{26} + 2x^{25} + 2x^{23} + x^{20} + 3x^{18} + x^{17} + x^{16} + x^{12} + 2x^{11} + 4x^6 + x^4 + 2x^3 + 3x^2 + x + 4$$

entsprechen. Das heißt, die Zahl ist gleich dem Wert des Polynoms im Punkt $x = 10$. Umgekehrt entspricht jedes Polynom vom Grad $N - 1$ mit positiven ganzen Koeffizienten, die kleiner als 10 sind, genau einer N-stelligen ganzen Zahl.

Demzufolge können wir Polynom-Operationen benutzen, um mit großen ganzen Zahlen zu rechnen. Das heißt, daß wir ganze Zahlen einfach mit Hilfe von Feldern darstellen und dann die soeben entwickelten Routinen für das Operieren mit Polynomen anwenden, als ob die Felder Polynome darstellen würden. Um zum Beispiel zwei 100-stellige Zahlen zu multiplizieren, könnten wir den obigen Algorithmus verwenden, um ein 200-stelliges Ergebnis zu berechnen. Die Schwierigkeit bei dieser Strategie besteht darin, daß die Koeffizienten im Ergebnis nicht unbedingt kleiner als 10 sind. Dies läßt sich in einem einzigen Durchlauf korrigieren: Mit `i=0` beginnend, addiere man `p[i]/10` zu `p[i+1]`, ersetze `p[i]` durch `p[i] % 10` und inkrementiere `i`, womit fortzufahren ist, bis keine von null verschiedenen Koeffizienten übrig sind.

Es könnte auch eine größere Wurzel als 10 verwendet werden; zum Beispiel könnte die obige 28-stellige Zahl auch dem Polynom

$$120x^6 + 2001x^5 + 311x^4 + x^3 + 2000x^2 + 401x + 2314$$

entsprechen. Die Auswertung dieses Polynoms für $x = 10000$ würde die ganze Zahl ergeben. Dies ermöglicht es, die ganze Zahl mit weniger Speicherplatz darzustellen (im vorliegenden Beispiel mit einem Viertel), eröffnet jedoch die Möglichkeit eines Überlaufs in den Koeffizienten während irgendeiner Zwischenrechnung. Die Frage, wie groß eine Basis sein kann, damit man sie verwenden kann, ist sorgfältig mathematisch untersucht worden, doch in der Praxis entstehen kaum Nachteile, wenn man den konservativen Ansatz der Benutzung einer kleinen Basis wählt.

Bei dem RSA-Kryptosystem (Kapitel 23) müssen wir nicht nur große ganze Zahlen multiplizieren, sondern auch potenzieren und dividieren. Insbesondere müssen wir M^P mod N berechnen, wobei sowohl M als auch p als auch N große ganze Zahlen sind. Dies ist keine leicht auszuführende Auswertung, doch wir können ein Verfahren dafür skizzieren. Zunächst kann das Potenzieren mit Hilfe sukzessiver Multiplikationen in der oben beschriebenen Weise ausgeführt werden, so daß es genügt, sich zu überlegen, wie $M_1 M_2$ mod N zu berechnen ist, wenn M_1, M_2 und N große ganze Zahlen sind. Der Schlüssel für die Ausführung der Auswertung des Rests ist die Auswertung von 10^i mod N für alle 10^i, die kleiner sind als die größte ganze Zahl, die auftreten kann. Danach ergibt sich jeder spezielle Rest als eine Linearkombination dieser Werte. Eine größere Basis verringert den erforderlichen Rechenaufwand. Mathematisch ausgedrückt, entspricht diese Methode der Auswertung von beispielsweise

$$0120200103110001200004012314 \bmod N$$

mittels Auswertung von

$$120(x^6 \bmod N) + 2001(x^5 \bmod N) + 311(x^4 \bmod N)$$
$$+ (x^3 \bmod N) + 2000(x^2 \bmod N) + 401(x \bmod N) + 2314$$

für $x = 10000$. Die Werte von 10000^i mod N können im voraus berechnet und in einer Tabelle gespeichert werden, oder nach Bedarf inkrementell berechnet werden, wie im Falle des Algorithmus zur Suche in Zeichenfolgen von Rabin-Karp aus Kapitel 19.

Rechenoperationen mit Matrizen

Die Implementation der grundlegenden Rechenoperationen für Matrizen erfordert Überlegungen, die den oben für Polynome angestellten ähnlich sind. Zum Beispiel ist die Addition zweier Matrizen trivial, da sie, genau wie Polynome, einfach Term für Term addiert werden.

Die Multiplikation von Matrizen ist ebenfalls sehr einfach. Falls r das Produkt von p und q ist, so ist das Element r[i,j] das *Skalarprodukt* der i-ten Zeile von p mit der j-ten

Spalte von q. Das Skalarprodukt ist einfach die Summe der N Produkte der Elementenpaare

$$p\,[i,0] * q\,[0,j] + p\,[i,1] * q\,[1,j] + p\,[i,2] * q\,[2,j] + \ldots + p\,[i,N-1] * q\,[N-1,j],$$

wie im folgenden Programm:

```
for (i = 0; i < N; i++)
   for (j = 0; j < N; j++)
      for (k = 0, r[i][j] = 0; k < N; k++)
         r[i][j] += p[i][k]*q[k][j];
```

Für die Überprüfung des obigen Programmabschnitts könnte der Leser das folgende Beispiel benutzen:

$$\begin{pmatrix} 1 & 3 & -4 \\ 1 & 1 & -2 \\ -1 & -2 & 5 \end{pmatrix} \begin{pmatrix} 8 & 3 & 0 \\ 3 & 10 & 2 \\ 0 & 2 & 6 \end{pmatrix} = \begin{pmatrix} 17 & 25 & -18 \\ 11 & 9 & -10 \\ -14 & -13 & 26 \end{pmatrix}.$$

Jedes der N^2 Elemente in der resultierenden Matrix wird mit Hilfe von N Multiplikationen berechnet, so daß ungefähr N^3 Operationen erforderlich sind, um zwei $N \times N$-Matrizen miteinander zu multiplizieren.

Wie im Falle von Polynomen können *lichte* Matrizen (solche, bei denen viele Elemente den Wert null haben) in einer wesentlich effizienteren Weise verarbeitet werden, indem eine Darstellung mit Hilfe verketteter Listen verwendet wird. Um die zweidimensionale Struktur zu erhalten, wird jedes von null verschiedene Element der Matrix durch einen Listenknoten dargestellt, der einen Wert und zwei Verbindungen enthält, von denen eine auf das nächste von null verschiedene Element in der gleichen Zeile und die andere auf das nächste von null verschiedene Element in der gleichen Spalte zeigt. Die Implementation der Addition für in dieser Weise dargestellte lichte Matrizen ist unserer Implementation für lichte Polynome ähnlich, wird jedoch durch die Tatsache erschwert, daß jeder Knoten in zwei Listen erscheint.

Die bekannteste Anwendung des Prinzips »Teile und Herrsche« auf ein arithmetisches Problem ist die Methode von Strassen für die Multiplikation von Matrizen. Wir wollen hier auf keine Einzelheiten eingehen, können jedoch das Verfahren skizzieren, da es von der Idee her der soeben betrachteten Methode der Multiplikation von Polynomen sehr ähnlich ist.

Das herkömmliche Verfahren für die Multiplikation zweier $N \times N$-Matrizen erfordert N^3 skalare Multiplikationen, da jedes der N^2 Elemente der Ergebnismatrix durch N Multiplikationen erhalten wird. Das Verfahren von Strassen besteht darin, den Umfang des Problems zu halbieren; dies entspricht der Zerlegung jeder der Matrizen in Viertel, jedes vom Typ $N/2$ mal $N/2$. Das verbleibende Problem ist zur Multiplikation von 2×2-Matrizen äquivalent. Ebenso wie wir in der Lage waren, bei der Multiplikation von Polynomen die Anzahl der erforderlichen Multiplikationen durch Kombination von Gliedern von vier auf drei zu reduzieren, gelang es Strassen, eine Möglichkeit zu finden, Glieder so zu kombinieren, daß sich die Anzahl der Multiplikationen, die für das Problem der Multiplikation von 2×2-Matrizen erforderlich sind, von 8 auf 7 reduziert. Die Anordnung und die Glieder, die dafür benötigt werden, sind sehr kompliziert.

Eigenschaft 36.2 *Zwei N×N-Matrizen können unter Verwendung von ungefähr $N^{2,81}$ Multiplikationen multipliziert werden.*

Aus der obigen Erläuterung folgt, daß die Anzahl der für die Multiplikation von Matrizen erforderlichen Multiplikationen bei Anwendung der Methode von Strassen durch die rekurrente Beziehung vom Typ »Teile und Herrsche«

$$M(N) = 7M(N/2)$$

definiert ist, welche die oben angegebene Lösung

$$M(N) \approx N^{\lg 7} \approx N^{2,81}$$

besitzt. ■

Dieses Ergebnis war sehr überraschend, als es 1968 erstmals veröffentlicht wurde, da zuvor angenommen worden war, daß für die Multiplikation von Matrizen unbedingt N^3 Multiplikationen erforderlich sind. Das Problem wurde in den letzten Jahren sehr gründlich untersucht, und es wurden Methoden gefunden, die noch etwas besser sind als die von Strassen. Der »beste« Algorithmus für die Multiplikation von Matrizen ist noch immer nicht gefunden worden, und es handelt sich hier um eines der bekanntesten noch offenen Probleme der Informatik.

Es ist wichtig festzustellen, daß wir nur die Multiplikationen gezählt haben. Bevor ein Algorithmus für eine praktische Anwendung gewählt wird, müssen auch die Kosten der zusätzlichen Additionen und Subtraktionen für die Kombination der Glieder und die Kosten der rekursiven Aufrufe berücksichtigt werden. Diese Kosten können stark von der speziellen Implementation oder vom verwendeten Computer abhängen. Doch dieser zusätzliche Ballast bewirkt auf jeden Fall, daß die Methode von Strassen für kleine Matrizen weniger effizient ist als die standardmäßige Methode. Selbst für große Matrizen, ausgedrückt über die Anzahl der eingegebenen Datenelemente, stellt die Methode von Strassen in Wirklichkeit nur eine Verbesserung von $N^{1,5}$ auf $N^{1,41}$ dar. Diese Verbesserung ist kaum spürbar, außer für sehr große N. Zum Beispiel müßte N mehr als eine Million betragen, damit die Anzahl der Multiplikationen bei der Methode von Strassen nur ein Viertel der Anzahl bei der Standardmethode beträgt, obwohl der Ballast pro Multiplikation viermal so groß sein dürfte. Somit ist dieser Algorithmus mehr ein theoretischer als ein praktischer Beitrag.

Übungen

1. Polynome können auch in der Form $r_0(x - r_1)(x - r_2) \ldots (x - r_N)$ dargestellt werden. Wie würden Sie zwei Polynome bei dieser Darstellung multiplizieren?

2. Erstellen Sie ein C-Programm, das lichte Polynome multipliziert, wobei eine Darstellung mittels verketteter Listen ohne Knoten für Glieder, deren Koeffizient den Wert null hat, verwendet wird.

3. Erstellen Sie eine C-Prozedur, die den Wert des Elements in der i-ten Zeile und j-ten Spalte einer lichten Matrix auf v setzt, unter der Annahme, daß die Matrix mittels verketteter Listen ohne Knoten für Einträge mit dem Wert null dargestellt ist.

4. Geben Sie ein Verfahren für die Auswertung eines Polynoms mit bekannten Wurzeln $r_1, r_2, \ldots, r_N$ an, und vergleichen Sie Ihr Verfahren mit dem Horner-Schema.

5. Erstellen Sie ein Programm zur Auswertung von Polynomen unter Benutzung des Horner-Schemas, wenn die Polynome mittels verketteter Listen dargestellt sind. Gewährleisten Sie, daß Ihr Programm für lichte Polynome effizient arbeitet.

6. Erstellen Sie ein Programm, das die Lagrange-Interpolation in ungefähr N^2 Schritten ausführt.

7. Kann x^{55} mit weniger als neun Multiplikationen berechnet werden? Wenn ja, geben Sie diese an; wenn nicht, begründen Sie es.

8. Zählen Sie alle Multiplikationen von Polynomen auf, die ausgeführt werden, wenn das in diesem Kapitel beschriebene Verfahren `mult` zur Multiplikation von Polynomen nach dem Prinzip »Teile und Herrsche« angewandt wird, um $1 + x + x^2 + x^3 + x^4 + x^5 + x^6 + x^7 + x^8$ zu quadrieren.

9. Die Effektivität des Verfahrens *mult* könnte für lichte Polynome erhöht werden, indem null zurückgegeben wird, falls alle Koeffizienten bei einer der Eingaben null sind. Wie viele Multiplikationen (bis auf einen konstanten Faktor genau) würde ein derartiges Programm ungefähr benutzen, um $1 + x^N$ zu quadrieren?

10. Implementieren Sie eine anwendungsfähige Variante von `mult`, die eine Darstellung mittels verketteter Listen verwendet, und bestimmen Sie empirisch einen Wert von N, für den sie schneller abläuft als die einfache Methode (bei Benutzung der gleichen Darstellung).

Kapitel 37

Gaußsches Eliminationsverfahren

Eine der fundamentalsten wissenschaftlichen Berechnungen ist die Lösung von Systemen von Gleichungen, die gleichzeitig erfüllt sein sollen. Der grundlegende Algorithmus für die Lösung derartiger Gleichungssysteme, das *Gaußsche Eliminationsverfahren*, ist relativ einfach und hat sich während der 150 Jahre, die seit seiner Entdeckung vergangen sind, kaum verändert. Dieser Algorithmus ist inzwischen gründlich erforscht worden, insbesondere im Verlaufe der letzten zwanzig Jahre, so daß man bei seiner Anwendung mit einiger Zuversicht erwarten kann, daß er in effizienter Weise genaue Ergebnisse liefert.

Das Gaußsche Eliminationsverfahren ist ein Beispiel für einen Algorithmus, der sicher in den meisten Computeranlagen zur Verfügung steht; tatsächlich stellt er sogar in vielen Programmiersprachen ein Grundelement dar, z.B. in APL. Der grundlegende Algorithmus läßt sich jedoch leicht verstehen und implementieren, und es können besondere Situationen eintreten, in denen es wünschenswert ist, eine modifizierte Variante des Algorithmus zu implementieren, anstatt mit einem Standard-Unterprogramm zu arbeiten. Außerdem verdient das Verfahren untersucht zu werden, da es eins der wichtigsten numerischen Verfahren ist, die derzeit angewandt werden.

Wie bei den anderen mathematischen Fragen, die wir bisher betrachtet haben, werden wir bei unserer Abhandlung nur die Grundprinzipien beleuchten und in einer abgeschlossenen Weise darlegen. Kenntnisse der linearen Algebra sind nicht erforderlich, um die grundlegende Methode zu verstehen. Wir wollen eine einfache C-Implementation entwickeln, die für einfache Anwendungen vielleicht leichter verwendbar ist als ein Bibliotheksunterprogramm. Wir werden jedoch auch Beispiele für die Schwierigkeiten kennenlernen, die auftreten könnten. Natürlich ist für eine umfangreiche oder wichtige Anwendung eine ausgefeilte Implementation notwendig, ebenso wie eine gewisse Vertrautheit mit den zugehörigen mathematischen Grundlagen.

Ein einfaches Beispiel

Nehmen wir an, daß drei Variablen x, y und z und die folgenden drei Gleichungen vorliegen:

$$\begin{array}{rcl} x + 3y - 4z & = & 8, \\ x + y - 2z & = & 2, \\ -x - 2y + 5z & = & -1. \end{array}$$

Unser Ziel ist es, diejenigen Werte der Variablen zu berechnen, die gleichzeitig allen Gleichungen genügen. In Abhängigkeit von den Gleichungen ist es möglich, daß dieses Problem keine Lösung hat (wenn sich beispielsweise zwei der Gleichungen widersprechen, wie etwa $x + y = 1$, $x + y = 2$), oder daß viele Lösungen existieren (zum Beispiel wenn zwei Gleichungen übereinstimmen oder wenn mehr Variablen als Gleichungen vorhanden sind). Wir wollen voraussetzen, daß die Anzahl der Gleichungen und der Variablen gleich ist, und einen Algorithmus betrachten, der eine eindeutige Lösung findet, falls eine existiert.

Um die Verallgemeinerung der Formeln auf den Fall von mehr als nur drei Variablen zu erleichtern, benennen wir zunächst die Variablen um, indem wir Indizes benutzen:

$$\begin{array}{rcl} x_1 + 3x_2 - 4x_3 & = & 8, \\ x_1 + x_2 - 2x_3 & = & 2, \\ -x_1 - 2x_2 + 5x_3 & = & -1. \end{array}$$

Um ein wiederholtes Schreiben der Variablen zu vermeiden, ist es zweckmäßig, eine Matrixschreibweise zu verwenden, um das Gleichungssystem auszudrücken. Die obigen Gleichungen entsprechen exakt der folgenden Matrixgleichung:

$$\begin{pmatrix} 1 & 3 & -4 \\ 1 & 1 & -2 \\ -1 & -2 & 5 \end{pmatrix} \begin{pmatrix} x_1 \\ x_2 \\ x_3 \end{pmatrix} = \begin{pmatrix} 8 \\ 2 \\ -1 \end{pmatrix}.$$

Es gibt verschiedene Operationen, die mit solchen Gleichungen ausgeführt werden können, ohne daß sie die Lösung ändern:

Vertauschen von Gleichungen: Es ist klar, daß die Reihenfolge, in der die Gleichungen geschrieben werden, die Lösung nicht beeinflußt. Bei der Matrixdarstellung entspricht diese Operation einem Vertauschen von Zeilen der Matrix und den entsprechenden Elementen des Lösungsvektors auf der rechten Seite.

Umbenennen von Variablen: Dies entspricht dem Vertauschen von Spalten in der Matrixdarstellung. (Wenn die Spalten i und j vertauscht werden, müssen auch die Variablen x_i und x_j vertauscht werden.)

Multiplizieren von Gleichungen mit einer Konstanten: Dies entspricht in der Matrixdarstellung wiederum dem Multiplizieren einer Zeile der Matrix und des entsprechenden Elements des Lösungsvektors der rechten Seite mit einer Konstanten.

Addieren von zwei Gleichungen und Ersetzen einer dieser Gleichungen durch die Summe.

Es erfordert einiges Nachdenken, um sich klarzumachen, daß diese Operationen, insbesondere die letztgenannte, die Lösung nicht beeinflussen. Zum Beispiel erhalten wir ein zu dem obigen äquivalentes Gleichungssystem, indem wir die zweite Gleichung durch die Differenz der ersten beiden Gleichungen ersetzen:

$$\begin{pmatrix} 1 & 3 & -4 \\ 0 & 2 & -2 \\ -1 & -2 & 5 \end{pmatrix} \begin{pmatrix} x_1 \\ x_2 \\ x_3 \end{pmatrix} = \begin{pmatrix} 8 \\ 6 \\ -1 \end{pmatrix}.$$

Beachten Sie, daß dadurch x_1 aus der zweiten Gleichung eliminiert wird. In ähnlicher Weise können wir x_1 aus der dritten Gleichung eliminieren, indem wir diese Gleichung durch die Summe der ersten und der dritten Gleichung ersetzen:

$$\begin{pmatrix} 1 & 3 & -4 \\ 0 & 2 & -2 \\ 0 & 1 & 1 \end{pmatrix} \begin{pmatrix} x_1 \\ x_2 \\ x_3 \end{pmatrix} = \begin{pmatrix} 8 \\ 6 \\ 7 \end{pmatrix}.$$

Nunmehr ist die Variable x_1 aus allen Gleichungen außer der ersten eliminiert worden. Indem wir systematisch in dieser Weise vorgehen, können wir das ursprüngliche Gleichungssystem in ein System mit der gleichen Lösung umwandeln, das sich wesentlich leichter lösen läßt. In unserem Beispiel ist dafür nur noch ein weiterer Schritt erforderlich, der zwei der obigen Operationen kombiniert: das Ersetzen der dritten Gleichung durch die Differenz der zweiten Gleichung und der mit 2 multiplizierten dritten Gleichung. Dadurch wird erreicht, daß alle Elemente unterhalb der Hauptdiagonale zu null werden, und Gleichungssysteme dieser Form lassen sich besonders leicht lösen. Die gleichzeitig zu erfüllenden Gleichungen, die sich in unserem Beispiel ergeben, lauten:

$$\begin{aligned} x_1 + 3x_2 - 4x_3 &= 8, \\ 2x_2 - 2x_3 &= 6, \\ -4x_3 &= -8. \end{aligned}$$

Die dritte Gleichung kann nun sofort gelöst werden: $x_3 = 2$. Wenn wir diesen Wert in die zweite Gleichung einsetzen, können wir den Wert von x_2 berechnen:

$$\begin{aligned} 2x_2 - 4 &= 6, \\ x_2 &= 5. \end{aligned}$$

In ähnlicher Weise gibt das Einsetzen dieser beiden Werte in die erste Gleichung die Möglichkeit, den Wert von x_1 zu berechnen:

$$\begin{aligned} x_1 + 15 - 8 &= 8, \\ x_1 &= 1, \end{aligned}$$

womit die Lösung des Gleichungssystems vollständig ist.

Dieses Beispiel veranschaulicht die beiden Hauptetappen des Gaußschen Eliminationsverfahrens. Die erste ist die Etappe der *Vorwärts-Elimination*, während der das ursprüngliche System durch systematische Elimination von Variablen aus Gleichungen in ein
System umgewandelt wird, das unterhalb der Hauptdiagonale nur Nullen aufweist.
Dieser Prozeß wird manchmal *Triangulation* genannt. Die zweite Etappe ist die Etappe
des *Rückwärts-Einsetzens*, während der unter Benutzung der während der ersten Etappe
erzeugten Dreiecksmatrix die Werte der Variablen berechnet werden.

Beschreibung des Verfahrens

Im allgemeinen Fall möchten wir ein System von N Gleichungen mit N Unbekannten
lösen:

$$
\begin{aligned}
a_{11}x_1 + a_{12}x_2 + \ldots + a_{1N}x_N &= b_1, \\
a_{21}x_1 + a_{22}x_2 + \ldots + a_{2N}x_N &= b_2, \\
&\ \ \vdots \\
a_{N1}x_1 + a_{N2}x_2 + \ldots + a_{NN}x_N &= b_N.
\end{aligned}
$$

Diese Gleichungen lassen sich bei Benutzung der Matrixschreibweise als eine einzige
Matrixgleichung schreiben:

$$
\begin{pmatrix}
a_{11} & a_{12} & \cdots & a_{1N} \\
a_{21} & a_{22} & \cdots & a_{2N} \\
\vdots \\
\\
\\
a_{N1} & a_{N2} & \cdots & a_{NN}
\end{pmatrix}
\begin{pmatrix}
x_1 \\ x_2 \\ . \\ . \\ . \\ x_3
\end{pmatrix}
=
\begin{pmatrix}
b_1 \\ b_2 \\ . \\ . \\ . \\ b_N
\end{pmatrix}.
$$

oder einfach $Ax = b$, wobei A die Matrix darstellt, x die Variablen und b die rechten
Seiten der Gleichungen. Da die Zeilen von A zusammen mit den Elementen von b
umgeformt werden, ist es zweckmäßig, b als die $(N+1)$-te Spalte von A anzusehen und
ein Feld vom Typ N mal $(N+1)$ zu verwenden, um beides zu speichern.

Nunmehr kann die Etappe der Vorwärts-Elimination wie folgt zusammengefaßt
werden: Zuerst eliminiere man durch Addition geeigneter Vielfacher der ersten
Gleichung zu jeder der anderen Gleichungen die erste Variable in allen Gleichungen
mit Ausnahme der ersten. Dann eliminiere man durch Addition geeigneter Vielfacher
der zweiten Gleichung zu jeder der Gleichungen von der dritten bis zur N-ten die
zweite Variable in allen Gleichungen mit Ausnahme der ersten zwei. Dann eliminiere
man die dritte Variable in allen Gleichungen mit Ausnahme der ersten drei usw. Um
die i-te Variable in der j-ten Gleichung (für j zwischen $i + 1$ und N) zu eliminieren,
multiplizieren wir die i-te Gleichung mit a_{ji}/a_{ii} und subtrahieren sie von der j-ten
Gleichung. Dieser Prozeß wird in kürzerer Form durch den folgenden Programmabschnitt beschrieben:

```
for (i = 1;  i <= N; i++)
  for (j = i+1; j <= N; j++)
    for (k = N+1; k >= i; k--)
      a[j][k] -= a[i][k]*a[j][i]/a[i][i];
```

Das Programm besteht aus drei ineinander verschachtelten Schleifen, und die Gesamtlaufzeit ist im wesentlichen proportional zu N^3. Die dritte Schleife wird rückwärts durchlaufen, so daß vermieden wird, daß a[j][i] zerstört wird, bevor es benutzt wird, um die Werte anderer Elemente in der gleichen Zeile zu korrigieren.

Der Programmabschnitt im obigen Absatz ist zu einfach, um völlig richtig zu sein: a[i][i] könnte den Wert null haben, so daß eine Division durch null auftreten könnte. Dies läßt sich jedoch leicht vermeiden, da wir jede beliebige Zeile (von der (i+1)-ten bis zur N-ten) mit der i-ten Zeile vertauschen können, damit a[i][i] in der äußeren Schleife von null verschieden wird. Falls keine solche Zeile gefunden werden kann, ist die Matrix *singulär*: Sie besitzt keine eindeutige Lösung. (Unser Programm könnte dies explizit melden, oder wir könnten den Fehler eventuell als eine Division durch null anzeigen lassen.) Zu dem obigen Programmabschnitt müssen wir weitere Programmzeilen hinzufügen, um eine weiter unten befindliche Zeile zu finden, die in der i-ten Spalte ein von null verschiedenes Element aufweist, und um diese Zeile dann mit der i-ten Zeile zu vertauschen. Das Element a[i][i], das schließlich benutzt wird, um die von null verschiedenen Elemente unterhalb der Diagonale in der i-ten Spalte zu eliminieren, wird *Pivotelement* genannt.

In Wirklichkeit ist es ratsam, noch etwas mehr zu tun, als nur eine Zeile mit einem von null verschiedenen Wert in der i-ten Spalte zu finden. Es ist am besten, diejenige Zeile (von der (i+1)-ten bis zur N-ten) zu verwenden, für die der Wert in der i-ten Spalte dem absoluten Betrag nach am größten ist. Der Grund dafür ist, daß bei der Berechnung erhebliche Fehler entstehen können, wenn der Pivotwert, der verwendet wird, um eine Zeile mit einem Faktor durchzumultiplizieren, sehr klein ist. Wenn a[i][i] sehr klein ist, wird der Faktor a[j][i]/a[i][i], der benutzt wird, um die i-te Variable aus der j-ten Gleichung (für j von i+1 bis N) zu eliminieren, sehr groß. Tatsächlich kann der Fall eintreten, daß er so groß wird, daß die eigentlichen Koeffizienten a[j][k] ihm gegenüber derart klein werden, daß der Wert von a[j][k] durch »Rundungsfehler« verzerrt wird.

Einfach ausgedrückt, Zahlen, die sich hinsichtlich ihrer Größe beträchtlich unterscheiden, können in dem gewöhnlich zur Darstellung reeller Zahlen verwendeten System von Gleitkommazahlen nicht exakt addiert oder subtrahiert werden, und die Verwendung eines kleinen Pivotwertes erhöht die Wahrscheinlichkeit beträchtlich, daß solche Operationen ausgeführt werden müssen. Die Verwendung des größten Wertes in der i-ten Spalte von der (i+1)-ten bis N-ten Zeile gewährleistet, daß der Faktor, mit dem die Zeile durchmultipliziert wird, stets kleiner als 1 ist, und beugt dieser Art von Fehlern vor. Man könnte erwägen, außerhalb der i-ten Spalte zu suchen, um ein großes Element zu finden, doch es ist bewiesen worden, daß exakte

Lösungen erhalten werden können, ohne daß man diese zusätzliche Komplikation in Kauf nehmen muß.

Das folgende Programm für die Etappe der Vorwärts-Elimination des Gaußschen Eliminationsverfahrens ist eine einfache Implementation dieses Prozesses. Für jedes i von 1 bis N durchlaufen wir die i-te Spalte, um das größte Element zu finden (in den Zeilen nach der i-ten Zeile). Die Zeile, die dieses Element enthält, wird mit der i-ten Zeile vertauscht, und danach wird die i-te Variable in den Gleichungen i+1 bis N genau wie zuvor eliminiert:

```
eliminate()
  {
    int i, j, k, max;
    float t;
    for (i = 1; i <= N; i++)
      {
        max = i;
        for (j = i+1; j <= N; j++)
          if (abs(a[j][i]) > abs(a[max][i])) max = j;
        for (k = i; k <= N+1; k++)
          { t = a[i][k];
                a[i][k] = a[max][k];
                    a[max][k] = t; }
        for (j = i+1; j <= N; j++)
          for (k = N+1; k >= i; k—)
            a[j][k] -= a[i][k]*a[j][i]/a[i][i];
      }
  }
```

In manchen Algorithmen wird gefordert, daß das Pivotelement a[i][i] benutzt wird, um die i-te Variable aus jeder Gleichung mit Ausnahme der i-ten (nicht nur aus der (i+1)-ten bis N-ten) zu eliminieren. Dieser Prozeß wird *vollständiges Pivotieren* genannt; bei der Vorwärts-Elimination führen wir nur einen Teil dieser Operationen aus, daher wird der Prozeß *partielles Pivotieren* genannt. In Kapitel 43 betrachten wir einen Algorithmus für das vollständige Pivotieren.

Nachdem die Etappe der Vorwärts-Elimination abgeschlossen ist, enthält das Feld a unterhalb der Diagonale nur Nullen, und die Etappe des Rückwärts-Einsetzens kann ausgeführt werden. Das Programm hierfür ist sogar noch einfacher:

```
substitute()
  {
    int j, k;
    float t;
    for (j = N; j >= 1; j—)
      {
        t = 0.0;
```

```
            for (k = j+1; k <= N; k++) t += a[j][k]*x[k];
            x[j] = (a[j][N+1]-t)/a[j][j];
        }
    }
```

Ein Aufruf von `eliminate`, gefolgt von einem Aufruf von `substitute`, bewirkt die Berechnung der Lösung in dem aus `N` Elementen bestehenden Feld `x`. Bei singulären Matrizen könnte immer noch eine Division durch null auftreten; eine Bibliotheksroutine würde dies explizit prüfen. In Wirklichkeit führen die meisten Unterprogramme in Bibliotheken wesentlich umfangreichere Überprüfungen durch, worauf wir weiter unten noch eingehen werden.

Eigenschaft 37.1 *Ein Gleichungssystem mit N Gleichungen und N Unbekannten kann unter Verwendung von ungefähr $N^3/3$ Multiplikationen und Additionen gelöst werden.*

Die Laufzeit von `substitute` ist $O(N^2)$, so daß die meiste Arbeit in `eliminate` ausgeführt wird. Eine Betrachtung dieser Routine zeigt, daß für jeden Wert von `i` die `k`-Schleife $N - i + 2$ mal und die `j`-Schleife $N - i$ mal durchlaufen wird; das bedeutet, daß die innere Schleife $\sum_{1 \leq i \leq N} (N-i+2)(N-i) = N^3/3 + O(N^2)$ mal durchlaufen wird. Der Wert von `-a[j][i]/a[i][i]` kann außerhalb der `k`-Schleife berechnet werden, so daß die innere Schleife aus einer Multiplikation und einer Addition besteht. ∎

Nachdem die Vorwärts-Elimination unter der Diagonale überall Nullen erzeugt hat, besteht eine andere mögliche Vorgehensweise darin, genau die gleiche Methode anzuwenden, um oberhalb der Diagonale überall Nullen zu erzeugen: Zuerst erzeuge man in der letzten Spalte überall Nullen, mit Ausnahme von `a[N][N]`, indem man geeignete Vielfache von `a[N][N]` addiert, dann führe man das gleiche für die vorletzte Spalte aus usw. Das heißt, wir nehmen nochmals ein »partielles Pivotieren« vor, doch für den anderen »Teil« jeder Spalte, wobei wir die Folge der Spalten rückwärts durchlaufen. Nachdem dieser Prozeß (der Gauß-Jordansches Reduktionsverfahren genannt wird) abgeschlossen ist, sind nur noch Elemente auf der Diagonale von null verschieden, womit die Lösung unmittelbar gegeben ist. Allerdings ist bei diesem Prozeß die Anzahl der ausgeführten Rechenoperationen wesentlich größer als beim Rückwärts-Einsetzen.

Die Möglichkeit von Fehlern bei der numerischen Berechnung erfordert beim Gaußschen Eliminationsverfahren besondere Beachtung. Wie bereits erwähnt wurde, ist in Situationen Vorsicht geboten, in denen sich die Größen der Koeffizienten erheblich unterscheiden. Die Verwendung des größten zur Verfügung stehenden Elements in der Spalte für das partielle Pivotieren gewährleistet, daß beim Prozeß des Pivotierens nicht willkürlich große Koeffizienten erzeugt werden, doch es ist nicht immer möglich, größere Fehler zu vermeiden. Zum Beispiel treten sehr kleine Koeffizienten auf, wenn zwei verschiedene Gleichungen Koeffizienten haben, die sehr nahe beieinander liegen. In Wirklichkeit ist es allerdings möglich, im voraus zu bestimmen, ob solche Probleme zu ungenauen Werten in der Lösung führen werden. Jeder Matrix entspricht ein mit ihr verknüpfter Zahlenwert, der die *Konditionszahl* genannt wird und der benutzt werden kann, um die Genauigkeit der berechneten Lösung zu beurteilen. Eine gute Bibliotheksroutine für das Gaußsche Eliminationsverfahren berechnet neben der Lösung auch die Konditionszahl der Matrix, so daß die Genauigkeit der Lösung bestimmt werden kann. Eine vollständige Behandlung der damit zusammenhängenden Fragen würde über den Rahmen dieses Buches hinausgehen.

Beim Gaußschen Eliminationsverfahren mit partiellem Pivotieren unter Verwendung des größten zur Verfügung stehenden Pivotwertes kann »garantiert« werden, daß die erhaltenen Ergebnisse mit sehr kleinen Rechenfehlern behaftet sind. Es liegen sehr sorgfältig ausgearbeitete mathematische Ergebnisse vor, die zeigen, daß die berechnete Lösung sehr genau ist, außer für schlecht konditionierte Matrizen (was eher ein Hinweis auf Probleme im Gleichungssystem sein dürfte als im Lösungsverfahren). Der Algorithmus war Gegenstand sehr gründlicher theoretischer Untersuchungen und kann als ein numerisches Verfahren mit sehr breiten Anwendungsmöglichkeiten empfohlen werden.

Variationen und Erweiterungen

Das soeben beschriebene Verfahren ist am besten für $N{\times}N$-Matrizen geeignet, bei denen die meisten der N^2 Elemente von null verschieden sind. Wie wir bei anderen Problemen gesehen haben, sind für *lichte* Matrizen, bei denen die meisten Elemente den Wert null haben, spezielle Methoden zweckmäßig. Diese Situation entspricht einem Gleichungssystem, in dem jede Gleichung nur aus wenigen Gliedern besteht.

Wenn die von null verschiedenen Elemente keine spezielle Struktur haben, ist die in Kapitel 36 betrachtete Darstellung mit Hilfe einer verketteten Liste geeignet, mit einem Knoten für jedes von null verschiedene Element der Matrix, wobei die Knoten sowohl durch die Zeile als auch durch die Spalte miteinander verkettet sind. Das standardmäßige Verfahren kann für diese Darstellungsart implementiert werden, wobei die üblichen zusätzlichen Komplikationen auftreten, die sich aus der Notwendigkeit ergeben, von null verschiedene Elemente zu erzeugen und zu beseitigen. Die Anwendung dieses Verfahrens dürfte sich kaum lohnen, wenn man genügend Speicherplatz hat, um die gesamte Matrix zu speichern, da es wesentlich komplizierter ist als das standardmäßige Verfahren. Außerdem werden lichte Matrizen im Verlaufe des Prozesses der Gaußschen Elimination erheblich weniger licht.

Manche Matrizen enthalten nicht nur lediglich ein paar von null verschiedene Elemente, sondern haben außerdem eine einfache Struktur, so daß verkettete Listen nicht erforderlich sind. Das typische Beispiel dafür ist eine »Bandmatrix«, bei der die von null verschiedenen Elemente alle sehr nahe bei der Diagonale liegen. In solchen Fällen müssen die inneren Schleifen des Algorithmus der Gaußschen Elimination nur wenige Male durchlaufen werden, so daß die Gesamtlaufzeit (und der Speicherbedarf) proportional zu N ist, nicht zu N^3.

Ein interessanter Spezialfall einer Bandmatrix ist eine «tridiagonale« Matrix, bei der nur Elemente direkt auf, direkt über oder direkt unter der Diagonale von null verschieden sind. Zum Beispiel ist die allgemeine Form einer tridiagonalen Matrix für $N = 5$:

$$\begin{pmatrix} a_{11} & a_{12} & 0 & 0 & 0 \\ a_{21} & a_{22} & a_{23} & 0 & 0 \\ 0 & a_{32} & a_{33} & a_{34} & 0 \\ 0 & 0 & a_{43} & a_{44} & a_{45} \\ 0 & 0 & 0 & a_{54} & a_{55} \end{pmatrix}$$

Bei derartigen Matrizen reduziert sich sowohl die Vorwärts-Elimination als auch das Rückwärts-Einsetzen auf eine einfache `for`-Schleife:

```
for (i = 1; i < N; i++)
    {
        a[i+1][N+1] -= a[i][N+1]*a[i+1][i]/a[i][i];
        a[i+1][i+1] -= a[i][i+1]*a[i+1][i]/a[i][i];
    }
for (j = N; j >= 1; j--)
    x[j] = (a[j][N+1]-a[j][j+1]*x[j+1])/a[j][j];
```

Bei der Vorwärts-Elimination muß nur der Fall `j=i+1` und `k=i+1` betrachtet werden, da Werte von `k`, die größer als `i+1` sind, `a[i][k]` gleich 0 ist. (Der Fall `k = i` kann weggelassen werden, da hierbei ein Element des Feldes auf null gesetzt wird, das niemals wieder betrachtet wird; die gleiche Änderung könnte beim einfachen Gauß-schen Eliminationsverfahren vorgenommen werden.)

Eigenschaft 37.2 *Ein tridiagonales Gleichungssystem kann in linearer Zeit gelöst werden.*

Natürlich würde man für eine tridiagonale Matrix kein zweidimensionales Feld der Größe N^2 verwenden. Es läßt sich erreichen, daß der für das obige Programm benötigte Speicherplatz linear in N ist, indem man anstelle der Matrix a vier Felder verwendet: eins für jede der drei nicht aus Nullen bestehenden Diagonalen und eins für die $(N+1)$-te Spalte. Beachten Sie, daß dieses Programm nicht unbedingt das größte zur Verfügung stehende Element als Pivotelement benutzt, so daß nicht garantiert werden kann, daß eine Division durch null oder die Akkumulation von Fehlern aus der Berechnung ausgeschlossen ist. Für manche häufig auftretenden Typen von tridiagonalen Matrizen kann jedoch bewiesen werden, daß dies kein Grund zur Besorgnis ist. ∎

Das Gauß-Jordansche Reduktionsverfahren kann mit vollständigem Pivotieren so implementiert werden, daß eine Matrix in einem Durchlauf durch sie durch die zu ihr inverse Matrix ersetzt wird. Die zu einer Matrix A inverse Matrix, mit A^{-1} bezeichnet, hat die Eigenschaft, daß ein Gleichungssystem $Ax = b$ gelöst werden kann, indem einfach mit dieser Matrix die Multiplikation $x = A^{-1}b$ ausgeführt wird. Nach wie vor sind N^3 Operationen erforderlich, um x zu berechnen, wenn b gegeben ist. Es gibt jedoch eine

Methode, wie eine Matrix »vorverarbeitet« und durch »Dekomposition« in Bestandteile zerlegt werden kann, wodurch es möglich wird, das entsprechende Gleichungssystem mit beliebiger gegebener rechter Seite in einer zu N^2 proportionalen Zeit zu
lösen, was gegenüber der Alternative, jedesmal das Gaußsche Eliminationsverfahren
anzuwenden, die Einsparung eines Faktors N bedeutet. Grob gesagt ist es dazu
erforderlich, sich an die Operationen zu erinnern, die während der Etappe der
Vorwärts-Elimination mit der $(N+1)$-ten Spalte ausgeführt werden, so daß das Ergebnis der Vorwärts-Elimination für eine neue erste Spalte effizient berechnet und das
Rückwärts-Einsetzen dann wie üblich vorgenommen werden kann.

Es ist gezeigt worden, daß die Lösung linearer Gleichungssysteme zur Multiplikation
von Matrizen numerisch äquivalent ist, so daß Algorithmen existieren (zum Beispiel
der Algorithmus zur Matrizen-Multiplikation von Strassen), mit denen Systeme von
N Gleichungen mit N Variablen in einer zu $N^{2,81\cdots}$ proportionalen Zeit gelöst werden
können. Wie im Falle der Multiplikation von Matrizen lohnt sich die Anwendung
einer solchen Methode (wenn überhaupt) nur dann, wenn regelmäßig sehr umfangreiche Gleichungssysteme zu verarbeiten sind. Wie zuvor ist die tatsächliche Laufzeit
des Gaußschen Eliminationsverfahrens, ausgedrückt über die Anzahl der Eingabedaten, proportional zu $N^{3/2}$, was sich in der Praxis schwer verbessern läßt.

Übungen

1. Geben Sie die Matrix an, die während der Etappe der Vorwärts-Elimination des Gaußschen Eliminationsverfahrens (`eliminate`) erzeugt wird, wenn dieses zur Lösung des Gleichungssystems $x + y + z = 6$, $2x + y + 3z = 12$, $3x + y + 3z = 14$ angewandt wird.

2. Geben Sie ein System von drei Gleichungen mit drei Unbekannten an, für das die primitive Implementation der Vorwärts-Elimination mit dreifach verschachtelter `for`-Schleife nicht zum Ziel führt, obwohl eine Lösung existiert.

3. Wie groß ist der Speicherbedarf für das Gaußsche Eliminationsverfahren im Falle einer NxN-Matrix, in der nur $3N$ Elemente von null verschieden sind?

4. Beschreiben Sie, was geschieht, wenn `eliminate` im Falle einer Matrix angewandt wird, in der eine Zeile nur aus Nullen besteht.

5. Beschreiben Sie, was geschieht, wenn `eliminate` und dann `substitute` im Falle einer Matrix angewandt werden, in der eine Spalte nur aus Nullen besteht.

6. Wie viele Rechenoperationen werden beim Gauß-Jordanschen Reduktionsverfahren ungefähr ausgeführt?

7. Welche Auswirkungen ergeben sich für die entsprechenden Gleichungen, wenn wir Spalten in einer Matrix vertauschen?

8. Wie würden Sie bei der Anwendung von `eliminate` prüfen, ob einander widersprechende Gleichungen existieren? Oder identische Gleichungen?

9. Welchen Nutzen hätte das Gaußsche Eliminationsverfahren im Falle eines Systems von M Gleichungen mit N Unbekannten, wenn $M < N$ gilt? Oder wenn $M > N$ gilt?

10. Geben Sie ein Beispiel an, das die Notwendigkeit des Pivotierens mit Hilfe des größten zur Verfügung stehenden Elements zeigt, wenn ein imaginärer primitiver Computer benutzt wird, in dem Zahlen nur mit zwei signifikanten Ziffern dargestellt werden können (alle Zahlen müssen die Form $x,y * 10^z$ haben, mit aus nur einer Ziffer bestehenden ganzen Zahlen x, y und z).

Kapitel 38

Kurvenanpassung

Der Begriff *Kurvenanpassung* (oder *Datenanpassung*) wird verwendet, um das allgemeine Problem der Bestimmung einer Funktion zu beschreiben, die in einer Menge von gegebenen Punkten eine Menge von gegebenen Werten annimmt. Das heißt, wenn die Punkte

$$x_1, x_2, \ldots, x_N$$

und die zugehörigen Werte

$$y_1, y_2, \ldots, y_N$$

gegeben sind, besteht das Ziel darin, eine Funktion (vielleicht von einem vorgegebenen Typ) zu finden, so daß

$$f(x_1) = y_1, f(x_2) = y_2, \ldots, f(x_N) = y_N,$$

gilt

und daß $f(x)$ in anderen Punkten »sinnvolle« Werte annimmt. Es könnte der Fall vorliegen, daß die x-Werte und y-Werte durch eine gewisse unbekannte Funktion miteinander verknüpft sind. Dann besteht unser Ziel darin, diese Funktion zu finden; im allgemeinen hängt die Definition dessen, was »sinnvoll« ist, jedoch von der Anwendung ab. Wir werden sehen, daß es oft einfach ist, »nicht sinnvolle« Funktionen zu identifizieren.

Die Kurvenanpassung besitzt offensichtliche Anwendungen bei der Analyse experimentell gewonnener Daten, kann aber auch für viele andere Zwecke verwendet werden. Zum Beispiel kann sie in der Computergrafik benutzt werden, um Kurven zu erzeugen, die »gut aussehen«, ohne daß zusätzlicher Aufwand für die Speicherung einer großen Zahl darzustellender Punkte erforderlich ist. Eine ähnliche Anwendung ist die Verwendung der Kurvenanpassung, um einen schnellen Algorithmus zur Berechnung des Wertes einer bekannten Funktion in einem beliebigen Punkt bereitzustellen: Es wird eine kurze Tabelle von exakten Werten gespeichert, und andere Werte werden mittels Kurvenanpassung bestimmt.

Um dieses Problem zu lösen, kommen zwei prinzipielle Methoden zur Anwendung. Die erste ist die *Interpolation*: Es ist eine glatte Funktion zu finden, die in den gegebenen Punkten exakt die gegebenen Werte annimmt. Das zweite Verfahren, *Datenanpassung mit Hilfe der Methode der kleinsten Quadrate*, wird benutzt, wenn die gegebenen Werte möglicherweise nicht exakt sind und eine Funktion gesucht wird, die so gut wie möglich mit ihnen übereinstimmt.

Interpolation mit Hilfe von Polynomen

Wir haben bereits ein Verfahren zur Lösung des Problems der Datenanpassung kennengelernt: Falls bekannt ist, daß f ein Polynom vom Grad $N-1$ ist, so liegt das Problem der Polynom-Interpolation aus Kapitel 36 vor. Selbst wenn wir keine speziellen Informationen über f haben, könnten wir das Problem der Datenanpassung lösen, indem wir für $f(x)$ das Interpolationspolynom vom Grad $N-1$ für die gegebenen Punkte und Werte wählen. Dieses könnte unter Anwendung der in Kapitel 36 umrissenen Methoden berechnet werden. Es gibt allerdings viele Gründe, um für die Datenanpassung keine Interpolation mit Hilfe von Polynomen zu benutzen. Zum einen ist ein beträchtlicher Rechenaufwand erforderlich (es stehen weiterentwickelte Methoden mit einer zu $N(\log N)^2$ proportionalen Laufzeit zur Verfügung, doch elementare Verfahren sind quadratisch). Die Berechnung eines Polynoms (zum Beispiel) vom Grad 100 zur Interpolation einer durch 100 Punkte verlaufenden Kurve dürfte ein bei weitem übertriebener Aufwand sein.

Der hauptsächliche Nachteil der Polynom-Interpolation besteht jedoch darin, daß Polynome von einem hohen Grad relativ komplizierte Funktionen sind, die unerwartete Eigenschaften haben können, die nicht gut mit der anzupassenden Funktion in Einklang zu bringen sind. Ein Ergebnis aus der klassischen Mathematik (der Approximationssatz von Weierstraß) besagt, daß es möglich ist, jede beliebige sinnvolle Funktion mit Hilfe eines Polynoms (von genügend hohem Grad) zu approximieren. Leider weisen Polynome von sehr hohem Grad eine Tendenz zu wilden Schwankungen auf. Es erweist sich, daß selbst dann, wenn die meisten Funktionen auf einem abgeschlossenen Intervall durch ein Interpolationspolynom fast überall gut approximiert werden, immer bestimmte Stellen existieren, wo die Approximation sehr schlecht ist. Außerdem wird bei dieser Theorie von der Voraussetzung ausgegangen, daß es sich bei den vorliegenden Daten um exakte Werte einer gewissen unbekannten Funktion handelt. Oft jedoch liegt der Fall vor, daß die gegebenen Daten nur Näherungswerte sind. Falls die y-Werte Näherungswerte für ein gewisses unbekanntes Polynom von niedrigem Grad sind, so wäre es wünschenswert, daß die Koeffizienten der Glieder von hohem Grad in dem Interpolationspolynom den Wert null haben. Doch gewöhnlich ergibt sich etwas anderes; das Interpolationspolynom versucht stattdessen, die Glieder von hohem Grad zu benutzen, um eine exakte Anpassung zu erreichen. Diese Effekte sind die Ursache dafür, daß Interpolationspolynome für viele Anwendungen der Kurvenanpassung ungeeignet sind.

Spline-Interpolation

Dennoch sind Polynome von niedrigem Grad einfache Kurven, mit denen man analytisch leicht arbeiten kann, und sie werden in breitem Umfang für die Kurven-anpassung angewandt. Der Trick besteht darin, daß man sich von der Idee löst, *ein* Polynom durch alle Punkte legen zu wollen, und stattdessen verschiedene Polynome verwendet, um benachbarte Punkte zu verbinden, wobei man sie auf glatte Weise zusammensetzt. Ein eleganter Spezialfall, welcher auch nur eine relativ einfache Rechnung erfordert, wird *Spline-Interpolation* genannt.

Das Wort »spline« bezeichnet eine mechanische Vorrichtung, die von Zeichnern benutzt wird, um ästhetisch ansprechende Kurven zu zeichnen: Der Zeichner fixiert eine Menge von Punkten (*Knoten*) auf seiner Zeichnung, biegt dann ein biegsames Band aus Plastik oder Holz (*spline* genannt) um sie herum und zeichnet es nach, um die Kurve zu erzeugen. Die Spline-Interpolation ist das mathematische Gegenstück zu diesem Prozeß und führt zu der gleichen Kurve. Abbildung 38.1 zeigt einen durch zehn Knoten verlaufenden Spline.

Mit Hilfe von Gesetzen der elementaren Mechanik kann gezeigt werden, daß die von dem Band zwischen zwei benachbarten Knoten angenommene Form einem Polynom dritten Grades (das heißt, einem kubischen Polynom) entspricht. In Übertragung auf unser Problem der Datenanpassung bedeutet das, daß wir davon ausgehen sollten, daß sich die Kurve aus N - 1 verschiedenen kubischen Polynomen

$$s_i(x) = a_i x^3 + b_i x^2 + c_i x + d_i, \ i = 1, 2, \ldots, N-1$$

zusammensetzt, wobei $s_i(x)$ als das kubische Polynom definiert ist, das im Intervall zwischen x_i und x_{i+1} zu verwenden ist.

Der Spline kann in offensichtlicher Weise in Form von vier eindimensionalen Feldern (oder von einem zweidimensionalen Feld vom Typ 4 mal $(N-1)$) dargestellt werden. Die Erzeugung eines Splines besteht in der Berechnung der erforderlichen Koeffizien-ten a, b, c, d aus den gegebenen Punkten x und Werten y. Die physikalischen Gesetze, denen das Band gehorchen muß, entsprechen gleichzeitig zu erfüllenden Gleichun-gen, die gelöst werden können, um die Koeffizienten zu bestimmen.

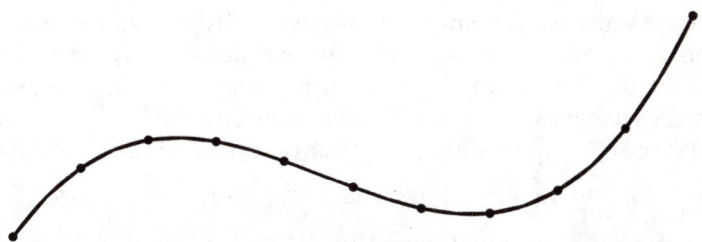

Abbildung 38.1 Ein Spline, der durch zehn Knoten verläuft.

Zum Beispiel muß offenbar $s_i(x_i) = y_i$ und $s_i(x_{i+1}) = y_{i+1}$ für $i = 1, 2, \ldots, N-1$ gelten, da das Band die Knoten berühren muß. Doch das Band berührt die Knoten nicht nur, sondern es biegt sich auch glatt um sie herum, ohne scharfe Biegungen oder Knicke. Mathematisch bedeutet das, daß die ersten Ableitungen der Spline-Polynome in den Knoten übereinstimmen müssen ($s'_{i-1}(x_i) = s'_i(x_i)$ für $i = 2, 3, \ldots, N-1$). Tatsächlich erweist es sich, daß die zweiten Ableitungen der Polynome in den Knoten ebenfalls übereinstimmen müssen. Diese Bedingungen ergeben eine Gesamtzahl von $4N-6$ Gleichungen in den $4(N-1)$ unbekannten Koeffizienten. Zwei weitere Bedingungen müssen angegeben werden, um die Situation in den Endpunkten des Splines zu beschreiben. Dafür stehen verschiedene Möglichkeiten zur Verfügung; wir wollen den sogenannten »natürlichen« Spline benutzen, der sich aus $s''_1(x_1) = 0$ und $s''_{N-1}(x_N) = 0$ ableiten läßt. Diese Bedingungen ergeben ein vollständiges System von $4N-4$ Gleichungen mit $4N-4$ Unbekannten, das unter Benutzung des Gaußschen Eliminationsverfahrens gelöst werden könnte, um alle Koeffizienten zu berechnen, die den Spline beschreiben.

Der gleiche Spline kann jedoch in einer etwas effizienteren Weise berechnet werden, da in Wirklichkeit nur $N-2$ »Unbekannte« vorhanden sind: Die meisten der Bedingungen an den Spline sind redundant. Nehmen wir zum Beispiel an, daß p_i der Wert der zweiten Ableitung des Splines in x_i ist, so daß $s''_{i-1}(x_i) = s''_i(x_i) = p_i$ für $i = 2, \ldots, N-1$ gilt, mit $p_1 = p_N = 0$. Wenn die Werte von $p_1, \ldots, p_N$ bekannt sind, können alle Koeffizienten a, b, c, d für die Abschnitte des Splines berechnet werden, da für jeden Abschnitt des Splines vier Gleichungen mit vier Unbekannten vorliegen:
Für $i = 1, 2, \ldots, N-1$ muß gelten

$$
\begin{aligned}
s_i(x_i) &= y_i \\
s_i(x_{i+1}) &= y_{i+1} \\
s''_i(x_i) &= p_i \\
s''_i(x_{i+1}) &= p_{i+1}.
\end{aligned}
$$

Die x-Werte und y-Werte sind gegeben; um den Spline vollständig zu bestimmen, müssen wir nur die Werte von $p_2, \ldots, p_{N-1}$ berechnen. Zu diesem Zweck benutzen wir die Bedingung, daß die ersten Ableitungen übereinstimmen müssen; diese $N-2$ Bedingungen liefern genau die $N-2$ Gleichungen, die benötigt werden, um sie nach den $N-2$ Unbekannten aufzulösen, den Werten der zweiten Ableitung p_i.

Wenn wir die Koeffizienten a, b, c und d über die Werte der zweiten Ableitung p ausdrücken und dann diese Ausdrücke in die vier oben aufgeführten Gleichungen für jeden Abschnitt des Splines einsetzen würden, würde dies zu einigen unnötig komplizierten Ausdrücken führen. Stattdessen ist es zweckmäßig, die Gleichungen für die Abschnitte des Splines in einer gewissen kanonischen Form darzustellen, die weniger unbekannte Koeffizienten enthält. Wenn wir Variablen mit Hilfe von $t = (x - x_i)/(x_{i+1} - x_i)$ substituieren, kann der Spline wie folgt formuliert werden:

$$s_i(t) = ty_{i+1} + (1-t)y_i + (x_{i+1} - x_i)^2((t^3 - t)p_{i+1} - ((1-t)^3 - (1-t))p_i)/6.$$

Nunmehr ist jeder Spline auf dem Intervall [0,1] definiert. Diese Gleichung ist weniger schwierig, als es den Anschein hat, da für uns hauptsächlich die Endpunkte 0 und 1 von Interesse sind, und in diesen Punkten hat entweder t oder $(1 - t)$ den Wert 0. Durch diese Darstellung kann sehr leicht überprüft werden, daß der Spline durch die gegebenen Punkte verläuft und stetig ist, denn es gilt $s_{i-1}(1) = s_i(0) = y_i$ für $i = 2, \ldots$, $N - 1$, und es ist nur wenig schwieriger, sich davon zu überzeugen, daß auch die zweite Ableitung stetig ist, da $s''_i(1) = s''_{i+1}(0) = p_{i+1}$ gilt. Dies sind kubische Polynome, die der geforderten Bedingung in den Endpunkten genügen, so daß sie zu den oben beschriebenen Abschnitten des Splines äquivalent sind. Wenn wir für t den zugehörigen Ausdruck einsetzen und die Koeffizienten von x^3 usw. bestimmen würden, so würden wir die gleichen Ausdrücke für die a, b, c und d, ausgedrückt über die x, y und p, erhalten, wie wenn wir die im vorangegangenen Absatz beschriebene Methode anwenden würden. Es gibt jedoch keinen Grund, das zu tun, da wir nachgeprüft haben, daß diese Abschnitte des Splines den Randbedingungen genügen, und wir können jeden von ihnen in jedem beliebigen Punkt des zugehörigen Intervalls berechnen, indem wir t berechnen und die obige Formel benutzen (nachdem wir die p kennen).

Um nach den p aufzulösen, müssen wir die ersten Ableitungen der Abschnitte des Splines in den Endpunkten gleichsetzen. Die erste Ableitung (nach x) der obigen Gleichung lautet

$$s'_i(t) = z_i + (x_{i+1} - x_i)((3t^2 - 1)p_{i+1} + (3(1 - t)^2 - 1)p_i)/6,$$

wobei $z_i = (y_{i+1} - y_i)/(x_{i+1} - x_i)$ gilt. Indem wir nun $s'_{i-1}(1) = s'_i(0)$ für $i = 2, \ldots, N- 1$ setzen, ergibt sich unser System von $N - 2$ Gleichungen:

$$(x_i - x_{i-1})p_{i-1} + 2(x_{i+1} - x_{i-1})p_i + (x_{i+1} - x_i)p_{i+1} = 6(z - z_{i-1}).$$

Dieses Gleichungssystem hat eine einfache tridiagonale Form und kann daher, wie wir in Kapitel 37 gesehen haben, leicht mit einer modifizierten Variante des Gaußschen Eliminationsverfahrens gelöst werden.

Wenn wir die Bezeichnungen $u_i = x_{i+1} - x_i$, $d_i = 2(x_{i+1} - x_{i-1})$ und $w_i = 6(z_i - z_{i-1})$ einführen, so erhalten wir zum Beispiel für $N = 7$ das folgende Gleichungssystem:

$$\begin{pmatrix} d_2 & u_2 & 0 & 0 & 0 \\ u_2 & d_3 & u_3 & 0 & 0 \\ 0 & u_3 & d_4 & u_4 & 0 \\ 0 & 0 & u_4 & d_5 & u_5 \\ 0 & 0 & 0 & u_5 & d_6 \end{pmatrix} \begin{pmatrix} p_2 \\ p_3 \\ p_4 \\ p_5 \\ p_6 \end{pmatrix} = \begin{pmatrix} w_2 \\ w_3 \\ w_4 \\ w_5 \\ w_6 \end{pmatrix}.$$

Dabei handelt es sich um ein symmetrisches tridiagonales System, bei dem die Diagonale unter der Hauptdiagonalen mit der Diagonale über der Hauptdiagonalen übereinstimmt. Es erweist sich, daß kein Pivotieren mit Hilfe des größten zur Verfügung stehenden Elements erforderlich ist, um für dieses Gleichungssystem eine exakte Lösung zu erhalten.

Das im obigen Absatz beschriebene Verfahren zur Berechnung eines kubischen Splines läßt sich sehr leicht in C formulieren:

```
makespline()
  {
    scanf("%d ", &N);
    for (i = 1; i <= N; i++)
      scanf("%f %f\n", &x[i], &y[i]);
    for (i = 2; i < N; i++) d[i] = 2*(x[i+1]-x[i-1]);
    for (i = 1; i < N; i++) u[i] = x[i+1]-x[i];
    for (i = 2; i < N; i++)
      w[i] = 6.0*((y[i+1]-y[i])/u[i]
                    -(y[i]-y[i-1])/u[i-1]);
    p[1] = 0.0; p[N] = 0.0;
    for (i = 2; i < N-1; i++)
      {
        w[i+1] = w[i+1] - w[i]*u[i]/d[i];
        d[i+1] = d[i+1] - u[i]*u[i]/d[i];
      }
    for (i = N-1; i > 1; i—)
      p[i] = (w[i]-u[i]*p[i+1])/d[i];
  }
```

Die Felder d und u dienen zur Darstellung der tridiagonalen Matrix, die unter
Verwendung des Programms aus Kapitel 37 gelöst wird. Wir verwenden d[i] dort,
wo in jenem Programm a[i][i] benutzt wurde, u[i] dort, wo a[i+1][i] oder
a[i][i+1] benutzt wurde, und z[i] dort, wo a[i][N+1] benutzt wurde.

Eigenschaft 38.1 *Ein kubischer Spline für N Punkte kann in linearer Zeit berechnet
werden.*

Diese Tatsache ist aufgrund des Programms offensichtlich, welches einfach eine Folge
linearer Durchläufe durch die Daten darstellt. ∎

Als Beispiel für die Konstruktion eines kubischen Splines betrachten wir die Anpassung eines Splines an die sechs Datenpunkte

(1,0; 2,0), (2,0; 1,5), (4,0; 1,25), (5,0; 1,2), (8,0; 1,125), (10,0; 1,1)

(Diese Punkte gehören zu der Funktion $1 + 1/x$.) Die Parameter des Splines werden
durch Lösung des Gleichungssystems

$$\begin{pmatrix} 6 & 2 & 0 & 0 \\ 2 & 6 & 1 & 0 \\ 0 & 1 & 8 & 3 \\ 0 & 0 & 3 & 10 \end{pmatrix} \begin{pmatrix} p_2 \\ p_3 \\ p_4 \\ p_5 \end{pmatrix} = \begin{pmatrix} 2{,}250 \\ 0{,}450 \\ 0{,}150 \\ 0{,}075 \end{pmatrix}$$

ermittelt; man erhält $p_2 = 0{,}39541$, $p_3 = -0{,}06123$, $p_4 = 0{,}02658$, $p_5 = -0{,}00047$.

Um den Wert des Splines für einen beliebigen Wert von x aus dem Intervall $[x_1, x_N]$
zu berechnen, bestimmen wir einfach das Intervall $[x_i, x_{i+1}]$, das x enthält, berechnen

dann t und benutzen die obige Formel für $s_i(x)$ (in der wiederum die für p_i und p_{i+1} berechneten Werte verwendet werden).

```
float f(float x)
  { return x*x*x - x; }
float eval(float v)
  {
    float t; int i = 1;
    while (v > x[i+1]) i++;
    t = (v-x[i])/u[i];
    return t*y[i+1]+(1-t)*y[i] +
          u[i]*u[i]*(f(t)*p[i+1]+f(1-t)*p[i])/6.0;
  }
```

Dieses Programm überprüft keine Fehlerbedingung, wenn v nicht zwischen x[1] und x[N] liegt. Falls die Anzahl der Abschnitte des Splines groß ist (das heißt, falls N groß ist), könnte eines der effizienteren Suchverfahren aus Kapitel 14 angewandt werden, um das Intervall zu finden, das v enthält.

Es gibt viele Varianten der Idee der Kurvenanpassung durch Zusammensetzen von Polynomen auf eine »glatte« Weise; die Berechnung von Splines ist ein sehr gründlich erforschtes Gebiet. Andere Typen von Splines beruhen auf anderen Arten von Glattheitskriterien sowie auf Änderungen wie der Abschwächung der Forderung, daß der Spline exakt durch jeden Datenpunkt verlaufen muß. Was die Berechnung anbelangt, so erfordern sie genau die gleichen Schritte zur Bestimmung der Koeffizienten für jeden der Abschnitte des Splines durch Lösung des linearen Gleichungssystems, das aus der Formulierung von Bedingungen bezüglich der Art und Weise ihrer Zusammensetzung abgeleitet wird.

Methode der kleinsten Quadrate

Häufig liegt der Fall vor, daß unsere Daten zwar nicht exakt sind, wir jedoch eine Vorstellung von der Form der Funktion haben, die an die Daten angepaßt werden muß. Die Funktion könnte von einigen Parametern abhängen:

$$f(x) = f(c_1, c_2, ..., c_M, x),$$

Die Prozedur der Kurvenanpassung hat dann die Aufgabe, diejenigen Parameter zu finden, für die in den gegebenen Punkten die Übereinstimmung mit den beobachteten Werten »am besten« ist. Falls die Funktion ein Polynom wäre (mit den Koeffizienten als Parameter) und die Werte exakt wären, wäre dies eine Interpolation. Doch nunmehr betrachten wir allgemeinere Funktionen und ungenaue Daten. Um die Diskussion zu vereinfachen, konzentrieren wir uns auf die Anpassung an Funktionen, die als Linearkombinationen einfacherer Funktionen dargestellt sind, wobei die Koeffizienten die unbekannten Parameter sind:

$$f(x) = c_1 f_1(x) + c_2 f_2(x) + \ldots + c_M f_M(x).$$

Hierzu gehören die meisten Funktionen, die für uns von Interesse sind. Nach der Untersuchung dieses Falls werden wir allgemeinere Funktionen betrachten.

Ein gebräuchliches Verfahren, mit dem gemessen wird, wie gut eine Funktion angepaßt ist, ist das *Kriterium der kleinsten Quadrate*. Hierbei wird der Fehler berechnet, indem die Quadrate der Fehler in den einzelnen Beobachtungspunkten addiert werden:

$$E = \sum_{1 \leq j \leq N} (f(x_j) - y_j)^2.$$

Dies ist ein sehr natürliches Maß; die Quadrierung wird ausgeführt, um zu verhindern, daß Fehler mit unterschiedlichen Vorzeichen sich gegenseitig ausgleichen. Offensichtlich ist es wünschenswert, die Wahl der Parameter so zu treffen, daß E minimiert wird. Es zeigt sich, daß diese Wahl der Parameter effizient berechnet werden kann; dies ist die sogenannte *Methode der kleinsten Quadrate*.

Das Verfahren ergibt sich praktisch unmittelbar aus der Definition. Um die Herleitung zu vereinfachen, betrachten wir den Fall $M = 2$, $N = 3$, doch die allgemeine Methode läßt sich ebenso herleiten. Angenommen, es seien drei Punkte x_1, x_2, x_3 und entsprechende Werte y_1, y_2, y_3 gegeben, an die eine Funktion der Form $f(x) = c_1 f_1(x) + c_2 f_2(x)$ angepaßt werden soll. Unsere Aufgabe besteht darin, diejenigen Koeffizienten c_1, c_2 zu finden, für die der kleinste quadratische Fehler

$$\begin{aligned} E = {} & (c_1 f_1(x_1) + c_2 f_2(x_1) - y_1)^2 \\ & + (c_1 f_1(x_2) + c_2 f_2(x_2) - 2)^2 \\ & + (c_1 f_1(x_3) + c_2 f_2(x_3) - y_3)^2 \end{aligned}$$

realisiert wird.

Um die Werte von c_1 und c_2 zu bestimmen, für die dieser Fehler minimal wird, brauchen wir nur die Ableitungen dE/dc_1 und dE/dc_2 gleich null zu setzen. Für c_1 erhalten wir:

$$\begin{aligned} dE/dc_1 = {} & 2(c_1 f_1(x_1) + c_2 f_2(x_1) - y_1)\, f1(x_1) \\ & + 2(c_1 f_1(x_2) + c_2 f_2(x_2) - y_2)\, f_1(x_2) \\ & + 2(c_1 f_1(x_3) + c_2 f_2(x_3) - y_3)\, f_1(x_3). \end{aligned}$$

Indem wir die Ableitung gleich null setzen, erhalten wir eine Gleichung, der die Variablen c_1 und c_2 genügen müssen ($f_1(x_1)$ usw. sind »Konstanten« mit bekannten Werten):

$$\begin{aligned} & c_1(f_1(x_1)f_1(x_1) + f_1(x_2)f_1(x_2) + f_1(x_3)f_1(x_3)) \\ & + c_2(f_2(x_1)f_1(x_1) + f_2(x_2)f_1(x_2) + f_2(x_3)f_1(x_3)) \\ & = y_1 f_1(x_1) + y_2 f_1(x_2) + y_3 f_1(x_3). \end{aligned}$$

Wir erhalten eine ähnliche Gleichung, wenn wir die Ableitung dE/dc_2 gleich null setzen. Diese recht kompliziert aussehenden Gleichungen können beträchtlich vereinfacht werden, wenn man die Vektorschreibweise und die Operation des Skalarprodukts benutzt. Wenn wir die Vektoren $\mathbf{x} = (x_1, x_2, x_3)$ und $\mathbf{y} = (y_1, y_2, y_3)$ einführen, so ist das Skalarprodukt von $\mathbf{x}$ und $\mathbf{y}$ die reelle Zahl, die durch

$$\mathbf{x} \cdot \mathbf{y} = x_1 y_1 + x_2 y_2 + x_3 y_3$$

definiert ist. Wenn wir nun die Vektoren $\mathbf{f}_1 = (f_1(x_1), f_1(x_2), f_1(x_3))$ und $\mathbf{f}_2 = (f_2(x_1), f_2(x_2), f_2(x_3))$ einführen, können unsere Gleichungen für die Koeffizienten c_1 und c_2 sehr einfach ausgedrückt werden:

$$c_1 \mathbf{f}_1 \cdot \mathbf{f}_1 + c_2 \mathbf{f}_1 \cdot \mathbf{f}_2 = \mathbf{y} \cdot \mathbf{f}_1,$$
$$c_1 \mathbf{f}_2 \cdot \mathbf{f}_1 + c_2 \mathbf{f}_2 \cdot \mathbf{f}_2 = \mathbf{y} \cdot \mathbf{f}_2.$$

Diese Gleichungen können mit Hilfe des Gaußschen Eliminationsverfahrens gelöst werden, wodurch man die gesuchten Koeffizienten erhält.

Nehmen wir zum Beispiel an, daß wir wissen, daß an die gegebenen Punkte

(1,0; 2,05) (2,0; 1,53) (4,0; 1,26) (5,0; 1,21) (8,0; 1,13) (10,0; 1,1)

eine Funktion der Form $c_1 + c_2/x$ angepaßt werden soll. (Diese Punkte sind gegenüber den exakten Werten für $1 + 1/x$ leicht gestört.) In diesem Falle ist f_1 eine Konstante ($\mathbf{f}_1 = (1,0; 1,0; 1,0; 1,0; 1,0; 1,0)$), und es ist $\mathbf{f}_2 = (1,0; 0,5; 0,25; 0,2; 0,125; 0,1)$, so daß wir das Gleichungssystem

$$\begin{pmatrix} 6,000 & 2,175 \\ 2,175 & 1,387 \end{pmatrix} \begin{pmatrix} c1 \\ c2 \end{pmatrix} = \begin{pmatrix} 8,280 \\ 3,623 \end{pmatrix}$$

zu lösen haben; die Lösung lautet $c_1 = 0,998$ und $c_2 = 1,054$ (was beides, wie erwartet, nahe bei eins liegt).

Das oben skizzierte Verfahren läßt sich leicht auf die Bestimmung von mehr als zwei Koeffizienten verallgemeinern. Um die Konstanten $c_1, c_2, \dots, c_M$ in

$$f(x) = c_1 f_1(x) + c_2 f_2(x) + \dots + c_M f_M(x)$$

zu ermitteln, für die der kleinste quadratische Fehler für die Vektoren der Punkte bzw. Beobachtungen

$$\mathbf{x} = (x_1, x_2, \dots, x_N),$$
$$\mathbf{y} = (y_1, y_2, \dots, y_N)$$

realisiert wird, berechne man zuerst die mit den Funktionswerten als Komponenten gebildeten Vektoren

$$\mathbf{f}_1 = (f_1(x_1), f_1(x_2), \dots, f_1(x_N)),$$
$$\mathbf{f}_2 = (f_2(x_1), f_2(x_2), \dots, f_2(x_N)),$$
$$\vdots$$
$$\mathbf{f}_M = (f_M(x_1), f_M(x_2), \dots, f_M(x_N)).$$

Dann erzeuge man ein lineares Gleichungssystem $A\,c = b$ von der Dimension M mal M mit

$$a_{ij} = \mathbf{f}_i \cdot \mathbf{f}_j,$$
$$b_j = \mathbf{f}_j \cdot \mathbf{y}.$$

Die Lösung dieses Gleichungssystems liefert die gesuchten Koeffizienten.

Dieses Verfahren kann leicht implementiert werden, indem man für die Vektoren $\mathbf{f}$ ein zweidimensionales Feld vorsieht und dabei $\mathbf{y}$ als den $(M+1)$-ten Vektor betrachtet. Entsprechend der obigen Beschreibung kann ein solches Feld mit Hilfe des folgenden Programmabschnitts erzeugt werden:

```
for (i = 1; i <= M; i++)
  for (j = 1; j <= M+1; j++)
    {
       t = 0.0;
       for (k = 1; k <= N; k++)
         t += f[i][k]*f[j][k];
       a[i][j] = t;
    }
```

Die Lösung des entsprechenden linearen Gleichungssystems kann unter Benutzung der Gaußschen Elimination aus Kapitel 37 erfolgen.

Die Methode der kleinsten Quadrate kann zur Behandlung nichtlinearer Funktionen (zum Beispiel einer Funktion von der Art $f(x) = c_1 e^{-c_2 x} \sin c_3 x$) verallgemeinert werden, und sie wird für diesen Typ von Anwendungen oft benutzt. Die Idee ist im Prinzip die gleiche; das Problem dabei ist, daß sich die Ableitungen möglicherweise nicht mehr leicht berechnen lassen. In einem solchen Fall kann ein *Iterationsverfahren* zur Anwendung kommen: Verwende eine Schätzung für die Koeffizienten, benutze diese dann bei der Methode der kleinsten Quadrate zur Berechnung der Ableitungen, wodurch eine bessere Schätzung für die Koeffizienten gewonnen wird. Dieses grundlegende Verfahren, welches heutzutage vielfach angewandt wird, wurde um 1820 von Gauss beschrieben.

Übungen

1. Approximieren Sie die Funktion lg x in den Punkten 1, 2, 3, 4 und 5 mit Hilfe eines Interpolationspolynoms vierten Grades. Beurteilen Sie die Güte der Näherung durch Berechnung der Summe der Fehlerquadrate in den Punkten 1,5; 2,5; 3,5 und 4,5.

2. Lösen Sie das gleiche Problem für die Funktion sin x. Stellen Sie die Funktion und die Näherung, wenn möglich, mit Ihrem Computersystem grafisch dar.

3. Lösen Sie die obengenannten Probleme unter Verwendung eines kubischen Splines anstelle eines Interpolationspolynoms.

4. Approximieren Sie die Funktion lg x durch einen kubischen Spline unter Verwendung von Knoten in den Punkten 2^N für N zwischen 1 und 10. Versuchen Sie, eine bessere Anpassung zu erhalten, indem Sie mit anderen Anordnungen von Knoten im gleichen Intervall experimentieren.

5. Was geschieht bei der Datenanpassung mit Hilfe der Methode der kleinsten Quadrate, falls eine der Funktionen die Funktion $f_i(x) = 0$ für einige i ist?

6. Benutzen Sie eine Kurvenanpassung mit Hilfe der Methode der kleinsten Quadrate, um die Werte von a und b zu ermitteln, die die beste Formel der Form aN ln $N + bN$ zur Beschreibung der Gesamtzahl der Anweisungen ergeben, die ausgeführt werden, wenn Quicksort für eine zufällige Datei abgearbeitet wird.

7. Welche Werte von a, b, c realisieren den kleinsten quadratischen Fehler bei Benutzung der Funktion $f(x) = ax \log x + bx + c$ zur Approximation der Beobachtungen $f(1) = 0$, $f(4) = 13$, $f(8) = 41$?

8. Wie viele Multiplikationen sind erforderlich, wenn man die Methode der kleinsten Quadrate anwendet, um auf der Basis von N Beobachtungen M Koeffizienten zu bestimmen. Dabei ist der Abschnitt mit der Gaußschen Elimination unbeachtet zu lassen?

9. Unter welchen Umständen wäre die Matrix, die bei der Kurvenanpassung mit Hilfe der Methode der kleinsten Quadrate auftritt, singulär?

10. Führt die Methode der kleinsten Quadrate zum Ziel, wenn zwei verschiedene Beobachtungen für den gleichen Punkt einbezogen werden?

Kapitel 39

Integration

Die Berechnung des Integrals ist eine fundamentale analytische Operation, die oft für auf Computern bearbeiteten Funktionen ausgeführt wird. Wir möchten die »Fläche unter der Kurve« effizient und mit einer sinnvollen Genauigkeit finden. Im vorliegenden Kapitel betrachten wir eine Reihe klassischer Algorithmen für die Lösung dieses grundlegenden numerischen Problems.

Zuerst wollen wir kurz die Situation erörtern, wo eine explizite Darstellung der Funktion zur Verfügung steht. In solchen Fällen kann es möglich sein, eine *symbolische Integration* auszuführen, um die Darstellung einer Funktion in eine entsprechende Darstellung des Integrals umzuwandeln. Dies ist zweckmäßig, wenn die zu verarbeitenden Funktionen einer beschränkten Klasse von Funktionen angehören, deren Integrale analytisch berechnet werden können, oder im Zusammenhang mit Systemen, die solche Darstellungen von Funktionen verarbeiten.

Der andere Extremfall ist, daß die Funktion durch eine Tabelle definiert ist, so daß die Funktionswerte nur für wenige Punkte bekannt sind. In einem solchen Fall läßt sich für das Integral nur ein Näherungswert angeben, der auf Vermutungen bezüglich des Verhaltens der Funktion zwischen den Punkten beruht. Die Genauigkeit des Integrals ist nahezu vollständig von der Richtigkeit dieser Annahmen abhängig.

Die am häufigsten vorliegende Situation liegt zwischen diesen Extremen: Die zu integrierende Funktion ist derart dargestellt, daß ihr Wert in jedem beliebigen Punkt berechnet werden kann. Auch dann hängt die Genauigkeit des Integrals wieder von den Annahmen bezüglich des Verhaltens der Funktion zwischen den wie auch immer für die Berechnung gewählten Punkten ab. Das Ziel besteht darin, eine sinnvolle Näherung für das Integral der Funktion zu berechnen, ohne eine übermäßig große Anzahl von Berechnungen von Funktionswerten auszuführen. Diese Aufgabe wird oft als *Quadratur* bezeichnet.

Im vorliegenden Kapitel betrachten wir verschiedene Quadraturverfahren. Die Verfahren sind elementar; unser Ziel ist es, eine gewisse Erfahrung mit derartigen Berechnungen, die elementare numerische Verfahren darstellen, zu erwerben. Für viele Anwendungsfälle kann die richtige Anwendung der von uns betrachteten elementaren Methoden tatsächlich von Nutzen sein, doch Verfahren zur Lösung schwierigerer Probleme, insbesondere die numerische Lösung von Differentialgleichungen, sind in der Praxis von weit größerer Bedeutung.

Symbolische Integration

Falls über eine Funktion vollständige Informationen zur Verfügung stehen, lohnt es sich möglicherweise, eine Methode anzuwenden, die in der Umformung einer bestimmten Darstellung der Funktion besteht, anstatt mit Zahlenwerten zu arbeiten. Das Ziel besteht darin, eine Darstellung der Funktion in eine Darstellung des Integrals umzuwandeln, praktisch in der gleichen Weise, in der ein unbestimmtes Integral von Hand berechnet wird.

Ein einfaches Beispiel dafür ist die Integration von Polynomen. In Kapitel 36 betrachteten wir Verfahren, die es gestatteten, Summen und Produkte von Polynomen »symbolisch« zu berechnen. Diese benutzen Programme, die eine bestimmte Darstellung der Polynome bearbeiteten und aus dieser Darstellung der Ergebnisse erzeugten. Die Integration (und Differentiation) von Polynomen kann gleichfalls auf diese Weise ausgeführt werden. Falls ein Polynom

$$p(x) = p_0 + p_1 x + p_2 x^2 + \ldots + p_{N-1} x^{N-1}$$

einfach in der Weise dargestellt ist, daß die Werte der Koeffizienten in einem Feld p abgelegt werden, so kann das Integral leicht wie folgt berechnet werden:

```
for (i = N; i > 0; i-) p[i] = p[i-1]/i; p[0] = 0;
```

Für jedes Glied des Polynoms wird in diesem Programm die bekannte Regel für die symbolische Integration $\int_0^x t^{i-1}\,dt = x^i/i$ für $i > 0$ angewandt. Durch Hinzufügen weiterer Regeln für die symbolische Integration kann eine umfangreichere Klasse von Funktionen als nur die Polynome behandelt werden. Wenn man Verknüpfungsregeln, wie die der *partiellen Integration*,

$$\int u\,dv = uv - \int v\,du$$

hinzufügt, kann man die Menge der integrierbaren Funktionen beträchtlich erweitern. (Die partielle Integration erfordert eine Möglichkeit zur Differentiation. Eine symbolische Differentiation ist etwas einfacher als eine symbolische Integration, da eine sinnvolle Menge elementarer Regeln zusammen mit Verknüpfungen ermöglichenden *Kettenregel* für die meisten gebräuchlichen Funktionen ausreichend ist.)

Die große Anzahl existierender Regeln, die auf spezielle Funktionen anzuwenden sind, bewirkt, daß die symbolische Integration eine komplizierte Aufgabe ist. Jedoch wurde erst unlängst gezeigt, daß für diese Aufgabe ein *Algorithmus* existiert: eine Prozedur, die für eine beliebige gegebene Funktion entweder ihr Integral zurückgibt oder aussagt, daß das Ergebnis nicht mit Hilfe elementarer Funktionen formuliert werden kann. Eine Beschreibung dieses Algorithmus in seiner allgemeinsten Form würde über den Rahmen dieses Buches hinausgehen. Wenn die zu verarbeitenden Funktionen jedoch einer kleinen, beschränkten Klasse angehören, kann die symbolische Integration ein leistungsfähiges Werkzeug sein.

Natürlich gilt für symbolische Methoden die grundlegende Einschränkung, daß sehr viele Integrale (von denen viele in der Praxis häufig auftreten) nicht symbolisch berechnet werden können. Wir wollen nunmehr einige Verfahren betrachten, die entwickelt wurden, um Näherungen für die Werte wirklicher Integrale zu berechnen.

Einfache Quadraturverfahren

Das vielleicht offensichtlichste Verfahren zur Approximation eines Integrals ist die *Rechteckmethode*. Die Berechnung eines Integrals entspricht der Ermittlung der Fläche unter einer Kurve, und wir können die Fläche unter einer Kurve schätzen, indem wir die Flächen kleiner Rechtecke addieren, die die Fläche unter der Kurve annähernd ausfüllen, wie es in Abbildung 39.1 schematisch dargestellt ist.

Um dies exakt zu formulieren, nehmen wir an, daß wir $\int_{a}^{b} f(x)\,dx$ berechnen wollen, und daß das Intervall $[a, b]$, über dem das Integral berechnet werden soll, in N Teile zerlegt wird, die durch die Punkte $x_1, x_2, \ldots, x_{N+1}$ begrenzt werden. Dann liegen N Rechtecke vor, wobei die Breite des i-ten Rechtecks ($1 \le i \le N$) durch $x_{i+1} - x_i$ gegeben ist. Als Höhe des i-ten Rechtecks könnten wir $f(x_i)$ oder $f(x_{i+1})$ benutzen, doch es ist zu erwarten, daß man ein genaueres Ergebnis erhält, wenn, wie in der obigen Skizze, der Wert von f im Mittelpunkt des Intervalls ($f((x_i+x_{i+1})/2)$) verwendet wird. Dies führt zu der Quadraturformel

$$r = \sum_{1 \le i \le N} (x_{i+1} - x_i)\, f\left(\frac{x_i + x_{i+1}}{2}\right),$$

die eine Abschätzung für den Wert des Integrals von $f(x)$ über dem Intervall von $a = x_1$ bis $b = x_{N+1}$ darstellt. In dem üblicherweise vorliegenden Fall, daß alle Intervalle die

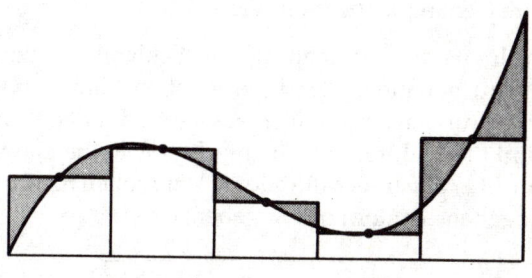

Abbildung 39.1 Rechteckregel.

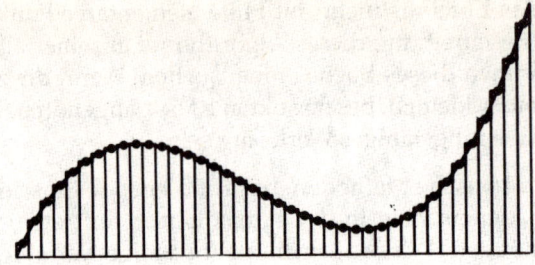

Abbildung 39.2 *Rechteckregel bei einer kleineren Intervallänge.*

gleiche Länge haben, etwa $x_{i+1} - x_i = w$, gilt $x_{i+1} + x_i = 2a + (2i - 1)w$, so daß die Näherung r für das Integral leicht berechnet werden kann:

```
double intrect(double a, double b, int N)
  {
    int i; double r = 0; double w = (b-a)/N;
    for (i = 1; i <= N; i++)  r += w*f(a-w/2+i*w);
    return r;
  }
```

Natürlich wird das Ergebnis genauer, wenn man N vergrößert. Abbildung 39.2 zeigt das Ergebnis der Verwendung einer kleineren Intervallänge für die in Abbildung 39.1 dargestellte Funktion.

Nachfolgend geben wir ein eher quantitatives Beispiel an, das die mit Hilfe dieser Funktion für das Integral $\int_1^2 dx/x$ (das den bekannten Wert ln 2 = 0,6931471805599...

besitzt) berechneten Näherungen zeigt, wenn die Funktion mit dem Aufruf `intrect` (`1.0,2.0,N`) für $N = 10, 100, 1000$ aufgerufen wird:

```
  10  0.6928353604100
 100  0.6931440556283
1000  0.6931471493100
```

Für $N = 1000$ ist unser Ergebnis auf ungefähr sieben Dezimalstellen genau. Bei Verwendung anspruchsvollerer Quadraturmethoden kann mit wesentlich weniger Aufwand eine höhere Genauigkeit erzielt werden.

Es zeigt sich, daß sich aus der Betrachtung von Fehlerabschätzungen für spezielle Methoden oft Ideen für genauere Verfahren ergeben können. Wir betrachten den analytischen Ausdruck für den bei der Rechteckmethode entstehenden Fehler, indem wir $f(x)$ im Mittelpunkt jedes Intervalls in eine Taylor-Reihe entwickeln, integrieren und dann die Summe über alle Intervalle bilden. Wir wollen nicht auf die Einzelheiten dieser Rechnung eingehen, sondern nur angeben, daß

$$\int_a^b f(x)\,dx = r + w^3 e_3 + w^5 e_5 + \ldots$$

gilt, wobei w die Intervallänge ist $((b - a)/N)$ und e_3 vom Wert der dritten Ableitung von f in den Mittelpunkten der Intervalle abhängt usw. (Dies ist normalerweise eine gute Näherung, da die meisten »vernünftigen« Funktionen kleine Ableitungen höherer Ordnung haben, obwohl das nicht immer zutrifft.) Wenn wir zum Beispiel die Punkte so wählen, daß $w = 0{,}01$ gilt (was im obigen Beispiel der Wahl von $N = 100$ entsprechen würde), so sagt diese Formel aus, daß das bei Anwendung der obigen Prozedur berechnete Integral auf ungefähr sechs Dezimalstellen genau sein dürfte.

Ein anderer Weg, das Integral zu approximieren, besteht in der Zerlegung der Fläche unter der Kurve in Trapeze, wie dies in Abbildung 39.3 schematisch dargestellt ist. Wir erinnern daran, daß die Fläche eines Trapezes gleich der Hälfte des Produkts der Höhe und der Summe der Längen der beiden parallelen Seiten ist. Die Trapezmethode führt zu der Quadraturformel

$$t = \sum_{1 \le i \le N} (x_{i+1} - x_i)\,\frac{f(x_i) + f(x_{i+1})}{2}\,.$$

Die folgende Prozedur ist eine Implementation der Trapezmethode für den für gewöhnlich vorliegenden Fall, daß alle Intervalle die gleiche Länge haben:

```
double inttrap(double a, double b, int N)
  {
    int i; double t = 0; double w = (b-a)/N;
    for (i = 1; i <= N; i++)
      t += w*(f(a+(i-1)*w)+f(a+i*w))/2;
    return t;
  }
```

Der Fehler dieses Verfahrens kann in ähnlicher Weise hergeleitet werden wie für die Rechteckmethode. Es zeigt sich, daß

$$\int_a^b f(x)\,dx = t - 2w^3 e_3 - 4w^5 e_5 + \ldots$$

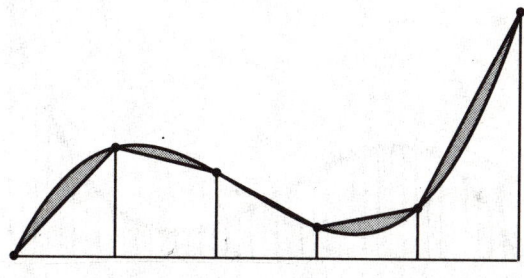

Abbildung 39.3 Trapezregel.

gilt. Folglich ist die Rechteckmethode doppelt so genau wie die Trapezmethode. Dies bestätigt sich auch an unserem Beispiel; mit der Trapezmethode erhalten wir die folgenden Näherungen für $\int_1^2 \; dx/x$:

$$
\begin{array}{rl}
10 & 0.6937714031754 \\
100 & 0.6931534304818 \\
1000 & 0.6931472430599
\end{array}
$$

Es mag zunächst überraschend sein, daß die Rechteckmethode genauer als die Trapezmethode ist. Man muß jedoch berücksichtigen, daß die Rechtecke die Tendenz aufweisen, teils unterhalb und teils oberhalb der Kurve zu liegen (so daß ein Ausgleich des Fehlers innerhalb eines Intervalls möglich ist), während bei den Trapezen die Tendenz besteht, daß ihre obere Seite entweder vollständig unter oder vollständig über der Kurve liegt. Abbildung 39.4 zeigt die Trapezmethode mit einer kleineren Intervallänge; dem Anschein nach erfolgt eine exakte Anpassung an die Kurve, doch Abbildung 39.2 ergibt in Wirklichkeit eine bessere Schätzung für die Fläche unter der Kurve.

Ein weiteres durchaus sinnvolles Verfahren ist die *Quadratur* mit Hilfe von *Splines*: Unter Benutzung der im vorangegangenen Kapitel betrachteten Verfahren wird eine Interpolation mit Hilfe von Splines durchgeführt, und danach wird das Integral durch schrittweise Anwendung der oben beschriebenen einfachen Methode der symbolischen Integration von Polynomen berechnet. Wie wir weiter unten sehen werden, steht diese Methode in Wirklichkeit in enger Beziehung zur Rechteckregel und zur Trapezregel.

Zusammengesetzte Verfahren

Die Betrachtung der oben für den Fehler der Rechteckmethode und der Trapezmethode angegebenen Formeln führt zu einem einfachen Verfahren, das sich als wesentlich genauer erweist und als *Simpson-Methode* bezeichnet wird. Die Grundidee besteht darin, durch eine Kombination der beiden Methoden das erste Glied im Ausdruck für den Fehler zu beseitigen. Wenn man die Formel für die Rechteckmethode mit zwei

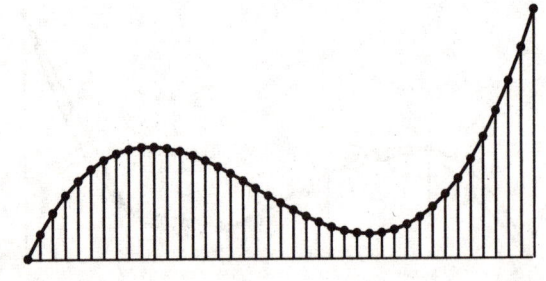

Abbildung 39.4 *Trapezregel bei einer kleineren Intervallänge.*

multipliziert, die Formel für die Trapezmethode hinzuaddiert und anschließend durch drei dividiert, ergibt sich die Gleichung

$$\int_a^b f(x)\,dx = (2r + t - 2w^5 e_5 + \ldots)/3$$

Das Glied mit w^3 ist verschwunden, so daß diese Formel besagt, daß wir ein bis auf einen Fehler von der Ordnung w^5 genaues Verfahren erhalten können, indem wir die Quadraturformeln in der gleichen Weise kombinieren:

$$s = \sum_{1 \le i \le N} \frac{x_{i+1} - x_i}{6} \left(f(x_i) + 4f\left(\frac{x_i + x_{i+1}}{2}\right) + f(x_{i+1}) \right).$$

Wenn für die Simpson-Regel eine Intervallänge von 0,01 benutzt wird, kann das Integral bis auf etwa zehn Dezimalstellen genau berechnet werden. Auch dies wird in unserem Beispiel sichtbar. Die Implementation der Simpson-Methode ist nur wenig komplizierter als die anderen (wir betrachten wieder den Fall, daß die Intervalle die gleiche Länge haben):

```
double intsimp(double a, double b, int N)
  {
    int i; double s = 0; double w = (b-a)/N;
    for (i = 1; i <= N; i++)
      s += w*(f(a+(i-1)*w) +
              4*f(a-w/2+i*w) +
              f(a+i*w))/6;
    return s;
  }
```

Dieses Programm erfordert drei Berechnungen von Funktionswerten (anstelle von zwei) in der inneren Schleife, doch es liefert bedeutend genauere Ergebnisse als die vorangegangenen beiden Methoden:

$$
\begin{array}{rl}
10 & 0.6931473746651 \\
100 & 0.6931471805795 \\
1000 & 0.6931471805599
\end{array}
$$

Es sind kompliziertere Quadraturmethoden entwickelt worden, deren erhöhte Genauigkeit durch Kombination einfacherer Methoden mit ähnlichen Fehlern erzielt wird. Die bekannteste von ihnen ist die *Romberg-Integration*, die zwei verschiedene Mengen von Teilintervallen für ihre beiden »Methoden« benutzt.

Es erweist sich, daß die Simpson-Methode exakt Interpolation der Daten mit Hilfe einer stückweise quadratischen Funktion und anschließenden Integration entspricht. Es ist interessant festzustellen, daß alle vier von uns betrachteten Methoden als Methoden der stückweisen Interpolation aufgefaßt werden können: Die Rechteckregel entspricht der Interpolation mittels einer Konstanten (Polynom vom Grad null), die Trapezregel der Interpolation mittels einer Geraden (Polynom vom Grad eins), die Simpson-Regel der Interpolation durch ein quadratisches Polynom und die Quadratur mit Hilfe von Splines der Interpolation durch ein kubisches Polynom.

Adaptive Quadratur

Ein größerer Mangel der bisher betrachteten Methoden besteht darin, daß die entstehenden Fehler nicht nur von der verwendeten Länge der Teilintervalle abhängen, sondern auch vom Wert der Ableitungen höherer Ordnung der zu integrierenden Funktion. Das hat zur Folge, daß diese Verfahren für gewisse Funktionen (solche mit großen Ableitungen höherer Ordnung) ganz und gar nicht geeignet sind. Doch wenige Funktionen haben überall große Ableitungen höherer Ordnung. Es ist sinnvoll, kleine Intervalle zu benutzen, wenn die Ableitungen groß sind, und große Intervalle, wenn die Ableitungen klein sind. Ein Verfahren, welches dies auf eine systematische Weise realisiert, wird ein Verfahren der *adaptiven Quadratur* genannt.

Der allgemeine Ansatz bei einer adaptiven Quadratur besteht darin, für jedes Teilintervall zwei verschiedene Quadraturmethoden anzuwenden, die Ergebnisse zu vergleichen und das Intervall weiter zu unterteilen, wenn die Differenz zu groß ist. Natürlich ist dabei eine gewisse Sorgfalt erforderlich, da bei Verwendung von zwei gleichermaßen ungeeigneten Methoden diese recht gut übereinstimmende, doch schlechte Ergebnisse liefern könnten. Dies kann vermieden werden, indem man sicherstellt, daß die eine Methode das Ergebnis stets unterschätzt, die andere hingegen es stets überschätzt. Eine andere Möglichkeit ist, dafür Sorge zu tragen, daß die eine Methode genauer ist als die andere. Ein Verfahren dieses letzteren Typs wird nachfolgend beschrieben.

Die rekursive Unterteilung des Intervalls ist mit einem beträchtlichen zusätzlichen Aufwand verbunden, so daß es sich lohnt, wie in der folgenden Implementation, ein gutes Verfahren für die Schätzung der Integrale zu benutzen:

```
double adapt(double a, double b)
  {
    double x = intsimp(a, b, 10);
    if (fabs(x - intsimp(a, b, 5)) > tolerance)
      return adapt(a, (a+b)/2) + adapt((a+b)/2, b);
    return x;
  }
```

Beide Näherungen für das Integral werden von der Simpson-Methode abgeleitet, wobei für die eine jedoch doppelt so viele Teilintervalle wie für die andere benutzt werden. Im wesentlichen bedeutet das, daß die Genauigkeit der Simpson-Methode für das betreffende Intervall geprüft wird und, wenn sie nicht ausreichend ist, weiter unterteilt wird.

Im Unterschied zu unseren anderen Methoden, bei denen wir entscheiden, wieviel Aufwand wir treiben wollen, und dann die Ergebnisse unabhängig von ihrer Genauigkeit akzeptieren, treiben wir bei einer adaptiven Quadratur so viel Aufwand, wie erforderlich ist, um die im voraus festgelegte Genauigkeit zu erreichen. Das bedeutet, daß die Variable `tolerance` sorgfältig gewählt werden muß, damit im Programm nicht unendlich oft die Schleife durchlaufen wird, um eine unerreichbar hohe Genauigkeit zu erzielen. Die Anzahl der erforderlichen Schritte hängt sehr stark von der Art der zu integrierenden Funktion ab. Eine Funktion, die heftige Schwankungen aufweist, erfordert eine große Anzahl von Schritten, doch eine solche Funktion würde auch bei den Methoden mit »festen Intervallängen« zu einem sehr ungenauen Ergebnis führen. Abbildung 39.5 zeigt die Punkte, die berechnet werden, wenn eine adaptive Quadratur (beruhend auf der Trapezregel) auf die Funktion in den Abbildungen 39.1 - 39.4 angewandt wird. Wir bemerken, daß die Intervalle dort größer sind, wo die Funktion gerade und glatt verläuft, und kleiner, wo die Funktion stärker gekrümmt ist.

Eine glatte Funktion wie die in unserem Beispiel kann mit einer vertretbaren Anzahl von Schritten verarbeitet werden. In der nachfolgenden Tabelle sind für verschiedene Werte von `tolerance` der berechnete Wert des Integrals und die Anzahl der für das obige Programm zur Berechnung von $\int_1^2 dx/x$ benötigten rekursiven Aufrufe angegeben:

0,00001000000	0,6931473746651	1
0,00000010000	0,6931471829695	5
0,00000000100	0,6931471806413	13
0,00000000001	0,6931471805623	33

Das obige Programm kann auf verschiedene Arten verbessert werden. Erstens können die Funktionswerte für den Aufruf `intsimp(a,b,10)` von `intsimp(a,b,5)` mit genutzt werden. Zweitens kann die Schranke für die Toleranz besser zur Genauigkeit des Ergebnisses in Beziehung gesetzt werden, wenn `tolerance` über das Verhältnis der Länge des aktuellen Intervalls zur Länge des Gesamtintervalls ausgedrückt wird. Weiterhin kann offensichtlich ein besseres Programm entwickelt werden, indem eine bessere Quadraturformel als die Simpson-Regel benutzt wird (wobei es jedoch ein grundlegendes Gesetz der Rekursion ist, daß eine andere *adaptive* Routine keine gute Idee wäre). Ein kompliziertes Programm der adaptiven Quadratur kann für Proble-

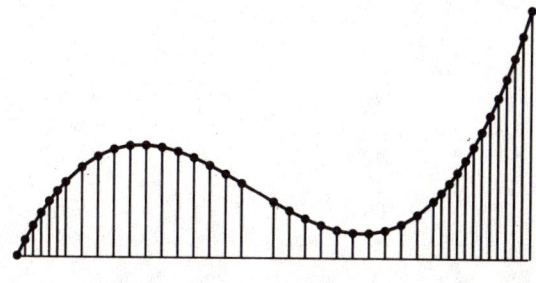

Abbildung 39.5 Adaptive Quadratur.

me, die auf andere Weise nicht bearbeitet werden können, sehr genaue Ergebnisse liefern. Dabei ist jedoch den Typen der verarbeiteten Funktionen größte Aufmerksamkeit zu widmen.

Das Schema »Teile und Herrsche« für die Entwicklung von Algorithmen ist somit auch für numerische Programme von Nutzen. Tatsächlich haben adaptive Verfahren dieser Art eine große Bedeutung als Lösungsmethoden für schwierigere numerische Probleme, wie die Integration in höheren Dimensionen und die numerische Lösung von Differentialgleichungen.

Übungen

1. Erstellen Sie ein Programm für die symbolische Integration (und Differentiation) von Polynomen in x und $\ln x$. Verwenden Sie eine rekursive Implementation, die auf der partiellen Integration beruht.

2. Welche Quadraturmethode dürfte die beste Lösung für die Integration der folgenden Funktionen liefern: $f(x) = 5x$, $f(x) = (3 - x)(4 + x)$, $f(x) = \sin(x)$?

3. Geben Sie das Ergebnis aller vier elementaren Quadraturmethoden (Rechteck-, Trapez-, Simpson-, Spline-Methode) bei der Integration von $y = 1/x$ im Intervall $[0,1; 10]$ an.

4. Lösen Sie die vorangegangene Aufgabe für die Funktion $y = \sin x$.

5. Erläutern Sie, was geschieht, wenn eine adaptive Quadratur angewandt wird, um die Funktion $y = 1/x$ im Intervall $[-1, 2]$ zu integrieren.

6. Beantworten Sie die gleiche Frage für die elementaren Quadraturmethoden.

7. Geben Sie die Punkte an, in denen die Funktionswerte berechnet werden, wenn eine adaptive Quadratur angewandt wird, um die Funktion $y = 1/x$ im Intervall $[0,1; 10]$ mit einer Toleranz von 0,1 zu integrieren.

8. Vergleichen Sie die Genauigkeit einer auf der Simpson-Methode beruhenden adaptiven Quadratur mit einer auf der Rechteckmethode beruhenden Quadratur für das in der vorangegangenen Aufgabe angegebene Integral.

9. Beantworten Sie die gleiche Frage für die Funktion $y = \sin x$.

10. Geben Sie ein konkretes Beispiel einer Funktion an, für die eine adaptive Quadratur ein erheblich genaueres Ergebnis liefern würde als die anderen Methoden.

Literatur für Mathematische Algorithmen

Ein großer Teil der Themen dieses Abschnitts gehört zum Gebiet der numerischen Analysis, für das mehrere ausgezeichnete Lehrbücher existieren, darunter das Buch von Conte und de Boor. Ein Buch, in dem Fragen der numerischen Berechnung besondere Aufmerksamkeit geschenkt wird, ist das Buch von Forsythe, Malcomb und Moler von 1977. Insbesondere beruht ein großer Teil des hier in den Kapiteln 37, 38 und 39 betrachteten Materials auf der in dem genannten Buch enthaltenen Darstellung. Das Buch von Press u. a. ist ebenfalls ein Handbuch nützlicher numerischer Methoden, die durch Implementationen vervollständigt werden.

Die andere wichtige Referenz für diesen Abschnitt ist der zweite Band der umfassenden Abhandlung *The Art of Computer Programming* von D. E. Knuth. Knuth benutzt den Begriff »seminumerisch« zur Beschreibung von Algorithmen, die im Grenzbereich zwischen numerischer und symbolischer Berechnung liegen, wie etwa die Erzeugung von Zufallszahlen und Rechenoperationen mit Polynomen. Neben vielen anderen Themen werden im Band 2 von Knuth in den Kapiteln 1, 3 und 4 die hier dargelegten Fragen sehr gründlich behandelt.

Das Buch von Borodin und Munro von 1975 ist eine zusätzliche Referenz für das Verfahren der Matrizenmultiplikation von Strassen, das auch eine allgemeine Darlegung arithmetischer Algorithmen von einem Standpunkt der Berechnungskomplexität aus enthält.

Viele der von uns betrachteten Algorithmen (und viele andere, vor allem symbolische Methoden wie die in Kapitel 39 erwähnten) wurden in einem Computersystem mit der Bezeichnung Mathematica realisiert, dem bekanntesten von mehreren Systemen für das »Rechnen mit Symbolen«, die in den letzten Jahren entwickelt wurden. Systeme wie Mathematica sind für Mathematiker in einer Vielzahl von Anwendungsgebieten unentbehrlich geworden.

A. Borodin und I. Munro, *The Computational Complexity of Algebraic and Numerical Problems*, American Elsevier, New York, 1975.

S. Conte und C. de Boor, *Elementary Numerical Analysis*, McGraw-Hill, New York, 1980.

G. E. Forsythe, M. A. Malcomb und C. B. Moler, *Computer Methods for Mathematical Computations*, Prentice-Hall, Englewood Cliffs, NJ, 1977.

D. E. Knuth, *The Art of Computer Programming. Volume 2: Seminumerical Algorithms*, Addison-Wesley, Reading, MA (zweite Auflage), 1981.

W. H. Press, B. P. Flannery, S. A. Teukolsky und W. T. Vetterling, *Numerical Recipes: The Art of Scientific Computing*, Cambridge University Press, 1986.

S. Wolfram, *Mathematica: A System for Doing Mathematics by Computer*, Addison-Wesley, Reading, MA, 1988.

Weiterführende Themen

Kapitel 40

Parallele Algorithmen

Die Algorithmen, die wir untersucht haben, sind hinsichtlich ihrer Anwendbarkeit meist bemerkenswert robust. Die meisten betrachteten Verfahren sind bereits zehn oder mehr Jahre alt und haben viele sehr radikale Veränderungen auf dem Gebiet der Computer-Hardware und -Software überlebt. Neuentwicklungen im Bereich der Hardware und neue Möglichkeiten der Software können sicher auf spezielle Algorithmen einen wesentlichen Einfluß haben, doch gute Algorithmen auf alten Maschinen erweisen sich in den meisten Fällen als gute Algorithmen auf neuen Maschinen.

Ein Grund dafür ist, daß sich der grundlegende Aufbau »herkömmlicher« Computer im Laufe der Jahre nur wenig verändert hat. Der Aufbau der großen Mehrheit der Computersysteme beruht auf dem gleichen Grundprinzip, das in den frühen Tagen der modernen Computertechnik von dem Mathematiker John von Neumann entwickelt wurde. Wenn wir von dem *von Neumann-Rechner* sprechen, meinen wir ein Schema der Berechnung, bei dem Anweisungen und Daten im gleichen Speicher abgelegt werden und ein einziger Prozessor Anweisungen aus dem Speicher entnimmt und eine nach der anderen ausführt (vielleicht indem er Operationen mit den Daten ausführt). Es wurden ausgeklügelte Mechanismen entwickelt, um Computer billiger, schneller, kleiner (physikalisch) und größer (logisch) zu machen, doch die Architektur der meisten Computersysteme kann als Variation des von Neumannschen Themas betrachtet werden.

Vor kurzer Zeit haben jedoch radikale Veränderungen bei den Kosten der Computerbauteile dazu geführt, daß es erstmals praktisch möglich wurde, völlig andere Maschinentypen zu betrachten, solche, bei denen zu jedem Zeitpunkt eine große Anzahl von Anweisungen ausgeführt wird, oder bei denen die Anweisungen »fest verdrahtet« sind. Dadurch werden für spezielle Zwecke bestimmte Maschinen befähigt, nur ein bestimmtes Problem zu lösen, oder eine große Anzahl kleinerer Maschinen kann bei der Lösung des gleichen Problems zusammenwirken. Kurz gesagt, anstatt eine Maschine zu jedem Zeitpunkt nur eine Anweisung ausführen zu lassen, können wir die Möglichkeit ins Auge fassen, eine große Zahl von Operationen gleichzeitig zu realisieren. Im vorliegenden Kapitel wollen wir die potentiellen Auswirkungen dieser Ideen auf einige der von uns untersuchten Probleme und Algorithmen darlegen.

Insbesondere betrachten wir zwei Ansätze für die Architektur von Maschinen, die die Entwicklung von parallelen Algorithmen ermöglichen: Das *perfekte Mischen* (perfect shuffle) und das *systolische Feld* (systolic array).

Allgemeine Ansätze

Einige grundlegende Algorithmen werden so häufig und für derart umfangreiche Probleme angewandt, daß ein ständiger Bedarf vorhanden ist, sie auf immer größeren und schnelleren Computern zu realisieren. Ein Ergebnis davon war eine Reihe von »Supercomputern«, in denen die neuesten Technologien verwirklicht sind; trotz einiger Zugeständnisse an die grundlegende Konzeption von von Neumann sind sie als Allzweck-Computer konstruiert und für alle Programme von Nutzen. Die übliche Vorgehensweise bei der Anwendung einer solchen Maschine für die von uns betrachtete Problemarten besteht darin, mit den Algorithmen zu beginnen, die im Falle herkömmlicher Maschinen am besten geeignet sind, und sie an die speziellen Merkmale der neuen Maschine anzupassen. Diese Herangehensweise begünstigt natürlich den Fortbestand alter Algorithmen und alter Strukturen auf neuen Maschinen.

In jüngster Zeit sind Mikroprozessoren mit beachtlicher Rechenleistung sehr preiswert geworden. Ein sich offensichtlich anbietender Ansatz besteht in dem Versuch, eine große Anzahl dieser Prozessoren zusammen einzusetzen, um ein größeres Problem zu lösen. Manche Algorithmen lassen sich gut an eine derartige »Verteilung« anpassen; andere sind für eine derartige Implementation einfach nicht geeignet.

Die Entwicklung von preiswerten, relativ leistungsfähigen Prozessoren führte auch zur Schaffung von universellen Werkzeugen für die Anwendung bei der Entwicklung und Herstellung neuer Prozessoren. Dies wiederum führte zu einer erhöhen Aktivität auf dem Gebiet der Entwicklung von spezialisierten Maschinen für spezielle Probleme. Falls für die Realisierung eines bestimmten wichtigen Algorithmus keine Maschine besonders gut geeignet ist, so können wir speziell dafür eine entwickeln und herstellen! Für viele Probleme können geeignete Maschinen konstruiert und gebaut werden, die sich auf einem VLSI-Chip unterbringen lassen.

Ein gemeinsames Merkmal all dieser Ansätze ist *Parallelität*: Wir versuchen, Zeit einzusparen, indem wir zu jedem Zeitpunkt möglichst viele verschiedene Dinge gleichzeitig geschehen lassen. Dies kann zu einem Chaos führen, wenn es nicht in einer geordneten Weise erfolgt. Im folgenden betrachten wir zwei Beispiele, die bestimmte Verfahren zur Erzielung eines hohen Grades an Parallelität für gewisse Problemklassen illustrieren. Die Grundidee besteht in der Annahme, daß wir nicht nur über einen, sondern über M Prozessoren verfügen, auf denen unser Programm abgearbeitet werden kann. Daher können wir, bei Erfolg, hoffen, daß wir unser Programm M mal so schnell wie zuvor abarbeiten lassen können.

Wenn wir erreichen wollen, daß M Prozessoren bei der Lösung ein und derselben Aufgabe zusammenarbeiten, treten sofort mehrere Probleme auf. Das wichtigste ist, daß sie in irgendeiner Weise in Kommunikation treten müssen: Es müssen Leitungen vorhanden sein, die sie miteinander verbinden, und spezielle Mechanismen, um über diese Leitungen Daten in beiden Richtungen zu übertragen. Weiterhin existieren physikalische Beschränkungen hinsichtlich der zulässigen Zusammenschaltungen. Nehmen wir zum Beispiel an, daß unsere »Prozessoren« einzelne Chips sind (diese können heute mehr Schaltkreise enthalten als kleine Computer der Vergangenheit), die beispielsweise 32 Pins für Verbindungen besitzen. Selbst wenn wir 1000 solcher Prozessoren hätten, könnten wir dann jeden nur mit höchstens 32 anderen verbinden. Die Entscheidung über die Zusammenschaltung der Prozessoren ist bei paralleler Verarbeitung von grundlegender Bedeutung. Darüber hinaus ist es wichtig zu berücksichtigen, daß diese Entscheidung im voraus getroffen werden muß: Ein Programm kann die Art und Weise, wie es seine Aufgabe ausführt, in Abhängigkeit von der speziellen Instanz des zu lösenden Problems verändern, doch eine Maschine kann im allgemeinen nicht die Art und Weise ändern, in der ihre Komponenten miteinander verdrahtet sind.

Dieses allgemeine Schema der parallelen Verarbeitung, das auf unabhängigen Prozessoren mit einer festen Zusammenschaltung beruht, gilt für jeden der drei oben beschriebenen Bereiche: Ein Supercomputer besitzt sehr spezielle Prozessoren und Verbindungsschemata, die integraler Bestandteil seiner Architektur sind (und viele Aspekte seines Verhaltens beeinflussen); zusammengeschaltete Mikroprozessoren entsprechen einer relativ kleinen Anzahl leistungsfähiger Prozessoren mit einfachen Verbindungen zwischen ihnen; Schaltungen mit sehr hohem Integrationsgrad (VLSI) selbst umfassen eine sehr große Zahl einfacher Prozessoren (Schaltelemente) mit komplizierten Verbindungen.

Seit von Neumann sind viele andere Aspekte der parallelen Verarbeitung gründlich untersucht worden, wobei das Interesse erneut zunimmt, seit preiswerte Prozessoren zur Verfügung stehen. Es würde mit Sicherheit über den Rahmen dieses Buches hinausgehen, wenn man alle damit zusammenhängenden Fragen behandeln wollte. Stattdessen wollen wir zwei spezielle Maschinen betrachten, die für einige vertraute Probleme entwickelt wurden. Die Maschinen, die wir untersuchen, veranschaulichen den Einfluß der Maschinenarchitektur auf die Entwicklung der Algorithmen und umgekehrt. Hier liegt eine gewisse Symbiose vor: Sicher würde man keinen neuen Computer konstruieren, ohne eine Vorstellung davon zu haben, wofür er benutzt werden soll, und für die Realisierung der wichtigsten grundlegenden Algorithmen möchte man die besten verfügbaren Computer einsetzen.

Perfektes Mischen

Um einige der Fragen zu illustrieren, die auftreten, wenn Algorithmen in Form von Maschinen anstatt von Programmen implementiert werden, betrachten wir ein interessantes Verfahren für das Mischen, das für eine Hardware-Implementation geeignet ist. Wie wir sehen werden, kann das gleiche allgemeine Verfahren zu einem Entwurf für eine »algorithmische Maschine« weiterentwickelt werden, welche ein grundlegendes Zusammenschaltungsschema enthält, um die parallele Funktion von M Prozessoren bei der Lösung verschiedener Probleme — zusätzlich zum Mischen — zu gewährleisten.

Wie bereits erwähnt, besteht ein prinzipieller Unterschied zwischen der Erstellung eines Programms zur Lösung eines Problems und dem Entwurf einer Maschine darin, daß ein Programm sein Verhalten an die spezielle Instanz des zu lösenden Problems *anpassen* kann, während die Maschine im voraus »verdrahtet« werden muß, um dann immer die gleiche Folge von Operationen auszuführen. Um diesen Unterschied zu verdeutlichen, betrachten wir das erste von uns untersuchte Programm zum Sortieren, `sort3` aus Kapitel 8. Unabhängig von den drei als Eingabedaten dienenden Zahlen führt das Programm stets die gleiche Folge von drei grundlegenden Operationen »Vergleichen-Vertauschen« aus. Keiner der anderen von uns betrachteten Sortieralgorithmen hat diese Eigenschaft. Alle diese Algorithmen führen vielmehr eine Folge von Vergleichen aus, die vom Ergebnis vorangegangener Vergleiche abhängt und daher bei einer Hardware-Implementation zu ernsten Problemen führen würde.

Wenn wir insbesondere eine Hardware-Komponente mit zwei Leitungen für die Eingabe und zwei Leitungen für die Ausgabe haben, die die beiden Zahlen am Eingang vergleichen und sie wenn notwendig für die Ausgabe vertauschen kann, so können wir drei dieser Elemente so miteinander verdrahten, wie es Abbildung 40.1 zeigt. Dadurch entsteht eine Sortiermaschine mit drei Eingängen (in der Abbildung oben) und drei Ausgängen (unten). Hierbei vertauscht der erste Kasten C und B, dann vertauscht der zweite Kasten B und A, und schließlich vertauscht der dritte Kasten C und B und erzeugt damit das sortierte Ergebnis. Die Maschine sortiert jede beliebige Permutation der Eingabedaten (genau wie `sort3`).

Natürlich müssen viele Einzelheiten ausgearbeitet werden, bevor eine reale, auf diesem Schema beruhende Sortiermaschine hergestellt werden kann. Zum Beispiel wurde das Verfahren der Kodierung der Eingabedaten noch nicht angegeben. Eine

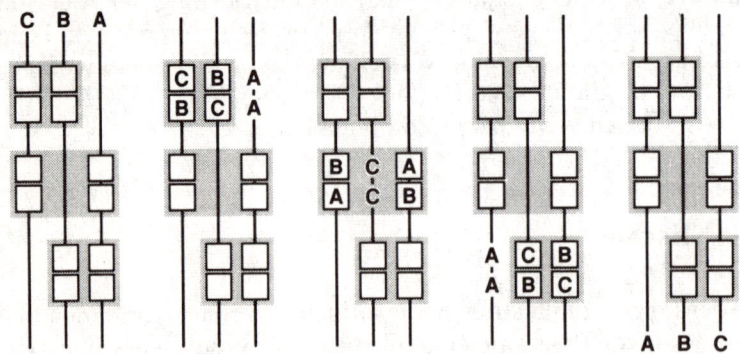

Abbildung 40.1 *Eine Maschine, die drei Elemente sortiert.*

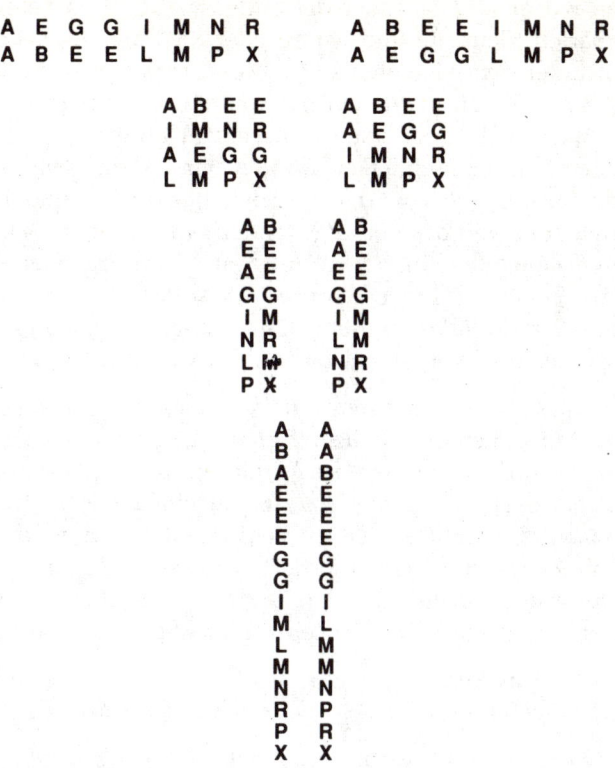

Abbildung 40.2 *Mischen durch Aufspalten und Schichten.*

Möglichkeit wäre, sich jede Leitung in dem obigen Schema als einen »Bus« vorzustellen, der genügend viele Leitungen enthält, um die Daten mit einem Bit pro Leitung zu übertragen; ein anderer Weg wäre, daß man die Sortier-Elemente ihre Eingabedaten bitweise über eine einzige Leitung einlesen läßt (z.B. das Bit mit dem größten Stellenwert zuerst). Gleichfalls noch unberücksichtigt ist die zeitliche Abstimmung: Es müssen Mechanismen vorgesehen werden, die gewährleisten, daß kein Element seine Operation ausführt, bevor seine Eingabedaten bereitgestellt wurden. Natürlich ist es uns nicht möglich, auf diese Aspekte des Schaltungsentwurfs noch ausführlicher einzugehen; stattdessen konzentrieren wir uns auf die auf einer höheren Ebene angesiedelten Fragen, die die Zusammenschaltung einfacher Prozessoren von der Art der Sortier-Elemente zum Zwecke der Lösung umfangreicherer Probleme betreffen.

Zu Beginn betrachten wir einen Algorithmus für das Mischen von zwei sortierten Dateien unter Benutzung einer Folge von Operationen des »Vergleichens-Vertauschens«, die von den zu mischenden Zahlen unabhängig und somit für eine Hardware-Implementation geeignet ist. Abbildung 40.2 zeigt den Ablauf dieses Verfahrens für zwei aus acht Schlüsseln bestehende sortierte Dateien, die zu einer sortierten Datei zusammengemischt werden.

Zuerst schreiben wir eine Datei unter der anderen auf, dann vergleichen wir die vertikal benachbarten Elemente und vertauschen sie, falls notwendig, so daß das größere Element unter dem kleineren steht. Danach spalten wir jede Zeile in zwei Hälften auf und schichten die Hälften übereinander (in der Reihenfolge: erste Hälfte der ersten Zeile, zweite Hälfte der ersten Zeile, erste Hälfte der zweiten Zeile, zweite Hälfte der zweiten Zeile); anschließend führen wir die gleichen Operationen des Vergleichens und Austauschens mit den Zahlen in der zweiten und dritten Zeile aus. (Beachten Sie, daß aufgrund des vorhergehenden Sortiervorgangs keine Vergleiche zwischen anderen Zeilenkombinationen nötig sind.) Im Ergebnis sind sowohl die Zeilen als auch die Spalten der Tabelle sortiert. Diese Tatsache ist eine grundlegende Eigenschaft dieses Verfahrens; der Leser sollte nachprüfen, daß dies zutrifft, obwohl ein strenger Beweis eine schwierigere Übung als erwartet ist.

Es zeigt sich, daß diese Eigenschaft stets erhalten bleibt, wenn die gleiche Operation angewandt wird: Aufspalten jeder Zeile in Hälften, Übereinanderschichten der Hälften und Ausführen von Operationen des Vergleichens und Austauschens für nunmehr vertikal benachbarte Elemente, die aus verschiedenen Zeilen stammen. Bei jedem Schritt wird die Anzahl der Zeilen verdoppelt und die Anzahl der Spalten halbiert, wobei die Zeilen und Spalten sortiert bleiben. Am Anfang liegen 16 Spalten und eine Zeile vor, dann 8 Spalten und 2 Zeilen, dann 4 Spalten und 4 Zeilen, dann 2 Spalten und 8 Zeilen und am Schluß 16 Zeilen und 1 Spalte, die sortiert ist.

Eigenschaft 40.1 *Das Mischen von zwei aus N Elementen bestehenden sortierten Dateien kann in ungefähr* $\lg N$ *parallelen Schritten vorgenommen werden.*

Falls $N = 2^n$ gilt, werden für das soeben beschriebene Verfahren offensichtlich genau n Schritte benötigt, von denen jeder weniger als $N/2$ unabhängige Vergleiche erfordert. Um zu beweisen, daß mit diesem Verfahren ein Sortieren realisiert wird, genügt es zu zeigen, daß die Spalten sortiert bleiben; dies wird dem Leser, wie oben erwähnt, als Übung überlassen. Dateien anderer Größe lassen sich behandeln, indem man ganz einfach Pseudo-Schlüssel hinzufügt. ∎

Die grundlegende Operation in der obigen Beschreibung »spalte jede Zeile in Hälften auf, und schichte die Hälften übereinander« läßt sich auf dem Papier leicht veranschaulichen, doch wie kann man sie in eine Anweisung für eine Maschine übertragen? Auf diese Frage existiert eine überraschende und elegante Antwort, die sich unmittelbar ergibt, wenn man die Tabellen auf andere Weise schreibt. Anstatt sie in einer zweidimensionalen Form anzuordnen, wollen wir sie als einfache (eindimensionale) Liste von Zahlen schreiben, die in einer Reihenfolge mit *Spaltenmajorität* organisiert ist: Zuerst werden die Elemente aus der ersten Spalte genommen, dann die aus der zweiten Spalte usw. Da Operationen des Vergleichens und Austauschens nur zwischen vertikal benachbarten Elementen erfolgen, bedeutet das, daß in jeder Phase eine Gruppe von Kästen des Vergleichens und Austauschens vorliegt, die miteinander entsprechend der Operation »Aufspalten und Übereinanderschichten« verdrahtet sind, die erforderlich ist, um die Elemente in den Kästen des Vergleichens und Austauschens zusammenzubringen.

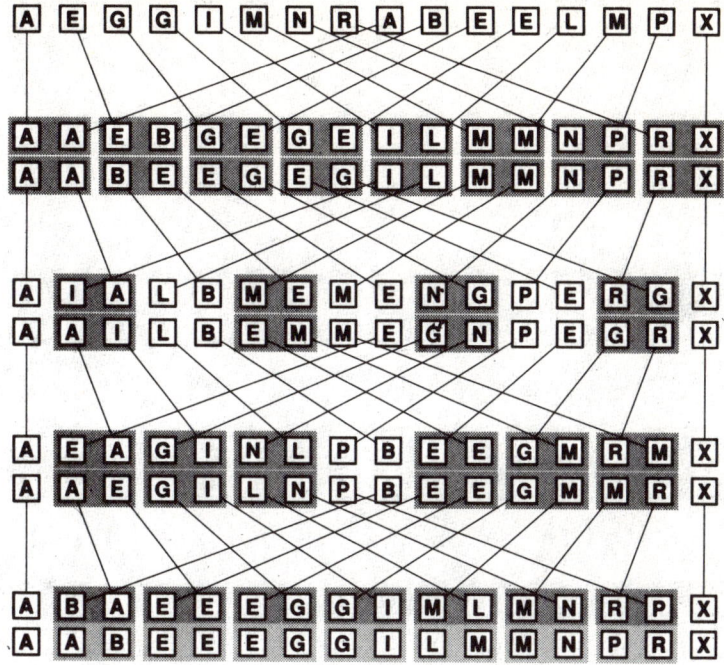

Abbildung 40.3 *Odd-even Merging mit perfektem Mischen.*

Dies führt zu Abbildung 40.3, die exakt der obigen, unter Benutzung von Tabellen gegebenen Beschreibung entspricht, nur daß die Tabellen alle in einer Reihenfolge mit Spaltenmajorität angeordnet sind (einschließlich einer 1×16-Tabelle am Anfang, in der erst die eine Datei und danach die andere erscheint). Der Leser sollte sich auf jeden Fall davon überzeugen, daß dieses Schema den oben angegebenen Tabellen entspricht. Die Kästen des Vergleichens und Austauschens sind explizit dargestellt, und die Linien zeigen, wie sich die Elemente bei der Operation des »Aufspaltens und Schichtens« bewegen; überraschend ist, daß bei dieser Darstellung jede Operation »Aufspalten und Schichten« zu genau dem gleichen Muster der Verbindungen führt. Dieses Muster wird *perfektes Mischen* (perfect shuffle) genannt, da die Leitungen genau in der gleichen Weise angeordnet sind, wie Karten aus den beiden Hälften bei einem idealen Mischen eines Stoßes Karten »geschichtet« werden.

Dieses Verfahren wurde von K. E. Batcher, der es 1968 entwickelte, *Odd-even Merge* (ungerades-gerades Mischen) genannt. Das wesentliche Merkmal des Verfahrens besteht darin, daß alle Operationen des Vergleichens und Austauschens auf jeder Stufe parallel ausgeführt werden können. Wie Eigenschaft 40.1 besagt, ist das wesentlich, da daraus klar hervorgeht, daß zwei aus N Elementen bestehende Dateien in log N parallelen Schritten gemischt werden können (die Anzahl der Zeilen der Tabelle wird bei jedem Schritt halbiert), unter Benutzung von weniger als N log N Kästen des Vergleichens und Austauschens. Aufgrund der obigen Beschreibung könnte man

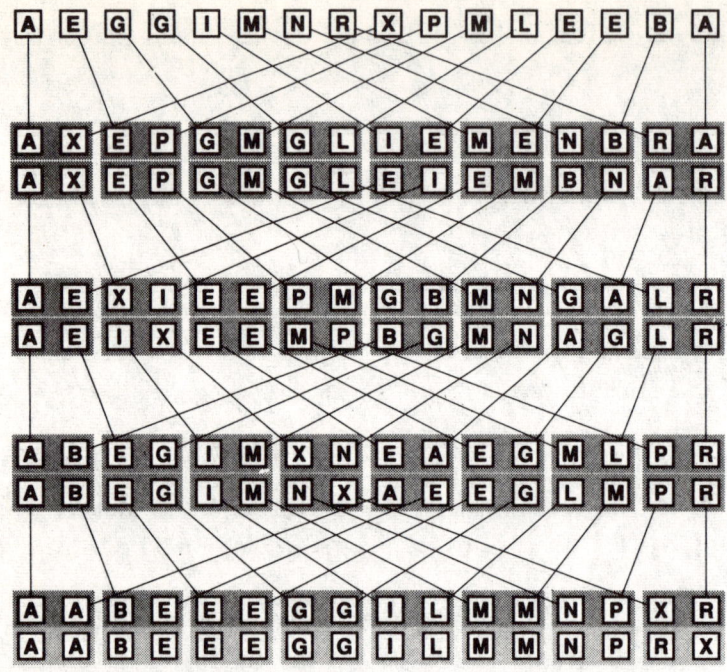

Abbildung 40.4 *Bitonic Merging mit perfektem Mischen.*

meinen, daß dies ein sehr einfaches Ergebnis ist; in Wirklichkeit haben sich die Spezialisten recht lange Zeit vergeblich mit dem Problem befaßt, eine solchen Maschine zu finden.

Batcher entwickelte auch einen mit diesem Verfahren eng verwandten (jedoch schwerer verständlichen) Misch-Algorithmus, dem *Bitonic Merge* (bitonisches Mischen), welches zu der sogar noch einfacheren Maschine führt, die in Abbildung 40.4 dargestellt ist. Dieses Verfahren kann genau wie oben mit Hilfe der Operation »Aufspalten und Schichten« für Tabellen beschrieben werden, mit dem Unterschied, daß wir mit der zweiten Datei in *umgekehrt* sortierter Reihenfolge beginnen und immer Operationen des Vergleichens und Austauschens zwischen vertikal benachbarten Elementen vornehmen, die aus den *gleichen* Zeilen stammen. Auf den Beweis, daß dieses Verfahren zum Ziel führt, wollen wir nicht eingehen; für uns ist es deshalb von Interesse, weil bei ihm die störende Eigenschaft des Odd-even Merge beseitigt wird, daß die Kästen des Vergleichens und Austauschens bei der ersten Stufe gegenüber denen bei den folgenden Stufen um eine Position verschoben sind. Wie in Abbildung 40.4 dargestellt, besitzt jede Stufe des Bitonic Merge genau die gleiche Anzahl von Komparatoren an genau den gleichen Positionen.

Nunmehr liegt nicht nur bei den Verbindungen, sondern auch bei den Positionen der Kästen des Vergleichens und Austauschens Regelmäßigkeit vor. Es gibt mehr Kästen

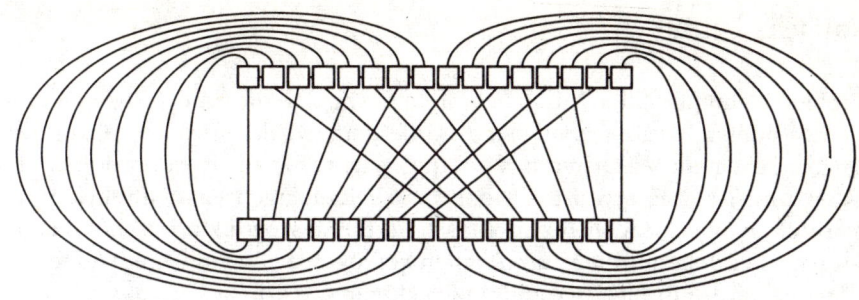

Abbildung 40.5 *Eine Maschine für das perfekte Mischen.*

des Vergleichens und Austauschens als beim Odd-even Merge, doch das ist kein Problem, da die gleiche Anzahl von parallelen Schritten ausgeführt wird. Die Bedeutung dieser Methode besteht darin, daß sie unmittelbar zu einem Weg führt, wie das Mischen unter Verwendung von nur N Kästen des Vergleichens und Austauschens ausgeführt werden kann. Die Idee besteht einfach darin, die Zeilen in der obigen Tabelle zu nur einem Paar von Zeilen zusammenzufassen und auf diese Weise eine zyklisch arbeitende Maschine herzustellen, die so wie in Abbildung 40.5 dargestellt verdrahtet ist. Eine solche Maschine kann log N unserer Misch-»Zyklen« ausführen, einen für jede der Stufen in der Abbildung.

Dabei ist besonders zu beachten, daß dies kein ganz »ideales« paralleles Verhalten ist: Da wir mit einem Prozessor zwei aus N Elementen bestehende Dateien mit einer zu N proportionalen Anzahl von Schritten zusammenmischen können, würden wir hoffen, daß es uns gelingt, bei Verwendung von N Prozessoren das Mischen in einer konstanten Anzahl von Schritten auszuführen. Für diesen Fall ist jedoch bewiesen worden, daß es unmöglich ist, dieses Ideal zu erreichen, und daß die obige Maschine das bestmögliche parallele Verhalten beim Mischen erreicht, wenn Kästen des Vergleichens und Austauschens benutzt werden.

Das Muster der Verbindungen des perfekten Mischens ist für eine Vielzahl weiterer Probleme geeignet. Wenn zum Beispiel eine quadratische Matrix der Dimension $2^n \times 2^n$ in einer Reihenfolge mit Zeilenmajorität abgelegt wird, so bewirken n Operationen des perfekten Mischens das Transponieren der Matrix (ihre Umordnung in eine Reihenfolge mit Spaltenmajorität). Zu weiteren Beispielen gehören die schnelle Fourier-Transformation (die wir im nächsten Kapitel betrachten), das Sortieren (das entwickelt werden kann, indem eine der obigen Methoden rekursiv angewandt wird), die Berechnung von Polynomen und eine Reihe anderer Anwendungen. Jedes dieser Probleme kann gelöst werden, indem eine zyklische Maschine für das perfekte Mischen verwendet wird, die die gleichen Verbindungen wie die oben schematisch dargestellte besitzt, doch andere (etwas kompliziertere) Prozessoren. Einige Forscher schlugen gar vor, das Schema der Verbindungen des perfekten Mischens für »universelle« parallele Computer zu benutzen.

Systolische Felder

Ein Problem beim perfekten Mischen besteht darin, daß die für die Zusammenschaltung verwendeten Leitungen lang sind. Außerdem existieren viele Kreuzungen von Leitungen: Bei einem Mischen mit N Leitungen tritt eine zu N^2 proportionale Anzahl von Kreuzungen auf. Es erweist sich, daß diese beiden Eigenschaften Schwierigkeiten hervorrufen, wenn tatsächlich eine Maschine für das perfekte Mischen hergestellt wird: Lange Leitungen führen zu zeitlichen Verzögerungen, und Kreuzungen bewirken, daß die Verdrahtung teuer und unzweckmäßig wird.

Ein natürlicher Weg zur Vermeidung dieser beiden Probleme ist, dafür zu sorgen, daß Prozessoren nur mit Prozessoren verbunden sind, die physikalisch benachbart sind. Wie oben sollen die Prozessoren synchron arbeiten: Bei jedem Schritt liest jeder Prozessor Eingabedaten von seinen Nachbarn ein, führt eine Berechnung aus und übermittelt Ausgabedaten an seine Nachbarn. Es erweist sich, daß dies nicht unbedingt eine einschränkende Forderung ist, und tatsächlich zeigte H. T. Kung 1978, daß Felder solcher Prozessoren, die er *systolische Felder* (systolic arrays) nannte (da die Art des Datenflusses in ihnen an das Schlagen eines Herzens erinnert), eine sehr effiziente Verwendung der Prozessoren für einige grundlegende Probleme ermöglichen.

Als eine typische Anwendung untersuchen wir die Benutzung systolischer Felder für die Multiplikation einer Matrix mit einem Vektor. Betrachten wir als konkretes Beispiel die Matrizenoperation

$$\begin{pmatrix} 1 & 3 & -4 \\ 1 & 1 & -2 \\ -1 & -2 & 5 \end{pmatrix} \begin{pmatrix} 1 \\ 5 \\ 2 \end{pmatrix} = \begin{pmatrix} 8 \\ 2 \\ -1 \end{pmatrix}.$$

Diese Berechnung soll mittels einer aus einfachen Prozessoren bestehenden Zeile ausgeführt werden, von denen jeder drei Leitungen für die Eingabe und zwei Leitungen für die Ausgabe besitzt, wie Abbildung 40.6 zeigt. Es werden fünf Prozessoren verwendet, da wir, wie nachfolgend beschrieben, in einer zeitlich sorgfältig abgestimmten Weise die Eingabedaten zur Verfügung stellen und die Ausgabedaten lesen wollen.

In jedem Schritt liest jeder Prozessor ein Eingabeelement von *links*, eins von *oben* und eins von *rechts* ein, führt eine einfache Berechnung aus und gibt ein Ausgabeelement nach *links* und ein Ausgabeelement nach *rechts* aus. Dabei erhält der *rechte* Ausgang jeweils die Eingabe von *links* eingegeben wurde, und der *linke* Ausgang erhält das

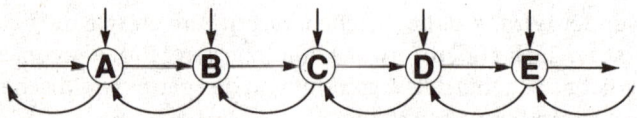

Abbildung 40.6 Ein systolisches Feld.

Ergebnis der Berechnung, in der das *linke* und das *obere* Eingabeelement miteinander multipliziert werden und das *rechte* Eingabeelement hinzuaddiert wird. Ein entscheidendes Merkmal der Prozessoren ist, daß sie stets eine dynamische Transformation von Eingabedaten in Ausgabedaten vornehmen; sie müssen sich niemals berechnete Werte »merken«. (Dies trifft auch für die Prozessoren in der Maschine für das perfekte Mischen zu.) Dies ist eine Grundregel, die sich aus Einschränkungen auf der unteren Ebene der Hardware-Entwicklung ergibt, da das Hinzufügen einer zum »Speicher«-Fähigkeit (vergleichsweise) sehr teuer sein kann.

Der vorangegangene Absatz beschreibt das »Programm« für die systolische Maschine; um die Beschreibung der Berechnung zu vervollständigen, müssen wir noch genau erklären, wie die Eingabedaten eingegeben werden. Diese zeitliche Abstimmung ist ein wesentliches Merkmal der systolischen Maschine, was ein deutlicher Unterschied zu der Maschine für das perfekte Mischen ist, bei der alle Eingabedaten gleichzeitig eingegeben werden und alle Ausgangswerte zu einem späteren Zeitpunkt zur Verfügung stehen.

Das allgemeine Schema besteht darin, die Matrix über die *oberen* Eingänge der Prozessoren einzugeben, in einer an der Hauptdiagonale gespiegelten und um fünfundvierzig Grad gedrehten Gestalt, und den Vektor über den *linken* Eingang des Prozessors A, von dem aus er dann zu den anderen Prozessoren übertragen wird. Zwischenergebnisse werden im Feld von rechts nach links weitergegeben, wobei die Ausgabedaten letztendlich am *linken* Ausgang des Prozessors A erscheinen. Die spezielle zeitliche Abstimmung für unser Beispiel ist in Abbildung 40.7 dargestellt.

Der einzugebende Vektor wird über den *linken* Eingang des Prozessors A in den Schritten 1, 3 und 5 eingegeben und in den nachfolgenden Schritten nach rechts zu den anderen Prozessoren übertragen. Die einzugebende Matrix wird, beginnend in Schritt 3, über die *oberen* Eingänge der Prozessoren eingegeben. Dabei wird sie so gedreht, daß in aufeinanderfolgenden Schritten die von rechts nach links verlaufenden Diagonalen der Matrix eingegeben werden. Der auszugebende Vektor erscheint in den Schritten 6, 8 und 10 am *linken* Ausgang des Prozessors A. (Im Schema erscheint dieser als der *rechte* Eingang eines links von A befindlichen imaginären Prozessors, der die Lösung sammelt.)

Die tatsächliche Berechnung läßt sich nachvollziehen, indem man die *rechten* Eingabedaten (*linken* Ausgabedaten) verfolgt, die sich von rechts nach links durch das Feld bewegen. Bis zu Schritt 3 liefern alle Berechnungen das Ergebnis null; nach Schritt 3 hat Prozessor C den Wert 1 als *linken* Eingabewert und 1 als *oberen* Eingabewert, so daß er das Ergebnis 1 berechnet, welches als *rechter* Eingabewert des Prozessors B für Schritt 4 weitergegeben wird. In Schritt 4 sind alle drei Eingabewerte des Prozessors B von null verschieden, und er berechnet den Wert 16, der dann in Schritt 5 von Prozessor A zu verarbeiten ist. Währenddessen berechnet Prozessor D einen Wert 1, den in Schritt 5 Prozessor C zu benutzen hat. In Schritt 5 berechnet dann Prozessor A den Wert 8, der in Schritt 6 als erster Ausgabewert ausgegeben wird; C berechnet den Wert 6, den B in Schritt 6 zu benutzen hat, und E berechnet seinen ersten von null verschiedenen Wert (-1) zur Verwendung durch D in Schritt 6. Die Berechnung des

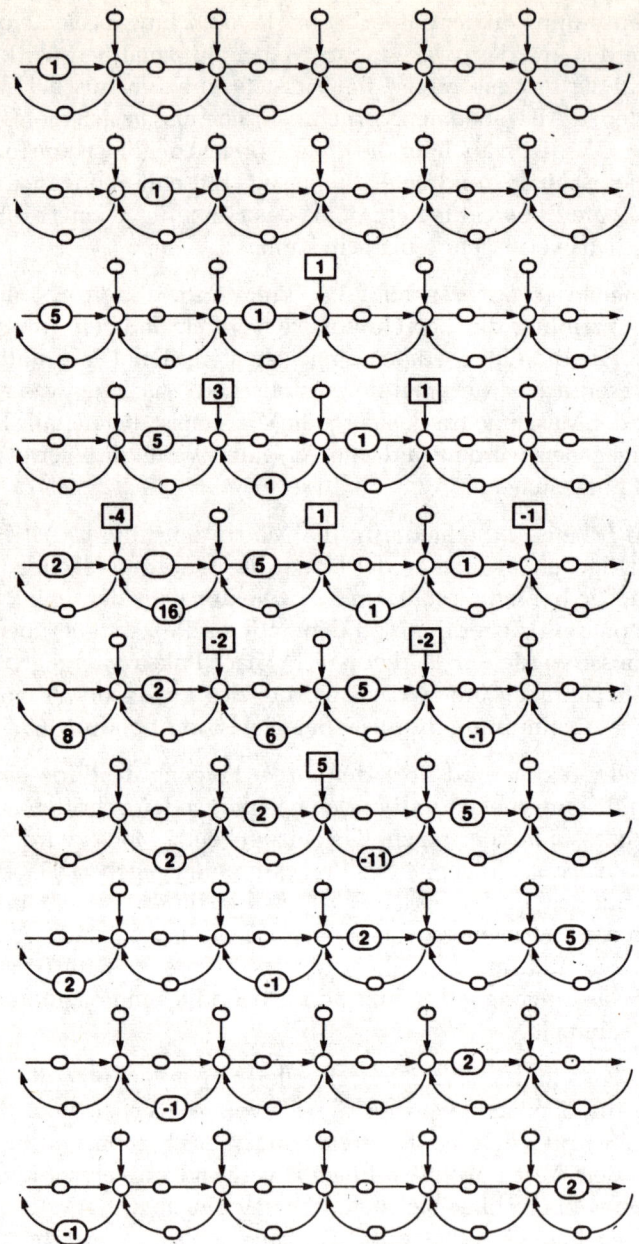

Abbildung 40.7 *Multiplikation einer Matrix mit einem Vektor mit Hilfe eines systolischen Feldes.*

zweiten Ausgabewertes wird in Schritt 6 durch B vervollständigt, und der Wert wird über A zur Ausgabe in Schritt 8 weitergegeben; die Berechnung des dritten Ausgabewertes wird in Schritt 7 durch C vervollständigt, und der Wert wird über B und A zur Ausgabe in Schritt 10 weitergegeben.

Nachdem der Prozeß nun detailliert beschrieben wurde, läßt sich das Verfahren besser verstehen, wenn man es von einem etwas höheren Standpunkt aus betrachtet. Die Zahlen im mittleren Teil der Abbildung 40.7 (in Rechtecken) sind einfach eine Kopie der eingegebenen Matrix, nachdem diese gedreht und gespiegelt wurde, wie dies für die Eingabe über die *oberen* Eingänge der Prozessoren erforderlich ist. Wenn wir die Zahlen in den entsprechenden *linken* Eingängen der Prozessoren betrachten, die die Matrix empfangen, so finden wir drei Kopien des eingegebenen Vektors, die sich genau zu den richtigen Zeitpunkten an den richtigen Positionen befinden, um mit den Zeilen der Matrix multipliziert zu werden. Dann zeigen die *linken* Ausgänge der Prozessoren die Zwischenergebnisse für jede Multiplikation des eingegebenen Vektors und jede Matrixzeile. Zum Beispiel erfordert die Multiplikation des eingegebenen Vektors und der mittleren Zeile der Matrix die Zwischenberechnungen $1 * 1 = 1$, $1 + 1 * 5 = 6$ und $6 + (-2) * 2 = 2$, und diese Werte erscheinen als Einträge 1 6 2 (wenn man diagonal liest, einen Schritt unterhalb der mittleren Zeile der Matrix 1 1 −2). Mit der systolischen Maschine gelingt es, eine solche zeitliche Abstimmung zu realisieren, daß jedes Element der Matrix das richtige Element des eingegebenen Vektors und das richtige Zwischenergebnis bei dem Prozessor, bei dem es eingegeben wurde, »trifft«, so daß es in das Zwischenergebnis einbezogen werden kann.

Das Verfahren läßt sich in offensichtlicher Weise auf die Multiplikation einer Matrix der Dimension $N \times N$ mit einem N-Vektor unter Verwendung von $2N - 1$ Prozessoren in $4N - 2$ Schritten verallgemeinern. Dies kommt der idealen Situation nahe, daß jeder Prozessor in jedem Schritt eine nützliche Operation ausführt; ein quadratischer Algorithmus wird unter Benutzung einer linearen Anzahl von Prozessoren auf einen linearen Algorithmus reduziert.

Wie zuvor haben wir nur ein allgemeines Verfahren der parallelen Berechnung beschrieben. Viele Einzelheiten des logischen Entwurfs müssen ausgearbeitet werden, ehe eine solche systolische Maschine hergestellt werden kann. Aus diesem Beispiel kann man jedoch bereits ersehen, daß systolische Felder einfach und leistungsfähig zugleich sind. Fast wie durch Zauberhand erscheint am Rand der Vektor der Ausgabedaten! Doch dabei führt jeder einzelne Prozessor nur die oben beschriebene einfache Berechnung aus; der Trick liegt in der Zusammenschaltung und der zeitlich abgestimmten Eingabe der Eingangsgrößen.

Systolische Felder können, wie Maschinen für das perfekte Mischen, bei vielen verschiedenen Problemen angewandt werden, einschließlich Matching von Zeichenfolgen, Matrizenmultiplikation u. a. Ebenfalls wie bei Maschinen für das perfekte Mischen haben einige Spezialisten sogar die Verwendung dieses Musters der Zusammenschaltung für »universelle« parallele Maschinen vorgeschlagen.

Ausblick

Die Betrachtung des perfekten Mischens und systolischer Maschinen veranschaulicht, daß der Hardware-Entwurf einen erheblichen Einfluß auf den Algorithmen-Entwurf haben kann, indem er zu Änderungen anregt, die interessante neue Algorithmen liefern und neue Herausforderungen an den Algorithmen-Entwickler stellen können.

Obwohl dies ein interessantes und fruchtbares Gebiet für weitere Forschungsarbeiten ist, müssen wir mit einigen ernüchternden Bemerkungen schließen. Zunächst ist ein erheblicher technischer Aufwand notwendig, um allgemeine Schemata für parallele Berechnungen der oben skizzierten Art in wirkliche algorithmische Maschinen mit hoher Leistungsfähigkeit zu übertragen. Für viele Anwendungszwecke ist der erforderliche Aufwand einfach nicht gerechtfertigt, da eine einfache »algorithmische Maschine«, die aus einem herkömmlichen (billigen) Mikroprozessor besteht, der einen herkömmlichen Algorithmus realisiert, völlig ausreichend ist. Wenn man etwa viele Instanzen des gleichen Problems zu lösen hat und über mehrere Mikroprozessoren verfügt, mit denen sie gelöst werden können, kann eine ideale parallele Verarbeitung erreicht werden, indem man — ohne jede Zusammenschaltung — jeden Mikroprozessor (unter Anwendung eines herkömmlichen Algorithmus) eine andere Instanz des Problems bearbeiten läßt. Wenn man N Dateien zu sortieren hat und N Prozessoren zur Verfügung stehen, mit denen sie sortiert werden können, warum sollte man nicht einfach für jeden Sortiervorgang einen Prozessor verwenden, anstatt alle N Prozessoren gemeinsam an allen N Sortiervorgängen arbeiten zu lassen?

Es ist sehr schwierig, die Auswirkung verschiedener Strategien der parallelen Berechnung auf die Leistungsfähigkeit von Algorithmen einzuschätzen. Alle in den Kapiteln 6 und 7 erörterten Aspekte müssen berücksichtigt werden, wobei die zusätzliche Komplikation auftritt, daß die Maschine selbst zu einer Variablen wird. Die einfachste (und vielleicht verbreitetste) Methode, Maschinen zu vergleichen, kann zu völlig falschen Schlußfolgerungen führen: Wenn man das gleiche Programm auf beiden Maschinen abarbeiten läßt, so ist dies genau das falsche Experiment, falls der zugrunde liegende Algorithmus in enger Beziehung zu der Architektur der einen, aber nicht der anderen Maschine steht. Im Falle der Übereinstimmung muß das Ergebnis viel besser ausfallen als bei Nichtübereinstimmung. Um Maschinen richtig zu vergleichen, sollte man seine Aufmerksamkeit auf das zu lösende *Problem* konzentrieren und den besten Algorithmus für dieses Problem auf jeder Maschine betrachten. Gestattet uns die neue Architektur, ein Problem zu lösen, das mit einer alten Architektur nicht gelöst werden könnte?

Methoden von der in diesem Kapitel betrachteten Art lassen sich gewöhnlich nur für Anwendungen mit sehr spezifischen Anforderungen an Zeit oder Speicherplatz rechtfertigen. Indem wir verschiedene parallelen Berechnungsschemata und ihre Auswirkungen auf die Leistungsfähigkeit verschiedener Algorithmen untersuchen, können wir auf die Entwicklung von universellen Computern für die parallele Berechnung hoffen, die für eine Vielzahl von Algorithmen eine erhöhte Leistungsfähigkeit gewährleisten werden.

Übungen

1. Zeigen Sie zwei mögliche Wege zur Verwendung von Parallelität bei Quicksort auf.

2. Beweisen Sie, daß bei Verfahren des »Aufspaltens und Schichtens« die Eigenschaft, daß die Spalten sortiert sind, erhalten bleibt.

3. Erstellen Sie ein herkömmliches C-Programm zum Mischen von Dateien unter Benutzung des Bitonic Merge von Batcher.

4. Erstellen Sie ein herkömmliches C-Programm zum Mischen von Dateien unter Benutzung des Bitonic Merge von Batcher, jedoch ohne tatsächlich Operationen von der Art des perfekten Mischens auszuführen.

5. Wie viele Operation des perfekten Mischens bringen alle Elemente in einem Feld der Größe 2^n zurück an ihre ursprünglichen Positionen?

6. Skizzieren Sie ein Schema von der Art von Abbildung 40.7 zur Veranschaulichung der Arbeitsweise des systolischen Feldes zur Multiplikation einer Matrix mit einem Vektor für das folgende Problem:

$$\begin{pmatrix} 2 & 1 & 4 \\ 3 & 0 & 1 \\ 1 & -1 & 3 \end{pmatrix} \begin{pmatrix} 3 \\ 1 \\ -1 \end{pmatrix} = \begin{pmatrix} 3 \\ 8 \\ -1 \end{pmatrix}$$

7. Erstellen Sie ein herkömmliches C-Programm, das die Arbeitsweise des systolischen Feldes für die Multiplikation einer $N{\times}N$-Matrix mit einem $N{\times}1$-Vektor simuliert.

8. Zeigen Sie, wie man ein systolisches Feld zum Transponieren einer Matrix benutzen kann.

9. Wie viele Prozessoren und wie viele Schritte sind für eine systolische Maschine erforderlich, die eine $M{\times}N$-Matrix mit einem N-Vektor multiplizieren kann?

10. Geben Sie ein einfaches paralleles Schema für die Multiplikation einer Matrix mit einem Vektor unter Verwendung von Prozessoren an, die die Fähigkeit haben, sich berechnete Werte zu »merken«.

Kapitel 41

Die schnelle Fourier-Transformation

Einer der am weitesten verbreiteten arithmetischen Algorithmen ist die *schnelle Fourier-Transformation* (fast fourier transform), eine effiziente Methode zur Ausführung einer häufig angewandten und grundlegenden mathematischen Berechnung. Die Fourier-Transformation ist von fundamentaler Bedeutung für die mathematische Analysis, sie ist Gegenstand Bände füllender Untersuchungen. Die Entdeckung eines effizienten Algorithmus für diese Berechnung war ein Meilenstein in der Geschichte der numerischen Verfahren.

Die Fourier-Transformation besitzt unzählige Anwendungen. Sie ist die Grundlage für viele wesentliche Operationen bei der Signalverarbeitung, wo ihre Benutzung sehr verbreitet ist. Außerdem liefert sie einen geeigneten Weg zur Erhöhung der Effizienz von Algorithmen für häufig auftretende arithmetische Probleme, wie wir sehen werden. Es würde über den Rahmen dieses Buches hinausgehen, die mathematischen Grundlagen für die Fourier-Transformation darzulegen oder eine Übersicht über ihre zahlreichen Anwendungen zu geben. Unser Ziel ist es, die Merkmale eines grundlegenden Algorithmus für die Fourier-Transformation im Zusammenhang mit einigen anderen von uns untersuchten Algorithmen zu betrachten.

Insbesondere beschreiben wir, wie der Algorithmus angewandt werden kann, um die benötigte Zeit für die in Kapitel 36 untersuchte Multiplikation von Polynomen beträchtlich zu reduzieren. Es werden nur einige wenige elementare Tatsachen aus der komplexen Analysis benötigt, um zu zeigen, wie die Fourier-Transformation für die Polynom-Multiplikation benutzt werden kann. Auch ist es möglich, den Algorithmus der schnellen Fourier-Transformation zu beurteilen, ohne die mathematischen Grundlagen vollständig zu verstehen. Dieser Algorithmus nutzt das »Teile und Herrsche«-Prinzip in ähnlicher Weise wie andere wichtige Algorithmen, mit denen wir uns beschäftigt haben.

Berechnen, Multiplizieren, Interpolieren

Die allgemeine Strategie der verbesserten Methode für die Polynom-Multiplikation, die wir betrachten werden, nutzt die Tatsache aus, daß ein Polynom vom Grad $N-1$ durch seine Werte in N verschiedenen Punkten vollständig bestimmt ist. Wenn wir zwei Polynome vom Grad $N-1$ miteinander multiplizieren, erhalten wir ein Polynom vom Grad $2N-2$; wenn wir die Werte dieses Polynoms in $2N-1$ Punkten ermitteln können, ist es vollständig bestimmt. Wir können jedoch den Wert des resultierenden Polynoms in einem beliebigen Punkt bestimmen, indem wir einfach die Werte der beiden zu multiplizierenden Polynome in diesem Punkt berechnen und dann diese Zahlen multiplizieren.

Dies führt zu dem folgenden allgemeinen Schema für die Multiplikation zweier Polynome vom Grad $N-1$:

Berechne die Werte der Ausgangspolynome in $2N-1$ verschiedenen Punkten.
Multipliziere die beiden für jeden Punkt erhaltenen Werte.
Interpoliere zwecks Bestimmung des eindeutigen resultierenden Polynoms, das in den gegebenen Punkten die gegebenen Werte annimmt.

Um zum Beispiel $r(x) = p(x)q(x)$ mit $p(x) = 1 + x + x^2$ und $q(x) = 2 - x + x^2$ zu berechnen, können wir $p(x)$ und $q(x)$ in fünf beliebigen Punkten berechnen, etwa in $-2, -1, 0, 1, 2$, wobei wir die Werte

$$[p\,(-2), p\,(-1), p\,(0), p\,(1), p\,(2)] = [3, 1, 1, 3, 7],$$
$$[q\,(-2), q\,(-1), q\,(0), q\,(1), q\,(2)] = [8, 4, 2, 2, 4]$$

erhalten. Indem wir diese Werte paarweise miteinander multiplizieren, erhalten wir genügend viele Werte des sich als Produkt ergebenden Polynoms

$$[r\,(-2), r\,(-1), r\,(0), r\,(1), r\,(2)] = [24, 4, 2, 6, 28],$$

so daß dessen Koeffizienten mittels Interpolation bestimmt werden können. Mit Hilfe der Lagrangeschen Formel ergibt sich

$$
\begin{aligned}
r(x) \ = \ \ &24 \ \frac{x+1}{-2+1} \ \frac{x-0}{-2-0} \ \frac{x-1}{-2-1} \ \frac{x-2}{-2-2} \\[4pt]
+4 \ &\frac{x+2}{-1+2} \ \frac{x-0}{-1-0} \ \frac{x-1}{-1-1} \ \frac{x-2}{-1-2} \\[4pt]
+2 \ &\frac{x+2}{0+2} \ \frac{x+1}{0+1} \ \frac{x-1}{0-1} \ \frac{x-2}{0-2} \\[4pt]
+6 \ &\frac{x+2}{1+2} \ \frac{x+1}{1+1} \ \frac{x-0}{1-0} \ \frac{x-2}{1-2} \\[4pt]
+28 \ &\frac{x+2}{2+2} \ \frac{x+1}{2+1} \ \frac{x-0}{2-0} \ \frac{x-1}{2-1} \ ,
\end{aligned}
$$

was sich zu dem Ergebnis vereinfachen läßt:

$$r(x) = 2 + x + 2x^2 + x^4.$$

In der oben beschriebenen Form ist dieses Verfahren kein vorteilhafter Algorithmus für die Multiplikation von Polynomen, da die besten Algorithmen, die wir bisher sowohl für die Berechnung (wiederholte Anwendung des Horner-Schemas) als auch für die Interpolation (Lagrangesche Formel) kennengelernt haben, N^2 Operationen erfordern. Es besteht jedoch eine gewisse Hoffnung, einen besseren Algorithmus zu finden, da das Verfahren für jede beliebige Wahl von $2N-1$ verschiedenen Punkten zum Ziel führt und man mit Recht davon ausgehen kann, daß Berechnung und Interpolation für bestimmte Punktmengen einfacher sein werden als für andere.

Komplexe Einheitswurzeln

Es zeigt sich, daß die für die Interpolation und Berechnung des Polynoms am besten geeigneten Punkte komplexe Zahlen sind, und zwar eine spezielle Menge komplexer Zahlen, die *komplexe Einheitswurzeln* genannt werden.

An dieser Stelle ist es erforderlich, an einige Tatsachen aus der komplexen Analysis zu erinnern. Die Zahl $i = \sqrt{-1}$ ist eine *imaginäre* Zahl; obwohl $\sqrt{-1}$ als reelle Zahl nicht definiert ist, ist es zweckmäßig, ihr einen Namen zu geben, i, und algebraische Operationen mit ihr auszuführen, wobei i^2 durch -1 ersetzt wird. Eine *komplexe Zahl* besteht aus zwei Teilen, dem Realteil und dem Imaginärteil; man schreibt sie gewöhnlich in der Form $a + bi$, wobei a und b reelle Zahlen sind. Für die Multiplikation komplexer Zahlen gelten die üblichen Regeln, wobei jedoch i^2 durch -1 zu ersetzen ist. Zum Beispiel ist

$$(a + bi)\,(c + di) = (ac - bd) + (ad + bc)i.$$

Manchmal kann bei der Ausführung einer komplexen Multiplikation der Realteil oder der Imaginärteil verschwinden. Zum Beispiel erhält man

$(1 - i)\,(1 - i) = -2i,$
$(1 + i)^4 = -4,$
$(1 + i)^8 = 16.$

Wenn wir die letzte Gleichung normieren, indem wir sie durch $16 = \sqrt{2}^{\,8}$ dividieren, finden wir, daß

$$\left(\frac{1}{\sqrt{2}} + \frac{i}{\sqrt{2}}\right)^8 = 1$$

gilt.

Es gibt sogar viele komplexe Zahlen, die beim Potenzieren 1 ergeben. Dies sind die sogenannten komplexen Einheitswurzeln. Tatsächlich zeigt es sich, daß für jedes N genau N komplexe Zahlen z mit $z^N = 1$ existieren. Eine von ihnen, die mit w_N bezeichnet wird, wird die *N-te Haupteinheitswurzel* genannt; die anderen erhält man, indem man

w_N in die k-te Potenz erhebt, für $k = 0, 1, 2, \ldots, N - 1$. Zum Beispiel können wir die achten Einheitswurzeln wie folgt aufzählen:

$$w_8^0, w_8^1, w_8^2, w_8^3, w_8^4, w_8^5, w_8^6, w_8^7.$$

Die erste Wurzel, w_N^0, hat den Wert 1, und die zweite, w_N^1, ist die Hauptwurzel. Weiterhin hat für gerades N die Wurzel $w_N^{N/2}$ den Wert -1 (da $(w_N^{N/2})^2 = 1$). Die genauen Werte der Wurzeln sind einstweilen nicht von Bedeutung. Wir werden nur einfache Eigenschaften benutzen, die leicht aus der grundlegenden Tatsache hergeleitet werden können, daß die N-te Potenz jeder N-ten Einheitswurzel den Wert 1 haben muß.

Berechnung in den Einheitswurzeln

Das Kernstück unserer Implementation ist eine Prozedur für die Berechnung eines Polynoms vom Grad $N - 1$ für die N-ten Einheitswurzeln. Das heißt, daß diese Prozedur die N Koeffizienten, die das Polynom definieren, in die N Werte transformiert, die sich aus der Berechnung dieses Polynoms für alle N-ten Einheitswurzeln ergeben.

Es mag den Anschein haben, daß dies nicht genau das ist, was wir benötigen, da wir als ersten Schritt der Prozedur für die Polynom-Multiplikation Polynome vom Grad $N - 1$ in $2N - 1$ Punkten berechnen müssen. In Wirklichkeit ist das aber kein Problem, da wir ein Polynom vom Grad $N - 1$ als Polynom vom Grad $2N - 2$ betrachten können, bei dem $N - 1$ Koeffizienten (die Koeffizienten der Glieder mit dem höchsten Grad) den Wert null haben.

Der Algorithmus, den wir zur gleichzeitigen Berechnung eines Polynoms vom Grad $N - 1$ in N Punkten benutzen werden, beruht auf einer einfachen Strategie vom Typ »Teile und Herrsche«. Anstatt die Polynome in der Mitte zu teilen (wie in dem in Kapitel 4 angegebenen Algorithmus für die Multiplikation), zerlegen wir sie in zwei Teile, indem wir ihre Glieder abwechselnd in diese Teile aufnehmen. Diese Zerlegung kann leicht mit Hilfe von Polynomen mit einer halb so großen Anzahl von Koeffizienten ausgedrückt werden. Zum Beispiel werden für $N = 8$ die Glieder wie folgt umgeordnet:

$$\begin{aligned}
p(x) &= p_0 + p_1 x + p_2 x^2 + p_3 x^3 + p_4 x^4 + p_5 x^5 + p_6 x^6 + p_7 x^7 \\
&= (p_0 + p_2 x^2 + p_4 x^4 + p_6 x^6) + x(p_1 + p_3 x^2 + p_5 x^4 + p_7 x^6) \\
&\equiv p_e(x^2) + x p_o(x^2).
\end{aligned}$$

Die N-ten Einheitswurzeln sind für diese Zerlegung geeignet, da man bei Quadrierung einer Einheitswurzel eine andere Einheitswurzel erhält. Tatsächlich gilt sogar noch mehr: Wenn man eine N-te Einheitswurzel quadriert, erhält man für gerades N eine ½ N-te Einheitswurzel (eine Zahl, deren ½ N-te Potenz den Wert 1 hat). Dies ist genau das, was benötigt wird, damit die »Teile und Herrsche«-Methode angewandt werden kann. Um ein Polynom mit N Koeffizienten in N Punkten zu berechnen, zerlegen wir es in zwei Polynome mit ½ N Koeffizienten. Diese Polynome brauchen nur in $\tfrac{1}{2}\,N$ Punkten (den $\tfrac{1}{2}\,N$-ten Einheitswurzeln) berechnet zu werden, um die Werte zu ermitteln, die für die vollständige Berechnung benötigt werden.

Um dies zu veranschaulichen, betrachten wir die Berechnung eines Polynoms $p(x)$ vom Grad 7 für die achten Einheitswurzeln

$$W_8 : w_8^0,\ w_8^1,\ w_8^2,\ w_8^3,\ w_8^4,\ w_8^5,\ w_8^6,\ w_8^7.$$

Da $w_8^4 = -1$ gilt, ist dies das gleiche wie die Folge

$$W_8 : w_8^0,\ w_8^1,\ w_8^2,\ w_8^3,\ -w_8^0,\ -w_8^1,\ -w_8^2,\ -w_8^3\ .$$

Wenn man jedes Glied dieser Folge quadriert, erhält man zwei Kopien der Folge $\{W_4\}$ der vierten Einheitswurzeln:

$$w_8^2 : w_4^0,\ w_4^1,\ w_4^2,\ w_4^3,\ w_4^0,\ w_4^1,\ w_4^2,\ w_4^3\ .$$

Unsere Gleichung

$$p(x) = p_e(x^2) + x p_o(x^2)$$

gibt nun sofort an, wie $p(x)$ für die achten Einheitswurzeln aus diesen Folgen berechnet werden kann. Zuerst berechnen wir $p_e(x)$ und $p_o(x)$ für die vierten Einheitswurzeln. Dann setzen wir in der obigen Gleichung für x jede der achten Einheitswurzeln ein, wozu es erforderlich ist, den entsprechenden Wert von p_e zu dem Produkt des entsprechenden Wertes von p_o mit der achten Einheitswurzel zu addieren:

$$p(w_8^0) = p_e\,(w_4^0) + w_8^0\,p_o\,(w_4^0),$$
$$p(w_8^1) = p_e\,(w_4^1) + w_8^1\,p_o\,(w_4^1),$$
$$p(w_8^2) = p_e\,(w_4^2) + w_8^2\,p_o\,(w_4^2),$$
$$p(w_8^3) = p_e\,(w_4^3) + w_8^3\,p_o\,(w_4^3),$$
$$p(w_8^4) = p_e\,(w_4^0) - w_8^0\,p_o\,(w_4^0),$$
$$p(w_8^5) = p_e\,(w_4^1) - w_8^1\,p_o\,(w_4^1),$$
$$p(w_8^6) = p_e\,(w_4^2) - w_8^2\,p_o\,(w_4^2),$$
$$p(w_8^7) = p_e\,(w_4^3) - w_8^3\,p_o\,(w_4^3).$$

Im allgemeinen berechnen wir zur Bestimmung von $p(x)$ für die N-ten Einheitswurzeln rekursiv $p_e(x)$ und $p_o(x)$ für die $\tfrac{1}{2}\,N$ -ten Einheitswurzeln und führen die N Multiplikationen wie oben aus. Dies ist nur möglich, wenn N gerade ist, weshalb wir von jetzt an voraussetzen, daß N eine Zweierpotenz ist, so daß N während der gesamten Rekursion gerade bleibt. Die Rekursion bricht ab, wenn $N = 2$ ist, und $p_0 + p_1 x$ für 1 und -1 (die beiden »zweiten« Einheitswurzeln) mit den Ergebnissen $p_0 + p_1$ und $p_0 - p_1$ zu berechnen ist.

Eigenschaft 41.1 *Ein Polynom vom Grad $N-1$ kann in den N-ten Einheitswurzeln mit ungefähr $N \lg N$ Multiplikationen berechnet werden.*

Die Anzahl der auszuführenden Multiplikationen genügt der fundamentalen rekurrenten Beziehung für das »Teile und Herrsche«-Prinzip $M(N) = 2M(N/2) + N$, die die Lösung $M(N) = N \lg N$ besitzt (Formel 4 in Kapitel 6). Das ist eine wesentliche Verbesserung gegenüber der einfachen Interpolationsmethode mit N^2 Multiplikationen, doch natürlich ist dieses Verfahren nur für die Einheitswurzeln geeignet. ■

Hieraus ergibt sich ein Verfahren für die Umwandlung eines Polynoms aus seiner üblichen Darstellung mit N Koeffizienten in seine Darstellung mit Hilfe seiner Werte für die Einheitswurzeln. Diese Umwandlung des Polynoms aus der ersten Darstellungsform in die zweite ist die Fourier-Transformation, und die beschriebene effiziente Prozedur zur rekursiven Berechnung wird die »schnelle« Fourier-Transformation (fast Fourier transform, FFT) genannt. (Die gleichen Verfahren lassen sich auf allgemeinere Funktionen als Polynome anwenden. Genauer gesagt führen wir dann die »diskrete« Fourier-Transformation aus.)

Interpolation mit Hilfe der Einheitswurzeln

Nachdem wir nun über ein schnelles Verfahren zur Berechnung von Polynomen in einer spezifischen Menge von Punkten verfügen, benötigen wir nur noch eine schnelle Methode zur Interpolation von Polynomen mit Hilfe der gleichen Punkte, um ein schnelles Verfahren zur Multiplikation von Polynomen zu erhalten. Erstaunlicherweise zeigt es sich, daß die Interpolation für die komplexen Einheitswurzeln durch Ausführung des Programms für eine spezielle Menge von Punkten realisiert werden kann! Dies ist ein spezielles Beispiel einer grundlegenden »Inversionseigenschaft« der Fourier-Transformation, aus der viele wichtige mathematische Ergebnisse hergeleitet werden können.

Für unser Beispiel mit $N = 8$ besteht das Problem der Interpolation darin, das Polynom

$$r(x) = r_0 + r_1 x + r_2 x^2 + r_3 x^3 + r_4 x^4 + r_5 x^5 + r_6 x^6 + r_7 x^7$$

zu bestimmen, das die Werte

$$r(w_8^0) = s_0, \qquad r(w_8^1) = s_1, \qquad r(w_8^2) = s_2, \qquad r(w_8^3) = s_3,$$
$$r(w_8^4) = s_4, \qquad r(w_8^5) = s_5, \qquad r(w_8^6) = s_6, \qquad r(w_8^7) = s_7.$$

besitzt. Wenn die betreffenden Punkte die komplexen Einheitswurzeln sind, ist das Problem der Interpolation exakt das zu dem der Berechnung »inverse« Problem. Wenn wir

$$s(x) = s_0 + s_1 x + s_2 x^2 + s_3 x^3 + s_4 x^4 + s_5 x^5 + s_6 x^6 + s_7 x^7$$

setzen, können wir die Koeffizienten

$$r_0, r_1, r_2, r_3, r_4, r_5, r_6, r_7$$

erhalten, indem wir einfach das Polynom $s(x)$ für die reziproken Werte der komplexen Einheitswurzeln

$$W_8^{-1} : w_8^0, w_8^{-1}, w_8^{-2}, w_8^{-3}, w_8^{-4}, w_8^{-5}, w_8^{-6}, w_8^{-7}.$$

berechnen. Doch das ist die gleiche Folge der komplexen Einheitswurzeln, nur in einer anderen Reihenfolge:

$$W_8^{-1} : w_8^0, w_8^7, w_8^6, w_8^5, w_8^4, w_8^3, w_8^2, w_8^1.$$

Mit anderen Worten, wir können für die Interpolation das gleiche Programm verwenden wie für die Berechnung; es ist lediglich eine einfache Umordnung der Punkte, für die die Berechnung erfolgt, erforderlich.

Der Beweis dieser Tatsache erfordert einige elementare Operationen mit endlichen Summen; mit solchen Operationen nicht vertraute Leser können das Folgende überspringen und am Ende dieses Abschnitts weiterlesen. Wenn man $s(x)$ für den reziproken Wert der t-ten N-ten Einheitswurzel (w_N^{-t}) berechnet, erhält man

$$
\begin{aligned}
s(w_N^{-t}) &= \sum_{0 \leq j \leq N} s_j (w_N^{-t})^j \\
&= \sum_{0 \leq j \leq N} r(w_N^j)(w_N^{-t})^j \\
&= \sum_{0 \leq j \leq N} \sum_{0 \leq i \leq N} r_i (w_N^j)^i (w_N^{-t})^j \\
&= \sum_{0 \leq j \leq N} \sum_{0 \leq i \leq N} r_i w_N^{j(i-t)} \\
&= \sum_{0 \leq i \leq N} r_i \sum_{0 \leq j \leq N} w_N^{j(i-t)} = N r_t.
\end{aligned}
$$

Im letzten Ausdruck verschwindet beinahe alles, da die innere Summe trivialerweise N ergibt, falls $i = t$ gilt. Falls $i \neq t$ ist, hat sie den Wert

$$\sum_{0 \leq j \leq N} w_N^{j(i-t)} = \frac{w_N^{(i-t)N} - 1}{w_N^{(i-t)} - 1} = 0$$

Beachten Sie, daß ein zusätzlicher Faktor N auftritt. Dies ist der »Inversionssatz« für die diskrete Fourier-Transformation, der aussagt, daß ein Polynom mit der gleichen Methode in beiden Richtungen umgewandelt werden kann: aus seiner Koeffizientendarstellung in seine Darstellung mit Hilfe der komplexen Einheitswurzeln und umgekehrt.

Eigenschaft 41.2 *Ein Polynom vom Grad $N-1$ kann mit Hilfe der N-ten Einheitswurzeln mit ungefähr $N \lg N$ Multiplikationen interpoliert werden.*

Auch wenn die oben dargelegten mathematischen Zusammenhänge kompliziert erscheinen mögen, lassen sich die Ergebnisse sehr leicht anwenden: Um ein Polynom mit Hilfe der N-ten Einheitswurzeln zu interpolieren, verwende man die gleiche Prozedur wie für die Berechnung, verwende dabei jedoch die für die Interpolation vorgesehenen Werte als Koeffizienten des Polynoms, ordne dann die Lösungen um und dividiere sie durch N. ■

Implementation

Nunmehr verfügen wir über alle Bestandteile für einen Algorithmus vom Typ »Teile und Herrsche« für die Multiplikation zweier Polynome unter Verwendung von nur ungefähr $N \lg N$ Operationen. Das allgemeine Schema hat folgendes Aussehen:

Berechne die eingegebenen Polynome für die $(2N - 1)$-ten Einheitswurzeln.
Multipliziere die zwei für jeden Punkt erhaltenen Werte.
Interpoliere zur Bestimmung des Ergebnisses durch Berechnung des durch die soeben berechneten Zahlen definierten Polynoms für die $(2N - 1)$-ten Einheitswurzeln.

Die obige Beschreibung läßt sich unmittelbar in ein Programm übertragen, in dem eine Prozedur benutzt wird, mit der ein Polynom vom Grad $N - 1$ für die N-ten Einheitswurzeln berechnet werden kann. Leider handelt es sich bei der gesamten Arithmetik in diesem Algorithmus um komplexe Arithmetik, und in C existiert kein Standardtyp *complex*. Obwohl es möglich ist, einen anwenderdefinierten Typ für die komplexen Zahlen zu verwenden, ist es dann auch notwendig, Prozeduren oder Funktionen für alle Rechenoperationen mit diesen Zahlen zu definieren, und dadurch wird der Algorithmus unnötig kompliziert. Für das folgende Programm wird ein Typ *complex* vorausgesetzt, für den die offensichtlichen arithmetischen Funktionen definiert sind:

```
eval(p, outN, 0);
eval(q, outN, 0);
for (i = 0; i <= outN; i++) r[i] = p[i]*q[i];
eval(r, outN, 0);
for (i = 1; i <= N; i++)
  { t = r[i]; r[i] = r[outN+1-i]; r[outN+1-i] = t; }
for (i = 0; i <= outN; i++) r[i] = r[i]/(outN+1);
```

Für dieses Programm wird angenommen, daß die globale Variable outN auf 2N−1 gesetzt worden ist, und daß p, q und r Felder mit Indizes von 0 bis $2N - 1$ sind, die komplexe Zahlen enthalten. Die beiden zu multiplizierenden Polynome p und q sind vom Grad $N - 1$, und die anderen Koeffizienten in diesen Feldern werden anfangs auf null gesetzt. Die Prozedur eval ersetzt die Koeffizienten des als ersten Parameter angegebenen Polynoms durch die Werte, die man erhält, wenn das Polynom für die Einheitswurzeln berechnet wird. Der zweite Parameter gibt den Grad des Polynoms an (um eins kleiner als die Anzahl der Koeffizienten und der Einheitswurzeln), der

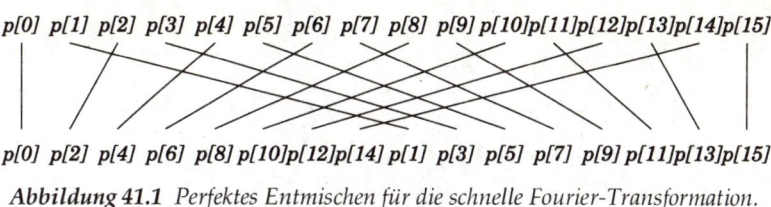

Abbildung 41.1 *Perfektes Entmischen für die schnelle Fourier-Transformation.*

dritte Parameter wird weiter unten beschrieben. Das obige Programm berechnet das Produkt von p und q und speichert das Ergebnis in r.

Nun benötigen wir noch die Implementation von eval. Wie wir bereits festgestellt haben, kann die Implementation rekursiver Programme, in denen Felder auftreten, sehr schwierig sein. Es zeigt sich, daß es für den vorliegenden Algorithmus möglich ist, das für gewöhnlich auftretende Problem der Speicherplatzverwaltung zu umgehen, indem der Speicherplatz auf geschickte Weise wiederholt genutzt wird. Es wäre wünschenswert, über eine rekursive Prozedur zu verfügen, die als Eingabegröße ein $N+1$ Koeffizienten enthaltendes zusammenhängendes Feld verwendet und die $N+1$ Werte im gleichen Feld zurückgibt. Doch der rekursive Schritt erfordert die Verarbeitung zweier nicht zusammenhängender Felder: der ungeraden und der geraden Koeffizienten. Der Leser kann sich leicht überlegen, daß das perfekte Mischen aus dem vorangegangenen Kapitel genau das ist, was hier benötigt wird. Wir können die ungeraden Koeffizienten in einem zusammenhängenden Teilfeld (der ersten Hälfte) und die geraden Koeffizienten in einem weiteren zusammenhängenden Teilfeld (der zweiten Hälfte) zusammenfassen, indem wir ein »perfektes Entmischen« der Eingabedaten vornehmen, wie dies in Abbildung 41.1 für $N = 15$ schematisch dargestellt ist.

Natürlich werden für die Realisierung die konkreten Werte der komplexen Einheitswurzeln benötigt. Bekanntlich gilt

$$w_N^j = \cos\left(\frac{2\pi j}{N+1}\right) + i\sin\left(\frac{2\pi j}{N+1}\right);$$

diese Werte lassen sich unter Verwendung der üblichen trigonometrischen Funktionen leicht berechnen. Im nachfolgenden Programm wird angenommen, daß das Feld w die (outN+1)-ten Einheitswurzeln enthält.

Dies führt zu der folgenden Implementation der schnellen Fourier-Transformation:

```
eval(struct complex p[], int N, int k)
  {
    int i, j;
    if (N == 1)
      {
        p0 = p[k]; p1 = p[k+1];
        p[k] = p0+p1; p[k+1] = p0-p1;
      }
```

```
    else
      {
      for (i = 0; i <= N/2; i++)
        {
        j = k+2*i;
        t[i] = p[j]; t[i+1+N/2] = p[j+1];
        }
      for (i = 0; i <= N; i++) p[k+i] = t[i];
      eval(p, N/2, k);
      eval(p, N/2, (k+1+N)/2);
      j = (outN+1)/(N+1);
      for (i = 0; i <= N/2; i++)
        {
        p0 = w[i*j]*p[k+(N/2)+1+i];
        t[i] = p[k+i]+p0;
        t[i+(N/2)+1] = p[k+i]-p0;
        }
      for (i = 0; i <= N; i++) p[k+i] = t[i];
      }
  }
```

Dieses Programm bewirkt die Transformation des Polynoms vom Grad N an Ort und Stelle im Teilfeld p[k], ..., [k+N] unter Benutzung des oben beschriebenen rekursiven Verfahrens. (Der Einfachheit halber wird für das Programm vorausgesetzt, daß N+1 eine Zweierpotenz ist, obwohl es nicht schwer ist, auf diese Forderung zu verzichten.) Falls $N = 1$ ist, wird die einfache Berechnung für 1 und −1 ausgeführt. Andernfalls bewirkt die Prozedur zuerst ein Mischen, ruft sich dann rekursiv selbst auf, um die beiden Hälften zu transformieren und kombiniert schließlich die Ergebnisse dieser Berechnungen in der oben beschriebenen Weise. Um die benötigten Einheitswurzeln zu erhalten, wählt das Programm aus dem Feld w mit einer durch die Variable i bestimmten Schrittweite Werte aus. Wenn zum Beispiel *outN* den Wert 15 hat, werden die vierten Einheitswurzeln in w[0], w[4], w[8] und w[12] gefunden. Dadurch entfällt die Notwendigkeit, Einheitswurzeln jedesmal, wenn sie benötigt werden, neu zu berechnen.

Eigenschaft 41.3 *Zwei Polynome vom Grad N können mit Hilfe von 2N lg N + O (N) komplexen Multiplikationen multipliziert werden.*

Diese Tatsache folgt unmittelbar aus den Eigenschaften 41.1 und 41.2. ∎

Wie zu Beginn bereits erwähnt, sind die Anwendungsmöglichkeiten der schnellen Fourier-Transformation weit größer, als hier beschrieben werden kann, und der Algorithmus wurde für viele Gebiete gründlich untersucht und vielfältig genutzt. Trotzdem ist die prinzipielle Arbeitsweise bei komplizierteren Anwendungen die gleiche wie bei dem hier betrachteten Problem der Multiplikation von Polynomen. Die schnelle Fourier-Transformation ist ein klassisches Beispiel für die Entwicklung von Algorithmen auf der Grundlage des »Teile und Herrsche«-Prinzips zur Erzielung von beträchtlichen Einsparungen bezüglich des Rechenaufwands.

Übungen

1. Wie würden Sie den einfachen Algorithmus des Berechnens-Multiplizierens-Interpolierens verbessern, um zwei Polynome $p(x)$ und $q(x)$ mit bekannten Wurzeln $p_0, p_1, \ldots, p_{N-1}$ und $q_0, q_1, \ldots, q_{N-1}$ miteinander zu multiplizieren?

2. Geben Sie eine Menge von N reellen Zahlen an, in denen ein Polynom vom Grad N unter Benutzung von wesentlich weniger als N^2 Operationen berechnet werden kann.

3. Geben Sie eine Menge von N reellen Zahlen an, mit deren Hilfe ein Polynom vom Grad N unter Benutzung von wesentlich weniger als N^2 Operationen interpoliert werden kann.

4. Welchen Wert hat w_N^M für $M > N$?

5. Lohnt es sich, lichte Polynome unter Benutzung der schnellen Fourier-Transformation zu multiplizieren?

6. Die Implementation der schnellen Fourier-Transformation enthält drei Aufrufe von *eval*, ebenso wie die in Kapitel 36 angegebene Prozedur für die Multiplikation von Polynomen drei Aufrufe von *mult* enthält. Warum ist die Implementation der schnellen Fourier-Transformation effizienter?

7. Geben Sie ein Verfahren zur Multiplikation von zwei komplexen Zahlen unter Benutzung von weniger als vier Multiplikationen ganzer Zahlen an.

8. Wieviel Speicherplatz würde für die schnelle Fourier-Transformation benötigt, wenn wir das Problem der Speicherverwaltung nicht mit Hilfe des perfekten Mischens umgehen würden?

9. Warum kann eine Methode von der Art des perfekten Mischens nicht verwendet werden, um die Probleme mit dynamisch deklarierten Feldern bei der Prozedur zur Polynommultiplikation aus Kapitel 36 zu vermeiden?

10. Erstellen Sie ein effizientes Programm zur Multiplikation eines Polynoms vom Grad N mit einem Polynom vom Grad M (nicht notwendigerweise Zweierpotenzen).

Kapitel 42

Dynamische Programmierung

Das Prinzip »*Teile und Herrsche*« diente als Grundlage für die Entwicklung vieler der von uns untersuchten Algorithmen: Um ein umfangreiches Problem zu lösen, zerlege man es in kleinere Probleme, die unabhängig voneinander gelöst werden können. In der *dynamischen Programmierung* wird dieses Prinzip bis zum Extrem weiterentwikkelt: Wenn wir nicht genau wissen, welche kleineren Probleme zu lösen sind, lösen wir sie einfach alle und speichern dann die Ergebnisse zum Zwecke der späteren Verwendung bei der Lösung größerer Probleme. Dieser Ansatz ist in Operations Research weit verbreitet. Hierbei bezieht sich der Begriff »Programmierung« auf den Prozeß der Formulierung der Bedingungen eines Problems, um das Verfahren anwendbar zu machen. Dies ist eine Technik, auf deren weitere Einzelheiten wir nicht eingehen werden; wir betrachten lediglich einige Beispiele. (Die »Programmierung«, die uns interessiert, besteht in der Erstellung von C-Programmen zur Ermittlung der Lösungen.)

Wir haben bereits einige Algorithmen betrachtet, die in das Schema der dynamischen Programmierung passen. Zum Beispiel laufen sowohl der Algorithmus von Warshall zur Bestimmung der transitiven Hülle eines Graphen als auch der Algorithmus von Floyd zur Bestimmung aller kürzesten Pfade in einem gewichteten Graph (beide aus Kapitel 32) in der Weise ab, daß die Knoten der Reihe nach betrachtet werden, wobei für den gerade betrachteten Knoten unter Benutzung von Lösungen für alle zuvor betrachteten Knoten Teilprobleme gelöst werden.

Bei jeder Anwendung der dynamischen Programmierung können zwei Schwierigkeiten auftreten. Erstens muß es nicht immer möglich sein, die Lösungen kleinerer Probleme so zu kombinieren, daß sich die Lösung eines größeren Problems ergibt. Zweitens kann die Anzahl der zu lösenden kleinen Probleme unvertretbar groß sein. Es ist noch nicht gelungen, genau anzugeben, welche Probleme mit Hilfe der dynamischen Programmierung in effizienter Weise gelöst werden können; es gibt viele »schwierige« Probleme, für die sie nicht anwendbar zu sein scheint (siehe Kapitel 44 und 45), aber auch viele »leichte« Probleme, für die sie weniger effizient ist als Standardalgorithmen.

Im vorliegenden Kapitel stellen wir mehrere Probleme vor, für die die dynamische Programmierung sehr effizient ist. Diese Probleme erfordern es, nach der »besten« Lösung einer Aufgabe zu suchen. Sie besitzen die generelle Eigenschaft, daß jede Entscheidung, die beider Bestimmung der besten Lösung eines kleinen Teilproblems getroffen wird, eine gute Entscheidung bleibt, wenn dieses Teilproblem zu einem Teil eines umfangreicheren Problems wird.

Das Rucksack-Problem

Ein Dieb, der einen Safe ausraubt, findet in ihm N Typen von Gegenständen unterschiedlicher Größe und unterschiedlichen Werts, hat aber nur einen kleinen Rucksack der Größe M zur Verfügung, um die Gegenstände zu tragen. Das *Rucksack-Problem* besteht darin, diejenige Kombination von Gegenständen zu finden, die der Dieb für seinen Rucksack auswählen sollte, so daß der Gesamtwert der von ihm geraubten Gegenstände maximal wird.

Nehmen wir zum Beispiel an, daß er einen Rucksack mit dem Fassungsvermögen 17 besitzt, und daß der Safe viele Gegenstände der in Abbildung 42.1 dargestellten Größen mit den angegebenen Werten enthält. (Wie üblich verwenden wir für die Gegenstände im Beispiel aus einem Buchstaben bestehende Bezeichnungen und ganzzahlige Indizes in den Programmen, wobei klar ist, daß kompliziertere Bezeichnungen unter Benutzung von Standard-Suchverfahren in ganze Zahlen umgewandelt werden können.) Der Dieb kann dann fünf Gegenstände A (jedoch nicht sechs) mitnehmen, so daß die gesamte Beute den Wert 20 hat, oder er kann seinen Rucksack mit einem D und einem E füllen, was einen Gesamtwert von 24 ergibt, oder er kann viele weitere Kombinationen ausprobieren. Doch für welche Kombination wird der Gesamtwert maximal?

Natürlich gibt es viele Situationen im kommerziellen Bereich, in denen eine Lösung des Rucksack-Problems von Bedeutung sein könnte. Zum Beispiel ist es für eine Reederei von Interesse, die beste Möglichkeit zu kennen, wie ein Lastkraftwagen oder ein Transportflugzeug mit Gütern für die Verschiffung beladen werden kann. Bei

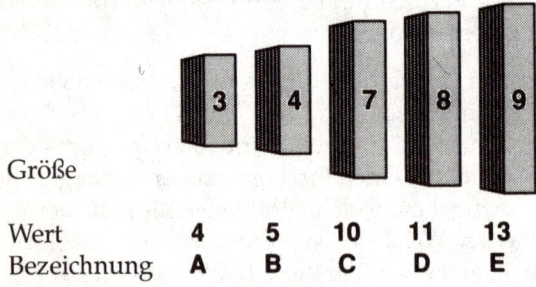

Größe	3	4	7	8	9
Wert	4	5	10	11	13
Bezeichnung	A	B	C	D	E

Abbildung 42.1 Rucksack-Problem.

solchen Anwendungsfällen können auch andere Varianten dieses Problems auftreten: Es könnte zum Beispiel sein, daß von jedem Gegenstand nur eine begrenzte Anzahl vorhanden ist. Für viele solche Varianten ist der gleiche Ansatz geeignet, den wir nunmehr für die Lösung des oben beschriebenen Ausgangsproblems betrachten.

Zur Lösung des Rucksack-Problems mit Hilfe der dynamischen Programmierung berechnen wir die beste Kombination für *alle* Größen eines Rucksacks bis M. Es zeigt sich, daß diese Berechnung in sehr effizienter Weise realisiert werden kann, indem die Operationen in einer zweckmäßigen Reihenfolge ausgeführt werden:

```
for (j = 1; j <= N; j++)
  {
    for (i = 1; i <= M; i++)
      if (i >= size[j])
        if (cost[i] < cost[i-size[j]]+val[j])
          {
            cost[i] = cost[i-size[j]]+val[j];
            best[i] = j;
          }
  }
```

In diesem Programm ist `cost[i]` der größte Wert, der mit einem Rucksack mit dem Fassungsvermögen `i` erzielt werden kann, und `best[i]` ist das letzte Element, das hinzugefügt wurde, um dieses Maximum zu realisieren (wie weiter unten beschrieben wird, wird dieses Element verwendet, um den Inhalt des Rucksacks nachträglich zu bestimmen). Zuerst berechnen wir für alle Größen des Rucksacks den maximalen Wert, wenn nur Elemente vom Typ A verwendet werden, danach berechnen wir den maximalen Wert, wenn nur Elemente A und B verwendet werden, usw. Die Lösung reduziert sich auf eine einfache Berechnung von `cost[i]`. Nehmen wir an, daß ein Element `j` für den Rucksack gewählt wird; dann wäre der beste Gesamtwert, der erzielt werden könnte, `val[j]` (für das Element) plus `cost[i-size[j]]` (um den Rest des Rucksacks aufzufüllen). Wenn dieser Wert den besten Wert übersteigt, der *ohne* ein Element `j` erreicht werden kann, aktualisieren wir `cost[i]` und `best[i]`; andernfalls lassen wir diese Größen unverändert. Ein einfacher Beweis mittels Induktion zeigt, daß das Problem mit dieser Strategie gelöst werden kann.

In Abbildung 42.2 ist die Berechnung für unser Beispiel dargestellt. Das erste Zeilenpaar zeigt den maximalen Wert (den Inhalt der Felder `cost` und `best`), wenn nur Elemente A benutzt werden; das zweite Zeilenpaar zeigt den maximalen Wert, wenn nur Elemente A und B verwendet werden, usw. Der höchste Wert, der mit einem Rucksack der Größe 17 erreicht werden kann, ist 24. Im Verlaufe der Berechnung dieses Ergebnisses haben wir auch viele kleinere Teilprobleme gelöst. Zum Beispiel ist der größte Wert, der mit einem Rucksack der Größe 16 erreicht werden kann, 22, wenn nur Elemente A, B und C verwendet werden.

Der tatsächliche Inhalt des optimalen Rucksacks kann mit Hilfe des Feldes `best` berechnet werden. Per Definition ist `best[M]` in ihm enthalten, und der restliche

k	3	4	5	6	7	8	9	10	11	12	13	14	15	16	17
j=1															
cost[k]	4	4	4	8	8	8	12	12	12	16	16	16	20	20	20
best[k]	A	A	A	A	A	A	A	A	A	A	A	A	A	A	A
j=2															
cost[k]	4	5	5	8	9	10	12	13	14	16	17	18	20	21	22
best[k]	A	B	B	A	B	B	A	B	B	A	B	B	A	B	B
j=3															
cost[k]	4	5	5	8	10	10	12	14	15	16	18	20	20	22	24
best[k]	A	B	B	A	C	B	A	C	C	A	C	C	A	C	C
j=4															
cost[k]	4	5	5	8	10	11	12	14	15	16	18	20	21	22	24
best[k]	A	B	B	A	C	D	A	C	C	A	C	C	D	C	C
j=5															
cost[k]	4	5	5	8	10	11	13	14	15	17	18	20	21	23	24
best[k]	A	B	B	A	C	D	E	C	C	E	C	C	D	E	C

Abbildung 42.2 *Lösung des Rucksack-Problems.*

Inhalt ist der gleiche wie im optimalen Rucksack der Größe M-size[best[M]].
Daher ist best[M-size[best[M]]] im Rucksack enthalten, usw. Für unser Bei-
spiel ist best[17]= C; danach finden wir ein anderes Element vom Typ C bei der
Größe 10, dann ein Element vom Typ A bei der Größe 3.

Eigenschaft 42.1 *Für die Lösung des Rucksack-Problems mit Hilfe der dynamischen
Programmierung wird eine zu NM proportionale Zeit benötigt.*

Dies ergibt sich offensichtlich aus dem Programm. ■

Somit kann das Rucksack-Problem leicht gelöst werden, wenn M nicht groß ist; für
große Fassungsvermögen kann die Laufzeit jedoch unvertretbar groß werden. Ein
weiterer entscheidender Punkt, der nicht übersehen werden darf, ist die Tatsache, daß
das Verfahren überhaupt nicht anwendbar ist, wenn M und die Größen oder Werte
zum Beispiel reelle Zahlen anstatt ganzer Zahlen sind. Dies ist mehr als eine kleine
Unzulänglichkeit: Es ist eine grundlegende Schwierigkeit. Für dieses Problem ist
keine gute Lösung bekannt, und in Kapitel 45 werden wir sehen, daß viele Fachleute
der Ansicht sind, daß keine gute Lösung existiert. Um eine Vorstellung von der
Komplexität dieses Problems zu erhalten, möge der Leser versuchen, einen Fall zu
lösen, bei dem alle Gegenstände den Wert 1 haben, der j-te Gegenstand die Größe
$\sqrt{j}$ hat und M gleich $N/2$ ist.

Wenn jedoch die Fassungsvermögen sowie die Größen und Werte der Gegenstände ganze Zahlen sind, so gilt das grundlegende Prinzip, daß optimale Entscheidungen nicht geändert werden müssen, nachdem sie einmal getroffen wurden. Nachdem wir einmal den besten Weg ermittelt haben, um Rucksäcke einer beliebigen Größe mit den ersten j Gegenständen zu füllen, brauchen wir diese Probleme nicht wieder zu betrachten, gleichgültig, welches die nächsten Gegenstände sind. Jedesmal, wenn dieses allgemeine Prinzip zur Anwendung gebracht werden kann, ist die dynamische Programmierung anwendbar. In diesem Falle führt das Verfahren zum Ziel, da ganzzahlige Größen uns die Möglichkeit geben, exakte, »optimale« Entscheidungen zu treffen.

Bei diesem Algorithmus muß nur wenig Information über frühere optimale Entscheidungen gespeichert werden, falls M nicht groß ist. Bei unterschiedlichen Anwendungen der dynamischen Programmierung sind die diesbezüglichen Anforderungen sehr verschieden; weiter unten betrachten wir weitere Beispiele.

Das Produkt mehrerer Matrizen

Ein klassischer Anwendungsfall der dynamischen Programmierung ist das Problem der Minimierung des Rechenaufwands, der für die Multiplikation einer Reihe von Matrizen unterschiedlicher Dimension erforderlich ist. Derartige Verfahren müssen bei allen Anwendungen berücksichtigt werden, bei denen viele Matrizenoperationen auftreten.

Nehmen wir an, daß die sechs Matrizen

$$\begin{pmatrix} a_{11} & a_{12} \\ a_{21} & a_{22} \\ a_{31} & a_{32} \\ a_{41} & a_{42} \end{pmatrix} \begin{pmatrix} b_{11} & b_{12} & b_{13} \\ b_{21} & b_{22} & b_{23} \end{pmatrix} \begin{pmatrix} c_{11} \\ c_{21} \\ c_{31} \end{pmatrix} (d_{11} \quad d_{12}) \begin{pmatrix} e_{11} & e_{12} \\ e_{21} & e_{22} \end{pmatrix} \begin{pmatrix} f_{11} & f_{12} & f_{13} \\ f_{21} & f_{22} & f_{23} \end{pmatrix}$$

miteinander multipliziert werden sollen. Natürlich muß die Anzahl der Spalten in einer Matrix stets mit der Anzahl der Zeilen in der folgenden Matrix übereinstimmen, damit die Multiplikationen ausführbar sind. Doch die Gesamtzahl der erforderlichen Skalar-Multiplikationen hängt von der Reihenfolge ab, in der die Matrizen multipliziert werden. Zum Beispiel könnten wir von links nach rechts vorgehen: Wenn wir A mit B multiplizieren, erhalten wir nach 24 Skalar-Multiplikationen eine Matrix der Dimension 4×3. Die Multiplikation dieses Ergebnisses mit C liefert nach weiteren 12 Skalar-Multiplikationen eine Matrix der Dimension 4×1. Die Multiplikation dieses Ergebnisses mit D ergibt nach 8 weiteren Skalar-Multiplikationen eine Matrix der Dimension 4×2. Wenn wir in dieser Weise fortfahren, erhalten wir nach insgesamt 84 Skalar-Multiplikationen als Ergebnis eine Matrix der Dimension 4×3. Wenn wir jedoch stattdessen von rechts nach links vorgehen, erhalten wir als Ergebnis die gleiche Matrix der Dimension 4×3 nach nur 69 Skalar-Multiplikationen.

Natürlich sind noch viele andere Reihenfolgen möglich. Die Reihenfolge der Multiplikation kann durch Setzen von Klammern ausgedrückt werden; zum Beispiel entspricht die Reihenfolge von links nach rechts dem Ausdruck (((((AB)C)D)E)F) und die Reihenfolge von rechts nach links dem Ausdruck (A(B(C(D(EF))))). Jedes zulässige Setzen von Klammern führt zum richtigen Ergebnis, doch wann ist die Anzahl der Skalar-Multiplikationen am kleinsten?

Wenn große Matrizen auftreten, können beträchtliche Einsparungen erzielt werden: Wenn zum Beispiel die Matrizen B, C und F im obigen Beispiel jeweils eine Dimension 300 anstelle von 3 besitzen, sind bei der Reihenfolge von links nach rechts 6024 Skalar-Multiplikationen erforderlich, bei der Reihenfolge von rechts nach links dagegen ist die astronomische Zahl von 274.200 Multiplikationen auszuführen. (Bei diesen Berechnungen setzen wir voraus, daß das Standardverfahren zur Multiplikation von Matrizen zur Anwendung kommt. Mit dem Verfahren von Strassen oder einer ähnlichen Methode könnte im Prinzip bei großen Matrizen der Aufwand verringert werden, doch hinsichtlich der Reihenfolge der Multiplikationen gelten die gleichen Überlegungen. Demnach ergibt die Multiplikation einer Matrix der Dimension $p \times q$ mit einer Matrix der Dimension $q \times r$ eine Matrix der Dimension $p \times r$, wobei jedes Element mit Hilfe von q Multiplikationen berechnet wird, so daß insgesamt pqr Multiplikationen ausgeführt werden müssen.)

Nehmen wir für den allgemeinen Fall an, daß N Matrizen miteinander zu multiplizieren sind:

$$M_1 M_2 M_3 \ldots M_N,$$

wobei die Matrizen der Bedingung genügen, daß M_i für $1 \le i < N$ r_i Zeilen und r_{i+1} Spalten aufweist. Unsere Aufgabe besteht darin, diejenige Reihenfolge der Multiplikation der Matrizen zu finden, für die die Gesamtzahl der auszuführenden Skalar-Multiplikationen minimal wird. Sicher ist das Ausprobieren aller möglichen Reihenfolgen unpraktisch. (Die Anzahl der Reihenfolgen ist eine gründlich erforschte kombinatorische Funktion, die *Katalanische Zahl* genannt wird; die Anzahl der Möglichkeiten, N Variablen zu klammern, beträgt ungefähr $4^{N-1}/N \sqrt{\pi N}$.) Doch sicher lohnt es sich, einigen Aufwand zu treiben, um eine gute Lösung zu finden, da N im allgemeinen im Vergleich zur Anzahl der auszuführenden Multiplikationen sehr klein ist.

Wie oben besteht die Lösung dieses Problems mit Hilfe der dynamischen Programmierung darin, »von unten nach oben« vorzugehen und berechnete Lösungen kleiner Teilprobleme zu speichern, um eine wiederholte Berechnung zu vermeiden. Zunächst gibt es jeweils nur eine Möglichkeit, M_1 mit M_2 zu multiplizieren, M_2 mit M_3, ..., M_{N-1} mit M_N; wir speichern diese Kosten. Danach berechnen wir unter Ausnutzung aller bisher berechneten Informationen die beste Möglichkeit, um aufeinanderfolgende Tripel zu multiplizieren, unter Ausnutzung aller bisher berechneten Informationen. Um zum Beispiel die beste Möglichkeit zu ermitteln, $M_1 M_2 M_3$ zu multiplizieren, entnehmen wir zuerst der gespeicherten Tabelle die Kosten der Berechnung von $M_1 M_2$ und addieren dann die Kosten der Multiplikation dieses Ergebnisses mit M_3

dazu. Diese Summe wird mit den Kosten verglichen, die entstehen, wenn zuerst die Multiplikation $M_2 M_3$ ausgeführt und dann mit M_1 multipliziert wird, was auf gleiche Weise berechnet werden kann. Die kleinere dieser Summen wird gespeichert, und ebenso wird mit allen anderen Tripeln verfahren. Anschließend berechnen wir unter Benutzung aller bisher erhaltenen Informationen die beste Möglichkeit, Quadrupel Matrizen zu multiplizieren. Indem wir in dieser Weise fortfahren, finden wir schließlich die beste Möglichkeit, alle Matrizen miteinander zu multiplizieren.

Dies führt zu dem folgenden Programm:

```
for (i = 1; i <= N; i++)
   for (j = i+1; j <= N; j++) cost[i][j] = INT_MAX;
for (i = 1; i <= N; i++) cost[i][i] = 0;
for (j = 1; j < N; j++)
   for (i = 1; i <= N-j; i++)
     for (k = i+1; k <= i+j; k++)
       {
         t = cost[i][k-1]+cost[k][i+j]+r[i]*r[k]*r[i+j+1];
         if (t < cost[i][i+j])
            { cost[i][i+j] = t; best[i][i+j] = k; }
       }
```

Für $1 \leq j \leq N - 1$ ermitteln wir die minimalen Kosten der Berechnung von

$$M_i M_{i+1} \ldots M_{i+j},$$

indem wir für $1 \leq i \leq N{-}j$ und für jedes k zwischen i und $i + j$ die Kosten der Berechnung von $M_i M_{i+1} \ldots M_{k-1}$ und von $M_k M_{k+1} \ldots M_{i+j}$ ermitteln und dann die Kosten addieren, die bei der Multiplikation dieser Ergebnisse entstehen. Da wir stets eine Gruppe in zwei kleinere Gruppen zerlegen, brauchen die minimalen Kosten für die beiden Gruppen nur aus einer Tabelle entnommen und nicht neu berechnet zu werden. Hierbei gibt cost[l][r] die minimalen Kosten der Berechnung von $M_l M_{l+1} \ldots M_r$ an; die Kosten für die erste oben angegebene Gruppe betragen cost[i][k-1], die Kosten für die zweite Gruppe cost[k][i+j]. Die Kosten der abschließenden Multiplikation lassen sich leicht bestimmen: $M_i M_{i+1} \ldots M_{k-1}$ ist eine Matrix der Dimension $r_i \times r_k$, und $M_k M_{k+1} \ldots M_{i+j}$ ist eine Matrix der Dimension $r_k \times r_{i+j+1}$, so daß die Kosten der Multiplikation dieser beiden Matrizen $r_i r_k r_{i+j+1}$ betragen. Auf diese Weise berechnet das Programm cost[i][i+j] für $1 \leq i \leq N{-}j$, wobei j von 1 bis N-1 wächst. Wenn wir $j = N - 1$ erreichen (und $i = 1$), haben wir die gesuchten minimalen Kosten der Berechnung von $M_1 M_2 \ldots M_N$ gefunden.

Wie oben müssen wir die getroffenen Entscheidungen in einem getrennten Feld *best* registrieren, um sie später, wenn die tatsächliche Folge der Multiplikationen erzeugt werden soll, wieder bestimmen zu können. Das folgende Programm stellt die Implementation dieses Prozesses der Ermittlung der optimalen Anordnung der Klammern anhand der mit Hilfe des obigen Programms berechneten Felder cost und best dar:

```
order(int i, int j)
  {
    if (i == j) printf("%c ", name(i)); else
      {
        printf("(");
        order(i, best[i][j]-1); order(best[i][j], j);
        printf(")");
      }
  }
```

Die Tabelle in Abbildung 42.3 zeigt den Ablauf dieser Programme für das oben angegebene Beispiel. Sie gibt die Gesamtkosten und die optimale »letzte« Multiplikation für jede Teilfolge in der Liste der Matrizen an. Zum Beispiel besagt die Eintragung in der Zeile A und der Spalte F, daß 36 Skalar-Multiplikationen erforderlich sind, um die Matrizen A bis F miteinander zu multiplizieren, und daß dies erreicht werden kann, indem A bis C auf optimale Weise multipliziert werden, dann D bis F auf optimale Weise multipliziert werden und danach die erhaltenen Matrizen miteinander multipliziert werden. Nur D ist wirklich in dem Feld best enthalten; die vollständigen optimalen Zerlegungen sind der Klarheit wegen im Schema angegeben. Um festzustellen, wie A bis C auf optimale Weise zu multiplizieren sind, suchen wir in Zeile A und Spalte C usw. Für unser Beispiel ist die ermittelte Anordnung der Klammern ((A(BC))((DE)F)), wofür wie erwähnt nur 36 Skalar-Multiplikationen benötigt werden. Für das weiter oben betrachtete Beispiel, bei dem die Dimensionen 3 in B, C und F in 300 umgeändert wurden, ist die gleiche Anordnung der Klammern optimal, wobei 2412 Skalar-Multiplikationen erforderlich sind.

	B	C	D	E	F
A	24	14	22	26	36
	[A][B]	[A][BC]	[ABC][D]	[ABC][DE]	[ABC][DEF]
B		6	10	14	22
		[B][C]	[BC][D]	[BC][DE]	[BC][DEF]
C			6	10	19
			[C][D]	[C][DE]	[C][DEF]
D				4	10
				[D][E]	[DE][F]
E					12
					[E][F]

Abbildung 42.3 *Lösung des Problems der Multiplikation mehrerer Matrizen.*

Eigenschaft 42.2 *Mit Hilfe der dynamischen Programmierung kann das Problem der Multiplikation mehrerer Matrizen in einer zu N^3 proportionalen Zeit und mit einem zu N^2 proportionalen Speicheraufwand gelöst werden.*

Auch dies folgt unmittelbar aus der Betrachtung des Programms. Insbesondere ist der Speicheraufwand wesentlich größer als beim Rucksack-Problem. Der Aufwand an Zeit und Speicherplatz für die Bestimmung des Optimums dürften jedoch im Vergleich zu den erzielten Einsparungen praktisch vernachlässigbar sein. ∎

Optimale binäre Suchbäume

Bei vielen Suchanwendungen ist bekannt, daß die Suchschlüssel mit stark variierenden Häufigkeiten auftreten können. Zum Beispiel wird ein Programm, das die Schreibweise von Wörtern in einem deutschen Text prüft, wahrscheinlich viel öfter nach Wörtern wie »und« und »der« suchen, als nach Wörtern wie »dynamisch« und »Programmierung«. In ähnlicher Weise wird ein C-Compiler sicher weit häufiger Schlüsselwörter wie »if« und »for« aufsuchen, als »goto« oder »main«. Wenn Suche in einem Binärbaum angewandt wird, ist es natürlich vorteilhaft, die am häufigsten gesuchten Schlüssel in der Nähe der Spitze des Baumes anzuordnen. Um zu bestimmen, wie die Schlüssel im Baum anzuordnen sind, so daß die Gesamtkosten der Suche minimiert werden, kann ein Algorithmus der dynamischen Programmierung benutzt werden.

Jeder Knoten in dem binären Suchbaum in Abbildung 42.4 ist mit einer ganzen Zahl gekennzeichnet, von der angenommen wird, daß sie der Häufigkeit des Zugriffs auf diesen Knoten entspricht. Das heißt, daß zu erwarten ist, daß bei jeweils 18 Suchvorgängen in diesem Baum viermal nach A gesucht wird, zweimal nach B, einmal nach C usw. Bei jedem der vier Suchvorgänge, die A betreffen, sind zwei Zugriffe auf Knoten erforderlich, bei jedem der zwei Suchvorgänge, die B betreffen, drei Zugriffe auf Knoten usw. Wir können ein Maß für die »Kosten« des Baumes berechnen, indem wir einfach die jedem Knoten zugeordnete Häufigkeit mit seinem Abstand von der Wurzel multiplizieren und dann die Summe dieser Produkte bilden. Dies ist die *gewichtete innere Pfadlänge* des Baumes. Für den Baum in Abbildung 42.4 beträgt die

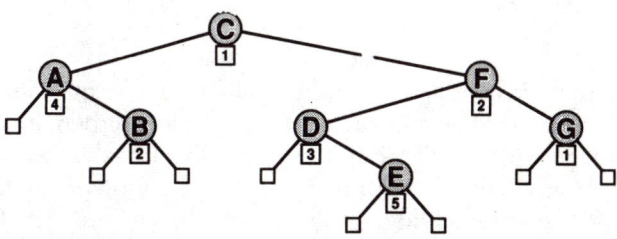

Abbildung 42.4 Ein binärer Suchbaum mit Häufigkeiten.

gewichtete innere Pfadlänge $4*2 + 2*3 + 1*1 + 3*3 + 5*4 + 2*2 + 1*3 = 51$. Wir möchten für die gegebenen Schlüssel mit den gegebenen Häufigkeiten den binären Suchbaum bestimmen, der unter allen solchen Bäumen die kleinste innere Pfadlänge besitzt.

Dieses Problem weist Ähnlichkeiten zu dem Problem der Minimierung der gewichteten äußeren Pfadlänge auf, das wir bei der Betrachtung der Huffman-Kodierung untersucht haben (Kapitel 22). Bei der Huffman-Kodierung war es jedoch nicht erforderlich, die Reihenfolge der Schlüssel beizubehalten; bei dem binären Suchbaum müssen wir die Eigenschaft erhalten, daß alle links von der Wurzel befindlichen Knoten Schlüssel besitzen, die kleiner sind usw. Diese Forderung bewirkt, daß das Problem dem oben betrachteten Problem der Multiplikation mehrerer Matrizen sehr ähnlich ist; es kann praktisch das gleiche Programm verwendet werden.

Nehmen wir also an, daß eine Menge von Suchschlüsseln $K_1 < K_2 < \ldots < K_N$ und eine Menge von zugehörigen Häufigkeiten $r_0, r_1, \ldots, r_N$ gegeben sind, wobei r_i die vermutete Häufigkeit des Zugriffs auf den Schlüssel K_i ist. Wir möchten den binären Suchbaum bestimmen, für den die über alle Schlüssel gebildete Summe der Produkte dieser Häufigkeiten mit den Abständen des Schlüssels von der Wurzel (den Kosten des Zugriffs auf den entsprechenden Knoten) minimal wird.

Der Zugang zu diesem Problem mittels dynamischer Programmierung besteht darin, der Reihe nach für jedes j von 1 bis $N-1$ die beste Möglichkeit zu berechnen, einen Unterbaum zu erzeugen, der $K_i, K_{i+1}, \ldots, K_{i+j}$ für $1 \leq i \leq N - j$ enthält:

```
for (i = 1; i <= N; i++)
  for (j = i+1; j <= N+1; j++) cost[i][j] = INT_MAX;
for (i = 1; i <= N; i++) cost[i][i] = f[i];
for (i = 1; i <= N+1; i++) cost[i][i-1] = 0;
for (j = 1; j <= N-1; j++)
  for (i = 1; i <= N-j; i++)
    {
      for (k = i; k <= i+j; k++)
        {
          t = cost[i][k-1]+cost[k+1][i+j];
          if (t < cost[i][i+j])
            { cost[i][i+j] = t; best[i][i+j] = k; }
        }
      for (k = i; k <= i+j; cost[i][i+j] += f[k++]) ;
    }
```

Für jedes j wird die Berechnung ausgeführt, indem jeder Knoten als Wurzel ausprobiert wird und im voraus berechnete Werte verwendet werden, um die beste Möglichkeit zur Erzeugung der Unterbäume zu ermitteln. Für jedes k zwischen i und $i + j$ möchten wir den optimalen Baum mit K_k als Wurzel finden, der $K_i, K_{i+1}, \ldots, K_{i+j}$ enthält. Dieser Baum wird gebildet, indem der optimale Baum für $K_i, K_{i+1}, \ldots, K_{k-1}$ als der linke Unterbaum und der optimale Baum für $K_{k+1}, K_{k+2}, \ldots, K_{i+j}$ als der rechte Unterbaum verwendet wird. Die innere Pfadlänge dieses Baumes ist gleich der

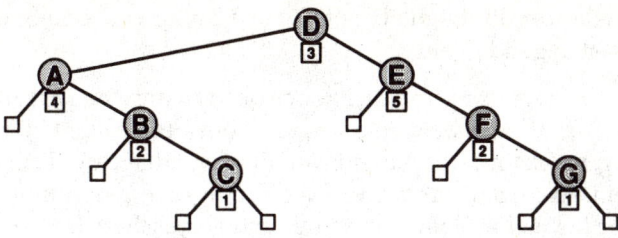

Abbildung 42.5 *Optimaler binärer Suchbaum.*

Summe der inneren Pfadlängen der beiden Unterbäume und der Summe der Häufigkeiten für alle Knoten (da jeder Knoten in dem neuen Baum einen Schritt weiter von der Wurzel entfernt ist).

Beachten Sie, daß die Summe aller Häufigkeiten jedesmal zu den Kosten addiert wird, weshalb sie für die Bestimmung des Minimums nicht benötigt wird. Weiterhin muß `cost[i][i-1]=0` gelten, um die Möglichkeit zu berücksichtigen, daß ein Knoten nur einen Nachfolger hat (beim Problem der Multiplikation mehrerer Matrizen gab es keine analoge Möglichkeit).

Wie zuvor ist ein kurzes rekursives Programm erforderlich, um anhand des mit Hilfe des Programms berechneten Feldes *best* den eigentlichen Baum zu rekonstruieren. Abbildung 42.5 zeigt den für den Baum in Abbildung 42.4 berechneten optimalen Baum. Die gewichtete innere Pfadlänge dieses Baums ist 41.

Eigenschaft 42.3 *Das Verfahren der dynamischen Programmierung zur Bestimmung eines optimalen binären Suchbaums erfordert eine zu N^3 proportionale Zeit und einen zu N^2 proportionalen Speicherplatz.*

Der Algorithmus arbeitet wieder mit einer Matrix der Größe N^2 und benötigt für jedes Element eine zu N proportionale Zeit. In Wirklichkeit ist es in diesem Falle möglich, die erforderliche Zeit auf N^2 zu reduzieren, indem man die Tatsache ausnutzt, daß die optimale Position für die Wurzel eines Baumes nicht zu weit von der optimalen Position für die Wurzel eines etwas kleineren Baumes entfernt sein kann, so daß k in dem obigen Programm nicht alle Werte von i bis $i + j$ durchlaufen muß. ■

Zeit- und Speicheraufwand

Aus den obigen Beispielen ist ersichtlich, daß der Aufwand an Zeit und Speicherplatz für Anwendungen der dynamischen Programmierung in Abhängigkeit von der Informationsmenge über kleine Teilprobleme sehr unterschiedlich sein kann. Für den Algorithmus der kürzesten Pfade wird kein zusätzlicher Speicherplatz benötigt; für das Rucksack-Problem ist ein zu der Größe des Rucksacks proportionaler Speicherplatz erforderlich; für die übrigen Probleme wird ein zu N^2 proportionaler Speicherplatz benötigt. Jedes der Probleme benötigt zur Lösung eine den Speicherplatz um den Faktor N übersteigende Zeit.

Das Spektrum der Anwendungsmöglichkeiten der dynamischen Programmierung ist weit umfangreicher, als die Beispiele zeigen. Vom Standpunkt der dynamischen Programmierung aus kann die Rekursion auf der Grundlage des Prinzips »Teile und Herrsche« als ein Spezialfall betrachtet werden, in dem eine minimale Menge an Information über kleine Probleme berechnet und gespeichert werden muß, und die erschöpfende Suche (das wir in Kapitel 44 betrachten) kann als ein Spezialfall angesehen werden, in dem eine maximale Menge an Information über kleine Probleme berechnet und gespeichert werden muß. Die dynamische Programmierung ist eine in vielerlei Gestalt auftretende natürliche Methode der Entwicklung von Lösungsverfahren für Probleme aus diesem Bereich.

Übungen

1. In dem für das Rucksack-Problem angegebenen Beispiel sind die Gegenstände ihrer Größe nach sortiert. Führt der Algorithmus auch dann noch zum Ziel, wenn sie in beliebiger Reihenfolge angeordnet sind?

2. Modifizieren Sie das Programm für das Rucksack-Problem dahingehend, daß eine weitere Nebenbedingung berücksichtigt wird, die durch ein Feld definiert ist, das die Anzahl der von jedem Typ verfügbaren Gegenstände enthält.

3. Was würde das Programm für das Rucksack-Problem liefern, wenn einer der Werte negativ wäre?

4. Ist folgende Aussage wahr oder falsch: Wenn bei einer Multiplikation mehrerer Matrizen eine Multiplikation einer Matrix der Dimension $1 \times k$ mit einer Matrix der Dimension $k \times 1$ auftritt, so existiert eine optimale Lösung, für die diese Multiplikation die letzte ist. Begründen Sie Ihre Antwort.

5. Erstellen Sie ein Programm zum Auffinden der *zweitbesten* Möglichkeit der Multiplikation mehrerer Matrizen.

6. Skizzieren Sie den optimalen Suchbaum für das Beispiel aus dem vorliegenden Kapitel, wobei jedoch alle Häufigkeiten um eins erhöht seien.

7. Erstellen Sie das Programm für die Erzeugung des optimalen binären Suchbaums.

8. Angenommen, für eine gewisse Menge von Schlüsseln und Häufigkeiten wurde der optimale binäre Suchbaum berechnet, und eine Häufigkeit wurde um eins erhöht. Erstellen Sie ein Programm zur Berechnung des neuen optimalen Baums.

9. Warum kann das Rucksack-Problem nicht in der gleichen Weise gelöst werden wie die Probleme der Multiplikation mehrerer Matrizen und des optimalen binären Suchbaums: durch Minimieren der Summe aus dem besten erreichbaren Wert für einen Rucksack der Größe k und dem besten erreichbaren Wert für einen Rucksack der Größe M − k über k von 1 bis M?

10. Erweitern Sie das Programm für das Problem der kürzesten Pfade dahingehend, daß eine Prozedur paths(int i, int j) eingefügt wird, die ein Feld path mit dem kürzesten Pfad von i nach j belegt. Diese Prozedur sollte jedesmal, wenn sie aufgerufen wird, eine der Länge des Pfades proportionale Zeit erfordern, wobei eine Hilfs-Datenstruktur benutzt wird, die mit Hilfe einer modifizierten Variante des in Kapitel 32 angegebenen Programms erzeugt wird.

Kapitel 43

Lineare Programmierung

Bei vielen praktischen Problemen treten komplizierte Wechselwirkungen zwischen einer Reihe veränderlicher Größen auf. Ein Beispiel dafür ist das in Kapitel 33 betrachtete Problem des Flusses in einem Netzwerk: Die Strömungen in den verschiedenen Rohren müssen im gesamten Netzwerk physikalischen Gesetzen gehorchen. Ein anderes Beispiel ist die Planung des zeitlichen Ablaufs verschiedener Aufgaben in einem Produktionsprozeß unter Berücksichtigung von Lieferterminen, Prioritäten usw. Sehr oft ist es möglich, eine exakte mathematische Formulierung zu entwickeln, die die auftretenden Wechselwirkungen erfaßt und das vorliegende Problem auf ein einfacheres mathematisches Problem zurückführt. Dieser Prozeß der Gewinnung einer Menge mathematischer Gleichungen, deren Lösung die Lösung eines gegebenen praktischen Problems nach sich zieht, wird *mathematische Programmierung (Optimierung)* genannt. Wie in Kapitel 42 bezeichnet der Begriff »Programmierung« hierbei wieder den Prozeß der Auswahl der Variablen und der Aufstellung der Gleichungen in der Weise, daß eine Lösung der Gleichungen einer Lösung des Problems entspricht. Im vorliegenden Kapitel betrachten wir einen grundlegenden Typ der mathematischen Programmierung, die *lineare Programmierung (lineare Optimierung)*, sowie einen effizienten Algorithmus zur Lösung linearer Optimierungsaufgaben, die *Simplexmethode*.

Die lineare Programmierung und die Simplexmethode sind von fundamentaler Bedeutung, da eine große Anzahl wichtiger Probleme eine Formulierung als lineare Optimierungsaufgabe gestattet und eine effiziente Lösung mit Hilfe der Simplexmethode ermöglicht. Für einige spezielle Probleme sind noch bessere Algorithmen bekannt, doch wenige Verfahren für die Lösung von Problemen sind so vielfältig anwendbar wie die Formulierung des Problems als lineare Optimierungsaufgabe und der anschließenden Berechnung der Lösung unter Anwendung der Simplexmethode. Eine Bibliotheksroutine für die Simplexmethode kann ein unverzichtbares Werkzeug für die Behandlung komplexer Probleme sein.

Die lineare Programmierung ist ein sehr gründlich erforschtes Gebiet, und ein volles Verständnis aller damit zusammenhängenden Fragen erfordert eine mathematische Vorbildung, die weit umfangreicher ist, als für dieses Buch vorausgesetzt wird.

Andererseits sind einige Grundideen leicht verständlich, und wie wir sehen werden, ist der eigentliche Simplex-Algorithmus nicht schwer zu implementieren. Wie im Falle der schnellen Fourier-Transformation in Kapitel 41 besteht unsere Absicht nicht darin, eine vollständige, praktisch anwendbare Implementation bereitzustellen, sondern vielmehr darin, einige der grundlegenden Eigenschaften des Algorithmus und seine Beziehung zu anderen von uns betrachteten Algorithmen kennenzulernen.

Lineare Optimierungsaufgaben

Bei mathematischen Optimierungsaufgaben liegt eine Menge von *Variablen* vor, die durch eine Menge mathematischer Gleichungen (*Nebenbedingungen*) miteinander verknüpft sind, und eine die Variablen enthaltende *Zielfunktion*, die unter Beachtung der Nebenbedingungen zu maximieren ist. Falls alle auftretenden Gleichungen einfach Linearkombinationen der Variablen sind, liegt der von uns betrachtete Spezialfall vor, den wir als *lineare Programmierung* bezeichnen.

Die folgende lineare Optimierungsaufgabe entspricht dem Problem des Flusses in einem Netzwerk aus Kapitel 33.

Maximiere $x_{AB} + x_{AD}$
unter Berücksichtigung der Nebenbedingungen

$$x_{AB} \leq 6 \qquad x_{CD} \leq 3$$
$$x_{AC} \leq 8 \qquad x_{CE} \leq 3$$
$$x_{BD} \leq 6 \qquad x_{DF} \leq 8$$
$$x_{BE} \leq 3 \qquad x_{EF} \leq 6$$

$$x_{BD} + x_{BE} = x_{AB},$$
$$x_{CD} + x_{CE} = x_{AC},$$
$$x_{BD} + x_{CD} = x_{DF},$$
$$x_{BE} + x_{CE} = x_{EF},$$

$$x_{AB}, x_{AC}, x_{BD}, x_{BE}, x_{CD}, x_{CE}, x_{DF}, x_{EF} \geq 0.$$

Dem Fluß in jedem der Rohre entspricht eine Variable in dieser linearen Optimierungsaufgabe. Diese Variablen genügen zweierlei Beziehungen: Ungleichungen, die den Nebenbedingungen bezüglich der Durchlaßfähigkeit der Rohre entsprechen, und Gleichungen, die den Nebenbedingungen für den Fluß an jeder der Verzweigungsstellen entsprechen. So besagt zum Beispiel die Ungleichung $x_{AB} \leq 8$, daß das Rohr AB die Durchlaßfähigkeit 8 hat, und die Gleichung $x_{BD} + x_{BE} = x_{AB}$ besagt, daß die an der Verzweigungsstelle B hinausfließende Menge gleich der hineinfließenden Menge sein muß. Wir bemerken, daß alle Gleichungen zusammen die implizite Nebenbedingung $x_{AB} + x_{AC} = x_{DF} + x_{EF}$ ergeben, welche besagt, daß für das gesamte Netzwerk die hineinfließende Menge gleich der hinausfließenden Menge sein muß. Natürlich müssen darüberhinaus alle Durchflußmengen positiv sein.

Dies ist offensichtlich eine mathematische Formulierung des Problems des Flusses in einem Netzwerk: Eine Lösung dieses speziellen mathematischen Problems ist eine Lösung für das spezielle Beispiel des Problems des Flusses in einem Netzwerk. Das Wesentliche bei diesem Beispiel ist nicht etwa, daß die lineare Programmierung einen besseren Algorithmus für dieses spezielle Problem gäbe, sondern daß die lineare Programmierung eine sehr allgemeine Methode ist, die auf eine Vielzahl von Problemen angewandt werden kann. Wenn wir etwa das Problem des Flusses in einem Netzwerk dahingehend zu verallgemeinern hätten, daß neben den Durchlaßfähigkeiten zum Beispiel auch Kosten zu berücksichtigen sind, würde die Formulierung als lineare Optimierungsaufgabe nicht viel anders aussehen, obwohl eine Lösung des Problems auf direktem Wege bedeutend komplizierter sein könnte.

Lineare Optimierungsaufgaben sind nicht nur sehr aussagekräftig, sondern es existiert auch ein Algorithmus für ihre Lösung (der Simplex-Algorithmus), der sich für viele in der Praxis auftretende Probleme als sehr effizient erwiesen hat. Für manche Probleme (wie das des Flusses in einem Netzwerk) existiert möglicherweise ein speziell auf dieses Problem zugeschnittener Algorithmus, der leistungsfähiger ist als die lineare Programmierung/Simplexmethode; für andere Probleme (einschließlich verschiedener Verallgemeinerungen des Flusses in einem Netzwerk) sind keine besseren Algorithmen bekannt. Sogar dann, wenn ein besserer Algorithmus existiert, kann es sein, daß seine Implementation aufwendig oder kompliziert ist, während der Prozeß der Formulierung einer linearen Optimierungsaufgabe und ihrer Lösung mit Hilfe einer Bibliotheksroutine für die Simplexmethode oft sehr einfach ist. Dieser universelle Aspekt der Methode macht sie sehr attraktiv und war die Ursache dafür, daß sie weite Verbreitung fand. Wenn man sich jedoch zu sehr auf sie verläßt, besteht die Gefahr, daß sie für einige einfache Probleme (zum Beispiel für viele der in diesem Buch untersuchten) zu ineffizienten Lösungen führt.

Geometrische Interpretation

Lineare Optimierungsaufgaben gestatten eine geometrische Interpretation. Die folgende lineare Optimierungsaufgabe kann leicht veranschaulicht werden, da nur zwei Variablen auftreten:

Maximiere $x_1 + x_2$
unter Berücksichtigung der Nebenbedingungen

$$
\begin{aligned}
-x_1 + x_2 &\leq 5, \\
x_1 + 4x_2 &\leq 45, \\
2x_1 + x_2 &\leq 27, \\
3x_1 - 4x_2 &\leq 24, \\
x_1, x_2 &\geq 0.
\end{aligned}
$$

Diese lineare Optimierungsaufgabe entspricht der in Abbildung 43.1 dargestellten geometrischen Situation. Jede Ungleichung definiert eine Halbebene, in der jede

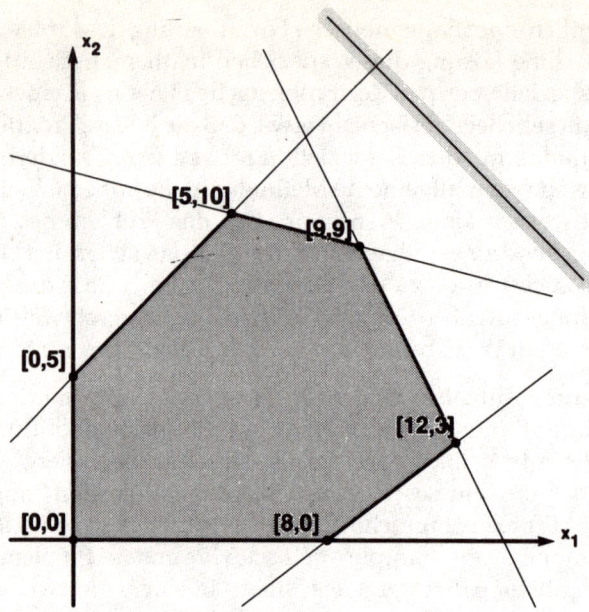

Abbildung 43.1 Ein zweidimensionales Simplex.

Lösung der linearen Optimierungsaufgabe liegen muß. Zum Beispiel bedeutet $x_1 \geq 0$, daß jede Lösung der x_2-Achse liegen muß, und $-x_1 + x_2 \leq 5$ bedeutet, daß jede Lösung unterhalb und rechts von der Geraden $-x_1 + x_2 = 5$ liegen muß (die durch (0, 5) und (5, 10) verläuft). Jede Lösung der linearen Optimierungsaufgabe muß *allen* diesen Neben-bedingungen genügen, so daß das durch die Schnittmenge aller dieser Halbebenen definierte Gebiet (in der Abbildung schattiert) die Menge aller möglichen Lösungen darstellt. Um die lineare Optimierungsaufgabe zu lösen, müssen wir denjenigen Punkt innerhalb dieses Gebiets finden, für den die Zielfunktion maximal wird.

Ein Gebiet, das als Schnitt von Halbebenen definiert ist, ist immer konvex (diese Tatsache ist uns bereits aus einer der Definitionen der konvexen Hülle in Kapitel 25 bekannt). Dieses konvexe Gebiet, das *Simplex* genannt wird, bildet die Grundlage für einen Algorithmus zur Bestimmung der Lösung der linearen Optimierungsaufgabe, für die die Zielfunktion ihren maximalen Wert annimmt.

Eine grundlegende Eigenschaft des mit Hilfe dieses Algorithmus untersuchten Sim-plex besteht darin, daß die Zielfunktion ihr Maximum in einem der Eckpunkte des Simplex annimmt; daher brauchen nur die Eckpunkte untersucht zu werden und nicht alle Punkte im Inneren. Um zu sehen, warum das so ist, betrachten wir die durch eine Schattierung gekennzeichnete Gerade im rechten oberen Teil von Abbildung 43.1, die der Zielfunktion entspricht. Die Zielfunktion kann man sich in der Weise vorstellen, daß sie eine Gerade mit bekannter Steigung (in diesem Falle −1) und unbekannter Lage definiert. Uns interessiert der Punkt, in dem die Gerade erstmals das Simplex berührt, wenn sie sich aus dem Unendlichen nähert. Dieser Punkt ist die Lösung der linearen Optimierungsaufgabe: Er genügt allen Ungleichungen, da er dem Simplex angehört, und er maximiert die Zielfunktion, da keine Punkte mit größeren Werten angetroffen wurden. In unserem Beispiel berührt die Gerade das Simplex im Punkt (9, 9), für den die Zielfunktion den maximalen Wert 18 annimmt.

Andere Zielfunktionen entsprechen Geraden mit anderen Steigungen, das Maximum wird jedoch stets in einem der Eckpunkte des Simplex angenommen. Der Algorithmus, den wir weiter unten betrachten, ist eine systematische Methode, wie man sich von einem Eckpunkt zum nächsten bewegen kann, um das Maximum zu finden. Bei zwei Dimensionen gibt es nicht viele Auswahlmöglichkeiten, doch wie wir sehen werden, ist das Simplex ein wesentlich komplizierteres Gebilde, wenn mehr Variablen vorhanden sind.

Anhand Abbildung 43.1 kann man auch erkennen, warum die Behandlung mathematischer Optimierungsaufgaben, bei denen nichtlineare Funktionen auftreten, bedeutend komplizierter ist. Wenn zum Beispiel die Zielfunktion nichtlinear ist, kann es sich um eine Kurve handeln, die das Simplex an einer seiner Seiten und nicht in einem Eckpunkt berührt. Falls die Ungleichungen ebenfalls nichtlinear sind, können anstelle des Simplex sehr komplizierte geometrische Formen auftreten.

Aus der geometrischen Veranschaulichung wird deutlich, daß verschiedene anomale Situationen eintreten können. Nehmen wir zum Beispiel an, daß wir der linearen Optimierungsaufgabe in dem obigen Beispiel die Ungleichung $x_1 \geq 13$ hinzufügen. Aus Abbildung 43.1 ist dann ersichtlich, daß in diesem Fall der Schnitt der Halbebenen leer ist. Eine solche lineare Optimierungsaufgabe heißt *unlösbar*: Es existieren keine Punkte, die den Ungleichungen genügen, so daß sich die Frage nach Punkten, die die Zielfunktion maximieren, erübrigt. Dagegen ist die Ungleichung $x_1 \leq 13$ *redundant*: Das Simplex ist vollständig in dieser Halbebene enthalten, so daß diese Ungleichung nicht an der Darstellung des Simplex beteiligt ist. Redundante Ungleichungen beeinflussen die Lösung keineswegs, müssen jedoch im Verlaufe der Suche nach der Lösung mit betrachtet werden.

Ein ernsthafteres Problem besteht darin, daß das Simplex ein offenes (unbeschränktes) Gebiet sein kann; in diesem Fall ist es möglich, daß die Lösung nicht wohldefiniert ist. Dieser Fall würde in unserem Beispiel dann eintreten, wenn die zweite und dritte Ungleichung weggelassen würden. Auch wenn das Simplex unbeschränkt ist, ist es möglich, daß für gewisse Zielfunktionen die Lösung wohldefiniert ist, doch ein Algorithmus zu ihrer Ermittlung könnte beträchtliche Schwierigkeiten haben, das unbeschränkte Gebiet zu umgehen.

Es muß unterstrichen werden, daß diese Probleme, auch wenn sie im Falle von zwei Variablen und nur wenigen Ungleichungen sehr leicht zu erkennen sind, für ein allgemeines Problem mit vielen Variablen und Ungleichungen weit weniger offensichtlich sind. Tatsächlich verursacht die Ermittlung dieser anomalen Situationen einen beträchtlichen Teil des numerischen Aufwands bei der Lösung linearer Optimierungsaufgaben.

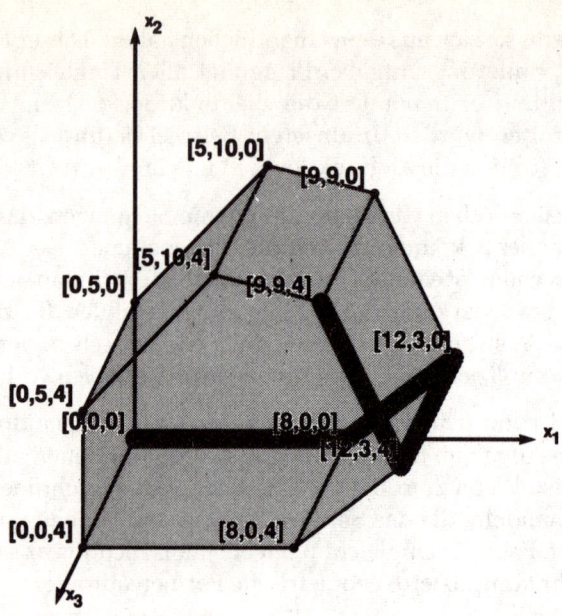

Abbildung 43.2 Ein dreidimensionales Simplex.

Die gleiche geometrische Interpretation ist für mehrere Variablen möglich. Im dreidimensionalen Fall ist das Simplex ein konvexer dreidimensionaler Körper, der als Schnittmenge von Halbräumen gebildet wird, die durch die Ebenen definiert sind, deren Gleichungen man erhält, wenn man die Ungleichungen in Gleichungen umwandelt. Wenn wir zum Beispiel zu der obigen linearen Optimierungsaufgabe die Ungleichungen $x_3 \leq 4$ und $x_3 \geq 0$ hinzufügen, entsteht als Simplex der in Abbildung 43.2 dargestellte Körper.

Um den dreidimensionalen Charakter des Beispiels zu verstärken, nehmen wir an, daß wir die Zielfunktion in $x_1 + x_2 + x_3$ abändern. Dadurch wird eine Ebene definiert, die senkrecht zu der Geraden $x_1 = x_2 = x_3$ verläuft. Wenn sich eine Ebene längs dieser Geraden vom Unendlichen her nähert, berührt sie das Simplex im Punkt (9, 9, 4), welcher die Lösung ist. (In Abbildung 43.2 ist außerdem noch ein Pfad entlang der Eckpunkte des Simplex von (0, 0, 0) zur Lösung dargestellt, der für die Bezugnahme in der nachfolgenden Beschreibung des Algorithmus bestimmt ist.)

Im n-dimensionalen Fall bilden wir die Schnittmenge von Halbräumen, die durch $(n-1)$-dimensionale Hyperebenen definiert sind, um das n-dimensionale Simplex zu definieren, und nähern eine $(n-1)$-dimensionale Hyperebene vom Unendlichen her, welche das Simplex in dem Punkt berührt, der der Lösung entspricht. Wie bereits erwähnt wurde, besteht die Gefahr einer zu starken Vereinfachung, wenn wir uns auf die intuitiv vorstellbaren zwei- und dreidimensionalen Situationen konzentrieren, doch Beweise der obengenannten, Konvexität, Schnitte von Hyperebenen usw. betreffenden Tatsachen erfordern eine Vertrautheit mit linearer Algebra, die für dieses Buch nicht vorausgesetzt wird. Dennoch ist die geometrische Intuition wertvoll, da sie uns helfen kann, die Hauptmerkmale der grundlegenden Methode zu verstehen, die in der Praxis für die Lösung von Problemen höherer Dimension angewandt wird.

Die Simplexmethode

Die *Simplexmethode* ist die üblicherweise verwendete Bezeichnung zur Beschreibung eines allgemeinen Ansatzes für die Lösung linearer Optimierungsaufgaben unter Anwendung des Pivotierens, der gleichen grundlegenden Operation, die beim Gaußschen Eliminationsverfahren benutzt wurde. Es erweist sich, daß das Pivotieren in natürlicher Weise der geometrischen Operation der Bewegung von einem Eckpunkt des Simplex zum anderen bei der Suche nach der Lösung entspricht. Die verschiedenen Algorithmen, die gewöhnlich angewandt werden, unterscheiden sich in wesentlichen Details, die mit der Reihenfolge zusammenhängen, in der die Eckpunkte des Simplex durchsucht werden. Das heißt, daß der gut bekannte »Algorithmus« für dieses Problem exakter als eine generische Methode beschrieben werden kann, die sich auf mehrere verschiedene Weisen verbessern läßt. Diese Situation lag schon früher hin und wieder vor, zum Beispiel beim Gaußschen Eliminationsverfahren (Kapitel 37) oder beim Algorithmus von Ford-Fulkerson (Kapitel 33).

Zunächst einmal ist klar, daß lineare Optimierungsaufgaben in vielen verschiedenen Formen vorliegen können. Zum Beispiel enthält die obige lineare Optimierungsaufgabe für das Problem des Flusses in einem Netzwerk sowohl Gleichungen als auch Ungleichungen, während in den obigen geometrischen Beispielen nur Ungleichungen auftreten. Es ist zweckmäßig, die Anzahl der Möglichkeiten etwas zu verringern, indem man fordert, daß alle linearen Optimierungsaufgaben in der gleichen *Standardform* formuliert werden müssen. Bei dieser sind alle Beziehungen Gleichungen, mit Ausnahme von je einer Ungleichung für jede Variable, die aussagt, daß sie nichtnegativ ist. Dies mag zunächst als eine starke Einschränkung erscheinen, doch in Wirklichkeit ist es nicht schwer, allgemeine lineare Optimierungsaufgaben in diese Standardform umzuwandeln. Die folgende lineare Optimierungsaufgabe ist die Standardform für das in Abbildung 43.2 angegebene dreidimensionale Beispiel:

Maximiere $x_1 + x_2 + x_3$
unter Berücksichtigung der Nebenbedingungen

$$-x_1 + x_2 + y_1 = 5$$
$$x_1 + 4x_2 + y_2 = 45$$
$$2x_1 + x_2 + y_3 = 27$$
$$3x_1 - 4x_2 + y_4 = 24$$
$$x_3 + y_5 = 4$$
$$x_1, x_2, x_3, y_1, y_2, y_3, y_4, y_5 \geq 0.$$

Jede Ungleichung, in der mehr als eine Variable auftritt, wird durch Aufnahme einer neuen Variablen in eine Gleichung umgewandelt. Die Variablen y werden *Schlupf*variable genannt, da sie den Spielraum (Schlupf) ausdrücken, den die Ungleichung gestattet. Jede Ungleichung, die nur eine Variable enthält, kann durch einfaches Umbenennen der Variablen in die standardmäßige Nichtnegativitätsbedingung umgewandelt werden. Zum Beispiel könnte eine Nebenbedingung von der Art $x_3 \le -1$ behandelt werden, indem x_3 überall dort, wo es auftritt, durch $-1 - x'_3$ ersetzt wird.

Um die folgenden Rechnungen etwas übersichtlicher zu halten, haben wir — abweichend von dieser Regel — für die Ungleichung $x_3 \le 4$ die Variable x_3 nicht durch x_3' mit der Bedeutung $-x_3 - 4$ substituiert, sondern eine zusätzliche Variable y_5 eingeführt.

Diese Formulierung macht die Parallelen zwischen linearer Programmierung und Gleichungssystemen deutlich. Es liegen N Gleichungen mit M unbekannten Variablen vor, die alle positiv sein müssen. Beachten Sie, daß in diesem Falle N Schlupfvariablen vorhanden sind, eine für jede Gleichung (da ursprünglich nur Ungleichungen vorlagen). Wir setzen voraus, daß $M > N$ ist, was zur Folge hat, daß viele Lösungen des Gleichungsystems existieren; das Problem besteht darin, diejenige zu finden, die die Zielfunktion maximiert.

In unserem Beispiel existiert eine triviale Lösung des Gleichungsystems: Man setze $x_1 = x_2 = x_3 = 0$ und weise dann den Schlupfvariablen geeignete Werte zu, so daß die Gleichungen erfüllt werden. Dies ist möglich, da in diesem Beispiel $(0, 0, 0)$ ein Punkt des Simplex ist. Obwohl dies im allgemeinen nicht so sein muß, wollen wir uns bei der Erläuterung der Simplexmethode einstweilen auf die Betrachtung linearer Optimierungsaufgaben beschränken, für die bekannt ist, daß dieser Fall gilt. Dies ist immer noch eine sehr umfangreiche Klasse linearer Optimierungsaufgaben; wenn zum Beispiel alle Zahlen auf der rechten Seite der Gleichungen in der Standardform der linearen Optimierungsaufgabe positiv sind und alle Schlupfvariablen positive Koeffizienten besitzen (d.h. wie in unserem Beispiel nur als positive Summanden in Erscheinung treten), so existiert in jedem Falle eine Lösung, bei der alle ursprünglichen Variablen den Wert null haben. Wir werden später zum allgemeinen Fall zurückkehren.

Wenn eine Lösung gegeben ist, bei der $M - N$ Variablen den Wert null haben, erweist es sich, daß wir eine andere Lösung mit der gleichen Eigenschaft finden können, indem wir eine uns bekannte Operation ausführen, das *Pivotieren*. Im wesentlichen ist dies die gleiche Operation wie beim Gaußschen Eliminationsverfahren: In der durch die Gleichungen definierten Koeffizientenmatrix wird ein Element a[p][q] ausgewählt; dann wird die p-te Zeile so mit einer geeigneten Konstanten multipliziert und zu allen anderen Zeilen addiert, daß in der q-ten Spalte überall Nullen erzeugt werden, mit Ausnahme des Elements in der p-ten Zeile, das den Wert 1 erhält.

Um zu sehen, in welcher Weise das Pivotieren uns eine Möglichkeit bietet, lineare Optimierungsaufgaben zu lösen, betrachten wir die folgende Matrix, die die oben angegebene lineare Optimierungsaufgabe darstellt:

$$\begin{pmatrix} -1{,}00 & -1{,}00 & -1{,}00 & 0{,}00 & 0{,}00 & 0{,}00 & 0{,}00 & 0{,}00 & 0{,}00 \\ -1{,}00 & 1{,}00 & 0{,}00 & 1{,}00 & 0{,}00 & 0{,}00 & 0{,}00 & 0{,}00 & 5{,}00 \\ 1{,}00 & 4{,}00 & 0{,}00 & 0{,}00 & 1{,}00 & 0{,}00 & 0{,}00 & 0{,}00 & 45{,}00 \\ 2{,}00 & 1{,}00 & 0{,}00 & 0{,}00 & 0{,}00 & 1{,}00 & 0{,}00 & 0{,}00 & 27{,}00 \\ 3{,}00 & -4{,}00 & 0{,}00 & 0{,}00 & 0{,}00 & 0{,}00 & 1{,}00 & 0{,}00 & 24{,}00 \\ 0{,}00 & 0{,}00 & 1{,}00 & 0{,}00 & 0{,}00 & 0{,}00 & 0{,}00 & 1{,}00 & 4{,}00 \end{pmatrix}$$

Diese Matrix der Dimension $(N + 1) \times (M + 1)$ enthält die Koeffizienten der linearen Optimierungsaufgabe in der Standardform, wobei die $(M + 1)$-te Spalte die Werte der rechten Seiten der Gleichungen (wie beim Gaußschen Eliminationsverfahren) und die 0-te Zeile die Koeffizienten der Zielfunktion mit umgekehrtem Vorzeichen enthält. Die Bedeutung der 0-ten Zeile wird weiter unten erläutert; einstweilen werden wir sie genau wie jede andere Zeile behandeln.

Für unser Beispiel führen wir alle Berechnungen auf zwei Dezimalstellen genau aus. Dabei werden offensichtlich Aspekte wie die Rechengenauigkeit und die kumulierten Fehler vernachlässigt, die hier ebenso wichtig sind wie im Falle des Gaußschen Eliminationsverfahrens.

Die Variablen, die einer Lösung entsprechen, werden Basisvariablen genannt, und die, die für die Lösung gleich 0 gesetzt werden, heißen *Nicht-Basisvariablen*. In der Matrix enthalten die Spalten, die Basisvariablen entsprechen, genau eine Eins und ansonsten nur Nullen, während Nicht-Basisvariablen Spalten entsprechen, in denen mehr als ein Element von null verschieden ist.

Nehmen wir nun an, daß wir diese Matrix für $p = 4$ und $q = 1$ pivotieren möchten. Das heißt, daß ein geeignetes Vielfaches der vierten Zeile zu jeder anderen Zeile addiert wird, so daß in der ersten Spalte überall Nullen erzeugt werden, mit Ausnahme einer 1 in der vierten Zeile. Dies führt zu dem folgenden Ergebnis:

$$\begin{pmatrix} 0{,}00 & -2{,}33 & -1{,}00 & 0{,}00 & 0{,}00 & 0{,}00 & 0{,}33 & 0{,}00 & 8{,}00 \\ 0{,}00 & -0{,}33 & 0{,}00 & 1{,}00 & 0{,}00 & 0{,}00 & 0{,}33 & 0{,}00 & 13{,}00 \\ 0{,}00 & 5{,}33 & 0{,}00 & 0{,}00 & 1{,}00 & 0{,}00 & -0{,}33 & 0{,}00 & 37{,}00 \\ 0{,}00 & 3{,}67 & 0{,}00 & 0{,}00 & 0{,}00 & 1{,}00 & -0{,}67 & 0{,}00 & 11{,}00 \\ 1{,}00 & -1{,}33 & 0{,}00 & 0{,}00 & 0{,}00 & 0{,}00 & 0{,}33 & 0{,}00 & 8{,}00 \\ 0{,}00 & 0{,}00 & 1{,}00 & 0{,}00 & 0{,}00 & 0{,}00 & 0{,}00 & 1{,}00 & 4{,}00 \end{pmatrix}$$

Diese Operation bewirkt das Entfernen der siebenten Spalte aus der Basis und die Aufnahme der ersten Spalte in die Basis. Es wird genau eine Basisspalte entfernt, da genau eine Basisspalte eine 1 in der Zeile p enthält.

Per Definition können wir eine Lösung der linearen Optimierungsaufgabe erhalten, indem wir alle Nicht-Basisvariablen gleich null setzen und dann die in der Basis angegebene triviale Lösung benutzen. In der Lösung, die der obigen Matrix entspricht, haben sowohl x_2 als auch x_3 den Wert null, da sie Nicht-Basisvariablen sind, und es ist $x_1 = 8$, so daß die Matrix dem Punkt $(8, 0, 0)$ des Simplex entspricht. (Die Werte der Schlupfvariablen sind für uns uninteressant.) Beachten Sie, daß die rechte obere Ecke der Matrix (Zeile 0, Spalte $M + 1$) den Wert der Zielfunktion in diesem

Punkt enthält. Wie wir bald sehen werden, ist dies durch den Aufbau des Verfahrens bedingt.

Nehmen wir nun an, daß wir die Pivot-Operation für $p = 3$ und $q = 2$ ausführen:

$$
\begin{pmatrix}
0{,}00 & 0{,}00 & -1{,}00 & 0{,}00 & 0{,}00 & 0{,}64 & -0{,}09 & 0{,}00 & 15{,}00 \\
0{,}00 & 0{,}00 & 0{,}00 & 1{,}00 & 0{,}00 & 0{,}09 & 0{,}27 & 0{,}00 & 14{,}00 \\
0{,}00 & 0{,}00 & 0{,}00 & 0{,}00 & 1{,}00 & -1{,}45 & 0{,}64 & 0{,}00 & 21{,}00 \\
0{,}00 & 1{,}00 & 0{,}00 & 0{,}00 & 0{,}00 & 0{,}27 & -0{,}18 & 0{,}00 & 3{,}00 \\
1{,}00 & 0{,}00 & 0{,}00 & 0{,}00 & 0{,}00 & 0{,}36 & 0{,}09 & 0{,}00 & 12{,}00 \\
0{,}00 & 0{,}00 & 1{,}00 & 0{,}00 & 0{,}00 & 0{,}00 & 0{,}00 & 1{,}00 & 4{,}00
\end{pmatrix}
$$

Dadurch wird die Spalte 6 aus der Basis entfernt und die Spalte 2 aufgenommen. Indem wir Nicht-Basisvariablen gleich null setzen und wie zuvor nach Basisvariablen auflösen, sehen wir, daß diese Matrix dem Punkt $(12, 3, 0)$ des Simplex entspricht, für den die Zielfunktion den Wert 15 hat. Wir bemerken, daß der Zielfunktionswert stetig wächst. Wie wir bald sehen werden, ist auch das durch das Verfahren bedingt.

Wie entscheiden wir, welche Werte von p und q für das Pivotieren zu verwenden sind? An dieser Stelle kommt die Zeile 0 ins Spiel. Für jede Nicht-Basisvariablen enthält die Zeile 0 den Betrag mit umgekehrtem Vorzeichen, um den sich der Zielfunktionswert erhöhen würde, wenn diese Variable von 0 nach 1 geändert würde. (Das Vorzeichen ist umgekehrt, damit die Zeile 0 bei der standardmäßigen Pivot-Operation unverändert erhalten bleibt.) Ein Pivotieren unter Verwendung der Spalte q entspricht der Änderung des Wertes der entsprechenden Variablen von 0 in einen gewissen positiven Wert, so daß wir sicher sein können, daß sich der Zielfunktionswert erhöht, wenn wir irgendeine Spalte mit einem negativen Element in Zeile 0 verwenden.

Nun bewirkt zwar das Pivotieren mit Hilfe einer beliebigen Zeile mit einem positiven Element in dieser Spalte eine Erhöhung des Zielfunktionswerts, doch wir müssen auch sicherstellen, daß dadurch eine Matrix erzeugt wird, die einem Punkt des Simplex entspricht. Dabei besteht die Hauptschwierigkeit darin, daß eines der Elemente in der Spalte $M + 1$ negativ werden könnte. Dies kann verhindert werden, indem unter den positiven Elementen in der Spalte q (ausgenommen Zeile 0) dasjenige bestimmt wird, das den kleinsten Wert ergibt, wenn es durch das $(M + 1)$-te Element in der gleichen Zeile dividiert wird. Wenn wir als p die Nummer der Zeile wählen, die dieses Element enthält, und pivotieren, können wir sicher sein, daß sich der Zielfunktionswert erhöht, und daß keines der Elemente in der Spalte $M + 1$ negativ wird; damit ist gewährleistet, daß die sich ergebende Matrix einem Punkt des Simplex entspricht.

Bei dieser Methode zur Bestimmung der Pivotzeile können zwei Schwierigkeiten auftreten. Erstens, was ist zu tun, wenn die q-te Spalte keine positiven Elemente enthält? Dies ist eine widersprüchliche Situation: Das negative Element in Zeile 0 besagt, daß der Zielfunktionswert erhöht werden kann, doch es gibt keine Möglichkeit, ihn zu erhöhen. Es erweist sich, daß diese Situation dann und nur dann eintritt, wenn der Simplex unbeschränkt ist, so daß der Algorithmus abbrechen und das Problem melden kann. Eine ernstere Schwierigkeit tritt in dem entarteten Fall auf, wenn das $(M + 1)$-te Element in einer bestimmten Zeile (mit einem positiven Element in der Spalte q) den Wert 0 hat. Dann wird diese Zeile ausgewählt, doch der Zielfunktionswert erhöht sich um 0. An und für sich ist das keine Schwierigkeit; die Komplikation tritt dann auf, wenn zwei solcher Zeilen vorhanden sind. Verschiedene natürliche Strategien für die Auswahl zwischen solchen Zeilen führen zu einem *Zyklus*: einer unendlichen Folge von Pivot-Operationen, die den Zielfunktionswert nicht erhöhen. Wir haben solche Schwierigkeiten wie das Auftreten von Zyklen in unserem Beispiel vermieden, um die Beschreibung der Methode übersichtlich zu gestalten, doch es muß betont werden, daß solche entarteten Fälle in der Praxis recht häufig eintreten können. Die Vielseitigkeit, die bei linearer Programmierung gewährleistet ist, hat zur Folge, daß entartete Fälle des allgemeinen Problems bei der Lösung spezieller Probleme auftreten können.

Um das Auftreten von Zyklen zu vermeiden, stehen mehrere Möglichkeiten zur Verfügung. Eine Methode besteht darin, beim Auftreten gleicher Werte zufällige Unterbrechungen vorzusehen. Dadurch wird das Auftreten von Zyklen äußerst unwahrscheinlich (allerdings nicht mathematisch unmöglich). Eine andere Strategie, die Zyklen verhindert, wird nachfolgend beschrieben.

In unserem Beispiel können wir erneut mit $q = 3$ (wegen des Wertes -1 in Zeile 0 und Spalte 3) und $p = 5$ (da 1 der einzige positive Wert in der Spalte 3 ist) pivotieren. Dies ergibt die folgende Matrix:

$$\begin{pmatrix} 0{,}00 & 0{,}00 & 0{,}00 & 0{,}00 & 0{,}00 & 0{,}64 & -0{,}09 & 1{,}00 & 19{,}00 \\ 0{,}00 & 0{,}00 & 0{,}00 & 1{,}00 & 0{,}00 & 0{,}09 & 0{,}27 & 0{,}00 & 14{,}00 \\ 0{,}00 & 0{,}00 & 0{,}00 & 0{,}00 & 1{,}00 & -1{,}45 & 0{,}64 & 0{,}00 & 21{,}00 \\ 0{,}00 & 1{,}00 & 0{,}00 & 0{,}00 & 0{,}00 & 0{,}27 & -0{,}18 & 0{,}00 & 3{,}00 \\ 1{,}00 & 0{,}00 & 0{,}00 & 0{,}00 & 0{,}00 & 0{,}36 & 0{,}09 & 0{,}00 & 12{,}00 \\ 0{,}00 & 0{,}00 & 1{,}00 & 0{,}00 & 0{,}00 & 0{,}00 & 0{,}00 & 1{,}00 & 4{,}00 \end{pmatrix}$$

Dies entspricht dem Punkt (12, 3, 4) des Simplex, für den der Zielfunktionswert 19 beträgt.

Im allgemeinen Fall können in der Zeile 0 mehrere negative Elemente enthalten sein, und es wurden mehrere unterschiedliche Strategien für die Auswahl unter ihnen vorgeschlagen. Wir sind nach einer der am weitesten verbreiteten Methoden vorgegangen, der Methode des *größten Zuwachses*: Man wähle immer die Spalte mit dem kleinsten (also betragsmäßig größten) Wert in der Zeile 0. Dies führt nicht notwendigerweise zu dem größten Zuwachs beim Zielfunktionswert, da entsprechend der ausgewählten Zeile p noch eine Multiplikation mit einer Konstanten ausgeführt werden muß. Falls diese Spaltenauswahlstrategie mit der Zeilenauswahlstrategie (die darin besteht, im Falle des Auftretens gleicher Werte diejenige Zeile zu verwenden, die das Entfernen der Spalte mit der kleinsten Nummer aus der Basis bewirkt) kombiniert wird, so ist kein Auftreten von Zyklen möglich. (Diese Strategie der Verhinderung von Zyklen stammt von R. G. Bland.) Eine andere Möglichkeit für die Auswahl der Spalte ist, für jede Spalte den Betrag, um den sich der Zielfunktionswert erhöhen würde, tatsächlich zu berechnen, und dann diejenige Spalte zu benutzen, die das größte Ergebnis liefert. Dies wird die Methode des *steilsten Abstiegs* genannt. Noch eine andere interessante Möglichkeit besteht darin, unter den zur Wahl stehenden Spalten zufällig zu wählen.

Schließlich gelangen wir nach einer weiteren Pivot-Operation für $p = 2$ und $q = 7$ zu der Lösung:

$$\begin{pmatrix} 0{,}00 & 0{,}00 & 0{,}00 & 0{,}00 & 0{,}14 & 0{,}43 & 0{,}00 & 22{,}00 \\ 0{,}00 & 0{,}00 & 0{,}00 & 1{,}00 & -0{,}43 & 0{,}71 & 0{,}00 & 5{,}00 \\ 0{,}00 & 0{,}00 & 0{,}00 & 0{,}00 & 1{,}57 & -2{,}29 & 1{,}00 & 33{,}00 \\ 0{,}00 & 1{,}00 & 0{,}00 & 0{,}00 & 0{,}29 & -0{,}14 & 0{,}00 & 9{,}00 \\ 1{,}00 & 0{,}00 & 0{,}00 & 0{,}00 & -0{,}14 & 0{,}57 & 0{,}00 & 9{,}00 \\ 0{,}00 & 0{,}00 & 1{,}00 & 0{,}00 & 0{,}00 & 0{,}00 & 0{,}00 & 4{,}00 \end{pmatrix}$$

Dies entspricht dem Punkt $(9, 9, 4)$ des Simplex, für den der maximale Zielfunktionswert 22 erreicht wird. Alle Elemente in Zeile 0 sind nichtnegativ, so daß jedes Pivotieren nur dazu führen würde, daß sich der Zielfunktionswert wieder verkleinert.

Das obige Beispiel illustriert die Simplexmethode für die Lösung linearer Optimierungsaufgaben. Kurz gesagt, wenn wir mit einer Koeffizientenmatrix beginnen, die einem Eckpunkt des Simplex entspricht, können wir eine Reihe von Pivot-Schritten ausführen, die zu benachbarten Eckpunkten des Simplex führen, wobei der Zielfunktionswert jedesmal erhöht wird, bis das Maximum erreicht wird.

Eine grundlegende Tatsache, die noch nicht erwähnt wurde, ist für die einwandfreie Arbeitsweise dieses Verfahrens entscheidend: Sobald wir einen Punkt erreichen, in dem keine einzige Pivot-Operation eine Verbesserung des Zielfunktionswerts bewirken kann (ein »lokales« Maximum), haben wir das »globale« Maximum erreicht. Dies ist die Grundlage für den Simplex-Algorithmus. Wie bereits erwähnt wurde, würde der zugehörige Beweis (und der vieler anderer Tatsachen, die aufgrund der geometrischen Interpretation offensichtlich zu sein scheinen) im allgemeinen Fall weit über den Rahmen dieses Buches hinausgehen. Doch der Simplex-Algorithmus läuft für den allgemeinen Fall im wesentlichen genauso ab wie für das oben betrachtete einfache Problem.

Implementation

Die Implementation der Simplexmethode für den oben beschriebenen Fall ergibt sich unmittelbar aus der Beschreibung. Zunächst ist das Programm für die erforderliche Prozedur des Pivotierens ähnlich zu unserer Implementation des Gaußschen Eliminationsverfahrens in Kapitel 37:

```
pivot(int p, int q)
    {
    int j, k;
    for (j = 0; j <= N; j++)
```

```
         for (k = M+1; k >= 1; k-)
           if (j!=p && k!=q)
             a[j][k] = a[j][k]-a[p][k]*a[j][q]/a[p][q];
       for (j = 0; j <= N; j++)
         if (j != p) a[j][q] = 0;
       for (k = 1; k <= M+1; k++)
         if (k != q) a[p][k] = a[p][k]/a[p][q];
       a[p][q] = 1;
     }
```

Dieses Programm realisiert die Addition derartiger Vielfacher von Zeile p zu jeder Zeile, daß in der Spalte q überall Nullen erzeugt werden, mit Ausnahme einer 1 in der Zeile p. Wie in Kapitel 37 ist es erforderlich, darauf zu achten, daß der Wert von a[p][q] nicht verändert wird, solange wir ihn noch verwenden.

Beim Gaußschen Eliminationsverfahren verarbeiteten wir bei der Vorwärts-Elimination nur Zeilen unterhalb von p in der Matrix, und bei der Anwendung des Gauß-Jordan-Verfahrens während des Rückwärts-Einsetzens nur Zeilen oberhalb von p. Ein System aus N linearen Gleichungen mit N Unbekannten könnte gelöst werden, indem pivot(i,i) für i von 1 bis N und dann nochmals rückwärts bis 1 aufgerufen wird.

Der Simplex-Algorithmus besteht dann einfach darin, die Werte von p und q in der oben beschriebenen Weise zu ermitteln und pivot aufzurufen, wobei dieser Prozeß so lange zu wiederholen ist, bis das Optimum erreicht ist oder ermittelt worden ist, daß das Simplex unbeschränkt ist:

```
  for (;;)
    {
      for (q = 0; (q<=M+1) && (a[0][q]>=0); q++) ;
      for (p = 0; (p<=N+1) && (a[p][q]<=0); p++) ;
      if (q>M || p>N) break;
      for (i = p+1; i <= N; i++)
        if (a[i][q] > 0)
          if (a[i][M+1]/a[i][q] < a[p][M+1]/a[p][q])
            p = i;
      pivot(p,q);
    }
```

Falls das Programm mit q = M+1 abbricht, wurde eine optimale Lösung gefunden; der erreichte Zielfunktionswert wird durch a[0][M+1] angegeben, und die Werte der Variablen können aus der Basis entnommen werden. Falls das Programm mit p = N+1 abbricht, so ist eine unbeschränkte Situation ermittelt worden.

Die Frage der Vermeidung von Zyklen wird in diesem Programm nicht berücksichtigt. Um die Methode von Bland zu implementieren, ist es erforderlich, die Spalte zu registrieren, die die Basis verlassen würde, wenn ein Pivotieren unter Benutzung von Zeile p vorgenommen würde. Dies ist leicht möglich, indem nach jedem Pivotieren `outb[p]` gleich `q` gesetzt wird. Danach kann die Schleife zur Berechnung von `p` dergestalt modifiziert werden, daß auch dann `p` gleich `i` gesetzt wird, wenn bei dem Vergleich der Quotienten Gleichheit gilt und außerdem `outb[p]<outb[q]` ist. Eine andere Möglichkeit wäre, ein zufälliges Element auszuwählen, indem eine zufällige ganze Zahl x erzeugt wird und jede Bezugnahme auf das Feld `a[p][q]` (oder `a[i][q]`) durch `a[(p+x)%(N+1)][q]` (oder `a[(i+x)% (N+1)][q]`) ersetzt wird. Dies hat zur Folge, daß die Spalte `q` in der gleichen Weise wie zuvor durchsucht wird, wobei jedoch statt am Anfang an einem zufälligen Punkt begonnen wird. Die gleiche Methode könnte benutzt werden, um eine zufällige Spalte (mit einem negativen Element in der Zeile 0) für das Pivotieren auszuwählen.

Das Programm und das obige Beispiel beziehen sich auf einen einfachen Fall, der das dem Simplex-Algorithmus zugrunde liegende Prinzip veranschaulicht, aber die erheblichen Komplikationen umgeht, die bei realen Anwendungen auftreten können. Die hauptsächliche Unzulänglichkeit besteht darin, daß es für das Programm erforderlich ist, daß die Matrix eine *zulässige Basis* besitzt: eine Menge von Zeilen und Spalten, die so permutiert werden kann, daß sich die Einheitsmatrix ergibt. Zu Beginn des Programms wird von den Voraussetzungen ausgegangen, daß eine Lösung existiert, für die die $M - N$ Variablen, die in der Zielfunktion auftreten, den Wert null haben, und daß die Teilmatrix der Dimension $N \times N$, die den Schlupfvariablen entspricht, »aufgelöst« worden ist, so daß diese Teilmatrix zur Einheitsmatrix wird. Dies läßt sich für den angegebenen speziellen Typ linearer Optimierungsaufgaben (bei denen alle Ungleichungen positiven Variablen entsprechen) leicht erreichen, doch im allgemeinen Fall müssen wir irgendeinen Eckpunkt des Simplex finden. Wenn wir einmal eine Lösung gefunden haben, können wir geeignete Transformationen durchführen (die diesen Punkt auf den Ursprung abbilden), um die Matrix in die geforderte Form zu bringen, doch zu Beginn wissen wir nicht einmal, ob eine Lösung existiert.

Tatsächlich ist gezeigt worden, daß die *Feststellung*, ob eine Lösung existiert, numerisch ebenso schwierig ist wie die Bestimmung der optimalen Lösung, wenn bekannt ist, daß eine existiert. Daher ist es nicht überraschend, daß die Methode, die gewöhnlich angewandt wird, um festzustellen, ob eine Lösung existiert, der Simplex-Algorithmus selbst ist! Wir führen nämlich eine weitere Menge künstlicher Variablen $s_1, s_2, \ldots, s_N$ ein und fügen die Variable s_i zur i-ten Gleichung hinzu. Dies geschieht einfach in der Weise, daß zu der Matrix N Spalten hinzugefügt werden, die die Einheitsmatrix bilden. Hierdurch erhält man sofort eine zulässige Basis für diese neue lineare Optimierungsaufgabe. Der Trick besteht darin, den obigen Algorithmus mit der Zielfunktion $-s_1 - s_2 - \ldots - s_N$ ausführen zu lassen. Falls die ursprüngliche lineare Optimierungsaufgabe eine Lösung besitzt, so kann diese Zielfunktion den maximalen Wert null erreichen. Falls das erreichte Maximum nicht gleich null ist, so besitzt die ursprüngliche lineare Optimierungsaufgabe keine zulässige Lösung. Falls das Maximum gleich null ist, so liegt im Normalfall die Situation vor, daß alle Variablen $s_1, s_2, \ldots, s_N$ zu Nicht-Basisvariablen geworden sind, so daß wir eine zulässige Basis für die ursprüngliche lineare Optimierungsaufgabe berechnet haben. In entarteten Fällen können einige der künstlichen Variablen noch in der Basis enthalten sein, so daß es erforderlich ist, weitere Pivot-Operationen auszuführen, um sie zu entfernen (ohne die Kosten zu verändern).

Zusammenfassend kann gesagt werden, daß für die Lösung allgemeiner linearer Optimierungsaufgaben normalerweise ein aus zwei Phasen bestehender Prozeß zur Anwendung kommt. Zuerst lösen wir eine lineare Optimierungsaufgabe, in der die künstlichen Variablen s auftreten, um einen Eckpunkt des Simplex für unser Ausgangsproblem zu erhalten. Danach entfernen wir die Variablen s und benutzen wieder unsere ursprüngliche Zielfunktion, um von diesem Punkt zur Lösung zu gelangen.

Die Analyse der Laufzeit der Simplexmethode ist äußerst kompliziert, und nur wenige Ergebnisse sind bekannt. Die »beste« Strategie der Auswahl des Pivotelements ist unbekannt, da keine Ergebnisse vorliegen, die aussagen, wie viele Pivot-Schritte für irgendeine sinnvolle Klasse von Problemen zu erwarten sind. Es ist möglich, künstliche Beispiele zu konstruieren, für die die Laufzeit der Simplexmethode sehr groß ist (eine Exponentialfunktion der Variablenzahl). Wer den Algorithmus bereits für praktische Anwendungen benutzt hat, bestätigt jedoch einhellig seine Effizienz bei der Lösung realer Probleme.

Die von uns betrachtete einfache Variante des Simplex-Algorithmus ist, obwohl sie sehr nützlich ist, nur ein Teil einer allgemeinen und sehr schönen mathematischen Theorie, die eine vollständige Menge von Werkzeugen liefert, die eingesetzt werden können, um eine Vielzahl sehr wichtiger praktischer Probleme zu lösen.

Übungen

1. Skizzieren Sie das Simplex, das durch die Ungleichungen $x_1 \geq 0$, $x_2 \geq 0$, $x_3 \geq 0$, $x_1 + 2x_2 \leq 20$ und $x_1 + x_2 + x_3 \leq 10$ definiert ist.

2. Geben Sie die Matrizen-Folge an, die für das Beispiel in diesem Kapitel erzeugt wird, wenn die ausgewählte Pivotspalte das größte q ist, für das `a[0],[q]` negativ ist.

3. Geben Sie die Matrizen-Folge an, die für das Beispiel in diesem Kapitel erzeugt wird, wenn die Zielfunktion $x_1 + 5x_2 + x_3$ lautet.

4. Beschreiben Sie, was geschieht, wenn der Simplex-Algorithmus auf eine Matrix angewandt wird, in der eine Spalte nur Nullen enthält.

5. Führt der Simplex-Algorithmus die gleiche Anzahl von Schritten aus, wenn die Zeilen der eingegebenen Matrix vertauscht werden?

6. Geben Sie eine Formulierung des Beispiels für das Rucksack-Problem aus Kapitel 42 als lineare Optimierungsaufgabe an.

7. Wie viele Pivot-Schritte sind erforderlich, um die lineare Optimierungsaufgabe »Maximiere $x_1 + \ldots + x_M$ unter Berücksichtigung der Nebenbedingungen $x_1, \ldots, x_M \leq 1$ und $x_1, \ldots, x_M \geq 0$« zu lösen?

8. Konstruieren Sie eine lineare Optimierungsaufgabe, die N Ungleichungen mit zwei Variablen enthält und für die der Simplex-Algorithmus wenigstens $N/2$ Pivot-Schritte benötigt.

9. Geben Sie ein dreidimensionales lineares Optimierungsproblem an, welches den Unterschied zwischen der Methode des größten Zuwachses und der Methode des steilsten Abstiegs für die Auswahl der Spalten verdeutlicht.

10. Modifizieren Sie die in diesem Kapitel angegebene Implementation dahingehend, daß die Koordinaten des der optimalen Lösung entsprechenden Punktes ausgegeben werden.

Kapitel 44

Erschöpfendes Durchsuchen

Bei manchen Problemen ist es erforderlich, eine große Anzahl potentieller Lösungen zu durchsuchen, um die Antwort zu finden, und es scheint einfach nicht möglich zu sein, sie mit Hilfe effizienter Algorithmen zu lösen. Im vorliegenden Kapitel betrachten wir einige Merkmale von Problemen dieser Art sowie einige Methoden, die sich für ihre Lösung als nützlich erwiesen haben.

Zunächst müssen wir hinsichtlich der Frage, was eigentlich ein »effizienter« Algorithmus ist, etwas umdenken. Aufgrund der meisten Anwendungen, die wir untersucht haben, haben wir uns daran gewöhnt zu glauben, daß ein Algorithmus linear sein oder in einer zu $N \log N$ oder $N^{3/2}$ oder ähnlichen Funktion proportionalen Zeit ablaufen muß, um als effizient angesehen zu werden. Im allgemeinen haben wir quadratische Algorithmen als schlecht und kubische Algorithmen als entsetzlich betrachtet. Doch jeder Informatiker wäre absolut begeistert, wenn er einen kubischen Algorithmus für die Probleme kennenlernen würde, die wir in diesem und im folgenden Kapitel betrachten werden. Tatsächlich wäre sogar ein zu N^{50} proportionaler Algorithmus (vom theoretischen Standpunkt aus) erfreulich, da von diesen Problemen angenommen wird, daß sie eine *exponentielle* Zeit benötigen.

Nehmen wir an, daß uns ein Algorithmus vorliegt, der eine zu 2^N proportionale Zeit erfordert. Wenn wir einen Computer hätten, der 1000 mal schneller ist als der schnellste gegenwärtig zur Verfügung stehende Supercomputer, so könnten wir vielleicht ein Problem für $N = 50$ im Verlaufe einer Stunde lösen (unter den günstigsten Voraussetzungen hinsichtlich der Einfachheit des Algorithmus). Doch in zwei Stunden könnten wir es nur für $N = 51$ lösen, und selbst in einem Jahr würden wir nur bis $N = 59$ gelangen. Und selbst dann, wenn ein neuer Computer entwickelt würde, der eine Million mal schneller wäre, und wenn uns eine Million solcher Computer zur Verfügung stünden, könnten wir in einem Jahr nicht $N = 100$ erreichen. Realistisch ist, N in der Größenordnung von 25 oder 30 anzusetzen. In dieser Situation kann ein »effizienterer« Algorithmus ein Algorithmus sein, der ein Problem für $N = 100$ mit einem realistischen Aufwand an Zeit und Geld lösen könnte.

Das berühmteste Problem dieser Art ist das *Problem des Handelsreisenden* (traveling salesman problem): Zu einer gegebenen Menge von N Städten ist die kürzeste Route zu finden, die sie alle verbindet, ohne daß eine Stadt zweimal besucht wird. Dieses Problem entsteht bei einer Reihe wichtiger Anwendungen auf natürliche Weise und ist daher sehr gründlich untersucht worden. In diesem Kapitel verwenden wir es als Beispiel, um einige grundlegende Methoden zu untersuchen. Für dieses Problem wurden viele fortgeschrittene Verfahren ausgearbeitet, doch noch immer ist es undenkbar, eine beliebige Instanz dieses Problems für $N = 1000$ zu lösen.

Das *Problem des Handelsreisenden* ist deshalb schwierig, weil es scheinbar nicht zu vermeiden ist, daß die Länge einer sehr großen Anzahl möglicher Touren geprüft werden muß. Das Prüfen aller Touren ist *erschöpfendes Durchsuchen*; wir betrachten zunächst, wie dies erfolgt. Danach untersuchen wir, wie diese Prozedur modifiziert werden kann, um die Anzahl der zu prüfenden Möglichkeiten beträchtlich zu verringern, indem versucht wird, während der Entscheidungsfindung falsche Entscheidungen so früh wie möglich zu entdecken.

Wie oben erwähnt wurde, ist das Lösen eines umfangreichen Problems dieser Art selbst mit den besten bekannten Verfahren praktisch unmöglich. Wie wir im folgenden Kapitel sehen werden, gilt das gleiche für viele andere wichtige praktische Probleme. Doch was ist zu tun, wenn solche Probleme in der Praxis auftreten? Irgendeine Antwort muß gefunden werden (der Handelsreisende muß etwas tun); wir können die Existenz des Problems nicht einfach ignorieren oder nur feststellen, daß es zu schwer ist. Am Ende dieses Kapitels geben wir einige Methoden an, die entwickelt wurden, um praktische Probleme zu bewältigen, die erschöpfendes Durchsuchen zu erfordern scheinen. Im folgenden Kapitel gehen wir ausführlicher auf die Gründe ein, weshalb für viele derartige Probleme sicherlich kein effizienter Algorithmus gefunden wird.

Erschöpfendes Durchsuchen in Graphen

Wenn der Handelsreisende nur zwischen bestimmten Städtepaaren reisen kann (zum Beispiel wenn er mit dem Flugzeug reist), läßt sich das Problem unmittelbar mit Hilfe eines Graphen modellieren: Für einen gegebenen gewichteten (möglicherweise gerichteten) Graph möchten wir den kürzesten einfachen Zyklus finden, der alle Knoten verbindet.

Dies erinnert sofort an ein anderes Problem, das einfacher zu sein scheint: Falls ein ungerichteter Graph gegeben ist, gibt es dann *irgendeinen* Weg, um alle Knoten mit Hilfe eines einfachen Zyklus zu verbinden? Das heißt, können wir, wenn wir in einem bestimmten Knoten starten, alle anderen Knoten »besuchen« und zu dem Anfangsknoten zurückkehren, wenn jeder Knoten im Graph genau einmal besucht werden soll? Diese Aufgabe ist als Problem des *Hamilton-Zyklus* bekannt. Im folgenden Kapitel werden wir sehen, daß es in einem streng technischen Sinne zu dem Problem des Handelsreisenden äquivalent ist.

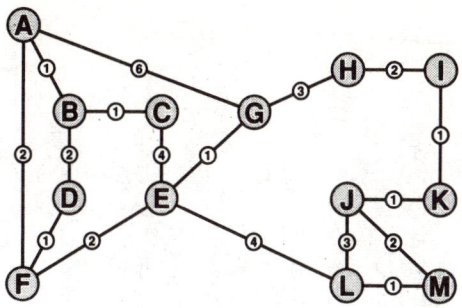

Abbildung 44.1 *Eine Instanz des Problems des Handlungsreisenden.*

In den Kapiteln 29 und 31 betrachteten wir eine Reihe von Verfahren für das systematische Besuchen aller Knoten eines Graphen. Für diese Algorithmen war es möglich, die Berechnung so zu organisieren, daß jeder Knoten genau einmal besucht wird, und dies führte zu sehr effizienten Algorithmen. Für das Problem des Hamilton-Zyklus ist eine solche Lösung nicht offensichtlich; es ist allem Anschein nach erforderlich, jeden Knoten viele Male zu besuchen. Für die anderen Probleme konstruierten wir einen Baum; wenn bei der Suche eine »Sackgasse« erreicht wurde, konnten wir sie wieder aufnehmen, indem wir einen anderen Teil des Baumes untersuchten. Für das vorliegende Problem muß der Baum eine spezielle Struktur (Zyklus) aufweisen; wenn wir im Verlaufe der Suche feststellen, daß der erzeugte Baum kein Zyklus sein kann, müssen wir zurückgehen und einen Teil von ihm neu konstruieren.

Um einige der dabei auftretenden Fragen zu illustrieren, betrachten wir das Problem des Hamilton-Zyklus für den in Abbildung 44.1 dargestellten Graphen. Bei einer Tiefensuche werden die Knoten in diesem Graph in der Reihenfolge A B C E F D G H I K J L M besucht (wobei eine Darstellung mit Hilfe einer Adjazenz-Matrix oder einer sortierten Adjazenz-Liste vorausgesetzt wird). Dies ist kein einfacher Zyklus, und um einen Hamilton-Zyklus zu finden, müssen wir daher einen anderen Weg suchen, wie die Knoten besucht werden können. Es erweist sich, daß wir mit einer einfachen Modifikation der Prozedur `visit` alle Möglichkeiten systematisch ausprobieren können:

```
visit(int k)
  {
    int t;
    val[k] = ++id;
    for (t = 1; t <= V; t++)
      if (a[k][t])
        if (val[t] == 0) visit(t);
    id--; val[k] = 0;
  }
```

Anstatt jeden Knoten, den sie berührt, mit einer von Null verschiedenen Eintragung in `val` zu markieren, »räumt« diese Prozedur »hinter sich auf« und hinterläßt `id` und

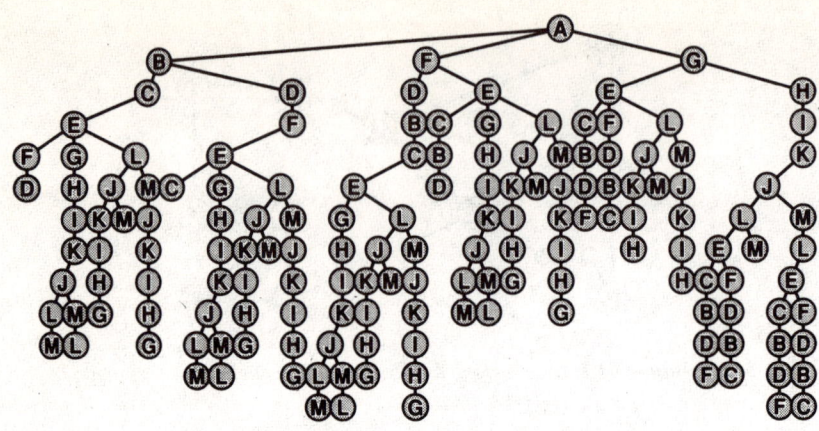

Abbildung 44.2 *Erschöpfendes Durchsuchen.*

das Feld `val` genau so, wie sie sie vorgefunden hat. Die einzigen markierten Knoten sind die Knoten, für die `visit` nicht beendet worden ist, und diese Knoten entsprechen genau einem einfachen Pfad der Länge `id` im Graph, der vom Anfangsknoten zu dem gerade besuchten Knoten führt. Um einen Knoten mittels `visit` zu besuchen, besuchen wir einfach alle nicht markierten benachbarten Knoten (markierte würden keinem einfachen Pfad entsprechen). Die rekursive Prozedur prüft alle einfachen Pfade im Graph, die in dem Anfangsknoten beginnen.

Abbildung 44.2 zeigt die Reihenfolge, in der Pfade durch die obige Prozedur geprüft werden. Jeder Knoten im Baum entspricht einem Aufruf von `visit`; daher sind die Nachfolger jedes Knotens benachbarte Knoten, die zum Zeitpunkt des Aufrufs nicht markiert sind. Jeder Pfad in dem Baum von einem Knoten zur Wurzel entspricht einem einfachen Pfad im Graph. Der erste geprüfte Pfad ist daher A B C E F D. Zu diesem Zeitpunkt sind alle zu D benachbarten Knoten markiert (haben von Null verschiedene Einträge in `val`), so daß `visit` für D die Markierung von D löscht und zurückkehrt. Danach löscht `visit` für F die Markierung von F und kehrt zurück. Danach bewirkt `visit` für E das Ausprobieren von G, was zum Ausprobieren von H führt usw., wodurch sich schließlich der Pfad A B C E G H I K J L M ergibt. Zu beachten ist, daß bei der Tiefensuche Knoten, nachdem sie besucht wurden, markiert bleiben, während beim erschöpfenden Durchsuchen Knoten viele Male besucht werden. Das »Löschen der Markierung« der Knoten bewirkt, daß sich das erschöpfende Durchsuchen wesentlich von der Tiefensuche unterscheidet (obwohl das Programm recht ähnlich ist); der Leser sollte sich den Unterschied unbedingt klarmachen.

Wie bereits erwähnt wurde, ist `id` die aktuelle Länge des gerade ausprobierten Pfades, und `val[k]` ist die Position des Knotens `k` auf diesem Pfad. Daher können wir erreichen, daß die obige Prozedur `visit` die Existenz eines Hamilton-Zyklus prüft, indem wir sie prüfen lassen, ob eine Kante von k nach 1 existiert, wenn `val[k]=V` gilt. In dem obigen Beispiel existiert nur ein Hamilton-Zyklus, der in dem Baum zweimal erscheint, wobei er in beiden Richtungen durchlaufen wird (es gibt drei weitere Pfade der Länge V). Man kann erreichen, daß das Programm das Problem des Handelsreisenden löst, indem man die Länge des aktuellen Pfades in dem Feld `val` registriert und dann das Minimum der Längen der gefundenen Hamilton-Zyklen registriert.

Backtracking

Die Zeit, die die oben angegebene Prozedur des erschöpfenden Durchsuchens benötigt, ist zur Anzahl der Aufrufe von `visit` proportional, welche gleich der Anzahl der Knoten in dem Baum des erschöpfenden Durchsuchens ist. Für umfangreiche Graphen ist diese natürlich sehr groß. Wenn der Graph zum Beispiel vollständig ist (das heißt, wenn jeder Knoten mit jedem anderen Knoten verbunden ist), so existieren $V!$ einfache Zyklen, wobei jeder Anordnung der Knoten einer entspricht. (Dieser Fall wird weiter unten eingehender untersucht.) Bereits für den Graph in Abbildung 44.1 ist es nicht leicht, allein durch Betrachtung einen Hamilton-Zyklus zu finden, so daß wir nach einer effizienteren Methode suchen, um dies mittels Computer zu realisieren.

Als nächstes betrachten wir Methoden, um die Anzahl der ausprobierten Möglichkeiten erheblich zu verringern. Alle diese Verfahren bestehen in der Hinzufügung von Tests zu `visit`, mit denen festgestellt werden kann, daß rekursive Aufrufe für bestimmte Knoten nicht erfolgen sollten. Dies entspricht einem *Ausästen* des Baums des erschöpfenden Durchsuchens, dem Abschneiden bestimmter Zweige und dem Löschen von allem, was mit ihnen zusammenhängt.

Eine wichtige Methode des Ausästens besteht in der Beseitigung von Symmetrien. Der Wert dieser Methode kommt in dem obigen Beispiel in der Tatsache zum Ausdruck, daß jeder Zyklus in beiden Richtungen durchlaufen wird und daher zweimal gefunden wird. In diesem Falle können wir gewährleisten, daß wir jeden Zyklus nur einmal finden, indem wir fordern, daß drei bestimmte Knoten in einer bestimmten Reihenfolge erscheinen müssen. Wenn wir zum Beispiel fordern, daß der Knoten C nach dem Knoten A, jedoch vor dem Knoten B erscheint, müssen wir `visit` für den Knoten B nur dann aufrufen, wenn C sich bereits auf dem Pfad befindet. Dies führt zu dem erheblich kleineren Baum, der in Abbildung 44.3 dargestellt ist.

Dieses Verfahren ist nicht immer anwendbar. Nehmen wir zum Beispiel an, daß wir versuchen, einen Pfad zu finden (nicht unbedingt einen Zyklus), der alle Knoten verbindet. Dann kann das obige Schema nicht angewandt werden, da wir im voraus nicht wissen können, ob ein Pfad zu einem Zyklus führen wird oder nicht.

Jedesmal, wenn wir die Suche in einem Knoten abbrechen, vermeiden wir das Durchsuchen des gesamten Unterbaumes unter diesem Knoten. Für sehr umfangreiche Bäume ist dies eine sehr wesentliche Einsparung. Tatsächlich ist die Einsparung so beträchtlich, daß es sich lohnt, in `visit` unser Möglichstes zu tun, um zu vermeiden, daß rekursive Aufrufe erfolgen. Für unser Beispiel sind mehrere Vorgehenswei-

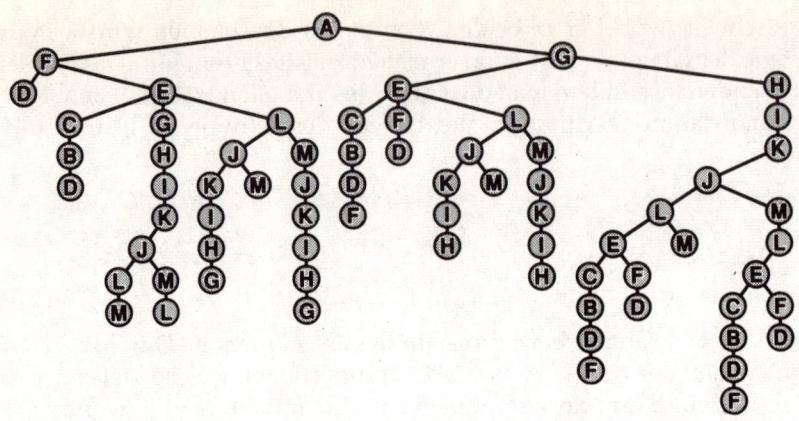

Abbildung 44.3 Suche nach einem Zyklus mit A vor C vor B.

sen möglich. Eine besteht in der Beobachtung, daß manche Pfade den Graph so zerlegen können, daß die nicht markierten Knoten nicht verbunden sind, so daß also kein Zyklus gefunden werden kann. Zum Beispiel kann in Abbildung 44.1 kein einfacher Pfad mit ABFE beginnen, da dieser Pfad B, C und D von dem restlichen Graph trennt. Mit dem Aufwand einer Tiefensuche, die erforderlich ist, um dies festzustellen, können wir 25 rekursive Aufrufe von `visit` vermeiden (siehe Abbildung 44.3).

Abbildung 44.4 zeigt den Suchbaum, der sich ergibt, wenn diese Regel auf den Baum in Abbildung 44.3 angewandt wird. Der Baum ist erneut erheblich kleiner geworden; er enthält nur noch 19 Knoten, im Vergleich zu 153 in dem vollständigen Baum des erschöpfenden Durchsuchens (Abbildung 44.2). Es muß erwähnt werden, daß die bei diesem sehr kleinen Problem erzielten Einsparungen nur eine ungefähre Vorstellung

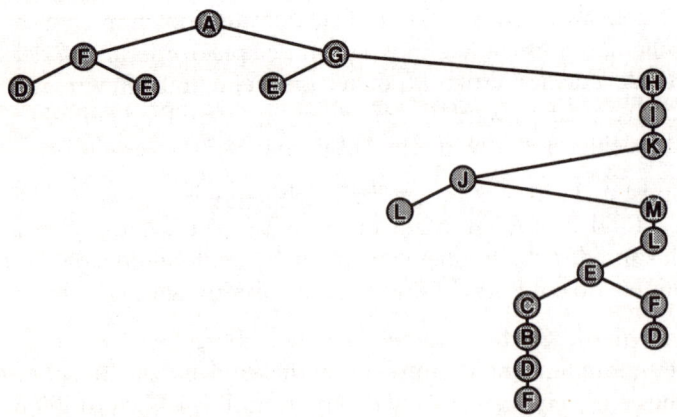

Abbildung 44.4 Suchen nach einem Zyklus mit Abbruch, wenn der Graph zerlegt wird.

von der Situation bei umfangreicheren Problemen geben. Ein Abschneiden weit oben im Baum kann wirklich beachtliche Einsparungen ermöglichen; das Versäumen einer offensichtlichen Möglichkeit zum Abschneiden kann zu einer sehr beträchtlichen Vergeudung führen.

Die oben beschriebene allgemeine Prozedur zur Lösung eines Problems durch systematische Erzeugung aller möglichen Lösungen wird *Backtracking* (Zurückverfolgung) genannt. Immer dann, wenn partielle Lösungen eines Problems auf vielerlei Weise sukzessive erweitert werden können, um eine vollständige Lösung zu erzeugen, kann eine rekursive Implementation wie das obige Programm geeignet sein. Wie oben kann der Prozeß mit Hilfe eines Baums des erschöpfenden Durchsuchens beschrieben werden, dessen Knoten den partiellen Lösungen entsprechen. Eine Bewegung im Baum abwärts entspricht der Konstruktion einer vollständigeren Lösung; eine Bewegung im Baum nach oben entspricht einer »Rückkehr« zu einer zuvor erzeugten partiellen Lösung, von der aus es sich lohnen könnte, erneut vorwärts zu gehen.

Als weiteres Beispiel betrachten wir das Rucksack-Problem aus Kapitel 42. Wie dort erwähnt wurde, ist dieses Problem wesentlich komplizierter, wenn die Größen der Gegenstände keine ganzen Zahlen sind. Für dieses Problem bestehen die partiellen Lösungen natürlich in einer Auswahl von Gegenständen für den Rucksack, und Backtracking entspricht dem Entfernen eines Elements, um irgendeine andere Kombination auszuprobieren. Ein Ausästen des Suchbaumes durch Beseitigung von Symmetrien ist für dieses Problem sehr effizient, da die Reihenfolge, in der Gegenstände in den Rucksack gelegt werden, die Kosten nicht beeinflußt.

Wenn der *beste* Pfad gesucht wird (Problem des Handlungsreisenden), steht eine andere wichtige Methode des Ausästens zur Verfügung, bei der die Suche abgebrochen wird, sobald festgestellt worden ist, daß sie keinen Erfolg haben kann. Nehmen wir an, daß ein Pfad durch den Graph gefunden wurde, der die Kosten x verursacht. Dann ist es nutzlos, irgendeinen Pfad weiter zu verfolgen, für den die bisherigen Kosten größer als x sind. Dies kann einfach implementiert werden, indem keine rekursiven Aufrufe von `visit` realisiert werden, wenn die Kosten des aktuellen partiellen Pfades größer sind als die Kosten des bis dahin gefundenen besten vollständigen Pfades. Wenn wir eine solche Strategie verfolgen, können wir natürlich den Pfad mit den minimalen Kosten nicht übersehen.

Das Ausästen ist effizienter, wenn während der Suche schon frühzeitig ein Pfad mit niedrigen Kosten gefunden wird; ein Weg, um dies wahrscheinlicher zu machen, besteht darin, die dem aktuellen Knoten benachbarten Knoten entsprechend der Reihenfolge wachsender Kosten mit `visit` zu besuchen. Tatsächlich können wir noch besser vorgehen: Oft können wir eine Schranke für die Kosten aller vollständigen Pfade berechnen, die mit einem gegebenen partiellen Pfad beginnen. Für unser Beispiel können wir eine weit bessere Schranke für die Kosten eines jeden vollständigen Pfades, der mit dem aus den markierten Knoten gebildeten partiellen Pfad beginnt, berechnen, indem wir die Kosten des minimalen Spannbaumes der nicht markierten Knoten addieren. (Der Rest des Pfades ist ein Spannbaum für die nicht markierten Knoten; seine Kosten sind sicher nicht geringer als die Kosten des minimalen Spannbaumes dieser Knoten.)

Diese allgemeine Methode zur Berechnung von Schranken für partielle Lösungen zwecks Begrenzung der Anzahl der zu untersuchenden vollständigen Lösungen wird manchmal *Branch-and-Bound* (Verzweigen und Beschränken) genannt. Natürlich wird sie immer dann angewandt, wenn mit Pfaden Kosten verknüpft sind (und wir versuchen, Kosten zu minimieren). Normalerweise besteht unser Ziel bei solchen Problemen darin, bei der Suche nach einer Lösung eine beträchtliche Anzahl von Möglichkeiten auszuschließen. Es ist nicht ungewöhnlich, daß Dutzende von heuristischen Regeln der in den vorangegangenen Abschnitten beschriebenen Art angewandt werden, um zu vermeiden, daß ein falscher Pfad verfolgt wird.

Backtracking und Branch-and-Bound besitzen als allgemeine Methoden der Problemlösung ein sehr weites Anwendungsfeld. Zum Beispiel bilden sie die Grundlage für viele Programme, mit denen Spiele wie Schach oder Dame gespielt werden. In diesem Falle ist eine partielle Lösung irgendeine zulässige Stellung aller Figuren auf dem Spielbrett, und der Nachfolger eines Knotens in dem Baum des erschöpfenden Durchsuchens ist eine Stellung, die das Ergebnis irgendeines zulässigen Zuges sein kann. Im Idealfall wäre es am besten, wenn ein Programm ein erschöpfendes Durchsuchen durch alle Möglichkeiten realisieren und einen Zug wählen könnte, der unabhängig von der Reaktion des Gegners zum Sieg führt. Doch es gibt normalerweise viel zu viele Möglichkeiten, so daß gewöhnlich eine Suche mit Backtracking mit sehr komplizierten Regeln für das Ausästen vorgenommen wird, so daß nur »interessante« Stellungen untersucht werden. Methoden des erschöpfenden Durchsuchens werden auch für andere Anwendungen im Bereich der Künstlichen Intelligenz benutzt.

Im folgenden Kapitel betrachten wir verschiedene andere Probleme, die den bereits untersuchten ähneln und unter Anwendung dieser Methoden in Angriff genommen werden können. Die Lösung eines speziellen Problems erfordert die Entwicklung von komplizierten Kriterien, die benutzt werden können, um die Suche zu begrenzen. Wir haben nur wenige Beispiele der vielen Methoden angegeben, die für das Problem des Handlungsreisenden ausprobiert worden sind, und für andere wichtige Probleme sind ebenso ausgeklügelte Verfahren entwickelt worden.

Doch so kompliziert die Kriterien auch sein mögen, im allgemeinen gilt, daß die Laufzeit von Backtracking-Algorithmen exponentiell bleibt. Grob gesagt, wenn jeder Knoten in dem Suchbaum im Durchschnitt α Nachfolger hat und die Länge des Lösungspfades N ist, so ist zu erwarten, daß die Anzahl der Knoten im Baum proportional zu α^N ist. Verschiedene Backtracking-Regeln entsprechen der Verringerung des Wertes von α, der Anzahl der für jeden Knoten auszuprobierenden Möglichkeiten. Es lohnt sich, dafür einigen Aufwand zu treiben, da eine Verkleinerung von α bedeutet, daß ein größeres Problem gelöst werden kann. Zum Beispiel kann ein Algorithmus, der in einer zu $1{,}1^N$ proportionalen Zeit abläuft, ein etwa achtmal so großes Problem lösen wie ein Algorithmus, der eine zu 2^N proportionale Zeit benötigt.

Andererseits kann, wie wir bereits erwähnt haben, keiner von ihnen sehr umfangreiche Probleme bewältigen.

Digression: Erzeugung von Permutationen

Es ist ein interessantes Problem, ein Programm zu erstellen, das alle Möglichkeiten der Anordnung von N verschiedenen Elementen erzeugt. Ein einfaches Programm für dieses Problem der *Erzeugung von Permutationen* kann unmittelbar aus dem oben angegebenen Programm für das erschöpfende Durchsuchen für Graphen abgeleitet werden. Wie oben erwähnt wurde, muß dieses Programm, wenn es auf einen vollständigen Graph angewandt wird, versuchen, die Knoten dieses Graphen in allen möglichen Reihenfolgen zu besuchen. Wir erhalten alle Permutationen, indem wir die Knoten in der Reihenfolge markiert lassen, in der sie auf dem Suchpfad erscheinen, und jedesmal, wenn wir einen Pfad der Länge V haben, alle Marken der Knoten ausgeben:

```
visit(int k)
  {
    int t;
    val[k] = ++id;
    if (id == V) writeperm();
    for (t = 1; t <= V; t++)
      if (val[t] == 0) visit(t);
    id--; val[k] = 0;
  }
```

Dieses Programm läßt sich aus der obigen Prozedur ableiten, indem jede Bezugnahme auf die Adjazenz-Matrix beseitigt wird (da in einem vollständigen Graph alle Kanten vorhanden sind). Die Prozedur `writeperm` bewirkt einfach die Ausgabe der Elemente des Feldes `val`. Dies erfolgt jedesmal, wenn `id` = V gilt, was der Entdeckung eines vollständigen Pfades im Graph entspricht. (Tatsächlich kann das Programm noch etwas verbessert werden, indem man die `for`-Schleife wegläßt, wenn `id` = V gilt, da in diesem Falle bekannt ist, daß alle Einträge in `val` von null verschieden sind.) Um alle Permutationen der ganzen Zahlen von 1 bis N auszugeben, rufen wir diese Prozedur mit `visit(0)` auf, wobei `id` mit –1 und das Feld `val` mit null initialisiert wird. Dies entspricht der Einführung eines Pseudo-Knotens in dem vollständigen Graph und dem Prüfen aller Pfade im Graph, die im Knoten 0 beginnen. Wenn die Prozedur in dieser Weise für N = 4 aufgerufen wird, erzeugt sie die folgende Ausgabe (hier in zwei Spalten dargestellt):

```
1 2 3 4          2 3 1 4
1 2 4 3          2 4 1 3
1 3 2 4          3 2 1 4
1 4 2 3          4 2 1 3
1 3 4 2          3 4 1 2
1 4 3 2          4 3 1 2
2 1 3 4          2 3 4 1
2 1 4 3          2 4 3 1
3 1 2 4          3 2 4 1
4 1 2 3          4 2 3 1
3 1 4 2          3 4 2 1
4 1 3 2          4 3 2 1
```

Es muß eingeräumt werden, daß die Interpretation der Prozedur als Erzeugung von Pfaden in einem vollständigen Graph kaum erkennbar ist. Doch eine unmittelbare Untersuchung der Prozedur zeigt, daß sie alle $N!$ Permutationen der ganzen Zahlen von 1 bis N erzeugt, indem sie zuerst alle $(N-1)!$ Permutationen mit der 1 an erster Stelle erzeugt (wobei sie sich rekursiv aufruft, um 2 bis N anzuordnen), dann alle $(N-1)!$ Permutationen mit der 1 an zweiter Stelle usw.

Sicher wäre es undenkbar, dieses Programm auch nur für $N = 16$ zu verwenden, da $16! > 2^{50}$ ist. Trotzdem ist das Programm für die Untersuchung wichtig, da es die Grundlage für ein Backtracking-Programm für die Lösung eines beliebigen Problems, bei dem das Umordnen einer Menge von Elementen erforderlich ist, bilden kann.

Betrachten wir zum Beispiel das *Euklidische Problem des Handlungsreisenden*: Zu einer gegebenen Menge von N Punkten in der Ebene ist die kürzeste Tour zu finden, die alle Punkte verbindet. Da jede Reihenfolge der Punkte einer zulässigen Tour entspricht, kann man erreichen, daß das obige Programm ein erschöpfendes Durchsuchen nach der Lösung für dieses Problem realisiert, indem man es einfach dahingehend ändert, daß es genau wie oben die Kosten jeder Tour und das Minimum der Kosten der vollständigen Touren registriert. Dann kann die gleiche Methode vom Typ Branch-and-Bound wie oben angewandt werden, ebenso wie verschiedene heuristische Backtrackingverfahren, die für das Euklidische Problem spezifisch sind. (Zum Beispiel kann man leicht beweisen, daß sich die optimale Tour nicht selbst überkreuzen kann, so daß die Suche bei allen partiellen Pfaden, die sich selbst überkreuzen, abgebrochen werden kann.) Unterschiedliche heuristische Suchmethoden entsprechen unterschiedlichen Reihenfolgen der Anordnung der Permutationen. Solche Verfahren können viel Aufwand einsparen helfen, doch es bleibt immer noch eine enorme Menge an Arbeit übrig. Es ist ganz und gar nicht einfach, eine exakte Lösung für das Euklidische Problem des Handlungsreisenden zu finden, selbst wenn N einen so kleinen Wert wie 16 hat.

Ein anderer Grund, weshalb die Erzeugung von Permutationen von Interesse ist, besteht darin, daß eine Reihe ähnlich gearteter Prozeduren für die Erzeugung anderer kombinatorischer Objekte existiert. In einigen Fällen ist die Anzahl der erzeugten Objekte nicht ganz so groß wie im Falle der Permutationen, und solche Prozeduren können demzufolge in der Praxis für größeres N von Nutzen sein. Ein Beispiel hierfür ist eine Prozedur zur Erzeugung aller Möglichkeiten der Auswahl einer Teilmenge vom Umfang k aus einer Menge, die N Elemente enthält. Für großes N und kleines k ist die Anzahl dieser Möglichkeiten ungefähr proportional zu N^k. Eine derartige Prozedur könnte als Grundlage für ein Backtracking-Programm zur Lösung des Rucksack-Problems benutzt werden.

Approximationsalgorithmen

Da die Ermittlung der kürzesten Tour eine so umfangreiche Berechnung zu erfordern scheint, ist es sinnvoll zu überlegen, ob es einfacher sein könnte, eine Tour zu finden, die beinahe die kürzeste ist. Wenn wir bereit sind, die Forderung abzuschwächen, daß wir unbedingt den kürzesten möglichen Pfad erhalten müssen, erweist es sich, daß wir weit umfangreichere Probleme bewältigen können, als es mit den obigen Verfahren möglich ist.

Beispielsweise ist es relativ leicht, eine Tour zu finden, die höchstens um den Faktor zwei länger ist als die optimale Tour. Die Methode beruht darauf, daß einfach der minimale Spannbaum ermittelt wird. Dies liefert nicht nur eine untere Schranke für die Länge der Tour, wie bereits erwähnt, sondern es zeigt sich, daß man auch eine *obere Schranke* für die Länge der Tour enthält: Zu einem gegebenen minimalen Spannbaum erzeuge man eine Tour, indem man die Knoten des minimalen Spannbaums unter Benutzung der folgenden Prozedur besucht: Um den Knoten x zu verarbeiten, besuche man x, besuche dann jeden Nachfolger von x, wobei man diese Prozedur des Besuchens rekursiv anwendet und nach dem Besuchen jedes Nachfolgers zum Knoten x zurückkehrt, und beende die Prozedur im Knoten x. Bei dieser Tour wird jede Kante im Spannbaum zweimal durchlaufen, so daß ihre Kosten doppelt so groß sind wie die Kosten des Baumes. Es ist keine einfache Tour, da ein Knoten viele Male besucht werden kann, doch sie kann in eine einfache Tour umgewandelt werden, indem einfach jeder Knoten immer dann, wenn er nicht zum erstenmal erscheint, gelöscht wird. Das Löschen des Auftretens eines Knotens entspricht der Benutzung einer Abkürzung, die an diesem Knoten vorbeiführt; natürlich können sich die Kosten der Tour dadurch nicht erhöhen. Folglich liegt eine einfache Tour vor, deren Kosten weniger als doppelt so groß sind wie die des minimalen Spannbaumes.

Die Skizze im linken Teil von Abbildung 44.5 zeigt einen minimalen Spannbaum für unsere Punktmenge (deren Berechnung gemäß der Beschreibung in Kapitel 31 erfolgte), zusammen mit einer entsprechenden einfachen Tour. Diese Tour ist offensichtlich nicht optimal, da sie sich selbst kreuzt. Für eine große zufällige Punktmenge hat es den Anschein, daß die auf diese Weise erzeugte Tour der optimalen Tour nahekommt, obwohl diese Annahme noch durch keine Analyse unterstützt werden konnte.

Ein anderer ausprobierter Ansatz ist die Entwicklung von Methoden zur Verbesserung einer vorhandenen Tour in der Hoffnung, daß eine kurze Tour gefunden werden

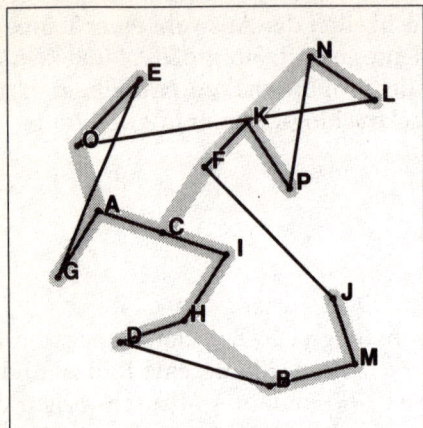 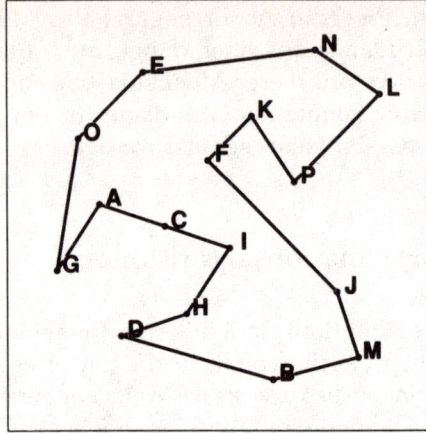

Abbildung 44.5 Einfache Tour beim Euklidischen Problem des Handlungsreisenden.

kann, wenn solche Verbesserungen wiederholt vorgenommen werden. Zum Beispiel kann beim *Euklidischen* Problem des Handlungsreisenden, wo Abstände im Graph Abständen zwischen Punkten in der Ebene entsprechen, eine sich selbst überschneidende Tour verbessert werden, indem jeder Schnitt wie folgt beseitigt wird: Falls die Strecke AB die Strecke CD schneidet, ergibt sich eine kürzere Tour, wenn man AB und CD löscht und AD und CB hinzufügt. Die sukzessive Anwendung dieses Verfahrens führt für eine beliebige gegebene Tour zur Erzeugung einer Tour, die nicht länger ist und sich nicht selbst überschneidet. Zum Beispiel erhält man durch Anwendung dieser Prozedur auf die aus dem minimalen Spannbaum erzeugte Tour (im linken Teil von Abbildung 44.5) die im rechten Teil von Abbildung 44.5 dargestellte kürzere Tour.

Tatsächlich besteht eines der effizientesten Verfahren zur Gewinnung von Näherungslösungen für das Euklidische Rundreiseproblem, das von S. Lin entwickelt wurde, in der Verallgemeinerung des obigen Verfahrens der Verbesserung von Touren durch Umlegen von drei oder mehr Kanten in einer gegebenen Tour. Sehr gute Ergebnisse wurden durch so lange sukzessive Anwendung einer solchen Methode auf eine ursprünglich *zufällige* Tour, bis sie zu keiner Verbesserung mehr führt, erzielt. Man könnte vermuten, daß es besser ist, mit einer Tour zu beginnen, die der optimalen bereits nahekommt, doch die Untersuchungen von Lin zeigen, daß das nicht der Fall sein muß.

Die oben beschriebenen verschiedenen Ansätze für die Gewinnung von Näherungslösungen für das Problem des Handlungsreisenden sollen nur einen Eindruck der Verfahrenstypen vermitteln, die angewandt werden können, um erschöpfendes Durchsuchen zu vermeiden. Die oben gegebenen kurzen Beschreibungen werden den vielen brillianten Ideen, die entwickelt worden sind, nicht gerecht; die Formulierung und Analyse von Algorithmen dieses Typs ist ein Forschungsgebiet der Informatik, auf dem noch aktiv gearbeitet wird.

Man könnte mit Recht fragen, warum das Problem des Handlungsreisenden und die anderen Probleme, die wir angedeutet haben, erschöpfendes Durchsuchen *erfordern*. Könnte es nicht möglich sein, daß ein eleganter Algorithmus die minimale Tour ebenso leicht und schnell findet, wie wir den minimalen Spannbaum finden können? Im folgenden Kapitel werden wir sehen, warum die meisten Informatiker der Ansicht sind, daß ein solcher Algorithmus nicht existiert, und warum stattdessen Approximationsalgorithmen von der in diesem Abschnitt betrachteten Art untersucht werden müssen.

Übungen

1. Welchen Algorithmus würden Sie vorziehen: Einen, der N^5 Schritte erfordert, oder einen, der 2^N Schritte erfordert?

2. Enthält der »Labyrinth«-Graph aus Kapitel 29 einen Hamilton-Zyklus?

3. Skizzieren Sie den der Abbildung 44.4 entsprechenden Baum, der sich ergibt, wenn Sie in dem Graphen einen Hamilton-Zyklus suchen und im Knoten B statt im Knoten A beginnen.

4. Wieviel Zeit könnte erschöpfendes Durchsuchen erfordern, um einen Hamilton-Zyklus in einem Graph zu finden, in dem alle Knoten mit genau zwei anderen Knoten verbunden sind? Beantworten Sie die gleiche Frage für den Fall, daß alle Knoten mit genau drei anderen Knoten verbunden sind.

5. Wie viele Aufrufe von `visit` (als Funktion von V) erfolgen bei der Prozedur zur Erzeugung von Permutationen?

6. Leiten Sie aus dem angegebenen Programm eine nichtrekursive Prozedur zur Erzeugung von Permutationen ab.

7. Erstellen Sie ein Programm, mit dessen Hilfe bestimmt werden kann, ob zwei gegebene Adjazenz-Matrizen den gleichen Graph darstellen oder nicht, wenn man von unterschiedlichen Bezeichnungen der Knoten absieht.

8. Erstellen Sie ein Programm zur Lösung des Rucksack-Problems aus Kapitel 42, wenn die Größen reelle Zahlen sein können.

9. Erstellen Sie ein Programm zur Ermittlung der Anzahl von Spannbäumen für eine Menge von N Punkten in der Ebene ohne sich schneidende Kanten.

10. Lösen Sie das Euklidische Problem des Handlungsreisenden für unser Beispiel mit sechzehn Punkten.

Kapitel 45

NP-vollständige Probleme

Die in diesem Buch untersuchten Algorithmen werden im allgemeinen zur Lösung praktischer Probleme benutzt und erfordern daher keine übermäßig großen Ressourcen. Der praktische Nutzen der meisten Algorithmen ist offensichtlich; bei vielen Problemen haben wir sogar das Glück, unter mehreren effizienten Algorithmen auswählen zu können. Wie im vorangegangenen Kapitel dargelegt wurde, treten in der Praxis aber leider auch viele Probleme auf, die solche effizienten Lösungen nicht ermöglichen. Und was noch schlechter ist, wir können für eine große Klasse derartiger Probleme nicht einmal sagen, ob eine effiziente Lösung existieren könnte oder nicht.

Diese Situation war schon immer äußerst unbefriedigend für Programmierer und Algorithmenentwickler, die für ein breites Spektrum praktischer Probleme keinen einzigen effizienten Algorithmus finden können, sowie für Theoretiker, die keinerlei Begründung dafür finden konnten, warum diese Probleme kompliziert sein sollten. Auf diesem Gebiet sind umfangreiche Forschungsarbeiten durchgeführt worden, die zur Entwicklung von Mechanismen führten, mit deren Hilfe neue Probleme als »so schwierig wie« alte Probleme in einem speziellen technischen Sinn klassifiziert werden können. Obwohl ein großer Teil dieser Ergebnisse über den Rahmen dieses Buches hinausgeht, sind die zentralen Ideen nicht schwer zu verstehen. Wenn man mit einem neuen Problem konfrontiert wird, ist es sicher von Nutzen, eine gewisse Vorstellung von den Problemtypen zu haben, für die kein effizienter Algorithmus bekannt ist.

Manchmal ist die Grenze zwischen »leichten« und »schweren« Problemen nur durch einen feinen Unterschied gegeben. Zum Beispiel betrachteten wir in Kapitel 31 einen effizienten Algorithmus für das folgende Problem: »Finde den kürzesten Pfad vom Knoten x zum Knoten y in einem gegebenen gewichteten Graph.« Doch wenn wir nach dem längsten Pfad (ohne Zyklen) von x nach y fragen, haben wir es mit einem Problem zu tun, für das keine Lösung bekannt ist, die wesentlich besser ist als das Prüfen aller möglichen Pfade. Die feine Grenze ist sogar noch verblüffender, wenn wir ähnliche Probleme betrachten, in denen nur nach »ja-nein« Antworten gefragt wird:

Leicht: Existiert ein Pfad von x nach y mit einem Gewicht $\leq M$?

Schwer(?):   Existiert ein Pfad von x nach y mit einem Gewicht $\geq M$?

Breitensuche liefert für das erste Problem eine Lösung in linearer Zeit, doch alle bekannten Algorithmen für das zweite Problem könnten eine exponentielle Zeit benötigen.

Wir können eine weit genauere Aussage machen als »könnten eine exponentielle Zeit benötigen«, doch das ist für die gegenwärtigen Betrachtungen nicht erforderlich. Im allgemeinen ist es zweckmäßig, sich einen Algorithmus mit exponentieller Zeit als einen Algorithmus vorzustellen, der für bestimmte Eingabedaten vom Umfang N eine Zeit benötigt, die (wenigstens) zu 2^N proportional ist. (Die Grundaussage der Ergebnisse, die wir hier betrachten wollen, ändert sich nicht, wenn 2 durch irgendeine Zahl $\alpha > 1$ ersetzt wird.) Das bedeutet zum Beispiel, daß für einen Algorithmus, der exponentielle Zeit benötigt, nicht garantiert werden kann, daß er für Probleme mit einem Umfang von (beispielsweise) 100 zum Ziel führt, da niemand warten kann, bis 2^{100} Schritte eines Algorithmus ausgeführt worden sind, unabhängig von der Geschwindigkeit des Computers. Angesichts exponentiellen Wachstums werden technologische Veränderungen unbedeutend: Ein Supercomputer mag eine Billion mal so schnell sein wie ein Rechenbrett, doch auch er ist nicht annähernd in der Lage, ein Problem zu lösen, das 2^{100} Schritte erfordert.

Deterministische und nichtdeterministische Algorithmen mit polynomialer Zeit

Der große Unterschied hinsichtlich der Leistungsfähigkeit zwischen »effizienten« Algorithmen des Typs, den wir betrachtet haben, und groben »exponentiellen« Algorithmen, die jede Möglichkeit prüfen, macht es möglich, den Grenzbereich zwischen ihnen mit Hilfe eines einfachen formalen Modells zu untersuchen. Bei diesem Modell ist die Effizienz eines Algorithmus eine Funktion der Anzahl der Bits, die verwendet werden, um die Eingabedaten unter Benutzung eines »sinnvollen« Kodierungsschemas zu verschlüsseln. (Die exakte Definition von »sinnvoll« schließt alle gebräuchlichen Kodierungsschemata von Objekten für Computer ein; ein Beispiel eines nicht sinnvollen Kodierungsschemas ist eine unäre Kodierung, bei der M Bits verwendet werden, um die Zahl M darzustellen. Stattdessen sollten wir erwarten können, daß die Anzahl der Bits, die zur Darstellung der Zahl M verwendet werden, proportional zu $\log M$ ist.) Uns interessiert nur die Identifikation von Algorithmen, für die garantiert werden kann, daß sie in einer Zeit ablaufen, die proportional zu einem Polynom in der Anzahl der Bits der Eingabedaten ist. Jedes Problem, das mit Hilfe eines solchen Algorithmus gelöst werden kann, gehört per Definition zu

P: Menge aller Probleme, die mit Hilfe deterministischer Algorithmen in polynomialer Zeit gelöst werden können.

Unter *deterministisch* verstehen wir, daß zu jedem Zeitpunkt, gleichgültig, was der Algorithmus tut, nur eine Sache existiert, die er als Nächstes tun könnte. Dieser sehr allgemeine Begriff beschreibt die Art und Weise, in der Programme auf heutigen Computern ablaufen. Beachten Sie, daß das Polynom in keiner Weise vorgegeben ist und daß diese Definition mit Sicherheit die standardmäßigen Algorithmen einschließt, die wir bisher untersucht haben. Sortieren gehört zu P, da (zum Beispiel) Insertion Sort in einer zu N^2 proportionalen Zeit abläuft (die Existenz von Algorithmen für das Sortieren mit zu $N \log N$ proportionaler Laufzeit ist im vorliegenden Zusammenhang unerheblich.) Die für einen Algorithmus benötigte Zeit hängt offensichtlich auch von dem verwendeten Computer ab, doch es zeigt sich, daß die Benutzung eines anderen Computers die Laufzeit nur über einen polynomialen Faktor beeinflußt (wiederum innerhalb sinnvoller Grenzen), so daß auch das für die vorliegende Betrachtung nicht besonders wesentlich ist.

Natürlich beruhen die theoretischen Ergebnisse, die wir hier vorstellen, auf einem vollständig definierten Berechnungsmodell, in dessen Rahmen die allgemeinen Aussagen, die wir machen, bewiesen werden können. Unsere Absicht ist die Betrachtung einiger prinzipieller Ideen, nicht jedoch die Entwicklung exakter Definitionen und die Herleitung von Sätzen. Der Leser kann davon ausgehen, daß alle scheinbaren logischen Unzulänglichkeiten auf den informalen Charakter der Beschreibung und nicht auf die Theorie selbst zurückzuführen sind.

Ein »unvernünftiger« Weg, die Möglichkeiten eines Computers zu erweitern, besteht darin, ihn mit der Fähigkeit des *Nichtdeterminismus* auszustatten: zu behaupten, daß ein Algorithmus, wenn er mit der Möglichkeit der Wahl zwischen mehreren Varianten konfrontiert wird, die Fähigkeit hat, die richtige zu »erraten«. Für die Zwecke der nachfolgenden Untersuchungen können wir uns einen Algorithmus für einen nicht-deterministischen Automaten als ein »Erraten« der Lösung eines Problems und eine nachfolgende Prüfung, ob die Lösung korrekt ist, vorstellen. Im Kapitel 20 sahen wir, wie Nichtdeterminismus als ein Werkzeug für die Entwicklung von Algorithmen von Nutzen sein kann; hier benutzen wir ihn als theoretisches Hilfsmittel für die Klassifikation von Problemen. Wir bezeichnen

NP: Menge aller Probleme, die mit Hilfe nichtdeterministischer Algorithmen in polynomialer Zeit gelöst werden können.

Offensichtlich gehört jedes Problem, das P angehört, auch NP an. Doch es hat den Anschein, daß auch viele andere Probleme NP angehören: Um zu zeigen, daß ein Problem NP angehört, brauchen wir nur einen in polynomialer Zeit ablaufenden Algorithmus zu finden, mit dem nachgeprüft werden kann, daß eine gegebene Lösung (die erratene Lösung) richtig ist. Zum Beispiel gehört die mit »ja-nein« zu beantwortende Variante des Problems des längsten Pfades NP an. Ein anderes Beispiel eines NP angehörenden Problems ist das *Erfüllbarkeitsproblem.* Wenn eine logische Formel der Form

$$(x_1 + x_3 + x_5) * (x_1 + \overline{x}_2 + x_4) * (\overline{x}_3 + x_4 + x_5) * (x_2 + \overline{x}_3 + x_5)$$

gegeben ist, wobei die x_i boolesche Variablen sind (**wahr** oder **falsch**), »+« die Operation ODER, »*« die Operation UND und $\bar{x}$ die Operation NICHT bezeichnet, so besteht das Erfüllbarkeitsproblem in dem Nachweis, ob eine Zuweisung von Wahrheitswerten zu den Variablen existiert, daß die Formel »**wahr**« ist («erfüllt« wird). Weiter unten werden wir sehen, daß dieses spezielle Problem in der Theorie eine besondere Rolle spielt.

Nichtdeterminismus ist eine so leistungsfähige Operation, daß es beinahe absurd zu sein scheint, sie ernsthaft zu untersuchen. Warum sollte man sich die Mühe machen, ein imaginäres Werkzeug zu betrachten, das komplizierte Probleme trivial aussehen läßt? Die Antwort lautet, daß, so leistungsfähig der Nichtdeterminismus zu sein scheint, es noch niemandem gelungen ist zu *beweisen*, daß er für irgendein spezielles Problem von Nutzen ist! Anders ausgedrückt, es ist noch niemandem gelungen, auch nur ein einziges Problem zu finden, für das bewiesen werden kann, daß es NP angehört, aber nicht P (oder wenigstens zu beweisen, daß ein solches Problem existiert); wir wissen nicht, ob P = NP gilt oder nicht. Dies ist eine sehr unbefriedigende Situation, da viele wichtige praktische Probleme NP angehören (sie könnten mit einem nichtdeterministischen Automaten in effizienter Weise gelöst werden), jedoch nicht bekannt ist, ob sie P angehören (wir kennen bei Verwendung eines deterministischen Automaten keinen effizienten Algorithmus für sie bei Verwendung eines deterministischen Automaten). Wenn wir beweisen könnten, daß ein Problem nicht P angehört, könnten wir die Suche nach einer effizienten Lösung für dieses Problem aufgeben. Wenn ein solcher Beweis nicht erbracht wurde, besteht die Möglichkeit, daß ein effizienter Algorithmus noch nicht entdeckt wurde. Tatsächlich könnte in Anbetracht des gegenwärtigen Standes unserer Kenntnisse für *jedes* Problem in NP ein effizienter Algorithmus existieren, was bedeuten würde, daß noch viele effiziente Algorithmen nicht entdeckt wurden. Praktisch glaubt niemand, daß P = NP ist, und es sind beträchtliche Anstrengungen unternommen worden, um das Gegenteil zu beweisen, doch dies bleibt ein ungelöstes, offenes Problem für die Informatik.

NP-Vollständigkeit

Weiter unten betrachten wir eine Reihe von Problemen, von denen bekannt ist, daß sie NP angehören, aber nicht, ob sie P angehören. Das heißt, sie lassen sich leicht mit Hilfe eines nichtdeterministischen Automaten lösen, doch trotz beträchtlicher Anstrengungen gelang es noch niemandem, für eines von ihnen einen effizienten Algorithmus auf einem herkömmlichen Automaten zu finden (oder zu beweisen, daß keiner existiert). Diese Probleme besitzen eine zusätzliche Eigenschaft, die ein überzeugendes Argument dafür liefert, daß P = NP gilt: Falls *irgendeines* der Probleme in einer polynomialen Zeit auf einem deterministischen Automaten gelöst werden kann, so ist das für *alle* Probleme in NP möglich (das heißt, es ist P = NP). Das heißt, das kollektive Unvermögen aller Wissenschaftler, effiziente Algorithmen für alle diese Probleme zu finden, könnte als kollektives Unvermögen angesehen werden, zu beweisen, daß P = NP gilt. Solche Probleme werden *NP-vollständig* genannt. Es zeigt sich, daß eine große Zahl interessanter praktischer Probleme dieses Merkmal besitzt.

Das wichtigste Hilfsmittel, das angewandt wird, um zu beweisen, daß Probleme NP-vollständig sind, beruht auf der Idee der *polynomialen Reduzierbarkeit*. Mit Hilfe des folgenden Prozesses zeigen wir, daß ein Algorithmus zur Lösung eines neuen Problems in NP benutzt werden kann, um ein gewisses bekanntes NP-vollständiges Problem zu lösen: Transformiere irgendeine Instanz des bekannten NP-vollständigen Problems in eine Instanz des neuen Problems, löse das Problem unter Benutzung des gegebenen Algorithmus, transformiere dann die Lösung zurück in eine Lösung des NP-vollständigen Problems. Im Kapitel 34 betrachteten wir ein Beispiel eines ähnlichen Prozesses, als wir bipartite Paarung auf das Problem des Flusses in einem Netzwerk zurückführten. Unter »polynomial reduzierbar« verstehen wir, daß die Transformationen in polynomialer Zeit ausgeführt werden können; demzufolge würde die Existenz eines in polynomialer Zeit ablaufenden Algorithmus für das neue Problem die Existenz eines in polynomialer Zeit ablaufenden Algorithmus für das NP-vollständige Problem zur Folge haben, und dies würde (aufgrund der Definition) die Existenz von in polynomialer Zeit ablaufenden Algorithmen für alle Probleme in NP nach sich ziehen.

Die Idee der Reduktion (Zurückführung) liefert einen nützlichen Mechanismus für die Klassifikation von Algorithmen. Um zum Beispiel zu beweisen, daß ein NP angehörendes Problem NP-vollständig ist, brauchen wir nur zu zeigen, daß irgendein bekanntes NP-vollständiges Problem auf dieses Problem polynomial reduzierbar ist, das heißt, daß ein in polynomialer Zeit ablaufender Algorithmus für das neue Problem benutzt werden kann, um das NP-vollständige Problem zu lösen, und dann wiederum benutzt werden kann, um alle Probleme in NP zu lösen. Als Beispiel für eine Reduktion erinnern wir an die folgenden beiden Probleme aus Kapitel 44:

PROBLEM DES HANDLUNGSREISENDEN: Zu einer gegebenen Menge von Städten und Entfernungen zwischen allen Paaren von Städten ist eine Tour durch alle Städte zu finden, deren Länge kleiner als M ist.

HAMILTON-ZYKLUS: Zu einem gegebenen Graph ist ein einfacher Zyklus zu finden, der alle Knoten enthält.

Nehmen wir an, wir wissen, daß das Problem des Hamilton-Zyklus NP-vollständig ist, und wir möchten feststellen, ob das Problem des Handlungsreisenden ebenfalls NP-vollständig ist oder nicht. Ein beliebiger Algorithmus für die Lösung des Problems des Handlungsreisenden kann verwendet werden, um das Problem des Hamilton-Zyklus zu lösen, indem die folgende Reduktion vorgenommen wird: Zu einer gegebenen Instanz des Problems des Hamilton-Zyklus (Graph) konstruiere man eine Instanz des Problems des Handlungsreisenden (Menge von Städten, mit Entfernungen zwischen allen Paaren) wie folgt: Als Städte für das Problem des Handlungsreisenden verwende man die Menge der Knoten im Graph; als Entfernungen zwischen jedem Städtepaar verwende man eins, wenn zwischen den entsprechenden Knoten im Graph eine Kante vorhanden ist, und zwei, wenn keine Kante vorhanden

ist. Dann bestimme man mit Hilfe des Algorithmus für das Problem des Handlungsreisenden eine Tour mit einer Länge, die kleiner oder gleich N ist, der Anzahl der
Knoten im Graph. Diese Tour muß exakt einem Hamilton-Zyklus entsprechen. Ein
effizienter Algorithmus für das Problem des Handlungsreisenden wäre auch ein
effizienter Algorithmus für das Problem des Hamilton-Zyklus. Das heißt, das Problem des Hamilton-Zyklus läßt sich auf das Problem des Handlungsreisenden zurückführen, so daß die NP-Vollständigkeit des Problems des Hamilton-Zyklus die NP-
Vollständigkeit des Problems des Handlungsreisenden impliziert.

Die Reduktion des Problems des Hamilton-Zyklus auf das Problem des Handlungsreisenden ist relativ einfach, weil die Probleme so ähnlich sind. In Wirklichkeit können
Reduktionen mit polynomialer Zeit sehr kompliziert sein und Probleme miteinander
verknüpfen, die scheinbar sehr verschieden sind. Es ist zum Beispiel möglich, das
Erfüllbarkeitsproblem auf das des Hamilton-Zyklus zurückzuführen. Ohne auf Einzelheiten einzugehen, betrachten wir die Grundidee des Beweises.

Wir möchten zeigen, daß wir, wenn eine polynomiale Zeit erfordernde Lösung des
Problems des Hamilton-Zyklus vorliegen würde, mittels polynomialer Reduktion
eine polynomiale Zeit erfordernde Lösung des Erfüllbarkeitsproblems erhalten können. Der Beweis besteht in einer detaillierten Konstruktionsmethode, die zeigt, wie
man für eine gegebene Instanz des Erfüllbarkeitsproblems (eine boolesche Formel)
eine Instanz des Problems des Hamilton-Zyklus (einen Graph) erzeugen kann (in
polynomialer Zeit). Diese Instanz hat die Eigenschaft, daß man, wenn man weiß, ob
der Graph einen Hamilton-Zyklus besitzt, auch weiß, ob die Formel erfüllbar ist. Der
Graph wird aus kleinen Komponenten (die den Variablen entsprechen) aufgebaut,
die über einen einfachen Pfad in nur einer der beiden Richtungen durchlaufen werden
können (was dem Wahrheitsgehalt »wahr« oder »falsch« der Variablen entspricht).
Diese kleinen Komponenten werden so miteinander verknüpft, wie es durch die
logischen Operationen vorgegeben ist, wobei kompliziertere Teilgraphen verwendet
werden, die entsprechend dem Wahrheitsgehalt der Verknüpfungen mittels einfacher
Pfade durchlaufen werden können. Von dieser kurzen Beschreibung bis zur vollständigen Konstruktion ist es noch ein recht weiter Schritt, und die Angabe strenger,
ausführlicher Beweise dieser Art ist eine schwierige Aufgabe (obwohl Spezialisten
auf diesem Gebiet eine beachtliche Gewandtheit bei der Konstruktion solcher Reduktionen erwerben). Unsere Absicht hier besteht darin, die Tatsache zu illustrieren, daß
polynomiale Reduktion auf recht unterschiedliche Probleme angewandt werden
kann.

Wenn uns also ein polynomiale Zeit erfordernder Algorithmus für das Problem des
Handlungsreisenden vorliegen würde, so würden wir auch über einen polynomiale
Zeit erfordernden Algorithmus für das Problem des Hamilton-Zyklus verfügen,
welcher uns auch einen polynomiale Zeit erfordernden Algorithmus für das Erfüllbarkeitsproblem liefern würde. Jedes Problem, für das bewiesen wurde, daß es
NP-vollständig ist, liefert eine weitere potentielle Grundlage für den Beweis dafür,
daß noch ein weiteres künftiges Problem NP-vollständig ist. Der Beweis könnte so
einfach sein wie die oben angegebene Reduktion des Problems des Hamilton-Zyklus

auf das Problem des Handlungsreisenden, oder so kompliziert wie die oben kurz umrissene Transformation des Erfüllbarkeitsproblems in das Problem des Hamilton-Zyklus, oder sein Schwierigkeitsgrad könnte dazwischen liegen. Für buchstäblich Tausende von Problemen aus den vielfältigsten Anwendungsgebieten ist bewiesen worden, daß sie NP-vollständig sind, indem sie auf diese Weise ineinander umgewandelt wurden.

Der Satz von Cook

Bei der Reduktion wird die NP-Vollständigkeit eines Problems benutzt, um die NP-Vollständigkeit eines anderen nachzuweisen. Es gibt jedoch einen Fall, wo keine Reduktion angewandt werden kann: Wie wurde die NP-Vollständigkeit des *ersten* Problems bewiesen? Dies gelang S. A. Cook im Jahre 1971. Cook gab einen direkten Beweis dafür an, daß das Erfüllbarkeitsproblem NP-vollständig ist: daß, falls ein polynomiale Zeit erfordernder Algorithmus für die Erfüllbarkeit existiert, alle Probleme, die NP angehören, in polynomialer Zeit gelöst werden können.

Der Beweis ist äußerst kompliziert, doch das allgemeine Verfahren kann erklärt werden. Zuerst wird eine vollständige mathematische Definition eines Automaten entwickelt, der in der Lage ist, jedes NP angehörende Problem zu lösen. Dies ist ein einfaches Modell eines als *Turingmaschine* bekannten Mehrzweck-Computers, der Eingabedaten lesen, bestimmte Operationen ausführen und Ausgabedaten schreiben kann. Eine Turingmaschine kann jede Berechnung ausführen, die irgendein anderer Mehrzweck-Computer ausführen kann, mit dem gleichen Zeitaufwand (bis auf einen polynomialen Faktor genau), und besitzt den zusätzlichen Vorteil, daß sie mathematisch exakt beschrieben werden kann. Mit der zusätzlichen Fähigkeit zum Nichtdeterminismus ausgestattet, kann eine Turingmaschine jedes NP angehörende Problem lösen. Der nächste Schritt bei dem Beweis besteht darin, jedes Merkmal der Maschine zu beschreiben, einschließlich der Art und Weise, wie Anweisungen ausgeführt werden, und zwar mit Hilfe derartiger logischer Formeln, wie sie bei dem Erfüllbarkeitsproblem auftreten. Auf diese Weise wird zwischen jedem NP angehörenden Problem (welches als Programm auf der nichtdeterministischen Turingmaschine ausgedrückt werden kann) und einer Instanz des Erfüllbarkeitsproblems (der Übertragung dieses Programms in eine logische Formel) eine Entsprechung hergestellt. Nunmehr besteht die Lösung des Erfüllbarkeitsproblems im wesentlichen in einer Simulation auf der Maschine durch Abarbeitung des gegebenen Programms für die gegebenen Eingabedaten, so daß eine Lösung einer Instanz des gegebenen Problems erzeugt wird. Weitere Einzelheiten dieses Beweises würden weit über den Rahmen dieses Buches hinausgehen. Glücklicherweise ist nur ein derartiger Beweis tatsächlich notwendig; es ist viel einfacher, zum Beweis der NP-Vollständigkeit eine Reduktion anzuwenden.

Einige NP-vollständige Probleme

Wie bereits erwähnt wurde, ist für buchstäblich Tausende verschiedener Probleme bekannt, daß sie NP-vollständig sind. In diesem Abschnitt zählen wir einige davon auf, um das breite Spektrum der Probleme zu veranschaulichen, die untersucht worden sind. Natürlich beginnt die Liste mit dem *Erfüllbarkeitsproblem*; sie enthält das *Problem des Handlungsreisenden* und das des *Hamilton-Zyklus* sowie das des *längsten Pfades*. Die folgenden weiteren Probleme stehen stellvertretend für viele andere:

ZERLEGUNG: Gegeben sei eine Menge ganzer Zahlen; können diese in zwei Mengen zerlegt werden, deren Summen gleich sind?

GANZZAHLIGE LINEARE PROGRAMMIERUNG: Gegeben sei eine lineare Optimierungsaufgabe; existiert eine ganzzahlige Lösung?

ABLAUFPLANUNG FÜR MEHRERE PROZESSOREN: Gegeben seien ein Endtermin und eine Menge von Aufgaben unterschiedlichen Umfangs, die auf zwei identischen Prozessoren auszuführen sind; kann die Ausführung der Aufgaben so geplant werden, daß der Endtermin eingehalten wird?

ERFASSUNG VON KNOTEN: Gegeben seien ein Graph und eine ganze Zahl N; existiert eine Menge von weniger als N Knoten, die alle Kanten berührt?

Diese und viele ähnlich geartete Probleme haben wichtige, praktische Anwendungen, und eine Zeitlang war ein starker Anreiz gegeben, gute Algorithmen für ihre Lösung zu finden. Die Tatsache, daß für keines dieser Probleme ein guter Algorithmus gefunden wurde, spricht sicher sehr stark dafür, daß P ≠ NP gilt, und die meisten Fachleute sind davon überzeugt, daß das der Fall ist. (Andererseits könnte die Tatsache, daß es niemandem gelang zu beweisen, daß irgendeines dieser Probleme nicht P angehört, als Indizienbeweis für das Gegenteil ausgelegt werden.) Ob nun P = NP gilt oder nicht, Tatsache ist, daß uns gegenwärtig keine Algorithmen zur Verfügung stehen, die garantiert irgendeines der NP-vollständigen Probleme in effizienter Weise lösen.

Wie im vorangegangenen Kapitel erwähnt, wurden diverse Methoden entwickelt, um diese Situation zu bewältigen, da in der Praxis irgendeine Lösung für diese verschiedenartigen Probleme gefunden werden muß. Ein Ansatz besteht darin, die Problemstellung zu ändern und einen »Approximationsalgorithmus« zu finden, der nicht die beste Lösung ermittelt, sondern eine Lösung, für die garantiert werden kann, daß sie der besten nahekommt. (Leider ist dies manchmal nicht ausreichend, um die NP-Vollständigkeit zu umgehen.) Eine andere Möglichkeit ist, sich auf eine »durchschnittliche« Leistungsfähigkeit zu verlassen und einen Algorithmus zu entwickeln, der in manchen Fällen die Lösung findet, aber nicht unbedingt in allen Fällen zum Ziel führt. Das heißt, auch wenn es unmöglich sein mag, einen Algorithmus zu finden, der für alle Instanzen eines Problems garantiert gut arbeitet, kann es durchaus möglich sein, praktisch alle Instanzen, die in der Praxis auftreten, in effizienter Weise zu lösen. Ein dritter Ansatz besteht darin, mit »effizienten« exponentiellen Algorithmen zu arbei-

ten und dabei die im vorangegangenen Kapitel beschriebenen Backtrackingmetho-
den zu verwenden. Letztendlich existiert eine sehr große Lücke zwischen polynomialer und exponentieller Zeit, über die die Theorie nichts aussagt. Wie steht es mit
einem Algorithmus, der in einer zu $N^{\log N}$ oder $2^{\sqrt{N}}$ proportionalen Zeit abläuft?

Die NP-Vollständigkeit berührt alle Anwendungsgebiete, die wir in diesem Buch
betrachtet haben: NP-vollständige Probleme treten bei numerischen Anwendungen,
beim Sortieren und Suchen, bei der Verarbeitung von Zeichenfolgen, in der Geometrie
und bei der Verarbeitung von Graphen auf. Der wichtigste praktische Aspekt der
Theorie der NP-Vollständigkeit besteht darin, daß sie einen Mechanismus liefert, mit
dem festgestellt werden kann, ob ein neues Problem aus irgendeinem dieser Gebiete
»leicht« oder »schwer« ist. Wenn ein effizienter Algorithmus für die Lösung eines
neuen Problems gefunden werden kann, gibt es keine Schwierigkeiten. Wenn nicht,
liefert ein Beweis der NP-Vollständigkeit dieses Problems zumindest die Aussage, daß
die Entwicklung eines effizienten Algorithmus ein höchst erstaunliches Ergebnis
wäre (und daß es empfehlenswert ist, vielleicht einen anderen Ansatz auszuprobieren). Die vielen effizienten Algorithmen, die wir in diesem Buch untersucht haben,
sind ein Beweis dafür, daß wir seit Euklid eine Menge über effiziente Berechnungs-
methoden hinzugelernt haben, doch die Theorie der NP-Vollständigkeit zeigt, daß
wir in Wirklichkeit noch sehr viel zu lernen haben.

Übungen

1. Erstellen Sie ein Programm für die Bestimmung des längsten einfachen Pfades von x nach y in einem gegebenen gewichteten Graph.

2. Könnte ein Algorithmus existieren, der ein NP-vollständiges Problem in einer *durchschnittlichen* Zeit von $N \log N$ löst, falls P $\neq$ NP gilt? Begründen Sie Ihre Antwort.

3. Geben Sie einen nichtdeterministischen, polynomiale Zeit erfordernden Algorithmus zur Lösung des Zerlegungsproblems an.

4. Ist eine unmittelbare Reduktion des Problems des Handlungsreisenden für Graphen auf das Euklidische Problem des Handlungsreisenden in polynomialer Zeit möglich, oder umgekehrt?

5. Was würde ein Programm bedeuten, das das Problem des Handlungsreisenden in einer zu $1,1^N$ proportionalen Zeit lösen kann?

6. Ist die in diesem Kapitel angegebene logische Formel erfüllbar?

7. Könnte einer der »algorithmischen Automaten« mit völliger Parallelität verwendet werden, um ein NP-vollständiges Problem in polynomialer Zeit zu lösen, falls P $\neq$ NP gilt? Begründen Sie Ihre Antwort.

8. Wie läßt sich das Problem »Berechnung des exakten Wertes von 2^N« in das Schema der Klassifikation P-NP einordnen?

9. Beweisen Sie unter Benutzung der NP-Vollständigkeit des Problems des Hamilton-Zyklus für ungerichtete Graphen, daß das Problem der Bestimmung eines Hamilton-Zyklus in einem *gerichteten* Graph NP-vollständig ist.

10. Angenommen, für zwei Probleme sei bekannt, daß sie NP-vollständig sind. Folgt daraus, daß eine Reduktion des einen Problems auf das andere in polynomialer Zeit möglich ist, falls P $\neq$ NP gilt?

Literatur für Weiterführende Themen

Jedes der in diesem Abschnitt behandelten Themen ist Gegenstand vieler Bände der Fachliteratur. Der Leser, der mehr Informationen wünscht, sollte sich auf eine ernsthafte Studienarbeit vorbereiten; wir können hier nur auf einige grundlegende Quellen verweisen.

Der Automat für das perfekte Mischen aus Kapitel 40 wird in der Arbeit von Stone von 1971 beschrieben, in der auch viele andere Anwendungen behandelt werden. Eine Stelle, wo mehr Informationen über systolische Felder zu finden sind, ist das Kapitel von Kung und Leiserson in dem Buch von Mead und Conway über VLSI. Die Standardreferenz zu digitaler Signalverarbeitung und zur schnellen Fourier-Transformation ist das Buch von Oppenheim und Schafer. Weitere Informationen über dynamische Programmierung (und Themen aus anderen Kapiteln) sind im Buch von Hu zu finden. Unsere Darlegung der linearen Programmierung im Kapitel 43 beruht auf der ausgezeichneten Darstellung im Buch von Papadimitriou und Steiglitz, wo alle intuitiven Erklärungen durch vollständige mathematische Beweise untermauert werden. Ausführlichere Informationen über Verfahren des erschöpfenden Durchsuchens können den Büchern von Wells sowie von Reingold, Nievergelt und Deo entnommen werden. Schließlich kann der Leser, der an weiteren Informationen über NP-Vollständigkeit interessiert ist, in dem Übersichtsartikel von Lewis und Papadimitriou sowie in dem Buch von Garey und Johnson nachlesen, das eine vollständige Beschreibung verschiedener Typen der NP-Vollständigkeit sowie eine nach Kategorien geordnete Aufzählung von Hunderten NP-vollständiger Probleme enthält.

M. R. Garey und D. S. Johnson, *Computers and Intractability: a Guide to the Theory of NP-Completeness*, Freeman, San Francisco, CA, 1979.

T. C. Hu, *Combinatorial Algorithms*, Addison-Wesley, Reading, MA, 1982.

H. R. Lewis und C. H. Papadimitriou, »The efficiency of algorithms«, *Scientific American*, 238, 1 (1978).

C. A. Mead und L. C. Conway, *Introduction to VLSI Design*, Addison-Wesley, Reading, MA, 1980.

C. H. Papadimitriou und K. Steiglitz, *Combinatorial Optimization: Algorithms and Complexity*, Prentice-Hall, Englewood Cliffs, NJ, 1982.

E. M. Reingold, J. Nievergelt und N. Deo, *Combinatorial Algorithms: Theory and Practice*, Prentice-Hall, Englewood Cliffs, NJ, 1982.

A. V. Oppenheim und R. W. Schafer, *Digital Signal Processing*, Prentice-Hall, Englewood Cliffs, NJ, 1975.

H. S. Stone, »Parallel processing with the perfect shuffle«, *IEEE Transactions on Computing*, C-20, 2 (Februar 1971).

M. B. Wells, *Elements of Combinatorial Computing*, Pergamon Press, Oxford, 1971.

Stichwortverzeichnis

Programm-Index

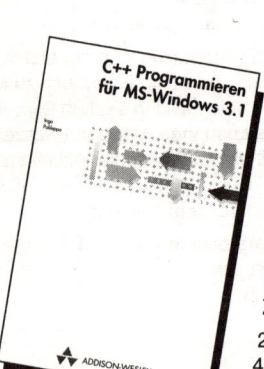

Datenbanken

Objektorientierte Datenbanken

Konzepte, Modelle, Systeme

Andreas Heuer

In diesem Buch werden die Konzepte objektorientierter
Datenbankmodelle und -systeme sowie einige konkrete
Modelle und Systeme vorgestellt.

628 Seiten, 1992, 79,90 DM, gebunden
ISBN 3-89319-315-4

Relationale Datenbanken

Theorie und Praxis inklusive SQL-2

Hermann Sauer

In fast allen Lebensbereichen hat sich die Anwendung
relationaler Datenbanken durchgesetzt. Sie lernen die
Grundlage aller relationaler Datenbanken ebenso kennen
wie deren interne Arbeitsweise.
Ein Leitfaden für die Beurteilung und Auswahl relationaler
Datenbanksysteme rundet die Darstellung ab. Das Thema
SQL-2 findet in diesem Buch besondere Beachtung.

291 Seiten, 2. Auflage 1992, gebunden
59,90 DM, ISBN 3-89319-573 - 4

INFORMIX 4.0/5.0

Das relationale Datenbanksystem
mit INFORMIX OnLine

Dusan Petkovic

Das Buch beschreibt die Versionen 4.0 und 5.0 von
Informix. Es ist als Lehrbuch konzipiert und wendet sich
an Endbenutzer und Datenbankprogrammierer, die
Informix erlernen und praktisch anwenden wollen.

476 Seiten, 1993, 79,90 DM, gebunden
ISBN 3-89319-530-0

ADDISON-WESLEY

PC-Hardware

PC-Hardwarebuch
Aufbau, Funktionsweise, Programmierung
Hans-Peter Messmer

In diesem Buch wird die gesamte Familie der IBM-kompatiblen Rechner ausführlich beschrieben. Die kenntnisreiche und detailgenaue Darstellung macht das Buch zum nützlichen und unentbehrlichen Nachschlagewerk für Profis und alle technisch Interessierten.

1016 Seiten, 1992
99,90 DM, gebunden, ISBN 3-89319-357-x

PC-Werkstatt
Komponenten, Erweiterungen, Fehlerdiagnose, Reparatur
Scott Mueller

Dieses Buch beantwortet nahezu jede Frage und löst die meisten Probleme rund um den PC. Es wendet sich an alle, die ihren Rechner ausbauen, reparieren oder warten wollen. Die Tips des Experten werden Ihnen kostbare Zeit bei der Diagnose und beim fachgerechten "Zerlegen" sparen.

777 Seiten, 1992
89,90 DM, gebunden, ISBN 3-89319-486-x

Einführung in die PC-Grundlagen
Die Nutzung des PCs unter MS-DOS
Jürgen Ortmann

Das Buch vermittelt das nötige Grundwissen über Ihren Computer. Es stellt Ihnen das Betriebssystem und die wichtigsten Anwendungen wie Textverarbeitung, Datenbank, Grafik und Tabellenkalkulation ausführlich vor.

256 Seiten, 2. überarbeitete Auflage 1991
39,- DM, gebunden, ISBN 3-89319-323-5

ADDISON-WESLEY

Lehrbücher

Betriebssysteme
Konzepte, Methoden und Modelle
Uwe Baumgarten/Peter Paul Spies

Das Buch zeigt die Linien der Entwicklungs-
geschichte von Betriebssystemen auf. Es
behandelt Modelle, Konzepte und Verfahren, die
bei Entwürfen und Realisierungen von
Betriebssystemen zur Lösung der vielfältigen
Aufgaben anzuwenden sind. Die wesentlichen
Eigenschaften werden ausführlich erklärt sowie
an Beispielen veranschaulicht.

ca. 600 Seiten,1993,
ca. 59,90 DM, geb., ISBN 3-89319-318-9

Objektorientierte Entwicklung von Software-Systemen
Dr. Horst A. Neumann

ca. 450 Seiten, 1993
ca. 79,90 DM, ISBN 3-89319-452-5

Neuronale Netze
H. Ritter/Th. Martinetz/K. Schulten

330 Seiten, 2. überarb. Auflage 1991
49,00 DM, gebunden, ISBN 3-89319-131-3

EDV-Grundwissen
Eine Einführung in Theorie und Praxis der EDV
M. Precht/N. Meier/J. Kleinlein

Das Buch fundiert die theoretischen und
technischen Grundlagen der Datenverarbeitung. Theorie und praktische Anwendung
stehen gleichermaßen im Mittelpunkt

280 Seiten, 1992
49,90 DM, gebunden
ISBN 3-89319-413-4

Informationstheorie
Grundlage der (Tele-) Kommunikation
Rolf Johannesson

298 Seiten, 1992
69,90 DM, gebunden, ISBN 3-89319-465-7

ADDISON-WESLEY

Dateiformate

Referenzhandbuch Dateiformate

Günter Born

Das Buch richtet sich in erster Linie an den professionellen Software-Entwickler, der Informationen über die Verarbeitung bzw. Einbindung von Fremdformaten verfügbar haben muß. Er erhält dadurch wertvolles Insiderwissen und ein detailliertes Nachschlagewerk. Für den Kreis der semiprofessionellen und Hobby-Programmierer bieten die im Text enthaltenen Beispielausdrucke solcher Dateien die Möglichkeit, die Informationen in einigen Programmen zu verwerten.

830 Seiten, 2. überarb. Auflage 1992, 89,90 DM
ISBN 3-89319-446-0

Dateiformate Programmierhandbuch

Günter Born

Das Buch dient als Ergänzung zum Hauptband ´Referenzhandbuch Dateiformate´. Es enthält die Beschreibung von verschiedenen Fileformaten und Programmen, die in Turbo Pascal bzw. in Turbo C realisiert sind.

Die Begleitdiskette enthält alle Quellcodes der Programme sowie die Grafikkonverter PaintShop Pro, Graphic Workshop und Image Alchemy.

ca. 300 Seiten, 1993
ca. 99,90 DM, geb. mit Diskette
ISBN 3-89319-477-0

ADDISON-WESLEY

CASE

CASE*Method
Entity Relationship Modellierung

Richard Barker

Analytiker, Statistiker und Administratoren können
sich mit Hilfe dieses Buches in die mächtige
Technik der Entity Relationship Modellierung
einarbeiten. Das Buch behandelt ausführlich
anhand zahlreicher Beispiele die Techniken der
Datenmodellierung. Ein detaillierter Anhang,
der den CASE Tool Support von ORACLE, die
Daten-Administration und das Datenbank-
Design beinhaltet sowie ein ausführliches
Glossar mit allen wichtigen Ausdrücken
runden das Buch ab.

247 Seiten, 1992
79,90 DM, gebunden
ISBN 3-89319-397-9

Darüberhinaus gibt es zahlreiche englisch-
sprachige CASE-Titel von Richard Barker, die
ebenfalls bei Addison-Wesley verlegt worden sind.

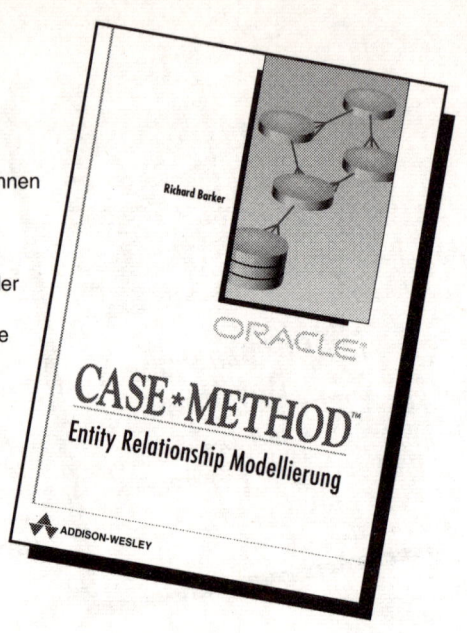

Datenmodellierung, CASE, Datenmanagement

Werner Wiborny

Datenmodellierung wird heute zunehmend als
entscheidender Faktor beim Aufbau wirksamer
betrieblicher Informationssysteme begriffen.
Das Buch beschreibt Theorie und Praxis der
Datenmodellierung. Es enthält Vorschläge für
die Notation, Integration und Verdichtung von
Datenmodellen sowie für einen Weg zum
unternehmensweiten Datenmodell.

455 Seiten, 1991
89,- DM, gebunden
ISBN 3-89319-278-6

ADDISON-WESLEY